개정판

노동시간 단축과 최저임금,
직장 내 괴롭힘 등 최신 법개정 사항 반영

노동법 주요 쟁점 실무

김영기

(주)중앙경제

노동법 주요 쟁점 실무

초 판 발 행 2018년 6월 29일
개정판발행 2019년 4월 1일

지 은 이 김 영 기
펴 낸 이 김 남 진
펴 낸 곳 (주) 중앙경제
내지디자인 이 지 훈
표지디자인 한 지 희

주 소 서울시 중구 다산로 11길 19(신당2동 355-8)
백석빌딩 신관 4층
전 화 02)2231-7293
팩 스 02)2235-5344
홈 페 이 지 www.elabor.co.kr
출 판 등 록 80.6.21 제 2-66호

I S B N 978-89-7017-419-8 (93330)
정 가 50,000원

노동법 주요 쟁점 실무

김 영 기 저

㈜중앙경제

개정판을 내면서

지금 세상은 시시각각으로 변화하고 있다. 특히, 4차 산업혁명과 이에 따른 산업·사회구조의 빠른 변화와 맞물려 노동시장도 많은 변화가 이뤄지고 있다. 정부도 이러한 노동시장 변화에 대응하기 위해 노동시간 단축, 최저임금 인상 및 제도 개선, 직장 내 괴롭힘 금지 입법 등의 관련 법령과 제도 개선을 추진하고 있다.

이에 저자도 지난 2018. 6월 초판 발행 시 독자들이 보여주신 높은 관심과 반응에 힘입어 초판 발행 이후 개정된 노동관련 법과 제도 등을 반영하여 작으나마 현장실무 등에 도움을 드리고자 개정판을 내게 되었다.

이번 개정판에서는 2019. 3월 기준으로 최근 개정이 이루어진 근로기준법·최저임금법 등 관련 법률과 시행령, 시행규칙 등의 내용을 모두 담았고, 초판에 반영하지 못한 분야별 쟁점사항에 대한 최신 판례 및 행정해석, 지침 등을 반영하는 등 최근의 다양한 사례 수록과 함께 변경된 내용을 추가하거나 보완하였다

첫째, 근로시간제도 개선과 관련하여 ① 특별(인가) 연장근로의 요건 중 '특별한 사정'에 대한 구체적인 내용과 사례, 변화된 고용노동부장관의 인가 또는 사후승인 절차, ② 재량근로시간제 대상 업무유형의 구체화, ③ 공익사업에 대한 근로시간의 특례 요건과 11시간 연속휴식시간제 변경내용을 반영하였고, ④ 시간외 근로 상한 규제와 관련된 일본의 최근 관계 법률 정비 동향 등도 함께 수록하였다.

둘째, '직장 내 괴롭힘 금지' 관련 내용이 근로기준법에 별도의 장으로 신설됨에 따라 입법배경 및 법률의 주요 내용, 금지행위의 유형 및 요건에 대한 자세한 설명과 함께 금지행위 발생 시 사용자의 조치 및 준비사항, 다른 법률과의 관계 등의 구체적인 내용도 반영하였다.

셋째, 최저임금제도 개선에 있어서는 ① 최저임금 산입범위 개편 관련 법령, 시행규칙의 개정 내용, ② 최저임금 결정체계 개편 논의 방향, ③ 산입법위 개편

관련 취업규칙 변경절차 특례의 내용, ④ 최저임금 산입범위와 관련 상여금 등 쟁점 항목별 판단 사례, ⑤ 최저임금 미달여부 판단 관련 기준과 구체적인 계산 사례 등 최근 개편된 내용을 실무적 관점에서 자세히 기술했다.

넷째, 2019. 7월부터 시행하는 소액체당금 제도개편 내용으로 지급대상의 단계적 확대 및 상한액 상향 조정, 지급사유 완화 등 소액체당금 수령 소요기간 단축과 절차 간소화 내용도 담았다.

다섯째, 헌법재판소의 위헌 결정에 따른 해고예고 적용제외 제도 일원화, 노조법상 운영비 원조 금지조항 관련 헌법재판소 헌법불합치 결정의 법리적 근거와 향후 부당 노동행위 성립여부 판단 관련 쟁점 내용을 추가하였다.

여섯째, 개별·집단적 노동관계법 쟁점 사항에 최신 판례와 행정해석, 지침 등을 추가·보완하였다. 즉, ① 주휴일 관련 쟁점사항에 대한 판례·행정해석, ② 평균임금 산정관련 성과상여금·근로시간면제자 급여의 임금성 여부에 대한 판례, ③ 통상임금 산정관련 '신의칙' 적용요건을 신중하고 엄격하게 판단해야 한다는 판례와 정기상여금 지급 시 '재직자 요건'이 무효라는 판례, ④ 기간제근로자의 갱신기대권 관련하여 사용자의 부당한 갱신 거절로 근로하지 못한 기간을 사용제한기간에 포함할 것인지 여부에 대한 판례, ⑤ 휴일 골프접대 시간의 근로시간 인정여부관련 판례, ⑥ 노조의 유인물 배포에 대한 사용자의 제지 행위의 지배·개입 해당여부에 관한 것 등으로 가능한 한 최신 판례와 행정해석을 반영하기 위해 노력하였다.

이번 개정판이 출간되기까지 많은 분들이 크고 작은 도움을 주셨다. 김지은 노무사는 최근 판례 검색과 이 책의 내용과 쟁점사항에 대해 좋은 의견을 제시해 주었고, 강종묵 과장은 오탈자는 물론 표현이 부적절한 곳을 꼼꼼하게 보아주었다. 우선 감사의 뜻을 전한다. 아울러 짧은 기간에 본서의 출간을 위해 애써주신 ㈜중앙경제 김희성 회장님과 김남진 대표, 김태윤 상무님과 이지훈 대리 등 임직원 여러분들께도 깊은 감사를 드린다.

2019. 3.

저자 ***김 영 기***

머리말

일반적으로 '노동법'은 '자본주의 사회에서 근로자들이 인간다운 생활을 영위할 수 있도록 노동관계를 규율하는 법규범의 총체'라고 정의되고 있다. 우리 노동법은 1953년 제정된 이후 산업구조변화와 함께 수차례의 개정 과정을 거치면서 노동관계를 규율하는 기본적이고 중추적인 규범으로서 역할을 해오고 있으나, 아직까지도 산업현장에서 생활규범으로 확고히 자리 잡지 못하고 개별적 또는 집단적 노동관계를 둘러싼 갈등과 분쟁이 끊이지 않고 있어, 이를 사전에 예방하고 신속·공정·합리적으로 해결하는 것은 노사정 모두에게 주어진 과제이다.

저자는 오랫동안 고용노동행정 실무를 수행해 오면서 현장에서 노동관계법 해석과 적용 등을 둘러싼 분쟁이 발생하였을 때 노사 등 각 주체나 담당자 등이 해당 쟁점사안에 대해 보다 쉽고 올바르게 이해하고, 관련 유사 사례 등을 통해 신속하고 합리적인 해결책을 찾는데 도움을 줄 수 있는 실무서의 필요성을 느끼고 집필을 구상하고 있었는데, 일선에서 고용노동행정을 총괄하게 되면서 현장에서 쟁점이 되고 있는 사항을 정리하여 이제 한권의 책으로 발간하게 되었다.

이에 따라 본서는 노동법에 대한 이론적·학술적 접근보다는 현장에서 갈등과 분쟁이 야기되고 있는 분야별 주요 쟁점 사항에 대한 기본개념 설명과 함께 법원의 판례, 행정해석, 고용노동부의 분야별 업무편람·지침·매뉴얼, 노동위원회 판정례 등을 중심으로 실무에서 바로 적용이 가능하고 손쉽게 활용할 수 있도록 개별적·집단적 노동관계 주요 쟁점을 정리하였다.

따라서, 기업의 최고경영자나 인사노무담당자, 근로자와 노동조합 관계자, 고용노동행정 담당자, 공인노무사 등이 노동법 쟁점 현안에 대한 기본적인 이해와 구체적 분쟁 사례를 통해 노동현장에서 발생하는 현안문제를 해결하고 예방하는데 유용하게 활용할 수 있을 것으로 생각된다.

본서는 최근 산업현장에서 쟁점이 되고 있는 근로시간 단축을 위한 법 개정 내용과 유연근로시간제를 포함한 근로시간제도, 최저임금제, 포괄임금제와 통상임금, 퇴직급여제도, 임금채권보장제도 등 임금 관련 제도, 각종 휴일·휴가제도, 취업규칙, 근로자파견제도와 기간제 근로자, 차별시정 등 비정규 근로 관련 보호 법규, 해고의 유형별 정당성 판단 기준과 사례, 노동조합의 설립에서부터 복수노조 허용에 따른 교섭창구단일화, 근로시간면제제도, 단체교섭 대상과 절차, 단체협약, 부당노동행위 제도, 쟁의행위 유형별 정당성 판단기준, 공무원 노사관계 쟁점 현안 등 현장에서 발생할 수 있는 노동관계법 적용을 둘러싼 쟁점을 가능한 한 총 망라하려고 노력하였다.

특히, 주요 쟁점별로 최근의 대법원 판례와 행정해석 등 실무사례를 중심으로 자세하게 설명하면서 다양한 사례를 소개하였고, 연장·야간근로 수당과 통상·평균임금의 산정, 최저임금의 산정, 소정근로시간 산정, 포괄임금산정, 연차유급휴가일수와 수당 산정, 퇴직금 산정 등 계산이 필요한 내용은 구체적인 산정 예를 제시하여 실무에 도움이 되도록 하였다.

본서가 출간되기까지 크고 작은 도움을 주신 많은 분들께 깊이 감사드린다. 특히, 1년여 간의 집필과정에서 거의 휴일을 함께 하지 못하였는데 헌신적으로 내조를 해 준 아내에게 고마움을 표하고 싶다. 아울러 짧은 기간에 본서의 출간을 위해 애써주신 ㈜중앙경제의 김태윤 상무님과 이지훈 대리 등 임직원여러분들께도 감사드린다.

2018. 6.

저자 ***김 영 기***

이 책의 차례

제1장 개별적 노동관계법 주요 쟁점 실무

제1절 근로계약 관련 쟁점

제2절 취업규칙 관련 쟁점

제3절 근로시간제도 관련 쟁점

제4절 휴일제도 관련 쟁점

제5절 휴가제도 관련 쟁점

제6절 포괄임금제 관련 쟁점

제7절 최저임금제도 관련 쟁점

제8절 연봉제 관련 쟁점

제9절 평균임금 관련 쟁점

제10절 통상임금 관련 쟁점

제11절 퇴직급여(퇴직금)제도 관련 쟁점

제12절 임금채권보장제도 관련 쟁점

제13절 비정규(기간제) 근로 관련 쟁점

제14절 근로자파견제도 관련 쟁점

제15절 비정규근로자에 대한 차별금지 관련 쟁점

제16절 근로계약 당사자(근로자·사용자) 관련 쟁점

제17절 해고 관련 쟁점

제18절 해고의 실체적·절차적 제한 관련 쟁점

第19절 직장 내 성희롱 관련 쟁점

第20절 직장 내 괴롭힘 금지 관련 쟁점

제2장 집단적 노사관계법 주요 쟁점 실무

제1절 노동조합의 설립 관련 쟁점

제2절 노동조합의 운영과 관리 관련 쟁점

제3절 노동조합의 변경 관련 쟁점

제4절 단체교섭 관련 쟁점

제5절 교섭창구단일화 관련 쟁점

제6절 근로시간면제제도 관련 쟁점

제7절 단체협약 관련 쟁점

제8절 부당노동행위제도 관련 쟁점

제9절 쟁의행위의 정당성 요건과 판단 관련 쟁점

제10절 쟁의행위와 대체근로 제한(금지) 관련 쟁점

제11절 준법투쟁 관련 쟁점

제12절 직장폐쇄 관련 쟁점

제13절 필수공익사업과 필수유지업무 관련 쟁점

제3장 공무원 노사관계 주요 쟁점 실무

제1절 공무원노동조합 가입범위 관련 쟁점

제2절 공무원 단체교섭 관련 쟁점

제3절 공무원 단체교섭 대상과 단체협약 효력 관련 쟁점

제4절 공무원 정당한 노조활동의 범위 관련 쟁점

이 책의 법령 명칭은 아래와 같이 약어로 표기하였다.

◦ **고보법**	고용보험법
◦ **고령자고용법**	고용상 연령차별금지 및 고령자고용촉진에 관한 법률
◦ **보험료징수법**	고용보험 및 산업재해보상보험의 보험료징수 등에 관한 법률
◦ **공무원노조법**	공무원의 노동조합 설립 및 운영 등에 관한 법률
◦ **공무원직장협의회법**	공무원 직장협의회의 설립·운영에 관한 법률
◦ **교원노조법**	교원의 노동조합 설립 및 운영 등에 관한 법률
◦ **국공법**	국가공무원법
◦ **근참법**	근로자참여 및 협력증진에 관한 법률
◦ **근기법**	근로기준법
◦ **퇴직급여법**	근로자퇴직급여 보장법
◦ **직능법**	근로자직업능력 개발법
◦ **기간제법**	기간제 및 단시간근로자 보호 등에 관한 법률
◦ **고평법**	남녀고용평등과 일·가정 양립 지원에 관한 법률
◦ **노위법**	노동위원회법
◦ **노조법**	노동조합 및 노동관계조정법
◦ **영업비밀보호법**	부정경쟁방지 및 영업비밀보호에 관한 법률
◦ **산안법**	산업안전보건법
◦ **산재법**	산업재해보상보험법
◦ **외국인고용법**	외국인근로자의 고용 등에 관한 법률
◦ **임채법**	임금채권보장법
◦ **장애인법**	장애인 차별금지 및 직업재활법
◦ **전자문서법**	전자문서 및 전자거래기본법
◦ **지공법**	지방공무원법
◦ **통합도산법**	채무자 회생 및 파산에 관한 법률
◦ **채용절차법**	채용절차의 공정화에 관한 법률
◦ **최임법**	최저임금법
◦ **파견법**	파견근로자보호 등에 관한 법률

제 1 장 개별적 노동관계법 주요 쟁점 실무

주/요/쟁/점/실/무

제 1 절 근로계약 관련 쟁점

1. 근로계약의 의의

(a) '근로계약'이란 근로자가 사용자에게 근로를 제공하고 사용자는 이에 대하여 임금을 지급하는 것을 목적으로 체결된 계약을 말한다(근기법 제2조제1항제4호). 즉, 근로계약은 근로제공과 임금지급이라는 채권·채무의 성립을 목적으로 하는 채권계약으로 근로와 임금이 대가적 교환관계에 있는 유상·쌍무계약에 해당하고 계약의 체결 시 특정한 형식을 요하지 않는 낙성·불요식계약이다.[1)]

(b) 「민법」상 '고용계약'은 당사자 일방이 노무제공을 약정하고 상대방이 이에 대하여 보수지급을 약정함으로써 그 효력이 생기는 대가적교환관계(민법 제655조) 즉 채권적쌍무계약으로서 당사자의 자유로운 의사에 의하여 체결되는 평등한 인격자간의 권리·의무관계의 성격을 갖는다.

(c) 「근기법」상 근로계약도 「민법」상 고용계약과 같이 근로의 제공과 임금의 지급이라는 쌍무계약에 기초를 두고 있으나 「민법」상 고용계약(또는 도급·위임계약)과 가장 중요한 구분 기준[2)]은 근로자와 사용자간에 사용종속관계를 전제로 하고 있다는 점이다. 따라서, 도급·위임계약의 형식을 가지고 있더라도 사용종속관계가 있으면 근로계약으로 인정된다.[3)]

---

1) 노동법실무연구회, 「근로기준법주해 I」, 박영사, 2010, p.142.

2) 근로계약은 고용계약과 달리 그 등장 배경과 성립과정이 다르고(법형식과 실체 사이의 모순인 종속성 극복), 근로계약의 개념 구성은 근로자의 생존권 보장이라는 기본 이념의 실현에 있고 고용관계에서 사실로 존재하는 신분적·조직적 요소를 근로계약에서는 법적 계기로 받아들여 사회법적 규제를 가하고 있다는 점 등에서 구별된다.

3) 대판 1991.12.13, 91다24250. 「민법」상의 고용계약이든 도급계약이든 계약의 형식이 어떠하든지 간에 실질에 있어 근로자가 임금을 목적으로 종속적인 관계에서 사용자에게 근로를 제공하였다면 그는 「근기법」 제14조 소정의 근로자에 해당한다고 할 것이고, 이러한 근로자는 퇴직금 제도를 규정하고 있는 동법 제28조에 의하여 퇴직금의 지급을 구할 수 있는 것이다.

2. 근로계약의 체결

가. 근로계약의 당사자

(a) 근로계약의 일반적 체결당사자는 '고용하려는 자'와 '근로하려는 자'이며 상대방은 특정되어야 한다. '고용하려는 자'는 사업주 또는 사업경영담당자가 되는 것이 원칙이나, 구체적인 채용행위는 노무관리자에게 위임할 수 있으며 그 효과는 사업주 또는 사업경영담당자에게 귀속된다.

(b) 계약당사자로서 '근로하려는 자'는 본인이어야 하며 대리관계는 성립할 수 없다. 근로관계는 사실상의 근로제공을 기초로 하므로 다른 사람의 명의를 도용하여 근로계약을 체결하였다고 하더라도 실제로 근로를 제공한 자와 근로계약을 체결한 것으로 본다.[4)]

(c) 미성년자(만 19세 미만)의 경우에는 친권자나 후견인의 동의를 얻어 직접 근로계약을 체결해야 한다. 근로계약의 해지권자도 원칙적으로 미성년자 본인이나, 친권자·후견인·고용노동부장관은 근로계약의 내용이 미성년자에게 불리하다고 인정하는 경우에는 미성년자의 의견을 묻지 않고 장래에 대하여 근로계약을 해지할 수 있다(근기법 제67조).[5)]

나. 근로계약의 형식

(a) 근로계약은 계약당사자간 권리·의무관계를 설정하는 등 법률관계를 형성하므로 서면계약이 원칙이나, 구두계약이나 관행·관습에 의한 근로계약도 인정될 수 있다. 따라서, 사용종속관계 아래서 근로제공과 이에 따른 임금지급 약정이 있으면 서면계약이 체결되어 있지 않아도 근로관계가 성립된 것으로

4) 법무 811-8509, 1979.4.10.

5) 고용노동부장관의 해지권 행사대상이 되는 근로계약 : ① 「근기법시행령」 제40조의 별표 4 중 도덕상 또는 보건상 유해·위험한 직종에 사용하는 근로계약, ② 근로계약의 내용이 법령 또는 사회통념에 반한 경우, ③ 근로계약 기간 중 업무를 감당할 수 없는 심신의 장해가 발생 또는 발생할 우려가 있는 경우, ④ 친권자나 후견인의 동의 없이 체결된 근로계약 등이다(근로감독관집무규정 제70조).

본다.[6)]

(b) 그러나, 근로계약을 구두로 하는 경우 계약내용을 둘러싸고 다툼이 발생할 우려가 있으므로 서면으로 근로조건을 명확히 정하는 것이 필요하다.

(c) 특히, 기간제근로자나 단시간근로자와 근로계약을 체결하는 때에는 임금, 근로시간 등의 근로조건을 서면으로 명시하여야 하며(기간제법 제17조), 외국인 근로자의 경우도 표준근로계약서를 사용하여 근로계약을 체결하도록 규정하고 있다(외고법 제9조).

다. 근로조건의 명시

1) 명시사항

(a) 사용자는 근로계약을 체결할 때에 근로자에게 ① 임금, ② 소정근로시간, ③ 휴일, ④ 연차 유급휴가, ⑤ 취업의 장소와 종사하여야 할 업무에 관한 사항, ⑥ 취업규칙의 기재사항(근기법 제93조),[7)] ⑦ 사업장의 부속 기숙사에 근로자를 기숙하게 하는 경우에는 기숙사 규칙에서 정한 사항을 명시하여야 한다(근기법 제17조제1항 및 근기법시행령 제8조). 이러한 근로조건 명시의무는 근로계약 체결시 뿐만 아니라 체결 후 명시사항을 변경하는 경우에도 마찬가지다(근기법 제17조제1항 후단).

(b) 명시방법으로 근로계약서에는 임금, 취업할 장소와 종사업무 등 개인적인 사항만 명시하고 근로시간, 휴일·휴가, 징계사유 등 통일적인 근로조건에 대해서는 '취업규칙이나 단체협약에 정한 바에 따른다'고 규정할 수 있다. 이 경우 근로계약서에 명시되어 있지 않은 사항이라도 취업규칙에 명시되어 있고 해당 근로자에게 주지시키면 명시의무를 이행한 것으로 인정된다.[8)]

---

6) 대판 2006.12.7, 2006도300.

7) 「근기법」 제93조의 취업규칙 기재사항에는 근로조건 및 복지에 관한 사항과 당해 사업 또는 사업장의 근로자 전체에 적용될 사항이 포함되어 있어 사실상 해당 근로자에게 적용될 모든 근로조건이나 복지가 명시대상이 된다.

8) 근로기준팀-5809, 2007.8.7.

2) 서면명시 및 교부

⑴ 서면 명시대상

ⓐ 사용자는 근로계약 체결시 임금의 구성항목·계산방법·지급방법 및 소정근로시간, 휴일, 연차유급휴가에 대해서는 그 명시된 서면을 근로자에게 교부하여야 한다(근기법 제17조제2항).

ⓑ 다만, 위 명시된 사항이 단체협약 또는 취업규칙의 변경 등 다음의 사유로 인하여 변경되는 경우에는 근로자의 요구가 있으면 그 근로자에게 교부하여야 한다(근기법시행령 제8조의2).

1. 3개월 이내의 탄력적 근로시간제(근기법 제51조제2항), 선택적 근로시간제(근기법 제52조), 보상휴가제(근기법 제57조), 사업장밖 근로시간제(근기법 제58조제2항), 재량근로시간제(근기법 제58조제3항), 근로시간 및 휴게시간의 특례(근기법 제59조), 유급휴가의 대체(근기법 제62조) 등에 따라 근로자대표와의 서면 합의에 의하여 변경되는 경우
2. 「근기법」 제93조에 따른 취업규칙에 의하여 변경되는 경우
3. 「노조법」 제31조제1항에 따른 단체협약에 의하여 변경되는 경우
4. 법령에 의하여 변경되는 경우

⑵ 명시 및 교부 방법

ⓐ 서면명시 방법은 ① 근로계약서를 작성하거나, ② 근로자가 지정한 전자우편에 등재, ③ 근로자에게 개방된 회사홈페이지 또는 내부사이트에 등재, ④ 회사의 규칙이나 서류에 명시하여 언제든지 열람할 수 있게 하거나, ⑤ 전자근로계약서에 서명을 하면 서면명시의무를 이행한 것으로 본다.

또한, 근로계약은 이와 같은 서면명시와 함께 교부하여야 하는데 교부방법은 ① 작성된 근로계약서를 교부하거나, ② 회사가 증명하는 문서를 제공하거나, ③ 근로자가 지정한 전자우편에 등재하는 등의 조치가 필요하다. 특히, 실무에서 근로계약서 교부를 둘러싼 다툼이 많이 발생하고 있는 점을 감안하여 해당 근로자가 요구하지 않더라도 반드시 교부하여야 한다.

(b) 한편, 근로계약서 교부 여부와 관련한 분쟁을 예방하기 위하여 근로계약서 2부를 작성하여 근로자에게 1부를 교부하면서 계약서상에 교부하였다는 내용을 직접 명시하거나, 계약서에 간인을 하고 교부대장에 서명이나 날인을 받는 등 교부근거를 확보해 두는 것도 필요하다.[9)]

〈전자근로계약서 체결의 경우 실무 사례〉

① 근로자와 사용자는 전자근로계약서를 작성하는 방법으로 근로계약을 체결 할 수 있다. 이 경우 근로계약에 관한 분쟁을 사전에 예방할 수 있도록 가급적 당사자의 서명을 포함한 문서를 전자화하거나 「전자서명법」에 의한 전자서명을 하는 등의 방법으로써 해당 계약 당사자 쌍방의 의사가 합치하여 전자근로계약서에 명시된 내용대로 근로계약을 체결하였음을 명확히 해야 한다. 또한 최종 작성 또는 서명 이후에 어느 일방이 임의로 수정할 수 없도록 위·변조 방지를 위한 장치를 마련하여야 한다.[10)]

② 한편, 회사가 「근기법」 제17조에 부합하게 근로계약의 내용이 입력된 전자장치를 마련하여 근로자가 사원 인증 후 스마트폰으로 전자서명을 하게한다면 유효한 근로계약 체결로 볼 수 있으나, 이러한 전자계약서가 비록 근로자가 스스로 출력할 수 있는 상황이라 하더라도 회사 서버에만 저장되어 있다면 사용자의 교부의무를 다하였다고 볼 수는 없으며, 근로자가 전자근로계약서를 수신할 정보처리시스템(e-mail 등)을 지정하게 하고 사용자가 해당 정보처리시스템에 전자근로계약서를 입력(발송)한 때 사용자가 근로계약서를 교부한 것으로 볼 수 있다. 만약 근로자가 정보처리시스템으로의 수신에 동의하지 않을 경우 사용자는 근로계약서를 직접 교부해야 한다.[11)]

(3) 서면명시 및 교부의무 위반의 효과

사용자가 근로계약을 체결할 때 「근기법」에 규정된 의무적 명시 사항을 명시하지 않거나, 서면명시·교부의무를 준수하지 않으면 5백만원 이하의 벌금에 처해질 수 있다(근기법 제114조). 다만 동 조항은 단속규정이므로 사용자가 이를 위반하면 처벌을 받는 것은 별개로 근로계약 자체가 무효로 되는 것은 아니다.[12)]

9) 최영우, 「개별노동법 실무」, ㈜중앙경제, 2017, p.84.

10) 전자근로계약서 활성화를 위한 가이드라인(근로기준정책과-5455, 2016.9.1).

11) 근로기준정책과-6384, 2016.10.12.

12) 하갑래, 「근로기준법」, ㈜중앙경제, 2017, p.117.

3) 명시된 근로조건 위반 시 근로자 구제

(1) 손해배상청구와 근로계약의 해제

(a) 근로자는 명시된 근로조건이 사실과 다를 경우에 근로조건 위반을 이유로 노동위원회에 손해의 배상을 청구할 수 있으며 즉시 근로계약을 해제할 수 있다(근기법 제19조제1항).

(b) 근로자는 사용자의 명시된 근로조건 위반 행위에 대해 민사상 그 이행을 요구할 수 있고 법원에 채무불이행으로 인한 손해배상을 청구할 수도 있으나, 시간과 비용이 많이 드는 점을 감안하여 「근기법」은 노동위원회에 의한 구제절차를 마련하고 있다. 따라서 근로자는 양자를 선택적으로 행사할 수 있다.

다만, 노동위원회에 대한 손해배상청구의 신청은 근로계약 체결 시에 명시된 근로조건이 사실과 다른 경우에만 할 수 있으며,[13] 손해배상청구권에 대한 소멸시효기간은 임금채권에 준하여 3년으로 볼 수 있다.[14]

(c) 또한, 「근기법」은 근로자는 명시된 근로조건이 사실과 다른 경우 근로계약을 즉시 해제할 수 있도록 규정하고 있다(제19조제1항 후단). 이 경우 '계약해제'는 장래에 대한 것으로 원상회복의무 등과는 관계가 없으므로 「민법」 제550조의 '해지'에 해당하는 것으로 보는 것이 타당하다.

(2) 귀향여비 지급

근로자는 명시된 근로조건이 사실과 다른 경우 근로계약을 즉시 해제할 수 있고 취업을 목적으로 거주를 변경하는 경우 귀향여비를 지급하여야 한다(근기법 제19조제2항). 귀향여비를 지급하지 않을 경우 「근기법」 제36조의 규정에 의한 금품청산 위반이 된다.

---

13) 대판 1983.4.12, 82누507 ; 대판 1985.11.12, 84누576 ; 대판 1989.2.28, 87누496 등.

14) 대판 1997.10.10, 97누5732.

라. 근로계약기간

ⓐ「근기법」에서는 근로계약기간에 대해서 별도의 규정을 두고 있지 않으므로 근로계약기간은 원칙적으로 당사자간에 자율적으로 정할 수 있다.

ⓑ 2007.7.1. 효력이 상실한「근기법」제16조는 "근로계약은 기간을 정하지 아니한 것과 일정한 사업의 완료에 필요한 기간을 정한 것 외에는 그 기간은 1년을 초과하지 못한다."라고 규정하고 있었다.

ⓒ 동 규정의 입법취지는 장기의 근로기간을 정함으로 인해 근로자가 퇴직의 자유를 제한 당하게 됨으로써 근로의 계속을 강요당하는 것을 방지하고 퇴직의 자유를 보장하는 것이 목적이었으나, 현대사회에서는 오히려 근로관계의 존속보호의 필요성이 더욱 커지게 됨에 따라「기간제법」이 2007.7.1.부터 시행되면서「근기법」제16조는 그 효력을 상실하였다[법률 제8372호(2007.4.11) 부칙 제3조].

3. 근로계약 당사자의 의무

가. 근로계약상의 주된 의무

근로계약상의 주된 의무는 근로자의 근로제공의무와 사용자의 임금지급의무 등이고, 이러한 관계에서 사용자에게는 노무지휘권(업무명령권)이 인정되고 근로자에게는 임금청구권이 발생한다.

1) 근로자의 근로제공의무

ⓐ 근로제공의무는 근로계약 체결 시부터 발생하는 근로자의 본인의 기본적인 의무로서 근로의 구체적인 제공은 사용자의 지시에 의해 이루어지며 근로제공은 반드시 현실적인 근로급부의 실현만을 의미하는 것이 아니라 근로자 자신의 노동력을 사용자의 처분 가능한 상태에 두는 것을 의미한다.[15)]

15) 김형배,「새로 쓴 노동법(제25판)」, 박영사, 2016, p.316.

(b) 사용자의 노무지휘권 행사는 근로계약의 내용, 취업규칙, 단체협약, 「근기법」등 법률의 규정, 신의칙상 인정되는 범위 내에서만 가능하므로, 이에 반하는 사용자의 근로제공 요구는 거절할 수 있다. 예컨대 근로자는 사용자가 「산안법」에 위반하여 지시하는 근로에 대해서는 근로의무를 부담하지 않고 취로명령을 거부할 수 있다고 해석된다.[16)]

(c) 만일, 근로자의 책임 있는 사유로 근로제공의무를 이행하지 않으면 「민법」상 채무불이행이 성립되고, 이 경우 사용자는 근로자에게 손해배상 청구를 하거나 계약을 해지할 수 있다. 그러나, 근로제공은 근로자의 인격과 불가분의 관계에서 이루어지므로 그 의무의 불이행에 대하여 강제이행은 허용되지 않는다.[17)]

2) 사용자의 임금지급 의무[18)]

(a) 사용자는 근로자의 근로제공에 대한 대가로 임금지급 의무를 부담한다(근기법 제2조제1항제5호). 이와 같은 사용자의 의무는 근로자의 근로제공의무와 쌍무적 대가관계에 있으므로 임금은 제공된 근로에 대한 반대급부로서의 의미를 가진다.

(b) 따라서, 결근·조퇴 등 근로자의 귀책사유에 의한 근로제공의무 불이행에 대해서는 그에 상응하여 사용자의 임금지급의무는 발생하지 않으며, 근로제공과 상관없이 근로자의 종업원 지위를 근거로 사용자는 여하한 명목으로든 임금지급 의무를 지지 않는다. 반면에 근로자가 출근하여 근로제공을 하려 했으나 사용자가 이를 거부하는 경우와 사용자의 귀책사유로 근로제공이 불가능하게 된 경우에 사용자는 임금 또는 휴업수당(근기법 제46조)을 지급해야 한다.

(c) 임금의 금액이나 지급시기, 산출기초 및 방법, 지급방법 등은 근로계약이나 취업규칙 등에서 정한 바에 따르는 것이 일반적이다. 또한, 임금은 근로자의 유일한 생계의 원천이기 때문에 「근기법」등에서는 임금채권 보호를 위한 여러 규정을 두고 있다. 즉, ① 임금의 통화불·직접불·전액불·정기불 원칙(근기법 제

16) 노동법실무연구회, 「근로기준법주해 I」, 박영사, 2010, p.145.

17) 임종률, 「노동법(제14판)」, 박영사, 2016, p.347.

18) 김형배, 「새로 쓴 노동법(제25판)」, 박영사, 2016, pp.336~338 참조.

43조), ② 사용자가 파산 또는 도산한 경우에 임금채권은 일정한 한도 내에서 우선변제(근기법 제38조, 임채법 제7조), ③ 도급사업에 대한 임금 지급(근기법 제44조, 제47조), ④ 건설업에서의 임금 지급 연대책임(근기법 제44조의2)과 건설업의 공사도급에 있어서의 임금에 관한 특례(근기법 제44조의3) 등을 통해 특별한 보호를 하고 있고, ⑤ 「최임법」의 적용을 받는 근로자의 임금은 최저임금액 이상으로 보장된다(최임법 제6조).

나. 근로계약상의 부수적 의무

근로계약관계는 계속적인 관계로서의 특성과 기업조직에의 편입이라는 특성이 있기 때문에 계약 당사자에게는 근로계약의 주된 의무에 수반한 신의칙에 따른 부수적인 의무가 부여된다. 근로자에게는 충실(성실)의무가, 사용자에게는 배려의무가 그것이다.

1) 근로자의 충실(성실)의무

(a) 근로자에게는 근로제공의무 외에 사용자 또는 경영상 이익이 침해되지 않도록 하는 신의칙상 충실(성실)의무가 주어진다.

(b) 충실의무의 구체적인 내용으로는 ① 근로제공과 관련하여 지득한 사업이나 경영상의 비밀(영업비밀)[19]을 다른 제3자에게 누설하지 않아야 하는 비밀유지의무,[20] ② 근로자가 근로관계의 존속 또는 종료 후에 사용자와 경쟁적 관계에 있는 동종업종을 스스로 영위하거나 사용자와 경쟁적 관계에 있는 동종 업체에 전직하는 등의 방법으로 사용자와 경쟁적 영업행위나 직업 활동을 피해야 하는 부작위의무인 경업금지(피지)의무,[21] ③ 근로자가 겸업을 함으로써 근로계약을 불

19) 공공연히 알려져 있지 아니하고 독립된 경제적 가치를 가지는 것으로서, 합리적인 노력에 의하여 비밀로 유지된 생산방법, 판매방법, 그 밖에 영업활동에 유용한 기술상 또는 경영상의 정보를 말한다(영업비밀보호법 제2조제2호).

20) 비밀유지의무는 원칙적으로 근로관계종료 후에도 존재한다(대판 1997.6.13, 97다8229).

21) 당사자는 근로자가 경쟁업체에 취업하거나 경쟁업체 설립, 운영하는 등의 행위를 하지 않을 것을 내용으로 하는 '경업금지약정'을 체결할 수 있다. 다만, 그 유효성은 보호할 가치가 있는 사용

성실하게 이행하거나 기업질서를 해치는 일이 없도록 하는 겸업금지(이중취업금지)의무,[22] ④ 업무와 관련하여 뇌물을 수수하거나 횡령을 하지 않을 청렴의무, ⑤ 사업장 내에서 작업시설·설비·원료 등에 결함을 발견한 경우에 사용자가 대책을 강구할 수 있도록 지체 없이 알리거나 사고 방지를 위한 응급조치를 할 사고대처의무, ⑥ 기업질서 준수의무 등이 있다.

(c) 근로자의 책임 있는 사유로 충실(성실)의무를 위반한 경우에는 근로제공의무 위반의 경우처럼 사용자는 근로자에 대하여 계약을 해지할 수 있고 손해배상을 청구[23]할 수 있다. 또한, 충실(성실)의무 위반으로 근로자가 경영 질서를 침해하면 근로계약의 존속 중에는 취업규칙 등에 정하는 바에 따라 징계 등의 조치를 할 수도 있다. 특히, 비밀유지의무나 경업금지(피지)의무 위반에 대해서는 영업비밀 침해행위 또는 경업행위의 금지·중지를 청구할 수도 있다.[24]

2) 사용자의 배려(보호)의무

(a) 사용자에게는 안전·건강 등 근로자의 이익을 보호할 신의칙상 배려의무를 부담하는데 대표적인 것이 안전배려의무(보호의무)이다. 안전배려의무는 사용자가 기업 내 시설이나 장비(기계·기구 등) 등의 위험으로부터 근로자의 생명·신체·건강을 안전하게 보호할 의무를 말한다.[25]

(b) 이러한 안전배려의무(보호의무)에는 사용자가 근로자의 근로제공 과정에서 안전과 건강을 침해하지 않을 소극적 의무와 생명·신체·건강을 해치는 일이 없도록 인적·물적 환경을 정비하는 등 필요한 조치를 강구하여야 하는 적극적인

자의 이익, 근로자의 퇴직 전 지위, 경업제한의 기간, 지역 및 대상 직종, 공공의 이익 및 기타 사정 등을 종합적으로 고려하여 판단해야 한다(대판 2010.3.11, 2009다82244).

22) 근로자의 이중취업으로 인하여 사업장에서 피해를 입었을 경우, 당해 근로자에 대한 징계 등 재제 등에 대해서는 근로계약서, 취업규칙 등에 정할 수 있으며(근로기준팀-5759, 2007.8.3), 근로자의 겸업으로 사익을 취한 행위에 대한 사용자의 징계해고 처분이 정당한 인사권 행사에 해당한다는 노동위원회의 판정 사례가 있다(중노위 2005.11.30, 2005부해580).

23) 근로계약의 종료 후에도 당해 근로자에 대해 채무불이행이나 불법행위를 근거로 손해배상청구가 가능하다.

24) 임종률, 「노동법(제14판)」, 박영사, 2016, p.350 ; 川口美貴, 「勞働法」, 信山社, 2016, pp.210~213.

25) 노동법실무연구회, 「근로기준법주해 I」, 박영사, 2010, p.150.

보호 의무를 포함한다.[26)]

(c) 이 외에도 사업장 내 근로제공 과정에서 근로자의 물품 도난이나 훼손 등을 방지하기 위한 적절한 조치를 취하는 것과, 근로자의 인격권·프라이버시권이 침해되지 않도록 하고, 근로자들을 평등하게 대우하는 등의 배려의무를 진다.[27)]

(d) 만일, 사용자가 책임 있는 사유로 배려의무(보호의무)를 위반할 경우 근로자는 사용자에 대하여 채무불이행에 따른 손해배상을 청구할 수 있고, 사용자에게 적절한 조치를 강구하거나 배려의무에 위반되는 행위를 중지할 것을 청구할 수 있다.[28)]

4. 과도적 근로관계(채용내정, 수습, 시용)

가. 채용내정

1) 의의 및 요건

(a) 채용내정이란 노동력을 미리 확보하기 위해 학교졸업 예정자에 대하여 졸업이라는 일정한 요건이 충족되면 채용할 것을 약정하는 것과 같은 불확정적인 근로관계를 의미하며, 본채용 때까지 사용종속관계 아래서 근로가 제공되지 않는다는 점에서 시용과 구분된다.[29)]

이와 같이 채용내정을 거쳐 본채용을 하는 고용방법은 사용자로서는 우수한 인재를 조기에 확보하고 내정자 쪽에서도 졸업 전에 직장을 미리 확보해 두는 기능을 가진다.[30)] 그러나, 사용자가 일방적으로 본채용을 취소하면 내정자가 오랫동안 취업을 못하거나 다른 기업에 취업할 기회를 상실하게 되어 불이익을 받게 되는 것이 문제이다.[31)]

---

26) 대판 2000.5.16, 99다47129 ; 대판 2006.9.28, 2004다44506.

27) 김형배, 「새로 쓴 노동법(제25판)」, 박영사, 2016, p.339.

28) 임종률, 「노동법(제14판)」, 박영사, 2016, p.351.

29) 하갑래, 「근로기준법」, ㈜중앙경제, 2017, p.126.

30) 일본의 경우, 오래전부터 사용자는 신규학졸자를 채용함에 있어 재학 중에 '채용내정' 통지를 하고 졸업 후에 근로를 개시하도록 하는 관행이 있다.

(b) 채용내정계약은 당사자 간 구속력 있는 약속이어야 하며, 호혜적인 의미를 가지는 것은 채용내정계약에 해당하지 않는 등 법적 관계가 부정될 수 있으므로 서면으로 작성하는 것이 바람직하며, 졸업·학업취득·서약서의 제출 등 일정한 조건이 붙어 있어야 한다.[32]

2) 법적 성질

(a) 채용내정의 법적 성질에 대해 판례와 통설은 채용내정으로써 근로계약이 성립된 것으로 보는 소위 '근로계약성립설'[33]의 입장을 취하고 있다.[34]

(b) 즉 일본의 최고재판소 판례[35]와 같이 "채용내정의 통지 이외에는 근로계약 체결을 위한 특단의 의사표시를 할 것이 예정되어 있지 않았기 때문에, 회사의 모집(청약의 유인)에 대하여 내정자가 응모한 것은 근로계약의 청약이고, 이에 대한 회사의 내정통지는 청약에 대한 승낙이므로 내정자의 서약서 제출과 함께 회사와 내정자 사이에는 근로의 시기(始期)를 학교졸업직후로 한다는 서약서에 기재된 채용내정 취소사유를 근거로 해약권을 유보한 근로계약이 성립한다."고 하는 시기부해약권유보계약설의 입장을 취하고 있다.

3) 채용내정의 취소(본채용 거부) 관련 쟁점

(1) 채용내정 취소는 해고에 해당

채용내정으로써 근로계약이 성립하는 이상 사용자가 일방적으로 채용내정을 취소하여 본채용을 하지 않는 것은 해고에 해당한다.[36] 따라서, 채용내정을 취소

31) 임종률, 「노동법(제14판)」, 박영사, 2016, p.390.

32) 하갑래, 「근로기준법」, ㈜중앙경제, 2017, p.126.

33) 이에 반해 '근로계약 예정설' 또는 '근로계약체결과정설'은 채용내정을 근로계약 체결과정의 일부 또는 근로계약 체결의 예약에 불과하다고 보고 있다.

34) 대판 2002.12.10, 2000다25910 ; 임종률, 「노동법(제14판)」, 박영사, 2016, p.391 ; 하갑래, 「근로기준법」, ㈜중앙경제, 2017, p.127 등.

35) 大日本印刷事件, 最二小判 昭54.7.20 民集 33巻5号 p.582./勞判 323号 p.19.

36) 대판 2002.12.10, 2000다25910.

하려면 정당한 이유가 있어야 하나 채용내정이 해약권을 사용자에게 유보한 특수한 계약관계라는 점을 고려할 때 해약권이 유보되지 않은 일반 근로자의 경우보다 정당성의 범위를 넓게 보는 것이 타당하다.[37)]

(2) 위법한 채용내정의 취소

사용자의 위법·부당한 채용내정의 취소에 대해 내정자는 채무불이행 또는 불법행위에 따른 손해배상을 청구할 수 있고,[38)] 내정 취소(해고)의 무효를 주장하며 근로자로서의 지위를 확인하는 소송을 제기할 수 있다. 또한 해제조건으로 규정된 일자가 도래하면 근로자로서의 지위를 획득하기 때문에 임금청구권을 갖는다.[39)]

(3) 채용내정 취소와 해고예고 등「근기법」적용

(a) 사용자가 내정자에 대한 채용내정을 취소할 경우「근기법」상 해고예고의 규정은 적용되지 않는다고 보는 것이 타당하다. 해고예고제도의 취지가 이미 근로관계가 유지되고 있는 근로자의 불이익완화조치라는 점과, 수습사용중인 근로자에 대해서 해고예고가 적용되지 않는 점(근기법 제35조제5호)에 비추어볼 때 형평에 반하기 때문에 채용내정 취소는「근기법」 제26조(해고의 예고)가 적용되지 않는 것으로 해석된다.[40)]

(b) 그 외「근기법」적용과 관련 채용내정기간은 근로제공의무 시기가 도래하지 않은 것으로 볼 수 있으므로 근로제공과 관련된 근로조건은 원칙적으로 적용되지 않으나, 균등한 처우(근기법 제6조), 근로조건의 명시(근기법 제17조), 위약예정의 금지(근기법 제20조), 해고 등의 제한(근기법 제23조), 등 근로제공을 전제로 하지 않은 규정은 적용 또는 준용된다.[41)]

---

37) 대판 2000.11.28, 2000다51476 ; 서울고판 2004.4.28, 91나41468 ; 임종률,「노동법(제14판)」, 박영사, 2016, p.391.

38) 대판 1993.9.10, 92다42897.

39) 대판 2002.12.10, 2000다25910.

40) 川口美貴,「勞働法」, 信山社, 2016, p.407 ; 임종률,「노동법(제14판)」, 박영사, 2016, p.392.

41) 하갑래,「근로기준법」, ㈜중앙경제, 2017, p.129.

나. 수 습

1) 의 의

'수습'이란 정식채용 즉 확정적으로 근로계약을 체결한 후에 해당 근로자의 작업능력이나 적응능력을 키워주기 위한 근로형태를 말하며, 수습계약이 따로 존재하는 것이 아니고 하나의 근로계약이 체결된 것이다. 따라서, 본채용(정식채용) 전에 일정기간 동안 근로자로서의 적격성 유무 및 본채용 여부를 판단하기 위하여 시험적으로 사용하는 '시용'과 구분된다.

2) 수습과 근로조건

수습근로자는 채용내정과 달리 본채용이 확정된 자이므로 원칙적으로 「근기법」이 전면 적용된다.[42] 다만, ① 수습근로자로서 3개월 이내인 자에 대하여는 해고예고 관련 조항이 적용되지 않고(근기법 제35조제5호), ② 근로계약기간이 1년 이상인 근로자로서 3개월 이내의 수습근로기간에 대해서는 낮은 최저임금(10/100 감액)이 적용(단순노무직은 제외)되며(최임법 제5조제2항), 수습기간은 평균임금 산정기간에 포함되지 않는다(근기법시행령 제2조제1호).

다. 시 용(試用)

1) 의 의

(a) '시용'이란 본채용(정식채용) 전에 일정기간 동안 근로자로서의 적격성 유무 및 본채용 여부를 판단하기 위하여 시험적으로 사용하는 것을 말한다. 즉, 시용은 근로자로서의 자질·성격·능력·성실성·근무태도 등 일에 대한 적격성 여부를 결정하는 단계이다.

(b) '시용'과 '채용내정'은 모두 확정적인 근로계약을 체결하기 전의 과도적 고용관계이나 시용계약은 사용종속관계를 전제로 하므로 근로관계가 인정된다는

---

42) 근기 01254-751, 1993.4.27.

점에서 차이가 있다.[43]

(c) 한편, '수습기간'은 정식채용 이후 근로자의 직업능력에 대한 양성·교육을 목적으로 설정된 기간을 의미하며, 이미 정식채용이 되었고 본채용 여부를 결정하는 적정성 평가가 별도로 예정되어 있지 않다는 점에서 시용과 구별된다.

2) 시용제도의 설정

(a) 시용관계가 성립하려면 해당 근로자와 사용자간에 시용에 관한 명시적인 합의나 취업규칙 또는 단체협약에 시용제도가 설정되고 근로계약 체결시 시용근로자임이 명시되어야 한다. 또한 시용계약은 실험적 사용목적이 명확해야 하므로 대상기간의 근로에 대해 평가를 하지 않으면 시용계약으로 인정받기 어렵다.[44]

(b) 시용기간의 길이에 대해서는 법적 제한이 없으므로 당사자가 자유롭게 정할 수 있으나, 적격성 판단 등 시용의 목적으로 객관적으로 달성하기에 족한 정도의 기간을 초과할 수 없다. 따라서, 시용기간을 정하지 않거나 연장 등으로 사회통념상 적격성 판단에 필요한 기간을 초과한 부당한 장기간의 시용계약은 공서양속에 반하는 것으로 무효로 볼 수 있다.[45]

(c) 시용의 합리적인 기간은 시용기간의 취지와 직종에 따라 다를 수 있으나, 「근기법시행령」 제16조의 수습근로자의 정의(수습 사용한 날부터 3개월 이내인 자)규정 등을 고려할 때 3개월이 일반적이다. 만약 사용자가 본채용을 거절하지 않은 채 시용기간이 경과한 경우 사용자의 해약권은 소멸하고 시용근로자는 정규 근로자로 전환된다고 해석된다.[46]

3) 시용계약의 법적 성질

(a) 시용계약의 법적 성질과 관련해서는 정지조건설, 해제조건설, 해지권유보

43) 근기 68207-1364, 1994.8.26.
44) 하갑래, 「근로기준법」, ㈜중앙경제, 2017, p.122.
45) 김형배, 「새로 쓴 노동법(제25판)」, 박영사, 2016, pp.284~285.
46) 김형배, 「새로 쓴 노동법(제25판)」, 박영사, 2016, p.285.

설 등이 있으나, 판례와 통설은 시용계약은 그 자체로서 근로계약이고 다만, 정식 근로자로서의 적격성이 없다고 판단되는 경우 본채용을 거절할 수 있다는 사용자의 권리를 유보한다는 의미에서, 사용자에게 해약권이 유보된 특수한 근로계약(해약권유보부 근로계약)으로 본다.[47)]

(b) 따라서, 본채용을 거절하지 않은 채 시용기간이 경과하면 해약권의 유보가 없는 통상 근로관계로 전환된다. 또한, 시용중의 부당해고와 같이 사용자의 귀책사유로 시용기간이 중단된 채 시용기간이 경과한 경우, 유보된 해약권은 소멸하고 정식 근로관계로 전환된 것으로 본다.[48)]

4) 본채용의 거절(본 근로계약 체결 거부)

(a) 시용기간이 만료되어 본채용을 거절하는 것은 원칙적으로 해고에 해당하므로 정당한 이유가 있어야 한다. 다만, 정당한 이유와 범위는 시용계약이 사용자에게 해약권을 유보한 근로계약이라는 점에서 정규 근로자의 일반적 해고의 경우에 비해서 넓게 해석할 수 있으나, 그 경우에도 객관적으로 합리적인 이유가 존재하여 사회통념상 상당성이 있어야 한다.[49)]

(b) 또한, 본채용 거절은 사용자에게 유보된 해약권의 행사로서 일반적인 징계해고와 성질을 달리하므로 시용계약의 종료를 통보함에 있어 별도의 정함이 있는 경우를 제외하고는 취업규칙에 일반적으로 규정된 징계절차를 거치지 않더라도 효력이 부인되지 않는 것이 원칙이다.[50)]

(c) 시용기간의 만료 등으로 본채용 거절(해고)의 통지는 사용자가 해당 근로자에게 거부사유를 파악하여 대처할 수 있도록 구체적·실질적 거부사유를 서면으로 통지하여야 하며,[51)] 만일 정당한 이유가 없는데도 시용근로자의 본채용을

47) 대판 1992.8.18, 92다15710 ; 대판 2001.2.23, 99두10889.

48) 대판 2005.7.15, 2003다50580.

49) 대판 2001.2.23, 99두10889 ; 대판 2003.7.22, 2003다5955 ; 대판 2006.2.24, 2002다62432 ; 대판 2015.11.27, 2015두48136 등.

50) 서울고판 2006.2.14, 2004누23638.

51) 대판 2015.11.27, 2015두48136.

거절하는 것은 「근기법」상 부당해고가 되고 사법상 무효가 될 수 있다.[52]

5) 시용과 근로조건

시용근로자가 본채용 또는 시용기간의 경과 등으로 정규 근로자가 된 경우 시용기간은 퇴직금이나 연차유급휴가 등의 계산에 있어 근속기간에 포함되며,[53] 법정 근로조건은 일반 근로자와 동일하게 적용된다.

52) 임종률, 「노동법(제14판)」, 박영사, 2016, p.394.
53) 임종률, 「노동법(제14판)」, 박영사, 2016, p.395.

◦ [근로계약서 서식 1]

표준근로계약서

______________(이하 "사업주"라 함)과(와) ______________(이하 "근로자"라 함)은 다음과 같이 근로계약을 체결한다.

1. 근로계약기간 : 년 월 일부터 년 월 일까지
   ※ 근로계약기간을 정하지 않는 경우에는 "근로개시일"만 기재
2. 근무장소 :
3. 업무의 내용 :
4. 소정근로시간 : __시 __분부터 __시 __분까지 (휴게시간 : __시 __분 ~ __시 __분)
5. 근무일/휴일 : 매주 ______일(또는 매일단위)근무, 주휴일 매주 ______요일
6. 임금
   - 월(일, 시간)급 : ____________________원
   - 상여금 : 있음 ( ) ____________________원, 없음 ( )
   - 기타급여(제수당 등) : 있음 ( ), 없음 ( )
     ◦ ____________________원, ____________________원,
     ◦ ____________________원, ____________________원,
   - 임금지급일 : 매월(매주 또는 매일) _____일(휴일의 경우는 전일 지급)
   - 지급방법 : 근로자에게 직접지급( ), 근로자 명의 예금통장에 입금( )
7. 연차유급휴가
   - 연차유급휴가는 근로기준법에서 정하는 바에 따라 부여함
8. 근로계약서 교부
   - 사업주는 근로계약을 체결함과 동시에 본 계약서를 사본하여 근로자의 교부요구와 관계없이 근로자에게 교부함(근로기준법 제17조 이행)
9. 기타
   - 이 계약에 정함이 없는 사항은 근로기준법령에 의함

년 월 일

(사업주)		(근로자)	
사업체명 :	(전화 :)	주 소 :	
주 소 :		연 락 처 :	
대 표 자 :	(서명)	성 명 :	(서명)

◦ [근로계약서 서식 2]

단시간 근로자 표준근로계약서

______________(이하 "사업주"라 함)과(와) ______________(이하 "근로자"라 함)은 다음과 같이 근로계약을 체결한다.

1. 근로개시일 : 년 월 일부터
   ※ 근로계약기간을 정하는 경우에는 "○○년 ○○월 ○○일부터 ○○년 ○○월 ○○일까지" 등으로 기재
2. 근무장소 :
3. 업무의 내용 :
4. 근로일 및 근로일별 근로시간

구분	( )요일	( )요일	( )요일	( )요일	( )요일	( )요일
근로시간	○시간	○시간	○시간	○시간	○시간	○시간
시업	○○시 ○○분	○○시 ○○분	○○시 ○○분	○○시 ○○분	○○시 ○○분	○○시 ○○분
종업	○○시 ○○분	○○시 ○○분	○○시 ○○분	○○시 ○○분	○○시 ○○분	○○시 ○○분
휴게시간	○○시 ○○분 ~○○시 ○○분	○○시 ○○분 ~○○시 ○○분	○○시 ○○분 ~○○시 ○○분	○○시 ○○분 ~○○시 ○○분	○○시 ○○분 ~○○시 ○○분	○○시 ○○분 ~○○시 ○○분

   - 주휴일 : 매주 ______요일
5. 임금
   - 시간(일, 월)급 : ____________________원(해당사항에 ○표)
   - 상여금 : 있음 ( ) ____________________원, 없음 ( )
   - 기타급여(제수당 등) : 있음 : ____________________원(내역별 기재), 없음 ( )
   - 초과근로에 대한 가산임금률 : ________%
   - 임금지급일 : 매월(매주 또는 매일) __________일(휴일의 경우는 전일 지급)
   - 지급방법 : 근로자에게 직접지급( ), 근로자 명의 예금통장에 입금( )
6. 연차유급휴가 : 통상근로자의 근로시간에 비례하여 연차유급휴가 부여
7. 사회보험 적용여부(해당란에 체크)
   □ 고용보험 □ 산재보험 □ 국민연금 □ 건강보험
8. 근로계약서 교부
   - "사업주"는 근로계약을 체결함과 동시에 본 계약서를 사본하여 "근로자"의 교부요

구와 관계없이 "근로자"에게 교부함(근로기준법 제17조 이행)

9. 기타
   - 이 계약에 정함이 없는 사항은 근로기준법령에 의함

년 월 일

(사업주)		(근로자)	
사업체명 :	(전화 :)	주 소 :	
주 소 :		연 락 처 :	
대 표 자 :	(서명)	성 명 :	(서명)

주/요/쟁/점/실/무

제2절 취업규칙 관련 쟁점

1. 취업규칙의 개념

(a) 취업규칙이란 사용자가 사업 또는 사업장의 질서유지 및 효율적 업무수행을 위하여 필요한 복무규율과 근로자 전체에 적용될 근로조건 등을 정한 준칙을 말한다.[54] 따라서, 사규, 규정, 내규 등 명칭과 관계없이 사업 또는 사업장에서 근로자가 지켜야 할 규율이나 근로조건에 관해 정한 모든 규칙은 취업규칙에 해당한다.[55]

(b) 예컨대, 학교법인의 정관, 이사회 의결서, 지역의료보험조합 운영규정, 유휴인력 활용 지침, 저성과자 대상 프로그램[56]도 근로자의 근로조건 등에 관한 준칙의 내용을 정하거나 복무규율에 관한 사항을 규정하고 있는 경우 취업규칙에 해당한다. 다만, 개별사안에 대하여 1회적으로 결정한 것으로 일반적인 기준이 아니고 지속적으로 적용되지 않는다면 취업규칙으로 보기 어렵다.[57]

(c) 또한, 취업규칙은 사용자가 작성하는 준칙이라는 점에서 사용자와 근로자가 합의하여 체결하는 근로계약이나 사용자와 노동조합이 합의하여 체결하는 단체협약과 구별된다.

2. 취업규칙의 법 규범성

(a) 취업규칙은 다수 근로자의 근로조건을 획일화하는 중요한 기능을 가지기 때문에 「근기법」은 근로자보호를 위하여 취업규칙에 대하여 그 작성·변경의 절

---

54) 대판 1997.11.28, 97다24511.

55) 집단적으로 작성하여 근로자들에게 일률적으로 적용시키는 표준 근로계약서도 취업규칙으로 볼 수 있다(대판 1998.3.24, 96다24699).

56) 서울행판 2018.3.15, 2017구합68080.

57) 대판 2005.7.29, 2003다9254.

차 등에 관하여 규제를 하면서 근로계약에 대한 법규범성(규범적 효력)을 부여하고 있다.[58)]

(b) 또한, 취업규칙은 법령이나 해당 사업장의 단체협약과 어긋나서는 아니 되며, 고용노동부장관은 법령 또는 단체협약에 위반하는 취업규칙의 변경을 명할 수 있도록 하고 있다(근기법 제96조). 이는 사용자가 일방적으로 근로조건이나 복무규율에 관한 사항을 정하여 자의적으로 운용하는 것을 방지하고 법령 또는 단체협약에 위반되는 취업규칙으로부터 근로자를 보호하기 위한 취지이다.

(c) 이러한, 법규범성에 근거하여 취업규칙에 정한 기준에 미달하는 근로조건을 정한 근로계약은 그 부분에 관하여 무효이며, 무효로 된 부분은 취업규칙에 정한 기준에 따른다(근기법 제97조).

3. 취업규칙의 작성과 신고

가. 대상 사업장과 작성 내용

1) 대상 사업장

(a) 「근기법」이 적용되는 사업(사업장)에서 상시 10명 이상의 근로자[59)]를 사용하는 사용자[60)]는 취업규칙을 작성하여 신고하여야 한다(제93조). 10명 미만의 사업(사업장)이 취업규칙을 작성할 경우 신고의무는 없으나 이를 준수하고 이행할 의무가 있으며 법에서 정한 취업규칙에 관한 모든 규정이 적용되므로 작성·변경 등에 관한 법규정이 적용된다.[61)]

그러나, 4인 이하인 사업(사업장)에 대해서는 「근기법」 제9장(취업규칙)이 전

58) 취업규칙은 「근기법」이 근로자의 지위를 보호·강화하여 그들의 기본적 생활을 보장·향상시키려는 목적의 일환으로, 사용자에게 작성을 강제하고 법규범성을 부과한 것이다(대판 1977.12.27, 77다1378).

59) 상시근로자수는 법적용 사유 발생일 전 1개월 동안 사용한 근로자의 연인원을 가동일수로 나누어 판단한다(근기법시행령 제7조의2).

60) 직장규율이나 근로조건 결정 등 취업규칙의 내용을 이루는 사항에 관해서 실질적인 권한과 책임을 갖는 자를 의미한다(대판 1992.12.24, 92도2341 등).

61) 서울고판 2005.9.15, 2004누23621판결(전체 직원이 6명인 사업장)

면 적용되지 않으므로 취업규칙을 작성·운영하는 경우에도 변경절차나 법규범적 효력은 인정되지 않는다.[62]

(b) 한편, 하나의 사업이 2 이상의 사업장으로 구성되어 있고 각 사업장 단위로는 상시근로자 수가 10명 미만이나 사업 전체로는 10명 이상일 때, 취업규칙을 작성·신고할 의무가 있는지는 각 사업장이 독립성(인사·노무 등)을 가지고 있는지 여부에 따라 판단된다. 지점, 공장 등의 근로자 10명 이상인 경우에는 그 지역을 관할하는 지방고용노동관서에 신고하는 것이 원칙이다. 만약 2 이상 지방노동관서 관할 아래 있는 경우, 본사나 주된 사업장이 근로조건을 일괄적으로 결정하면서 적용되는 소속사업장의 명칭과 소재지를 첨부하여 관할 지방고용노동관서에 신고하면 모든 사업 또는 사업장의 신고의무를 충족한 것이 된다.[63]

2) 작성 내용

(a) 작성내용은 사업(사업장)에 통일적으로 적용할 근로조건과 복무규율에 관한 내용으로「근기법」제93조에서 기재사항을 열거하고 있고, 열거사항 중 임금, 근로시간, 휴게시간, 휴일 등과 같이 근로자 보호를 위하여 법에 정한 기준이 있고 지켜야 하는 필수적인 근로조건은 반드시 그 내용을 취업규칙에 구체적으로 기재하여야 한다.

(b) 그러나, 교대근로·가족수당 등에 관한 사항[64]은 법에서 정한 기준이 없고 그 시행이 강제되는 것이 아니므로 해당 사업(사업장)에서 이를 도입·시행하는 경우에만 취업규칙에 기재하여야 할 의무가 있다.

(c) 한편, '직장 내 괴롭힘 금지' 관련 내용이「근기법」제6장의2에 신설·시행(2019.7.16.)됨에 따라 "직장 내 괴롭힘의 예방 및 발생 시 조치 등에 관한 사항"이 취업규칙의 필요적 기재사항으로 추가되었다(제93조제11호).

---

62) 취업규칙 해석 및 운영 지침(고용노동부, 2016.1.22) ; 근로기준팀-2046, 2005.12.28.

63) 근로감독관 집무규정(훈령 제185호, 2016.3.8) 제74조.

64) 교대근로에 관한 사항, 승급에 관한 사항, 가족수당에 관한 사항, 상여금에 관한 사항, 근로자 식비·작업용품에 관한 사항, 근로자 교육시설에 관한 사항, 근로자의 성별·연령 또는 신체적 조건 등의 특성에 따른 사업장 환경개선에 관한 사항, 업무외 재해부조에 관한 사항, 표창에 관한 사항.

1. 업무의 시작과 종료 시각, 휴게시간, 휴일, 휴가 및 교대 근로에 관한 사항
2. 임금의 결정·계산·지급 방법, 임금의 산정기간·지급시기 및 승급(昇給)에 관한 사항
3. 가족수당의 계산·지급 방법에 관한 사항
4. 퇴직에 관한 사항
5. 「퇴직급여법」 제8조에 따른 퇴직금, 상여 및 최저임금에 관한 사항
6. 근로자의 식비, 작업 용품 등의 부담에 관한 사항
7. 근로자를 위한 교육시설에 관한 사항
8. 산전후휴가·육아휴직 등 근로자의 모성 보호 및 일·가정 양립 지원에 관한 사항
9. 안전과 보건에 관한 사항
9의2. 근로자의 성별·연령 또는 신체적 조건 등의 특성에 따른 사업장 환경의 개선에 관한 사항
10. 업무상과 업무 외의 재해부조(災害扶助)에 관한 사항
11. 직장 내 괴롭힘의 예방 및 발생 시 조치 등에 관한 사항
12. 표창과 제재에 관한 사항
13. 그 밖에 해당 사업 또는 사업장의 근로자 전체에 적용될 사항

나. 신 고

(a) 취업규칙을 신고해야 하는 기간은 법령에 별도로 정한 바는 없으나, 상시 근로자 수가 10명 이상인 때부터 작성하여야 하며, 근로자들의 의견을 듣는 데에 소요되는 최소한의 시간이 지나면 지체 없이 신고하여야 한다.[65]

(b) 또한, 임금규정, 외근직 규정 등과 같이 근로조건, 근로형태, 작업장소 등에 따라 복수의 취업규칙을 작성하는 것은 가능하나, 그 명칭과 관계 없이 본 취업규칙의 일부에 불과하므로 모두가 신고대상이 된다.[66]

(c) 신고시 제출서류는 작성된 취업규칙 전체, 변경된 취업규칙(개정 전·후 비교표로 대체 가능), 근로자의 의견서 또는 동의서(노동조합 등에서 합리적 이유 없이 의견서 작성 또는 서명을 거부하는 경우에는 그 사유서), 단체협약이 있는 경우에는 단체협약도 함께 관할 지방고용노동관서에 제출한다.

---

65) 사용자가 취업규칙을 관할 지방고용노동관서에 신고하지 않으면 500만원 이하의 과태료가 부과된다(근기법 제116조제1항제2호).

66) 근기 01254-8855, 1991.6.21.

다. 주 지(周知)

사용자는 취업규칙을 근로자가 자유롭게 열람할 수 있는 장소에 항상 게시하거나 갖추어 두어 근로자에게 널리 알려야 한다.[67] 예를 들어 사내전산망에 게시한 경우, 근로자가 언제든지 쉽게 열람할 수 있도록 자유로운 접근권이 보장된다면 주지의무를 이행 하였다고 볼 수 있다. 다만, 취업규칙을 게시 또는 비치하지 아니한 경우 벌칙(과태료 500만원)의 적용은 별론으로 하고 그 취업규칙의 효력에는 영향이 없다.

라. 효력 발생

(a) 사용자가 작성·변경한 취업규칙의 효력이 발생되기 위해서는 근로자들에게 알려야 한다. 이 경우, 반드시 위 주지의 방법(근기법 제14조제1항)에 따를 필요는 없지만 취업규칙을 제정·변경한 사실을 법령의 공포 절차에 준하여 어떠한 방법으로든 근로자들이 알 수 있게 하여야 한다.[68]

다만, 취업규칙으로 효력이 발생한 이후에는 근로자들이 열람할 수 있도록 항상 게시하거나 갖추어 두어야 그 효력이 지속되는 것은 아니다.

(b) 한편, 취업규칙에 반드시 기재되어야 할 사항 중 일부가 기재되지 않은 경우 그 기재된 범위 내에서 유효하게 적용되며, 기재된 내용이 「근기법」등의 강행규정에 위반한 경우에는 법령이나 단체협약, 근로계약 등에 정한 근로조건이 적용된다.[69]

(c) 또한, 사용자의 신고의무 규정은 취업규칙에 대한 행정적 감독을 위한 단속규정이므로 신고의무를 위반한 경우 과태료는 부과되지만, 해당 취업규칙이 실제로 근로자들의 근로조건을 규율하여 왔다면, 법령이나 단체협약에 위반되지 않는 범위에서 그 효력은 인정된다.[70]

67) 「근기법」 제14조제1항, 주지의무 위반시 500만원 이하의 과태료가 부과된다(제116조제2호).

68) 대판 2004.2.12, 2001다63599.

69) 1991.6.21, 근기 01254-8835.

70) 대판 2004.2.12, 2001다63599.

4. 취업규칙의 작성·변경과 절차[71)]

가. 기본 원칙

(a) 취업규칙을 작성 또는 변경할 때에는 원칙적으로 근로자의 과반수로 조직된 노동조합, 근로자의 과반수로 조직된 노동조합이 없는 경우에는 근로자 과반수의 의견을 들어야 하며, 변경된 내용이 근로자들에게 불리한 내용인 경우에는 그 동의를 얻어야 한다.[72)]

(b) 이는 근로조건의 결정에 있어 노사대등의 원칙을 반영하고 근로자의 근로조건 보호를 위한 것이다. 한편, 의견청취 또는 동의절차 적용은 ① 새로운 취업규칙의 작성인지 아니면 기존 취업규칙의 변경인지, ② 취업규칙의 변경이라면 그 내용이 불이익한지에 따라 달라진다.

나. 의견청취(동의)의 주체

1) 기본원칙

(a) 의견청취 또는 동의의 주체는 근로자 과반수로 조직된 노동조합이 있는 경우 그 노동조합,[73)] 근로자의 과반수로 조직된 노동조합이 없는 경우에는 근로자의 과반수이다.

(b) 따라서, 노동조합이 조직되어 있는 경우라도 해당 노동조합이 근로자의 과반수로 조직되어 있는지 여부를 확인하여야 하며, 과반수로 조직되지 않은 경우에는 근로자 과반수의 의견청취 또는 동의를 얻어야 한다.

---

71) 1953.5.23 제정 「근기법」에서 취업규칙 작성·신고제도와 변경시 근로자집단의 의견청취제도를 규정했고, 1989.3.29 법 개정시 불이익 변경에 대한 '근로자집단의 동의제도'를 도입했다. 또한, 2005.3.31 개정법에서 기재사항에 출산전후 휴가, 모성보호, 육아휴직에 관한 사항을, 2008.3.28 개정법에서 일·가정 양립지원에 관한 사항을 추가하였다.

72) 사용자가 취업규칙 변경과정에서 의견청취 또는 동의를 얻지 않은 경우 500만원 이하의 벌금에 처한다(근기법 제114조제1호 및 제94조제1항).

73) 당해 사업장의 근로자 과반수로 조직된 노동조합 대표가 서명하면 효력이 발생한다. 다만, 단체협약 또는 노동조합 규약에 대표권 제한으로 볼 특별한 사정이 있거나 위임되지 않았음을 사용자가 알고 있다는 사실이 입증되는 경우에는 효력이 없다(대판 2000.9.29, 99무10902).

2) 근로자 과반수 판단을 위한 범위

ⓐ 취업규칙이 통일적으로 적용되는 경우, 근로자 과반수 여부는 기존의 취업규칙을 적용받는 근로자와 장래 변경된 취업규칙을 적용받을 것으로 예상되는 근로자를 포함한 근로자집단을 기준으로 판단한다.[74]

취업규칙 변경시점에는 특정 근로자집단만이 직접적인 적용대상이지만 다른 근로자집단에게도 앞으로 변경된 취업규칙의 적용이 예상되는 경우에는 해당 집단을 포함한 근로자집단을 기준으로 판단한다. 예컨대, 간부사원 급여체계 변경은 당장에는 간부사원만이 직접적인 불이익을 받더라도 일반사원도 승진에 따라 장래에는 변경된 간부사원 급여체계의 적용이 예상되므로 간부사원과 일반사원을 포함한 전체근로자의 과반수 동의가 필요하다.[75]

ⓑ 다음으로, 근로자집단 간 근로조건이 다르고 각각 별개의 취업규칙을 적용받는 경우, 근로자집단 사이에 인사이동 등에 의한 교류가 없고 입사 시부터 별도의 근로조건을 적용받는 등 근로조건이 이원화되어 둘 이상의 집단으로 구분되는 상황[76]에서 특정집단을 대상으로 취업규칙이 변경되는 경우에는 전체 근로자가 아닌 해당 집단의 근로자를 대상으로 과반수 여부를 판단한다.[77]

3) 근로자 과반수로 조직된 노동조합

ⓐ 근로자의 과반수로 조직된 노동조합은 조합원 자격 유무와 관계없이 기존 취업규칙의 적용을 받고 있던 전체 근로자의 과반수로 조직된 노동조합을 의미하며, 노동조합 가입 자격을 가진 근로자의 과반수로 조직된 노동조합을 의미하는 것은 아니다.

ⓑ 조합원 자격이 인정되지 않은 간부직원 등의 근로자에게만 불이익하게 변경하는 경우라 하더라도 일반근로자에게도 장래에 변경된 근로조건 적용이 예상

---

74) 대판 2008.2.29, 2007다85997.

75) 대판 2009.5.28, 2009두2238.

76) 예를 들어, 한 사업장에서 경영상 필요에 따라 생산직과 관리직 등으로 나누어 인사노무관리를 별도로 하고 있는데 이중 관리직만을 대상으로 취업규칙을 변경하는 경우

77) 대판 1990.12.7, 90다카19647.

된다면 그 근로자를 포함한 전체근로자의 과반수로 조직된 노동조합이 동의 주체가 된다.[78)]

4) 근로자 과반수로 미만으로 조직된 노동조합

근로자 과반수 미만으로 조직된 소규모 노동조합은 의견청취 대상과 동의의 주체 아니다. 근로자 과반수 미만으로 조직된 노동조합 2개가 합쳐 근로자 과반수 이상이 된다 하여도 각 노동조합 모두 의견청취 대상 및 동의의 주체가 될 수 없으며 이 경우 근로자 과반수의 동의를 받아야 한다.

5) 노동조합 지부 또는 분회

(a) 산업별 노동조합의 지부 또는 분회의 경우 설립신고를 하지 않았거나 산업별 노동조합으로부터 위임을 받지 않았다면 의견청취 또는 동의의 주체가 될 수 없다.[79)]

(b) 그러나, 해당 지부 또는 분회가 설립신고를 하였거나 독자적인 규약이나 집행기관을 가지고 독립된 조직체로 활동하는 경우에는 산업별 노동조합의 위임을 받지 않았다고 하더라도 의견청취 또는 동의의 주체가 될 수 있다.[80)]

6) 노사협의회

원칙적으로 의견청취 대상과 동의의 주체가 아니나, 과반수 노동조합이 없고 근로자의 과반수 동의를 구함에 있어 모든 근로자가 장소적으로 한 자리에 모이는 것이 곤란한 경우에 기구별 부서별로 사용자측의 개입이나 간섭이 배제된 상태에서 근로자 상호간에 의견을 교환한 후 취합된 동의 의사를 노사협의회 근로자위원이 대리하여 표시한다면 노사협의회 근로자위원의 동의도 예외적으로 근로자 과반수의 동의를 받은 것으로 볼 수 있다.[81)]

---

78) 대판 2009.11.12, 2009다49377.

79) 근기 68207-1521, 2001.5.10.

80) 대판 2001.2.23, 2009도4299 참조.

7) 복수노조하의 교섭대표노동조합

교섭대표노동조합은 창구단일화 절차에 참여한 노동조합 등을 대표하는 것으로 전체 근로자수의 과반수로 조직된 노동조합과 다른 의미이다. 따라서, 교섭대표노동조합인 노동조합 자체의 조합원 수가 전체 근로자의 과반수가 아니라면 교섭대표노동조합이 동의한 경우에도 근로자 과반수로 조직된 노동조합이 동의한 것으로 볼 수 없다.[82]

다. 의견청취 방식

ⓐ 의견청취는 노사간 협의와 의견교환을 하는 것이며, 그 형태가 반드시 합의에 이르러야 하는 것은 아니다. 사용자는 취업규칙의 내용, 개정이유 등을 충분히 설명하고 근로자집단에게 검토할 시간을 부여한 다음 의견을 표명할 기회를 보장하여야 한다.

ⓑ 의견청취는 집단적 회의방식이나 근로자 개인에게 취업규칙안을 회람하여 서명을 받는 방법, 사내전산망 등 온라인 방식으로 의견을 청취하는 등 사업장 사정에 맞는 적절한 방법으로 할 수 있으나, 이 경우에도 근로자의 과반수 의견을 들었음을 객관적으로 입증할 수 있어야 한다.[83]

한편, 사용자는 근로자집단의 의견을 청취하는 것으로 충분하고 그 의견에 반드시 구속되어야 하는 것은 아니다.

5. 취업규칙의 불이익 변경과 동의 방식

가. 불이익 변경의 의의

ⓐ 취업규칙의 불이익 변경이란 종전보다 근로조건을 낮추거나 복무규율을 강화하는 것을 의미한다. 불이익 변경은 일반적으로 기존의 근로조건을 낮추는

81) 대판 1994.6.24, 92다28556 ; 근기 68207-2144, 1999.9.1.

82) 근로개선정책과-3008, 2012.6.8.

83) 근로기준팀-8936, 2007.12.26, 근기 68207-1213, 2003.9.25

것이나. 기존의 근로조건에 관한 규정을 삭제하는 경우, 일정기간 그적용을 배제하는 경우, 이전에 적용되던 근로조건보다 불리한 규정을 신설하는 경우도 포함된다.

ⓑ 그리고, 불이익 변경 여부의 판단 시점은 원칙적으로 취업규칙 변경이 이루어진 시점이다.[84)]

나. 불이익 변경의 구체적 판단

1) 취업규칙 변경사항이 여러 개인 경우

ⓐ 취업규칙에 규정된 근로조건 등(임금, 근로시간, 퇴직금 등) 여러 항목을 변경하는 경우, 개별 근로조건별로 불이익 여부를 판단하는 것이 원칙이나, 변경되는 하나의 근로조건을 결정짓는 각 요소 사이에 대가관계나 연계성이 인정된 경우에는 불이익 변경 여부를 각각의 개별 요소별로 판단하는 것이 아니라 전체적으로 종합하여 판단하여야 한다.

ⓑ 예를 들어, 퇴직금 지급률이 하향 조정되더라도 평균임금에 포함되는 임금항목이 많아져서 전체적으로 퇴직금액이 감소되지 않는다면 불이익으로 보지 않는다.[85)]

2) 일부 근로자에게 유리하고 일부 근로자에게는 불리한 경우

ⓐ 취업규칙의 변경내용이 유·불리에 따른 이익이 근로자 상호간에 충돌되는 경우에는 그러한 변경은 근로자에게 불이익한 것으로 보아 근로자들의 전체의 의사에 따라 결정하게 하는 것이 타당하다.[86)]

ⓑ 예를 들어, 사용자가 임금체계를 직무급 또는 성과급 등으로 바꾸는 경우, 노무관리나 생산성 향상 등 경영상 필요에 기초한 경영 판단에 관한 사항으로 그 자체만으로는 취업규칙(근로조건)의 불이익 변경으로 보기 어려우나, 이로 인해

---

84) 대판 1997.8.26, 96다1726.

85) 대판 1997.8.26, 96다1726.

86) 대판 1993.5.14, 93다1893.

전체적으로는 불이익 하지 않지만 결과적으로 일부 근로자의 임금 감소가 초래되는 경우에는 불이익 변경에 해당할 수 있다.[87)]

3) 근로자에게 선택권이 보장된 제도를 도입하는 경우

기존 제도보다 근로자에게 불리한 제도를 도입하는 경우라 하더라도 근로자에게 강제되는 것이 아니라 근로자가 자유롭게 선택할 수 있는 경우라면 불이익한 변경으로 볼 수 없다.

4) 규정의 구체화(세분화) 차원에서 취업규칙이 변경되는 경우

(a) 기존의 취업규칙의 규정이 불명확하거나 포괄적이어서 그 내용을 개념적으로 세분화하여 구체화하는 차원에서 취업규칙 내용을 수정·변경하는 경우에는 해석상의 논란을 해소하기 위한 것으로서 불이익한 변경으로 볼 수 없다는 것이 판례의 입장이다.

(b) 예를 들어, 인사규정에서 각 호로 규정된 징계사유와 징계종류를 세목화하여 상세히 규정하는 경우 불이익한 변경으로 보지 않는다.[88)] 또한, 인사운영지침의 세분화 과정에서 그 구체적 내용이 다소 상이하여도 제도의 성격이 본질적으로 같고 합병에 따른 제도의 통합 등 구체적인 사정에 대응하여 전체 근로자에 대한 통일적 적용을 위한 것이라면 불이익한 변경으로 보지 않는다.[89)]

다. 불이익 변경 시 동의 방식

1) 근로자 과반수로 조직된 노동조합의 경우

근로자 과반수로 조직된 노동조합은 사용자의 취업규칙 변경안에 대해 직접 동의하거나 단체협약 체결을 통하여 동의[90)]할 수 있으며, 이 경우 법령이나 단체

87) 부산지판동부지원 2014.5.20, 2013가단21019.

88) 대판 2015.6.24, 2013다22195.

89) 대판 2009.3.26, 2007다54498.

협약 또는 노동조합 규약 등에 의하여 대표권이 제한되어 있지 않는 한 대표자의 서명이 있으면 해당 노동조합이 동의한 것으로 본다.[91)]

2) 근로자 과반수의 경우

(a) 회의방식에 의한 근로자 과반수의 집단적 동의가 있어야 하며, 회의방식이란 ① 사용자의 개입이나 간섭이 배제된 상태[92)]에서, ② 사용자측이 개정내용에 대해 충분히 설명하고 근로자 상호간 충분한 의견을 교환하는 과정이 있어야 한다. 따라서, 사용자측의 충분한 설명과 근로자 상호간 의견 교환 과정이 생략된 채 개정 내용을 회람만하거나 개별 통지후 동의서 등에 단순히 서명하는 방식은 회의 방식에 의한 적법한 동의절차를 거쳤다고 보기 어렵다.[93)]

(b) 근로자 상호간 충분한 의견교환을 위하여 장소적으로 한 자리에 집합하여 회의를 개최하는 것이 원칙이나, 업무의 특성, 사업의 규모 또는 산재한 사업장 등의 사정으로 일시에 한 자리에 집합하여 회의를 개최하기 여려울 경우, 부서별 단위로 모이거나, SNS, 온라인 게시판 등을 통해 근로자 상호간에 충분히 의견을 교환하여 찬반의견을 집약한 후 이를 전체적으로 취합하는 방식도 허용될 수 있다.[94)] 또한, 전 직원에게 개정내용을 충분히 설명하고 기구별, 단위 부서별로 근로자 상호간 의견 교환 과정이 있거나 충분한 시간이 주어졌다면 '회람하는 문서에 서명하는 방식'도 인정될 수 있다.[95)]

90) 동의 방식으로 ① 단협 부칙 등에서 "단체협약 시행일 이전에 발생한 모든 사항을 위 협약에 의한 것으로 본다"는 규정을 두어 불이익 변경을 승인하는 방식(대판 1993.3.23, 92다52115), ② 단협에서 "회사는 1년 이상 계속 근로한 조합원이 퇴직 또는 사망하였을 때 직원보수 및 퇴직금규정이 정한 바에 의하여 퇴직금을 지급한다"는 식으로 취업규칙의 규정을 원용하는 방식(대판 2005.3.11, 200344691), ③ 단협에서 불리하게 개정된 취업규칙과 동일한 내용의 조항을 직접 두는 방식(대판 1999.6.11, 92다19316) 등이 있음(고용노동부, 취업규칙 해석과 운영지침(2016.1.22.) 참조)

91) 대판 1997.5.16, 96다2507.

92) 예를 들어, 동의과정에서 사용자가 근로자의 자율적이고 집단적인 의사결정을 저해할 정도로 명시 또는 묵시적인 방법으로 동의를 강요한 경우에는 적법한 동의가 있었다고 보기 어렵다(대판 2004.5.14, 2002다23185).

93) 대판 2001.6.26, 2000다65239.

94) 대판 1992.2.25, 91다25055.

(c) 그러나, 근로자 집단의 동의를 받기 어렵다는 이유로 근로자 과반수의 동의를 받지 않고 회사의 정관 및 이사회운영규정에 따라 이사회 심의·의결만으로 취업규칙을 불이익하게 변경한 경우에는 그 취업규칙의 효력은 인정되지 않는다.[96)]

3) 일부 근로자에게만 불리하게 변경된 경우[97)]

(1) 노무관리가 별개로 이뤄지는 집단으로 나뉘는 경우

(a) 사업장 내 근로자가 여러 집단('통상근로자와 단시간근로자', '노동조합 가입대상자와 비 대상자'등)으로 구분되어, 각 집단 별로 적용되는 취업규칙이 달라 노무관리가 별도로 이루어지고, 취업규칙 변경이 일정 근로자 집단만을 대상으로 하고 있는 경우 변경된 취업규칙을 적용받는 해당 근로자 집단의 의견 청취 또는 동의를 받으면 된다.

(b) 다만, 해당 근로자는 현재 뿐만 아니라 장래까지 포함하여 판단하여야 하며, 현재 해당하지 않더라도 승진이나 전보를 통해 지위가 달라지는 경우 해당 근로자의 범위에 포함되는 것으로 보아야 한다.

(2) 노무관리가 별개로 이뤄지는 집단으로 나뉘지 않는 경우

동일한 취업규칙을 적용받고, 노무관리가 별개로 이뤄지지 않는 집단 중 일부 근로자에게만 불리한 취업규칙 변경이 있을 경우 전체 근로자 집단의 동의를 받으면 족하며 별도로 불이익하게 변경되는 취업규칙 적용 대상자 과반수의 동의를 얻어야 하는 것은 아니다.[98)]

---

95) 대판 2003.11.14, 2001다18322.

96) 대판 1995.7.11, 93다26168.

97) 근로기준과-1118, 2009.4.24.

98) 근로기준과-1127, 2004.3.4.

라. 동의의 시기

취업규칙 불이익 변경에 대한 근로자 또는 노동조합의 동의는 그 변경된 취업규칙을 시행하기 전에 이루어져야 하나, 사전 동의 없이 취업규칙을 변경하여 시행하다가 이후에 과거의 불이익 변경에 소급적으로 동의를 받은 경우에는 그 효력이 소급하여 인정될 수 있다.[99] 다만, 이 경우 소급적 동의가 있기 전에 이미 퇴직한 근로자에게는 동의의 효력이 미치지 않는다.[100]

마. 동의의 효력

1) 원 칙

취업규칙 불이익 변경에 대한 적법한 동의절차가 있는 경우, 동의한 근로자뿐만 아니라 개별적으로 동의하지 않은 근로자에게도 적용된다.[101] 또한 과반수 노동조합이 취업규칙 불이익 변경에 동의하였다면 변경된 취업규칙은 조합원은 물론 비조합원에게도 효력이 미친다.

2) 신규입사자 및 재입사자

근로자집단의 동의 없는 불이익 변경의 경우 기존 근로자에는 무효라고 하더라도 신규입사자 및 재입사자에게는 유효하다.[102] 다만, 단체협약에 종전의 취업규칙과 같은 내용이 규정되어 있다면 불이익하게 변경된 취업규칙은 단체협약에 위배되므로 신규입사자 및 재입사자에게도 효력이 없다.

---

99) 대판 2005.3.11, 2003다27429.

100) 대판 1992.11.24, 91다31753.

101) 대판 1994.5.24, 93다46841 ; 대판 2008.2.29, 2007다85997.

102) 대판 1992.12.22, 91다45165 ; 근기 68207-1090, 1994.7.7.

6. 의견청취(동의) 절차 위반과 취업규칙의 효력

가. 의견청취 절차 위반 시

사용자가 취업규칙 작성 또는 변경에 대하여 근로자집단의 의견을 청취하지 않으면 500만원 이하의 벌금에 처해질 수 있다(근기법 제114조제1호). 다만, 의견청취 절차를 거치지 않고 취업규칙을 작성·변경하였다고 하더라도 불이익 변경이 아닌 한 해당 취업규칙의 효력이 무효로 되는 것은 아니다.[103]

나. 동의절차 위반 시[104]

(a) 사용자가 취업규칙을 근로자에게 불이익하게 변경하면서 동의를 받지 않은 경우에는 근로자에게 유·불리를 포함한 모든 변경규정은 효력은 없으며, 그 변경에 개별적으로 동의하는 근로자가 있더라도 변경된 취업규칙을 적용할 수 없고 변경전의 취업규칙을 적용받게 된다.[105]

(b) 한편, 하나의 근로조건을 구성하면서 서로 대가관계나 연계성이 있는 일부 요소가 불이익하게 변경된 경우 종합적으로 불이익 변경으로 볼 수 있음에도 동의를 얻지 못하는 경우, 일부 사항이 근로자에게 유리한 내용이 있더라도 동 부분을 포함한 전체가 무효로 된다.[106]

(c) 또한, 근로자집단의 동의 없는 불이익 변경이라도 그 후의 사정변경에 의해 근로자들이 이미 획득한 이익을 침해하지 않게 된 경우, 기존 근로자들에게는 개정된 취업규칙이 적용된다.[107] 그러나, 변경 전에 퇴직한 근로자에게는 그 변경의 효력이 미치지 않는다.

---

103) 대판 1994.12.23, 94누3001.

104) 사용자가 동의절차를 위반한 경우, 500만원 이하의 벌금에 처해질 수 있다. 그러나, 이 경우에도 그 변경에 사회통념상 합리성이 인정되는 경우 사용자를 처벌할 수 없다.

105) 대판 1991.3.27, 91다3031 ; 대판 1992.12.8, 91다38174 ; 대판 1997.8.26, 96다1726.

106) 대판 1995.3.10, 94다18072.

107) 대판 1997.8.26, 96다1726.

7. 불이익 변경이나 사회통념상 합리성이 있는 경우

가. 사회통념상 합리성[108]의 의의

(a) 취업규칙 불이익 변경 시 근로자집단의 동의를 받도록 한 것은 사용자가 일방적으로 근로조건을 불리하게 변경하는 것을 방지하고 근로자의 근로조건을 보호하기 위한 취지이므로 불이익 변경임에도 동의를 받지 못한 경우에는 원칙적으로 변경의 효력이 없다.

(b) 그러나, 기업경영상 필요성 등 여러 가지 사정상 취업규칙의 변경이 반드시 필요하고 그 내용도 불합리하지 않음에도 근로자집단이 합리적 이유 없이 동의를 거부하는 등 동의권을 남용하는 수준에 이르러 사용자의 경영권이 과도하게 제한 받게 되어 경쟁력을 상실하고 근로자는 고용이 불안정해지는 등의 문제가 발생할 수 있다. 이러한 예외적 상황의 경우, 판례는 불이익 변경의 필요성과 내용이 법적 규범성을 인정할 수 있을 정도로 사회통념상 합리성이 인정되는 경우, 근로자집단의 동의를 받지 못하였더라도 변경된 취업규칙의 효력을 부정하지 않고 있다.[109] 다만, 이 경우에도 불이익 변경에 대한 근로자집단의 동의를 받도록 한 「근기법」을 사실상 배제하는 것이므로 극히 제한적으로 엄격하게 해석해야 한다는 입장[110]이다.

---

108) 사회통념상 합리성 법리는 일본의 秋北バス사건(最大判 昭和40年(1968년) 第145号) 등에서 법원이 독자적으로 확립했던 법리를 원용하였다. 이 판결에서 최고재판소는 '근로자에게 불리한 근로조건을 일방적으로 부과하는 것은 원칙적으로 허용되지 않지만, 그 규정이 합리적인 것인 한 개별근로자는 그 적용을 거부할 수 없다'고 판시하여 변경 내용의 합리성을 요건으로 최업규칙 변경의 구속력을 인정하는 소위 '합리성 심사론'을 창출했다.

109) 취업규칙의 불이익 변경에는 근로자의 집단적 동의를 얻어야 한다고 명문화한 1989년 「근기법」 개정이후 '사회통념상 합리성'을 인정한 대법원 판례로는, 대판 2001.1.5, 99다70846 ; 대판 2002.6.11, 2001다16722 ; 대판 2003.12.18, 2002다57362 등 소수가 있다.

110) 대판 2010.1.28, 2009다32362 ; 대판 2015.8.13, 2012다43522.

나. 사회통념상 합리성 판단요소

1) 기본원칙

(a) 취업규칙의 변경에 사회통념상 합리성이 있다고 인정되려면 실질적으로 근로자에 불리하지 않는 등 근로자를 보호하려는 「근기법」의 입법취지에 원칙적으로 반하지 않아야 한다.

(b) 따라서, 사회통념상 합리성 유무는 취업규칙을 변경할 당시의 상황을 토대로 ① 근로자가 입게 되는 불이익의 정도, ② 취업규칙 변경 필요성의 내용과 정도, ③ 변경 후 내용의 상당성, ④ 대상조치 등을 포함한 다른 근로조건의 개선상황, ⑤ 노동조합 등과의 교섭경위와 노동조합이나 다른 근로자의 대응, ⑥ 동종사항에 관한 국내 일반적인 상황 등을 종합적으로 고려하여 판단하여야 한다.[111]

2) 판단요소

(1) 취업규칙 변경으로 근로자가 입게 되는 불이익 정도

임금조정, 퇴직금 개편 등을 함에 있어 근로조건의 저하가 근로자가 받아들이기 어려울 정도로 현저하게 불이익하지 않으면, 다른 판단요소 등을 종합적으로 고려하여 사회통념상 합리성이 인정될 수 있다.

(2) 사용자의 취업규칙 변경 필요성의 내용과 정도

취업규칙의 변경내용이 근로자의 기존 근로조건과 비교하여 불이익한 경우, 그 내용이 기업의 경영사정이나 조직운영 측면에서 반드시 필요한 것이어야 한다.[112] 예를 들어, 합병 등 기업조직의 변동시 근로조건의 통일을 위하여 취업규칙을 변경하는 경우 그 필요성이 인정될 수 있다.[113]

---

111) 대판 2015.8.13, 2012다42522에서는 이외에도 "취업규칙 변경에 따라 발생할 경쟁력 강화 등 사용자 측의 이익증대 또는 손실 감소를 장기적으로 근로자들도 함께 향유할 수 있는지에 관한 기업의 경영행태"도 사회통념상 합리성 유무 판단을 위한 고려사항의 하나로 포함하였다.

112) 대판 2005.6.23, 2004다68953.

113) 대판 2001.1.5, 99다70846.

(3) 취업규칙 변경 후 내용이 상당성을 갖추었는지 여부

취업규칙 변경 경위나 내용 등을 종합적으로 고려하였을 때 법적 규범성을 인정할 수 있을 정도인지를 판단하여야 한다.[114] 예를 들어, 불이익한 근로조건의 적용을 완화할 수 있는 경과조치가 있거나 상황변화에 따라 규정을 합리적으로 변경하는 경우 상당성이 인정될 수 있다.[115]

(4) 대상조치 등을 포함한 다른 근로조건의 개선 사항이 존재하는지 여부

근로자에게 일방적으로 불이익을 감수하도록 하는 것이 아니라 불이익하게 변경된 근로조건에 상응하여 다른 근로조건의 개선 또는 그 밖에 이익이 되는 보완조치가 있는 경우에는 사회통념상 합리성이 인정될 수 있다.[116]

(5) 노동조합 등과의 교섭 경위와 노동조합이나 근로자의 대응

사용자는 불이익 변경에 대하여 근로자들에게 변경의 필요성과 내용 등에 관한 충분한 설명을 하여야 하며, 근로자집단(근로자 과반수 또는 과반수노조)의 동의를 받기 위하여 최선을 다하여야 한다. 예를 들어, 변경된 취업규칙이 전체 근로자에게 적용이 예상됨에도 일부 근로자의 동의를 얻었다는 사정만으로 사회통념상 합리성을 인정하기는 어렵다.[117]

(6) 다른 동종업종 회사의 근로조건과 비교하여 상당한지 여부

변경된 근로조건이 동종업계와 비교할 때 특히 불리하다고 평가할 수 없는 상황에서 경영상의 어려움 등으로 인하여 불가피하게 이를 변경하고자 하는 경우 다른 판단요소 등을 종합적으로 고려하여 사회통념상 합리성이 인정될 수 있다.

---

114) 대판 2007.11.30, 2005두13247.
115) 대판 2004.7.22, 2002다57362.
116) 대판 2004.5.14, 2002다23185.
117) 대판 2015.8.13, 2012다43522.

다. 사회통념상 합리성 법리의 한계

(a) 사회통념상 합리성론은 기본적으로 취업규칙 불이익 변경의 효력요건으로서의 근로자 집단적 의사결정방식에 의한 동의를 명문으로 요구하고 있는 「근기법」규정과 조화되기 어려운 해석이다.

(b) 판례는 일정한 경우 사회통념상 합리성이 있는 변경이라면 불이익 변경이 근로자집단의 동의가 없더라도 유효한 변경이라고 예외적인 법리를 전개하고 있으나, 이러한 판례 법리는 취업규칙의 불이익 변경에 대한 대등결정의 원칙을 포기하는 것으로 극히 신중해야하고 일반화하는데 한계가 있다고 생각된다. 왜냐하면, 사용자가 종전보다 근로자들에게 불리하게 일방적으로 근로조건을 변경해도 근로자로서는 불리해진 근로조건을 거부하지 못하고 효력이 발생하는 결과가 되어 취업규칙 불이익 변경에 대한 근로자집단의 동의제도의 취지에 반하기 때문이다.

8. 취업규칙과 단체협약

가. 기본 원칙

(a) 취업규칙은 법령이나 해당 사업 또는 사업장의 단체협약에 반해서는 아니된다. 단체협약에 정한 “근로조건 기타 근로자의 대우에 관한 기준”에 위반하는 취업규칙의 부분은 무효로 되고 그 무효로 된 부분은 단체협약에 정한 기준에 따른다.[118)]

(b) 노동조합은 협약자치의 원칙상 사용자와 교섭을 통하여 근로조건을 유리하거나 불리하게 변경하는 내용의 단체협약을 체결할 수 있고, 특히, 특정 근로조건에 대해 취업규칙보다 불리하게 단체협약을 체결한 경우 특별한 사정이 없는 한 해당 근로조건에 대하여 취업규칙이 아닌 단체협약에서 정한 근로조건이

118) 「근기법」 제96조제1항, 「노조법」 제33조제1항, 고용노동부장관은 법령 또는 단체협약에 위반되는 취업규칙에 대해 변경명령을 할 수 있고, 동 변경명령에 따르지 않을 경우에는 500만원 이하의 벌금에 처할 수 있다(근기법 제96조제2항 및 제114조제2호).

적용된다.[119)]

(c) 이 경우, 조합원이 아닌 근로자에 대하여는 원칙적으로 취업규칙이 적용되나, 단체협약의 일반적 구속력에 의하여 동종 근로자의 반수 이상이 하나의 단체협약을 적용받을 때에는 비조합원인 경우에도 취업규칙이 아닌 단체협약이 적용된다.

나. 단체협약과 취업규칙 변경 유형에 따른 효력

1) 단체협약이 유효한 상황에서 취업규칙이 불리하게 변경된 경우

(1) 근로자 과반수로 조직된 노동조합이 있는 경우

(a) 근로자의 과반수로 조직된 노동조합은 '취업규칙 불이익 변경의 주체'이고 불이익 변경에 동의하였다는 것은 변경된 근로조건을 적용받는데 동의한 것으로 볼 수 있으므로 비조합원뿐만 아니라 해당 노동조합의 조합원에도 단체협약이 아닌 불리하게 변경된 취업규칙이 적용된다고 보는 것이 타당하다.

(b) 왜냐하면 취업규칙의 변경에도 불구하고 조합원에게는 단체협약이 적용된다고 볼 경우에는 비조합원에게만 적용될 근로조건을 노동조합이 결정하게 된다는 점, 노동조합이 스스로 근로조건 변경에 동의하였음에도 그것과 다른 근로조건이 적용된다는 점에서 불합리하기 때문이다. 이 경우 노사는 단체협약의 해당 조항을 변경된 취업규칙 내용에 맞게 변경하여야 할 것이다.

(2) 근로자 과반수로 조직된 노동조합이 없는 경우

노동조합은 있으나 근로자 과반수로 조직되어 있지 않은 경우에는 취업규칙 불이익 변경의 동의 주체가 아니므로 근로자 과반수의 동의를 얻어야 하며, 근로자에게 불이익하게 변경된 취업규칙이 단체협약의 내용과 다를 경우 조합원에게는 단체협약에 정한 근로조건이 적용된다. 다만, 해당 노동조합도 불이익 변경에 동의하였다면 조합원에게 불리하게 변경된 취업규칙이 적용된다.[120)]

---

119) 대판 2000.9.29, 99다67536.

2) 단체협약이 유효한 상황에서 취업규칙이 유리하게 변경된 경우

ⓐ 취업규칙과 단체협약 등 근로자에 대한 집단적 규율을 목적으로 하는 규범 상호간에는 '유리조건 우선의 원칙'이 적용되지 않는 것으로 보는 것이 일반적이므로 원칙적으로 유리한 취업규칙에도 불구하고 상위규범인 단체협약에 정한 근로조건이 우선 적용되는 것으로 보아야 한다.

ⓑ 다만, 단체협약에서 '취업규칙이 단체협약보다 유리하게 변경된 경우에는 취업규칙을 적용'하도록 규정한 경우라면 유리하게 변경된 취업규칙이 적용된다.[121)]

3) 취업규칙에 정한 근로조건보다 불리하게 단체협약이 변경된 경우

협약자치의 원칙상 노사가 취업규칙보다 근로조건을 불리하게 변경하는 내용의 단체협약을 체결한 경우 단체협약과 취업규칙 간 유리조건 우선의 원칙을 적용 배제하고 개정된 단체협약이 적용된다.[122)]

9. 취업규칙의 불이익 변경 관련 실무사례

① 성과연봉제 도입으로 일부 근로자에게 불리하다면 취업규칙의 불이익한 변경이므로 근로자집단의 동의를 받지 않았다면 효력이 없다.[123)]

성과연봉제 도입으로 전체 임금총액이 기존 급여체계에 비해 증가하였더라도 개인에 따라 유·불리 결과가 달라지므로 하위평가를 받는 근로자에게 불이익한 취업규칙 변경에 해당하나, 적법한 절차(근로자 집단의 동의)를 거치지 않았으므로 「근기법」에 위반되어 무효이다.

---

120) 고용노동부, 「취업규칙 해석 및 운영 지침(2016.1.22.)」 p.43.

121) 고용노동부, 「취업규칙 해석 및 운영 지침(2016.1.22.)」 pp.43~44.

122) 대판 2002.12.27, 2002두9063.

123) 서울중앙지판 2017.5.18, 2016가합566509 ; 서울중앙지판 2017.8.10, 2016가합26506.

② 임금피크제 도입을 위한 취업규칙 변경시 근로자들에게 제대로 공지하지 않고 자유로운 의견수렴이 보장되지 않았다면 적법한 취업규칙 변경으로 볼 수 없다.[124)]

임금피크제 도입으로 취업규칙을 근로자들에게 불이익하게 변경할 때, 회사가 임금피크제의 구체적인 내용을 제대로 공지하지 않았고, 조직의 최소단위인 부서별로 근로자들의 의견을 취합하여 과반수 이상의 동의를 얻었다 하더라도, 사실상 근로자들의 자발적인 회의를 통한 의견수렴이 보장되지 않았다면 적법한 취업규칙 변경이라 볼 수 없다.

③ 저성과자를 대상으로 한 영업추진역 프로그램은 취업규칙에 해당하고 연봉 감액 등이 수반된다면 취업규칙의 불이익 변경에 해당한다.[125)]

저성과자를 대상으로 한 영업추진역 프로그램 도입은 근로자의 근로조건 등에 관한 준칙의 내용을 정한 것으로서 사용자에 의해 일방적으로 작성된 사업장의 내부규칙인 취업규칙에 해당하고, 동 프로그램에 근로자가 최초 편입시 직전 연도 총 연봉의 10% 범위 내 감액을 하도록 하고, 개인별 목표 달성률이 70% 미만이면 경고를 하고 직전 총 연봉의 15% 범위 내 감액을 하도록 하는 것은 근로조건이 근로자에게 불이익하게 변경된 경우에 해당한다.

④ 임금 감액을 수반하는 임금피크제 도입은 정년 연장에 관계없이 취업규칙의 불이익한 변경으로 볼 수 있다.[126)]

법정 정년연장과 이에 따른 임금피크제 등은 하나의 근로조건으로서 서로 대가 관계나 연계성이 반드시 인정된다고 보기 어려우므로 기존 정년이 도달하는 해의 최종임금 수준보다 낮은 수준으로 임금 감액을 수반하는 임금피크제 도입은 정년 연장에 관계없이 취업규칙의 불이익한 변경으로 볼 수 있다. 다만, 연장된 정년에 맞게 임금피크제 지급률을 변경하면서 기존 임금 지급 수준보다 낮아

---

124) 대판 2017.5.31, 2017다209129.

125) 서울행판 2018.3.15, 2017구합68080.

126) 근로기준정책과-848, 2016.1.22 ; 근로기준정책과-1318, 2016.2.17.

지지 않는다면 불이익 변경으로 보기 어렵다.

⑤ 기업의 직제개편 등이 근로자의 근로조건에 영향을 미쳐 임금 등 기존의 근로조건이 저하된다면 취업규칙의 불이익한 변경에 해당한다.[127)]

기업의 인사(승진, 평가, 시험)·경영권(정원, 직제개편 등)에 속하는 사항은 원칙적으로 취업규칙에 포함되는 사항은 아니나, 직제변경 방식일지라도 근로자의 근로조건에 영향을 미쳐 임금 등 기존의 근로조건이 저하된다면 취업규칙을 불이익하게 변경하는 경우로 볼 수 있다. 그러나, 직급체계 변경으로 근로자들의 직급이 하향되지 않고 임금 등이 감소되지 않는다면 불이익 변경으로 볼 수 없다.

⑥ 「최임법」 개정에 따라 최저임금에 산입하기 위하여 1개월을 초과하여 지급하던 임금을 총액의 변동 없이 매월 지급하는 것으로 취업규칙을 변경하는 경우 근로자 과반수의 의견을 들어야 한다(최임법 제6조의2).

최저임금 산입범위 관련 「최임법」 제6조제4항 개정에 따라 1개월을 초과하여 지급되던 임금(정기상여금 등)을 최저임금에 산입하기 위하여 총액(지급주기가 변경되는 임금)의 변동 없이 매월 1회 이상 지급하는 것으로 취업규칙을 변경하는 경우에는 「근기법」 제94조제1항의 규정에도 불구하고(특례 인정) 해당 사업 또는 사업장에 근로자의 과반수로 조직된 노동조합이 있는 경우에는 그 노동조합, 근로자의 과반수로 조직된 노동조합이 없는 경우에는 근로자의 과반수의 의견을 들어 취업규칙을 변경할 수 있다.

127) 근로기준정책과-314, 2015.2.12, ; 근로기준정책과-1319, 2016.2.17.

주/요/쟁/점/실/무

제3절 근로시간제도 관련 쟁점

1. 근로시간의 개념과 범위

가. 의 의

(a) 근로시간이란 근로자가 사용자의 지휘·감독 하에 근로계약상의 근로를 제공하는 시간 즉, 근로자가 노동력을 사용자의 처분아래에 둔 실구속시간을 의미한다.[128)]

(b) 근로자가 사용자의 지휘·감독 하에 있었는지 여부는 근로계약의 내용, 취업규칙의 정함, 당해 활동의 업무관련성 등을 종합하여 사회통념에 의해 판단되어야 하고, 지휘·감독에는 적극적이고 구체적인 지시·명령, 불이익 취급에 의한 간접강제도 포함된다.

나. 기산점과 마감점

(a) 근로시간의 기산점(시업시각)과 마감점(종업시각)은 단체협약, 취업규칙 등에 정하여진 업무의 시작과 종료시각이 되는 것이 일반적이며, 업무의 시작과 종료 시각은 취업규칙의 필수적 기재사항이다(근기법 제93조).

(b) 시업시각을 언제로 볼 것인가에 대해서는 객관적으로 근로자가 어느 시점부터 사용자의 지휘·감독아래 놓여 있는가가 관건이 되나 일반적으로 단체협약이나 취업규칙에 정한 출근 확인시각을 시업시각(근로시간 기산점)으로 본다.

(c) 종업시각(근로시간 마감점)은 일반적으로 근로자가 사용자의 지휘·감독(실제로 구속되는 시간)을 벗어났다고 인정되는 업무 종료시각을 말한다.

---

128) 대판 1992.10.9, 91다14406 ; 대판 1993.9.28, 93다3363 등.

다. 근로시간 범위에 대한 쟁점 판단

근로시간은 일반적으로 출근부, 근무상황부, 근로시간계산기(Time recorder) 등에 의해 관리된다. 근무상황부에 기재된 시각이 업무시작 시각 전 또는 업무종료 시각 후인 경우, 그 시간이 실구속시간인지에 따라 근로시간 포함여부가 판단된다. 근무상황부 등에 기재되지 않아도 사용자의 지시·명령에 따른 근로는 근로시간으로 본다.[129)]

1) 본래 업무에 부수된 부속시간

(a) 본래의 업무에 부수된 부속시간의 경우도 단체협약이나 취업규칙, 근로계약이나 관습에 의해 사용자의 지휘·명령하에 이루어지는 등 의무화되어 있으면 실구속시간에 해당하므로 이에 소요된 시간은 근로시간이다.[130)]

(b) 예를 들어, ① 시업시각 이전의 활동이라도 작업지시의 수령, 작업조의 편성, 작업의 인수, 작업도구 준비·점검·정리 등은 원칙적으로 업무에 종사한 것이므로 근로시간에 산입된다. 또한, 장비 교체시간, 안전·보안교육·작업전 회의·교대시간, 정돈시간 등이 부수적 업무로서 단체협약·취업규칙 등에 소요시간이 명시되어 있는 경우도 근로시간으로 인정된다.[131)] ② 지하작업에 있어서 입·출갱시간은 근로시간에 산입된다.[132)] ③ 종업시각 이후의 활동이라도 기계·기구의 점검·청소·정리, 작업의 인계 등 다음 작업에 필요한 마무리작업은 업무활동의 최종부분으로서 근로시간에 산입된다.[133)]

(c) 다만, 회사 출입문과 탈의실 사이의 이동시간, 오전 작업 종료 후 점심·휴식을 위하여 안전보호장비를 벗는 시간 및 착용하는 시간, 작업 후 목욕시간이나 옷 갈아입는 시간 등은 특단의 사정이 없는 한 업무에 종사하는 것이 아니고 사

---

129) 대판 1992.1.8, 90다카21633.

130) 대판 1993.9.28, 93다3363.

131) 대판 1993.3.9, 92다22770 ; 대판 1993.5.27, 92다24509 등.

132) 대판 1994.12.23, 93다53276.

133) 대판 1993.3.9, 92다22770.

용자의 지휘·명령 하에 있지 않으므로 근로시간으로 보기 어렵다.[134)]

2) 휴게시간

ⓐ 휴게시간은 ① 근로자가 현실적으로 근로에서 떠나 있고, ② 시간적·장소적으로 근로에서 떠나는 것이 보장되어 근로자가 자유롭게 이용할 수 있는 상태에 있어야 한다.

ⓑ 휴게시간은 점심시간, 수면·휴식시간 등 명칭과 관계없이 근로시간 도중에 사용자의 지휘·명령으로부터 벗어나 자유로이 사용할 수 있는 시간으로 근로시간에 포함되지 않는다(근기법 제50조). 다만, 휴게시간이라고 하더라도 근로자가 실제 휴식할 수 없는 상태에서 대기하거나 근로를 제공하였다면 근로시간에 포함된다(휴게시간에 대한 자세한 내용은 후술의 '3. 휴게시간' 참조).

3) 대기시간

ⓐ 대기시간이란 사용자의 지휘·명령권이 배제되지 않으므로 통상적으로 사용자의 지시에 응할 수 있는 장소 내에서 작업준비 상태를 갖추고 있는 경우를 말한다.

이에 따라, 근로시간을 산정함에 있어서 작업을 위하여 근로자가 사용자의 지휘·감독 아래에 있는 대기시간 등을 근로시간으로 규정하고 있다(근기법 제50조 제3항).

ⓑ 예를 들어, ① 근로자가 근로태세를 갖추고 있으나 작업지시가 없어 대기하는 시간, ② 단속적 근로 대기시간, ③ 전화를 받거나 물품 또는 작업진행의 감시의무가 부여된 대기시간, ④ 의사나 식당업무마감원 등과 같이 손님을 기다리는 것이 본래의 업무인 대기시간 등은 근로자가 사용자의 지휘·명령으로부터 벗어나 자유롭게 이용할 수 있도록 제도적으로 보장되어 있지 않다면 휴게시간이 아닌 근로시간이다.

---

134) 임종률, 「노동법(제14판)」, 박영사, 2016, p.441 ; 日本 最高裁 2000.3.9 判決, 民集54卷3号 p.801.

4) 연수(워크숍)·교육시간 등

ⓐ 연수(워크숍·세미나 등)가 사용자의 지휘·감독 하에 효과적인 업무수행 등을 위한 집중 논의 목적이라면 그 시간은 근로시간에 해당하나, 단순히 직원 간 단합차원에서 이루어지는 워크숍 등은 근로시간으로 보기 어렵다. 또한, 워크숍 등 프로그램 중 직원 간 친목도모 시간이 포함되어 있는 경우에도 그 시간은 근로시간으로 보기 어렵다. 한편, 소정근로시간 외에 이루어지는 기업의 연수·교육활동과 기업행사(체육행사 등)의 근로자 참가도 단체협약·취업규칙·근로계약 등에 근로자 의무로 정해졌거나, 참가하지 않았을 때 일정한 불이익이 주어지는 경우에는 근로시간에 포함된다.[135]

ⓑ 또한, 사용자의 지시는 없으나, 법령에 의해 업무수행을 위하여 불가피한 교육[136]은 근로자의 과실에서 비롯된 것이 아니면 근로시간으로 본다. 그러나, 순수하게 근로자 개인적인 차원의 법정의무이행에 따른 교육 또는 이수가 권고되는 수준의 교육시간은 근로시간에 포함되지 않는다.

5) 출장·회식·접대 등 시간

ⓐ 근로시간의 전부 또는 일부를 사업장 밖에서 근로하여 근로시간을 산정하기 어려운 출장 등의 경우에는 소정근로시간(예 : 8시간) 또는 통상 필요한 시간(예 : 10시간)을 근로한 것으로 간주가 가능하다. 다만, 출장과 관련해서는 통상 필요한 시간(해외출장의 경우 비행시간, 출입국 수속시간, 이동시간 등)을 근로자대표와 서면합의를 통해 정하는 것이 바람직하다.

ⓑ 회식의 경우 근로자의 기본적인 노무제공과는 관련 없이 사업장 내 구성원의 사기 진작, 조직의 결속 및 친목 등을 도모하기 위한 차원으로 볼 수 있으므로 근로시간으로 인정되지 아니한다.

ⓒ 또한, 접대의 경우 사용자의 지시 또는 최소한의 승인이 있고, 업무수행과 관련이 있는 제3자를 소정근로시간 외에 접대하는 경우에 한하여 근로시간으로

135) 근기 01254-554, 1999.1.10
136) 운전근로자의 면허증 갱신을 위한 소양교육 등을 들 수 있다.

인정된다. 그러나, 휴일 골프 접대의 경우와 같이 상사의 지시에 따라 참여한 경우라도 자발적 참여 동기가 있고 접대 대상자나 장소, 시간을 임의로 선정하는 등 어느 정도 재량권이 있는 경우에는 회사의 구체적인 지휘·감독으로 이뤄진 것으로 볼 수 없으므로 근로시간으로 볼 수 없다.[137)]

6) 일·숙직 근무시간

(a) 일·숙직근로란 본래의 업무와 별개로 시설 감시, 긴급문서 접수, 전화수신, 돌발사태 대비 등 단속적으로 수행되는 가벼운 내용의 근로를 말한다.[138)]

(b) 취업규칙이나 사용자의 일반적인 지휘·감독권에 근거한 또는 관행으로 이루어지고 있는 전형적인 일·숙직근로는 본래의 업무와 별도의 부수적 근로계약이 체결된 것으로 본다. 따라서, 이러한 전형적인 일·숙직근로는 휴일·연장·야간근로로 취급되지 않으며, 부수적인 근로계약의 대가로 일·숙직 수당이 지급된다고 보며,[139)] 부수적 근로계약에 따른 별도의 근로라는 점에서 일·숙직수당은 그것이 실비변상이라고 할 만한 특별한 사정이 없는 한 일·숙직근로의 대가인 임금으로 본다.

(c) 일·숙직근로와 통상근로의 구분과 취급은 일반적으로 일·숙직근로의 노동강도가 본래의 업무에 비해 상당히 약한 경우에는 전형적 일·숙직근로에 준하여 취급하고, 노동강도가 본래의 업무와 유사하거나 상당히 높은 유사일·숙직근로에 대해서는 통상의 근로에 준하여 처리한다.[140)]

[일·숙직근로에 대한 노무관리지도지침][141)]

1. 목 적

사업장 근로자가 본래의 담당업무 이외의 시간에 일·숙직 근로를 할 경우 근로기준법 제56조의 규정에 의한 휴일, 연장, 야간근로로 볼 것인가, 또한 그에 따른 법정수당을

137) 서울중앙지법 2018.10.30., 2018나25938.

138) 하갑래, 「근로기준법(제29판)」, ㈜중앙경제, 2017, p.336.

139) 서울민사지판 1992.9.24, 90가합90460.

140) 대판 1995.1.20, 93다46254. ; 대판 1996.6.28, 94다14742.

가산한 임금을 지급할 것인가에 대한 다툼이 있어 이에 대한 지침을 마련하여 사업장 노무관리지침으로 운영코자 함

2. 일·숙직근로의 정의

일·숙직 근로라 함은 본래 담당업무와 별개의 근로로써 사업장시설의 정기적 감시, 긴급문서 또는 전화의 수수, 기타 돌발사태 발생을 대비한 준비 등 경미한 내용의 근로를 단속적으로 수행하는 것을 말한다.

3. 일·숙직근로의 실태

1) "일·숙직근로의 정의"에서 말하는 내용의 전형적인 형태의 일·숙직근로
2) 일·숙직근로시간 중에 1)의 전형적인 일·숙직 업무와 병행하거나 따로 본래의 업무와 같거나 유사한 근로를 계속하므로서 본래의 업무와 명확하게 구분하기 어려운 일·숙직근로

4. 노무관리지도 지침

가) 일반원칙

- 사업장 취업규칙(복무규정, 일·숙직규정 등 내규)이나 사용자의 일반적 지휘감독권에 근거한 지시(명령), 또는 관행으로 이루어지고 있는 일·숙직은 본래의 업무와는 별도의 부수적 근로계약이 이루어진 것으로 본다.
- 휴일, 연장, 야근근로라 함은 근로자의 본래의 업무를 휴일이나 기본 근로시간 이외의 연장시간 또는 야간에 근로하는 것을 말하므로 본래의 업무와 다른 일·숙직 근로는 휴일, 연장, 야간근로로 볼 수 없으므로 이에 따른 본래의 통상임금을 기준으로 한 근로기준법 제56조의 수당지급의 문제는 발생하지 아니한다.
- 일·숙직근로에 대하여 일정액의 수당을 지급하는 경우에는 그것이 실비변상이라고 할만한 특별한 사정이 없는 한 이는 일·숙직근로의 대가인 임금으로 본다.
- 일·숙직을 본래의 업무로 하는 근로자에 대하여는 이 지침의 적용대상에서 제외한다.

나) 형태별 노무관리지도 지침

- 일·숙직근로실태 1)의 경우 "가)"의 일반원칙에 의거 지도할 것
- 일·숙직근로실태 2)의 경우에 일·숙직시간중에 수행하는 업무의 노동강도가 경미할 경우에는 일·숙직근로실태 1)의 경우와 같이 지도할 것
- 일·숙직근로실태 2)의 경우라도 노동의 강도가 본래의 업무와 유사하거나 상당히 높을 경우에는
  - 본래의 업무와 별도로 일·숙직 수당이 지급되고 있는가를 판단하여 본래의 업

무에 상당한 임금이 지급되도록 할 것
- 본래의 업무에 대한 임금액에 일·숙직 임금까지 포괄하여 결정되었을 경우에는 별도의 임금지급 문제는 발생하지 아니함

라. 근로시간 범위 관련 실무 사례

① 작업준비시간(차량점검, 요금통 설치, 연료충전 등)은 근로시간에 해당한다.[142)]

대기시간 및 식사시간은 사용자의 지배관리에서 벗어나 근로자가 자유롭게 이용할 수 있다면 휴게시간에 해당하며, 작업준비시간(차량점검, 요금통 설치, 연료충전 등)은 근로시간에 해당된다. 한편, 출장 등 사업장 밖의 근로는 그 성격상 근로시간에 대해 사용자의 직접적이고 구체적인 통제가 이루어지기 어려워 정확한 근로시간 산정이 곤란하므로, 「근기법」 제58조 '통상적인 소정근로시간을 초과하여 근로하는 경우를 제외하고는 소정근로시간을 근로한 것으로 본다.

② 차량운행 중 신호대기, 교통체증, 승하·차 등으로 인한 정지시간, 차량운행에 부대되는 배차·점검 등에 필요한 시간 등은 근로시간에 해당한다.[143)]

차량운행 중 신호대기, 교통체증, 승하·차 등으로 인한 정지시간, 차량운행에 부대되는 배차·점검 등에 필요한 시간 등은 근로시간에 해당되므로 운행기록장치상 운행시간은 아니더라도 동 임금협정에 의해 근로시간으로 보아야 할 정당한 사유가 있다. 다만, 운행기록장치상 정지시간 중 정당한 사유가 있는 근로시간으로 인정하는 확인·입증방법, 판단기준 등에 대해서는 노사가 협의하여 세부기준을 마련하는 것이 바람직하다.

141) 임금근로시간정책팀-3230, 2007.10.25.

142) 근기 68207-3345, 2002.12.12

143) 근기 68207-4500, 2001.12.29.

③ 승무원이 '항공기를 운항하기 위하여 항공기가 있는 장소까지 이동하는 시간'이나 '지정된 장소까지 비행기 운항을 마치고 근로가 종료된 후 귀가하는 시간'은 근로시간으로 볼 수 없다.[144)]

항공기 운항 승무원이 '항공기를 운항하기 위하여 항공기가 있는 장소까지 항공편 또는 지상 운송수단으로 이동하는 시간'이나 '지정된 장소까지 비행기 운항을 마치고 근로가 종료된 후 항공편 또는 지상운송수단으로 귀가하는 시간'은 출·퇴근에 소요되는 시간으로서 「근기법」상의 근로시간으로 볼 수 없다.

④ 작업량이 없는 시간을 별도로 정하여 '취침시간으로서 휴게시간으로 본다'고 규정하면서 실제로 취침시간을 부여하였다면 근로시간으로 볼 수 없다.[145)]

단체협약·취업규칙·근로계약 등에서 시업시각(출근시간)과 종업시각(퇴근시간)을 정하고 작업량이 없는 시간을 별도로 정하여 '취침시간으로서 휴게시간으로 본다'고 규정하면서 실제로 취침시간을 부여하였다면 동 취침시간은 근로시간으로 볼 수 없다고 사료됨. 다만 단체협약·취업규칙·근로계약 등에서 취침시간의 일부 또는 전부에 대하여 근로시간에 포함한다는 특약이 있는 경우에는 그에 따라야 할 것임

⑤ 교육시간이 근로시간에 포함되기 위해서는 사용자가 근로시간 중에 직무와 관련한 교육·훈련을 실시하거나, 근무시간외에 의무적으로 교육·훈련을 실시하는 경우이다.[146)]

교육시간이 근로시간에 포함되기 위해서는 사용자가 근로시간 중에 '생산성 향상' 등 직무와 관련한 교육·훈련을 실시하거나, 근로시간 종료 후 또는 휴일에 근로자를 소집하여 의무적으로 교육·훈련을 실시하는 경우이다. 따라서 교양시간에 임금을 지급해야 하는지에 대하여는 동 교양시간이 '생산성 향상' 등 직무 관련성이 있는지 여부와 근로자가 거부할 수 없는 의무적 사항인지 여부 등을 고

144) 근기 68207-77, 2001.1.8

145) 근기 68207-2917, 2000.9.25.

146) 근로기준과-2993, 2009.8.13.

려하여 종합적으로 판단하여야 한다.

⑥ 아침 체조시간이 근로자에게 자율성이 부여되어 불참으로 인한 불이익이 없는 경우 사용자의 지휘·감독 아래 있는 근로시간으로 볼 수 없다.[147)]

아침 체조시간이 근로자에게 자율성이 부여되어 불참으로 인한 불이익이 없고, 실제로 오전 8시를 넘겨 20~30분정도 지각을 하여도 8시 출근으로 인정해주고 있는 경우라면 달리 볼 사정이 없는 한 오전 7시 45분부터 시작되는 아침체조시간을 사용자의 지휘·감독 아래 있는 근로시간으로 볼 수 없다.

⑦ 교육이수가 의무화되어 있고, 교육참석이 사용자의 지시·명령에 의해 이루어진 경우 교육시간은 근로시간에 포함된다.[148)]

본 건 교육의 경우 방문건강관리사업에 종사하는 전문인력은 반드시 이수토록 되어 있는 점, 교육 참석이 사용자의 지시·명령에 의해 이루어진 점 등을 고려할 때, 동 교육시간은 근로시간에 포함된다.

⑧ '화합의 시간' 참가 및 '학습 프로그램 평가' 수행에 불참할 경우 불이익이 가해지는 경우 근로시간에 포함된다.[149)]

'화합의 시간' 참가 및 '학습 프로그램 평가' 수행이 사용자의 지시에 의해 이루어지고, 이에 참가하지 않았을 경우 일정한 불이익이 가해지는 경우에는 근로시간으로 볼 수 있다.

⑨ 운전직에 종사하는 근로자의 간헐적인 수면이나 식사시간은 대기상태에서 이루어지는 것으로 근로시간에 해당한다.[150)]

우편물 운송차량의 운전직에 종사하는 직원들이 격일제 근무형태로 근무하는 도중에 수시로 수면이나 식사 등 휴식을 취하여 온 것은 사실이지만, 이는 어디

147) 근로개선정책과-994, 2011.4.26.
148) 근로개선정책과-2570, 2012.05.09.
149) 근로개선정책과-4354, 2012.8.28.
150) 대판 1993.5.27, 92다24509.

까지나 일정한 시간에 출근하여 퇴근할 때까지 항상 사업장 내에서 운전업무 등의 노무제공을 위하여 대기하는 상태에서 그 공백시간에 틈틈이 이루어진 것이지 결코 일정한 수면시간이나 휴식시간이 보장되어 있어 피고 법인의 지휘·감독으로부터 벗어나 자유로운 휴게시간으로 이용한 것이 아니므로 근로시간에 포함된다.

⑩ 근로자가 근무시간 도중에 현실로 업무에 종사하지 않은 대기시간이나 휴식·수면시간 등이라 하더라도 그것이 휴게시간으로서 근로자에게 자유로운 이용이 보장된 것이 아니고, 실질적으로 사용자의 지휘·감독 아래 놓여 있는 시간이라면 근로시간에 포함된다.[151)]

야간휴게시간에 근무초소(경비실) 내의 의자에 앉아 가면상태를 취하면서 급한 일이 발생할 시 즉각 반응하도록 지시한 점, 야간휴게시간에 근무초소(경비실) 내의 조명을 켜 놓도록 한 점, 야간휴게시간에 피고의 지시로 시행된 순찰업무는 경비원마다 매번 정해진 시간에 이루어지지 않았고, 이로 인하여 나머지 휴게시간의 자유로운 이용이 방해된 것으로 보이는 점 등을 종합하여 보면, 아파트 경비원들의 야간휴게시간은 자유로운 이용이 보장되는 휴식·수면시간으로 보기 어렵고, 혹시 발생할 수 있는 긴급 상황에 대비하는 대기시간으로 볼 여지가 충분하다.

⑪ 출장지로의 이동에 필요한 시간은 근로시간에 포함시키는 것이 원칙이나, 출퇴근에 갈음하여 출장지로 출근 또는 출장지에서 퇴근하는 경우는 제외할 수 있다.[152)]

출장에 있어 통상 필요한 시간을 산정할 경우 출장지로의 이동에 필요한 시간은 근로시간에 포함시키는 것이 원칙이나 출퇴근에 갈음하여 출장지로 출근 또는 출장지에서 퇴근하는 경우는 제외할 수 있다. 다만, 장거리 출장의 경우 사업장이 소재하는 지역에서 출장지가 소재하는 지역까지의 이동시간은 근로시간

151) 대판 2017.12.13, 2016다243078.

152) 근기 68207-1909, 2001.6.14.

에 포함시키는 것이 타당하다.

⑫ 근로시간 측정에 있어서 시업시각은 사업주가 시업시각으로 정하여 시행하는 시각부터가 근로시간이 되며, 조기출근시간은 의무 불이행시 임금감액이나, 제재가 있는 경우에만 근로시간에 해당한다.[153)]

시업시각과 종업시각은 소정근로시간의 길이와 위치를 명확히 하기 위한 것으로 사업장이나 업종에 따라 그 시업시각은 다르므로 근로기준법 제94조(취업규칙의 작성신고)에서 사업주가 정하여 시행하도록 규정하고 있는 바, 근로시간 측정에 있어서 시업시각은 사업주가 시업시각으로 정하여 시행하는 시각부터가 근로시간이 된다. 다만, 시업시각 이전에 조기출근토록 하여 시업에 지장이 없도록 하는 것을 근로시간으로 인정하여 임금이 지급되어야 할 것인가 여부는 조기출근을 하지 않을 경우 임금을 감액하거나 복무 위반으로 제재를 가하는 권리의 무관계라면 근로시간에 해당될 것이나 그렇지 않다면 근로시간에 해당되지 않는다.

2. 법정기준근로시간

가. 연 혁

(a) 근로시간은 임금과 함께 가장 중요한 근로조건이며 근로자의 근로조건에 관한 최초의 법적 논의는 장시간 근로로부터 근로자를 보호하는 데에서 출발하였다. 따라서, 흔히 근로시간법이라고 하면 '근로시간의 단축'에 관한 입법론적 논의에서 출발하는 것이 보통이고 근로시간법 또는 노동운동의 역사는 근로시간의 단축의 역사라고 할 수 있다.[154)]

(b) 근로시간 단축은 처음에는 8시간근로제의 정착을 목표로 논의되었으나, 이것이 1919년의 ILO협약 1호[155)]로 세계적인 표준이 된 이후에는 주당근로시간

153) 근기 01254-13305, 1988.8.29.

154) 노동법실무연구회, 「근로기준법주해」, 박영사, 2010. p.70.

155) 「공업부문 사업장에서 근로시간을 1일 8시간, 1주 48시간으로 제한하는 협약」: [제2조] 동

단축에 초점이 맞추어졌다. ILO는 1935년에 47호 협약을 통해 주40시간 근로제를 채택하였고, 이후 1962년에 제116호 권고를 통해 1주40시간 근로제를 '달성해야 할 사회적 기준'이라고 선언하면서 생활수준의 저하 없는 근로시간 단축을 유도하고 있다.[156)]

(c) 우리나라의 경우, 1953년 제정된 「근기법」에서는 1일 8시간, 1주 48시간을 규정하였다. 1989년에는 주당 법정기준근로시간을 44시간으로 단축하였으며, 이후 1998년 외환위기를 맞아 실업극복을 위해 근로시간 단축이 논의되었으며 2004.7.1.부터 1주 40시간제가 업종과 규모에 따라 단계적으로 도입되어 2011. 7.1부터 상시근로자 5인 이상 사업(장)에 시행되고 있다.

나. 기준근로시간[157)]의 내용

1) 의 의

기준근로시간이란 「근기법」에 의해 1주 또는 1일 단위로 하여 규제되는 근로시간을 의미한다. 이러한 기준근로시간 규정은 법률이 정한 시간을 초과하여 근로시킬 수 없다는 절대적 금지조항은 아니며, 기준을 초과하여 근로하는 경우에 연장근로 가산수당을 지급하는 기준이 되는 시간을 의미한다.[158)]

(1) 1일의 의미

1일 이라함은 통상적으로 0시부터 24시간에 해당하는 역일(曆日)에 의한 하루를 의미하지만 계속된 근로의 중간에 0시가 끼어 2역일에 걸칠 때에는 비록

일한 가족에 속하는 자만을 고용하는 사업장을 제외한 공공부문과 민간부문을 불문한 일체의 공업부문 사업장 및 당해 사업장의 각종 분야에 고용된 자의 근로시간은 1일 8시간, 1주 48시간을 초과하여서는 아니 된다.

156) 하갑래, 「근로기준법(제29판)」, ㈜중앙경제, 2017, p.325.

157) 근로시간에 대한 가장 기본적인 노동법적 규제는 1주 및 1일에 대한 최장근로시간을 설정하는 형태로 나타난다. 이러한 최장근로시간을 '기준근로시간' 또는 '법정근로시간', '법정기준근로시간'이란 용어를 쓴다.

158) 최영우, 「개별노동법 실무」, ㈜중앙경제, 2017, p.386.

역일을 달리하더라도 그 계속된 근로를 1일 근무로 보아야 하고 시업시각이 속하는 날의 계속근로로 보아야 한다.

(2) 1주간의 의미

1주간은 통상 일요일부터 토요일까지를 기준으로 하지만 단체협약, 취업규칙, 근로계약 등에서 정한 특정한 날을 기산일로 한다.[159] 예를 들어 개개 근로자가 사업장에서 근로를 시작한 날로부터 7일간으로 정할 수 있다. 「근기법」상 근로시간 계산에 있어 '1주'란 휴일을 포함한 7일을 말한다(제2조제1항제7호).[160]

2) 대상별 기준근로시간과 규제

현행법상 근로시간 규제의 기본구조는 원칙과 특례 그리고 적용제외로 나눌 수 있다. 「근기법」상 근로시간은 1주 및 1일 기준근로시간을 두고 1주 또는 1일의 기간 중에 근로가 행해지지 아니하는 휴일과 휴게가 있고, 그 예외로서 연장근로와 휴일근로를 두고 있다. 아울러, 연소자나 임신 중 근로자, 유해·위험작업 근로자 등을 특별히 보호하기 위해 근로시간 제한과 관련한 특례를 두고 있다.

(1) 일반근로자 기준근로시간

일반(성인)근로자의 기준근로시간에 대해 「근기법」은 '1주간의 근로시간은 휴게시간을 제외하고 40시간을 초과할 수 없고, 1일의 근로시간은 휴게시간을 제외하고 8시간을 초과할 수 없다'고 규정하고 있다(제50조). 다만, 당사자간에 합의하면 1주간(7일)에 12시간을 한도로 근로시간을 연장할 수 있으므로(제53조), 1주간의 근로시간 한도는 휴일·연장근로를 포함하여 최대 52시간이 된다.[161] 이러한 법정기준근로시간은 성인 남성 및 여성에게 같이 적용된다.

---

159) 근기 68207-2855, 2000.9.19.

160) 2018.3.20. 근로시간 단축을 위한 「근기법」 개정으로 1주가 7일 임을 명시하였다.

161) 「근기법」 개정 전에는 고용노동부 행정해석(근기 01254-11483, 1990.8.17 등)에 따라 연장근로와 휴일근로를 별개로 해석하여 당사자간 합의에 의한 연장근로시간은 휴일근로시간을 포함하지 않았으나, 2018.3.20. 법 개정으로 '1주를 휴일을 포함한 7일'로 규정하여 1주 최대 근로

(2) 연소근로자 기준근로시간

연소근로자인 15세 이상 18세 미만인 근로자의 경우, 근로시간은 1일 7시간, 1주 35시간을 초과하지 못한다. 다만, 당사자 사이의 합의에 따라 1일에 1시간, 1주에 5시간을 한도로 연장할 수 있다(근기법 제69조).[162] 이와 같이 연소근로자의 근로시간을 성인과 다르게 규정한 것은 성장기에 있는 연소자를 과도한 노동과 취학 등을 보호하기 위함이다. 한편, 고용노동부장관의 취직인허증을 소지한 15세미만의 자가 취업한 경우에 관해서는 별도의 규정이 없으나 당연히 15세 이상 18세 미만 근로자의 근로시간이 적용된다.

(3) 유해·위험작업 기준근로시간

유해·위험작업[163]의 경우 작업의 특수성을 감안하여 근로시간은 1일 6시간, 1주 34시간을 초과하지 못하고 연장근로를 할 수 없도록 규정하고 있다(산안법 제46조). 따라서, 유해·위험작업 종사자의 경우에는 변형 근로시간제의 대상이 되지 않고 연장근로도 허용되지 않는다.

(4) 여성 임신기 근로시간 단축제

(a) 여성근로자가 임신한 경우 12주 이내는 유산의 위험이 가장 높고 임신 36주 이후는 조산의 위험이 높기 때문에 해당 기간에 임신기 근로시간 단축제를 도입하였으며, 해당 근로자가 근로시간 단축을 신청하는 경우 이를 허용해야 한다(근기법 제74조제7항).

(b) 근로시간 단축 허용 범위는 1일 근로시간이 8시간 미만인 근로자가 근로

시간 한도를 52시간으로 단축하였다. 다만, 근로시간 단축에 따른 중소기업의 경영상 부담 등을 고려하여 기업규모별로 단계적으로 시행 한다[근로자 300인 이상 및 국가, 지자체, 공공기관 : 2018.7.1.(특례업종에서 제외된 21개 업종은 2019.7.1.), 근로자 50~300인 미만 : 2020.1.1., 근로자 5~50인 미만 : 2021.7.1.].

162) 「근기법」 개정으로 2018.7.1부터 주 40시간에서 35시간으로 단축되었다. 이에 따라 법 개정 전 연장근로를 포함하여 1주 최대 근로가능시간은 46시간(40시간+6시간)에서 40시간(35시간+5시간)으로 단축되었다.

163) 잠수·잠함작업 등 고기압 아래에서 행하는 작업을 말한다(산안법시행령 제32조의8제1항).

시간 단축을 신청하는 경우 6시간이 되도록 허용할 수 있으나, 1일 근로시간이 6시간 이하인 경우에는 사용자가 허용할 의무는 없다.[164)]

[「근기법」상 근로시간 규제]

구분	기준근로시간		연장근로	야간근로	휴일근로
	1일	1주			
성인 남성근로자	8	40	1주(7일)12시간	가능(동의)	
성인 여성근로자	8	40	1주(7일)12시간	가능(동의)	
임신 중 근로자	8	40	불가	명시적청구+장관인가	
출산후 1년 미경과	8	40	1일2H, 1주6H, 1년150H	본인 동의+장관인가	
육아기 근로시간 단축	1주 15~30		명시적 청구, 1주 12시간	-	
18세 미만(15~17세)	7	35	1일1H, 1주5H	본인 동의+장관인가	
유해·위험작업 (고기압)근로자	6	34	불가	가능(동의)	

3) 소정근로시간

(a) 소정(所定)근로시간이란 법정기준근로시간의 범위 내에서 근로자와 사용자 사이에 근로하기로 정한 시간을 의미한다(근기법 제2조제1항제7호). 또한, 소정근로시간은 취업규칙의 필수적 기재사항으로 일반적으로 회사의 취업규칙 등에서 정하고 있는 시업시각부터 종업시각까지의 근로시간을 말한다.

(b) 소정근로시간은 단체협약·취업규칙·근로계약 등에서 일하기로 정한 시간을 기준으로 한다. 단시간근로자의 1일 소정근로시간은 4주간의 소정근로시간을 그 기간의 통상근로자의 총소정근로일수로 나누어 산출된 시간 수로 한다.[165)]

〈단시간근로자 1일 소정근로시간 산정례〉

※ 월~금 주5일 근무자가 1주째 20시간, 2주째 15시간, 3주째 20시간, 4주째 25시간 일했을 때 1일 소정근로시간(단 통상근로자 주5일 근무)?

→ 20시간+15시간+20시간+25시간/5일×4주=4시간

164) 「근기법」 제74조제7항에 따른 여성 근로자의 근로시간 단축 신청을 허용하지 않을 경우 500만원 이하의 과태료(위반 횟수와 상관없이 500만원의 과태료)가 부과된다.

165) 비정규직대책팀-4349, 2007.12.10

(1) 「최임법」상 소정근로시간

ⓐ 최저임금 위반여부의 판단 등 최저임금 적용을 위한 임금의 환산방식에서 다음과 같은 '소정근로시간(적용기준 시간)'의 개념을 사용하고 있다.

ⓑ 즉, 「최임법시행령」 제5조에서 "근로자의 임금을 정하는 단위가 된 기간이 그 근로자에게 적용되는 최저임금액을 정할 때의 단위가 된 기간과 다른 경우에는 그 근로자에 대한 임금을 다음 각 호의 구분에 따라 시간에 대한 임금으로 환산"한다고 규정하고 있다.

1. 일(日) 단위로 정해진 임금 : 그 금액을 1일의 소정근로시간 수로 나눈 금액
2. 주(週) 단위로 정해진 임금 : 그 금액을 1주의 최저임금 적용기준 시간 수(1주 동안의 소정근로시간 수와 「근기법」 제55조제1항에 따라 유급으로 처리되는 시간 수를 합산한 시간 수를 말한다)로 나눈 금액
3. 월(月) 단위로 정해진 임금 : 그 금액을 1개월의 최저임금 적용기준 시간 수(제2호에 따른 1주의 최저임금 적용기준 시간 수에 1년 동안의 평균의 주의 수를 곱한 시간을 12로 나눈 시간 수를 말한다)로 나눈 금액
4. 시간·일·주 또는 월 외의 일정 기간을 단위로 정해진 임금 : 제1호부터 제3호까지의 규정에 준하여 산정(算定)한 금액

(2) 「고보법」상 소정근로시간

구직급여의 산정 기초가 되는 임금일액을 결정하기 위하여 피보험자의 이직 전 1일 소정근로시간의 산정은 다음 각 호의 구분에 따른다.

1. 수급자격자의 소정근로시간이 일(日) 단위로 정해진 경우 : 해당 소정근로시간
2. 수급자격자의 소정근로시간이 주(週) 또는 월(月) 단위의 기간으로 정해진 경우 : 해당 기간의 소정근로시간에 소정근로시간 외의 유급근로시간을 합산한 총 근로시간을 해당 기간의 총 일수로 나눈 시간. 다만, 소정근로시간이 주마다 다른 경우에는 이직 전 4주 동안의 소정근로시간에 소정근로시간 외의 유급근로시간을 합산한 총 근로시간을 28로 나눈 시간으로 한다.

3. 휴게시간

가. 의 의

휴게제도는 근로자의 피로를 회복시키고 권태감을 감소시켜 노동력을 재생산하여 근로의욕을 확보·유지하는데 그 목적이 있다.

「근기법」에서는 “사용자는 근로시간이 4시간인 경우에는 30분 이상, 8시간인 경우에는 1시간 이상의 휴게시간을 근로시간 도중에 주어야 하며, 휴게시간은 근로자가 자유롭게 이용할 수 있다.”고 규정하고 있다(제54조).

나. 휴게시간의 길이

(a) 휴게시간은 근로시간이 4시간인 경우 30분 이상, 8시간인 경우 1시간 이상을 근로시간 도중에 주어야 한다.[166] 즉 4시간 이상 8시간 미만이면 30분 이상, 8시간 이상이면 1시간 이상의 휴게시간을 주어야 한다는 의미다.

(b) 이와 같은 법정 휴게시간은 근로자의 건강을 위해 최소한도로 필요한 시간을 의미하므로 단체협약·취업규칙 등에 정하여 휴게시간을 법정 기준 이상으로 길게 하더라도 무방하다. 다만, 지나치게 긴 시간을 휴게시간으로 설정하는 것은 근로자에게 불필요한 출·퇴근을 강요하게 되므로 바람직하지 않다.

다. 휴게시간의 배치

(a) 「근기법」에서는 “휴게시간은 근로시간 도중에 주어야 한다.”고 규정하고 있다(제54조제1항). 따라서 휴게시간을 시업시각 전 또는 종업시각 후에 주는 것은 위법이다.[167] 이와 같이 법에서는 휴게시간의 구체적인 부여 방식과 배치에 관하여는 아무런 정함이 없으므로 어느 시간대에 휴게를 배치하는가는 원칙적으로 사용자의 재량에 속한다.

---

166) 일본의 경우 노동기준법 제34조에 ‘6시간 초과시 적어도 45분, 8시간 초과시 적어도 1시간’을 주도록 규정하고 있다.

167) 근로개선정책과-1773, 2013.3.19.

ⓑ 또한, 「근기법」 제54조에서 규정하는 '근로시간 4시간', '근로시간 8시간'의 의미는 휴게시간을 제외한 실구속시간을 의미한다. 따라서 3교대제에 있어 24시간을 근로하면서 각 근무조별로 휴게시간을 포함하여 1일 8시간으로 가동할 경우 법정휴게시간은 30분이상이 된다.[168)]

라. 휴게시간의 부여

1) 자유이용의 원칙-지휘·감독으로부터 완전히 벗어나야

휴게시간은 근로자가 근로시간 도중에 사용자의 지휘·감독으로부터 벗어나 자유로이 이용할 수 있도록 보장되어야 한다. 따라서, 자유로운 이용이 보장된 것이 아니고 실질적으로 사용자의 지휘·감독(명령)으로부터 완전히 해방된 시간이 아니라면 휴게시간으로 보기 어렵고, 이 경우 근로시간에 해당한다.[169)]

다만, 다음 작업을 위하여 장소와 방법 등 필요한 최소한의 범위 내에서 제한을 할 수 있다.[170)][171)]

2) 부여방식-적정한 방식으로 부여

ⓐ 휴게시간을 부여하는 방식에는 정함이 없으므로 30분 또는 1시간을 일괄로 부여하거나 두 시간마다 15분씩 짧게 분할하여 줄 수도 있다. 다만, 업무상 필요에 의해서 휴게시간을 너무 짧게 부여하거나 상식적으로 식사시간이라고 볼 수 없을 정도(20분미만)로 짧게 부여하는 것은 근로자의 생존권을 침해하는 것이므로 인정될 수 없다고 본다.[172)]

---

168) 하갑래, 「근로기준법(제29판)」, ㈜중앙경제, 2017, pp.330~331.

169) 대판 1992.4.14, 91다20548. ; 대판 2006.11.23, 2006다41990. 등.

170) 휴게시간 자유이용 원칙의 범위에 대해서는 사업장 내의 질서를 유지하기 위해 휴식시간 중 외출을 제한할 수 있고, 조합활동이나 정치활동을 규제하는 것은 위법이 아니라고 보는 '적극적제한조치설'과 휴식제도의 목적으로 보아 직장 질서 유지나 기업 시설 관리를 위해 필요한 최소한도의 소극적인 제한조치 만이 인정된다고 보는 '소극적제한조치설'이 있다.

171) 법무 811-28862, 1980.5.15

172) 근기 01254-884, 1992.6.22.

ⓑ 또한, 휴게를 전체근로자에게 일률적으로 부여해야 하는지 아니면 근로자 집단별로 부여할 수 있는지에 대해서는 법에 별도의 규정이 없으나, 업무의 성질상 부서별 또는 담당업무별로 시간대에 차등을 두어 부여할 수 있다고 본다.[173)]

마. 휴게시간의 특례

ⓐ 「근기법」은 공익적 사업 중에서 ① 육상운송업(「여객자동차 운수사업법」의 노선 여객자동차운송사업 제외), ② 수상운송업, ③ 항공운송업, ④ 기타 운송관련 서비스업, ⑤ 보건업의 경우 사용자가 근로자대표와 서면 합의를 한 경우에는 법 제54조에 따른 휴게시간을 변경할 수 있도록 규정하고 있다(제59조).

ⓑ 그러나, 동 법 조항의 '휴게시간을 변경할 수 있다'는 것은 자칫 휴게시간을 안 주어도 된다는 것으로 해석될 수 있으나, 이 경우 근로자의 건강과 안전을 위해 휴게시간을 둔 법 취지에 반하므로 최소한의 제한을 두는 것이 필요하다.[174)]

바. 휴게시간 관련 실무사례

① 일률적 휴게 부여가 어려운 경우 작업개시 전 휴게시간을 명백히 구분할 수 있는 상황에 있었고, 그 시간에 휴게를 사용하였다면 휴게시간을 부여한 것으로 볼 수 있다.[175)]

작업의 성질에서 일률적으로 휴게시간에 관한 사항을 정하기 어려운 경우 작업의 진행상황에 따라 근로자가 미리 작업개시 전에 휴게시간을 명백히 구별할 수 있는 상황에 있고 그 시간 중에는 사용자의 지휘·감독을 벗어나 자유로이 사용할 수 있다면 휴게시간으로 볼 수 있다.

② 휴게시간 중 직장질서 문란이나 시설관리권 침해가 없다면 노조활동이나 정치활동이 가능하다.[176)]

---

173) 일본의 경우에는 법률에 행정관청의 허가를 받은 경우를 제외하고는 휴게시간을 일제히 부여하도록 규정하고 있다(노동기준법 제34조제2항)

174) 노동법실무연구회, 「근로기준법주해」, 박영사, 2010. p.120.

175) 대판 1992.7.28, 92다14007.

직장질서를 문란하게 하거나 시설관리권을 침해하지 않으면, 조합활동, 정치활동 등이 가능하다. 유인물배포의 경우 근로자의 노동력제공에 나쁜 영향을 미치거나 휴게시간의 자유이용을 방해하는 경우가 아니면 사전 허가를 얻지 않더라도 정당성이 있다.

③ 휴게시간은 근로자에게 자유로운 이용이 보장되어야 하고, 사용자의 지휘·감독에서 완전히 벗어나야(해방되어야) 한다.[177)]

근로자가 작업시간 도중에 현실로 작업에 종사하지 않은 대기시간이나 휴식·휴면시간이라 하더라도 그것이 휴게시간으로서 근로자에게 자유로운 이용이 보장된 것이 아니고 실질적으로 사용자의 지휘·감독아래 놓여 있는 시간이라면 이는 근로시간이다.

④ 휴게시간 중 근로자가 사업장 내 시설을 이용하여 어떠한 행위를 하다가 부상을 입은 경우, 그 행위 과정이 사업주의 지배·관리 하에 있다고 볼 수 있는 경우 업무상재해로 인정하여야 한다.[178)]

근로자가 휴게시간 중 사업장 내 시설을 이용하여 어떠한 행위를 하다가 부상을 입은 경우, 휴게시간 중의 근로자의 행위는 휴게시간 종료 후의 노무제공과 관련되어 있으므로 근로자의 휴게시간 중의 행위가 당해근로자의 본래의 업무행위 또는 그 업무의 준비행위 내지 정리행위, 사회통념상 그에 수반되는 것으로 인정되는 생리적 행위 또는 합리적·필요적 행위라는 등 그 행위과정이 사업주의 지배·관리 하에 있다고 볼 수 있는 경우에는 업무상재해로 인정하여야 한다.

---

176) 대판 1991.11.12, 91누4146.

177) 대판 2006.11.23, 2006다41990. 한편 대판 2017.12.13, 2016다243078.에서는 사용자의 실질적인 지휘·감독 여부를 판단하는데 그치지 않고, 사용자가 근로자들에게 휴게장소를 제공했는지와 휴게장소의 자유로운 이용을 보장했는지 여부 등 '사용자의 휴게시간 보장 노력 여부'등을 추가적으로 고려하여 판단하였다.

178) 대판 1996.8.23, 95누14633. ; 대판 2000.4.25, 2000다2023.

4. 연장근로(시간외 근로, 초과 근로)

가. 의 의

(a)「근기법」 제56조는 연장근로에 대하여 통상임금의 50/100이상을 가산하여 지급[179]하도록 하면서, 연장근로를 '제53조·제59조·제69조 단서에 따라 연장된 시간의 근로'라 칭하고 있다.「근기법」 제53조제1항은 '법 제50조가 정한 근로시간인 1주(7일) 40시간, 1일8시간의 근로시간을 1주(7일)에 12시간 한도 안에서 연장할 수 있다'[180]고 규정하고 있다. 이와 같이 법이 정한 근로시간을 초과하여 행하는 근로를 연장근로라 한다.[181]

(b) 즉, 1주 40시간을 초과하지 않더라도 1일 8시간을 초과하는 경우, 1일 8시간을 초과하지 않더라도 1주 40시간을 초과하는 경우 연장근로에 해당한다.

(c)「근기법」 제53조가 정하는 연장근로에는 일반적인 경우의 ㉮ 통상연장근로(제1항), ㉯ 탄력적·선택적 근로시간제 아래 연장근로(제2항), ㉰ 특별한 사정이 있는 경우에 허용되는 인가연장근로(제3항), ㉱ 특례 연장근로(제59조)가 있다.

나. 통상(합의)연장근로

(a)「근기법」은 당사자간의 합의로 1주간(7일)에 12시간을 한도로 주 기준근로시간 40시간을 초과하여 근로할 수 있도록 규정하고 있다(제53조제1항). 이와 같이 선택적 근로시간제나 탄력적 근로시간제를 채택하지 않은 상황에서 당사자간의 합의로 기준근로시간(1일 8시간, 1주 40시간)을 초과하여 하는 근로를 통상연장근로 또는 합의연장근로[182]라 한다. 이에 따라, 통상연장근로를 합한 1주

---

179) 일본의 경우, 勞働基準法(제37조)에서 ⑴ 1개월 합계가 60시간까지의 연장(시간외) 근로 및 야간(심야)근로에 대해서는 통상 근로시간 임금의 25% 이상, ⑵ 1개월 합계가 60시간을 초과한 연장(시간외) 근로에 대해서는 통상 근로시간 임금의 50% 이상, ⑶ 휴일근로에 대해서는 통상 근로일 임금의 35% 이상의 할증임금을 지불하도록 정하고 있다.

180) 성인근로자의 경우 1일 연장근로 제한이 없으므로 1주12시간을 초과하지 않는다면 1일의 제한은 없는 것으로 본다(근기 01254-13641, 1990.9.27)

181) 노동법실무연구회,「근로기준법주해」, 박영사, 2010. pp.132~133.

182) 임종률,「노동법(제14판)」, 박영사, 2016, p.433.

간(7일) 최대 근로시간의 한도(상한)는 52시간(기준근로 40시간+연장근로 12시간)이 된다.

ⓑ 18세 미만의 연소근로자는 기준근로시간(1일 7시간, 1주 35시간)을 초과하여 1일 1시간, 1주 5시간을 한도로 연장근로를 할 수 있고(근기법 제69조 단서),[183] 산후 1년이 지나지 않은 여성근로자는 1일 2시간, 1주 6시간, 1년에 150시간까지만 연장근로를 할 수 있다(근기법 제71조).

1) 연장근로의 요건(당사자간 합의)

(1) 합의의 주체 및 방법

ⓐ 연장근로를 하기 위해서는 근로관계 당사자인 근로자와 사용자의 합의가 있어야 한다. 여기서 합의는 원칙적으로 근로자와 사용자의 개별적 합의를 의미한다.[184] 다만, 연장근로에 대해 집단적 합의를 부정할 법적 근거가 없으므로 개별적 합의권을 박탈하거나 제한하지 않는 범위에서 인정될 수 있다.[185]

ⓑ 일본의 경우, 우리와 다르게 사용자가 법정시간외 근로(또는 휴일 근로)를 시키기 위해서는 '시간외근로의 한도에 관한 기준(勞働省告示 제154호)의 범위 내에서 사업장의 과반수 노조 또는 근로자 과반수 대표와의 서면협정(소위 '36협정')[186]을 체결하고, 소정양식에 의하여 행정관청(관할 노동기준감독서장)에 제출한 경우, 그 협정이 정하는 바에 따라 당해 사업장에서 근로자에게 법정시간외근로를 시킬 수 있었으나(勞働基準法 제36조), '일하는 방식 개혁을 추진하기 위한

---

183) 2018.7.1.부터 연소근로자 연장근로시간을 1주 6시간에서 5시간으로 단축하여 연소근로자 보호를 강화하였다.

184) 대판 1995.2.10, 94다19228. 이에 대해 연장근로가 복수의 근로자에게 미치는 것인 때에는 근로자측 당사자를 원칙적으로 대등한 교섭력을 가진 노동조합 또는 근로자대표로 보아야 한다는 견해도 있으나, '당사자간에 합의'라고만 하는 현행법의 해석상 무리가 있다고 본다(노동법실무연구회, 「근로기준법주해」, 박영사, 2010.9, p.101.).

185) 대판 1993.12.21, 93누5796.

186) 서면협정의 내용 : ① 시간외 노동을 필요로 하는 구체적인 사유, ② 그 업무의 종류, ③ 노동자의 수, ④ 1일 및 1일을 초과하는 기간에 대해 연장할 수 있는 시간, ⑤ 노사협정의 유효기간을 정해야 한다.

관계 법률 정비에 관한 법률안'이 2018.6.29. 국회를 통과하면서 시간외근로에 대한 상한규제로서의 勞働基準法 제36조 기재사항의 법정, 상한시간의 강행법규화 및 위반에 대한 벌칙 부과를 통해 근로시간을 규제하고 있다.[187]

(c) 한편, 포괄적 합의와 관련하여 연장근로를 할 때마다 당사자간 합의를 할 필요는 없고 근로계약이나 취업규칙으로 미리 연장근로의 근거를 포괄적으로 정하는 것은 가능하고 사용자는 이에 따라 연장근로명령을 할 수 있다.[188] 연장근로가 관행화 되어 있는 경우에도 당사자간에 합의가 성립된 것으로 볼 수 없으므로 연장근로를 거부한 근로자에게 불이익을 줄 수 없다.[189]

(2) 합의의 형식

연장근로 합의의 형식과 관련 법령에 별도의 규정을 두고 있지 않으므로 반드시 문서로 할 필요는 없고 구두합의도 가능하다.

2) 법내 연장근로의 경우

(a) 당사자간에 소정근로시간을 법정근로시간 이내(예 : 1일 7시간)로 약정하고, 법정근로시간 이내에서 합의로 연장근로(예 : 1시간, 총근로시간은 8시간)를 실시하는 소위 법내 연장근로의 경우, 단체협약이나 취업규칙에 별도의 정함이 없다면 「근기법」 제56조에 의한 연장근로에 따른 가산임금은 지급하지 않아도 법위반으로 볼 수 없다.[190]

(b) 다만, 단시간근로자의 경우 당해 근로자의 동의를 얻어 소정근로시간을 초과하여 연장근로를 한 경우 100분의 50 이상을 가산하여 임금을 지급하여야 한다.[191]

---

187) 잔업시간은 원칙적으로 월 45시간, 연간 360시간 이내이어야 하나, 임시적이거나 특별한 사정이 있는 경우에도 월 100시간 또는 연간 720시간을 초과할 수 없고, 또한 월 45시간을 초과하는 경우에는 연간 6회(개월), 평균 80시간을 초과할 수 없다(「일하는 방식 개혁을 추진하기 위한 관계 법률 정비에 관한 법률」, 대기업 2019.4.1., 중소기업 2020.4.1. 시행)

188) 대판 1995.2.10, 94다19228. ; 근기 01254-450, 1990.1.12.

189) 하갑래, 「근로기준법(제29판)」, ㈜중앙경제, 2017, p.344.

190) 대판 1995.6.29, 94다18553.

191) 「기간제법」 제6조(단시간근로자의 초과근로 제한) : ① 사용자는 단시간근로자에 대하여 「근기

3) 사용자의 연장근로 허가 의무 여부

일반적으로 근로자가 연장근로나 휴일근로를 희망할 때 사용자가 이를 허가하여야 할 의무는 없다. 다만, 특정 근로자가 파업에 참가하였거나 노동조합 활동에 적극적이라는 이유로 해당 근로자에게 연장근로를 하지 못하게 하는 것은 해당 근로자에게 경제적 내지 업무상의 불이익을 주는 행위로서 부당노동행위에 해당할 수 있다.[192)]

다. 「근기법」 개정에 따른 소규모 사업장 한시적 특별연장근로

ⓐ 근로시간 단축을 위한 「근기법」 개정(2018.3.20.)에 따라 근로자의 소득감소 및 중소기업의 경영상 부담 등을 고려하여 기업규모별로 근로시간 단축을 시행하나, 소규모 영세 사업장에 충분한 준비기간을 주기 위해 1주 8시간의 범위 안에서 한시적(2021.7.1.~2022.12.31.)으로 특별연장근로를 허용하였다.

ⓑ 이에 따라, 상시 30인 미만의 근로자를 사용하는 사용자는 2021.7.1.~2022.12.31. 기간 동안에는 근로자대표와 서면으로 합의(① 초과근로 필요 사유와 기간, ② 대상근로자 범위)한 경우에 「근기법」 제53조제1항 및 제2항에 따라 연장된 근로시간(1주 간에 12시간)에 더하여 1주 간에 8시간을 초과하지 아니하는 범위에서 근로시간을 연장할 수 있다(근기법 제53조제3항). 따라서, 동기간에는 1주 간 최대 60시간(40시간+12시간+8시간)까지 근로가 가능하다.

[근로시간 단축을 위한 「근기법」 개정(2018.3.20) 주요 내용]

◦ 휴일근로가 연장근로시간에 해당되는지 여부에 대해 행정해석[193)]과 판례의 입장이 달라 혼선이 있고, 장시간 근로의 원인이 되고 있다는 지적을 감안, 2018.3.20. 「근기법」개정으로 1주일을 휴일을 포함한 7일로 명시함으로써 휴일근로가 연장근로에 포함되는 것으

법」 제2조의 소정근로시간을 초과하여 근로하게 하는 경우에는 당해 근로자의 동의를 얻어야 한다. 이 경우 1주간에 12시간을 초과하여 근로하게 할 수 없다. ② 단시간근로자는 사용자가 제1항의 규정에 따른 동의를 얻지 아니하고 초과근로를 하게 하는 경우에는 이를 거부할 수 있다. ③ 사용자는 제1항에 따른 초과근로에 대하여 통상임금의 100분의 50 이상을 가산하여 지급하여야 한다.

192) 대판 2006.9.8, 2006도388.

193) 사노 139, 1954.10.2, 근기 68207-2855, 2000.9.19

로 입법적으로 해결하였다.

- 이에 따라, 그간 1주간 최대 68시간[40시간(기본)+연장 12시간+휴일 16시간] 근로가 가능했으나, 2018.7.1부터 1주간 최대 근로시간 한도가 52시간[40시간(기본)+연장 12시간(휴일 포함)]이 된다.

◦ 다만, 근로시간 단축에 따른 기업의 부담을 감안, 기업규모별로 단계적으로 단축하여 2021년 7월 1일부터는 전면 적용된다.

- ▲ 300인 이상 : 2018.7.1(특례업종에서 제외된 21개 업종은 2019.7.1.부터 시행), ▲ 50~300인 미만 : 2020.1.1. ▲ 5~50인 미만 : 2021.7.1.

라. 특별(인가) 연장근로

(a) 사용자는 특별한 사정이 있으면 사전에 고용노동부장관의 인가와 근로자의 동의를 얻어 연장근로시간 한도인 1주간에 12시간을 초과하여 연장근로를 하게 할 수 있는데(근기법 제53조제3항), 이를 특별(인가)연장근로라 한다.

(b) 연장근로는 원칙적으로 근로자의 동의가 있는 경우에도 1주에 12시간을 초과할 수 없으나, 천재지변 등 불가피한 사유가 있어 이러한 한도를 넘어 연장근로를 해야 할 경우가 있을 수 있어 고용노동부장관의 인가라는 요건을 추가하여 법정 한도를 초과한 연장근로를 가능하도록 한 것이다. 이러한 인가연장근로는 일반근로자에 대한 연장근로 한도에 대한 예외이므로 연소자와 산후 1년이 지나지 않은 여성근로자에게는 적용되지 않는다.

1) 요 건

(1) 특별한 사정

(a) 연장근로를 할 수 있는 '특별한 사정'은 당해 사업(장)에서 ① 자연재해(「재난 및 안전관리 기본법」 제3조 제1호 가목의 태풍, 홍수, 지진 등에 따른 자연현상으로 인하여 발생하는 재해), ② 재난관리법상의 재난(국민의 생명·신체·재산과 국가에 피해를 주거나 줄 수 있는 것으로 자연재난과 사회재난) 또는 ③ 이에 준하는 사고(「재난 및 안전관리 기본법」의 재난과 유사한 수준의 긴급성과 연장

근로 불가피성이 요구되는 경우)가 발생하여 이의 수습을 위하여 연장근로가 불가피한 경우이다(근기법시행규칙 제9조).

(b) 따라서, 경영상의 업무량 증가나 통상적인 기계의 수리 등은 이에 포함될 수 없고, 돌발적인 사유라고 할지라도 단순히 경영상의 사정에 따른 업무의 분주함 등과 같이 인명이나 재산 또는 공공질서 등에 중대한 영향을 미치지 않는 경우는 이에 해당하지 않는다.[194] 즉, 평소 사고 등에 대비하는 업무로 긴급성이 없는 경우, 정기보수·시운전 등 사전 예정된 업무나 정기적 수행업무, 재난 등 사고의 복구와 직접 관련이 없는 업무 등은 이에 해당하지 않는다.

(2) 고용노동부장관의 인가 또는 사후 승인

(a) 특별(인가)연장근로를 하기 위해서는 원칙적으로 사전에 고용노동부장관의 인가를 받아야 한다. 만일 사태가 급박하여 고용노동부장관의 인가를 받을 시간이 없는 경우에는 사후에 지체 없이 승인을 받아야 한다(근기법 제53조제3항 단서).

(b) 사용자가 특별(인가)연장근로를 하고자 할 경우 또는 사후 승인을 받기 위해서는 근로시간 연장 인가 또는 승인신청서에 근로자의 동의서 사본을 첨부하여 관할 지방고용노동관서의 장에게 제출하여야 한다. 이 경우 지방고용노동관서의 장은 3일 이내에 인가 또는 승인 여부를 통지해야하며, 만일 불승인 통보시에는 12시간 초과 연장근로 중이면 즉시 중단하도록 하고, 필요한 경우에는 휴식시간이나 휴일을 줄 것을 명령해야 한다(근기법 제53조제5항).

(3) 근로자의 동의

특별한 사정이 있는 경우로 연장근로에 대한 고용노동부장관의 인가를 받은 경우에도 연장근로를 시키기 위해서는 근로자 본인의 동의를 받아야 한다. 이때 동의는 개별근로자 본인의 동의를 받아야 하므로, 노동조합이나 노사협의회 대표를 통한 합의로 근로자 동의를 대신할 수 없다고 보아야 한다.

---

194) 김유성, 「노동법 I (개별적근로관계법)」 법문사 2005. p.165, 이병태, 「최신노동법(제8 전정판)」 ㈜중앙경제 2008. p.790.

2) 효과와 벌칙

ⓐ 위와 같은 요건을 충족한 경우 1주간에 12시간의 연장근로 한도를 초과하여 연장근로를 시킬 수 있다. 다만, 이때 연장근로를 시킬 수 있는 한도는 정해진 바 없으나, 정신적·육체적으로 허용될 수 있는 범위 안이어야 하고, 그 취지상 연장근로의 원인이 된 특별한 사정에 필요한 범위를 벗어나지 않아야 한다. 즉 사정의 긴박성이 해소되면 연장근로는 허용되지 않는다.[195] 한편, 특별(인가)연장근로의 경우에도 해당 근로시간에 대한 임금과 가산수당(연장·야간·휴일 근로)이 지급되어야 한다.

ⓑ 특별한 사정이 있는 경우에도 고용노동부장관의 인가와 근로자 동의 없이 12시간 한도를 초과하여 근로자에게 연장근로를 하게 한 자는 2년 이하의 징역 또는 1천만원 이하의 벌금에 처한다(근기법 제110조제1호). 또한 고용노동부장관의 사후 승인을 받지 아니한 자는 500만원 이하의 벌금에 처한다(근기법 제114조제1호).

3) 대휴(代休) 명령

ⓐ 고용노동부장관은 특별(인가)연장근로에 따른 근로시간의 연장이 부적당하다고 인정하면 그 후 연장시간에 상당하는 휴게시간이나 휴일을 줄 것을 명할 수 있다(근기법 제53조제4항).

ⓑ 여기서 '연장시간에 상당하는 휴게 또는 휴일'은 예를 들어 8시간 연장근로를 한 경우에는 1일의 휴가를 주고, 4시간의 연장근로가 있었다면 연장근로 이후의 근로일에서 4시간의 휴게를 부여해야 하는 것으로 해석된다.[196]

---

195) 노동법실무연구회, 「근로기준법주해」, 박영사, 2010. p.112.

196) 이병태, 「최신노동법(제8 전정판)」 ㈜중앙경제 2008. p.791.

마. 유연근로(탄력적·선택적)시간제 하의 연장근로

1) 의 의

(a) 탄력적·선택적 근로시간제를 취하고 있는 경우에 당사자간 합의가 있는 경우에는 1주 간에 12시간(단, 선택적 근로시간제에서는 정산기간을 평균하여 1주 12시간)을 한도로 근로시간을 연장할 수 있다(근기법 제53조제2항).

(b) 여기서 연장근로에 대한 당사자간 합의의 방식은 탄력적 근로시간제로 정한 변형된 소정근로시간을 초과하여 근로를 해야 할 구체적인 필요에 따른 것이므로 합의 주체도 근로자대표가 아닌 개별근로자와 사용자의 합의를 의미한다.

2) 연장근로가 되는 부분

(a) 탄력적 근로시간제는 단위기간을 기준으로 평균근로시간이 기준근로시간을 초과하지 않도록 하는 것이므로 단위기간의 전체 근로시간이 기준근로시간을 초과하는 경우에 한하여 연장근로가 된다.

(b) 선택적 근로시간제에서는 정산기간을 기준으로 소정근로시간이 정해지므로 정산기간 내 총 근로시간이 같은 기간 내 총 기준근로시간을 초과한 경우 그 시간을 연장근로시간으로 보아야 한다.

(c) 탄력적 근로시간제와 선택적 근로시간제하에서의 연장근로에 대해서는 가산수당 규정이 적용된다.

3) 연장근로의 한도

탄력적 근로시간제에서 연장근로의 한도는 1주간에 12시간이고, 선택적 근로시간제에서 연장근로의 한도는 정산기간을 평균하여 1주간에 12시간이다(근기법 제53조제2항).

바. 특례 연장근로

(a) 「근기법」 제59조의 근로시간 및 휴게시간의 특례 사업의 경우에 엄격한 근로시간의 규제로 공중생활의 불편을 초래할 우려가 있는 일부 사업에 한하여

그 규제를 완화하여 사용자가 근로자대표와 서면 합의를 한 때에 연장근로의 한도인 12시간을 초과하여 연장근로를 할 수 있게 하고, 휴게시간을 변경할 수 있게 하였다.

ⓑ 그러나, 이와 같은 일부업종의 연장근로 특례가 장시간 노동의 주요 원인으로 작용함에 따라, 2018.3.20.「근기법」 개정을 통해 특례업종을 5개 업종(기존 26개 업종)으로 축소하고, 근무일간 11시간의 연속 휴식시간을 보장하도록 하였다(자세한 내용은 후술하는 '공익사업에 대한 근로시간 특례'참조).

사. 연장근로의 제한(금지)

ⓐ 임신 중의 여성근로자에게 시간외근로(연장근로)를 하게 하여서는 아니 된다(근기법 제74조제4항).

ⓑ 출산 후 1년이 지나지 아니한 여성에 대하여는 단체협약이 있는 경우라도 1일에 2시간, 1주일에 6시간, 1년에 150시간을 초과하는 시간외근로를 시키지 못한다(근기법 제71조).

ⓒ 연소자(15세 이상 18세 미만인 자)의 연장근로는 당사자 사이의 합의에 따라 1일에 1시간, 1주일에 5시간을 한도로 연장할 수 있다(근기법 제69조).[197]

ⓓ 유해위험작업은 법정근로시간(1일 6시간, 1주 34시간)을 초과하여 연장근로를 하게 할 수 없다(산안법 제46조).

아. 연장근로(수당) 관련 실무상 쟁점

ⓐ 휴일에 연장 및 야간근로를 한 경우에는 해당 임금(가산수당)을 모두 합산하여 지급하여야 한다.[198]

㉠ 당일 유급으로 당연히 지급되는 임금+㉡ 당해 근로에 대한 대가+㉢ 휴일근로가산수당(50%)+㉣ 휴일연장근로가산수당(100%)+㉤ 야간근로가산수당

---

197) 2018.3.20.「근기법」 개정으로 2018.7.1.부터 연장근로시간 한도 축소(1주 6시간 → 5시간)

198) 휴일근로를 한 경우, 가산수당 할증률은 8시간 이내는 통상임금의 50%를, 8시간 초과 휴일근로는 100%를 가산하여 지급하여야 한다.

〈계산례(휴일에 09:00~23:00까지 13시간 근로시)〉

㉠ 유급휴일수당(1일) : 8시간분 임금
㉡ 당해 근로의 대가 : 13시간분 임금
㉢ 휴일근로가산수당 : 8시간분 임금의 50%(4시간분 임금)
㉣ 휴일연장근로가산수당 : 5시간분 임금의 100%(5시간분 임금)
㉤ 야간근로가산수당 : 1시간분 임금의 50%(0.5시간분 임금)
→ ㉠+㉡+㉢+㉣+㉤=30.5시간분 임금을 지급해야함

(b) 영업직 등 업무특성상 실제 시간외(연장)근로시간을 측정하기 곤란한 사정을 고려하여 연장근로수당을 고정급(정액제) 내지 정률제로 지급하기로 한 경우 연장근로수당은 실제 연장근로에 관계없이 정기적·일률적으로 지급하기로 정하여진 고정급인 통상임금으로 볼 수 없다.[199]

(c) 근로형태, 업무의 성질 등을 고려하여 매월 일정액(시간)을 연장근로수당으로 월 임금에 포함하여 지급한다는 근로계약을 체결한 경우, 고정 연장근로수당이 실제 연장근로에 따른 수당보다 상회할 경우에는 달리 볼 사정이 없는 한 적법하게 연장근로수당이 지급된 것으로 볼 수 있다.[200]

(d) 매월 고정급의 연장근로수당을 지급하기로 한 이른바 포괄임금제에 의한 임금지급계약을 체결하였다고 하더라도 근로자가 쟁의행위 일환으로 연장근로를 거부하였다면 그 기간에 대해서는 연장근로수당을 지급할 의무는 없다.[201]

(e) 「근기법」 개정(2018.3.20.)에 따른 연소근로자 연장 및 휴일근로 가산할증률 : 18세 미만의 연소근로자의 경우 「근기법」 개정으로 1일 7시간 1주 35시간을 초과할 수 없으며, 1주 연장 근로 한도는 5시간 이내이다(제69조). 따라서, 18세 미만 연소근로자가 1일 7시간 월~금(5일) 근무 후, 토요일 5시간을 근무(무급휴무일인 경우)할 경우 연장근로에 해당하므로 50%를 가산하여 수당을 지급해야 한다.

---

199) 대판 2006.9.8, 2006도388. ; 근기 01254-19181, 1987.12.4.
200) 근기 68207-94, 1994.1, 15, 근로기준과-3172, 2005.6.13.
201) 근로개선정책과-2761, 2013.5.8.

5. 야간근로

가. 의 의

야간근로란 오후 10시부터 익일 오전 6시까지(22:00~06:00) 사이의 근로를 의미한다(근기법 제56조 및 제70조).[202] 근로의 전부는 물론이고 일부라도 이러한 시간대에 이루어지면 야간근로가 된다. 따라서 교대근무로 인한 야간근로뿐만 아니라 통상근로를 연장하여 야간시간에 제공하는 근로와 업무성격상 야간에만 근로를 제공하는 근로도 야간근로에 해당한다.[203]

나. 야간근로의 제한

야간근로는 사람의 생체주기를 깨트려 특히 신체적으로 약한 여성과 연소자에 대하여 부정적인 영향을 가져오기 때문에 법률로 사용자에게 일정한 제한을 가하고 있다.

1) 18세 이상의 여성

18세 이상의 여성을 오후 10시부터 오전 6시까지의 시간 및 휴일에 근로시키려면 그 근로자의 동의(개별적 동의)를 받아야 한다(근기법 제70조제1항).

2) 연소자, 임신 중 및 산후 여성

ⓐ 임산부와 18세 미만자를 야간 시간(오후 10시부터 오전 6시까지) 및 휴일에 근로시키지 못한다. 다만, 다음 각 호의 어느 하나에 해당하는 경우로서 고용노동부장관의 인가를 받으면 그러하지 아니하다(근기법 제70조제2항).

1. 18세 미만자의 동의가 있는 경우
2. 산후 1년이 지나지 아니한 여성의 동의가 있는 경우

---

202) 일본의 경우 야간근로(심야노동)시간은 오후 10시부터 오전 5시 까지(후생노동대신이 필요하다고 인정하는 경우에는 그 정하는 지역 또는 기간에 대해서 오후 11시부터 오전6시까지)이다.

203) 하갑래 「근로기준법(제29판)」, ㈜중앙경제, 2017, p.352.

3. 임신 중의 여성이 명시적으로 청구하는 경우

ⓑ 이와 같이 연소자, 임신 중·산후 여성의 경우에는 연소 근로자의 건강 및 모성보호의 필요성 때문에 해당 근로자의 개별적 동의와 함께 근로자대표와 사전 협의[204]후 고용노동부장관의 인가[205]를 받은 경우에만 예외적으로 야간·휴일근로를 인정하고 있다.

다. 야간근로에 따른 가산임금

ⓐ 야간근로(22:00-06:00 사이의 근로)의 경우에는 소정근로시간 내의 근로라 할지라도 가산임금(통상임금의 50% 이상)을 지급해야 하며(근기법 제56조제3항), 경비 등 감시·단속적 근로자 승인을 받은 경우에도 원칙적으로 야간근로 가산수당은 지급되어야 한다.[206]

ⓑ 또한「근기법」제63조의 특정한 사업이나 업종에 종사하는 근로자로 근로시간·휴일·휴게규정 적용제외되는 경우, 연장·휴일근로에 대한 가산임금 문제는 발생하지 않으나, 야간근로에 대해서는 가산임금을 지급해야 한다.

ⓒ 야간근로에 따른 가산임금은 연장근로·휴일근로가 중복된 경우 각각 가산하여 지급해야 한다.[207] 다만, 가산임금 지급사유가 중복되어 일부 가산금은 초과지급 되고 일부 가산금은 과소지급된 경우에는 초과지급된 만큼 과소지급된 부

204) 사용자가 근로자대표와의 협의의무를 이행치 않을 경우 5백만원 이하의 벌금에 처해진다(근기법 제114조)

205) 고용노동부 인가기준(근로감독관 집무규정 제71조, 2016.3.8)에 의하면,「근기법」제69조 및 제70조의 근로시간의 준수가 가능하다고 인정되고 다음 어느 하나에 해당되는 경우다. ① 교대제 실시로 야간근로가 불가피할 것, ② 운송·방송 등 일상생활에 필수적인 공익사업에 해당하여 야간 또는 휴일근로가 불가피할 것, ③ 업종의 특성상 야간에 가동(영업)하지 아니하면 사업의 계속적인 영위가 곤란하여 야간근로가 불가피할 것, ④ 일시적인 주문량 증가 등으로 야간 또는 휴일근로가 불가피할 것, ⑤ 그밖에 위 각호의 어느 하나에 준하는 사유가 발생할 것 이다. 또한 위 규정에도 불구하고 18세 미만자의 심야시간(24시~익일6시)근로는 생계곤란 등으로 불가피하고 사업장 근무실태 및 업무강도를 연소근로자가 감내할 수 있다고 판단되는 경우에 한하여 인가할 수 있다.

206) 근기 68207-3172, 2001.9.20, 다만, 경비직 야간근로자의 경우 처음부터 가산임금을 포함하여 임금을 정한 것이 확실한 경우에는 별도의 가산임금을 지급하지 않을 수 있다(대판 1983.10.25, 83도1050.).

207) 대판 1991.3.22, 90다6545.

분에 충당한 것으로 본다.[208)]

연장근로·휴일근로·야간근로가 중복되는 경우의 가산임금 산정방법[209)]

1일 기준근로시간(8시간) 근로시		1일 기준근로시간 초과근로시
무급휴일	유급휴일	
◦ × ◦ 당해 휴일근로에 대한 통상임금 100% ◦ 휴일근로가산수당 50% (8시간 이내), 단, 8시간 초과시100%	◦ 유급휴일에 대한 통상임금 100% ◦ 당해 휴일근로에 대한 통상임금 100% ◦ 휴일근로가산수당 50% (8시간 이내), 단, 8시간 초과시100%	※ 초과근로에 대한 가산임금 산정 ◦ 당해 휴일근로에 대한 통상임금 100% ◦ 연장근로가산수당 50% ◦ 휴일근로가산수당 50% (8시간 이내) ◦ 야간근로가산수당 50% (야간근로시)

6. 유연근로시간제도

ⓐ 산업 및 직종의 다변화, 지식·정보화가 빠르게 진행되면서 근로시간과 장소의 구속을 상대적으로 적게 받는 근로형태가 확산되어감에 따라 법령 정비를 통해 근로시간 규제의 유연화가 제도화되어 가고 있다.

ⓑ 「근기법」은 기준근로시간을 규정(제50조)하는 것과 함께 일정한 요건 아래 기준근로시간을 탄력적으로 운영할 수 있도록 ① 탄력적 근로시간제(제51조), ② 선택적 근로시간제(제52조), ③ 보상휴가제(제57조), ④ 간주근로시간제(제58조)를 도입[210)]하고, 기존의 ⑤ 근로시간 및 휴게시간의 특례(제59조), ⑥ 휴일 및 휴게적용제외제도(제63조), ⑦ 교대제근로와 함께 유연근로시간제도의 내용을 구성한다.

208) 대판 1993.10.12, 93다28737.

209) 근기 01254-1099, 1993.5.31, ; 대판 1991.3.22, 90다 6545.

210) 1997.3.13 「근기법」 재제정시 도입되었다.

가. 탄력적 근로시간제

1) 의 의

(a) 탄력적 근로시간제란 일정한 기간을 단위로 그 기간 내의 총근로시간을 그 단위기간으로 평균하여 법상 기준근로시간인 1일 8시간, 1주 40시간 이내인 경우에는 특정일 또는 특정주의 근로시간이 기준근로시간을 초과하더라도 법 위반(근로시간 위반)이 되지 않고, 사용자가 초과근로에 대한 할증임금을 지급하지 않아도 되도록 함으로써 근로시간을 탄력적으로 배치 운용하는 근로시간제를 의미한다.

(b) 현행법상 탄력적 근로시간제는 ① 2주 이내(단위) 탄력적 근로시간제와 ② 3개월 이내(단위) 탄력적 근로시간제 두 가지 형태가 허용되고 있다.[211)]

(c) 탄력적 근로시간제 활용 가능한 업종(직무)으로는 운수, 통신, 의료서비스업, 계절적 업종인 빙과류·냉난방장비 제조업, 음식서비스, 접객업, 철강, 석유화학 등을 들 수 있다.

2) 2주 이내(단위) 탄력적 근로시간제

(1) 내 용

(a) 취업규칙(취업규칙에 준하는 것을 포함한다)에서 정하는 바에 따라 2주 이내의 일정한 단위기간을 평균하여 1주간의 근로시간이 40시간을 초과하지 아니하는 범위에서 특정한 주에 40시간을, 특정한 날에 8시간을 초과하여 근로하게 할 수 있다. 다만, 특정한 주의 근로시간은 48시간을 초과할 수 없도록 규정하고 있으나, 1일 근로시간의 제한은 없다.

(b) 따라서, 특정한 날의 최대 근로시간은 20시간(소정근로 8시간+연장근로

211) 일본의 경우, 1947년 노동기준법 제정당시에는 4주단위의 변형노동시간제만 존재하였으나, 1987년 법 개정으로 1주 단위, 3개월 단위 변형노동시간제와 선택적노동시간제가 도입되었고, 4주 단위는 1개월 단위로 변경되었다. 이후 1993년 법 개정으로 3개월 단위는 1년 단위 변형노동시간제로 변경되었다.

12시간), 특정한 주에는 최대 60시간(48시간+12시간)까지 법정기준근로시간을 초과하여 근로가 가능한 제도이다.

(c) 연장근로는 원칙적으로 ① 단위기간을 평균하여 1주간의 근로시간이 40시간을 초과하거나, ② 특정주의 근로시간이 48시간을 초과한 경우에 해당된다.

(d) 예를 들어, 첫째 주의 근로시간을 48시간으로 하고 둘째 주의 근로시간을 32시간으로 한다면 1주 평균 근로시간이 40시간이 되므로 연장근로가 없는 것으로 보나, 소정근로시간이 32시간인 주에는 32시간을 48시간인 주에는 48시간을 초과한 근로에 대해서 연장근로수당 지급의무가 발생한다.[212)]

〈2주 이내 탄력적 근로시간제 편성례〉

구분	1주차						2주차					
	월	화	수	목	금	1주계	월	화	수	목	금	2주계
근로시간	10	10	10	8	10	48	8	8	6	5	5	32
연장근로	2	2	2	2	4	12	6	6				12
총근로	12	12	12	10	14	60	14	14	6	5	5	44

(2) 요 건

① 취업규칙 또는 이에 준하는 것에 정하여 그에 따라 제도가 도입되어야 한다.

(a) 취업규칙 등에 정할 사항은 제도의 취지 및 근로자 보호측면을 고려할 때, ㉠ 당해 근로일별 근로시간, ㉡ 업무의 시작과 종료시각, ㉢ 단위기간과 단위기간의 개시일, ㉣ 근로일과 휴일 등을 명시할 필요가 있다. 취업규칙 작성의무가 없는 10인 미만 사업장의 경우 취업규칙에 준하는 탄력적 근로시간제 운영규정 등을 서면으로 작성하여 해당근로자에게 주지시켜야 한다.

(b) 만일, 취업규칙 등에 제도 도입 근거규정을 두지 않고 제도를 시행할 경우 연장근로수당 지급문제가 발생된다.[213)]

212) 근기 68207-1542, 2003.11.26.
213) 근기 68207-2997, 2009.9.29.

② 제도 도입을 위한 취업규칙 변경 등 근로자집단의 의견을 수렴하여야 한다.

취업규칙에 2주 이내 탄력적 근로시간제를 도입할 경우 근로자의 의견을 수렴해야하나 제도의 성격상 취업규칙의 불이익 변경으로 보기 어려우므로[214] 그 자체만으로는 의견청취로 가능하다. 다만, 제도 도입과정에서 근로자에게 불이익한 부분이 있다면 근로자집단의 동의가 필요하다.[215]

③ 적용 대상근로자를 특정하거나 전체근로자를 대상으로 할 수 있고, 유효기간은 원칙적으로 기간 제한 없이 실시할 수 있다.

ⓐ 2주 이내 탄력적 근로시간제의 적용대상 근로자는 특정하거나 전체근로자를 대상으로 제한 없이 도입하여 실시할 수 있다.

ⓑ 또한, 3개월 이내 탄력적 근로시간제와는 달리 유효기간을 정하도록 법령에 의무화 되어 있지 않으므로 유효기간을 정하지 않는다면 기간 제한 없이 실시할 수 있다.

④ 특정일의 근로시간을 특정하여야 하며, 소정근로시간 한도는 주 48시간 이하여야 한다.

ⓐ 2주 이내 탄력적 근로시간제에 대해서는 취업규칙에 정해야 할 사항에 관한 별도의 규정이 없으나, 3월 단위의 경우와 같이 단위기간 내 각 근로일(특정일)의 근로시간을 구체적으로 정하여야 한다.

ⓑ 또한, 전술한 바와 같이 변경되는 주의 소정근로시간 총수는 40시간을 초과할 수 있으나 48시간을 초과할 수 없다(근기법 제51조제1항).[216] 다만, 1주일에 12시간을 초과하지 않는 범위에서 연장근로를 할 수 있으며, 1일 소정근로시간의 한도는 없다.

214) 임종률, 「노동법(제14판)」, 박영사, 2016, p.368.

215) 하갑래, 「근로기준법(제29판)」, ㈜중앙경제, 2017, p.368.

216) 주 48시간을 초과할 경우 법 위반과 함께 초과근로시간에 대한 연장근로수당 지급문제가 발생한다.

(3) 효 과

2주 이내 탄력적 근로시간제를 적용하면 법정 기준근로시간이 적용되지 않고 취업규칙에서 정한 근로일과 근로시간을 초과하지 않는 한 소정근로시간 내에서 연장(시간외)근로가 성립되지 않아 그에 따른 근로에 대해 형사책임을 지지 않고 가산임금을 지급할 의무도 없게 된다.

3) 3개월 이내(단위) 탄력적 근로시간제

(1) 내 용

ⓐ 사용자는 근로자대표와 서면합의에 따라 ㉠ 대상근로자의 범위, ㉡ 단위기간(3개월 이내의 일정한 기간으로 정하여야 한다), ㉢ 단위기간의 근로일과 그 근로일별 근로시간, ㉣ 서면합의의 유효기간을 정하면 3개월 이내의 단위기간을 평균하여 1주간의 근로시간이 40시간을 초과하지 아니하는 범위에서 특정한 주에 40시간을, 특정한 날에 8시간을 초과하여 연장근로가산수당 없이 근로하게 할 수 있다. 다만, 특정한 주의 근로시간은 52시간을, 특정한 날의 근로시간은 12시간을 초과할 수 없다(근기법 제51조제2항).

ⓑ 동 제도는 2주 이내 탄력적 근로시간제 보다 탄력성의 범위를 넓힌 제도로 주로 계절적 사업, 건설업, 철강·석유화학, 수출산업 등에서 유용하게 활용할 수 있으며, 특정 주에 64시간(52시간+12시간)까지 근로가 가능하다.

(2) 요 건

① 노사간 서면합의를 통해 제도를 도입하여야 한다.

3개월 이내 탄력적 근로시간제는 그 대상기간이 길다는 점에서 노사간 합의를 요건으로 하는 등 제도도입에 보다 엄격한 제한을 가하고 있다. 노사합의는 사용자와 근로자대표[217]가 서면으로 작성하여 서명·날인하여야 하며,[218] 개별근로

217) 근로자대표는 근로자의 과반수로 조직된 노동조합이 있는 경우 그 노동조합, 그러한 노동조합이 없는 경우 근로자의 과반수를 대표하는 자를 말한다(근기법 제24조제3항 참조).

자의 동의는 필요하지 않다.

㉮ 서면합의에 포함되어야 할 내용

ⓐ 대상근로자의 범위 : 전체근로자 또는 일정 사업부문, 부서·직종·직급 등으로 범위를 정한다. 연소근로자(15세 이상 18세 미만) 및 임신근로자는 적용할 수 없다.

ⓑ 단위기간 : 3개월 이내의 일정한 기간으로 정해야 한다. 따라서 단위기간을 3개월, 2개월, 1개월, 4주 등으로 다양하게 정할 수 있으며, 단위기간이 시작되는 날도 특정해야 한다.

ⓒ 단위기간 내 근로일별 근로시간 : 단위시간을 평균하여 1주간의 근로시간이 40시간을 초과하지 않은 범위에서 특정한 주에 40시간을 초과하고(52시간 한도) 특정한 날에 8시간을 초과하게(12시간 한도) 정할 수 있다.

ⓓ 서면합의의 유효기간 : 서면합의에 유효기간을 정해야 하고, 유효기간이 만료된 후에는 다시 노사간 합의가 필요하며 유효기간의 길이에 특별한 제한이 없으며, 자동연장조항이나 자동갱신조항도 가능하다.[219]

㉯ 근로자대표 선정단위 및 방법[220]

ⓐ 근로자대표를 선출하는 근로자의 범위=「근기법」상 근로자-「근기법」상 사용자

ⓑ 근로자대표 선정 단위 : 당해 사업 또는 사업장 단위로 선정되어야 한다. 따라서, 하나의 사업이 수개의 사업장으로 구성되어 있는 경우 근로시간제도를 사업단위로 도입하고자 하면 근로자대표는 사업단위로 선정하고, 일부 사업장에만 도입하고자 하면 사업장 단위로 선정해야 한다.

---

218) 근로기준팀-1418, 2006.3.29

219) 하갑래 「근로기준법(제29판)」, ㈜중앙경제, 2017, pp.370~371.

220) 고용노동부 「근로기준법상 근로자 대표의 개념과 서면합의의 효력 등에 관한 해석 기준」, 근로기준팀-8048, 2007.11.29.

ⓒ 근로자대표 선정 방법 : 노동조합이 근로자 과반수로 조직되지 않은 경우에는 근로자의 과반수를 대표하는 자를 선정하되, 선정방법에 특별한 제한이 없으면 근로시간제도에 대한 대표권을 행사한다는 것을 근로자들에게 주지시킨 상태에서 근로자의 의사를 모으는 적당한 방법이면 된다. 따라서, 반드시 직접 투표에 의하지 않아도 되며, 1인의 대표는 물론 복수의 근로자대표를 선정하는 것도 가능하다.

ⓓ 노사협의회 근로자위원의 경우 : 근로시간제도를 도입하고자 하는 사업 또는 사업장단위에 「근참법」에 의한 노사협의회가 설치되어 있고, 근로자위원이 전체근로자 과반수 의사를 대표하는 자로 선정된 경우라면 근로자대표의 대표권을 행사할 수 있다. 다만, 근로자위원이 여러 명일 경우 당해 사안에 한하여 1인의 근로자위원에게 대표권을 위임하거나, 근로자위원 전원이 서면합의에 참여하는 등의 방법도 가능하다. 따라서, 사용자가 일부 근로자위원과만 서면합의 하는 경우 법적효력이 발생하지 않는다.

② 임금 보전방안을 강구하여야 한다.

ⓐ 사용자는 탄력적 근로시간제에 따라 근로자를 근로시킬 경우에는 기존의 임금 수준이 낮아지지 아니하도록 임금보전방안을 강구하여야 하며(근기법 제51조제4항), 고용노동부장관은 필요한 경우에는 사용자에게 그 보전방안의 내용을 제출하도록 명하거나 직접 확인할 수 있다(근기법시행령 제28조제2항).

ⓑ 위 규정의 '기존 임금수준'은 탄력적 근로시간제 단위기간내의 소정근로시간에 상당하는 '제도 도입 직전의 통상임금'으로 볼 수 있고, 임금보전의 방법·시기·절차는 특별한 제한이 없으나, 기본급 또는 수당의 조정, 복지혜택 확충, 소정근로시간 단축 등 근로자가 수용할 수 있는 방법이면 된다.[221]

한편, 동 조항 위반에 대한 벌칙이 없고, 조항 자체도 '강구하여야한다'라고만 하고 있어 훈시규정으로 행정지도의 대상으로 볼 수 있다.

221) 하갑래 「근로기준법(제29판)」, ㈜중앙경제, 2017, p.371.

(3) 효 과

3개월 이내 탄력적 근로시간제를 적용하면 법정 기준근로시간이 적용되지 않고 근로자대표와의 서면 합의에 따른 근로일과 근로시간을 초과하지 않는 한 정해진 소정근로시간 내에서 연장(시간외)근로가 성립되지 않아 그에 따른 형사책임을 지지 않고 가산임금을 지급할 의무도 없게 된다.

(4) 탄력적 근로시간제 설계 예시

① 탄력적 근로시간제 설계(예시)

구분	월	화	수	목	금	토	일
1주	8	8	8	4	휴무	휴무	주휴
2주	8	8	8	4	휴무	휴무	주휴
3주	12	8	10	10	6	6	주휴
4주	8	12	10	10	12	휴무	주휴

◦ 1·2주는 일이 많지 않아서 주당 28시간으로 정했고, 3·4주는 일이 많아서 주당 52시간으로 정했음(특정일의 근로시간은 12시간, 특정주의 근로시간은 52시간을 초과하지 않도록 설계)

◦ 4주 단위 탄력적 근로시간제를 기본으로 하여 3개월 이내 단위 탄력적 근로시간제를 설계해 볼 수 있음

※ 4주간 총 근로시간은 160시간이므로 평균 40시간이 되며, 특정일에 12시간, 특정주에 52시간, 단위기간 1주 평균 40시간이라는 탄력적 근로시간제의 기본요건을 충족

※ 1일 8시간이 넘는 3주째 월요일 12시간은 이미 정한 특정일의 근로시간으로 연장근로가 아니며, 마찬가지로 3주째 52시간도 이미 정한 특정주의 근로시간으로 연장근로가 아님

◦ 3개월 이내 탄력적 근로시간제에 있어서 단위기간 평균 1주의 근로시간을 40시간으로 정한 경우 연장근로는 ① 근로일별 근로하기로 정한 시간을 초과한 경우, ② 특정일, 특정주의 근로시간이 각각 12시간, 52시간을 초과한 시간, ③ 단위기간을 평균하여 1주간의 근로시간이 40시간을 초과한 시간이 해당됨

② 탄력적 근로시간제 연장근로 예시(1)

⑴ 근로자와 합의에 의하여 주당 12시간 한도에서 연장근로 가능(1일 제한 없음)

구분	월	화	수	목	금	토	일	총시간
1주	8(10)	8	8	4(6)	휴무	휴무	주휴	28(32)
2주	8	8(12)	8	4(12)	휴무	휴무	주휴	28(40)
3주	12	8(10)	10	10	6(8)	6(8)	주휴	52(58)
4주	8(20)	12	10	10	12	휴무	주휴	52(64)

※ 괄호 안은 실근로시간(예시)

⑵ 특정일, 특정주, 단위기간의 순서대로 연장근로 시간을 계산하면서, 이미 산입한 연장근로시간은 제외함(총 연장근로시간 : 34시간)

구분	월	화	수	목	금	토	일	총시간
1주	8(10)	8	8	4(6)	휴무	휴무	주휴	28(32)
2주	8	8(12)	8	4(12)	휴무	휴무	주휴	28(40)
3주	12	8(10)	10	10	6(8)	6(8)	주휴	52(58)
4주	8(20)	12	10	10	12	휴무	주휴	52(64)

※ 법정 근로시간 초과분(괄호 안은 실근로시간 예시)

① 특정일 기준 24시간 연장근로
- 1주 월요일 2시간
- 2주 화요일 4시간, 목요일 4시간
- 3주 화요일 2시간
- 4주 월요일 12시간

② 특정주 기준 4시간 연장근로
- 1주와 2주는 법정근로시간 이내 → 연장 없음
- 3주 6시간 연장, 특정일에서 2시간 이미 계산 → 4시간 연장
- 4주 12시간 연장, 특정일에서 이미 계산 → 연장 없음

③ 단위기간 기준 6시간 연장근로
- 총 160시간을 정했는데 실제 194시간 근무하였으므로 34시간 연장, 그 중 특정일에 24시간, 특정주에 4시간을 이미 계산했으므로 → 6시간이 단위기간의 연장근로시간이 됨.

②-1 탄력적 근로시간제 연장근로 예시(2)

◦ 특정일, 특정주에 연장근로를 했지만 단위기간 소정근로시간 이내인 경우

구분	월	화	수	목	금	토	일	총시간
1주	8	8	8	4(8)	휴무	휴무	주휴	28(32)
2주	8	8	8	4(8)	휴무	휴무	주휴	28(32)
3주	12(4)	8	10	10	6(8)	6	주휴	52(50)
4주	8	12(14)	10	10	12(4)	휴무	주휴	52(46)

※ 특정일, 특정주에 연장근로를 했지만 다른 날이나 다른 주에 근로시간을 줄임으로써 전체 단위기간의 총 근로시간이 1주 평균 40시간 이내인 경우에는 별도로 연장근로시간을 계산하지 않아도 됨

※ 3개월 이내 단위에서는 특정주에 52시간을 넘는 시간이나, 특정일에 12시간을 넘는 것은 연장근로시간이 됨(2주 이내 단위에서는 특정수에 48시간을 넘는 시간)

① 특정일의 연장은 많지만 4주 화요일 12시간을 넘은 2시간이 연장근로가 됨

② 1주 목요일 4시간, 2주 목요일 4시간, 3주 금요일 2시간, 4주 화요일 2시간 등 총 12시간의 연장이 있었지만, 실제 연장근로가산수당이 계산되는 것은 4주 화요일 2시간만 해당됨.

4) 2주 이내 vs 3개월 이내 탄력적 근로시간제 비교

구분	2주 이내 탄력적 근로시간제	3개월 이내 탄력적 근로시간제
의의	2주 이내의 단위기간을 평균하여 1주의 근로시간이 40시간을 초과하지 아니하는 범위에서 특정 주에 40시간, 특정 일에 8시간을 초과하여 근로할 수 있는 제도	① 3월 이내의 단위기간을 평균하여 1주의 근로시간이 40시간을 초과하지 아니하는 범위에서 특정 주에 40시간, 특정 일에 8시간을 초과하여 근로할 수 있는 제도 ② 이 제도는 2주 단위 탄력적 근로시간제보다 탄력성의 범위를 넓힌 것으로서 주로 계절적 사업, 건설업, 수출산업 등에서 유용하게 활용할 수 있음
실시요건	① 취업규칙(10인 이상 사업) 또는 이에 준하는 것(10인 미만 사업)에 규정해야 함 ② 특정 주, 특정 일을 명확히 지정 ③ 특정주의 48시간을 초과 못함	① 근로자 대표와 서면합의(대상근로자 범위, 단위기간, 근로일 및 근로일별 근로시간, 서면합의 유효기간) ② 이 제도는 2주 단위 탄력적 근로시간제보다 탄력성의 범위를 넓

		힌 것으로서 주로 계절적 사업, 건설업, 수출산업 등에서 유용하게 활용할 수 있음
유효기간	기간 제한 없음	기간 제한있음(노사 서면합의)
실시효과	① 가산임금 적용제외 : 특정주 또는 특정일에 법정근로시간(1주40시간, 1일8시간)을 초과하여 근로하더라도 연장근로가 아니므로 가산임금을 지급할 의무가 없음 ② 임금보전방안 강구 ◦ 사용자는 탄력적 근로시간제를 도입할 경우 기존의 임금수준이 저하되지 않도록 임금보전방안을 강구해야 함 ◦ 고용노동부장관은 필요한 경우 임금보전방안을 제출하게 하거나 이를 직접 확인할 수 있음 ◦ 위의 조항은 벌칙규정이 없는 훈시규정으로서 행정지도의 대상일 뿐임	
연장근로가 되는 경우 (가산임금지급)	① 법정근로시간을 초과하여 근로하기로 정한 주·일에 그 근로시간을 초과하여 근로하는 경우 [예 : 1일 9시간, 1주 48시간을 정한 주는 각각 9시간, 48시간을 초과하는 시간이 연장근로] ② 법정근로시간 미만을 근로하기로 정한 주·일에 그 근로시간을 초과하여 근로하는 경우 [예 : 2주 단위의 경우 첫째 주의 근로시간이 48시간이면 둘째 주가 32시간을 초과하는 시간이 연장근로]	
1주간 연장근로 법정최고한도	60시간(48시간+12시간)	64시간(52시간+12시간)
적용제외	① 연소자(15세 이상 18세 미만자) ② 임신 중인 여성근로자	

5) 탄력적 근로시간제 도입 관련 실무상 쟁점

① 연소근로자(15세 미만 취직인허증 보유자 및 15세 이상 18세미만)와 임신 중인 여성근로자에 대하여는 적용되지 않는다.

② 탄력적 근로시간제를 도입하였다 하더라도 법정휴일 및 약정휴일을 부여해야 한다.

③ 탄력적 근로시간제를 시행하더라도 당사자간의 합의가 있는 경우에는 1주간 12시간을 한도로 연장근로를 할 수 있고, 야간·휴일근로도 가능하나, 근로자의 건강을 위협할 수 있으므로 소정근로일수, 연속근로일수, 1일 1주의 연장근로

시간, 전체 연장근로시간 등 한도를 정하는 것이 바람직하다.

④ 야간근로나 휴일근로시 가산수당을 지급해야 한다.

⑤ 3개월 단위 탄력적 근로시간제에서 특정일·특정주에 정하여진 소정근로시간(예 : A일 10시간, A주 50시간)을 초과하여 근로(예 : A일 22시간, A주 62시간)한 경우, 그 초과된 근로시간(12시간)은 연장근로로서 할증임금 지급대상이 되며, 동 근로시간 중 일부 또는 전부가 야간 및 휴일근로에 해당될 경우에는 별도의 할증임금을 지급해야 한다.[222]

⑥ 근로자대표와 서면합의 시 근로자대표를 선정하는 근로자 범위와 관련하여 노동조합이 근로자 과반수를 조직하고 있는지 여부를 판단함에 있어 근로자 범위와 근로자대표 선출에 참여하는 근로자의 범위는 당해 사업 또는 사업장의 전체 근로자에서 사용자를 제외한 인원을 기준으로 한다.[223]

⑦ 근로자대표의 선정 등과 관련하여 근로자의 범위는 근로시간제도 도입 당시 근로자수를 기준으로 판단하여야 하며, 종전에 근로자 과반수로 조직된 노동조합이 있더라도 탄력적 근로시간제 등을 도입할 당시에 근로자 과반수에 미달되었다면 근로자대표의 지위가 유지되는 것으로 보기는 어렵다. 한편, 근로자대표는 사업 또는 사업장 단위로 선정되어야 하므로 「근기법」 적용의 사업(장) 단위로서 서로 다른 단체협약 또는 취업규칙을 적용받거나 노무관리, 회계 등이 독립적으로 운영되는 경우에는 별개의 사업장으로 볼 수 있으나, 이와 달리 사업운영의 독립성 등이 인정되지 않는 경우라면 당해 사업 단위로 근로자 대표를 선정하여야 한다.[224]

222) 근기 68207-1039, 2000.5.29.

223) 근로기준팀-8048, 2007.11.29.

224) 근로기준정책과-2872, 2015.7.1.

나. 선택적 근로시간제[225)]

1) 의 의

(a) 선택적 근로시간제란 근로자가 출퇴근시간을 자유롭게 결정하여 기준근로시간의 범위 내에서 근로시간을 임의로 선택할 수 있는 제도로 업무의 시작과 종료 시각을 근로자의 자유로운 결정에 맡기는 근로시간제이다.

(b) 선택적 근로시간제는 근로자 편의에 따른 변형근로시간제로 전문직·연구직 근로자, 주부 근로자 등 출퇴근의 편의와 능률향상을 제고하고 고용을 촉진하고자 하는데 그 취지가 있다.[226)]

2) 내용 및 유형

(1) 법 규정 내용

취업규칙 등에 정하여 업무의 시작 및 종료시각을 근로자의 결정에 맡기기로 한 근로자에 대하여 노사합의를 통해 근로시간을 선택적 근로시간대와 의무적 근로시간대로 나누어 선택적 근로시간대의 근로는 근로자 자율에 맡기고, 1개월 이내의 정산기간을 정한 후 그 기간 동안의 1주 평균근로시간이 40시간을 초과하지 않는 범위에서 특정한 날 또는 특정한 주에 법정기준근로시간을 초과하여 근로시킬 수 있다(근기법 제52조).

(2) 유 형

① 완전 선택적 근로시간제

완전 선택적 근로시간제란 정산기간 중에 업무의 시작 시각과 종료 시각이 근로자의 결정에 맡겨 있고 근로시간의 배열에 사용자가 관여하지 않는 선택적 근로시간제로 의무적 근로시간대는 없고 선택적 근로시간대만 있는 경우를 의미

225) 이 제도는 1996.12.31. 개정법과 1997.3.13. 제정법에서 도입되었다.

226) 노동법실무연구회, 「근로기준법주해」, 박영사, 2010. p.94.

한다.[227)]

② 부분 선택적 근로시간제[228)]

(a) 부분 선택적 근로시간제는 정산시간 중에 업무의 시작시각과 종료시각을 근로자 결정에 맡긴 상태에서 일정한 시간대를 정하여 그 시간에는 근로자가 사용자로부터 시간적 구속과 구체적인 업무지시를 받고 나머지 시간에 대해서는 출·퇴근 및 근로시간 배열이 근로자의 결정에 맡겨지는 선택적 근로시간제를 말한다.

(b) 의무적 근로시간대와 선택적 근로시간대 구분 설정은 노사가 서면합의를 통해 자율적으로 결정할 수 있으며, 의무적 근로시간대는 통상 회의, 지시사항 등 필요한 지휘명령 등을 위하여 설정된다.

〈부분선택적 근로시간제 예시〉

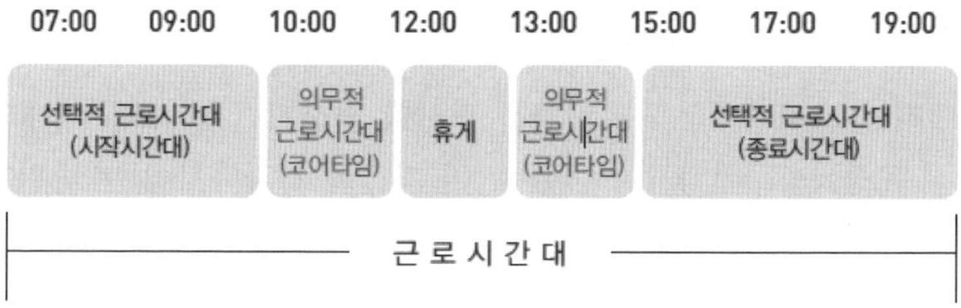

(3) 요 건

① 취업규칙 등에 시업과 종업시각 등을 정해야 한다.

취업규칙 또는 이에 준하는 것(상시 10인 미만 사업장)에 '업무의 시작과 종료 시각(시업과 종업시각)을 근로자의 결정에 맡긴다'는 취지의 내용을 정하고 그 대상이 될 수 있는 근로자의 범위를 특정하여야 한다.

227) 고용노동부, 「유연한 근로시간제 도입 매뉴얼」, 2010.12. p.55.
228) 하갑래, 「근로기준법(제29판)」, ㈜중앙경제, 2017, p.376 참조.

② 사용자와 근로자대표간 서면합의를 하여야 한다.

서면합의 사항은 ① 대상 근로자의 범위, ② 정산기간(1월 이내)과 정산기간의 총 근로시간, ③ 의무 근로시간대(core time)를 정한 경우에 그 시작 및 종료시각, ④ 선택근로시간대(flexible time)를 정하는 경우에 그 시작 및 종료시각, ㉣ 유급휴가 부여 등의 기준이 되는 표준 근로시간 등이 포함되어야 한다(근기법 제52조제1~6호).

㉮ 대상 근로자의 범위

서면합의 내용에 구체적으로 대상근로자를 특정하여야 하며, 15세 이상 18세 미만의 연소근로자의 경우 대상에서 제외된다. 통상적으로 전문직, 사무관리직, 주부근로자, 외판·수금 등 외근직, 연구·조사직, 도급제가 가미된 근로 등이 대상 업무가 될 수 있다.[229)]

㉯ 정산기간과 정산기간의 총 근로시간

(a) 선택적 근로시간대의 근로시간을 정산할 정산기간을 1개월 이내의 일정한 기간(2주, 4주 등)으로 설정하여야 하며, 이 기간을 초과하지 않는 범위에서 자유롭게 정할 수 있다.[230)]

(b) 정산기간이 정해지면 그 기간 동안에 근로하여야 할 총근로시간(정산기간에 상당한 소정근로시간수의 합계)이 정해져야 하는데, 예를 들어 1개월(30일)을 정산기간으로 한 경우 1주 40시간의 기준근로시간을 기준으로 보면 40시간×[정산기간의 총 일수(30일)÷7]=171.42시간이 총 근로시간이 된다.

㉰ 의무근로시간대(core time)와 선택근로시간대(flexible time)

(a) 선택적 근로시간제 시행시 근로자가 반드시 근로하여야 할 시간대(의무근

---

229) 하갑래, 「근로기준법(제29판)」, ㈜중앙경제, 2017, p.377.

230) 일본의 경우, 「일하는 방식 개혁을 추진하기 위한 관계 법률 정비에 관한 법률」로 플렉스타임제의 정산기간 상한을 1개월 → 3개월로 연장하고, 일정한 직종의 고소득자(연봉 1,075만엔)에 대해서는 법상 근로시간 규제를 하지 않는 소위 '고도 프로패셔널 제도(white collar exemption)'를 2019년부터 도입하였다.

로시간대)를 정하는 경우에는 그 시작 및 종료 시각, 근로자가 그의 결정에 따라 근로할 수 있는 시간대(선택근로시간대)를 정하는 경우에는 그 시작 및 종료 시각을 정해야 한다(근기법 제52조제4·5호).

(b) 근로자대표와 사용자가 의무근로시간대를 정하고 그 외 시간을 선택적으로 근무할 수 있도록 하는 방법도 있다. 예컨대, 오전 10시부터 오후 3시까지는 모든 근로자의 의무근로시간대로 하고 그 외 시간대는 업무의 시작과 종업시각을 스스로 정할 수 있도록 하는 방법이다.

㉣ 표준근로시간

표준근로시간은 유급휴가(또는 주휴일) 등의 계산 기준으로 사용자와 근로자대표가 합의하여 정한 1일의 근로시간을 말한다.

표준근로시간은 정산기간 중의 총 근로의무시간을 정산기간 중의 근로일수로 나눈 1일 평균근로의무시간으로 정하는 것이 합리적이다. 또한, 연장·야간근로가산수당은 총 근로의무시간(규정근로시간)을 기준으로 한 시간급통상임금으로 산정한다.[231)]

3) 효과 및 근로시간의 초과·부족 문제

(1) 법정기준근로시간의 적용이 배제되므로 원칙적으로 연장근로에 대한 가산임금의 문제가 발생하지 않는다.

(a) 선택적 근로시간제를 도입한 경우에는 정산기간을 평균하여 1주 단위 기준근로시간을 초과하지 않은 범위 내에서 1일 8시간 또는 1주 40시간의 기준근로시간(근기법 제50조)을 초과하여 근로할 수 있으므로 원칙적으로 연장근로에 대한 가산임금 문제가 발생하지 않는다.

(b) 다만, 정산기간을 평균한 실근로시간의 합계가 정산기간의 기준근로시간을 초과하는 경우 연장근로가 되며, 이 경우 가산임금을 지급해야 한다.

(c) 연장근로를 하게 할 경우에는 정산기간 전 또는 도중에 당사자간에 별도

---

231) 하갑래, 「근로기준법(제29판)」, ㈜중앙경제, 2017, p.378.

로 합의해야 하며, 그 한도는 정산기간을 평균하여 1주 12시간을 초과할 수 없다.

(2) 정산기간 동안의 근로시간의 초과·부족에 따른 문제

(a) 선택적 근로시간제는 정산기간 중의 평균 규정근로시간(총 근로의무시간)이 법정기준근로시간을 초과하지 않을 것을 전제로 하고 있으나, 실근로시간이 규정근로시간을 초과할 경우 '초과(잉여)근로시간'이 되고 미달될 경우 '부족근로시간'이 된다. 이 경우 초과근로시간을 다음 정산기간의 부족근로시간과 상계하는 합의는 인정되지 않으나,[232] 부족 근로시간을 다음 정산기간의 초과근로시간과 상계하는 합의는 가능하므로 부족 근로시간이 발생한 경우 그에 따른 임금 삭감, 결근, 지각처리, 근무평정 반영 등이 가능하다.[233]

(b) 한편, 이와 같은 초과(잉여)근로시간의 연장근로 인정 여부와 관련, 사용자가 연장근로를 요청했거나 근로자의 연장근로 요청에 대해 사용자가 승인한 경우에만 법정기준근로시간을 초과한 부분에 대해 가산수당 지급의무가 발생한다.[234]

〈선택적 근로시간제와 탄력적 근로시간제 비교〉

구분	탄력적 근로시간제	선택적 근로시간제
같은점	① 고정·획일화된 근로시간을 탄력화하고 근로시간배분을 변형한 근로시간제의 일종 ② 특정일·특정주에 법정기준시간을 초과근로 하더라도 연장근로로 보지 않음	
다른점	① 정해진 근로일·근로시간에 따라 일률적으로 근로 ② 근로시간 장단의 변형(단위기간 이내) ③ 주로 사용자의 필요에 의해 성립	① 의무근로시간대만 일률적으로 근로하고 나머지 시간대는 근로자 자유선택 ② 근로시간대의 변형과 장단의 변형(30일 이내) ③ 주로 근로자의 필요에 의해 성립

다. 간주(인정)근로시간제

1) 의 의

(a) 근로시간은 실제 제공한 근로시간으로 산정하는 것이 원칙이나, 통상의 방

232) 고용노동부, 「유연한 근로시간제 도입 매뉴얼」, 2010.12. p.68.

233) 하갑래, 「근로기준법(제29판)」, ㈜중앙경제, 2017, p.378.

234) 고용노동부, 「유연한 근로시간제 도입 매뉴얼」, 2010.12. pp.66~67.

법으로 근로시간을 계산하기 어려운 경우에 실제 근로시간과 상관없이 일정한 요건 하에 업무수행에 필요한 시간 또는 노사간에 미리 합의한 시간 등을 근로한 것으로 간주(인정)하는 제도이다.

(b) 이와 같은 간주(인정)근로시간제는 현행법상 ① 사업장 밖 근로의 간주근로시간제(근기법 제58조제1~2항), ② 재량근로의 간주근로시간제(근기법 제58조제3항) 두 가지 유형이 인정되고 있다.[235)]

2) 사업장 밖 근로의 간주근로시간제

(1) 의 의

(a) 근로자가 출장이나 그 밖의 사유로 근로시간의 전부 또는 일부를 사업장 밖에서 근로하여 근로시간을 산정하기 어려운 경우에는 소정근로시간을 근로한 것으로 본다.

(b) 다만, 그 업무를 수행하기 위하여 통상적으로 소정근로시간을 초과하여 근로할 필요가 있는 경우에는 그 업무의 수행에 통상 필요한 시간을 근로한 것으로 본다. 이 경우 그 업무에 관하여 근로자대표와의 서면 합의를 한 경우에는 그 합의에서 정하는 시간을 그 업무의 수행에 통상 필요한 시간으로 본다(근기법 제58조제1~2항). 이를 사업장 밖 근로의 간주근로시간제(근로시간 계산의 특례)라 한다.

(c) 이와 같은 사업장 밖 근로의 간주근로시간제는 출장 등 기타의 사유로 사업장 밖에서 근로를 하는 경우 사용자의 구체적인 지휘·감독이 미치지 않고, 근로시간의 측정이 어려운 업무가 증가하는 것에 대응하여 당해 업무에서 근로시간의 산정이 적절하게 이루어지도록하기 위해 제도가 도입되었다.[236)]

---

235) 1996.12.31 법 개정과 1997.3.13 법 제정시, 당시 일본 勞働基準法 제38조의2에 규정(1987 신설)된 두 가지 유형의 간주근로시간제를 그대로 옮겨왔다.

236) 제정 「근기법」에서는 시행령에 "근로자가 출장 기타 사업장외에서 근로하는 경우에 근로시간을 산정하기 곤란한 때에는 1일 8시간 근로한 것으로 본다"고 규정하였다.

(2) 요 건

① 사업장 밖에서 근로시간의 전부 또는 일부를 근로하여야 한다.

ⓐ '사업장 밖 근로'란 본래 소속 사업장에서 사용자(또는 노무관리 조직)의 직접적인 지휘·감독(체제)으로부터 장소적으로 벗어나서 다른 어떠한 관리조직으로부터도 구체적인 근로시간 관리 등 지휘·감독(명령)을 받지 않고 근로를 제공하는 것을 말한다.

ⓑ 따라서, 사업장 밖 근로에 해당하는지 여부는 '사용자의 지휘·감독의 곤란성'을 기준으로 근로의 장소적 측면과 근로 제공의 형태적 측면을 함께 고려해야 한다.[237] 예를 들어 통상적인 사업장 밖 근로(혼합형태 포함)로는 일시적 업무 처리를 위한 출장, 상태적인 택시운전 업무·영업사원의 판매 업무, A/S기사의 업무, 신문방송사 기자의 취재 등이 적용대상이다.

② 실근로시간 산정이 어려운 경우이어야 한다.

ⓐ 사업장 밖 근로라 하더라도 실근로시간을 산정하기 어려운 경우이어야 근로시간 간주가 가능하다. 따라서, 근로제공과 관련 휴대폰이나 무전기·호출기 등에 의해 수시로 사용자 지시를 받으며 근로를 하는 등 사용자의 지휘·감독권이 미치는 경우 근로시간 산정이 가능하므로 적용대상에서 제외된다.

ⓑ 일본의 해석예규[238]에서는 사업장 밖 근로이나 근로시간 산정이 가능한 경우로 ① 몇 명이 그룹으로 사업장 밖 근로를 제공하는 경우 그 일원 중에 근로시간의 관리를 하는 자가 있는 경우, ② 사업장 밖 근로에 종사하지만 무선, 포켓벨 등(휴대폰 포함)으로 수시로 사용자의 지시를 받아가면서 근로하는 경우, ③ 사업장에서 방문처, 귀사 시각 등 당일 업무를 구체적으로 지시를 받은 뒤 사업장 밖에서 지시대로 업무를 수행하고 사업장에 돌아오는 경우 등으로 보고 있다.[239]

---

237) 최영우, 「개별노동법 실무)」, ㈜중앙경제, 2017, p.430.

238) 昭和 63.1.1, 基發 1号(일본노동성 노동기준국장 통달).

239) 總合勞働研究所(勞働省勞働基準局 編著), 「解釋通覽 勞働基準法(全訂六版)」, 壯光舍印刷(株), 1999. pp.220~221.

(3) 유형(類型)별 효과

① 소정근로시간 근로로 간주

사업장 밖 근로는 그 성격상 근로시간에 대해 회사의 직접적이고 구체적인 관리 통제와 해당시간의 업무수행성 판단이 어렵다. 따라서, 출장이나 그 밖의 사유로 근로시간의 전부 또는 일부를 사업장 밖에서 근로하여 근로시간을 산정하기 어려운 경우에는 소정근로시간을 근로한 것으로 본다(근기법 제58조제1항).[240)]

② 통상 필요한 시간을 근로한 것으로 간주(통상필요근로시간간주제)

(a) 사업장 밖 근로가 그 업무를 수행하기 위하여 통상적으로 소정근로시간을 초과하여 근로할 필요가 있는 경우에는 그 업무의 수행에 통상 필요한 시간을 근로한 것으로 본다(근기법 제58조제1항단서).[241)]

(b) 여기서 '그 업무의 수행에 통상 필요한 시간'이란 평균적인 근로자가 통상의 상태에서 그 업무를 수행하는데 필요한 통상적(객관적)인 근로시간을 의미한다. 따라서, 이와 같은 간주근로시간제는 상태적으로 행해지는 사업장 밖 근로를 대상으로 하는 것이 원칙이기 때문에 한 번 정해지면 그 업무에 대해 일률적으로 적용되며, 돌발적·임시적 사업장 밖 근로는 일률적으로 간주근로시간을 정하기 어려우므로 필요시마다 따로 정하여야 한다.

③ 노사합의에 의한 간주근로시간제

(a) 통상 필요 근로시간간주제에도 불구하고 그 업무에 관하여 근로자대표와의 서면합의를 한 경우에는 그 합의에서 정하는 시간을 그 업무의 수행에 통상 필요한 시간으로 한다(근기법 제58조제2항).[242)]

(b) 노사 합의는 반드시 서면으로 작성하여 당사자가 서명·날인해야 하며, 합

---

240) 하루 소정근로시간을 8시간으로 정해진 경우, 1일 출장은 8시간 근로로 본다는 의미이다.

241) 예컨대, 9시간이 해당업무 수행에 통상 필요한 시간이라면 9시간을 근로시간으로 보며, 8시간을 초과하는 1시간은 연장근로로 본다.

242) 예컨대, 9시간을 근로한 것으로 합의하는 경우, 8시간을 초과하는 1시간은 연장근로에 해당한다.

의내용은 실제 근로한 시간과 관계없이 '노사가 합의하여 근로시간으로 간주하는 시간'이다. 합의시 이후 적용을 둘러싼 노사간 다툼을 예방하기 위해 근로자의 범위(직종·직위·부서별), 대상업무, 유효기간 등을 구체적으로 명시하는 것이 바람직하다.

(4) 근로시간 계산의 특례와 휴일·휴가 등

(a) 사업장 밖 근로의 간주근로시간제를 실시하는 경우에 특례를 인정하는 부분은 '근로시간의 계산'이므로 유급주휴일과 연차유급휴가 등 휴일·휴가는 출근율에 따라 부여하여야 하며, 휴일근로나 야간근로가 발생한 경우에는 가산수당을 지급해야 한다.

(b) 외근직 등 출·퇴근에 대한 통제가 없고 소정근로일과 소정근로시간이 정해지지 않아 결근의 개념이 없다면, 소정근로일을 모두 출근한 것으로 보아 유급주휴일 등은 부여되어야 한다.[243]

(5) 사업장 밖 근로의 간주근로시간제 관련 실무 참고사항

① 사업장내 근로와 사업장 밖 근로가 혼합된 경우 근로시간 계산[244]

㉮ 소정근로시간대에서 사업장 밖 근로와 사업장 안 근로가 혼합된 경우에는 사업장 밖 근로시간을 산정하기 어려우면 둘을 합하여 소정근로시간을 근로한 것으로 간주한다.

㉯ 소정근로시간 모두를 사업장 안에서 근무하고 사업장 밖 근로가 모두 소정근로시간외에 이루어진 경우에는 사업장 밖 근로시간을 별도로 계산하되 산정이 어려우면 통상 필요 근로시간간주제나 사업장 밖 간주근로시간합의제를 활용한다.

㉰ 소정근로시간대와 이외의 시간에도 사업장 안 근로와 사업장 밖 근로가 섞여 있다면, 소정근로시간대와 관계없이 사업장 안 근로에 대해서는

243) 근기 68207-287, 2003.3.13.

244) 하갑래, 「근로기준법(제29판)」, ㈜중앙경제, 2017, p.365 참조.

실근로시간으로 계산하고, 사업장 밖 근로에 대해서는 통상 필요 근로시간간주제나 사업장 밖 간주근로시간합의제를 활용한다.

② 출장업무를 위한 단순 이동에 불과한 경우, 이에 관한 별도의 규정이나 사용자의 지시가 없다면 근로시간으로 인정하기 어렵다.

출장에 있어 통상 필요한 시간을 산정할 경우 출장지로의 이동에 필요한 시간을 포함시키는 것이 원칙이며, 장거리 출장의 경우 사업장이 소재하는 지역에서 출장지가 소재하는 지역까지의 이동시간은 근로시간에 포함되는 것이 타당하다.[245)]

다만, 출장업무를 위한 단순 이동에 불과한 경우, 단체협약이나 취업규칙 등에 특단의 규정이 없고 사용자의 특별한 지시가 없는 한 근로시간으로 인정하기 곤란하며,[246)] 휴일에 출장업무 수행이 아닌 단순히 이동하는 경우도 휴일근로로 보기 어렵다.[247)]

라. 재량근로시간제

1) 의 의

(a) 업무의 성질에 비추어 업무 수행 방법을 근로자의 재량에 위임할 필요가 있는 연구, 방송·출판 등의 일정한 업무의 경우, 사용자가 근로자대표와 서면 합의로 정한 시간을 근로한 것으로 본다(근기법 제58조제3항). 동 규정을 재량근로의 근로시간 간주제 또는 재량근로시간제라고 한다.

(b) 즉, 전문적·재량적 업무에 종사하거나 창의적 업무를 수행하여 업무 수행수단에 재량의 여지가 크고 보수도 근로의 양보다 질 내지는 성과에 의하여 결정되는 것이 합리적인 업무에 대해서는 통상의 방법에 의한 근로시간의 산정이 적절치 않기 때문에 근로시간 산정의 적절성을 도모하기 위해 1997.3.13. 제정법에서 도입되었다.[248)]

---

245) 근기 68207-1909, 2001.6.14.
246) 근기 01254-546, 1992.4.11.
247) 근기 68207-2675, 2002.8.9.

2) 요 건

(1) 업무의 성질상 재량업무에 해당하여야 한다.

재량근로시간제라는 근로시간의 특례가 인정되기 위해서는 업무의 재량성이 인정되어야 한다. 즉, 구체적으로 사용자가 업무의 수행 수단 및 시간 배분 등에 관하여 근로자에게 구체적인 지시를 하지 않는 등 업무의 성질에 비추어 업무수행 방법에 근로자의 재량성이 내재하여야 한다.

① 업무수행 수단에 관하여 사용자로부터 구체적인 지시를 받지 않아야 한다.

다만, 재량근로에 있어서도 업무수행에 관한 기본적인 지휘·명령권은 사용자에게 있으므로 사용자가 근로자에게 업무의 기본적인 내용을 지시하거나 대략적인 진행상황의 보고의무를 지우는 것은 가능하다.

② 근로자가 시간 배분에 관하여 구체적인 지시를 받지 않아야 한다.

다만, 사용자가 시업시각과 종업시각을 규제하는 등 재량근로의 본질에 어긋나지 않는 범위에서 출퇴근 시각을 확인하기 위한 일정한 조치는 가능하다고 본다.

(2) 업무의 유형이 대통령령에 정한 업무이어야 한다.

「근기법시행령」에 재량근로대상 업무의 유형을 열거하고 있다(제31조).

1. 신상품 또는 신기술의 연구개발(재료, 제품, 생산·제조공정 등의 개발 또는 기술적 개선 등)이나 인문사회과학 또는 자연과학분야의 연구 업무(대학 또는 공공·민간 연구소 등에서 연구를 주된 업무로서 수행하는 것)
2. 정보처리시스템[249]의 설계 또는 분석 업무
3. 신문(신문, 정기간행물에 뉴스를 제공하는 뉴스공급 포함), 방송 또는 출판 사

248) 일본의 경우, 재량노동제를 ① 전문업무형재량노동제(노동기준법 제38조의3)와 ② 기획업무형재량노동제(노동기준법 제38조의4) 2종류가 있으나, 우리의 경우 ① 유형에 해당하는 경우에 근로시간의 계산의 특례를 인정하고 있다.

249) 정보, 정리, 가공, 축적, 검색 등의 처리를 목적으로 컴퓨터 하드웨어, 소프트웨어, 통신 네트워크, 데이터를 처리하는 프로그램 등이 구성요소로 조합된 체계를 말함

업에서의 기사의 취재, 편성 또는 편집 업무[250]

4. 의복·실내장식·공업제품·광고 등의 디자인 또는 고안 업무(고안된 디자인을 토대로 단순히 도면의 작성, 제품의 제작 등의 업무를 수행하는 자는 불포함)
5. 방송 프로그램·영화 등의 제작 사업에서의 프로듀서나 감독 업무
6. 그밖에 고용노동부장관이 정하는 업무 : 회계·법률사건·납세·법무·노무관리·특허·감정평가 등의 사무에 있어 타인의 위임·위촉을 받아 상담·조언·감정 또는 대행을 하는 업무(다만, 해당 면허·자격증이 없는 보조 업무 수행자는 포함되지 않음)

(3) 근로자대표와 서면 합의가 있어야 한다.

재량근로의 근로시간 특례가 적용되기 위해서는 근로자대표[251]와 사용자간 서면 합의가 있어야 한다. 서면 합의내용으로 명시하여야 할 사항은 다음과 같다(근기법 제58조제3항).

1. 대상 업무(근기법시행령 제31조, 관련 고시에서 규정한 6개 업무에 종사하는 근로자로 한정)
2. 사용자가 업무의 수행 수단 및 시간 배분 등에 관하여 근로자에게 구체적인 지시를 하지 아니한다는 내용
3. 근로시간의 산정은 그 서면 합의로 정하는 바에 따른다는 내용

위 명시 사항 중 3호의 근로시간 산정을 어느 정도까지 특정할 것인가가 문제가 되는데, 근로시간으로 간주할 1일 및 1주의 근로시간수를 정해야 할 것이다.[252]

---

250) 사보(私報) 편집자, 기사 취재에 동행하는 카메라맨·스태프 등의 업무, 단순한 교정업무는 포함되지 않는다.

251) 근로자대표는 그 사업(사업장)에 근로자의 과반수로 조직된 노동조합이 있는 경우에는 그 노동조합, 근로자의 과반수로 조직된 노동조합이 없는 경우에는 근로자의 과반수를 대표하는 자를 말한다.

252) 임종률, 「노동법(제14판)」 박영사, 2016, p.445.

3) 효 과

(1) 노사간 서면 합의에서 정한 시간이 근로시간으로 간주된다.

위 재량근로시간제 요건을 충족하면 노사간 서면 합의에서 정한 시간이 근로시간으로 간주된다. 따라서 당사자 일방이 서면합의에서 정한 시간 보다 많이 또는 적게 근무했다는 반증을 제시하더라도 간주근로시간은 바뀌지 않는다.

(2) 간주근로시간이 법정기준근로시간을 초과할 경우 연장근로에 해당하며, 사용자로부터 별도의 지시를 받아 야간근로시간대에 근로한 것으로 볼 수 없는 경우에는 야간근로수당을 지급할 의무가 없다.

간주근로시간으로 정한 시간이 법정기준근로시간을 초과할 경우 그 부분은 연장근로로 가산수당이 지급되어야 한다.

또한, 서면합의 내용에 야간근로가 포함되어 있지 않은 상태에서 출·퇴근 시간이 자유롭게 재량간주근로시간을 정함으로써 사용자로부터 별도의 지시나 감독을 받아 야간근로를 한 것으로 볼 수 없다면 야간근로가산수당 지급문제가 발생하지 않는다.

(3) 유급주휴일, 연차유급휴가는 부여하여야 하나, 휴게는 별도로 부여하지 않아도 된다.

재량근로시간제하에서도 특별한 사정이 없는 한 유급주휴일, 연차유급휴가는 부여하여야 한다. 다만, 휴게의 경우 제도의 취지상 업무수행방법이나 근로시간 배분이 근로자의 재량에 맡겨져 있는 점을 감안할 때 별도로 부여하지 않아도 된다.

7. 근로시간 및 휴일·휴게 적용제외

가. 의 의

(a) 사업의 성질 또는 업무의 특수성으로 인해 업무의 시작시각과 종료시각을 엄격하게 정할 수 없거나, 근로시간·휴일·휴게의 적용이 적절치 않은 특정 업종·

직종·근로형태에 대해서는 관련조항의 적용을 배제하고 있다(근기법 제63조).

(b) 근로시간·휴일·휴게의 적용이 제외되는 업종·직종의 근로자로는 ① 기후·기상 등 자연조건의 영향을 받는 농림·수산업 종사자, ② 노동강도가 낮고 신체적 피로나 정신적 긴장이 적은 감시·단속적 근로자, ③ 경영자와의 일체적 활동을 하는 관리·감독 업무 및 기밀취급 근로자 세 종류가 있다.

나. 대상 근로자

1) 농림 및 수산업(1차 산업) 종사자

(a) 토지의 경작·개간, 식물의 재식(栽植)·재배·채취 사업, 그 밖의 농림 사업과 동물의 사육, 수산 동식물의 채포(採捕)·양식 사업, 그 밖의 축산, 양잠, 수산사업 등은 근로의 대상이 자연물이고 기상이나 계절 등 자연 조건에 크게 영향을 받으므로 「근기법」상 근로시간·휴일·휴게에 관한 규정을 그대로 적용하는 것은 적절치 않으므로 해당 업무 종사자에 대해서는 그 적용이 제외 된다(근기법 제63조제1·2호).[253)]

(b) 다만, 농림·수산업 종사자의 경우도 자연조건에 크게 영향을 받지 않는 수산업협동조합 위판장의 부두 근로자[254)]나, 엽연초생산조합주재지도사[255)] 등은 적용제외 대상에 포함되지 않는다.

2) 고용노동부장관의 승인을 받은 감시 또는 단속적 근로 종사자

감시 또는 단속적으로 근로에 종사하는 자로서 사용자가 고용노동부장관의 승인을 받은 자의 경우, 근로시간·휴일·휴게에 관한 규정이 적용되지 않는다(근기법 제63조제3호).

253) 동 규정은 사업단위의 적용제외규정이므로 이에 해당하지 않은 사업장에서 일부 업종 또는 직종 종사자에만 적용을 배제할 수 없고, 해당 사업 내에서 일부 근로자들이 주된 사업과 구분되는 다른 업종·직종에 종사하더라도 그 일부에 대해서만 적용을 배제할 수 없다(근기 68207-2012, 2002.5.21, 근로기준과-5186, 2005.6.16 등).

254) 법무 811-20710, 1978.9.21.

255) 법무 811-15657, 1980.6.30.

① 감시 또는 단속적 근로

(a) 감시적 근로란 감시(監視)하는 것을 주 업무로 하고 상태(常態)적으로 정신적 또는 신체적 피로나 긴장이 적은 업무를 말하며,[256] 아파트나 건물 등의 수위·경비원, 청원경찰, 물품감시원 또는 계수기감시원, 보안직 근로자 등이 이에 해당한다. 다만, 감시적 업무이기는 하나 잠시도 감시를 소홀히 할 수 없는 고도의 정신적 긴장이 요구되는 경우는 제외한다.[257]

(b) 단속적(斷續的) 근로란 근로가 간헐적이나 단속적으로 이루어져 휴게시간 또는 대기시간이 많은 업무를 말한다.[258] 예컨대, 평소의 업무는 한가하지만 기계고장 수리 등 돌발적인 사고발생에 대비하여 대기시간이 많은 건물시설관리나 보일러실 근무자, 실근로시간이 대기시간의 반 정도 이하로 8시간 이내인 임원전담 운전기사 등이 이에 해당한다.

② 고용노동부장관의 승인

(a) 감시·단속적 근로자는 통상적인 근로에 비해 노동강도가 약하고 정신적·신체적 부담이 적어 근로시간 관련 법규 적용을 제외하더라도 해당 근로자의 보호에 문제가 없다는 점 때문에 적용 제외대상으로 하고 있으나, 사용자의 자의적인 판단에 의해 근로자의 이익이 부당하게 침해될 우려가 있기 때문에 근로시간·휴일·휴게 관련 규정의 적용을 제외 받기 위해서는 고용노동부장관의 승인을 받도록 하고 있다.[259]

(b) 고용노동부장관의 승인은 효력발생 요건으로 보아야 하므로 승인을 받지 않으면 근로시간·휴일·휴게 관련 조항의 적용이 배제되지 않으며, 법정기준근로시간을 초과하여 근로를 시키면 근로시간 위반의 책임과 연장근로가산수당 지급

256)「근기법시행규칙」 제10조제2항, 대판 1999.5.28, 99다2881 등.

257) 고용노동부 근로감독관집무규정(훈령 제185호, 2016.7.1) 제68조제1항, p.38.

258)「근기법시행규칙」 제10조제3항.

259) 승인업무는 지방고용노동관서장에게 위임되어 있으므로 승인요청은 사업장 관할 지방고용노동관서장에게 하여야 하며, 승인과정에서 별도로 당사자(근로자)의 동의나 합의는 필요 없다(근기 68207-3297, 2000.10.25).

의무를 진다.

(c) 감시·단속적 근로에 종사하는 자에 대한 근로시간적용제외 승인은 그 업무 자체를 대상으로 하며 업무의 성격, 근로형태 등이 바뀌지 않는 한 그 효력은 존속된다.[260] 또한, 승인은 근로자수를 대상으로 하므로 종전에 승인받은 해당 업무의 적용제외근로자수보다 증가된 근로자에 대해 승인을 받으면 된다.[261]

3) 관리·감독 업무 또는 기밀업무 취급 근로자

사업의 종류에 관계없이 관리·감독 업무 또는 기밀을 취급하는 업무에 종사하는 근로자의 경우 경영자와 일체적인 활동을 하고 있으므로 근로시간·휴일·휴게에 관한 규정이 적용되지 않는다(근기법 제63조제4호 및 근기법시행령 제34조).

(1) 관리·감독적 지위에 있는 근로자(관리감독자)

(a) 관리·감독적 지위에 있는 근로자 여부 판단은 ⓐ 근로조건 또는 노무관리 방침의 결정에 참여하거나 노무관리상의 지휘권한을 가지는지, ⓑ 자기의 근로에 대해 자유재량권을 가지고 출·퇴근 등에 엄격한 제한을 받지 않는지, ⓒ 특별수당 등 그 직위에 부합되는 대우가 행해지고 있는지 등 근무실태를 종합적으로 고려하여 판단하여야 한다.[262]

(b) 일반적으로는 부장, 공장장 등 근로조건의 결정, 기타 노무관리에 관하여 경영자와 일체적인 입장에 있는 자를 의미하며, 예컨대 건설현장소장,[263] 간호사 모집업무를 하는 인사과장 등을 들 수 있다.[264] 일본 금융기관(都市銀行)의 경우에는 ⓐ 임원의 업무를 겸직하는 자, ⓑ 지점장, 사무소장 등 사업의 장, ⓒ 본사의 부장 등으로 경영자 직속 조직의 장, ⓓ 본사의 과(課) 또는 이에 준하는 조직

260) 근기 01254-213, 1993.2.11.

261) 근기 68207-3297, 2000.10.25.

262) 근로시간정책팀-2698, 2006.9.12 ; 근로기준과-4983, 2004.9.17 ; 대판 1989.2.28, 88다카2974 등.

263) 대판 1988.4.25, 86다카1124.

264) 日本 德洲會事件, 大阪地判, 昭和 62.3.31, 勞判 497号, p.65.

의 장, ⓔ 대규모 지점 또는 사무소의 부(部), 과(課) 등 조직의 장 등을 후생노동성 해석예규[265]에서 관리감독자로 지정하고 있다.

(2) 기밀업무 취급 근로자

기밀업무 취급 근로자란 ⓐ 그 직무가 사업의 기밀 사무를 취급하고 있는 자는 물론 ⓑ 비서, 기타 직무가 경영자 또는 감독·관리의 지위에 있는 자의 활동과 일체불가분의 관계에 있고, ⓒ 출·퇴근 등 엄격한 근로시간 관리가 적절하지 않는 자가 주로 이에 해당한다.[266]

다. 적용제외 내용(조항)

1) 위에서 열거한 사업의 근로자와 해당 업종 종사 근로자에게는 근로시간 및 휴일 및 휴게에 관한 「근기법」상 조항(제4장 및 5장)이 적용되지 않는다(제63조).

구체적으로는 기준근로시간(제50조), 탄력적 근로시간제(제51조), 선택적 근로시간제(제52조), 연장근로제한(제53조), 휴게(제54조), 주휴일(제55조), 근로시간 등의 특례(제59조), 연소근로자의 근로시간(제69조), 연장근로 및 휴일근로에 대한 가산임금(제56조), 산후 1년이 지나지 않은 여성근로자의 연장근로(제71조) 등이 적용되지 않는다.

2) 다만, 「근기법」에서 규정하고 있지 않은 '근로자의 날,'[267] 단체협약이나 취업규칙 등에 정하고 있는 '약정휴일'은 적용된다.

또한, 「근기법」 제4장과 5장 중 야간근로에 대한 가산임금(제56조), 연소자와 임산부의 야간근로금지에 관한 규정(제70조), 연차유급휴가(제60조), 생리휴가(제73조) 및 출산전후휴가(제74조)는 적용된다.

---

265) 昭和 52.2.28, 基發 104号 2.

266) 昭和 22.9.13, 基發 17号.

267) 근기 68207-930, 1994.6.9.

3) 한편, 감시·단속적 근로자로 고용노동부장관의 승인을 받은 경우에는 취업규칙 등에 연장근로·휴일근로 규정이 있더라도 적용되지 않는다.[268)]

그러나, 농림·수산업 등 1차 산업 근로자에 대해서는 근로시간, 휴일·휴게에 관한 적용제외 규정에 불구하고 취업규칙에서 연장근로에 대한 수당지급에 관한 별도의 규정을 둔 경우에는 지급해야한다.[269)]

8. 공익사업에 대한 근로시간의 특례

가. 의 의

(a) 엄격한 근로시간 규제로 공중생활의 불편을 초래할 수 있는 운수업, 보건업 등 공익성 사업에 대해 그 규제를 완화하여 사용자와 근로자대표가 서면합의한 경우 연장근로 한도인 주당 12시간을 초과하여 근로하게 하거나, 휴게시간을 변경할 수 있도록 특례를 인정하고 있다(근기법 제59조).

(b) 이러한 특례규정은 1961.12.4. 개정 「근기법」에서 업종별 변형근로시간제 성격으로 시행되어오다, 1997.3.13. 제정 「근기법」에서 변형근로시간제가 폭넓게 도입되면서 특정 사업의 경우 일정 요건을 충족하면 근로시간의 특례를 인정하는 제도로 성격이 바뀌게 되었고, 2018.3.20 「근기법」 개정으로 대상 업종이 대폭 축소되었다.

나. 대상 사업(업종)

(a) 그간 특례대상사업은 공익성이 인정되는 ① 운수업, 물품 판매 및 보관업, 금융보험업, ② 영화 제작 및 흥행업, 통신업, 교육연구 및 조사 사업, 광고업, ③ 의료 및 위생 사업, 접객업, 소각 및 청소업, 이용업, ④ 사회복지사업(근기법시행령 제32조)으로 규정하고 있었으며(근기법 제59조), 업종은 산업분류표가 변경되면서 26개 업종[270)]으로 늘어났다.

---

268) 대판 1989.2.28, 86다카2974.

269) 대판 2009.12.10, 2009다51158.

ⓑ 이와 같이 특례적용대상을 '사업'으로 하고 있으나, 동 사업에 해당하는지 여부는 당해 사업의 목적과 주된 생산활동이 무엇인지에 따라 판단하되, 주요 생산품, 매출액, 근로자의 직종별 분포 등을 종합적으로 고려해, 위 조항에서 열거하고 있는 사업에 해당된다면 직종에 관계없이 전체 근로자에 대해 적용되었다.[271] 다만, 여러 개 사업장의 조직·인사·회계·노무관리 등이 완전히 분리되어 독자적으로 사업의 경영이 이루어지면 사업장별로 적용할 수 있었다.[272]

ⓒ 그러나, 26개 근로시간 특례 업종에 종사하는 근로자들이 장시간 노동에 노출되는 등 근로자 보호 측면에서 많은 문제점이 제기됨에 따라, 「근기법」개정(2018.3.20)으로 특례업종을 기존 26개에서 5개 업종으로 축소하였다(2018.7.1. 시행).[273]

또한, 5개 업종에 대해서도 근로시간 특례를 도입할 경우, 근로일 종료 후 다음 근로일 개시 전까지 최소 11시간의 연속 휴식시간을 보장하도록 하는 보완장치 마련(근기법 제59조제2항)을 통해 장시간 노동으로부터 해당 근로자의 휴식권과 건강권 확보가 가능하도록 하였다(2018.9.1. 시행).

ⓓ 다만, 2018.7.1.자로 근로시간 특례업종에서 제외된 21개 업종의 경우에는 1주간 근로시간 한도(52시간)의 적용은 기업규모별로 단계적으로 적용된다(① 근로자 300인 이상 및 국가, 지자체, 공공기관 : 2019.7.1., ② 근로자 50인~300인 미만 : 2020.1.1., ③ 근로자 5~50인 미만 : 2021.7.1.).

---

270) ① 육상운송업(「여객자동차운수사업법」의 노선여객자동차운송사업 제외), ② 수상운송업, ③ 항공운송업, ④ 기타 운송관련 서비스업, ⑤ 보건업, ⑥ 보관 및 창고업, ⑦자동차 및 부품판매업, ⑧ 도매 및 상품중개업, ⑨ 소매업, ⑩ 금융업, ⑪ 보험 및 연금업, ⑫ 금융 및 보험관련서비스업, ⑬ 우편업, ⑭ 전기통신업, ⑮ 교육서비스업, ⑯ 연구개발업, ⑰ 시정조사 및 여론조사업, ⑱ 광고업, ⑲ 숙박업, ⑳ 음식업 및 주점업, ㉑ 영상·오디오 기록물 제작 및 배급업, ㉒ 방송업, ㉓ 건물·산업설비 청소 및 방제서비스업, ㉔ 하수·폐수 및 분뇨처리업, ㉕ 사회복지서비스업, ㉖ 미용·욕탕 및 유사서비스업.

271) 근로조건지도과-3641, 2008.9.8.

272) 근로조건지도과-3325, 2008.8.21.

273) 「통계법」에 따른 '한국표준산업분류표' 중 중분류 또는 소분류에 따라 구분하도록 명확히 하였다.

다. 특례의 요건

1) 근로시간 특례 업종(5개)에 해당하여야 한다.

(a) 「근기법」 제59조에 규정하는 근로시간 특례업종(① 육상운송업 및 파이프라인 운송업(「여객자동차 운수사업법」의 노선여객자동차운송사업 제외), ② 수상운송업, ③ 항공운송업, ④ 기타 운송관련 서비스업, ⑤ 보건업)에 해당하는 사업장이어야 한다.

(b) 구체적인 근로시간 특례업종 해당여부는 통계청 고시[274] "한국표준산업분류표"를 기준으로 업종을 확인할 수 있다.

2) 근로자대표와의 서면합의가 있어야 한다.

(a) 1997.3.13. 제정 이전의 구법에서는 특례적용의 요건으로 노동부장관의 승인이 필요했으나, 실체적 요건(인정사유)에 대해 제한을 두지 않고 절차적 요건인 사용자와 근로자대표간의 서면합의만을 규정하고 있다.

(b) 서면합의를 통해 근로시간 특례를 적용하더라도 남용될 경우 근로자의 건강과 생활이 위협을 받을 수 있으므로 합의시 ⓐ 서면합의 유효기간, ⓑ 연장근로 제한시간, ⓒ 특례 적용사유 및 대상, ⓓ 합의 해지사유 등을 합의문에 포함하는 것이 바람직하다.[275] 노사간에 서면합의를 하면 개별 근로자의 동의는 필요하지 않다.

(c) 한편, 특례적용을 위한 근로자대표와의 서면합의는 특례제도 도입을 위한 절차적 필수요건이므로 서면합의의 효력은 노사가 합의한 이후부터 발생하는 것으로 보아야 하며, 소급하여 합의하는 것은 허용되지 않는다.[276]

---

274) 통계청 : https://kssc.kostat.go.kr(통계분류포털) → 경제부문 → 한국표준산업분류 → 분류검색 → 검색(종목 등 입력)

275) 하갑래 「근로기준법(제29판)」, ㈜중앙경제, 2017, p.382.

276) 근로기준정책과-3842, 2015.8.20.

라. 특례의 효과

1) 연장근로한도의 적용 배제

ⓐ 서면합의서에 도입하기로 명시된 근로자 모두에게 특례가 적용되는 것이 원칙이며, 특례 적용 근로자에 대해서는 연장근로 제한시간인 1주당 12시간을 초과하여 한도 없이 연장근로를 하게 할 수 있다.[277] 또한 특례제도는 유연근무시간제(탄력적·선택적 근로시간제) 도입 여부와 관계없이 적용된다.

ⓑ 특례적용의 대상을 「근기법」상 연장근로시간(제53조)으로 한정하고 있으므로 연소근로자·임산부의 연장근로제한(근기법 제69조·제71조·제74조), 잠수·잠함 등 유해위험작업의 근로시간제한(산안법 제46조)에 대해서는 특례가 적용되지 않는다.

2) 휴게시간의 변경 운용 및 11시간 연속휴식시간제

ⓐ 특례를 적용하면 휴게시간(근기법 제54조) 부여방법을 4시간 근로에 30분 이상, 8시간 근로에 1시간 이상의 휴게시간을 부여하는 것을 변경하여 운용할 수 있으나, 전체적으로 부여하지 않거나 단축시킬 수 없다.

ⓑ 한편, 특례적용 대상 근로자의 휴식권과 건강권 확보를 위해 근로일 종료 후(해당 근로일의 근로가 종료된 때) 다음 근로일 개시 전(해당 근로일의 근로 종료 후 익일 소정 근로의무를 이행하기 위해 근무를 시작한 때)까지 연속하여 11시간 이상의 휴식시간을 부여해야 한다. 따라서 근로자가 연속휴식시간 11시간 내에 출근한 경우에는 사용자는 명시적으로 노무수령을 거부하고 휴식을 부여하여야 하고, 만일 사용자가 휴식시간 도중에 일시 근로를 시켰다면 일시 근로가 종료된 이후 다시 기산하여 11시간 이상을 연속하여 휴식을 부여하여야 한다.

3) 연장·야간근로, 휴일·휴가 등 적용

특례를 적용하여도 「근기법」상 연장근로에 대한 임금 및 가산수당, 야간근로,

---

277) 근기 68207-649, 1997.5.16.

주휴일, 연차유급휴가 등 다른 규정들은 적용되는 것이 원칙이다.

9. 교대제 근로[278)]

가. 의 의

(a) 교대제근로란 장시간 연속근로를 위해 근로자를 2 이상의 교대조로 편성하여 교대로 근로시키는 근로형태를 말한다. 교대제근로가 활용되는 이유로는 '사업의 공공서비스성',[279)] '생산기술 또는 업무의 성격'[280)] 및 '경영효율 등 경제적 이유'[281)] 등을 들 수 있다.[282)]

(b) 연장·휴일근로는 임시적인 것으로 필요한 최소한에 그쳐야 하며, 야간근로를 포함한 불규칙한 교대제근로, 계속적인 연장근로를 예정하는 교대제근로[283)] 등은 교대제의 취지에 반한다. 그러므로 연장근로를 할 때 근로자의 동의를 받아야함은 물론이며, 동의를 받더라도 이러한 형태의 교대제근로는 법위반의 소지가 있다. 교대제근로도 「근기법」상 휴일·휴가, 가산임금 등의 규정이 적용되며 "교대근로에 관한 사항"은 취업규칙의 작성·신고에 있어 필수적기재사항이다(근기법 제93조).

나. 교대제근로 도입 시 고려사항

교대제의 유형은 교대조의 수와 교대순번에 따라 주간 2교대제, 2조 격일제,

278) 고용노동부 '교대제 근로자 근로기준법 적용지침', 2007.11 ; 하갑래 「근로기준법(제29판)」, ㈜중앙경제, 2017, pp.388~399 참조.

279) 공공적 성질이 농후한 전력·가스·수도·운수·전신전화 업무 등의 사업은 야간에도 사업을 정지할 수 없기 때문이다.

280) 철강·유리제조, 기타 화학산업의 경우처럼 일부공정을 사실상 정지시키는 것이 불가능한 경우가 있다.

281) 작업이나 업무의 성질과 관계없이 투하자본의 조기회수 또는 임차기계시설의 최대가동이라는 기업경영상의 관점에서 교대제가 행해질 수 있다.

282) 김형배, 「새로 쓴 노동법(제25판)」, 박영사, 2016, p.424.

283) 제1조는 8시부터 17시, 제2조는 20시부터 다음 날 5시까지를 소정근로시간으로 정한 다음에 연장근로를 통해 연속하여 작업을 시키는 것을 예로 들 수 있다.

2조 1일 2교대제, 3조 1일 2교대제, 3조 1일 3교대제, 4조 1일 3교대제 등의 형태가 있다. 교대제를 도입할 때 「근기법」상 관련 규정에 위반되지 않도록 하여야 하는 등 각 유형별로 고려해야 할 사항은 다음과 같다.

1) 취업규칙 등에 제도화

(a) 교대제를 운영하기 위해서는 근로계약을 체결할 때 근로조건으로 명시하여야 하는 것이 원칙이며, 교대제를 운영하고 있지 않다가 교대제로 전환하려면 근로자(또는 근로자 집단)의 동의가 있어야 한다.

(b) 또한, 교대제 근로에 관한 사항은 취업규칙의 필수적 기재사항이므로 취업규칙에 규정하여야 하며, 이를 교대제 형태 등으로 변경하고자 할 경우에는 취업규칙 변경에 대한 법리가 적용된다.

2) 법정근로조건의 준수

(1) 주휴일

(a) 주휴일은 전근로자에게 일률적으로 특정한 날을 지정하여 부여하는 것이 원칙이나 교대조별로 각기 다른 날짜를 부여할 수 있다.

(b) 휴일 부여를 위한 "1주"의 기산점은 주휴일이 미리 예측 가능하도록 지정되어야 한다. 주휴일은 0시부터 24시까지 역일을 단위로 하여 주어지는 것이 원칙이나, 1주일에 1회 이상 계속하여 24시간의 휴식이 보장되면 주휴일을 부여한 것으로 본다.

(c) 주휴일을 특정한 날로 정한 상태에서 휴일의 사전대체가 규칙적으로 이루어짐으로써 결과적으로 주휴일의 취지에 맞게 운영되어도 이는 유효하다.[284)]

(d) 약정휴일도 비교대제근로자와 동일하게 부여되어야 하고, 휴일근로는 불가피한 경우로 제한되어야 한다.

---

284) 근기 69207-761, 1994.5.9.

⑵ 근로시간(연장·야간 등)

ⓐ 교대제 형태를 취하더라도 법정기준근로시간은 그대로 적용된다. 기준근로시간 산정범위 중 1일은 역일상 1일로 0시~24시까지를 의미하나, 계속근무가 2역일에 걸치면 업무시작 시각이 속하는 날의 1일 근로로 본다.

ⓑ 연장근로는 당사자간 합의가 있어야 하며 1주에 12시간을 초과할 수 없다. 주당총근로시간이 주당법정기준근로시간을 넘는 연장근로시간이 12시간 이내여야 하고, 1일의 연장근로시간을 1주간 합한 시간도 12시간 이내여야 한다.

ⓒ 운송업 등 공중의 이익에 필요한 사업은 「근기법」 제59조에 따라 연장근로제한이 없다. 또한, 임신 중인 여성에게는 연장근로를 시킬 수 없고, 출산후 1년 미만의 임산부에 대한 연장근로시간은 1일 2시간·1주 6시간·1년 150시간을 초과할 수 없으며, 18세 미만의 연소근로자는 1일 1시간·1주 5시간을 초과할 수 없다.

⑶ 휴게시간 및 휴가 부여

교대제 근로형태의 경우에도 8시간 근로에 대해 1시간 이상, 4시간 근로에 대해 30분 이상의 휴게시간을 주어야 한다. 법정휴가와 약정휴가 또한 비교대제 근로자와 동일하게 부여되어야 한다.

⑷ 야간근로

교대제 근로형태의 경우에도 야간근로에 대하여는 가산임금이 지급되어야 한다. 한편, 연소근로자와 임산부의 야간근로에 대하여는 본인의 동의 또는 명시적 청구가 필요하고 고용노동부장관의 인가가 있어야 한다.

다. 교대제근로 유형별 적법성

1) 2조 격일제

⑴ 개념 및 교대형태

2개 근무조가 번갈아 가면서 오전 6시부터 다음날 6시까지의 24시간 연속근무 등과 같이 2역일에 걸치는 장시간근로를 반복하는 교대제로, 주로 운수업·경비업 등에서 이러한 근로형태를 채택하고 있다.

(2) 1주 7일 계속가동을 위한 1일의 근로시간

(a) 2조격일제에 있어 1주일계속근로를 위한 근무편성표는 다음과 같다.

교대조 \ 일수	제1일	제2일	제3일	제4일	제5일	제6일	제7일
제1조	근무		근무		근무		근무
제2조		근무		근무		근무	

(b) 1주에 7일을 계속 가동키 위해서는 1교대조는 4일, 다른 1교대조는 3일을 근로하게 된다.

(c) 이때, 4일 근무조는 당사자간 합의가 있는 경우 1주 12시간까지 연장근로를 할 수 있으므로 1일 평균 3시간의 연장근로가 가능하게 되고, 이 경우 1일의 가동시간은 휴게시간 1시간을 포함하여 1일 평균 12시간까지 가능하다. 또한, 3일 근무조는 같은 논리로 1일 4시간의 연장근로를 할 수 있으므로 1일의 가동시간은 휴게시간 1.5시간을 포함하더라도 13.5시간까지만 가능하다.

(d) 따라서, 2개조가 격일제로 24시간 연속근무하게 하는 제도는 「근기법」위반이 된다.

(3) 1주 7일, 1일 24시간 가동이 가능한 경우

'공익성사업에 대한 근로시간 및 휴게시간의 특례(근기법 제59조)'와 '근로시간·휴일·휴게 적용제외(근기법 제63조)'의 대상근로는 2조격일제의 형태로 1주일 내내 1일 24시간 가동이 가능하다.

2) 2조 2교대제

(1) 개념 및 교대형태

(a) 2개의 근무조가 1일을 전반기·후반기로 나누어 근무순번을 1주 또는 2~4

주 단위로 계속 바꿔가면서 근로하는 형태로 자동차, 비철금속 등의 제조부문에서 주로 도입·운영하고 있다.

ⓑ 주40시간근로제 하에서 1주단위로 근무순번을 바꾸는 경우 근무편성표는 다음과 같다.

일수 / 교대조	제1주		제2주	
	제1일~제5일	제6일~제7일	제8일~제12일	제13일~제14일
제1조	1근무조	휴무	2근무조	휴무
제2조	2근무조	휴무	1근무조	휴무

(2) 1주 가동 일수

「근기법」 제63조 규정에 따른 '근로시간·휴일·휴게 적용제외 대상 근로'이외에는 1주에 7일을 계속 가동하는 것은 불가능하다.

(3) 주 5일 근무와 1일 가동시간

ⓐ 주 5일을 근무하는 경우, 휴게시간을 포함하여 각 근무조당 9시간의 근로가 가능하므로 1일에 18시간 동안 가동할 수 있다.

ⓑ 연장근로 한도시간인 주당 12시간을 5일 동안 매일 2시간 24분씩 연장근로를 하는 경우, 1개 근무조가 휴게시간을 포함하여 1일 11시간 24분씩 근무함으로써 1일에 22시간 48분까지 가동할 수 있고, 휴게시간을 더 부여하면 1일 24시간 가동도 가능하다. 이를 위해서는 연장근로에 대해 근로자의 동의가 필요하며, 이 경우에도 상태적(常態的)인 연장근로를 제도화하는 것은 입법취지에 반한다.

(4) 1일 24시간 가동이 가능한 경우

ⓐ '공익사업에 대한 근로시간 특례(근기법 제59조)' 및 '근로시간·휴일·휴게 적용제외(근기법 제63조)'대상근로는 1일 24시간 가동이 가능하다.

ⓑ 또한, 3개월 이내 탄력적 근로시간제의 적용근로자가 당사자간 합의로 1주간 12시간의 연장근로하는 경우에는 당해 주에 64시간까지 근로를 할 수 있으므로 근무일에 대해 부분적으로 24시간 가동이 가능할 수도 있다.

(5) 연소자 및 임산부 보호

연소자 및 임산부에 대해 야간근로를 시키려면 본인의 동의 또는 명시적 청구가 필요하며 아울러 고용노동부장관의 인가를 받아야 한다.

3) 3조 2교대제

(1) 개념 및 근무상황표

1일 24시간, 1주 7일 계속가동을 위해 3교대제를 두고, 근무형태를 3조로 나누고, 1일 근로를 2근무로 나누어(1근무조는 08시~20시 / 2근무조는 20시~08시) 각 교대조를 근무조와 근로형태별로 적절히 배합하여 운용하는 교대제 형태이며, 주로 공익성사업이나 공정이 자동화된 제조업에서 많이 활용된다.

〈근로형태 및 교대형태〉[285)]

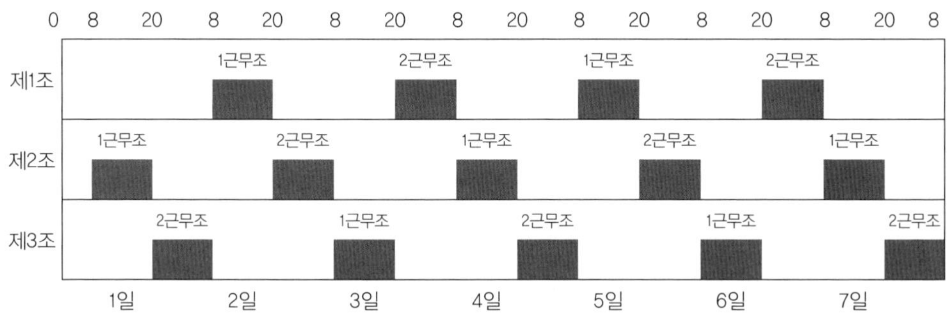

285) 근무조의 근무순번운용은 정순환(正循環)이 된다.
- 제1근무조 : 제1조 → 제2조 → 제3조 → 제1조
- 제2근무조 : 제2조 → 제3조 → 제1조 → 제2조
- 제3근무조 : 제3조 → 제1조 → 제2조 → 제3조

(2) 연중무휴 가동의 적법성

법정휴게시간을 부여하는 경우 각 조별 근로시간은 다음과 같다.

(단위 : 시간)

구분	근로일	구속시간		휴게시간		실구속시간		연장근로시간		
		1일	1주	1일	1주	1일	1주	1일 기준시간 초과	1주간 1일 기준시간 초과분의 합계	1주 기준시간 초과
제1조	4일	12	48	1	4	11	44	3	12	4
제2조	5일	12	60	1	5	11	55	3	15	15
제3조	5일	12	60	1	5	11	55	3	15	15

(a) 1일 24시간·1주 7일 연속가동의 경우, 1주 40시간을 기준으로 한 초과시간은 근무조별로 4~15시간이 되고, 1일 기준근로시간을 초과한 연장근로시간의 1주간 합계도 근무조별로 12~15시간에 이르게 되어 법위반이다.

(b) 제2조와 제3조를 기준으로 할 때 논리적으로는 1일의 연장근로시간이 2.4시간[12시간(1주당 연장근로시간 한도시간)÷5일(가동일수)]이 되도록 하여 실구속시간을 10.4시간[8시간(1일기준근로시간)+2.4시간(1일연장근로시간)]으로 하고 1일 가동시간 12시간에서 10.4시간을 뺀 1.6시간(1시간 36분) 이상을 휴게시간으로 부여한다면 3조2교대를 통한 연중무휴가동이 가능 하다.

(c) '공익성사업에 대한 근로시간 특례(근기법 제59조)' 및 '근로시간·휴일·휴게 적용제외(근기법 제63조)'대상근로는 연장근로에 제한이 없으므로 실시가 가능하며, '3개월 이내 탄력적 근로시간제(근기법 제51조)'대상근로에 상대적으로 적합한 근로형태이다.

(3) 제약요인

(a) 3교대조를 둘 경우 1주 4~5일 근로의 설계가 가능하므로 주휴일 부여의 위반은 피할 수 있으며, 연차유급휴가는 노사의 합의로 대체휴가 부여가 가능하다(근기법 제62조).

(b) 임신 중인 여성은 연장근로를 시킬 수 없고, 연소근로자에게는 1일 1시간(1주 5시간), 산후1년 미만 여성근로자에게는 1일 2시간으로 연장근로가 각각

제한되어 있어 이들을 대상으로 운영할 수 없다.

(c) 일반근로자도 연장근로의 상태화로 법위반의 소지가 있다. 또한, 1회의 근로시간이 지나치게 길고 교대조의 주·야간 근무로 배치가 1주일의 범위 안에서 너무 심하게 변동되어 근로자 건강보호상 바람직하지 않다.

4) 3조 3교대제

(1) 개 요

3개의 교대조를 두고, 1일 근로를 3근무조로 나누어 각 교대조별로 근무조를 적절히 배합하여 운용하는 형태로서 1주 5일~6일 가동형태와 1주 7일 가동형태로 나눌 수 있다.

(2) 1주 5일 가동형태

① 근로 및 교대형태

(a) 매주 일정한 날에 전 근로자에게 주휴일을 부여함으로써 1주에 5일을 근로하게 된다. 1일 24시간 연속가동이 가능한 근무편성표는 다음과 같다.[286)]

구분	제1주		제2주		제3주	
	제1일 ~제5일	제6일 ~제7일	제8일 ~제12일	제13일 ~제14일	제15일 ~제19일	제20일 ~제21일
1교대조	1근무조	휴무	2근무조	휴무	3근무조	휴무
2교대조	2근무조	휴무	3근무조	휴무	1근무조	휴무
3교대조	3근무조	휴무	1근무조	휴무	2근무조	휴무

(b) 각 근무조의 근로시간은 휴게시간을 포함하여 8시간이 되지만, 근로자의 출·퇴근 편의를 위해 각 근무조의 근로시간을 휴게시간을 포함하여 각각 7시간, 8시간, 9시간으로 운용할 수 있다.

(c) 교대조의 순환은 정순환(1근무조 → 2근무조 → 3근무조)이 된다.3근무

286) 김수복, 「근로시간·휴일·휴가의 법률문제」, 중앙경제사 1990. p.169 ; 휴무일 중 1일은 무급으로 부여할 수 있다.

조에서 1근무조로 교대할 때 주휴일 아침에 퇴근한 후 다음 날 아침에 출근하게 되는데 주휴일 부여 여부가 문제가 될 수 있으나, 이 경우 24시간 연속하여 휴식이 주어지면 주휴일이 부여된 것으로 본다.[287)]

② 휴게시간 부여와 연장근로

(a) 각 근무조별로 8시간 미만을 가동하면 30분 이상, 9시간 이상을 가동하면 1시간 이상의 휴게시간이 주어져야 한다.

(b) 취업규칙·단체협약 등에 "휴게시간을 근로시간으로 인정한다"등의 규정이 있는 경우 9시간을 가동하는 근무조에 대해 마지막 1시간이 연장근로가 되는지에 여부가 문제가 될 수 있으나, 이 경우 "휴게시간은 연장근로수당 등의 산정기초가 되는 기준근로시간에 포함된다"는 식으로 명백하게 정하지 않았다면 연장근로로 보기 어렵다.[288)]

(3) 1주 7일 가동형태

① 의 의

사업장은 1주 7일 가동하되, 근로자는 1주 6일 근로와 5일 근로로 순환 근무할 수 있다. 이를 위해 교대조별로 주휴일과 휴무일을 다르게 하고 1개조가 쉬는 날에 다른 1개조가 1일 8시간을 연장근로하거나, 다른 2개조가 2일 4시간씩을 연장근로하면서 운영하는 근로형태이다.

② 주 6일 근로

㉮ 근무순환표

3개 교대조가 똑같은 시간을 근로하는 것으로 가정하여 작성한 개인별 주6일 근로 근무순환표는 다음과 같다.[289)]

287) 기준 1455.9-6327, 1967.6.7.

288) 근기 01254-4347, 1991.3.28.

289) ① 편의상 1근무조는 0~8시, 2근무조는 8~16시, 3근무조는 16~24시로 가정하여 설명하였으나 출퇴근의 편의를 고려하여 1근무조는 22~06시, 2근무조는 06~14시, 3근무조는 14~22시로 운

구분		1일	2일	3일	4일	5일	6일	7일
1주	제1조	0~8(7.5)	0~12(11)	0~8(7.5)	0~12(11)	0~8(7.5)	휴일(0)	0~8(7.5)
	제2조	8~16	12~24	8~16	휴일	8~16	0~12	8~16
	제3조	16~24	휴일	16~24	16~24	16~24	12~24	16~24
2주	제1조	16~24	12~24	16~24	12~24	16~24	휴일	16~24
	제2조	0~8	0~12	0~8	휴일	0~8	0~12	0~8
	제3조	8~16	휴일	8~16	0~12	8~16	12~24	8~16
3주	제1조	8~16	0~12	8~16	12~24	8~16	휴일	8~16
	제2조	16~24	12~24	16~24	휴일	16~24	0~12	16~24
	제3조	0~8	휴일	0~8	0~12	0~8	12~24	0~8

㉯ 연중무휴 가동의 적법성

(a) 1일의 실근로시간을 보면 쉬는 조가 없는 날에는 각 조가 8시간을 가동하게 되는데 이 때 30분의 휴게시간을 감안하면 근로시간은 7.5시간이 된다.

(b) 쉬는 조가 있는 날에는 2개조가 12시간을 가동하는데, 1시간의 휴게시간을 감안하면 11시간이다. 이 경우 주당 총근로시간은 52시간으로 주당 40시간을 초과한 연장근로는 12시간이다. 따라서 1일 기준근로시간을 초과한 연장근로는 모두 1일 3시간씩 이틀이 있어 모두 6시간이 된다.

(c) 다만, 교대조별로 1주일에 2번씩 상태적으로 발생하는 연장근로에 대해 당사자간 합의가 필요하며, 연차유급휴가 부여를 위해 대체근로를 하면 연장근로한도를 초과할 가능성이 높다.

③ 주 5일 근로

㉮ 근무순환표

3개의 교대조가 똑같은 시간을 근로하고 각 2일의 휴일을 부여받은 것으로 가정하고 개인별 주5일 근로 근무순환표를 작성하면 다음과 같다.[290)]

영하는 등 변형할 수 있다, ② 교대조별 근무조 순환은 3조 → 2조 → 1조로 역순환(逆循環)이 된다, ③ ( )는 법정휴게시간 부여시 실근로시간으로 각 조가 모두 1주에 52시간을 근무하게 된다.

290) 편의상 1근무조는 0~8시, 2근무조는 8~16시, 3근무조는 16~24시로 가정하여 설명하였으나 출퇴근의 편의를 고려하여 1근무조는 22~06시, 2근무조는 06~14시, 3근무조는 14~22시로 운영하는 등 변형할 수 있다. ; 교대조별 근무조 순환은 3조 → 2조 → 1조로 역순환이 된다. ; ( )는 법정휴게시간 부여시 실근로시간으로 각조가 모두 1주에 51.5시간을 근무한다. ; 휴일 중 1일은

구분		1일	2일	3일	4일	5일	6일	7일
1주	제1조	0~8(7.5)	0~12(11)	0~12(11)	휴일(0)	0~12(11)	0~12(11)	휴일
	제2조	8~16	12~24	휴일	0~12	12~24	휴일	0~12
	제3조	16~24	휴일	12~24	12~24	휴일	12~24	12~24
2주	제1조	16~24	12~24	12~24	휴일	12~24	12~24	휴일
	제2조	0~8	0~12	휴일	0~12	0~12	휴일	0~12
	제3조	8~16	휴일	0~12	12~24	휴일	0~12	12~24
3주	제1조	8~16	0~12	12~24	휴일	0~12	12~24	휴일
	제2조	16~24	12~24	휴일	12~24	12~24	휴일	12~24
	제3조	0~8	휴일	0~12	0~12	휴일	0~12	0~12

㈏ 적법성 검토

ⓐ 1일의 실근로시간 계산은 주6일 근로 근무순환표와 같다. 이 경우 주당 총 근로시간은 51.5시간으로, 주당 40시간을 초과한 연장근로는 11.5시간이다.1일의 기준근로시간을 초과한 연장근로는 1일 3시간씩 4일이 있어 12시간이 된다.

ⓑ 그러나, 1주일에 4일 동안 매일 3시간씩 상태적으로 연장근로를 해야 하는데 대한 당사자 합의가 있어야 하며, 연차유급휴가 부여를 위해 대체근로를 하게 되면 연장근로한도를 초과할 수가 있다.

④ 연소자 및 임산부 보호

임신 중인 여성은 연장근로를 시킬 수 없고, 연소근로자에게는 1일 1시간(1주 5시간), 산후 1년 미만 여성근로자에게는 1일 2시간의 연장근로 제한이 있어, 이들을 대상으로 운용하는 경우 법위반 문제가 발생할 수 있다.

⑤ 평 가

ⓐ '1주 7일 가동, 3조 3교대제'는 임신 중인 여성과 연소근로자에 대한 제한이 있을 뿐만 아니라, 상태적인 연장근로에 대해 근로자의 동의를 받아야 하며 동의를 받더라도 위법의 소지가 있다. 또한, 연중무휴가동시 근무시간대 간에 간격이 너무 짧거나 휴일이 불규칙하게 되어 근로자 건강에 나쁜 영향을 미치고 생산성을 높이는데 한계가 있어 바람직하지 않다.

무급으로 부여할 수 있다.

ⓑ 교대조간의 근로시간을 7시간, 8시간, 9시간 등과 같이 다르게 운용하면 연장근로제한을 초과하여 위법이 될 수도 있다. '공익성 사업에 대한 근로시간 특례(근기법 제59조)', '근로시간·휴일·휴게 적용제외(근기법 제63조)' 및 '3개월 이내 탄력적 근로시간제(근기법 제51조)' 대상근로에 상대적으로 적합한 교대제이다.

5) 4조 3교대제

(1) 개 요

ⓐ 「근기법」 위반의 문제가 발생할 우려가 없고 근로시간대 간의 간격을 정상적으로 유지할 수 있으며, 야간근로 등으로 인한 피로를 풀 수 있도록 휴식시간을 많이 부여하면서 운용할 수 있는 제도이다.

ⓑ 1일 8시간 근로로 연장근로가 없으므로 연소근로자 등의 경우도 야간근로에 대해 본인의 동의와 고용노동부장관의 승인을 받으면 운용이 가능한 제도로서 1일 24시간, 1주 7일 가동에 적합하다.

ⓒ 휴일이 1주일에 2번 이상 주어지는 경우가 있는데 이중 1일은 반드시 유급휴일이어야 하나 나머지 1일은 무급휴일로 운용할 수 있다. 연차유급휴가는 노·사 합의로 대체부여가 가능하다(근기법 제62조).

(2) 3일 근무 1일 휴일

각 교대조가 3일 일하고 1일 쉬는 것을 반복하는 방식으로 휴일 다음날은 근무조가 전환된다. 휴일은 12일을 주기로 규칙적으로 부여되며 12일 중 3일 휴일이 되는데 휴일 중 1일은 야간근로 후의 휴무이다. 근무순환표는 다음과 같다.[291)]

291) ① 야휴는 야간근로 후의 휴무, 근은 근무, 휴는 휴일, 1일 8시간 근무를 전제로 한다. ② 1근은 1근무조, 2근은 2근무조, 3근은 3근무조, ③ 각 근무조의 근로시간은 출퇴근시간을 고려하여 적절히 조정(1주 6일 근로 또는 1주 5일 근로 3조3교대제 참조)한다, ④ 1일의 휴일은 유급으로 부여하여야 한다.

〈근무순환표 ①〉

구분	1일	2일	3일	4일	5일	6일	7일	8일	9일	10일	11일	12일
제1조	1근	1근	1근	휴	2근	2근	2근	휴	3근	3근	3근	야휴
제2조	휴	2근	2근	2근	휴	3근	3근	3근	야휴	1근	1근	1근
제3조	2근	휴	3근	3근	3근	야휴	1근	1근	1근	휴	2근	2근
제4조	3근	3근	휴	1근	1근	1근	휴	2근	2근	2근	휴	3근

〈근무순환표 ②〉

구분	1일	2일	3일	4일	5일	6일	7일	8일	9일	10일	11일	12일
제1조	1근	2근	3근	야휴	1근	2근	3근	야휴	1근	2근	3근	야휴
제2조	2근	3근	야휴	1근	2근	3근	야휴	1근	2근	3근	야휴	1근
제3조	3근	야휴	1근	2근	3근	야휴	1근	2근	3근	야휴	1근	2근
제4조	야휴	1근	2근	3근	야휴	1근	2근	3근	야휴	1근	2근	3근

(3) 기타의 근무순환표

① 4일 근로 1일 휴일 → 4일 근로 2일 휴일 → 4일 근로 1일 휴일

각 교대조가 4일을 일하고 1일은 쉬고 근무조를 바꾸어 4일을 일하고 2일을 쉰 다음 다시 근무조를 바꾸어 4일을 일하고 1일을 쉬는 것을 반복하는 근로형태이다. 16일 주기로 12일을 일하고 4일을 쉬게 되는데 그 중 1일은 야간근로 후의 휴일이다. 휴일 후에는 근무조가 바뀐다. 근무순환표는 다음과 같다.

구분	1일	2일	3일	4일	5일	6일	7일	8일	9일	10일	11일	12일	13일	14일	15일	16일
1조	2근	2근	2근	2근	휴	3근	3근	3근	3근	야휴	휴	1근	1근	1근	1근	휴
2조	휴	3근	3근	3근	3근	야휴	휴	1근	1근	1근	1근	휴	2근	2근	2근	2근
3조	3근	야휴	휴	1근	1근	1근	1근	휴	2근	2근	2근	2근	휴	3근	3근	3근
4조	1근	1근	1근	휴	2근	2근	2근	2근	휴	3근	3근	3근	3근	야휴	휴	1근

② 5일 근로 2일 휴일 → 5일 근로 1일 휴일 → 5일 근로 2일 휴일

각 교대조가 5일을 일하고 2일을 쉬고 근무조를 바꾸어 5일을 일하고 1일은 쉰 다음 다시 근무조를 바꾸어 2일을 쉬는 것을 반복하는 근로형태이다. 20일을 주기로 15일을 일하고 5일은 쉬게 되는데 그 중 1일은 야간근로후의 휴일이며, 휴일 후에는 근무조가 바뀐다.

〈근무순환표 ①〉

구분	1일	2일	3일	4일	5일	6일	7일	8일	9일	10일
1조	3근	3근	3근	3근	3근	야휴	휴	1근	1근	1근
2조	야휴	휴	1근	1근	1근	1근	1근	휴	2근	2근
3조	1근	1근	휴	2근	2근	2근	2근	2근	휴	휴
4조	2근	2근	2근	휴	휴	3근	3근	3근	3근	3근

〈근무순환표 ②〉

구분	11일	12일	13일	14일	15일	16일	17일	18일	19일	20일
1조	1근	1근	휴	2근	2근	2근	2근	2근	휴	휴
2조	2근	2근	2근	휴	휴	3근	3근	3근	3근	3근
3조	3근	3근	3근	3근	3근	야휴	휴	1근	1근	1근
4조	야휴	휴	1근	1근	1근	1근	1근	휴	2근	2근

③ 6일 근로 2일 휴일

각 교대조가 2일마다 근무조를 바꾸면서 연속 6일을 일한 후 2일을 쉬는 제도이다. 이 제도 아래서는 1 근무조에서 일한 후 휴일도 없이 2일만에 다른 근무조로 바꾸어 일하는 것을 6일간 반복하게 되어 근로자의 건강보호나 생산성 측면에서 바람직하지 않다.

구분	1일	2일	3일	4일	5일	6일	7일	8일
1조	1근	1근	2근	2근	3근	3근	야휴	휴
2조	2근	2근	3근	3근	야휴	휴	1근	1근
3조	3근	3근	야휴	휴	1근	1근	2근	2근
4조	야휴	휴	1근	1근	2근	2근	3근	3근

라. 교대제근로와 노무관리상 고려사항

교대제를 도입하고자 할 경우에는 교대제 운영과정에서 법위반의 문제가 발생하지 않도록 사전에 필요한 사항[292]을 면밀히 점검하여 적절한 근로형태가 되

292) ① 교대조 수, ② 근무조의 수(근무시간대의 수), ③ 야간근로의 유무, ④ 조업의 연속성(조업을 24시간 연속 할 것인가, 중단이 있는가, 전혀 조업하지 않는 날이 있는가 등), ⑤ 일제 휴일의

도록 하여야 하고, 근로자의 의견을 최대한 반영해야 한다. 특히, 교대제근로는 근로자 건강보호 측면에서 다음과 같은 세심한 배려가 필요하다.

① 예비근무조가 있는 근무편성(4조3교대 등 또한 5조3교대와 같이 예비근무조가 많은 근무편성)을 하고, 근무조의 교대가 규칙적이어야 한다.

② 야간근로의 횟수는 가능한 한 적게 한다.

③ 1회의 근무와 다음 근무와의 간격은 원칙적으로 16시간 이상, 부득이한 경우에도 12시간 이상으로 하도록 한다. 특히, 야간근로를 포함하는 근무조에서 다음 근무조로 이행할 때에는 야간근무일의 다음날 휴일로 하도록 노력하고, 긴 수면이 취해지도록 한다.

④ 1주의 근로시간은 40시간 미만으로 하고, 야간근로를 포함한 1회의 근로시간은 가능한 한 8시간을 넘지 않도록 하여야 하며 연장근로는 임시적으로 부득이한 경우로 제한 한다. 또한, 적절한 휴게시간을 확보하고, 야간근로를 포함하는 근무에 있어서는 근무시간 도중에 수면시간을 주도록 하여야 한다.

⑤ 휴일은 가능하면 많이 확보되도록 하고 휴가도 일반근로자보다 많이 주도록 하는 한편 실제로 사용할 수 있도록 배려하여야 한다.

⑥ 교대제근로로 인한 조기출근, 야간퇴근에 대비하여 출·퇴근버스의 운행 등 편의를 제공한다.

⑦ 정기건강진단을 거쳐 비교대근로나 주간근로로 전환, 야간근로의 제한 등 적절한 조치를 취한다.

⑧ 생체리듬의 혼란이나 수면의 불완전 등, 부담이 큰 교대제 근무의 수면, 식사, 생활 등에 관해서 충분한 보건위생교육이나 건강 상담을 한다.

유무(전 근로자를 일제히 휴무토록 할 것인가, 아닌가), ⑥ 한 조의 연속근무일수, ⑦ 교대조의 순환이 1순회하는 일수, ⑧ 근무조의 순환방법(정순(1근무조 → 2근무조 → 3근무조 → 1근무조)인가, 역순(3근무조 → 2근무조 → 1근무조 → 3근무조)인가), ⑨ 출·퇴근의 편의.

주/요/쟁/점/실/무

제4절 휴일제도 관련 쟁점

1. 의 의

(a) '휴일'이란 근로자가 사용자의 지휘·명령으로부터 완전히 벗어나는 날로서 단체협약 또는 취업규칙·근로계약 등에 따라 애초부터 근로의 의무가 없는 것으로 정해진 날(소정근로일이 아닌 날)을 말한다.

(b) 휴일과 유사개념인 휴무일은 노동법적 개념이라기보다 '근로를 제공하지 않는 날'이라는 일반적인 개념으로 쓰이고, 또한 '소정 근로일이 아닌 날' 또는 '소정근로일에 해당되나 근로의무가 면제되는 날'을 포괄하는 개념이다. 따라서, 휴무일과 휴일에 대해 노동법적 효과를 달리 취급하는 것은 합리적이지 못하다.[293] 또한, 일정한 조건이 충족되면 사용자로부터 소정근로일에 근로제공의무를 면제받는 휴가와는 구분된다.

2. 휴일 유형별 쟁점

(a) 휴일은 사용자에게 법적으로 부여의무가 강제되느냐에 따라 법정휴일과 약정휴일(법정외 휴일)로 나눌 수 있다. 약정휴일은 취업규칙 등에 따라 근로자가 '근로의무를 지지 않는 날'을 정한 날로 제도 설정 자체가 의무화되어 있지 않다. 따라서, 약정휴일의 부여 여부, 부여 대상일, 임금지급 여부, 부여 요건 등은 원칙적으로 근로자(또는 노조)와 사용자가 자율적으로 결정할 사항이다.[294]

(b) 따라서, 「근기법」 제55조의 주휴일에 관한 규정은 약정휴일에 적용될 여지가 없다. 또한, 주요 근로조건의 서면명시의무를 규정한 「근기법」 제17조의 경우도 그 대상을 '제55조에 따른 휴일'로 하고 있어 적용의 여지가 없다.

293) 하갑래, 「근로기준법(29판)」, ㈜중앙경제, 2017.4, pp.410~411.

294) 근기 1451-10675, 1983.4.26.

구분	법정	약정
의의	법에 근거하여 의무적으로 부여	① 부여여부·부여조건, 부여일수 등이 단체협약·취업규칙 등을 통해 결정됨 ② 임금지급여부도 결정하는 바에 따름
휴일	① 주휴일(근기법 제55조) ② 근로자의 날(5월 1일, 근로자의 날 제정에 관한 법률)	① 공휴일 ② 기타 기업의 휴일(회사창립일 등)

가. 주휴일

(a)「근기법」은 사용자는 1주 동안의 소정근로일을 개근한 근로자에게 1주일에 평균 1회 이상의 유급휴일을 부여하도록 규정하고 있다(제55조제1항 및 시행령 제30조). 이와 같은 주휴제는 근로자의 피로회복을 도모하여 노동재생산 내지 생산성 유지를 꾀하는 데 그치지 아니하고, 근로자로 하여금 근로제공의무에서 벗어나 사업장 외의 장소에서 자유로운 시간을 갖도록 하려는 데 있다.[295)]

(b) 이와 같은 주휴일제도는 근로시간 문제와 함께 세계 각국의 노동입법사상 오랜 연혁을 갖고 있는 제도로서, 1919년 베르사이유조약에서 노동헌장 제5원칙으로서 '일요일을 가능한 포함해서 24시간을 하회하지 않게 매주 1회의 휴식을 부여하는 제도를 채택할 것'이 규정된 것을 계기로 1921년 ILO총회에서 "공업적 기업에 있어서 주휴의 적용에 관한 조약(제14호)"과 "상업에 있어서 주휴의 적용에 관한 권고(제18호)"가 채택된 후, 탄광·노면운송사업 등에서 주휴 확보를 시작으로 그 범위가 계속 확대되어 오늘에 이르고 있다.[296)]

(c) 주휴일의 부여요건 중 '소정근로일의 개근'과 관련, 주중에 결근한 경우 유급주휴일은 발생하지는 않으나 휴일(무급) 자체가 발생하지 않는 것은 아니다.[297)] 또한 주 소정근로일에 결근 없이 모두 출근하였으면 지각이나 조퇴 등이 있더라도 개근으로 보아야 한다. 따라서 지각·조퇴·외출을 몇 회 이상하면 1일 결근으로 처리하는 것은 법에 위반된다.[298)]

295) 대판 2004.6.25, 2002두2857.

296) 勞働省勞働基準局編著,「解釋通覽(全訂6版) 勞働基準法」, 總合勞働硏究所, 1999.9, p.260.

297) 대판 2004.6.25., 2002두2857

〈부여요건 등 실무상 쟁점〉

① 사용자는 1주일에 평균 1회 이상의 유급휴일을 주어야 하는데, 주 1회의 유급휴일을 향유할 수 있는 자는 1주간의 소정근로일수를 개근한 자에 한한다.

② 유급휴일의 부여요건은 1주간의 소정근로일의 개근이므로 반드시 6일을 근무해야 하는 것은 아니며, 격일제근무나 단시간근로의 경우에는 소정근로일을 개근하면 유급휴일을 부여해야 된다.

③ 주휴일은 단체협약이나 취업규칙으로 특정되는 것이 일반적이며 반드시 일요일일 필요가 없다.

④ 주휴일에서 다음 주휴일까지의 간격은 7일 이내가 바람직하나, 1주일에 평균 1회 이상의 유급휴일을 부여하면 되므로 그 간격이 7일을 초과해도 법 위반으로 볼 수 없다.[299)]

⑤ 1회의 휴일이란 원칙적으로 0시부터 24시까지의 시간을 의미하나, 교대제 근무를 하는 경우 계속해서 24시간의 휴식이 보장되면 휴일을 부여한 것으로 본다.[300)]

⑥ 1주일 중 소정근로일이 5일(월~금요일)인 경우 법상 유급 주휴일은 1일(통상 일요일)이고, 나머지 1일(통상 토요일)은 노사가 별도로 정하지 않는 이상 무급 휴무일이 된다. 토요일에 근로를 시키는 경우 주40시간을 초과하였거나 1일 8시간을 초과한 경우 연장근로가 된다.

⑦ 주휴일과 다른 휴일이 중복될 경우, 단체협약·취업규칙 등에 익일 휴무제 등을 특별히 명시하지 않으면 근로자에게 유리한 하나의 휴일만 인정된다.[301)]

⑧ 1주 40시간제에서 1일의 소정근로시간을 8시간으로 함으로써 1주 5일근무제를 도입할 수 있다. 이 경우 근로의 의무가 없는 2일 중 1일을 주휴일로 지정(통상 일요일)하여 유급으로 처리하고, 나머지 1일을 무급으로 처리할 수 있다.

⑨ 주휴일을 특정하면 그 날은 근로의 의무가 없는 날이므로, 소정근로일에 결근한 근로자라도 주휴일에는 근로제공의무가 발생하지 않으며 사용자는 그러한 주휴일을 결근으로 처리할 수 없다.[302)]

298) 근기 1451-21279, 1984.10.20.

299) 근기 01254-223, 1992.2.15.

300) 대판 1991.7.26, 90다카11636.

301) 근기 1455-23011, 1987.7.24.

302) 대판 2004.6.25, 2002두2857.

⑩ 격일제 근로가 통상적인 격일제 근로(2개조로 나누어 1개조가 24시간 연속근무를 2역일에 걸쳐 반복하여 근무하고 전일의 근무를 전제로 다음날에 휴무일이 주어지는 형태)에 해당하는 경우라면 유급주휴시간은 1근무일의 소정근로시간(7시간) 절반에 해당하는 3.5시간으로 보아야 한다.[303)]

⑪ 주 소정근로일을 개근하였으나 퇴사 등으로 다음 근무가 예정되어 있지 않은 경우에는 주휴일 자체가 발생하지 않으므로 주휴수당도 발생하지 않는다.

⑫ 일주일에 2일만 각 9시간씩 2일만 근무하기로 하고 개근한 경우 소정근로시간이 15시간 이상이므로 다음 주의 근로가 예정되어 있는 경우에는 주휴(수당)가 발생하고 주휴수당은 연장근로를 제외한 소정근로시간으로 계산한다.[304)]

나. 근로자의 날

「근로자의 날 제정에 관한 법률(법률 제13901호, 2016.1.27)」은 매년 5월1일을 근로자의 날로 명시하면서 '「근기법」에 따른 유급휴일'이라고 규정하고 있다.

근로자의 날은 "노동절,[305)] 근로자 감사의 날"[306)]이라고도 불리기도 하는데, 1일 8시간제를 지향하는 노동운동 과정에서 탄생하였으며, 1889년 파리국제노동자대회(제2 인터내셔날)에서 헤이마켓사건[307)]을 기려 매년 5월1일을 May Day로 결정하여 오늘에 이르고 있다.

---

303) 근로개선정책과-1574, 2013.3.7.

304) 근로개선정책과-4640, 2011.11.21.

305) Labor Day : 미국·캐나다 9월 첫째 월요일, 뉴질랜드 10.23, 프랑스·이탈리아·독일·체코·러시아·중국 등 5.1일, May Day : 영국·스웨덴·핀란드 5.1일.

306) 11월23일 일본, 벨기에, 오스트리아

307) 미국노동조합총연맹은 1886년초 '8시간근로제 실시 결의안'을 통과시킨 후 같은 해 5월1을을 기해 35만명이 참여하는 총파업에 돌입하였고, 이때 시카고 멕코믹사업장도 이 파업에 참여했는데 5.3일에 경찰 총격으로 6명이 사망하였다. 이에 항의하여 시카고 헤이마켓광장에서 수천명이 시위를 벌이던 중 원인모를 폭발사건이 발생하자 경찰이 무차별 발포하여 수많은 시민이 사망한 사건이다.

〈우리나라 근로자의 날 연혁〉

◦ 1922년 조선노동연맹회가 결성되어 이듬해 5월 1일에 처음으로 May Day 행사 시작
◦ 1946.3.10. 대한노총 결성 이후 1957년까지 5월 1일에 기념행사 계속
◦ 1959년부터 대한노총 창립일인 3월 10일을 노동절로 기념
◦ 1963.4.17.에 근로자의 날 제정에 관한 법률이 제정되어 명칭이 근로자의 날로 변경
◦ 1994.3.9. 기념일을 3월 10일 → 5월 1일로 변경

〈노동법과의 관계 등 실무상 쟁점〉

① 근로자의 날은 「근기법」에 의한 유급휴일이다.
② 적용대상은 「근기법」과 같으므로 공무원에게는 원칙적으로 적용되지 않으며 공휴일에도 포함되지 않는다.
③ 근로자의 날은 법정휴일로서 특정사실을 기념하기 위해 특정일로 정하여져 있으므로 휴일을 다른 날로 대체할 수 없다.[308)]
④ 근로자의 날이 주휴일과 겹치더라도 1일의 유급휴일만 부여하면 되고 휴일근로임금과 가산수당은 1일분만 지급하면 된다.[309)]
⑤ 「근기법」 제56조의 휴일근로 임금 및 가산수당, 제57조의 보상휴가제 등이 적용되나, 제63조의 '근로시간·휴일·휴게 적용제외'는 적용대상이 아니므로 해당 근로자에게 근로자의 날이 휴일근로가산수당은 성립하지 않는다.[310)]

다. 관공서 공휴일

ⓐ 관공서 공휴일은 대통령령인 「관공서의 공휴일에 관한 규정」(제28394호, 2017.10.17)에 규정된 날로 국가가 국민과 더불어 기념하는 공적인 성격을 갖는 휴일이다.

ⓑ 따라서, 공휴일은 원칙적으로 관공서에만 적용되고, 민간의 경우 노동관계법에는 기업이 쉬는 날(휴일)로 정해져 있지 않으므로 단체협약·취업규칙 등에

308) 근기 01254-6312, 1987.4.17. 등 다수.
309) 근기 68207-1423, 2003.11.1.
310) 근기 01254-6550, 1991.5.9.

그 기업의 휴일이라고 명시함으로써 비로소 휴일이 되는 약정휴일이 되며, 유·무급 여부도 노사가 정하는 바에 따르는 것이 원칙이다.[311)]

(c) 그러나, 기업규모나 노조 유무 등에 따라 공휴일 향유에 있어 형평의 문제가 제기됨에 따라, 2018.3.20 「근기법」 개정[312)]으로 민간 기업(상시근로자 5인 이상)의 모든 근로자에게 2020.1.1.부터 기업규모별로 단계적으로 유급휴일로 적용되도록 하여 공평하게 휴일을 향유할 수 있도록 하였다.[313)]

(d) 한편, 유급휴일(관공서 공휴일과 대체공휴일)은 근로자대표와 서면으로 합의한 경우 특정한 근로일로 대체할 수 있고(근기법 제55조제2항 단서), 이 경우 사용자는 사전에 근로자에게 교체할 휴일을 특정하여 24시간 전에 고지해야 한다. 또한, 휴일대체 근무의 경우에도 주 52시간 한도는 준수해야 하며, 휴일근로가 아닌 통상의 근로가 되므로 가산수당의 지급의무가 없다.

제2조(공휴일) 관공서의 공휴일은 다음과 같다. 다만, 재외공관의 공휴일은 우리나라의 국경일중 공휴일과 주재국의 공휴일로 한다.

1. 일요일(근기법시행령에서는 제외)
2. 국경일 중 3·1절, 광복절, 개천절 및 한글날
3. 1월 1일
4. 설날 전날, 설날, 설날 다음날 (음력 12월 말일, 1월 1일, 2일)
5. 삭제 〈2005.6.30.〉
6. 부처님오신 날 (음력 4월 8일)
7. 5월 5일 (어린이날)
8. 6월 6일 (현충일)
9. 추석 전날, 추석, 추석 다음날 (음력 8월 14일, 15일, 16일)
10. 12월 25일 (기독탄신일)

10의2. 「공직선거법」 제34조에 따른 임기만료에 의한 선거의 선거일

11. 기타 정부에서 수시 지정하는 날

---

311) 근기 1451-4043, 1991.3.23.

312) 사용자는 근로자에게 대통령령으로 정하는 휴일을 유급으로 보장하여야 한다. 다만, 근로자대표와 서면으로 합의한 경우 특정한 근로일로 대체할 수 있다(근기법 제55조제2항).

313) 관공서 공휴일의 민간 적용이 근로시간 단축과 함께 사업장에 부담으로 작용될 수 있는 점을 고려하여 기업규모별로 단계적으로 적용되도록 하였다(300인 이상 및 국가·지방자치단체, 공공기관, 공기업, 정부출연기관 : 2020.1.1, 30~300인 미만 : 2021.1.1, 5~30인 미만 : 2022.1.1).

> 제3조(대체공휴일) ① 제2조제4호 또는 제9호에 따른 공휴일이 다른 공휴일과 겹칠 경우 제2조제4호 또는 제9호에 따른 공휴일 다음의 첫 번째 비공휴일을 공휴일로 한다.
> ② 제2조제7호에 따른 공휴일이 토요일이나 다른 공휴일과 겹칠 경우 제2조제7호에 따른 공휴일 다음의 첫 번째 비공휴일을 공휴일로 한다. [본조신설 2013.11.5.]

3. 휴일근로와 임금

휴일과 관련된 임금은 크게 3가지이다.

① 유급휴일에 근로를 제공하지 않아도 지급되는 '유급휴일수당'과

② 휴일로 정하여진 날에 근로를 제공하였을 때 지급되는 근로의 대가인 '휴일근로임금'

③ 휴일로 정하여진 날에 근로를 제공하였을 때 통상임금의 50%를 가산하여 지급하는 수당인 '휴일근로가산수당'[314)]을 지급해야 한다.

가. 유급휴일수당(주휴일 등)

(a) 통상근로자의 주휴일 유급휴일수당은 통상임금(시급)으로 8시간 분 또는 주당소정근로시간을 소정근로일로 나눈 금액이고, 순수한 일급은 그 일급 액을 '유급'으로 보며, 순수한 월급은 휴일을 부여하고 월급을 지급하면 '유급'의 요건을 충족한다.

(b) 단시간근로자의 경우, "통상근로자의 근로시간을 기준으로 산정한 비율에 따라 결정"되어야 하므로 주휴일에 대해서도 유급휴일수당은 일급통상임금 즉 '시간급에 4주 평균 1일 소정근로시간을 곱한 금액'을 지급하면 된다.

나. 휴일근로 임금과 가산수당

(a) 휴일에 근로를 하면 주휴일이 유급으로 부여되므로 유급휴일수당인 통상임금의 100%와 휴일근로임금으로 휴일근로시간수에 대해 통상임금의 100%를

314) 휴일근로에 따른 가산수당은 유급휴일·무급휴일을 구별하지 않고 지급해야 한다.

지급하여야 하고, 휴일근로가산수당으로 휴일근로시간수에 대해 통상임금의 50%(8시간 이하)를 추가 지급하여 총 250%를 지급해야 한다.

휴일근로시 임금 및 수당(통상임금의 250%)
=유급휴일수당(100%)+휴일근로임금(100%)+휴일근로가산수당(50%)

(b) 또한, 휴일(연장)근로, 야간근로에 대한 가산 수당은 중복 계산하여 지급하되, 8시간 이내의 휴일근로에 대한 가산수당은 통상임금의 50%를, 8시간을 초과하는 휴일근로에 대해서는 통상임금의 100%를 가산하여 지급하여야 한다(근기법 제56조제2항).[315)]

(c) 예를 들어, 유급휴일에 연장 및 야간근로를 한 경우, ① 유급휴일수당+② 휴일근로임금+③ 휴일근로가산수당(8시간 이하 50%)+④ 휴일연장근로가산수당(8시간 초과 100%)+⑤ 야간근로수당(야간근로시)을 합산하여 지급하여야 한다.

※ 계산 사례 : 근로일에 법정근로시간 이상을 근로하고 휴일에 09:00~23:00까지 13시간 근로한 경우(휴게1시간)

① 유급휴일수당 : 8시간분 임금
② 휴일근로 임금 : 13시간분 임금
③ 휴일근로가산수당 : 8시간분 임금의 50%(4시간분)
④ 휴일연장근로가산수당 : 5시간분 임금의 100%(5시간분)
⑤ 야간근로수당 : 1시간분 임금의 50%(0.5시간분)
→ 총 지급임금 : ㉠+㉡+㉢+㉣+㉤=30.5시간분 임금

다. 약정휴일과 휴무일 근로수당

(a) 유급 또는 무급의 약정휴일에 대하여도 근로를 제공할 경우 법정휴일의 경우와 같이 가산수당이 지급되어야 한다.[316)]

315) 휴일근로의 가산수당 할증률과 관련한 논란이 제기됨에 따라 2018.3.20.「근기법」을 개정하여 8시간 이내의 휴일근로에 대해서는 통상임금의 50%, 8시간 초과 휴일근로는 100%를 지급토록 하여 입법적으로 해결하였다.

316) 대판 1991.5.14, 90다14089 ; 근기 01254-9009, 1989.6.8, 근기 01254-2320, 1988.2.13, 이

ⓑ 다만, 휴무일 근로에 대해서는 주40시간 주5일(1일 8시간)근로제로 운영하는 경우 근로의 의무가 없는 2일 중 1일은 주휴일이 되는데, 당사자가 '주휴일이 아닌 1일'을 약정휴일로 지정하면 휴일근로가산수당을 지급하여야 하고, 지정하지 않으면 휴무일로서 휴일근로가산수당을 지급하지 않아도 된다.[317]

ⓒ 한편, 약정휴일의 근로시간을 포함하여 주당법정기준근로시간을 초과하는 경우 휴무일근로는 연장근로가 되어 가산수당이 지급될 수 있다.[318]

4. 휴일대체제도

가. 의 의

휴일대체제도라 함은 '특정된 휴일을 근로일로 하고 대신 통상의 근로일을 휴일로 대체할 수 있는 제도'라고 정의할 수 있다.[319] 즉, 갑작스런 작업수주량 증가 또는 일시적 업무상 필요에 따라 근로계약상의 주휴일로 정해진 특정일을 근로일로 변경하고 그 전·후에 근로일을 휴일로 변경하는 것을 휴일대체 또는 대휴(代休)라고 한다.

나. 적용대상 휴일

휴일대체의 대상은 주휴일(근기법 제55조제1항)과 「근기법」 제55조제2항의 유급으로 보장하여야 하는 대통령령으로 정하는 휴일(관공서의 공휴일)뿐 아니라 약정휴일과 다른 법정휴일 모두가 될 수 있으나, 근로자의 날은 법정휴일로서

에 대해, ① 약정휴일의 운용에 대해 원칙적으로 노사에 맡긴다는 점, ② 약정휴일이 소정근로일에 대해 따로 휴일로 정한 날이라는 점, ③ 약정휴일에 가산수당 없이 휴일근로임금만 받고 일하겠다는 근로자의 의사를 무시할 수 없는 점, ④ 「근기법」이 휴일에 대해 정의규정을 두지 않아서 휴일이라는 표현이 어떤 휴일을 의미하는지 명확하지 않은 점 등의 이유를 들어 휴일근로가산임금을 지급하지 않아도 된다는 견해가 있다. 하갑래, 「근로기준법(29판)」, ㈜중앙경제, 2017, p.427.

317) 노동부 "개정 근로기준법 시행지침", 2003.12.1. p.3, 이에 대해 '주휴일이 아닌 1일'은 소정근로일이 아니므로 이미 약정휴일로 정해진 것으로 보되, 휴일근로가산수당은 당사자간 약정에 따라야 한다는 견해가 있다. 하갑래, 「근로기준법(29판)」, ㈜중앙경제, 2017, p.428.

318) 근기-2325, 2004.5.10.

319) 하갑래, 「근로기준법(29판)」, ㈜중앙경제, 2017, p.428.

특정한 사실을 기념하기 위해 특정일로 정해져 있으므로 대체할 수 없다.[320)]

다. 요건 및 절차

ⓐ 휴일대체제도는 노사의 자율에만 맡겨둘 경우 자칫하면 주휴일(1주일에 평균 1회 이상의 휴일)제도의 취지에 반할 수 있기 때문에 일정한 요건이 필요하다.

ⓑ 즉, ① 단체협약이나 취업규칙에 근거규정을 두거나 근로자의 동의를 얻는 등 근로자의 의사가 반영되어야 하고, ② 미리 근로자들에게 교체할 휴일을 특정하여 고지해야 하며, ③ 변경된 휴일을 부여해야 한다.

ⓒ 특히, 유급으로 보장해야 하는 대통령령으로 정하는 휴일(관공서공휴일)의 경우 근로자대표와 서면으로 합의한 경우 특정한 근로일로 대체할 수 있다(근기법 제55조제2항 단서).

1) 근로자 의사 반영

단체협약, 취업규칙, 근로계약 등에 해당 규정이 있거나, 근로자(또는 근로자대표)의 동의(합의)가 있으면 휴일대체제도 도입이 가능하다.[321)] 여기서 근로자의 동의는 휴일대체에 동의한 사실에 대한 것이면 충분하고 실제로 휴일대체를 원하는지 즉, 내심의 진의 또는 진정성까지 확인할 필요는 없다.[322)]

2) 사전 고지

휴일대체를 하기 위해 사용자는 미리 근로자들에게 그 사유와 교체할 휴일을 특정하여 고지하여야 한다. 통보는 서면이나 구두로 할 수 있으나 서면으로 하는 것이 바람직하며, 그 시기는 적어도 24시간 이전에 해당근로자에게 알려주어야 한다.[323)]

---

320) 근기 01254-6312, 1987.4.17, 근기 68207-806, 1994.5.16, 임금근로시간정책팀-3356, 「근로자의 날 관련 근로기준법 적용지침」, 2007.11.13.

321) 대판 2008.11.13, 2007다590 ; 대판 2000.9.22, 99다7367 ; 근로기준정책과-6550, 2015.12.7.

322) 대판 2008.11.13, 2007다590.

3) 변경된 휴일부여

「근기법」에 휴일은 1주일에 1회 이상의 휴일을 주도록 규정하고 있다(제55조 제1항). 따라서, 변경된 휴일은 당초의 휴일로부터 6일 이내 또는 다음 주휴일 전에 부여되어야 한다(주휴일 대체 시 반드시 1주 1일씩 실시). 대체휴일 부여 날짜는 근로자의 동의가 반드시 필요한 것은 아니나, 미리 의견을 듣는 등 근로자의 의견을 수렴하는 것이 필요하다.

라. 내용 및 효과

휴일대체 요건과 절차에 따라 적법한 휴일대체가 이루어진 경우에는 원래의 휴일은 통상의 근로일이 되고, 그 날의 근로는 휴일근로가 아닌 통상근로가 되어 휴일근로수당을 지급할 의무가 없다.[324] 그러나, 휴일대체제도를 시행함에 있어 요건이 충족되지 않으면 그 효력을 인정하기 어렵다.[325]

5. 휴일규정 적용제외

(a) 「근기법」 제63조에 따라 농림·수산·축산업종사자, 고용노동부장관의 승인을 받은 감시·단속적 근로자, 근로자를 지휘·감독하며 출·퇴근의 구속을 적게 받는 관리·감독자 및 기밀취급자에게는 '근로시간, 휴게 및 휴일에 관한 규정'이 적용되지 않는다.

(b) 그러나, 적용대상 중 근로시간에 있어 재량이 인정되지 않는 감시·단속적 근로자 등에 주휴일 적용 자체를 배제하는 것보다, 미국 white-collar exemption 제도[326]의 경우와 같이 일부 근로자에게 적용이 제외되는 근로조건을 근로시간 및 시간외근로수당으로 한정하고 휴일을 포함하지 않는 방안 등에 대한 입법적

---

323) 근기 68207-806, 1994.5, 16, 근로개선정책과-875, 2013.1.30.

324) 대판 2000.9.22, 99다7367 ; 대판 2008.11.13, 2007다590.

325) 하갑래, 「근로기준법(29판)」, ㈜중앙경제, 2017, p.431.

326) 미국 공정노동기준법(FLSA)에는 일부 근로자(업무기준과 소득기준으로 대상 규정)에게 근로시간 및 시간외근로수당 등에 예외를 인정하는 white-collar exemption제도를 두고 있다.

접근이 필요하다고 본다.[327)]

〈감시·단속적 근로 종사자 적용제외 승인 기준(근로감독관집무규정 제68조)〉

(감시·단속적 근로에 종사하는 자에 대한 적용제외 승인) ①「근로기준법」 제63조제3호 및 같은 법 시행규칙 제10조제2항에 따른 "감시적 근로에 종사하는 자"의 적용제외 승인은 다음 각 호의 기준을 모두 갖춘 때에 한한다.

1. 수위·경비원·물품감시원 또는 계수기감시원 등과 같이 심신의 피로가 적은 노무에 종사하는 경우. 다만, 감시적 업무이기는 하나 잠시도 감시를 소홀히 할 수 없는 고도의 정신적 긴장이 요구되는 경우는 제외한다.
2. 감시적인 업무가 본래의 업무이나 불규칙적으로 단시간동안 타 업무를 수행하는 경우. 다만, 감시적 업무라도 타 업무를 반복하여 수행하거나 겸직하는 경우는 제외한다. 3. 사업주의 지배 하에 있는 1일 근로시간이 12시간 이내인 경우 또는 다음 각 목의 어느 하나에 해당하는 격일제(24시간 교대) 근무의 경우

가. 수면시간 또는 근로자가 자유로이 이용할 수 있는 휴게시간이 8시간 이상 확보되어 있는 경우

나. 가목의 요건이 확보되지 아니하더라도 공동주택(「주택법시행령」 제2조제1항 및 「건축법시행령」 별표 1 제2호 가목부터 라목까지 규정하고 있는 아파트, 연립주택, 다세대주택, 기숙사) 경비원에 있어서는 당사자간의 합의가 있고 다음날 24시간의 휴무가 보장되어 있는 경우〈개정 2008.12.31〉

②「근기법」 제63조제3호 및 같은 법 시행규칙 제10조제3항에 따른 "단속적 근로에 종사하는 자"의 적용제외 승인은 다음 각 호의 기준을 모두 갖춘 때에 한한다.

1. 평소의 업무는 한가하지만 기계고장 수리 등 돌발적인 사고발생에 대비하여 대기하는 시간이 많은 업무인 경우
2. 실 근로시간이 대기시간의 반 정도 이하인 업무로서 8시간 이내인 경우. 다만, 격일제(24시간 교대) 근무인 경우에는 당사자간의 합의가 있고 다음날 24시간의 휴무가 보장되어야 한다.
3. 대기시간에 근로자가 자유로이 이용할 수 있는 수면 또는 휴게시설이 확보되어 있는 경우

③ 제1항 및 제2항의 근로시간은 일정기간(주 또는 월 등)의 평균적 개념으로 산정한다.

327) 같은 취지, 하갑래, 「근로기준법(29판)」, ㈜중앙경제, 2017, p.432.

6. 휴일근로 제한

(a) 「근기법」은 연소자와 모성보호를 위해 18세 미만자와 임산부에 대해서 휴일근로를 원칙적으로 제한하고 있다. 즉 사용자는 18세 미만자와 임산부에 대해서는 원칙적으로 야간(오후 10시부터 오전 6시까지) 및 휴일에 근로를 시키지 못하도록 규정하고 있다(제70조제2항).

(b) 다만, ① 18세 미만자의 동의가 있는 경우, ② 산후 1년 미만의 여성의 동의가 있는 경우, ③ 임신 중인 여성이 명시적으로 청구하는 경우에는 고용부장관의 인가를 받아서 예외적으로 휴일에 근로를 시킬 수 있다(근기법 제70조제2항 각호).

(c) 이 경우에도 사용자는 고용노동부장관의 인가를 받기 전에 근로자의 건강 및 모성보호를 위하여 그 시행 여부와 방법 등에 관하여 그 사업 또는 사업장의 근로자대표와 성실하게 협의하여야 한다(근기법 제70조제3항).

주/요/쟁/점/실/무

제5절 휴가제도 관련 쟁점

1. 연차유급휴가

가. 의 의

ⓐ 연차유급휴가는 일정기간 이상 근로한 근로자에게 유급의 휴가를 부여하는 제도로서 근로자의 육체적·정신적 휴양을 제공하여 노동의 재생산을 도모하고 문화적인 생활을 보장하며, 일과 가정을 양립시킬 수 있도록 여가를 부여하는데 그 취지가 있다.

ⓑ 휴일과 휴가는 근로자가 근로를 제공하지 않고 쉰다는 점에서 그 효과가 비슷하나, 휴일은 처음부터 근로제공의무가 없는 날로서 소정근로일에서 제외되는 반면, 휴가는 근로제공의무가 있는 날이나 근로자의 청구 또는 특별한 사유가 충족될 경우 근로제공의무가 면제되는 날(또는 정지되는 날)이라는 점에서 차이가 있다.

나. 연혁과 성격

ⓐ 연차유급휴가제도는 1953년 제정 「근기법」에서 월차유급휴가제도와 함께 도입되었고, 2003년 법 개정으로 근로시간 단축(주 40시간)과 월차유급휴가제도를 폐지하여 연차유급휴가에 흡수했다. 이 과정에서 휴가일수 조정, 가산휴가 부여요건 엄격화, 근속기간 1년 미만자 부여, 미사용휴가 금전보상 요건 강화, 휴가촉진제도가 도입되었다. 2012년 개정법에서는 출근률이 80%미만자에게도 월 단위 휴가를 부여토록하고 휴가사용촉진조치요건을 강화했다.[328]

ⓑ 우리나라의 연차유급휴가제도의 성격은 「근기법」에 부여 요건·일수 등이

328) 하갑래, 「근로기준법(29판)」, ㈜중앙경제, 2017, pp.433~434.

정해져 있는 법정휴가이면서 임금손실 없이 휴가를 사용할 수 있는 유급휴가이자 출근율을 요건으로 하는 보상적 휴가로 볼 수 있다.

(c) 일본의 최고재판소는 연차유급휴가권의 법적성격과 관련하여 1973.3.2 판결[329]에서 "연차유급휴가권 그 자체는 근로자의 청구를 기다릴 것도 없이 법률상 요건을 충족하면 당연히 근로자에게 발생하는 권리로서 관련 법조항에서 말하는 「請求」라는 것은 소위 시기지정권으로 그 효과는 사용자의 적법한 시기변경권의 행사를 해제조건으로서 성립(발생)한다."고 판시하여 기존의 청구권설을 부정한 바 있다.[330]

다. 휴가 부여일수

1) 기본휴가

(a) 사용자는 1년간 80% 이상 출근한 근로자에게 15일의 유급휴가를 주어야 하며, 계속근로기간 1년 미만 근로자에게는 1개월 개근시 1일의 유급휴가를 부여 하여야 한다(근기법 제60조제1항, 제2항).

(b) 또한, 최초 1년간의 근로에 대한 유급휴가는 1년 미만 기간의 휴가를 포함하여 15일로 한다. 다만, 1년 미만 근속에 대한 휴가를 이미 사용한 경우에는 그 사용한 휴가일수를 15일에서 뺄 수 있도록 규정(근기법 제60조제3항)되어 있었으나, 동 조항은 법 개정(2018.5.29일 시행)으로 삭제되어 최초 1년간의 근로에 대하여 1개월 개근시 1일의 연차휴가를 이미 사용하였더라도 다음해 연차휴가일수에서 공제하지 않도록 하였다. 다만, 동 개정 내용은 2017.5.30일 입사자부터 적용이 된다.[331]

---

329) 白石營林署事件, 国鐵郡山工場事件, 最高裁第2小法廷昭和48.3.2判決, 最民集27卷2号, p.191 以下.

330) 일본에서 연차유급휴가권의 법적성격을 둘러싸고 청구권설과 형성권설이 대립하였고, 후생노동성은 청구권설의 입장에 서 있었으나, 이 판결을 계기로 해석예규를 바꿨다.

331) 이에 따라, 입사 후 1년간 출근율이 80% 미만인 경우 2년차에 발생하는 유급휴가일수는 1년차에 개근한 월수만큼 1일씩 계산하여 산정하며, 법 개정에 따라 1년차에 1개월 개근 시 1일씩 발생한 유급휴가일수도 별도로 인정된다.

(c) 이에 따라, 입사 후 1년간의 출근율이 80% 이상인 경우 2년 차에 쓸 수 있는 유급휴가일수는 1년 차에 1개월 개근 시 1일씩 발생한 유급휴가와 별도로 15일이 되어 입사일로부터 2년 동안 최대 26일의 연차유급휴가 부여가 가능하다.[332)]

2) 가산휴가

(a) 사용자는 3년 이상 계속해서 근로한 근로자에게는 최초 1년을 초과하는 계속근로연수에 매 2년에 대하여 1일을 가산한 휴가를 주어야 하며, 이 경우 기본휴가 15일을 포함하여 25일을 한도로 한다(근기법 제60조제4항).

〈입사일 기준 근속연수별 연차휴가일수(8할 이상 출근자 기준)〉

1년미만	1년	3년	5년	7년	10년	15년	20년	21년	25년
11일	15일	16일	17일	18일	19일	22일	24일	25일	25일

(b) 가산휴가는 기본휴가 부여를 위한 최소한의 출근율 이상을 출근해야 발생하며, 산정대상기간 전년도 이전의 출근율과는 관계없다. 따라서 출근율을 충족시키지 못하고 월 단위 휴가가 발생하더라도 가산의 전제가 되는 기본휴가가 발생하지 않으므로 가산휴가도 발생하지 않는다.[333)]

연차유급휴가는 가산휴가를 포함하여 25일을 초과할 수 없으며 초과하는 날짜에 대한 보상의무는 없다.

3) 휴가산정기간의 기산일

(a) 휴가산정기간의 기산일은 원칙적으로 근로자가 입사한 날이다. 특히 1년을 산정기간으로 하는 경우 사용자는 노무관리의 편의를 위하여 회계연도 등을

332) (예시1) 2017.5.1 입사자의 경우 2년차가 되는 2018.5.1에는 제60조제3항이 삭제되기 전이므로 현행대로 1년차 때 1개월 개근 시 1일씩 발생한 휴가와 합하여 15일, (예시2) 2017.6.1 입사자의 경우 2년차가 되는 2018.6.1에는 개정법이 시행되어 1년차 때 1개월 개근 시 1일씩 발생한 휴가와 별도로 1년차의 출근율 80% 이상 시 15일 휴가 부여.

333) 근기 01254-1488, 1989.1.28.

기준으로 사업장의 모든 근로자의 연차휴가를 일률적으로 정할 수 있고, 어느 특정일을 산정기산일로 정할 수 있다.

ⓑ 그러나, 이 경우에도 산정기간(연도) 도중에 입사한 근로자에게 불이익을 주어서는 아니 되므로 다음 연도 시작일(예 : 1월 1일)에 근속기간에 비례하여 휴가를 부여하여야 한다.[334] 예를 들어, 연도 중인 7월 1일 입사자가 만근한 경우 다음연도에 발생하는 연차휴가일수는 「근기법」 제60조제1항에 따라 산정된 7.5일(15일×184일/365일)과 「근기법」 제60조제2항에 따라 산정된 6일(1일×6월)을 합한 총 13.5일을 부여하여야 한다.

4) 출근율 계산시 휴일·휴가 등의 처리

출근율을 계산할 때 소정근로일수에서 제외되는 날은 휴일과 기타 근로제공의무가 정지되는 날로 나눌 수 있다. 출근율은 소정근로일수에 대한 출근일수의 비율로 결정되고, 개근은 소정근로일수에 대하여 결근 없이 모두 출근했는지 여부로 결정한다.

※ 출근율=출근일수/소정근로일수

〈연차유급휴가 등의 부여시 소정근로일수 및 출근여부 판단기준〉[335]

① 법령 또는 약정에 의한 휴일 : 소정근로일수에서 제외
- ◦ 주휴일/근로자의 날/약정휴일
- ◦ 기타 이에 준하여 해석할 수 있는 날(기간)

② 특별한 사유로 근로제공의무가 정지되는 날(기간) : 소정근로일수에서 제외되지만 그 제외된 기간만큼 비례하여 휴가일수를 부여
- ◦ 사용자 귀책사유로 인한 휴업기간
- ◦ 적법한 쟁의행위기간(정당한 직장폐쇄기간 포함)
- ◦ 기타 이에 준하여 해석할 수 있는 날(기간)[336]

③ 법령상 또는 그 성질상 출근한 것으로 보아야 하는 날(기간)

334) 근기 68207-620, 2003.5.23. ; 김형배, 「새로 쓴 노동법(제25판)」, 박영사, 2016, p.464.

- 업무상 재해로 인한 휴업기간(§60⑥)
- 출산전·후 휴가기간(§60⑥)
- 육아휴직으로 휴업한 기간(§60⑥제3호) → 신설[337)]
- 예비군훈련기간(향토예비군설치법 §10)
- 공민권행사를 위한 휴무일(영 §27)
- 민방위훈련 또는 동원기간(민방위기본법 §23)
- 연차유급휴가, 생리휴가
- 기타 이에 준하여 해석할 수 있는 날(기간)

라. 휴가부여 시기(시기지정권 ↔ 시기변경권)

「근기법」에는 '사용자는 연차유급휴가를 근로자가 청구한 시기에 주어야 하고, 그 기간에 대하여는 취업규칙 등에서 정하는 통상임금 또는 평균임금을 지급하여야 한다. 다만, 근로자가 청구한 시기에 유급휴가를 주는 것이 사업운영에 막대한 지장이 있는 경우에는 그 시기를 변경할 수 있다(제60조)'고 규정하여 근로자의 시기지정권과 사용자의 시기변경권을 동시에 규정하고 있다.

1) 근로자의 시기지정권 행사

(a) 연차유급휴가권이 「근기법」상의 성립요건을 충족하는 경우에 당연히 발생하는 것이라 할지라도 이와 같이 발생한 휴가권을 구체화 하려면 근로자가 자신에게 맡겨진 시기지정권을 행사하여 언제부터 언제까지 사용할 것인지에 관하여 특정해야 하며,[338)] 또한 취업규칙 등에서 정하는 휴가신청 절차에 따라야 한다. 다만, 취업규칙 등에 연차유급휴가 시기지정에 관한 별도의 규정이 없으면 근로자는 서면 또는 구두의 방법으로 적절하게 사용자에게 시기지정의 의사를 전달

335) 임금근로시간정책팀-3228, 2007.10.25.

336) 부당해고기간 포함(대판 2014.3.13, 2011다95519)

337) 동 신설 규정(근기법 제60조제6항제3호)은 개정 법률 시행(2018.5.29) 후 최초로 육아휴직을 신청하는 자부터 적용한다.

338) 대판 1997.3.25, 96다4930.

할 수 있다.[339] 이 경우에도 사용자로 하여금 시기변경권 행사 여부를 결정할 수 있을만한 시간적 여유를 두고 시기를 지정하여야 한다.[340]

또한, 시기지정권 행사가 특정의 업무수행을 회피하기 위한 목적으로 시기지정을 하는 등 권리남용에 해당하는 경우에는 당해 시기지정권은 무효로 연차유급휴가의 효과는 발생하지 않는 것으로 해석된다.[341]

(b) 한편, 대법원은 휴가 청구의 절차에 대해 특별히 정함이 없는 회사에서 근로자가 업무 외 부상으로 결근하면서 회사에 전화로 치료기간을 연차휴가로 대체해줄 것을 요청한 사안에서 전화로 한 휴가의 청구도 적법하므로 이에 대해 회사가 시기변경권을 행사하였다고 볼 만한 자료가 없다면 연차휴가권의 행사는 정당하다고 판시하여 시기지정의 요건을 완화한 사례도 있다.[342]

2) 사용자의 시기변경권 행사

(a) 사용자의 시기변경권 행사 방법에 관해서는 법령에 특별한 정함이 없으므로 취업규칙 등 적절한 방법으로 운영하는 것이 바람직하다. 즉, "휴가희망자는 사전에 신청하여 승인을 얻어야 한다"와 같이 근로자에게 신청의무를 부여한 후 승인을 받도록 하더라도 그 승인이 시기변경권 행사 요건에 타당하면 변경권 행사를 위한 필요한 조치로 볼 수 있다.[343] 만일, 취업규칙에 특별히 정한 바가 없다면 구두 또는 서면의 방법으로 시기변경의 의사표시가 전달되었음이 확인되고 그 요건이 타당하면 물론 정당한 시기변경권 행사로 볼 수 있다.

(b) 시기변경권 행사요건인 '사업운영에 막대한 지장'[344]이란 근로자가 지정한 시기에 휴가를 준다면 그 사업장의 업무능률이나 성과가 평상시보다 현저하게

339) 대판 1992.4.10, 92누404.

340) 노동법실무연구회, 「근로기준법주해」, 박영사, 2010, p.204.

341) 川口美貴, 「勞動法」, 信山社, 2016.1, p.304 참조.

342) 대판 1992.4.10, 92누404.

343) 대판 1992.6.23, 92다7542.

344) 일본의 경우, 시기(時季)변경권 행사요건으로 "사업의 정상한 운영을 방해하는 경우"로 규정하고 있다.

저하되어 상당한 영업상의 불이익을 가져올 것이 염려되거나 그러한 개연성이 엿보이는 사정이 있는 경우를 말한다.[345] 즉, ① 사업의 규모나 내용, ② 업무의 성질, ③ 불가피한 업무나 행사의 참가, ④ 작업의 바쁜 정도, ⑤ 사용자의 대체 근무자 확보 여부, ⑥ 같은 시기 휴가 청구자수, ⑦ 노동관행과 근로자의 사정 등을 고려하여 제도의 취지에 맞게 합리적으로 판단하되, 개연성이 인정되는 사정만으로도 족하나, 다른 시기에 휴가를 부여할 가능성이 있어야 하고,[346] 근로자가 입게 되는 불리함이 최소한에 그치도록 합리적인 시기[347]에 시기변경권이 행사되어야 한다.

마. 휴가청구권 행사기간

(a) 연차유급휴가는 그 발생 시점부터 1년간 행사하지 아니하면 소멸된다. 다만, 사용자의 귀책사유로 사용하지 못한 경우에는 그러하지 아니하다(근기법 제60조제7항).

(b) 사용자의 귀책사유란 사용자가 시기변경권을 행사한 것을 말하며, 사용자의 시기변경권 행사로 인해 휴가를 사용하지 못한 경우에는 휴가청구권 발생일로부터 1년이 지나더라도 휴가청구권은 소멸되지 않고 이월된다. 이월된 휴가에 대해서는 근로자가 희망하는 경우에 이월된 휴가를 휴가미사용수당으로 대체할 수 있다. 또한, 이월된 휴가청구권은 사용자의 귀책사유가 발생한 때를 기산점으로 1년간 사용하지 않으면 소멸된다.

(c) 퇴직 등의 사유로 연차휴가를 사용하지 않아 휴가가 소멸하였더라도 사용하지 못한 연차휴가에 대한 수당청구권은 소멸하지 않는다. 가령 연차휴가를 사용할 수 있게 된 날로부터 퇴직 전까지 실제 휴가를 사용할 수 있는 일수에 한해

345) 김지형, 「근로기준법 해설」, 청림출판, 2000, p.446 ; 이병태, 「최신노동법(제8전정판)」, 중앙경제, 2008, p.833.

346) 예컨대, 근로자가 퇴직을 앞두고 있어 다른 시기에 휴가를 부여할 수가 없는 경우에는 사용가가 시기변경권을 행사할 수 없다고 보아야 한다.

347) 시기변경권은 근로자가 지정한 시기 도래 전에 행사되어야 하며, 예컨대 그 시점이 휴가 직전인 경우 등과 같이 근로자의 연차휴가권의 원활한 행사를 방해할 우려가 있는 경우에는 권리남용으로 허용되지 않는다(김유성, 「노동법 I (개별적 근로관계법)」, 법문사, 2005, p.187).

서가 아니라 취득한 휴가일수 모두에 대해서 휴가수당을 청구할 수 있다.[348)]

바. 연차유급휴가 대체

1) 의 의

(a) 사용자는 근로자대표와의 서면 합의에 따라 연차 유급휴가일에 갈음하여 특정한 근로일에 근로자를 휴무시킬 수 있다(근기법 제62조).[349)]

(b) 연차유급휴가 대체제도[350)]는 근로자의 휴가 시기지정권의 예외로 사용자가 근로자대표와 합의하여 근로자들의 휴가를 지정·배치할 수 있게 한 것으로, 이 제도의 도입으로 소위 징검다리휴일(sandwich day)을 연휴로 하거나, 명절 전후 며칠 더 쉬는 대신에 연차휴가로 처리하는 것이 가능하게 되어 사업장 전체에 걸쳐 집단적 성질을 가진 휴가실시가 가능하게 되었다.

2) 요 건

근로자대표와 서면으로 합의를 해야 하며, 내용은 특정한 근로일에 휴무하고 그날을 휴가일에 갈음할 수 있다는 취지를 규정하고, 휴무시킬 수 있는 조건과 날짜를 명확히 정하는 것이 바람직하다.[351)]

3) 효 과

휴가 대체에 관한 서면합의가 이루어지면, 그 합의에서 정해진 바에 따라 연차휴가일을 갈음하여 특정한 근로일에 근로자를 휴무시킬 수 있다. 또한, 이와 같이 갈음하게 된 휴가에 대해서는 근로자의 시기지정권과 사용자의 시기변경권이 배제되어 행사할 수 없게 된다.

---

348) 대판 2005.5.27, 2003다48549. 이 판결로 연차휴가일수가 실제 가능한 일수보다 적은 경우 전체를 보상할 필요가 없다고 한 행정해석(근기 68201-695, 2003.3.10)을 바꿨다.

349) 휴가 대체제도는 1996.12.31 법 개정과 1997.3.13 법 제정 때 신설된 제도이다.

350) 일본 노동기준법에서 1987년 도입한 소위 '計劃年休'를 우리식으로 도입한 것으로 볼 수 있다.

351) 근기 68207-609, 1998.3.31.

사. 연차유급휴가미사용수당

1) 의 의

(a) 연차유급휴가를 1년간 사용하지 못하여 휴가청구권이 소멸되어도 임금청구권은 소멸되지 않는데 이를 연차유급휴가미사용수당이라고 한다.

(b) 연차유급휴가미사용수당은 법률에 규정이 없이 판례를 통해 정립된 개념으로 취업규칙 등에 금전보상에 관한 규정을 둔 경우에도 휴가사용권을 제한하지 않는 한 무효로 단정할 수 없고,[352] 또한 사전매수가 아니고 보상수준이 법 취지상 적정기준을 하회하지 않으면 효력이 인정된다.

2) 발생사유 및 지급액

(a) 연차유급휴가미사용수당은 ① 근로자귀책으로 휴가청구권을 1년간 행사하지 않은 경우, ② 사용자귀책으로 청구권을 1년간 행사하지 못하여 근로자가 금전 대체를 희망하는 경우, ③ 퇴직(해고) 등으로 청구권을 행사하지 못하게 된 경우 등에 발생한다. 다만, 사용자는 휴가사용촉진조치를 취함으로써 수당지급과 휴가이월로부터 면책이 될 수 있다(근기법 제61조).

(b) 수당 산정기준 시점은 휴가청구권이 있는 마지막 달의 임금지급일의 임금을 기준으로 산정한다.[353]

(c) 수당은 근로자가 전전년도의 출근률에 따라 발생한 연차휴가를 전년도에 사용하지 아니하고 근로를 제공한 경우, 그 미사용 휴가일수에 해당하는 통상임금을 연차휴가미사용수당으로 지급할 수 있으나[354], 취업규칙 등에 평균임금을 지급하도록 별도의 규정을 두고 있다면 평균임금으로 지급하여야 한다(근기법 제60조제5항). 그러나, 사용자가 별도의 가산수당을 지급할 법적 의무는 없다.[355]

352) 대판 1991.1.15, 90다카25734.

353) 근기 01254-3999, 1990.3.19.

354) 취업규칙 등에 별도의 규정이 없으면 통상임금으로 지급하되, 휴가청구권이 있는 마지막 달의 통상임금으로 지급하여야 한다(근로개선정책과-4218, 2013.7.18.).

355) 대판 1990.12.26, 90다카12493 ; 대판 1991.6.28, 90다카14758.

3) 입사 1년차에 부여 받은 휴가 미사용수당 지급시기 등

(a) 1년 차 때 매월 1일씩 발생한 유급휴가는 각 발생월로부터 1년간 사용이 가능하며,[356] 발생월로부터 1년이 지나 유급휴가를 사용할 수 있는 기간이 종료되었다면 사용자는 사용기간이 종료된 다음날에(임금지급일) 미사용수당을 지급하면 된다.

(예시) 2018.4.1에 1일 휴가 발생 → 2019.3.31까지 사용가능 → 미사용 시 2019.4.1(4월 급여)에 수당 지급

(b) 또한, 1년차에 매월 1일씩 발생한 유급휴가 중 일부를 2년차에 사용한 경우 먼저 발생한 휴가부터 순차적으로 사용한 것으로 처리하되, 개근한 달 각각 발생하여 누적된 휴가 중 일부를 어떤 시점에 사용한 경우 사용자 또는 근로자가 특정 월에 발생한 휴가를 사용한 것으로 선택할 수 없다.

(c) 한편, 노사가 1년차 때 매월 1일씩 발생한 유급휴가를 2년차 종료시점까지 사용할 수 있도록 합의(취업규칙, 단체협약 등)한 경우라면, 1년차 때 발생한 휴가의 미사용수당 지급시점은 2년차가 종료한 다음날(2년차 연차유급휴가 사용청구권이 소멸하는 다음날)에 발생한다.

(예시) 1년차에 대한 유급휴가를 2년차 종료시점까지 사용토록 합의한 경우(2018.7.1 입사자, 2년간 개근 전제)
→ 26일(1년차에 대한 휴가 11일+2년차에 대한 휴가 15일)을 2020.6.30까지 사용 가능하고, 미사용수당은 2020.7.1(7월 급여)에 일괄 지급

4) 퇴직(해고)과 미사용수당

(a) 근로자가 연차유급휴가청구권을 취득한 후에 휴가를 사용하지 못하고 퇴직 등으로 근로관계가 종료될 경우 근로관계 존속을 전제로 하는 휴가사용권은 소멸하더라도 연차유급휴가미사용수당청구권은 소멸하지 않는다. 따라서, 근로

356) 「근기법」 제60조제7항에 따라 연차유급휴가는 사용자의 귀책사유로 사용하지 못한 경우를 제외하고 1년간 행사하지 아니하면 소멸한다.

자는 근로관계가 종료할 때까지 사용하지 못한 연차유급휴가일수 전부에 상응하는 연차유급휴가미사용수당을 휴가청구권이 소멸된 다음날에 사용자에게 청구할 수 있다.[357] 다만, 사용자가 연차유급휴가사용촉진조치를 한 경우에는 미사용수당청구권이 소멸된다.

(b) 또한, 연차유급휴가미사용수당청구권은 휴가청구권이 소멸된 직후의 임금지급일에 발생하며, 수당청구권 소멸시효는 휴가사용권이 소멸한 때로부터 3년이다.[358]

아. 연차유급휴가 사용촉진제도

1) 제도의 의의

(a) 연차유급휴가미사용수당은 휴가제도가 본래의 취지를 살리지 못하고 임금을 보전하거나 더 받기 위한 수단으로 이용되게 하는 원인이 되기도 하고, 수당지급 문제로 노사간 갈등을 야기하기도 하는 등의 문제가 발생하였다.

(b) 이에 휴가제도의 실효성을 확보하기 위하여 2003.9.15. 개정 「근기법」은 사용자가 적극적으로 사용 권유를 하였음에도 불구하고 휴가를 사용하지 않은 경우 사용자의 금전보상의무를 면제하는 제도[359]를 신설하였다.

(c) 즉, 사용자가 연차유급휴가 사용을 촉진하기 위하여 소정의 조치를 하였음에도 불구하고 근로자가 휴가를 사용하지 않아 소멸된 경우, 사용자는 그 사용하지 않은 휴가에 대하여 보상할 의무가 없고, '사용자의 귀책사유'에 해당되지 않으며, 근로자의 휴가청구권도 바로 소멸된다.

---

357) 대판 2005.5.27, 2003다48549 ; 대판 2000.12.22, 99다10806 ; 임금근로시간정책팀-3295, 2007.11.5.

358) 대판 1995.6.29, 94다18553 ; 근기 01254-6801, 1987.4.28.

359) 1년간 8할 이상 출근하였을 때 부여되는 연차유급휴가에 대해서 적용된다. 따라서, 계속근로기간 1년 미만인 근로자에게 발생되는 1개월 개근시 1일의 유급휴가에 대해서는 적용되지 않는다.

2) 사용자의 휴가사용 촉진 행위

(1) 요건과 대상

(a) 휴가사용촉진행위는 사업장의 전체 또는 일부에 적용할 수 있고, 근로자 개별 또는 집단적 동의가 필요한 것은 아니며,[360] 촉진행위는 사용자의 권한이고 의무사항은 아니다.

(b) 휴가사용촉진 대상은 1년간 8할 이상 출근하였을 때 부여되는 연차유급휴가에 대해서 적용된다. 따라서, 계속근로기간 1년 미만인 근로자에게 발생되는 1개월 개근시 1일의 유급휴가에 대해서는 적용되지 않는다. 다만, 1년이상 계속근로로 발생하는 연차유급휴가에 1년미만 근속기간 중에 발생하는 연차유급휴가가 포함되어 있더라도 그 전체휴가일수에 대해 휴가사용촉진행위를 할 수 있다.

(2) 휴가사용촉진시행방법

휴가사용촉진행위는 두 가지로 하나는 시기지정촉구이고 또 하나는 휴가사용촉구이다.

① 휴가청구권이 발생한지 1년이 지나기 6개월전(휴가사용기간 만료 6개월전)[361]을 기준으로 10일 이내에 사용자가 근로자별 미사용 휴가일수를 알려주고, 근로자가 그 사용시기를 정하여 사용자에게 통보하도록 서면으로 촉구해야 한다.

② 사용자의 촉구에도 불구하고 근로자가 촉구를 받은 때부터 10일 이내에 사용하지 않은 휴가의 전부 또는 일부[362]의 사용시기를 정하여 사용자에게 통보하지 않은 경우에는 휴가청구권이 발생한지 1년이 끝나기 2개월 전까지 사용자가 사용하지 않은 휴가의 사용시기를 정하여 근로자에게 서면으로 통보하여야 한다.[363]

---

360) 근기-407, 2004.1.26.

361) 2012.21 개정 근로기준법(법률 제11270호, 2012.8.2 시행)에서 3개월에서 6개월로 확대했다.

362) 근로자가 사용하지 않은 휴가 중 일부에 대해서만 통보하면, 사용자는 나머지 일수에 대해 후속촉진조치를 취해야 하는 것으로 해석한다(근로조건지도과-2400, 2008.12.31).

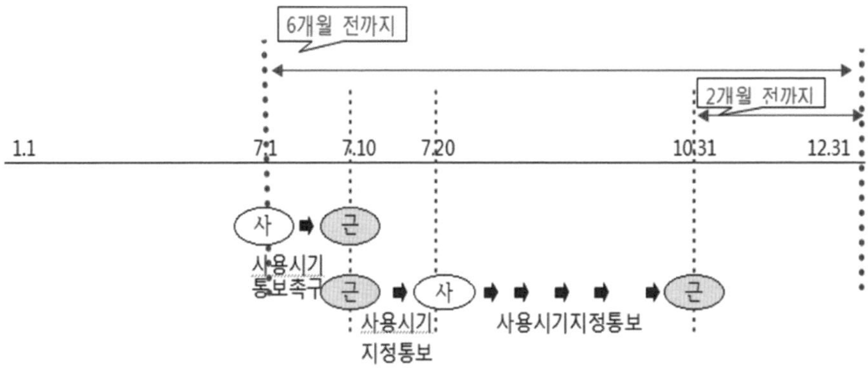

(3) 촉진행위와 휴가사용 시기변경

(a) 사용자가 근로자에게 휴가사용촉진행위를 하였더라도 근로자의 시기지정권과 사용자의 시기변경권은 원칙적으로 인정된다.

(b) 사용자의 휴가사용촉진행위에 따라 근로자가 휴가사용시기를 지정하거나 근로자가 지정하지 않아 사용자가 사용시기를 지정한 경우에는 원칙적으로 근로자는 그 지정한 시기에 휴가를 사용해야 하고 이를 변경할 수 없다. 다만, 사용자가 승인한 경우에는 그 시기를 변경할 수 있고, 사용자는 사업운영에 막대한 지장이 있는 경우 근로자가 지정하거나 사용자가 지정한 어느 경우에도 시기변경권을 행사할 수 있다. 근로자가 시기변경에 동의하면 사용자가 변경한 날짜에 휴가를 가야하고 동의하지 않으면 시기변경권행사일로부터 1년간 휴가청구권이 이월된다.

(4) 촉진행위의 효과

(a) 사용자가 휴가사용촉진 관련 조치를 하면 근로자는 그 시기에 휴가를 사용하여야 하고, 만일 자신의 귀책으로 휴가를 사용하지 않으면 휴가청구권은 소멸한다. 또한, 이 경우 사용자는 연차유급휴가미사용수당을 지급하지 않을 수

363) 회사내 이메일 활용통보나 사내게시판 게재 등은 서면통보로 인정되지 않는다(근기-3836, 2004.7.27). 다만, 근로자 개인별로 명확하게 촉구 또는 통보되는 경우에는 공인전자서명시스템을 이용한 촉구 또는 통보도 인정된다(근로개선정책과-5353, 2011.12.19)

있다.

(b) 사용자가 휴가사용촉진 조치를 했음에도 근로자가 지정된 휴가일에 출근하는 경우, 사용자는 노무수령 거부의사를 명확히 표시하여야 하며, 명확한 노무수령 거부의사에도 불구하고 근로를 제공한 경우에는 연차휴가미사용수당을 지급할 의무가 없다.[364] 그러나, 사용자가 노무수령 거부의사를 명확히 표시하지 않았거나 근로자에 대하여 업무지시 등을 하여 근로자가 근로를 제공한 경우에는 휴가일 근로를 승낙한 것으로 보아야 하므로 연차휴가미사용수당을 지급해야 한다.

3) 연차유급휴가의 대체

(1) 관련 규정

사용자는 근로자대표와의 서면합의에 따라 연차유급휴가일에 갈음하여 특정한 근로일에 근로자를 휴무시킬 수 있다(근기법 제62조).

(2) 도입 요건

(a) 연차유급휴가대체제도를 도입하기 위해서는 사용자와 근로자대표[365]가 서면합의서를 작성하고 당사자가 서명·날인하여야 한다. 다만, 취업규칙을 적법하게 변경하여 휴급휴가 대체를 규정하면 별도의 서면합의 없이 대체제도를 운영할 수 있다.[366]

(b) 또한, 서면합의를 할 때에는 휴가에 대체할 날을 특정해야하며, 대체일은 '특정한 근로일' 즉 '근로의무가 있는 소정근로일'이 되나 노사합의에 의해 무급휴일을 대체하더라도 이를 위법으로 보기 어렵다.[367]

---

364) 임금근로시간정책팀-285, 2005.10.21.

365) 근로자대표라 함은 '그 사업 또는 사업장에 근로자의 과반수로 조직된 노동조합이 있는 경우에는 그 노동조합, 근로자의 과반수로 조직된 노동조합이 없는 경우에는 근로자의 과반수를 대표하는 자'를 말한다(근기법 제24조제3항).

366) 근기 68207-1585, 2000.5.24.

367) 하갑래, 「근로기준법(29판)」, ㈜중앙경제, 2017, p.445.

(3) 휴가대체제도의 활용

(a) 하계휴가나 동계휴가와 같이 집단적인 휴가를 부여하거나, 명절 전후 또는 휴일과 휴일사이의 근무일을 휴일로 하고자 할 경우에 휴가대체제도를 활용할 수 있다. 또한, 이러한 제도를 활용하여 근로일 또는 무급휴일로 정해진 공휴일을 유급휴일로 하는 것도 가능하다.[368]

(b) 이 제도는 사업장 일부 또는 전부에게 적용할 수 있으며 동일 사업장내에서도 부서별로 적용할 수 있다.[369]

자. 연차유급휴가 관련 실무상 쟁점

1) 회계연도 기준 적용시 개정법(2018.5.29.일 시행)에 따른 연차휴가 부여 방법[370]

(a) 연차휴가는 근로자별로 입사일을 기준으로 산정하는 것이 원칙이나, 노무관리 편의상 노사가 합의할 경우(취업규칙, 단체협약) 회계연도 기준으로 모든 근로자에게 일괄 부여하는 것도 가능하다. 연도 중 입사자의 경우 다음연도에 대하여 발생하는 휴가일수는 전년도 근속기간에 비례하여 산정한다.

(b) 다만, 이 경우 근로자 퇴직 시 입사일을 기준으로 한 연차유급휴가일수보다 근무기간 중 회계연도를 기준으로 한 연차유급휴가일수가 적으면 부족한 일수만큼 수당으로 보상하여야 한다.

(c) 「근기법」 개정(2018.5.29.일 시행) 이후에도 기존 산정방법에 따라 연차휴가를 부여하면서, 1년차에 1월 개근시 1일씩 발생한 휴가일수도 별도로 인정하여야 한다.

※ 연도 중 입사자의 경우 다음 회계연도까지 발생하는 휴가일수 : ① 다음 회계연도에 발생하는 연차휴가일수(15일×근속기간 총일수/365)+② 입사일부터

368) 법무 811-14175, 1979.6.20.

369) 하갑래, 「근로기준법(29판)」, ㈜중앙경제, 2017, p.446.

370) 고용노동부 '개정근로기준법 설명자료(1년 미만 근로자 등에 대한 연차휴가 보장확대 관련)' 2018.5.

1년간 1월 개근 시 1일씩 발생한 휴가일수

[2017.7.1에 입사한 노동자의 회계연도(1.1~12.31) 기준 연차휴가 산정 예시]

발생시점 / 산정기준	2017.8	2017.9	2017.10	2017.11	2017.12	2018.1
근기법 제60조제1항						7.5일
근기법 제60조제2항	1일	1일	1일	1일	1일	1일
누계	1일	2일	3일	4일	5일	13.5일

발생시점 / 산정기준	2018.2	2018.3	2018.4	2018.5	2018.6	2018.7
근기법 제60조제1항						
근기법 제60조제2항	1일	1일	1일	1일	1일	
누계						18.5일

2) 특별한 사유에 의한 휴가일수 산정 관련

(1) 업무상 재해로 요양하기 위해 1년 내내 출근하지 않은 경우에도 출근한 것으로 간주하여 연차유급휴가가 발생한다.[371]

ⓐ 근로자가 1년간 80% 이상 출근하였는지 여부는 1년간의 총 역일(曆日)에서 법령·단체협약·취업규칙 등에 의하여 근로의무가 없는 것으로 정해진 날을 뺀 일수(소정근로일수)중 근로자가 현실적으로 근로를 제공한 출근일수의 비율, 즉 출근율을 기준으로 판단한다.[372]

ⓑ 업무상 재해로 휴업한 기간의 경우, 업무상 재해가 없었을 경우보다 적은 연차휴가를 부여받는 불이익을 방지하기 위해 「근기법」(제60조제6항제1호)에 출근율 계산시 출근한 것으로 간주하도록 규정하고 있다.

ⓒ 따라서, 근로자가 업무상 재해로 휴업한 기간은 그 장단(長短)을 불문하고 소정근로일수와 출근일수에 모두 포함시켜 출근율을 계산하여야 하며, 설령 그 기간이 1년 전체에 걸치거나 소정근로일 수 전부를 차지한다고 하더라도 달리

371) 대판 2017.5.17, 2014다232296, 2014다232302.

372) 대판 2013.12.26, 2011다4629 등

볼 근거나 이유가 없다.

(2) 해외연수기간의 경우 소정근로일에서 제외한 나머지 소정근로일수에 대한 출근율에 따라 연차휴가일수를 산정한다.[373)]

(a) 해외연수가 회사의 인정 하에 실시되었고, 연수 후 바로 업무에 복귀하여 계속적으로 근무가 이루어진 경우라면 해외연수기간은 소정근로일에서 제외하는 것이 타당하다.

(b) 이 경우 연차유급휴가일수는 산정대상기간(1년) 중 해외연수기간을 제외한 나머지 소정근로일수에 대한 출근율에 따라 산출된 휴가일수에 당해 사업장의 연간 총 소정근로일수에 대한 당해 근로자의 출근일수 비율을 곱하여 산정해야한다.

(3) 육아휴직으로 휴업한 기간의 경우 그 기간을 출근한 것으로 보고, 소정근로일수에 대한 출근율에 따라 연차휴가일수를 산정한다.[374)]

(a) 사업주가 허용한 육아휴직기간은 출근한 것으로 간주하여 처리해야 한다. 다만, 개정「근기법」시행(2018.5.29) 후 육아휴직을 시작한 경우부터 적용한다.

(b) 이 경우 연차유급휴가일수는 육아휴직기간을 출근한 것으로 보고, 소정근로일수에 대한 출근율에 따라 산출된 일수에 당해 사업장의 총소정근로일수 비율을 곱하여 산정한다.

> **(사례)** 연간소정근로일수 260일, 육아휴직 90일 사용시 연차유급휴가일수는?
> ◦ 휴가일수 산정 : 소정근로일수 260일을 80% 이상 출근(휴직기간 90일은 출근 인정)시 연차휴가일수는 15일×(260일/260일)=15일
> - 만약 가산일수가 5일이라면 15일+5일 → 20일×(260일/260일)=20일

(c) 다만, 1년이 넘는 기간을 육아휴직으로 사용하고 복직한 경우 취업규칙이

373) 근기 68207-1212, 2002.3.22.

374) 고용노동부, 개정근로기준법 설명자료(1년 미만 근로자 등에 대한 연차휴가 보장확대 관련), 2018.5.

나 단체협약에 특별히 정함이 없다면, 「고보법」 제70조에 따라 육아휴직 급여를 수급한 기간을 연차유급휴가일수 산정시 출근한 것으로 본다.

(4) 합법적 파업기간의 경우 그 기간을 제외한 나머지 소정근로일수에 대한 출근율에 따라 산출된 연차휴가 일수에, 연간 총 소정근로일수에서 파업 일수를 제외한 나머지 일수를 연간 소정근로일수로 나눈 비율을 곱하여 산정한다.[375]

(a) 합법적인 쟁의행위기간 동안은 정당한 권리행사에 의해 근로관계가 정지됨으로써 근로의무가 없으므로 결근한 것으로 볼 수 없으나, 그 기간에는 원칙적으로 근로에 대한 대가를 부여할 의무가 없다.

(b) 따라서, 연간 소정근로일수에서 쟁의행위기간의 일수를 제외한 나머지 일수를 기준으로 출근율을 산정하여 휴가 취득요건 충족여부를 판단하여 산출된 휴가일수에 대하여 연간소정근로일수에서 쟁의행위기간의 일수를 제외한 나머지 일수를 연간 소정근로일수로 나눈 비율을 곱하여 연차유급휴가일수를 산출한다.

(사례) 연간소정근로일수 260일, 파업기간 30일인 경우 연차유급휴가일수는?
◦ 휴가일수 산정 : 260일-30일=230일(나머지 소정근로일수), 230일을 80% 이상 출근시 연차휴가일수는 15일×(230일/260일)=13.2일
  - 만약 가산일수가 5일이라면 15일+5일 → 20일×(230일/260일)=17.6일

3) 1년 중 단시간근로기간이 일부 포함된 경우 연차유급휴가 부여 관련

단시간근로(주 15시간 미만)한 기간이 일부 포함되어 있더라도 1년 전체의 평균 주 소정근로시간이 15시간 이상이고 출근율이 80% 이상이면 연차유급휴가를 부여해야 한다.[376]

(a) 「근기법」 제18조제3항에 따라 4주 동안을 평균하여 1주 동안의 소정근로시간이 15시간 미만인 근로자에 대해서는 동법 제60조가 적용되지 않으므로 연

375) 대판 2013.12.26, 2011다4629.
376) 근로기준정책과-7315, 2017.11.22.

차유급휴가를 부여하지 않아도 된다.

(b) 다만, 주 소정근로시간이 15시간 미만인 기간이 일부(1개월) 포함되어 있더라도 1년 전체의 평균 주 소정근로시간이 주15시간 이상이고 출근율이 80% 이상이라면 「근기법」 제60조제1항에 따른 연차유급휴가를 부여하여야 한다.

4) 연차유급휴가 미사용수당 지급 관련

(1) 3개월을 소정근로일 근무하고 퇴사하는 경우, 연차휴가일수가 3일이 발생하므로 3일에 대한 연차휴가미사용수당을 지급해야한다.[377)]

(a) 1년 미만의 근속기간에 대해서도 매 1월간 개근시 1일의 연차휴가가 발생하는데, 1년이 되면 월단위로 산정하지 않고 연 80% 이상 출근한 경우 15일의 휴가가 발생하는 것으로 본다.

(b) 만일, 근로자가 3개월 근무 후 퇴직할 경우 퇴직시 휴가를 사용할 수 있는 기간이 없었다 하더라도 유급으로 인정되는 연차휴가수당은 이와 상관없이 그대로 지급해야 하는 것으로 해석되므로 3개월 근무 후 퇴직시 연차휴가일수는 3일이 발생하였으므로 3일에 대한 미사용수당을 지급해야 한다.

(2) 업무상 재해 등의 사정으로 연차휴가를 사용할 해당 연도에 전혀 출근하지 못한 경우에도 이미 부여 받은 연차휴가미사용수당을 청구할 수 있다.[378)]

(a) 연차휴가를 사용할 권리 혹은 연차휴가수당 청구권은 근로자가 전년도에 출근율을 충족하면 당연히 발생하는 것으로 연차휴가를 사용할 해당 연도가 아니라 그 전년도 1년간의 근로에 대한 대가에 해당한다.

(b) 따라서, 근로자가 업무상 재해 등의 사정으로 연차휴가를 사용할 해당 연도에 전혀 출근하지 못한 경우라 하더라도 이미 부여 받은 연차휴가를 사용하지 않은데 따른 연차휴가수당은 청구할 수 있다.

---

377) 임금근로시간정책팀-3295, 2007.11.5(기존 행정해석은 휴가를 사용할 수 있는 기간이 없는 경우 미사용수당 지급을 하지 않아도 되었으나 해석을 변경하였음).

378) 대판 2017.5.17, 2014다232296·2014다232302.

(3) 회계연도 기준 적용시 연차유급휴가사용 및 미사용수당 지급 시기

(a) 사용자는 사업 운영에 막대한 지장을 초래하여 시기를 변경하지 않는 한 원칙적으로 근로자가 청구한 시기에 휴가를 주어야 하고, 근로자가 사용하지 않은 휴가에 대해서는 해당 휴가 발생일부터 1년이 종료한 다음 날(임금지급일)에 미사용수당을 지급하여야 한다.

(b) 다만, 유급휴가를 회계연도 기준시점부터 1년 동안 사용하기로 합의(취업규칙, 단체협약)한 경우라면, 연도 중 입사자의 경우 입사일부터 월별 개근으로 1일씩 발생한 유급휴가도 다음 회계연도 개시시점부터 1년간 사용할 수 있는 것으로 보며, 미사용수당은 해당 회계연도 종료일 다음날(임금지급일)에 지급하여야 한다.

(4) 개정법 시행(2018.5.29) 후 근로계약기간이 1년인 기간제근로자가 1년간 출근율 80% 이상 충족 후 계약기간 만료 시 미사용수당 지급 방법[379)]

그간, 판례는 근로계약기간을 1년으로 한 기간제노동자의 1년간의 출근율이 80% 이상이면 계약기간 만료 시 15일분의 연차휴가보상청구권이 발생한다는 입장[380)]이었으나, 「근기법」개정에 따라 1년차 때 1개월 개근시 1일씩 발생하는 유급휴가도 별도로 인정되는 만큼, 개정법 시행 이후 1년 기간제근로자의 계약기간이 만료되는 경우에는 최대 26일분의 미사용수당을 지급하여야 한다.

2. 보상휴가제

가. 의 의

사용자는 근로자대표와 서면합의에 따라 연장근로·야간근로 및 휴일근로에 대해 임금을 지급하는 것을 갈음하여 휴가를 줄 수 있다(근기법 제57조). 이와

379) 고용노동부, 개정근로기준법 설명자료(1년 미만 근로자 등에 대한 연차휴가 보장확대 관련), 2018.5.

380) 대판 2005.5.27, 2003다48556.

같은 보상휴가제는 근로자와 사용자로 하여금 임금과 휴가에 대한 선택의 폭을 넓혀주고 실근로시간을 단축에 기여하기 위해 2003년에 도입[381]되었다.

나. 요 건

ⓐ 보상휴가제를 도입하기 위해서는 사용자와 근로자대표간 서면합의가 있어야 한다. 서면합의에는 특별한 형식이 요구되지 않으나 적어도 근로자대표와 사용자가 서명한 문서의 형태를 갖추어야 하고, 그 내용은 부여방식, 임금청구권, 보상휴가 적용기간 등에 관한 사항이 일반적이다.

ⓑ 예를 들어, 부여방식에 관한 내용은 근로자 청구나 사용자의 일방적 지정, 아니면 희망하는 근로자에 한하여 적용할 것인지 등이 합의 대상이다. 또한, 휴가청구권과 임금청구권을 선택적으로 인정할 것인지, 임금청구권을 배제하고 휴가청구권만 인정할 것인지 등도 합의 대상이다. 그리고, 어느 정도 기간 동안 연장·야간·휴일근로시간을 적치하여 언제까지 휴가로 사용할 수 있는지 등도 합의 내용에 포함되어야 할 것이다.[382]

다. 휴가 부여대상 및 기준

ⓐ 보상휴가제 대상은 연장 및 휴일근로 가산임금, 야간근로 가산임금에 해당하는 시간이 된다. 휴가의 부여는 가산임금제도의 취지를 고려하여 정해야 한다. 예를 들어 휴일근로를 2시간 한 경우 가산임금을 포함하면 3시간분의 임금이 지급되어야 하므로 3시간의 보상휴가를 부여해야 하고, 12시간의 연장근로에 대한 보상휴가는 50%를 가산하여 18시간 이상을 주어야 한다.

ⓑ 연장·야간·휴일근로가 중복된 경우에는 각각의 가산임금을 포함하여 산정된 임금에 해당하는 휴가가 발생한다. 다만, 교대제운영을 위해 소정근로시간 중에 발생하는 야간근로를 포괄임금제로 처리하는 경우에는 보상휴가제 적용이 적절치 않다.[383]

381) 2003.9.15 법 개정 때 제55조의2로 신설되었고, 2007.4.11 전문 개정 때 현재의 제57조가 되었다.
382) 하갑래, 「근로기준법(29판)」, ㈜중앙경제, 2017, p.448 참조.

라. 휴가 부여방법

보상휴가를 시간단위로 부여할지 일단위로 부여할지는 노사가 합의로 정할 수 있으며, 휴가는 소정근로시간 중에 유급으로 처리되어야 한다. 예를 들어 1년간의 연장·야간·휴일 근로시간을 계산하여 다음연도에 보상휴가를 부여하고 그 다음연도에 금전으로 보상하는 합의도 인정이 된다.[384]

마. 미사용휴가에 대한 임금지급

ⓐ 보상휴가제는 임금지급에 갈음하여 휴가를 부여하는 제도이므로 근로자가 휴가를 사용하지 않으면 사용자는 해당 임금을 지급하여야 한다. 다만, 개별 근로자가 보상휴가제에 대한 서면합의 내용을 거부하고 임금을 청구하더라도 사용자는 이에 응할 의무가 없다.

ⓑ 임금청구권은 노사가 합의로 정한 '휴가를 사용할 수 없도록 확정된 날' 다음날부터 최초로 도래하는 임금정기지급일에 해당임금을 지급해야한다.[385]

3. 출산전·후휴가제

가. 의 의

출산전·후휴가란 임신 중의 여성 근로자에게 출산 전후에 주어지는 휴가를 말하며, 여성근로자의 모성 보호를 위해 출산 전후 일정한 기간 근로제공 의무를 면제함으로써 산모와 태아의 건강을 보호하고 여성근로자가 임신·출산으로 소모된 체력을 회복하도록 돕는데 그 취지가 있다.

---

383) 하갑래, 「근로기준법(29판)」, ㈜중앙경제, 2017, p.448.

384) 근로기준과-779, 2005.2.14.

385) 해당임금을 지급하지 않으면 「근기법」 제56조 위반이 된다.

나. 연 혁

ⓐ 1953.5.10. 제정 「근기법」에서는 산전·후휴가기간을 출산 전후를 통해 60일을 부여하도록 하였으나, 1961.12.4. 법 개정으로 산후에 30일 이상 확보되도록 하였다. 이후, 여성의 경제활동참가율 제고 필요성과 2000.6 ILO총회에서 모성보호협약이 개정되어 출산휴가 기간의 최저기준이 연장[386]됨에 따라 2001.8.14. 법 개정 때 산전·후휴가 기간이 90일로 늘어났고 산후에 45일 이상의 휴가가 확보되도록 하고 최초 60일은 유급으로 하도록 하였다.

ⓑ 한편, 같은 날 「고평법」 전문 개정되어 산전후휴가 중 60일은 사용자의 부담으로 하고 나머지 30일은 국가가 일정한 요건 아래 고용보험에서 지급하도록 함으로써 모성보호가 개인과 기업의 책임에서 사회적 책임으로 전환하는 계기를 마련하였다.[387]

ⓒ 그 후, 2005.5.31. 개정 「근기법」은 유산·사산휴가제도 신설과 함께 「고보법」 소정의 우선지원 대상기업에 대하여 90일분의 산전·후휴가급여를 전부 고용보험에서 이를 지급하도록 하였다. 2012.2.1. 개정 「근기법」은 의무적 출산전·휴가제도를 신설하고 유·사산 휴가 부여범위를 확대하였고, 2014.1.21. 개정법은 다태아 휴가일수를 120일로 늘리고, 출산 후 보장일수를 60일로 확대하면서 최초 75일을 유급으로 하고 나머지 45일은 고용보험으로 지원하도록 했다.

다. 부여 대상

출산전·후휴가는 임신 중 여성근로자에게 부여되는 휴가로 출·퇴근 성적과 관계없이 보장되는 휴가로서 기업의 규모, 임시직·일용직·정규직·계약직 등 근로형태, 직종, 근속기간 등에 관계없이 근로자의 임신과 출산이라는 사실에 기초하여 부여된다.

386) 모성보호협약 개정으로 출산휴가 기간의 최저기준이 12주에서 14주로 연장되었고, 이후 권고기준은 14주에서 18주로 늘어났다.

387) 노동법실무연구회, 「근로기준법주해」, 2010. 박영사, p.269 참조.

라. 출산전·후휴가의 내용

1) 휴가기간

(a) 사용자는 임신 중의 여성에게 출산 전과 출산 후를 통하여 90일(다태아의 경우 120일)의 휴가를 주어야 하며, 이 경우 휴가기간의 배치는 산후 45일(다태아의 경우 60일) 이상이 되어야 한다. 만일, 산전에 출산일이 늦어지는 등의 사유로 45일이 넘는 기간을 휴가로 사용했을 경우에도 산후에 45일 이상의 보호휴가를 주어야 한다, 다만, 이 경우 90일을 초과하는 산전후 일수는 무급휴가로 처리될 수 있다.[388)]

(b) 휴가기간은 근로자가 지정한 날부터 기산되는 것이 원칙이고, 만일, 근로자가 출산 전에 휴가기간을 지정하지 않았다면, 그 기간은 출산일로부터 90일이 되는 날까지이다. 또한, 휴가기간은 역일로 90일이므로 근로계약, 취업규칙, 단체협약 등에 따로 정함이 없는 한 그 기간 중에 있는 휴일 일수나 휴직한 기간은 휴가기간에 모두 포함된다. 예를 들어, 휴직한 근로자가 출산 후에도 휴직기간이 남아 있어 그 휴직기간에 출산전·후휴가를 부여할 수 없었다면 출산일부터 90일의 기간 중 휴직기간을 뺀 나머지 기간에만 휴가가 주어진다.[389)]

(c) 출산전·후휴가기간 단축 가능여부와 관련 「근기법」 제74조가 정한 근로조건은 최저기준이고 여성근로자의 모성을 보호하기 위하여 반드시 지켜야하는 근로조건이므로 근로자가 원한 경우라도 휴가기간을 단축할 수 없다고 보아야 한다.[390)]

2) 사용방법 및 휴가종료 후 복귀

(1) 사용방법

(a) 휴가는 출산일을 전후하여 연속적으로 사용해야하므로 원칙적으로 적치하거나 분할하여 사용할 수 없다.

388) 여원 68430-79, 2002.2.18.

389) 평정 68240-173, 2002.9.5 ; 여성고용팀-333, 2006.1.24.

390) 평정 68240-346, 2003.9.30.

ⓑ 다만, 근로자가 특정한 사유[391]가 있어 출산 전에 휴가를 사용할 경우, 출산 전 어느 때라도 휴가를 나누어 사용할 수 있다(근기법 제74조제2항). 따라서 출산전휴가는 시차를 두고 출산후휴가와 단절된 기간에도 부여될 수 있고, 분할되어 사용되는 출산전휴가가 2회 이상이라도 인정되어야 한다.[392]

(2) 휴가종료 후 직무복귀

사업주는 출산전후휴가 종료 후에는 휴가 전과 동일한 업무 또는 동등한 수준의 임금을 지급하는 직무에 복귀시켜야 한다(근기법 제74조제6항). 따라서, 동등한 수준의 임금을 지급하면서 다른 업무를 부여할 때에는 노동강도, 책임정도 등이 휴가 전의 업무와 비교할 때 합리적인 수준이어야 한다.

3) 출산전·후휴가수당과 휴가급여

(1) 지급기준(액) 및 수급자격

ⓐ 출산전·후휴가에 대한 보상은 사용자와 고용보험이 부담한다.[393] 사용자는 출산전·후휴가 90일 중 최초 60일에 대하여 그 일수에 해당하는 임금을 근로자에게 지급하여야 한다. 지급기준은 법령에 특별한 규정이 없으나, 휴가 개시일 기준 통상임금 상당액을 지급하여야 한다. 다만, 「고평법」 제18조에 따라 출산전·후휴가급여가 지급된 경우에는 그 금액의 한도 내에서 사용자는 지급의 책임을 면한다.

ⓑ 유산·사산휴가의 경우에도 해당 규정이 적용되므로 60일분까지는 유급으로 부여되며 출산전후휴가급여가 지급된 경우에는 그 금액의 한도 내에서 지급책임이 면제된다.

---

391) ① 임신한 근로자에게 유산·사산의 경험이 있는 경우, ② 임신한 근로자가 출산전후휴가를 청구할 당시 연령이 만 40세 이상인 경우, ③ 임신한 근로자가 유산·사산의 위험이 있다는 의료기관의 진단서를 제출한 경우(근기법시행령 제43조제1항)

392) 하갑래, 「근로기준법(제29판)」, ㈜중앙경제, 2017, p.467.

393) 법률에 의해 사용자가 유급으로 산전후휴가에 대해 지급하는 임금을 산전후휴가수당이라고 하고 「고보법」에 따라 국가가 지급하는 급여를 산전후휴가급여라 한다.

(c) 「고보법」에 의한 일정규모의 중소기업 등 우선지원 대상기업[394]에 대해서는 출산전후휴가급여 90일분 모두를 고용보험에서 지원하며, 우선대상기업이 아닌 경우에는 60일을 초과하는 일수(30일 한도)에 대한 통상임금해당액만 지급된다.[395] 이 경우 수급자격은 출산전·후휴가 종료일 이전에 고용보험에 가입한 기간이 180일 이상이 되는 여성근로자이다.

(2) 급여 신청절차 및 급여제한 등

(a) 급여는 휴가를 시작한 날 이후 1개월부터 휴가가 끝난 날 이후 12개월 이내에 신청하여야 한다. 다만, 그 기간에 천재지변, 본인이나 배우자의 질병·부상, 군복무, 구속이나 형 집행 등 일정 사유로 급여 신청을 할 수 없었던 자는 그 사유가 끝난 후 30일 이내에 신청하여야 한다.[396]

(b) 신청은 일정서류를 첨부하여 신청인의 거주지 또는 사업장의 소재지를 관할하는 직업안정기관의 장(고용센터)에게 제출하여야 하고, 사업주는 관계서류의 작성·확인 등의 절차에 적극 협력하여야 한다.

4. 유산·사산 및 난임(難妊) 휴가

가. 유산·사산 휴가

1) 의 의

사용자는 임신 중인 여성이 유산 또는 사산한 경우로 그 근로자가 청구하면 임신한 근로자에게 대통령령이 정하는 바에 따라 유산 또는 사산 휴가를 주어야

394) 광업 300인 이하, 제조업 500인 이하, 건설업 300인 이하, 운수·창고 및 통신업 300인 이하, 그 외 산업 100인 이하 등이다(고보법 제19조제2항, 시행령 제12조).

395) 급여액은 「고보법시행령」 제101조에 따라 상한액과 하한액이 정해지는데, 2017.1.1~12.31 현재 상한액은 90일에 대한 통상임금에 상당하는 금액 450만원, 하한액은 시간급 최저임금액을 시간급 통상임금으로 하여 산정된 출산전후휴가 금여 등의 지원기간 중 통상임금에 상당하는 금액이다.

396) 「고보법」 제75조제2호, 「고보법시행령」 제100조 및 제94조에 의한 연장사유는 ① 천재지변, ② 본인이나 배우자의 질병·부상, ③ 본인이나 배우자의 직계존속 및 직계비속의 질병·부상, ④ 병역법에 의한 의무복무, ⑤ 범죄혐의로 인한 구속이나 형의 집행 등이다.

하며, 1년에 2회 이상이더라도 부여하여야 한다. 다만, 인공 임신중절수술에 따른 유산[397]의 경우에는 그러하지 아니하다(근기법 제74조제3항).

2) 청구 및 휴가기간

(a) 근로자가 유산 또는 사산휴가를 청구하는 경우에는 청구사유, 발생일, 임신기간 등을 적은 휴가신청서에 의료기관의 진단서를 첨부하여 사업주에게 제출하여야 한다(근기법시행령 제43조제2항).

(b) 사업주는 근로자의 유산·사산휴가 청구를 합리적 이유 없이 거부하거나 시기변경권을 행사할 수 없고, 휴가는 시행령에서 정하는 임신기간이 시작되는 첫날부터 주어지며 임신기간은 의료기관의 진단서에 따른다. 만일 해당 근로자가 진단서를 제출하지 않으면 사업주에게 휴가를 부여하지 않은 책임을 묻기 어렵다.

(c) 사업주는 유산 또는 사산한 근로자에게는 임신기간별로 유산·사산일로부터 다음 일정한 기간의 휴가를 주어야 한다(근기법시행령 제43조제3항).

임신기간	11주 이내	12~15주	16~21주	22~27주	28주 이상
유·사산기준일	5일까지	10일까지	30일까지	60일까지	90일까지

(d) 위 기간은 근로자가 사용할 수 있는 최장기간이므로 유산·사산일 직후에 신청하지 않으면 기간이 그만큼 단축되며, 만일, 출산 전에 출산전후휴가를 분할 사용하던 중에 유산 또는 사산한 경우에는 이미 사용한 출산전후 휴가기간과 상관없이 위 기간 전부를 부여해야 한다.

3) 휴가 급여

유산·사산휴가기간도 출산전·후휴가급여와 동일하게 유산·사산휴가급여를 지급하여야 한다.

---

397) 「모자보건법」 제14조제1항에 따른 경우는 제외한다. 즉, ① 본인이나 배우자가 우생학적 또는 유전학적 정신장해나 신체질환, 정신질환이 있는 경우, ② 강간 등에 의하여 임신된 경우, ③ 혈족 또는 인척간에 임신된 경우, ④ 임신의 지속이 보건학적 이유로 모체의 건강을 심각하게 해칠 우려가 있는 경우 등으로 그 동의를 얻어 수술한 경우 임.

나. 난임(難妊)치료 휴가

1) 의 의

(a) 최근 결혼연령이 늦어지고 저출산 문제가 사회문제로 대두됨에 따라 이에 대한 대책의 일환으로 난임치료휴가 제도를 신설하여 2018.5.29.부터 시행하였다.

(b) 즉, 사업주는 근로자가 인공수정 또는 체외수정 등 난임치료를 받기 위하여 휴가(이하 "난임치료휴가"라 한다)를 청구하는 경우에는 일정일의 휴가를 부여하도록 의무화 한 것이다.

2) 휴가의 요건 및 내용

(a) 사업주는 근로자가 난임치료휴가를 청구하는 경우에 연간 3일 이내의 휴가를 주어야 하며, 최초 1일은 유급으로 한다(고평법 제18조의3). 따라서 근로자는 청구에 의해 난임치료휴가를 최장 유급 1일과 무급 2일을 사용할 수 있다.[398] 여기서 근로자는 남녀 모두를 의미한다.

(b) 난임치료휴가를 사용하려는 근로자는 휴가를 시작하려는 날의 3일 전까지 난임치료를 받을 사실을 증명할 수 있는 서류[399]를 첨부하여 사업주에게 신청하여야 한다(고평법시행령 제9조의2). 난임치료의 범위는 인공수정, 체외수정 등 의학적 시술행위 당시를 위한 기간을 의미하며, 해당 시술 직후 안정기·휴식기도 포함된다. 다만, 체질개선 및 배란유도를 위한 사전 준비단계 등은 포함하지 않는다.

(c) 만일, 근로자가 휴가를 청구했음에도 불구하고 사업주가 정당한 이유 없이 거부할 경우 500만원 이하의 과태료가 부과될 수 있다.

---

398) 「고평법」 시행일인 2018.5.29 이후 휴가를 사용할 수 있다.

399) 난임치료 예정일이 명기된 서류이면 충분하다.

3) 휴가시기 조정 및 불리한 처우 금지

사업주는 근로자가 청구한 시기에 휴가를 주는 것이 정상적인 사업 운영에 중대한 지장을 초래하는 경우에는 근로자와 협의하여 그 시기를 변경할 수 있으며, 해당 근로자에게 난임치료휴가를 이유로 해고, 징계 등 불리한 처우를 하여서는 아니 된다(고평법 제18조의3제2항).

5. 배우자 출산 휴가

가. 의 의

일과 가정 양립을 통한 저출산 문제 해소 및 출산에 대한 남녀 공동책임이라는 사회·문화적 요구를 충족시키기 위해 2007.12.21. 「고평법」 개정으로 배우자출산휴가제도가 도입되어 2008.6.22.부터 시행되고 있고, 2013.2.2.부터 300인 미만 사업장에도 적용되고 있다.[400]

나. 휴가 청구 등

(a) 배우자 출산휴가는 배우자가 청구하는 경우에 부여하고 근로자의 배우자가 출산한 날부터 30일이 지나면 청구할 수 없다. 즉, 출산일부터 30일 이내에 청구에 의해 휴가를 시작하면 되고, 종료일은 출산일부터 30일을 초과할 수 있다.

(b) 배우자 출산휴가를 청구하지 아니하여 사용하지 못한 경우 수당으로 보전받을 수 없다.

다. 휴가 기간 등

(a) 사업주는 근로자가 배우자의 출산을 이유로 휴가를 청구하는 경우 5일의 범위 내에서 3일 이상의 휴가를 주어야 하며, 이 경우 사용한 휴가기간 중 최초

---

400) 외국의 경우, 2007년 기준으로 프랑스 4주, 영국 2주, 이탈리아 2주, 핀란드 18일, 중국 3일, 헝가리 5일, 뉴질랜드 2주 등 많은 국가가 배우자 휴가를 부여하고 있다.

3일은 유급으로 부여해야 한다(고평법 제18조의2).

ⓑ 따라서, 근로자가 3일 미만의 휴가를 신청하였다고 하더라도 3일 이상의 휴가를 주어야 하나, 만일 5일의 휴가를 신청한 경우 사업주는 반드시 5일을 부여해야할 의무는 없고 3일 이상 5일 이내에서 조정이 가능하다.

※ 휴가(3~5일)는 월력(月曆)상 일수를 의미하므로 휴가기간에 휴일이 있는 경우 휴가 사용기간에 포함된다.

ⓒ 휴가는 원칙적으로 연속적으로 사용해야 하나, 사업주의 동의나 단체협약·취업규칙 등에 분할 사용이 가능하도록 되어 있는 경우 분할 사용이 가능하다.

ⓓ 또한, 휴가는 출산일 이후에 사용하는 것이 원칙이지만, 출산을 위한 준비기간 등을 고려하여 휴가기간 내에 출산예정일이 포함되면 출산일 전에도 사용이 가능하다.

6. 생리휴가

가. 의의 및 연혁

ⓐ 생리휴가는 여성근로자에게 부여되는 휴가로 생리기간 중에 무리하게 근무함으로써 정신적·육체적으로 건강을 해치는 것을 방지하여 여성근로자를 보호하기 위해 1953.5.10. 「근기법」 제정 때 유급휴가로 도입되었다.

ⓑ 제정법 당시의 생리휴가 규정은 모성보호 차원에서 '여성근로자가 청구하는 경우' 월 1일의 유급생리휴가를 부여하도록 하였으나, 청구를 요건으로 하는 것은 수치심을 유발시켜 제도의 활용을 저해한다는 지적이 일자 1989.3.29. 「근기법」 개정으로 청구요건을 삭제하여 청구여부에 관계없이 유급으로 부여하도록 하였다.

ⓒ 이후, 2003.9.15. 「근기법」 개정 때 주40시간 근무제의 도입과 함께 국제적인 입법례[401]에 따라 월1일의 생리휴가를 무급화함으로써 사용자의 부담을 경

401) 일본과 인도네시아의 경우만 무급 생리휴가제도를 두고 있다. 특히, 일본의 경우 1941년 2차

감하고자 “사용자는 여성 근로자가 청구하면 월 1일의 생리휴가를 주어야 한다”고 현행 규정(근기법 제73조)과 같이 개정되었다.[402]

(d) 일본의 경우, “사용자는 생리일에 취업이 현저히 곤란한 여성이 휴가를 청구하는 때에는 그 근로자를 생리일에 취업시켜서는 아니 된다”로 규정하여 휴가 사용요건을 보다 엄격히 규정하고 있다(勞働基準法 제68조).

나. 부여 대상

(a) 생리휴가는 생리 중인 여성근로자의 신체적·정신적 건강을 보호하기 위한 것이므로 생리휴가는 연령, 근로형태(계약직·일용직·비정규직 등), 직종, 소정근로일의 개근 여부, 근로계약기간·근로일수 등에 관계없이 사실상 생리현상이 있는지 여부에 따라 부여하여야 한다.[403]

(b) 따라서, 생리휴가는 연령과 관계없이 사실상 생리가 있는지 여부에 따라 부여되기 때문에 생리현상이 없는 여성근로자에게 휴가를 부여하지 않아도 된다.[404]

(c) 또한, 근로의무가 면제된 기간 중(예컨대, 휴직기간, 병가기간, 교사의 방학기간 등) 생리현상이 있는 경우 취업규칙이나 단체협약 등에 별도의 규정이 없는 한 별도의 생리휴가를 부여하지 않아도 무방하다.[405]

다. 청구 및 부여 방법 등

(a) 사용자는 생리현상이 있는 여성근로자가 직접 청구하면 생리휴가를 부여하여야 하므로 휴가 청구를 거절하거나 시기변경권을 행사할 수 없다.[406] 청구는

세계대전 중에 최초로 일본의 여자정신대 규칙에 생리휴가제도를 두었는데 1947년 노동기준법 제정시 법제화되었다(김엘림, “우리나라 여성노동관계법의 현황과 개정방향” 1993.11.30, 한국여성단체연합 주최 공개토론회 발표자료, p.54).

402) 법률 제6974호 근로기준법 일부개정법률 개정이유(관보 2003.9.15, p.6).

403) 여성고용과-1081, 2004.5.28 ; 여성고용과-996, 2004.5.15 ; 평정 68240-312, 2003.8.28.

404) 여원 68247-199, 1999.8.4 ; 서울민사지판 1993.5.7, 92나27668 등.

405) 평정 68240-312, 2003.8.28, 여원 68240-42, 2001.2.12, 여원 68240-564, 2001.12.15.

406) 사용자가 정당한 사유 없이 생리휴가를 부여하지 않을 경우 500만원 이하의 벌금에 처해질 수 있다.

해당근로자가 서면이나 구두로 할 수 있으며 취업규칙 등에 정한 바가 있으면 그에 따른다. 다만, 해당 근로자가 휴가를 청구하지 않으면 그 달의 휴가사용 권리는 없어진다.

ⓑ 청구시기에 대해서는 법률에 별도의 규정이 없으므로 휴가일 이전에 신청하면 근로자가 지정한 날에 부여되어야 한다.[407] 근로자의 생리휴가청구권은 사회통념상 신의성실의 원칙에 따라 행사되어야 하므로 실제 생리일이 아닌 날에 임의로 청구·사용할 수 없으며 근로자가 미리 통보하지 않고 결근 후 다음날 출근하여 생리휴가를 사용하였다고 통보하는 것은 권리남용으로 무단결근으로 처리할 수 있다.[408]

라. 생리휴가 관련 실무상 쟁점

1) 생리현상 유무 입증책임 관련

생리 유무에 관한 입증책임이 누구에게 있는지에 대해서 다음과 같이 견해의 대립이 있으나, ②설의 견해와 같이 생리사실 유무의 입증책임은 휴가부여 의무면제를 주장하는 사용자에게 있다고 보아야 한다.[409]

①설 : 2003.9.15. 개정 전 법과 달리 현행법에 따르면 근로자의 생리휴가권은 청구에 의하여 취득되는 권리이므로 그 발생요건은 생리휴가권을 주장하는 근로자가 입증해야 한다.[410]

②설 : 근로자가 생리휴가를 받을 자격이 있다거나 지정한 휴가일이 생리기간에 속한다는 사실을 본인이 입증하도록 하는 것은 인권침해의 우려가 있다. 따라서, 생리현상 유무 또는 근로자가 지정한 휴가일이 생리기간에 속하는지 여부의 입증책임은 사용자에게 있다.[411]

---

407) 여성고용정책과-7, 2015.12.6.

408) 근기 01254-5692, 1990.5.10.

409) 근기 01254-1552, 1989.11.1.

410) 김형배, 「새로 쓴 노동법(제25판)」, 박영사, 2016, p.486.

411) 임종률, 「노동법(제14판)」, 박영사, 2016, pp.597~598 ; 하갑래, 「근로기준법(29판)」, ㈜중앙경제, 2017, p.459.

③설 : 생리사실 유무는 기본적으로 근로자 본인이 입증하여야하나 생리휴가제도의 취지에 반할 수 있고 성적 프라이버시와도 충돌할 수 있으므로 입증을 해야 할 특별한 사정이 없는 한 근로자가 청구하면 입증 없이 휴가를 부여해야 한다.[412]

2) 임금 지급여부 관련 쟁점

2003.9.15. 개정 「근기법」에 따라 생리휴가는 원칙적으로 무급이다. 따라서, 여성근로자의 청구로 생리휴가를 사용하였다면 사용자는 그 휴가일에 대한 임금을 지급할 의무가 없다. 다만, 단체협약·취업규칙·근로계약 등으로 노사가 따로 정한 바가 있다면 그에 따라야 한다.

3) 휴가대체 및 소정근로일수 및 출근율 판단 관련 쟁점

(a) 생리휴가의 성격상 다른 휴일이나 휴가로 대체가 인정되지 않는다.[413] 예컨대, 단체협약에 "월중 1일 결근을 생리유급휴가로 대체한다."라는 규정이 있는 경우 결근 후 지체없이 생리휴가가 사유였음을 통고하거나 생리휴가로의 대체를 희망하는 경우에 결근으로 처리할 수 없다는 취지이므로, 3일간 연속 결근하고 출근 후 생리휴가 대체에 대해 언급이 없다면 모두 무단결근으로 보아야 한다.[414]

(b) 생리휴가일은 법에 의해 부여되는 휴가이므로 출근한 것으로 간주되며 주휴일, 연차유급휴가 등을 부여하기 위한 출근율 산정시 소정근로일수에 포함된다.[415]

412) 김유성, 「노동법 I ,(개별적노동관계법)」, 법문사, 2005, p.366.

413) 근기 68207-1090, 1994.7.7 ; 부소 68247-7, 1994.1.7.

414) 대판 1991.3.27, 90다15631.

415) 여성고용팀-4078, 2007.11.6, 개정 근로기준법시행지침.

주/요/쟁/점/실/무

제6절 포괄임금제 관련 쟁점

1. 의 의

(a) 사용자가 근로계약을 체결함에 있어서 근로자에 대하여 기본임금을 결정하고 이를 기초로 연장, 야간, 휴일근로 등에 관한 임금 또는 각종수당을 산정하여 지급하는 것이 원칙이다.

(b) 그러나, 업종업태 또는 근로시간 및 근로형태와 업무의 성질을 고려할 때 근로시간의 산정이 어려운 경우 ① 기본임금을 미리 산정하지 않고 각종수당을 합한 금액을 월 급여액이나 일당임금으로 정하거나(정액급제), ② 기본임금을 정하고 매월 일정액을 각종수당으로 지급하는 임금산정방식(정액수당제)을 포괄임금제(또는 포괄임금약정)라 한다. 이러한 포괄임금제는 법정수당을 정확히 계산하지 않고 계산상의 편의를 도모하려는 방법으로 약정된 수당이 실제로 연장·야간·휴일근로를 한 법정수당보다 더 많거나 더 적더라도 추가 정산(삭감 또는 추가지급)을 하지 않는다는 점이 핵심이다.

(c) 이는 「근기법」상의 임금의 지급 및 산정방법의 예외를 인정하는 것으로 그간 사업장이 임금산정방법을 탄력적으로 운용하기 위해 형성된 관행에 대해 판례[416]가 인정하기 시작하면서 1990년대 중반이후 포괄임금제라는 용어가 보편적으로 사용되고 있다.[417]

(d) 이와 같은 포괄임금제에 대해 '임금산정의 자유'라는 임금법의 기본원칙과 '가산임금에 의한 근로시간 규제'라는 근로시간법의 기본원칙이 정면으로 충돌하는 영역인데, 판례 법리에 따르게 되면 가산수당을 통해 시간외근로·휴일근로·

416) 대판 1974.5.28, 1973다1258.

417) 하갑래, 「근로기준법(제29판)」, ㈜중앙경제, 2017, p.259 ; 김형배, 「새로 쓴 노동법(제25판)」, 박영사, 2016, p.443 등.

야간근로를 억제하고자 하는 근로시간 규제의 목적이 달성되기 어렵다는 문제점이 지적되고 있다.[418)]

2. 성립 요건

가. 근로시간의 산정이 어려운 경우이어야 함

(a) 원칙적으로 근로형태의 특수성이나 업무의 성질상 근로시간의 측정이 어려운 경우에만 포괄임금제가 적용된다는 것이 판례의 다수입장이다.[419)] 일부 판례는 근로시간의 측정이 가능하더라도 사업장에서 오랜 기간에 거쳐 형성된 관행이므로 그 존재 또는 실체를 부정하기가 어렵기 때문에 대상 업무를 한정하지 않고 계산의 편의 등을 위한 포괄임금제라 하더라도 그 실체를 인정[420)]하고 있다.

(b) 그러나, 실근로시간의 산출이 가능함에도 불구하고 관행적으로 단순히 계산의 편의를 위하여 포괄임금제를 적용하는 것은 「근기법」을 형해화시키는 것으로 허용되어서는 안 된다는 것이 변화된 최근의 판례[421)] 입장으로 근로시간의 산정이 어려운 경우(근로시간의 산정이 물리적으로 아예 불가능하거나 거의 불가능한 경우)가 아니라면 포괄임금약정이 유효하지 않다는 판례법리가 정착된 상황이다.[422)]

(c) 이에 따라, 고용노동부도 포괄임금제의 편법적 남용을 방지하고 실근로시간에 상응하는 보상원칙이 확립되도록 「포괄임금제 사업장 지도지침」을 마련·시행하여 포괄임금제 유효요건을 엄격히 할 예정이다.

---

418) 김홍영, "포괄임금제 법리의 새로운 검토", 「성균법학」, 성균관대학교비교법연구소, 2012, p.846 등.

419) 이른바 "엄격해석론"으로 대판 1997.4.25, 95다4056 ; 대판 1997.7.22, 96다38995 ; 대판 1999.5.28, 99다2881 ; 대판 2002.6.14, 2002다16958 ; 대판 2005.8.19, 2003다66523 ; 대판 2010.5.13, 2008다6052 등.

420) 이른바 "확대해석론"으로 대판 1990.11.27, 90다카6934 ; 대판 1991.4.23, 89다카32118. 시외버스운전기사 관련 시간외 수당을 계산편의 등 취지에서 고정급화 한 것으로 무효가 아님.

421) 대판 2010.5.13, 2008다6052.

422) 2010.5.13 이후 판결(대판 2014.6.26, 2011도12114 ; 대판 2016.9.8, 2014도8873)에서도 앞의 판례 법리를 인용했다.

〈근로시간의 산정이 어려운 경우(예시)〉

① 관리자의 지휘·감독을 벗어나 주로 사업장 밖에서 근로하며 근로시간을 노동자가 재량으로 결정하고, 성과급 형태로 임금을 지급받는 등 근무형태가 도급적 성격이 강한 경우, 다만, 사업장 밖의 근로라 하더라도 사용자의 구체적인 지휘·감독이 미치는 경우[423]라면 근로시간 산정이 어려운 경우로 볼 수 없다.

② 매일의 기상조건에 따라 근로시간이 달라지는 등 업무가 기상·기후 등 자연조건에 좌우되어 정확한 근로시간의 측정이 어려운 경우, 다만, 자연조건에 영향을 받지 않는 사업장의 노동자 또는 이와 관련 없는 직무를 하는 경우라면 근로시간 산정이 어려운 경우에 해당되지 않는다.

③ 주로 사업장 밖에서 근로하면서, 상황에 따라 근로시간의 장단이 결정되어 근로시간 산정이 어려운 경우, 예를 들어 운수업의 경우라면 장거리 운행, 불확정적인 운행일정 등으로 인해 근로와 휴식의 구분이 어려운 경우이어야 하고, 사용자가 근로자의 근로시간을 구체적으로 관리하는 경우(배차 표에 따라 출발 시간과 운행종료시간이 정해져 있는 정기노선버스 등)는 근로시간 산정이 어려운 경우로 볼 수 없다.

④ 근로형태나 업무의 성질이 단속적·간헐적이어서 대기시간이 많아 정확한 실근로시간 산정이 곤란한 경우, 다만, 감시·단속적 업무라도 잠시라도 업무를 소홀히 할 수 없는 고도의 정신적 긴장이 요구되는 경우 또는 타 업무를 반복하여 수행하거나 겸직하는 경우라면 근로시간 산정이 어려운 경우에 해당되지 않는다.

나. 근로자의 동의 또는 승낙 등 명시적인 약정이 성립되어 있어야 함.

(a) 포괄임금제는 근로형태의 특수성이나 업무의 성질상 근로시간의 측정이 어려운 경우에 원칙적으로 개별 근로자와의 근로계약 또는 취업규칙, 단체협약에 관련 약정이 체결되어 있어야 한다.

(b) 다만, 포괄임금제에 관한 명시적인 약정이 없는 경우, 약정 성립여부는 근로시간, 근로형태와 업무의 성질, 임금의 산정단위, 단체협약과 취업규칙의 내용, 동종 사업장의 실태 등 여러 사정을 종합적으로 고려하여 판단[424]하여야 한다. 이

423) 예를 들어, 사업장 밖에서 함께 근무하는 구성원 중에 근로시간을 관리하는 자가 있는 경우, 미리 회사로부터 방문하는 곳과 돌아오는 시간 등 당일 업무를 구체적으로 지시받아 근무를 하고 사업장에 돌아오는 경우 등이다.

424) 대판 2009.12.10, 2008다57852.

와 관련, 최근의 판례[425]는 "묵시적 합의에 의한 포괄임금약정이 성립하였다고 인정하기 위해서는, ① 근로형태의 특수성으로 인하여 실제 근로시간을 정확하게 산정하는 것이 곤란하거나 일정한 연장·야간·휴일근로가 예상되는 경우 등 실질적인 필요성이 인정될 뿐 아니라, ② 근로시간, 정하여진 임금의 형태나 수준 등 제반 사정에 비추어 사용자와 근로자 사이에 그 정액의 월급여액이나 일당임금 외에 추가로 어떠한 수당도 지급하지 않기로 하거나 특정한 수당을 지급하지 않기로 하는 합의가 있었다고 객관적으로 인정되는 경우이어야 할 것이다"라고 판시하여 포괄임금지급 관행 내지 묵시적 합의를 쉽게 인정하여서는 아니 되고, 원칙적으로 명시적인 합의가 있어야 한다고 보고 있다.

(c) 예를 들어, 단체협약에 포괄임금제 적용에 대한 근거가 있는 경우에도 개별 근로자의 명시적 동의를 얻어야 한다. 근로계약서에 임금산정식만 제시하는 것으로 근로자가 내용을 알고 합의했다고 보기 어렵고, 포괄임금제라는 문구가 명시되거나 법정수당이 실제 근무와 무관하게 기본급여나 정액수당에 포함되어 지급된다는 내용이 기재되어야 한다.

단체협약 또는 취업규칙 등에 기본급과는 별도로 법정수당을 각 항목별로 나누어 지급하도록 규정하고 있다면, 노사 간 일정시간을 연장근로시간으로 간주하기로 하는 합의가 있더라도 이를 포괄임금제에 대한 합의로 보기 어렵다.

(d) 한편, 사용자는 근로계약 체결시 근로자에게 임금(임금의 구성항목·결정방법·지급방법 포함), 소정근로시간, 휴일·휴가 등 주요 근로조건을 명시하여야 하며 명시된 서면을 근로자에게 교부하여야 한다(근기법 제17조).[426] 따라서, 포괄임금제 방식의 임금지급에 관한 사항은 근로계약 체결시 근로자의 동의를 얻어 서면으로 명시하고 교부하여야 한다.

다. 근로자에게 불이익하지 않아야 하고 제반사정에 비추어 정당해야 함.

(a) 대부분의 판례는 포괄임금제가 "근로자에 불이익이 없고 제반사정에 비추

425) 대판 2016.10.13, 2016도1060 ; 대판 2016.8.24, 2014다5098·2014다5104 등.

426) 2012.1.1. 이후 근로계약 체결시 미명시 또는 미교부시에는 벌칙이 적용된다.

어 정당하다고 인정"되면 유효한 것으로 본다.

(b) 즉 포괄임금계약이 성립되었다고 하더라도 실근로시간 산정이 가능한 경우, 실근로시간을 기준으로 산정된 법정수당과 포괄임금으로 지급받은 제수당을 비교하였을 때 법정수당에 미달한다면 근로자에게 불이익하여 무효이며, 「근기법」 제15조의 부분 무효의 법리에 따라 미달되는 부분에 한하여 무효이고 미달되는 차액을 지급해야 한다.[427]

3. 포괄임금에 포함되는 임금의 범위 관련 쟁점

포괄임금에 포함되는 임금의 범위에 대해서 판례는 근로의 대가로 지급하는 법정 제수당에 대해서만 그 성격·내용에 따라 포함 여부를 판단하고 있다.

가. 법정 제수당

연장·야간·휴일근로수당, 주휴수당의 경우 판례나 행정해석 모두 포함되는 것으로 인정하고 있다. 다만, 휴일근로수당은 휴일근로 거부권이 인정될 경우에 한해 포함 가능하다고 본다.

나. 퇴직금

퇴직금의 경우 근로관계 종료를 요건으로 하여 발생하므로 포괄임금제가 적용되는 근로조건이 아니며 일당임금 또는 매월 지급하는 임금에 퇴직금 명목의 금품이 들어있는 약정은 무효[428]이다.

다. 근로의 대가로 볼 수 없는 법정금품

근로의 대가로 볼 수 없는 해고예고수당, 휴업수당, 산전후 휴가급여 등은 금품의 성격상 포함되지 않는 것으로 보아야 하고, 법정수당 이외의 수당(가족수

427) 대판 2010.5.13, 2008다6052.

428) 대판 2002.7.12, 2002도2211 ; 대판 2010.5.20, 2007다90760 등.

당, 식비 등)은 포함 여부를 당사자가 결정 할 수 있을 것이다.

라. 연차유급휴가 관련 수당

(a) 연차휴가미사용수당 또는 연차휴가근로수당이 포괄임금에 포함되는지에 대해서는 학설과 판례가 포함될 수 있다는 견해[429]와 없다는 견해로 나뉘고 있으나, 사전에 휴가를 사용하지 않을 것을 전제로 연차휴가미사용수당을 포함시키는 것은 법상 근로자에게 보장된 연차유급휴가 사용권을 제약하는 것이므로 허용될 수 없다는 것이 판례와 학설의 다수 견해다.[430]

(b) 따라서, 연차휴가미사용수당을 포괄임금제에 포함시키는 것은 법상 근로자에게 인정된 연차유급휴가 사용권을 박탈하는 것은 물론, 미리 지급받은 수당 때문에 근로자의 '휴가의 청구'가 실질적으로 제약받을 수 있으며, 쉬는 날이 사전에 특정되어 있지 않은 상태에서 휴가미사용에 대한 보상금을 지급하는 것은 연차휴가에 대한 사전매수에 해당될 수 있어 허용될 수 없다고 본다.[431]

(c) 이와 관련 행정해석은 연차유급휴가를 보장하면서 고정급을 주기로 한다면 포함될 수도 있다고 본다.[432]

〈주요 판례·행정해석〉

① 연장·야간근로수당 : 판례,행정해석 모두 포함 가능(대판 1991.4.9, 90다16425. 연봉제 관련 노동관계법 적용기준 ; 임금근로시간정책팀-3444, 2007.11.22)
② 주휴수당·휴일근로수당 : 판례, 행정해석 모두 인정(대판 1998.3.24, 96다24699. 연봉제 관련 노동관계법 적용기준 ; 임금근로시간정책팀-3444, 2007.11.22)

---

429) 대판 1988.3.22, 87다카570 ; 대판 1998.3.24, 96다24699 ; 이경언, "포괄임금제 관한 연구", 「노동연구」 제27호, 고려대학교 노동문제연구소 2014, p.153.

430) 대판 2010.5.13, 2008다6052을 중심으로 이광선, "포괄임금의 약정의 효력과 문제점", 「저스티스」, 한국법학원, 2014, p.353 ; 이재용, "근로시간 산정이 어려운 사정이 없는 경우 포괄임금계약의 효력", 「법학연구」 제43호, 2011, 한국법학회, p.381 ; 하갑래, "포괄임금제의 내용과 한계", 「노동법학」 제29호, 한국노동법학회, pp.339~341.

431) 같은 내용, 정동관·이경희·정경은·최미나·김훈·김기선, "사무직 근로시간 실태와 포괄임금제 개선방안", 2016.12, 한국노동연구원, p.226.

432) 임금근로시간정책팀-3444, 2007.11.22. 연봉제 관련 노동관계법 적용기준.

◦ 다만, 휴일근로수당은 휴일근로 거부권이 인정될 경우에 한해 포함 가능

③ 연·월차유급휴가 미사용수당 : 연·월차휴가 미사용수당의 포함여부에 대해서는 부정하는 판례가 있고, 인정하는 판례가 있음

◦ (판례) 월차휴가 미사용수당은 포함, 연차유급휴가 미사용수당은 제외(대판 1993.5.27, 92다33398 ; 대판 1999.5.28, 99다2881)

◦ (판례) 연·월차 미사용수당 포함(대판 1988.3.22, 87다카570 ; 대판 1998.3.24, 96다24699)

◦ (판례) 연·월차 미사용수당 모두 제외(대판 1995.7.28, 94다54542)

◦ (행정해석) 연차휴가를 보장하면서 고정급을 주기로 한다면 포함(임금근로시간정책팀-3444, 2007.11.22. 연봉제 관련 노동관계법 적용기준)

④ 퇴직금 : 근로관계가 종료함으로써 발생하는 것으로 일당이나 월급액에 포함하더라도 무효(대판 1998.3.24, 96다24699 ; 대판 2006.9.22, 06도3898)

⑤ 기타 근로의 대가가 아닌 금품(고용노동부 「포괄임금제 업무처리지도지침」, 2011.6.)

◦ 해고예고수당 : 30일 전에 해고예고를 하지 않고 해고할 경우에 지급하는 금품으로 사전에 포괄임금에 포함하는 것은 법 취지에 맞지 아니함.

◦ 휴업수당 : 사용자의 귀책으로 휴업할 경우 평균임금 70% 이상을 지급해야 하므로 미리 포괄임금에 포함하는 것은 법 취지에 맞지 아니함.

◦ 생리수당(생리휴가 보상금) : 구 근로기준법에 따라 단체협약 등으로 생리휴가일에 휴가를 사용하지 않고 근무한 여성에게 월 1회 수당으로 지급하는 사업장이 있는바, 이를 포괄임금에 포함하는 것은 법 취지에 맞지 아니함.

◦ 산전후휴가급여 : 산전후 휴가 90일 중 60일에 대해서는 유급으로 부여해야 하는 산전후휴가급여는 임신 여성의 출산에 대하여 법에서 보장하는 금품으로 포괄임금에 포함하는 것은 법 취지에 맞지 아니함.

4. 포괄임금제 관련 실무사례

가. 인턴(전공의)의 포괄임금계약의 성립을 부인한 사례[433)]

인턴(전공의)들이 아무런 이의 없이 병원이 정한 급여를 수령하여 온 사실만으로 전공의들이 포괄임금제를 수용 또는 합의하였다고 보기 어렵고, 전공의들

433) 대전고판 2014.11.26, 2013나11186.

에게 평일, 휴일 당직비를 일정액 지급하였는데 전공의들이 아무런 이의 없이 수령하였다고 하더라도 그것만으로는 각종 수당을 청구하지 않기로 하는 묵시적 합의가 있었다고 볼 수 없다.

나. 근로시간의 측정이 어려운 업무로 포괄임금제를 인정한 사례

① 기후나 기상 때문에 근로시간과 휴게시간이 불규칙한 근로의 경우는 기상조건, 자재 및 장비의 수급 등 여건에 따라 근로시간이 달라지기 때문에 정확한 근로시간의 측정이 어려워 포괄임금제의 대상으로 본다.

예) 해외건설현장 관리직원,[434] 염전회사 현업원[435] 등

② 감시적인 성격의 업무나, 장소를 이탈할 수 없는 상태에서 근로시간의 조정이 가능한 단속적 업무의 경우 행정관청의 승인과 관계없이 포괄임금제의 대상으로 본다.

예) 격일제로 근무하는 아파트경비원 및 보일러공,[436] 회사 경비원,[437] 버스회사 배차원,[438] 청원경찰[439] 등

③ 운수업이나 사업장 밖 근로와 같이 근로시간을 측정하기 어려운 근로의 경우도 포괄임금제의 대상으로 본다.

예) 근로와 휴게의 구분이 어려운 관광버스 및 택시 운전,[440] 시외버스 운전,[441] 장거리운행 화물운송운전자,[442] 근로시간이 일정하지 않은 운전[443] 등

---

434) 대판 1991.4.23, 89다카32118. 사우디아라비아의 건설현장이 극심한 더위와 빈번한 모래바람 등으로 매일 같은 시간을 근로하기 어렵고, 관리직원도 실제로 근로하였는지 정확하게 확인이 곤란.

435) 대판 1990.11.27, 89다카15939.

436) 대판 1993.5.27, 92다33398 ; 대판 2002.6.14, 2002다16958 등

437) 대판 2002.6.14, 2002다16958.

438) 대판 1982.3.9, 80다2384.

439) 대판 1997.4.25, 95다4056 ; 대판 1997.7.11, 96다45399.

440) 대판 1985.3.26, 84도1861.

441) 대판 1990.11.27, 90다카6934 ; 대판 1992.7.14, 91다37256.

다. 근로시간의 측정이 가능한 업무로 포괄임금제를 인정한 사례

근로시간의 측정이 가능한 월급제나 매월 고정급으로 지급받는 시간급제, 일용직 근로,[444] 격일제 근로, 도급제나 성과급제 성격의 근로(도급이나 위임의 형식을 빌리더라도 사용종속관계가 인정되는 경우)[445]에 대해 예외적으로 포괄임금제를 인정하고 있다.

5. 포괄임금제에 따른 실무상 쟁점

가. 최저임금 위반 여부의 판단

포괄임금액을 가지고 실제 근로시간을 계산하여 그에 따른 각종 법정수당과 가산임금 등을 계산하고, 수령한 금품 가운데 연장·휴일·야간근로 임금 및 수당을 제외하는 등 최저임금 산정 기준에 포함되는 금품만을 가지고 이를 소정근로시간으로 나누어 시간급 최저임금과 비교하면 된다.

나. 평균임금·통상임금 포함 여부의 판단

기본급·수당·상여금 등의 구분이 가능한 경우, 각각의 금품의 성격을 판단하여 평균임금·통상임금 포함여부를 판단해야 하나, 기본급 등의 구분 없이 포괄임금을 정한 경우에는 근로자의 소정근로시간을 먼저 계산하고 이를 기준으로 제반 법정수당을 각 항목별로 산출하여 집계한 후 근로자의 포괄임금액과 비교하여 판단하면 된다.

---

442) 대판 1982.12.28, 80다3120 ; 대판 1983.9.13, 82다카49.

443) 근기 68207-2452, 1993.11.24.

444) 대판 1985.3.26, 84도1861. 일당도급제계약 택시운전자 ; 대판 1998.3.24, 96다24699. 사전고지로 출근여부를 정할 수 있는 일용근로자 등.

445) 대판 2006.4.28, 2004다66995·67004. 성과도급제 형태의 한국방송공사 외부제작요원.

다. 포괄임금계약이 무효인 경우 임금체불의 구체적 판단[446)]

① (정액급제) 연장·야간·휴일 수당이 포함되었다고 계약했더라도 이 조항은 무효이므로, 지급된 임금 총액을 소정근로시간에 대한 임금으로 보고 통상시급을 계산 → 실근로시간에 따라 산정된 법정수당 이상을 지급해야 한다. 다만, 근로시간이 명확히 정해져 있다면 명시된 근로시간을 기준으로 역산하여 통상시급을 산정한다.

〈사례1〉 근무시간을 따로 정하지 않고 월 200만원 임금 지급한 경우
◦ 근로자가 한달 간 20시간의 연장근로를 한 경우 체불금액
  - 실 근로에 따라 발생한 연장근로 20시간에 대한 연장근로수당 → [통상시급 : 200만원/209H]×20H×1.5=287,081원

〈사례2〉 근무시간을 9:00부터 21:00(휴게 2시간)으로 정하고(일 10시간, 2시간 연장근로 사전약정), 월 300만원 임금을 지급한 경우
◦ 근로자가 한달 간 50시간의 연장근로를 한 경우 체불금액
  - 실 근로에 따라 초과된 연장근로 4시간(50시간-2시간×23일)에 대한 연장근로수당 → [통상시급 : 300만원/(209H+2H×23일×1.5)]×4H×1.5=64,748원

〈사례3〉 근무시간을 오전 근무조(8:00~17:00까지), 오후 근무조(15:00~00:00)로 정하고(각 휴게 1시간), 일급 10만원으로 임금을 지급한 경우 체불금액
◦ 오전근무조는 문제가 없으나, 오후근무조는 야간근로 3시간에 대한 야간근로수당, 계속근로일 경우 주휴수당(10만원)을 지급해야 함 → 이 경우 야간근로수당은 18,750원[(통상시급 : (10만원/8H)×3H×0.5]

② (정액수당제) 정액으로 지급된 수당이 실 근로시간에 따라 산정된 법정수당 이상이어야 한다. 다만, 각 수당항목이 법정수당을 지급한 것처럼 보이기 위해 단순히 수치를 맞춘 것에 불과하다면, 해당 임금의 총액을 소정근로시간에 대한 것으로 간주하고 실근로시간에 따른 법정수당을 지급해야 한다.

〈사례1〉 근무시간을 8시간(9:00부터 18:00, 휴게 1시간)으로 정하고, 기본임금 월 200만원, 매월 40시간 고정O/T를 지급

446) 가정 : 5인 이상 사업장, 월 소정근로시간+주휴시간=209시간, 월 소정근로일수 23일

◦ 근로자가 한달 간 50시간의 연장근로를 한 경우 체불금액
- 실 근로에 따라 초과된 연장근로 10시간에 대한 연장근로 수당 → (200만원/209H) ×10H×1.5=143,541원

〈사례2〉 근무시간을 8시간(9:00부터 18:00, 휴게 1시간)으로 정하고, 기본임금 월 200만원, 기본임금의 20%(40만원)를 연장근로수당으로 지급

◦ 근로자가 한달 간 20시간의 연장근로를 한 경우 체불금액
- {(200만원/209H)×20H×1.5}=287,081원 〈 40만원 ☞ 체불없음

◦ 근로자가 한달 간 40시간의 연장근로를 한 경우 체불금액
- 실 근로에 따라 연장 40시간에 대한 연장근로수당에 기 지급된 연장수당을 뺀 금액 → {(200만원/209H)×40H×1.5=574,162원}−40만원=174,163원

6. 포괄임금제 인정 판례 변화와 남용방지

ⓐ 이른바 포괄임금제는 입법을 통한 제도가 아니므로 「근기법」에도 관련 조항이 없다. 70년대 이후 산업화 시대부터 사업장에서 형성되어 내려온 실무적 관행을 법원이 판례[447]를 통해 그 허용에 관한 법리를 정립해온 것이다.

ⓑ 2010년 이전까지 판례는 포괄임금제 인정 요건으로 '① 노사간 합의가 있고, ② 단체협약이나 취업규칙에 비춰 근로자에게 불이익이 없고 제반사정에 비춰 정당할 것'을 주요기준으로 들었으나, 점차 명시적인 합의가 없는 경우에도 여러 사정을 종합하여 합의를 인정하는 등 요건을 완화하는 판례가 나오고, 심지어 "계산의 편의와 직원의 근무의욕을 고취하는 차원에서 포괄임금제를 도입할 수 있다"라는 판례[448]가 나옴으로써 근로시간 산정이 어렵거나 불가능하지 않음에도 불구하고 포괄임금제를 넓게 인정하기에 이르렀다. 이러한 판례의 영향으로 인해 산업현장에 포괄임금제 확산으로 이어져 보편화됨으로써 근로자들이 장시간 근로에 노출되게 된 이유로 지목[449]되고 포괄임금제가 합법적 노동착취라는

447) 대판 1974.5.28, 73다1258.

448) 1990년 이후의 판례로 대판 1990.11.27, 89다카15939 ; 대판 1991.4.23, 89다카32118 ; 대판 1995.7.28, 94다54542 ; 대판 1999.5.28, 99다2881 등.

지적을 받아왔다.

(c) 이러한 상황을 반영하여 대법원은 2010년5월 판결[450]에서는 "감시·단속적 근로와 같이 근로시간 산정이 어려운 경우"만 허용이 된다고 판시했고, 2016년 판결[451]에서는 "포괄임금 합의가 객관적으로 존재한다고 인정되는 경우"에만 포괄임금제를 적용할 수 있다고 하여 그 성립을 엄격하게 제한하였다.

(d) 그러나, 이러한 판례 변화만으로는 이미 사무직종 등에 만연화[452] 되어 있는 포괄임금제를 규제한다는 것은 한계가 있을 수밖에 없어 노동계를 중심으로 폐지를 주장하고 있다.[453] 이에 대해 전문가들은 '포괄임금제가 판례를 통한 해석 법리로 고착화된 점에서 이를 폐지하기 위해서는 입법으로 금지를 명문화해야 한다'는 주장,[454] '판례 법리나 해석보다는 유연적 근로시간제도 관련 규정의 개정을 통해 해법을 찾아야 한다는 주장[455] 등이 있으나, 전체 업종에 일률적으로 포괄임금제를 금지할 경우 일부 업종의 경우 최저임금의 인상에 이어서 평균임금의 상승으로 기업의 인건비 부담이 커지는 점 등을 고려할 때, 최근의 판례와 같이 근로시간의 산정이 어려운 경우 등에 엄격하게 인정하고 그 직종을 입법화하여 최소화하는 방안도 검토해 볼만하다고 생각된다.

---

449) 한국노동연구원의 사무직 근로자 실태조사에 따르면 포괄임금제를 실시하면 실시하지 않는 경우에 비해 월 초과근로시간이 약 3시간 정도 증가하는 것으로 나타났다(정동관·이경희·정경은·최미나·김훈·김기선, 「사무직 근로시간 실태와 포괄임금제 개선방안」, 2016.12, 한국노동연구원, p.89).

450) 대판 2010.5.13, 2008다6052.

451) 대판 2016.9.8, 2014도8873.

452) 한국경제연구원의 포괄임금제 실태조사 결과 발표(2019.2.11.)에 따르면, 조사대상 기업(2017년 매출액 600대 기업)의 57.9%가 포괄임금제를 시행하고 있고, 시행 직군은 일반사무직이 94.7%, 영업직 63.7%, 연구개발직 61.1%순으로 나타났다. 또한, 포괄임금제 채택 이유로는 근로시간 산정이 어려워서가 60.2%로 가장 높았다.

453) 국정기획위원회는 2017.6월 포괄임금제를 폐지하겠다는 입장을 밝혔다.

454) 성균관대 김홍영 교수

455) 단국대 하갑래 교수

주/요/쟁/점/실/무

제7절 최저임금제도 관련 쟁점

1. 의 의

(a) 최저임금제란 국가가 임금액의 최저한도를 정하고 사용자에게 이에 대한 준수 의무를 법적으로 강제하는 제도이다. 원칙적으로 임금 수준의 결정은 근로계약 당사자 사이에 자유롭게 결정되어야 하지만, 사적자치에만 맡겨둘 경우 힘의 불균형 등 때문에 근로자의 인간다운 생활을 해칠 정도의 낮은 임금이 결정될 우려가 있다. 특히, 미조직 근로자나 교섭력이 약한 노동조합 조직 근로자의 경우 당사자간 교섭을 통해 적정임금이 결정되기를 기대할 수 없다. 따라서, 국가가 당사자간의 임금수준 결정에 개입하여 그 최저기준을 설정하고 지급을 법적으로 강제할 필요가 있다.[456)]

(b) 이에 따라, 우리나라 「최임법」은 「헌법」 제32조제1항[457)]에 근거하여 "근로자에 대하여 임금의 최저수준을 보장하여 근로자의 생활안정과 노동력의 질적 향상을 기할 것"을 목적(제1조)으로 1986.12.31일에 제정·공포(법률 제3927호)되고 1988.1.1일부터 시행되고 있다.

(c) 「최임법」은 근로자[458)]를 사용하는 모든 사업 또는 사업장에 적용[459)]되나, 동거의 친족만을 사용하는 사업과 가사사용인, 선원법의 적용을 받는 선원 및 선

456) 최저임금제 관련 ILO조약으로는 제26호 조약 및 제131호 조약이 있고, 권고는 제30호, 제135호 등이 있다.

457) 국가는 사회적·경제적 방법으로 근로자의 고용의 증진과 적정임금의 보장에 노력하여야 하며, 법률이 정하는 바에 의하여 최저임금제를 시행하여야 한다.

458) 「근기법」 제2조제1항제1호의 규정에 의한 근로자, 즉 '직업의 종류를 불문하고 사업 또는 사업장에 임금을 목적으로 근로를 제공하는 자'를 말하며, 일용근로자, 파트타임근로자, 외국인근로자 등 고용형태나 국적·연령 등과 관계없다.

459) 적용대상 확대 추이 : 1988(상시 10명 이상 제조업) → 1989(10명 이상 제조·광업·건설업) → 1990(10명 이상 전 산업) → 1999(상시 5명 이상 전산업) → 2000(전근로자, 4명 이하 적용제외) → 2005(전근로자).

원을 사용하는 선박의 소유자는 적용하지 않는다(제3조).

2. 최저임금 결정체계 및 방법

가. 결정 체계

(a) 최저임금 결정방식으로는 크게 산업자치를 토대로 단체협약의 효력을 비조직근로자에게 적용하는 단체협약의 적용확대방식[460]과 노사정 3자로 구성되는 임금심의위원회에서 최저임금액을 결정하는 임금심의회방식[461]으로 나누어 볼 수 있다.[462]

(b) 우리나라는 임금심의회방식인 최저임금위원회제도를 채택하고 있다. 최저임금위원회가 최저임금안을 결정하여 정부에 제출하면 제출된 안에 따라 정부가 바로 최저임금을 결정하거나, 최저임금안에 대해 노·사(사용자위원 추천단체 포함)로부터 이의신청을 받아 재심의 하여 결정하게 된다.[463]

(c) 최저임금위원회 구성은 근로자를 대표하는 근로자위원, 사용자를 대표하는 사용자위원 및 공익을 대표하는 공익위원 각 9명으로 구성된다(최임법 제14조제1항). 위원장과 부위원장은 공익위원 중에서 위원회가 선출하며(최임법 제15조제2항), 공익위원 중 2명의 상임위원을 두며, 위원은 고용노동부장관의 제청에 의하여 대통령이 위촉한다(최임법 제14조제2항 및 시행령 제12조제1항). 특별위원의 경우, 고용노동부장관이 위촉하며 관계 행정기관(기획재정부·고용노동

---

460) 일본의 경우, 2007년 법개정 이전까지 최저임금심의회에 의한 지역별최저임금결정과 함께 단체협약 적용확대에 의한 최저임금결정제도가 존재하였다. 즉, 일정 지역내의 사업장에 고용된 동종 근로자 및 그 사용자의 대부분에게 적용되는 임금이 최저액을 정하는 단체협약이 있는 경우, 당해 단체협약의 당사자인 노동조합 또는 사용자 모두의 합의에 의한 신청을 바탕으로 후생노동대신 또는 도도부현노동기준국장이 그 일정 지역내의 동종의 근로자 및 사용자 모두에게 적용되는 최저임금을 결정할 수 있는 제도이다(川口美貴, 「労動法」, 信山社, 2016, p.223.).

461) 많은 나라가 채택하고 있는 대표적인 방식으로 ILO도 이 방식을 권장하고 있다. 임금위원회는 최종결정권을 가지며 임금심의회는 자문, 권고기능을 가진다.

462) 김형배, 「새로 쓴 노동법(제25판)」, 박영사, 2016, p.352 참조.

463) 「최임법령 및 시행규칙」 개정으로 소상공인 관련 단체(소상공인연합회)에 최저임금위원회 사용자위원 추천권과 함께 최저임금안 이의제기 권한을 부여하여 최저임금 영향이 큰 소상공인의 의견이 최저임금 결정 시 반영될 수 있도록 하였다.

부 및 중소벤처기업부)에서 관련 업무를 담당하는 고위공무원단에 속하는 공무원 3명을 위촉한다(최임법 제16조 및 시행령 제15조, 시행규칙 제6조).

나. 결정 방법

(a) 최저임금제도를 적용범위 결정방식으로는 크게 산업자치를 토대로 단체협약의 효력을 적용범위에 따라 분류하면 모든 산업 근로자에게 적용하는 일반적 최저임금제도와 특정한 산업 근로자에게만 적용하는 산업별최저임금제도로 나눌 수 있다.[464)]

(b) 현행 「최임법」에 최저임금은 사업의 종류별로 구분하여 정할 수 있도록 규정(제4조)되어 있으나, 현실적으로는 전 산업에 하나의 최저임금을 적용하고 있다. 이에 대해 최근 최저임금액의 꾸준한 인상[465)]과 함께 생계비·노동생산성 등을 감안하여 지역별·업종별로 구분하여 결정할 필요가 있다는 논의가 제기되고 있다.[466)] 우리와 최저임금 결정체계와 방식이 유사한 일본의 경우 도도부현별(都道府縣別)로 「지역별최저임금」[467)]을 결정·적용하고 있고, 이와 함께 일정한 요건을 전제로 「특정최저임금(산업별최저임금)」[468)]을 결정·적용하고 있다.[469)]

---

464) 정병석·김헌수, 「최저임금법」, 법원사, 1976. pp.49~54.

465) 1990년 690원 → 1993년 1,005원 → 1997년 1,400원 → 2002년 2,100원 → 2006년 3,100원 → 2009년 4,000원 → 2014년 5,210원 → 2017년 6,470원 → 2018년 7,530원 → 2019년 8,350원.

466) 중소기업중앙회(정욱조)는 "최저임금 1만원, 상생방안 모색을 위한 토론회(국회의원회관, 2017.7.19)"에서 업종별·지역별 최저임금 차등적용과 최저임금 산입 임금의 범위를 상여금, 식대 등 각종수당, 현물급여를 포함하여야 한다고 주장.

467) 「지역별최저임금」은 중앙최저임금심의회가 조사·심의를 거쳐 대강의 기준액(시간급)을 제시하고, 이를 바탕으로 도도부현별로 결정되는 지역별최저임금을 각 도도부현최저임금심의회가 안을 제시하면 도도부현 노동국장이 결정(매년 10월경)한다.

468) 「특정최저임금」은 근로자 또는 사용자의 전부나 일부를 대표하는 자가 후생노동대신 또는 도도부현노동국장에 대해 당해 근로자와 사용자에 적용되는 일정 사업 또는 직업에 해당하는 최저임금의 결정이나 당해근로자와 사용자에 적용되고 있는 특정최저임금의 개정 또는 폐지를 요청했을 경우, 후생노동대신 또는 도도부현노동국장이 필요하다고 인정하면 최저임금심의회에 조사·심의를 요청하고 의견을 들어 결정, 개정, 폐지를 결정한다. 다만, 이렇게 결정된 최저임금액은 당해 특정최저임금의 적용을 받는 사용자의 사업장이 속한 지역의 지역별최저임금액을 상회하여야 한다(일본 최저임금법 제16조).

469) 川口美貴, 「労動法」, 信山社, 2016, p.223.

ⓒ 한편, 최저임금은 근로자의 생계비, 유사근로자의 임금, 노동생산성 및 소득분배율 등을 고려하여 정하도록 되어 있고(최임법 제4조제1항), 최저임금액은 시간·일·주 또는 월단위로 정하며 일·주 또는 월을 단위로 하여 최저임금액을 정할 때에는 시간급으로 표시하도록 하고 있으며(최임법 제5조제1항), 현재, 최저임금 결정단위는 시간급을 기본으로 월 환산액을 함께 표기하는 방식을 채택하고 있다.

다. 결정 체계 개편 논의

ⓐ 최근 최저임금의 급격한 인상 등으로 최저임금에 대한 관심이 그 어느 때보다 높고 이를 둘러싼 사회적 갈등이 심화됨에 따라 1988년 법 시행 이후 30여년간 운영되어온 노사 교섭식의 최저임금 결정체계 개편을 추진 중에 있다. 2017년 최저임금위원회가 노·사·공익 위원이 각각 추천한 18명의 전문가로 최저임금 제도개선 T/F를 구성하고 결정체계 개편방안을 논의하여 권고안을 마련·발표(2019.1.7.)하고 공론화를 시작하였다.

ⓑ 개편 논의 초안의 핵심 내용은 ① 최저임금 결정기준을 추가·보완함으로써 근로자의 생활보장과 고용·경제 상황(임금수준, 사회보장급여현황, 고용에 미치는 영향, 경제성장률 등)이 보다 균형 있게 고려될 수 있도록 하고, ② 결정기준을 토대로 통계분석, 현장 모니터링 등을 통해 객관적이고 합리적인 최저임금 상·하한 구간이 설정되도록 하며, ③ 공익위원 추천에 있어서 단독 추천권을 폐지하고 추천권을 국회 또는 노사와 공유하는 것이다.

ⓒ 구체적으로 결정체계를 구간설정위원회와 결정위원회로 이원화하여, 구간설정위원회는 전문성을 갖춘 전문가 9명으로 구성하여 최저임금 상·하한의 구간을 결정하고 최저임금이 노동시장에 미치는 영향 모니터링 및 분석을 하도록 한다. 결정위원회는 노사공익 위원 각 7명(21명)으로 구성하되 공익위원의 추천은 국회(4명)와, 정부(3명)가, 함께 추천하는 방식으로 하며, 구간설정위원회에서 의결한 최저임금 상·하한 구간의 범위 내에서 최종 심의·의결하도록 하여 합리성·객관성, 사회적 수용성을 높인다는 것이다.

라. 특수한 근로자 최저임금

1) 수습사용한 날부터 3월 이내 인 자

ⓐ 1년 이상의 기간을 정하여 근로계약을 체결하고 수습 중에 있는 근로자로서 수습을 시작한 날부터 3개월 이내인 자에 대하여는 최저임금액의 90%가 최저임금으로 적용될 수 있다(최임법 제5조, 시행령 제3조).

ⓑ 다만, 「최임법」의 관련 규정이 개정되어 ① 2012.7.1.부터는 수습사용 중에 있더라도 근로계약기간이 1년 미만인 근로자는 제외(감액하지 못하고 100% 지급)하였고, ② 근로계약기간이 1년 이상의 단순노무직의 경우도 법 개정 시행일인 2018.3.20부터는 100%를 지급(감액 불가)하여야 한다.

2) 감시·단속적 근로자[470)]

「근기법」 제63조제3호에 따라 감시 또는 단속적으로 근로에 종사하는 자로서 사용자가 고용노동부장관의 승인을 받은 자의 경우에는 2014.12.31일까지 최저임금액의 90%가 최저임금으로 적용(제5조 및 시행령 제3조)되었으나, 2015년 이후에는 100% 적용되었고, 개정법 시행일인 2018.3.20일 감액규정이 삭제되었다.

3) 도급제근로자

ⓐ 임금이 도급제나 그밖에 이와 비슷한 형태로 정해진 경우에 근로시간의 파악이 어렵거나, 그밖에 시간·일·주 또는 월급으로 하고 시간급으로 표시하는 것이 적합하지 않다고 인정되면 해당 근로자의 생산고 또는 업적의 일정단위에 의하여 최저임금액을 정할 수 있다(최임법 제5조제3항, 시행령 제4조).

ⓑ 임금이 도급제로 정하여져 있는 경우란 근로시간과는 관계없이 임금이 생산단위당 도급단가에 의하여 지급되는 것을 의미하는데, 현재는 '도급제 기타 이와 유사한 형태'에 대해 별도의 최저임금액이 정하여지지 않아 일반 최저임금이

---

470) 동 규정은 「최임법」 개정 시행(2018.3.20)으로 감액규정이 삭제되었다.

적용되고 있다.

ⓒ 한편, 도급으로 사업을 행하는 경우에 수급인이 도급인의 책임 있는 사유로 근로자에게 최저임금액에 미치지 못하는 임금을 지급한 경우, 도급인은 해당 수급인과 연대하여 책임을 진다(최임법 제6조제7항, 제8항).[471]

3. 최저임금에 포함되는 임금의 범위

가. 최저임금 산입범위 관련

1) 「최임법」 개정 배경

ⓐ 1986년 「최임법」이 제정되고 1988년 시행된 이후 30여년간 최저임금 산입범위 규정이 유지되어 최저임금에 포함되는 임금에 기본급과 직책수당 등 일부 수당만 들어가고 상여금·복리후생비 등이 제외되어 최저임금 인상이 정기상여금을 받는 근로자와 받지 못하는 근로자간의 임금격차를 심화시키고, 실제 받는 임금과 괴리가 너무 커지는 등 불합리한 사례가 발생함에 따라 실제 받는 임금이 반영될 수 있도록 산입범위 등 제도개선의 필요성이 지속적으로 제기되었다.

ⓑ 또한, 국민의 생활에 직접적인 영향을 미치는 최저임금의 산입범위 관련 현행법이 포괄위임입법금지원칙에 반할 여지가 있다는 지적과, 최저임금의 지속적인 인상에 따른 산입범위 논란 제기에 따라 최저임금 산입범위를 법률에 직접 규정하면서, 그 범위를 합리적으로 조정하는 방향으로 「최임법」을 개정(2018.6.12.)하여 2019.1.1.부터 시행하였다.

471) 도급인이 책임져야 하는 사유는 ① 도급인이 도급계약체결 당시 인건비 단가를 최저임금액에 미치지 못하는 금액으로 결정하는 행위, ② 도급인이 도급계약 기간 중 인건비 단가를 최저임금액에 미치지 못하는 금액으로 낮춘 행위이다. 또한, 이때, ① 수급인은 최저 임금 미지급(최임법 제6조제1항 위반)을 이유로 3년이하 징역 또는 2천만원 이하 벌금에 처하고(최임법 제28조제1항), ② 연대책임이 있는 도급인은 근로감독관이 그 연대책임을 이행하도록 시정지시 하였음에도 불구하고 도급인이 시정기한 내에 이를 이행하지 아니한 경우 2년 이하의 징역 또는 1천만원 이하의 벌금에 처할 수 있다(최임법 제28조제2항, 2012.2.1. 개정, 2012.7.1. 시행).

2) 산입범위 개편

ⓐ 「최임법」상 최저임금은 “매월 1회 이상 정기적으로 지급하는 임금을 산입한다. 다만, ① 「근기법」 제2조제1항제8호에 따른 소정(所定)근로시간 또는 소정의 근로일에 대하여 지급하는 임금 외의 임금으로서 고용노동부장관이 정하는 임금, ② 상여금, 그 밖에 이에 준하는 것으로서 고용노동부령으로 정하는 임금의 월지급액 중 해당연도 시간급 최저임금액을 기준으로 산정된 월 환산액의 100분의 25에 해당하는 부분, ③ 식비, 숙박비, 교통비 등 근로자의 생활 보조 또는 복리후생을 위한 성질의 임금으로서, 통화 이외의 것으로 지급하는 임금이나 통화로 지급하는 임금의 월 지급액 중 해당연도 시간급 최저임금액을 기준으로 산정된 월 환산액의 100분의 7에 해당하는 부분은 산입(算入)하지 아니한다.” 라고 법률에 규정(제6조제4항)하여 ‘매월 1회 이상 정기적으로 지급하는 임금의 최저임금 산입원칙’을 직접 규정하는 등 그 범위를 합리적으로 조정하고 그 구체적인 범위를 고용노동부장관에게 위임하였다.

ⓑ 특히, 개정 법률은 산입범위를 확대하여 ‘매월 정기적으로 지급되는 상여금과 현금으로 지급하는 복리후생적 임금은 각각 해당년도 시간급 최저임금액을 월단위로 환산한 금액의 25%와 7%를 초과하는 부분(2019년의 경우)을 최저임금 산입범위에 포함하되, 연차별로 그 비율을 단계적으로 축소하여 2024년 이후에는 모두 포함’되도록 하여 실제 지급받는 임금이 반영될 수 있도록 개편하였다.

- 2019.1.1.부터 매월 1회 이상 정기적으로 지급하는 임금은 최저임금에 산입. 다만, 아래의 임금은 최저임금에 미산입(최임법 제6조제4항, 시행규칙 제2조)

  ① 「근기법」의 소정근로시간 또는 소정의 근로일에 대하여 지급하는 임금 외의 임금으로서 고용노동부령으로 정하는 임금(ⓐ 연장·휴일근로에 대한 임금 및 연장·야간·휴일가산수당, ⓑ 연차유급휴가 미사용 수당, ⓒ 법정주휴일을 제외한 유급휴일에 대한 임금, ⓓ 기타 ⓐ, ⓑ, ⓒ에 준하는 임금 등)

  ② 상여금, 그 밖에 이에 준하는 것으로서 고용노동부령으로 정하는 임금(ⓐ 산정단위가 1개월을 초과하는 상여금, 장려가급, 능률수당, 근속수당, ⓑ 1개월을 초과하는 출근성적에 따라 지급하는 정근수당)의 월 지급액 중 해당년도 시간급 최저임금액을 기준으로 산정된 월 환산액의 25%에 해당하는 부분

③ 식비, 숙박비, 교통비 등 근로자의 생활보조 또는 복리후생을 위한 성질의 임금으로서 다음 중 어느 하나에 해당하는 것
ⓐ 통화 이외의 것(현물)으로 지급하는 임금
ⓑ 통화로 지급하는 임금의 월 지급액 중 해당 연도 시간급 최저임금액을 기준으로 산정된 월 환산액의 7%에 해당하는 부분

• 이에 따라, 2019년의 경우 매월 1회 이상 정기적으로 지급하는 상여금과 현금으로 지급하는 복리후생비의 경우 해당 연도 시간급 최저임금액을 기준으로 산정된 월 환산액의 25%(435,390원)와 7%(121,909원)를 초과하는 부분은 최저임금에 산입
  ◦ 다만, 연차별로 그 비율이 단계적으로 축소됨에 따라 2024년 이후에는 매월 1회 이상 정기적으로 지급하는 상여금과 현금으로 지급하는 복리후생비의 모두가 최저임금에 산입

[정기상여금, 현금성 복리후생비의 최저임금 미산입 비율]

  ◦ 정기상여금, 현금성 복리후생비 중 해당 연도 시간급 최저임금액을 월 단위로 환산한 금액의 아래 비율

연도	2019년	2020년	2021년	2022년	2023년	2024년~
정기상여금	25%	20%	15%	10%	5%	0%
현금성 복리후생비	7%	5%	3%	2%	1%	0%

3) 산입범위 개편에 따른 취업규칙 변경절차의 특례

(a) 사용자가 개정법에 따라 최저임금에 산입되는 임금을 포함시키기 위해 1개월을 초과하는 주기로 지급하는 임금을 총액의 변동 없이[472] 매월 지급하는 것으로 취업규칙을 변경할 경우에는, "「근기법」 제94조제1항에도 불구하고 해당 사업 또는 사업장에 근로자의 과반수로 조직된 노동조합이 있는 경우에는 그 노동조합, 근로자의 과반수로 조직된 노동조합이 없는 경우에는 근로자의 과반수의 의견을 들어야 한다"는 취업규칙 변경절차의 특례를 규정하였다(최임법 제6조의2).

(b) 이에 따라 사용자가 '1개월을 초과하는 주기로 지급하는 임금'인 상여금 등에 대해 임금총액의 변동 없이 매월로 변경하는 경우 근로자대표의 의견청취

472) 근로자가 기존에 1개월을 초과하여 지급받던 임금항목 총액의 감소가 없어야 한다는 의미다.

절차를 거쳐 지급주기를 '1개월 이내'로 변경하여 최저임금에 산입되는 임금으로 포함시킬 수 있게 되었다. 다만, 지급 주기가 단체협약에 명시되어 있는 경우에는 단체협약의 변경절차를 거쳐야 한다. 사용자가 취업규칙을 변경하면서 의견청취의무를 이행하지 않은 경우에는 벌칙(500만원 이하의 벌금)이 적용되나, 이 경우에도 변경의 효력은 부인되지 않는다.[473)]

나. 판단 기준

(a) 「최임법」 개정에 따라 '「근기법」 제2조제1항제5호에 따른 임금으로서 매월 1회 이상 정기적으로 지급하는 임금의 최저임금 산입원칙'을 규정(제6조제4항 본문)하였고, 「최임법시행규칙」에는 최저임금에 포함되지 않는 임금의 범위를 규정하고 있다(제2조). 이는 예시적인 규정으로 임금항목의 명칭만으로 최저임금 포함여부를 판단하여서는 안 되며, 최저임금의 취지, 근로계약·취업규칙·단체협약의 내용, 직종·근무형태, 지급관행 등을 종합적으로 고려하여 판단하여야 한다.

(b) 따라서, 임금이 아니거나, 매월 지급되지 않는 임금은 원칙적으로 최저임금에 산입되지 않는다. 또한, 「최임법시행규칙」 제2조(최저임금에 산입하지 아니하는 임금의 범위)에 예시되지 않은 매월 지급되는 임금은 원칙적으로 최저임금에 산입되는 것으로 보는 것이 타당하다.

최저임금의 산입 범위=「근기법」상 임금-최저임금에 산입하지 아니하는 임금

(c) 「최임법시행규칙」에는 「최임법」 제6조제4항제1호의 최저임금에 산입하지 아니하는 '매월1회 이상 정기적으로 지급하는 임금외의 임금으로서 고용노동부장관이 정하는 것'으로 ① 연장근로 또는 휴일근로에 대한 임금 및 연장·야간 또는 휴일근로에 대한 가산임금, ② 「근기법」 제60조에 따른 연차 유급휴가의 미사용수당, ③ 유급으로 처리되는 휴일(「근기법」 제55조제1항에 다른 유급휴일은

473) 다만, 정기상여금 등의 지급주기가 단체협약에 정해진 경우에는 노사 합의를 통한 변경이 필요하다.

제외한다.)에 대한 임금, ④ 그 밖에 명칭에 관계없이 ①, ②, ③에 준하는 것으로 인정되는 임금으로 규정하고 있다(제2조제1항).

또한, 「최임법」 제6조제4항제2호의 '「근기법」 제2조제1항제7호에 따른 소정근로시간 또는 소정근로일에 대하여 지급하는 임금 외의 임금으로서 고용노동부장관이 정하는 것'으로는 ① 1개월을 초과하는 기간에 걸친 해당사유에 의하여 산정하는 상여금, 장려가급(奬勵加給), 능률수당 또는 근속수당, ② 1개월을 초과하는 기간의 출근성적에 따라 지급하는 정근수당으로 규정하고 있다(제2조제2항).

다. 항목별 구체적 판단 사례

1) 상여금, 생산장려수당 등

(a) 상여금 등 그 밖에 이에 준하는 것으로서 매월 1회 이상 지급하는 임금이 아닌 금품(예, 명절상여금)은 원칙적으로 최저임금 적용을 위한 임금에 산입되지 않는다. 전술한 바와 같이 2018.6.12. 「최임법」 개정으로 상여금, 그 밖에 이에 준하는 것으로서 고용노동부령으로 정하는 임금의 월 지급액 중 해당연도시간급 최저임금액을 기준으로 산정된 월 환산액의 일정비율(2019년의 경우 25%)를 초과하는 부분은 최저임금에 산입하되, 연차별로 그 비율을 단계적으로 축소[474)]하여 2024년 이후에는 매월 1회 이상 정기적으로 지급하는 상여금 등은 모두 최저임금에 산입된다.

(b) 한편, 최저임금에 산입되지 않는 상여금(예, 2019년의 경우 25%)의 기준이 되는 월 환산액은 해당 연도 시간급 최저임금액에 1개월의 최저임금 산정 기준시간 수를 곱하여 산정하여야 한다(최임법시행령 제5조의3).[475)]

(c) 법률 개정 전 「최임법」에 따른 종전 해석은 능률에 따라 지급되는 생산장려수당, 장려가급, 연간단위로 정해지는 상여금 등은 최저임금에 산입되지 않는 것으로 해석하였다.[476)] 다만, 이러한 명목의 금품의 산정기간이 1개월을 초과하지

474) 2020년 20/100 → 2021년 15/100 → 2022년 10/100 → 2023년 5/100 → 2024년 0/100

475) 2019년의 경우,
8,350원(시간급 최저임금)×209시간(1개월 최저임금 산정 기준시간 수)=1,745,150원

않고 매월 일정액으로 지급된다면 원칙적으로 최저임금에 산입되는 것으로 보았다.[477]

2) 연장 또는 휴일근로에 대한 임금 및 가산임금, 연차휴가근로수당

연장근로 또는 휴일근로에 대한 임금 및 연장·야간·휴일 근로에 대한 가산임금 「근기법」 제60조에 따른 연차휴가의 미사용수당은 최저임금 적용을 위한 임금 및 소정근로시간에 산입되지 않는다.[478] 다만, 휴일(주휴일)을 사용하였음에도 지급되는 임금(유급주휴수당)은 최저임금 적용을 위한 임금 및 최저임금 적용기준시간 수에 포함되나,[479] 유급으로 처리되는 휴일(약정휴일)에 대한 임금은 최저임금 적용을 위한 임금과 최저임금 적용기준시간 수에는 포함되지 않는다(최임법시행령 제5조제1항제2호 및 최임법시행규칙 제2조제1항제3호).

3) 근속수당 및 가족수당

(a) 근속수당은, 「최임법시행규칙」 제2조제2항제1호에 「최임법」 제6조제4항제2호에 따라 최저시급 월 환산액의 일정비율을 초과하는 부분만 산입되는 근속수당을 '1개월을 초과하는 기간에 걸친 해당 사유에 따라 산정하는 근속수당'으로 규정하고 있으므로 근속수당이 매월 지급되나 산정단위가 1개월을 초과하는 경우라면 최저시급 월 환산액의 25%(2019년의 경우)를 초과하는 부분만 최저임금에 산입된다. 그러나, 일정기간 이상 근속자에게 일정액을 매월 지급하는 근속수당의 경우에는 산정단위와 지급주기가 모두 1개월을 초과하지 않으므로 그 전부가 최저임금에 산입하는 것이 타당하다.

(b) 가족수당의 경우, 가족 수에 관계없이 모든 근로자에게 지급하는 부분은 통상임금에 해당하고, 가족 수에 따라 지급되는 부분은 일률성이 부정되어 통상

476) 근로기준정책과-6817, 2015.12.14. ; 근로개선정책과-2901, 2012.6.4. ; 임금정책과-719, 2004.3.4.

477) 임금 32240-21666, 1989.12.29.,법제처 15-0501, 2015.9.30.

478) 「최임법시행규칙」 제2조제1항제1호 및 제2호, 임금 32240-19950, 1989.11.29.

479) 대판 2007.1.11, 2006다64245.

임금에 해당되지 않으나 최저임금에서는 이를 구분하지 않고 그 전부가 복리후생비에 해당한다. 따라서 최저시급의 월 환산액의 7%(2019년의 경우)를 초과하는 부분은 최저임금에 산입된다.

4) 식비 등 복리후생적 급여, 실비변상적 금품

(a) 「최임법」 개정으로 2019.1.1부터는 식비, 숙박비, 교통비 등 복리후생적 급여도 현금으로 지급할 경우, 해당 연도 시간급 최저임금액을 기준으로 산정된 월 환산액의 7%를 초과하는 부분은 최저임금에 산입하며[480], 그 비율이 매년 축소되어 2024년 이후에는 전액 최저임금에 산입된다.[481]

(b) 법 개정 전에는 식비 등 복리후생적 급여는 원칙적으로 근로자 생계비 보조, 복리후생을 위한 금품으로 보아 최저임금 적용을 위한 임금에 산입되지 않는 것으로 보았다. 동 금품이 단체협약 등에 임금항목으로 명시되어 매월 1회 이상 정기적·일률적으로 지급되고 이를 통상임금 산정시에 포함시킨다 하더라도, 이는 근로자의 생활을 간접적으로 보조하는 수당으로 분류되어 최저임금 적용을 위한 임금에 산입되지 않았다.[482]

(c) 한편, 현물로 지급하는 복리후생적 급여, 4대보험료 사용자부담분[483], 부가가치세 환급금이나 유류보조금 등 실비변상적 금품은 최저임금 적용을 위한 임금에 산입되지 않는다.[484]

5) 봉사료

봉사료는 사용자가 일괄하여 관리하더라도 정기적·일률적으로 지급하는 임금으로 볼 수 없어 최저임금 적용을 위한 임금에 산입되지 않는다. 다만, 기본급화

480) 복리후생비(2019년의 경우 7%)의 기준이 되는 월 환산액은 해당 연도 시간급 최저임금액에 1개월의 최저임금 산정 기준시간 수를 곱하여 산정하여야 한다(최임법시행령 제5조의3)

481) 2020년 5/100 → 2021년 3/100 → 2022년 2/100 → 2023년 1/100 → 2024년 0/100

482) 임금 32240-381, 1989.1.12.

483) 임금복지과-484, 2011.2.8.

484) 대판 2016.11.24, 2015다220429.

된 봉사료나 매출액과 관계없이 매월 일정액이 지급된다면 산입된다.[485)]

6) 택시운전근로자의 최저임금

(a) 일반택시운송사업에서 운전업무에 종사하는 근로자의 최저임금에 산입되는 임금의 범위는 생산고에 따른 임금을 제외하고, 단체협약, 취업규칙, 근로계약에 정해진 지급조건과 지급률에 따라 매월 1회 이상 지급하는 임금이다(최임법 제6조제5항 및 시행령 제5조의3).

(b) 다만, 소정근로시간 또는 소정의 근로일에 대하여 지급하는 임금 외의 임금과 근로자 생활보조와 복리후생을 위하여 지급하는 임금은 산입하지 않는다(최임법시행령 제5조의3).

(c) 또한, 도급택시 근로자의 경우, 임금으로 유일하게 지급받는 기준운송수익금 초과금은 '생산고에 따른 임금'으로 최저임금에 산입되는 임금의 범위에 포함되지 않으며, 부가가치세 환급금이나 유류보조금도 최저임금에 산입되는 금품으로 보기 어렵다.[486)]

◦ 택시운전근로자의 최저임금 산입범위[487)]

구분	개정 전	개정 후
생산고 임금	포함	불포함
매월 1회 이상 지급하는 상여금 등	불포함	포함
연장·휴일근로수당 및 가산임금	불포함	불포함
가족수당 등 생활보조·복리후생적 금품	불포함	불포함

4. 최저임금 미달여부 판단[488)]

사업장에서 지급하는 임금이 최저임금에 미달(위반)되는지 여부를 판단하기 위해서는 ① 지급받는 임금에서 최저임금에 산입되는 임금만을 가려서 ② 이를

485) 임금 68200-525, 2001.7.27 ; 임금 68200-545, 2001.11.3.

486) 대판 2016.11.24, 2015다220429.

487) 택시 최저임금 산입범위 개정 관련 시행령 설명자료 및 시행지침(근로기준과-2244, 2009.7.1)

488) 고용노동부 최저임금위원회, 「Point 정리 최저임금제」, 2017.3 참조.

월단위로 정해진 임금은 시간당 임금으로 환산하여 ③ 결정·고시된 당해 최저임금(시급)액과 비교한다.

가. 시간급인 경우

임금이 시간급인 경우에는 시간급 최저임금과 직접 비교하며, 시간급 임금 산정은 근로자와 사용자가 약정한 근로시간이 법정근로시간 이내이면 그 시간을, 법정근로시간을 초과하는 경우에는 법정근로시간을 초과하는 시간에 대해 연장근로시간으로 가산한 시간을 기준으로 하여 시간급을 산정한다.

나. 일급인 경우

임금이 일급(8시간 근로 기준)으로 정하여진 경우에는 일급(8시간 기준) 최저임금과 직접 비교하거나, 일급을 1일 소정근로시간 수로 나누어 시간급으로 환산하여 시간급 최저임금과 비교한다(최임법시행령 제5조제1항제1호). 다만, 일 소정근로시간 수가 정해져 있으나 각 일마다 소정근로시간 수가이 다른 경우에는 1주 동안 1일 평균 소정근로시간 수를 구하여 시간급을 산정한 다음 시간급 최저임금과 비교한다.

〈산정예시(2019년 최저임금(8,350원)) 기준〉

① 1일의 임금이 55,000원인 근로자로서 1일 소정근로시간이 7시간인 경우
- 시간당 임금 산정 : 55,000원÷7시간=7,857원 〈 8,350원 → 위반

② 1일의 임금이 70,000원인 근로자로서 1일 근로시간이 9시간인 경우
- 시간당 임금 산정 : 70,000원÷9.5시간=7,368원 〈 8,350원 → 위반

다. 주급제인 경우

임금이 주 단위로 정하여진 경우에는 그 금액을 1주의 최저임금 적용기준 시간 수(소정근로시간 수와 소정근로시간 외에 유급으로 처리되는 주휴시간 수를 합산한 시간 수)로 나누어 시급을 산정한 뒤 시간급 최저임금과 비교한다(최임법시행령 제5조제1항제2호).[489]

〈산정예시(2019년 최저임금(8,350원)) 기준〉

① 1주의 임금이 400,000원인 근로자로서 주 법정근로시간이 40시간인 경우
 - 시간당 임금 산정 : 400,000÷(40+유급주휴 8시간)=8,333원 〈 8,350원 → 위반

② 1주의 임금이 300,000원인 근로자로서 주의 소정근로시간이 1주째는 25시간(5일×5시간), 2주째는 30시간(6일×5시간), 3주째는 25시간(5일×5시간), 4주째는 30시간(6일×5시간)시간으로 달리 정한 경우
 - 시간당 임금 산정 : 300,000원÷[{(25+30+25+30)÷4주}+유급주휴 5시간]=9,230원 〉 8,350원 → 적법
 ※ 임금에 주휴수당을 포함하고 소정근로시간 수에 주휴시간을 합산한다.

라. 월급제인 경우

(a) 임금이 월 단위로 정해진 경우에는 1월의 임금을 1개월의 최저임금 적용기준 시간 수로 나누어 시급을 구한 후 시간급 최저임금과 비교한다. 즉, 1일의 소정근로시간 수와 1월의 소정근로일수를 매월 일정하게 정해놓고 월급액을 지급하는 경우에는 1개월의 최저임금 적용기준 시간 수(1주의 최저임금 적용기준 시간 수에 1년 동안의 평균 주의 수를 곱한 시간을 12로 나눈 시간 수)로 나누어 시간당 임금을 환산한다.

(b) 최저임금 산정을 위한 적용 기준 시간 수와 관련, 월급제의 경우 주휴수당이 포함되어 있는데 주휴수당은 소정의 근로에 대해 매월 1회 이상 정기적으로 지급되는 임금이므로 비교대상 임금에 포함하고, 유급으로 처리되는 주휴시간(8시간)을 포함한 시간 수(208.57시간)로 나누어 환산한다(최임법시행령 제5조제1항제2호 및 제3호).[490] 반면, 판례의 경우 주휴수당은 비교대상 임금(분자)에 포함하되 소정근로시간 수(분모)에는 포함하지 않는 것으로 보고 있다.[491]

(c) 한편, 약정유급휴무수당(예컨대 토요일 4시간 또는 8시간 해당분)에 대해

---

489) 이때, 주급에 주휴수당이 포함되어 있는 경우에는 유급 주휴시간(통상 8시간)을 1주 소정근로시간(통상 40시간)에 합산하여 주급으로 나누어 시급을 산정한다.

490) 이 경우, 주 40시간 소정근로, 1일 유급주휴 부여 시 월 소정근로시간 수는 208.57시간이 된다.

491) 대판 2017.12.28., 2016도8729, 대판 2018.11.12., 2018도6486. 이때, 소정근로시간 수는 [(주당 소정근로시간 40시간)×365÷7]÷12월= 174 시간이 된다.

서 판례는 근로자의 소정근로 여부와 무관하게 지급되므로 소정근로에 대하여 지급하는 것이라 볼 수 없어 비교대상임금은 물론 소정근로시간 수에도 포함하지 않는 것으로 본다.[492] 그간 행정해석은 비교대상 임금에 주휴수당과 약정유급휴무수당을 합산한 금액에 소정근로시간과 소정근로시간 외에 유급으로 처리 되는 시간을 합산한 시간(예를 들어 토요일 유급휴무 약정이 8시간일 경우 243시간, 4시간일 경우 226시간)으로 나누도록 하였으나, 판례를 반영하여 약정휴일에 대하여는 최저임금 적용기준 시간 수와 최저임금 산입범위에서 모두 제외하는 것으로 「최임법시행령」과 「최임법시행규칙」을 개정(2018.12.31.)하였다.

(d) 따라서, 월급제인 경우 1년간의 1월 평균 최저임금 적용기준 시간 수의 산정은 [(주당 소정근로시간 40시간+유급주휴 8시간)×1년 동안 평균 주수(365÷7일)]÷12월= 208.57(소수점이하 반올림시 209)시간이 된다.

(e) 한편, 최저임금의 월 환산액도 해당연도 최저시급에 「최임법시행령」 제5조제1항제3호의 '1개월의 최저임금 적용기준 시간 수(208.57시간)'를 곱하여 산정한다(최임법시행령 제5조의2).

(1) 임금을 월급으로만 정한 경우 예시[2019년 최저임금(8,350원) 기준]

- 소정근로시간이 1일 8시간, 1주 40시간(5인 이상 사업장, 주 1일의 주휴일)인 경우
  - 월 임금 3,080,000원(① 기본급 1,500,000원, ② 정기상여금 매월 750,000원(연 9,000,000원), ③ 여름휴가비 500,000원, ④ 식비·교통비 매월 130,000원, ⑤ 고정 O/T 월200,000원)인 경우
    → 최임 산입임금 ① 1,500,000원+② 314,611원{750,000−[(8,350원×208.57시간)×25%]}+④ 8,091원{130,000−[(8,350원×208.57시간)×7%]}=1,822,702원
  - 시간당 임금 환산 : 1,822,702원÷208.57시간=8,739원 〉 8,350원 → 적법

(2) 기본급은 시급으로 다른 수당은 월급(월 고정수당)으로 정한 경우 예시[2019년 최저임금(8,350원) 기준]

- 소정근로시간이 1일 8시간, 1주 40시간(5인 이상 사업장, 주 1일의 주휴일)인 경우

492) 대판 2018.11.12., 2018도6486.

- ① 기본급 : 시간당 6,000원, ② 정기상여금 : 매월 627,000원(연 7,524,000원), ③ 생산장려금 : 매월 50,000원, ④ 조정수당 : 매월 50,000원, ⑤ 정근수당 : 100,000원(홀수달에 지급), ⑥ 장기근속포상금 : 근속 1년마다 500,000원 지급
  → 최임 산입임금 ① 6,000원+{② 191,611원{627,000-[(8,350원×208.57시간)×25%]}+③ 50,000원+④ 50,000원]=291,611원}
- 시간당 임금 환산 : 6,000원+1,398원(291,611원÷208.57시간)=7,398원 〈 8,350원 → 위반

마. 생산고에 따른 임금지급제 기타 일정기간을 단위로 정하여진 임금의 경우

임금 산정기간(마감일이 있는 경우 마감기간)의 임금총액을 그 임금산정기간의 총근로시간수로 나누어 환산한 뒤 시간급 최저임금과 비교한다. 이 경우 총근로시간은 유급 처리되는 시간이 제외되나 임금총액에 유급 처리되는 시간에 대한 임금이 포함된 경우에는 그 시간을 반영한다.

바. 2이상의 임금형태로 정하여진 임금의 경우

근로자가 받은 임금이 2이상으로 되어 있는 경우에는 그 부분에 대하여 각각 해당 방법에 의하여 시간급 임금을 환산한 뒤 이를 합산하여 시간급 임금을 산정한 뒤 시간급 최저임금과 비교한다.

〈산정예시(2019년 최저임금(8,350원)) 기준〉

◦ 회사에서 단체협약 등으로 근로자의 월 소정근로시간수는 209시간(174시간+유급주휴시간), 월 연장근로는 40시간을 하는 것으로 정한 후, 월 임금 1,400,000원(월 통상임금 1,050,000원+연장근로 임금 및 가산수당 350,000원)을 지급하기로 하면서 이외에 생산고 임금 500,000원을 추가 지급한 경우
- 월 임금의 시간당 임금 환산 : 1,050,000원÷208.57시간=5,034원
- 생산고임금의 시간당 임금 환산 : 500,000원÷213.81시간(173.81+40)=2,338원

※ 7,372원(5,034원+2,338원) 〈 8,350원 → 위반

사. 임금이 도급제로 정하여진 경우[493)]

(a) 임금이 통상적으로 도급제나 이와 비슷한 형태로 정하여져 있는 경우로서 근로시간을 파악하기 어렵거나 최저임금액을 정하는 것이 적합하지 않다고 인정되면 해당 근로자의 생산고 또는 업적의 일정단위에 의하여 최저임금액을 결정한다.

(b) 임금산정기간(마감일이 있는 경우 마감기간)의 임금총액을 그 임금산정기간 동안 총근로시간수로 나누어 시급을 산정한 후 시간급 최저임금과 비교한다(최임법시행령 제5조제2항).

(c) 이때, 총 근로시간수에는 유급 처리되는 주휴시간이 제외되나, 임금총액에 유급처리되는 주휴시간이 포함되어 있는 경우에는 그 시간을 합산하여 시급을 산정한다.

아. 포괄임금산정제의 경우

포괄임금산정제의 경우에는 실수령 임금총액과 근로시간을 기준으로 「근기법」에 따라 제 법정수당을 산출해 내는 방식에 의하여 시간당 임금을 환산하여 고시된 시간급 최저임금과 비교한다.[494)]

〈산정예시(2019년 최저임금(8,350원)) 기준〉

① 소정근로시간이 1주 40시간(월~금 8시간)인 근로자가 매월 시간외근로를 총 6시간 하고 최저임금에 산입되지 않은 임금을 제외한 1,700,000원(시간외근로 6시간 임금 포함)의 월급을 지급받는 경우(상시 5인 이상 사업장)
- 최저임금 산정을 위한 소정근로시간 수 : 208.57시간
- 시간외근로시간(6시간)×1.5=9시간(상시 4인 이하는 가산임금이 적용되지 않음)
- 시간당 임금의 산정 : 1,700,000원÷(208.57시간+9시간)=7,813원

※ 시간당 임금 7,813원 〈 8,350원 → 위반

493) 임금이 도급제로 정하여진 경우란 근로시간과 관계없이 임금이 생산단위당 도급단가에 의하여 지급되는 것을 의미한다(임금 32240-17712, 1990.12.22).

494) 임금 32240-16374, 1990.11.26 ; 임금 32240-8895, 1990.6.23.

② 근로시간이 1주 40시간(월~금 8시간)인 18세 미만의 근로자(연장근로 동의)가 최저임금에 산입되지 않은 임금을 제외한 1,700,000원(연장근로 매주 5시간 임금 포함)의 월급을 지급받는 경우(상시 5인 이상 사업장)
- 최저임금 산정을 위한 소정근로시간 수 : {(주당 소정근로시간 35시간+연장근로 5시간×1.5+유급주휴 7시간)×365÷7}÷12월=215시간
- 시간당 임금의 산정 : 1,700,000원÷215시간 =7,906원

※ 시간당 임금 7,906원 〈 8,350원 → 위반

자. 감시·단속적 근로자 임금산정

(a) 고용노동부장관의 승인을 얻은 감시·단속적 근로자는 근로시간, 휴일, 휴게 관련 규정이 적용되지 않는다(근기법 제63조제3호). 이에 따라 당해 근로자의 일급·주급·월급 임금을 시간급 임금으로 환산하는 경우에는 「근기법」상의 소정근로시간을 적용할 수 없다.

(b) 따라서, 시간급 임금으로 환산할 때는 지급하기로 정하여진 임금총액을 그 기간의 총 근로시간수로 나누어야 한다.[495)]

◦ 1일 24시간 교대제근로를 전제로 하는 경우, 시간급 임금 환산 총근로시간수(단, 1일 근로시간 중에 휴게시간이 있는 경우에는 이를 제외하고 총 근로시간수 산정)
- 1일 : 28시간(24시간+야간근로가산수당환산분 4시간)
- 1주 : 98.3시간(28시간×365일÷2)÷52주
- 1월 : 426시간(28시간×365일÷2)÷12개월

5. 최저임금의 적용제외

(a) 임금은 근로의 양과 강도 등에 따라 결정·지급되며, 최저임금 또한 이러한 원칙을 무시할 수 없다. 따라서, 「최임법」은 일반근로자에 비해 노동생산성이 현

495) 다만, 1임금 산정기간의 임금총액에 최저임금 범위에 제외되는 야간근로에 대한 가산수당이 포함되어 있는 경우에는 이를 제외하나, 야간근로수당이 임금총액에 포함되어 있는 경우에는 야간근로 가산수당분을 시간으로 환산하여 총 근로시간에 합산하여야 한다.

저히 낮거나 최저임금을 적용하면 고용기회가 줄어들 수 있는 등 특수한 경우의 일부 근로자에 대해 적용을 배제할 수 있도록 하고 있다. 다만, 사용자의 임의적인 판단에 의할 경우 근로자 보호의 취지에 반할 수 있어 고용노동부장관의 인가를 받도록 하고 있다(최임법 제7조, 시행령 제6조).

(b) 적용제외 대상은 "정신장애나 신체장애로 근로능력이 현저히 낮은 자"[496]와 "그 밖에 최저임금을 적용하는 것이 적당하지 아니하다고 인정되는 자"로, 이러한 장애 등으로 인해 당해 근로자를 종사시키고자 하는 업무의 수행에 직접적으로 현저한 지장[497]을 주는 것이 명백한 경우에만 인가대상이 될 수 있다.

(c) 따라서, 단순히 노령에 의한 심신쇠약 등은 「최임법」상의 장애는 아니며, 다리에 장애가 있는 자가 앉아서 수작업을 주로 하는 경우와 같이 장애와 업무가 직접 관련이 없는 경우에는 인가대상이 아니다.

(d) 정신 또는 신체장애로 인한 최저임금 적용제외 인가기간은 1년을 초과할 수 없으며, 고용노동부장관의 인가를 받으면 최저임금의 적용이 제외된다(최임법 제7조, 시행령 제6조).

6. 최저임금의 효력

가. 사용자 주지의무

(a) 사용자는 최저임금이 고시되면 최저임금액 등을 그 효력발생일 전일까지 근로자가 쉽게 볼 수 있는 장소에 게시하거나 그 외의 적당한 방법으로 근로자에게 주지시켜야 한다(최임법 제11조 및 시행령 제11조).

(b) 주지사항은 ① 최저임금액, ② 최저임금에 산입하지 않는 임금의 범위, ③ 최저임금 적용제외 인가신청 대상근로자의 범위, ④ 효력발생 연월일이다.

496) 「장애인 최저임금 적용제외인가지침(장애인고용과-3809, 2017.12.29)」에는 비교대상 노동자 작업능력의 70% 미만으로 규정하고 있다.

497) '현저한 지장'이란 동일 또는 유사직종의 최저임금을 적용받는 다른 근로자 중에서 가장 낮은 근로능력자의 평균 작업능력에도 미치지 못함을 의미한다.

나. 최저임금 지급의무 및 임금수준의 저하 금지

사용자는 최저임금의 적용을 받는 근로자에게 최저임금액 이상의 임금을 지급하여야 하고, 최저임금을 이유로 종전의 임금수준을 낮추어서는 안된다(최임법 제6조제1항 및 제2항).

다. 근로계약의 변경

최저임금액에 미달하는 임금을 정한 근로계약은 그 부분에 한하여 무효로 하며, 무효로 된 부분은 최저임금액과 동일한 임금을 지급하기로 한 것으로 간주된다(최임법 제6조제3항).

라. 직상수급인의 연대책임

ⓐ 도급으로 사업을 행하는 경우, 수급인이 도급인의 책임 있는 사유로 근로자에게 최저임금액에 미달하는 임금을 지급한 때에는 도급인은 해당 수급인과 연대하여 책임을 진다(최임법 제6조제7항).

ⓑ 여기서 '책임 있는 사유'의 범위는 ① 도급인이 도급계약의 체결당시 인건비 단가를 최저임금액에 미치지 못하는 금액으로 결정하는 행위, ② 도급인이 도급계약 기간 중 인건 단가를 최저임금액에 미치지 못하는 금액으로 낮춘 행위를 말한다(최임법 제6조제8항).

7. 벌 칙

ⓐ 사용자가 최저임금을 적용 받는 근로자에 대하여 ① 최저임금액 이상의 임금을 지급하지 아니하거나, ② 최저임금을 이유로 종전의 임금을 저하시킨 자는 3년 이하의 징역이나 2천만원 이하의 벌금에 처하며, 이 경우 징역과 벌금은 병과(倂科)할 수 있다(최임법 제28조제1항).

ⓑ 또한, 도급인에게 연대책임이 발생하여 근로감독관이 그 연대책임을 이행하도록 시정지시하였음에도 불구하고 도급인이 시정기한 내에 이행하지 아니한 경우에는 2년 이하의 징역 또는 1천만원 이하의 벌금에 처한다(최임법 제28조제

2항).

(c) 그리고, ① 사용자가 고용노동부장관이 결정·고시한 최저임금액 등을 근로자에게 주지시키지 않은 경우, ② 고용노동부장관이 「최임법」 시행에 필요한 범위에서 근로자나 사용자에게 임금에 관한 사항을 보고하도록 하였으나 보고를 하지 않거나 거짓 보고를 한 경우, ③ 근로감독관이 「최임법」 시행과 관련 장부와 서류제출 요구 또는 검사를 거부·방해 또는 기피하거나 질문에 대하여 거짓 진술한 자에게는 100만원 이하의 과태료를 부과한다(최임법 제31조).

주/요/쟁/점/실/무

제8절 연봉제 관련 쟁점

1. 연봉제 개념

(a) 연봉제란 통상 1년을 단위로 하여 능력과 실적을 기준으로 임금을 결정하는 제도를 말한다. 일반적으로 연공급제도 하에서는 매년 정기승급을 통해 임금 인상이 자동적으로 이루어지나 연봉제는 업무평가와 협상을 통해 근로자 개인의 능력, 전년도 성과와 업적, 공헌도 등에 따라 연간 임금총액이 결정된다.

(b) 연봉제는 개별 근로자의 성과와 능력위주로 근로조건을 결정하고, 근로조건의 보호보다는 노동력의 활용의 극대화를 추구하게 되므로 제도 도입 등의 과정에서 연공주의적·시간제적 임금체계를 기반으로 하고 있는 현행 「근기법」과 상충될 가능성이 높다.

(c) 이러한 연봉제는 개인주의적 계약사회의 성격이 강한 미국에서 직무분류, 직무분석, 직무평가 등을 기초로 하여 관리직·전문직·영업직·임원 등을 대상으로 널리 활용되고 있으며, 최근 우리나라에서도 노동시장유연화, 기업경쟁력 강화, 임금체계 개선 등의 이유로 점차 확산되어 가고 있다.[498]

2. 연봉제 유형

연봉제는 기본연봉과 업적연봉의 배분비율, 기본연봉의 결정기준에 따라 다시 다양한 유형으로 구분이 가능하나, 현실적으로 노동관계법을 적용함에 있어서는 그 유형과 관계없이 도입대상, 절차, 임금의 지급 형태 등 판단하고자 하는 법률관계와 근로계약, 취업규칙, 단체협약 등 연봉제 관련 규정을 종합적으로 검토하여 판단하여야 한다.

498) 하갑래, 「근로기준법(제29판)」, ㈜중앙경제, 2017, p.254 참조.

〈연봉제의 유형〉

① 단일연봉액(업적연봉) : 기본급과 모든 수당을 포함한 총액을 연봉액에 포함.
② 기본연봉(종합급)+업적연봉 : 근무연수·자격·직무내용 및 각종 수당을 포함한 금액을 기본연봉으로 하고, 업무성과에 따라 업적연봉 지급
③ 기본연봉(직능급)+업적연봉 : 개인의 직무수행능력 정도를 고려하여 기본연봉을 정하고 업무성과에 따라 업적연봉 지급
④ 기본연봉(직능급+직무급)+업적연봉 : 개인의 직무수행능력 정도와 직무의 중요도·난이도를 고려하여 기본연봉을 정하고, 업무성과에 따라 업적연봉 지급
⑤ 기본연봉(직능급+기초급)+업적연봉 : 개인의 직무수행능력 정도와 급여기본액(종래의 기본급과 제수당 포함)을 고려하여 기본연봉을 정하고 업무성과에 따라 업적연봉 적용

3. 적용대상

ⓐ 연봉제는 임금결정의 한 형태로 도입대상과 관련 법상 특별한 제한이 없으나, 현실적으로 연봉제의 성격, 도입절차의 용이성 등으로 「노조법」상의 사용자에 해당되는 자(부장 등 간부급), 야간·연장가산수당 문제가 발생하지 않는 근로시간규정 적용 제외자(관리·감독자), 사용자와 근로자대표가 서면합의로 정한 시간이 근로시간으로 간주되는 재량근로에 종사하는 자(연구·특수·영업직 등) 등 특정분야가 주로 대상이 되고 있다.

ⓑ 이와 같이, 연봉제를 일부 분야에 한정되어 도입되는 이유는 「근기법」상 법정수당, 근로시간 제한 등 제약요인이 있어 모든 근로자에게 도입하는 것이 어렵기 때문이다.

4. 도입 방식

가. 근로계약을 통한 도입

ⓐ 사용자와 대상 근로자의 개별적인 연봉계약의 체결을 통해 연봉제를 도입하는 경우로, 계약서에 ① 인적사항, ② 개인의 연봉액, ③ 연봉의 결정·계산·지급방법, ④ 연봉의 산정기간, ⑤ 지급시기 및 승급에 관한 사항, ⑥ 연봉외 법정

수당과 각종수당의 계산·지급방법, ⑦ 퇴직금의 처리, ⑧ 상여 및 최저연봉액, ⑨ 연봉계약의 이의 제기 절차 등에 관한 사항이 서면으로 명시되어야 한다(근기법 제17조 및 시행령 제8조).

ⓑ 또한, 연봉제를 적용하더라도 공통으로 적용되는 사항에 대해서는 취업규칙에 정하고 근로계약에는 취업규칙에 따른다고 규정할 수 있다. 한편, 연봉계약 단위기간이 1년이라 해서 근로계약이 1년으로 되는 것은 아니다.

나. 취업규칙의 변경을 통한 도입

일반적으로 연봉제 도입은 취업규칙의 변경을 통해 이루어지며, 이 경우, 적법한 취업규칙 변경절차가 충족되어야 한다.

다만, 취업규칙이 적법하게 변경되었다 할지라도 단체협약보다 불리한 내용이 포함된 경우에는 단체협약의 적용을 받는 근로자에 대하여는 그 효력이 인정되지 않는다(노조법 제33조).

1) 변경절차

ⓐ 도입하고자 하는 연봉제가 기존의 임금제도에 비해 유리한 경우에는 근로자 집단의 과반수의 의견을 들으면 되나, 취업규칙이 불이익하게 변경되는 경우에는 설사 연봉제가 일부 근로자에게만 적용되더라도 근로자집단(과반수 노조)의 동의를 얻어야 한다(근기법 제94조제1항).

ⓑ 다만, 연봉제의 적용대상이 되는 일부근로자가 노동조합의 조직대상이 아닌 간부급에 한정되는 경우에는 해당근로자의 과반수 동의[499]와 과반수로 조직된 노동조합 또는 근로자 과반수의 의견청취로 도입할 수 있다.[500]

499) 현재 적용되는 근로자는 물론 장래에 적용이 예상되어 있는 근로자 집단도 동의를 받아야 할 근로자 집단에 포함된다.

500) 근기 68207-2177, 1998.8.31, 근기 68207-3128, 2000.10.10.

2) 연봉제 도입에 따른 취업규칙 유·불리 판단

기본적으로 취업규칙 변경의 유·불리 판단 기준[501)]에 따르되, ① 연봉제 내용에 근로조건의 개선과 저하가 혼재된 경우에는 근로조건의 성격을 종합적으로 고려하여 불이익 여부를 판단하고,[502)] ② 근로자에게 전체적으로 유리한지 불리한지를 객관적으로 평가하기 어렵고, 취업규칙 변경에 의하여 근로자 상호간에 이해충돌이 되는 경우에는 불이익한 변경에 준하여 판단한다.[503)]

다. 단체협약의 갱신을 통한 도입

(a) 노동조합이 있는 사업(장)의 경우 단체협약의 변경을 통한 연봉제의 도입이 가능하나, 단체협약은 원칙적으로 노동조합원인 근로자에 한하여 적용되기 때문에 비조합원인 근로자에게 적용하기 위해서는 별도의 취업규칙 변경절차가 수반되어야 한다.

(b) 노동조합이 근로자의 과반수로 조직되어 있더라도 비 조직대상인 관리직만을 연봉제의 적용대상으로 하는 경우에는 단체협약의 개정만으로는 효력이 발생하지 않는다. 따라서, 단체협약의 갱신을 통한 연봉제의 도입은 당해 사업(장)에 근로자의 과반수로 조직된 노동조합이 있고, 그 적용대상이 노동조합원인 근로자(일반적 구속력이 적용되는 경우도 포함)인 경우에 유용하다.

라. 노사협의회를 통한 도입

(a) 노사협의회가 구성되어 있는 사업(장)의 경우 노사협의회에서 연봉제 도입에 대한 협의가 가능하다. 그러나, 노사협의회에서 의결은 하더라도 이는 근로조건을 변경하는 직접적인 효력은 없으므로 연봉제의 도입이 유효하기 위해서는 취업규칙의 개정, 단체협약의 갱신 등이 수반되어야 한다.

---

501) 변경의 취지와 경위, 해당 사업체의 업무의 성질, 취업규칙의 각 규정의 전체적인 체제 등 제반 사항을 종합하여 사회통념상 합리성이 있는지 여부로 판단한다.

502) 대판 1992.2.28, 91다30828.

503) 대판 1993.5.14, 93다1893.

※ 상시 30인 이상의 근로자를 사용하는 사업장에는 노사협의회를 설치하여야 하며, 임금의 지불방법·체계 구조 등의 제도개선 사항은 노사협의회의 협의사항 중 하나이다(「근참법」 제4조 및 제20조).

(b) 노사협의회의 근로자위원이 근로자의 과반수로 조직된 노동조합이나 근로자의 과반수에 의해 동의권을 위임받은 경우에는 취업규칙 불이익 변경에 대한 적법한 동의권을 가진다고 볼 수 있다.[504)]

5. 연봉제와 관련한 「근기법」적 쟁점 검토

가. 임금의 지급

연봉제를 실시하더라도 「근기법」상의 임금의 지급원칙인 통화불, 전액불, 직접불 및 정기불의 원칙은 준수되어야 한다(근기법 제43조).

즉, 임금결정기간을 연단위로 하더라도 그 지급과 관련된 규정은 기존의 임금제도와 동일하게 적용되므로, 정기불의 원칙상 임금이 연간단위로 결정되더라도 그 지급은 근로자의 생활보장을 위하여 월 1회 이상 일정기일에 지급되어야 한다.

나. 결근·지각 등과 임금공제

(a) 연봉제를 실시하고 있는 경우 결근·지각·징계와 관련한 임금 공제여부는 취업규칙이나 근로계약의 연봉제 계약의 규정에 별도로 정한 바가 있다면 이에 따르는 것이 원칙이다.

(b) 다만, 이에 대해 별도로 정한 바가 없을 경우 결근·지각·조퇴시 임금을 공제할 수 있는지에 대해서 견해가 갈리고 있으나, ①설과 같이 공제하는 것은 연봉제 취지에 반한다고 생각된다.

---

504) 근기 68207-2144, 1999.9.1.

①설 : 연봉제가 근로시간보다는 성과나 업적 중심으로 임금이 결정되는 제도이므로 결근 등에 따라 비례적으로 당연히 임금을 공제하는 것은 연봉제 취지와 맞지 않으며, 약정된 연봉액은 이미 전년도의 업적평가를 기초로 계산된 것이므로 아직 반영되지 않은 근무평가를 기초로 임금을 공제하는 것은 타당하지 않다.[505)]

②설 : 임금은 근로의 대가이므로 연봉제 적용 근로자라 하여도 결근·지각·조퇴의 경우 근로를 제공하지 않은 해당분의 임금을 공제할 수 있다.[506)]

다. 근로시간 휴일·휴가 등 법정수당의 운영

(a) 연봉제를 실시하더라도 「근기법」상 근로시간, 휴일·휴가관련 조항은 그대로 적용되므로 연장·야간·휴일근로에 대한 임금 및 가산수당은 지급되어야 한다. 재량간주근로시간제에서는 연장근로 임금 및 가산수당, 야간근로가산수당, 유급휴일수당을 연봉액에 포함시킬 수 있다.

(b) 그러나, '휴일에 근로함으로써 발생하는 휴일근로임금 및 가산수당'과 '연차유급휴가를 포함한 휴가관련 법정수당'은 원칙적으로 연봉에 포함하여 일괄 처리할 수 없다. 다만, 연차유급휴가수당의 경우 임금에 포괄산정하더라도 사용자가 근로자의 휴가사용을 부인하는 근거로 활용하지 않는 한 유효하다.[507)]

(c) 포괄임금제가 유효하게 도입된 경우에는 연봉액에 이러한 임금 및 가산수당이 포함되어 있는 것으로 볼 수 있을 것이나, 이 경우에도 미리 예정된 연장·야간·휴일근로를 초과하여 근로한 경우에는 임금 및 가산수당이 정산·지급되어야 한다.

---

505) 김형배, 「새로 쓴 노동법(제25판)」, 박영사, 2016, p.415, 하갑래, 「근로기준법(제29판)」, ㈜중앙경제, 2017, p.258, 이승길 '연봉제의 노동법적문제' 「노동법 연구(제11호) 2001. p.38 등.

506) 최영우, 「개별 노동법 실무(개정증보 5판)」, ㈜중앙경제, 2017, p.698.

507) 대판 1998.3.24 96다24699

라. 근로계약기간과의 관계

연봉제는 근로계약의 기간과 관계없이 임금액의 산정을 연단위로 하기로 하고 그 금액을 매년 변경하는 것에 불과하기 때문에 연봉제의 실시와 별개로 근로자의 근로계약을 계약직으로 한다는 별도의 계약을 체결하지 않는 한, 연봉계약기간의 종료가 곧바로 근로계약기간의 종료를 의미하는 것은 아니다.

마. 통상임금·평균임금 산정의 문제

(a) 연봉은 임금산정기간인 1년 동안 지급하기로 정한 고정급이므로 각종 수당을 기본급에 포함하여 기본연봉으로 정하였다면 평균임금은 물론 통상임금에도 포함된다.[508)]

(b) 다만, 기존 근로자의 경우 연봉제로 전환하면서 기존 임금항목에서 연봉제로 전환된 부분을 감안하여 연봉액 중 일부만을 통상임금 또는 평균임금으로 한다고 당사자가 합의한 경우, 연봉제에 포함되지 않은 제수당이나 퇴직금 등의 산정에 있어 근로자에게 불이익하지 않다면 이를 위법으로 보기 어렵다.[509)]

바. 퇴직금 분할지급 약정 관련

1) 의 의

(a) 퇴직금을 매월 지급하는 임금에 포함시켜 지급받기로 하는 약정은 근로자가 퇴직할 때 비로소 발생하는 퇴직금청구권을 사전에 포기하는 것으로 강행법규에 위반되어 원칙적으로 무효이다.[510)] 따라서, 연봉계약시 '앞으로 발생할 퇴직금을 연봉액에 포함하여 분할 지급한다'라고 명시하더라도 이는 퇴직금을 지급한 것으로 보지 않으며, 적법한 중간정산으로도 인정되지 않는다.

---

508) 다만, 기본연봉 안에 연장근로시간에 대한 임금까지 포함되어 있는 경우에는 이를 통상임금의 범주에서 제외하여야 할 것이다(임금근로시간정책팀-3347, 2006.11.14).

509) 하갑래, 「근로기준법(제29판)」, ㈜중앙경제, 2017, pp.257~258.

510) 대판 2012.10.11, 2010다95147 ; 대판 2007.8.23, 2007도4171.

(b) 다만, 일정한 요건을 갖춘 경우 판례·행정해석[511]은 연봉액에 퇴직금을 분할지급 하는 형태의 중간정산이 가능하다는 입장이나, 연봉액에 퇴직금을 분할지급하는 중간정산이 가능하려면 종전 중간정산 유효요건 외에도 「퇴직급여법」상 퇴직금 중간정산 요건을 충족하여야 한다.

2) 퇴직금 분할 지급약정이 중간정산으로 인정되지 않는 경우, 미리 지급된 퇴직금의 성격과 처리 문제

퇴직금의 적법한 중간정산으로 인정되지 않은 경우, 미리 지급된 퇴직금 명목의 금품을 '임금'으로 보아야 하는지 아니면 '부당이득'으로 보아야 하는지, 만일 부당이득으로 본다면 퇴직시 지급해야 할 퇴직금과 상계가 가능한지에 대한 검토가 필요하다.

(1) 퇴직금 분할약정이 유효하게 존재하는 경우

퇴직금 중간정산의 요건을 갖추지 못하였지만 연봉계약에 실제 퇴직금 분할약정이 존재하고 임금과 구별되는 퇴직금 명목의 액수가 특정되어 있고, 이에 따라 일정액을 매월 지급하여 온 경우, ① 부당이득에 해당한다는 견해와 ② 임금에 해당한다는 견해가 대립하고 있으나 ①설과 같이 부당이득에 해당하므로 반환하는 것이 타당하다고 본다.

①설 : 사용자가 퇴직금 분할 약정에 따라 근로자에게 퇴직금 명목의 금원을 실질적으로 지급한 경우라 하더라도 퇴직금으로서의 효력이 없고, 약정 또한 강행법규에 위반되어 효력이 없으므로 이는 법률상 원인 없이 지급된 것이므로 임금으로 볼 수 없고 '부당이득'에 해당하므로 사용자에게 반환해야 한다는 견해이다.[512]

②설 : 약정에 따라 퇴직금 명목으로 매월 계속적·정기적으로 지급하여 왔다면 퇴직금 지급으로서의 효력은 없으나, 근로의 대가로서 '임금'에 해당하므

511) 대판 2005.3.11, 2005도467 ; 퇴직급여보장팀-1276, 2005.12.26.

512) 대판 2010.5.20, 2007다90760.

로 부당이득이 성립되지 않아 사용자가 부당이득의 반환을 구할 수 없다는 견해이다.[513)]

(2) 퇴직금 분할약정이 존재하는 것으로 볼 수 없는 경우

사용자가 퇴직금의 지급을 면탈하기 위하여 퇴직금 분할약정의 형식만을 취한 경우에는 실질적으로 임금을 정하고 지급한 것에 불과하다고 볼 수 있으므로 퇴직금 금원을 부당이득으로 볼 수 없으므로 반환대상도 되지 않는다.[514)]

3) 부당이득과 퇴직금 상계 문제

사용자가 근로자에게 퇴직금 명목으로 지급한 금전이 퇴직금 지급으로서의 효력이 인정되지 않아 사용자가 같은 금액의 부당이득반환 채권을 갖게 된 경우, 실제 발생한 근로자의 퇴직금과 상계할 수 있는지에 대해 ① 상계할 수 있다는 견해와 ② 상계할 수 없다는 견해가 있으나, ①설과 같이 일정 범위 내에서 상계할 수 있다고 보는 것이 타당하다.

①설 : 사용자가 근로자에 대하여 가지는 채권으로써 근로자의 임금(퇴직금)채권과 상계하지 못하는 것이 원칙이나, 사용자가 퇴직금으로서의 효력이 인정되지 않아 임금을 초과 지급하게 된 경우, 그 시기와 상계권 행사의 시기가 임금의 정산, 조정의 실질을 잃지 않을 만큼 근접해 있고 나아가 근로자 경제생활의 안정을 해할 염려가 없는 때에는 사용자는 초과 지급한 임금의 반환청구권을 자동채권으로 하여 근로자의 퇴직금 채권과 상계할 수 있다. 다만, 근로자의 퇴직금 채권 전액에 대하여 사용자의 부당이득채권의 상계가 인정되지 않으며 퇴직금 채권의 2분의 1을 초과하는 부분에 해당하는 금액에 대해서만 상계가 인정된다.[515)]

②설 : 퇴직금 지급으로서 효력을 인정할 수 없는 퇴직금 명목의 금전을 지급하

513) 서울지판 2002.12.11, 2002나24439 ; 인천지판 2007.4.5, 2006나12992.

514) 대판 2010.5.27, 2008다9150.

515) 대판 2010.5.20, 2007다90760(민사집행법 제246조제1항제4호·제5호, 민법 제497조에 근거)

여 부당이득반환이 문제 되는 때에는 계산의 착오 등으로 임금이나 퇴직금을 초과 지급한 경우에 해당하지 않고, 그 금액이 퇴직금액과 비슷할 정도로 다액인 경우가 많아 근로자의 경제생활 안정이 위협받을 가능성이 많다. 또한, 상계를 허용하여 사용자의 일방적 공제를 인정하게 되면 퇴직금 제도를 두고 있는 본래의 취지를 벗어나 근로자에게 부당하게 불리할 뿐만 아니라 당초 임금의 지급과 관련하여 상계를 금지한 제도적 취지를 지나치게 형해화할 우려가 있어 상계할 수 없다고 해석하는 것이 합리적이다.[516)]

516) 대판(전) 2010.5.20, 2007다90760. 반대의견.

주/요/쟁/점/실/무

제9절 평균임금 관련 쟁점

1. 평균임금의 정의

(a) 평균임금이라 함은 '이를 산정하여야 할 사유가 발생한 날 이전 3개월 동안에 그 근로자에게 지급된 임금의 총액을 그 기간의 총일수로 나눈 금액'을 말한다(근기법 제2조제1항제6호).[517] 평균임금은 일급 개념으로 산정되며, 산정사유 발생일 이전 3개월 동안 근로자에게 실제 지급된 임금의 총액을 기초로 하여 산정되므로 과거 근로한 시간을 토대로 사후적으로 산출하는, 근로자의 통상 생활임금을 사실대로 반영하는 임금으로 볼 수 있다.[518]

(b) 위와 같은 방법으로 산출된 금액이 그 근로자의 통상임금보다 적으면 그 통상 임금액을 평균임금으로 한다(근기법 제2조제2항).

2. 평균임금의 적용

평균임금은 「퇴직급여법」상 퇴직금 및 「근기법」상의 휴업수당, 「산재법」상 각종 보험급여(요양급여·휴업급여·간병급여·유족급여·장해급여·상병보상연금·장의비·직업재활급여), 「근기법」상 각종 재해보상금, 연차휴가수당(평균임금으로 지급하기로 약정했을 경우), 근로자 제재로서의 감급의 징계관련 산정 시, 「고보법」상 구직급여 등을 산정하는 기준 임금 등으로 적용된다.

517) 근로자가 취업한 후 3개월 미만인 경우도 이에 준한다.

518) 노서림·오빛나라·표대중, 「임금벗기기」, ㈜매일노동뉴스, 2017, p.44.

3. 평균임금의 산정

가. 기본원리 및 계산식

「근기법」상 평균임금제도는 통상의 생활임금을 사실대로 반영함을 기본원리로 한다. 따라서 법상 평균임금 산정은 근로자에게 유리한 단체협약이나 취업규칙 등에 관련 규정이 없을 때 최소한의 기준을 제시한 것이므로, 별도의 유리한 산출방식이 단체협약이나 취업규칙 등에 존재할 때에는 그 방법에 의하여 산출되어야 한다.[519)]

〈평균임금 계산식〉

1일 평균임금=평균임금 산정기간 동안 지급된 임금총액÷평균임금 산정기간 총일수

나. 평균임금 산정기간[520)]

평균임금 산정을 위한 기간은 평균임금을 ⓐ 산정하여야 할 사유가 발생한 날로부터 ⓑ 이전 3개월 동안의 총일수를 원칙으로 한다.

1) 산정사유 발생일

⒜ 평균임금 산정사유 발생일은 평균임금을 기초로 하는 각종 급여를 지급하거나 감액하여야 할 사유가 발생한 날을 의미하며, 「근기법」에는 사유가 발생한 날 "이전"으로 되어 있어, 사유발생일은 근로를 제공하지 않아 임금을 받지 못할 수 있으므로 기산일에 포함되지 않는다.[521)] 예를 들어 군복무, 출산전후휴가 등 평균임금산정 대상기간에서 제외되는 기간 중에 산정사유가 발생하면 제외대상기간 첫날이 사유발생일이다.

⒝ 산정사유 발생일을 구체적으로 살펴보면 다음과 같다.

519) 대판 1990.11.9, 90다카4683.

520) 노서림·오빛나라·표대중, 「임금벗기기」, ㈜매일노동뉴스, 2017, p.45~51 참조.

521) 대판 1996.7.9, 95누5469 ; 대판 1989.4.11, 87다카2901 ; 임금 68207-524, 1994.8.25

① 퇴직금에 있어서는 근로자가 퇴직한 날, 즉 퇴직의 사유가 해고인 날은 해고된 날, 자발적으로 사직서를 제출한 때에는 사직서가 수리된 날을 의미한다. 이때 퇴직금 중간정산을 한 경우에는 원칙적으로 사용자와 근로자가 합의로 정한 날, 합의로 정하지 않은 경우에는 근로자가 중간정산을 요구한 날을 평균임금 산정사유 발생일로 본다.

② 「근기법」상 재해보상금 또는 산업재해보상보험급여의 경우에는 업무상 재해로서 사망 또는 부상의 원인이 되는 사고가 발생한 날 또는 진단에 의하여 질병이 발생되었다고 확정된 날(근기법시행령 제52조, 산재법시행령 제52조), 당초의 상병이 재발하거나 악화한 경우에는 새로 요양급여의 대상이 되는 업무상 부상 또는 질병이 재발하거나 악화했다고 확정된 날[522)]

③ 근로자 제재로서의 감급에 있어서는 제재 의사표시가 당해 근로자에게 도달한 날이 이에 해당한다.

2) 이전 3개월 동안 총일수

(1) 역(歷)에 의한 기간 계산과 평균임금 산정사유 발생한 당일 불포함

평균임금 산정에 따른 '평균임금 산정사유 발생일 이전 3개월 동안의 총일수'는 실제로 근무한 근로일수가 아니라 「민법」의 역(歷)상의 일수(민법 제160조)로, 평균임금 산정사유가 발생한 당일은 제외[523)]하고 그 전일부터 소급하여 이전 3개월 동안의 총일수를 의미한다. 예를 들면 2018년 9월 20일 퇴직하는 경우 평균임금 산정기간일은 2018년 6월 20일부터 2018년 9월 19일까지로 이 기간의 총일수는 92일이 된다. 이때 근로기간이 3개월 미만인 경우에는 그 기간만을 기준으로 평균임금 산정방식에 준하여 산정하면 된다(근기법 제2조제1항제6호 후단).

(2) 평균임금 산정기간에서 제외되는 기간

(a) 「근기법」에는 평균임금 산정기간 동안 특별한 사정으로 임금을 지급받지

522) 대판 2011.12.8, 2010두10655.

523) 대판 1989.4.11, 87다카2901 ; 대판 1996.7.9, 95누5469 ; 임금 68207-524, 1994.8.25.

못하거나 통상의 경우보다 낮은 임금을 받는 경우 이를 산정기간에서 제외하여 그 기간 동안 지급받은 임금은 임금총액에 산입하지 않도록 구체적으로 규정하고 있다(근기법시행령 제2조제1항). 이는 그 기간을 제외하지 않으면 평균임금이 부당하게 낮아짐으로써 결국 통상의 생활임금을 사실대로 반영함을 기본원리로 하는 평균임금제도에 반하는 결과를 피하고자 함에 그 입법취지가 있다.

(b) 그러나, 「근기법시행령」에서 정한 평균임금 산정기간에서 제외되는 기간에 해당하지 않는다고 하더라도 그 평균임금 산정기간을 기초로 하여 산정한 평균임금이 퇴직근로자의 특수하고도 우연한 사정에 의하여 통상의 경우보다 현저하게 적거나 많은[524] 금액이 되는 경우에는 「근기법시행령」 제4조 소정의 평균임금을 산정하기 부적당한 경우에 해당되어 평균임금 산정기간 등 그 산정방법에서 예외가 인정된다.

(c) 통상의 경우보다 적은 임금을 받는 경우가 평균임금 산정기간에서 제외되는 기간에 해당하지 않을 경우(직위해제 등으로 근무하지 못한 기간, 사용자의 귀책 없이 휴업한 기간 등), 평균임금 액수가 통상임금 액수보다 낮을 것으로 예상되므로 통상임금이 평균임금으로 된다고 보는 것이다.[525]

① 수습사용 중인 기간

수습사용 중인 근로자는 통상근로자에 비하여 저하된 임금을 받으므로 평균임금 산정기간에서 제외되나, 이는 평균임금 산정사유 발생일을 기준으로 이전 3개월 동안 정상적으로 급여를 받은 기간뿐만 아니라 수습기간이 함께 포함되어 있는 경우에 한한다. 근로자가 수습기간이 끝나기 전에 평균임금 산정사유가 발

524) 대판 1995.2.28, 94다8631, 택시운전근로자가 퇴직직전에 의도적으로 평균임금을 높이려고 사납금을 많이 납입한 행위에 대해 그 기간을 제외한 직전 3개월을 기준으로 평균임금을 산정해야 한다고 판시.

525) 대판 1994.4.12, 92다20309 ; 개인적인 범죄로 구속기소되어 직위해제되었던 기간은 「근기법시행령」이 규정한 평균임금 산정기간에서 제외되는 기간 중 어느 기간에도 해당하지 않으므로 그 기간의 일수와 그 기간 중에 지급받은 임금액은 평균임금 산정기초에서 제외될 수 없고, 만일 그 기간과 임금을 포함시킴으로 인하여 평균임금액수가 낮아져 평균임금이 통상임금을 하회하게 되는 경우에는 「근기법」 제19조제2항에 따라 통상임금을 평균임금으로 하여 퇴직금을 계산하여야 한다고 본다.

생한 경우에는 평균임금 산정사유 발생 당시의 임금, 즉 수습사원으로서 받는 임금을 기준으로 평균임금을 산정하는 것이 평균임금제도의 취지에 비추어 타당하다.[526]

② 사용자 귀책사유로 휴업한 기간

사용자의 귀책사유로 휴업하는 경우 사용자는 휴업기간 동안 그 근로자에게 평균임금의 100분의 70 이상의 수당을 지급하여야 한다. 이 경우, 근로자의 임금이 통상의 생활임금보다 적어질 수가 있으므로 사용자 귀책사유로 인하여 근로자에게 불이익이 발생하는 결과를 방지하기 위하여 평균임금 계산 시 해당기간을 제외한다.

③ 쟁의행위 기간

「헌법」상 근로자에게 노동 3권을 보장한 취지에 따라 근로자의 적법한 쟁의행위 참가로 인해 평균임금 산정에서 불이익을 입지 않도록 쟁의행위기간은 평균임금 산정기간에서 제외한다. 여기서 '「노조법」 제2조제6호의 규정에 의한 쟁의행위기간'이란 「헌법」과 「노조법」에 의하여 보장되는 쟁의행위로서의 주체·목적·절차·수단과 방법에 관한 요건을 충족한 적법한 쟁의행위 기간만을 의미한다.[527]

④ 업무 외 부상이나 질병으로 사용자의 승인을 받아 휴업한 기간

업무 외 부상이나 질병으로 사용자 승인을 받아 휴업한 기간은 평균임금 산정기간에서 제외한다. 반면 사용자 승인을 받지 않고 휴업하여 무단결근으로 볼 수 있는 경우에는 그 기간을 평균임금 산정기간에서 제외하지 않고 산입한다.

⑤ 업무상 부상 또는 질병으로 요양하기 위하여 휴업한 기간

⑥ 출산전·후휴가 기간(근기법 제74조)

⑦ 육아휴직 기간(고평법 제19조)

526) 대판 2014.9.4, 2013두1232.

527) 대판 2009.5.28, 2006두17287.

⑧ 「병역법」·「향토예비군설치법」 또는 「민방위기본법」에 의한 의무이행을 위하여 휴직하거나 근로하지 못한 기간(그 기간 중 임금을 지급받은 경우는 제외)

다. 평균임금 산정기간 동안 지급된 임금총액

(a) 평균임금 산정기간 동안에 그 근로자에게 지급된 임금이란 평균임금 산정사유 발생일 이전 3개월 동안 그 근로자에게 근로의 대가로 지급된 임금뿐만 아니라 평균임금 산정사유 발생일 기준으로 하여 당연히 지급되어야 할 임금 중 지급되지 아니한 임금을 포함한다.[528] 예를 들어 평균임금 산정기간 동안 지급되지 않은 체불임금은 임금채권으로 확정되어 평균임금 산정 시 임금총액에 포함된다.

(b) 평균임금 산정의 기초가 되는 임금총액[529]은 사용자가 근로의 대상으로 근로자에게 지급하는 일체의 금품을 말한다. 따라서, 근로자에게 계속적·정기적으로 지급되고 그 지급에 관하여 단체협약·취업규칙 등에 의하여 사용자에게 지급의무가 있으면 그 명칭 여하를 불문하고 임금총액에 포함된다. 그러나, 근로의 대상과 관련 없이 그 지급의무 발생이 개별 근로자의 특수하고 우연한 사정에 의하여 좌우되는 경우에는 금품 지급이 단체협약·취업규칙 등에 의하여 이루어진 것이라 하더라도 임금총액에 포함되지 않는다.[530]

1) 임금 소급인상과 평균임금 재산정

단체교섭 지연 등으로 임금이 소급 인상되어 사유발생일 이전 3개월의 기간이 임금인상기간에 포함되면 인상된 임금에 따라 평균임금이 조정된다. 재해보상에 있어 요양종료 후에 소급인상이 결정되더라도 인상된 임금에 의해 계산된 보험급여가 지급되어야 한다.[531] 그러나, 소급인상효과가 재직근로자에 한정되므

528) 대판 1978.2.14, 77다3121. 실제로 지급된 임금뿐만 아니라 지급되지 않았다 하더라도 평균임금 산정사유 발생일 이전에 이미 채권으로 확정된 것은 임금 총액에 포함된다.

529) 법령에 의하여 원천징수를 하는 경우에는 공제전 금액을 대상으로 임금총액을 판단한다(근로조건지도과-598, 2008.4.1).

530) 대판 2011.7.14, 2011다23149.

531) 대판 2006.9.22, 2004두2103.

로 퇴직자에게는 특약이 없는 한 그 효과가 미치지 않으므로 퇴직금 지급에는 적용되지 않는다.[532)]

2) 상여금 등의 산입방식

단체협약·취업규칙·근로계약 등에 미리 그 종류·지급기준·지급시기 등 지급조건이 명시되어 있거나 관례적으로 계속 지급한 사실이 인정되어 사용자에게 지급의무가 있는 상여금(성과상여금 포함)·정근수당·체력단련비 등 통상 1개월을 넘는 기간을 단위로 지급되는 임금의 경우 사유발생일 이전 1년간 지급받은 금액을 12개월로 나누어 3개월분을 임금총액에 포함하여 산정한다. 근로기간이 1년 미만인 경우에는 당해 근로월 중에 지급받은 총액을 그 근로월수로 분할 계산하여 3개월분을 평균임금 산정에 산입한다.[533)]

3) 연차휴가수당의 산입방식

연차휴가수당은 평균임금 산정사유 발생일 이전 1년(12개월) 이내에 연차휴가 미사용으로 인하여 지급 받은 연차휴가 미사용수당의 12분의 3을 임금총액에 포함한다.[534)]

4) 택시기사의 운송수입금(초과수입금)의 산입 여부

운송회사가 소속 택시운전사들에게 매월 실제 근로일수에 따른 일정액의 급료를 지급하는 외에 하루 운송수입금에서 사납금을 공제한 나머지 수입금을 운전사 개인의 수입으로 하여 자유로운 처분에 맡겨 온 경우에는 운전사의 개인수입금 부분은 영업용 택시운전사의 근로형태의 특수성과 계산의 편의 등을 고려하여 근로의 대가를 지급한 것이라고 볼 수 있어 임금에 해당하므로 평균임금 산정시 이를 포함시키는 것이 타당하다.[535)]

---

532) 대판 2000.6.9, 98다13747 ; 대판 1992.7.24, 91다34073 ; 임금 68207-166, 1994.3.4

533) 노동부(1981), 평균임금 산정상의 상여금 취급요령 1981.6.5 노동부예규 제39호

534) 임금 32240-2095, 1991.2.12, 근로개선정책과-4298, 2013.7.23.

5) 제외 임금

(a) 임시로 지급된 임금 및 수당과 통화 이외의 것으로 지급된 임금으로서 고용노동부장관이 정하는 이외의 것은 평균임금 산정을 위한 임금총액에 산입하지 않는다(근기법시행령 제2조제2항).

(b) 여기서, "임시로 지급된 임금 및 수당"은 일시적·돌발적 사유로 인해 지급됨으로써 그 지급사유의 발생이 불확정적인 것으로, 예를 들어 '해외근로자의 추가 임금',[536] '풍수해에 대한 재해수당', '돌발적인 물가상승에 대비한 인플레이션 수당' 등이다.

(c) "통화 이외의 것으로 지급된 임금"은 원칙적으로 임금총액에 산입되지 않으나, 현물급여(급식 등) 중 법령·단체협약 또는 취업규칙의 규정에 의하여 전체 근로자에게 일률적으로 지급되고, 명백히 통화로 환가할 수 있는 경우에 한하여 평균임금 범위에 포함된다.[537]

4. 평균임금 산정특례

가. 고용노동부 고시상 평균임금 산정특례

「근기법」 관계규정에 따른 평균임금 산정방법에 의하여 평균임금을 산정할 수 없는 경우에는 고용노동부장관이 정하는 바(고용노동부 고시 제2015-77호 '평균임금 산정특례 고시')에 의하여 평균임금을 산정하여야한다(근기법시행령 제4조).

[평균임금 산정특례 고시(시행 2015.10.14.)]

제1조(평균임금의 계산에서 제외되는 기간이 3개월 이상인 경우) ① 「근로기준법시행령」(이하 "영"이라 한다) 제2조제1항에 따라 평균임금의 계산에서 제외되는 기간이 3개월 이상인 경우 제외되는 기간의 최초일을 평균임금의 산정사유가 발생한 날로 보아 평균

535) 서울행판 2017.5.26, 2016구단56922.

536) 대판 1990.11.9, 90다카4683.

537) 근기 01254-5082, 1987.3.27, 노동부예규 제30호(1981.5.7) 「평균임금 산정에 포함되는 임금의 범위 예시와 확인요령」.

임금을 산정한다.

② 영 제5조는 제1항에 따라 평균임금을 산정할 때 이를 준용한다. 이 경우 영 제5조제1항 중 "부상 또는 질병이 발생한 달"은 평균임금의 계산에서 제외되는 기간의 최초일이 속한 달로 본다.

제2조(근로제공의 초일에 평균임금 산정사유가 발생한 경우) 근로를 제공한 첫날(「근로기준법」 제35조제5호에 따라 수습기간 종료 후 첫날을 포함한다)에 평균임금 산정사유가 발생한 경우에는 그 근로자에게 지급하기로 한 임금의 1일 평균액으로 평균임금을 추산한다.

제3조(임금이 근로자 2명 이상 일괄하여 지급되는 경우) 근로자 2명 이상을 1개조로 하여 임금을 일괄하여 지급하는 경우 개별 근로자에 대한 배분방법을 미리 정하지 않았다면 근로자의 경력, 생산실적, 실근로일수, 기술·기능, 책임, 배분에 관한 관행 등을 감안하여 근로자 1명당 임금액을 추정하여 그 금액으로 평균임금을 추산한다.

제4조(임금총액의 일부가 명확하지 아니한 경우) 평균임금의 산정기간 중에 지급된 임금의 일부를 확인할 수 없는 기간이 포함된 경우에는 그 기간을 빼고 남은 기간에 지급된 임금의 총액을 남은 기간의 총일수로 나눈 금액을 평균임금으로 본다.

제5조(임금총액의 전부가 명확하지 아니한 경우 등) 이 고시 제1조부터 제4조까지의 규정에 따라 평균임금을 산정할 수 없는 경우에는 지방고용노동관서장이 다음 각 호의 사항을 감안하여 적정하다고 결정한 금액을 해당 근로자의 평균임금으로 본다.

1. 해당 사업장이 있는 지역의 임금수준 및 물가사정에 관한 사항
2. 해당 근로자에 대한 「소득세법」 및 관련 법령에 따라 기재된 소득자별 근로소득원천징수부, 「국민연금법」·「국민건강보험법」·「고보법」에 따라 신고된 보수월액·소득월액·월평균임금 등에 관한 사항
3. 해당 사업장이 있는 지역의 업종과 규모가 동일하거나 유사한 사업장에서 해당 근로자와 동일한 직종에 종사한 근로자의 임금에 관한 사항
4. 해당 사업장의 근로제공기간 중에 받은 금품에 대하여 본인 또는 그 가족 등이 보유하고 있는 기록(이 경우 사업주가 인정하는 경우에만 한정한다) 등 증빙서류에 관한 사항
5. 고용노동부장관이 조사·발간하는 "고용형태별근로실태조사보고서" 및 "사업체노동력조사보고서" 등 고용노동통계에 관한 사항

제6조(재검토기한) 고용노동부장관은 이 고시에 대하여 2019년 1월 1일 기준으로 매 3년이 되는 시점(매 3년째의 12월 31일까지를 말한다)마다 그 타당성을 검토하여 개선 등의 조치를 하여야 한다. [고용노동부 고시 제2015-77호, 2015.10.14, 일부개정]

나. 「산재법」 특례[538)]

「산재법」에 의한 보험급여 산정과 관련하여 평균임금을 산정하는 방법은 원칙적으로 앞에서 살펴본 평균임금 산정방법과 같으나, 예외적으로 특례를 규정하고 있다.

1) 최고 보상과 최저 보상

ⓐ 보험급여(장의비 제외)를 산정할 때 근로자의 평균임금이 전체 근로자 임금 평균액의 1.8배(이하 "최고 보상기준 금액"이라 한다)를 초과하거나, 2분의 1(이하 "최저 보상기준 금액"이라 한다)보다 적으면 그 최고 보상기준 금액이나 최저 보상기준 금액을 각각 그 근로자의 평균임금으로 한다(산재법 제36조제7항 본문). 최고 보상기준 금액이나 최저 보상기준 금액의 산정방법 및 적용기간은 대통령령으로 정한다. 이 경우 산정된 최고 보상기준 금액 또는 최저 보상기준 금액은 매년 고용노동부장관이 고시한다(산재법 제36조제8항).

ⓑ 휴업급여 및 상병보상연금을 산정할 때에는 최저 보상기준 금액을 적용하지 않는다(산재법 제36조제7항 단서). 즉, 최고 보상기준 금액은 휴업급여·장해급여·유족급여에만 적용된다.

1일당 휴업급여 지급액이 최저 보상기준 금액의 100분의 80보다 적거나 같으면 그 근로자에 대하여는 평균임금의 100분의 90에 상당하는 금액을 1일당 휴업급여 지급액으로 한다. 다만 근로자 평균임금의 100분의 90에 상당하는 금액이 최저 보상기준 금액의 100분의 80보다 많은 경우에는 최저 보상기준 금액의 100분의 80에 상당하는 금액을 1일당 휴업급여 지급액으로 정한다. 이와 같이, 산정한 휴업급여 지급액이 「최임법」 제5조제1항에 따른 시간급 최저임금액에 8을 곱한 금액(이하 "최저임금액"이라 한다)보다 적으면 최저임금액을 근로자의 1일당 휴업급여 지급액으로 한다(산재법 제54조).

ⓒ 상병보상연금을 산정할 때 근로자 평균임금이 최저임금액에 70분의 100을 곱한 금액보다 적을 때에는 최저임금액의 70분의 100에 해당하는 금액을 그

538) 노서림·오빛나라·표대중, 「임금벗기기」, ㈜매일노동뉴스, 2017.7.31, p.53~56 참조.

근로자 평균임금으로 본다. 이와 같이 산정한 상병보상연금액을 365로 나눈 1일당 상병보상연금 지급액이 1일당 휴업급여 지급액보다 적으면 1일당 휴업급여 지급액을 1일당 상병보상연금 지급액으로 한다(산재법 제67조).

2) 일용근로자 특례

보험급여(진폐보상연금 및 진폐유족연금은 제외)를 산정할 때 해당 근로자의 근로형태가 특이하여 평균임금을 적용하는 것이 적당하지 아니하다고 인정되는 경우 대통령령으로 정하는 산정방법에 따라 산정한 금액을 평균임금으로 한다(산재법 제36조제5항).

"근로형태가 특이하여 평균임금을 적용하는 것이 적당하지 아니하다고 인정되는 경우로서 대통령령으로 정하는 경우"란 다음과 같다(산재법시행령 제23조).

◦ **산업재해보상보험법 시행령 제23조(근로형태가 특이한 근로자의 범위)**

1. 1일 단위로 고용되거나 근로일에 따라 일당[539]형식의 임금을 지급받는 근로자(이하 "일용근로자"라 한다)에게 평균임금을 적용하는 경우, 다만 일용근로자가 다음 각 목의 어느 하나에 해당하는 경우에는 일용근로자로 보지 아니한다.
   가. 근로관계가 3개월 이상 계속되는 경우
   나. 그 근로자 및 같은 사업에서 같은 직종에 종사하는 다른 일용근로자의 근로조건, 근로계약의 형식, 구체적인 고용실태 등을 종합적으로 고려할 때 근로형태가 상용근로자와 비슷하다고 인정되는 경우
2. 둘 이상의 사업에서 근로하는 「근로기준법」 제2조제8호에 따른 단시간근로자(일용근로자는 제외하며, 이하 "단시간근로자"라 한다)에게 평균임금을 적용하는 경우 "대통령령으로 정하는 산정방법에 따라 산정한 금액"이란 다음과 같다(산재법시행령 제24조).

◦ **산업재해보상보험법 시행령 제24조(근로 형태가 특이한 근로자의 평균임금 산정 방법)**

1. 일용근로자에 해당하는 경우 : 해당 일용근로자의 일당에 일용근로자의 1개월간 실제 근로일수 등을 고려하여 고용노동부장관이 고시하는 근로계수(이하 "통상근로계수"라 한다)를 곱하여 산정한 금액
2. 단시간근로자에 해당하는 경우 : 평균임금 산정기간 동안 해당 단시간근로자가 재해가 발생한 사업에서 지급받은 임금과 같은 기간 동안 해당 사업 외의 사업에서 지급받은 임금을 모두 합산한 금액을 해당 기간의 총일수로 나눈 금액

※ 평균임금 산정사유 발생일 당시 해당 사업에서 1개월 이상 근로한 일용근로자는 상기 산정방법에 따라 산정한 금액을 평균임금으로 하는 것이 실제의 임금 또는 근로일수에 비추어 적절하지 아니한 경우에는 실제의 임금 또는 근로일수를 증명하는 서류를 첨부하여 공단에 상기산정방법의 적용제외를 신청할 수 있다.

3) 진폐 등 대통령령으로 정하는 직업병에 걸린 근로자 특례

보험급여를 산정할 때 진폐 등 대통령령으로 정하는 직업병으로 보험급여를 받게 되는 근로자에게 그 평균임금을 적용하는 것이 근로자 보호에 적당하지 아니하다고 인정되면 대통령령으로 정하는 산정방법에 따라 산정한 금액을 그 근로자의 평균임금으로 한다(산재법 제36조제6항).

5. 평균임금 산정 관련 실무 사례

① 연차유급휴가미사용수당은 평균임금 산정사유 발생일 이전에 기 지급된 경우가 아니면 평균임금산정 기준임금에 포함되지 않는다.[540)]

2012년도에 부여 받은 연차유급휴가 15일 중 10일을 미사용하고 2013.1.1자로 퇴직하는 경우, 이때 지급되는 연차유급휴가 미사용수당은 평균임금 산정사유 발생일인 2013.1.1 이전에 이미 지급된 임금이 아니므로 퇴직금 산정을 위한 평균임금 산정 기준임금에 포함되지 않는다.

② 노동조합 무급 전임자가 사업장에 복귀하지 아니하고 바로 퇴직할 경우, 노조전임 개시일이 평균임금 산정 사유발생일이 된다.[541)]

상급단체 파견전임자가 근로시간면제자가 아닌 노조전임자(무급인 전임자)에 해당하는 경우라면 평균임금은 노동조합 전임을 개시한 날(최종 임금지급일)을

539) 미리 정하여진 1일 동안의 근로시간에 대하여 근로하는 대가로 지급되는 임금을 말한다.
540) 근로개선정책과-4298, 2013.7.23.
541) 근로개선정책과-6704, 2013.11.12.

'평균임금을 산정하여야 할 사유가 발생한 날'로 본다.

③ 6개월 단위로 보상휴가를 실시하고 정산하는 경우, 평균임금 산정사유 발생일 이전에 이미 발생한 보상휴가미사용수당액의 3/6을 평균임금 산정 기준임금에 포함하는 것이 타당하다.[542)]

연차유급휴가미사용수당의 퇴직금 산정을 위한 평균임금 포함 여부에 있어서는 퇴직하기 전 이미 발생한 연차유급휴가미사용수당액의 3/12을 평균임금 산정 기준임금에 포함하는 바, 이는 연차유급휴가미사용수당이 매월 지급되는 임금이 아니라는 점을 감안하여 근로월별로 균등하게 산입하려는 것이다. 따라서, 6개월 단위로 보상휴가제를 실시하고 정산하는 경우라면, 퇴직시점에 따라 평균임금이 적거나 많아지는 경우가 발생하지 않도록 평균임금 산정사유 발생일 이전에 이미 발생한 보상휴가미사용수당액의 3/6을 평균임금 산정 기준임금에 포함하는 것이 타당하다.

④ 지급일을 기준으로 재직 시에만 정액으로 지급하는 명절휴가비는 평균임금 산정 기준임금에 포함된다.[543)]

명절휴가비가 단체협약·취업규칙 등에 그 지급근거가 정하여져 있거나 또는 관행에 따라 전체 근로자에게 정기적·일률적으로 지급되는 경우라면 이는 법상 임금으로 평균임금에 해당한다.

⑤ 취업규칙에 의해 근로자가 부담하여야 하는 건강보험료를 회사가 납부해온 경우 평균임금에 포함된다.[544)]

취업규칙에 의해 관계 법령상 근로자가 부담하여야 하는 건강보험료를 회사가 납부하고 그에 해당하는 금액을 계속적·정기적으로 근로자에게 지급하여 온 경우라면 이는 근로의 대가로서 임금에 해당한다.

542) 근로개선정책과-370, 2014.1.24.

543) 근로개선정책과-2185, 2014.4.9.

544) 근로기준정책과-3623, 2015.8.10.

⑥ 성과상여금(경영평가성과급)의 경우도 계속적·정기적으로 지급되고 지급대상, 지급조건 등이 확정되어 있어 사용자에게 지급의무가 지워져 있다면 평균임금 산정의 기초가 되는 임금에 해당한다.[545)]

경영평가성과급이 계속적·정기적으로 지급되고 단체협약·취업규칙·급여규정·근로계약·노동관행 등에 의해 지급대상, 지급조건 등이 확정되어 있어 사용자에게 지급의무가 있다면, 이는 근로의 대가로 지급되는 임금의 성질을 가지므로 평균임금 산정의 기초가 되는 임금에 포함되며, 경영실적 평가결과에 따라 그 지급 여부나 지급률이 달라질 수 있다고 하더라도 그러한 이유만으로 경영평가성과급이 근로의 대가로 지급된 것이 아니라고 볼 수 없다.

⑦ 근로시간면제자가 받는 급여는 임금에 해당하며, 평균임금 산정시 특별한 사정이 없는 한 단체협약 등에 따라 지급받는 급여를 기준으로 하되 과다하게 책정되어 임금으로서의 성격을 가지고 있지 않은 초과급여 부분은 제외한다.[546)]

근로시간면제자가 받는 급여는 근로시간면제에 따라 사용자에 대한 관계에서 제공한 것으로 간주되는 근로의 대가로서 그 성질이 임금에 해당하며, 평균임금 산정 시 특별한 사정이 없는 한 단체협약 등에 따라 지급받는 급여를 기준으로 하되 과다하게 책정되어 임금으로서의 성격을 가지고 있지 않은 초과급여 부분은 제외한다. 여기서 과다 여부의 기준은 일반 근로자로 근로했다면 해당 사업장에서 동종 혹은 유사 업무에 종사하는 동일 또는 유사 직급·호봉의 일반 근로자의 통상 근로시간과 근로조건 등을 기준으로 받을 수 있는 급여 수준이나 지급기준과 비교하여 사회통념상 수긍할만한 합리적인 범위를 초과할 정도로 과다하지 않을 것 등이다.

545) 대판 2018.10.12., 2015두36157. 대판 2018.12.13., 2018다231536.
546) 대판 2018.4.26., 2012다8239.

주/요/쟁/점/실/무

제10절 통상임금 관련 쟁점

1. 의 의

(a) "통상임금"이라 함은 "근로자에게 정기적이고 일률적으로 소정(所定)근로 또는 총 근로에 대하여 지급하기로 정한 시간급 금액, 일급 금액, 주급 금액, 월급 금액 또는 도급 금액을 말한다."라고 규정하고 있다(근기법시행령 제6조제1항).

(b) 판례[547]는 통상임금을 '근로계약에서 정한 근로를 제공하면 확정적으로 지급되는 임금'이라 정의하고, 통상임금 해당여부는 임금의 명칭이나 지급주기의 장단 등 형식적인 기준이 아니라 임금의 객관적 성질이 통상임금의 법적인 요건을 갖추었는지 여부에 따라 판단하고 있다.

(c) 이러한 통상임금은 근로자가 통상적으로 지급받는 임금으로서, 연장근로수당·야간근로수당·휴일근로수당·해고예고수당 등 법정수당을 산정하기 위해 산정단위로 활용되는 도구적 개념으로 사전적·평가적 성격을 가진다.

2. 통상임금 적용범위

(a) 통상임금은 1953년 제정 「근기법」부터 연장근로가산수당과 연차유급휴가수당 산정기초 임금으로 적용되었고, 그 후 해고예고수당(1961년), 휴업수당(1996년)에 까지 확대되었다.

(b) 현행 「근기법」·「고보법」 등에 통상임금을 적용하도록 직접 명시하고 있는 근로조건은 다음과 같다.

① 평균임금의 정의(평균임금이 통상임금보다 적으면 통상임금을 평균임금으로 함, 근기법 제2조제2항)

547) 대판 2013.12.18, 2012다89399.

② 해고예고수당(30일분 이상의 통상임금, 근기법 제26조)
③ 연장·야간·휴일근로가산수당(통상임금의 50% 이상 가산, 근기법 제56조)
④ 연차유급휴가수당(통상임금 또는 평균임금으로 연차유급휴가미사용수당 지급, 근기법 제60조)
⑤ 출산전후휴가급여(고용보험에서 통상임금으로 지급, 고보법 제76조)
⑥ 육아휴직급여(월 통상임금의 80% 또는 40%, 고보법시행령 제95조)
⑦ 휴업수당(평균임금의 70%가 통상임금을 초과하는 경우 통상임금으로 지급, 근기법 제46조)
⑧ 실업(구직)급여[수급자격자의 기초일액의 50%(평균임금이 통상임금보다 낮을 경우 통상임금으로 지급), 고보법 제45조]
⑨ 단시간근로자 초과근로가산수당(통상임금의 50% 이상, 기간제법 제6조)

3. 통상임금 판단기준

(a) 통상임금과 관련 그간 상여금이나 각종 수당 등의 통상임금성을 둘러싸고 판례와 고용노동부 예규(통상임금산정지침, 1988)사이에 불일치가 발생하였고, 그 결과 해석상의 논란이 지속적으로 제기되어 왔다.[548]

(b) 이와 관련, 대법원 전원합의체는 2013.12.18 판결[549]에서 정기상여금이 통상임금에 포함되고 통상임금 요건으로 ① 소정근로의 대가, ② 정기성, ③ 일률성, ④ 고정성이 충족되어야 함을 확실히 함과 동시에 각각의 요건들에 대해서도 구체적이고 명확한 판단기준을 제시하였다.

야간, 휴일, 연장근무 등 초과근로수당 산정 등의 기준이 되는 통상임금이 되기 위해서는, 초과근무를 하는 시점에서 보았을 때, 근로계약에서 정한 근무의 대가로 지급될 어떤 항목의 임금이, 일정한 주기에 따라 정기적으로 지급이 되고(정기성), '모든 근로자'나 '근

548) 일본의 경우, 勞働基準法에 통상임금(할증임금 기초가 되는 임금)에서 제외 되는 수당을 명시하고 있다(제37조제5항). 즉, 근로와 직접 관계가 없는 수당으로 '가족수당, 통근수당 등'과 '1개월이 넘는 기간마다 지급되는 임금'을 제외시키고 있으며, 이와 함께 노사간 합의로 통상임금에 포함시키기로 했는지 여부에 따라 판단이 달라질 수 있는 등 노사간 자율적 합의를 존중하고 있다.

549) 대판 2013.12.18, 2012다89399.

로와 관련된 일정한 조건 또는 기준에 해당하는 모든 근로자'에게 일률적으로 지급이 되며(일률성), 그 지급 여부가 업적이나 성과 기타 추가적인 조건과 관계없이 '사전에 이미 확정되어 있는 것'(고정성)이어야 하는데, 이러한 요건을 갖추면 그 명칭과 관계없이 통상임금에 해당한다.

가. 소정근로의 대가

ⓐ 소정근로의 대가는 "근로자가 근로계약에 따라 소정근로시간에 통상적으로 제공하기로 정한 근로에 관하여 사용자와 근로자가 지급하기로 약정한 금품"이라고 정의한다. 어떠한 금품이 소정근로의 대가인지는 소정근로시간에 통상적으로 제공하기로 정한 근로자의 근로의 가치를 어떻게 평가하고 그에 대하여 얼마의 금품을 지급하기로 정했는지를 기준으로 전체적으로 판단해야 한다.

ⓑ 소정근로의 대가로 볼 수 없는 임금은 다음과 같다.

① 근로자가 소정근로시간을 초과하여 근로를 제공하여 지급받는 임금

② 근로계약에서 제공하기로 정한 근로 외의 근로를 특별히 제공함으로써 사용자로부터 추가로 지급받는 임금

③ 소정근로시간의 근로와는 관련 없이 지급받는 임금

ⓒ 다만, 약정한 금품이 소정근로시간에 근무한 직후나 그로부터 가까운 시일 내에 지급되지 아니하였다고 하여 소정근로의 대가가 아니라고 할 수 없다.

나. 정기성

ⓐ 정기성은 미리 정해진 일정한 기간마다 정기적으로 지급되는지 여부에 관한 것으로서, 1개월을 초과하는 기간마다 지급되더라도 일정한 간격을 두고 계속적으로 지급되는 것이면 통상임금이 될 수 있다.[550)]

550) 대판 2013.12.18, 2012다89399. …통상임금에 속하기 위한 성질을 갖춘 임금이 1개월을 넘는 기간마다 정기적으로 지급되는 경우, 이는 노사간의 합의 등에 따라 근로자가 소정근로시간에 통상적으로 제공하는 근로의 대가가 1개월을 넘는 기간마다 분할 지급되고 있는 것일 뿐, … 정기상여금과 같이 일정한 주기로 지급되는 임금의 경우 단지 그 지급주기가 1개월을 넘는다는 사정만으로 그 임금이 통상임금에서 제외된다고 할 수는 없다.

대법원은 '1임금지급주기'를 통상임금의 요건으로 볼 수 없는 근거를 아래와 같이 제시하고 있다.

〈1임금지급주기가 통상임금의 요건이 아님을 판단한 근거〉

① 「근기법」 제43조제2항*의 정기불 지급원칙은 근로자의 생활안정을 도모하려는 것이므로 이를 근거로 1개월 넘는 기간마다 지급되는 임금을 통상임금에서 제외된다고 해석할 수 없음

* (근기법 제43조제2항) 임금은 매월 1회 이상 일정한 날짜를 정하여 지급하여야 한다. 다만, 임시로 지급하는 임금, 수당, 그 밖에 이에 준하는 것 또는 대통령령으로 정하는 임금에 대하여는 그러하지 아니한다.

② 「근기법시행령」 제6조제1항*의 정의규정 중 시간급·일급·주급·월급 금액 등은 다양한 기간을 단위로 산정·지급되는 임금의 형태를 예시한 것에 불과함

* (근기법시행령 제6조제1항) 법과 이 영에서 "통상임금"이란 근로자에게 정기적이고 일률적으로 소정근로 또는 총근로에 대해 지급하기로 정한 시간급 금액, 일급 금액, 주급 금액, 월급 금액 또는 도급 금액을 말한다.

③ 최저임금은 근로자의 생활안정 등을 위하여 매월 1회 이상 정기적으로 지급하는 임금 이외의 임금은 최저임금 비교대상 임금에서 제외하고 있으나 이를 근거로 통상임금을 1임금지급기로 한정하여야 한다고 볼 수 없음

ⓑ 따라서 1개월을 넘어 2개월, 분기(3개월), 반기(6개월), 연 단위로 지급되더라도, 정기적으로 지급되는 것이면 '정기성' 요건은 충족된다.

다. 일률성

ⓐ 일률성은 '모든 근로자'에게 지급되는 것뿐만 아니라 '일정한 조건 또는 기준에 달한 모든 근로자'에게 지급되는 것도 포함하는 개념으로서, 일률적으로 지급되어야 통상임금이 될 수 있다.

ⓑ '일정한 조건 또는 기준'은 작업 내용이나 기술, 경력 등과 같이 소정근로의 가치 평가와 관련된 조건이어야 하며, 시시때때로 변동되지 않는 고정적인 조건이어야 한다.

〈'일률성' 요건의 구체적 적용〉

① 단체협약이나 취업규칙 등에서 휴직이나 복직자, 징계대상자에 대한 지급제한 사유를 규정한 임금이라도 이는 해당 근로자의 개인적 특수성을 고려한 것일 뿐이므로 정상적인 근로관계를 유지하고 있는 근로자에 대하여 그 해당 임금의 일률성이 부정되지 아니함
② 가족수당 : 부양가족 수에 따라 차등 지급되는 경우는 근로와 관련된 일정한 조건 또는 기준에 따른 것이라 할 수 없어 일률성이 부정됨(眞性 가족수당). 다만, 기본금액을 동일하게 지급하면서 부양가족 수에 따라 추가적으로 지급하는 경우 그 기본금액은 통상임금에 해당. 모든 근로자에게 일정금액을 기본금액으로 지급하는 가족수당은 통상임금에 포함됨

라. 고정성

(a) '고정성'은 근로자가 초과근로를 제공할 당시에, 그 지급 여부가 업적, 성과 기타 추가적인 조건과 관계없이 사전에 이미 확정되어 있는 것이어야 인정된다.

(b) 또한, '고정적 임금'은 임금의 명칭을 묻지 않고, 소정근로시간을 근무한 근로자가 그 다음 날에 퇴직한다 하더라도 근로의 대가로 당연하고도 확정적으로 지급받게 되는 최소한의 임금을 말한다.

(c) 따라서, 근로자가 소정근로를 제공하더라도 추가적인 조건을 충족하여야 지급되는 임금이나 조건충족 여부에 따라 지급액이 변동되는 임금 부분은 고정성을 갖춘 것이라고 할 수 없다.[551)]

〈고정성 판단기준〉

① 초과근로를 제공할 당시에 그 지급 여부가 업적, 성과 기타의 '추가적인 조건에 관계없이' 지급될 것이 확정되어 있는지 여부를 기준으로 판단해야 한다(사전확정성).
여기서, '추가적 조건'이란 '초과근무를 제공하는 시점'에 성취 여부가 불분명한 조건을

551) 이와 관련, 최근 서울고법은 고정적으로 지급하는 정기상여금은 기본급과 다를 수 없으므로 기본급에 재직자조건을 부가하는 것을 허용할 수 없는 것과 마찬가지로 적어도 고정급 형태의 정기상여금에 재직자조건을 부가하여 이미 제공한 근로에 상응하는 부분까지 지급하지 아니하는 것은 그 유효성을 인정할 수 없으므로 재직자조건은 무효(고정성 인정)라고 판단한 사례가 있다(서울고법 2018.12.28. 2017나2025282).

의미하므로 근로제공 이외에 추가적인 조건이 충족되어야 지급되는 임금이나, 그 충족 여부에 따라 지급액이 달라지는 임금 부분은 고정성이 결여되었다고 본다. 다만, 지급액 중 추가적인 조건에 따라 달라지지 않는 부분만큼은 고정성을 인정한다.

② 실제 근무성적에 따라 지급 여부나 지급액이 달라지는 성과급과 같은 임금은 고정성이 없어 통상임금이 될 수 없는 대표적인 경우이다.
다만, 이 경우에도 최소한도로 보장되는 부분만큼은 근무성적과 무관하게 누구나 받을 수 있는 고정적인 것이므로, 통상임금이 될 수 있다.

③ 지급일 기타 특정 시점에 재직 중인 근로자에게만 지급하는 임금은 고정성을 결여한 것으로 판단한다.

4. 통상임금에 관한 노사합의의 효력

가. 원 칙

(a) 노사가 「근기법」이 정한 기준보다 낮은 임금 등 불리하게 근로조건을 계약하는 것은 무효이다(근기법 제15조).

대법원은 법률상 통상임금에 해당하는 정기상여금 등의 임금을 통상임금에서 제외하기로 노사가 합의하였다 하더라도 위 합의는 「근기법」에 위반되어 무효임을 확인하였다.[552]

(b) 따라서, 노사합의로 통상임금에 해당하는 임금을 산정에서 제외하기로 한 경우, 근로자는 법률상 통상임금에 해당되는 임금을 통상임금 산정에 포함시켜 다시 초과근로수당을 계산한 다음, 소급하여 이미 지급받은 것과의 차액을 추가임금으로 청구할 수 있다. 다만, 사용자가 소멸시효 항변을 할 경우 최종 3년분만 인정이 가능하다.

552) 대판 2013.12.18, 2012다89399. … 근로기준법이 정하는 근로조건은 최저기준이므로(근기법 제3조), 그 기준에 미치지 못하는 근로조건을 정한 근로계약은 그 부분에 한하여 무효로 되며, 이에 따라 무효로 된 부분은 근로기준법에서 정한 기준에 따른다(근기법 제15조). 통상임금은 위 근로조건의 기준을 마련하기 위하여 법이 정한 도구개념이므로, 사용자와 근로자가 통상임금의 의미나 범위 등에 관하여 단체협약 등에 의해 따로 합의할 수 있는 성질의 것이 아니다.

나. 예외(신의성실원칙의 적용)

(a) 통상임금에 속하는 임금을 통상임금에서 제외하기로 한 노사 합의가 「근기법」에 위반되어 무효이더라도 신의성실원칙(이하 '신의칙') 요건을 갖춘 경우에는 추가임금 청구가 허용되지 않는다. 신의칙 적용요건은 다음과 같다.

① 통상임금에 포함하지 않고 산정한 항목이 정기상여금[553]일 것

② 노사가 정기상여금이 통상임금에 해당되지 않는다고 신뢰한 상태에서 이를 통상임금에서 제외하는 합의[554]를 하고 이를 토대로 임금인상률 등 그 밖의 임금 조건을 정하였을 것

③ 근로자가 추가임금을 청구할 경우 예측하지 못한 재정적 부담으로 기업에 '중대한 경영상 어려움'을 초래하거나 그 존립이 위태롭게 될 수 있다는 사정이 있을 것[555]

(b) 이와 관련 대법원은 "노사합의의 내용이 「근기법」의 강행규정을 위반한다고 하여 그 노사합의의 무효 주장에 대하여 예외 없이 신의칙의 적용이 배제되는 것은 아니다. 신의칙을 적용하기 위한 일반적인 요건을 갖춤은 물론 「근기법」의 강행규정성에도 불구하고 신의칙을 우선하여 적용하는 것을 수긍할만한 특별한 사정이 있는 예외적인 경우에 한하여 그 노사합의의 무효를 주장하는 것은 신의칙에 위배되어 허용될 수 없다"라고 판시했다.

553) 정기상여금이란 일정한 대상기간에 제공되는 근로에 대응하여 1개월을 초과하는 일정한 기간마다 지급되는 상여금을 말한다.

554) 노사합의에는 단체협약 등 명시적 합의 이외에도 묵시적 합의나 근로관행도 포함된다.

555) 최근 대법원은 "근로자의 통상임금 재산정에 따른 추가 법정수당 청구가 사용자에게 중대한 경영상의 어려움을 초래하거나 기업의 존립을 위태롭게 하여 신의칙에 위반되는지는 신중하고 엄격하게 판단하여야 한다"고 하여 신의칙 적용요건을 엄격히 판단하여야 함을 추가로 판시했다(대판 2019.2.14. 2015다217287)

5. 통상임금 해당여부에 대한 구체적 기준

가. 근속기간에 따라 달라지는 임금(근속수당 등)

① 임금 지급여부나 지급금액이 근속기간에 따라 달라지는 경우로, 몇 년 이상 근속해야 지급하거나, 근속기간에 따라 임금계산방법이 다르거나 지급액이 달라지는 임금의 경우, 다음의 (a) 일률성과 (b) 고정성 요건을 충족할 경우 통상임금에 해당한다.

(a) 근속기간은 근로자의 숙련도와 밀접한 관련이 있고, 소정근로의 가치 평가와 관련이 있는 '근로와 관련된 일정한 조건 또는 기준'으로 볼 수 있으며, 일정한 근속기간 이상을 재직한 모든 근로자에게 임금을 지급한다면 '일률성' 요건을 충족한다.

(b) 또한, 근로자가 임의의 날에 연장·야간·휴일 등의 초과근로를 하는 시점에서 보았을 때, 그 근로자의 근속기간이 얼마나 되는지가 이미 확정되어 있고, 일정한 근속기간에 달한 근로자가 근로를 제공하면 다른 추가적인 조건의 성취여부와 관계없이 근속기간에 따른 임금을 확정적으로 지급받을 경우 '고정성'을 갖추고 있다고 본다.

② 그러나, 예컨대 1년 이상 계속 근무한 자에게는 1년당 10,000원씩 가산한 근속수당을 지급한다고 하더라도 매월 일정일 이상을 근무해야 지급하는 경우라면, 이러한 근속수당은 지급여부가 실제 근무성적에 따라 좌우되어 고정적 임금이라 볼 수 없으므로 통상임금으로 볼 수 없다.[556]

나. 근무일수 따라 달라지는 임금[557]

① 매 근무일마다 일정액을 지급하기로 한 임금의 경우 통상임금 해당

556) 대판 2014.8.20, 2013다10017.

557) 예컨대, 교통보조비, 식대보조비, 개근수당, 정근수당, 출근수당, 승무수당, 운행수당, 입갱수당 등이 있다.

근무일수에 따라 일할계산해서 지급되는 임금 등 매 근무일마다 일정액을 지급하기로 한 임금의 경우 통상임금에 해당한다. 즉, 근로자가 임의의 날에 소정근로를 제공하기만 하면 그에 대하여 일정액을 지급받을 것이 확정되어 있으면 고정성이 인정된다.

② 근무일수를 채워야만 지급되는 임금의 경우 통상임금이 아님

매월 15일 이상 근무해야만 지급되는 등 일정 근무일수를 채워야만 지급되는 임금의 경우에는 통상임금으로 볼 수 없다. 이 경우 소정근로 제공 외에 일정 근무일 충족이라는 추가적 조건을 성취하여야 하는바, 연장·야간·휴일 근로를 제공하는 시점에서 금액을 확정할 수 없기 때문에 고정성을 인정하기 어렵다.

③ 일정 근무일수에 따라 계산방법 또는 지급액이 달라지는 경우, 최소한도로 확정되어 있는 범위의 임금은 통상임금에 해당

일정 근무일수에 따라 계산방법 또는 지급액이 달라지는 임금의 경우, 소정근로를 제공하면 적어도 일정액 이상의 임금이 지급될 것이 확정되어 있는 최소한도의 범위에서는 고정성을 인정할 수 있다. 예컨대, 근무일수가 15일 이상이면 특정명목의 급여를 전액 지급하고, 15일 미만이면 근무일수에 따라 그 급여를 일할 계산하여 지급하는 경우인데, 이때 최소한 일할 계산되는 금액 한도는 통상임금에 해당한다.

다. 특정 시점에 재직 중인 근로자에게만 지급되는 임금[558]은 통상임금으로 볼 수 없으나, 특정시점에 퇴직하더라도 그 근무일수에 비례하여 지급되는 한도에서는 통상임금 해당한다.

ⓐ 소정근로를 했는지 여부와는 관계없이 지급일 기타 특정 시점에 재직 중인 근로자에게만 지급하기로 정해져 있는 임금의 경우, 통상임금으로 볼 수 없다. 이는 근로제공과 무관하게 재직만이 지급조건이 되어 소정근로의 대가가 인

558) 예컨대, 정기상여금, 설·추석 상여금, 하계휴가비, 성과수당, 체력단련비, 명절떡값 등이 있다.

정되지 않으며, 초과근로를 제공하는 시점에서 보았을 때, 그 근로자가 그 특정 시점에 재직하고 있을지 여부는 불확실하므로 고정성이 부정되기 때문이다.

(b) 다만, 퇴직시 일할 계산하여 지급하기로 한 경우 등 특정시점에 퇴직하더라도 그 근무일수에 따라 달라지는 임금은 그 근무일수에 비례하여 지급되는 한도에서는 통상임금 해당한다. 이는 특정 시점 전에 퇴직하더라도 그 근무일수에 비례한 만큼의 임금이 지급되는 경우, 근무일수에 비례하여 지급되는 한도에서는 고정성이 인정되기 때문이다.

라. 근무실적에 좌우되는 임금(성과급 등)

① 근무실적을 평가하여 이를 토대로 지급여부나 지급액이 정해지는 임금 즉 일반적으로 성과급은 통상임금에 해당하지 않는다.

다만, 근무실적에 관하여 최하등급을 받더라도 지급받을 수 있는 그 최소한도의 임금은 통상임금에 해당한다. 예를 들어, 근무실적을 A, B, C로 평가하여 최하 C등급에도 100만원의 성과급을 지급한다면, 최소 100만원은 보장되므로 100만원만큼만 통상임금에 해당되며, 나머지는 통상임금으로 볼 수 없다.

② 그러나, 근로자의 전년도 업무 실적에 따라 당해 연도에 지급 여부나 지급액을 정하는 임금의 경우 통상임금에 해당한다.

이는, 초과근무를 제공하는 시점인 당해 연도에는 그 성과급 등의 지급여부나 지급액이 확정되어 있으므로 고정성이 인정되기 때문이다(예 : 성과연봉).

그러나, 보통 전년도에 지급할 것을 그 지급시기만 늦춘 것에 불과하다고 볼 만한 특별한 사정이 있는 경우에는 일반적인 성과급과 마찬가지로서 고정성을 인정할 수 없어 통상임금으로 볼 수 없다.

마. 특수한 기술, 경력 등을 조건으로 하는 임금[559]은 통상임금에 해당한다.[560]

특정 자격증 또는 기술을 보유한 경우 지급하는 수당 등 특수한 기술의 보유나 특정한 경력의 구비 등이 지급의 조건으로 부가되어 있는 경우 통상임금에 해당한다. 이는 연장·야간·휴일근로 등 초과근로를 제공하는 시점에서 보았을 때, 특수한 기술의 보유나 특정한 경력의 구비 여부는 기왕에 확정된 사실이므로 고정성이 인정되기 때문이다.

6. 각종 금품(수당 등)의 통상임금 해당여부 실무 사례

가. 통상임금 해당 금품

(a) 급식비

① 매월 일정액을 전 직원에게 지급한 경우[561]

② 전 근로자에게 출근일에 일정금액 상당의 식사를 현물로 제공하되, 식사를 하지 않은 근로자에게 위 금원 상당의 쿠폰을 지급한 경우[562]

(b) **개인연금·단체보험료 지원금** : 단체협약에 따라 전 근로자를 피보험자로 하여 개인연금보험에 가입하고 매월 보험료 전액을 대납하고 근로소득세까지 원천징수한 경우

(c) **월동보조비·김장보너스** : 단체협약이나 취업규칙 등의 규정에 따라 매년 특정시기에 일정액을 전 근로자에게 지급하는 경우[563]

(d) **출퇴근 교통비** : 교통비 명목으로 출근일수에 따라 전 근로자에게 매월 일

559) 예컨대, 자격수당, 면허수당, 기술수당, 기능수당, 특수작업수당, 위험수당 등이 있다.
560) 근로기준정책과-655, 2015.3.5.
561) 대판 2000.12.22, 99다10806 ; 근로기준정책과-655, 2015.3.5.
562) 대판 1993.5.11, 93다4816.
563) 대판 1996.2.9, 94다19501.

정액을 지급하는 경우[564)]

(e) **근무일수에 따라 지급되는 승무수당·운항수당 등** : 임금 지급조건에 따라 매 근무일수마다 일할 계산하여 지급하는 임금으로 근로자가 임의의 날에 소정근로를 제공하기만 하면 이에 대한 근로의 대가를 지급 받을 것이 확정되어 있는 경우

(f) **조정수당·능률수당·물가수당·생산장려수당** : 임금격차를 조정하기 위한 조정수당, 업무능률 향상을 위한 능률수당 또는 생산장려수당 등 고정급 임금으로 1임금산정기간마다 소정근로시간에 대해 정기적·일률적으로 지급되는 경우

(g) **승무수당** : 운전원들을 대상으로 실제 승무한 일수에 일급액을 곱하여 매 급여일에 지급되는 경우라면, 이는 실제 근무일수에 따라 그 지급액이 달라지기는 하지만 운전원인 근로자가 임의의 날에 소정근로를 제공하기만 하면 그에 대하여 일정액을 지급받을 것이 확정되어 있으므로 정기적, 일률적, 고정적 임금에 해당되어 통상임금으로 볼 수 있음[565)]

(h) **가족수당** : 모든 근로자에게 기본금액을 가족수당 명목으로 지급하면서 실제 부양가족이 있는 근로자에게는 일정액을 추가적으로 지급하는 경우의 그 기본금액과, 부양가족 수와 관계없이 전 사원에게 1만원씩 지급하고 부양가족 수에 따라 추가 지급하는 경우의 전 사원에게 동일하게 지급되는 가족수당 분(1만원)은 통상임금에 해당함.[566)]

나. 통상임금에 해당하지 않은 금품

(a) **급식비** : ① 실제 근무자에게 현물로 제공하는 식사,[567)] ② 일시적이거나 일부근로자에게만 지급하는 경우, ③ 일정근무일수를 채워야 지급하는 경우

564) 대판 2003.6.13, 2002다74282.
565) 근로기준정책과-5617, 2014.10.13.
566) 근로기준정책과-3767, 2014.7.4.
567) 대판 2002.7.23, 2000다29370.

(b) **개인연금·단체보험료 지원금** : 소정근로와 관계없이 지급일이나 특정시점에 재직 중인 근로자에게만 지급하는 경우[568)]

(c) **월동보조비·김장보너스** : 사전에 지급액이 확정되지 않고 매년 지급 직전에 노사협의로 액수를 정하여 지급하는 경우[569)]

(d) **학비보조금·교육수당** : 재학 중에 있는 자녀가 있는 근로자에 한하여 지급하는 경우[570)]

(e) **명절선물·생일자지원금** : 금품의 명칭에 관계없이 단체협약·취업규칙·관행 등으로 지급일 당시 재직 중인 근로자에게만 지급하는 경우[571)]

(f) **차량유지비·자가운전보조비** : 차량 보유를 조건으로 지급되거나 개인 소유 차량을 업무용으로 사용할 때 필요한 비용을 지원하는 경우, 일정 직급이상 차량 보유 직원에게 운전보조비를 지원하는 경우는 계속적·정기적으로 지급되었어도 근로의 대상으로 지급된 것으로 볼 수 없음[572)]

(g) **경영성과배분금·생산장려금·포상금·인센티브·격려금** : 지급사유 발생이 불확정적이고 일시적으로 지급되거나 지급조건이 경영성과 등과 같이 개인 업무실적 또는 근로제공과 직접적인 관련이 없는 요소에 의해 결정되고, 지급 여부 및 대상이 유동적인 경우[573)]

(h) **연장·야간·휴일근로수당** : 초과근로수당은 원칙적으로 소정근로시간에 대하여 지급하기로 정한 금품이 아니며, 설사 포괄임금제에 의하여 매월 고정급으로 지급된 것이라 하더라도 초과근로를 제공한 대가로 지급된 경우 통상임금에 포함시킬 수 없음[574)]

---

568) 대판 2013.12.18, 2012다89399.

569) 대판 2013.12.18, 2012다94643.

570) 대판 1991.6.28, 90다카14758.

571) 대판 2013.12.18, 2012다89399.

572) 대판 1995.5.12, 94다55934.

573) 대판 2013.4.11, 2012다48077.

(i) **연차유급휴가미사용수당·주휴수당** : 휴가일에 근로를 제공하여 지급되는 연차휴가미사용수당은 근로자가 휴가일에 근로제공 여부를 선택함에 따라 지급 여부가 결정되므로 실체적으로 소정근로의 대가와 무관하며, 소정근로일수의 개근 여부에 따라 지급여부가 결정되는 주휴수당의 경우도 통상임금에 해당하지 않음[575]

(j) **가족수당** : 미취학 자녀가 있는 직원에게 지급되는 가족수당의 경우, 고정성 여부는 별론으로 하더라도 부양가족 수에 따라 차등 지급되는 임금은 근로와 관련된 일정한 조건 기준에 따른 것이라 할 수 없어 일률성이 결여되므로 통상임금으로 보기 어려움.[576]

7. 임금유형별 통상임금 해당여부(대법원 전원합의체 판결)[577]

임금유형	임금의 특징	통상임금 해당여부
① 기술·자격·면허수당	기술이나 자격보유자, 특정한 경력이 있는 자에게 지급되는 수당	통상임금 ○
② 근속수당	근속기간에 따라 지급여부나 지급액이 달라지는 임금	통상임금 ○
③ 가족수당	실제 부양가족이 있거나 그 수에 따라 달라지는 가족수당	통상임금 × (근로와 무관한 조건)
	부양가족 수와 관계없이 모든 근로자에게 지급되는 가족수당	통상임금 ○ (명목만 가족수당, 일률성 인정)
④ 성과급	근무실적을 평가하여 지급여부나 지급액이 결정되는 성과급	통상임금 × (조건에 좌우됨, 고정성 인정×)
	최소한도가 보장되는 성과급	그 최소한도만큼만 통상임금 ○ (그 만큼은 일률적, 고정적 지급)
	전년도 근무실적으로 당해 연도에 지급되는 성과급	통상임금 ○ (이미 확정되어 있어 고정성 인정)

574) 대판 1991.4.23, 89다카32118 ; 대판 1990.11.27, 89다카15939.

575) 대판 2007.4.12, 2006더81974 ; 대판 1998.4.24, 97다28421.

576) 근로기준정책과-655, 2015.3.5.

577) 대판 2013.12.18, 2012다89399.

		통상임금 × (전년도 지급분을 그 시기만 늦춘 경우, 고정성 인정×)
⑤ 상여금	정기적인 지급이 확정되어 있는 상여금(정기상여금)	통상임금 ○
	설·추석에 각 일정액(%) 지급하나 재직자에게만 지급	통상임금 × (소정 근로의 대가×, 고정성 인정×)
	기업실적에 따라 일시적, 부정기적, 사용자 재량에 따른 상여금 (경영성과분배금, 격려금, 인센티브)	통상임금 × (사전 미확정, 고정성 인정×)
⑥ 특정시점 재직 시에만 지급되는 금품(명절귀향비나 하계휴가비 등)	특정시점에 재직 중인 근로자만 지급받는 금품	통상임금 × (근로의 대가×, 고정성×)
	특정시점이 되기 전 퇴직 시에는 근무일수에 비례하여 지급되는 금품	통상임금 ○ (근무일수 비례하여 지급되는 한도에서는 고정성○)
⑦ 근무일수에 따라 달라지는 임금	매 근무일마다 일정액을 지급하기로 한 임금(일할 계산)	통상임금 ○ (고정성○)
	일정한 근무일수를 채워야 지급하는 임금	통상임금 × (고정성×)
	일정 일수 이상이면 전액지급하고 일정 일수 미만이면 일할 계산	통상임금 ○ (최소 한도분은 고정성○)

8. 통상임금 산정방법

가. 산정 원칙

(a) 통상임금은 시간급으로 산정하는 것이 원칙이다. 통상임금을 계산기초로 사용하는 연장·야간·휴일근로수당 등이 시간단위로 산정되기 때문이다.

(b) 「근기법시행령」에는 통상임금 산정방법에 대해 다음과 같이 규정하고 있다(제6조).

1. 시간급 금액으로 정한 임금은 그 금액
2. 일급 금액으로 정한 임금은 그 금액을 1일의 소정근로시간 수로 나눈 금액
3. 주급 금액으로 정한 임금은 그 금액을 주의 통상임금 산정 기준시간 수(법 제

2조제1항제7호에 따른 주의 소정근로시간과 소정근로시간 외에 유급으로 처리되는 시간을 합산한 시간)로 나눈 금액

4. 월급 금액으로 정한 임금은 그 금액을 월의 통상임금 산정 기준시간 수(주의 통상임금 산정 기준시간 수에 1년 동안의 평균 주의 수를 곱한 시간을 12로 나눈 시간)로 나눈 금액
5. 일·주·월 외의 일정한 기간으로 정한 임금은 제2호부터 제4호까지의 규정에 준하여 산정된 금액
6. 도급 금액으로 정한 임금은 그 임금 산정 기간에서 도급제에 따라 계산된 임금의 총액을 해당 임금 산정 기간(임금 마감일이 있는 경우에는 임금 마감 기간을 말한다)의 총 근로 시간 수로 나눈 금액
7. 근로자가 받는 임금이 제1호부터 제6호까지의 규정에서 정한 둘 이상의 임금으로 되어 있는 경우에는 제1호부터 제6호까지의 규정에 따라 각각 산정된 금액을 합산한 금액
8. 통상임금을 일급 금액으로 산정할 때에는 제2항에 따른 시간급 금액에 1일의 소정근로시간 수를 곱하여 계산한다.

나. 통상임금 산정기준시간[578)]

(a) 통상임금은 시간급과 '소정근로시간' 또는 '통상임금 산정기준시간수'로 산정한다. '소정근로시간'이란 법정기준근로시간의 범위 내에서 근로자와 사용자가 근로하기로 약정한 시간을 말하며, '통상임금 산정기준시간수'란 통상시급을 산출하기 위한 기준시간을 말한다.

(b) 통상시급은 일급제의 경우 소정근로시간, 주급이나 월급제 등의 경우에는 소정근로시간에 유급처리 되는 시간을 포함하여 산정하게 되므로, 유급처리 되는 시간을 어떻게 포함하느냐에 따라 지급액이 달라진다.

578) 최영우, 「개별노동법 실무」, ㈜중앙경제, 2017, pp.628~631 참고.

1) 주 통상임금 산정기준시간수

'주 통상임금 산정기준시간수'란 주 소정근로시간에 소정근로시간 이외의 유급 처리되는 시간(주휴일 등)을 합한 시간을 말한다.

ⓐ 주 소정근로시간을 40시간으로 하고 휴무일을 무급휴일로 하면, 주 소정근로시간(40시간)+8시간(주휴일)=48시간이 된다.

ⓑ 주 40시간근로에 휴무일을 약정(유급)휴일로 할 경우, 주 소정근로시간(40시간)+8시간(주휴일)+8시간(약정휴일)=56시간이 된다.[579)]

2) 월 통상임금 산정기준시간수

'월 통상임금 산정기준시간수'란 주의통상임금산정기준시간에 1년간의 평균 주(週)수를 곱한 시간을 12로 나눈 시간을 말한다. 월 통상임금 산정기준시간수는 휴일의 성격에 따라 여러 가지 형태로 나타난다.

① 주 5일(1일 8시간)을 근로하기로 하고, 1일은 유급주휴일, 1일은 무급휴무일(또는 무급휴일)로 처리하는 경우 → 209시간[580)]

주	월
(8시간×5일)+8시간=48시간	① {(40시간+8시간)×365일/7일}÷12월≒209시간 ② {(40시간+8시간)×52주+8시간}÷12월≒209시간

② 주 5일(1일 8시간)을 근로하기로 하고, 2일을 유급휴일로 한 경우 → 243시간

주	월
(8시간×5일)+(8시간×2일)=56시간	(56시간×365일/7일)÷12월≒243시간

③ 주 5일 35시간(1일 7시간), 6일째는 5시간인 경우 → 204시간

{(40시간+주휴 7시간)×52주+7시간}÷12월≒204시간

579) 근기 68207-2326, 2000.8.3.

580) 정확히 산정하면 208.57시간이 되나, 계산의 편의상 반올림하여 209시간으로 한다.

④ 유해·위험작업 종사자(5일은 6시간, 1일은 4시간인 경우) → 174시간

주	월
(6시간×5일+4시간×1일)+6시간=40시간	{(40시간×52주)+6시간}÷12월≒174시간

⑤ 18세 미만 연소 근로자의 경우 → 204시간

주5일 35시간 근무, 휴무일 무급처리시	주5일 35시간 근무, 휴무일 5시간 유급처리시
[{(7시간×5일)+7시간}×52주]+7시간≒183시간	[{(7시간×5일)+5시간+7시간}×52주]+7시간≒204시간

다. 통상임금 산정 사례

1) 시급제의 시간급 통상임금 산정

(1) 임금이 시간급으로만 정해진 경우

1일 8시간 주 4일 근무하기로 하고, 시급 7,000원을 받기로 계약한 경우, 특정일에 10시간을 근무한 경우 시간급 통상임금 및 당일의 총 임금?

① 시간급 통상임금 : 임금을 시간급으로 정한 경우에는 시급 7,000원이 통상임금

② 특정일에 10시간을 근무한 경우 법정기준근로시간 1일 8시간을 초과한 2시간은 연장근로에 해당 → 당일의 총임금은(8시간×7,000원)+(2시간×7,000원×1.5)=77,000원

(2) 임금이 시간급으로 되어 있으나 연장근로를 포함하여 일급형태로 지급받는 경우

시급을 7,000원으로 계약하고, 1일 10시간 근무하기로 한 경우, 시간급 통상임금 및 1일 임금 총액?

① 통상임금 산정기준시간 : 11시간(법정기준 8시간+연장 2시간×1.5)

② 시간급 통상임금 : 7,000원

③ 지급되어야 할 1일 총임금 : 시간급통상임금 7,000원×11시간=77,000원

2) 일급제의 시간급 및 일급통상임금 산정

1일 10시간 근로를 하고, 법정수당을 포함하여 일급으로 77,000원을 지급 받은 경우, 시간급 및 일급 통상임금?

(a) 통상임금 산정기준시간 : 11시간(법정기준 8시간+연장2시간×1.5)

(b) 시간급 통상임금 : 77,000원÷11시간=7,000원

(c) 일급 통상임금 : 시간급통상임금 7,000원×1일 소정근로시간 8시간=56,000원

3) 월급제의 시간급 및 일급 통상임금 산정

1일 8시간, 1주 40시간 근로에 월급 3,000,000원을 받은 경우, 시간급 및 일급 통상임금?

(a) 시간급 통상임금 : 3,000,000원÷209시간=14,354원

(b) 일급 통상임금 : 시간급 통상임금 14,354원×8시간(1일 소정근로시간)=114,832원

4) 단시간 월급제의 통상임금 산정

주 20시간(1일 4시간×5일) 단시간근로자(통상근로자 주5일 근무)가 월급 100만원을 받는 경우, 시간급 통상임금 및 일급 통상임금?

(a) 1일 소정근로시간수[581] : (20시간×4주)/20일=4시간

(b) 월 통상임금산정기준시간수 : {(20시간+4시간)×52주+4시간}÷12월=104.3시간

(c) 시간급 통상임금 : 100만원÷104.3시간=9,588원

(d) 일급 통상임금 : 9,588원×4시간=38,352원

581) 단시간근로자의 1일 소정근로시간 수는 4주 동안의 소정근로시간을 그 기간의 통상 근로자의 총 소정근로일수로 나눈 시간 수로 한다

5) 연소근로자의 시간급 및 일급 통상임금 산정

1일 7시간 1주 40시간 근무에 월 1,800,000원을 받기로 한 연소근로자의 시간급 및 일급 통상임금?

ⓐ 월 통상임금 산정기준시간 : 월 204시간

ⓑ 시간급 통상임금 : 월 임금액 1,800,000원÷204시간=8,823원

ⓒ 일급 통상임금 : 시간급 통상임금 8,823원×1일 소정근로시간 7시간=61,761원

6) 연급금액(연봉)으로 정한 임금의 통상임금 산정

① '연(年)의 통상임금산정기준시간수'는 '주의 통상임금산정기준시간수'에 1년의 평균주수를 곱하여 산정하며, ② 통상임금은 연간 임금총액을 '연의 통상임금산정기준근로시간수'로 나눈 금액으로 산정(근기법시행령 제6조제2항제5호의 규정을 준용)한다. → '연의 통상임금산정기준근로시간수' : {(1주 40시간+1일 8시간)×365일/7일 ≒ 2,502시간

ⓐ 연간 60,000,000원의 임금을 받는 경우 : 60,000,000원÷2,502시간= 23,980원

ⓑ 연간 6,000,000원의 성과급을 받는 경우 : 6,000,000원÷2,502시간=2,398원

7) 도급제에서의 통상임금 산정

도급금액으로 정해진 임금에 대하여는 그 임금산정기간에 있어서 도급제에 의하여 계산된 임금의 총액을 당해 임금산정기간(임금마감일이 있는 경우에는 임금마감일)의 총근로시간수(유급 처리되는 시간도 포함)로 나누어 산정한다.

도급근로자가 10,000,000원의 도급공사를 1일 8시간씩 근로하기로 하고 총60일에 마감한 경우

ⓐ 시간급 통상임금 : 10,000,000원÷(8시간×60일)=20,833원

ⓑ 매일 2시간씩 연장근로 지시를 받아 공사를 완료한 경우, 시간급 통상임금 : 10,000,000원÷{8시간+(2시간×1.5)}×60일=15,151원

ⓒ 도급근로자의 근로형태가 일반근로자와 같이 사용종속관계하에서 주 소정

근로일을 개근하였다면 유급 주휴일을 부여해야 하므로, 주휴일 8시간을 포함하여 소정근로시간을 산정하고 시간급 통상임금 산정 : 5,000,000원÷209시간=23,923원

8) 격일제 근무자의 통상임금 산정

휴게시간을 제외한 1년간의 총근로시간과 법정기준을 초과한 근로시간에 대한 연장·야간·휴일근로 가산수당 및 유급 처리되는 주휴일 근로시간을 모두 시간단위로 환산하여 시간급 통상임금을 산정한다.

> 24시간 격일제근무 근로자가 제수당을 포함한 포괄임금제로 월 3,500,000원을 받으면서 근로시간·휴게·휴일규정의 적용제외인가를 받지 않은 경우, 시간당 통상임금{휴게시간 6(주간4·야간2)}?

ⓐ 실근로시간 : 1일×18시간×(365일÷2)=3,285시간

ⓑ 주휴시간 : 8시간×(365일÷7일)=417시간

ⓒ 연장근로가산수당 : 1일 10시간×(365일÷2)×0.5=912.5시간(시간환산)

ⓓ 야간근로가산수당 : 1일 6시간×(365일÷2)×0.5=547.5시간(시간환산)

ⓔ 휴일근로가산수당 : 2주당 18시간×(365일÷14)×0.5=234.6시간(시간환산) → 월 통상임금산정기준시간 : 5.396(3,285+417+912.5+547.5+234.6)시간÷12월=449시간 → 시간당 통상임금 : 3,500,000원÷449시간≒7,795원

9) 둘 이상의 임금이 혼합되어 있는 경우

각각 시간급으로 산정된 금액을 합산한 금액(근기법시행령 제6조제2항제7호)

> 1주 40시간(1일 8시간) 근무하고, 기본급 월 150만원, 연간 기본급의 600%의 정기상여금(짝수 월에 지급)과, 근무일에 따라 식대 5,000원을 지급 받는 경우, 시간당 통상임금?

ⓐ 기본급(월급금액) 통상임금 : 1,500,000원÷209시간=7,177원

ⓑ 정기상여금(연간금액) 통상임금 : 9,000,000÷2,502시간=3,597원

ⓒ 식대(일급금액) 통상임금 : 5,000원÷8시간=625원 → 시간당 통상임금 : 7,177원+3597원+625원=11,399원

9. 통상임금 관련 Q&A(2012다89399 전원합의체 판결 관련)[582)]

가. 근무일수에 따라 달라지는 임금의 통상임금 판단

◦ 그간 행정해석은 근무일에 따라 일정금액을 지급하는 경우 통상임금성을 부정함

◦ 기존 판례 중 일부는 근무일수(cctv수당)에 따라 지급하는 경우에도 통상임금에 해당한다고 판시한 사례도 있었으나, 근무일수에 따라 지급금액이 변동된다고 보아 고정성을 부정(승무수당)한 판례도 있었음. 다만, 계산방법 또는 지급액이 달라지는 경우에는 일관되게 고정성을 부정함

※ 15일 이상 근무시 전액지급, 15일 미만 근무시 일할계산지급 → 고정성 부정

◦ 전원합의체 판결은 이를 구체적으로 나누어

- 매 근무일에 근로를 제공하기만 하면 일정액을 지급받기로 확정되어 있는 임금을 통상임금에 해당하는 것으로 명확히 하고, 일정한 근무일수를 채워야만 지급되는 임금은 기존 판례와 같이 통상임금성을 부정함
- 일정 근무일수를 기준으로 계산방법 또는 지급액이 달라지는 경우에도 최소한도로 확정되어 있는 금액(사전확정성이 인정되는 금액) 범위에서 고정성을 인정하는 것으로 기존 판례를 변경하였음

※ 15일 이상 근무시 전액지급, 15일 미만 근무시 일할계산지급 → 일할계산 부분은 고정성 인정

판시사항 ▌ 2012다89399 판결문

… 매 근무일마다 일정액의 임금을 지급하기로 정함으로써 근무일수에 따라 일할계산하여 임금이 지급되는 경우에는 … 고정적 임금에 해당한다. 그러나 일정 근무일수를 충족하여야만 지급되는 임금은 소정근로를 제공하는 외에 일정 근무일수

582) 고용노동부, 「통상임금 노사지도 지침」, 2014.1.23 참고.

의 충족이라는 추가적인 조건을 성취하여야 비로소 지급되는 것이고, 이러한 조건의 성취여부는 임의의 날에 연장·야간·휴일 근로를 제공하는 시점에서 확정할 수 없는 불확실한 조건이므로 고정성을 갖춘 것이라 할 수 없다.… 근무일수가 15일 이상이면 특정 명목의 급여를 전액 지급하고, 15일 미만이면 근무일수에 따라 그 급여를 일할계산하여 지급하는 경우, 소정근로를 제공하기만 하면 최소한 일할계산되는 금액의 지급은 확정적이므로, 그 한도에서 고정정이 인정된다.

나. 지급일 기타 특정시점 재직자에게만 지급하는 임금은 고정성이 결여된다고 하는 경우 이것은 반드시 명시적으로 규정하고 있어야 하는지?

◦ 특정 임금이 통상임금에 해당하기 위해서는 그 지급이 고정적이어야 함
  - "고정성"이란 그 지급여부가 사전에 확정되어 있을 것을 의미한다고 판시하였으나, 반드시 그 지급요건을 명시적으로 규정하고 있을 것을 요구하지는 않음

◦ 그 지급요건이 명시적으로 규정되어 있지 않더라도 임금의 실제 반복적인 지급 관행 등을 종합적으로 고려하여 판단할 수 있을 것임

판시사항 ▌(2012다94643 판결문)

어떠한 임금이 이러한 성격을 갖고 있는지는 그 근로계약이나 단체협약 또는 취업규칙 등에서 정한 내용에 따라 판단하여야 하고, 근로계약 등에 명시적인 규정이 없거나 그 내용이 불분명한 경우에는 그 임금의 성격이나 지급실태, 관행 등 객관적인 사정을 종합적으로 고려하여 판단하여야 할 것이다.

다. 만약, 특정임금을 '월할계산'해서 지급하고 있다면 고정성이 결여되었다고 보는지?

◦ 전합판결은 근무일수에 따라 일할계산하여 임금이 지급되는 경우에는 실제 근무일수에 따라 그 지급액이 달라지기는 하지만,
  - 근로자가 임의의 날에 소정근로를 제공하기만 하면 그에 대하여 일정액

을 지급받을 것이 확정되어 있으므로 고정적 임금으로 해석함

판시사항 ▎(2012다89399 판결문)

> 근무일수를 기준으로 계산방법을 달리 정하지 않고, 단순히 근무일수에 따라 일할계산하여 지급하는 경우도 앞서 본 매 근무일마다 지급하는 경우와 실질적인 차이가 없어 고정성을 인정할 수 있다.

◦ 또한, 전합 판결은 '근무일수에 비례한 만큼의 임금을 지급받을 수 있는 경우'를 일할계산하여 지급하는 경우만으로 한정하지 않는 것으로 봄
  - 따라서 월할계산하여 지급하는 임금에 대해서도 고정성이 인정될 수 있을 것임

라. 전합판결에서 말한 정기상여금에 신의칙이 적용되어 추가임금 청구가 허용되지 않는 요건은?

◦ 전합 판결은 정기상여금이 통상임금에 포함되더라도 신의칙이 적용되어 추가임금 청구가 허용되지 않는 요건을 다음과 같이 제시함

① 노사가 정기상여금이 통상임금에 해당되지 않는다고 신뢰하였을 것

> ※ 기업에서 정기상여금이 통상임금에 해당되지 않는 전제 아래 통상임금에 관한 합의가 장기간 계속되었을 것

② 정기상여금을 통상임금에 포함하지 않는 노사합의가 있었을 것

> ※ 위 합의에는 단체협약 등 명시적인 합의 이외에도 묵시적 합의나 근로관행도 포함
> ※ 조합원이 아닌 관리직 직원들에 대해서도 이 사건 소송 제기 전까지는 별다른 이의를 제기하지 않은 점에서 명시적 또는 묵시적 노사합의 내지 관행을 인정함

③ 근로자의 추가임금 청구로 인하여 기업에게 중대한 경영상 어려움을 초래하거나 기업의 존립이 위태롭게 될 수 있다는 사정이 있을 것

◦ 즉, 반대로 이러한 요건에 해당되지 않을 경우에는 법원에서 신의칙을 적용하지 않을 수 있을 것이나, 개별적 사건마다 구체적 사정을 종합적으로 고려하여 판단하게 될 것임

마. 신의칙 적용 여부를 판단하기 위하여 구체적으로 고려하여야 할 사항은 무엇인가?

◦ 전합 판결은 추가임금 청구가 신의칙에 위배되는지를 판단하기 위하여 살펴보아야 할 것들로 다음을 제시함

① 임금협상 방법과 과정, 각 임금 항목별 결정방법 및 그 내용 등 회사와 노동조합의 임금협상 실태

※ 즉, 임금협상을 하면서 임금총액을 기준으로 기본급 등의 인상률과 각종 수당의 증액, 단체협약 상의 통상임금을 전제로 법정 수당의 규모 등을 정하였는지 여부

② 회사와 근로자들 사이에 이 사건 상여금을 통상임금에서 제외하기로 하는 명시적 또는 묵시적 노사합의 내지 관행이 이루어졌는지 여부

③ 회사의 근로자들에 대한 상여금의 구체적인 지급방식, 변경 내용, 변경하게 된 동기 및 경위

④ 상여금이 통상임금에 산입될 경우 기업이 부담하게 될 추가 법정수당액

⑤ 전년도 대비 실질임금 인상률 및 그에 관한 과거 수년간의 평균치

⑥ 기업의 재정 및 경영상태

판시사항 ❙ (2012다89399 판결문)

… 피고와 노동조합의 임금협상 실태와 피고와 관리직 직원들 사이에 이 사건 상여금을 통상임금에서 제외하기로 하는 명시적 또는 묵시적 노사합의 내지 관행이 이루어졌는지 여부, 그리고 이 사건 상여금이 통상임금에 산입될 경우 피고가 부담하게 될 추가 법정수당액과 전년도 대비 실질임금 인상률 및 그에 관한 과거 수년간의 평균치, 피고의 재정 및 경영상태, 피고의 관리직 직원들에 대한 이 사건 상여금의 구체적인 지급방식 및 그 변경 내용, 동기 및 경위, 그 변경된 지급방식의 원고에 대한 적용 여부 등을 심리하여 2007년부터 2010년까지의 미사용 연차휴가 수당 등의 지급을 구하는 원고의 이 사건 청구가 신의칙에 위배되는지를 살펴보았어야 할 것이다.

◦ 소송으로 제기된 개별적 사건에 대해서 법원은 위의 구체적 사정을 종합적으로 고려하여 판단하게 될 것임

바. 신의칙 적용시 '중대한 경영상의 어려움을 초래하거나 기업의 존립이 위태롭게 될 수 있다는 사정'은 어떻게 판단하는지?

◦ 전합 판결은 추가임금 청구로 인해 기업의 중대한 경영상 어려움을 신의칙 적용 요건 중 하나로 봄

- 다만, 어떠한 경우가 '중대한 경영상 어려움을 초래'에 해당하는지에 대해서는 개별적·구체적 사정을 종합적으로 고려하여 판단한다고 설시함

판시사항 ▌(2012다89399 판결문)

> … '기업의 중대한 경영상의 어려움'을 신의칙 적용 요건 중의 하나로 제시한 것은, 근로자의 추가적인 법정수당 청구가 기업의 재정상태나 경영상태 등에 비추어 감당할 수 있는 정도인지를 기준으로 하여 현저히 형평에 반하는 결과가 발생하는 경우에만 신의칙을 적용하도록 함으로써 신의칙이 무한정 확대 적용되는 것을 방지하기 위함이다. 따라서 어떠한 경우가 '중대한 경영상의 어려움'을 초래하는지는 결국 개별 기업의 재정상태, 경영상태 등과 정기상여금을 통상임금에 포함시켜 법정 수당을 산정할 경우 추가로 지급하여야 하는 법정수당의 규모 등 개별적·구체적인 사정을 종합적으로 고려하여 판단할 수밖에 없을 것이다.

◦ 갑○○○○ 사건에서는 신의칙 적용 시 정기상여금이 통상임금에 산입될 경우 몇 가지 판단기준 등을 제시하면서, '추가되는 임금이 차지하는 규모 등'을 주로 고려하였음

판시사항 ▌(2012다89399) 판결문–중대한 경영상 어려움 판단근거

> 2010년 한해 추가되는 피고의 재정적 부담을 계산하면,
> ◦ 시간급 통상임금은 8,970원 → 15,246원(69.9% 상승)
> ◦ 근로자 1인의 추가 연장근로수당 등 각종 법정수당 11,048,393원 증액
> ◦ 2009년 대비 실질임금 인상률 2010년 임금협상에 따른 19.9% → 40.6%로 상승
> ◦ 근로자 실질임금 증가액을 평균치로 하여 생산직 401명에 적용 시 당기순이익 99.8% 상당(4,435,313,273원)을 추가임금으로 근로자에게 지급

- ① 정기상여금이 600% ② 상시적 초과근로 ③ 추가지급시 실질임금 인상률이 교섭 당시 예정한 임금인상률을 훨씬 초과 ④ 미사용 연차휴가수당 증가 등

◦ 한편, 대법원은 최근 통상임금 소송에서 사용자가 한 신의칙 항변을 인용할

것인지에 관하여 추가 법정수당 지급으로 인하여 사용자에게 중대한 경영상의 어려움을 초래하거나 그 기업의 존립을 위태롭게 하는지에 대한 전합 판결의 판단기준을 원칙적으로 유지하면서도 신의칙 위반여부는 신중하고 엄격하게 판단하여야 한다는 점을 추가로 판시하였다.[583)]

사. 신뢰의 원칙이 적용되는 '이 판결 이후 합의'란 이 판결 이후 새로이 체결한 합의를 의미하는가?

◦ 전합 판결은 법률상 통상임금에 포함되는 정기상여금을 제외한 노사합의가 무효임이 선언된 이후에는 더 이상 정기상여금이 통상임금에 해당하지 않는다는 신뢰가 없으므로, 이 판결 이후의 합의에는 신의칙이 적용될 수 없다고 판시함.

- 또한 전합 판결은 신의칙 적용 시 노사 양측의 신뢰여부를 '합의 당시'를 기준으로 하고 있으며, 기존 노사합의에서 정한 임금총액을 기준으로 기업의 재정적 부담능력을 고려하고 있음.

판시사항 ▌(2012다89399 판결문)

…이러한 방식의 임금협상에 따르면, 기본급, 정기상여금, 각종 수당 등과 통상임금에 기초하여 산정되는 각종 법정수당은 임금총액과 무관하게 별개 독립적으로 결정되는 것이 아니라 노사 간에 합의된 임금 총액의 범위 안에서 그 취지에 맞도록 각 임금 항목에 할당되고, 각각의 지급형태 및 지급시기 등이 결정된다는 의미에서 상호 견련관계가 있는 것이다. …기업의 수익기초가 동일한 이상 노사 양측이 임금협상 당시 정기상여금이 통상임금에 해당할 수 있다는 점을 인식하였다면, 해당 정기상여금이 통상임금에 산입됨을 전제로 기본급과 수당 등의 인상률을 조정하고 지급형태나 조건 등을 변경하는 등의 조치를 취함으로써 결과적으로 통상임금을 기초로 산정되는 각종 법정수당을 포함하여 근로자에게 지급되는 임금총액은 정기상여금이 통상임금에 산입되는 경우와 그렇지 않은 경우 사이에 실질적인 차이가 없도록 하는 등 기업의 부담능력 내에서 다른 대안을 마련하여 노사합의를 이루었을 것으로 봄이 타당하다.

---

583) 대판 2019.2.14. 2015다217287.

아. 신의칙이 적용되는 묵시적 합의 또는 근로관행의 한 유형으로 취업규칙도 인정할 수 있는지?

◦ 전합 판결은 이번 사안에서 조합원이 아닌 관리직 직원들의 경우 상여금을 통상임금에서 제외하는 명시적·묵시적 노사합의 내지 근로관행에 대해서 신의칙을 적용함

- 즉, 전합 판결은 신의칙이 적용되는 노사합의에 명시적인 합의 이외에도 묵시적 합의나 근로관행도 포함되는 것으로 봄

판시사항 ▌(2012다89399 판결문 23쪽)

> … 이러한 단체협약에 따른 통상임금 기준을 조합원이 아닌 관리직 직원들에게도 적용하는 것에 대하여 피고와 관리직 직원들 사이에 명시적 또는 묵시적인 노사합의 내지 관행이 있었으며 …

◦ 묵시적 합의나 근로관행도 포함된다고 판결이 보고 있으므로

- 취업규칙 제정·변경 시 「근기법」에 따른 의견청취 또는 동의 과정에서 정기상여금을 통상임금에서 제외하는 것에 대하여 근로자들의 별다른 이의제기가 없었다면 취업규칙도 신의칙이 적용되는 근로관행의 한 유형으로 해석됨

자. 판결 이후 새로운 합의를 하는 때부터 신의칙 적용이 부정된다고 할 경우 어느 시점(또는 어떤 경우)에 묵시적 합의 또는 근로관행이 새로이 변경된 것으로 볼 수 있는지?

◦ 전합 판결은 명시적 노사 합의 외에도 묵시적 합의 또는 근로관행도 신의칙이 적용되는 합의로 인정된다고 하면서, 이번 전원합의체 판결 이후의 합의에는 신의칙이 적용될 수 없다고 함

◦ 대법원은 통상임금만이 아니라 임금인상 등 임금총액을 기준으로 한 임금조건에 관한 합의에 신의칙을 적용한 것이므로, 이 판결 이후의 임금협약 또는 사용자가 일반적으로 매년 실시하는 임금조정 등 임금조건을 변경한 때부터는 정기상여금이 통상임금에 해당되지 않는다는 것에 대한 신뢰가

더 이상 인정받을 수 없을 것임

◦ 또한, 이 판결 이후 협약기간 만료 전에 새로운 임금조건에 합의한 경우에는 기존의 신뢰에 대하여 더 이상 신의칙을 적용할 수 없는 것으로 판단됨

◦ 노사 일방의 교섭 요구 또는 일부 근로자들이 서면 등으로 이의제기를 한 경우 신의칙 적용 여부에 대해서는 최종적으로는 법원의 판단을 받아봐야 할 것이나, 판결 취지를 감안하면, 바로 기존 합의의 신의칙이 부정된다고 단정할 수 없을 것인바, 가급적 불필요한 갈등을 최소화하면서 노사간 협의로 통상임금을 명확히 정비하는 것이 바람직함

차. 특정 임금항목의 지급요건을 지급일 기타 특정시점 재직 요건 등을 추가하도록 취업규칙을 변경할 경우 불이익 변경으로 볼 수 있는지?

◦ 특정 임금 항목에 지급일 기타 특정시점 재직 요건 등을 추가할 경우 통상임금에 해당하던 금품이 통상임금에 해당하지 않게 되므로 불이익 변경에 해당함

- 따라서 이 경우에는 「근기법」 제94조제1항에 따라 취업규칙 불이익 변경절차를 거쳐야 함

※ 취업규칙 불이익 변경절차를 위반 시 500만원 이하의 벌금(근기법 제114조제1항)

◦ 사용자가 일방적으로 일부 지급요건을 변경하여 기존의 통상임금보다 낮게 줄이는 것은 노사 신뢰관계 유지, 근로자의 사기 관리, 장시간근로 개선 등의 측면에서 바람직하지 않을 뿐 아니라, 법적으로도 인정되지 않음

주/요/쟁/점/실/무

제11절 퇴직급여(퇴직금)제도 관련 쟁점

1. 제도 개관

가. 의 의

(a) 기존의 퇴직금제도는 도입된 이후 50여년이 지나는 동안 적용범위를 넓혀 오면서 근로자 보호에 기여해 왔으나, 급속한 인구 고령화, 기업 도산 시 근로자 퇴직금 보장의 한계, 근로자 퇴직시 기업의 일시금 부담 가중 등 퇴직일시금제도의 문제점이 부각되어 근로자의 안정적인 노후생활을 보장하기 위해 「근기법」 제34조에 규정되어 있던 퇴직금 관련 조항을 분리하여 2005년에 「근기법」의 특별법 성격의 「퇴직급여법」을 제정해 시행하고 있다.

(b) 사용자는 퇴직하는 근로자에게 급여를 지급하기 위하여 ① 퇴직금제도, ② 확정급여형 퇴직연금제도, ③ 확정기여형 퇴직연금제도 중 한 가지 이상의 제도를 설정하여야 한다. 다만 계속근로연수가 1년 미만인 근로자, 4주간을 평균하여 1주간의 소정근로시간이 15시간 미만인 근로자에 대하여는 적용되지 않는다(퇴직급여법 제4조제1항).

나. 「퇴직급여법」 적용제외

(a) 「퇴직급여법」은 「근기법」이 적용되는 근로자 1인 이상을 사용하는 모든 사업 또는 사업장에 적용한다.[584] 다만 동거하는 친족만을 사용하는 사업 및 가구

584) 「근기법」이 1961년 12월 4일 퇴직금제도를 도입한 이래 적용대상 사업(장)은 상시근로자 30인 이상(1962.3.4~1975.4.27)→16인 이상(1975.4.28~1987.12.30)→10인 이상(1987.12.31~1989.3.28)→5인 이상(1989.3.29~2010.11.30)→1인 이상(2010.12.1~현재)으로 적용이 확대되어 왔다. 다만, 재직 중 법 개정으로 퇴직금제도의 적용을 받는 사업장에 속하는 경우 법상 퇴직금 규정 적용대상이 아니었던 기간은 계속 근로연수에 산입할 수 없다고 본다(대판 1996.12.10, 96다42024).

내 고용활동에는 적용하지 않는다(퇴직급여법 제3조).

ⓑ 선원·공무원·사립학교 교직원은 「선원법」·「공무원연금법」·「사립학교 교직원 연금법」 등에 퇴직금제도에 관한 특별규정을 두고 있으므로 해당 법에 의하여 정하여진 퇴직금(연금)을 지급받고, 「퇴직급여법」상 퇴직금 조항의 적용을 받지 않는다.

다. 퇴직급여제도 설정 및 변경

ⓐ 퇴직급여제도는 「퇴직급여법」상 의무적으로 설정하여야 하며, 취업규칙 작성 의무가 있는 사용자는 취업규칙에 반드시 퇴직금에 관한 사항을 포함시켜야한다(근기법 제93조제5호). 또한, 퇴직급여제도는 취업규칙 외에도 단체협약·근로계약 형식으로도 설정할 수 있으며, 퇴직급여제도를 설정하지 않았거나 퇴직급여 지급 약정이 없다 하더라도 사용자는 근로자에게 「퇴직급여법」상 지급기준에 의하여 산정된 퇴직금을 지급하여야 한다.[585)]

ⓑ 만일, 사용자가 퇴직급여제도나 개인형 퇴직연금제도를 설정하지 아니한 경우에는 「퇴직급여법」 제8조의 퇴직금제도를 설정한 것으로 본다(퇴직급여법 제11조). 다만, 「퇴직급여법」 전부개정법률 시행(2012.7.26)이후 새로 성립(합병·분할된 경우 제외)된 사업의 사용자는 근로자대표의 의견을 들어 사업의 성립 후 1년 이내에 퇴직연금제도(확정급여형 또는 확정기여형)를 설정해야 한다(퇴직급여법 제5조).

ⓒ 사용자가 퇴직급여제도를 설정하거나 설정된 퇴직급여제도를 다른 종류의 제도로 변경하려면 근로자 과반수가 가입한 노동조합이 있는 경우에는 그 노동조합, 근로자 과반수가 가입한 노동조합이 없는 경우에는 근로자 과반수(이하 "근로자대표")의 동의를 받아야한다(퇴직급여법 제4조제3항). 또한, 사용자는 이미 설정된 퇴직급여제도의 내용을 변경하려는 경우에는 근로자대표의 의견을 들어야 하며, 근로자에게 불리하게 변경하려는 경우에는 근로자대표의 동의를 받아야 한다(퇴직급여법 제4조제4항).

585) 대판 1991.11.8, 91다27730.

〈퇴직금 및 퇴직연금제도 변경 방법〉

◦ (퇴직금제도를 퇴직연금제도로 변경) 기존 퇴직금제도를 퇴직연금제도로 변경하는 경우, 기존 근무기간은 퇴직할 때 퇴직금으로 지급하는 방법과 기존 근무기간분에 대한 사용자 부담금을 적립하는 방식으로 기존 근무기간까지 소급하여 퇴직연금에 가입된 것으로 할 수 있다.
◦ (퇴직연금제도 간 변경) 확정급여형퇴직연금제도와 확정기여형퇴직연금제도를 서로 변경하는 방법은 양 제도를 병존시키는 방법과 둘 중 하나의 퇴직연금제도로 통합하는 방법이 있을 수 있다.

라. 법정기준에 미달하는 퇴직금 규정의 효력

(a) 단체협약·취업규칙·근로계약 등에 정한 퇴직금 규정이 「퇴직급여법」 제8조제1항에 정한 최저기준에 미달하는 때에는 상위규범 우선의 원칙에 따라 그 부분은 무효가 되고, 퇴직근로자는 최소한 「퇴직급여법」 제8조제1항에 따라 산정한 퇴직금을 지급받을 수 있으며, 퇴직금 규정이 없는 경우에도 같다.

(b) 「퇴직급여법」 제8조제1항은 퇴직금 액수의 하한선을 제시하기 위한 것으로 해석되므로 단체협약·취업규칙·근로계약 등에 정한 퇴직금 규정이 「퇴직급여법」과 전혀 다른 방법으로 산정하더라도 이를 적용하여 산정한 퇴직금 액수가 「퇴직급여법」소정의 방법을 적용하여 산정한 퇴직금 액수를 초과하는 경우에는 유효한 퇴직금 규정으로 보아야 한다.[586)]

마. 퇴직급여제도 차등설정 금지

(a) 퇴직급여제도를 설정할 때 하나의 사업에서 급여 및 부담금 산정방법의 사용 등에 관하여 차등을 두어서는 안 된다(퇴직급여법 제4조제2항).

(b) 하나의 사업에 포함되는 본사·지점이나 지사·공장의 급여 및 부담금 수준에 있어 그 지급조건을 달리하거나 또는 하나의 사업 안에 직위별·직급별·직종별로 퇴직금 지급률(누진제 또는 단수제)을 달리하는 것은 퇴직급여제도 차등 설

586) 대판 1998.1.20, 97다2186 ; 대판 1997.2.28, 95다49233.

정에 해당하여 법위반이다. 그러나, 이는 하나의 사업[587]안의 근로자 사이에 적용되므로 사업을 달리하는 근로자 사이의 차등은 금지대상에 해당하지 않는다.

(c) 근로자 집단별로 적용되는 퇴직급여제도를 달리 설정하는 것은 차등설정에 해당하지 않는다. 퇴직급여제도 차등설정을 금지한다는 것은 퇴직급여제도 급여 및 부담금 수준에 있어서의 차등을 의미하는 것이다. 근로자 간에 적용되는 퇴직급여가 달라짐에 따라 급여수준이 달라지는 것은 제도 간의 차이에 따른 것이어서 차등으로 보지 않는다. 한 사업 내에서 퇴직금제도와 확정급여형 퇴직연금제도 및 확정기여형 퇴직연금제도를 모두 설정하여 근로자별로 퇴직급여제도 형태를 선택하도록 할 수도 있고, 두 가지 퇴직연금제도를 모두 설정하여 적용하는 것도 가능하다.

바. 퇴직급여 차등 관련 실무사례

① 일반직 및 기능직 직원과 임시직 근로자의 퇴직금제도를 달리 마련하여 이를 적용하는 것은 퇴직금 차등제도에 해당한다.[588]

② 근로자의 입사시기에 따라 퇴직금 지급률을 달리하는 것도 퇴직금 차등제도 금지 위반이다.[589]

③ 국내직원과 해외기능공의 퇴직금을 차별하는 것도 퇴직금 차등제도 금지 위반에 해당한다.[590]

④ 재직 중 근로자에게는 종전의 퇴직금제도를 계속 적용하되 신규 입사자에게는 하향 조정된 지급률에 의한 퇴직금을 지급하기로 하는 새로운 퇴직금제도를 적용하는 경우에는 퇴직금제도의 차등설정에 해당하지 않는다.[591]

---

587) 사업이란 경영상 일체를 이루면서 계속적·유기적으로 운영되고 전체로서의 독립성을 갖춘 하나의 기업체조직을 의미한다.

588) 대판 2002.4.12, 2002다328.

589) 대판 2002.6.28 선고.2001다77970.

590) 대판 1997.11.28, 97다4511.

591) 대판 1992.12.22, 91다45165.

⑤ 종래의 퇴직금제도를 재직 중 근로자의 동의를 받아 변경하면서, 변경 전 근속기간에 대하여는 종래의 퇴직금제도를 적용하고, 변경 이후부터는 재직 중 근로자와 새로 입사한 근로자를 불문하고 일률적으로 변경된 퇴직금제도를 적용하는 것도 퇴직금 차등제도에 해당하지 않는다.[592)]

⑥ 회사 합병이나 영업양도 등에 의하여 근로계약관계가 포괄적으로 승계됐을 때 승계 후 퇴직금 규정이 승계 전 퇴직금 규정보다 불리하여 부득이 기존 근로자에게는 종전의 퇴직금 규정을 적용할 수밖에 없어 결과적으로 하나의 사업 내에 별개의 퇴직금제도를 운용하게 되었더라도 이는 퇴직금 차등제도에 해당하지 않는다.[593)]

⑦ 비조합원은 법정단수제이나 조합원에게는 단체협약에 의해 누진제로 하는 것은 차등으로 볼 수 없다.[594)]

⑧ 각각 적용대상이 다른 단체협약 간에 퇴직금제도가 다르게 설정되어 있다하더라도 차등으로 볼 수 없다.[595)]

2. 퇴직금제도

가. 의 의

ⓐ 퇴직금제도를 설정하려는 사용자는 계속근로기간 1년에 대하여 30일분 이상의 평균임금을 퇴직금으로 퇴직근로자에게 지급할 수 있는 제도를 설정하여야 한다(퇴직급여법 제8조제1항).

ⓑ 퇴직금제도에 관한 규정은 강행규정이므로 퇴직 사유가 근로자의 임의퇴직이나 사용자에 의한 해고 여부 등에 관계없이 「퇴직급여법」에서 정한 하한을 기준으로 하여 퇴직금을 반드시 지급하여야 한다.[596)]

592) 근기 01254-8642, 1987.5.29.

593) 대판 2007.11.29, 2005다28358.

594) 대판 1987.4.28, 86다카2507.

595) 임금 68200-111, 2002.2.20.

(c) 퇴직금은 사용자가 일정 기간을 계속근로하고 퇴직하는 근로자에게 그 계속근로에 대한 대가로 지급하는 사회보장적·공로보상적 성격이 포함된 후불적 임금의 성격을 띤 금원이다.[597] 퇴직금 청구권은 근로계약관계가 존속하는 한 그 지급의무가 발생하지 않고 계속근로가 끝나는 퇴직이라는 사실을 요건으로 하여 발생한다.[598] 즉 퇴직금 채권은 근로계약이 종료되는 때에 가서야 비로소 그 지급의무가 생기는 채권이므로 퇴직금 산정의 기초가 되는 기준임금도 특별한 사정이 없는 한 퇴직 당시를 기준으로 산정하여야 한다.[599]

나. 지급대상자와 지급의무자

1) 지급대상자(청구권자)

(a) 퇴직금 지급대상자는 「근기법」상 근로자로 1년 이상 근무하고 퇴직한 자이다. 만일, 퇴직근로자가 사망한 경우에는 「민법」상의 재산상속자가 퇴직금 수령권자가 된다.[600]

(b) 따라서, 「근기법」상 근로자로 볼 수 없는 회사의 대표이사 등 주식회사 임원은 「상법」 제382조에 의해 「민법」상 위임에 관한 규정을 적용하므로 법정퇴직금 지급대상이 아니다.[601]

2) 지급의무자(사용자)

(a) 근로자의 퇴직금 지급의무자는 「근기법」상 사용자이다. 따라서, 무허가 사업의 사업주, 정리회사의 공동관리인,[602] 노동조합이 운영하는 사업장에서 노동

596) 대판 2004.6.25, 2002다51555.

597) 대판 1995.2.28, 94다8631 ; 대판 2002.9.6, 2002다29442. 퇴직금제도의 법적 성격과 관련 ① 공로보상설, ② 생활보장설, ③ 임금후불설이 있으나, 상당수의 학설과 판례는 임금후불설의 입장을 취하고 있다.

598) 대판 1998.3.27, 97다49732.

599) 대판 1997.9.12, 96다56306.

600) 임금 32240-7947, 1990.6.4.

601) 대판 1997.11.22, 77다1742.

조합 대표자 등도 「근기법」상 사용자에 해당하면 퇴직금 지급의무를 진다. 또한 사업이 양도·양수된 경우 새롭게 사업을 양수한 사업주가, 법인의 사업경영자가 바뀐 경우에는 새로운 경영담당자가 각각 지급의무를 진다.

(b) 사업이 여러 차례의 도급에 따라 행하여지는 경우에 하수급인(下受給人)이 직상(直上) 수급인의 귀책사유로 퇴직금을 지급하지 못한 경우에는 그 직상수급인은 그 하수급인과 연대하여 책임을 진다. 다만, 직상수급인의 귀책사유가 그 상위 수급인의 귀책사유에 의하여 발생한 경우에는 그 상위 수급인도 연대하여 책임을 진다(근기법 제44조).

다. 퇴직금 산정방법

퇴직금은 "계속근로연수"에 대하여 "30일분"의 "평균임금"을 곱하여 산정한다. 퇴직금 산정의 기준이 되는 요소는 "계속근로연수", "평균임금", "퇴직금 지급률"이다.

$$\text{법정퇴직금} = \left(a\text{년} + \frac{b\text{개월}}{12\text{월}} + \frac{c\text{일}}{365\text{일}}\right) \times 30\text{일} \times 1\text{일 평균임금}$$

◦ 산정 예 : 15년 9개월 8일을 근로하고 퇴직한 경우 법정퇴직금
① 15년에 대한 30일분의 평균임금과
② 30일분을 12개월로 분할한 9개월분과
③ 30일분을 365일로 분할한 8일분을 각각 산정하여 지급한다.
→ 퇴직금=(15년+9/12개월+8/365일)×30일분 평균임금

라. 계속근로연수

1) 의 의

(a) 퇴직금은 계속근로연수를 기준으로 산정된다(퇴직급여법 제8조제1항). 여기서 계속근로연수라 함은 근로계약을 체결하여 해지될 때까지의 기간을 의미

602) 대판 1984.4.10, 83도1850.

한다.[603] 따라서, 실근로년수 및 개근이나 출근율에 관계없이 그 사업 또는 사업장에 적을 두고 있는 기간 즉 재직기간을 의미한다.

(b) 「퇴직급여법」은 퇴직금의 산정단위기간을 1년으로 명시하고 있으므로 근로기간이 1년 미만인 근로자에게는 퇴직급여제도가 적용되지 않는다. 계속근로연수가 1년 이상인 경우에는 1년에 미치지 못하는 몇월·몇일에 대하여는 그 기간에 비례하여 퇴직금이 지급되어야 한다.[604]

(c) 또한, 근로자 채용 당시의 직종이나 임시직·수습직·일용직 등 고용형태와 관계없이 실질적인 최초 고용일부터 실제 퇴직하는 날까지의 근속일수를 기준으로 퇴직금을 산출한다.

(d) 단체협약이나 취업규칙으로 재직기간 중 일부를 퇴직금 산정의 기초가 되는 근속기간에서 함부로 제외하는 것은 그와 같이 하여 산정한 퇴직금 액수가 「근기법」에 정한 방법을 적용하여 산정한 퇴직금 액수 이상인 경우 등의 특별한 사정이 없는 한 허용되지 않는다.[605]

2) 계속근로연수 관련 쟁점

(1) 기산일과 마감일

(a) 계속근로연수의 기산일은 「민법」상의 초일불산입원칙(민법 제157조)에도 불구하고 입사일·근로계약체결일 등 출근의무가 있는 날이 된다.[606] 퇴직금 적용대상이 확대되어 사업장이 별도의 소급규정 없이 법정퇴직금제도의 적용대상이 되면, 계속근로연수 기산일은 법령시행일이 되고 법령시행일 이후 입사자는 입사일 등이 된다.[607]

---

603) 고용평등정책과-885, 2010.5.25, 임금 68207-735, 2001.10.26.

604) 대판 1987.9.22, 86다카1651.

605) 대판 2007.11.29, 2005다28358.

606) 근기 01254-2433, 1991.2.21.

607) 예를 들어, 상시근로자수 2인인 사업(장)에서 2010.1.1부터 근로한 근로자의 경우, 법령개정으로 법정퇴직금 적용대상 사업(장)이 2010.12.1부터 상시근로자 5인 이상에서 1인 이상으로 확대되었으므로 퇴직금 산정을 위한 계속근로연수 기산일은 법령시행일인 2010.12.1이 된다(대판

ⓑ 계속근로연수의 마감일은 근로관계의 종료일 즉, 임의퇴직·합의퇴직·정년퇴직·기간만료 퇴직·해고(경영상·징계) 등 퇴직일이 된다.[608] 또한, 근로자의 사망, 기업의 파산이나 폐업 등으로 근로관계가 자동적으로 소멸되는 경우에는 그 사유발생일(사망일·폐업일·파산일)이 마감일이 된다.[609]

〈계속근로연수 마감일〉

- (정년) 취업규칙 등에 따로 정함이 없다면 정년에 도달되는 첫날
- (해고) 해고통지가 근로자에게 도달한 날
- (무기계약) 사직서가 수리된 날, 사직서가 수리되지 않으면 취업규칙 등에 규정된 날 또는 근로계약 해지의 의사표시일로부터 1월이 경과하거나 1임금지급기가 지난 날

(2) 근로관계의 계속성 여부 문제

① 반복적 근로계약 갱신

ⓐ 근로계약이 만료됨과 동시에 다시 근로계약을 맺어 그 근로계약기간을 갱신하거나 동일한 조건의 근로계약을 반복하여 체결한 경우에는 최종적·확정적으로 퇴직할 때 퇴직 효력이 유효하게 발생하는 것으로 보아야 한다. 갱신 또는 반복된 근로계약기간을 모두 합산하여 계속근로연수를 계산하는 것이 원칙이다.[610]

ⓑ 반복갱신 사이에 근로관계 단절이 있는 경우라도 그 근로계약이 이루어지게 된 동기 및 경위, 기간을 정한 목적과 당사자의 진정한 의사, 동일 사업장에서의 근무여부, 「기간제법」 제정취지 등에 비추어 계속근로로 볼 수 있는지 여부를 판단하여야 한다.[611]

1969.2.4, 68다2104).

608) 대판 1972.4.11, 71다1033.

609) 하갑래, 「근로기준법(제29판)」, ㈜중앙경제, 2017, pp.975~976 ; 근기 01254-17779, 1991.12.10.

610) 대판 1995.7.11, 93더26168.

611) 고용평등정책과-60, 2010.3.24.

㉮ 근로기간 중 공백이 있거나 단기간 계약을 반복·갱신한 경우

ⓐ 갱신되거나 반복 체결된 근로계약 사이에 일부 공백 기간이 있다 하더라도 그 기간이 전체 근로계약기간에 비하여 길지 않고 계절적 요인이나 방학기간 등 당해업무의 성격에 기인하거나 대기기간·재충전을 위한 휴식기간 등의 사정이 있어 그 기간 중 근로를 제공하지 않거나 임금을 지급하지 않을 상당한 이유가 있다고 인정된다면 근로관계의 계속성이 유지된다.[612)]

ⓑ 사용자가 근로자를 채용하여 매 3월 또는 6월마다 근로계약을 갱신하여 체결하거나[613)] 일단 해고한 뒤 2~3일 정도 휴무 후에 다시 채용하였다 하더라도 실제로는 그 기간 동안 계속 하여 근로하였다면 퇴직 효력이 생길 수 없으므로 사용종속관계는 단절되지 않고 계속 유지된다고 보아야 한다.[614)] 연초에 채용형식을 취한 후 연말에 해고하는 것을 수년간 반복하는 고용형태를 취하는 경우에도 동일 근로자가 동일 사업장에서 사실상 수년간 계속 근무하였다면 당해 고용형태의 형식에도 불구하고 근무한 전후기간을 통산하여 퇴직금을 산정하여 지급하여야 한다.[615)]

㉯ 퇴직금 중간정산으로 근로관계가 단절된 경우

「퇴직급여법」에서 규정하는 퇴직금 중간정산제의 사유와 요건을 갖추고 근로계약을 갱신하면서 퇴직금을 중간정산하는 경우 퇴직금 계산을 위한 계속근로연수가 단절되므로 중간정산 이후 퇴직금은 정산시점부터 새로 계산한다(퇴직급여법 제8조제2항).

② 정년 후의 재고용기간(촉탁근로자)

ⓐ 취업규칙 등에서 정한 정년에 이르러 퇴직한 근로자를 대상으로 퇴직금 등 금품청산을 완료하고, 취업규칙 또는 당사자 간의 합의에 의하여 별도 근로조

612) 대판 2011.4.14, 2009다35040.

613) 대판 1979.4.10, 79다1753.

614) 대판 1975.6.24, 74다1625·1626.

615) 대판 1986.10.28, 86다카1347.

건에 의한 촉탁근로자로 재고용하여 사용하는 경우에는 종전 고용관계가 이미 종료되고 새로운 고용관계가 성립되었다고 할 것이므로, 해당 근로자의 퇴직금 및 연차유급휴가 가산일 수 산정을 위한 계속근로연수의 기산일은 재고용된 날로 본다.[616)]

ⓑ 다만, 정년퇴직에 따른 퇴직금 등의 금품을 청산하지 아니하고 정년을 연장하여 근로한 경우에는 계속근로연수의 기산일은 최초 입사일을 기준으로 한다.

③ 퇴직 후 재입사

㉮ 계속근로연수 통산 판단기준

ⓐ 근로자가 퇴직처리 후 퇴직금을 정산하고 바로 재입사하여 실질적으로 계속적인 근로관계를 유지하는 경우에 근로관계의 단절 여부, 퇴직 전·후의 두 기간을 통산하여 계속근로연수를 산정하여야 할 것인지의 여부는 그 과정에서 근로자의 진의(眞意) 의사표시에 의한 것인지 등 「민법」의 일반원칙에 따라 판단하여야 한다.

ⓑ 즉 퇴직금을 미리 정산하는 일련의 과정이 당해 근로자의 자유로운 의사와 선택에 따른 경우에는 진의 의사표시에 해당하고 중간퇴직 효력이 발생하여 전·후의 근로관계는 단절되지만, 당해 근로자의 자유로운 의사와 선택에 반하는 경우에는 비진의 의사표시에 해당하고 중간퇴직 효력이 발생되지 않아 전·후의 근로관계는 계속근로로 본다.

ⓒ 예를 들어, 근로자가 스스로의 필요나 판단에 따라 자유로운 의사에 기하여 사용자에게 사직서 등을 제출하고 퇴직금을 정산하여 지급받은 경우에는 사직서 등의 제출이 사용자의 일방적인 경영방침에 따라 어쩔 수 없이 이루어지거나 단지 형식적으로 이루어진 것으로 볼 수 없는 경우에는 당해 기업과 근로자의 근로관계는 일단 유효하게 단절되고, 이 경우 근로자가 곧바로 재입사하여 근무하다가 퇴직하였다 하더라도 퇴직금 산정의 기초가 되는 계속근로연수를 산정할 때에는 재입사한 때부터 기산한다.[617)]

616) 근기 01254-5661, 1987.4.7.

617) 대판 2001.9.18, 2000다60630.

㈏ 진의 의사표시의 사례

(a) 근로자가 목돈이 필요한 경우처럼 일신상 사유로 인하여 사직원을 제출하고 그동안의 근속기간에 따른 퇴직금을 수령하는 한편 그때까지의 근로계약에 기한 제반 청구권을 포기하는 의사표시를 하였다면 그 다음 날 재입사하여 계속근무 하였다 하더라도 당해 근로자의 퇴직금 산정의 기초가 되는 계속근로연수 기산일은 최초 입사일이 아니라 재입사일이다.[618)]

(b) 특수직 직원으로 근무하던 근로자가 근로조건 등이 유리한 일반직 직원으로 환직하기 위하여 환직고시에 자발적으로 응시하여 합격한 후 일반직 직원으로 신규 채용되어 특수직 근무기간에 상응하는 퇴직금까지 지급받은 경우 종전의 근로관계가 일단 단절되었다고 보아야 한다.[619)]

(c) 근로자가 해외근무를 선택하여 사직서를 제출하고 퇴직금을 수령한 후 해외근무를 마치고 재입사했다면 그 사직서 제출이나 해외근무 종료는 근로자가 스스로 선택한 바에 따른 것으로서, 회사와 근로자 간의 근로관계는 근로자의 사직서 제출에 기한 퇴직조치와 소정의 퇴직금을 지급함으로써 일단 단절되고 장기근속 표창이나 경력 등에 있어 해외근무기간을 통산하였다고 하여 그 결론이 달라지는 것이 아니므로 재입사 이후 퇴직금 산정의 기초가 되는 계속근로연수를 산정할 때 재입사한 때부터 기산하여야 한다.[620)]

㈐ 비진의 의사표시 사례

(a) 사용자가 퇴직금 지급률이 누진적으로 높아지는 누진제에 의한 퇴직금 지급부담을 경감하기 위하여 중간퇴직금을 지불할 목적으로 퇴직 및 재입사 형식을 이용하는 경우[621)]와 법인체가 기업 내에서 배치전환을 하는 경우[622)]가 비진의 의사표시(또는 통정허위표시)의 대표적인 경우이다.

---

618) 대판 1991.5.28, 90다20398.

619) 대판 1996.9.6, 95다29932.

620) 대판 1996.7.9, 96다12535.

621) 대판 1990.11.27, 89다카15939 ; 대판 1993.1.15, 92다37673.

622) 대판 1997.11.25, 97다18899.

ⓑ 예를 들어, 근로자가 본인 요구에 의한 것이 아니고 회사 경영방침에 따라 사직원을 제출하고 회사가 이를 받아들여 퇴직처리를 하였다가 즉시 재입사하는 형식을 취함으로써 근로자가 그 퇴직 전후에 걸쳐 실질적인 근로관계 단절 없이 계속 근무하였다면 그 사직원 제출은 근로자가 퇴직할 의사 없이 퇴직의사를 표시한 것으로서 비진의 의사표시에 해당하며, 재입사를 전제로 사직원을 제출케 한 회사 또한 그와 같은 진의가 아님을 알고 있었다고 봄이 상당하다 할 것이므로, 사직원 제출과 퇴직처리에 따른 퇴직의 효과는 생기지 않는다.[623)]

④ 비정규직에서 정규직으로 고용형태를 변경한 경우

ⓐ 임시직·임시고용원·촉탁직 또는 일용직으로 채용되어 근무하다 중간에 근로관계 단절을 위한 조치를 취한 후 정규직 또는 일반직으로 전환하여 공백기간 없이 계속 근무한 경우에 근속기간 중에 고용형태의 변경이 있더라도 임시직 등의 근무기간과 정규직의 근무기간을 통산한 기간을 퇴직금 산정의 기초가 되는 계속근로연수로 보아야 한다.[624)]

ⓑ 다만, 이와 관련하여 일정한 공백기간을 두고 퇴직금을 중간정산하지 않은 채 임시직 등에서 정규직으로 신분 변동하는 경우 근로관계의 단절로 볼 것이냐가 문제가 되는데, 이 경우 사안에 따라 구체적·객관적으로 따져 사회통념상 단절로 인정될 만한 합리성이 있는지에 따라 판단해야 하나, 판례에서는 임시직으로 채용되어 1년간 근무하다가 해임된 후 1개월 후에 다시 정규직 근로자로 채용된 경우에는 고용관계가 계속되었다고 볼 수 없다고 판단한 사례[625)]가 있다.

⑤ 계열사 간 인사이동 관련

㉮ 유효한 전적(轉籍)의 경우

ⓐ 계열기업 사이의 근로계약관계 변경, 즉 전적은 동일기업 내의 인사이동인 전근이나 전보와는 달리 종전에 종사하던 기업과 새로 종사하게 된 기업은 각각

623) 대판 2005.4.29, 2004두14090.

624) 대판 1995.7.11, 93다26168 ; 임금 68207-581, 2000.11.14.

625) 대판 1979.11.13, 79다1397.

독립된 법인격을 가지고 있으므로 근로자가 한 회사를 전보되면 종전에 종사하던 회사와의 근로관계는 종료되고 새로 근무하게 될 회사와의 근로관계가 형성되는 것이다. 즉, 전적은 종전기업과의 근로관계를 합의해지하고 이적하게 될 기업과의 사이에 새로운 근로계약을 체결하는 것이므로, 원칙적으로 근로자 동의가 필요하다.

(b) 이와 같이 유효한 전적이 이루어진 경우에는 당사자 사이에 종전 기업과의 근로관계를 승계하기로 하는 특약이 있거나, 이적하게 될 기업의 취업규칙 등에 종전기업에서의 근속기간을 통산하도록 하는 규정이 있는 등의 특별한 사정이 없는 한 당해 근로자의 종전기업 근로관계를 승계하는 것은 아니다.[626] 따라서, 단체협약이나 취업규칙 또는 근로계약 등 당사자 간에 특약이 없는 한 각 기업별로 구분하여 퇴직금 산정의 기초가 되는 계속근로연수를 계산하여야 한다.[627]

㈏ 근로자 자의가 아닌 회사 경영방침에 의한 경우

근로자가 모회사로부터 자회사로, 다시 자회사로부터 모회사로 전출되는 경우에 근로자 자의에 의한 것이 아니라 모회사 경영방침에 의한 일방적인 결정에 따라 퇴직과 재입사 형식을 거친 것에 불과하다면 이러한 형식을 거쳐 퇴직금을 받았더라도 근로자에게 근로관계를 단절할 의사가 있다고 할 수 없고 따라서 계속근로관계는 단절되지 않는다.[628]

㈐ 전출의 경우

(a) 전출이라 함은 근로자가 원래 고용된 기업에 소속해 있으면서 파견 등의 처분에 따라 계열사 등 다른 기업으로 옮겨 그 지휘·감독 아래 업무에 종사하는 것을 말한다. 근로자가 다른 계열사 등에 파견되어 근무한 기간 동안에도 원래 소속한 기업과의 근로관계가 계속되는 것이 원칙이다.

(b) 다만 근로자가 전출되는 형식에 취하면서 자의에 의하여 사직서를 제출하

626) 대판 1998.12.11, 98다36924.

627) 근기 01254-8230, 1987.5.21.

628) 대판 1997.3.28, 95다51397.

고 퇴직금을 받은 다음 자회사 또는 모회사에 새롭게 입사하였다면, 이는 전적이 이루어진 것으로 보아야 하므로 원칙적으로 근로관계가 단절된다.

⑥ 기업의 양도·양수

㉮ 계속근로연수 통산·단절 판단기준

ⓐ 영업의 양도·양수라 함은 일정한 영업목적에 의하여 인적·물적 조직의 동일성을 유지하면서 일체로서 이전하는 것을 말한다. 영업이 포괄적으로 양도되면 양도인과 근로자 간에 체결된 근로계약도 양수인에게 승계된다.[629] 양도·양수회사 간에 포괄승계 합의 시에 근로자 퇴직금 산정기간에 한하여 종전 근속기간은 승계회사 근속연수에 산입하지 않기로 하는 단서조항을 삽입하였다 하여도, 이는 종전 근로계약관계를 포괄적으로 승계하면서 근속기간에 관한 근로자 기득권을 제한하는 예외조항을 설정한 것이므로, 근로자 동의가 없는 한 근로자에게 구속력이 미치지 않는다.[630]

ⓑ 기업이 사업부문의 일부를 다른 기업에 양도하면서 그 물적 시설과 함께 양도하는 사업부문에 근무하는 근로자들의 소속을 변경시킨 경우에는 원칙적으로 해당 근로자들의 근로관계가 양수하는 기업에 승계되어 그 계속성이 유지되는 것이다. 다만, 이 경우 근로자들의 의사와 무관하게 사업을 양도·양수하는 기업의 경영방침에 의한 일방적인 결정에 따라 근로자들에게 퇴직과 재입사 형식을 거치게 하고 퇴직금을 지급하였더라도 근로자에게 근로관계를 단절할 의사가 있었다고 할 수 없으므로 계속근로관계가 단절되지 않는다.[631]

㉯ 계속근로연수 통산·단절 판단사례

ⓐ 영업양도에 의하여 근로계약관계가 포괄 승계됨에 있어 근로자가 자의에 의하여 사직서를 제출하고 퇴직금을 받았다면 계속근로 단절에 동의한 것으로 볼 수 있지만, 이와 달리 양도회사가 근로자에게 퇴직금을 지급하기 위한 방편으

629) 대판 1991.8.9, 91다15225.

630) 대판 1991.11.12, 91다12806.

631) 대판 2005.2.25, 2004다34790.

로 당해 근로자의 동의를 구하지 아니하고 내부적으로 퇴사와 재입사 형식을 취한 것에 불과하다면 이러한 형식을 거쳐 퇴직금을 지급받았다고 근로자가 계속근로 단절에 동의하였다고 볼 수 없다.[632] 근로자가 최종적으로 사업을 양수한 기업에서 퇴직하면 그 기업은 사업을 양도한 기업에서의 근속기간을 포함한 근속연수에 상응하는 퇴직금에서 이미 지급된 퇴직금을 공제한 나머지를 지급할 의무를 지게 된다.[633]

(b) 그런데 양도되는 회사를 퇴직하여 퇴직금을 수령하고 양수하는 회사에 재입사 절차를 거쳐 근속연수가 재입사일로부터 기산되도록 한다는 근로자들의 설문 결과에 따라 그때까지의 퇴직금을 정산받았다면 기존 근로계약관계가 유효하게 해지되었다고 할 것이므로 양도회사에서의 근속기간을 포함하지 않아도 된다.[634]

⑦ 기업의 합병·분할

㉮ 계속근로연수 통산·단절 판단기준

(a) 기업의 인적·물적 조직이 흡수 통합되거나 조직변경이 있었다 하더라도 그 기업 자체가 폐지됨이 없이 동일성을 유지하면서 존속되고 있는 한 이는 경영주체의 교체에 불과하여 근로관계는 새로운 경영주체에게 승계된다. 근로관계가 포괄승계됨에 있어 근로자가 자의에 의하여 사직서를 제출하고 퇴직금을 받았다면 계속근로 단절에 동의한 것으로 볼 수 있지만 그것이 근로자 자의에 의한 것이 아니라 기업 경영방침에 의한 일방적인 결정에 따라 퇴직과 재입사 형식을 거친 것에 불과하다면 이러한 형식을 거쳐 퇴직금을 받았더라도 근로자에게 근로관계를 단절할 의사가 있었다거나 계속근로 단절에 동의하였다고 볼 수 없어 실질적 근로관계는 단절됨이 없이 계속된다고 보아야 한다.[635]

(b) 기업의 일부가 분리 독립하여 새로운 회사가 설립되었다 하더라도 신설회

---

632) 대판 2001.11.23, 2000다18608.

633) 대판 2005.2.25, 2004다34790.

634) 대판 1991.5.28, 90다16801.

635) 대판 1999.6.11, 98다18353.

사와 구 회사 사이에 기업 동일성을 유지하고 있다면 신설회사가 구 회사와는 별개의 독립 법인체로서 그 권리·의무를 포괄승계하지 않는 경우라 할지라도 구 회사에 속한 근로자의 근로관계는 신설회사에 포괄 승계되어 근로의 계속성이 유지된다.[636] 또한 인적조직 및 물적시설을 해체함이 없이 동일성을 유지하면서 계열회사에 이관하고 그에 따라 그 소속 근로자들이 회사 방침에 의하여 중간퇴직을 하고 퇴직금을 수령한 후 신규입사 절차를 밟은 경우라 하더라도 그 중간퇴직은 통정허위표시로 무효임으로 당해 근로자는 근로의 계속성이 유지된다.[637]

㉯ 계속근로연수 통산·단절 판단사례

근로자들이 기업의 합병으로 소멸하는 회사에서 퇴직금을 정산하여 받고 합병 회사에 입사하면서 장차 퇴직할 때에는 합병회사 근무기간만을 기초로 하여 퇴직금을 받기로 근로자 각자의 자유로운 의사와 이해득실을 고려하여 이루어진 결정으로 퇴직금을 수령한 경우 특별한 사정이 없는 한 근로자들의 퇴직 의사표시는 근로자들에게 소멸하는 회사에서 퇴직하여 그 근로관계를 단절하려는 의사가 있었다고 할 것이고, 통정한 허위의 의사표시라고 볼 수 없으므로 소멸하는 회사 근무기간은 계속근로연수에 통산하지 않아도 된다.[638]

⑧ 폐업 후 회사 신설과정에서의 재 채용의 경우

(a) 신설회사가 종전 회사와 실체에 있어서는 동일한 회사로서 경영상 필요에 의하여 회사 명칭과 조직이 신설회사로 변경된 경우에 불과하다면, 근로자가 신설회사 설립과 함께 같은 회사 근로자로 편입하면서 종전 회사를 퇴직하고 신설회사에 신규 입사하는 형식적 절차를 밟았다 하더라도 두 회사를 통하여 근로관계 단절 없이 계속근로를 제공하여 왔다면 퇴직금 산정의 기초로서 계속근로연수는 종전회사 재직기간까지를 통산한 기간이다.[639]

(b) 반면 사용자가 경영 사업체를 폐업하고 소속 근로자를 해고하는 것이 노

---

636) 대판 1997.6.11, 98다18353.

637) 대판 1997.6.27, 96다496674.

638) 대판 1991.12.10, 91다12035.

639) 서울민사지판 1991.2.21, 90가합56543.

동조합 단결권 등을 방해하기 위한 위장폐업이 아닌 한 원칙적으로 기업경영 자유에 속하는 것으로서 유효하므로 그로써 사용자와 근로자와의 근로관계는 종료된다.

(c) 사용자가 사업체를 폐업한 후 동일 장소에 동일 사업을 재개하여 근로자를 다시 입사시켰다 하더라도, 해고 이전 근로기간을 퇴직금 산정에 포함시키기로 하였다고 볼 특별한 사정이 없는 한 근로관계는 다시 입사한 날로부터 새로 성립된다. 이후 퇴직 시 퇴직금 산정의 기초가 되는 계속근로연수는 다시 입사한 날로부터 기산한다.[640)]

(3) 계속근로연수로 통산되는 기간 산입 여부

① 수습·시용기간

수습은 정식 채용 후에 근로자 직업능력 양성 또는 교육을 목적으로 설정된다. 입사 후 수습기간은 계속근로연수에 합산한다.[641)] 정식채용을 전제로 하여 직업능력과 기업 적응성을 판단하기 위한 시험적인 근무기간인 시용기간도 수습기간에 준하여 계속근로연수에 포함한다.

② 사업 내 직업훈련

사업 내에서 직업훈련이 행하여지는 경우 훈련생은 당해 사업장에 고용되어 있는 근로자가 아니고 장차 취업할 의사를 가진 자로서 「근기법」상 근로자라 할 수 없으므로, 훈련생이 직업훈련을 수료한 후 그 사업장에 취업하였더라도 이러한 직업훈련기간은 퇴직금 산정의 기초가 되는 계속근로연수에 포함되지 않는다.[642)] 그러나 「직능법」에 의한 직업능력개발훈련이 고용근로자를 대상으로 한다면 그 훈련기간은 계속근로연수에 포함된다.

---

640) 대판 1995.10.12, 94다52768.

641) 근기 01254-21592, 1985.11.29.

642) 근기 01254-2935, 1987.2.7.

③ 군복무로 인한 휴직기간

(a) 현행「병역법」제784조제1·2항에 “징집·소집에 의한 입영 등으로 휴직한 사람에 대하여는 복무를 마치면 복직시켜야 하고 승진에서 의무복무기간을 실제 근무기간으로 산정하여야 한다”고 규정하고 있다.

(b) 따라서 군복무기간을 퇴직금 산정 시 계속근로연수에 산입할 것인가에 대하여는 개정된「병역법」이 시행되기 전인 1970년 12월 31일까지는 군복무로 인한 휴직기간을 계속근로연수에 포함시켜야 하고, 개정된「병역법」이 시행된 1971년 1월 1일부터는 노사 간 별단의 약정이 없는 한 군복무로 인한 휴직기간을 퇴직금 산정의 기초가 되는 계속근로연수에 산입할 수 없다.[643)]

(c) 다만 공무원과 사립학교 교직원의 경우에는 해석상 군복무기간이 모두 재직기간으로 산입된다(공무원연금법 제23조제5항제2호, 사립학교교직원연금법 제31조제3항).

④ 사용자 귀책사유 휴업기간 및 업무상 상병 요양기간

근로자 재직 중에 휴업한 기간이 있다 하더라도 그러한 기간은 원칙적으로 모두 계속근로연수에 포함된다고 보아야 한다. 즉 기업의 경영난 등 사용자 귀책사유로 인하여 휴업한 기간[644)]이나 업무상 부상 또는 질병으로 요양치료를 위하여 휴업한 기간,[645)] 그리고 어느 누구의 책임으로 돌릴 수 없는 불가항력적인 사유로 인하여 휴업한 기간의 경우에도 근로관계가 중단되어 있거나 해지되어 있다고 보기 어려우므로 이는 퇴직금 산정의 기초가 되는 계속근로연수에 포함한다.

⑤ 근로자 귀책사유로 인한 휴직기간과 정직기간

근로자가 계속 그 적(籍)을 보유하여 근로관계를 유지하고 있는 한 개인질병 또는 근로자 귀책사유로 인한 휴직기간도 퇴직금 산정의 기초가 되는 계속근로연수에 포함된다.[646)] 그리고 근로자 귀책사유에 의하여 제재로서 처분된 징계(정직)

643) 대판 1993.1.15, 92다41986.
644) 법무 822-4356, 1980.2.22.
645) 근기 01254-5206, 1987.3.31.

기간도 사용종속관계가 유지되는 한 퇴직금 산정의 기초가 되는 계속근로연수에 포함된다.[647] 결근기간도 결근으로 인하여 해고되지 않은 이상 마찬가지다.[648]

⑥ 부당해고기간

ⓐ 근로자의 해고 조치가 부당해고로 노동위원회의 판정 또는 법원의 해고무효 확인 판결을 받은 경우에는 당연히 무효가 된다. 이 경우, 당해 근로자에 대하여는 해고 전의 신분으로의 원상복귀와 해고기간 중의 임금상당액을 지급해야함은 물론 부당하게 해고된 기간도 퇴직금 산정 시 계속근로연수에 합산해야 한다.

ⓑ 다만, 노동위원회의 부당해고 판정으로 해당 근로자를 복직시킨 이후 행정소송을 제기한 결과 정당해고라는 판결을 받게 되자, 이에 따라 또다시 근로자를 퇴직시킨 경우에는 별도 특약이 없다면 해고기간을 계속근로연수에 포함하지 않아도 된다. 다만 복직 이후 기간에 대하여는 별도로 계산하여야 한다.[649]

마. 퇴직금 산정 기초(평균임금)

ⓐ 법정퇴직금은 근로자의 계속근로연수에 퇴직 당시 평균임금의 30일분을 곱하여 산출한다.30일분 평균임금은 퇴직일 이전 3개월 동안 받은 임금총액을 그 기간의 총일수로 나누어 산정된 평균임금에 30일을 곱하여 계산한다.

ⓑ 판례는 퇴직금 규정은 사용자의 출연으로 퇴직금을 지급할 것을 명한 강행규정이라 할 것이므로 퇴직금은 항상 그 전액을 사용자가 출연하여야 할 것인바, 이와 같은 퇴직금 출연에 있어 예측가능성을 기하기 위하여 퇴직금 산정의 기초인 평균임금은 근로자가 얻는 총수입 중 사용자가 관리 가능하거나 지배 가능한 부분에 한정된다고 본다.[650]

ⓒ 퇴직금 산정 기초 급여(평균임금)가 특수하고 우연한 사정 때문에 통상의

646) 임금 68207-326, 1993.5.27.

647) 근기 68207-356, 1994.2.21.

648) 근기 1451-25560, 1983.10.11.

649) 근기 68207-2463, 1998.9.28.

650) 대판 1998.3.13, 95다55733.

경우보다 현저히 적거나 많은 경우에는 「근기법시행령」 제4조에 규정된 '평균임금을 산정할 수 없는 경우'에 해당하므로,[651] 근로자의 통상적인 생활임금을 사실대로 반영할 수 있는 합리적이고 타당한 다른 방법으로 평균임금을 산정하여야 한다.[652]

(d) 이 경우, 평균임금 산정방법은 평균임금 산정기준에서 제외하여야 할 기간(퇴직전 일정 기간 특수하고 우연한 사정으로 임금액의 변동이 있는 기간)을 뺀 그 직전 3개월간의 임금을 기준으로 하여 「근기법」이 정하는 방식에 따라 산정한 금액 상당으로 보아야 한다.[653]

바. 퇴직금 지급률

(a) 「퇴직급여법」상 법정퇴직금은 계속근로연수 1년에 "30일분"의 평균임금을 곱하여 산출한다. 그러나 「퇴직급여법」 제8조제1항에 위반하지 않는 한 취업규칙이나 단체협약에 누진제율 등 이와 다른 방식의 퇴직금 지급률을 정할 수 있다.

(b) 퇴직급여제도를 설정하는 경우 하나의 사업에서 급여 및 부담금 산정방법 적용 등에 관하여 차등을 두어서는 안 된다(퇴직급여법 제4조제2항).

사. 퇴직금 감액의 제한

(a) 퇴직금누진제를 채택하고 있는 경우 해고나 근로자의 귀책사유에 따라 퇴직금을 감액할 수 있는지가 문제가 될 수 있으나, 판례는 취업규칙 등에 관련 규정이 있고, 「퇴직급여법(근기법)」에서 정한 최저기준액을 보장하면 퇴직금 감액이 위법하지 않다는 입장이다.[654]

(b) 즉, 「근기법」 적용을 받는 근로자의 퇴직급여를 감액하는 데에는 두 가지 제한이 따른다. 첫째는 퇴직금을 감액하더라도 「퇴직급여법」 제8조제1항에서 정

651) 대판 2002.12.27, 2000다18714 ; 대판 2003.7.25, 2001다12669 등.

652) 대판 2015.6.11, 2014다87496.

653) 대판 1995.2.28, 94다8631.

654) 대판 1994.4.12, 92다20309 ; 대판 1995.10.12, 94다36186 ; 대판 2002.9.6, 2002다29442.

한 급여 수준이상은 지급해야 하고, 둘째는 동 법 제4조제2항에서 정한 바와 같이 퇴직급여제도에 같은 사업장 내 차등을 두면 안 된다. 퇴직급여제도의 차등금지란 동일 사업장 내에서 근로자의 직위·직급·직종별로 지급조건을 달리하는 것을 금지하는 취지이므로 퇴직급여의 최저기준액을 상회하는 한 근로자 귀책사유 등으로 당연면직이나 징계 파면된 자 등에 대해 공로보상적 측면의 금액을 감액하는 것은 가능하다.

3. 퇴직금 중간정산제도

가. 의 의

(a) 퇴직금은 근로자가 퇴직할 때 지급하는 것이 원칙이나, 사용자는 주택구입 등 대통령령으로 정하는 사유로 근로자가 요구하는 경우에는 근로자가 퇴직하기 전에 해당 근로자의 계속근로연수에 대한 퇴직금을 미리 정산하여 지급할 수 있다. 이 경우 이미 정산하여 지급한 후의 퇴직금 산정을 위한 계속근로연수는 정산시점부터 새로 계산한다(퇴직급여법 제8조제2항).

(b) 퇴직금 중간정산은 ① 주택구입 등의 정산사유가 존재하고, ② 근로자 요구가 있어야만 가능하다. 퇴직금은 원칙적으로 퇴직이라는 사유가 발생했을 때 지급하는 정지조건부 채권의 성격을 가진다. 따라서, 그 조건을 충족하지 않는 한 청구권이 발생하지 않으나, 예외적으로 퇴직 이전에는 중간정산 사유와 요건을 구비하면 과거에 근로한 기간에 대한 퇴직금을 미리 지급할 수 있도록 하고 있는데, 이를 퇴직금 중간정산제라 한다.

나. 중간정산의 유효요건

퇴직금 중간정산제에 의한 퇴직금 지급이 적법·유효하려면 특별한 사유가 존재하여야 하고 일정한 요건을 갖추어야 한다.

1) 중간정산의 사유 존재

퇴직금 중간정산 사유는「퇴직급여법시행령」제3조제1항에 규정하고 있다.

1. 무주택자인 근로자가 본인의 명의로 주택을 구입하는 경우
2. 무주택자인 근로자가 주거를 목적으로 「민법」 제303조에 따른 전세금 또는 「주택임대차보호법」 제3조의2에 따른 보증금을 부담하는 경우. 이 경우 근로자가 하나의 사업에 근로하는 동안 1회로 한정한다.
3. 6개월 이상 요양을 필요로 하는 다음 각 목의 어느 하나에 해당하는 사람의 질병이나 부상에 대한 요양 비용을 근로자가 부담하는 경우
   가. 근로자 본인
   나. 근로자 배우자
   다. 근로자 또는 그 배우자의 부양가족
4. 퇴직금 중간정산을 신청하는 날부터 역산하여 5년 이내에 근로자가 「채무자 회생 및 파산에 관한 법률」에 따라 파산선고를 받은 경우
5. 퇴직금 중간정산을 신청하는 날부터 역산하여 5년 이내에 근로자가 「채무자 회생 및 파산에 관한 법률」에 따라 개인회생절차개시 결정을 받은 경우
6. 사용자가 기존의 정년을 연장하거나 보장하는 조건으로 단체협약 및 취업규칙 등을 통하여 일정 나이, 근속 시점 또는 임금액을 기준으로 임금을 줄이는 제도를 시행하는 경우

6의2. 사용자가 근로자와의 합의에 따라 소정근로시간을 1일 1시간 또는 1주 5시간 이상 변경하여 그 변경된 소정근로시간에 따라 근로자가 3개월 이상 계속근로하기로 한 경우

6의3. 법률 제15513호 근로기준법 일부개정법률 시행에 따른 근로시간 단축으로 근로자의 퇴직급여 수령액이 감소될 수 있는 경우

7. 그 밖에 천재지변 등으로 피해를 입는 등 고용노동부장관이 정하여 고시하는 사유와 요건에 해당하는 경우

2) 중간정산의 요건 충족(근로자의 요구 등)

퇴직금 중간정산을 받고자 하는 근로자의 별도 요구가 있어야 한다. 근로자의 요구는 서면요구(중간정산요구서 또는 신청서)를 말하며, 그 사유를 증명할 수 있는 관련서류를 첨부하여야 한다. 다만, 「퇴직급여법시행령」 제3조제1항제6의3호의 근로시간단축 입법에 따른 퇴직급여 감소의 경우에는 사용자는 근로자에게 퇴직급여 수령액이 감소됨을 알리고 근로자대표와 확정기여형퇴직연금제도(DC제도)의 도입이나 별도의 급여산정기준 마련 등 필요한 방법을 협의·실시하여야 한다.[655]

3) 기왕의 계속근로연수

중간정산 대상기간은 중간정산 시점을 기준으로 기왕에 계속근로를 제공한 기간에 해당하여야 한다. 장래의 근속기간은 이에 해당하지 않으며, 근속기간이 1년 미만인 근로자는 법정퇴직금이 발생하지 않은 상태이므로 중간정산 대상자에 해당하지 않는다.

다. 퇴직금 중간정산제 구체적 시행방법

1) 사유와 요건을 갖추고 사용자의 승낙이 있어야 중간정산 가능

ⓐ 퇴직금 중간정산제가 시행되기 위해서는 주택구입 등의 정산사유가 존재하여야 하고 반드시 근로자의 서면요구(사유 입증서류 첨부)가 있어야 한다.

ⓑ 근로자가 중간정산요건을 갖추었다고 해서 사용자가 반드시 이에 응해야 할 의무가 있는 것은 아니다, 근로자가 퇴직금 중간정산을 요구하고, 사용자가 중간정산을 승낙함으로써 퇴직금 중간정산이 성립한다.[656] 이러한 사용자의 중간정산 실행이 「민법」 제534조의 변경을 가한 승낙으로서 새로운 청약에 해당하고, 근로자가 이를 아무런 이의 없이 수령함으로써 동의한 것으로 볼 수 있는 경우에는 그 중간정산이 실행된 일부 기간의 범위 내에서 중간정산이 성립한다.[657] 다만, 근로시간단축 입법에 따른 퇴직급여 감소로 인한 중간정산의 경우에는 입법취지 등을 고려할 때 사용자는 근로자의 요구에 대해 특별한 사정이 없는 한 이에 응해야 할 것이다.

※ 중간정산제 실시와 관련하여 노사 간의 갈등을 예방하기 위해 사전에 중간정산의 사유와 요건, 신청 절차 등 합리적인 내부기준을 마련하여 시행하는 것이 바람직하다.

---

655) 근로시간 단축입법에 따른 퇴직급여 수령액 감소로 인한 중간 정산은 퇴직금제도에서만 허용되며 DB제도 및 DC제도에서는 허용되지 않는다.

656) 대판 2008.2.1, 2006다20542.

657) 대판 2008.2.1, 2006다20542.

2) 중간정산 단위기간의 문제

중간정산 단위기간은 제한이 없으므로 20년 근속의 경우 10년 또는 5년을 단위기간으로 한 정산도 가능하며, 1년 5월이나 2년 6월을 단위기간으로 할 수도 있다.

3) 퇴직금 누진제를 가지고 있는 사업체의 중간정산 문제

퇴직금 중간정산 이후 퇴직금 산정방법에 대해 노사 간 별도의 정함이 없는 경우 중간정산 이후 퇴직금 산정을 위한 계속근로연수는 정산 시점부터 새로 기산하여 퇴직금을 산정한다.

라. 중간정산 이후 퇴직금 관계

1) 중간정산 이후 계속근로연수가 1년 미만인 근로자에 대한 퇴직금 지급 여부

중간정산 이후 퇴직금 산정을 위한 계속근로연수가 1년 미만인 경우에도 그 근로자의 전체 근로기간은 1년 이상이므로 근로자는 퇴직금을 지급받을 권리를 가진다. 따라서, 그 기간에 대해서는 1년간의 퇴직금에 비례하여 퇴직금을 지급하여야 한다.

2) 중간정산 이후 여타 근로조건 변동 여부

ⓐ 퇴직금 중간정산 이후 퇴직금 산정을 위한 계속근로연수는 정산 시점부터 새로 계산한다. 그러나, 근로기간과 관련 있는 여타 근로조건(승진·승급·호봉·상여·연차유급휴가 등)의 산정에서는 변동이 없고, 최초 입사 시부터 계속근로연수가 통산된다.

ⓑ 한편 퇴직금 중간정산 이후 퇴직급여규정에서 정하고 있는 퇴직금 감액사유가 발생한 경우에는 사용자가 중간정산된 근로기간과 그 후 근로기간에 대하여 각각 감액규정을 적용하여 중간정산 퇴직금액과 최종 퇴직금액을 산정하고, 여기에서 이미 지급된 금액을 공제하여 퇴직금을 지급할 수 있다.[658)]

4. 퇴직연금제도[659)]

가. 의 의

ⓐ 퇴직연금제도란 사용자가 근로자의 노후 소득보장과 생활 안정을 위하여 근로자 재직기간 중 퇴직금 지급재원을 매월 또는 매년 퇴직연금사업을 하는 외부 금융기관에 일정한 금액 이상을 적립하고 이를 회사 또는 근로자의 지시에 따라 운용하여 근로자가 퇴직 할 때 연금 또는 일시금으로 지급하는 제도이다.

ⓑ 퇴직연금제도를 설정한 사용자는 매년 1회 이상 가입자에게 해당 사업의 퇴직연급제도 운영상황 등에 관한 교육을 해야 한다. 이 경우 사용자는 퇴직연금사업자에게 그 교육의 실시를 위탁할 수 있다(퇴직급여법 제32조제2항).

나. 퇴직연금의 종류

퇴직연금제도는 자산운용의 권한과 책임을 누가 지느냐에 따라 확정급여형(Defined Benefit)과 확정기여형(Defined Contribution)으로 나눌 수 있다. 또한 급여 수준이나 부담금 수준이 확정되지 않은 개인형 퇴직연금제도(Individual Retirement Pension)가 있다.

1) 확정급여형(DB형) 퇴직연금

ⓐ 확정급여형 퇴직연금이란 근로자가 퇴직 시 수령할 연금급여가 사전에 확정되고, 사용자가 적립할 금액은 적립금 운용 결과에 따라 변동될 수 있는 연금제도다.

따라서, 사용자의 부담은 적립금 운용 결과에 따라 달라진다. 운용수익이 좋으면 사용자 부담이 적어지고, 운용수익이 나쁘면 사용자 부담이 늘어난다. 적립금의 운용 권한과 책임은 사용자가 가지고 있으므로, 퇴직 연금사업자는 적립금 운용방법(금융상품)과 관련 정보를 사용자에게 제시하여야 한다.

---

658) 대판 2003.5.16, 2001다54977.

659) 노서림·오빛나라·표대중, 「임금벗기기」, 매일노동뉴스, 2017, pp.145~175 참고.

ⓑ 사용자는 사업연도 말 퇴직급여추계액의 60% 이상(규약에 정한 비율)에 적립되도록 해야 하고, 퇴직연금 규약에서 약정한 시기에 정기적으로 부담금을 납입해야 한다.

ⓒ 「퇴직급여법」에 따라 특별한 사정(무주택자의 주택구입, 가입자 또는 부양가족의 6개월 이상 요양, 천재지변 등)이 있을 때에는 적립금의 50% 범위 내에서 담보대출만 가능하고 중도인출은 불가능하다.

2) 확정기여형(DC형) 퇴직연금

ⓐ 확정기여형 퇴직연금이란 사용자의 부담금이 사전에 확정되고 근로자가 받을 퇴직급여는 적립금을 운용한 실적에 따라 변동되는 연금제도다.

ⓑ 사용자는 정기적으로 근로자 개인계좌에 연간 임금총액의 12분의 1 이상의 부담금을 적립하고, 근로자는 그 적립금을 금융상품에 투자하다가 퇴직할 때 운용성과에 따라 퇴직급여를 수령한다.

ⓒ 정기적으로 발생하는 퇴직금을 근로자 개별계좌에 적립시켜 주는 제도로 퇴직금을 매월, 혹은 중간정산하는 것과 유사하다. 적립된 금액을 근로자가 운용하므로 퇴직급여는 적립금 운용실적에 따라 달라진다.

ⓓ 사용자 부담은 근로자 연간 임금총액의 12분의 1 이상으로 정해져 있고, 근로자가 원하는 경우 연금계좌 합산 연 1,800만 원까지 추가적으로 부담금을 납입할 수 있다. 특별한 사정(무주택자의 주택구입, 가입자 또는 부양가족의 6개월 이상 요양, 천재지변)이 있을 때에는 50% 범위 내에서 담보대출은 물론 적립금 전액을 중도에 인출할 수 있다.

3) 개인형 퇴직연금제도(Individual Retirement Pension)

(1) 개인형 IRP

ⓐ 개인형 퇴직연금제도란 가입자의 선택에 따라 가입자가 납입한 일시금이나 사용자 또는 가입자가 납입한 부담금을 적립·운용하기 위하여 설정한 퇴직연금제도로서 급여 수준이나 부담금 수준이 확정되지 않은 연금제도다(퇴직급여법

제2조제10호).

(b) 개인형 IRP는 퇴직IRP와 적립IRP로 구별된다. 퇴직IRP 가입대상은 퇴직사유에 따라 퇴직일시금을 받은 근로자이고, 적립IRP 가입대상은 퇴직연금에 가입한 뒤 개인형 퇴직연금제도를 추가로 설정하려는 근로자다. 2017년부터는 자영업자 등 안정적인 노후소득 확보가 필요한 사람으로서 대통령령으로 정하는 사람도 개인형 퇴직연금제도를 설정할 수 있다.

(c) 개인형 IRP는 근로자가 직접 적립금 운용방법을 선택할 수 있고, 적립금 운용결과에 따라 퇴직급여 수준이 결정된다.

적립 IRP는 「퇴직급여법」상 연 1,200만 원까지 납부가 가능하며, 적립금 수령은 근로자 선택에 따라 일시금 또는 연금으로 수령할 수 있다.

(2) 기업형 IRP

(a) 상시근로자 10인 미만 사업장 특례로서, 개별 근로자 동의를 받거나 근로자 요구에 따라 개인형퇴직연금제도를 설정한 경우에는 해당 근로자에 대하여 퇴직급여제도를 설정한 것으로 본다(퇴직급여법 제25조제1항). 이를 기업형 IRP라 하는데, 일반적인 개인형퇴직연금제도와 구별된다.

(b) 기업형 IRP제도 설정대상은 상시 근로자 10인 미만 사업장 근로자다. 이때 상시 근로자는 일정한 사업기간 내의 근로자 연인원을 가동일수로 나누어 산정한다. 당해 사업장에서 계속 근무하는 근로자뿐만 아니라 임시적·일용직 근로자 등 고용형태를 불문하고, 퇴직급여제도 의무적용대상이 아닌 근로자까지 포함하여 산정한다. 상시근로자가 10인 미만이었다가 10인 이상이 된 경우에는 더 이상 해당 규정의 적용을 받을 수 없다.[660] 확정급여형 퇴직연금 또는 확정기여형 퇴직연금으로 전환하여야 한다. IRP를 설정하지 않은 나머지 근로자에게는 퇴직금제도를 적용한다.

(c) 기업형 IRP의 경우 퇴직연금 규약을 신고하지 않고 개별 근로자의 동의나 요구만으로 제도를 도입할 수 있다. 사용자는 가입자별로 연간 임금총액의 12분

---

660) 퇴직급여보장팀-395, 2006.2.8.

의 1이상에 해당하는 부담금을 현금으로 매년 1회 이상 정기적으로 가입자의 개인형 퇴직연금제도 계정에 납입하여야 한다.

기업형 IRP와 개인형 퇴직연금제도는 제도의 성격, 운용 자산관리계약, 수수료 등 모든 체계가 상이하여 자동변경이 곤란하다.

〈기업형 IRP와 개인형 IRP의 비교〉

구분	기업형 IRP(10인 미만)	개인형 IRP
가입요건	10인 미만 사업장 근로자	퇴직연금 일시금 수령자 퇴직연금 가입 근로자
부담금 납입 목적·주체	퇴직급여 재원(사용자 재원)	근로자 추가 기여분
과세이연 혜택	×	○
수수료 부담 주체	사용자	근로자

〈퇴직급여제도 비교〉

구분	퇴직금제도	확정급여형 퇴직연금제도	확정기여형 퇴직연금제도	기업형 IRP	개인형 IRP
적용 대상	모든 사업장	모든 사업장	모든 사업장	상시근로자 10인 미만 사업장	◦ 퇴직급여가 발생한 근로자 ◦ 재직 중인 근로자 중 원하는 자
규약 작성	취업규칙 작성 신고	퇴직연금 규약 작성 신고	퇴직연금 규약 작성 신고	퇴직연금 규약 불필요	퇴직연금 규약 불필요
운용(자산) 관리계약주체	해당 사항 없음	사용자와 퇴직연금 사업자	사용자와 퇴직연금 사업자	근로자와 퇴직연금 사업자	근로자와 퇴직연금 사업자
수수료 부담	해당 사항 없음	사용자	◦ 운용 및 자산관리 : 사용자 ◦ 근로자 추가 납입 : 근로자	근로자	근로자
부담금 납부	사용자	사용자	사용자	사용자	근로자
근로자 추가 납입	불가	IRP 개설 시 가능	가능	불가	가능
사외적립 부담금수준	사용자 재량	퇴직금 추계액의 60% 이상	연간 임금총액의 1/12이상	연간 임금총액의 1/12이상	퇴직금 중간정산금의 80% 이상
퇴직급여 형태	일시금	연금 또는 일시금	연금 또는 일시금	연금 또는 일시금	연금 또는 일시금

연금수령 요건	해당 사항 없음	55세 이상으로 가입기간 10년 이상	55세 이상으로 가입기간 10년 이상	55세 이상으로 가입기간 10년 이상	55세 이상
퇴직급여 수준	퇴직 시 평균임금 30일분× 근속연수	퇴직 시 평균임금 30일분× 근속연수	적립금 운용 실적에 따라 다름	적립금 운용 실적에 따라 다름	적립금 운용 실적에 따라 다름
운용위험 부담	사용자	사용자	근로자	근로자	근로자
중도 인출	가능	불가	가능	가능	가능
담보 제공	불가	50%까지 가능	50%까지 가능	50%까지 가능	50%까지 가능

다. 퇴직연금제도 도입

1) 근로자대표 동의

(a) 「퇴직급여법」에 "사용자가 퇴직급여제도의 종류를 선택하거나 선택한 퇴직급여제도를 다른 종류의 퇴직급여제도로 변경하고자 하는 경우에는 당해 사업에 근로자의 과반수로 조직된 노동조합이 있는 경우에는 그 노동조합, 근로자의 과반수로 조직된 노동조합이 없는 경우에는 근로자의 과반수의 동의를 얻어야 한다"라고 규정하고 있다(제4조제3항).

(b) 이때 기존 퇴직금제도를 실시하던 사업장이 퇴직연금제도로 전환하는 경우에도 근로자대표의 동의를 얻어 한다.

근로자대표의 동의가 회사의 개입이나 간섭이 배제된 상태에서의 의사결정 방식에 해당한다면 이를 입증할 수 있는 서류를 첨부하여 신고하면 된다. 근로자 개별 동의는 필요하지 않으며, 집단적 회의방식에 의한 의사결정 방식이어야 하고, 근로자의 찬반 의사표시에 관한 동의방식은 무기명도 가능하다.

(c) 노사협의회의 근로자위원은 원칙적으로 근로자 퇴직급여제도의 변경에 대한 의견청취 또는 동의권한을 가진 자로 볼 수 없다. 의견청취 권한을 위임한 경우에 예외적으로 가능하다.

다만 사업장 내에 퇴직급여제도를 적용받는 대상이 상이한 경우 적용을 받는 근로자대표의 동의로 충분하다. 노동조합 가입대상이 아닌 직원만을 대상으로 퇴직연금제도를 도입하는 경우 퇴직연금제도를 적용받는 근로자 과반수의 동의를 받으면 된다.[661)]

ⓓ 이 규정에 위반하여 근로자대표의 동의를 얻지 아니한 자에 대하여는 500만 원 이하의 벌금에 처한다(퇴직급여법 제46조제1호).

2) 차등적 퇴직급여제도 설정 금지

ⓐ 원칙적으로 하나의 사업 내에서는 하나의 퇴직급여제도를 설정해야한다. 이는 직위·직종·부서 등과 같은 특정 기준이나 집단에 따라 별개의 제도를 둘 수 없다는 의미다. 다만 특정 규정이 모든 근로자에게 일률적으로 적용되는 것마저도 금지된다는 의미는 아니므로, 근속기간에 따라 퇴직금 지급률을 달리할 수 있다.

ⓑ 적법한 제도 변경에 의해 차이가 발생하는 것도 가능하다. 예를 들어 취업규칙변경 이전의 기득권을 인정해 준다거나. 향후 신규입사자부터 적용되는 규정 변경을 적용하는 것은 유효하다.

ⓒ 차등 설정 금지의무를 위반하여 퇴직급여제도를 차등 설정할 경우 2년 이하의 징역 또는 1천만 원 이하의 벌금에 처하도록 규정하고 있다(퇴직급여법 제45조제1호).

3) 퇴직연금 규약 작성 및 신고

(1) 규약 신고

확정급여형 및 확정기여형 퇴직연금제도를 설정하려는 사용자는 근로자대표 동의를 얻어 퇴직연금 규약을 작성하여 고용노동부장관에게 신고하여야 한다(퇴직급여법 제13조 및 제19조제1항).[662)] 다만 2012년 7월 26일 이후에 새로 설립된 법인(합병·분할된 경우는 제외)의 경우에는 동의가 아니라 근로자대표의 의견

661) 퇴직급여보장팀-855, 2007.2.26.

662) 퇴직연금 규약신고서(퇴직급여법시행규칙 1호 서식)와 퇴직연금 규약, 근로자대표 동의서를 첨부하여 회사 소재지 관할 지방고용노동관서에 신고하여야 한다.

을 들어 사업성립 후 1년 이내에 퇴직연금제도를 설정하여야 한다(퇴직급여법 제5조).

(2) 규약의 내용

① 확정급여형 퇴직연금

(a)「퇴직급여법」 제13조에 따라 규약에 기재하여야 할 사항은 "① 퇴직연금사업자 선정에 관한 사항, ② 가입자에 관한 사항, ③ 가입기간에 관한 사항, ④ 급여의 종류 및 수급요건 등에 관한 사항, ⑤ 운용 관리업무 및 자산관리업무의 수행을 내용으로 하는 계약의 체결 및 해지와 해지에 따른 계약 이전에 관한 사항, ⑥ 운용현황 통지에 관한 사항, ⑦ 가입자 퇴직 등 급여지급사유 발생과 급여지급절차에 관한 사항, ⑧ 퇴직연금제도의 폐지·중단 사유 및 절차 등에 관한 사항, ⑨ 그밖에 확정급여형 퇴직연금제도의 운영을 위하여 대통령령으로 정하는 다음의 내용"이다.

- 부담금의 산정 및 납입에 관한 사항
- 운용관리업무와 자산관리업무의 수행에 대한 수수료 부담에 관한 사항
- 가입자에 대한 교육 방법 및 절차 등에 관한 사항
- 복수의 퇴직연금 사업자와 운용관리업무에 고려한 계약을 체결한 경우 업무처리방안에 관한 사항. 이 경우 가입자가 개인형 퇴직연금제도의 계정을 지정하지 않은 경우 급여를 이전할 퇴직연금 사업자의 지정에 관한 사항을 포함한다.

(b) 복수의 퇴직연금사업자와 운용관리업무에 관한 계약을 체결한 사용자는 그 퇴직연금 사업자 중 하나를 대표 퇴직연금 사업자(간사기관)로 선정하여 운용관리 업무를 수행하도록 하여야 한다(퇴직급여법시행령 제4조제6항). 간사기관을 선정하는 방법에 대하여는 법에서 달리 규정한 바 없으며, 퇴직연금규약에 간사기관을 명시하거나 퇴직연금 규약에 기준 및 절차를 정하고 그에 따라 선정하는 것도 가능하다.

② 확정기여형 퇴직연금

(a)「퇴직급여법」 제19조제1항에 따라 규약에 기재하여야 할 사항은 "① 부담금 부담에 관한사항, ② 부담금 납입에 관한 사항, ③ 적립금 운용에 관한 사항, ④ 적립금 운용방법 및 정보 제공 등에 관한 사항, ⑤ 적립금 중도인출에 관한 사항, ⑥ 퇴직연금 사업자 선정에 관한 사항, ⑦ 가입자에 관한 사항, ⑧ 가입기간에 관한 사항, ⑨ 급여의 종류 및 수급여건 등에 관한 사항, ⑩ 운용관리업무 및 자산관리업무의 수행을 내용으로 하는 계약의 체결 및 해지와 해지에 따른 계약의 이전에 관한 사항, ⑪ 운용현황 통지에 관한 사항, ⑫ 가입자 퇴직 등 급여 지급사유 발생과 급여 지급절차에 관한 사항, ⑬ 퇴직연금제도 폐지·중단 사유 및 절차 등에 관한 사항, ⑭ 운용관리업무 및 자산관리업무의 수행에 대한 수수료 부담에 관한 사항,[663] ⑮ 가입자에 대한 교육 방법 및 절차 등에 관한 사항"이다.

(b) 이 중 수수료는 사용자가 부담하여야 하며, 가입자가 스스로 부담하는 추가 부담금에 대한 수수료는 가입자가 부담한다(퇴직급여법시행령 제10조제2항). 다만, 이는 강행규정이 아니므로 사용자와 가입자의 합의에 의하여 사용자가 부담하는 것으로 정할 수 있다.

(c) 확정기여형 퇴직연금은 확정급여형 퇴직연금과 달리 근로자가 사용자의 부담금을 운용하여 투자수익을 창출해야 하므로 정기적인 납입주기를 정하여 규약에 명시하여야 한다.

(d) 확정기여형 퇴직연금의 경우 퇴직연금 설정 시점 이전에 제공한 근로기간을 퇴직연금 가입기간으로 할 수 있다. 일정 단위로 나누어 순차적으로 가입기간에 포함시키는 것도 가능하고, 일부에 대해서만 소급하여 가입기간으로 하는 것도 가능하다. 일률적으로 소급하는 방법 및 개별 가입자별로 자유의사에 따라 소급기간을 달리 적용할 수도 있다. 퇴직연금 도입 이후에 가입기간 산정을 변경하는 것도 불이익 변경이 아니라서 가능하다.[664]

663) 퇴직급여보장팀-845, 2007.11.7.

664) 퇴직급여보장팀-805, 2006.3.14.

(3) 규약의 효력

ⓐ 규약은 사용자가 근로자와 합의하여 작성하고 신고한 것이므로 사용자와 근로자에게 효력을 미친다. 사업자가 규약 내용을 알고 있을 경우 규약에 위반하여 연금사업을 수행하여서는 안 된다. 사용자가 해당 규약을 위반하면 시정명령 등 일정한 처분을 받게 된다.[665]

ⓑ 「퇴직급여법」에서 정한 기준에 미달하는 내용을 규약에 포함시킬 수 없으며, 기재되어 있다고 하더라도 동법이 효력상 상위에 있으므로, 위반되는 부분에 한하여 규약은 무효이고, 동법이 정한 기준이 적용된다. 근로자 일부에 대하여 규약에서 정한 기준보다 유리한 연금제도를 설정하는 계약을 체결하는 것은 차별금지에 반한다(퇴직급여법 제4조제2항).

4) 규약의 변경

ⓐ 사용자는 신고한 퇴직연금제도 설정 내용을 변경한 경우에는 ① 변경 전과 변경 후의 내용을 비교하여 작성한 퇴직연금 규약, ② 근로자 과반수를 대표하는 노동조합 또는 근로자 과반수 동의를 받았음을 증명하는 자료,[666] ③ 근로자 과반수를 대표하는 노동조합 또는 근로자 과반수의 의견을 들었음을 증명하는 자료[667]를 첨부하여 변경 사실을 지방고용노동관서의 장에게 통보하여야 한다(퇴직급여법시행규칙 제2조제2항).

ⓑ 불리한 변경이 아니라면 근로자대표의 의견을 들어야 하는데, 의견을 듣는 방법은 집단적 회의 방법, 근로자에게 퇴직연금 규약(안)을 열람하게 하고 서명을 받는 방법 등 과반수 의견을 들었음을 객관적으로 증명할 수 있는 적절한 방법을 사용할 수 있다. 사내 회보 열람과 사내 게시, 내부 전산망을 통한 공지, 이메일 송부에 따른 수신확인 등을 통해 변경된 퇴직연금 규약(안)을 제시하고 의견을 제출하도록 하였음을 증명할 수 있어야 하며, 근로자 과반수 의견을 제시할 수 있는 충분한 기간을 부여하는 등 제도적으로 의견 제출을 보장하여야 한다.

665) 퇴직급여보장팀-47, 2007.1.5.

666) 근로자에게 불리하게 변경하는 경우

667) 근로자에게 불리한 변경이 아닌 경우

5) 미신고 시 효력

「퇴직급여법」은 규약 신고를 사용자 의무로 규정하여 강제하고 있다. 만일, 사용자가 이를 신고하지 않을 경우 500만원 이하의 과태료를 부과한다(퇴직급여법 제48조제2항제1호). 규약을 신고하지 않더라도 퇴직연금 설정의 효력에는 영향을 미치지 않으며, 규약의 효력도 인정된다.

라. 사용자 책무

1) 사용자가 이행하여야 할 사항

사용자는 법령 및 퇴직연금 규약을 준수하고 가입자 등을 위하여 「퇴직급여법」에 따른 의무를 성실하게 이행하여야 한다(퇴직급여법 제32조제1항).

◦ 사용자 책무는 다음과 같다.

① 퇴직금제도 또는 확정급여형 퇴직연금제도를 설정하거나 운영하는 사용자는 임금피크제의 실시, 임금 삭감 등으로 근로자 급여액에 영향을 미칠 수 있는 경우, 가입자에게 퇴직급여 수령액이 감소됨을 알리고, 근로자대표와 확정기여형 퇴직연금제도 도입, 별도 급여 산정기준 마련 등 필요한 방법을 협의하여야 한다.

② 운용관리업무와 자산관리업무의 수행, 관련 서비스 제공 등 퇴직연금제도 전반에 대한 능력과 전문성을 종합적으로 판단하여 퇴직연금 사업자를 선정하여야 한다. 이 경우 상시 300명 이상 근로자를 사용하는 사업의 사용자는 퇴직연금 규약을 신고하거나 퇴직연금 사업자를 선정·변경사유서를 제출하여야 한다.

③ 단체협약·취업규칙·근로계약서·급여명세서 등 부담금 산정 및 급여 지급 능력 확보 여부 등을 확인하는 데 필요한 자료를 퇴직연금 사업자에게 제공하여야 한다.

④ 퇴직연금 사업자에게 가입자 교육을 위탁한 경우 집합교육을 할 수 있도록 하는 등 협조하여야 한다.

2) 사용자 교육의무

ⓐ 확정급여형 및 확정기여형 퇴직연금제를 설정한 사용자는 퇴직연금제도를 시행한 날을 기산일로 하여 매년 1회 이상 가입자에게 해당 사업의 퇴직연금제도 운영 상황 등 대통령령으로 정하는 사항을 교육하여야 한다(퇴직급여법 제32

조제2항).

(b) 퇴직연금 가입자교육을 퇴직연금 사업자에게 위탁하더라도 교육을 실시했는지에 대한 입증책임은 사용자에게 있으므로 사업장 감독 시 이행 여부를 확인하여야 한다.

〈퇴직연금 가입자 교육 내용〉

확정급여형 퇴직연금 교육내용	확정기여형 퇴직연금 교육내용
① 급여종류별 표준적인 급여액 및 지급 상황	① 사용자의 부담금 수준, 부담금 납부 시기 및 납부상황
② 사용자의 부담금액, 부담금 납부시기 및 납부상황	② 가입자별 적립금의 운용수익 및 운용 방법별 구성비율 등 운용현황
③ 예상 급여액 대비 적립금 규모	③ 퇴직연금 사업자가 제시하는 운용방법의 위험과 수익에 관한 사항
④ 가입자의 전직·이직 시의 처리절차, 퇴직 시의 적립금 운용·관리 방법	④ 가입자의 연령·근속연수 등을 고려한 노후설계의 중요성에 관한 사항

(c) 개인형 퇴직연금제도 가입자 교육의무 주체는 위탁실시와 관계없이 사용자가 아닌 퇴직연금 사업자다. 사용자가 운용관리업무를 수행하는 퇴직연금 사업자에게 가입자 교육을 위탁한 경우 사용자는 퇴직연금 사업자와 교육시기, 구체적 교육방법 등을 포함한 계약을 체결하고, 퇴직연금 사업자는 교육사항에 대하여 위탁계약의 내용에 따라 교육을 실시하여야 한다(퇴직급여법시행규칙 제4조제4항).

3) 사용자 금지행위

퇴직연금제도를 설정한 사용자는 다음 각 호의 어느 하나에 해당하는 행위를 하여서는 안 된다(퇴직급여법 제32조제3항).

① 자기 또는 제3자의 이익을 도모할 목적으로 운용관리업무 및 자산관리업무 수행계약을 체결하는 행위, ② 운용관리업무 또는 자산관리업무를 수행하는 데 필요한 자료를 고의로 누락하거나 거짓으로 작성하여 퇴직연금 사업자에게 제공하는 행위, ③ 퇴직연금 사업자에게 약관 등에서 정해진 부가서비스 외의 경제적 가치가 있는 서비스의 제공을 요구하거나 제공받는 행위, ④ 퇴직연금 사업자에게 계약 체결을 이유로 물품 등의 구매를 요구하거나 판매하는 행위, ⑤ 퇴

직연금 사업자에게 확정되지 않은 운용방법의 수익을 확정적으로 제시하라고 요구하거나 제공받는 행위, ⑥ 재정안정화계획서를 작성하지 않거나 통보하지 않는 행위는 금지된다(퇴직급여법시행령 제33조).

4) 벌 칙

자기 또는 제3자의 이익을 도모할 목적으로 운용관리업무 및 자산관리업무 수행계약을 체결한 사용자는 2년 이하의 징역 또는 1천만 원 이하의 벌금에 처한다(퇴직급여법 제45조제4호). 그 외의 준수사항을 위반한 사용자에게는 500만 원 이하의 과태료를 부과한다(퇴직급여법 제48조제2항제2호). 매년 1회 이상 교육을 하지 않은 사용자에게는 1천만 원 이하의 과태료를 부과한다(퇴직급여법 제48조제1항).

마. 퇴직연금 수급권

1) 퇴직연금 수급권 보호

퇴직연금제도의 급여를 받을 권리는 양도하거나 담보로 제공할 수 없다(퇴직급여법 제7조제1항). 퇴직연금을 양도하거나 담보로 제공하는 것을 허용하면 정작 퇴직연금을 받아야 할 시기에 이를 지급받지 못하여 근로자 노후대책 마련이라는 퇴직연금제도 본래의 취지에 어긋날 수 있기 때문이다.

이는 강행규정으로 당사자 간 합의에 의해 배제하거나 달리 정할 수 없다. 퇴직급여를 받을 권리에 대하여 양도 또는 담보로 제공하는 것을 내용으로 하는 약정은 무효다.

2) 퇴직연금 수급권 담보제공

근로자가 목돈이 필요할 때를 대비하여 주택구입 등 일정한 사유와 요건을 갖춘 경우에 한하여 일정한 한도 내에서 담보로 제공할 수 있도록 허용하고 있다.

(1) 담보제공이 허용되는 사유

퇴직연금 급여를 받을 권리를 담보로 제공할 수 있는 사유는 다음과 같다.

① 무주택자인 가입자가 본인 명의로 주택을 구입하는 경우

② 가입자와 가입자의 배우자 또는「소득세법」제50조제1항에 따른 가입자 또는 가입자의 배우자와 생계를 같이하는 부양가족이 질병 또는 부상으로 6개월 이상 요양을 하는 경우 이때 요양이라 함은 입원 통원·약물치료 등 치료방법과 상관없이 병을 치료한 것을 모두 포함하는 개념으로 판단해야 한다.[668)]

③ 담보를 제공하는 날부터 역산하여 5년 이내에 가입자가 채무자 회생 및 파산에 관한 법률에 따라 파산선고를 받은 경우

④ 담보를 제공하는 날부터 역산하여 5년 이내에 가입자가 채무자 회생 및 파산에 관한 법률에 따라 개인회생절차개시결정을 받은 경우

⑤ 그밖에 천재지변으로 피해를 입는 등 고용노동부장관이 정하여 고시하는 사유와 요건에 해당하는 경우 가입자는 퇴직연금제도상 급여를 받을 권리를 담보로 제공할 수 있다(퇴직급여법시행령 제2조제1항).

(2) 담보제공 한도

담보제공은 가입자별 적립금의 100분의 50을 한도로 한다. 다만 천재지변 등으로 가입자가 피해를 입은 경우에는 피해 정도 등을 고려하여 고용노동부장관이 정하여 고시하는 한도를 기준으로 정한다.

(3) 퇴직연금 사업자 대출협조의무

퇴직연금 사업자는 제공된 급여를 담보로 한 대출이 이루어지도록 협조하여야한다(퇴직급여법 제7조제2항). 이는 퇴직연금 사업자만이 퇴직급여를 담보로 하는 대출을 실행할 수 있다는 의미는 아니다. 수급권을 담보로 제공할 수 있는 자에 대해서는 관련 법령에서 별도로 정한 바가 없으므로 근로자가 수급권 보장을 약화시킬 우려가 있는 등 특별한 사정이 없는 한 당해 사업장 사용자에게 담

668) 퇴직급여보장팀-3586, 2006.9.20.

보로 제공하는 것도 가능할 것이며, 퇴직연금 사업자나 사용자 외의 제3자에게 담보로 제공하는 것도 가능하다.

3) 퇴직연금 중도인출

(a) 퇴직금제도에서는 이미 발생한 퇴직금에 대한 중간정산제도가 있으며, 퇴직연금제에서는 이와 유사한 개념의 중도인출제도를 허용하는 경우가 있다. 확정기여형 퇴직연금제도를 설정한 경우와 개인형 퇴직연금을 설정한 경우에는 주택구입 등 대통령령으로 정하는 사유가 발생한 때에는 적립금 중도인출을 허용하고 있다. 연금 중도인출은 노후대비라는 연금제의 기본 취지에 맞지 않으나 근로자가 급히 목돈이 필요한 경우 등에 대비하여 예외적으로 인정하고 있는 것이다.

(b) 중도인출 가능 사유는 담보제공이 허용되지 않는다. 확정급여형 퇴직연금제도는 근로자 개인별로 설정하는 것이 아니라 사업장 단위로 설정하기 때문에 그 성질상 근로자 개인이 중도에 인출하기가 어렵기 때문이다.

(c) 확정급여형 퇴직연금제도 가입자가 주택구입 등 대통령령이 정하는 사유가 발생한 때에는 앞서 살펴본 바와 같이 가입자별 적립금의 50%한도 내에서 퇴직연금을 담보로 제공할 수 있다. 긴급한 목돈 수요의 측면에서는 확정기여형 퇴직연금제도가 더 유리하다. 그러나 퇴직연금제도의 본래 취지인 노후소득 보장이란 점에서는 확정급여형 퇴직연금제도가 유리하다고 볼 수 있다.

〈퇴직금 중간정산과 중도인출 및 담보대출 사유 비교〉

사유	퇴직금 중간정산	퇴직연금 담보대출 (DC형 중도인출)
무주택자인 가입자가 본인 명의로 주택을 구입하는 경우	○	○
무주택자인 근로자가 전세금 또는 주택임차에 따른 보증금을 부담하는 경우 ※ 전세금 또는 보증금이 인상되는 경우도 포함하되, 당해 사업에서 1회에 한함	○	×
본인, 배우자 및 부양가족이 질병·부상으로 6개월 이상 요양하는 경우	○	○
최근 5년 이내 파산신고 또는 개인회생절차 개시 결정을 받은 경우	○	○

「고보법시행령」 규정에 따른 임금피크제를 실시하여 임금이 줄어드는 경우	○	×
천재지변 등 고용노동부장관이 정하는 경우	○	○

4) 퇴직연금 수급권 압류제한

현행법상 퇴직연금 수급권 압류를 명시적으로 금지한 규정은 없다. 다만 「민사집행법」에서 퇴직연금에 대하여 2분의 1에 해당하는 금액을 압류금지채권으로 규정하고 있다(제246조제1항제4호). 이에 따라 퇴직연금의 2분의 1에 대해서는 강제집행이 가능한 것인지에 대해 문제가 되었으나, 판례는 「퇴직급여법」상 퇴직연금채권은 그 전액에 관하여 압류가 금지된다고 판단하였다.[669]

바. 퇴직연금의 운영

1) 확정급여형(DB) 퇴직연금제도

(1) 기본 구조

회사가 퇴직연금에 가입한 근로자 전체 명의로 퇴직연금계좌를 개설한 뒤 매년 적립할 퇴직충당금을 이 계좌에 적립하여 운용하고, 나중에 근로자가 퇴직하면 이 계좌에서 퇴직연금을 지급하는 형태다. 이때 근로자가 받는 퇴직급여는 법정퇴직금 금액과 동일하며, 퇴직일 기준으로 계속근로연수 1년에 대하여 30일분의 평균임금에 상당하는 금액을 받게 된다.

(2) 부담금

① 최소적립금

ⓐ 사용자는 확정급여형 퇴직연금제도에 가입된 근로자들이 향후 퇴직할 때 법정 퇴직금만큼 지급될 수 있도록 부담금을 납입한다. 이때 적정 부담금을 산출

669) 대판 2014.1.23, 2013다71180.

하기 위하여 퇴직연금 사업자는 보험 수리적 가정(퇴직률·임금상승률·할인율 등)을 사용한다.

(b) 확정급여형 퇴직연금제도를 도입한 회사는 퇴직급여를 지급할 능력을 확보하기 위하여 매년 사업연도 말을 기준으로 산정한 기준책임준비금에 「퇴직급여법」상 연도 구분에 따른 비율을 곱하여 산출한 금액(최소적립금) 이상을 적립금으로 적립하며, 최소적립금 수준은 연도별로 단계적으로 상향되도록 설정되어 있다(퇴직급여법 제16조 및 동법 시행령 제5조).

〈최소적립금 수준의 연도별 비율〉

연 도	비율(적립금/기준책임준비금)
2012.7.26.~2013.12.31.	60%
2014.1.1.~2015.12.31.	70%
2016.1.1.~2017.12.31.	80%
2018.1.1. 이후	고용노동부령으로 정하는 80% 이상의 비율

② 재정검증

(a) 운용관리업무를 수행하는 퇴직연금 사업자는 매 사업연도 종료 후 6개월 이내에 해당 회사 적립금이 최소적립금을 상회하는지 여부를 확인하여 그 결과를 회사에 통보하여야 한다(퇴직급여법 제16조제2항).

(b) 퇴직연금 사업자는 적립금과 최소적립금을 비교하여 적립금 부족 여부, 적립금 및 부담금 납입현황, 재정안정화계획서 작성 여부 등을 사용자에게 서면으로 알려야 한다. 적립금이 최소적립금보다 적은 경우에는 근로자 과반수가 가입한 노동조합이 있는 경우에는 그 노동조합에 서면으로 알리고, 근로자 과반수가 가입한 노동조합이 없는 경우에는 전체 근로자에게 서면, 사내 게시 또는 정보통신망에 의한 방법으로 알려야 한다(퇴직급여법시행령 제6조제1항).

③ 재정검증 결과에 따른 처리방법

㉮ 적립금이 최소적립금보다 적은 경우

(a) 적립금이 최소적립금의 100분의 95에 미달하는 경우에는 사용자는 적립금 부족을 3년 이내에 균등하게 해소할 수 있도록 부족금액 자금 조달방안, 납입

계획 등의 내용을 포함함 "재정안정화계획서"를 구체적으로 작성하고 3년간 보존해야한다. 또한 퇴직연금 사업자로부터 재정검증 결과를 통보받은 날부터 60일 이내에 근로자 과반수가 가입한 노동조합이 있는 경우에는 그 노동조합, 근로자 과반수가 가입한 노동조합이 없는 경우에는 전체 근로자와 퇴직연금 사업자에게 재정안정화계획서를 통보한다. 사용자는 적립금 부족분을 충당하기 위한 부담금을 납입하는 등 재정안정화계획서를 성실하게 이행하는 조치를 취하여 적립금 부족을 해소하여야 한다(퇴직급여법시행령 제7조제2항).

(b) 사용자가 재정검증을 통보받은 날부터 60일 이내에 재정안정화계획서를 작성하지 않거나 근로자대표 또는 퇴직연금 사업자에게 통보하지 않으면 500만원 이하의 과태료가 부과된다(퇴직급여법 제48조).

㉯ 적립금이 기준책임적립금보다 많은 경우

(a) 매 사업연도 말 적립금이 기준책임준비금을 초과한 경우 사용자는 그 초과분을 향후 납입할 부담금에서 상계할 수 있다. 매 사업연도 말 적립금이 기준책임준비금의 100분의 150을 초과하고 사용자가 반환을 요구하는 경우 퇴직연금 사업자는 그 초과분을 사용자에게 반환할 수 있다(퇴직급여법 제16조제4항).

(b) 사외 적립된 자산의 운용 결과 기대수익률보다 초과잉여금이 발생한 경우 근로자 측이 사용자에게 그 수익금의 지급을 요구할 권리는 인정되지 않는 것으로 보는 것이 행정해석의 입장이다.[670] 그러나 사용자와 근로자대표가 합의하여 수익금을 퇴직급여액에 반영하는 것은 얼마든지 가능하다. 수익금 지급방식과 기준 등에 대해서 사전에 합의가 있다면 그에 따라 근로자는 지급청구권을 가질 수 있다.

(3) 지급방법

(a) 확정급여형 퇴직연금제도는 원칙적으로 운용관리기관별 적립비율만큼만 가입자에게 지급하여야 하나, 운용관리기관이 복수일 경우 특정 가입자 퇴사 시 사용자 지급분을 제외한 나머지(총 사외적립 비율에 해당하는 금액) 퇴직급여액

---

670) 퇴직급여보장팀-1497, 2006.4.28.

은 기준책임준비금 대비 적립금 비율이 법정최저기준을 상회하고 일시에 전체 적립금대비 상당 비율 이상의 퇴직급여 지급사유가 발생하지 않는다면, 사용자가 지정하는 특정 자산관리기관이 지급할 수 있기 때문에[671] 실무상 간사기관이나 대표지급기관을 정하여 지급하고 있다.

(b) 간사기관은 사용자 지시를 해당 퇴직연금 사업자에게 전달하는 업무를 수행할 뿐이다. 따라서 반드시 간사기관만이 퇴직급여를 지급해야 하는 것은 아니며, 특정 퇴직연금 사업자에게 전액지급을 지시하거나 또는 퇴직연금 사업자별로 지급비율(금액)을 정하여 지시하는 것이 가능하다.

2) 확정기여형(DC) 퇴직연금제도

(1) 기본 구조

회사는 부담금만 납부하고 운용은 근로자 스스로 하는 구조로, 회사 부담금을 퇴직연금 규약에서 선정한 퇴직연금 사업자에게 근로자 개인별로 구분하여 적립한다. 근로자가 받을 퇴직급여는 근로자 스스로의 판단과 책임 하에 운용한 실적에 따라 변동한다.

(2) 부담금

(a) 사용자가 납부하는 부담금은 가입자의 연간 임금총액의 12분의 1(8.34%) 이상이어야 한다. 연간 임금총액이란 당해 사업연도 중에 근로자에게 지급된 임금의 총액으로 「근기법」상 평균임금과는 다르다.[672]

(b) 여기서 임금이라 함은 사용자가 근로의 대가로 근로자에게 임금, 봉급, 그 밖에 어떠한 명칭으로든지 지급하는 일체의 금품을 말한다. 행정해석은 초과근무수당,[673] 연차유급휴가미사용수당[674]도 포함되는 것으로 본다.

---

671) 임금복지과-2944, 2009.11.24.

672) 퇴직급여법-884, 2007.2.27.

673) 임금복지과-505, 2010.8.5.

674) 퇴직연금복지과-87, 2008.4.1.

(3) 근로자가 휴직 또는 휴업한 기간의 부담금

(a) 휴직중인 근로자에 대해서도 사용종속관계를 유지하고 있는 한 가입자 자격을 유지하고 있으므로 사용자는 부담금을 납부하여야 한다.[675)]

(b) 근로자가 휴업을 실시하여 연간 임금총액이 낮아질 경우에는 휴업 사유에 따라 달리 적용하여야 한다. 예를 들어 수습사용기간, 업무상 부상·질병, 산전후 휴가기간, 육아휴직기간, 사업주 귀책사유로 인한 휴업, 적법한 쟁의행위기간, 병역법등의 의무이행기간 및 업무외 부상 질병 기타의 사유로 인하여 사용자 승인을 얻어 휴업한 기간에 대해서는 해당 기간 임금을 제외한 임금총액을 해당 기간을 제외한 기간으로 나눈 금액을 부담금으로 납부해야한다.

(c) 무단결근 등 근로자 귀책사유로 인한 휴업인 경우에는 유·무급을 불문하고 연간 지급된 임금총액의 12분의 1의 금액을 부담금으로 납부하여야 한다.[676)] 퇴직연금 설정 전에 제공한 과거근로기간을 퇴직연금 가입기간으로 한다면 당해 기간에 대한 부담금을 전액 납부해야 하며,[677)] 분할납부할 수 없다. 과거근로기간을 가입기간에 포함시키기로 '결정한 시점 이전 1년간의 임금총액'을 기준으로 산정한다.

(4) 부담금 납부 및 미납부담금 지연이자

(a) 사용자는 부담금을 매년 1회 이상 정기적으로 가입자의 확정기여형 퇴직연금계정에 납입하여야 한다(퇴직급여법 제20조제3항). 따라서 월납·반기납·분기납·연납 모두 가능하다. 부담금 납입시기는 규약에 기재하여야 하며, 납입시기를 변경하려면 규약변경절차를 거쳐야 한다.

(b) 사용자가 정하여진 기일까지 부담금을 납입하지 아니한 경우 그 다음 날부터 부담금을 납입한 날까지 지연일수에 대하여 연 100분의 40 이내의 범위에서 「은행법」에 따라 은행이 적용하는 연체금리, 경제적 여건 등을 고려하여 지연

675) 퇴직급여보장팀-2093, 2006.6.20.

676) 퇴직급여보장팀-1090, 2007.3.15.

677) 퇴직급여보장팀-719, 2006.3.8.

이자를 납입하여야 한다(퇴직급여법 제20조제3항).

(c) 지연이자는 부담금을 납입하기로 정해진 날짜의 다음 날을 기산일로 하여 가입자의 퇴직급여를 지급할 사유가 발생한 날부터 14일(당사자 간 합의에 따라 납입날짜를 연장한 경우 그 연장된 날짜)까지의 기간까지는 연 100분의 10, 그 다음날부터 부담금을 납입하는 날까지의 기간은 연 100분의 20의 이율을 적용한다(퇴직급여법시행령 제11조).

(5) 부담금 미납 시 효과

부담금 또는 지연이자를 납입하지 않은 자는 3년 이하의 징역 또는 2천만 원 이하의 벌금에 처한다. 다만 이 경우 피해자의 명시적 의사에 반하여 공소를 제기할 수 없다(퇴직급여법 제44조제2호).

3) IRP(개인형 퇴직연금제도)

(1) 기본 원칙

개인형 퇴직연금제도는 가입자 선택에 따라 가입자가 납입한 일시금이나 사용자 또는 가입자가 납입한 부담금을 적립·운용하기 위하여 설정한 퇴직연금제도로서 급여 수준이나 부담금 수준이 확정되지 않은 퇴직연금제도를 말한다(퇴직급여법 제2조제10호).

(2) 부담금

① 개인형 IRP

개인형 퇴직연금제도를 설정한 사람은 자기의 부담으로 개인형 퇴직연금제도 부담금을 납입한다. 다만 이전 사업에서 받은 퇴직급여제도 일시금 등을 제외한 금액으로 연간 1,200만 원(개인형 퇴직연금제도 계정이 여러 개인 경우에는 부담금의 합계액)을 초과하여 납부할 수 없다(퇴직급여법 제24조제3항 및 동법 시행령 제17조).

② 기업형 IRP

(a) 상시근로자 10인 미만 사업장에서 간편한 방법으로 확정기여형 퇴직연금과 유사한 형태의 퇴직연금제도를 운영할 수 있도록 인정한 특례를 말한다. 기업형 IRP는 사용자가 부담금을 부담하고, 가입근로자는 자기 부담으로 추가 부담금 납입이 가능하며 납입한도는 없다. 사용자는 개인형 퇴직연금제도 가입자의 퇴직사유가 발생한 때에 해당 가입자에 대한 부담금을 납입하지 않은 경우에는 그 사유가 발생한날로부터 14일 이내에 부담금과 지연이자를 해당 가입자의 개인형 퇴직연금제도 계정에 납입하여야 한다. 특별한 사정이 있는 경우에는 당사자 간 합의에 따라 납입기간을 연장할 수 있다.

(b) 사용자가 정기적으로 부담금을 납입하기로 정하여진 기일까지 부담금을 납입하지 않았다면 그 다음 날부터 지연이자가 기산된다. 이 법의 시행(2012년 7월 26일) 이후 도래하는 정기납입일 이후 부담금을 미납하는 경우 지연이자가 발생한다.

4) 퇴직연금 변경

(1) 기본 원칙

퇴직연금제도를 변경할 때에도 퇴직연금 도입과 동일하게 근로자대표의 동의 또는 의견청취와 퇴직연금 규약 변경 신고절차를 거쳐야 한다.

〈규약 변경 절차〉

① "규약 변경 대비표" 및 "신규약" 작성
② "근로자대표 동의서" 작성
③ "퇴직연금 규약 변경신고서" 작성
④ 회사 소재지 관할 고용노동관서에 위의 서류를 제출
⑤ 고용노동관서에서 규약 심사 후 회사에 변경수리 문서 통보

(2) 퇴직연금 유형 변경 및 적립금 처리방안

종전	변경	적립금 처리방안
DB	DC	◦ 변경방법 : DC형 퇴직연금 신규계약 및 부담금 입금 ◦ DB적립금은 DC부담금으로 일시 납부, DC기산일은 DB기산일과 동일(합산)
DC	DB	◦ DC는 회사가 가입자별로 부담금을 납입하면 퇴직금 정산이 완료된 것으로 보며, 개인별로 운용수익률에 차이가 있어 DB로 이전하는 것이 불가능 ◦ 다만 DC를 유지하면서, DB신규계약 체결 및 신고는 가능함, 이때 DB기산일은 DC부담금 납입 이후부터 적용됨

5) 퇴직연금 지급

(1) 개인형 퇴직연금 계정 지급원칙

급여의 지급은 가입자가 지정한 개인형 퇴직연금제도 계정으로 이전하는 방법으로 한다(퇴직급여법 제17조제4항). 근로자의 평균 근속기간이 짧은 노동시장 현실에서 노후재원 확보를 위한 퇴직급여제도의 취지를 살리기 위해서는 퇴직연금제도간의 연속성을 강화할 필요가 있어 본 규정을 둔 것이다.[678] 퇴직연금 급여는 근로자가 지정한 개인형 퇴직연금제도 계정으로 지급하는 것이 원칙이므로 '퇴직연금 체불금'의 경우에도 사용자는 근로자가 지정한 개인형 퇴직연금제도로 해당 체불퇴직급여를 직접 지급해야 한다.

(2) 예 외

① 가입자가 55세 이후에 퇴직하여 급여를 받는 경우, ② 가입자가 급여를 담보로 대출받은 금액 등을 상환하기 위한 경우, 이 경우 가입자가 지정한 개인형 퇴직연금제의 계정으로 이전하지 않은 금액은 담보대출 채무상환 금액을 초과할 수 없다. ③ 퇴직급여액이 150만 원 이하인 경우, ④ 근로자의 사망으로 인한 퇴직인 경우, ⑤ 한시적 체류자격으로 국내에서 근로를 제공하고 퇴직하는 외국인근로자 또는 퇴직과 동시에 해외로 출국하는 외국인근로자에 대해서도 개인형 퇴직연금계정으로 이전하지 않을 수 있다.

678) 「퇴직급여법」 2011년 개정 취지

(3) 계정 미지정 시 조치

가입자가 개인형 퇴직연금제도 계정을 지정하지 않은 경우에는 해당 퇴직연금 사업자가 운영하는 계정으로 이전한다. 이 경우 가입자가 해당 퇴직연금 사업자에게 개인형 퇴직연금제도를 설정한 것으로 본다(퇴직급여법 제17조제5항).

(4) 지급의무 불이행 시 효과

근로자가 퇴직할 때 급여를 지급하지 않거나 부담금 또는 지연이자를 납입하지 않은 자에 대하여는 3년 이하의 징역 또는 2천만 원 이하의 벌금에 처한다. 다만, 이는 피해자의 명시적 의사에 반하여 공소를 제기할 수 없는 반의사불벌죄에 해당한다(퇴직급여법 제44조제2호).

6) 퇴직연금 폐지·중단 사유

(1) 퇴직연금 폐지·중단 사유

(a) 퇴직연금제도가 폐지되는 경우란 시행 중이던 퇴직연금제도를 노사합의로 폐지하거나, 혹은 사업장이 폐업하거나, 시행중인 퇴직연금제도를 다른 형태의 퇴직연금제도로 변경하면서 기존 제도를 폐지하는 경우 등이다.

(b) 퇴직연금제도가 중단되는 경우는 사용자의 일시적인 재정압박으로 부담금을 납부하지 못한 경우, 당해 사업장의 퇴직연금을 관리하던 연금사업자가 「퇴직급여법」 제27조에 따라 등록이 취소된 이후 고용노동부장관이 당해 사업장의 연금업무를 다른 연금사업자에게 이전명령을 내리기 전까지의 기간 등이 해당된다.

(2) 퇴직연금제도 폐지·중단 시 적립금 처리방법

① 퇴직연금제도 폐지 시

(a) 급여지급 방법 : 사용자와 퇴직연금 사업자는 퇴직 연금제도가 폐지되어 가입자에게 급여를 지급하는 경우에 가입자가 지정한 개인형 퇴직연금제도 계정으로 이전하는 방법으로 지급하여야 한다. 가입자가 개인형 퇴직연금제도 계정

을 지정하지 않은 경우에는 해당 퇴직연금 사업자가 운영하는 계정으로 이전한다(퇴직급여법 제38조제4항).

(b) 퇴직금 중간정산 간주 : 퇴직연금제도의 폐지로 인하여 가입자가 급여를 일시금으로 지급받은 경우에는 퇴직금을 중간정산하여 받은 것으로 본다(퇴직급여법 제8조제2항). 따라서 중간정산한 부분에 대한 사용자의 퇴직금 지급의무는 소멸한다. 이때 중간정산 대상기간 산정방식이 문제 되는데, 퇴직금과 퇴직연금의 적립금이 정확하게 일치하기 어렵기 때문에 중간정산 기준이 필요하다. 퇴직연금제도 형태에 따라 중간정산 대상기간 기준이 달라진다.

㉮ 확정급여형 퇴직연금제도

확정급여형 퇴직연금의 중간정산 대상기간은 중간정산금을 기준으로 환산한다. 중간정산금은 사업별로 적립된 금액을 가입자별 근속기간·평균임금·급여 수준 등을 고려하여 안분·산정하고, 중간정산대상기간은 중간정산금을 기준으로 환산한다.

㉯ 확정기여형 퇴직연금제도와 기업형·개인형 퇴직연금제도

(a) 확정기여형 퇴직연금과 기업형·개인형 퇴직연금제도 중간정산 대상기간은 가입자별로 퇴직연금에 가입된 날부터 사용자가 부담금을 납부한 날까지로 한다. 중간정산금은 가입자별로 적립된 금액, 즉 사용자 부담금을 근로자가 운용한 결과 중간정산금이 된다.

(b) 확정기여형 퇴직연금과 기업형·개인형 퇴직연금에서는 사용자 부담금이 사전에 결정될 뿐 퇴직급여 수준은 부담금 운용 결과에 따라 달라지므로 적립된 금액 전체를 퇴직금 중간정산으로 보게 되는 것이다. 확정기여형 퇴직연금과 기업형·개인형 퇴직연금의 중간정산 대상기간은 퇴직연금제도가 중단 또는 폐지된 시점이 아니라 부담금이 납부된 날까지다.

② 퇴직연금제도 중단 시

퇴직연금 폐지와 달리 중단의 경우는 일정 기간 동안 잠정적으로 제도가 중단된 것으로, 운용관리 및 자산관리계약이 자동적으로 해지되는 것은 아니다. 이 경우 퇴직급여의 지급, 적립금 운용 및 운용현황 통지, 가입자 교육 등의 기본적인 업무는 유지된다. 확정급여형 퇴직연금은 적립금을 그대로 두고, 확정기여형 퇴직연금은 근로자 본인의 부담과 책임으로 계속 적립금을 납입하는 방법도 있다.

주/요/쟁/점/실/무

제12절 임금채권보장제도 관련 쟁점

1. 의의 및 연혁

(a) 임금채권보장제도는 경기 변동과 산업구조 변화 등으로 사업을 계속하는 것이 불가능하거나 기업의 경영이 불안정하여 임금 등을 지급받지 못하고 퇴직한 근로자에게 그 지급을 보장하는 조치를 마련함으로써 근로자의 생활안정에 이바지하는 것을 목적으로 한다(임채법 제1조).

(b) 임금채권보장제도는 제1차 오일쇼크 이후 1974.1.14.「대통령 긴급조치」 제3호 제19조로 최초로 도입되었으며, 이후「근기법」상 임금채권보장제도가 규정되었다.[679] 이 당시 임금채권우선변제는 '임금채권 등' 우선순위를 보장하는 데 의의가 있었는데, 1997년 외환위기로 발생한 체불임금 문제는「근기법」상 보호의 한계가 나타나는 계기가 되었으며, 이로 인하여 근로자들의 생계가 위협받는 상황에 이르게 되었다.

(c) 이러한 문제점을 해결하기 위하여「근기법」과 별개로「임채법」을 제정(1998.2.20. 제정, 1998.7.1. 시행)하여 도산기업 등에서 퇴직한 근로자가 사업주로부터 임금 등을 지급받지 못한 경우에 국가가 사업주를 대신하여 지급받지 못한 임금·퇴직금 중 최우선변제 금액 범위에서 일정금액을 지급하고, 지급한 금액 한도에서 근로자의 임금청구권을 대위하여 사업주로부터 회수하는 소위 '체당금' 제도를 두고 있다.

2.「임채법」의 적용대상 사업장

「임채법」의 적용대상은「산재법」의 당연 적용대상사업장이 되며, 산재보험의

---

679)「근기법」(법률 제2708호, 1974.12.24. 일부개정) 제30조의2(임금채권우선변제)가 신설되었다.

가입과 동시에 별도의 절차 없이 「임채법」이 자동적으로 적용되나, 국가와 지방자치단체가 직접 수행하는 사업에는 적용되지 않는다(임채법 제3조).

3. 일반체당금제도

ⓐ 체당금(替當金)이란 사업주가 파산의 선고, 회생절차개시의 결정, 고용노동부장관의 도산 등 사실 인정 등을 받은 경우에 퇴직한 근로자가 지급받지 못한 임금·휴업수당 및 퇴직급여의 지급을 청구하면 고용노동부장관이 사업주를 대신하여 지급하는 임금·휴업수당 및 퇴직급여를 의미한다(임채법 제7조제2항). 즉 근로자가 체당금을 지급받기 위해서는 사업주가 도산(재판상 또는 사실상 도산) 또는 체불 임금 등에 대한 법원의 확정판결 등을 받아야 하며, 그밖에 당해 사업주와 근로자 본인이 일정한 법령상 요건을 충족하여야 한다.

ⓑ 이와 같은 체당금제도는 「근기법」상 우선변제에 대한 제도적 대응으로서 사업주의 변제금과 분담금 등으로 조성된 임금채권보장기금을 통하여 체당금을 신청하는 근로자에게 금전적 지원으로 생계를 지원하는 사회보장적 기능도 담당하고 있다.

가. 체당금의 지급사유

고용노동부장관은 사업주가 다음 어느 하나에 해당하는 경우에 퇴직한 근로자가 지급받지 못한 임금 등의 지급을 청구하면 제3자의 변제에 관한 「민법」 제469조에도 불구하고 그 근로자의 미지급 임금 등을 사업주를 대신하여 지급한다(임채법 제7조제1항).

1) 기업의 도산

(1) 법원에 의한 재판상 도산

재판상 도산에는 ㉠ 「통합도산법」에 따른 회생절차개시의 결정과 ㉡ 「통합도산법」에 따른 파산선고의 결정의 경우가 있다.

(2) 지방고용노동관서의 장에 의한 도산 등 사실인정(사실상 도산)

'도산 등 사실인정'이란 사업주가 경영악화 등으로 인하여 사실상 도산 상태에 빠져있는 경우에 지방고용노동관서의 장이 근로자의 청구에 의해 이를 도산으로 인정하는 것을 의미한다.

이 경우, 사실상 도산 상태로 인정받기 위해서는 당해 사업주가 다음 요건에 모두 해당되어 미지급 임금 등을 지급할 능력이 없는 경우이다.

① 상시 사용하는 근로자 수가 300명 이하일 것

② 사업이 폐지되었거나, 다음 어느 하나의 사유로 사업이 폐지되는 과정에 있을 것

ⓐ 그 사업의 생산 또는 영업활동이 중단된 상태에서 주된 업무시설이 압류 또는 가압류되거나 채무변제를 위하여 양도된 경우(경매 진행 중인 경우 포함)

ⓑ 그 사업에 대한 인가·허가·등록 등이 취소되거나 말소된 경우

ⓒ 그 사업의 주된 생산 또는 영업활동이 1개월 이상 중단된 경우

(3) 미지급 임금 등을 지급할 능력이 없거나 다음의 어느 하나의 사유로 임금 등의 지급이 현저히 곤란한 상태에 있을 것

① 도산등사실인정일 현재 1개월 이상 사업주의 소재를 알 수 없는 경우

② 사업주의 재산을 환가하거나 회수하는 데 도산 등 사실인정 신청일부터 3개월 이상 걸릴 것으로 인정되는 경우

③ 사업주(상시근로자 10명 미만)가 도산 등 사실인정을 신청한 근로자에게 「근기법」 제36조에 따른 금품청산 기일이 지난 날부터 3개월 이내에 임금을 지급하지 못한 경우

2) 사업주가 근로자에게 미지급 임금 등을 지급하라는 「민사집행법」에 따른 확정된 종국판결·지급명령·소송상 화해나 청구의 인낙(認諾) 등 확정판결과 같은 효력을 가지는 것, 「민사조정법」에 따른 조정·확정된 조정을 갈음하는 결정, 「소액사건심판법」에 따른 확정된 이행권고 결정 등이 있는 경우(임채법 제7조제1항제4호)

나. 사업주의 요건

근로자가 체당금을 지급받기 위해서는 해당 사업주가 다음의 요건을 모두 충족하여야 한다(임채법시행령 제8조).

① 「산재법」의 적용대상이 되는 사업의 사업주이어야 함

※ 2000.7.1부터 상시근로자 1인 이상 사업장은 당연 적용됨, 산재보험 임의·의제가입 사업장에도 「임채법」 적용(1999.12.31 「산재법」 개정)

② 법 적용대상 사업의 사업주가 된 후 6개월 이상 해당 사업을 한 후에 체당금의 지급사유인 파산선고 등을 받았거나 도산 등 사실인정을 받았어야 함

다. 근로자의 요건

(a) 일반체당금의 지급대상이 되는 근로자는 '퇴직기준일'의 1년 전이 되는 날 이후 3년 이내에 해당 사업 또는 사업장에서 퇴직한 근로자[680]이다.

(b) 이 경우, 퇴직기준일은 근로자의 체당금 지급대상 요건인 퇴직 시기를 판단하는 기준이 되는 날로 구체적으로는 다음과 같다(임채법시행령 제7조제1항).

① 파산선고의 결정, 회생절차개시의 결정이 있는 경우에는 그 신청일

② 「통합도산법」에 따른 회생절차개시 신청 후 법원이 직권으로 파산선고를 한 경우에는 그 신청일 또는 선고일

680) 직업의 종류를 불문하고 사업 또는 사업장에 임금을 목적으로 근로를 제공하는 자(근기법 제14조)

※ 회생절차개시 신청에 대해 직권으로 파산선고를 한 경우, 회생절차 진행 중 법원이 회생절차를 폐지하고 직권으로 파산선고를 한 경우가 해당하며, 이 경우에는 파산선고의 원인이 된 회생신청의 신청일을 퇴직기준일로 인정하면서, 동시에 직권 파산선고는 신청일이 없는 점을 감안하여 선고일도 퇴직기준일로 인정

③ 도산 등 사실인정이 있는 경우에는 그 도산 등 사실인정의 신청일

※「임채법시행령」제5조제2항에 따른 신청기간의 말일이 공휴일이어서 공휴일의 다음 날 신청한 경우 퇴직기준일은 신청일이 아니라 공휴일이며, 도산등사실인정의 기초가 된 사실이 동일한 2이상의 신청이 있는 경우에는 최초 신청일임

라. 체당금의 지급액

1) 지급보장의 범위

체당금 지급보장의 범위는 "ⓐ 최종 3월분의 임금 또는 ⓑ 휴업수당(최종 3개월분) 및 ⓒ 최종 3년간의 퇴직급여 중 미지급액"이다(임채법 제7조제2항).

2) 체당금의 상한액

(a) 체당금은 체불 근로자에게 최소한의 생활안정을 지원하는 제도임을 감안하여 지급하는 금액은 체불임금 등의 전액이 아니라 일정한 상한액 범위의 금액이며, 상한액은 임금, 물가상승률 및 기금의 재정상황 등을 고려하여 기획재정부 장관과 협의를 거쳐 일반체당금[681]과 소액체당금을 구분하여 결정 고시하고 있다.

(b) 2014년부터 적용되고 있는 일반체당금 상한액은 임금의 1월분 상한액과 퇴직금의 1년간의 상한액을 2012년 추정 연령대별 월 평균임금 수준의 약 80% 수준에서 결정한 금액이며, 휴업수당은 해당 체당금의 70% 수준이다.

681) 일반체당금의 지원한도액은 현재 1,800만원이나 2020년부터는 2,100만원으로 올릴 예정이다.

[현행 체당금의 월정상한액(2014.1.1부터)]

퇴직당시 연령 / 체당금 종류	30세 미만	30세 이상 40세 미만	40세 이상 50세 미만	50세 이상 60세 미만	60세 이상
임금·퇴직금	180만원	260만원	300만원	280만원	210만원
휴업수당	126만원	182만원	210만원	196만원	147만원

※ 임금과 휴업수당은 1월분, 퇴직금은 1년분을 기준으로 함

3) 체당금의 산정례

① 일반 체당금

◦ 체당금의 지급청구인(체당금의 지급요건은 충족하였다고 가정)
 - 퇴직당시 연령 : 만 33세, 체불임금 등 : 3·4월분 임금(각 180만원), 5월분 휴업수당(126만원), 최종 2년간 퇴직금(30일분의 평균임금도 180만원으로 가정)
◦ 체당금의 지급액(현행 퇴직기준연령 및 체당금의 월정상한액 적용)
 - 체불임금에 대한 체당금 : 180만원(체불임금 180만원과 30세~40세 미만의 상한액 260만원중 적은 금액)×2월=360만원
 - 체불휴업수당에 대한 체당금 : 126만원(체불휴업수당 126만원과 30~40세 미만의 상한액 182만원 중 적은 금액)×1월=126만원
 - 체불퇴직금에 대한 체당금 : 180만원×2년=360만원 → 따라서 체당금 지급액은 846만원(360만원+126만원+360만원)

② 소액 체당금

◦ 체당금의 지급청구인(체당금의 지급요건은 충족하였다고 가정)
 - 퇴직당시 연령 : 만 33세
 - 체불임금 등 : 3·4월분 임금(각 180만원), 5월분 휴업수당(126만원), 최종 2년간 퇴직금(30일분의 평균임금도 180만원으로 가정)
◦ 체당금의 지급액
 - 현행 체당금 상한액 : 400만원 → 따라서 체당금 지급액은 400만원
 ※ 일반체당금과 소액체당금의 중복지급 금지〈임채법 제7조제3항〉

4) 일반체당금을 지급받은 후 소액체당금을 신청하는 경우

(a) 일반체당금을 지급받은 근로자가 소액체당금을 신청하는 경우에는 지급하

지 아니하고, 같은 근무기간에 대해 소액체당금을 지급받은 근로자가 도산으로 일반체당금을 신청한 경우에는 일반체당금액을 먼저 산정하여 지급받은 소액체당금액을 공제하고 지급한다.

◦ **(예시)** 소액체당금을 400만원 수령한 40대 근로자가 4개월분의 임금 1,600만원(월 400만원)을 지급받지 못한 경우 : 500만원 지급 〈일반체당금액 매월 300만원 합계 900만원-소액체당 금액 400만원〉

ⓑ 다만, 근로자의 체불임금 중 일반체당금 대상임에도 일반체당금으로 지급받지 못한 부분이 있다면, 동 부분에 한정하여 소액체당금 지급이 가능하나, 이 경우 지급해야할 소액체당금의 범위는 근로자가 일반체당금을 청구하였다면 지급받을 수 있었던 금액을 지급하되, 소액체당금 지급한도를 초과할 수 없다.

마. 체당금의 청구와 지급절차

1) 재판상 도산의 경우

ⓐ 퇴직 당시의 사업장 관할 지방고용노동관서에 체당금지급청구서와 체당금의 지급요건에 대한 확인신청서를 함께 제출하면 되며(시행령 제9조 및 제10조), 신청기간은 파산선고의 결정일, 회생절차개시의 결정일부터 2년 이내이다.

ⓑ 지방고용노동관서의 장은 사실확인을 위해 당해 사업주(관재인·관리인 포함)에게 재판상도산발생현황보고서를 제출하도록 요구하고(예규 제22조), 사실확인 결과를 확인통지서 또는 확인불가통지서로 신청인에게 통지하게 된다. 만일, 확인내용에 대해 이의가 있는 자는 행정심판·행정소송을 청구할 수 있다.

ⓒ 지방고용노동관서의 장은 체당금의 지급요건을 충족하고 있는 경우에는 체당금지급청구서와 확인통지서(사본)를 관할 근로복지공단지사에 송부하고, 근로복지공단지사장은 특별한 사유가 없는 한 송부 받은 날부터 7일 이내에 체당금을 금융기관을 통해 청구인의 예금계좌로 입금한다.

ⓓ 체당금을 지급한 근로복지공단은 임금체불 사업주에 대하여 대위권을 행사하게 된다.

2) 도산 등 사실인정의 경우

(a) 사실상 도산에 의하여 체당금을 지급받고자 할 경우에는 먼저 퇴직한 날의 다음 날부터 1년 이내에 신청서를 해당 사업주의 주된 사업장의 소재지를 관할하는 지방고용노동관서에 도산 등 사실인정 신청서 제출하여 도산 등의 사실을 인정받아야 한다(임채법시행령 제5조제2항).[682]

(b) 지방고용노동관서의 장은 도산 등 사실인정 여부를 결정하고, 그 결과를 도산 등 사실(인정, 불인정)통지서에 의거 신청인에게 통지하여야 한다.

(c) 체당금 청구인은 관할지방고용노동관서에 체당금지급청구서와 체당금의 지급요건에 대한 확인신청서를 제출하여야 하고(임채법시행령 제9조 및 제10조), 지방고용노동관서의 장은 사실확인 결과를 신청인에게 통지하여야 한다.[683]

(d) 지방고용노동관서의 장은 신청인이 체당금의 지급요건을 충족하고 있는 경우에는 체당금지급청구서와 확인통지서(사본)을 관할 근로복지공단지사에 송부하고, 근로복지공단지사장은 송부받은 날부터 7일 이내에 금융기관을 통해 체당금을 송금하게 된다.

(e) 체당금을 지급한 근로복지공단은 사업주에 대하여 대위권을 행사하게 된다.

4. 소액체당금제도

가. 도입 배경

체당금제도는 지급대상을 파산·도산기업 퇴직근로자로 한정함에 따라 도산하지 않은 기업의 퇴직근로자에 대한 권리구제는 미흡한 실정으로, 체불근로자 생계안정을 지원하는 임금채권보장제도의 기본취지가 더욱 충실히 구현될 수 있도록 보호가 미흡한 도산하지 않은 기업 퇴직근로자에 대하여도 지원할 필요성이

682) 동일 사업 또는 사업장에서 퇴직한 근로자가 2인 이상인 경우에는 그중 1인의 퇴직근로자가 인정신청서를 제출하면 된다.

683) 지방고용노동관서의 장의 인정·불인정 또는 확인에 대해 이의가 있는 자는 행정심판 또는 행정소송을 청구할 수 있다.

제기되어 제도가 신설되어 2015.7.1.부터 시행되었다.

나. 제도 개요

ⓐ 체당금 신청자의 퇴직일을 기준으로 6개월 이상 가동된 사업(장)에서 임금 등을 지급받지 못하고 퇴직한 근로자가 퇴직한 날의 다음 날부터 2년 이내에 소송을 제기하여 확정된 종국판결 등을 받은 경우, 확정판결일부터 1년 이내에 소액체당금 지급청구서에 판결문 등을 첨부하여 지급을 청구하면, 최우선 변제금액 범위에서 400만원까지 사업주를 대신하여 지급하는 제도이다.

ⓑ 그러나, 동 제도가 임금체불 근로자에 대한 생계를 실질적으로 보장하는데 한계가 있다는 지적에 따라 ① 현재 도산·가동 사업장의 퇴직자에게 지원되고 있는 소액체당금을 가동 중인 사업장의 재직자에게도 단계적으로 확대 적용하고, ② 상한액도 현재 400만원에서 1,000만원으로 인상하며, ③ 처리기간을 현행 7개월에서 2개월로 단축하는 개편 방안을 마련하여 2019년7월부터 단계적으로 시행할 계획이다.

다. 지급 조건

1) 사업주 기준

ⓐ 근로자가 소액체당금을 받을 수 있는 사업주는 법 적용 대상[684]이 되어 해당 근로자의 퇴직일까지 6개월 이상 해당 사업을 하여야 한다(임채법 제8조제2항).

ⓑ 건설업에 있어서는 특례규정을 두어 무면허 건설업자에 대한 체당금 사업주 기준(6개월 이상 사업계속)을 직상의 수급인에도 적용한다(임채법시행령 제8조제3항).[685]

---

684) 상시근로자 1명 이상을 사용하여 사업 활동을 하는 경우 당연 적용 대상 사업장임

685) 건설공사 총액에 사업주부담금 비율을 곱하여 부담금을 징수함에 따라 무면허 건설업자에게 고용된 근로자의 임금도 부담금 징수 대상임을 감안하고, 「근기법」의 무면허 건설업자에 고용된 근로자의 체불임금에 대한 직상 수급인의 연대책임 법리를 준용하여 소액체당금 지급 특례를 두어 조건 확대하였다.

[무면허건설업자의 사업주 적용방법]

◦ 규정 의미

ⓐ 사업주가 「건설산업기본법」 제2조제7호에 따른 건설업자가 아닌 하수급인(이하 "무면허 건설업자")인 경우에는 직상의 건설업자를 기준으로 퇴직일까지 6개월 이상 해당 사업 영위 여부를 판단한다.

ⓑ 직상의 적법한 건설업자가 여러 도급 단계에 걸쳐 있는 경우에는 최하위의 적법한 건설업자를 기준으로 판단하고, 직상의 적법한 건설업자가 없는 경우에는 당해 무면허 건설업자를 기준으로 판단한다.

* "건설업자"란 「건설산업기본법」 또는 다른 법률에 따라 등록 등을 하고 건설업(건설공사를 하는 업)을 하는 자를 말함.

* "건설공사"는 토목공사, 건축공사, 산업설비공사, 조경공사, 환경시설공사, 그 밖에 명칭에 관계없이 시설물을 설치·유지·보수하는공사(시설물을 설치하기 위한 부지조성공사를 포함한다) 및 기계설비나 그 밖의 구조물의 설치 및 해체공사 등을 말함. 다만, 「전기공사업법」에 따른 전기공사, 「정보통신공사업법」에 따른 정보통신공사, 「소방시설공사업법」에 따른 소방시설공사, 「문화재 수리 등에 관한 법률」에 따른 문화재 수리공사 등은 건설공사가 아님.

◦ 건설업의 6개월 해당 사업 판단 시 적용 단위

ⓐ (무면허 건설업자) 여러 건설공사에서 사업을 하더라도 각각의 공사 단위로 임금채권보장관계가 적용·성립되므로 체불근로자가 근로한 해당 공사에서의 사업기간으로만 산정한다(직상의 건설업자가 없는 경우 적용).

ⓑ (직상의 건설업자) 각각의 공사 단위로 임금채권보장관계가 적용되는 동시에 본사도 임금채권보장관계가 적용·성립되어 있으므로 본사의 전체 사업기간으로 산정한다.

ⓒ (무면허 건설업자이면서 사업자등록을 한 사업주) 전기공사 등 건설업 이외의 공사를 수행하는 사업자등록을 한 사업주가 여러 건설현장에서 건설공사가 아닌 공사* 를 하는 경우에는 본 사무소의 전체 사업기간을 포함하여 산정한다.

* 「건설산업기본법」 제2조제4호의 전기공사, 정보통신공사, 소방시설공사, 문화재 수리공사 등

2) 지급대상 근로자

(a) 사업(장)에서 퇴직한 날의 다음 날부터 2년 이내에 지급사유(판결, 명령, 조정 또는 결정 등)에 관한 소의 제기 또는 신청 등을 한 자이다(임채법시행령

제7조제2항). 이는 확정판결 후 강제집행 절차를 통한 배당까지 기간이 오래 걸리는 문제점을 보완하기 위해 도입한 제도로 체불임금에 대한 신속한 권리 행사를 위한 절차 진행이 필요한 점을 감안한 것이다.

(b) 앞으로는 지급대상을 가동 중인 사업장의 재직자에게도 단계적으로 확대 적용하여 ① 최저임금 수준 근로자이면서 가구소득이 중위소득의 50%미만인 근로자는 2019년 7월부터, 가구소득과 관계없이 최저임금 120% 수준인 근로자는 2021년 7월부터 지급대상이 된다.

3) 소액체당금 지급 사유

사업주가 근로자에게 미지급 임금 등을 지급하라는 확정된 종국판결 등[686]이 있는 경우에 체당금을 지급한다. 즉, 근로자가 사업주를 상대로 소송을 제기하여 체불임금에 대해 집행권원을 받은 경우 해당 근로자에게 체당금을 지급한다(임채법 제7조제1항제4호). 또한, 2019년 7월부터는 소액체당금 수령 소요기간 단축과 절차 간소화를 위해 법원의 확정판결이 없는 경우에도 지방고용노동관서에서 발급한 체불확인서로 바로 지급할 수 있도록 하였다.

라. 지급 금액

(a) 지급범위는 일반체당금과 같이 최우선 변제대상인 3개월간 임금·휴업수당, 3년간의 퇴직급여이다(임채법 제7조제2항).

(b) 지급금액은 지급범위 내의 체불임금으로 하되, 상한액은 400만원이나 2019년 7월부터는 1,000만원으로 지원수준을 인상한다(3개월 임금·휴업수당, 3년간의 퇴직금 등 지급 범위내의 전체 금액을 대상으로 상한액을 고시).

686) 가. 「민사집행법」 제24조에 따른 확정된 종국판결
나. 「민사집행법」 제56조제3호에 따른 확정된 지급명령
다. 「민사집행법」 제56조제5호에 따른 소송상 화해, 청구의 인낙(認諾) 등 확정판결과 같은 효력을 지는 것
라. 「민사조정법」 제28조에 따라 성립된 조정
마. 「민사조정법」 제30조에 따른 확정된 조정을 갈음하는 결정
바. 「소액사건심판법」 제5조의7제1항에 따른 확정된 이행권고 결정

ⓒ 일반체당금을 지급받은 근로자가 소액체당금을 신청하는 경우에는 지급하지 아니하고(임채법 제7조제3항), 같은 근무기간에 대해 소액체당금을 지급받은 근로자가 도산으로 일반체당금을 신청하는 경우에는 산정한 일 체당금액에서 먼저 지급받은 소액체당금액을 공제하고 지급한다.

◦ **(예시)** 소액체당금을 400만원 수령한 40대 근로자가 4개월분의 임금 1,200만원(월 300만원)을 지급받지 못한 경우 : 500만원 지급(일반체당금액 매월 300만원 합계 900만원 -소액체당금액 400만원)

마. 청구 및 지급 절차

ⓐ 소액체당금 청구는 법원의 확정판결 등이 있은 날부터 1년 이내에 청구하여야 한다(임채법시행령 제9조제1항제2호). 이는 법원의 임금지급 확정판결에도 불구하고 사업주가 재산이 없거나 강제집행까지 시일이 오래 걸려 취약했던 체불근로자 보호 목적을 감안하여 체당금 청구를 신속하게 하도록 규정하고 있는 것이다.

ⓑ 청구는 당해 근로자가 "소액체당금 지급청구서"에 판결문 등의 정본[687], 지방고용노동관서에서 발급한 체불확인서 등을 첨부하여 근로복지공단에 제출하여야 하고(임채법시행규칙 제5조), 근로복지공단은 지급여부, 체당금액 등을 확인하여 14일 이내에 지급하되, 청구 금액보다 적거나 지급하지 아니할 경우 관련 사유를 기재하여 청구인에게 통지하여야 한다.

바. 법 시행일 전 퇴직근로자 적용

소액체당금은 2015.7.1. 이후에 확정된 종국판결 등을 받은 경우에 지급하나, 근로자의 퇴직일은 2015.7.1. 이전이어도 무방하다. 즉, 소액체당금의 근로자 요건과 사업주 요건[688]을 판단할 때는 개정 법 시행일(2015.7.1)에 관계없이 이전

687) 판결문 등의 정본, 확정증명원 정본, 체불 임금 등·사업주 확인서 사본

688) (근로자 요건) 퇴직일의 다음 날부터 2년 이내 소의 제기 등, (사업주 요건) 퇴직일까지 6개월 이상 해당 사업을 하였을 것

퇴직자도 적용한다.

5. 체당금조력지원제도

(a) 체당금제도는 그 지급요건과 절차가 지나치게 까다롭고 복잡할 뿐만 아니라 입증책임도 근로자가 부담하게 됨으로써 임금체불로 곤경에 처한 근로자가 체당금을 받기가 매우 어려운 실정이라는 문제가 제기되었다.[689] 이에 2010.1월부터 일정 소득 이하의 근로자가 체당금을 청구하는 경우 공인노무사로부터 체당금 관련 상담, 도산 등 사실인정 입증자료파악 작성, 도산 관련 조사 참석 등의 지원을 받을 수 있도록 함으로써 임금체불 근로자를 실질적으로 지원하는 제도를 도입하기에 이르렀다(임채법 제7조제5·6항).

(b) 체당금조력지원제도의 지원대상은 도산 등 사실인정(재판상 도산 제외)을 위한 실질적인 요건을 갖춘 상시근로자 10명 미만 사업장으로서 전체 상시근로자의 월평균 보수가 250만 원 이하인 사업장에서 임금·휴업수당·퇴직금을 지급받지 못하고 퇴직한 근로자이다. 지원내용을 살펴보면 고용노동부 장관이 공인노무사에게 지원하는 금액은 공인노무사가 수행하는 지원업무의 내용, 체당금 지급 근로자의 수 등을 고려하여 사업장별로 300만원을 한도로 고용노동부장관이 정하여 고시한다. 이 경우 지원금액은 고용노동부 장관이 정하는 금액을 초과하여 체당금을 받는 근로자를 지원한 경우와 그 금액 이하의 체당금을 받는 근로자를 지원한 경우에 대하여 각각 차등하여 정할 수 있다(임채법시행규칙 제8조의4).

6. 체불사업주 융자지원제도

(a) 체불사업주 융자지원제도는 일시적인 경영상 어려움 등으로 사업주가 퇴직근로자에게 임금 등을 지급하지 못하는 경우 사업주의 신청에 따라 체불임금 등을 지급하는 데 필요한 비용을 융자할 수 있게 함으로써 사업주의 자발적인 임

689) 「임채법」(2012.1.1. 법률 제10320호, 2010.5.25. 일부개정) 제개정 이유

금체불 청산을 지원·유도하고 퇴직한 근로자의 생계를 보호하기 위한 제도로서 2012.8월 시행되었다.[690] 제도 시행 초기에는 퇴직한 근로자만을 지급대상으로 하였으나, 일시적 경영악화를 이유로 임금을 지급하지 못하는 사업주는 사업을 지속하기 위하여 재직 중인 근로자를 우선적으로 고려하기 때문에 퇴직근로자의 체불 해결에는 소극적이라는 지적이 나타남에 따라,[691] 2015.1월 융자대상을 확대하여 퇴직근로자뿐만 아니라 재직 중인 근로자에게 임금 등을 지급하고자 하는 경우에도 사업주에게 융자를 할 수 있도록 개정하였다(임채법 제7조의2).

ⓑ 이때 융자대상 사업주는 일시적 경영상의 어려움 등으로 체불이 발생하였으나, 체불청산의지가 있는 300인 이하의 산재보험 적용대상 가능 사업장으로서 1년 이상 해당 사업을 영위하였어야 한다. 그리고 융자대상 사업주의 근로자는 우선 퇴직근로자의 경우, 당해 사업장에서 5개월 이상 계속 근로하고, 확인신청일 1년 이내에 퇴직하였어야 한다. 재직 중인 근로자의 경우, 당해 사업장에서 확인신청일까지 6개월 이상 계속 근로한 자이면 된다. 융자금액은 사업장당 5천만원 한도로 근로자 1인당 6백만원 한도이다.

7. 임금채권보장기금

ⓐ 고용노동부장관은 임금채권보장사업에 충당하기 위하여 임금채권보장기금을 설치한다(임채법 제17조). 기금은 사업주의 변제금, 사업주의 부담금, 차입금, 기금의 운용으로 생기는 수익금, 그 밖의 수입금으로 구성된다(임채법 제18조제1항).

ⓑ 또한, 임금채권보장기금의 관리·운용에 관한 중요사항을 심의하기 위해 고용노동부에 임금채권보장기금심의위원회를 둔다. 위원회는 근로자를 대표하는 자, 사업주를 대표하는 자 및 공익을 대표하는 자로 구성하되, 각각 같은 수로 한다. 위원회의 조직과 운영에 필요한 사항은 대통령령으로 정한다(임채법 제6조).

690) 「임채법」 제개정 이유, 법제처(시행 2012.8.2, 법률 제11277호, 2012.2.1, 일부개정).
691) 고용노동부 「2015.7.1.시행되는 임금채권보장법령 주요내용」, 2015.6, p.10.

가. 사업주 부담금

(a) 고용노동부장관은 체당금 지급에 소요되는 비용을 충당하기 위해 사업주로부터 그 사업에 종사하는 근로자의 보수총액에 1천분의 2의 범위에서 임금채권보장기금심의위원회의 심의를 거쳐 고용노동부장관이 정하는 부담금비율을 곱하여 산정된 금액을 부담금으로 징수한다. 보수총액을 결정하기 곤란한 경우에는 「보험료징수법」 제13조제6항에 따라 고시하는 노무비율에 따라 보수총액을 결정한다.

(b) 사업주부담금은 「보험료징수법」에 따라 근로복지공단이 산재보험료에 통합하여 징수하고 있으며, 통합징수된 부담금을 매월 정산하여 기금에 납입하여야 한다(임채법 제9조).

(c) 한편, 「퇴직급여법」에 의한 퇴직보험에 가입하거나 퇴직연금제도를 설정한 사업주, 퇴직금을 미리 정산하여 지급한 사업주, 외국인 근로자 출국만기보험 등에 가입한 사업주는 부담금 경감혜택을 받을 수 있다(임채법 제10조).

나. 국고부담

국가는 매 회계연도 예산의 범위에서 이 법에 따른 임금채권보장을 위한 사무집행에 드는 비용의 일부를 일반회계에서 부담하여야 한다(임채법 제5조).

다. 임금채권보장기금 용도

기금의 용도는 ① 체당금의 지급과 잘못 납부한 금액 등의 반환, ② 공인노무사의 조력비용 지원(임채법 제7조제6항), ③ 체불임금 등 지급을 위한 사업주 융자(임채법 제7조의2), ④ 업무를 위탁받은 자에 대한 출연(임채법 제27조), ⑤ 차입금 및 그 이자의 상환, ⑥ 임금 등 체불예방과 청산 지원 등 임금채권보장제도 관련 연구, ⑦ 법률구조법에 따른 대한법률구조공단에 대한 출연, ⑧ 그밖에 임금채권보장사업과 기금의 관리 운용(임채법 제19조) 등이다.

주/요/쟁/점/실/무

제13절 비정규(기간제) 근로 관련 쟁점

1. 의 의

기간제근로자라 함은 대표적인 비정규직근로자[692]로 임시직, 촉탁직, 위촉직, 계약직, 일용직 등 그 명칭에 관계없이 '기간의 정함이 있는 근로계약'을 체결한 근로자를 말하며, 「기간제법」에 의한 보호대상이 된다.

2. 「기간제법」 적용범위

(a) 「기간제법」은 원칙적으로 상시 5인 이상의 근로자를 사용하는 모든 사업 또는 사업장에 적용된다. 또한, 국가 및 지방자치단체의 기관에 대하여는 상시 사용하는 근로자의 수에 관계없이 이 법을 적용한다. 다만, 동거의 친족만을 사용하는 사업 또는 사업장과 가사사용인에 대하여는 적용하지 아니한다(기간제법 제3조).

(b) 상시근로자 수를 판단함에 있어 근로자의 고용형태를 불문하므로 정규직은 물론 기간제근로자, 단시간근로자, 불법취업 외국인근로자 등도 포함되나, 파견근로자는 제외된다.

(c) 한편, 상시 4인 이하의 근로자를 사용하는 사업 또는 사업장은 「기간제법」의 일부만이 적용되는데 「기간제법시행령」에는 사용기간 제한에 관한 사항은 적용범위에 포함되어 있지 않으므로 사용기간의 제한을 받지 않는다.

692) 비정규직 근로자의 개념(2002.7월 노사정위원회 합의내용, OECD 통계적 용어) : ① 한시적 근로자(유기계약 근로자) → 기간제 근로자 등, ② 시간제 근로자(단시간 근로자) → 통상근로자보다 근로시간이 짧은 자, ③ 파견 등 비전형 근로자 → 파견, 용역, 일일근로자 등 크게 3가지 유형으로 분류한다.

3. 기간제근로자의 사용기간 제한

(a) 「기간제법」은 기간제근로계약의 남용을 방지하기 위한 수단으로 사유제한이나 갱신횟수제한 등의 방법을 택하지 않고 총사용기간을 제한하면서 예외를 인정하고 있다. 따라서, 사용자는 2년을 초과하지 않는 범위 내에서 계약기간을 자유롭게 정할 수 있고 동일한 내용으로 반복하여 근로계약을 체결하여 기간제근로자를 사용할 수 있다(기간제법 제4조제1항).

(b) 사용자가 기간제근로자에 대해 2년을 초과하여 사용하거나, 사용기간 제한의 예외사유가 없거나 소멸되었음에도 불구하고 2년을 초과하여 기간제근로자로 사용하는 경우에는 그 기간제근로자는 기간의 정함이 없는 근로계약(무기계약)을 체결한 근로자로 본다.

(c) 따라서, 2년을 초과하여 기간제근로자를 사용한 경우 사용자가 종전에 체결한 근로계약기간의 만료를 이유로 근로계약관계를 종료하면 해고에 해당하므로 「근기법」상 '해고 등의 제한' 규정(제23조)이 적용된다.

4. 사용기간 제한(2년)의 예외

「기간제법」은 기간제근로자 사용기간 제한의 예외규정을 두어 합리적인 사유가 있는 경우 2년을 초과하여 기간제근로자를 사용할 수 있도록 하였다.

가. 사업의 완료 또는 특정한 업무의 완성에 필요한 기간을 정한 경우

(a) 건설공사 등의 유기사업이나 특정 프로그램의 개발 또는 프로젝트 완수를 위해 고용하는 경우처럼 일정한 시간이 걸리는 유기(有期)사업이 명백한 경우에는 2년을 초과하여 그 사업이 완료될 때까지 기간 동안 근로계약 체결이 가능하다.

(b) 예를 들어, ① 갑 기업의 특정 A프로젝트에 3년 근무 후 일반 기간제계약직으로 1년 6월 근무하고 그 후 또 다른 B프로젝트에 3년을 근무하는 근로계약 체결하는 경우,[693] ② 발주자로부터 특정한 업무의 완성에 필요한 기간을 명확히

693) 비정규직대책팀-3018, 2007.7.26.

정한 프로젝트를 수주 받아 그 사업수행에 필요한 근로계약기간을 정하는 경우,[694] ③ 3년 임기의 비상근 회장의 비서를 채용하는 경우 회장의 임기동안만 일하는 것으로 근로계약을 체결한 경우[695] 등이다.

(c) 그러나, ① 건설회사에서 기간제근로자를 먼저 고용한 후 유기사업 및 특정프로젝트에 근무지시를 통해 순환배치한 것에 불과한 경우,[696] ② 계절적인 요인으로 특정시기로 국한하여 공장을 가동하고 나머지 기간은 휴업상태가 지속되는 형태가 매년 반복되는 경우[697]에는 사용기간 제한의 예외에 해당하지 아니한다.

나. 휴직·파견 등으로 결원이 발생하여 당해 근로자가 복귀할 때까지 그 업무를 대신할 필요가 있는 경우

(a) 출산, 질병, 군입대 등으로 인하여 휴직한 근로자나 장기 파견근로자 등을 일시적으로 대신할 수 있는 근로자의 고용의 경우가 이에 해당되며, 결원 근로자의 업무를 대신할 필요가 있는 경우에 한하여 사용기간 제한의 예외로서 인정되는 것이므로 처음부터 그 업무와 전혀 별개의 업무를 수행하기 위하여 채용된 경우에는 예외사유에 해당될 수 없다.

(b) 교원의 휴직기간동안 기간을 정하여 임시교원으로 채용된 경우, 휴직한 교원이 휴직기간 종료 전에 복직의 불가피한 사유가 발생하였거나 휴직한 교원이 휴직기간 종료 전에 복직을 희망하는 경우에는 중도 해지가 가능하다는 내용이 근로계약에 포함되어 있는 등 계약기간 종료 전에 이를 해지할 만한 사회통념상의 타당성이 인정되는 경우에는 해지가 가능하다.[698]

---

694) 비정규직대책팀-2428, 2007.6.26.
695) 비정규직대책팀-3017, 2007.7.26.
696) 비정규직대책팀-2742, 2007.7.9.
697) 비정규직대책팀-701, 2007.3.5.
698) 근기 68207-93, 1993.12.29.

다. 근로자가 학업, 직업훈련 등을 이수함에 따라 그 이수에 필요한 기간을 정한 경우

(a) 이 예외사유는 근로자가 학위나 자격증 취득 후 취업이 용이하므로 그 기간 중에는 일·학습 양립이 가능하도록 근로계약기간의 제한을 적용받지 않도록 하기 위한 취지이며, 기간제근로자가 학생이나 직업훈련생 등인 경우 학위취득이나 졸업(수료)에 필요한 기간을 근로계약기간으로 정한 경우가 이에 해당된다.

(b) 또한, 동 예외사유는 근로자측의 사정을 고려하여 마련된 것이므로 근로자가 스스로의 필요에 따라 일정기간 동안 근로계약을 체결할 것을 요구한 경우에만 해당하는 것으로 보아야 한다.

(c) 예를 들어, 야간대학에 재학 중인 자가 근로계약을 체결할 당시 사용자와 합의하여 그 계약기간을 학위이수에 필요한 기간이나 직업훈련을 이수하는데 필요한 기간으로 정한 경우에는 기간제 사용기간 제한(2년)의 예외로 인정된다.[699]

라. 「고령자고용법」 제2조제1호의 고령자(만 55세 이상)와 근로계약을 체결하는 경우

(a) 연령 때문에 재취업이 곤란한 조기퇴직자의 고용촉진을 위하여 고령자(만 55세 이상)에 대해 사용기간 제한의 예외를 허용한 것이다. 따라서, 고령자의 경우 장기간에 걸쳐서 수차 계약의 갱신이 반복되었다 하더라도 사용기간 제한의 적용대상에 해당하지 않는다.[700]

(b) 다만, 최초 근로계약을 체결하거나 갱신하는 시점에는 고령자에 해당하지 아니하였으나, 근로계약기간 중에 비로소 만 55세가 된 근로자의 경우, 계속 근로한 기간이 2년을 초과하는 시점에서는 고령자에 해당된다 하더라도 사용기간 제한의 예외라고 볼 수 없으므로 해당근로자는 무기계약근로자로 간주되어야 한다.[701]

699) 공용평등정책과-120, 2010.7.23.

700) 비정규대책팀-1998, 2007.6.1.

701) 고용차별개선과-1483, 2013.7.25, 대판 2013.5.23, 2012두18967.

마. 전문적 지식·기술의 활용이 필요한 경우

전문성과 높은 직업능력을 필요로 하는 전문 직종은 엄격한 자격취득 요건을 충족해야 진입이 가능하고 높은 수준의 근로조건을 영위하고 있어 기간제한을 통해 보호할 필요성과 당위성이 상대적으로 낮으므로 예외를 인정하고 있으며, 「기간제법시행령」 제3조제1항에 그 대상을 구체적으로 열거하고 있다.

① 박사 학위(외국에서 수여받은 박사 학위를 포함한다)를 소지하고 해당 분야에 종사하는 경우[702)]

② 「국가기술자격법」 따른 기술사 등급의 국가기술자격을 소지하고 해당 분야에 종사하는 경우

③ 다음의 전문자격을 소지하고 해당 분야에 종사하는 경우 : 건축사, 공인노무사, 공인회계사, 관세사, 변리사, 변호사, 보험계리사, 손해사정사, 감정평가사, 수의사, 세무사, 약사, 한약사, 한약업사, 한약조제사, 의사, 치과의사, 한의사, 경영지도사, 기술지도사, 사업용 조종사, 운송용조종사, 항공교통관제사, 항공기관사, 항공사(25개)

바. 정부의 복지정책·실업대책 등에 따라 일자리를 제공하는 경우로서 대통령령이 정하는 경우(기간제법시행령 제3조제2항)

자활사업, 취로사업, 공공근로사업 등 정부 시책사업은 그 대상이 주로 취약계층으로 생활안정이나 취업기회 제공 등을 목적으로 하고 있으므로 일반 근로계약과는 차이가 있고, 예산 사업의 성격상 사업기간에 맞추어 사용할 필요가 있으므로 사용기간의 예외를 인정하고 있다.

(a) 「고용정책기본법」, 「고보법」 등 다른 법령에 따라 국민의 직업능력 개발, 취업 촉진 및 사회적으로 필요한 서비스 제공 등을 위하여 일자리를 제공하는 경우

702) 동 규정은 박사학위를 소지하고 해당분야에 종사하는 경우로, 박사과정 중에 있거나 박사과정을 수료하였으나 아직 학위를 수여받지 못한 자는 이에 해당하지 않는다(비정규대책팀-2415, 2007.6.26)

(b) 「제대군인 지원에 관한 법률」 제3조에 따라 제대군인의 고용증진 및 생활안정을 위하여 일자리를 제공하는 경우

(c) 「국가보훈기본법」 제19조제2항에 따라 국가보훈대상자에 대한 복지증진 및 생활안정을 위하여 보훈도우미 등 복지지원 인력을 운영하는 경우

사. 그밖에 위 각 사유에 준하는 합리적인 사유가 있는 경우로서 대통령령이 정하는 경우(기간제법시행령 제3조제3항)

고용환경 변화에 따라 시행령에서 탄력적으로 규정할 수 있도록 하되 위 가~바 각 사유에 준하는 정도의 합리적인 사유가 있는 경우에만 가능하도록 예외를 인정하였다.

① 다른 법령에서 기간제근로자의 사용 기간을 「기간제법」 제4조제1항과 달리 정하거나 별도의 기간을 정하여 근로계약을 체결할 수 있도록 한 경우[703)]

② 국방부장관이 인정하는 군사적 전문적 지식·기술을 가지고 관련 직업에 종사하거나 「고등교육법」 제2조제1호에 따른 대학에서 안보 및 군사학 과목을 강의하는 경우

③ 특수한 경력을 갖추고 국가안전보장, 국방·외교 또는 통일과 관련된 업무에 종사하는 경우

④ 「고등교육법」 제2조에 따른 학교(같은 법 제30조에 따른 대학원대학을 포함한다)에서 다음 각 목의 업무에 종사하는 경우

가. 「고등교육법」 제14조에 따른 조교의 업무

나. 「고등교육법시행령」 제7조에 따른 겸임교원, 명예교수, 시간강사, 초빙교원 등의 업무

⑤ 「통계법」 제22조에 따라 고시한 한국표준직업분류의 대분류 1과 대분류 2 직

---

703) ① 기간제 교사의 경우, 「기간제법」에 대하여 특별법적 지위에 있는 「교육공무원법」, 「사립학교법」, 「사립학교교직원연금법」 등의 규정이 우선적용되며, ② 계약직공무원의 경우도 「국공법」이 우선 적용되므로 「기간제법」의 적용이 배제된다(계약직 공무원의 채용기간은 5년의 범위 안에서 당해 사업의 수행에 필요한 기간으로 함).

업에 종사하는 자의 「소득세법」 제20조제1항에 따른 근로소득(최근 2년간의 연평균근로소득을 말한다)이 고용노동부장관이 최근 조사한 고용형태별근로실태조사의 한국표준직업분류 대분류 2 직업에 종사하는 자의 근로소득 상위 100분의 25에 해당하는 경우

⑥ 「근기법」 제18조제3항에 따른 1주 동안의 소정근로시간이 뚜렷하게 짧은 단시간근로자를 사용하는 경우

⑦ 「국민체육진흥법」 제2조제4호에 따른 선수와 같은 조 제6호에 따른 체육지도자 업무에 종사하는 경우

⑧ 다음 각 목의 연구기관에서 연구업무에 직접 종사하는 경우 또는 실험·조사 등을 수행하는 등 연구업무에 직접 관여하여 지원하는 업무에 종사하는 경우

가. 국공립연구기관

나. 「정부출연연구기관 등의 설립·운영 및 육성에 관한 법률」 또는 「과학기술분야 정부출연연구기관 등의 설립·운영 및 육성에 관한 법률」에 따라 설립된 정부출연연구기관

다. 「특정연구기관 육성법」에 따른 특정연구기관

라. 「지방자치단체출연 연구원의 설립 및 운영에 관한 법률」에 따라 설립된 연구기관

마. 「공공기관의 운영에 관한 법률」에 따른 공공기관의 부설 연구기관

바. 기업 또는 대학의 부설 연구기관

사. 「민법」 또는 다른 법률에 따라 설립된 법인인 연구기관

5. 기간제근로자의 근로조건

가. 근로조건 서면명시 의무

(a) 「근기법」상 사용자는 근로계약을 체결할 때에 근로자에게 임금(구성항목·계산방법·지급방법), 소정근로시간, 휴일, 연차유급휴가에 관한 사항에 대하여는 서면으로 명시하여 교부하도록 규정하고 있다(제17조).

(b) 기간제근로자의 경우, 「기간제법」에 따라 근로계약을 체결할 때 ① 근로계

약기간, ② 근로시간·휴게, ③ 임금의 구성항목·계산방법 및 지불방법, ④ 휴일·휴가, ⑤ 취업의 장소와 종사하여야 할 업무에 관한 사항을 서면으로 명시하여야 한다.[704] 다만, 서면 명시의무에는 교부나 설명의 의무가 포함되어 있지 않는 것으로 해석되고 있으나,[705] 서면 명시의 방법으로는 근로계약서에 명시하거나, 주요 근로조건이 취업규칙에 규정되어 있을 경우 근로계약서는 계약 당사자에 해당하는 것만 기재하고, 그 외 근로조건은 취업규칙의 내용을 주지시키면 된다.

나. 무기계약으로 간주시 근로조건

(a) 근로계약기간 2년이 경과하여 무기계약으로 간주되면 근로조건은 단체협약, 취업규칙, 근로계약이 정하는 바에 따라 정해지게 되나, 기존의 근로조건을 저하시킬 수 없다.[706]

(b) 근로계약은 당사자가 단체협약, 취업규칙 등 상위 규범에 반하지 않는 범위에서 자유롭게 결정할 수 있으며, 근로계약에 정하지 않는 부분은 동종 또는 유사업무를 수행하는 근로자에게 적용되는 취업규칙이나 단체협약의 해당 내용이 적용된다고 본다.

다. 무기계약으로 전환 노력

사용자는 기간의 정함이 없는 근로계약(무기계약)을 체결하고자 하는 경우에는 당해 사업 또는 사업장의 동종 또는 유사한 업무에 종사하는 기간제근로자를 우선적으로 고용하도록 노력하여야 한다(기간제법 제5조).

704) 「기간제법」 제17조, 단시간근로는 이외에도 '근로일 및 근로일별 근로시간'도 명시하여야 한다. 만일, 이를 위반할 경우 5백만원 이하의 과태료가 부과된다.

705) 비정규대책팀-2419, 2007.6.26.

706) 비정규대책팀-2917, 2007.7.18.

6. 기간제 근로계약의 종료

가. 계약기간 만료

기간제 근로계약의 경우 근로계약기간이 만료되면 근로관계는 특별한 사정이 없는 한 당연히 종료되는 것이 원칙이다.[707] 따라서, 근로계약기간이 만료되면 해고의 의사표시나 해고 예고와 같은 별도의 조치 없이 근로관계는 종료된다. 비록 '업무상재해기간과 그 후 30일', '출산전후휴가기간과 그 후 30일' 및 '육아휴직기간 중' 과 같이 해고가 금지되는 기간 중이거나, 실질적인 이유가 부당노동행위에 해당된다 하더라도 마찬가지로 해석된다.[708]

나. 근로계약기간 중 중도해지

ⓐ 기간제 근로계약기간 중에 사용자가 정당한 이유 없이 일방적으로 계약을 해지할 경우 「근기법」 제23조에 의한 부당해고가 되고, 근로자가 일방적으로 근로계약을 해지할 경우 채무불이행으로 손해배상책임을 질 수 있다(민법 제661조).

ⓑ 다만, 근로계약기간 제한의 예외에 해당되어 2년 이상의 장기간 근로계약을 체결하였다면 근로자는 3년이 경과한 후 언제든지 근로계약해지의 통고를 할 수 있다. 이 경우 계약해지 효력시점은 원칙적으로 당사자의 의사에 따르나, 정한 바가 없다면 해지통고 후 3월이 경과하면 계약해지의 효력이 발생한다.[709]

다. 근로계약 갱신기대권(계속근로기대법리)

1) 의 의

ⓐ 기간의 정함이 있는 근로계약을 체결한 경우 그 기간의 만료에 따라 근로계약은 당연 종료되는 것이 원칙이지만 각종 규정에서 갱신과 관련된 내용을 두고 있거나, 규정이 없더라도 여러 사정을 종합해 볼 때 근로계약 갱신의 정당한

707) 근기 68201-3311, 1998.12.5, 대판 2006.2.24, 2005두5673 등

708) 하갑래, 「근로기준법(제29판)」 ㈜중앙경제 2017. p.658.

709) 근기 68201-3311,-1998.12.5.

기대권이 인정된다면 사용자의 합리적인 이유 없이 갱신을 거절하는 것은 부당해고와 마찬가지라는 소위 '갱신기대권' 판례법리가 확립되어 있다.[710]

(b) 이와 같이, 일정한 경우 기간제근로자에 대해 근로계약갱신에 대한 정당한 기대권을 인정하는 취지는 기간제 근로계약의 남용을 방지함으로써 기간제근로자에 대한 불합리한 차별을 시정하고 근로조건 보호를 강화하려는 데 있다. 이렇게 갱신기대권 법리는 비정규직 문제가 심각한 우리 사회에서 기간제 비정규직의 고용을 보호하는 법리로서 중요하게 기능해왔다.

2) 갱신기대권 성립요건

① 판례법리로 확립된 갱신기대권의 성립요건은 크게 2가지다.

(a) 법령·취업규칙·근로계약 등에 계약갱신의 근거규정을 두거나, 계약갱신의 절차와 사유 등을 정하고 있는 경우로 계약갱신의 근거규정은 근로계약갱신이나 계약지속의 취지로 규정되어야 한다.[711]

(b) 근로계약 갱신규정이 없는 경우에도 근로계약의 동기 및 경위, 계약갱신기준 등 갱신의 요건이나 절차 설정여부, 수행업무내용 등 근로관계의 여러 사정을 고려할 때 갱신에 대한 신뢰관계가 형성되면 갱신기대권이 인정된다.[712]

② 이와 같은 갱신기대권 법리와 관련 「기간제법」 시행(2007.1.1)으로 기간제근로자의 총 사용기간이 2년을 초과할 경우 무기계약근로자로 간주된다는 규정 때문에 동 법리가 그대로 적용될 수 있는지에 대해 논란이 있었으나, 대법원은 "「기간제법」 시행만으로 「기간제법」 시행 전에 이미 형성된 갱신기대권이 배제 또는 제한되지 않고,[713] 「기간제법」 시행 후에 신규로 체결된 기간제 근로계약의 경우에도 「기간제법」의 규정들에 의하여 기간제근로자의 갱신에 대한 정당한 기대권 형성이 제한되는 것은 아니다"라고 판시하여 「기간제법」 시행 후도

710) 대판 2016.11.10, 2014두45765 ; 대판 2007.10.11, 2007두11566 등 다수

711) 대판 2005.7.8, 2002두8640.

712) 대판 2011.4.14, 2007두1729.

713) 대판 2014.2.13, 2011두12528.

갱신기대권(정규직전환기대권)이 형성될 수 있다는 점을 명확히 하였다.[714)]

3) 갱신기대권과 갱신거절

(a) 갱신기대권이 성립하면 갱신거부를 위해서는 거부의 사유나 절차에 있어 합리적인 이유가 있어야 한다. 계약갱신을 재채용으로 보면 당사자가 근로계약의 갱신여부나 계약갱신사유를 자율적으로 결정하게 되며, 이때 '근로계약갱신을 위한 합리적인 이유'는 '해고의 정당한 이유'보다 완화된 기준이 적용된다고 해석하고 있고,[715)] 「기간제법」의 차별금지조항이 적용되지 않는 것으로 본다.[716)]

(b) 기간제근로자에게 이미 형성된 근로계약 갱신에 대한 정당한 기대권이 있음에도 불구하고 사용자가 이를 배제하고 근로계약 갱신을 거절하는 경우 합리적인 이유가 있는지 여부가 문제될 수 있는데, 판례[717)]는 "근로관계를 둘러싼 여러 사정을 종합해 갱신거절의 '사유'와 '절차'가 사회통념에 비춰볼 때 객관적이고 합리적이며 공정한지 여부를 기준으로 판단해야 하고, 그 사정에 대한 증명책임은 사용자가 부담한다"는 점을 명확히 하였다.

(c) 이와 함께 갱신거절의 합리성 유무에 대한 판단 기준으로 ⓐ 사용자의 사업목적과 성격, ⓑ 사업장 여건, ⓒ 근로자의 지위 및 담당 직무의 내용, ⓓ 근로계약의 체결 경위, ⓔ 근로계약 갱신에 관한 요건이나 절차의 설정 여부와 그 운용실태, ⓕ 근로자에게 책임 있는 사유가 있는지 여부 등을 제시하였다.

4) 갱신기대권의 효과[718)]

(a) 갱신기대권의 일반적인 효과로 갱신기대권이 발생하면 당연히 무기근로계약으로 전환되는 것은 아니고 종전의 근로계약이 갱신되는 것으로 보아야 한다. 따라서, 갱신기대권이 반복되어도 취업규칙 등에 정해진 합리적인 이유와 절차

714) 대판 2016.11.10, 2014두45765.

715) 대판 2005.7.8, 2002두8640.

716) 하갑래, 「근로기준법(제29판)」 ㈜중앙경제 2017. p.671.

717) 대판 2017.10.12, 2015두44493.

718) 하갑래, 「근로기준법(제29판)」 ㈜중앙경제 2017. pp.673~674.

에 따라 갱신이 이루어진 것이라면 당연히 무기계약으로 전환되거나 다음 갱신이 예정되는 것은 아니다.

(b) 다만, 갱신기대권으로 인해 근로계약기간이 2년을 초과하면 무기계약으로 전환되는 효과를 가져 올 수 있다. 갱신기대권은 일정한 요건을 전제로 하는 당사자의 갱신약정의 경우 근로계약기간이 2년을 초과하면 무기계약화된다는 사실을 사용자가 인식한 상태에서 마련된 것으로 볼 수 있다. 따라서, 총갱신기간을 2년 이내로 제한하여 이를 시행하고 있지 않는 한 일정한 요건을 통해 기간제근로자를 무기계약근로자로 채용하려는 사용자의 의도가 반영된 것으로 해석될 수 있다.

5) 갱신기대권 관련 실무 사례(판례)

① 취업규칙 등에 기간제근로자와 관련 고도의 전문적 지식이나 기술의 활용이 필요하다는 등 특별한 사유가 없는 이상 2년을 초과하여 기간제근로자를 사용할 수 없도록 규정하고 있는 경우, 이와 같은 사용자의 의사는 계약의 자유라는 관점에서 보호할 가치가 있으므로 갱신기대권이 인정될 여지가 없다.[719)]

② 일정한 요건이 충족되면 계약갱신 된다는 취지의 규정이나 계약갱신 요건·절차에 관한 규정이 없고, 사고현장 출동서비스 업무의 성격상 인력채용이 탄력적으로 이루어져야 하고 오로지 사용자의 재량적 판단에 따라 근로계약 갱신여부를 결정하여 왔다면 갱신기대권이 인정되지 않는다.[720)]

③ 근로계약 갱신의무나 절차·요건을 규정하고 있지 않고, 근무평정의 취지가 근로자의 충실한 업무수행 담보 및 재계약 판단자료에 불과한 경우, 그간 근무평정결과 B등급 이상을 받고 재계약이 거부된 사례가 없다고 하더라도 갱신기대권이 인정되지 않는다.[721)]

④ 근무실적평가를 바탕으로 하여 일정한 경우에는 계약직원을 재임용할 수 있

719) 대판 2011.12.24, 2011두2306.

720) 대판 2011.9.8, 2009두9765.

721) 대판 2011.11.10, 2010두24128.

다는 임용규정에 따라 근무실적평가가 우수한 계약직원을 계속 재임용해 온 경우 근무실적평가에서 우수한 점수를 얻으면 재임용될 수 있다는 합리적이고 정당한 기대권이 인정될 여지가 있다.[722]

⑤ 근로계약, 취업규칙, 단체협약 등에서 기간만료에도 일정한 요건이 충족되면 당해 근로계약이 갱신된다는 취지의 규정을 두고 있거나, 그러한 규정이 없더라도 당해 근로관계를 둘러싼 여러 사정을 종합할 때 근로계약 당사자 사이에 일정한 요건이 충족되면 근로계약이 갱신된다는 신뢰관계가 형성되어 있어 근로자에게 그에 따라 근로계약이 갱신될 수 있으리라는 정당한 기대권이 인정되는 경우에는 사용자가 이에 위반하여 부당하게 근로계약의 갱신을 거절하는 것은 부당해고와 마찬가지로 아무런 효력이 없고, 이 경우 기간만료 후의 근로관계는 종전의 근로계약이 갱신된 것과 동일하다고 보아야 한다.[723]

⑥ 기간제법의 기간제근로자의 보호취지, 사용자의 부당한 갱신거절로 인한 효과 등을 고려하면 사용자의 부당한 갱신거절로 인해 근로자가 실제로 근로를 제공하지 못한 기간도 계약갱신에 대한 정당한 기대권이 존속하는 범위에서는 기간제법 제4조제2항에서 정한 2년의 사용제한기간에 포함된다고 보아야 한다.[724]

7. 근로계약의 자동갱신

(a) 기간제근로자의 계속근로에 대해 사용자의 명시적 또는 묵시적 동의가 있었다면 구체적인 기간이나 내용이 제시되지 않더라도 자동갱신이 인정된다.[725]

(b) 여기서 묵시적 동의의 경우, 근로계약기간이 종료되었음에도 '상당기간 동안' 근로자가 계속하여 근로를 제공하고 사용자가 묵시적으로 동의하거나 이의를 제기하지 아니한 때에는 근로계약이 자동적으로 갱신된 것으로 본다(민법 제

722) 대판 2007.10.11, 2007두11566.

723) 대판 2017.10.12, 2015두44493.

724) 대판 2018.6.19. 2013다85523.

725) 고용노동부, 「비정규직(법) 관련, 오해와 진실-법 해석·적용과 관련한 사항」, 2009.6, p.5.

662조제1항). 이때 '상당한 기간'은 사무처리에 있어 착오, 계절산업의 관행 등 이의를 제기하지 않은 이유와 사용자가 근로제공을 수령한 태도를 살펴 사회통념상 합리성이 있다고 인정되는 기간이어야 한다.[726]

(c) 근로계약의 자동갱신으로 인정되면 전(前) 고용과 동일한 조건으로 다시 고용된 것으로 보며(민법 제662조제1항), 근로조건과 근로계약기간도 갱신 전의 근로계약과 같은 것으로 해석하여야 하고, 근로계약이 자동적으로 갱신된 것을 부정하거나 자동 갱신된 새로운 근로계약기간이 종전보다 짧다고 주장하는 경우 이를 주장하는 자에게 입증책임이 있다.[727]

8. 계약기간 단절이 있는 경우 계속근로 관련

(a) 기간제 근로계약의 계약기간이 만료된 후 단절기간을 두고 다시 근로계약을 체결하는 경우 단절기간을 둔 합리적인 이유가 없다면 계속근로 기대관계가 성립될 수 있다.

이 경우, 계약기간의 단절이 있는 기간제근로자의 사용기간은 ① 단절의 정도(기간), ② 단절 전·후에 있어 계약의 동질성, ③ 재계약 기대가능성, ④ 고용관행, ⑤ 갱신 또는 재계약의 효력 등을 종합적으로 고려하여 판단한다.[728]

(b) 예를 들어, 근로계약 체결시마다 공개채용의 절차를 거쳤고, 그 과정에서 계약기간의 단절이 있으며, 근로내용, 부서·직군, 근로형태가 달라지는 등 근로계약의 동일성 및 계속근로 또는 재계약 기대가능성이 인정될 여지가 없다면 단절 전·후의 근로계약을 별개로 보아야 한다.

(c) 한편, 재계약을 체결하는 것이 관행이고 당사자 모두 그렇게 기대하면서 재계약을 체결하는 형태의 근로관계가 반복되면, 단절 전·후 근로계약을 합산하여 기간계산을 하여야 한다. 이때 단절기간은 동일업무에 계속 근로하기 위한 대기상태로 근로관계가 일시적으로 정지 또는 중지된 것으로 볼 수 있다.[729]

726) 고용노동부, 「비정규직(법) 관련, 오해와 진실-법 해석·적용과 관련한 사항」, 2009.6, p.6.

727) 대판 1986.2.25, 85다카2096.

728) 대판 2006.12.7, 2004다29736 ; 근기 68207-471, 1999.10.29.

729) 하갑래, 「근로기준법(제29판)」 ㈜중앙경제 2017. p.664.

제14절 근로자파견제도 관련 쟁점

1. 제도의 의의

가. 근로자파견의 개념

ⓐ '근로자파견'이라 함은 파견사업주가 근로자를 고용한 후 그 고용관계를 유지하면서 근로자파견계약의 내용에 따라 사용사업주의 지휘·명령을 받아 사용사업주를 위한 근로에 종사하게 하는 것을 말한다.

또한, 이러한 근로자파견을 업(業)으로 행하는 것을 '근로자파견사업'이라하고, 근로자파견사업을 행하는 자를 '파견사업주', 근로자파견 계약에 의해 파견근로자를 사용하는 자를 '사용사업주', 파견사업주에 고용되어 사용사업주의 사업장에 파견되어 근로하는 자를 '파견근로자'라 한다(파견법 제2조).

ⓑ 즉, 근로자파견은 파견사업주와 사용사업주가 근로자파견계약을 맺고 파견사업주가 사용사업주 사업장에 파견근로를 시킬 목적으로 고용계약을 체결한 파견근로자를 사용사업주 사업장에 보내면 파견계약에 따라 사용사업주가 자신의 지휘·명령 하에 파견근로자로 하여금 근로에 종사하도록 하고 파견근로자는 사용사업주의 지휘·명령에 따라 근로를 제공하게 된다.

ⓒ 우리나라 근로자파견제도는 1998.2.20. 「파견법」이 제정됨으로써 도입되었다.

나. 근로자파견의 특징

ⓐ 원래 고용계약관계는 근로자가 사용자와의 사용종속관계 하에서 고용관계를 유지하면서, 지휘·명령에 따라 근로를 제공하는 속성을 가진다. 그러나, 근로자파견은 사용종속관계에 있어 일반 고용계약관계와 달리 파견근로자가 파견사업주에 종속되어 있지만 파견사업주가 파견근로자에 대한 사용권의 일부를 파견

계약에 따라 사용사업주에게 위임하는 특징을 가지고 있다.

(b) 사용사업주는 파견근로자의 사용권의 일부인 '업무상 지휘명령권'을 파견사업주로부터 위임을 받아 행사하는 것으로 일반적으로 파견근로자가 사용사업주에 사용관계에 있다고 볼 수 없는 것은 물론 사용종속관계에 있다고 보기도 어렵다. 이는 사용사업주가 파견근로자에 대해 업무에 대한 지시·명령권은 행사할 수 있지만 사용종속관계에 있어서의 핵심인 인사상의 지휘·명령의 관계 즉 인사징계권, 지도교육상의 권한, 노무관리적 권한 등의 권한은 갖고 있지 않기 때문이다. 따라서, 사용사업주는 파견근로자를 대상으로 업무상 지휘명령은 가능하지만 인사상의 지휘명령권은 행사할 수 없다. 파견사업주는 파견근로자를 대상으로 인사노무상의 권한을 갖고 있는 가운데 업무상의 지휘명령권의 일부를 사용사업주에게 위임한 것으로 볼 수 있다.

다. 근로자파견과 유사개념 비교

1) 도 급

수급인이 어떤 일을 완성할 것을 약정하고, 도급인은 그 일의 결과에 대해 보수를 지급할 것을 약정함으로써 성립하는 계약이다(민법 제664조).

2) 사내하도급

도급의 하나의 유형이나, 수급인의 업무수행이 도급인의 사업장내에서 이루어진다는데 특징이 있다. 따라서, 업무수행과정에서 도급인이 관여·개입할 여지가 많아 파견과의 구별이 종종 문제가 되나, 파견은 사용사업주가 파견근로자에 대해 지휘·명령권을 가지고 있는 반면, 도급은 수급인이 근로자에 대한 지휘·명령권을 직접 행사한다는데 차이가 있다.

3) 위 임

당사자 일방이 상대방에 대해 사무 처리를 위탁하고 상대방이 이를 승낙함으로써 성립하는 계약을 말한다(민법 제680조). 위임이 일의 완성 보다는 타인의 사무처리를 목적으로 한다는 점에서 도급과 차이가 있다.

4) 용 역

거래의 대상이 상품이 아닌 서비스로서 용역업체에 일정한 업무를 맡겨 수행하도록 하는 형태이며, 거래의 대상이 청소·경비 등의 서비스라는 점에서 도급·위임과 구별하고 있으나, 그 실질은 도급 또는 위임에 해당한다.

5) 근로자 공급사업

근로자 공급계약에 따라 근로자를 타인에게 사용하게 하는 것으로 국내 근로자 공급사업은 노동조합만이 가능하다. 파견이 파견사업주와 근로자간에 고용계약관계가 있는 반면, 근로자 공급은 사실상 지배관계가 있는 점이 다르다.

6) 직업소개

직업안정기관이 구인·구직 신청을 받아 구인자와 구직자간에 고용계약의 성립을 알선하는 것을 말한다. 파견이 파견사업주와 근로자간에 고용계약관계가 있는 반면, 직업소개는 중개역할만 할 뿐 고용계약관계는 존재하지 않는다.

[근로자 파견과 유사 개념의 비교표]

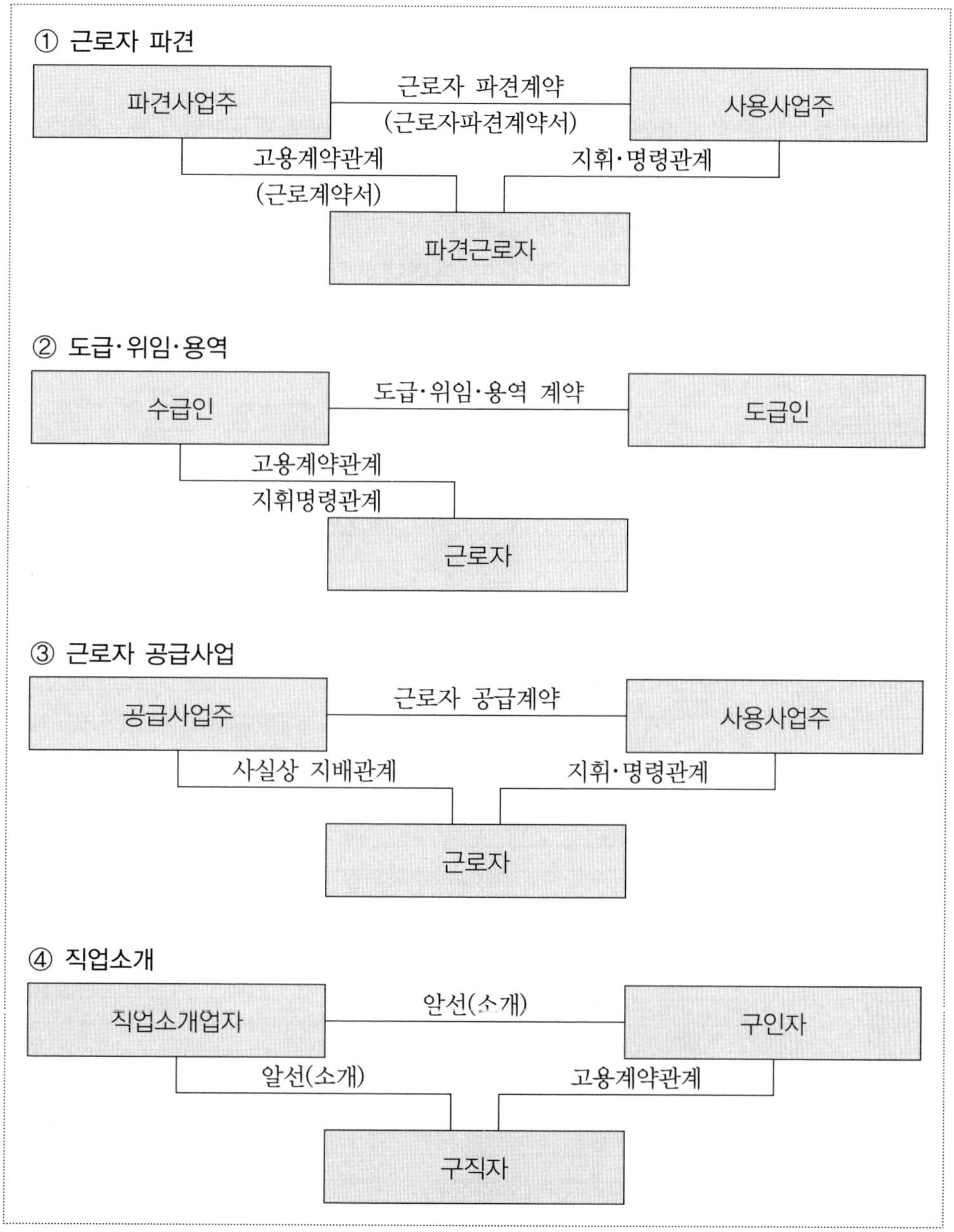

2. 근로자파견 대상업무 및 사유

가. 파견대상 업무

「파견법」에 근로자파견대상업무는 제조업의 직접생산공정업무를 제외하고 전문지식·기술·경험 또는 업무의 성질 등을 고려하여 적합하다고 판단되는 업무로서 대통령령이 정하는 업무(32개 업무)로 규정[730)]함으로써 대상업무 열거방식(Positive list)을 택하고 있다. 이와 같이 파견대상업무를 법령에 명시하고 있는

730) 「파견법」 제5조제1항 및 「파견법시행령」 제2조제1항 별표 1

한국표준직업분류	대상업무	비고
120	컴퓨터관련 전문가의 업무	
16	행정, 경영 및 재정 전문가의 업무	행정 전문가(161)의 업무를 제외한다.
17131	특허 전문가의 업무	
181	기록 보관원, 사서 및 관련 전문가의 업무	사서(18120)의 업무를 제외한다.
1822	번역가 및 통역가의 업무	
183	창작 및 공연예술가의 업무	
184	영화, 연극 및 방송관련 전문가의 업무	
220	컴퓨터관련 준전문가의 업무	
23219	기타 전기공학 기술공의 업무	
23221	통신 기술공의 업무	
234	제도 기술 종사자, 캐드 포함의 업무	
235	광학 및 전자장비 기술 종사자의 업무	보조업무에 한한다. 임상병리사(23531), 방사선사(23532), 기타 의료장비 기사(23539)의 업무를 제외한다.
252	정규교육이외 교육 준전문가의 업무	
253	기타 교육 준전문가의 업무	
28	예술, 연예 및 경기 준전문가의 업무	
291	관리 준전문가의 업무	
317	사무 지원 종사자의 업무	
318	도서, 우편 및 관련 사무 종사자의 업무	
3213	수금 및 관련 사무 종사자의 업무	
3222	전화교환 및 번호안내 사무 종사자의 업무	전화교환 및 번호안내 사무 종사자의 업무가 당해 사업의 핵심 업무인 경우를 제외한다.
323	고객 관련 사무 종사자의 업무	
411	개인보호 및 관련 종사자의 업무	
421	음식 조리 종사자의 업무	「관광진흥법」 제3조에 따른 관광 숙박업의 조리사 업무를 제외한다.
432	여행안내 종사자의 업무	
51206	주유원의 업무	
51209	기타 소매업체 판매원의 업무	
521	전화통신 판매 종사자의 업무	
842	자동차 운전 종사자의 업무	
9112	건물 청소 종사자의 업무	
91221	수위 및 경비원의 업무	「경비업법」 제2조제1호에 따른 경비업무를 제외한다.
91225	주차장 관리원의 업무	
913	배달, 운반 및 검침 관련 종사자의 업무	

취지는 근로자파견을 엄격히 제한함으로써 정규근로자의 고용불안을 해치지 않고, 고용대체효과가 크지 않은 범위에서 노동시장의 유연성을 고려한 것이다.

나. 파견금지 업무

「파견법」은 파견대상업무에 한해 근로자파견을 허용하면서도 출산·질병·부상 또는 일시적·간헐적 사유가 있는 경우에는 파견대상업무가 아니더라도 파견을 허용하고 있으나, 다음의 절대금지업무는 어떠한 경우에도 파견이 금지된다.

1) 건설공사 현장에서 이루어지는 업무[731)]

(a) 토목·건축·산업설비·조경 등 시설물을 설치·유지·보수하는 공사, 기계설비 기타 구조물의 설치 및 해체하는 공사 등이 이루어지는 현장에서 이들 작업에 직접 종사하는 업무를 말한다.

(b) 다만, 건설현장 근무 직원의 출·퇴근용 차량을 지원하는 운전업무나, 비서·타자원과 같이 건설공사와 관련된 업무라 하더라도, 건설현장에 투입되어 작업에 직접 종사하는 경우가 아니라면 근로자파견 대상이 될 수 있다.[732)]

2) 하역업무로서 근로자공급사업 허가를 받은 지역의 업무

(a) 「항만운송사업법」 제3조제1호의 '선박을 이용하여 운송되거나 운송될 화물을 화물주 또는 선박운항업자의 위탁을 받아 항만에서 선박 또는 화물주로부터 인수하거나 화물주 또는 선박에게 인도하는 등의 행위'

(b) 「한국철도공사법」 제9조제1항제1호의 '철도공사가 수행하는 화물운송사업에서의 하역업무'

(c) 「농수산물유통 및 가격안정에 관한 법률」 제40조의 '농수산물도매시장에서 수행하는 하역업무'

(d) 「물류정책기본법」 제2조제1항제1호의 '재화가 공급자로부터 조달·생산되

731) 「파견법」 제5조제3항제1호

732) 비정규직대책과-1154, 2004.6.28.

어 수요자에게 전달되거나 소비자로부터 회수되어 폐기될 때까지 이루어지는 하역업무'를 말한다.

3)「선원법」 제3조에 따른 선원의 업무

(a) '「선원법」 제2조제1호에 따른 선원'이란 대한민국 선박, 대한민국 국적을 취득할 것을 조건으로 용선한 외국선박 및 국내항 사이만을 항행하는 외국선박에 승선하는 선장·해원 및 예비원을 말한다.

(b) 다만, 「선원법」 제3조에 따라 5톤 미만의 선박, 호수·강 또는 항내만을 항행하는 선박 등은 선원법이 적용되지 않으나, 파견허용업무는 아니므로 출산·질병·부상 또는 일시적·간헐적 사유가 있는 경우 파견이 가능하다.

(c) 또한, '해원'이란 선내에서 사용되는 선장이 아닌 선원을 말하며, '예비원'[733]은 선박에 승선하기 위해 고용되어 있는 자로서 선내에서 사용되고 있지 않는 자를 말한다.

4)「산안법」 제28조에 따른 유해하거나 위험한 업무

도금작업, 수은·납·카드뮴 등 중금속을 제련·주입·가공·가열하는 작업, 「산안법」 제38조에 따른 제조 또는 사용허가 물질[734]을 제조하거나 사용하는 작업을 말한다.

---

733) 선박소유자는 그가 고용하고 있는 총 승선원수의 10퍼센트 이상의 예비원을 확보하여야 함(선원법 제65조의2)

734) 「산안법시행령」 제30조 : ① 디클로로벤지딘과 그 염, ② 알파-나프틸아민과 그 염, ③ 크롬산 아연, ④ 오로토-톨리딘과 그 염, ⑤ 디아니시딘과 그 염, ⑥ 베릴륨, ⑦ 비소 및 그 무기화합물, ⑧ 크롬광(열을 가하여 소성 처리하는 경우만 해당), ⑨ 휘발성 콜타르피치, ⑩ 황화니켈, ⑪ 염화비닐, ⑫ 벤조트리클로리드, ⑬ 석면, ⑭ 제1호부터 제11호까지의 어느 하나에 해당하는 물질을 함유한 제제(함유된 중량의 비율이 1퍼센트 이하인 것은 제외), ⑮ 제12호의 물질을 함유한 제제(함유된 중량의 비율이 0.5퍼센트 이하인 것은 제외), ⑯ 그 밖에 보건상 해로운 물질로서 고용노동부장관이 산업재해보상보험및예방심의위원회의 심의를 거쳐 정하는 유해물질

5) 근로자보호 등을 위해 대통령령으로 정한 업무

(1) 분진작업을 하는 업무

'「진폐의 예방과 진폐근로자의 보호 등에 관한 법률」 제2조제3호에 따른 분진작업'은 토석·암석 또는 광물을 취급하는 작업 중 그 작업에 종사하는 근로자가 진폐에 걸릴 우려가 있는 작업을 말하며, 동법 시행령 제1조의2에서 분진작업의 범위를 토석·암석 또는 광물을 채굴, 절단·가공, 부스러뜨리거나 가려내는 작업, 차에 싣거나 내리는 작업, 갱내에서 실어 나르는 작업 및 그 밖에 광물성 분진이 날리는 장소에서 토석·암석 또는 광물을 취급하는 작업으로 정하고 있다.

(2) 건강관리수첩의 교부대상 업무

'「산안법」 제44조에 따른 건강관리수첩 교부대상 업무'라 함은 고용노동부장관이 건강장해를 발생할 우려가 있는 업무로서 「산안법시행규칙」 별표 14의2에서 정하고 있는 업무를 말한다(산안법시행령 제2조제2항제2호).

(3) 의료인의 업무 및 간호조무사의 업무

'「의료법」 제2조에 따른 의료인'이라 함은 보건복지부장관의 면허를 받은 의사·치과의사·한의사·조산사 및 간호사를 말하며, 이들과 「의료법」 제80조에 따른 간호조무사의 업무는 근로자파견이 절대적으로 금지된다. 다만, 간병인, 산후조리 종사원, 치료사 보조원 및 가정 개인간호 종사자 등은 한국표준직업분류표상 개인보호 및 관련 종사자의 업무로서 파견이 허용된다.

(4) 의료기사의 업무

「의료기사 등에 관한 법률」 제3조에 따른 의료기사의 업무는 의사 또는 치과의사의 지도하에서 진료 또는 의화학적 검사에 종사하는 자로서 임상병리사, 방사선사, 물리치료사, 작업치료사, 치과기공사 및 치과위생사의 업무를 말한다.

(5) 여객자동차운송사업의 운전업무

'「여객자동차운수사업법」 제2조제3호에 따른 여객자동차운송사업'이란 다른 사람의 수용에 응하여 자동차를 사용하여 유상으로 여객을 운송하는 사업을 말하며, 시내버스, 농어촌버스, 마을버스, 시외버스, 전세버스, 특수여객자동차, 일반택시, 개인택시 운전업무가 이에 해당한다.

(6) 화물자동차운송사업의 운전업무

'「화물자동차운수사업법」 제2조제3호에 따른 화물자동차운송사업'이라 함은 타인의 수요에 응해 화물자동차를 사용하여 화물을 유상으로 운송하는 사업을 말하며, 화물자동차의 유형에는 일반형·덤프형·밴형 및 특수용도형 화물자동차와 견인형·구난형 및 특수작업형 특수자동차가 있다.

다. 특별한 사유(결원 및 일시·간헐적 사유)에 의한 파견

(a) 근로자파견대상업무가 아니라 하더라도 출산·질병·부상 등으로 결원이 생긴 경우 또는 일시적·간헐적으로 인력을 확보하여야 할 필요가 있는 경우에 특별한 사유로 인정되어 제조업생산공정을 포함하여 근로자파견이 허용되나, 이 경우에도 근로자파견 절대금지업무는 파견이 금지된다.

(b) 이 경우 사용사업주는 당해 사업 또는 사업장에 근로자의 과반수로 조직된 노동조합이 있는 경우에는 그 노동조합, 근로자의 과반수로 조직된 노동조합이 없는 경우에는 근로자의 과반수를 대표하는 자[735]와 사전에 성실하게 협의하여야 한다.

(c) 여기서, 일시적·간헐적 사유의 경우 법령상 구체적인 정의가 없으므로 개별 사안에 따라 합리적으로 판단하여야 하며, 통상적으로 경기의 영향, 계절적 요인, 갑작스러운 주문의 증가 등으로 업무량이 폭증하여 인력을 적시에 확보하

735) '근로자의 과반수를 대표하는 자'의 선임방법에 관하여 법에 특별히 정한 바는 없으며, 근로자들에게 대표로 선임되면 근로자파견 허용여부에 관하여 대표권을 행사하게 된다는 사실을 주지시킨 상태에서 근로자 스스로 자율적으로 선출하면 된다.

기 어려운 경우를 말한다.[736)737)]

3. 파견 기간

가. 파견대상 업무

(a) 「파견법」에서는 파견기간을 제한하고 있는데, 이는 근로자파견이 기업의 일시적 인력수요와 상시고용이 어려운 전문 인력 등에 대한 수요에 대처하기 위한 것이며, 정규직근로자를 파견근로자로 대체하여 장기간 파견근로자를 사용하는 것을 방지하기 위한 취지이다.

(b) 파견기간은 근로자의 고용불안을 방지하면서 기업의 일시적 인력수요에 대처하기 위하여 원칙적으로 1년을 초과하지 못하나, 파견사업주·사용사업주·파견근로자간의 합의가 있는 경우에는 파견기간을 연장할 수 있다. 다만, 파견기간을 연장할 때에도 그 기간은 1년을 초과할 수 없고, 연장된 파견기간을 포함한 총파견기간은 2년을 넘을 수 없다.[738)]

(c) 예외적으로 만55세 이상의 고령자에 대해서는 2년을 초과하여 파견기간을 연장할 수 있다. 이 경우에도 1회의 파견기간은 1년을 초과할 수 없다. 따라서, 고령자의 경우 파견사업주, 사용사업주, 파견근로자간 합의가 있는 경우 1회의

736) 예컨대, 에어컨, 김치냉장고 생산의 경우처럼 1년 중 3~5개월간 계절적 요인으로 인한 업무량의 증가는 일시적·간헐적인 사유로 인력을 확보하여야 할 필요가 있는 경우에 해당할 수 있다. 다만, 이 경우에도 동 인력운영이 예측가능하고 매년 반복적으로 이루어지는 경우에는 제조업의 직접생산공정업무를 원칙적으로 파견대상업무에서 제외하고 있는 취지와 파견근로자 사용은 직접고용근로자를 사용하기 어려운 예외적인 경우에 한하여 허용하고 있는 법의 취지를 고려하여 제한적으로 운용해야한다.

737) 관련 행정해석 : ① 농약수요의 계절적 편중현상으로 인해 1년 중 특정시점에 업무량이 폭증하는 등 일시적·간헐적으로 인력을 확보할 필요가 있는 경우 파견 가능(고용차별개선정책과-221, 2009.5.26), ② 의류 유통·판매업체에서 매장 고객수가 많아질 것으로 예상되어 휴일 또는 특정기간(연중 3회)을 세일기간으로 정해 운영하는 경우는 파견이 가능하나, 세일기간을 연중 상시적으로 운영할 경우는 불가능(고용평등정책과-657, 2010.4.28), ③ 연차휴가, 교육훈련, 장기출장, 노조전임기간 등으로 업무공백이 발생한 경우는 사전에 충분히 예측이 가능하고 기존직원의 업무대행이 가능한 통상적인 인력운용의 측면이 강하여 일시적·간헐적 사유 등에 해당된다고 보기 어려움(고용평등정책과-835, 2010.10.21)

738) 「파견법」 제6조제1항 및 제2항

파견기간이 1년을 초과하지 않는 범위에서 수차례 갱신할 수 있다.

(d) 이와 같이 고령자에 대한 예외는 고령화사회를 맞아 재취업이 어려운 고령층이 노동시장에서 퇴출되는 것을 최소화하기 위한 입법정책적 고려이다.[739]

나. 결원 및 일시·간헐적 사유에 의한 파견

(a) 출산·질병·부상 등으로 결원이 생긴 경우의 파견기간은 그 결원의 원인이 된 사유의 해소에 필요한 기간[740]이며, 일시적·간헐적으로 인력을 확보할 필요가 있는 경우에는 3월이내의 기간 동안 파견근로자를 사용할 수 있다.

(b) 다만, 일시적·간헐적 사유가 해소되지 아니하고 파견사업주·사용사업주·파견근로자 간의 합의가 있는 경우에는 1회에 한하여 3월의 범위 안에서 파견기간을 연장(최장 6개월)할 수 있다.

4. 근로자파견 대상업무·사유 위반시 제재

파견사업주와 사용사업주가 근로자파견 대상업무 및 사유를 위반한 경우, 파견사업주에게는 형사처벌 및 행정처분이, 사용사업주에게는 형사처벌과 직접고용의무가 부과된다.

가. 형사처벌

(a) 파견대상업무가 아닌 업무 또는 파견절대금지업무에 근로자파견사업을 하거나, 출산·질병·부상 등으로 결원이 있거나 일시적·간헐적으로 인력을 확보할 필요가 없음에도 불구하고 파견대상업무가 아닌 업무에 근로자파견 사업을 행하여서는 아니 되며, 이와 같은 근로자파견 사업을 행하는 자로부터 근로자파견의 역무를 제공받아서는 아니 된다(파견법 제5조제5항).

---

739) 하갑래「근로기준법(제29판)」㈜중앙경제 2017. p.697.

740) 산전후 및 육아휴직 기간 중 대체요원으로 사용하는 파견근로자의 파견기간은 그 사유 해소에 필요한 기간이라 할 수 있으며, 일반적인 파견에 적용되는 2년의 파견기간 제한 규정은 적용되지 않음(비정규직대책팀-2849, 2007.7.16)

(b) 만일 위 규정을 위반할 경우 파견사업주와 사용사업주에게는 3년 이하의 징역 또는 3천만원 이하의 벌금이 부과될 수 있다(파견법 제43조).

나. 행정처분

「파견법」 제5조제5항을 위반한 파견사업주는 영업정지 또는 허가취소의 대상이 될 수 있다.[741)]

다. 직접고용의무

「파견법」 제5조제5항을 위반한 사용사업주에게는 위와 같은 형사처벌과 행정처분과 별개로 즉시 직접고용의무가 발생한다(파견법 제6조의2).

5. 파견기간 위반시 제재

가. 형사처벌

「파견법」 제6조제1항, 제2항, 제4항의 파견기간[742)]을 위반하여 근로자파견사업을 행한 자 및 그로부터 근로자파견의 역무를 제공받은 자는 3년 이하의 징역 또는 3천만원 이하의 벌금에 처하도록 규정되어있다(파견법 제43조).

나. 행정처분

「파견법」 제6조제1항, 제2항, 제4항의 파견기간을 위반하여 근로자파견사업을 행한 자는 영업정지 또는 허가취소의 대상이 되며, 파견 대상업무·사유위반의

741) 1차 위반시 경고, 2차 위반시 영업정지 3월, 3차 위반시 허가취소(파견법 제12조제1항제4호, 파견법시행규칙 별표)

742) 근로자파견기간은 결원, 일시적·간헐적 사유에 의한 파견의 경우가 아닌 한 1년을 초과하지 못함(제6조제1항), 파견기간을 연장할 시 그 연장기간은 1년을 초과하지 못하며 연장기간을 포함한 총 파견기간은 2년을 초과할 수 없음(제6조제2항), 출산·질병 등 사유에 의한 파견은 그 사유의 해소에 필요한 기간을, 일시적·간헐적 사유에 의한 파견의 경우는 최장 6월을 초과할 수 없음(제6조제4항)

경우와 같이 1차 위반시 경고, 2차 위반시 영업정지 3월, 3차 위반시 허가취소 조치를 취한다.[743]

다. 직접고용의무

「파견법」 제6조제2항[744]을 위반하여 파견근로자를 2년 이상 사용한 경우와 동법 제6조제4항[745]의 파견기간을 위반하여 파견근로자를 사용한 경우 직접고용의무 발생한다(파견법 제6조의2).

6. 직접고용의무

가. 직접고용의무의 요건

사용사업주는 다음의 어느 하나에 해당하는 경우에는 해당 파견근로자를 직접 고용하여야 할 의무를 지게 된다.[746]

① 파견대상업무가 아닌 업무에 파견근로자를 사용하는 경우에는 즉시 직접고용의무 발생하나, 출산·질병·부상 등으로 결원이 생기거나 일시적·간헐적으로 인력을 확보할 필요가 있는 경우는 제외한다(파견법 제6조의2제1항제1호).

② 건설공사현장업무, 선원업무 등 근로자파견 절대금지업무에 파견근로자를 사용한 경우에는 즉시 직접고용의무가 발생한다(파견법 제6조의2제1항제2호).

③ 파견기간 연장시 총 파견기간이 2년을 초과할 수 없다는 규정(파견법 제6조제2항)을 위반하여 파견근로자를 사용하는 경우에는 2년 초과시점 이후부터 직접고용의무가 발생한다(파견법 제6조의2제1항제3호).

---

743) 「파견법」 제12조제1항제5호 및 「파견법시행규칙」

744) 파견기간을 연장할 시 그 연장기간은 1년을 초과하지 못하며 연장기간을 포함한 총 파견기간은 2년을 초과할 수 없다.

745) 출산·질병 등 사유에 의한 파견은 그 사유의 해소에 필요한 기간을, 일시적·간헐적 사유에 의한 파견의 경우는 최장 6월을 초과할 수 없다.

746) 2006.12.12. 개정전 「파견법」(1998년)은 제6조제3항에서 사용사업주가 2년을 초과하여 계속적으로 파견근로자를 사용하면, 당해 파견근로자의 명시적 반대가 없는 한 2년의 기간이 만료되는 날의 다음 날부터 파견근로자를 고용한 것으로 보는 고용의제 규정을 두고 있었다.

④ 출산·질병 등 결원에 의한 파견의 경우는 그 사유의 해소에 필요한 기간, 일시적·간헐적 사유에 의한 파견은 최장 6월 이내의 기간(파견법 제6조제4항)을 위반하여 파견근로자를 사용하는 경우에는 해당기간을 초과하는 시점 이후부터 직접고용의무가 발생한다(파견법 제6조의2제1항제4호).

⑤ 파견허가를 받지 않았거나, 허가받은 사항 중 고용노동부령이 정하는 중요사항[747]의 변경허가를 받지 않고 근로자파견사업을 행하는 자로부터 근로자를 파견의 역무를 제공받은 경우에는 즉시 직접고용의무가 발생한다(파견법 제6조의2제1항제5호 및 제7조제3항).

나. 직접고용의 적용 예외

1) 근로자의 반대의사표시

직접고용의무가 발생한 경우라도 해당 파견근로자가 명시적인 반대의사를 표시하는 경우에는 사용사업주가 해당 파견근로자를 직접고용하지 않아도 된다(파견법 제6조의2제2항). 그러나, 해당 파견근로자가 명시적으로 반대하여 직접고용의무가 적용되지 않더라도 해당 근로자를 2년을 초과하여 사용한 것에 대한 처벌은 받게 된다.[748]

2) 대통령령이 정하는 정당한 이유가 있는 경우

(a)「임채법」 제7조제1항제1호부터제3호(구,「임채법시행령」 제4조 각 호)의 어느 하나에 해당하는 경우[749]이거나, '천재·사변 그 밖의 부득이한 사유'로 사업

747) 2012.8.2. 이전에는 개정전 법률이 적용되어 2년 초과시 직접고용의무 발생한다.

748) 파견근로자가 사용사업장의 근로자로 고용되는 것에 대한 반대의사를 표시하는 경우에 사용사업주가 당해 파견근로자를 직접 고용하지 않아도 된다는 의미일 뿐 동일한 파견근로자를 계속(2년 초과)하여 사용할 수 있다거나, 파견기간 위반에 따른 처벌이 면제된다는 의미는 아니다(고관 68460-867, 1999.5.31).

749)「임채법」 제7조제1항, 1.「채무자 회생 및 파산에 관한 법률」에 따른 회생절차개시의 결정이 있는 경우, 2.「채무자 회생 및 파산에 관한 법률」에 따른 파산선고의 결정이 있는 경우, 3.고용노동부장관이 대통령령으로 정한 요건과 절차에 따라 미지급 임금 등을 지급할 능력이 없다고 인정하는 경우(도산 등 사실인정)

의 계속이 불가능한 경우에는 직접고용의무를 적용하지 아니한다(파견법 제6조의2제2항, 시행령 제2조의2).

(b) 여기서 「그 밖의 부득이한 사유」란 천재·사변에는 해당하지 않더라도 사업을 더 이상 계속할 수 없는 사유가 객관적으로 명백한 경우를 말하며, 개별적 사안에 따라 구체적으로 판단해야 할 것이다. 다만, 긴박한 경영상의 이유, 주문량의 급격한 감소, 근로자 귀책사유 등은 더 이상 사업을 계속할 수 없는 경우가 아니므로 이에 포함되지 않는다.

다. 직접고용시 근로조건 및 고용형태

(a) 사용사업주의 근로자 중 해당 파견근로자와 동종 또는 유사업무를 수행하는 근로자가 있는 경우에는 그 근로자에게 적용되는 취업규칙 등에서 정하는 근로조건에 따라야 하나, 동종 또는 유사업무를 수행하는 근로자가 없는 경우에는 해당 파견근로자의 기존의 근로조건 수준보다 저하되어서는 안 된다(파견법 제6조의2제3항).

(b) 또한, 「파견법」상 '당해 파견근로자를 직접 고용하여야 한다'라고 규정되어 있으나 고용형태에 대한 별도의 제한을 두고 있지 않으므로 직접고용시 기간의 정함이 없는 근로자로 고용하는 것이 바람직하나, 당사자간 합의에 따라 기간제근로자로 고용하는 것이 금지되지는 않는다.[750)]

(c) 다만, 기간제 근로계약을 체결하면서 계약기간을 사회통념상 합리성이 부인될 정도로 짧은 계약기간을 설정하는 등 사용사업주가 「파견법」에 의한 직접고용의무를 단순히 면하기 위한 절차에 지나지 않은 것으로 판단되는 때에는 당해 파견근로자의 사용기간 및 종사했던 업무의 상시성 여부, 그간 동종 근로자의 채용관행 등 구체적 사실관계 등을 종합적으로 고려하여 직접고용의무를 이행하지 않은 것으로 볼 수도 있다.[751)]

---

750) 비정규대책팀-1504, 2007.5.3.

751) 비정규대책팀-2424, 2007.6.26

라. 직접고용의무 위반시 제재

ⓐ 직접고용의무를 위반하여 파견근로자를 직접고용하지 아니한 자에 대해서는 과태료를 부과한다(파견법 제46조). 확정된 직접고용의 효과는 근로자 개인별로 귀속되며, 그 불이행의 효과 또한 근로자 개인별로 귀속되므로 과태료의 액수는 확정된 직접고용의무 불이행과 관련된 근로자 1인당 「파견법시행령」에서 정하고 있는 금액(1차 위반 1,000만원, 2차 위반 2,000만원, 3차 이상 3,000만원)을 사업주에게 부과한다.

ⓑ 이와 별도로, 파견대상업무 위반, 파견기간 위반, 무허가파견 등 불법파견의 역무를 제공받은 자는 형사처벌을 받게 되므로(파견법 제43조제1호의2), 불법파견으로 파견근로자를 2년을 초과하여 사용하여 직접고용의무가 발생하였음에도 직접고용을 하지 않은 사용사업주에 대해서는 형사처벌과 병행하여 과태료가 부과될 수 있다.[752)]

7. 파견계약 및 파견·사용사업주의 의무

가. 파견계약

ⓐ 파견근로자의 근로조건은 파견·사용사업주의 파견계약에 의해 결정되기 때문에 파견계약은 서면으로 체결해야 하며 계약서의 명칭에도 불구하고 그 내용이 사실상 근로자파견계약이면 「파견법」이 적용된다. 파견계약에는 파견근로자수, 파견근로자종사업무, 파견사유, 사업장의 명칭, 소재지 및 근로장소, 파견근로중인 파견근로자를 직접 지휘·명령할 자에 관한 사항, 파견기간 및 파견근로 개시일에 관한 사항, 시업 및 종업의 시각과 휴게시간에 관한 사항, 휴일·휴가에 관한 사항, 연장·야간·휴일근로에 관한 사항, 안전 및 보건에 관한 사항, 근로자파견의 대가 및 파견사업관리책임자와 사용사업관리책임자의 소속·직위·성명을 명시하여야 한다(파견법 제20조).

752) 형사처벌과 과태료 부과는 행정형벌과 행정질서벌의 관계로서 그 보호법익과 목적이 다르므로 이중처벌에 해당하지 않는다.

ⓑ 파견계약 당사자는 원칙적으로 각 파견근로자별 계약서를 작성해야하나 그 계약내용이 동일한 경우에는 하나의 계약서로 작성할 수 있다(파견법시행규칙 제11조제1항). 또한, 사용사업주는 파견계약을 체결할 때 대통령령에 따라서 균등처우의무를 준수하기 위해 필요한 정보를 제공해야 한다(파견법 제20조제2항).

나. 파견사업주의 의무

「파견법」은 파견근로자의 권익보호를 위해 행정관청이 관리·감독을 할 수 있도록 파견사업주에 여러 가지 의무를 부과하고 있다.

① 파견사업주는 파견근로자를 고용하거나 전환하고자 할 때 당해 근로자에게 그 취지를 알려주어야 하며, 전환의 경우에는 그 근로자의 동의를 얻어야 한다(파견법 제24조).

② 파견사업주가 근로자 파견을 하고자 할 때에는 미리 당해 근로자에게 사용사업주와 체결한 근로자파견계약의 내용을 서면으로 알려주어야 한다.[753)]

③ 파견근로자는 근로자파견계약에 명시된 근로자파견대가[754)]에 관하여 그 내역을 제시하도록 요구할 수 있고 파견사업주는 이에 대해 지체없이 그 내역을 서면으로 제시하여야 한다.[755)]

④ 파견사업주는 파견근로자의 희망과 능력에 적합한 취업 및 교육훈련기회 확보, 근로조건 향상, 기타 고용안정을 기하기 위하여 필요한 조치를 강구함으로써 파견근로자의 복지증진에 노력해야 한다(파견법 제23조).

⑤ 파견사업주는 파견근로자의 적정한 고용관리를 위하여 사업소별로 1명이상의 파견사업관리책임자를 선임해야하고 파견사업관리대장을 작성하여 이를 근로자파견 종료일부터 3년간 보존하여야 한다.

753) 「파견법」 제26조제1항, 제46조제3항(위반시 1천만원과태료)

754) 통상적으로 파견사업주는 근로자파견계약에 따라 사용사업주로부터 근로자파견의 대가를 받아 그 중 일부를 법정부담금치 이익금 등으로 공제하고 나머지 금액은 근로계약에 따라 파견근로자의 임금으로 지급하며 근로자의 임금 및 퇴직금, 4대보험료, 부가세 등 기타관리비용이 포함된다.

755) 「파견법」 제26조제3항, 제46조제5항제2호의2(300만원 과태료)

다. 사용사업주의 의무

사용사업주에 대해서도 파견근로를 남용하지 않고 사용하고 있는 근로자를 보호할 수 있도록 여러 의무를 부과하고 있다.

① 사용사업주는 파견계약에 위반되지 않도록 필요한 조치를 강구하여야 하고, 근로자의 고충을 파견사업주에게 통지하여 신속하고 적절하게 처리되도록 하여야 한다(파견법 제30조 및 제31조).

② 파견근로자의 적절한 파견근로를 위해 사용사업관리책임자를 사업소별로 1인 이상 선임해야하고 사용사업관리대장을 작성한 후 근로자파견의 종료일부터 3년간 보존해야한다.[756]

③ 사용사업주는 근로자파견계약을 체결할 때 차별금지를 준수하기 위해 필요한 정보를 파견사업주에게 서면으로 제공하여야 한다.[757]

라. 파견·사용사업주의 의무불이행에 대한 제재

파견·사용사업주가 각종 보고, 신고, 통지, 송부, 명령위반과 검사기피에 대해서는 3백만원 이하의 과태료가 유형과 불이행 횟수에 따라 차등 부과된다.[758]

8. 파견근로자에 대한 노동법 책임(노동법 적용에 관한 특례)

가. 「근기법」 및 「산안법」의 적용 원칙

ⓐ 근로계약상의 당사자는 파견사업주이므로 별도의 특칙이 없는 한 파견사업주가 사용자책임을 지게 된다. 다만, 「파견법」은 「근기법」상 사용자책임에 대해서는 파견사업주 및 사용사업주에게 책임을 부과하면서, 근로계약·임금·연차유급휴가·재해보상 등에 관하여는 파견사업주만을, 근로시간·휴게·휴일 등에 관하여는 사용사업주만을 사용자로 보고 있다.

756) 「파견법」 제32조제1항 및 「파견법시행규칙」 제16조제1항

757) 「파견법」 제20조제2항 및 제21조제1항 참조

758) 「파견법」 제46조제5항 및 「파견법시행령」 제7조

ⓑ 또한「산안법」상 대부분의 조항은 원칙적으로 사용사업주를 사업주로 보고 있으며,「산안법」제5조(사업주의 의무), 제43조제5항(작업장소의 변경, 작업의 전환 및 근로시간 단축의 경우에 한함), 제43조제6항 단서(개별 근로자의 건강진단결과 공개) 등에 대해서는 파견사업주와 사용사업주를 사업주로 보고 있다.

나. 적용대상 파견근로자

「파견법」에 따라「근기법」및「산안법」의 적용에 관한 특례의 적용을 받는 근로자는 '파견업체에 고용되어 사용업체에 파견 중인 근로자'이다. 따라서, 파견근로자라 할지라도 파견근로 중에 있지 않은 자[759]는 이 규정의 적용대상이 될 수 없다.

다.「근기법」의 적용에 관한 특례(파견법 제34조)

1) 파견사업주 및 사용사업주를 사용자로 보는 경우

파견 중인 근로자의 파견근로에 관하여는 파견사업주 및 사용사업주를「근기법」제2조의 규정에 의한 사용자로 본다.[760] 다만, 다음의 파견사업주만을 사용자로 보는 경우와 사용사업주만을 사용자로 보는 경우는 제외된다.

2) 파견사업주만을 사용자로 보는 경우

ⓐ 파견사업주가 근로계약의 당사자이므로 근로계약·임금·연차유급휴가 등에 관하여는 파견사업주가 책임을 지는 것이 타당하므로,「파견법」은「근기법」상 근로계약 및 근로조건 관련(동법 제15조부터 제36조까지, 제39조, 제41조 내지 제42조), 임금 관련(제43조부터 제48조까지), 연장·야간 및 휴일근로(제56조),

---

759) ① 파견업체에 등록만하고 있는 자(파견업체의 근로자가 아님), ② 파견업체에 고용되었으나 아직 파견근로를 하지 않은 자, ③ 파견업체에 상시고용되어 사용업체가 아닌 파견업체에서 근로하고 있는 자

760)「근기법」제6조(균등한 처우), 제7조(강제 근로의 금지), 제8조(폭행의 금지), 제10조(공민권 행사의 보장) 등

연차유급휴가(제60조), 연소자관련(제64조, 제66조부터 제68조까지) 및 재해보상(제78조부터 제92조까지)에 대해서는 파견사업주만을 사용자로 본다.

(b) 다만, 파견사업주가 대통령령이 정하는 사용사업주의 귀책사유[761]로 파견근로자의 임금을 지급하지 못한 경우에는, 사용사업주는 당해 파견사업주와 연대하여 책임을 진다(파견법 제34조제2항). 이 경우, 「근기법」 제43조(임금지급) 및 제68조(연소자 임금청구)를 적용함에 있어서는 파견사업주와 사용사업주 양자를 사용자로 본다.

〈파견사업주만을 사용자로 보는 경우〉

구분		법조문	내용	비고
제2장 근로계약	근로계약 및 근로조건	제15조	이 법을 위반한 근로계약	◦ 제2장(근로계약)은 파견사업주가 근로계약의 당사자이므로 파견사업주만을 사용자로 봄 – 제37조(미지급 임금에 대한 지연이자)는 파견사업주만을 사용자로 본다는 명시적 규정은 없으나, 해석상 파견사업주를 사용자로 보아야 할 것임 – 제38조(임금채권의 우선변제)는 사용자책임과 관련이 없는 규정 – 제40조(취업방해의 금지)는 파견사업주 및 사용사업주를 사용자로 보아야 할 것임
		제16조	계약기간	
		제17조	근로조건의 명시	
		제18조	단시간근로자의 근로조건	
		제19조	근로조건의 위반	
		제20조	위약 예정의 금지	
		제21조	전차금 상계의 금지	
		제22조	강제 저금의 금지	
	해고 및 퇴직급여 제도	제23조	해고 등의 제한	
		제24조	경영상 이유에 의한 해고의 제한	
		제25조	우선 재고용 등	
		제26조	해고의 예고	
		제27조	해고사유 등의 서면통지	
		제28조	부당해고등의 구제신청	
		제29조	조사 등	
		제30조	구제명령 등	
		제31조	구제명령 등의 확정	
		제32조	구제명령 등의 효력	
		제33조	이행강제금	
		제34조	퇴직급여제도	
		제35조	예고해고의 적용 제외	
		제36조	금품청산	
	사용 증명서 등	제39조	사용증명서	
		제41조	근로자의 명부	
		제42조	계약 서류의 보존	
제3장 임금	임금	제43조	임금지급	◦ 제3장(임금)은 근로계약과 관련된 규정이므로 파견사업주만을 사용자로 봄 – 제49조(임금의 시효)는 사용자책임과
		제44조	도급 사업에 대한 임금지급	
		제44조의2	건설업에서의 임금지급 연대책임	

761) ① 사용사업주가 정당한 사유없이 근로자파견계약을 해지한 경우, ② 사용사업주가 정당한 사유없이 근로자파견계약에 의한 근로자파견의 대가를 지급하지 아니한 경우(파견법시행령 제5조)

<table>
<tr><td rowspan="5"></td><td rowspan="5"></td><td>제44조의3</td><td>건설업에서의 공사도급에 있어서의 임금에 관한 특례</td><td rowspan="5">관련이 없는 규정</td></tr>
<tr><td>제45조</td><td>비상시 지급</td></tr>
<tr><td>제46조</td><td>휴업수당</td></tr>
<tr><td>제47조</td><td>도급근로자</td></tr>
<tr><td>제48조</td><td>임금대장</td></tr>
<tr><td rowspan="2">제4장 근로 시간과 휴식</td><td rowspan="2">연장·야간·휴일 근로, 연차 유급휴가</td><td>제56조</td><td>연장·야간 및 휴일근로</td><td rowspan="2">◦ 제4장(근로시간과 휴식)은 근로제공과 관련된 규정이므로 대부분의 규정은 사용사업주만을 사용자로 봄(단, 사용사업주만을 사용자로 보는 경우 참조)
- 다만, 제56조, 제60조는 근로계약 및 근로자파견계약에 의해 정해지는 것이므로 파견사업주만을 사용자로 봄
- 제57조(보상휴가제)·제61조(연차유급휴가의 사용촉진)는 명시적 규정은 없으나, 제56조·제60조와 관련된 규정이므로 파견사업주를 사용자로 해석</td></tr>
<tr><td>제60조</td><td>연차 유급휴가</td></tr>
<tr><td rowspan="4">제5장 여성과 소년</td><td rowspan="4">연소자 관련</td><td>제64조</td><td>최저연령과 취직인허증</td><td rowspan="4">◦ 제5장(여성과 소년) 중 많은 규정은 사용사업주만을 사용자로 봄(단, 사용사업주만을 사용자로 보는 경우 참조),
- 제65조(사용금지)는 파견사업주 및 사용사업주를 사용자로 봄</td></tr>
<tr><td>제66조</td><td>연소자 증명서</td></tr>
<tr><td>제67조</td><td>근로계약</td></tr>
<tr><td>제68조</td><td>임금의 청구</td></tr>
<tr><td rowspan="15">제8장 재해 보상</td><td rowspan="15">재해 보상</td><td>제78조</td><td>요양보상</td><td rowspan="15">◦ 제8장(재해보상)의 모든 규정은 파견사업주만을 사용자로 봄</td></tr>
<tr><td>제79조</td><td>휴업보상</td></tr>
<tr><td>제80조</td><td>장해보상</td></tr>
<tr><td>제81조</td><td>휴업보상과 장해보상의 예외</td></tr>
<tr><td>제82조</td><td>유족보상</td></tr>
<tr><td>제83조</td><td>장의비</td></tr>
<tr><td>제84조</td><td>일시보상</td></tr>
<tr><td>제85조</td><td>분할보상</td></tr>
<tr><td>제86조</td><td>보상청구권</td></tr>
<tr><td>제87조</td><td>다른 손해배상과의 관계</td></tr>
<tr><td>제88조</td><td>고용노동부장관의 심사와 중재</td></tr>
<tr><td>제89조</td><td>노동위원회의 심사와 중재</td></tr>
<tr><td>제90조</td><td>도급 사업에 대한 예외</td></tr>
<tr><td>제91조</td><td>서류의 보존</td></tr>
<tr><td>제92조</td><td>시효</td></tr>
</table>

3) 사용사업주만을 사용자로 보는 경우

(a) 근로제공과정에서 문제되는 근로시간, 휴게·휴일 등에 관해서는 사용사업주를 사용자로 보아야 하므로 「근기법」상의 근로시간(제50조에서 제53조까지), 휴게(제54조), 휴일(제55조), 근로시간 계산의 특례(제58조), 근로시간 및 휴게시

간 계산의 특례(제59조), 유급휴가의 대체(제62조), 적용제외(제63조), 연소자의 근로시간(제69조) 및 여성근로자 보호(제70조부터 75조까지) 규정에 대해서는 사용사업주를 사용자로 본다.

ⓑ 다만, 「근기법」 제55조(휴일), 제73조(생리휴가) 및 제74조제1항(산전후휴가)의 규정에 의하여 사용사업주가 유급휴일 또는 유급휴가를 주는 경우, 그 휴일 또는 휴가에 대하여 유급으로 지급되는 임금은 파견사업주가 지급하여야 한다(파견법 제34조제3항).

〈사용사업주만을 사용자로 보는 경우〉

<table>
<tr><th colspan="2">구분</th><th>법조문</th><th>내용</th><th>비고</th></tr>
<tr><td rowspan="10">제4장
근로
시간과
휴식</td><td rowspan="10">근로시간,
휴게,
휴일 등</td><td>제50조</td><td>근로시간</td><td rowspan="10">◦ 근로시간, 휴게, 휴일은 근로제공과 관련된 규정인 바, 사용사업주를 사용자로 봄
– 제60조(연차유급휴가)는 파견사업주를 사용자로 보나, 제62조(유급휴가의 대체)는 사용사업주를 사용자로 봄</td></tr>
<tr><td>제51조</td><td>탄력적 근로시간제</td></tr>
<tr><td>제52조</td><td>선택적 근로시간제</td></tr>
<tr><td>제53조</td><td>연장 근로의 제한</td></tr>
<tr><td>제54조</td><td>휴게</td></tr>
<tr><td>제55조</td><td>휴일</td></tr>
<tr><td>제58조</td><td>근로시간 계산의 특례</td></tr>
<tr><td>제59조</td><td>근로시간 및 휴게시간의 특례</td></tr>
<tr><td>제62조</td><td>유급휴가의 대체</td></tr>
<tr><td>제63조</td><td>적용의 제외</td></tr>
<tr><td rowspan="8">제5장
여성과
소년</td><td rowspan="8">연소자
근로시간
및
여성근로자
관련</td><td>제69조</td><td>근로시간</td><td rowspan="8">◦ 제69조(연소자의 근로시간), 제70조 내지 제75조(여성근로자 보호)는 근로제공과 관련된 규정인 바, 사용사업주를 사용자로 봄</td></tr>
<tr><td>제70조</td><td>야간근로와 휴일근로의 제한</td></tr>
<tr><td>제71조</td><td>시간외근로</td></tr>
<tr><td>제72조</td><td>갱내근로의 금지</td></tr>
<tr><td>제73조</td><td>생리휴가</td></tr>
<tr><td>제74조</td><td>임산부의 보호</td></tr>
<tr><td>제74조의2</td><td>태아검진 시간의 허용 등</td></tr>
<tr><td>제75조</td><td>육아 시간</td></tr>
</table>

4) 「근기법」을 위반한 근로계약

파견사업주와 사용사업주가 「근기법」을 위반하는 내용을 포함하는 근로자파견계약을 체결하고 그 계약에 따라 파견근로자를 근로하게 함으로써 「근기법」을 위반한 경우에는 파견사업주와 사용사업주 모두를 「근기법」상 사용자로 보아 해당 벌칙규정을 적용한다(파견법 제34조제4항).

라. 「산안법」의 적용에 관한 특례

1) 「산안법」상 사용사업주의 책임

ⓐ 근로자의 안전·보건에 관한 사용자책임은 근로를 수령하는 자가 부담함이 타당하므로 파견중인 근로자의 파견근로에 관하여는 사용사업주를 「산안법」 제2조제3호의 규정에 의한 사업주로 보아 동법을 적용한다(파견법 제35조제1항).

ⓑ 이 경우 「산안법」 제31조제2항의 규정을 적용함에 있어서는 동항 중 '근로자를 채용할 때'를 '근로자파견의 역무를 제공받은 때'로 본다.

2) 파견사업주 및 사용사업주 모두를 사업주로 보는 경우

「산안법」 제5조(사업주의 의무), 제43조제5항(작업장소의 변경, 작업의 전환 및 근로시간 단축의 경우에 한함), 제43조제6항 단서(개별 근로자의 건강진단결과 공개), 제52조제2항(신고를 이유로 한 불리한 처우금지)의 적용에 있어서는 파견사업주와 사용사업주를 동법 제2조제3호의 사업주로 본다(파견법 제35조제2항).

3) 근로자건강진단에 관한 사업주 책임(파견법 제35조제3항 내지 제5항)

ⓐ 「산안법」 제43조(건강진단)의 규정에 의한 건강진단에는 ① 일반건강진단, ② 특수건강진단, ③ 임시건강진단, ④ 배치전건강진단, ⑤ 수시건강진단 등이 있는데, 이 중 일반건강진단은 파견사업주가 사업주책임을 지며(파견법 제35조제4항), 특수건강진단, 임시건강진단, 배치전건강진단, 수시건강진단은 사용사업주가 사업주책임을 부담한다.

ⓑ 사용사업주는 「산안법」 제43조의 규정에 의한 건강진단을 실시한 때에는 당해 건강진단결과를 설명하여야 하고 지체 없이 파견사업주에게 이를 송부하여야 하며(파견법 제35조제3항), 파견사업주 또한 건강진단을 실시한 때에는 당해 건강진단결과를 설명하여야 하고 지체 없이 사용사업주에게 이를 송부하여야 한다(파견법 제35조제5항).

4) 「산안법」을 위반한 근로자파견계약

파견사업주와 사용사업주가 「산안법」을 위반하는 내용을 포함한 근로자파견계약을 체결하고 그 계약에 따라 파견근로자들을 근로하게 함으로써 동법을 위반한 경우, 그 계약당사자 모두를 「산안법」 제2조제3호의 규정에 의한 사업주로 보아 해당 벌칙규정을 적용한다(파견법 제35조제6항).

9. 근로자파견사업의 허가 및 관련 절차

「파견법」은 근로자파견사업을(業으로) 하는 자는 고용노동부장관의 허가를 받도록 규정하고 있다(제7조). 이는 근로자파견이 일정한 요건아래서 이루어지도록 하여 파견사업이 중간착취, 인신구속 또는 반사회적 목적으로 운영되는 것을 방지하고 파견근로자의 권리를 보호하기 위함이다.

가. 신규 허가

〈허가 절차도〉

허가신청	〈구비서류〉 ① 근로자파견사업 허가신청서(별지 서식) ② 근로자파견사업 계획서(별지 서식) ③ 정관(법인에 한함) ④ 자산상황 확인서류(개인의 경우에 한함, 예 : 건축물관리대장, 사무실 임대차계약서 등) ⑤ 사무실 전용면적을 확인할 수 있는 서류 및 그 위치도(예 : 평면도 등) ※ 사업소를 2 이상 두고자 하는 경우에는 ② 및 ⑤의 서류를 사업소별로 작성 ⑥ 신청인(법인의 경우 임원)이 외국인인 경우는 법 제8조 결격사유에 해당하지 아니함을 증명하는 서류 ※ 수입인지 : 신규허가 3만원, 변경허가 2만원, 갱신허가 1만원(전자문서로 제출시 무료)
⬇	
허가신청서 검토	〈검토사항〉 ① 「파견법」 제8조의 결격사유에 해당하는지 여부 ② 상시 5인 이상의 근로자를 사용하는 사업 또는 사업장으로 고용보험·국민연금·산업재해보상보험 및 국민건강보험에 가입되어 있는지 여부

	③ 1억원 이상의 자본금을 갖추고 있는지 여부 ④ 전용면적 20제곱미터 이상의 사무실을 갖추고 있는지 여부 ⑤ 특정한 소수의 사용사업주를 대상으로 하여 근로자파견을 행하는 것이 아닌지 여부 ⑥ 식품접객업, 숙박업, 결혼중개업과 겸업하고 있는지 여부 ⑦ 법인인 경우 법인등기사항증명서(「전자정부법」에 의한 행정정보로 확인) ⑧ 갱신허가 신청시에는 법인인 경우 법인등기사항증명서, 개인인 경우 사업자등록증(「전자정부법」에 의한 행정정보 공동이용에 동의하지 않는 경우 서류제출) 확인

⬇

허가 또는 불허가	처리기한 20일(시행규칙 별지 서식)

1) 허가신청

(a) 근로자파견사업의 허가를 받고자 하는 자는 허가신청서 및 관련서류를 첨부하여 주된 사업소[762]의 소재지를 관할하는 지방고용노동청 또는 지청(이하 '허가관청'이라 한다)에 제출하여야 한다.

(b) 사업소를 2개 이상 두고자 하는 경우에도 주된 사업소의 소재지를 관할하는 허가관청에 신청하여야 하며, 첨부서류 중 일부(② 근로자파견사업 계획서, ⑤ 사무실 전용면적을 확인할 수 있는 서류 및 그 위치도)는 사업소별로 구분하여 작성하여야 한다.

2) 허가신청서 검토

허가신청서를 접수한 지방고용노동관서는 우선 허가신청서 등 관련서류를 보고 인적요건, 물적요건, 기타요건이 서류상 제대로 갖추어져 있는지를 검토한다.

(a) 인적요건과 관련해서는 「파견법」 제8조의 결격사유에 해당하는지 여부를 범죄경력조회, 신원조회(시·구·읍·면)를 의뢰하여 확인한다.

762) '주된 사업소'라 함은 법인 등의 본사, 본점을 의미하는 것이 아니라 근로자파견사업을 실질적으로 수행하고자 하는 사업소를 의미한다.

(b) 물적요건은 '1억원 이상의 자본금'은 개인인 경우에는 자산평가액, 법인인 경우에는 법인등기부등본상에 신고된 납입자본금을 기준으로 검토하되, 자본금 납입계좌, 대차대조표, 재무제표 등을 통하여 확인한다. 개인인 경우에는 사업자등록증상에 기재된 업종, 법인인 경우에는 사업자등록증·법인등기부등본·정관에 기재된 업종 및 사업목적을 검토하여 겸업여부를 확인한 후 등록 및 허가사업이 있을 경우 해당 사업의 자본금 유무도 확인한다.[763]

또한, '사무실의 전용면적이 20제곱미터를 확보하고 있는지'는 현장실측을 통하여 확인(2개 이상의 사업소가 있는 경우는 각 사업소별로 실측)하고,[764] '근로자를 5인 이상 고용하고 있는지'는 고용보험전산망, 근로자명부, 임금대장 등을 검토한 후 현장출장 시 실제 근무하고 있는지 확인(필요시 좌석배치나 해당근로자 확인서 징구)한다.[765] 또한, 고용보험·국민연금·산재보험·국민건강보험 가입 여부 등은 고용보험전산망 또는 4대보험 가입증명원 등을 통하여 확인한다.

(c) 기타요건과 관련하여, 신청인이 '특정한 소수의 사용사업주를 대상으로 하여 근로자파견사업을 하는지 여부'는 정관 등에 구체적으로 명시되어 있는 경우 또는 사업목적 뿐만 아니라 사업운영의 실태 등을 고려하여 판단하며, 특히, '식품접객업 등과 겸업하고 있는지 여부'는 사업자등록증, 법인등기부등본 등을 통하여 확인하고 필요시 겸업사실확인서를 제출받아 처리한다.[766]

3) 허가 또는 불허가

허가신청서 검토 후, 허가함이 타당하다고 판단되면 허가증(파견법시행규칙 별지 제3호서식)을 교부하고 허가관리대장(별지 제4호서식)을 작성·관리하며,

763) 유료직업소개사업(5천만원), 경비업(5천만원~3억원), 주택관리업(2억) 등 해당 법령에서 요구하는 자본금을 갖추어야 하는 사업과 겸업하는 경우에는 당해 자본금을 제외하고 파견사업을 위한 자본금을 추가로 확보하고 있는지 여부도 확인한다.

764) 다른 사업과 겸업하고 있는 경우에는 근로자파견사업 수행만을 위한 면적을 확인한다.

765) 다른 사업과 겸업하고 있는 경우에는 회사조직도 등을 추가로 확인하여 당해 근로자가 파견사업을 위한 업무에 종사하고 있는지도 확인한다.

766) 사업자등록증이나 법인등기부등본, 정관 등에 겸업이 금지되어 있는 업종이 기재되어 있으나 실제 사업을 하지 않는 경우에도 동 내용을 삭제하도록 하고 근로자파견사업 허가

일부사항이 미비된 경우는 보완요구하며, 허가가 부적합하다고 판단되면 불허가 처분을 한다.

나. 허가의 유효기간 및 갱신허가

근로자파견사업 허가의 유효기간은 3년이므로, 유효기간 만료 후에 계속하여 파견사업을 하고자 하는 자는 갱신허가를 받아야 한다.[767] 갱신허가를 받고자 하는 자는 허가의 유효기간 만료일 30일 전까지 갱신허가 신청서에 관련 서류[768]를 첨부하여 허가관청에 제출하여야 하며, 지방고용노동관서는 신규허가의 경우와 마찬가지로 허가요건이 제대로 갖추어져 있는지를 검토한 후 갱신허가 또는 불허가 통지를 한다.

다. 변경허가 및 변경신고

1) 변경허가

파견사업주가 허가받은 사항 중 중요사항(사업소 수의 증가,[769] 사업소의 위치변경, 사업주(법인의 경우 대표자)의 변경)을 변경하는 경우에는 허가관청의 변경허가를 받아야 하며, 변경허가를 받고자 하는 파견사업주는 변경허가신청서에 허가증사본과 관련 서류[770]를 첨부하여 허가관청의 변경허가를 받아야 한다.

---

767) 지방고용노동관서는 허가만료 60일 전까지 파견사업주에게 ① 허가 유효기간, ② 허가 만료일 30일 전까지 갱신허가 신청을 해야 한다는 사실, ③ 갱신허가 신청에 필요한 서류 일체, ④ 갱신허가 신청기관, ⑤ 기타 갱신허가 신청에 필요한 사항을 통지하여야 한다.

768) ① 정관(법인의 경우), ② 허가증 사본, ③ 신청인(법인의 경우 임원)이 외국인인 경우는 법 제8조 결격사유에 해당하지 아니함을 증명하는 서류, ④ 사업자등록증(「전자정부법」에 의한 행정정보 공동이용에 동의하지 않은 개인의 경우)

769) 「사업소」란 근로자파견사업의 영업활동 단위로서 사업활동이 유기적, 조직적으로 이루어지는 장소를 말하며 보통 영업소, 사업장, 공장, 지점과 비슷한 개념으로 볼 수 있으므로 실제로 영업활동 단위로서 「사업소」를 별도로 운영하는 경우라면 변경허가를 받아야 할 것이나 별도로 「사업소」를 운영하지 않고 본사 등 기존의 사업소의 영업활동 단위에 포함하여 사업을 하는 경우라면 변경허가를 받지 않아도 될 것임(고용차별개선과-60, 2012.1.10)

770) ① 사업소 수의 증가 : 사업소의 사업계획서, 당해 사업소의 사무실 전용면적을 확인할 수 있는 서류 및 그 위치도, ② 사업소의 위치변경 : 사무실 전용면적을 확인할 수 있는 서류 및 그 위치

2) 변경신고

ⓐ 파견사업주가 허가사항 중 ① 법인의 임원(대표자를 제외한다)의 변경, ② 「파견법」 제28조에 의한 파견사업관리책임자의 변경, ③ 상호 또는 법인명칭의 변경, ④ 사업소 수의 감소 변경하는 경우에는 허가관청에 변경신고를 하여야 한다.

ⓑ 변경신고를 하고자 하는 파견사업주는 변경신고서에 허가증사본과 관계서류[771]를 첨부하여 허가관청에 제출하여야 하며, 변경신고를 받은 지방관서장은 허가증 원본을 제출 받아 허가증 상의 내용을 변경하여 허가증을 재교부하게 된다.

10. 불법파견 여부 판단 기준

ⓐ 불법파견이란 ① 공중위생·공중도덕상 유해한 업무에 취업시킬 목적으로 근로자를 파견한 경우, ② 파견대상 업무 위반, ③ 파견기간 위반, ④ 무허가 파견, ⑤ 영업정지기간 중의 파견, ⑥ 쟁의행위 대체근로를 위한 파견, ⑦ 경영상 이유에 의한 해고 이후 2년 이내 파견사용 등 「파견법」에 반하여 근로자 파견을 한 경우를 의미한다.

ⓑ 이와 같은 「파견법」을 위반한 고용형태를 효과적으로 단속함으로써 근로자파견제도의 적정한 운영을 기하고, 「파견법」에 의한 '근로자파견'과 근로자파견이 아닌 것을 구분함에 있어 그 판단의 기준을 정하는 것을 목적으로 고용노동부는 「근로자파견의 판단기준에 관한 지침」[772]을 마련하여 근로감독관이 사건처리나 불법파견 등 감독에 활용하도록 하고 있다.

도, ③ 사업주(법인의 경우 대표자)의 변경 : 외국인의 경우 법 제8조의 결격사유에 해당하지 아니함을 증명하는 서류

771) ① 법인의 임원(대표자를 제외한다)의 변경 : 외국인의 경우 법 제8조의 결격사유에 해당하지 아니함을 증명하는 서류, ② 법 제28조에 의한 파견사업관리책임자의 변경 : 외국인의 경우 법 제8조의 결격사유에 해당하지 아니함을 증명하는 서류, ③ 상호 또는 법인명칭의 변경 : 변경된 내용을 증명할 수 있는 서류, ④ 사업소 수의 감소 : 관계서류 없음

772) 비정규대책팀-1303, 2007.4.19.

가. 판단 순서

①「파견법」 제2조제1호의 '근로자파견'에 해당하는 지의 여부는 근로자와 고용계약을 체결한 파견사업주, 수급인, 수임인 등(이하 '파견사업주 등'이라 한다)에 대하여 사업주로서의 실체를 인정할 수 있는 지를 먼저 판단한다.

② 파견사업주 등이 사업주로서의 실체가 인정되지 않는 경우에는 당해 근로자를 고용하지 않고 사용하는 사용사업주, 도급인, 위임인 등(이하 '사용사업주 등'이라 한다)이 당해 근로자를 직접 고용한 것으로 추정하여 노동관계법 위반 여부를 판단한다.

③ 파견사업주 등이 사업주로서의 실체가 인정되는 경우에는 당해 근로자가 사용사업주 등의 지휘·명령을 받는지 여부를 조사하여 당해 고용관계가 '근로자파견'에 해당하는 지를 판단한다.

나. 판단방법(종합적 판단)

「파견법」 제2조제1호의 '근로자파견'에 해당하는지의 여부는 아래 '다'의 1) 및 2)의 각 호를 종합적으로 고려하여 판단한다. 이 경우 2)의 (1), (2), (3)은 근로자파견에 해당하는지 여부를 판단하는 주요 기준으로 본다.

다. 판단의 기준

1) 파견사업주 등에 대한 사업주로서의 실체 판단

사용사업주 등과 파견사업주 등 사이에 체결된 계약의 명칭·형식 등에도 불구하고, 파견사업주 등에게 다음 각 호의 권한이나 책임이 존재하지 않는 경우에는 파견사업주 등의 실체가 인정되기 어려우므로 「파견법」 제2조제1호의 근로자파견의 정의 중에서 "파견사업주가 근로자를 고용한 후 그 고용관계를 유지"하는 것으로 보지 아니한다. 다만, 아래 (4), (5)는 단순히 육체적인 노동력을 제공하는 경우에는 적용되지 아니한다.

⑴ 채용·해고 등의 결정권

채용면접표, 취업규칙, 근로계약서, 신규채용자 안전교육, 기타 해고 관련 서류 등을 확인

⑵ 소요자금 조달 및 지급에 대한 책임

사무실 임대차 계약서, 사업체 설립비용 부담여부, 주식회사의 경우 주금 납입 경위 및 주식 소유비율, 기성금 및 수당 지급방법 등을 확인

⑶ 법령상 사업주로서의 책임

4대보험 가입증명서, 주민세 및 사업소세 등 각종 세금관련 자료, 근로소득 원천징수 관련 자료, 사용사업주 등과 파견사업주 등 사이에 체결된 계약서·임원간 순환근무 여부, 기타 단체교섭 관련 서류 등을 확인

⑷ 기계, 설비, 기자재의 자기 책임과 부담

사용사업주 등이 지급하는 기계나 설비, 기자재의 내역과 유무상 여부를 확인하고, 무상으로 제공할 경우 그 필요성 및 정당성을 확인

⑸ 전문적 기술·경험과 관련된 기획 책임과 권한

기획 관련 작성서류, 사용사업주 등과 파견사업주 등 사이에 체결된 계약서 및 동 계약이 단순 노무제공인지 여부, 사업계획서, 파견사업주 등의 업무수행능력 및 소속 근로자 자격증 유무 등을 확인

2) 사용사업주 등의 지휘·명령에 대한 판단

사용사업주 등과 파견사업주 등 사이에 체결된 계약의 명칭·형식 등에도 불구하고, 사용사업주 등이 당해 근로자에 대하여 다음 각 호의 권한을 행사하는 경우에는 「파견법」 제2조제1호의 근로자파견의 정의 중에서 "파견사업주가 … 사용사업주의 지휘·명령을 받아 사용사업주를 위한 근로에 종사하게 하는 것"으

로 판단한다.

⑴ 작업배치·변경 결정권

작업계획서, 인력배치 계획서, 관련 회의자료, 기타 작업배치 관련 서류 및 관행 등을 확인

⑵ 업무 지시·감독권

ⓐ 일일 작업지시서, 안전교육 일지, 조회 개최 여부, 업무관련 지시 전달 방법 등을 확인

ⓑ 특히 직접 고용한 근로자와 혼재하여 같거나 유사한 업무에 종사토록 하는 경우에는 업무 지시·감독권 행사 여부를 보다 신중히 검토

ⓒ 계약서상 업무의 목적이나 내용이 지나치게 추상적이어서 사용사업주 등의 지시를 통해 비로소 구체화되는 불확정한 상태에 놓여 있거나 또는 업무 전반을 망라하는 것으로 되어 있어 특정 업무에 한정되지 않는 경우에는 업무 지시·감독권이 인정될 수 있음에 유의

⑶ 휴가, 병가 등의 근태 관리권 및 징계권

휴가, 결근, 조퇴, 외출, 지각원, 출근부, 기타 징계관련 서류 등의 확인

⑷ 업무수행에 대한 평가권

업무수행 및 실적에 대한 평가서, 파견사업주 등의 직원이 현장에서 감독·평가하는지 여부, 잘못된 업무수행이 발견된 경우에 있어서의 조치 관행 등을 확인

⑸ 연장·휴일·야간근로 등의 근로시간 결정권(다만, 작업의 특성상 일치시켜야 하는 경우에는 제외한다)

연·월차 유급휴가 사용내역, 일일 근무현황, 기타 근로시간 관련 서류 등을 확인

11. 불법파견 여부 판단 징표(대법원 판결)

대법원은 "원고용주가 어느 근로자로 하여금 제3자를 위한 업무를 수행하도록 하는 경우 그 법률관계가 「파견법」의 적용을 받는 근로자파견에 해당하는지는 당사자가 붙인 계약의 명칭이나 형식에 구애될 것이 아니라 다음 각 호의 기준을 바탕으로 그 근로관계의 실질에 따라 판단한다."고 판시하여 불법파견 여부에 대한 기준을 다음과 같이 제시하였다.[773)]

① 제3자가 당해 근로자에 대하여 직·간접적으로 그 업무수행 자체에 관한 구속력 있는 지시를 하는 등 상당한 지휘·명령을 하는지 여부

② 당해 근로자가 제3자 소속 근로자와 하나의 작업집단으로 구성되어 직접 공동 작업을 하는 등 제3자의 사업에 실질적으로 편입되었다고 볼 수 있는지 여부

③ 원고용주가 작업에 투입될 근로자의 선발이나 근로자의 수, 교육 및 훈련, 작업·휴게시간, 휴가, 근무태도 점검 등에 관한 결정 권한을 독자적으로 행사하는지 여부

④ 계약의 목적이 구체적으로 범위가 한정된 업무의 이행으로 확정되고 당해 근로자가 맡은 업무가 제3자 소속 근로자의 업무와 구별되며 그러한 업무에 전문성·기술성이 있는지 여부

⑤ 원고용주가 계약의 목적을 달성하기 위하여 필요한 독립적 기업조직이나 설비를 갖추고 있는지 여부 등

12. 근로자파견 관련 실무 사례

① 철강을 제조·판매하는 회사가 운전원 1명을 일정기간 계열사에 전출하여 근무하게 하면서 동사로부터 어떠한 대가를 지급받지 않은 경우 '근로자파견사업'에는 해당되지 않는다.[774)]

773) 대법원(2015.2.26) 2010다106436 ; 2010다93707판결 ; 2011다78316판결 ; 2012다96922판결 등2012

774) 고용차별개선과-312, 2011.4.1.

철강을 제조·판매하는 회사가 운전원 1명을 일정기간 계열사(식물원)에 전출하여 근무하게 하면서 동사로부터 어떠한 대가를 지급받지 않은 사실 등에 비추어 보면, 일정한 목적을 가지고 동종의 행위를 계속 반복적으로 수행하는 업으로서의 근로자파견사업을 행하고 있다고 볼 수 없어 「파견법」 제2조제2호에서 정의하고 있는 '근로자파견사업'에는 해당되지 않는다.

② 자기가 고용한 근로자를 영리를 목적으로 계속 반복해서 파견하는 경우에는 근로자파견에 해당된다.[775)]

사업주가 고용조정 또는 기술지도 등을 위해서 자기가 고용한 근로자를 그 고용관계를 유지하면서 협력회사·계열회사 등에서 일정기간 근무하게 하는 경우에는 사업으로서 근로자를 파견하는 경우와는 달리 보게 되나, 이러한 경우에도 자기가 고용한 근로자를 영리를 목적으로 계속 반복해서 파견하는 경우에는 근로자파견에 해당됨

③ 농약수요의 계절적 편중현상으로 인해 1년 중 특정시점에 업무량이 폭증하는 등 일시적·간헐적으로 인력을 확보할 필요가 있는 경우 파견 가능하다.[776)]

④ 의류 유통·판매업체에서 세일기간을 연중 상시적으로 운영할 경우에는 근로자파견이 허용되지 않는다.[777)]

의류 유통·판매업체에서 매장 고객수가 많아질 것으로 예상되어 휴일 또는 특정기간(연중 3회)을 세일기간으로 정해 운영하는 경우는 근로자파견이 가능하나, 세일기간을 연중 상시적으로 운영할 경우에는 근로자파견이 불가능하다.

⑤ 연차휴가, 교육훈련, 장기출장, 노조전임기간 등으로 업무공백이 발생한 경우 일시적·간헐적 사유 등에 해당되지 않는다.[778)]

---

775) 고관 68460-340, 2001.3.21.

776) 고용차별개선정책과-221, 2009.5.26.

777) 고용평등정책과-657, 2010.4.28.

778) 고용평등정책과-835, 2010.10.21.

연차휴가, 교육훈련, 장기출장, 노조전임기간 등으로 업무공백이 발생한 경우는 사전에 충분히 예측이 가능하고 기존직원의 업무대행이 가능한 통상적인 인력운용의 측면이 강하여 일시적·간헐적 사유 등에 해당된다고 보기 어렵다.

⑥ 파견법 적용을 피하기 위해 도급(용역)계약으로 근로자를 사용한 경우에는 불법파견을 받은 것과 마찬가지로 사용사업주가 그 사용 즉시 직접고용 의무가 있다.[779)]

파견법상 파견허용업무인 운전업무에 파견업 허가를 받은 업체로부터 근로자를 제공받아 사용했더라도 파견법 적용을 피하기 위해 도급(용역)계약으로 근로자를 사용한 경우 파견금지업무에 사용하거나 파견업 허가를 받지 않은 업체로부터 불법파견을 받은 것과 마찬가지로 사용사업주가 그 사용 즉시 직접고용 의무가 있다.

779) 서울중앙지판 2018.11.15., 2016가합531053.

주/요/쟁/점/실/무

제15절 비정규근로자에 대한 차별금지 관련 쟁점

1. 차별금지제도 개요

가. 제도의 의의

ⓐ 비정규직 차별금지제도란 고용형태를 이유로 한 차별처우를 금지하기 위한 제도로서, 비정규직근로자(기간제·단시간·파견근로자)를 비교대상근로자(무기계약근로자·통상근로자·직접고용근로자)에 비하여 임금 그 밖의 근로조건 등에 있어서 합리적인 이유 없이 불리하게 처우하는 것을 금지하는 것을 말한다.

ⓑ 차별과 관련 「근기법」은 남녀, 국적, 신앙, 사회적신분에 의한 차별을 금지하고 있고(제6조), 「고평법」은 성별·혼인·임신·출산 등의 이유로 한 차별을 금지하고 있으나, 기존 법제에서 고용형태를 이유로 한 차별처우를 규제할 제도적 수단이 미비하여 비정규직에 대한 근로조건의 차별, 비정규직의 남용, 사회적양극화 등의 문제가 발생함에 따라 「기간제법」 제정(2006.12.21)과 「파견법」의 제·개정을 통해 비정규직에 대한 차별금지제도를 도입하였다.

나. 차별금지 관련 규정의 내용

ⓐ **기간제근로자** : 사용자는 ① 기간제근로자임을 이유로 ② 당해 사업 또는 사업장에서 ③ 동종 또는 유사한 업무에 종사하는 ④ 기간의 정함이 없는 근로계약을 체결한 근로자에 비하여 ⑤ 차별적 처우를 하여서는 아니 된다(기간제법 제8조제1항).

① 기간제근로자임을 이유로 : 근로자의 기술·능력 등이 아닌 고용형태상의 차이를 이유로 한 차별처우를 불합리한 차별로 판단

② 당해 사업 또는 사업장에서 : 비교대상 정규직 근로자는 당해 사업 또는 사업장 안의 근로자로 한정되며, 같은 산업·지역 차원의 동종·유사업무

종사 정규직근로자는 비교대상이 아님

③ 동종 또는 유사한 업무에 종사하는 : 비교대상 정규직의 범위를 동종업무 뿐만 아니라 유사업무에 종사하는 자까지 포함

④ 기간의 정함이 없는 근로계약을 체결한 근로자에 비하여 : 기간제 근로자의 비교 대상인 정규직 근로자는 무기계약 근로자임

(b) **단시간근로자**[780] : 사용자는 ① 단시간근로자임을 이유로 ② 당해 사업 또는 사업장의 ③ 동종 또는 유사한 업무에 종사하는 ④ 통상근로자에 비하여 ⑤ 차별적 처우를 하여서는 아니 된다(기간제법 제8조제2항).

(a)의 기간제근로자에 대한 차별금지 규정과 동일한 방식으로 통상근로자에 비교하여 단시간 근로자에 대한 차별금지를 규정

(c) **파견근로자** : 파견사업주와 사용사업주는 ① 파견근로자임을 이유로, ② 사용사업주의 사업 내의, ③ 동종 또는 유사한 업무를 수행하는 근로자에 비하여, ④ 파견근로자에게 차별적 처우를 하여서는 아니 된다(파견법 제21조제1항).

파견근로자의 비교대상은 사용사업주 사업 내의 동종 또는 유사한 업무를 수행하는 근로자이다.

다. 적용대상 사업장 및 차별시정 신청권자

1) 적용대상 사업(장)

(a) 비정규직에 대한 차별금지제도는 상시 5인 이상의 근로자를 사용하는 모든 사업 또는 사업장에 적용된다. 따라서, 상시 5인 미만 근로자를 사용하는 사업(장)은 적용이 제외된다(기간제법 제3조제1항, 파견법 제21조제4항). 여기서 상시근로자수 산정[781]에 있어 사용자가 직접 고용하고 있지 않은 근로자(파견근

780) '단시간근로자'란 1주 동안의 소정근로시간이 그 사업장에서 같은 종류의 업무에 종사하는 통상근로자의 1주 동안의 소정근로시간에 비해 짧은 근로자를 말한다(근기법 제2조제1항).

781) 상시근로자수는 해당 사업 또는 사업장에서 '법 적용 사유(차별적 처우가 있었던 때를 기준)'

로자, 사내하도급 근로자 등)는 제외하며,[782] 동거의 친족만을 사용하는 사업 사업장과 가사사용인에 대하여는 적용하지 않는다(기간제법 제3조제1항 단서).[783] 다만, 국가와 지방자치단체는 상시근로자수와 관계없이 차별금지제도가 적용된다.

(b) 차별시정제도는 무허가나 불법으로 이루어지는 사업의 경우도 적용되므로 대상업무가 아니거나, 금지업무이거나, 파견허용기간이 지났거나, 무허가 파견의 경우에도 차별금지제도가 적용된다.

2) 적용 근로자

(a) 차별시정제도가 적용되는 근로자(신청권자)는 ①「근기법」상의 근로자이어야 하며, ② 근로자 중에서도 기간제근로자, 단시간근로자, 파견근로자이므로 이에 해당하지 않는 근로자는 비정규직 관련법을 근거로 차별시정 신청을 할 수 없다.

(b) 기간제·단시간·파견 근로자인지 여부에 대한 판단은 차별시정 신청 당시가 아니라 사용자에 의한 차별적 처우가 있었던 시점을 기준으로 한다. 따라서, 차별적 처우가 있었던 시점에 기간제·단시간근로자였다면 근로계약기간의 만료나 무기계약근로자로의 전환 등으로 더 이상 기간제·단시간·파견 근로자가 아니어도 차별적 처우의 시정을 구할 시정이익이 소멸하지 않으므로 차별 시정 신청이 가능하다.[784]

발생일 전 1개월 동안 사용한 근로자의 연인원을 같은 기간 중의 가동일수로 나누어 산정한다.

782)「파견법」상의 차별처우금지규정 적용여부를 위한 상시근로자수 산정은 '사용사업주의 사업 또는 사업장'을 기준으로 한다(파견법 부칙 제1항).

783) 다만, 동거의 친족 이외에 근로자가 1명이라도 있으면 동거의 친족을 상시근로자수에 포함하여 5인 이상 여부를 판단한다.

784) 대판 2016.12.1, 2014두43288.

2. 비정규직에 대한 차별금지

가. 차별적 처우의 대상

(a) 「기간제법」 및 「파견법」이 금지하고 있는 '차별적 처우'라 함은 ① 임금, ② 정기상여금·명절상여금 등 정기적으로 지급되는 상여금, ③ 경영성과에 따른 성과급, ④ 그리고 그 밖에 근로조건 및 복리후생 등에 관한 사항에 있어서 합리적인 이유 없이 불리하게 처우하는 것을 말한다(기간제법 제2조제3호, 파견법 제2조제7호). 따라서 합리적인 이유가 있는 근로조건에 있어서의 차이는 「기간제법」 또는 「파견법」에서 금지하는 차별적 처우에 해당되지 않는다.

(b) 또한, 여기서 '그 밖에 근로조건 등에 관한 사항'이란 「기간제법」 제2조제3항 및 「파견법」 제2조제7호에 열거된 금품 이외에 근로시간, 휴일, 휴가, 교육훈련, 배치전환, 안전보건, 재해보상, 해고 등 취업관계와 연관성을 가진 조건을 의미한다.[785]

(c) 연차휴가수당의 경우도 근로조건이므로 차별금지영역인 '그 밖에 근로조건 등에 관한 사항'에 원칙적으로 해당하나, 「근기법」상 사용자가 지급하여야 할 의무가 있는 연차휴가수당의 미지급은 「파견법」 및 「기간제법」이 규정한 차별처우의 금지영역에 해당하지 않는다.[786]

(d) 이와 같은 차별금지영역과 관련 최근 법원(하급심)의 기본적인 입장은, ① 차별금지영역을 근로제공과 직접적 관계가 없더라도 근로관계에 기인하여 근로자에게 지급되는 모든 급부를 포괄하는 것으로 보고 있고, ② 지급규정이 있는 '근로조건'이나 지급규정이 없더라도 사실상 관행화된 '근로조건'이어야 차별금지영역에 포함되는 것으로 보았던 기존의 입장을 탈피하여 '근로조건'에 해당하지 않더라도 일정한 요건을 충족하면 차별금지영역에 해당하는 것으로 보며, ③ 특별한 시기 또는 특별한 사정에 의해 임의적으로 지급되는 경조금, 위로금이라고 하더라도 해당 급부가 근로자 전체에게 일률적으로 정액 및 정률로 지급되는 금

785) 김형배, 「새로 쓴 노동법(제25판)」 박영사, 2016, p.807.

786) 서울행판 2016.11.18, 2015구합70416.

품이라면 차별금지영역에 해당하는 것으로 보고 있다.[787)]

나. 차별처우 금지주체로서 사용자

1) 기간제·단시간 근로자

ⓐ「기간제법」은 "사용자는 기간제근로자임을 이유로…차별적 처우를 하여서는 아니 된다" 또는 "사용자는 단시간근로자임을 이유로… 차별적 처우를 하여서는 아니된다"고 규정(기간제법 제8조제1항 및 제2항)하여 차별적 처우가 금지되는 의무자는 '사용자'이다. 여기서 '사용자'는 「근기법」상 사용자로 사업주는 물론 사업의 경영담당자 기타 근로자에 관한 사항에 대하여 사업주를 위하여 행위하는 자 등이 포함된다.

ⓑ 그러나, 차별시정의 피신청인이 되는 자 및 시정명령의 이행의무자이며 시정명령 불이행시 부과되는 과태료 납부의 책임이 있는 자는 근로계약의 당사자인 사업주[788)]에 한정된다. 따라서, 현실적으로 차별적 처우를 행한 이익대표자(근로자에 관한 사항에 대하여 사업주를 위해 행위하는 자)는 사업주의 의사를 실현하는 행위자이므로 이들에 대한 차별처우에 대해서도 사업주가 차별처우 금지주체로서의 사용자가 된다.

ⓒ 국가기관(국립대, 행정기관 등 국가 소속기관)의 경우, 피신청인과 시정명령의 명의를 "국가(대한민국)"로 하고 하단에 소속기관을 명시한다.[789)] 다만, 국가 소속기관이라도 별도의 법인으로 설립된 경우에는 법인이 차별시정 금지주체(피신청인)가 된다. 지방자치단체는 「지방자치법」 제3조제1항에 따라 법인으로서 사업주에 해당한다.

2) 파견근로자

ⓐ「파견법」은 "파견사업주와 사용사업주는 파견근로자임을 이유로 … 차별

---

787) 서울행판 2012.1.12, 2011구합8734

788) 여기서 '사업주'는 개인 기업인 경우에는 개인, 법인인 경우에는 법인 그 자체를 말한다.

789) 대판 2006.2.24, 2005두5673 ; 대판 2008.9.11, 2006다40935 등 참고.

적 처우를 하여서는 아니 된다"고 규정(제21조제1항)하고 있어, 「파견법」상 차별행위의 금지의무자는 파견사업주와 사용사업주이며, 각각 사용자 책임 영역[790]에 따라 차별처우의 금지 주체(피신청인)가 된다.

(b) 한편, 파견사업주와 사용사업주는 파견근로자에 대한 차별행위금지 주체가 될 뿐만 아니라, 각각 사용자의 책임영역[(파견사업주 : 해고, 퇴직급여제도, 임금, 연장·야간 및 휴일근로, 연차유급휴가, 재해보상), (사용사업주 : 근로시간, 연장근로의 제한, 휴게·휴일, 유급휴가의 대체)]에 따라 시정명령을 받는 주체, 시정명령 불이행시 과태료납부 책임의 주체가 된다.

다. 비교대상 근로자

1) 판단기준

(a) 비교대상근로자성 판단의 핵심지표는 '동종 또는 유사한 업무' 종사 여부이다. 여기서 '동종 또는 유사한 업무'란 직종, 직무 및 작업의 동일성·유사성을 가진 것을 말하며, ① 업무의 내용 및 종류, ② 당해 업무의 수행방법, ③ 작업의 조건, ④ 업무의 난이도·권한, ⑤ 상호 대체 가능성 등을 종합적으로 고려하여 판단하여야 한다.

(b) 판례[791]는 '업무의 동종 또는 유사성'에 대해 ① 주된 업무 내지 중심적인 업무, ② 형식적 업무분장이 아닌 실제 수행하는 업무, ③ 핵심요소에서 본질적인 차이가 없으면 다른 요소에서 차이가 있더라도 동종·유사성을 인정하고 있다.

판결요지 ❙ (2011두2132, 2014두43288)

"당해 사업 또는 사업장에서 동종 또는 유사한 업무에 종사하는 기간의 정함이 없는 근로계약을 체결한 근로자('비교 대상 근로자')의 업무가 기간제근로자의 업무와 동종 또는 유사한 업무에 해당하는지 여부는 취업규칙이나 근로계약 등에서 정

790) 「파견법」 제34조에 파견사업주(해고, 퇴직급여제도, 임금, 연장·야간 및 휴일근로, 연차유급휴가, 재해보상)와, 사용사업주(근로시간, 연장근로의 제한, 휴게·휴일, 유급휴가의 대체)의 책임 영역이 규정되어있다.

791) 대판 2012.3.29, 2011두2132 ; 대판 2016.12.1, 2014두43288.

> 한 업무 내용이 아니라 근로자가 실제 수행하여 온 업무를 기준으로 판단하되, 이들이 수행하는 업무가 서로 완전히 일치하지 않고 업무의 범위나 책임과 권한 등에서 다소 차이가 있더라도 주된 업무의 내용에 본질적인 차이가 없다면, 특별한 사정이 없는 한 이들은 동종 또는 유사한 업무에 종사한다고 보아야 한다."

ⓒ 한편, 비교대상근로자가 다수인 경우에는 당해 사업 또는 사업장의 직제상 존재하는 가장 낮은 처우를 받는 정규직근로자이면 충분하고 그러한 정규직근로자가 실제 근무할 것을 요하지 않으나, 직제상 존재하지 아니하는 가상의 호봉을 상정하는 것은 허용되지 않는다.[792)]

2) 기간제·단시간, 공무원의 경우

ⓐ 차별시정 신청인이 단시간근로자인 경우에는 비교대상근로자가 기간제근로자인 경우에도 통상근로자에 해당되면 비교대상근로자가 될 수 있다. 또한, 국가 또는 지방자치단체의 기관도 「기간제법」이 적용되고(제3조제3항), 공무원법령이 우선적으로 적용되는 공무원도 임금을 목적으로 근로를 제공하는 근로자에 해당하므로 비교대상근로자가 될 수 있다.[793)]

ⓑ 비교대상근로자가 복수로 존재하는 경우에는 가급적이면 자격, 경력 등이 유사한 자를 선정하고, 신청인과 근속연수가 같은 비교대상자가 복수이고 해당 비교대상자들의 임금 등 근로조건이 일률적이라면 해당 비교대상자들 중 특정인을 선정하지 않고 모두를 비교대상자로 선정하여도 무방하다.

3) 파견근로자

파견근로자의 비교대상근로자는 '사용사업주 사업내의 동종 또는 유사한 업무를 수행하는 근로자'이다(파견법 제21조제1항). 이때 사용사업주의 근로자에는 정규직 외에 기간제·단시간근로자도 포함된다. 여기서 비교대상을 '사업내'로

---

792) 서울고판 2012.6.14, 2012누5000 ; 서울행판 2015.7.2, 2014구합74138.

793) 대판 2014.11.27, 2011두5391.

규정한 취지에 비추어 볼 때 인접한 지역이라도 사업이 달리 운영되는 경우에는 비교대상근로자의 선정범위가 될 수 없다.

라. 차별적 처우의 판단

1) 불리한 처우

(1) 의 의

(a) '불리한 처우'란 기간제·단시간·파견 근로자가 비교대상근로자에 비하여 임금, 정기적으로 지급되는 상여금, 그 밖의 근로조건 및 복리후생 등에 관한 사항에 있어서 낮거나 다르게 처우함으로써 받게 되는 불이익 전반을 의미한다.[794] 이와 같은 '불리한 처우' 여부를 확인하는 것은 합리적 이유를 심사하기 전 단계로서, 비교대상자와의 비교를 통해 객관적으로 불리한 처우가 있는지를 확인하는 것이다.

(b) '차별적 처우'란 '불리한 처우'를 함에 있어 '합리적인 이유가 없는 경우'를 말한다.

(2) 불리한 처우 판단 기준

① 원 칙

기간제·단시간·파견근로자에게 지급되는 임금 및 근로조건의 세부지급 항목이 존재하는 경우 이에 상응하는 비교대상근로자의 세부지급 항목과 비교하여 판단하는 것이 원칙이다.

② 범주화에 의한 비교·판단[795]

(a) 지급항목이 ⓐ 임금 및 근로조건에 있어서 특정 부분은 비교대상근로자보다 높은 반면 다른 특정부분은 낮은 경우, ⓑ 기간제·단시간근로자가 특정 임금 및 근

794) 대판 2012.3.29, 2011두2132.

795) 서울고판 2013.10.30, 2013누12012 ; 서울행판 2015.12.4, 2015구합65827 등.

로조건에 대해 비교대상근로자에 비해 불리한 처우를 받았다고 주장하는 반면, 사용자는 그 특정 임금 및 근로조건을 대신하여 다른 명목의 임금 및 근로조건을 제공했음을 주장하여 다투는 경우 등과 같이 비교가 현실적으로 곤란한 경우에는 비교 가능한 임금 및 근로조건을 하나의 범주로 묶어 비교하여 판단할 수 있다.

(b) 이 경우 실제로 제공된 근로에 따라 지급되는 급부(연장·야간·휴일 근로수당 등)는 비교범주에서 제외된다.

③ 종합적 비교·판단

세부지급항목별 비교 또는 범주화에 의한 비교가 곤란하거나 불가능한 경우에는 비교대상근로자의 임금 및 근로조건을 전체적으로 비교·판단하되, 이 경우에도 실제로 제공된 근로에 따라 지급되는 급부(연장·야간·휴일 근로수당 등)는 비교범주에서 제외된다.

④ 단시간근로자는 시간급으로 환산하여 비교

단시간근로자는 시간급 임금으로 정해지므로 통상근로자의 임금을 시간급으로 환산하여 비교하고, 만일 시간급으로 환산하기 어려운 경우(월급제)에는 시간비례의 원칙을 적용하여 비교한다.[796]

이 경우, 소정근로시간에 대해 통상적으로 지급하는 임금을 기준으로 산정된 시간급을 원칙으로 한다.

⑤ 장래 불리한 처우를 받을 가능성과 차별적 처우 행위 존재 확인이 불가능한 경우의 판단

실제 발생한 불리한 처우가 아닌, 장래에 불리한 처우를 받을 가능성이 있다는 것만으로는 불리한 처우에 해당하지 않으며,[797] 또한, 차별적 처우에 관한 행위가 실제 존재하였는지 확인이 어려운 경우에도 불리한 처우의 존재를 인정하지 않는다.[798]

---

796) 중노위 2012.7.25, 2012차별7.

797) 서울고판 2013.10.30, 2013누12012.

798) 경남지노위 2014.7.9, 2014차별2.

2) 합리적 이유

① 의의 및 판단원칙

(a) 사용자가 기간제·단시간·파견근로자를 비교대상근로자에 비하여 불리하게 처우함에 있어서 '합리적 이유'가 있다면 당해 불리한 처우는 정당화되고 차별처우에 해당하지 않게 된다.

(b) 이때, '합리적 이유'가 있는지는 개별사안에서 문제가 된 불리한 처우의 내용 및 사용자가 불리한 처우의 사유로 삼은 사정을 기준으로 ① 급부의 실제 목적, ② 고용형태의 속성과 관련성, ③ 업무의 내용 및 범위·권한·책임·노동의 강도·양과 질, ④ 임금이나 그 밖의 근로조건 등의 결정요소 등을 종합적으로 고려하여 판단한다.[799)]

(c) 또한, 판단의 대원칙으로 불리한 처우에 있어 합리적 이유가 인정되기 위해서는 '자의금지의 원칙'과 '비례의 원칙'을 준수해야 한다. 즉, 본질적으로 서로 같은 것을 자의적으로 불평등하게 또는 본질적으로 서로 다른 것을 자의적으로 평등하게 취급하는 것을 금지하고, 불리한 처우를 함에 있어서의 목적과 그 수단 간에 적정성이 있는지를 기준으로 판단한다.[800)]

3) 구체적 판단기준

① 임금 및 근로조건의 결정요소에 따른 불리한 처우

임금을 결정함에 있어 근로제공에 관련된 요소들(직무, 능력, 기능, 기술, 자격, 경력, 학력, 근속년수, 책임, 업적, 실적 등) 중 어떠한 요소에 따라 결정되는지를 확인하고 그 요소의 차이로 인해 불리한 임금을 받는 경우는 합리적 이유가 있다고 볼 수 있다.

799) 대판 2016.12.1, 2014두43288.

800) 대판 2012.3.29, 2011두2132 ; 대판 2012.10.25, 2011두7045 등.

② 단기고용의 특성에 따른 불리한 처우

기간제근로와 같이 단기고용이라는 특성에 따른 차이는 합리적 이유가 있는 것으로 본다. 즉 장기고용 및 계속근로를 전제로 지급하는 임금 및 근로조건에서 기간제근로자를 배제하는 것은 합리적 이유가 있는 것으로 볼 수 있다.

③ 단시간근로자와 시간비례보호의 원칙

단시간근로자의 근로조건은 시간비례원칙이 적용되므로 임금 및 분할 가능한 근로조건을 시간비례에 따라 적용하는 경우에는 그 전체를 동일하게 보장하지 않아도 합리적 이유가 인정된다.

④ 업무의 범위나 권한과 책임이 다른 경우

업무범위나 업무를 수행하는 물리적 환경은 근로의 양과 질에 직결되고 임금결정의 중요한 요소가 되므로 업무범위나 업무환경에 따른 노동강도의 차이로 인한 임금 및 근로조건에서의 불리한 처우는 합리적 이유가 될 수 있다. 또한, 권한이나 책임의 정도에 따라 임금에 차이를 두는 것은 합리적인 이유가 될 수 있다.

⑤ 채용 조건·기준·방법 절차가 다른 경우

ⓐ 채용 조건·기준(경력 및 자격증 등의 요건)이 당해 사업장의 임금결정요소라면 그 범위 내에서 불리한 처우는 정당화될 수 있다. 또한 채용 조건·기준이 업무수행과 관련이 있고 이에 근거해 근로조건을 달리한 경우에도 합리적인 이유로 인정될 수 있다.

ⓑ 그러나, 채용 방법·절차는 다르나(공개채용/비공개채용, 필기시험/면접 등), 기간제·단시간근로자가 비교대상근로자와 동일한 조건 및 내용의 근로를 제공하는 경우에는 채용 방법·절차가 다르다는 사정만으로는 불리한 처우를 정당화하는 합리적 이유가 될 수 없다.

⑥ 노동생산성이 낮은 경우

ⓐ 기간제·단시간근로자의 노동생산성이 낮다는 것이 직접적인 근로의 결과에서 확인된 것이 아니라 선험적 평가 및 편견에 의한 것이라면 합리적 이유로

인정될 수 없다.

ⓑ 그러나, 실제 업무수행 결과인 근로의 질·양이 비교대상근로자에 비해 낮음을 이유로 임금체계에 따라 차등을 두었다면 이는 합리적인 이유로 인정될 수 있다. 즉 기간제·단시간근로자의 노동생산성이 비교대상근로자보다 낮다는 것이 객관적으로 입증되는 경우에는 합리적 이유가 인정될 수 있을 것이다.

⑦ 법정수당의 경우

법에 의해 지급의무가 있는 수당은 합리적인 이유가 없는 한 동일한 기준에 따라 지급되어야 한다. 법정수당 산정의 기초가 되는 통상임금·평균임금의 산정 방식을 정규직과 비정규직 근로자 사이에 다르게 적용하는 경우 불리한 처우에 해당하며 사용자는 이에 대한 합리적인 이유를 제시해야 한다.

⑧ 비법정수당 및 금품의 경우

단체협약·취업규칙 또는 근로계약 등에 따라 사용자가 지급의무를 부담하는 각종 수당 및 금품에 대한 차별은 사용자가 지급하는 급부의 내용과 목적을 확인한 후 급부의 목적을 실현하기 위한 객관적 기준에 따라 급부가 이루어졌는지 여부로 판단할 수 있다.

⑨ 단체협약에 근거한 차별적 처우

ⓐ 단체협약에서 적용범위를 정규직 및 비정규직으로 규정하고 있을 때, 단체협약에서 정규직과 비정규직의 차별적 처우를 규정하고 있는 경우, 법상 차별금지규정은 강행규정이고 단체협약은 법령에 위반할 수 없으므로 단순히 노사간 합의의 결과물이라는 사정만으로는 불리한 처우의 합리적 이유로 인정될 수 없다.

ⓑ 그러나, 단체협약 적용범위를 정규직만으로 규정하고 있을 때, 비정규근로자가 조합원이 아니어서 단체협약을 적용받지 못하는 결과 발생하는 불리한 처우는 합리적 이유로 인정될 수 있다. 다만, 「노조법」 제35조의 일반적 구속력의 적용결과 비조합원인 정규직에 대해서 급여 등을 지급하게 된 경우에는 비조합원인 비정규직에 대해서 급여 등을 지급하지 않는다면 이는 합리적인 이유가 있다고 볼 수 없다.

⑩ 파견근로의 특성에 따른 불리한 처우

파견근로자에 대한 합리적 이유 유무는 파견근로의 특성을 고려하여 판단하여야 하는데, 불리한 처우의 원인이 파견근로라는 고용형태의 속성으로 인한 경우에는 합리적 이유가 있다고 볼 수 있다(예 : 승진기회의 배제 등).

3. 차별시정 절차

가. 의 의

차별적 처우의 판단과 시정은 노동 분야에 전문성이 있는 노동위원회에 차별시정위원회를 설치하여 관련 업무를 담당하도록 하고 있다. 「기간제법」 및 「파견법」에 차별금지원칙이 명문화됨에 따라 근로자가 직접 법원에 차별시정을 구하는 소송을 제기할 수 있지만 소송기간 및 비용부담 등을 고려하여 신속하고 저렴한 준사법절차를 마련한 것이다.

나. 차별시정 관할 및 신청절차와 방법

1) 차별시정 절차 관할

(a) 초심은 차별적 처우가 발생한 사업장의 소재지를 관할하는 지방노동위원회가 관할권을 가지며, 둘 이상의 관할구역에 걸친 사건은 주된 사업장의 소재지를 관할하는 지방노동위원회가 관할권을 갖는다.

(b) 재심은 중앙노동위원회가 관장하며, 초심 지방노동위원회의 시정명령 또는 기각결정에 대하여 관계당사자가 불복할 때 재심절차가 진행된다.

2) 신청인과 피신청인

(a) 차별시정 신청은 기간제·단시간·파견근로자가 되며, 기간제·단시간근로자가 신청인이 되는 경우에는 피신청인인 사용자는 시정명령을 받는 자 및 확정된 시정명령 불이행시 부과되는 과태료 납부책임을 지는 자(시정명령 이행의무자)가 된다. 따라서, 차별시정의 피신청인이 되는 사용자는 근로계약체결 당사자인

사업주에 한정된다.

(b) 파견근로자가 신청인이 되는 경우에는 파견사업주와 사용사업주가 각각 사용자 책임영역에 따라 피신청인이 된다.

3) 신청기간

차별시정의 신청은 차별적 처우가 있은 날(계속되는 차별적 처우는 그 종료일)부터 6개월 이내에 하여야 하며(기간제법 제9조제1항 단서), 권리구제를 신청할 수 있는 6개월 기간은 제척기간이므로 그 기간이 경과하면 권리구제를 신청할 권리가 소멸한다.[801]

4) 신청방법

차별시정의 신청은 관할 노동위원회에 신청서를 제출하여야 한다. 신청서에는 신청인의 성명, 주소, 피신청인의 성명·주소, 차별적 처우의 내용, 신청일 등을 기재하여야 한다. 이때 신청인은 비교대상근로자에 비하여 임금 그 밖의 근로조건 등에서 받은 차별적 처우의 내용을 구체적으로 명시하여야 한다.

다. 고용노동부장관에 의한 차별적 처우 시정

(a) 고용노동부장관은 사용자가 기간제 및 단시간 근로자, 파견근로자에게 차별적 처우를 한 경우에는 그 시정을 요구할 수 있다(기간제법 제15조의2, 파견법 제21조의2).

(b) 고용노동부장관은 확정된 시정명령을 이행할 의무가 있는 사용자의 사업 또는 사업장에서 해당 시정명령의 효력이 미치는 근로자 이외의 기간제근로자 또는 단시간근로자, 파견근로자에 대하여 차별적 처우가 있는지를 조사하여 차별적 처우가 있는 경우에는 그 시정을 요구할 수 있다(기간제법 제15조의3, 파견법 제21조의3).

801) 대판 2011.12.22, 2010두3237. 차별적 처우가 있은 날부터 6개월이 경과한 후에 차별시정을 신청할 경우 노동위원회는 '각하' 결정을 하게 된다.

(c) 고용노동부장관은 사용자가 시정요구에 응하지 아니할 경우에는 차별적 처우의 내용을 구체적으로 명시하여 노동위원회에 통보하여야 하며(기간제법 제15조의2제2항),[802] 노동위원회는 고용노동부장관의 통보를 받은 경우에는 지체 없이 차별적 처우가 있는지 여부를 심리하여야 한다(기간제법 제15조의2제3항).

라. 노동위원회의 조사·심문과 입증책임

(a) 차별시정신청을 받은 노동위원회는 지체 없이 필요한 조사와 관계당사자에 대한 심문을 하여야 하며(기간제법 제10조제1항), 노동위원회는 심문을 하는 때에는 관계당사자의 신청 또는 직권으로 증인을 출석하게 하여 필요한 사항을 질문할 수 있다(기간제법 제10조제2항).

(b) 또한, 노동위원회는 심문을 함에 있어서는 관계당사자에게 증거의 제출과 증인에 대한 반대심문을 할 수 있는 충분한 기회를 주어야 한다(기간제법 제10조제3항).

(c) 차별적 처우와 관련한 분쟁에 있어서 입증책임은 사용자가 부담한다(기간제법 제9조제4항). 따라서 사용자는 ① 신청인 적격 여부(비정규직 근로자가 아니라는 사실 등), ② 비교대상근로자가 없다거나 선정이 잘못되었다는 사실, ③ 불리한 처우가 아니라는 사실, ④ 불리한 처우에 합리적인 이유가 있다는 사실 등을 입증할 수 있다.[803]

마. 노동위원회의 조정·중재

1) 조정·중재 절차의 개시

(a) 노동위원회는 심문의 과정에서 관계당사자 쌍방 또는 일방의 신청 또는 직권에 의하여 조정(調停)절차를 개시할 수 있고, 관계당사자가 미리 노동위원회의 중재(仲裁)결정에 따르기로 합의하여 중재를 신청한 경우에는 중재를 할 수

802) 이 경우, 고용노동부장관은 해당 사용자 및 근로자에게 그 사실을 통지하여야 한다(제15조의2제2항).

803) 최영우「개별 노동법 실무」㈜중앙경제 2017. p.1236.

있다(기간제법 제11조제1항).

(b) 조정 또는 중재를 신청하는 경우에는 차별적 처우의 시정신청을 한 날부터 14일 이내에 하여야 한다. 다만, 노동위원회의 승낙이 있는 경우에는 14일 후에도 신청할 수 있다(기간제법 제11조제2항).

2) 조정·중재 기간

노동위원회는 특별한 사유가 없는 한 조정절차를 개시하거나 중재신청을 받은 때부터 60일 이내에 조정안을 제시하거나 중재결정을 하여야 한다(기간제법 제11조제4항).

3) 조정조서, 중재결정서 작성 및 효력

(a) 노동위원회는 관계당사자 쌍방이 조정안을 수락한 경우에는 조정조서를 작성하고 중재결정을 한 경우에는 중재결정서를 작성하여야 한다. 또한, 조정조서에는 관계당사자와 조정에 관여한 위원전원이 서명·날인하여야 하고, 중재결정서에는 관여한 위원전원이 서명·날인하여야 한다(기간제법 제11조제5항 및 제6항).

(b) 노동위원회의 조정 또는 중재결정은「민사소송법」규정에 따른 재판상 화해와 동일한 효력[804]을 갖는다(기간제법 제11조제7항).

바. 노동위원회의 결정

1) 시정명령과 기각결정

(a) 노동위원회는 조사·심문을 종료하고 차별적 처우에 해당된다고 판정한 때에는 사용자에게 시정명령을 발하여야 하고, 차별적 처우에 해당하지 아니한다

804) 재판상 화해는 동일한 효력을 가지므로(민사소송법 제220조) 향후 소송에서 이에 저촉되는 내용으로 다툴 수 없고(기판력), 관할 법원에서 집행문을 부여받아 부동산 압류, 동산 인도 등 강제집행이 가능(집행력)하다.

고 판정한 때에는 그 시정신청을 기각하는 결정을 하여야 한다(기간제법 제12조 제1항).

ⓑ 판정·시정명령 또는 기각결정은 서면으로 하되 그 이유를 구체적으로 명시하여 관계당사자에게 각각 교부하여야 한다. 이 경우 시정명령을 발하는 때에는 시정명령의 내용 및 이행기한 등을 구체적으로 기재하여야 한다(기간제법 제12조제2항).

2) 조정·중재 또는 시정명령의 내용(징벌적 금전배상명령 등)

ⓐ 조정·중재 또는 시정명령의 내용에는 ① 차별적 행위의 중지, ② 임금 등 근로조건의 개선(취업규칙, 단체협약 등의 제도개선 명령 포함) 또는 ③ 적절한 배상 등이 포함될 수 있다(기간제법 제13조제1항).

ⓑ 배상액은 차별적 처우로 인하여 기간제근로자 또는 단시간근로자에게 발생한 손해액을 기준으로 정한다. 다만, 노동위원회는 사용자의 차별적 처우에 명백한 고의가 인정되거나 차별적 처우가 반복되는 경우에는 손해액을 기준으로 3배를 넘지 아니하는 범위에서 배상을 명령할 수 있다(기간제법 제13조제2항).[805)]

3) 시정명령의 효력과 확정된 시정명령의 확대

ⓐ 조정·중재 또는 시정명령은 시정신청의 관계당사자인 신청인과 피신청인만을 구속하므로 신청인과 동일한 사업장에서 차별적 처우를 받은 다른 비정규직근로자에 대해서는 원칙적으로 효력이 미치지 않는다.

ⓑ 이에 따라 노동위원회로부터 차별시정명령을 받은 사업장에 종사하는 다른 비정규직 근로자에 대한 차별적 처우의 해소를 위해, 고용노동부장관에게 확정된 시정명령을 이행할 의무가 있는 사용자의 사업 또는 사업장에 대하여 해당 시정명령의 효력이 미치는 근로자 이외의 비정규직근로자에 대해 차별적 처우가

805) 노동위원회는 사용자의 차별적 처우가 징벌적 금전배상의 요건을 충족하는지, 충족하는 경우 고의 및 반복 횟수 등을 고려하여 금전배상액을 결정하게 된다. 즉 ①(1단계) 차별적 처우의 존재 여부 판단, ②(2단계) 명백한 고의 또는 반복 요건 해당 여부 판단, ③(3단계) 고의의 정도, 반복 횟수 등을 고려하여 배상액을 결정한다.

있는지를 조사하여 차별적 처우가 있는 경우에는 시정지시서를 작성하여 그 시정을 요구할 수 있도록 하였다(기간제법 제15조의3, 파견법 제21조의3).

(c) 만일 사용자가 이와 같은 시정요구에 응하지 아니하는 경우에는 차별적 처우의 내용을 구체적으로 명시하여 노동위원회에 통보하여야 하며, 고용노동부장관의 통보를 받은 노동위원회는 지체 없이 차별적 처우가 있는지 여부를 심리하여야 한다(기간제법 제15조의2제2항 및 제3항).

사. 시정명령 등의 확정

(a) 지방노동위원회의 시정명령 또는 기각결정에 대하여 불복이 있는 관계당사자는 시정명령서 또는 기각결정서의 송달을 받은 날부터 10일 이내에 중앙노동위원회에 재심을 신청할 수 있다(기간제법 제14조제1항).

(b) 중앙노동위원회의 재심결정에 대하여 불복이 있는 관계당사자는 재심결정서의 송달을 받은 날부터 15일 이내에 행정소송을 제기할 수 있으며(기간제법 제14조제2항), 위 기간 이내에 재심을 신청하지 아니하거나 행정소송을 제기하지 아니한 때에는 그 시정명령·기각결정 또는 재심결정은 확정된다(기간제법 제14조제3항).

아. 시정명령의 이행 확보

1) 과태료 부과 등

(a) 노동위원회(또는 법원)에서 확정된 시정명령을 정당한 이유 없이 이행하지 아니한 자는 1억원 이하의 과태료에 처한다(기간제법 제24조제1항).

(b) 한편, 고용노동부장관은 확정된 시정명령에 대하여 사용자에게 이행상황을 제출할 것을 요구할 수 있는데(기간제법 제15조제1항), 사용자가 정당한 이유 없이 이행상황 제출요구에 불응하는 경우에는 500만원 이하의 과태료에 처한다(기간제법 제24조제2항).

2) 시정명령 불이행에 대한 신고와 불리한 처우 금지

(a) 차별시정신청을 한 근로자는 사용자가 확정된 시정명령을 이행하지 아니하는 경우 이를 고용노동부장관에게 신고할 수 있다(기간제법 제21조제3항, 파견법 제21조제3항).

(b) 사용자가 기간제·단시간·파견근로자가 고용노동부장관에게 시정명령 불이행의 신고를 한 것을 이유로 근로자에게 불리한 처우(해고 등)를 한 경우에는 2년 이하의 징역 또는 1천만원 이하의 벌금에 처한다(기간제법 제21조, 파견법 제43조의2).

4. 비정규직 차별금지 관련 실무사례

① 출산휴가 또는 육아휴직 대체근로자를 기간제근로자로 고용한 때에는 대체근로자 역시 「기간제법」상 차별시정제도의 적용대상이 되나, 차별적 처우의 금지영역인 '임금 그밖의 근로조건 등'의 범위는 취업규칙 등에 규정된 근로조건을 의미하는 것으로 보아야 하므로 이러한 근로조건을 고용형태만을 이유로 불합리하게 차별이 이루어진 것으로 볼 수 있는지는 개별·구체적 사실관계에 따라 종합적으로 판단해야 한다.[806]

하나의 사업(장)내에 동종·유사업무를 수행하는 비교대상근로자간에 취업기간·채용조건 및 기준, 업무의 범위 및 책임, 권한의 범위, 직무, 능력, 기술, 자격, 근속년수 등 근로제공과 관련된 객관적인 제반요소 등을 토대로 임금 및 근로조건이 결정된 것이 입증된 경우에는 그 합리성을 인정받을 수 있으므로 동종·유사업무를 수행한다고 하여 반드시 같은 근로조건을 적용하여야 하는 것은 아니다. 출산·육아휴직 중인 근로자를 대체하기 위해 기간제근로자를 고용한 때에는 동 대체근로자 역시 「기간제법」상 차별시정제도가 적용되는 것으로 보아야 하나, 차별적 처우의 금지영역인 '임금 그밖의 근로조건 등'의 범위는 취업규칙 등에 규정된 근로조건을 의미하는 것으로 보아야 하는데 이러한 근로조건을 고용형태

806) 비정규대책팀-2736, 2007.7.9.

만을 이유로 불합리하게 차별이 이루어진 것으로 볼 수 있는지 여부 등에 대해서는 개별·구체적 사실관계에 따라 여러 가지 사실을 종합적으로 고려하여 판단하여야 한다.

② 차별시정 신청시 비교대상근로자가 없는 경우, 노동위원회는 신청에 대해 기각 결정을, 신청의 요건을 충족하지 못한 경우에는 각하 결정을 하게 된다.[807)]

「기간제법」상 기간제·단시간근로자에 대한 차별판단을 위해서는 당해 사업(장)에서 동종 또는 유사한 업무에 종사하는 무기계약근로자·통상근로자가 존재하여야 한다. 그런데 비교대상근로자가 존재하지 않는 경우에는 당해근로자가 노동위원회에 차별시정을 신청하더라도 차별신청에 대한 이유가 없다면 노동위원회는 기각할 것이며, 신청의 요건을 충족하지 못한 경우에는 이를 각하하여야 할 것이다.

③ 1주 15시간 미만 단시간근로자에 대하여는 「근기법」상 휴일·휴가 규정이 적용되지 않으므로 취업규칙상 주휴일이나 연차유급휴가 규정을 부여하지 않더라도 차별적 처우로 볼 수 없다.

「기간제법」 제8조제2항에서 "사용자는 단시간근로자임을 이유로 당해 사업 또는 사업장의 동종 또는 유사한 업무에 종사하는 통상근로자에 비하여 차별적 처우를 하여서는 아니 된다"고 규정하고 있으며 단시간 근로자 중에서 근로시간 장단에 대한 별도의 차등을 두고 있지 않다. 다만, 「근기법」상으로 근로시간이 현저히 짧은 단시간 근로(1주간의 소정근로시간이 15시간 미만)에 대하여는 휴일 및 연차유급휴가를 적용하지 않는 것으로 되어 있으므로, 1주간 소정근로시간이 15시간 미만인 근로자에 대해서는 휴일·연차유급휴가 규정을 적용하지 않더라도 차별적 처우로 보기 어렵다.

④ 신규 기간제근로자와 무기계약직근로자간 업무숙련도, 직무능력 등의 차이를 반영하여 임금차등을 둔 경우 합리적 이유가 있다.[808)]

807) 비정규대책팀-2411, 2007.6.26.
808) 차별개선과-32601, 2008.9.24.

「기간제법」 제8조의 취지가 기간제근로자와 무기계약직근로자간에 합리적 이유 없이 불리한 처우를 하여서는 아니 된다는 것이지 무조건적으로 동일하게 처우하라는 것은 아니므로 근속기간이 3년 6개월 정도 되는 무기계약직근로자와 1년이 안되는 기간제근로자간에 업무숙련도, 직무능력 등의 차이를 반영하여 "근속기간에 따른" 임금 차등을 둔 경우에는 합리적 이유가 있다고 볼 수 있다.

⑤ 자녀학자금, 카페테리아 등 복리후생제도를 동종·유사업무를 수행하는 비정규직근로자에게만 적용하지 않는 것은 고용형태를 이유로 한 차별적 처우에 해당할 수 있다.[809]

일반적으로 취업규칙 등에 그 지급조건 등이 규정되어 있는 경우에는 차별적 처우가 금지되는 근로조건의 범위에 포함되는 것으로 보아야 할 것이다. 따라서 자녀학자금, 카페테리아 등 복리후생제도가 취업규칙 등에 명시되어 있고, 그 지급조건을 모두 충족하는 동종 유사업무를 수행하는 비교대상근로자간에 비정규직 근로자에게만 지급하지 않는 경우라면 이는 고용형태를 이유로 차별적 처우를 행한 것으로 판단될 수 있다.

⑥ 파견근로자에 대한 임금액에 대한 차별적 처우 여부, 경조사비 등이 차별적 처우 금지영역에 포함시킬 수 있는지 여부 등에 대해서는 파견사업주와 사용사업주간에 맺은 근로자파견계약의 내용, 파견근로자가 사용사업주의 사업장 편입에 따라 수혜가 가능한 근로조건의 범위 등 구체적 사실관계 등을 종합적으로 판단하여야 한다.[810]

파견근로자의 경우에는 고용관계와 사용관계가 분리되는 고용형태의 특수성으로 인하여 차별적 처우 금지영역의 범위가 기간제·단시간근로자와는 다르다 할 것이므로 파견근로자로서 사용사업주의 사업장에 편입되어 근로를 제공하는 데에 따른 근로조건 등이 차별처우가 금지되는 영역에 포함된다 할 것이다. 따라서 임금액에 대한 차별적 처우 여부, 경조사비 등이 차별적 처우 금지영역에 포

809) 비정규대책팀-2527, 2007.6.28.

810) 비정규대책팀-2414, 2007.6.26.

함시킬 수 있는지 여부 등에 대해서는 파견사업주와 사용사업주간에 맺은 근로자파견계약의 내용, 파견근로자가 사용사업주의 사업장 편입에 따라 수혜가 가능한 근로조건의 범위 등 구체적인 사실관계 등을 종합적으로 고려하여 판단하여야 한다.

⑦ 다수인 사건에서 확정된 차별시정명령 불이행에 대한 과태료는 각 근로자별로 산정된다.[811)]

노동위원회 판단 및 시정명령은 다수인 사건이라 하더라도 본질적으로 차별시정을 신청한 근로자 개개인에 대하여 이루어지는 것이며, 그 효과도 근로자 개개인에게 귀속하게 되는 것이다. 따라서, 사용자가 확정된 시정명령을 이행하였는지 여부도 해당 차별시정명령을 얻어낸 각 근로자별로 판단할 사안이며, 이에 따라 그 불이행에 대한 과태료도 각 근로자별로 산정되어야 한다.

⑧ 파견근로자에게 상여금을 차등 지급한 것은 차별에 해당하고, 사용사업주도 차별시정신청의 피신청인 적격이 인정되며, 상여금 지급도 차별금지영역에 해당한다. 또한 사용사업주에게 손해배상연대책임을 명한 것은 적법하다.[812)]

사용사업주의 근로자에게는 연 400%의 상여금을 지급하는 것과 달리 파견근로자에게는 연 200%의 상여금을 지급한 것과 관련, ① 파견근로관계에서 파견사업주뿐만 아니라 사용사업주도 파견근로자에게 임금지급에 관한 차별시정신청의 피신청인 적격을 인정하고, ② 상여금 지급도 차별금지영역에 해당하고, ③ 정규직에게는 일률적으로 지급하면서도 파견근로자에게는 달리 적게 지급하는 것은 차별적 처우에 합리적인 이유가 없어 금지되는 차별이며, ④ 중노위가 파견근로자들에게 발생한 손해액의 2배에 해당하는 금전배상금 지급을 명한 것은 정당하므로 중앙노동위원회가 사용사업주에게 2배 배상의 연대책임을 명한 것은 적법하다.

811) 차별개선과-193, 2008.3.27.

812) 서울행판 2016.11.18, 2015구합70416.

주/요/쟁/점/실/무

제16절 근로계약 당사자(근로자·사용자) 관련 쟁점

1. 근로자

가. 근로자 개념

(a) 「근기법」상 '근로자'라 함은 '직업의 종류와 관계없이 임금을 목적으로 사업이나 사업장에 근로를 제공하는 자'로 정의하고 있다(제2조제1항제1호). 즉 「근기법」은 「노조법」상 근로자 정의[813]와 달리 '사업 또는 사업장'에서 사용자와 근로계약관계를 기초로 현실적으로 근로를 제공하는 취업근로자만이 보호 대상 근로자에 해당한다.

(b) 이와 같은 「근기법」상 근로자의 개념은 「산재법」, 「산안법」, 「퇴직급여법」, 「임채법」, 「최임법」, 「건설근로자의 고용개선 등에 관한 법률」, 「근참법」, 「근로복지기본법」, 「고평법」 등에서 준용되고 있다.

(c) 한편 「노조법」은 '노무공급자들의 사이의 단결권 등을 보장해 줄 필요성이 있는가'라는 관점에서 집단적 노사관계를 규율할 목적으로 제정된 법률로 그 입법목적에 따라 근로자의 개념을 상이하게 정의하고 있는 점과, 「노조법」상 근로자의 개념에는 특정한 사용자에게 고용되어 현실적으로 취업하고 있는 자 뿐만 아니라 일시적으로 실업상태에 있는 자나 구직 중인 자도 포함되는 점[814]에서 「근기법」상 근로자의 개념과 차이가 있다.」

---

813) '직업의 종류를 불문하고 임금·급료 기타 이에 준하는 수입에 의하여 생활하는 자'로 규정(법 제2조제1항)

814) 대판 2004.2.27, 2001두8568 ; 대판 2015.6.25, 2007두4995.

나. 근로자 판단기준

1) 직업의 종류 불문

직업의 종류, 정신노동·육체노동의 구별, 상용·일용·임시·촉탁 등 근무형태나 직종·직급, 정부사업·민간사업 등을 불문한다.

2) 계약형식 불문

형식적으로 위임이나 도급계약을 체결했다고 하더라도 실질적으로 사용종속관계에서 임금을 목적으로 비자주적(종속적)인 근로를 제공한다면 계약형식에 관계없이 「근기법」상의 근로자로 보호된다.

3) 사업 또는 사업장

(a) '사업'이란 사회통념상 유기적인 관계를 가지고 업으로서 계속적으로 행하여지면서 경영상의 일체를 이루는 하나의 사업조직을 말한다. '사업장'이란 사업의 일부분으로서 업무·노무관리·회계를 독자적으로 수행하는 것 또는 독자성은 없지만 장소적으로 분리되어 있는 것을 말한다.[815)]

(b) 여기서, 사업의 목적, 허가나 영업감찰 등의 유무, 적법 여부, 업종, 영리·비영리 또는 공익의 사업, 법인·개인 등을 불문하고 사업에 포함된다.[816)]

4) 사용종속관계[817)] 아래서 근로를 제공

(a) 「근기법」상 근로자 정의 규정(제2조제1항제1호)의 "근로를 제공하는 자"

---

815) 임종률, 「노동법(제14판)」, 박영사, 2016. p.33.

816) 예를 들어, 국가 및 지방자치단체, 정부투지기관, 교회, 사회사업조직, 교육·연구기관, 노동조합, 정당, 아파트자치회 등도 사업에 포함된다.

817) 사용종속관계는 경제적종속성뿐아니라 인적종속성까지 포함하는 개념이다. 즉, 경제적종속성은 당사자 일방이 전체노동력을 다른 일방의 처분에 맡김으로써 그 소득을 그러한 취업관계에 의존하는 것을 말하며, 인적종속성은 당사자 일방이 노동력을 제공하는 방법이 다른 일방의 경영조직 속에서 그 지배아래서 이루어지는 것을 의미한다.

라 함은 사용자와의 사용종속관계를 전제로 하며, 판례도 근로자에 해당하는지는 계약의 형식에 관계없이 실질적으로 임금을 목적으로 종속적인 관계에서 사용자에게 근로를 제공했는지에 따라 판단해야 한다고 보고 있다.[818] 이와 관련하여 대법원은 '사용종속관계 판단기준'을 다음과 같이 제시하고 있다.[819]

① 업무내용이 사용자에 의해 정하여지는지 여부
② 취업규칙 또는 복무(인사)규정 등의 적용을 받는지 여부
③ 업무 수행과정에서 사용자로부터 상당한 지휘·감독을 받는지 여부
④ 사용자가 근무시간과 근무 장소를 지정하고 근로자가 이에 구속을 받는지 여부
⑤ 노무제공자가 스스로 비품·원자재나 작업도구 등을 소유하고 있는지 여부
⑥ 제3자를 고용하여 업무를 대행케 하는 등 독립하여 자신의 계산으로 사업을 영위할 수 있는지 여부
⑦ 노무제공을 통한 이윤의 창출과 손실의 초래 등 위험을 스스로 안고 있는지 여부
⑧ 보수의 성격이 근로 자체의 대상적 성격인지 여부
⑨ 기본급이나 고정급이 정하여져 있는지 여부
⑩ 근로소득세의 원천징수 여부 등 보수에 관한 사항
⑪ 근로제공 관계의 계속성과 사용자에 대한 전속성의 유무와 그 정도
⑫ 사회보장제도에 관한 법령에서 근로자로서 지위를 인정받는지 여부
⑬ 양 당사자의 경제적·사회적 조건 등을 종합하여 판단한다.

(b) 위와 같은 사용종속관계 판단기준과 관련 대법원은 종전의 판결[820]에서 "구체적·개별적 지휘·감독"을 근로자 요건으로 설시했으나, 그 이후 판결[821]에서

818) 대판 2012.1.12, 2010다50601.
819) 대판 2006.12.7, 2004다29736 등.
820) 대판 1994.12.9, 94다22859.
821) 대판 2001.2.9, 2000다57498 ; 대판 2004.3.26, 2003두13939 ; 대판 2006.12.7, 2004다29736 등.

이를 "상당한 지휘·감독"으로 완화하고 사용자가 경제적으로 우월한 지위를 이용하여 임의로 정할 여지가 큰 요소들(기본급·고정급이 있는지, 근로소득세를 원천징수하는지, 사회보장제도에 관하여 근로자로 인정받는지 여부)은 부차적인 것으로 판단한다는 입장을 설시하였다. 즉, 근로자 판단기준 중 일부가 결여되었다고 하여 근로자가 아니라고 할 수 없으며 경제적·사회적 여건을 종합적으로 고려하고 보호 필요성을 검토해서 상황에 따라 구체적으로 평가하여야 한다고 기준을 제시하고 있다.

(c) 한편, 「노조법」상 근로자는 타인과 사용종속관계가 있는 한 당해 노무공급계약의 형태가 고용, 도급, 위임, 무명계약 등 어느 형태이든 상관없는 것으로 보고 있다.[822)]

5) 임금을 목적으로 하여야 함

'임금'이란 사용자가 근로의 대가로 근로자에게 임금, 봉급, 그 밖에 어떠한 명칭으로든지 지급하는 일체의 금품을 말한다(근기법 제2조제1항제5호). 근로자는 이와 같은 임금을 목적으로 근로를 제공하여야 한다. 따라서, 근로 제공자가 임금 획득이 아닌 봉사·훈련 등을 목적으로 노무를 제공한 경우 근로자로 보기 어렵다.

6) 기타 근로자 여부 판단요소

(1) 법정 근로조건 적용 퇴직금, 유급휴일, 휴가 등

퇴직금, 유급휴일, 휴가 등 법정근로조건을 적용하면 근로자로 인정할 수 있

822) 대법원은 최근 「노조법」상 근로자성 판단 기준으로 "① 노무제공자의 소득이 특정사업자에게 주로 의존하고 있는지, ② 노무를 제공받는 특정 사업자가 보수를 비롯하여 노무제공자와 체결하는 계약 내용이 일방적으로 결정하는지, ③ 노무제공자가 특정 사업자의 사업 수행에 필수적인 노무를 제공함으로써 특정 사업자의 사업을 통해서 시장에 접근하는지, ④ 노무제공자와 특정 사업자의 법률관계가 상당한 정도로 지속적·전속적인지, ⑤ 사용자와 노무제공자 사이에 어느 정도 지휘·감독관계가 존재하는지, ⑥ 노무제공자가 특정 사업자로부터 받는 임금·급료 등 수입이 노무 제공의 대가인지 등을 종합적으로 고려하여야 한다"고 판시하였다(대법 2018.10.12., 2015두38092.)

으나 법정근로조건이 적용되지 않는다하여 그것만으로 근로자성이 부인되지 않는다.

⑵ 독자적인 사업자성

비싼 작업도구의 노무제공자 소유 및 업무수행 중 발생하는 손해의 부담, 현저히 높은 보수, 사업자등록증 등은 근로자성 부인 요소이나 절대적 기준은 아니다.

⑶ 근로계약 체결 여부

명시적으로 근로계약을 체결하였다면 근로자성을 인정하나, 명시적인 근로계약을 체결하지 않았다 하더라도 당사자가 근로의 대가로 보수를 받는다는 것을 안 상태에서 업무를 수행한다면, 묵시적인 근로계약의 체결로 본다.

⑷ 다른 법령(세법 등)상 근로자 여부

「세법」상 근로소득세를 납부하고 있는 등 다른 법령상 근로자로 인정되어지는 경우에도, 이는 「근기법」상 근로자성 여부 판단의 보조기준으로 절대적이지 않다.

다. 종사형태별 근로자성 판단

1) 도급·위임계약을 체결한 노무제공자

(a) 순수한 도급·위임계약을 체결한 노무제공자는 자기책임하에 자주적 독립적으로 업무를 수행하므로 원칙적으로 사용종속관계를 전제로 하는 「근기법」의 적용을 받지 않는다.

(b) 다만, 계약이 도급·위임의 형식이거나 노무제공자 명칭이 수급인 또는 수임인이라도 자주성, 독립성, 재량성이 없어 사용종속관계 아래서 노무를 제공한다면 당해 노무제공자를 「근기법」상 근로자로 보아야 한다.[823)]

823) 대판 1987.5.26, 87도604판결 ; 1991.10.25, 91도1685 ; 2003.9.26, 2002다64681 ; 근기 68207-1606, 1996.12.6.

2) 임원 등 간부

(a) 임원의 경우 업무집행권이나 업무대표권을 가진 이사, 감사 등의 임원은 회사로부터 일정한 사무처리를 위임받은 것이므로 사용자의 지휘·감독 아래 일정한 근로를 제공하고 소정의 임금을 받는 고용관계에 있는 것이 아니며, 임원이 받는 일정한 보수나 퇴직금은 「근기법」상 소정의 임금이나 퇴직금이 아니라 직무집행에 대한 대가로 지급되는 보수에 불과[824]하므로 원칙적으로 근로자로 인정되지 않는다.

(b) 다만, 임원이라 하더라도 그 지위나 명칭이 형식적·명목적인 것에 불과하여 업무대표권이나 업무집행권이 없고, 인사 노무관리 등 회사경영 책임이 없으며, 사업주(대표이사)의 사용종속관계 아래 일정한 노무를 제공하고 그 대가로 일정한 보수를 받아왔다면 「근기법」상 근로자로 인정된다.[825]

3) 훈련·실습생

(a) 순수하게 훈련이나 교육만을 목적으로 하는 훈련생, 취업을 목적으로 하는 실습생 및 학생 등 사업주와 고용관계에 있지 않거나, 채용여부 판단을 위한 시험의 성격이 강한 경우에는 근로자성이 부정된다.[826]

(b) 다만, 명칭이 실습생 등이라 하더라도 계약내용, 작업의 성질과 내용, 보수 등을 살펴볼 때 근로의 제공과 임금 수령이 목적이고 사용종속관계 아래서 근로를 제공하면 근로자로 인정된다.

4) 위탁, 고문, 상담역, 촉탁

고문, 상담역 등의 비상근 위촉계약자는 「민법」상의 위임관계로 원칙적으로 근로자성이 부인된다.[827] 다만, 명칭이 고문이라 하더라도 사용종속관계가 인정

---

824) 대판 2001.2.23, 2000다61312.

825) 대판 1973.9.25, 78다468 ; 1988.11.22, 88도 1162 ; 1992.5.12.91누11490 ; 2003.9.26.2002다64681 ; 2005.5.27, 2005두524 ; 근기 01254-1626, 1992.9.29. 등

826) 근기 68207-1346, 1994.8.26.

된다면 근로자로 보며, 촉탁 사원으로 신규채용 된 정년퇴직자[828]나, 기타 촉탁 발령자[829]도 사용종속관계가 인정되는 한 근로자로 본다.

5) 학원강사의 경우

기본적으로 사용종속관계아래서 근로를 제공하는지 여부를 판례에 의해 정립된 기준[830]에 따라 판단하되, 근로내용의 특수성을 감안하여 출근시간, 또는 강의시간, 강의 장소의 지정, 다른 학원 등에 노무제공 가능성, 부수업무수행 여부, 강의 등 업무수행에 있어 사용자의 정상적인 업무수행명령과 지휘감독을 거부할 수 있는지, 복무위반에 대해 제재를 받는지, 보수를 수강생수에 비례하지 않고 정해진 강의시간 수에 일정액을 곱한 금액을 지급받는지[831] 등을 종합적으로 검토하여 근로자성 여부를 판단한다.

6) 자영형태의 노무제공자

자영업자의 경우 원칙적으로 근로자로 볼 수 없으나, 형식적으로 자영업자로 사용종속관계가 인정되는 경우 근로자로 본다.

라. 근로자성 인정 및 부정 관련 실무 사례

1) 근로자성 인정사례

① 시청료 위탁징수원[832]
② 입사시험 합격 후 회사 연수중인 자[833]

---

827) 근기 1455-5065, 1982.2.15., 근기 01254-6463, 1988.4.8.

828) 법무 811-3871, 1978.2.24.

829) 근기 01254-1002, 1987.6.22.

830) 위 2.4) 판단기준 참조

831) 대판 1996.7.30, 96도732에 따르면 강사들간에 강사료가 다르고 수강생이 없으면 보수가 지급되지 않는 것을 근로자성 부인 이유로 들었다.

832) 서울남부지판 1990.6.26, 89가합3473.

③ 양성공·도급공이라도 출퇴근시간의 제약을 받는 등 사용자의 지휘 감독 아래서 근로를 제공하는 자[834)]

④ 병원 수련의 및 전공의[835)]

⑤ 출·퇴근 등에 구애받지 않는 석공[836)]

⑥ 도급계약을 체결하고 집무를 병행하는 전보배달자[837)]

⑦ 능률급을 받는 중장비 임차 기능공,[838)] 다만, 건설기계관리법에 의한 등록차주는 근로자로 보지 아니함

⑧ 맹인 안마시술사[839)]

⑨ 신용정보회사에 전속되어 사용종속관계가 인정된 채권추심원[840)]

⑩ 일용 근무하는 스페어기사, 보조운전기사[841)]

⑪ 자기소유의 버스를 사업주의 명의로 등록하고 전속되어 정해진 시간에 운행하면서 매월 정액을 지급받는 버스지입차주,[842)] 자기 소유트럭으로 운송하고 물량에 따라 보수를 받는 운전기사[843)]

⑫ 사업주가 작업물량 배분, 작업진행 독촉 등을 한 원단정리 객공[844)]

⑬ 담임 업무 수행, 학원이 추천한 교재 사용, 강의 외 부수업무 수행 등으로 사용종속성이 인정된 입시학원 종합반 강사[845)]

---

833) 근기 01254-751, 1993.4.27.

834) 근기 1455-6821, 1968.7.18.

835) 대판 1989.7.11, 88다카21296 ; 1991.11.8, 91다27730 ; 1998.4.28, 97다57672 ; 근기 1455-1424, 1981.5.8. 근기 68207-2376, 2000.8.9.

836) 법무 811-21408, 1979.9.8. 근기 01254-2731, 1988.2.19.

837) 근기 01254-17988, 1986.11.7.

838) 근기 1455-8545, 1970.9.7.

839) 대판 1992.6.26, 92도674.

840) 대판 2008.5.15, 2008두1566 ; 대판 2010.4.15.2009다99396, 대판 2015.7.9.2012다20550, 대판 2016.4.15, 2015다252891 등.

841) 행정해석 긍정-근기 01254-883, 1990.1.18. 판례 부정-대판 1991.1.15, 90다11431.

842) 대판 2001.1.18, 99다48986.

843) 대판 2013.4.26.2012도5385.

844) 대판 2008.7.24, 2006두20808.

845) 대판 2006.12.7, 2004다29736.

⑭ 사업주가 운행구간 지정, 반장 직책 부여, 운행시간, 휴일 지정 등을 한 지입기사[846)]

⑮ 사용종속관계가 인정된 신문사 광고판매영업사원[847)]

⑯ 사용종속관계가 인정된 재단법인 서울예술단 소속 예술단원[848)]

⑰ 국민체육진흥법에 의한 지방자치단체의 직장운동경기부 위촉선수[849)]

⑱ 홍익회가 운영하는 기차역 대합실 매점의 성과급 영업원[850)]

⑲ 사용종속관계가 인정된 한국야구위원회 소속 심판원[851)]

⑳ 연출자가 업무내용을 결정하는 KBS외부제작요원[852)]

㉑ LPG가스 배달원[853)]

㉒ 사실상 근로를 제공한 합명회사의 무한책임사원[854)]

㉓ 방송사에 전속되어 일하는 교향악단원[855)]

㉔ 사업자등록을 하고 작업량에 따라 보수를 받는 의류봉제원[856)]

㉕ 고등교육법에 따른 대학원생 조교[857)]

㉖ 용역계약 형식으로 전속적 계약을 체결하고, 고정적 활동비와 PT레슨 실적에 따른 수당을 받는 PT헬스트레이너[858)]

㉗ 판매용역계약을 체결하고 사실상 사용종속관계하에서 근로를 제공한 백화점 판매직원[859)]

---

846) 대판 2007.9.6, 2007다37165.

847) 대판 2009.3.12.2008다86744 ; 노조 01254-3541, 1986.2.28.

848) 근기 68207-713, 1994.4.28.

849) 임금 68220-119, 1993.3.8.

850) 대판 2000.11.24, 99두10209.

851) 근기 68207-856, 1997.7.1.

852) 대판 2002.7.26, 2000다27671.

853) 근기 68207-3330, 2000.10.27.

854) 근기 68207-3305, 2002.11.30)

855) 1997.12, 26.97다17575.

856) 대판 2009.10.29, 2009다51417.

857) 근로기준정책과-3627, 2017.6.12.

858) 대판 2017.10.31, 2017다253904.

㉘ 업무위탁계약을 체결하였으나 사용종속관계가 인정되는 방과후 학교 강사[860)]
㉙ 은행에서 섭외영업위촉계약을 맺고 사실상 종속적인 관계에서 근로를 제공한 은행텔레마케터[861)]
㉚ 사업자등록을 하고 기본연봉에 월 매출액의 1%를 급여로 정하는 계약을 체결한 백화점 매니저[862)]

2) 근로자성 부정사례

① 한국전력주식회사 위탁수급원[863)]
② 독립된 계산 아래 사업을 영위하는 배달원[864)]
③ 보험모집인(보험설계사)[865)]
④ 피라미드 판매회사 종사자[866)]
⑤ 병원이 장소만 제공한 물리치료사[867)]
⑥ 내장객의 경기를 보조하여 수수료를 받는 골프장 캐디[868)]
⑦ 순수하게 훈련이나 교육만을 목적으로 하는 훈련생[869)]
⑧ 학교 졸업예정인 위탁실습생,[870)] 다만, 계약내용, 작업의 성질, 보수 등을 볼 때 실질적으로 근로제공 및 시용종속관계가 인정되면 근로자
⑨ 행정기관이 행정적 목적에서 기능공 양성을 위하여 모집한 수강생[871)]

859) 대판 2017.1.25, 2015다59146.
860) 서울행판 2013.9.26, 2013구합5715.
861) 대판 2016.10.27, 2016다29890.
862) 서울고판 2011.6.9, 2010누44315.
863) 대판 1970.7.21, 69누152 ; 1978.7.25, 78다510 ; 법무 810-8162, 1968.5.9.
864) 법무 810-7883, 1969.7.18.
865) 대판 2000.1.28, 98두9219·대판 2001.1.28, 98두9219 등 ; 법무 811-2351, 1981.1.23.
866) 근기 01254-1953, 1992.12.4.
867) 근기 01254-397, 1987.1.12.
868) 대판 1996.7.30.95누13432 ; 대판 2014.2.13.2011다78804 ; 근기 68207-418.2003.4.8
869) 법무 78-10, 1980.2.8.
870) 보상 1455.6-10624, 1973.10.8. 법무 811-30876, 1980.11.26.
871) 대판 1977.10.11, 77도2507.

⑩ 유흥업소의 코너주[872)]

⑪ 레미콘 차주 겸 운송기사,[873)] 다만, 회사가 제공하는 차량으로 운송하고 운송물량에 따라 보수를 받는 운전기사의 경우는 근로자로 봄[874)]

⑫ 구체적 지시·감독을 받지 않는 지입차주[875)]

⑬ 지역 향토예비군 지휘관[876)]

⑭ 프로 운동선수[877)]

⑮ 서울경마장조기협회소속 조교사와 기수[878)]

⑯ 재량으로 근무하는 신문사 자율기자[879)]

⑰ 가수의 매니저[880)]

⑱ 근로장학생[881)]

⑲ 특정회사 학습지를 이용하여 방과 후 학생을 방문·지도하는 교사[882)]

⑳ 홍익회의 판매대에서 물품을 팔고 성과에 따라 보수를 받는 영업원[883)]

㉑ 간병인협회 소속으로 환자로부터 보수를 받는 간병인[884)]

㉒ 야쿠르트 배달 및 위탁판매하는 자(소위 야쿠르트 아줌마)[885)]

㉓ 납품기한 준수 독촉과 품질검사를 담당하는 사용종속관계가 인정되지 않는 도급제 사원[886)]

---

872) 근기 01254-6162, 1991.5.1), 유흥업소 출연 연예인(대판 1994.4.29, 93누16680.

873) 대판 2006.5.11, 2005다20910.

874) 대판 2010.5.27.2007두9471

875) 근기 01254-0120, 1992.7.6, 근기 68207-1062, 2002.3.15, 근기 68201-695, 2000.3.10.

876) 대판 1979.4.24, 78다828. 예비군지휘관 인사관리규정 제4조

877) 징수 1458-27309, 1983.11.1.

878) 근기 68207-677, 1994.4.21.

879) 근기 68207-1328, 1994.8.24.

880) 서울고판 1996.6.19, 95나26881.

881) 근로기준팀-5332, 2006.10.2.

882) 대판 1994.12.9, 94다22859 ; 대판 1996.4.26, 95다20348 ; 대판 2015.11.24, 2015다39136.

883) 대판 2000.11.24, 99두10209.

884) 대판 2009.3.12, 2009도311.

885) 대판 2016.8.24, 2015다253986.

2. 사용자

가. 사용자 개념

근로자와 달리 사용자의 개념에 관해서는 노동관계법의 정의 규정이 통일되어 있다. 즉, '사용자'란 '① 사업주 또는 ② 사업경영 담당자, ③ 그밖에 근로자에 관한 사항에 대하여 사업주를 위하여 행위(행동)하는 자'로 정의하고 있다(근기법 제2조제1항제2호, 노조법 제2조의2).

이와 같은 '사용자' 정의 규정은 대체로 「근기법」상 규범준수의무자로서의 사용자로 보고 있다. 반면에 「근기법」 제2조제1항제4호의 '근로계약 당사자로서의 사용자란 자기의 지시·감독 하에 노무를 제공하는 근로자에 대하여 임금지급의무를 부담할 것을 약정한 계약당사자'라고 정의하고 있다. 따라서 「근기법」상 규정된 규범수규자로서의 사용자 개념은 근로계약 당사자로서의 사용자와 동일하다고 볼 수 없고, 오히려 책임주체를 명확하게 하기 위해서 그 범위를 확장한 것으로 볼 수 있다.

1) 사업주

(a) '사업주'라 함은 그 사업의 경영주체를 말한다. 개인 기업의 경우에는 그 기업주 개인을 의미하고, 법인체인 경우에는 법인 그 자체를 말한다.

(b) 일반적으로 사업주는 근로자와 근로계약을 체결한 근로계약의 한쪽 당사자가 되지만 실질적인 근로관계가 인정된다면 반드시 근로계약이 체결되어 있지 않더라도 실질적으로 그 근로자를 사용하여 사업을 한 자이므로 사업주에 해당하는 것으로 본다.[887] 법원은 원하청 관계에서 하청업체의 소속 근로자에 대한 사용자성을 부인하고 원청회사의 사업주성을 인정한 판례에서 '하청업체가 사업주로서의 독자성이나 독립성을 갖추고 있는지 원청회사와 하청업체 근로자 사이에

886) 대판 2016.3.24, 2011다1880.

887) 대판 1986.8.19, 83다카657.

실질적으로 종속관계가 있는지 등을 기준으로 하여 근로계약관계가 없는 원청회사가 사업주에 해당하는지 여부를 판단'하였다.[888)]

2) 사업경영담당자

(a) '사업경영담당자'란 사업경영 일반에 관하여 책임을 부담하는 자로서 사업주로부터 사업경영의 전부 또는 일부에 대하여 포괄적인 위임을 받고 대외적으로 사업을 대표하거나 대리하는 자를 의미한다.[889)] 예컨대 주식회사의 대표이사, 합명회사 및 합자회사의 업무집행사원, 유한회사의 이사와 정리회사의 공동관리인[890)]지배인, 개인기업주가 미성년자 또는 금치산자인 경우의 법정대리인 또는 후견인, 정리절차 개시 전의 보전관리인, 정리절차 개시가 결정된 이후의 법정관리인[891)] 등이 이에 해당한다.

(b) 「근기법」이 규범의 준수의무자로서 '사용자'를 사업주에 한정하지 않고 사업경영담당자 등으로 그 범위를 확대한 이유는 노동현장에서 「근기법」의 각 조항에 대한 실효성을 확보하기 위해 정책적으로 배려한 것이다. 따라서 사업경영담당자에게 「근기법」 각 조항을 이행할 권한과 책임이 부여되어 있다면 사업경영담당자에 해당한다고 할 것이고 반드시 현실적으로 그러한 권한을 행사하여야만 하는 것은 아니다.[892)]

3) 근로자에 관한 사항에 대하여 사업주를 위하여 행위(행동)하는 자

(a) '근로자에 관한 사항에 대하여 사업주를 위하여 행위(행동)하는 자'란 근로자의 채용·인사관리·임금·후생·노무관리·재해방지 등 근로조건의 결정 또는 업무상의 명령이나 지휘·감독을 하는 등의 사항에 관하여 사업주 등으로부터 일정한 권한과 책임을 부여받은 자로 그 범위 내에서 사용자[893)]이며 지위나 형식적

888) 대판 2008.7.10, 2005다75088.

889) 대판 2008.4.10, 2007도1199 ; 대판 1988.11.22, 88도1162.

890) 대판 1984.4.10, 83도1850 ; 1986.6.24, 86도830 ; 2001.1.19, 99다72422.

891) 근기 68207-3209, 2000.10.17.

892) 대판 1989.4.25, 87도2129.

명칭이 아닌 업무의 성격과 근무실태에 따라 구체적으로 판단한다.

(b) 예컨대 인사·노무부서의 장(부장 또는 과장), 임금 등 인건비 예산을 기획하는 부서의 장(부장 또는 과장), 공장장 등 다수의 부하직원에 대한 지휘·감독과 인사고과 등을 담당하는 상급 관리자 등이 이에 해당한다.

나. 사용자 여부의 구체적 판단

1) 사용자 지위 판단 기준

일반적으로 부당해고 및 부당노동행위 구제신청 사건의 피신청인 및 구제명령의 이행주체로서의 사용자에 해당하는지 여부는 형식이 아닌 실질을 기준으로 ① 근로계약의 당사자, ② 임금지급의 주체, ③ 고용·종속관계의 존부, ④ 실질적인 영향력 내지 지배력 행사 여부 등의 사정을 고려하여 판단한다.[894)]

2) 사용자 여부 판단 사례

(1) 임 원

업무대표권·업무집행권이 있는 법인의 이사, 정리회사의 공동관리인이나 비상근 감사 등은 사업경영담당자로서 사용자에 해당한다.[895)] 그러나 명칭·직급에도 불구하고 근로자에 관한 사항에 대해 실질적인 업무집행권이 없고 그밖에 근로자에 관한 사항에 대하여 사업주를 위하여 행위하는 자가 아니라면 사용자로 볼 수 없다.[896)]

(2) 실질적인 권한 소유자

포괄적으로 위임을 받아 실제 경영을 책임지고 대외적으로 조직을 대표하는

893) 대판 2011.9.8, 2008두13873 ; 대판 1997.11.11, 88누6924.

894) 중앙노동위원회「주제별 판례 분석집」2016. p.71.

895) 대판 1978.2.14, 77다3673.

896) 사용자성을 부정한 판례 : 전무이사(대판 1983.10.11, 83도2272), 이사(대판 1983.6.28, 83도1090), 부사장(대판 1978.3.31, 77도3528)

자 등도 권한의 범위 내에서 사용자에 해당한다. 예컨대 예산 등에 있어 정부의 지시를 받는 국영기업체장,[897] 교원의 임용권이 없는 사립학교의 장,[898] 지방공사의 료원장,[899] 대표이사 등의 직책이 없는 회사의 실제 경영자[900] 등이 이에 해당한다.

(3) 간부

인사, 교육 등 근로자에 관한 사항에 대해 지휘명령권이 있는 공장장, 현장소장, 부장, 과장 등 회사 간부는 그 권한의 범위 내에서 사용자가 된다.[901]

(4) 교장, 육성회

각급 학교의 교장은 사용자이며 근로자(교원)와 이해관계가 같다 하더라도 사용자에 해당한다. 또한, 육성회에서 임금이 지급되는 경우에는 육성회가 사용자이며, 교장이 육성회 이사장을 겸하고 있으면 교장도 사용자로서의 책임을 진다. 이는 육성회 이사로서 한 행위로 보기 때문이다.[902]

3) 간접고용관계와 사용자 지위 판단[903]

(a) 일반적으로 사용자가 근로자 사이에 중간업자를 근로계약의 형식적인 당사자로 개입시키고 노동법상 사용자에게 부과되는 책임을 회피하려는 고용형태, 즉 사용자가 직접 근로자를 고용하지 않고 자신의 사업을 위하여 그 근로자를 사용 또는 이용하는 형태를 간접고용이라 하는데,[904] 이러한 간접고용관계에서 사용자를 누구로 볼 것인지가 문제가 된다.

---

897) 법무법 801-1376, 1964.1.30.

898) 대판 1986.7.8, 86도7222 ; 근기 1455-12167, 1970.12.23.

899) 근기 68207-665, 1997.5.21.

900) 대판 1989.4.25, 87도2129.

901) 사용자성을 인정한 판례·행정해석 : 현장소장(대판 1983.11.8, 83도2505), 부장, 과장(법무 811-10811, 1976.6.22.)

902) 대판 1984.5.22, 84다115 ; 근기 68207-1503, 1997.11.6.

903) 중앙노동위원회 「주제별 판례 분석집」 2016. pp.74~86 참조.

904) 노동법실무연구회, 「근로기준법주해 I」, 박영사, 2010, pp.128~129 참조.

(b) 예를 들어 소위 '위장도급'의 경우에는 ① 수급인이 사업주로서의 독자성이 없거나 독립성을 결하여 도급인의 노무대행기관과 동일시 할 수 있는 등 그 존재가 형식적·명목적인 것에 지나지 아니하여 도급인과 근로자 사이에 묵시적인 근로계약관계가 성립되어 있다고 평가될 수 있는 경우와, ② 그 실질관계가 파견근로관계인 경우로 나누어 판단한다.

(1) 간접고용과 사용자 지위 판단요소

① 근로자의 채용과정

원청업체가 하청업체 소속 근로자의 채용 여부를 주도적으로 결정한 경우, 원청업체의 사용자 지위를 인정하는 적극적인 판단 요소가 된다.[905] 그러나 하청업체가 독립적으로 근로자와 직접 근로관계를 체결한 경우에는 원청업체의 사용자 지위를 부정하는 판단요소가 될 수 있다.[906]

② 승진·징계 등에 관한 실질적 권한 행사

(a) 원청업체가 하청업체 소속 근로자의 승진, 징계 등에 관하여 실질적인 권한을 행사한 경우에는 원청업체의 사용자 지위를 인정하는 적극적인 판단요소가 된다.

(b) 이와 관련, 판례는 원청업체가 하청업체 소속 근로자들에 대한 징계를 요구하거나 승진대상자 명단을 통보한 경우[907]와 원청업체가 하청업체 소속 근로자들의 인사평정 및 승급 등을 결정해 온 경우,[908] 원청업체의 사용자 지위를 인정하였다. 반면에 하청업체가 근로자들에 대한 인사권과 징계권을 행사한 경우 원청업체의 사용자 지위를 인정하지 않았다.[909]

---

905) 서울남부지판 2008.7.18, 2007가합10338.

906) 서울행판 2007.11.16, 2007구합16042.

907) 대판 2008.7.10, 2005다75088.

908) 서울남부지판 2008.7.18, 2007가합10338.

909) 서울행판 2012.9.18, 2007구합16042.

③ 근로자들에 대한 지휘·감독권의 행사

ⓐ 원청업체가 하청업체 소속 근로자들에게 구체적인 작업 지시를 하고 작업물량이 없는 경우에는 다른 업무를 지시하는 등 지휘·감독권을 행사한 경우 원청업체의 사용자 지위를 인정하는 적극적인 판단요소가 된다.

ⓑ 판례는 원청업체가 하청업체 소속 근로자들의 출근, 휴가, 근무태도 등을 점검하고 직접 또는 하청업체 소속 책임자를 통해 근로자에게 구체적인 작업지시를 하고, 작업물량이 없는 경우 교육, 사업장 정리, 업무지원 등의 명목으로 일정 수준 이상의 소득을 보장해 준 경우 원청업체의 사용자 지위를 인정하였다.[910] 그러나 원청업체가 업무표준 등을 만들어 하청업체를 관리하였더라도 하청업체 소속 근로자들에게 직접적 작업지시를 하지 않는 등 하청업체가 소속 근로자들에게 구체적인 작업지시 및 감독을 한 경우 원청업체의 사용자 지위를 인정하지 않았다.[911]

④ 임금 및 수당 지급 등에 대한 실질적 영향력 행사

ⓐ 원청업체가 하청업체 소속 근로자들의 보수, 퇴직금 등을 산정하여 하청업체에 지급하고, 상여금 등의 수당을 하청업체 근로자들에게 직접 지급하는 등 임금 및 수당지급 등에 대한 실질적 영향력 행사는 원청업체의 사용자 지위를 인정하는 적극적인 판단요소가 된다.

ⓑ 판례는 원청업체가 도급대금과 별도로 하청업체 소속 근로자들의 퇴직금이나 사회보험료까지 산정하여 지급하고 상여금 등의 수당을 직접 지급한 경우 원청업체의 사용자 지위를 인정하였다.[912] 그러나 하청업체가 매달 원청업체로부터 공사기성금을 지급받아 근로자들에게 직접 임금 및 퇴직금을 지급한 경우에는 원청업체의 사용자 지위를 부정하였다.[913]

910) 대판 2008.7.10, 2005다75088.

911) 서울행판 2007.11.16, 2007구합16042.

912) 대판 2008.7.10, 2005다75088.

913) 서울행판 2007.11.16, 2007구합16042.

⑤ 사업경영상 독립적인 물적 시설을 보유하고 있는지 여부

(a) 하청업체가 독자적인 사무실이나 장비를 보유하지 않는 등 사업경영상 독립적인 물적 시설을 보유하지 못하고 원청업체가 제공한 시설 등에서 이루어지는 경우 원청업체의 사용자 지위를 인정하는 적극적인 판단요소가 된다.

(b) 판례는 하청업체가 원청업체 임직원의 출자에 의해 설립되고, 그 주주 및 대표이사도 원청업체의 임직원이며, 전적으로 원청업체의 업무만을 도급받아 오는 등 사실상 원청업체의 자회사로 활동하였고, 하청업체가 독자적인 자본, 경영능력, 사무실, 장비, 차량 등 물적 시설을 제대로 갖추지 못한 경우 원청업체의 사용자 지위를 인정하였다.[914] 반면에 하청업체가 별도로 회사를 설립하고 회계 등도 별도로 하고, 독립적인 물적 시설을 갖춘 경우에는 하청업체의 독립성을 인정한다.

(2) 간접고용 관련 사용자 지위 인정 주요 유형

① 사실상 직접 고용관계

형식상 도급계약을 체결한 경우라도 수급회사의 존재가 형식적·명목적인 것에 지나지 않은 경우에는 도급회사(또는 원청회사)와 수급회사 근로자간에 '묵시적 근로계약관계'가 성립되어 있다고 평가하여 도급회사가 수급회사 근로자를 직접 고용한 것으로 본다.[915] 한편, 이와 관련 대법원은 '묵시적 근로계약관계'가 성립되기 위해서는 ① 원고용주는 사업주로서의 독자성이 없거나 독립성을 결하여 도급회사의 노무대행기관과 동일시할 수 있는 등 그 존재가 형식적·명목적이며, ② 사실상 근로자가 도급회사와 종속적인 관계에 있으며, ③ 실질적으로 임금을 지급하는 자가 도급회사이며, ④ 근로제공의 상대방이 도급회사이어야 한다고 판시하였다.[916]

914) 서울남부지판 2008.7.18, 2007가합10338.
915) 대판 2008.7.10, 2005다75088.
916) 대판 1999.11.12, 97누19946.

② 사실상 근로자 파견관계

(a) 수급회사의 실체가 인정되는 경우에는 계약의 명칭이나 형식에 구애되지 않고 수급회사의 노무관리 독립성 여부 판단을 통하여 그 실질이 파견계약인지 도급계약인지 여부를 판단하여야 한다. 이와 관련 법원은 ① 계약의 내용, ② 업무수행의 과정, ③ 계약당사자의 적격성 등 3가지 요소를 근로자파견관계에 대한 구체적인 판단기준으로 제시하였다.[917)]

(b) 이후 대법원은 근로자파견관계 판단요소로 ① 제3자가 당해 근로자에 대하여 상당한 지휘·명령을 하는지, ② 당해 근로자가 제3자의 사업에 실질적으로 편입되어 있는지, ③ 원고용주가 작업에 투입될 근로자의 선발이나 근로자의 수, 교육 및 훈련, 작업·휴게시간, 휴가, 근무태도 점검 등에 관한 결정 권한을 독자적으로 행사하는지, ④ 계약의 목적이 구체적으로 범위가 한정된 업무의 이행으로 확정되고 당해 근로자가 맡은 업무가 제3자 소속 근로자의 업무와 구별되며 그러한 업무에 전문성·기술성이 있는지, ⑤ 원고용주가 계약의 목적을 달성하기 위하여 필요한 독립적인 기업조직이나 설비를 갖추고 있는지 등을 제시하였다.[918)]

(c) 한편, 「파견법」에 따라 불법파견의 경우에는 2년 이상의 기간을 도과하지 않았더라도 도급회사는 즉시 고용의무를 부담하며, 불이행시 3천 만원 이하의 과태료가 부과될 수 있다(파견법 제6조의2 및 제46조제2항).

다. 사용자와 형사처벌

(a) 사용자의 지위에 있는 자가 노동관계법을 위반할 경우 벌칙이 적용된다. 노동법을 위반한 자가 해당 사업의 근로자에 관한 사항에 대하여 사업주를 위하여 행위하는 자인 경우에는 이들에게 벌칙이 적용됨과 동시에 사업주는 벌금형이 과해질 수 있다(근기법 제115조).

(b) 이와 관련하여 헌법재판소는 "「근기법」상 사용자란 '사업주 또는 사업경영

917) 서울중앙지판 2014.9.18, 2010가합112481.

918) 대판 2015.2.26, 2012다96922 ; 대판 2015.2.26, 2010다93707 ; 대판 2015.2.26, 2010다106436.

담당자 기타 근로자에 관한 사항에 대하여 사업주를 위하여 행위하는 자'를 말하므로 회사의 이사라도 대표이사와 함께 근로자들을 고용하고 급료를 지급하는 등 회사의 근로자에 관한 사항에 대하여 실질상 직무를 집행하여 온 이상 임금체불에 관하여 책임을 질 「근기법」 제2조의 사용자에 해당하게 된다. 이와 같이 법인의 대표뿐만 아니라 이사 등 법인의 다른 임원도 근로조건 등에 관한 실질적 결정권을 가지고 실질적으로 임금지급업무를 담당하는 등 그 지위, 권한, 직무행태에 따라서는 퇴직금 및 임금의 체불에 관해서 책임을 지는 사용자로서 형사책임이 있다"고 판단하였다.[919)]

919) 헌재 2005.9.29, 2002헌바11 결정

주/요/쟁/점/실/무

제17절 해고 관련 쟁점

1. 해고의 개념과 특징

(a) 근로계약의 종료사유는 크게 ① 근로자의 의사나 동의에 의하여 이루어지는 '퇴직', ② 근로자의 의사에 반하여 사용자의 일방적 의사에 의하여 이루어지는 '해고', ③ 근로자나 사용자의 의사와는 관계없이 이루어지는 '자동소멸'등으로 나눌 수 있다.

여기서 ②의 '해고'라 함은 "실제 사업장에서 불리는 명칭이나 절차에 관계없이 근로자의 의사에 반하여 사용자의 일방적 의사에 의하여 이루어지는 모든 근로계약관계의 종료"를 의미한다.[920]

(b) 이와 같이 해고는 근로계약을 해지(解止)[921]하는 의사표시이므로 장래에 대하여 그 효력을 잃게 되며, 상대방 있는 단독행위이므로 해고의 의사표시가 근로자에게 도달하는 때에 그 효력이 발생한다(민법 제111조). 또한, 명칭이나 절차를 불문하고 성질상 '해고'에 해당되면 실질적 의미의 해고가 되어 「근기법」에서 규정한 정당한 이유와 절차적 요건 등을 갖추어야 유효한 것으로 인정된다.

2. 해고의 유형별 검토

(a) 기업현장에서 다양한 이유와 형태로 해고가 이루어지고 있는데, 독일의 해고제한법(Kundigungsschutzgesetz)에 의한 분류[922]를 기준으로 학설과 판례[923]는

---

920) 대판 1993.10.26, 92다54210 ; 대판 2011.3.24, 2010다92148 ; 노동법실무연구회, 「근로기준법주해Ⅱ」, 박영사, 2010, p.69.

921) 여기서 말하는 해지는 소급효가 발생하여 원상회복 의무가 있는 「민법」 제548조의 해제(解除)와 다르다.

922) 사회적 상당성이 없는 해고는 무효이고, 사회적 상당성은 일신상 사유, 행동상 사유, 긴박한 경영상 사유가 있을 때에 인정된다. 여기서, ① 일신상 사유에 의한 해고를 '통상해고', ② 행동상

「근기법」 제23조의 규정에 의한 해고가 유효하기 위한 「정당한 이유」의 구체적인 내용에 관하여 해고사유에 따른 구분으로 ① 통상해고(일신상의 사유), ② 징계해고(행태상의 사유), ③ 정리해고(긴박한 경영상의 필요)등 세 가지 유형으로 분류하고 있다.

(b) 이와 같은 해고사유를 기준으로 한 분류에 따르면, 근로자의 고의·과실에 기인한 과거의 비위행위에 대한 징벌로서의 징계해고는 일반적으로 통상해고나 정리해고에 비해 근로자가 감수해야 할 불이익이 크다는 점에서 상대적으로 엄격한 요건이 요구된다.

(c) 한편, 통상(일반)해고[924]는 주로 근로자의 고의·과실 없는 사유에 기인하여 장래에 근로계약상의 의무 이행을 기대하기 어렵다는 것을 이유로 한다는 점에서 사용자에게는 근로자가 그와 같은 사유를 개선·해소하여 고용관계를 유지하면서 근로계약을 이행할 수 있도록 배려할 의무가 있으며, 해고는 최후의 수단으로서 고려되어야 한다. 그러나 동일한 해고사유라 하더라도 사용자의 의도 내지 목적에 따라 징계의 대상이 될 수도 있고 징계 아닌 근로계약의 해지 대상이 될 수도 있다는 점에서 사유만을 기준으로 한 분류는 한계가 있을 뿐만 아니라, 근무태만으로 인한 성과부진과 같이 징계해고 사유와 통상해고 사유를 명확하게 구분하기 어려운 경우가 많다.

이러한 점을 고려하여 해고의 사유와 목적을 함께 고려하여 통상(일반)해고, 징계해고, 정리해고로 구분하였다.

사유에 의한 해고를 '징계해고', ③ 경영상 사유에 의한 해고를 '정리해고'로 분류하였다(해고제한법 제1조제2항).

923) 대판 1992.4.24, 91다17931 ; 대판 1991.3.27, 90다카25420 등.

924) 학자에 따라 일반해고(임종률), 보통해고(일본의 管野和夫)라고도 한다.

〈해고 유형별 비교〉[925)]

구분	통상(일반)해고	징계해고	정리(경영상)해고
개념	근로자가 근로계약상의 의무를 이행하지 못함에 따른 해고	근로자의 비위행위 등 기업질서 위반해위에 대한 제재조치로서의 해고	긴박한 경영상 필요에 따라 기업의 유지·존속을 위하여 하는 해고
법적근거	「근기법」 제23조제1항	「근기법」 제23조제1항	「근기법」 제23조제1항 및 제24조
구분기준	① 근로자의 일신상 사유(고의·과실 미전제) 또는 형태상 사유(고의·과실 전제) ② 계약의무로부터의 해방 목적 ③ 취업규칙 등의 '인사의 장'에 규정	① 근로자의 행태상 사유(고의·과실 전제) ② 근로자 비위행위에 대한 징벌 목적 ③ 취업규칙 등의 '징계의 장'에 규정	① 기업의 긴박한 경영상 필요(고의·과실 미전제) ② 기업의 유지·존속 목적
사유예시	① 부상·질병 등으로 인한 심신 장해 ② 자격 상실 ③ 형사소추(구속)·유죄판결(징역·금고) ④ 업무능력 결여 ⑤ 근무성적 부진	① 업무명령 위반 ② 근무태도 불량 ③ 업무에 중대한 지당초래 ④ 회사명예·신용 훼손	① 실적 악화, 도산위기 ② 경쟁력 회복·제고를 위한 작업형태나 사업조직 변경 ③ 생산성향상 또는 신기술 도입 ④ 기술혁신에 따른 산업구조변화 ⑤ 경영 악화 방지를 위한 사업양도·인수·합병
정당성 판단요소	사회통념상 고용관계를 계속할 수 없을 정도의 사유가 있는지 등 종합적으로 검토·판단		
	① 근로계약관계를 계속할 수 없을 정도로 중대한지 여부 ② 업무능력결여·저성과자 : 근거 규정, 평가의 공정성, 해고회피 노력, 성과 부진기간, 근로자의 개선 노력, 교육훈련 결과 등	① 징계사유, 절차, 양정 ② 사업 목적과 성격, 사업장 여건, 근로자의 지위와 담당직무 내용, 비위행위 동기와 경위, 기업 질서에 미치는 영향, 과거 근무태도와 개전의 정 등	① 긴박한 경영상의 필요 ② 해고회피 노력 ③ 합리적이고 공정한 해고 대상자 선정 ④ 근로자대표와의 성실한 협의

925) 임무송·이수영·최선애·양성필·권호안, 「노동법 실무」, 2017, ㈜중앙경제, p.245.

가. 통상(일반)해고

1) 의 의

(a) 통상해고라 함은 근로계약을 이행하지 못하는 채무불이행 상태로 인해 장래에도 근로관계를 계속 유지하는 것이 불가능하여 행해지는 해고로서 근로자의 일신상의 사유에 따른 해고를 의미한다. '일신상의 사유'라 함은 근로계약상 급부의무의 이행에 필요한 정신적·육체적 또는 그 밖의 적격성을 현저하게 저해하는 사정이 근로자에게 발생하여 그 결과 근로자가 사업장 내에서 자신의 지위에 상응하여 정당하게 요구되는 업무를 충분히 감당할 수 없게 된 경우를 말한다.[926]

(b) 한편, 대법원은 「근기법」 제23조제1항에서 말하는 해고에는 징계해고 뿐 아니라 통상해고 등 모든 유형의 해고가 포함되며, 모든 유형의 해고에는 정당한 이유가 필요하다는 것을 밝히고 있다.[927]

2) 통상(일반)해고와 징계해고

(a) 통상해고의 사유와 징계해고의 사유를 명백히 구분하기 어렵거나 중복되는 경우가 있는데, "특별한 사유가 없는 한 징계해고 사유가 통상해고 사유에도 해당하여 통상해고의 방법을 취하더라도 징계해고 사유로 통상해고를 한다는 구실로 징계절차를 생략할 수는 없다"는 것이 대법원의 입장[928]이다.

(b) 또한, 취업규칙상 징계해고 사유 규정들이 서로 다른 경우에는 근로자에게 유리한 규정을 적용해야 하며,[929] 징계해고와 통상해고는 제도상 엄연히 구별되는 것으로서 징계해고는 근로자에 대한 불이익이 더 크다는 점에서 징계해고 사유가 통상해고 사유에도 해당된다고 하여 절차상 부담 등을 면하기 위하여 사후에 징계해고를 통상해고로 전환하는 것은 허용되지 않는다.[930]

926) 김형배, 「새로 쓴 노동법(제25판)」, 박영사, 2016, p.680.

927) 대판 1993.10.26, 92다54210.

928) 대판 1994.10.25, 94다25889.

929) 대판 1994.5.27, 93다57551.

930) 대판 2007.2.9, 2006두18287.

(c) 판례나 실무에서는 해고가 취업규칙 등에서 징계의 장에 규정되어 있으면 '징계해고', 인사의 장에 규정되어 있으면 '통상(일반)해고'로 판단하는 것이 일반적이다.[931]

3) 통상(일반)해고와 정리(경영상)해고

(a) 일반적으로 해고가 근로자측 원인에서 비롯된 통상해고와 사용자측 원인에서 비롯된 정리(경영상)해고로 구분할 수 있으나, 사용자가 긴박한 경영상 필요 이외의 사유 즉 사업 폐업으로 인하여 근로자 전원을 해고하는 경우나, 기업이 파산선고를 받거나 법에 정한 해산사유가 발생하여 사업의 폐지를 위하여 그 청산과정에서 근로자를 해고하는 등 근로제공을 받을 수 없게 되어 근로자를 해고 하는 경우에는 통상해고로 보아야 한다는 것이 법원의 입장[932]이다.

(b) 또한, 인력감축이 아니라 기구와 인원 배치를 위한 직제규정 개정으로 직책이 폐지되어 변경된 직책으로 근무를 거부한 근로자를 해고하는 것은 정리해고가 아닌 통상해고로 보았다.[933]

4) 통상(일반)해고의 정당성 판단 기준[934]

(1) 채무불이행(債務不履行)의 존재

통상해고는 사용자에 의한 근로계약관계의 해지를 의미하므로 해지사유로 근로자가 근로계약상 약정된 노무를 정상적으로 제공하지 못하는 채무불이행이 전제되어야 한다.

채무불이행의 존재 여부는 근로계약의 내용의 확인이나 근로자의 능력이나 성과에 대한 기준 명시 여부 등으로 판단이 가능하다.

931) 최영우「개별노동법 실무」㈜중앙경제, 2017, p.985.
932) 대판 2004.2.27, 2003두902.
933) 대판 1991.9.24, 91다13533.
934) 최영우「개별노동법 실무」㈜중앙경제, 2017, pp.991~994 참고.

(2) 채무불이행에 대한 객관적·합리적 기준에 의한 평가

채무불이행 즉 근로자의 근로제공의 불이행 또는 불완전이행을 판단하기 위해서는 근로계약의 내용을 특정하고, 그 위반 여부를 객관적이고 합리적인 기준과 절차에 의해 공정하게 평가되어야 한다.

(3) 취업규칙 등에 정한 사유에 해당 여부

「근기법」에 '퇴직에 관한 사항'이 취업규칙의 의무적 기재사항으로 규정(제93조제4호)하고 있으므로 해고를 둘러싼 분쟁을 최소화하고 예측가능성을 높이기 위해서는 취업규칙에 통상해고의 사유를 구체적으로 규정하여야 하며, 이에 따라 '통상해고 사유'의 해당 여부가 판단되어지는 것이 바람직하다.

(4) 사회통념상 합리성이 있는지 여부

통상해고는 사회통념상 더 이상 근로계약의 목적 달성이 불가능하거나 경영상 장애 등으로 인해 근로관계를 지속하기 어려운 상태에 있어야 한다. 따라서 절차적 요건으로서 신의칙상 요구되는 사용자의 고용유지를 위한 기본적인 배려의무를 다해야 그 정당성이 인정되어 질 수 있다.

(5) 해고 절차의 준수 여부

(a) 통상해고의 경우도 「근기법」상의 '해고 등의 제한'규정이 적용되므로 정당한 이유가 있어야 하며(제23조), 해고예고 절차를 준수해야 하고(제26조), 해고의 사유와 시기를 해당 근로자에게 서면으로 통지해야 한다(제27조).

(b) 통상해고시 징계절차를 거쳐야 하는지와 관련, 취업규칙 등에 통상해고 사유가 징계해고 사유와 별도로 규정되어 있다면 징계절차를 거칠 필요가 없지만,[935] 해고사유가 통상해고 사유인 동시에 징계해고 사유로 규정되어 있다면 징계절차를 따르지 않아도 되는 특별한 사유가 없는 한 징계절차를 거쳐야 한다.[936]

935) 대판 2000.6.23, 99두4235.

936) 서울행판 2004.5.14, 2003구합28856.

5) 통상해고 사유별 정당성 검토

(1) 질병·부상 등 신체적 장해로 인한 직무능력 상실

(a) 근로계약 당사자인 근로자는 사용자에 대하여 당초의 약정된 노무를 정상적으로 제공할 의무를 부담하는데 '질병이나 부상 등 신체적 장해'등으로 인해 당초 약정된 수준의 노무제공이 어렵거나 불가능하게 되었다면, 소정의 절차를 거쳐 근로자를 해고할 수 있다.

(b) 판례는 "근로자의 질병·부상 등 신체적 장해로 인하여 통상해고를 할 경우, 그 정당성 여부는 ① 장해를 입게 된 경위와 사용자의 귀책사유 또는 업무상 부상으로 인한 것인지 여부, ② 치료 기간 및 치료 종결 후 노동능력 상실 정도, ③ 사고 당시 담당 업무의 성격과 내용, ④ 잔존 노동능력으로 할 수 있는 업무의 존부와 내용, ⑤ 근로자의 복귀를 위하여 업무 조정 등 사용자의 배려 여부, ⑥ 새 업무에 대한 근로자의 적응노력 등 제반 사정을 종합적으로 고려하여 합리적으로 판단"하여야 한다는 입장이다.[937]

(c) 특히, 업무상 질병 또는 부상의 경우에는 업무 외의 재해와 다르게 보다 엄격하게 해석되어야 하므로 근로자의 노동능력이 감소되었더라도 원래 하던 업무를 계속할 수 있으면 사용자는 원칙적으로 해고할 수 없고,[938] 노동능력 감소에 대응한 임금 삭감이나 배치전환만 가능하다고 보아야 한다.[939]

① 업무상 재해와 관련된 사례

㉮ 사용자는 근로자가 업무상 질병 또는 부상에 따른 요양을 위하여 휴업한 기간과 그 후 30일 동안은 해고가 금지(근기법 제23조제2항)되지만, 30일이 지난 뒤에도 노동능력을 상실하여 업무에 복귀하지 못하면 근로자는 「산재법」에 따라 보상을 받고 퇴직할 수밖에 없고, 만일 퇴직을 거부하는 경우에는 사용자는 통상해고를 할 수 있다.[940]

---

937) 대판 1996.12.6, 95다45934.

938) 근기 01254-1047, 1993.5.25.

939) 노동법실무연구회, 「근로기준법주해Ⅱ」, 박영사, 2010, pp.136~137.

㉯ 업무상 재해로 한쪽 귀가 고도난청상태가 되어 「산재법」상 장애등급을 받은 근로자가 소음이 덜한 보직으로 배치전환되어 근무하고 있는 경우, 취업규칙을 적용하여 근로자를 직권 면직시킨 것은 정당한 이유 없는 해고에 해당한다.[941)]

② 업무 외의 재해와 관련된 사례

근로자의 질병 또는 부상이 업무 외의 요인에 따른 것이라도 장기간 치료를 필요로 하는 경우 사용자는 업무 공백을 메우기 위하여 다른 근로자를 채용하고 그 근로자를 해고할 수 있다. 여기서 장기간이 어느 정도의 기간인지에 대하여, 판례는 단체협약상의 휴직 최고한도(45일)보다 약 3배 많은 기간 동안의 휴직연장을 신청한 근로자를 퇴직 처분한 경우[942)]나, 휴직 가능 기간이 2개월인 사안이었고 휴직기간 만료 때 2~3개월의 치료가 더 필요하다는 추가 진단서를 제출한 근로자를 퇴직 처분한 경우를 정당하다고 보았다.[943)]

(2) 업무수행에 필수적인 자격·면허 등의 상실

(a) 운전업무 종사자가 운전면허 취소처분을 받은 경우나, 의사·약사·변호사·변리사·공인회계사 등의 자격을 전제로 근무하다가 그 자격을 상실한 경우, 사용자가 각 분야에서 일정한 기술 자격자 채용의무제에 따라 채용된 근로자가 그 기술자격을 상실한 경우 등과 같이 근로자가 업무수행에 필수적인 자격이나 면허를 상실한 경우 사용자는 이를 이유로 해고할 수 있다.[944)]

(b) 다만, 판례는 운전기사 적성검사를 받지 않아 운전면허가 취소되었다가 면허 재발급을 신청해서 바로 재발급 받은 사건에서, "일정기간 자격이 정지된 경우 ① 면허정지 기간, ② 면허정지 사유, ③ 근무기간, ④ 업무내용 등을 종합하

940) 예컨대, 요추부분 장해가 있는 갱내 기계수리공의 해고와 족관절 장해로 신체장해 10등급을 받은 항만하역 근로자의 해고는 정당하다는 대법원의 판례가 있다(대판 1996.11.12, 95누15728판결 ; 대판 1998.1.20, 96다56313판결).

941) 대판 1997.8.26, 96누14593.

942) 대판 1996.10.29, 96다21065.

943) 대판 1993.7.13, 93다3721판결

944) 노동법실무연구회, 「근로기준법주해Ⅱ」, 박영사, 2010. p.140.

여 근로관계를 계속할 수 없을 정도로 중대한 사유인지, 정직이나 휴직 등 다른 징계나 제도에 의해 해고를 피할 수 있는지를 판단해야 한다"는 기준을 제시하고 있다.[945)]

(3) 공무원법 등 규정에 의한 당연퇴직·직권면직 사유의 발생

(a) 「국공법」, 「지공법」, 「사립학교법」이나 공기업의 인사규정 등에서 일정한 결격 사유에 해당하거나, 당연퇴직사유로 규정하고 있는 경우, 이에 따른 당연퇴직(해고)은 통상해고로 볼 수 있다.

(b) 또한, 「국공법」·「지공법」에서 직권면직사유를 규정[946)]하고 있는데 그 중위 (1)·(2)에서 기술한 바와 같이 "부상·질병으로 인한 휴직기간 종료 후 업무능력의 상실", "면허나 자격의 상실"등의 사유는 통상해고에 관한 것으로 볼 수 있다.[947)]

(c) 한편, 정관 등 취업규칙에 규정된 당연퇴직 사유에 의한 퇴직처리도 「근기법」의 제한을 받는 해고에 해당한다 하더라도 그 정당성의 판단에 있어서는 이와 같은 당연퇴직 사유를 정한 것이 사회통념상 상당성을 인정하기 어렵다는 등의 특별한 사정이 없는 한 위 규정들의 취지는 존중되어져야 한다.[948)]

(4) 업무능력 결여와 저성과자[949)]

(a) 근로자가 전문적인 지식이나 기능 등이 부족하여 직무수행능력이 현저히 부족한 경우나 근로자의 업무성과가 현저히 부진하여 사회통념상 근로계약관계를 더 이상 유지하기 어려운 경우, 사용자는 통상의 해고로서 근로계약을 해지할 수 있다.

(b) 판례도 "징계해고 사유가 아니라 근무수행능력 부족으로 인한 근무성적

945) 서울고판 1991.1.23, 90구10997.

946) 「국공법」 제70조제1항, 「지공법」 제62조

947) 노동법실무연구회, 「근로기준법주해Ⅱ」, 박영사, 2010. pp.139~141.

948) 대판 2005.6.10, 2004두10548.

949) 임무송·이수영·최선애·양성필·권호안, 「노동법 실무」, 2017, ㈜중앙경제, p.343.

불량 및 소속직원 감독능력 부족을 이유로 인사규정에 따라 대기발령을 한 뒤 자동해직 처분을 한 것은 구 「근기법」 제27조 위반이라 볼 수 없고 징계절차를 밟을 필요는 없다"고 하여 통상해고 사유로 인정하는 입장이다.[950)]

6) 저성과자 해고의 정당성 판단 기준

(a) 업무수행 능력이 요구수준에 미치지 못하거나 업무성과가 현저하게 부진한 근로자 이른바 '저성과자'[951)]에 대한 해고의 정당성 여부는 업무 저성과 등의 사유가 근로계약을 이행하지 못할 정도가 어느 정도인지에 대한 판단에서부터 출발한다.

(b) 일반적으로 업무저성과를 이유로 한 통상해고의 정당성을 인정받기 위해서는 ① 그 원인이 된 사유가 존재하여야 하고, ② 그 사유가 성립하려면 평가가 있어야 하며, ③ 평가는 평가제도, 평가 대상업무, 평가기준, 평과결과 활용, 관리대상자 선정 등에 있어 「근기법」이 요구하는 '정당한 이유'에 해당할 정도의 사회통념상 합리성을 갖추어야 하는 것이 원칙이다.

(1) 통상해고 사유로서의 업무성과 부진

(a) 근로계약의 본질상 업무수행 능력의 현저한 결여나 현저히 부진한 업무성과는 근로자가 근로제공 의무를 완전하게 이행하지 아니한 것이므로 원칙적으로 근로계약의 해지사유에 해당할 수 있다.

그러나, 정당한 해고로 평가받기 위해서는 「근기법」 제23조에서 규정하고 있는 '정당한 이유'로서의 실체적·절차적 요건을 갖추어야만 한다.

(b) 따라서 저성과자에 대한 통상해고가 정당하려면 근무성적 부진의 정도가 '사회통념상 고용관계를 계속할 수 없을 정도'로 객관적으로 불량한 정도에 이르러야 하며,[952)] 사회통념상 합리성을 인정받기 위해서는 근로자대표와의 협의 등

950) 대판 1989.7.25, 88다카25595.

951) 대법원은 '저성과자'를 "근로자가 반복하여 하자있는 급부나 불완전한 급부를 제공하거나 또는 정상적인 작업능력을 밑도는 열등한 급부를 제공하는 경우"로 정의하고 있다(대판 1987.4.14, 86다카1875).

민주적인 절차를 통하여 ① 객관적인 평가 기준 ② 공정한 평가 ③ 직무능력 향상을 위한 기회 제공 또는 직무의 조정 ④ 투명한 제도 설계 등의 요건을 갖추어야 한다.[953)]

(c) 즉, ① 객관적으로 사전에 정해진 기준에 따라 공정하게 평가를 해서 성과가 낮은 근로자를 대상으로 선정하고, ② 교육·훈련이나 직무조정 등을 통해서 적절하고도 실질적인 역량개발·성과향상의 기회를 제공하며, ③ 그럼에도 불구하고 상당기간 지속적으로 성과가 기대에 현저히 미치지 못하는 근로자를 최후의 수단으로 해고하는 것은 정당한 해고로 인정될 수 있을 것이나, 이러한 제도의 설정과 운용과정에서 근로자대표와 성실하게 협의 또는 교섭을 통해 객관성과 공정성을 제고할 필요가 있다.[954)]

(2) 객관적이고 공정한 평가

(a) 업무성과 부진을 이유로 한 통상해고가 정당하려면 먼저 객관적이고 공정한 평가가 선행되어야 하는데, 평가의 정당성을 확보하기 위해서는 평가기준과 평가방법, 평가실행, 평가결과 활용 등의 평가제도를 단체협약이나 취업규칙 등에 명확히 규정할 필요가 있다.

(b) 평가의 제도화와 관련하여 하급심은 "① 인사고과의 실시와 성과급 차등지급 등 인사권 행사는 사용자의 경영권의 본질 중 하나로서 경영활동 측면에서 폭 넓게 보장받아야 하며, ② 일부 근로자가 상대적으로 불이익을 받게 되더라도 이는 인사고과제도 자체의 본질적 특성에 기인하는 불가피한 결과라 할 수 있고, ③ 인사고과의 기준 가운데 일부 평가항목에 객관적 판단기준이 마련되어 있지 않다는 사정만으로 부당하다고 보기는 어려우나, 그 기준이 현저히 불합리하거나 의도적으로 특정 근로자에게 불이익을 주기 위하여 남용되어서는 아니 된다"는 입장이다.[955)]

---

952) 대판 2007.2.9, 2006두18287판결

953) 박제성, 「일반해고와 취업규칙」, 월간 노동리뷰, 2016.1월호, 한국노동연구원, p.69.

954) 박제성, 「일반해고와 취업규칙」, 월간 노동리뷰, 2016.1월호, 한국노동연구원, p.69.

955) 울산지판 2013.8.16, 2012가단562.

(c) 대법원도 근로자의 업무능력, 근무성적 등에 대한 평가는 사용자의 고유권한으로서 그 내용과 방식 등에 있어서 상당한 재량권이 인정되어야 한다는 입장이나,[956] 근로자에 대한 평가가 해고에 관한 법적 규제를 회피하고 단지 퇴직을 종용하는 수단으로 악용되는 등 불순한 동기로 남용되어서는 안 되며, 인사평가가 객관적이고 공정한 기준을 현저히 위배한 경우에는 사법심사의 대상이 되어 그 효력이 부인된다.[957]

① 합리적 평가기준 마련과 그 과정에서 근로자대표의 참여

(a) 평가제도가 객관적이고 공정하려면, 평가대상이 사용자의 주관적 판단이 아니라 근로계약상의 의무를 내용으로 하는 것이어야 한다. 특히, 평가항목은 업무수행 능력과 실적을 평가할 수 있도록 가급적 구체적으로 세분화하여 설계하되, 평가등급을 다단계로 구성하고 등급별 평가기준을 구체화하여 세부항목별로 평가가 가능하도록 기준을 마련하는 것이 평가의 합리성을 높일 수 있다.

(b) 또한, 평가기준 마련과 운영과정에서 근로자대표와 협의하는 등 근로자측의 의견을 반영하는 절차를 거친다면 객관성과 공정성을 제고하는 것은 물론 평가결과에 대한 수용도를 높일 수 있을 것이다.

② 평가요소와 구체적 평가방법

㉮ 평가단위(개인평가와 집단평가)

(a) 평가단위는 근로자 개인의 성과에 대한 평가와 근로자가 속한 부서 전체를 대상으로 하는 집단평가로 나누어진다. 저성과자 여부를 판단할 때는 개인의 성과에 대한 개별평가가 원칙이고, 예외적으로 집단평가 결과를 개별 근로자에 대한 평가로 활용하기 위해서는 집단과 개인의 업무성과 사이에 밀접한 연계성이 인정되어야만 한다.[958]

(b) 따라서, 부서단위의 업무에 대한 성과를 책임지고 관리·감독하는 근로자

956) 대판 2012.5.9, 2012두4760.

957) 대판 2015.6.24, 2013다22195.

958) 박종희, 「저성과자에 대한 합리적인 인사관리방안과 관련한 법률상 쟁점 검토」, 고려법학 제75호, 고려대 법학연구원 2014. p.333.

는 집단평가 결과가 직접 적용될 수 있으나, 그 외 개별 근로자에게는 개별평가를 원칙으로 하면서 부분적·보완적으로 집단평가 결과를 적용할 수 있을 것이다. 예를 들어 부서 전체의 영업성과가 좋았거나 좋지 않았다고 하여 개별 직원들의 공헌 여부를 고려하지 않고 부서에 대한 평가와 개별 근로자 평가를 동일시 할 수는 없다.[959)]

㈏ 평가요소(정량평가와 정성평가)

(a) 성과평가를 함에 있어서 모든 평가항목이 계량화될 수 없기 때문에 정량(계량) 평가가 어려운 업무에는 정성 또는 비계량 평가가 불가피하다.

평가기준이 계량화되고 구체적일수록 평가자의 주관적 의견이 개입될 여지가 적어 객관성이 강화된다고 할 수 있으나, 인사고과 등 정성평가가 불가피한 항목의 경우 평가자의 주관적 판단에 기초할 수밖에 없는 점을 고려하여 평가의 공정성과 객관성을 높일 수 있는 제도적 장치를 마련할 필요가 있다.

(b) 따라서 평가요소는 원칙적으로 정량(계량)평가와 정성(비계량)평가를 적정비율로 혼합하여 설계하되, 업무내용과 실적이 생산량·매출액·영업실적 등 객관적인 양적 수치로 나타나는 경우에는 계량 또는 정량 평가기준을 사용하고, 근무태도, 만족도, 조직융화도 등과 같은 평가항목이나 업무의 성질상 불가피하게 정성평가를 하는 경우에도 평가의 객관성과 공정성을 확보하기 위해서는 가급적 평가기준을 구체화하고 다면평가 등 평가자의 복수화 및 다단계화, 단계화된 점수부여방식 등에 의해 평가를 하는 것이 바람직하다.[960)]

㈐ 평가방식(절대평가와 상대평가)

(a) 평가방식은 저성과의 정도와 지속성의 문제와 결부되는데, 절대평가는 일정한 목표를 정하고 개인별로 목표를 달성했는지 여부를 평가하는 방식이고, 상대평가는 근로자간 비교를 통해 순위를 매기는 평가방식을 말한다.

(b) 일반적으로 상대평가에 비해 절대평가가 보다 합리적이어서 평가의 정당

959) 대판 2014.11.13, 2014두10622.

960) 대판 2014.7.24, 2014다31677.

성을 인정받을 수 있으며, 실무에서 주로 쟁점이 되는 것은 강제분포 방식을 취하는 상대평가의 공정성 문제이다.

예를 들어, 상대평가에서 하위등급에 일정비율이나 인원을 강제할당하고 하위등급에 포함되었다는 이유로 저성과자로 분류하여 인사조치를 하는 것은 그 정당성을 인정받기 어렵다. 판례도 저성과자의 기준을 "다른 사원에 비해 상대적으로 다소 낮은 정도가 아니라 해당 근로자의 직위와 보수에 비추어 볼 때 일반적으로 기대되는 최저한의 실적에도 미치지 못하는 정도"라고 하여 상대평가 방식에 부정적인 입장이다.[961]

한편, 근로자의 업무능력 부족이나 성과 부진을 이유로 한 해고가 정당하려면 그 상태가 일시적인 것이 아니라 상당기간 지속되었다는 것이 인정되어야 하는데, 이때 상당기간이라 함은 어느 정도를 말하는지도 문제가 된다.

(c) 판례는 ① 근무성적평정에서 3년 연속 최하위등급을 받아 역량강화교육 대상자로 선정되었다가 개선되지 아니하여 해고된 경우,[962] ② 4년간 최하위의 근무성적평정을 받아 징계해고된 경우,[963] ③ 6년간 인사고과 평가결과가 하락하고 단순 업무에서 동일한 실수를 반복하는 등 업무능력이 개선되지 아니하여 징계해고된 경우[964] 등을 정당한 해고사유로 보고 있다.

③ 평가의 실행(평가의 공정성과 신뢰성 확보)

㉮ 평가자 선정

(a) 평가결과의 공정성과 평가의 일관성을 확보하기 위해서는 평가자의 선정이 매우 중요하다. 평가는 원칙적으로 동일인이 평가하는 것이 바람직하나 반드시 평가자가 모두 동일인이어야 하는 것은 아니고, 평가대상 근로자의 수 등 기업의 상황을 고려할 때 동일인이 평가하는 것이 사실상 어려운 경우에는 상당수의 평자가가 특정 근로자의 근무태도와 업무능력 등을 평가함에 있어서 통상의

961) 대판 1991.3.27, 90다카25420.
962) 대판 2014.11.13, 2014두10622.
963) 서울행판 2009.2.3, 2008구합38551.
964) 서울고판 2003.9.26, 2003누3316.

평균적인 직원들과 비교하여 평가하는 것도 가능하다.[965]

ⓑ 한편, 상·하급자와 동료 등이 참여하는 다면평가는 평가의 공정성과 객관성을 확보할 수 있고 평가결과의 신뢰성을 높일 수 있는 등 합리적이고 타당한 방안이 될 수 있다.[966]

㉯ 평가 기준과 절차 준수

ⓐ 평가는 사전에 정해진 소정의 기준과 절차에 따라 공정하게 이루어져야 한다.

ⓑ 예를 들어, 평가 단계를 평정자와 확인자를 달리하도록 한 규정을 준수하지 않고 평정자 또는 확인자가 혼자 평정표를 작성하는 등 규정을 위반하여 수행한 평가는 그 정당성을 인정받기 어렵다.[967] 또한, 평가자가 복수(부서장, 임원, 대표)의 평가절차를 거치도록 하였음에도 일부 평가자의 평가를 생략하는 등 중대한 절차상 잘못이 있는 경우도 평가의 정당성을 인정받기 어렵다.[968]

㉰ 평가결과의 통지 및 이의제기 절차

평가결과를 근로자대표나 해당 근로자에게 알려주고 의견을 듣는 등 평가결과의 피드백과 이의 제기 절차를 두는 것은 평가의 타당성과 객관성을 확보함으로써 근로자의 신뢰성과 수용성을 제고하고 자율적인 개선 노력을 유도할 수 있다는 측면에서 매우 중요하다.

(3) 절차적 요건으로서 사용자의 고용유지 노력

① 신의칙상 사용자의 배려의무

ⓐ 해고는 최후의 수단으로서 사회 통념상 상당성이 있어야 하고 권리남용이 없어야 한다는 일반론에 더해서 통상해고는 기본적으로 근로자의 과거 비위행위가 아니라 현재는 물론 장래에도 일신상의 사유로 근로계약상의 의무를 이행하

965) 대판 2006.2.24, 2002다62432.
966) 대판 2013.1.15, 2012두21369.
967) 대판 2006.2.24, 2002다62432.
968) 대판 2015.1.15, 2012두18868.

지 못할 정도의 흠을 요건으로 한다는 점에서 신의칙상 고용을 유지할 수 있도록 근로자를 배려해야 할 의무가 사용자에게 요구된다.

(b) 특히 업무능력 부족이나 저성과를 이유로 하는 통상해고의 경우, 그 목적이 근로자 퇴출이 아니라 고용유지에 두고, 근로자의 업무능력 배양과 인력의 효율적 배치에 중점을 두어야 한다.[969)]

② 자율개선 기회 부여

(a) 업무능력 부족이나 저성과자에 대해서는 지속적인 면담, 지시, 주의, 경고조치 등을 통해 스스로 부족한 능력을 개발하고 성과를 향상시킬 수 있도록 체계적으로 지도·관리함으로써 개선의 기회를 부여하여야 한다.

(b) 판례에서는 ⓐ 근로자의 직무태만, 불성실근무 등의 비위행위를 이유로 해임한 사안에서 상사가 3차례 경고한 것,[970)] ⓑ 매년 인사고과 시 업무수행 능력 및 지식을 향상시키라는 지시를 한 것,[971)] ⓒ 평가시 업무수행 능력 향상 지시를 하고 임원 면담을 통해 부족한 부분을 보완할 것을 독려하여 개선의 기회를 부여한 것[972)] 등의 선행조치를 통상해고 정당성 판단의 한 요소로 인정하고 있다.

③ 능력개발을 위한 교육·훈련의 기회 제공

(a) 업무저성과자에 대한 교육훈련이나 역량향상 프로그램은 근로자의 퇴출을 목적으로 하는 형식적 절차가 아니라 실질적으로 업무 능력을 개발하고 향상시키기 위한 것이어야 한다. 따라서 그 내용이 근로자의 기존 업무나 새로운 업무와 관련이 없는 것인 경우 또는 해고나 사직을 유도할 목적으로 감당할 수 없는 과제를 부여하거나 엄격한 근태관리를 통해 해고를 유도할 경우에는 정당성을 인정받기 어렵다.[973)]

(b) 또한, 교육훈련이나 역량향상 프로그램은 설계에서 운영, 대상자 퇴출에

969) 하갑래, 「근로기준법(제29판)」, ㈜중앙경제, 2017, p.841.

970) 대판 1987.4.14, 86다카1875.

971) 서울행판 2003.1.24, 2002구합16306.

972) 서울행판 2011.9.9, 2010구합41673.

973) 청주지판 2013.1.8, 2011나3412.

이르기까지 저성과 개선에 의한 업무복귀라는 목적에 맞게 운영되어야 한다.[974)]

④ 배치전환 등 해고회피 조치

ⓐ 근로자의 적성이나 역량과 업무의 불일치로 인하여 성과가 부진한 근로자에 대해서는 배치전환(전보·전직·휴직 등)을 통해 가급적 해고를 피하고 고용을 유지할 수 있는 조치를 우선적으로 고려하여야 한다.

ⓑ 또한, 배치전환의 목적이 저성과자의 퇴출이 아니라, 업무와의 불일치를 해소해서 조직의 효율성과 성과를 높이고 근로자의 고용을 안정시키기 위한 것이라는 점을 감안하여 실질적으로 업무능력과 성과를 개선할 수 있는 여건을 마련해 주어야 한다.

만일, 조직실태나 인사관리에 있어 해고회피 조치를 취할 수 있음에도 불구하고 이를 행하지 않은 통상해고는 정당성을 인정받기 어렵다.[975)]

(4) 해고대상자의 선정과 해고조치

ⓐ 저성과를 이유로 한 해고는 최후수단의 관점에서 판단해야 한다. 사용자가 공정하고 객관적인 평가를 실시하여 대상자를 선정하고 교육훈련, 배치전환 등을 통해 개선 기회를 부여하였음에도 불구하고 근로자의 업무능력이나 성과가 가까운 장래에 개선될 가능성이 없거나 근로자가 거부하는 등 사회통념상 고용관계를 더 이상 유지할 수 없다고 인정되는 경우에는 통상해고가 인정된다.

ⓑ 통상해고의 경우도 해고제한의 일반 법리는 동일하게 적용되므로 노사의 이해관계 즉 근로관계 유지와 경영사정을 비교하여 해고의 필요성이 더 크다고 인정되어야 하고, 다른 근로자 사례와의 형평성 등 비교형량의 원칙에 적합해야 하며, 서면통지, 해고예고, 해고금지 기간 등 해고에 관한 법령이나 노사협의절차 등 자치규범이 준수되어야 하고, 해고대상으로 선정된 자에 대해서는 희망퇴직, 전

---

974) 대판 2012.9.27, 2012두13955. 대상자들의 직종별로 교육프로그램을 다르게 설계하고 개인별로도 다른 과제를 부여하는 등 맞춤형으로 실시한 성과향상프로그램의 경우에는 직무능력이 현저히 부족한 직원들에게 직무능력 향상 및 직무재배치 기회를 부여하되, 이를 통해서도 개선 효과가 없을 경우 구조조정 대상으로 삼아 조직 효율성과 역량을 제고하려는 취지의 제도로 인정된다.

975) 대판 2016.4.24, 2015두45113.

직지원컨설팅서비스 등의 배려가 수반된다면 해고의 정당성이 보강될 수 있다.[976)]

7) 통상해고 관련 실무 사례

(1) 통상해고의 정당성을 인정한 사례

① 회사의 역량향상 교육과 재교육 참여를 모두 거부하고 담당업무와 근무장소 변경 지시에도 따르지 않고 현업수행 평가를 위한 보고서도 수차례 제출하지 않는 등 수년간 근무태도와 근무성적이 극히 불량하였을 뿐만 아니라 이를 개선하려는 노력도 부족한 경우, 해당 근로자와의 근로관계는 사회통념상 더 이상 계속 유지하기 어려울 정도에 이르렀다고 인정된다.[977)]

② 방송국 프로듀서인 근로자가 업무능력 미흡과 성실성 결여 등을 이유로 인사고과에서 감봉 1회, 정직 3회의 징계를 받고도 개선되지 않고 오히려 4단계 등급 가운데 임의분포 방식인 인사고과에서 2회 연속 최하위등급을 받은 경우 역시 해고는 정당하다.[978)]

③ 단순히 구조조정 목적으로 상대평가를 하여 하위등급에 일정 인원을 할당하도록 하고 인사고과에서 하위 일정비율에 속한다는 이유로 직권면직을 하면 그 정당성을 인정받기 어렵다. 다만, 이 경우에도 근무성적이 현저하게 나쁜 것이 증명될 뿐만 아니라 재교육 등 충분한 기회가 주어졌음에도 개선되지 않을 경우에는 직권면직의 정당성이 인정된다.[979)]

④ 객관적이고 공정한 평정기준에 따라 이 사건 국악단 소속 연주단원들을 정기적으로 평가하여 위 평정기준에 미치지 못하는 단원들을 해촉(통상해고)하는 것은 「근기법」 제23조제1항에 규정된 해고의 '정당한 이유'가 있는 것으로 볼 수 있다.[980)]

976) 하갑래, 「근로기준법 제29판)」, ㈜중앙경제, 2017, p.849.

977) 대판 2012.5.9, 2012두4760.

978) 대판 2005.10.28, 2005두9729.

979) 대판 2013.1.15, 2012두21369.

980) 서울고판 2015.9.2, 2014누68364.

⑤ 공공기관의 1급 직원으로 있던 근로자가 과거 두 차례 징계를 받았음에도 다면평가방식의 개인평가 성적이 2년 연속 최하위권을 기록하고 노조로부터 능력검증을 요구받는 등 근무태도가 불량하고 성적이 부진하여 대기발령을 받았고, 그 후에도 반성의 빛이 없고 대기발령 사유 해소 노력을 기울이지 아니하여 대기발령 후 3월이 경과하도록 직무를 부여받지 못한 자를 인사규정에 의거 직권 면직한 것은 정당하다.[981)]

⑥ 성과향상 프로그램 탈락을 사유로 한 징계의 정당성을 다룬 사안에서, "회사가 대상자 선정 방법 및 선정 절차, 프로그램의 내용, 평가방법 등 전반적인 사항을 노사협의회에서 근로자위원 측과 협의하여 결정하였던 점, 각 대상자들의 취약한 역량향상을 위하여 맞춤형으로 이루어진 점, 프로그램 진행에 앞서 대상자들에게 해당 단계 합격시 다음 단계를 진행하지 않는다는 사실을 고지하고, 각 단계를 진행하는 도중에도 개선기회를 부여한 것으로 보이는 점 등을 감안할 때, 이 프로그램은 "직무능력이 현저히 부족한 직원들에게 직무능력 향상과 직무재배치 기회를 부여하되 개선 효과가 없을 경우 구조조정 대상으로 삼아 조직의 효율성과 역량을 제고하려는 취지를 가진 제도로 보인다"고 하여 정당성을 인정하였다.[982)]

⑦ 시립예술단 무용단의 예능단원에 대하여 노조와 실기평정 절차와 방법 등을 합의하고 그 내용을 평정대상자들에게도 미리 알려준 뒤 정기적으로 실기평정을 실시하여 기준에 미달한 자를 해고하는 것은 정당하다.[983)]

(2) 통상해고 또는 인사(성과)평가의 정당성을 부정한 사례

① 비철금속무역회사에서 선물정보팀장으로 근무하던 근로자를 수습기간으로 정한 3개월도 지나지 않은 시점에 회사 손실 초래 등 업무능력 부족을 이유로 해고한 사안에서, "그 손실이 근로자의 업무능력 부족으로 인한 것이라고 단정하기에 부족하므로 객관적으로 합리적인 이유가 존재하여 사회통념상 상당한 것이

981) 서울행판 2009.4.17, 2008구합34443.
982) 대판 2012.9.27, 2012두13955.
983) 서울고판 2013.11.1, 2013두18942.

라고 볼 수 없다"고 하여 해고의 정당성을 부정하였다.[984)]

② 조직개편의 일환으로 서비스지원단을 신설하고 장기근속자, 장기휴직자, 상습병가자, 근무지 무단이탈자, 근무성적 부진자, 근무 부적응자 등에 대하여 서비스지원단 근무를 명하였으나 이에 불응한 것을 징계사유로 삼아 해고한 사안에 대해서는, "이른바 '근무 부적응'은 다의적, 포괄적 개념으로 그 자체로 전직대상자 선별을 정당화할만한 객관적 평가기준으로 채택하기 어려운 한계가 있는데다가, 이와 같이 다의적 포괄적 평가기준은 인사권자의 자의적 판단을 허용하는 수단으로 악용할 소지가 높아 이를 적용하는데 신중을 기할 필요가 있으므로 전직명령이 자의적인 인사권 남용으로서 무효"이다.[985)]

③ 금융회사의 영업직 직원에 대하여 영업실적 보다 다면평가 비중을 다른 직원에 비해 현저하게 높게 하는 경우, 그 평가결과를 근거로 한 인사 조치는 정당성이 부정된다. 증권회사에서 기준연봉 결정을 위한 개인 업적 평가기준의 평가비율을 다른 직원들은 다면평가 20%, 인사평점(부서장평가) 30%, 고객관리(개인별영업실적) 50%로 하면서 영업직원에 대해선 고객관리 점수는 19%에 불과하고 다면평가 40%, 인사평점 40%로 한 것은 부당하다.[986)]

④ 근로자에 대한 인사고과는 원칙적으로 인사권자인 사용자의 권한에 속하므로 업무상 필요한 범위 안에서는 상당한 재량을 가진다 할 것이나, 사용자는 근로자의 근무실적이나 업무능력 등을 중심으로 객관적이고 공정한 평정의 기준에 따라 이루어지도록 노력하여야 하고 그것이 해고에 관한 법적 규제를 회피하고 퇴직을 종용하는 수단으로 악용되는 등의 불순한 동기로 남용되어서는 아니된다. 이와 같이 사용자의 인사고과가 「헌법」, 「근기법」 등에 위반되거나 객관적이고 공정한 평정의 기준을 현저하게 위반하여 정당한 인사권의 범위를 벗어난 때에는 인사고과의 평가 결과는 사법심사의 대상이 되어 그 효력을 부인할 수 있다. 회사가 부진인력 관리계획을 수립한 후 원고들이 포함된 부진인력 대상자에게 인사고과, 업무분담 등에서 불이익을 주는 차별정책을 시행하였고, 원고들에

984) 대판 2014.2.27, 2013두24273.

985) 대판 2010.9.30, 2010두14732.

986) 서울고판 2005.12.31, 2004누21755.

게 합리적인 이유 없이 부당한 인사고과를 하였으므로 이와 같은 인사고과는 재량권을 남용한 것으로서 위법하다.[987)]

나. 징계해고[988)]

1) 의 의

ⓐ '징계'라 함은 기업의 경영목적 달성과 질서 확립을 위하여 근로자의 복무(근무)규율이나 그 밖의 직장질서 위반행위에 대한 제재로서 노동관계상의 불이익을 주는 조치를 말한다. 일반적으로 징계는 비위행위와 근로자의 귀책 정도에 따라 그 수위를 정하는 양정을 하여 해고, 정직, 감봉, 견책, 경고 등의 형태로 행해진다.[989)]

ⓑ 이 가운데 징계해고는 전형적인 징벌로서 근로자의 비위행위 등 귀책을 사유로 하여 사용자의 일방적 의사표시에 의해 근로관계를 종료시키는 것을 말하며, 실무에서는 해임, 면직, 파면이라고도 한다.

2) 징계해고의 정당성 판단기준

ⓐ 「근기법」 제23조제1항(해고 등의 제한)의 규정에 따라 사용자가 근로자에 대해 해고 등 징계권을 행사하기 위해서는 '정당한 이유'가 있어야 한다. 이러한 징계권의 행사는 ① 그 목적에 있어 기업질서유지를 위하여 필요한 범위를 벗어나지 않아야 하고, ② 징계의 사유를 취업규칙[990)]·단체협약·근로계약 등에 정하여야 하며, ③ 취업규칙(단체협약)에 정한 절차와 방법에 따라 공정하게 이루어져야 한다.

ⓑ 특히, 징계해고의 경우 그 정당성은 개별 사안별로 구체적으로 판단되어야 하나, 기본적으로 사유(事由)의 정당성, 양정(量定)의 적정성, 그리고 절차의 정

987) 대판 2015.6.24, 2013다22195.

988) 임무송·이수영·최선애·양성필·권호안, 「노동법 실무」, 2017, ㈜중앙경제, pp.260~308 참고.

989) 임종률, 노동법(제14판), 박영사, 2016, p.511.

990) 「근기법」 제93조제11호에 '표창과 제재에 관한 사항'을 필수적 기재사항으로 규정하고 있다.

당성 내지 적법성을 갖추어야 한다.

(1) 사유(事由)의 정당성

(a) 징계해고의 정당성을 판단할 경우 ① 우선 징계사유의 존재 여부를 살피고, ② 그 징계사유에 해당하는 근로자의 행위가 사회통념상 근로계약 관계를 계속 유지할 수 없을 정도인지,[991] ③ 사용자가 징계권 행사에 있어 재량권을 일탈하거나 남용했는지 여부를 구체적으로 검토하여야 한다.

(b) 한편, 해고의 정당성 판단에 있어서 헌법재판소[992]는 ① 근로자와 관련해서는 의무위반의 종류·중요성·빈도, 종래 행태와의 관련성, 사용자의 공동과실책임, 근무연한, 연령, 부양의무의 범위, 해고시점의 노동시장 상황, 전직 가능성 등이, ② 사용자와 관련해서는 사업기능 유지, 재산손해·위험발생 방지, 위신추락, 다른 근로자의 보호 등이 종합적으로 고려되어야한다는 입장이다. 이와 함께, 근로자가 직장을 상실함으로써 받게 되는 손해와 근로관계를 종료시킴으로써 얻게 되는 사용자의 이익에 대해 신중하고 포괄적인 '비교형량(比較衡量)'이 이루어져야 한다고 보았다.

(c) 또한, 대법원은 해고의 정당성이 인정되는 요건으로서 근로자에게 책임 있는 사유가 '사회통념상 근로자와 고용관계를 계속할 수 없을 정도'인지의 판단기준으로 ① 사용자의 사업 목적과 성격, ② 사업장의 여건, ③ 근로자의 지위와 담당직무의 내용, ④ 비위행위의 동기와 경위, ⑤ 근로자의 행위로 기업의 위계질서가 문란하게 될 위험성 등 기업질서에 미칠 영향, ⑥ 과거의 근무태도 등 여러 가지 사정을 종합적으로 검토하여 판단하여야 한다는 기준을 제시하였다.[993]

(2) 양정(量定)의 적정성

(a) 징계사유가 인정되는 경우, 어떠한 징계를 선택할 것인지는 원칙적으로 징계권자의 재량에 속하므로 징계권자가 취업규칙 등에 정해진 '징계양정기준'에

991) 대판 1998.11.10, 97누18189.
992) 헌재 2005.3.31, 2003헌바12.
993) 대판 2017.3.15, 2013두26750.

따라 징계처분을 하였을 경우, 징계양정기준이 전혀 합리성이 없다거나 특정의 근로자만을 해고하기 위한 방편이라는 등의 특별한 사정이 없는 한 징계처분의 정당성은 인정된다.[994)]

(b) 또한, 징계사유와 징계처분 사이에는 사회통념상 상당하다고 인정되는 '균형'과 '비례성'이 있어야 하고, '상당성의 원칙'과 '과잉금지의 원칙'이 적용된다. 즉, 직무특성, 비위사실의 내용·성질·정도, 징계목적, 징계양정기준 등 여러 사정을 참작할 때 객관적으로 징계권 남용 수준의 사회통념상 현저하게 타당성을 잃은 경우 그 징계처분의 효력은 인정되지 않는다.[995)] 예를 들어 징계사유에는 해당되지만 그 정도가 가벼운 비위행위에 대하여 해고와 같은 무거운 제재를 하는 것은 징계권 남용으로서 무효이다.[996)]

(3) 절차의 정당성

(a) 징계해고가 정당하다고 인정받으려면 징계해고 사유의 실체적 정당성 뿐 아니라 절차적 정당성도 요구되는데, 판례에 의하면 근로자를 징계해고 할 때 ⓐ 해고예고와 ⓑ 서면통보 등 법정사항 준수 여부와 더불어 ⓒ 단체협약이나 취업규칙 등에 규정된 절차를 준수하지 않으면 절차위법으로서 정당성이 부인된다.[997)]

(b) 징계해고 등 징계권행사의 절차적 정당성은 ① 징계위원회 위원구성이 이해관계자를 배제하는 등 관련 규정에 따라 정당하게 구성되었는지,[998)] ② 근로자가 방어권을 행사할 수 있도록 충분한 시간적 여유를 두고 사전에 통보하고 소명할 기회를 부여하였는지,[999)] ③ 징계재심절차를 두고 있는 경우 적정하게 재심절

994) 대판 2007.10.12, 2007두7093.

995) 대판 1991.10.25, 90다20428 ; 대판 2016.11.24, 2015두54759 ; 대판 2000.10.13, 98다20428.

996) 대판 2008.1.31, 2005두8269.

997) 대판 1991.7.9, 90다8077.

998) 단체협약이나 취업규칙에 위원 구성에 제척·기피사유를 두고 있는 경우에는 그에 따라야 한다.

999) 단체협약, 취업규칙 등에 징계시 해당자에게 사전통지와 진술권 부여를 의무조항으로 규정하고 있다면 징계의 객관성과 공정성을 확보하기 위한 것으로 징계의 유효요건이다(대판 1996.9.6, 95다16400). 다만, 해당 근로자에게 소명의 기회를 부여하였는데도 소명하지 않은 경우에는 소명의 기회를 부여한 것으로 볼 수 있다.

차를 이행하였는지[1000] 여부 등에 따라 판단된다.

(c) 다만, 징계절차 위반으로 무효로 된 징계에 대하여 다시 동일한 징계사유를 들어 징계절차에 따라 해고 등 징계를 하는 것은 일사부재리 원칙이나 신의칙 위반으로 볼 수 없다.[1001]

3) 징계해고 사유별 정당성 판단 사례

(1) 직무태만, 지휘·감독 책임 소홀, 업무명령 위반, 폭행·폭언·욕설 등

① 무단결근

무단결근을 이유로 해고할 때는 결근행위의 시기[1002]·양태·원인·결과·관행 등 구체적인 사정을 고려하여야 한다. 특히, 무단결근의 원인이 ① 사용자가 노무의 수령을 부당하게 거절한데서 비롯되거나, ② 사용자의 부당행위·계약위반·무효행위이거나, ③ 정당한 휴직 신청에 대하여 사용자가 거부한 행위라면, 그러한 사정을 감안하여 징계 여부 및 징계정도를 판단하여야 한다.

(a) 사전 구두승낙을 받은 결근이라 하더라도 사후에 취업규칙에 정해진 결근계를 제출하지 않았다면 무단결근에 해당하고, 3일간의 무단결근을 해고사유로 정한 취업규칙에 따른 징계처분은 정당하다.[1003]

(b) 상사·동료의 폭행, 협박으로 직장생활을 감당할 수 없어 휴직신청을 하였으나 회사가 이를 승인하지 아니하자 계속 승인을 요구하면서 결근한 것은 무단결근에 해당하지만, 이를 이유로 해고한 것은 징계권을 남용한 것이다.[1004]

(c) 단체교섭을 요구하는 농성에 참여할 목적으로 시기를 특정하지 않고 연차휴가 신청서를 제출하고 출근하지 않은 노조간부를 무단결근으로 해고한 것은

1000) 원래의 징계처분이 그 요건을 모두 갖추었다 하더라도 재심절차를 전혀 이행하지 않거나, 재심절차에 중대한 하자가 있어 재심의 효력을 인정할 수 없는 경우에 징계처분은 무효가 된다(대판 2010.5.27, 2010두1743).

1001) 대판 1995.12.5, 95다36138.

1002) 해고사유가 되는 무단결근 일수는 취업규칙 등으로 정할 사항이다.

1003) 대판 1987.4.14, 86다카1875 ; 대판 1990.4.27, 89다카5451.

1004) 대판 1997.7.22, 95다53096.

정당하다.[1005)]

(d) 노조위원장직을 상실하여 현장복귀 명령을 받고도 아무런 합리적인 사유 없이 이를 거부하고 5일 이상 무단결근한 것이 취업규칙의 해고사유에 해당하여 해고 처분한 것은 정당하다.[1006)]

(e) 취업규칙에 연차휴가를 청구하는 절차에 대하여 정함이 없는 회사에서 근로자가 연차휴가를 사용하겠다고 전화한 후 출근치 아니하였다면 적법하게 연차휴가를 사용한 것이고 무단결근으로 볼 수 없으므로 이를 이유로 한 해고는 부당하다.[1007)]

(f) 노동위원회의 구제명령이나 법원의 판결에 따라 해고근로자를 복직시킨 경우, 인사질서, 사용자의 경영상 필요 등을 고려하여 복직근로자에게 그에 합당한 다른 일을 시킨 것이라고 인정된다면 이에 불응하며 업무를 거부하는 것은 무단결근으로서 징계해고 사유가 된다.[1008)]

(g) '7일 이상 무단결근'이 해고사유로 규정되어 있는 경우, 이는 원칙적으로 '상당한 기간 내'에 합계 7일 이상 무단결근한 경우를 의미한다고 제한적으로 해석해야하며, 1년 2개월에 걸쳐 합계 7일 무단결근한 것이라면 사회통념상 고용관계를 계속할 수 없을 정도의 징계해고 사유에는 해당되지 않는다.[1009)]

② 지휘·감독(통솔) 책임 소홀

> 지휘감독책임자는 소속 직원의 범법·부당행위에 대해 지휘감독(통솔)자의 책임 밖에서 이루어진 점이 객관적으로 인정되지 않으면 취업규칙 등에 따라 징계책임을 질 수 있다. 구체적 판단기준으로는 검사·감독 권한유무, 제도상 한계유무, 중대한 사고 여부, 그밖에 취업규칙 등의 규정내용 등을 들 수 있다.[1010)]

(a) 대출업무에 대한 결재 등 지도·감독업무를 소홀히 하여 소속직원이 11개

1005) 대판 1997.3.28, 96누4220.
1006) 대판 1987.11.24, 87누762.
1007) 대판 1992.4.10, 92누404.
1008) 대판 1997.5.16, 96다47074.
1009) 대판 1995.5.26, 94다46596.
1010) 하갑래, 「근로기준법(제29판)」, ㈜중앙경제, 2017, pp.808~809.

월 동안 부정대출을 한 사실을 적발해내지 못한 것 등은 지휘·감독을 함에 있어 중대한 과실이 있다고 보아 징계해고 한 것은 정당하다.[1011]

(b) 노조집회 참석이 목적이라고 밝힌 직원들의 연차휴가, 조퇴 신청을 상사의 지시에 반하게 승인하여 업무를 소홀이 한 경비회사의 노무관리 직원을 징계해고 한 것은 정당하다.[1012]

(c) 영업소 판매원 등이 거액을 횡령한 경우 지휘·감독상의 책임을 물어 영업소장을 면직한 것은 정당하다.[1013] 그러나, 영업소의 판매원이 판매대금을 횡령하였더라도 그 부정을 적발·감시하는 것이 본사의 영업부의 담당업무로 되어있고 영업소장에게는 감독·사고발생의 보고책임이 없다면 지휘통솔책임을 물을 수 없다.[1014]

(d) 국방홍보원장이 소속 직원에 대한 지휘·감독을 소홀히 하여 국방일보에 '피바다' 관련 기사가 게재되어 사회적 물의를 야기하였고, 이로 인해 고용관계를 유지하기 어려워 해고를 한 것은 정당하다.[1015]

(e) 결재권자로서 부하직원에 대한 지휘·감독 의무를 위반한 점은 있으나 기말결산에서 계정 금액을 맞춰보기 전에는 부하직원의 부정행위를 쉽게 밝혀낼 수 없는 경우에는 근무태만으로 볼 수 없으므로 이를 이유로 한 해고는 정당성이 없다.[1016]

(f) 감독권자인 근로자가 토요일 근무시간 중에 부하직원과 골프를 3회 하고 이것이 언론에 게재된 것은 징계사유에는 해당하지만 해고는 가혹하여 징계권 남용에 해당한다.[1017]

1011) 서울행판 2004.2.10, 2003구합21145.
1012) 서울행판 2003.9.4, 2003구합5143.
1013) 대판 1989.1.17, 87다카1999.
1014) 대판 1986.9.23, 86다카679.
1015) 대판 2002.11.26, 2002두5948.
1016) 대판 1971.8.31, 71다1400.
1017) 대판 1996.4.23, 96다2378.

③ 업무지시·명령 위반

사용자의 업무지시나 명령을 정당한 이유 없이 거부하는 것은 기업 내 질서를 문란하게 만들고 노사간의 신뢰를 깨뜨리는 행위로서 원칙적으로 징계해고의 사유에 해당된다. 다만, 사용자의 업무지시·명령 위반에 대한 징계(해고)처분이 정당하려면 ① 사용자의 업무명령이 근로계약 범위 내의 것으로서 정당하여 유효한 것이고, ② 근로자가 그 명령에 따르지 않은 것에 부득이한 사유가 없으며, ③ 그 명령위반에 대한 징계(해고) 처분이 상당한 것이어야 한다.[1018]

(a) 상사에게 직무명령 이행의 어려움을 호소하기 위해 단순히 항의의 의사표시를 한 것은 업무상 지시 거부로 보기 어려워 정당한 해고사유로 인정되지 않는다.[1019]

(b) 경비지도사는 법령상 경비원 근무가 금지되고 이를 위반할 경우 자격정지를 받을 수 있음에도 사용자가 경비근무 지시를 하자 근로자가 이를 거부하는 것을 이유로 해고하는 것은 부당하다.[1020]

(c) 승무직 근로자가 특별한 사정이 없음에도 사용자의 배차지시(운전수에 대한 승무지시)와 같은 통상적인 업무수행 명령을 거부하는 것은 단순한 무단결근과는 달리 여객운송이 중단되거나 운송질서를 문란하게 만드는 등 '근로계약의 본질적이고 기본적인 의무'를 불이행하는 것으로서 일반적으로 해고사유가 된다.[1021]

(d) 1일 12시간까지 택시운행을 묵인해왔던 회사가 운송수입금 전액관리제시행을 요구한 근로자에 대해서만 취업규칙에 규정된 7시간 20분으로 배차를 제약하고 추가 승무를 금지하자 근로자가 정상적인 근무시간과 배차를 요구하면서 결근한 경우, 이를 이유로 한 해고는 부당하다.[1022]

(e) 시내버스 기사가 승무 하루 전에 일방적으로 휴무신청 후 결근 등 3회 배

1018) 중앙노동위원회, 「주제별 판례 분석집」, 2016.10. p.353.

1019) 대판 1990.12.7, 90다6095.

1020) 서울고판 2012.8.16, 2012누5901.

1021) 대판 2000.6.23, 98다54960.

1022) 대판 2010.11.25, 2010두18178.

차지시를 거부해 시내버스가 결행되었다면 징계해고는 정당하다.[1023)]

(f) 시말서 미제출이라는 가벼운 비위만으로 징계종류 중 가장 중한 해고를 선택한 것은 징계권 남용으로 위법하다고 볼 수 있다.[1024)] 그러나, 1년이 채 되지 않은 기간 동안 5차례에 걸쳐 반복적으로 시말서 제출을 요구받은 근로자를 징계해고 하는 것은 정당하다.[1025)]

④ 폭행·폭언·욕설 등의 행위

> 폭행을 이유로 한 해고 등 징계시에는 폭행의 동기나 경위, 폭행의 대상과 정도, 업무의 자질과 능력을 부인할 정도인지 등을 고려하여 판단하여야 하고, 폭언·욕설의 경우 그러한 행위가 반복되거나 직장질서를 해칠 정도로 심한 경우에 해당하는지 등을 고려하여 판단하여야 한다.

(a) 단체교섭기간 중의 간담회에서 회사간부에게 폭언과 함께 전치4주의 치료를 요하는 상해를 가하였고, 이전에도 수차례에 걸쳐 임원들에게 폭행과 폭언을 해온 점, 그 수단과 방법, 피해의 정도 등 제반사정을 종합해 볼 때 가해자를 징계파면한 것은 재량권을 일탈한 것이 아니다.[1026)]

(b) 회사 회식자리에서 술에 취해 상사의 멱살을 잡고 옷을 찢은 행위는 사내질서나 근무기강 확립을 위해 징계 필요성이 인정되나, 취중에 폭행하였고 피해자와 원만히 합의하였고, 4년 동안 성실히 근무하여온 점 등을 종합해 볼 때 징계면직은 징계권의 범위를 일탈한 것이다.[1027)]

(c) 단체협약의 징계규정에 근무질서를 저해하는 직원들의 폭력행위에 대해 징계해고 대상으로 규정하고 있고, 16세 연상의 근무경력 10년이 많은 노조위원장을 탁자위에 올라가 발로 차 쓰러뜨리고 주먹으로 얼굴을 폭행하여 3주의 치료를 요하는 상해를 입히고 형사처벌까지 받은 직원에 대한 해고처분은 정당하

1023) 대판 2015.9.10, 2015두44097.

1024) 대판 1991.12.24, 90다12991

1025) 대판 1995.3.3, 94누11767 ; 대판 1991.12.24, 90다12991 ; 대판 1995.4.25, 94누13053.

1026) 대판 1997.6.24, 96누16063.

1027) 대판 1992.5.22, 91누5884.

다.[1028)]

(d) 직장상사(과장)에게 동료직원들이 듣고 있는 상황에서 4차에 걸쳐 욕설을 수반한 폭언을 한 행위는 회사의 위계질서를 문란케 한 것이므로 징계 관련 규정에 따라 해고처분을 한 것은 정당하다.[1029)]

(e) 자신의 잘못된 행동으로 징계위원회에 회부되자 상사에게 7회에 걸쳐 '죽여버리겠다'고 협박하고, 음주 후 대표이사 등 임원들에게 협박 및 폭언을 하고 멱살을 잡는 등의 행위를 한 경우, 사회통념상 근로관계를 지속할 수 없는 근로자의 귀책사유에 해당한다.[1030)]

(2) 학력·경력 사칭과 위장취업 등을 이유로 한 징계해고[1031)]

① 정당성 판단기준

기업이 근로자를 고용하면서 학력 또는 경력을 기재한 이력서나 증명서를 요구하는 이유는 단순히 노동력을 평가하는 것만이 아니라, 전 인격적 판단을 거쳐 노사간의 신뢰 형성과 기업 질서유지 안정을 도모하기 위하는 것이기도 하므로, 근로자가 은폐·사칭한 학력[1032)]·경력이 노사 신뢰관계와 기업 질서유지 어느 것이든 영향을 주는 것으로서, 은폐·사칭이 사전에 발각되었다면 사용자는 고용계약을 하지 아니하였거나 적어도 같은 조건으로는 고용계약을 하지 않았을 것으로 인정되는 정도의 것이라면 징계해고의 사유가 된다.[1033)]

② 학력사칭을 이유로 한 해고 사례

(a) 중학교 졸업 이상 학력을 요건으로 하는 회사에 입사하면서 중학교 졸업

1028) 대판 1992.3.13, 91다39559.

1029) 서울행판 2001.2.2, 2000구25152.

1030) 대판 1994.8.12, 94누1890.

1031) 학력이나 경력의 사칭·은폐란 근로자가 고의로 기업에 채용될 때 제출하는 이력서나 면접 등에서 학력, 경력, 학생운동 전력, 노동운동 전력, 사회활동 경력 또는 전과사실 등을 거짓으로 속이거나 숨기는 것을 말한다.

1032) 최종학력의 사칭에는 낮은 학력을 높게 사칭하는 것만이 아니라 높은 학력을 낮게 사칭하는 것도 포함된다(대판 1989.1.31, 87다카2410).

1033) 대판 1985.4.9, 83다카2202 ; 대판 1986.10.28, 85누851 ; 대판 1989.3.14, 87다카3196 ; 대판 1999.12.21, 99다53865 ; 대판 2000.6.23, 98다54960 등 다수.

을 사칭하고 졸업증명서를 위조하여 제출한 후 8년간 계속 근무한 경우 학력사칭은 정당한 해고사유에 해당한다.[1034)]

(b) 고졸 이하의 미혼여성으로 지원자격을 제한한 회사에 입사하면서 대학교 3학년까지 마친 뒤 제적되었음에도 이력서에 고교 졸업으로 기재하고 허위사실이 발견되면 어떠한 처벌도 감수하겠다고 각서를 제출한 경우 정당한 해고사유가 된다.[1035)]

(c) 초등학교 5학년 중퇴 임에도 고교 2학년을 중퇴했다고 하여 입사하였으나 주로 납땜 업무에 종사하여 학력이 업무 능력에 미치는 영향이 거의 없었고, 입사 후 2년 9개월 동안 성실하게 직무를 수행하여 학력 미달로 인한 능력 부족이나 그 밖의 결함이 없었다면, 동 학력 은폐·사칭이 노사간 신뢰관계나 기업질서 유지에 영향을 미쳤다고 볼 수 없으므로 징계해고의 사유가 될 수 없다.[1036)]

(d) 단순 생산직의 육체노동 근로자로서 학교 이름만 조금 다르게 기재했을 뿐 학력이 전혀 문제되지 않았다면 해고사유로 삼을 수 없다.[1037)]

(e) 회사가 학력(경력)사칭 사실을 알고도 상당기간 징계를 하지 않다가 뒤늦게 징계해고를 하는 것이 신의성실 원칙 위반에 해당되는지 여부는 징계권을 행사하지 아니할 것으로 신뢰할만한 정당한 기대를 가지게 된 경우에 해당하는지 여부를 기준으로 판단해야 하는바, 학력과 경력 은폐 사실을 알고도 1년 3개월이 지난 뒤에 이루어진 징계해고는 신의칙 위반으로 볼 수 없어 정당하다.[1038)]

③ 경력사칭을 이유로 한 해고 사례

(a) 다른 공장에서 봉제공으로 근무한 경력이 있음에도 그 공장이 노사분규와 관련하여 폐쇄된 것으로 항간에 알려져 있어, 그 기간 동안 다른 회사에 근무한 것처럼 이력서를 허위 기재하여 봉제공으로 취업한 경우 해고는 정당하다.[1039)]

1034) 대판 1989.3.14, 87다카3196.
1035) 대판 2003.5.16, 2002다25525.
1036) 대판 1986.10.28, 85누851.
1037) 대판 1989.5.9, 88다카4918.
1038) 대판 1994.1.28, 92다45290.
1039) 대판 1985.4.9, 83다카2202.

ⓑ 중공업 회사에 입사하면서 철도청 공작창 근무경력이 1년 4개월 남짓임에도 4년간 근무한 것처럼 이력서에 기재한 경우 해고는 정당하다.[1040)]

ⓒ 근로자 대부분이 여성인 회사에 입사하면서 강간치상죄 처벌 사실을 은폐하고 경력을 과장한 경우 허위사실 기재는 징계해고의 정당한 사유가 된다.[1041)]

ⓓ 버스업체 입사 시 제출한 이력서에 다른 버스업체에 4개월 근무한 경력을 누락하였지만 비위사실을 은폐하고자 고의로 누락한 것이 아니라, 그 경력 외에 2년 이상 대형버스 운전 경험이 있고 이것만으로도 입사자격인 운전경력을 나타내는 데 지장이 없다고 판단하여 누락한 경우에는 이를 해고사유로 삼을 수 없다.[1042)]

ⓔ 대학교 중퇴와 다른 택시 회사 경력을 누락하였지만 실제로 회사에는 대졸 학력자가 최소한 5명 이상 있었고, 해당 근로자나 대졸 학력자들이나 모두 같은 조건으로 근무했고, 학력·경력이 근로계약 체결 여부나 근로조건 결정에 크게 영향을 주지 않았으며, 고학력 때문에 동료들 사이에 위화감이나 위장취업에 따른 노사 분쟁을 야기한 적이 없는 등 학력·경력 은폐와 관련한 문제가 없었다면, 경력사칭을 이유로 한 해고는 부당하다.[1043)]

④ 전과나 징계 은폐 등을 이유한 해고 사례

ⓐ 고등학교 재학 중에 특수강도 혐의로 형사 입건되어 퇴학처분을 받았음에도 고등학교 졸업으로 이력서를 허위 기재하였거나,[1044)] 근무성적불량 해고 및 주거침입혐의 수배 사실 등을 숨기고 다른 회사에 근무한 것으로 경력을 사칭하였다면 정당한 징계해고 사유가 된다.[1045)]

ⓑ 철도청에 근무하다 업무상 배임죄로 형사처벌을 받고 파면된 후 6년이 지나 그 사실을 은폐하고 관광호텔에 입사하였지만, 철도청 직무와는 다른 종류인

1040) 대판 1990.12.7, 90다카23912.
1041) 대판 1991.4.9, 90다카2742.
1042) 대판 1999.12.21, 99다53865.
1043) 대판 2004.2.27, 2003두14338.
1044) 대판 1988.2.9, 87누818.
1045) 대판 1990.10.30, 89다카30846.

관광 숙박업 종사원 자격증을 취득하고 호텔 식음료부에 13년간 성실하게 근무하였다면 전과 은폐는 정당한 해고사유가 될 수 없다.[1046]

⑤ 학력 등 사칭을 이유로 한 해고의 정당성 요건에 대한 판례의 변화

(a) 그간 판례는 기본적으로 징계해고의 정당한 사유의 존부를 가정적 인과관계에 따라서 채용당시를 중심으로 소급하여 판단하였으나, 2012년 대법원은 그간의 입장에서 변화된 판결[1047]을 내놓았다.

이 판례는 기존의 대다수 판례들이 채용시점의 가정적 인과관계와 기업질서 침해의 추상적 위험성을 기준으로 판단했던 것과 달리 해고시점에서의 사회통념상 타당성을 중심으로 학력사칭과 업무관련성의 현실적 인과관계에 초점을 맞추어 판단함으로써 판단 시점을 '채용당시'에서 '해고시점'까지로 확장시키고, '판단요소'에 사용자의 주관적 의사뿐 아니라 객관적 제반사정까지 포함시켜 기존 판례보다 엄격한 기준을 제시하였다.[1048]

(b) 즉, 학력사칭 등이 사회통념상 근로계약관계를 계속 유지할 수 없을 정도인지 여부는 ① 가정적 인과관계의 존부(사용자가 사실을 미리 알았더라면 근로계약을 체결하지 않았거나 적어도 같은 조건으로는 체결하지 않았을 것이라는 채용 당시의 사정)와 ② 고용된 후 해고될 때까지의 사정(㉠ 근로내용과 기간, ㉡ 근로에 지장 초래 여부, ㉢ 허위사실인지 경위, ㉣ 사실을 알고 난 뒤 근로자의 태도와 사용자의 조치 내용, ㉤ 노사 및 근로자 상호간 신뢰관계 유지와 안정적 기업경영 및 질서유지에 미치는 영향 등)을 종합적으로 고려하여 판단하여야 한다는 것이다.[1049]

1046) 대판 1993.10.8, 93다30921.

1047) 학력 등의 허위기재를 징계해고 사유로 규정한 취업규칙에 근거하여 근로자를 해고하는 경우에도, 고용 당시에 사용자가 근로자의 실제 학력 등을 알았더라면 어떻게 하였을지에 대하여 추단하는 이른바 가정적 인과관계의 요소뿐 아니라 고용 이후 해고 시점까지의 제반 사정을 보태어 보더라도 그 해고가 사회통념상 현저히 부당한 것은 아니라고 인정이 되어야만 정당성이 인정될 수 있다고 할 것이다(대판 2012.7.5, 2009두16763).

1048) 김소영, 「경력사칭을 이유로 하는 징계해고의 정당성 : 대판 2012.7.5 선고 2009두16769 판결을 중심으로」, 기업법연구, 제26권 제3호, p.260.

1049) 하경효, "경력사칭과 해고", 「노동판례백선」, 한국노동법학회, 2014, pp.158~159.

(3) 음주·도박 등 근무기강(직장규율) 문란 행위를 이유로 한 해고

직장의 근무기강을 어지럽히는 행위가 해고사유가 되는지 여부는 비위행위의 내용에 따라 발생장소, 동기·경위와 가담 정도, 위계질서나 업무에 미치는 영향, 재산상 손해나 인명피해 발생 여부나 우려, 근로자 사이의 형평성 등을 종합적으로 고려하여 구체적·개별적으로 판단하여야 한다.

(a) 고속버스 기사의 기숙사내 심야 음주·도박 등 사업장 내 또는 업무수행과 관련하여 음주나 도박으로 중대한 업무지장이나 손해·피해를 발생시키는 행위는 징계해고의 정당한 사유로 인정된다.[1050]

(b) 식사대장 부정기입행위를 13개월 동안 총 159회에 걸쳐 반복해서 이루어진 경우 이를 이유로 한 해고는 정당하다.[1051]

(c) 승진탈락 불만으로 상급자에게 투서 위협을 하면서 대화를 녹음하고 대표이사를 비롯한 15명의 상사와 동료를 고소하고 주주총회를 방해하며 질서유지인에게 상해를 입힌 행위는 징계해고의 정당성이 인정된다.[1052]

(d) 교사가 전근 축하자리에서 우연히 한번 도박에 가담해 술기운에 차츰 액수가 커진 경우와, 단합대회를 하다 술기운에 상사 멱살을 잡아당기다가 옷이 찢어진 경우와 같이 업무수행과 관련이 없는 가벼운 잘못이나 업무에 지장이 없는 일시적·우발적 행위는 징계양정이 감안되어야 하는바, 이러한 경우의 해고는 징계권 남용으로 그 정당성이 인정되지 않는다.[1053]

1050) 대판 1983.11.22, 83다카1243.

1051) 서울행판 2009.8.14, 2009구합5503.

1052) 대판 2011.3.24, 2010다21962.

1053) 대판 1985.3.26, 84누711 ; 대판 1992.5.22, 91누5884.

(4) 범법행위와 중대사고를 이유로 한 해고

사용자는 근로계약상 노동력의 처분권자로서 지휘·명령권을 가질 뿐이어서 근로자는 사업장 밖이나 근로시간 이외의 시간에는 시민으로서 사생활의 자유를 누릴 수 있고, 비록 사회적으로 비난받고 위법하게 보이는 행위를 한 경우에도 사용자가 직접 근로자에게 책임을 추궁할 수는 없는 것이 원칙이다.

그러나 근로자가 업무와 관련하여 횡령·배임 등 범죄행위를 하거나 형사처벌을 받게 된 경우, 또는 중대한 과실이나 고의로 사고를 발생시킨 경우에는 근로계약상의 성실 의무를 중대하게 위반한 것이 되어 징계해고의 대상이 될 수 있다.[1054]

① 횡령·배임·운송수입금 미납 등

회사자금 횡령·배임 등의 행위는 비록 소액이라 하더라도 재산상 신임이 요구되는 지위에 있는 자가 신뢰를 훼손하고 대리권을 남용하여 회사에 손해를 끼치게 되므로 해고의 사유가 될 수 있다. 다만, 그 사업의 목적과 업무의 성격, 근로자의 지위와 직무 내용, 비위행위의 동기와 경위, 비위행위와 업무와의 관련정도, 부당이득의 성격 등을 고려하여야 한다.

(a) 은행 직원이 50만원을 횡령한 경우나, 금융업무 총괄자가 자산건전성 내부 심사규정 미준수 및 배임행위를 반복한 경우, 카지노회사 직원이 사내복지기금을 유용해 게임을 한 경우와 같이 대외신용과 명예를 훼손하고 노사간의 신뢰에 치명적인 손상을 주는 행위는 징계해고의 사유가 된다.[1055]

(b) 운전사가 운송수입금 7,200원을 착복한 행위가 단체협약에 정하여진 해고사유에 해당하고, 이와 같은 행위가 사회통념상 근로관계를 계속 유지할 수 없을 정도의 비위행위에 해당하므로 해고처분은 정당하다.[1056]

(c) 택시기사가 정당한 이유 없이 수십 개월간 기준운송수입금을 미납한 경우와 '전액관리제' 하에서 미터기를 사용하지 않고 운송수입금을 횡령하고 이전에도 같은 사유로 3차례 징계를 받은 경우에 는 사회통념상 근로계약 관계를 지속

1054) 임무송·이수영·최선애·양성필·권호안, 「노동법 실무」, 2017, ㈜중앙경제, p.285.

1055) 대판 2008.6.26, 2008두4923 ; 대판 2015.11.16, 2015두46550 ; 대판 2003.5.30, 2002구합32476.

1056) 대판 2001.2.23, 2000두1447.

하는 것이 현저히 불합리하다고 볼 정도로 중대한 귀책사유에 해당하므로 해고는 정당하다.[1057)]

(d) 노동조합의 임원으로서 조합지 등 노조의 업무와 관련하여 횡령을 한 경우, 업무와 관련하여 징계해고를 할 때 대상이 되는 '업무'의 범위는 근로계약상의 업무에 한정되는 것이므로, 이 경우 노조 임원의 행위는 노조 내부의 징계대상이 될 뿐 사용자가 징계해고의 사유로 삼을 수는 없다.[1058)]

② 교통사고 등 중대과실로 손해 야기

운수업체에서 근로자가 교통사고를 반복적으로 야기하거나, 중대한 과실로 교통사고 유발하여 회사에 상당한 손해를 끼친 경우에 해고의 사유가 되는지에 대하여 판례는 ① 가벼운 사고라도 상습적이어서 업무능력이 현저히 부족하거나 근로계약 의무 이행이 곤란하다고 인정되는 경우, ② 사고로 이어지지 않더라도 음주, 무면허 등과 같이 사고의 개연성이 높은 경우, ③ 신호위반·중앙선 침범·음주 등 운전습관과 관련하여 사고로 인해 승객의 안전과 인명에 심각한 위협을 줄 수 있는 경우에는 해고 등 중징계사유가 될 수 있다는 입장이다.

또한, 근로자가 시설안전규칙을 위반하여 중대한 사고와 손실을 발생시키거나 야기할 우려가 있는 행동을 한 경우에도 징계해고의 사유가 될 수 있다.

(a) 시내버스 운전기사가 회사 주차장에서 브레이크 대신 가속 페달을 밟아 동료를 사망하게하고 여러 대의 차량을 파손한 행위는 중대한 과실로 해고의 사유가 된다.[1059)]

(b) 버스운전기사가 교차로에서 좌회전 신호가 들어오자마자 주위를 살피지 아니한 채 성급히 출발하여 오토바이와 충돌로 오토바이 운전자가 사망한 경우 버스운전자의 행위는 '고의 또는 과실로 중대한 사고를 발생시켜 회사에 손해를 끼친 경우'에 해당하므로 징계해고는 정당하다.[1060)]

1057) 대판 2013.10.31, 2013두13198 ; 서울고판 2002.5.1, 2001누3060.

1058) 대판 2014.10.16, 2014두37900.

1059) 대판 1997.4.8, 96다33556.

(c) 고속버스 운전사의 경우 순간의 실수로 대형인명피해가 날 가능성이 큰 만큼 높은 주의력과 조심성이 요구되므로, 가벼운 사고라도 '1년에 3회 이상 교통사고를 일으키면 해고한다'는 규정에 근거한 징계해고는 정당하다.[1061]

(d) 가벼운 사고라도 상습적으로 반복되는 경우, 특히 안전을 요하는 업무인 경우에는 징계해고의 정당성이 폭넓게 인정되는바, 운전기사가 비록 사고는 나지 않았지만 고의로 반복해서 음주·무면허운전을 하여 집행유예를 받은 경우 징계해고 대상이 된다.[1062]

(e) 화약류 취급공간에서 1미터 떨어진 금연구역에서 흡연한 경우, 그러한 장소는 폭발 위험성이 매우 높아 엄청난 인명과 재산손실을 초래할 수 있고 근로자들이 평소 안전교육 등을 통해 이를 충분히 인식하고 있었음에도 흡연행위를 한 것은 취업규칙에서 정한 '비위의 정도가 극심하거나 고의가 있는 경우'에 해당되므로 징계하고는 정당하다.[1063]

③ 형사범죄와 유죄판결

단체협약이나 취업규칙 등에 근로자의 범죄행위로 형사처벌을 받은 경우 해고나 당연면직의 사유로 규정하는 것이 일반적이고 그 유효성과 정당성을 인정하는 것이 다수 판례의 입장이다.[1064] 이와 같이 형사상 유죄판결[1065]을 받은 경우를 해고의 정당한 사유로 인정하는 이유는 ① 장기간 근로제공 의무 이행 불능, ② 회사의 명예나 신용 실추, ③ 거래관계에 악영향 초래, ④ 사용자와 근로자의 신뢰관계 상실 등이다.[1066]

여기서 '유죄판결을 받은 때의 시점'은 취업규칙 등에 유죄판결을 해고사유로

1060) 대판 1992.8.18, 92다19910.

1061) 대판 1993.7.13, 92다56933.

1062) 대판 2007.11.15, 2005두4120.

1063) 대판 1991.8.27, 91다20418.

1064) 대판 1997.9.26, 97누1600 ; 대판 1999.9.3, 98두18848 등.

1065) 실형을 받을 때 뿐만아니라 집행유예나 선고유예도 유죄의 범위에 포함된다(헌재 2002.8.29, 2001헌마788)

1066) 대판 1997.7.25, 97다7066 ; 대판 1997.5.23, 97다9239.

규정한 주요 이유가 근로제공 곤란을 이유로 한 것이라면 1심 종국판결시가 되며, 근로제공 곤란이 아닌 범죄사실을 이유로 한다면 무죄추정의 원칙에 따라 유죄판결이 확정될 때가 된다.[1067]

ⓐ 근로자의 범죄행위 자체가 근로관계를 유지하지 못할 정도의 해고사유에 해당되는 경우에는 유죄판결 전이라도 취업규칙상 성실의무·품위유지의무·복종의무위반 등 다른 징계사유를 적용하여 해고할 수 있다.[1068]

ⓑ 취업규칙 등에 유죄 확정판결을 해고요건으로 규정한 경우에는 비록 판결이 추후에 확정되더라도 항소심 진행 중의 해고는 무효로 본다.[1069] 반면에 1심 유죄판결을 해고요건으로 한 경우에는 상급심 무죄판결 시 복직한다는 단서가 있어도 1심 판결 결과에 따라 해고할 수 있으나,[1070] 상급심에서 무죄판결이 나오면 복직시켜야 한다.[1071]

ⓒ 수사 중 구속되어 4개월 복역하다가 1심에서 징역 1년을, 받고 4개월 더 복역한 뒤 항소심에서 집행유예 판결을 받았다면, 8개월이 넘는 기간 근로제공이 불가능했고, 1심 당시 실형 선고로 근로제공 불능이 예상되는 시점이었으므로 1심의 유죄 실형판결 선고만으로 직권면직이 가능하다.[1072]

ⓓ 취업규칙 등에 해고사유로 규정된 형사상 유죄판결이 실형만을 의미하는 것으로 제한하여 해석할 필요는 없으며, 신체 구속으로 장기간 근로제공이 불가능한 경우를 상정한 것이 아니라 회사의 신용·명예훼손이나 직장질서 유지에 대한 악영향으로 노사간 신뢰 상실이 우려되어 규정한 것이라면 집행유예 판결도 포함되는 것으로 해석해야 한다.[1073]

1067) 대판 1994.6.24, 93다28584.

1068) 대판 1994.6.24, 93다28584.

1069) 인천지판 1990.6.14, 88가합101065.

1070) 대판 1993.2.29, 92다22206.

1071) 하갑래, 「근로기준법(제29판)」, ㈜중앙경제, 2017, p.817.

1072) 대판 1995.3.24, 94다42082.

1073) 대판 1997.9.26, 97누1600.

(5) 회사에 대한 고소·고발·진정 및 자료 유출·도용을 이유로 한 해고

근로자는 사용자가 위법행위를 할 경우 사법기관 등에 고소·고발·진정·구제신청 등을 할 수 있고, 관련 법령에 따라 국가기관 등에 보고·출석·자료제공 등을 할 수 있다.

그러나, 동시에 근로자는 사용자의 이익을 배려해야 할 근로계약상 성실의무를 지게 되므로, 이러한 권리를 남용하여 사용자의 비밀, 명예, 신용 등을 훼손하는 것은 징계사유가 될 수 있고, 그 정도가 심하면 해고에까지 이를 수 있다.

① 고소·고발·진정·언론제보·내부고발

상습적인 진정을 근거 없이 남발하여 직장화합을 해친다거나, 뚜렷한 자료나 명확한 근거 또는 확신이 없이 사용자를 고소·고발하거나 진정서를 관련기관에 제출하는 행위는 징계사유가 된다.[1074)]

다만, 이러한 행위가 해고에까지 이를 것인지에 대해서는 그 빈도, 내용 등이 근로관계를 유지하기 어려운 수준이라고 인정되어야 한다. 이와 함께 고소·고발 내용의 사실여부, 사용자를 인격적으로 비난하는 표현이 있는지 여부, 고소·고발 내용이 근로자의 권익에 관계되는지 여부 등이 징계양정을 정하는 요인이 된다.

(a) 대기발령을 받은 근로자가 자신에 대한 인사가 부당하다고 지적하는 수준을 넘어서 다른 직원에 대한 정당한 인사권 행사나 고도의 경영정책적 판단사항에 대하여 관계기관에 탄원서를 제출한 것을 이유로 한 해고는 정당하다.[1075)]

(b) 뚜렷한 자료 없이 대표자의 인격을 비난하는 내용이 담긴 진정서등을 관계기관에 제출하는 행위, 공개석상에서 진실과 다른 내용이나 과장된 내용을 가지고 회사를 비방하는 행위는 해고 등 징계 사유가 된다.[1076)]

(c) 고소, 고발 및 언론제보 등이 진실이거나 상당한 근거가 있는 경우에는 징계사유에 해당하더라도 징계해고까지 하는 것은 재량권을 일탈한 것이고, 특히 공공성이 강한 경우에는 더욱 그러하다.[1077)]

1074) 대판 1995.3.3, 94누11767 ; 대판 1992.6.26, 91다42982.

1075) 서울행판 2001.2.2, 2000구14466.

1076) 대판 1996.3.12, 95다1403.

1077) 대판 1995.3.3, 94누11767.

(d) 근로자는 사용자의 이익을 배려해야 할 성실의무를 지고 있으므로 직장 내부사실의 외부공표행위에 대한 징계의 정당성은 공표된 내용과 그 진위, 공표 경위와 목적, 방법 등을 고려하여 판단하게 되며, 공익을 위한 내부 고발 행위는 일부 사실과 다른 내용이 있더라도 전체적으로 진실되고 목적이 정당하다면 해고사유로 삼을 수 없다[1078]

(e) 공공법인 소속 직원에 의한 업무 관련 사실의 공표행위가 공익성과 관련 없는 극히 경미한 사항으로서 주로 사익적인 목적이나 동기에서 비롯된 것이라면 징계사유가 된다.[1079]

② 소송제기 및 청원권 행사, 자료유출·도용·정보침해

(a) 청원권이나 재판청구권은 「헌법」상 보장된 기본권이므로 근로자도 사용자에 관한사항에 대하여 청원하거나 소송을 제기할 수 있다. 그러나 청원서의 내용이 허위 사실이거나 사용자를 비방하는 것이라면 사용자의 인격, 비밀, 명예, 신용 등을 훼손하여서는 아니 되는 성실의무에 반하여 해고 등 징계사유가 될 수 있다.[1080]

(b) 간부들만 볼 수 있는 내부정보를 유출시키고 외부인을 상당기간 내부망에 접속할 수 있도록 하는 등 정당한 권한이 없는 자가 내부정보를 외부로 유출하도록 하거나,[1081] 소정의 업무상 절차를 지키지 않고 오랜 기간 외부 보안기관에 내부 개인정보 자료를 무단으로 제공하는 행위[1082]에 대한 징계해고는 정당하다.

(c) 공법인 소속 직원이 직무관련자로부터 지속적으로 향응을 받고 보험 가입자의 개인정보를 무단으로 열람하고 제3자에게 유출한 행위를 이유로 한 해고는 정당하다.[1083]

(d) 업무상 절차를 준수하지 않고 국가기관에 장기간 지속하여 사업장의 자료를 무단으로 제공하면 해소 사유가 될 수 있다.[1084]

1078) 대판 1999.9.3, 97누2528.

1079) 대판 1999.9.3, 97누2528,2535.

1080) 대판 1999.9.3, 97누2528,2535.

1081) 서울행판 2012.3.8, 2011구합26855.

1082) 서울행판 2012.3.23, 2011구합37787.

1083) 서울행판 2015.10.8, 2015구합3423.

(6) 경업피지·겸직금지의무 위반을 이유로 한 해고

> 근로자는 대외적으로 사용자의 영업활동을 보조하는 경우 신의칙 또는 상법에 따라 경업행위를 하지 않을 의무를 지며, 당사자 사이에 퇴직 후 일정기간 동안 영업비밀을 침해하지 않고 경쟁이 되는 행위를 하지 않겠다는 약정을 한 경우 사회질서에 어긋나 무효가 아닌 이상 퇴직 후까지도 영업비밀을 유지하고 경업을 피할 의무가 존속한다.[1085] 또한 사용자와 근로계약관계를 유지하면서 다른 사업장에서 일을 하는 이중취업이 제한되는 겸업금지 의무가 있다.
>
> 따라서, 근로자가 이러한 의무를 위반하는 경우 징계해고의 사유가 될 수 있다.

(a) 근로자가 근로시간 외의 시간을 활용하여 다른 사업장에서 겸업하는 것을 전면적이고 포괄적으로 금지하는 것은 부당하나, 본래의 일에 지장을 줄 정도로 장시간 겸직하거나 경쟁회사의 일을 하는 등의 행위로 작업능률 저하, 기업질서 문란, 기업비밀 누설, 부당하게 사용자의 이익침해 등의 결과를 야기하는 경우에는 금지 대상으로서 징계해고 사유로 삼을 수 있다.[1086]

(b) 취업규칙에서 이중취업을 해고사유로 규정하지 않았더라도 동종 회사에의 이중취업은 사용자와 근로자 사이의 신뢰관계를 파괴하는 행위로서 특별한 사정이 없는 한 징계해고 사유가 될 수 있다.[1087]

(c) 근로자가 꽃집을 운영하면서 회사의 직무·직위를 부당하게 이용하고 근무시간 중 회사 자산을 이용하여 영리를 취한 행위와, 토지주택공사 근로자가 공사의 미분양 아파트를 매입하여 임대사업을 할 목적으로 설립된 영리기업들을 실

1084) 서울행판 2012.3.23, 2011구합37787.

1085) 경업금지약정의 효력 인정범위와 관련 최근 대법원은 "사용자와 근로자 사이의 경업금지약정의 효력은 근로자의 직업선택의 자유와 근로의 권리를 제한하는 것이므로, 사용자의 영업비밀이나 노하우, 고객관계 등 경업금지로 보호할 가치가 있는 사용자의 이익 및 그 제한 기간·지역, 근로자에 대한 대가의 제공 여부, 근로자의 퇴직 전 지위 및 퇴직 경위나 그 밖에 공공의 이익 등 관련 사정을 종합해 근로자의 자유와 권리에 대한 합리적인 제한으로 인정되는 범위 내에서만 유효한 것으로 제한하여 해석하여야 한다"고 판시했다(대판 2016.11.21, 2015다221903판결).

1086) 서울고판 202.7.4, 2001누13098 ; 서울행판 2001.7.24, 2001구7456.

1087) 대판 2011.10.27, 2011두20208.

질적으로 운영·관리하였거나 투자하는 등 취업규칙상 '영리적인 업무를 스스로 경영', '본인의 직무와 관련 있는 타인의 기업에 투자'에 해당되는 행위는 징계해고의 대상이 된다.[1088]

(d) 시사주간지 발행 회사의 기자 등이 무기정직 및 대기발령 처분을 받은 상태에서 파업에 적극적으로 참여하고 퇴직자들과 함께 경쟁업체를 설립하여 경쟁매체를 발간한 행위에 대해 해당 기자를 경업금지 의무 위반으로 해고처분한 것은 징계재량권 범위를 일탈하거나 남용한 것이 아니다.[1089]

(7) 사생활 비행을 이유로 한 해고

근로자의 사생활에서의 비행은 사적영역에서 발생하는 것이므로 원칙적으로 해고사유가 될 수 없으나, 사업 활동에 직접적인 관련이 있거나 기업의 사회적 평가를 훼손할 염려가 있고 그 정도가 심하다면 징계(해고)사유가 될 수 있다.

여기서 '기업의 사회적 평가를 훼손할 염려'는 반드시 구체적인 업무 저해의 결과나 거래상의 불이익이 발생해야 하는 것은 아니고, 그 행위의 성질과 정상, 기업의 목적과 경영방침, 사업의 종류와 규모, 근로자의 기업 내 지위와 담당업무 등 제반사정을 종합적으로 고려하여 비위행위가 기업의 사회적 평가에 미친 악영향이 상당히 중대하다고 객관적으로 평가될 수 있어야 한다.[1090]

(a) 근로자가 사업장 밖에서 불법 스포츠도박을 한 것은 징계사유로 할 수 없으나. 근무시간에 사내 개인컴퓨터 등을 이용하여 공공연하게 불법스포츠도박을 한 것은 사업장의 근무기강과 질서를 해치는 행위로서 징계해고 사유가 된다.[1091]

(b) 형사상 친고죄인 강간죄의 고소기간이 경과되었다 하더라도 동일 직장 내에서 업무상 자기의 감독 하에 있는 미성년자인 여성안내원을 강간하였다는 사실은 회사 취업규칙의 규정 등에 비추어 보더라도 징계 해고사유에 해당한다.[1092]

1088) 대판 2014.11.28, 2014두40197 ; 대판 2015.7.23, 2015두41845.

1089) 대판 2012.9.27, 2010다99179.

1090) 대판 2001.12.14, 2000두3689.

1091) 대판 2015.2.26, 2014두14365.

1092) 대판 1987.5.26, 86구766.

(c) 공기업인 도시개발공사 직원의 부동산투기 행위는 객관적으로 공사의 사회적 평가에 심히 중대한 악영향을 미치는 것으로 평가될 수 있는 경우로서 인사규정의 '공익을 저해하는 중대한 행위'에 해당하여 징계사유가 될 수 있다.[1093]

(d) 근로자가 상사의 정당한 업무지시를 위반하고 여러 차례 음주상태로 출근하여 회사의 근무분위기를 해치고 정상적인 업무수행을 방해하였으며, 동료근로자에게 폭언 및 폭력을 행사한 행위는 그 비위행위의 동기 및 경위, 그 횟수 등에 비추어 볼 때 사회통념상 고용계약을 계속할 수 없을 정도의 중대한 비위행위에 해당한다 할 것이므로 해고는 정당하다.[1094]

(8) 위법한 조합활동 등을 이유로 한 해고

회사 내에서의 노무제공과 무관한 근로자의 집회, 연설, 유인물 게시, 배포 등의 업무 외의 행위가 「헌법」과 「노조법」에서 보장되는 정당한 노동조합 활동에 해당한다면 사용자가 허가제를 이유로 이를 금지하거나[1095] 징계사유로 삼을 수 없으나, 그러한 행위가 노조활동에 해당하지 않거나 위법한 활동인 경우에는 징계해고의 사유가 될 수 있다.

① 노동조합 운영과 집회참가 등

(a) 부당노동행위 조사 명목으로 조합원 10여 명이 영업소를 찾아가 붉은 머리띠를 두르고 시위를 하며 영업소장의 퇴장요구에 불응하고, 사무실 옆면에 걸려있는 노조 게시판을 떼어 정면의 경영방침 옆에 못을 치고 게시한 행위는 정당한 해고사유가 된다.[1096]

(b) 운수회사의 노조 대의원선거에 입후보하여 그 선거운동을 한다는 이유로 회사의 배차지시를 거부하고 결근한 것은 정당한 사유에 의한 결근이라고 볼 수 없어 징계해고 사유에 해당된다.[1097]

1093) 대판 1994.12.13, 93누23275.

1094) 서울행판 2006.7.21, 2005구합28584.

1095) 대판 1988.10.11, 87누147 ; 대판 1991.11.12, 91누4164 ; 대판 1992.6.23, 92누4253.

1096) 대판 1992.9.25, 92다18542.

1097) 대판 1992.2.11, 91다5976.

(c) 노조 설립 후원금의 모금 및 관리·사용과 관련하여 노조 설립추진위원회 구성원들 사이에 발생한 분쟁을 이유로 추진위원회 핵심 임원들을 해고한 것은 사회통념상 고용관계를 계속할 수 없을 정도로 근로자에게 책임이 있는 경우에 해당한다고 보기 어려워 재량권의 범위를 일탈한 것이다.[1098]

(d) 근로자가 사용자의 승인을 받지 않고 근로시간에 업무와 무관한 집회에 참가하여 집회 및 시위에 관한 법률이나 도로교통법 등 위반 행위로 유죄판결을 받아 근로계약상 의무를 이행하지 못하게 되거나 업무상 명령을 위반하게 되는 경우 징계해고 사유가 될 수 있다.[1099]

(e) 회사의 승낙이 없이 회사를 비난하는 성명서와 게시문을 회사 내외 전자통신망 등에 게재·배포하였더라도 기본적 목적이 회사의 이익을 침해하거나 명예를 훼손하려는 것이 아니라 노조 가입 촉구 등 근로자의 단결권에 포함될 수 있고 전체적으로 그 내용이 진실한 것이라고 인정되는 경우 징계사유로 삼을 수 없다.[1100]

② 유인물 배포 행위

(a) 근로자의 유인물 배포 행위가 정당한지 여부는 회사의 승인이나 허가 여부만으로 판단할 것은 아니고, 그 유인물의 내용, 매수, 배포의 시기, 대상, 방법과 이로 인해 회사나 업무에 영향을 미친 정도 등 여러 가지 사정을 고려하여 판단하여야 한다.[1101]

(b) 유인물이 집단 월차휴가를 선동하는 것으로서 다수의 근로자가 동조하여 사업장을 무단이탈해서 업무의 정상적 운영에 지장을 주었다면 유인물 배포행위는 징계대상이 된다.[1102]

(c) 휴게시간 중 배포한 경우에는 다른 근로자의 근로에 악영향을 미치거나 휴게시간의 자유로운 이용을 방해하거나 구체적으로 직장질서를 문란하게 한 것

1098) 대판 2009.4.9, 2008두22211.

1099) 대판 1993.2.29, 92다22206.

1100) 대판 2002.10.25, 2001두8339.

1101) 대판 1997.12.23, 96누11778.

1102) 대판 1992.3.13, 91누5020.

이 아닌 한 허가를 얻지 않았다는 이유만으로 정당성이 부인되어 징계대상이 되는 것은 아니다.[1103]

(d) 휴게시간 중이라 하더라도 시설관리나 다른 직원의 자유로운 휴게시간 이용을 방해할 염려가 있고 기업질서를 어지럽힐 가능성도 있으므로 취업규칙으로 미허가 유인물 배포행위를 징계사유로 규정하여 제한할 수 있다.[1104]

(e) 취업규칙 등에 불법 유인물 배포·게시를 금지한다고만 규정하고 다른 명시적 규정이 없다면 소지·운반·작성 등 준비행위는 이에 포함되지 않으므로 징계할 수 없다.[1105]

③ 노조전임자 등의 무단결근

(a) 단체협약이 유효기간 만료로 효력을 상실한 경우에는 노조 전임자가 사용자의 원직복귀명령에 따르지 않으면 무단결근으로서 징계해고 사유가 된다.[1106]

(b) 노조전임자는 휴직 상태와 유사하게 근로제공 의무가 정지된 상태에서 노조를 위하여 일하기 때문에 교육·연수·훈련에 참가하지 않은 것은 징계사유에 해당하지 않는다.[1107]

(c) 노조전임자라 할지라도 사용자와의 사이에 기본적인 근로관계는 유지되는 것이므로 단체협약에 특별 규정을 두거나 특별한 관행이 존재하지 않는 한 출·퇴근에 대한 사규의 적용을 받고, 노조전임자의 출근은 통상적인 노조업무가 수행되는 노조사무실에서 노조업무에 착수할 수 있는 상태에 임하는 것이고, 노조전임자가 사용자에게 취업규칙 등에 규정된 절차를 취하지 않고 출근하지 않는 것은 무단결근에 해당한다.[1108]

1103) 대판 1991.11.12, 91누4164.
1104) 대판 1994.9.30, 94다4042.
1105) 대판 1993.10.12, 93다1957.
1106) 대판 1997.6.13, 96누17738.
1107) 대판 1999.11.23, 99다45246.
1108) 대판 2000.7.28, 2000다23297.

④ 위법한 쟁의행위 참가 등

헌법과 법률에서 보장하는 노동조합의 정당한 쟁의행위[1109]는 민·형사상 면책 보호를 받지만 정당성이 없는 쟁의행위는 민·형사상 책임 뿐 아니라 단체협약 또는 취업규칙상의 '중대한 비행 또는 정당한 명령에 대한 고의적인 불복종'등에 해당[1110]되어 징계해고 사유가 될 수 있다. 따라서, 쟁의행위의 정당성 여부에 따라 이에 참가한 근로자의 징계해고의 정당성에 대한 판단이 이루어지게 된다.

(a) 근로조건의 유지·개선을 위한 목적이 아닌 ⓐ 순수한 정치적 목적의 정치파업, ⓑ 제3자가 파업 중인 노동관계 당사자를 조종·방해·선동할 목적으로 간섭하는 동정파업, ⓒ 경영주체의 고도의 경영상 결단에 속하는 사항을 목적으로 하는 파업은 정당성을 인정받지 못하며, 정당하지 못한 파업에 참가한 경우 징계사유가 된다.[1111]

(b) 정당성이 없는 쟁의행위에 참가한 경우에는 정당한 업무명령에 대한 고의적인 불복종에 해당하여 해고사유가 된다.[1112]

(c) 쟁의행위가 정당한 경우 그 기간 동안 근로자는 근로제공 의무 등이 정지되므로 무단결근에 해당되지 않고, 근로자들이 출근하지 않음으로써 다른 직원의 업무부담이 가중되거나 그로 인해 회사업무에 지장이 초래된 것 역시 정당한 쟁의행위 참가의 결과에 불과하므로 징계사유로 삼을 수 없다.[1113]

(d) 부당하게 해고된 근로자도 부당노동행위 구제신청을 한 경우 중앙노동위원회 재심판정이 있을 때까지는 근로자 지위를 가지므로 정당성이 인정되지 않는 쟁의행위에 참여한 경우 후에 해고가 무효로 되어 근로자 신분을 회복하였을

1109) 근로자의 쟁의행위가 적법하기 위해서는, 첫째 그 주체가 단체교섭의 주체로 될 수 있는 지이어야 하고, 둘째 그 목적이 근로조건의 향상을 위한 노사간의 자치적 교섭을 조성하는 데에 있어야 하며, 셋째 사용자가 근로자의 근로조건 개선에 관한 구체적인 요구에 대하여 단체교섭을 거부하였을 때 개시하되 특별한 사정이 없는 한 조합원의 찬성결정 등 법령이 규정한 절차를 거쳐야 하고, 넷째 그 수단과 방법이 사용자의 재산권과 조화를 이루어야 함은 물론 폭력의 행사에 해당되지 아니하여야 한다(대판 2009.6.25, 2007두10891).

1110) 대판 1992.9.22, 91다4317.

1111) 대판 1991.1.29, 90도2852 ; 헌재 1990.1.15, 89헌가103 ; 대판 2005.4.29, 2004두10852.

1112) 대판 1992.9.22, 91다4317.

1113) 서울고판 2004.10.21, 2003누20830.

때 징계대상이 될 수 있다.[1114)]

(e) 정당성이 없는 쟁의행위에 참가한 것만으로 해고가 당연히 정당화되는 것은 아니고 징계해고 양정의 적정성 여부를 다시 판단해야 하는데, 통상 일반 조합원보다는 쟁의행위를 기획·결정하는 등 주도적 역할을 하는 노조 간부들에게 무거운 책임을 물을 수 있으나, 그 직책과 달리 주도적 역할을 하지 않은 간부를 중징계하는 것은 허용되지 않는다.[1115)]

(9) 노사 면책합의 관련

(a) 징계해고 사유에 해당하는 근로자의 행위에 대해 그 책임을 면제하기로 노사가 합의한 경우, 사용자는 면책 합의에 반하여 그 행위를 징계사유로 삼을 수 없다. 다만, 이러한 합의는 회사가 근로자들에게 민·형사상의 책임 추궁이나 고용관계상 불이익 처분을 하지 않겠다는 취지이지 회사에 권한이 없는 사항에 대해서까지 면책을 약속한 취지는 아니다.[1116)]

(b) 면책 합의는 바로 그 비위 행위를 징계사유로 삼지 않기로 하는 것이지, 다른 비위행위를 사유로 하여 징계할 때 양정의 판단자료로 삼는 것까지 금하는 것은 아니다.[1117)]

(c) 면책 합의는 특정 행위와 일체성을 가지거나 필연적으로 연속되어 불가분적 관계에 있는 행위도 면책시키기로 한 것이라고 보아야 하므로, 면책합의 이전의 농성행위 등으로 인하여 면책 합의 이후에 처벌을 받고 그로 인하여 결근한 행위는 형식상 인사규정 등의 징계해고 사유에 해당한다고 하더라도 이를 이유로 징계해고를 한 것은 면책 합의에 반한다.[1118)]

1114) 대판 1994.9.30, 93다26496.
1115) 대판 2010.2.11, 2009두19694 ; 대판 2014.9.4, 2013두864.
1116) 대판 1992.7.28, 92다14786.
1117) 대판 2008.10.9, 2006두13626.
1118) 대판 1992.7.28, 92다14786.

다. 정리해고(경영상 해고)

1) 의 의

ⓐ 정리해고(경영상 해고)란 사용자가 경영상 필요가 있는 경우 기업의 유지와 존속을 위하여 일정한 요건 아래 근로자들 가운데 일부를 해고하는 것을 말한다.[1119]

ⓑ 정리해고는 기업이 경영상 어려움에 처할 때 기업의 인적·물적인 규모와 구조를 보다 효율적인 방향으로 조정함으로써 기업의 유지·발전을 도모하고 나아가 전체 근로자의 고용안정과 복지증진을 도모하기 위한 것이다. 따라서, 사업폐지를 위한 청산과정에서 근로자를 해고하는 것은 기업의 유지·존속을 전제로 하는 것이 아니므로 정리해고에 해당하지 않으며 통상해고 등 일반적인 해고절차에 따른다.[1120]

ⓒ 이와 같이 정리해고는 사용자측의 경영상 사정에 의해 이루어지는 비귀책성, 해고대상자가 특정되지 않은 단계에서 해고안이 제시되는 불특정성, 해고자가 복수인 집단성의 특징을 가진다. 「근기법」은 이러한 특징을 고려하여 그 사유와 절차를 엄격히 규정하고 있다(제24조).

2) 연 혁[1121]

ⓐ 정리해고(경영상 해고) 규정은 구 「근기법」 제27조 '해고 등의 제한'규정을 근거로 학설과 판례에 의해 인정되어 오다가 1996.12.31. 제정 「근기법」에 의해 경영상 이유에 의한 해고의 요건과 절차, 우선 재고용 노력 등의 규정이 신설되었다.

ⓑ 그러나 1996년 법은 이른바 '노동법 파동'[1122]으로 폐기되고 해고사유와 절

1119) 대판 2003.4.25, 2003다7005.

1120) 대판 2003.4.25, 2003다7005.

1121) 임무송·이수영·최선애·양성필·권호안, 「노동법 실무」, 2017, ㈜중앙경제, pp.311~312 참조.

1122) '노사관계개혁위원회' 논의 결과 등을 토대로 정리해고제 명문화 등 「근기법」 개정안과 상급단체 복수노조를 허용하되 시행을 유예하는 「노조법」 개정안 등이 성탄절 전야인 1996.12.24. 여

차를 일부 수정하여 '경영상 이유에 의한 고용조정'규정을 신설한 1997.3.13. 제정법에 의해 대체되었다.

(c) 이후 1997년 외환위기로 국제금융기구(IMF) 구제금융 체제에 들어가면서 양도·인수·합병을 긴박한 경영상 필요가 있는 것으로 보는 경우를 '계속되는 경영악화로 인한'(사후대응 목적)에서 '경영악화를 방지하기 위한'(사전예방 목적)으로 일부 수정하고, 60일 전 사전통보규정을 부활시키면서 대량해고 신고의무를 신설하였다. 2007년 1월에는 사전통보 기간이 50일로 단축되고, 우선재고용 기간이 3년으로 연장되고 노력조항은 의무조항으로 강화되었다. 그 후 2007.4.11.(법률 8372호) 전문 개정으로 조문을 정비하면서 '경영상 이유에 의한 해고의 제한'규정을 제24조로, '우선 재고용 등'의 규정은 제25조로 변경되었으나, 정리해고 제도의 근간은 그대로 유지되고 있다.

3) 정리해고의 정당성 판단 기준

정리해고는 오로지 사용자측의 사정으로 인해 근로관계가 종료된다는 점과 일반적으로 다수의 근로자가 해고되는 경우가 많아 사회적 영향이 크다는 점 등을 고려하여 「근기법」 제24조에 요건이 규정되어 있다. 즉, 경영상의 이유로 근로자를 해고하려면, ① 긴박한 경영상의 필요가 있어야 하고(필요성), ② 해고를 피하기 위한 노력을 다하여야 하며(보충성), ③ 합리적이고 공정한 기준에 따라 그 대상자를 선정하여야 하고(공정성), ④ 해고를 피하기 위한 방법과 해고의 기준 등을 근로자대표에게 해고실시일 50일 전까지 통보하고 성실하게 협의하여야 한다(쌍무성).[1123]

당 단독으로 국회에서 통과되자 양 노총(한국노총과 민주노총)의 총파업과 야당의 반발에 직면하였고, 결국 노동법 재개정 협상이 이루어져 동 법률은 폐지되고 1997.3.13. 제정법 형식으로 전면 개정된 법률에 의해 대체되었다.

1123) 중앙노동위원회, 「주제별 판례 분석집」, p.471.

(1) 긴박한 경영상의 필요성

① 의 의

(a) 정리해고의 요건 중 '긴박한 경영상의 필요'란 반드시 기업의 도산을 회피하기 위한 경우에 한정되지 않고, 장래에 올 수 있는 위기에 미리 대처하기 위하여 인원삭감이 필요한 경우도 포함되지만 객관적으로 보아 인원삭감에 합리성이 있다고 인정되어야 한다.[1124)]

(b) 그간 판례는 '긴박한 경영상의 필요성'을 ① 기업이 근로자를 해고하지 않으면 경영이 위태로울 정도로 급박한 경영상 필요성을 의미(도산회피설)하는 것으로 보아 왔으나, ② 1990년대 들어서는 작업형태의 변경, 신기술 도입, 기술혁신에 따라 생기는 산업의 구조적 변화 등 객관적으로 '인원삭감의 객관적 합리성'이 있으면 긴박한 경영상 필요성을 인정하는 입장(합리성 필요설)으로 완화하였고,[1125)] ③ 최근에는 경영합리화를 목적으로 '장래의 위기 가능성'에 미리 대처하기 위하여 인원 삭감이 객관적으로 보아 합리성이 있다고 인정되는 경우도 긴박한 경영상 필요성이 있다고 인정하고 있다(감량경영설).[1126)]

② 긴박한 경영상의 필요성 판단범위

(a) 긴박한 경영상의 필요가 있는지를 판단할 때에는 법인의 일부 사업부문 내지 사업소의 수지만을 기준으로 할 것이 아니라 법인 전체의 경영사정을 종합적으로 검토하여 결정하여야 한다.[1127)]

즉, 회사의 어느 사업부문이 다른 사업부문과 인적·물적·장소적으로 분리되어 있고 재무·회계가 분리되어 있으며 경영여건도 서로 달리하는 경우에는 예외적으로 그 사업부문만을 따로 떼어 긴박한 경영상의 필요성을 판단할 수 있다.[1128)] 그러나 외형적으로 분리되어 있는 것처럼 보여도 실질적으로는 재무, 회

1124) 대판 2015.5.28, 2012두25873.

1125) 대판 1991.12.10, 91다8647.

1126) 박은정, 「경영상 해고를 위한 '긴박한 경영상의 필요' -대판 2014.11.13 선고 2014다20875 판결-」, 노동판례리뷰 2015, 한국노동연구원 2016, pp.151~156.

1127) 대판 2015.5.28, 2012두25873.

계, 영업 등이 밀접하게 결합되어 있다면 이를 분리하여 판단할 수 없다.

(b) 또한, 법인이 다르더라도 같은 업종의 사업을 경영하여 그 업종의 경기상황에 동시에 반응하며, 상호 인적·물적 설비가 엄격하게 분리되어 있지 않고, 노조도 단일노조로 구성되어 두 법인과 통일적으로 교섭하고 있는 등 사실상 하나의 기업으로 볼 수 있을 정도로 상호 밀접한 관련이 있는 경우에는 두 법인의 긴박한 경영상의 필요에 관하여 종합적으로 판단하게 된다.[1129]

〈긴박한 경영상의 필요성 판단범위 관련 사례〉

ⓐ 교내식당 운영을 담당하던 복지위원회의 사업부문이 다른 사업부문과 인적·물적으로 분리·독립되어 있거나 경영여건을 달리하고 있다고 보기 어려운 경우 복지위원회의 사업부문은 다른 사업부문들로부터 독립되었다고 볼 수 없다.[1130]

ⓑ 사업장이 인적·물적·장소적으로 분리되어 있고 노조가 별도로 조직되어 있더라도 특히 재무·회계가 분리되어 있다고 보기 어려운 경우에는 하나의 사업부만을 분리해서 긴박한 경영상의 필요 여부를 판단하기 어렵다.[1131]

ⓒ 자치단체와 별개의 용역계약을 체결하여 운영하고 있는 여러 개의 사업부문이 있으나 회계처리, 사업장간의 인사이동 등에서 독립된 사업부문이라고 볼 수 없다면 긴박한 경영상의 필요성 판단은 법인 전체를 기준으로 판단하여야 한다.[1132]

③ 긴박성 판단 시점과 판단방법

(a) '긴박한 경영상의 필요성'이 있었는지 여부의 입증책임은 사용자에게 있으며, 정리해고를 한 당시의 사정을 기준으로 판단하여야 한다.[1133] 다만, 일정한 특정시점보다는 사용자가 해고회피조치를 취할 때까지 사이에 걸쳐서 여러 상황을 종합적으로 고려하여 판단하여야 한다.[1134]

1128) 대판 2012.2.23, 2010다3629.
1129) 대판 2006.9.22, 2005다30580.
1130) 대판 2010.3.11, 2010두207.
1131) 대판 2015.5.28, 2012두25873.
1132) 대판 2009.8.20, 2009두9314.
1133) 대판 2013.6.13, 2011다60193.
1134) 대판 2013.6.13, 2011다60193.

ⓑ 판단방법으로는 경영 상태를 보여줄 수 있는 손익계산서, 현금흐름표 등 재무제표 자료를 기본으로 하지만 정리해고 전후의 인건비 상태, 해고 후의 신규 채용, 시간외 근무의 추이, 적자 부문의 계속 영업 유무, 배당 유무, 희망퇴직자 수와 잔류근로자 수의 비율 등 간접사실도 고려될 수 있다.

ⓒ '정리해고 당시'란 사용자가 해고회피 조치를 취할 시점부터 해고 조치를 취할 시점까지의 사이를 의미[1135]하므로, 정리해고를 한 뒤에 경영상태가 호전되었는지 여부는 원칙적으로 고려되지 않으며, 정리해고 당시에 해고의 필요성이 인정된다면 그 이후의 사정은 정리해고의 정당성을 판단하는 간접적 요소에 불과한 것이다.[1136]

ⓓ 그러나, 감원을 한 직후 대폭적인 임금인상, 대규모의 신규인력 채용, 고율의 주주배당 등 정리해고 사유와 명백하게 모순되는 조치가 뒤따른 경우 등에는 긴박한 경영상의 필요성이 부정될 수 있다.[1137]

④ 긴박한 경영상 필요성 관련 실무 사례

㉮ 인정한 사례

ⓐ 정리해고 시점에서 부채비율 증가, 당기순손실 누적, 매출액 감소 등의 사정이 있는 경우,[1138] 또는 당기순손실이 지속될 뿐만 아니라 비용 중 인건비의 비율이 높고 유휴인력이 상당수 존재하는 사정 등이 있는 경우[1139]에 긴박한 경영상의 필요성이 있는 것으로 본다.

ⓑ 손익계산서상 결손이 발생한 경우가 아니라 하더라도, 전년도 대비 순이익 대폭 감소, 비효율적 영업구조, 시장점유율 하락 등의 사정을 종합적으로 고려하여 장래 도래할 수 있는 위기에 대처하기 위한 경우 긴박한 경영상의 필요성이 인정된다.[1140]

1135) 대판 2008.11.27, 2008두16711.

1136) 대판 2013.6.13, 2011다60193.

1137) 노동법실무연구회, 「근로기준법주해Ⅱ」, 박영사, 2010. p.246.

1138) 대판 2011.1.27, 2008두13972.

1139) 대판 2011.9.8, 2009두14682.

(c) 기술집약적 산업에서 상당기간 신규 설비 및 기술 개발에 투자를 하지 못해서 경영위기가 온 것은 계속적·구조적인 것으로서 긴박한 경영상의 필요성이 있는 것으로 인정된다.[1141)]

(d) 장래에 올 수 있는 위기에 미리 대처하기 위하여 경영합리화 조치의 일환으로 소유 건물과 그 건물 관리업무를 하던 자회사를 매각하고 건물관리업무를 외주용역으로 전환하면서 감원한 경우 긴박한 경영상의 필요성이 있는 것으로 인정된다.[1142)]

㉯ 부정한 사례

(a) 일부 사업부문은 영업 손실을 기록하였으나 법인 전체로는 영업이익이 발생하였고 성과급 지급 및 신규인력 채용을 한 경우에는 긴박한 경영상의 필요성이 있다고 보지 않는다.[1143)]

(b) 정리해고 실시 전년도에 당기순손실이 발생하였으나 그 이전에는 지속적으로 당기순이익이 발생하였고 유동비율·부채비율·시장점유율 등 다른 지표들이 안정적인 경우에는 긴박한 경영상의 필요성이 있다고 보지 않는다.[1144)]

(c) 재무제표상 자본잠식 상황이라 하더라도 사업확장, 자금대여, 계속된 신규사원 채용 등 경영상 위기의 일반적인 상황에 반하는 간접사실들이 다수 있는 경우에도 긴박한 경영상의 필요성이 부정된다.[1145)]

(d) 적자발생의 주된 원인이 인건비가 아닌 관리비 등 기타 비용이고, 일부 업무를 외주용역으로 전환한 뒤에도 특별한 개선이 없다면 회계지표 악화는 과잉인력과 무관한 것으로 볼 수 있어 긴박한 경영상 필요성이 부정된다.[1146)]

1140) 대판 2010.9.9, 2010두10273.
1141) 대판 2014.11.13, 2012다14517.
1142) 대판 2012.6.28, 2010다38007.
1143) 대판 2015.5.28, 2012두25873.
1144) 대판 2012.2.23, 2009두15401.
1145) 대판 1995.11.24, 94누10931.
1146) 서울행판 2007.2.15, 2006구합14179.

(2) 해고 회피 노력

① 의 의

ⓐ 근로자의 귀책사유가 없는 정리해고의 특수성을 고려할 때 최후수단으로, 사용자는 정리해고를 할 때 해고를 피하기 위한 노력을 다하여야 한다(근기법 제24조제2항 전문 전단). 즉, 근로자의 해고범위를 최소화하기 위하여 경영방침이나 작업방식의 합리화, 신규채용의 금지, 일시휴직 및 희망퇴직의 활용, 전근, 임금삭감·동결 등 사용자가 취할 수 있는 조치들을 취하는 것을 의미하며,[1147] 해고 이외의 다른 경영상의 조치를 취할 수 없어 부득이 정리해고를 할 수밖에 없다고 인정될 경우에 한하여 해고회피노력을 다한 것으로 인정된다.

ⓑ 「고보법」은 경기의 변동, 산업구조의 변화 등에 따른 사업규모의 축소, 사업의 폐업 또는 전환으로 고용조정이 불가피하게 된 사업주가 근로자에 대한 휴업, 직업전환에 필요한 직업능력개발 훈련, 인력의 재배치 등을 실시하거나 그밖에 근로자의 고용안정을 위한 조치를 취하는 경우 사업주에게 필요한 지원을 할 수 있도록 하고 있으며, 이와 같이 사용자가 고용유지지원금 등 「고보법」상의 고용안정 지원제도를 활용하면 해고회피노력을 다한 것으로 인정된다.[1148]

② 구체적인 해고회피 수단과 방법

ⓐ 해고회피 노력으로 인정되는 수단과 내용 및 그 노력 정도의 판단기준은 획일적·확정적·고정적인 것이 아니라 경영위기의 정도, 정리해고를 실시해야 하는 경영상의 이유, 사업의 내용과 규모, 직급별 인원상황 등에 따라 달라진다.[1149]

1147) 대판 2004.1.15, 2003두11339판결 등, 국제노동기구(ILO)는 해고회피 또는 최소화 조치의 내용으로 채용제한, 배치전환, 일정한 기간에 걸친 인력의 자연감축, 훈련 및 재훈련, 적절한 소득보장이 수반되는 자발적인 조기퇴직, 시간외 근로 제한 및 정규근로시간 단축 등을 제시하고 있다(1982년 '사용자의 주도에 의한 고용종료에 관한 권고' 제166호 제21조).

1148) 근기 68201-586, ; 1998.3.28, 노동법실무연구회, 「근로기준법주해Ⅱ」 박영사, 2010. pp.247~248.

1149) 대판 2004.1.15, 2003두11339.

구체적인 해고회피 수단[1150]으로는

㉠ (경영상 애로를 타개하기 위한 노력) 경영방침 개선, 작업방식의 과학화·합리화, 경영진 교체 등

㉡ (경비절감을 통한 경영개선 노력) 임원임금동결, 일반관리비 감축, 사무실 규모 축소, 교육훈련비·주택지원비·여가활동지원비 등 각종 복지비 축소 등

㉢ (외부노동력 의존도를 줄이기 위한 노력) 직제신설·신규채용 중단, 파견·유기직 재계약 중단, 하도급 해약 등

㉣ (근로시간 단축과 기존인력 사용을 줄이기 위한 노력) 연장·휴일근로 축소, 근로시간 단축, 집단휴가 조기사용 등

㉤ (기존인력을 재배치나 인력활용 중단 노력) 교육·훈련, 전근·전직·배치전환·사외파견, 전직훈련·직종전환, 일시휴업, 휴직 등

㉥ (기타 인력감소를 위한 다양한 노력) 희망퇴직, 명예퇴직, 계열사·합작기업·외부협력업체·외주화용역업체 등에 파견·전직·취업알선 등이 있다.

(b) 사용자의 해고회피 조치는 구체적이고 명확하게 이루어질 필요가 있으나, 해고회피 노력을 함에 있어서 이와 같은 수단들이 모두 사용된 뒤에야 정리해고를 할 수 있는 것은 아니다. 근로자의 이익이 적게 침해되는 수단을 먼저 활용하고 다음 단계의 조치가 모색되어야 한다는 '단계적 해고회피 원칙 적용'[1151]이 바람직하기는 하나, 기업마다 긴박한 경영상 필요의 원인과 내용이 달라 해고회피 수단이 정형화되어 있지 않고 근로자마다 이익 침해정도가 다를 수 있다는 점 등을 고려하여야 한다.

③ 해고회피 노력 관련 실무 사례[1152]

㉮ 인정한 사례

(a) 정리해고에 앞서 부분휴업, 임금동결, 순환휴직, 사내협력업체 인원 축소,

1150) 하갑래, 「근로기준법(제29판)」, ㈜중앙경제, 2017, pp.855~856 참조.

1151) 김형배, 「새로 쓴 노동법(제25판)」, 박영사 2016. pp.704~705.

1152) 중앙노동위원회, 주제별 판례 분석집, 2016.10, pp.480~481.

임직원 복지 중단, 희망퇴직 등의 조치를 실시하고, 정리해고 근로자 중 기능직은 무급휴직, 희망퇴직, 영업직 전직 등으로 전환하는 '노사합의서'를 작성하였다면 해고회피 노력을 다 한 것으로 인정된다.[1153)]

(b) 정리해고 대상자를 다른 사업부문에 배치전환하지는 않았으나, 임원진 등의 임금 일부 반납, 비품 처분, 부동산 매각 추진 등 비용절감을 위한 조치를 취하고, 관계 계열사에 해고대상 직원의 우선채용 협조를 요청하는 한편, 당초 해고예정 인원을 감축하는 경우 해고회피노력을 다 한 것으로 인정된다.[1154)]

(c) 사용자가 경영방침이나 작업방식의 합리화, 신규채용의 금지, 일시휴직 및 희망퇴직의 활용 및 전근 등의 가능한 모든 조치를 취한 경우에는 해고회피 노력을 다한 것으로 인정된다.[1155)]

(d) 정리해고 당시에는 고용보험의 지원을 받을 수 있는 무급휴직을 실시하지 않고 있다가 정리해고 이후 무급휴직을 실시하였으나, 정리해고에 앞서 부분휴업, 임금동결, 순환휴직, 사내협력업체 인원 축소, 임직원 복지 중단, 희망퇴직 등의 조치를 실시한 경우에도 해고회피 노력을 한 것으로 인정된다.[1156)]

(e) 공동주택 관리방식을 자치관리에서 위탁관리로 변경함에 있어서, 관리업체로 하여금 기존 임금수준 및 근속기간을 보장하면서 근로자들을 고용승계 하도록 한 것은 해고회피 노력으로 인정된다.[1157)]

㉯ 부정한 사례[1158)]

(a) 희망퇴직 외에는 휴직, 조업단축, 전환배치, 임금동결 등 다른 해고회피 노력을 다하지 아니한 경우에는 해고회피노력을 다 하였다고 볼 수 없다.[1159)]

(b) 사용자가 해고회피 노력의 일환으로 실시한 명예퇴직으로 인해 이미 구조

1153) 대판 2014.11.13, 2012다14517.
1154) 대판 2011.1.27, 2008두13972.
1155) 대판 2012.6.28, 2010다38007.
1156) 대판 2014.11.13, 2014다20875,20882.
1157) 대판 2015.4.23, 2015두35727.
1158) 중앙노동위원회, 주제별 판례, pp.482~483.
1159) 대판 2009.6.25, 2009두6063.

조정 목표치 달성과 수익성도 호전되고 승진과 신규채용을 실시하고 있는 상황에서 추가로 정리해고를 하는 경우에는 해고회피노력을 다 하였다고 볼 수 없다.[1160]

(c) 기존의 명예퇴직 희망자만으로도 추가적인 감원이 필요 없고 직원 급여 삭감을 일시적으로 실시하였으며 자금사정이 악화된 상태에서 정규직 전환을 조건으로 계약직을 채용하는 등의 사정이 있는 경우에는 사용자가 해고회피노력을 다 한 것으로 인정되지 않는다.[1161]

(d) 경영난의 주된 원인을 해결하지 않고 특정부서에만 초점을 맞춰 정리해고를 하고 자산매각 등의 자구노력이나 휴직조치 등의 노력이 없을 경우 해고회피노력을 다 한 것으로 인정되지 않는다.[1162]

(e) 사용자가 경영방침이나 작업방식의 합리화를 통해 적자를 개선할 여지가 있음에도 그러한 노력을 하지 않은 경우에는 해고회피노력을 다 하였다고 볼 수 없다.[1163]

(3) 합리적이고 공정한 해고대상자 선정

① 의 의

(a) 정리해고 대상자의 선정은 합리적이고 공정한 기준에 따라 이루어져야 하고, 남녀의 성을 이유로 차별해서는 안 된다(근기법 제24조제2항).

(b) 정리해고대상자 선정기준은 확정적·고정적이지 않고 경영위기의 강도, 해고를 해야 하는 경영상 이유, 정리할 사업부문의 내용과 근로자 구성, 사회경제적 상황 등에 따라 달라질 수 있다.[1164] 따라서, 객관적 합리성과 사회적 상당성을 가진 구체적인 기준이 마련되고 그 기준이 실질적으로 공정하게 적용되어 정당한 해고대상자 선정이 이루어져야 한다.[1165]

1160) 대판 2004.1.15, 2003두11339.

1161) 서울고판 2009.10.8, 2009누9606.

1162) 서울고판 2010.7.21, 2009누33807.

1163) 서울행판 2007.2.15, 2006구합14179.

1164) 대판 2002.7.9, 2000두9373 등.

1165) 대판 2014.12.24, 2014다13556. 예컨대, 해고 대상자 선정기준이 근로자의 근무성적, 업무능

② 선정기준의 판단 원칙

ⓐ 해고대상자 선정에 대해 일률적인 기준을 제시하는 것은 어려우나, 기업의 이익 측면과 근로자의 생활보호 필요성을 균형 있고 조화롭게 고려하여야 한다. 예컨대, 기업이익 측면에서는 평소 근무성적, 상벌관계, 직무능력·경력·기능숙련도·전직 가능성 등이, 근로자 생활보호 측면에서 연령, 근속기간, 가족상황, 재산, 질병 등 건강상태 등이 기준으로 적절하게 고려될 수 있으며, 특히 사회적 보호의 필요성이 높은 근로자의 경우 근로자측의 주관적 사정이 면밀히 배려되어야 할 것이다.[1166)]

ⓑ 정리해고 대상자 선정범위는 긴박한 경영상 필요성이 생긴 사업의 전체 근로자 가운데서 선정하되(횡적 범위), 인력감축의 원인이 된 경영합리화 조치와 직접 관련된 근로자와 대체 가능할 정도로 유사·동일한 업무에 종사하고 있는 근로자들(종적 범위)이 대상이 되어야 한다.[1167)] 따라서, 경영합리화 조치로 폐지되는 업무와 전혀 무관한 기업 전체 근로자를 대상으로 하는 것은 정당성을 인정받기 어렵다.[1168)]

ⓒ 한편, 위법한 기준에 의한 해고대상자 선정은 허용되지 않는바, 남녀의 성을 이유로 한 차별적 대상자 선정은 금지되고(근기법 제24조제2항), 성·국적·신앙·사회적 신분 등을 이유로 균등처우(근기법 제6조)를 위반한 기준은 위법·무효이며, 노동조합원이나 정당한 노조활동 및 쟁의행위 참가자를 우선 대상으로 선정하는 것도 부당노동행위로서 허용되지 않는다(노조법 제81조).

〈대상자 선정기준 관련 사례〉

ⓐ 합리적이고 공정한 해고기준 역시 획일적·고정적인 것이 아니라 경영위기의 강도와 정리해고가 필요한 경영상의 이유 등에 따라 달라지며, 사용자가 해고기준에 관하여 근로자대

력, 근무태도 및 입사시기 등을 종합적으로 고려한 것이라면 합리적이고 공정한 것으로 인정되고 있다(대판 2002.7.26, 2000두4910).

1166) 하갑래, 「근로기준법(제29판)」, ㈜중앙경제, 2017, p.858 각주 5).

1167) 노동법실무연구회, 「근로기준법주해Ⅱ」, 박영사, 2010 p.251.

1168) 대판 1994.5.10, 93다4892.

표와 성실하게 협의하였는지 여부도 합리적이고 공정한 해고기준 판단에 참작된다.[1169)]
ⓑ 원칙적으로 사용자는 정리해고 대상자 선정기준의 수립과 적용에 있어 재량권을 가지고 있고 그러한 재량권 행사는 법령에 위반되지 않는 한 존중되어야 한다.[1170)]
ⓒ 사용자의 주된 사업과 관련이 없는 기준으로 정리해고자를 선정해서 해고하는 경우에는 합리적이고 공정한 해고기준 및 해고자 선정요건이 충족된 것으로 볼 수 없다.[1171)]
ⓓ 해고 대상자 선정기준이 객관적이지 못하고 사용자가 그 대상자를 임의로 정할 수 있도록 추상적으로만 정하는 것은 부당하다.[1172)]

③ 대상자 선정의 판단 요소별 사례

㉮ 고용형태·근속연수·연령·직급 등

(a) 대상자 선정에 있어 일용직근로자, 단시간근로자, 상대적으로 공헌도가 낮고 재취업기회가 높다고 볼 수 있는 단기근속자를 우선 대상으로 정하는 것은 합리성과 공정성이 인정되나,[1173)] 고임금이라는 이유로 장기 근속자 또는 하위직을 우선해고 대상으로 삼는 것은 공정성이 부인된다.[1174)]

(b) 은행이 공적자금을 지원받고자 경영 정상화 계획의 일환으로 정리해고를 실시하면서 일정직급 이상을 대상으로 하여 각 직급에서 고연령자, 장기재직자, 근무성적이 나쁜 자를 우선해고 대상으로 정한 것은 연공서열형 임금체계 하에서 해고인원을 최소화할 수 있다는 점 등에서 합리성과 공정성이 인정된다.[1175)]

(c) 정리해고 대상자 선정에 있어 사용자적 요소(업무성과, 징계 여부)와 근로자적 요소(연령, 부양의무, 근속시간)를 적절하게 고려하지 않고 근로자적 요소보다 사용자적 요소에 대한 배점비율을 현저하게 높게 정한 경우 정당성이 부

1169) 대판 2002.7.9, 2001다2010.
1170) 대판 2015.2.12, 2014두13867.
1171) 서울행판 2004.12.23, 2004구합26062.
1172) 서울고판 2010.11.30, 2010누5020.
1173) 대판 1966.4.6, 66도204 ; 서울고판 1996.5.9, 95구10784 등.
1174) 대판 1995.11.24, 94누10931 ; 대판 1993.12.28, 92다34858.
1175) 대판 2002.7.9, 2001다29452.

정된다.[1176)]

④ 업무수행 능력 및 태도 등

ⓐ 업무성격상 외국인과 접촉이 빈번한 회사에서의 외국어구사능력, 형평성·공정성 등이 인정되는 인사고과, 노사가 정한 기준에 따른 특별평점점수, 수치화한 업무능력 및 실적평가 등 업무수행능력을 기준으로 하는 것은 합리성이 인정된다. 따라서, 업무실적 평가결과 등 업무수행 능력이나 객관적인 근무태도 관리결과 등을 해고대상자 선정기준으로 삼는 것은 합리성이 인정된다.[1177)]

ⓑ 대상자 선정기준이 근무태도라는 단일한 대상을 주관적 평가와 객관적 평가로 나누어 동일하게 배점하고 주관적 평가항목에서 점수를 현격하게 차이가 나도록 부여하는 경우, 근무태도에 대한 주관적 평가에 의하여 해고 여부가 좌우된다는 점에서 합리적이고 공정하다고 할 수 없다.[1178)]

ⓒ 정리해고 대상자 선정기준으로 삼고자 인사고과를 보완하는 업무역량 평가를 실시하면서 구체적인 평가지침도 없고, 근로자들 사이에 인사고과와 업무역량 평가의 순위 및 점수 차이가 큼에도 업무역량 평가가 대상자 선정에 결정적인 역할을 한 경우, 객관성과 공정성을 인정하기 어렵다.[1179)]

㉰ 잉여인력, 특정부서 근로자, 전직·전근 곤란자, 원거리 통근자

ⓐ 정리해고 당시 무보직 상태여서 근무평점 항목에서 '0'점을 받을 수밖에 없었던 경우에도 근무평점 항목의 배점이 크지 않고 결과적으로 그것에 의해 정리해고의 대상자 선정 여부가 좌우된 것이 아닌 경우라면 정리해고 대상 선정기준이 공정성을 상실한 것은 아니다.[1180)]

ⓑ 구체적이고 객관적인 해고 대상자 선정기준 없이 생산부문 폐지계획을 이

1176) 서울고판 2010.11.24, 2007누12738.

1177) 대판 1995.12.5, 94누15783 ; 서울행판 2001.12.8, 99구30721 ; 서울행판 2006.9.5, 2006구합4646 ; 하갑래, 「근로기준법(제29판)」, ㈜중앙경제, 2017, p.861.

1178) 대판 2012.5.24, 2011두11310.

1179) 대판 2015.2.12, 2014두13867.

1180) 대판 2013.11.28, 2013두17565.

유로 생산직 근로자 전원을 정리해고 대상자로 하는 것이나,[1181] 별도의 해고기준이나 심사과정 없이, 영업이익 창출이 없다는 이유만으로 특정 직무담당자를 일률적으로 해고하는 것은 부당하다.[1182]

(c) 생산축소에 따른 잉여인원, 전직·전근 곤란자 등의 기준은 추상적 기준으로 배치전환 가능성이 있는지를 검토해야 인정될 수 있는 사후적 개념이 된다. 예컨대 통근거리가 먼 사람을 선정기준으로 하는 것은 합리적 기준이 아니다.[1183]

(d) 특정 업무를 담당하고 있었다는 사정만으로 정리해고 대상으로 선정하거나 대체 불가자로 선정하여 정리해고 대상에서 배제하는 것은 공정한 선정기준이라 할 수 없다.[1184]

㉣ 근로자대표와의 합의, 노조활동과 파업 참여자

(a) 노조와의 합의에 의해 정리해고 대상자 수와 선정기준을 결정하였고 그 기준이 근무성적, 업무능력, 근무태도 및 입사시기 등을 종합적으로 고려한 것이라면 합리적이고 공정한 해고기준으로 인정된다.[1185]

(b) 정리해고 대상자가 모두 조합원이었으나, 노조가 선정기준 등에 관한 협의를 거부하여 사용자가 잉여인력이 발생한 생산직 근로자로 결정하였고, 유니온숍 조항이 있어 생산직 근로자들이 모두 조합원이기 때문에 결과적으로 해고 대상자가 모두 조합원이 된 경우에는 대상자 선정 기준이 불합리하다거나 불공정하다고 보기 어렵다.[1186]

(c) 사용자가 정리해고 선정기준을 징계사실 유무, 부양가족 여부 등으로 정한 경우, 정당하지 않은 노조활동에 대하여 감점하고, 연말정산 시 부양가족 신고를 하지 아니한 근로자에 대하여 부양가족이 없는 것으로 보아 점수를 산정한 것은 부당하지 않으나, 파업 참여자를 해고대상으로 먼저 선정한 다음 정리해고 대상

1181) 대판 2009.6.25, 2009두6063.
1182) 서울고판 2007.2.14, 2006누4648.
1183) 하갑래, 「근로기준법(제29판)」, ㈜중앙경제, 2017, p.861.
1184) 서울고판 2010.7.21, 2009누33807.
1185) 대판 2008.9.11, 2008두9935.
1186) 대판 2013.6.13, 2011다60193.

기준에 포함되도록 근태기준과 적용기간을 사용자가 일방적으로 정하는 것은 부당하다.[1187]

㉶ 희망퇴직, 질서문란자·명령불복종자

(a) 퇴직금 외 별도의 퇴직수당 등을 지급하는 방법으로 희망(명예)퇴직자를 먼저 퇴직시키는 것은 공평성을 인정받을 수 있으나, 퇴직 권유에 응하지 않은 자를 우선 선정하는 것은 부당하다.[1188]

(b) 대상 선정시 질서문란자, 회사업무에 소극적인 자, 명령불복종자, 협조성 결여자, 공헌도가 낮은 자 등의 기준은 그 자체로는 부당하다고 볼 수 없으나 그 기준이 객관적이고 합리적이어야 한다.[1189]

(4) 근로자대표와 성실한 협의 및 사전통보

① 의 의

(a) 사용자는 해고를 피하기 위한 방법과 해고의 기준 등에 관하여 그 사업 또는 사업장에 근로자의 과반수로 조직된 노동조합이 있는 경우에는 그 노동조합(근로자의 과반수로 조직된 노동조합이 없는 경우에는 근로자의 과반수를 대표하는 자를 말한다.)에 해고를 하려는 날의 50일 전까지 통보하고 성실하게 협의하여야 한다(근기법 제24조제3항).

(b) 이와 같은 사전협의 및 통보 절차는 정리해고의 절차적 정당성을 확보하기 위한 요건이라고 할 수 있으며, 정리해고의 실질적 요건의 충족을 담보함과 아울러 비록 불가피한 정리해고라 하더라도 협의과정을 통한 쌍방의 이해 속에서 실시되는 것이 바람직하다는 취지이다.[1190]

1187) 대판 2011.9.8, 2009두14682 ; 대판 2011.8.25, 2011두11280.

1188) 서울민사지판 1990.10.18, 89가합56525 ; 하갑래, 「근로기준법(제29판)」, ㈜중앙경제, 2017, p.861.

1189) 대판 2001.12.11, 2000두5708 등.

1190) 대판 2002.7.9, 2001다29452.

② 사전협의의 상대방(근로자대표)

(a) 사전협의의 상대방은 정리해고 대상자의 의견을 민주적으로 대변할 수 있는 근로자대표로서 '근로자 과반수로 조직된 노조가 있는 경우에는 그 노조, 그러한 노조가 없는 경우에는 근로자의 과반수를 대표하는 자'가 되며, 근로자 개개인과 개별적으로 협의할 필요는 없다.[1191]

(b) 이때, 노동조합이 근로자 과반수를 대표하는지 여부를 판단함에 있어 근로자의 범위와 근로자대표를 선출할 경우 투표 참가 근로자의 범위는 전체 근로자 수에서 법상 사용자 범주에 포함되는 자[1192]를 제외한 인원을 기준으로 한다.

(c) 또한, 근로자 과반수로 조직된 노동조합은 「노조법」에 의한 설립신고를 한 노동조합을 의미하므로 원칙적으로 노조의 하부조직인 지부나 분회는 이에 포함되지 않는다.[1193] 다만, 당해 사업장의 근로자 과반수가 산별노조에 가입해 있는 경우 산별노조 지부가 별도의 설립신고를 하였거나, 지부에 협의권한을 위임한 경우 지부가 협의의 상대방이 된다.[1194]

(d) 만일, 노동조합이 조직되어 있지 않거나 과반수 노동조합이 아닌 경우에는 근로자 과반수를 대표하는 자를 선출하여야 하며, 이때 근로자 대표는 특별한 사정이 없는 한 사업 또는 사업장 단위로 선출하여야 한다.

㉮ 과반수 미달 노조 등의 경우도 실질적으로 근로자의 의사를 대표할 수 있다면 근로자대표로 인정한 사례

(a) 법원은 근로자 대표성과 관련 노조가 과반수 근로자로 조직되어 있다는 이유 또는 형식적 요건을 갖추지 못한 경우에는 실질적으로 해고대상자를 대표한다는 것을 이유로 폭넓게 인정하는 입장이다.

(b) 예를 들어, 노조가 있으나 근로자 과반수를 대표하지 못하거나 노조가 없

1191) 대판 2002.7.12, 2002다21233.

1192) 사업주 또는 사업경영 담당자, 그밖에 근로자에 관한 사항에 대하여 사업주를 위하여 행위(행동)하는 자(근기법 제2조제1항제2호, 노조법 제2조의2).

1193) 근기 68207-1521, 2001.5.10.

1194) 근로기준팀-2016, 2006.5.3.

는 경우에는 근로자대표를 선출하여야 하는 것이 원칙이나, 형식적으로 노조가 과반수로 조직되었는지 여부가 중요한 것이 아니라 과반수 미달의 노조라도 실질적으로 근로자의 의사를 대표할 수 있다면 근로자대표로 인정하고 있다.[1195] 더 나아가, 노조가 과반수대표 노조가 아니더라도 근로자들이 정리해고 협의에 있어 그 노조가 자신들을 대표하는 것으로 묵시적으로 인정한 경우에도 실질적인 대표성이 있다고 보고 있다.[1196]

(c) 또한, 회사가 비조합원인 직원들을 대상으로 정리해고를 진행하면서 그들을 대표할 수 없는 노조를 협의의 상대방으로 삼은 경우에는 노조의 근로자대표성을 부정하고,[1197] 근로자대표가 정리해고 대상 근로자들과 이해관계가 없는 근로자로 구성되어 있는 경우에는 사용자가 성실한 협의절차를 거쳤다고 보지 않은 사례도 있다.[1198]

㉯ 노사협의회나 기타 직원단체 대표도 근로자대표로 인정한 사례

(a) 법원은 노사협의회나 기타 직종별 직원단체대표의 경우도 근로자대표로서 협의의 대상으로 인정하고 있다. 에를 들어, 사용자가 관행적으로 사우회의 임원들을 근로자대표위원으로 인정하여 노사협의회를 구성해 운영해 왔다면, 사우회의 임원들에게 근로자대표로서의 자격을 인정해 노사협의회를 구성하여 정리해고에 대한 협의를 한 것은 정당하다고 보았다.[1199]

(b) 또한, 사용자가 총 구조조정 인원 중 관리직 감원규모만을 증가시킨 경우, 생산직이 대부분인 노조와의 협의 없이 관리직으로 구성된 사무직대표자협의회와 협의한 것도 정당한 것으로 판단했다.[1200]

1195) 대판 2006.1.26, 2003다69393.
1196) 대판 2012.5.24, 2010두15964.
1197) 대판 2003.7.8, 2001두7602.
1198) 대판 2005.9.29, 2005두4403.
1199) 대판 2004.10.15, 2001두1154,1161,1178.
1200) 대판 2014.11.13, 2012다14517.

㈐ 노조나 노사협의회가 구성되지 않은 경우, 개별근로자들과의 협의절차를 인정한 사례

노동조합이나 노사협의회가 모두 없는 경우에는 별도의 근로자대표 선출절차를 거치는 것이 원칙이나, 법원은 사용자가 정리해고 이전에 노조나 노사협의회가 구성되어 있지 않아 개별 직원들의 동의를 구하는 절차를 거친 경우, 직원들과 상당한 방법으로 성실한 사전협의 요건을 충족한 것으로 인정한 바 있다.[1201]

③ 사전협의의 내용과 효력

(a) 「근기법」이 일반해고와 달리 정리해고에만 근로자대표와 협의를 하도록 규정한 입법취지는 정리해고가 근로자 귀책사유 없는 근로자들 사이에 이익 충돌을 유발하기 때문에 근로자대표와 집단적 합의를 통해 근로자들의 이해와 협조를 구하는 '절차적 정당성'을 확보하고 사용자가 해고대상자를 자의적으로 선정하는 것을 방지하는데 있다.[1202] 따라서, 사용자는 정리해고에 앞서 성실히 협의하면 되고, 반드시 합의까지 할 필요는 없다. 다만, 단체협약 등에 고용조정시 합의나 동의를 규정하고 있는 경우 원칙적으로 이에 따라야 한다.

(b) 협의의 대상 내용으로는 일반적으로 ① 기업의 경영상황, ② 정리해고(경영상 해고)에 이르게 된 경위, ③ 해고의 사유 또는 불가피성, ④ 해고회피 노력의 방법, ⑤ 정리해고 대상자의 수와 범위, ⑥ 해고대상자 선정 기준, ⑦ 해고 일정 및 절차, ⑧ 해고 후 3년 이내 해고자의 우선 재고용 노력의무에 대한 상황, ⑨ 이직·퇴직·해고의 조건(해고예고제, 보상, 재고용 특권 등) 등을 들 수 있다.[1203]

(c) 한편, 근로자대표와의 사전협의와 관련, 사용자가 정리해고를 위하여 노조 등 근로자대표에게 수차에 걸쳐 협의 요청을 하였으나, 노조가 특별한 이유 없이 이를 거부하고 부리한 요구 등을 하는 경우에는 노조 또는 근로자대표의 협의권 남용으로 보아 성실한 협의요건을 충족한 것으로 인정된다.[1204]

1201) 대판 2002.7.12, 2002다21233.

1202) 노동법실무연구회, 「근로기준법주해Ⅱ」, 박영사, 2010 p.260.

1203) 근로기준팀-8048, 2007.11.29. 「경영상 해고관련 업무처리요령」

1204) 대판 2008.9.25, 2008두12887.

〈사전협의 정당성 여부 관련 사례〉

ⓐ 정리해고 당시 사용자가 해고 대상자 기준을 마련하고 노조에 수차례에 걸쳐 의견 제출을 요청하였으나 노조가 아무런 의견을 제시하지 아니한 경우, 경영위기의 심각성, 합병 혹은 퇴출을 피하기 위한 조직통폐합·인력감축 등 재무구조개선 조치의 불가피성, 그 밖의 여러 사정을 종합적으로 고려하여 근로자대표와의 성실한 협의를 거친 것으로 인정된다.[1205)]

ⓑ 사용자와 노조가 희망퇴직금 지급과 인원감축 정원에 대해 합의하고 정리해고 대상자 선정기준에 다면평가를 반영하라는 노조의 요청을 사용자가 받아들여 다면평가 결과 등을 기준으로 대상자를 선정한 경우 성실한 협의를 거친 것으로 볼 수 있다.[1206)]

ⓒ 약 1개월 동안 노조와 6차례 노사협의회를 개최하였으나 이러한 절차가 단지 근로자들을 해고하기 위한 형식적인 것이었던 경우에는 사전협의의 정당성이 부인된다.[1207)]

ⓓ 노조는 계속 협의할 의사를 갖고 있었고 원만한 합의에 이를 개연성이 충분했음에도 사용자가 교섭창구단일화 절차가 진행되면 쟁의행위를 할 수 없다는 점을 이용하여 교섭요구사실 공고를 함으로써 노조와의 협의를 일방적으로 중단한 채 정리해고를 한 경우, 근로자대표와 성실한 협의를 하였다고 볼 수 없다.[1208)]

④ 사전통보와 해고예고 관련

(a) 사용자는 정리해고시 해고 회피방법 및 해고기준 등을 근로자대표에게 해고 50일전에 통보[1209)]하여야 하는데, 사전통보기간까지 근로자대표에게 통보하지 아니한 경우, 정리해고의 효력 여부가 문제가 될 수 있다.

(b) 법원은 사전통보기간을 위반할 경우 행정상 제재를 받는 것은 별론으로 하더라도 사법상 효력에는 영향이 없는 이른바 '단속규정'으로 보아 사전통보기간 준수는 정리해고의 효력요건이 아니므로 기타 요건이 충족되었다면 통보기간을 정확히 지키지 않았더라도 정리해고가 유효하다고 본다.[1210)]

1205) 대판 2010.9.9, 2010두10273.

1206) 대판 2011.4.28, 2011두3937.

1207) 대판 2009.6.25, 2009두6063.

1208) 대판 2015.2.12, 2014두13867.

1209) 통보는 가급적 서면으로 하고, 해고하고자하는 날을 포함하지 않고 그 전날부터 역산하여 50일째 되는 날의 전일까지 하여야 한다.

1210) 대판 2004.10.15, 2001두1154 ; 대판 2003.11.13, 2003두4119.

(c) 해고 당사자에 대한 30일전 해고예고의무는 정리해고시 근로자대표에 대한 해고 50일전 통보와 별도로 준수해야하며, 해고대상자가 선정되어 해고예고를 할 경우 원칙적으로 해고 전 50일간의 협의기간 중에도 할 수 있다. 다만, 협의과정 중 이견이 좁혀지지 않은 가운데 특정인을 해고대상자로 선정하여 해고예고를 하는 경우 성실한 협의의무 위반이 될 수 있으므로 근로자대표와의 협의를 종료한 후에 해고예고를 하는 것이 바람직하다.

(5) 대량(정리)해고시 신고의무

(a) 사용자는 1개월 동안에 다음 각 호의 어느 하나에 해당하는 인원을 해고하려면 최초로 해고하려는 날의 30일 전까지 ① 해고 사유, ② 해고 예정 인원, ③ 근로자대표와 협의한 내용, ④ 해고 일정을 고용노동부장관에게 신고하여야 한다(근기법 제24조제4항 및 시행령 제10조). 신고는 소정의 신고서(근기법시행규칙 별지 제2호 서식)에 근로자대표에게 통보한 내용을 적은 해고 관련 서류를 첨부하여 관할 지방고용노동관서의 장에게 제출하여야 한다(근기법시행규칙 제3조).

1. 상시 근로자수가 99명 이하인 사업 또는 사업장 : 10명 이상
2. 상시 근로자수가 100명 이상 999명 이하인 사업 또는 사업장 : 상시 근로자수의 10퍼센트 이상
3. 상시 근로자수가 1,000명 이상 사업 또는 사업장 : 100명 이상

(b) 이와 같은 신고의무는 근로자를 대량 해고할 때 행정관청이 조기에 개입하여 법절차를 준수하도록 지도·감독하고 고용안정 및 조기재취업을 지원하기 위한 것으로서 정리해고의 효력요건은 아니다. 따라서 사용자가 신고의무를 불이행하였다 하더라도 정리해고의 효력 자체가 부인되는 것은 아니다.

(6) 우선재고용 의무

(a) 경영상 이유로 근로자를 해고한 사용자는 근로자를 해고한 날부터 3년 이내에 해고된 근로자가 해고 당시 담당하였던 업무와 같은 업무를 할 근로자를 채용하려고 할 경우 해고된 근로자가 원하면 그 근로자를 우선적으로 고용하여야

한다(근기법 제25조제1항).

ⓑ 이와 같은 규정은 2007년 개정법(법률 제8372호)에 의해 '노력하여야 한다' 에서 '고용하여야 한다'로 변경된 것으로서 단순히 노력하라는 취지가 아니라 사용자에게 근로자의 재고용에 대한 법적인 의무를 부과한 것으로 보아야 한다.[1211)]

따라서, 사용자는 재고용의무를 이행하여야 하며, 사용자가 고용의무를 이행하지 않더라도 별도의 처벌조항이 없으므로 근로자는 이를 이행하지 않을 경우 민사상 이행 청구소송 등은 가능하다고 본다.

ⓒ 법원도 ① 우선 재고용 노력규정을 근로자 보호 및 고용안정성 도모를 위해 의무규정으로 전환한 점, ② 입법자의 의도는 사용자에게 법적인 재고용 의무를 부과한 것으로 볼 수 있는 점, ③ 귀책사유가 없음에도 사용자의 경영상 판단에 따라 고용상실의 불이익을 감수한 근로자의 희생에 대한 사후적 보상의 필요성이 인정되는 점, ④ 근로자에 대한 사회적 보호 장치가 충분히 마련되지 않은 상태에서 경영상의 이유에 의한 해고만을 강화하는 것은 사회적 시장경제체제를 근간으로 하는 「헌법」 원리에 부합하지 않는 점 등에 비추어 볼 때, "우선 재고용 규정은 정리해고 된 근로자가 이를 근거로 사용자에 대하여 고용의무의 이행을 구할 수 있는 사법상의 청구권으로서의 성격을 가진다"고 하면서, 사용자가 정리해고 후 1년여가 지나 유사업무 담당자를 채용하면서 우선 재고용 절차를 이행하지 않은 채 신규 채용절차를 진행한 것은 위법하고, 사용자는 정리해고 근로자에 대하여 고용 의사를 표시할 의무가 있고, 다른 근로자를 신규채용한 날부터의 임금상당액을 지급할 의무가 있다고 판시하였다[1212)]

한편, 정부는 해고된 근로자에 대하여 생계안정, 재취업, 직업훈련 등 필요한 조치를 우선적으로 취하여야 한다(근기법 제25조제2항).

1211) 권혁, 「현행 근로기준법상 우선재고용의무제도의 법이론적 문제점」, 노동법학, 한국노동법학회, 2007, pp.111~136.

1212) 인천지판 2014.9.25, 2013가합17168.

(7) 기타 정리해고 관련 실무상 쟁점

① 정리해고(경영상 해고)가 단체교섭의 대상이 될 수 있는지

정리해고나 사업조직의 통폐합 등 기업의 구조조정의 실시 여부는 경영주체에 의한 고도의 경영상 결단에 속하는 사항으로서 이는 원칙적으로 단체교섭의 대상이 될 수 없다.[1213)]

② 사용자가 노동조합과 해고회피노력 및 해고기준 등에 관하여 협의하였으나, 합의에 이르지 못한 경우 노동조합이 이를 이유로 파업을 할 수 있는지

「근기법」에서 정리해고시 사용자가 근로자대표와 협의토록 하는 취지는 근로자의 의견을 듣고 이를 최대한 반영할 수 있도록 하는 것이나, 반드시 근로자대표와 합의해야 하는 것은 아니므로 이를 이유로 한 쟁의행위는 정당성을 인정받을 수 없다.

③ 해고 50일전에 근로자대표에게 해고 회피방법 및 해고기준 등을 통보하도록 하고 있는데, 통보 후 곧바로 해고수당으로 50일분 임금을 주고 즉시 해고할 수 있는지

50일전 해고계획을 통보하도록 한 취지는 노사간 해고에 관하여 충분한 협의를 하도록 하기 위한 것이며 개별근로자에 대한 해고예고가 아니다. 따라서, 해고수당 등을 지급하고 그 기간을 단축할 수는 없는 것이다.

④ 정리해고를 하지 않는다거나(고용보장), 정리해고 실시여부와 요건 등에 대하여 노조와 합의 없이 인위적·일방적으로 하지 않는다는 내용을 노사가 합의한 경우의 효력

(a) 사용자의 경영권에 속하는 사항이라 하더라도 그에 관하여 노사는 임의로 단체교섭을 진행하여 단체협약을 체결할 수 있고, 그 내용이 강행법규나 사회질서에 위배되지 아니하는 이상 단체협약으로서의 효력이 인정된다.

1213) 대판 2002.2.26, 99도5380 등.

(b) 따라서, 사용자가 노조와의 협상에 따라 정리해고를 제한하기로 하는 내용의 단체협약을 체결하였다면 특별한 사정이 없는 한 그 단체협약이 강행법규나 사회질서에 위배된다고 볼 수 없고, 나아가 이는 근로조건 기타 근로자에 대한 대우에 관하여 정한 것(규범적 부분)으로서 그에 반하여 이루어지는 정리해고는 원칙적으로 정당한 해고라고 볼 수 없다.[1214)]

⑤ 단체협약에 정리해고시 노조의 합의 또는 동의 규정이 있으나, 노조측이 합의(동의)권을 남용하거나, 현저한 사정변경이 있는 경우에 합의(동의)없이 정리해고를 할 수 있는지

(a) 해고할 때 사전합의조항을 두고 있다고 하더라도 노조가 사전합의권을 남용하거나 스스로 사전합의권의 행사를 포기하였다고 인정되는 경우에는 사용자가 이러한 합의 없이 한 인사처분도 유효한 것으로 인정된다.[1215)]

(b) 또한, 고용보장조항을 두고 있는 경우에도 단체협약 체결 시점과 실제 정리해고 시행 시점 사이에 사정이 현저하게 변경되어 사용자에게 그와 같은 단체협약의 이행을 강요한다면 심각한 재정적 위기에 처하여 협약의 효력을 유지하는 것이 객관적으로 부당한 상황에 이르는 경우에는 사용자가 단체협약에 의한 제한에서 벗어나 정리해고를 할 수 있다.[1216)]

라. 기타 근로관계 종료 사유

1) 합의퇴직(사직 등)

(1) 의 의

(a) 사직은 근로자가 주도하여 근로관계를 종료시키는 법률행위로 근로자의 의사나 동의에 의해 이루어진다. 즉, 사직은 근로자의 일방적인 근로계약 해지의 통고로 「민법」 제660조[1217)]의 기간이 경과하거나 취업규칙에 의한 사직서 제출기

1214) 대판 2014.3.27, 2011두20406.
1215) 대판 1993.7.13, 92다50263.
1216) 대판 2014.3.27, 2011두20406.

간이 지나면 근로관계가 종료되고, 원칙적으로 사직의 의사표시가 사용자에게 도달한 후에는 철회할 수 없다.

(b) 반면에 합의퇴직은 근로자가 근로관계를 종료시키고자 사직의 의사표시를 하여 사용자가 이를 수락하는 경우 또는 사용자가 합의해약을 종용하여 근로자가 그 해약을 승낙하는 경우를 말한다.

(2) 사직 의사표시 방법

사직의 의사표시는 서면으로 하는 것이 일반적이나 구두나 전화로 하여도 유효하다. 날짜를 지정하여 사직의 의사표시를 해도 인정되며, 승낙의 의사표시가 있으면 그 날짜에 근로계약이 해지된다.[1218)]

(3) 사직의사의 철회

근로자가 사직원을 제출하여 근로계약관계의 해지를 청약하는 경우 사용자의 승낙의사가 형성되어 그 승낙의 의사표시가 근로자에게 도달하기 이전에는 그 의사를 철회할 수 있다. 다만, 사직서 제출이 일방적인 근로계약 해지의 통고일 경우 사용자에게 의사표시가 도달한 이후에는 사용자 동의 없이 철회는 불가능하다.[1219)]

(4) 사직 의사표시의 효력

① 사직서 제출이 근로자의 진의의 의사표시인 경우

근로자가 사직서를 제출하여 사용자가 이를 수리하면 근로관계는 그 수리시기에 종료되고, 단체협약이나 취업규칙 등에 이에 관한 별도의 규정이 있는 경우에는 근로관계는 그 시기에 종료된다. 만일 근로자가 사직서를 제출하였으나, 사

1217) 「민법」 제660조(기간의 약정이 없는 고용의 해지통고) ① 고용기간의 약정이 없는 때에는 당사자는 언제든지 계약해지의 통고를 할 수 있다. ② 전항의 경우에는 상대방이 해지의 통고를 받은 날로부터 1월이 경과하면 해지의 효력이 생긴다. ③ 기간으로 보수를 정한 때에는 상대방이 해지의 통고를 받은 당기후의 일기를 경과함으로써 해지의 효력이 생긴다.

1218) 서울고판 2003.8.22, 2002누14104.

1219) 대판 2000.9.5, 99두8657.

용자가 이를 수리하지 않은 경우 「민법」 제660조의 규정에 따라 1개월이 지나면 근로관계가 해지된다.

〈퇴직의 효력발생시기〉[1220]

ⓐ 근로자가 퇴직의 의사표시를 행하여 사용자가 이를 승낙(사표수리)한 경우 : 수리한 때
ⓑ 단체협약 또는 취업규칙 등에 특약이 있는 경우 : 특약의 시기
ⓒ 근로자의 사표를 회사가 수리하지 않은 경우
① 임금을 월급제 등 기간급으로 정한 경우(민법 제660조제3항) : 사표를 제출한 당기(월급제인 경우 그 달) 후의 1임금지급기(그 다음달)가 경과하면 효력발생
② 임금을 기간급으로 정하지 않은 경우(동조제2항) : 사용자가 근로자의 의사표시를 통고받은 날로부터 1월이 경과될 때까지 효력이 발생되지 않음

② 사직서 제출이 근로자의 비진의 의사표시에 이루어진 경우

ⓐ 근로자가 사직하고자 하는 진정한 의사 없이 사직서를 제출하였다 하더라도 근로자의 진정한 의사가 무엇인지 관계없이 위 ①의 경우와 같이 사직의 효력이 발생하는 것이 원칙이다(민법 제107조제1항).

ⓑ 그러나, 사용자가 근로자의 사직서 제출이 진정한 의사에 의한 것이 아님을 알았거나, 알 수 있었을 경우에는 그 사직의 의사표시는 무효가 된다(민법 제107조제1항 단서). 따라서, 사용자가 근로자의 진의 아닌 의사표시를 알았거나 알 수 있었음에도 불구하고 그러한 의사표시(사직서 제출)에 따른 근로관계의 해지는 해고에 해당한다.

ⓒ 한편, 근로자가 회사의 권고 또는 종용에 따라 사직서를 제출한 경우에 그러한 행위가 비진의 의사표시에 의한 것이라고 단정하기는 어렵고 이 경우 사직서 제출의 전후 사정, 사직서 제출과 관련하여 근로자가 취한 태도 등을 종합적으로 고려하여 비진의 의사표시인지의 여부를 판단하여야 한다.

1220) 고용노동부예규 제2012-51호(2012.9.25)

〈사직의 비진의 의사표시 관련 사례〉

ⓐ 진의 아닌 의사표시인지의 여부는 효과의사에 대응하는 내심의 의사가 있었는지 여부에 따라 결정되는 것인 바, 근로자가 사용자의 지시에 좇아 일괄하여 사직서를 작성 제출할 당시 그 사직서에 기하여 의원면직될지도 모른다는 점을 인식하였다 하더라도 이것만으로 내심에 사직의 의사표시가 있는 것이라고 할 수 없다.[1221]

ⓑ 사직의 의사표시가 비진의 의사표시에 해당하고 상대방인 회사도 이러한 점을 알면서 수리하였다면 무효인 사직의 의사표시에 기하여 의원면직 형식으로 근로계약관계를 종료시킨 행위는 실질적으로 회사의 일방적인 의사에 의하여 근로계약관계를 종료시킨 것이라 할 것이어서, 그 형식에 불구하고 실질적으로 모두 부당해고에 해당한다.[1222]

ⓒ 사직서가 진의에 의하여 제출되는 것이 아님을 알면서 의원면직 처리한 것은 해고에 해당하나, 사용자로부터 해고된 근로자가 퇴직금 등을 수령하면서 아무런 이의·유보조건을 제기하지 않았다면 특별한 사정이 없는 한 그 해고의 효력을 인정한 것으로 볼 수 있고, 그로부터 오랜기간이 지난 후에 그 해고의 효력을 다투는 소를 제기한 것은 신의칙이나 금반언의 원칙에 위배되어 허용될 수 없는 경우에 해당할 여지가 있다.[1223]

ⓓ 근로자가 제출한 사직서가 사용자에 의해 수리되지 않고 있다면, 근로자는 1개월 이내에 그 사직의 의사를 철회할 수 있으나, 철회로 인해 사용자측에 불측의 손해를 주는 등 신의칙에 반한다는 특별한 사정이 있는 경우에는 철회가 허용되지 않는다.[1224]

2) 정년퇴직

(1) 의 의

(a) 정년퇴직제란 근로자가 사업(사업장)의 단체협약이나 취업규칙에 정한 일정한 연령에 도달하면, 사용자가 이를 이유로 근로자 의사 여하를 불문하고 근로자와의 근로계약관계를 종료시키는 제도를 의미한다.

(b) 「고령자고용법」에 "사업주는 근로자의 정년을 60세 이상으로 정하여야 하며, 사업주가 근로자의 정년을 60세 미만으로 정한 경우에는 정년을 60세로 정

1221) 대판 1991.7.12, 90다11554.
1222) 대판 1993.5.25, 91다41750.
1223) 대판 1993.1.26, 91다38686.
1224) 대판 1993.7.27, 92누16942.

한 것으로 본다."고 규정하여 법정정년제를 채택하고 있다(제19조).

(2) 차등정년과 직급정년

(a) 법정정년제도에도 약정정년제하에서의 차등 정년법리가 적용된다. 약정정년제하에서 정년은 자율결정원칙을 적용받으므로 직위·직종·직급·직렬 등에 따라 정년에 차등을 두는 것은 사회통념상 합리성이 인정되는 한 사업장의 특수성을 고려하여 당사자가 결정할 수 있다. 다만, 차등정년이 균등처우규정(근기법 제6조)이나 성차별금지규정(고평법 제11조)에 위반하면 무효이다. 법정정년제도는 정년을 60세 이상으로 정함으로써 고용형태별 차등의 폭을 좁히고 있다.[1225]

(b) 한편, 근로자가 일정한 기간 내에 상위직급에 오르지 못한 경우 자동적으로 퇴직토록 하는 소위 직급정년제는 정년제도가 아닌 해고제도로서 「근기법」 제23조제1항에 의한 '정당한 이유'가 있다고 보기 어렵고, 사회통념상 일반적이고도 객관적인 타당성이 없으므로 그 정당성이 인정될 수 없다.[1226]

(3) 정년과 퇴직시점

① 단체협약이나 취업규칙 등에 정년퇴직 시점을 정한 경우

정년퇴직 시점은 노사가 자율적으로 정하되 정년 해당연령을 시기(始期)나 종기(終期) 등으로 단체협약이나 취업규칙 등에 명확히 정하는 것이 바람직하다.

〈유형별 정년퇴직시점의 예시〉

◦ 만 60세를 정년으로 하고 있는 사업장에서 일하는 근로자 甲의 생년월일이 1957년 4월 1일인 경우
① 정년퇴직 시점을 정년이 시작된 첫날로 규정한 경우
→ 甲의 정년퇴직 시점은 2017년 4월 1일이 됨
② 정년에 도달한 달의 말일로 규정한 경우
→ 甲의 정년퇴직 시점은 2017년 4월 30일이 됨

1225) 하갑래, 「근로기준법(제29판)」, ㈜중앙경제, 2017, p.911.
1226) 근기 68207-1571, 2001.5.16.

③ 정년에 도달한 해의 ○분기 말일로 규정한 경우
→ 정년이 도달한 해의 2/4분기 말일로 규정하고 있다면, 甲의 정년퇴직 시점은 2017년 6월 30일이 됨
④ 정년에 도달한 해의 ○반기 말일로 규정한 경우
→ 정년이 도달한 해의 상반기 말일로 규정하고 있다면, 甲의 정년퇴직 시점은 2017년 6월 30일이 됨
⑤ 정년에 도달한 해의 말일로 규정한 경우
→ 甲의 정년퇴직 시점은 2017년 12월 31일이 됨
⑥ 정년이 종료되는 날로 규정한 경우
→ 甲의 정년퇴직 시점은 2018년 3월 31일이 됨

② 단체협약이나 취업규칙 등에 정년퇴직 시점을 정하지 않은 경우

(a) 정년퇴직 시점을 명확히 정하지 않고 관행적으로 운용해 온 경우에는 원칙적으로 그 관행에 따라 퇴직시점이 결정된다. 즉, 과거에 근로자들이 정년종료일에 퇴직했음에도 불구하고 특정근로자에 대해서는 정년에 도달한(시작된) 첫날에 퇴직토록 한다면 이는 신의칙에 위배되므로 그 효력을 인정받을 수 없을 것이며, 당해근로자의 경우 정년종료일에 퇴직하는 것으로 보아야 한다.[1227]

(b) 그러나, 퇴직시점에 대한 관행이 정립되어 있지 않거나 당사자간에 별도의 정함이 없을 경우, 원칙적으로 그 정년에 도달(시작)하는 날이 퇴직일이 된다.[1228]

(4) 정년의 연장과 단축

(a) 단체협약이나 취업규칙·근로계약 변경 등을 통해 법정정년연령 이상으로 정년을 연장하는 것은 가능하나, 이 경우 연장되는 기간을 명확히 하여야 한다. 그러나, 정년연장만을 이유로 호봉을 낮춘다거나 하는 등 기존의 근로조건을 저하시킬 수 없다.[1229]

정년이 경과한 후에도 사용자의 묵시적인 동의 하에 계속해서 근로를 제공해

1227) 근로기준팀-8048, 2007.11.29.
1228) 대판 1973.6.12, 71다2669 ; 근기 01254-486, 1993.3.28.
1229) 근기 01254-10789, 1987.7.6.

왔다면 특별한 사정이 없는 한 정년초과만을 이유로 해고할 경우 그 정당성을 인정받을 수 없다.[1230]

ⓑ 한편, 법정정년 이상을 유지한다 하더라도 정년단축은 근로조건 불이익 변경에 해당하므로 취업규칙 변경 등에 있어 근로자집단의 동의가 필요하다.[1231]

(5) 법정정년 위반의 구제

법정정년에 미달하는 정년만을 이유로 한 근로관계종료는 강행법규에 위반되므로 「근기법」의 해고법리의 적용을 받는다. 따라서, 해당 근로자는 노동위원회에 부당해고구제신청을 할 수 있고, 민사법에 따라 해고무효확인과 손해배상책임을 물을 수 있다.[1232]

(6) 정년퇴직자 재고용시의 근로조건 등

ⓐ 사업주는 정년에 도달한 자가 그 사업장에 다시 취업하기를 희망할 때 그 직무수행 능력에 맞는 직종에 재고용하도록 노력하여야 하며, 정년퇴직자를 재고용하는 경우 당사자의 합의에 의하여 종전의 근로조건과 달리 근로계약 체결이 가능하다. 즉 퇴직금과 연차유급휴가일수 계산을 위한 계속근로기간을 산정함에 있어 종전의 근속기간을 제외할 수 있고, 임금결정도 종전과 달리할 수 있다(고령자고용법 제21조제2항).

ⓑ 또한, 재고용 계약시 근로계약기간을 정할 경우에는 동 계약기간 만료로 근로관계가 종료되고, 기간을 정하지 않은 경우에는 해고의 정당한 사유가 있을 때 해고가 가능하다.

3) 당연퇴직(직권면직)

ⓐ 당연퇴직이란 사용자 또는 근로자의 특별한 의사표시 없이 취업규칙 또는

1230) 서울행판 2010.10.14, 2010구합27646.

1231) 근로기준과-4310, 2004.8.17.

1232) 하갑래, 「근로기준법(제29판)」, ㈜중앙경제, 2017, p.918.

단체협약에서 정한 사유 발생만으로 근로관계가 종료되는 퇴직을 의미한다.[1233)]

당연퇴직은 법적인 개념이 아니고 당사자가 일정한 사유를 정해 해고결정과정을 생략한 채 근로관계를 종료하기로 한 약정이라는 점에서 합의퇴직의 성격을 갖는다. 다만, 합의의 완성에 대해 근로자측이 인정하지 않는 등 의견이 다르면 징계해고 또는 통상해고가 되며, 그 정당성 문제로 귀착된다.[1234)] 판례는 당연퇴직에 대해 징계절차 배제를 폭 넓게 인정하나 사유에 대해서는 사회통념상 합리성을 요구한다.[1235)]

(b) 실무에서 단체협약이나 취업규칙 등에 규정하고 있는 당연퇴직(직권면직) 사유로는 ① 휴직기간만료 후 소정기간 내에 휴직사유가 해소되어도 정당한 이유 없이 복직원(휴직연장원)을 제출하지 않는 경우,[1236)] ② 채용조건인 자격·면허의 취소,[1237)] ③ 유죄판결의 선고,[1238)] ④ 근로자의 사망·정년·근로계약기간의 만료[1239)] 등이 있다.

(c) 직권면직은 단체협약이나 취업규칙 등에 면직처분 또는 퇴직사유에 대해 징계처분과 구분해 놓고 징계절차를 거치지 않을 수 있다고 규정하거나 절차규정을 두고 있지 않은 경우로 면직사유가 징계사유로 규정되어 있는 것이 아니면 일반의 징계절차를 거칠 의무는 없다. 이 경우 면직사유가 징계사유로 보여도 마찬가지이다.[1240)] 따라서, 직권면직사유가 별도로 존재하지 않고 징계의 한 종류로 규정되어 있는 경우에는 징계해고에 따른 절차를 거쳐야 한다.[1241)]

(d) 한편, 단체협약이나 취업규칙 등에 당연퇴직이나 직권면직 등의 사유로 규정한 경우에도 근로관계의 자동소멸사유(사망, 정년 등)가 아닌 사용자가 일방

1233) 근로기준정책과-4404, 2016.7.14.
1234) 하갑래, 「근로기준법(제29판)」, ㈜중앙경제, 2017, pp.924~926.
1235) 대판 1995.7.14, 95다1767 ; 대판 1996.10.29, 96다21065.
1236) 대판 1995.4.11, 94다4011.
1237) 대판 1993.12.21, 93다43866.
1238) 대판 2016.12.29, 2014두43806.
1239) 대판 1995.3.24, 94다42082.
1240) 하갑래, 「근로기준법(제29판)」, ㈜중앙경제, 2017, p.884.
1241) 대판 2008.1.10, 2007두21518.

적으로 근로관계를 종료시키는 것으로 볼 수 있는 경우 등 사회통념상 합리성이 인정되지 않는 경우에는 그 명칭이나 절차에 관계없이 실질적으로 해고에 해당하므로 원칙적으로 「근기법」에 따른 해고제한 규정(제23조)의 적용을 받는다.[1242] 다만, 당연퇴직·직권면직 사유의 정당성이 인정되면 양정(量定)의 적정성에 있어서는 사용자의 재량권을 징계해고의 경우보다 넓게 인정하고 있다.[1243]

4) 명예퇴직(희망퇴직)

(1) 의 의

명예퇴직이란 경영상의 어려움을 극복하기 위한 고용조정이나 승진적체 해소 등의 방법으로 미리 정해진 요건에 따라 희망자를 모집한 후 이를 심사하여 승인함으로써 근로관계를 종료시키는 것을 말한다.[1244]

(2) 법적 성격과 절차

(a) 명예퇴직은 합의해지의 일종으로 근로자가 신청(청약)을 하고 사용자가 요건을 심사한 후 이를 승인(승낙)함으로써 근로관계를 종료시키는 것을 말하는데, 명예퇴직의 신청도 일반적인 합의해지의 경우와 마찬가지로 사용자의 승낙이 있기 전에는 근로자가 청약의 의사표시를 철회할 수 있다.[1245]

(b) 사용자가 명예퇴직자를 모집하는 것은 일반적으로 청약의 유인에 해당하는데 사용자가 퇴직조건에 관하여 구체적인 내용을 모두 제시하고 근로자가 신청을 하기만 하면 별도의 심사 없이 모두 받아들이겠다는 의사를 표시한 경우에는 희망퇴직의 모집을 청약으로 볼 수 있다.

(c) 노사의 합의에 따라 명예퇴직자로 확정되면 예정된 명예퇴직일자에 비로서 퇴직의 효력이 발생하고, 사용자는 명예퇴직금을 지급할 의무를 부담하게 되

1242) 대판 1999.9.3, 98두18848.
1243) 대판 2005.11.25, 2003두8210.
1244) 대판 2003.4.25, 2002다11458.
1245) 대판 2003.4.25, 2002다11458.

며, 명예퇴직의 합의가 이루어진 후에는 특별한 사정[1246]이 없는 한 당사자 일방이 임의로 그 의사표시를 철회할 수 없다.[1247]

(3) 명예퇴직금 등 퇴직조건 관련 고려사항[1248]

(a) 명예퇴직금(퇴직위로금) 지급과 관련하여 그 지급여부나 지급액 등은 단체협약이나 취업규칙 등에 관련 규정이 있으면 그에 따르면 되나, 특별한 규정이 없다면 회사의 경영사정이나 지불능력 등을 감안하여 결정하면 된다.

(b) 명예퇴직 유형에는 ① 경영상 해고의 과정으로 이루어지는 경우와, ② 회사의 자체 규정에 의해 상시적인 명예퇴직제도에 의해 실시되는 경우로 구분되는데, ①의 경우 지급되는 명예퇴직금(퇴직위로금)은 퇴직소득으로 분류되며, ②의 경우 지급되는 명예퇴직금(퇴직위로금)은 근로소득으로 분류된다.

(c) 명예퇴직금에 대한 과세와 관련 퇴직근로자 입장에서 보면 퇴직소득이 종합소득과 분리되어 과세되기 때문에 유리하다. 따라서 사용자는 퇴직소득으로 인정받기 위해서 단체협약(노사합의)이나 취업규칙(명예퇴직금지급규정) 등에 명예퇴직금 지급에 대한 근거를 마련하여 지급하는 것이 바람직하다.

1246) 명예퇴직 합의 이후 퇴직일 도래 이전에 근로자에게 근로관계를 계속하는 것이 곤란할 정도의 중대한 비위행위가 있는 경우에는 사용자로서는 명예퇴직의 승인을 철회할 수 있다(대판 2002.8.23, 2000다60890).

1247) 대판 2000.7.7, 98다42712.

1248) 최영우「개별노동법 실무」㈜중앙경제, 2017, p.1049 참고.

주/요/쟁/점/실/무

제18절 해고의 실체적·절차적 제한 관련 쟁점

1. 해고의 법적 규제[1249)]

(a) 「민법」상 고용계약은 당사자 일방이 상대방에 대하여 노무제공을 약정하고 상대방이 이에 대하여 보수를 지급할 것을 약정함으로써 그 효력이 생긴다(민법 제655조). 따라서 고용계약은 평등한 인격자인 근로자와 사용자의 자유로운 의사에 의해 체결되는 것이며, 고용기간의 약정이 없는 경우 원칙적으로 근로자는 물론 사용자는 언제든지 고용계약을 해지할 수 있다(민법 제660조제1항).

(b) 반면, 「민법」의 특별법인 「근기법」은 해고에 대하여 근로자의 실직 예방, 근로의 기회 및 근로조건 보호를 위하여 해고의 사유(정당한 이유)와 시기(업무상요양 및 출산전·후 휴업기간 등), 그리고 절차(해고예고제, 서면통보제 등)를 엄격히 제한하고 있다.

(c) 즉, 사용자가 근로자를 해고하려면 ① 정당한 이유가 있어야 하고, ② 해고 하려는 날의 30일 전에 해고를 예고하여야 하며, ③ 해고사유와 해고시기를 서면으로 통지하는 등의 절차를 준수해야 한다.

1249) 해고의 규제와 관련 주요국의 제도 : ① (미국) 해고자유의 원칙에 입각하되 차별을 엄격하게 규율하고 있다. ② (일본) 사용자의 해고권 행사가 객관적으로 합리적인 이유가 없거나 사회통념상 상당하다고 인정할 수 없는 경우에는 권리남용이 되어 무효가 된다는 소위 '해고권 남용의 법리'가 판례를 통해 확립되어 2007년 제정된 노동계약법(제16조)에도 이러한 판례법리가 반영되어 있다. ③ (독일) 해고제한법(제1조)에서 6개월 이상 근로관계를 유지하는 근로자에 대한 '해고가 사회적으로 정당하지 아니한 경우에는 무효'이고, '근로자의 일신상·형태상의 사유에 의하지 아니하거나 같은 사업에서 근로자의 계속 취업을 불가능하게 하는 긴박한 경영상의 필요에 의하지 아니하고 행한 해고는 사회적으로 정당하지 않다'고 규제하고 있다.

2. 해고사유의 제한

가. 해고의 정당한 이유

(a) 「근기법」은 '정당한 이유 없이 해고 등을 하지 못한다'고 규정하여 해고의 사유를 제한하고 있다(제23조제1항). 동 규정의 해고의 제한은 징계해고뿐만 아니라 통상해고와 정리해고가 모두 포함되고,[1250] 종류를 불문하고 해고에는 '정당한 이유'가 있어야 한다는 점에서는 다를 바가 없다.[1251] 정리해고의 경우도 「근기법」 제24조에 규정하고 있는 경영상 이유에 의한 해고의 제한 요건들을 충족하였을 때 정당한 이유가 있는 것으로 간주된다(근기법 제24조제5항).

(b) 그러나, 「근기법」 제23조제1항에서 규정하고 있는 '정당한 이유'라는 개념은 비록 헌법재판소가 '명확성의 원칙'에 반하지 않는다고 판시[1252]하였지만, 실무적으로 보면 여전히 추상적이어서 동 규정의 적용은 결국 '정당한 이유'를 어떻게 해석하는가에 따라 달라진다.

(c) 취업규칙이나 단체협약 등에서 정하고 있는 해고의 사유 등이 해석의 보충적 근거가 될 수는 있으나 취업규칙 등의 규정이 바로 해고를 정당화하는 것은 아니므로 최종적으로는 개별적인 사건에 대한 법원의 사법적 판단에 맡겨질 수 밖에 없다.[1253]

(d) 법원은 '해고의 정당한 이유' 즉 사회통념상 근로관계를 계속 유지할 수 없을 정도인지 여부를 ① 사용자의 사업의 목적과 성격, ② 사업장 여건, ③ 근로자의 지위와 담당직무, ④ 비위행위의 동기와 경위, ⑤ 이로 인하여 기업의 위계질서가 문란하게 될 위험성 등 기업에 미칠 영향, ⑥ 과거의 근무태도, ⑦ 근로자 보호의 필요성, ⑧ 노동시장의 상황 등 여러 가지 사정을 종합적으로 고려하여 판단한다.[1254]

1250) 대판 1993.10.26, 92다54210.

1251) 박제성, 「일반해고와 취업규칙」, 월간 노동리뷰, 2016년 1월호, 한국노동연구원, p.69.

1252) 헌재 2013.12.26, 2012헌바375 ; 헌재 2005.3.31, 2003헌바12.

1253) 김승휘, 「일반해고의 정당성 판단에 대한 판례법리의 검토(저성과자에 대한 해고의 정당성 판단을 중심으로)」, 강원법학, 제35권, 강원대학교 비교법학연구소, 2012.2, p.160.

(e) 다만, 이와 같은 판례는 기본적으로 근로자에게 책임 있는 사유, 즉 유책성(有責性)을 전제로 하는 것이어서 근로자에게 책임을 물을 수 없는 일신상의 사유에 따른 통상해고에 대해서는 그대로 적용하기 어려운 한계를 가지고 있다.

나. 해고사유에 대한 특별 제한

1) 균등처우에 반하는 해고 금지

(a) 사용자는 해고에 관하여 남녀의 성(性)이나 국적·신앙 또는 사회적 신분을 이유로 근로자를 차별적으로 해고하는 행위를 금지하고 있고(근기법 제6조), 정리해고시 해고를 피하기 위한 노력과 함께 해고대상자 선정시 남녀의 성을 이유로 한 차별을 금지하고 있다(근기법 제24조제2항 단서).

(b) 또한, 사업주는 근로자의 정년·퇴직 및 해고에서 남녀를 차별을 금지하고 있다(고평법 제11조).

2) 노동조합 활동을 이유로 한 해고 금지

사용자는 노동조합 가입이나 설립 또는 노동조합의 업무수행을 이유로 한 해고를 부당노동행위로 금지하고 있고(노조법 제81조제1호), 유니온숍 조항[1255]을 두고 있는 경우 노동조합에서 제명된 것을 이유로 한 해고 등 신분상 불이익한 행위를 금지하고 있다(노조법 제81조제2호).

3) 행정관청 등에 신고·통보·증언을 이유로 한 해고 금지

(a) 사용자는 근로자가 고용노동부장관 또는 근로감독관에게 신고·통보한 것을 이유로 해고 그밖에 불리한 처우를 할 수 없다(근기법 제104조).

(b) 또한, 사용자가 부당노동행위를 한 것에 대해 근로자가 노동위원회에서 신

1254) 대판 2002.5.8, 2001두10455 ; 대판 2014.7.10, 2012다100760.

1255) 노동조합이 당해 사업장에 종사하는 근로자의 3분의 2 이상을 대표하고 있을 때에는 근로자가 그 노동조합의 조합원이 될 것을 고용조건으로 하는 단체협약의 조항을 말한다.

고하거나 그에 관한 증언을 하거나 기타 행정관청에 증거를 제출한 것을 이유로 해고할 수 없다(노조법 제81조제5호).

4) 직장 내 성희롱 발생시 조치와 관련 해고 등 금지

사업주가 직장 내 성희롱과 관련하여 피해를 입은 근로자 또는 성희롱 발생 사실을 신고한 근로자에게 해고 등의 불이익 조치를 하는 것을 금지하고 있다(고평법 제14조제6항).

3. 해고절차의 제한

가. 의 의

(a) 해고사유와 시기, 사전통지 및 해고예고 등 절차규정을 통해 해고를 제한하는 것은 사용자의 자의적인 해고로부터 근로자를 보호하고 해고사유 등을 명확히 하여 분쟁을 방지하고 신속하고 원활하게 분쟁을 해결할 수 있도록 하는데 그 의의가 있다.[1256]

「근기법」 제23조제1항에 규정하고 있는 ‘정당한 이유’에는 절차적 정당성도 당연히 포함된다고 보아야 하고, 따라서, 절차적 정당성은 해고가 정당하려면 반드시 요구되는 것이다.

(b) 해고의 절차적 제한과 관련하여 법률에 명시되어 있는 일반적 절차규정으로서 해고예고제와 서면통지제도가 있으나, 기업이 자치규범으로서 취업규칙이나 단체협약에서 징계위원회의 구성, 소명기회 부여 및 징계위원회의 심의, 노동조합 등 근로자대표와의 협의나 동의 등의 절차를 두고 있는 경우 판례는 단체협약이나 취업규칙 등 자치규범에 의한 절차규정의 규범적 효력을 인정하고 있다.[1257]

1256) 노동법실무연구회, 「근로기준법주해Ⅱ」, 박영사 2010. p.100.
1257) 대판 2009.3.12, 2008두2088 ; 대판 1994.10.25, 94다25889.

나. 해고예고(수당) 제도

1) 의 의

(a) 사용자는 근로자를 해고하고자 할 때에는 적어도 30일 전에 예고를 하지 않으면 30일분 이상의 통상임금을 해고예고수당으로 지급해야 한다(근기법 제26조).[1258]

(b) 이와 같은 해고의 예고(또는 예고수당 지급)제도[1259]는 근로자가 갑자기 해고를 당하면 생활에 어려움이 있을 수 있으므로 새 일자리를 구할 수 있도록 시간적 여유를 주거나 구직활동 기간 동안의 생계비를 보장하여 경제적 어려움을 덜어주기 위한 취지이며, 해고의 예고는 정당한 이유가 있는 경우에 적용되는 것이므로 예고를 했다고 하여 정당한 이유 없이 해고할 수 있다는 의미는 아니다.[1260]

〈제도 연혁〉[1261]

해고예고 규정은 1961.12.4. 개정 「근기법」에서 처음 신설되었고, 해고예고를 하지 않아도 되는 근로자 귀책사유와 관련하여 개정 「근기법」(1989.3.29)에서 요건을 노동위원회 인정에서 노동부장관 승인으로 변경한 후 다시 '노동부령으로 정하는 것'으로 변경한 것 외에는 표현을 정리한 정도로서 신설 당시의 골격을 유지하고 있다.

2) 해고예고의 적용

(1) 해 고

해고예고는 근로자의 의사에 반하여 근로관계가 종료되는 해고와 관련된 제도로서 정당한 해고뿐만 아니라 부당해고라도 위반의 책임이 면제되지 않는다. 따라서, 부당해고와 별도로 벌칙을 규정하여 위반의 책임을 묻고, 사건처리에 있어서도 부당해고구제는 노동위원회가 다루나, 해고예고위반은 근로감독관과 검

1258) 해고예고와 예고수당 지급에 대한 의무는 선택적이다.

1259) 일본의 경우도 노동기준법 제20조제1항에 같은 내용의 해고예고제도를 두고 있다.

1260) 대판 1989.10.24, 89다카166 ; 대판 1990.10.10, 89도1882 ; 대판 1992.3.31, 91누6184 등.

1261) 하갑래, 「근로기준법(제29판)」, ㈜중앙경제, 2017. p.867.

사가 다룬다.

(2) 퇴직 등

해고예고는 근로자의 의사에 반하는 해고로 볼 수 없는 정년퇴직, 임의퇴직, 합의퇴직, 근로자 사망처럼 근로관계가 자동적으로 소멸되는 경우는 해고예고가 필요하지 않다. 또한, 일정한 기간을 정하여 채용되고, 그 근로계약기간이 종료되어 자동으로 퇴직하는 경우라면 예고 문제는 발생하지 않는다. 다만, 사업완료에 필요한 기간을 정한 계약에서 사업이 빨리 끝나는 경우는 예고가 필요하다.

(3) 적용제외

(a) 해고예고 적용제외제도는 임시적 취업상태에 있는 근로자에게까지 해고예고를 하는 것이 부적당하다고 보아 일정한 경우 적용을 배제하여 예고 없이 해고를 할 수 있도록 하는데 그 취지가 있다.

(b) 구(舊) 「근기법」에서는 고용형태에 따라 해고예고 적용제외 여부를 결정하는 입법형식을 취하였으나[1262], 예컨데 "월급근로자로서 6개월이 되지 못한 자"와 같이 합리적인 근거 없이 임금계산방법(월급·일급제 등) 또는 월급제 근무기간에 따라 제외대상을 규정한 것은 형평성 등 그 취지에 부합되지 않는다는 지적이 끊이지 않았고, 헌법재판소도 이 경우를 해고예고 적용대상에서 제외하는 것은 「헌법」상 근로의 권리와 평등원칙에 위반되어 위헌으로 결정한 바 있으며[1263], 일본의 경우도 노동기준법(제21조)에 유사한 규정[1264]을 두고 있으나 '월급근로

1262) 제35조 및 시행령 제16조 : ① 일용근로자로서 3월을 계속 근로하지 아니한 자, ② 2월 이내의 기간을 정하여 사용된 자, ③ 월급근로자로서 6월이 되지 못한 자, ④ 계절적 업무에 6월 이내의 기간을 정하여 사용된 자, ⑤ 수습사용한 날부터 3월 이내인 수습근로자

1263) 헌재 2015.12.23, 2014헌바3. 근무기간 6개월 미만인 월급근로자를 근무기간 6개월 이상인 월급근로자나 월급제 이외의 형태로 보수를 받는 근로자와 합리적 근거 없이 차별 취급하고 있으므로 「헌법」 제11조의 평등원칙에 위반된다. 헌법재판소는 이 결정에서 같은 조항에 대하여 재판관 다수의견(7:2)으로 합헌이라고 결정했던 종전의 결정(헌재 2001.7.19, 99헌마663)을 재판관 전원 일치 의견으로 변경하였다.

1264) ① 일용근로자, ② 2월 이내의 기간을 정하여 사용된 자, ③ 계절적 업무에 4월 이내의 기간을 정하여 사용된 자, ④ 수습사용 중에 있는 근로자로 규정하고 있다

자'를 적용예외 대상으로 규정하고 있지 않다.

ⓒ 이러한 점을 감안하여, 최근 「근기법」을 개정(2018.12.27.)하여 해고예고 적용제외를 고용형태별로 다양화한 기존 방식을 폐지하고, "근로자가 계속 근로한 기간이 3개월 미만인 경우"에 예고 없이 해고를 할 수 있도록 규정하여 해고예고 적용제외제도를 일원화하였다(제26조 단서 제1호).[1265]

3) 해고예고의 예외(즉시해고)

불가항력적인 상황에서까지 사용자에게 해고예고제도를 적용하는 것은 불합리하기 때문에 「근기법」은 "천재·사변, 그 밖의 부득이한 사유로 사업을 계속하는 것이 불가능한 경우 또는 근로자가 고의로 사업에 막대한 지장을 초래하거나 재산상 손해를 끼친 경우로서 고용노동부령으로 정하는 사유에 해당하는 경우"에 예고 없이 즉시해고를 할 수 있음을 규정하고 있다(제26조 단서 제2·3호).

(1) 부득이한 사유로 사업을 계속하는 것이 불가능한 경우

'부득이한 사유'가 존재하는데 그치지 않고 그로 인해 '사업의 계속이 불가능', 두 가지 요건을 모두 충족하여야 한다.

ⓐ '부득이한 사유'란 천재·사변에 준하는 정도의 불가항력적이고 돌발적인 사유를 의미한다. 즉, 사업의 경영자로서 사회통념상 취해야할 필요한 조치를 다 했음에도 통상적으로 어떻게 할 수 없는 불가항력적 상황으로 사용자에게 그 책임을 물을 수 없는 경우를 말한다. 이 경우 입증책임은 사용자에게 있다.[1266]

예컨대, 사업장이 화재로 소실된 경우, 단 사업주의 고의 또는 중대한 과실에 의한 경우는 제외한다. 또한, 지진 등에 의한 공장, 사업장의 붕괴, 소실 등에 따라 사업의 계속이 불가능하게 된 경우 등이다. 즉, ① 사업주의 위법행위 등으로 기계·설비·자재 등이 강제 수용되거나 몰수된 경우, ② 세금의 체납처분으로 폐업에 이른 경우, ③ 사업주의 귀책사유에 기인한 경영난 등은 포함되지 않는다.

1265) 동 개정규정은 개정법 시행(2019.1.15.)후 근로계약을 체결한 경우부터 적용된다.

1266) 대판 1970.2.24, 69다1568 ; 근로기준과-292, 2010.7.27

(b) '사업의 계속이 불가능'이란, 사업의 전부 또는 대부분을 계속하는 것이 불가능하게 된 경우를 말하며, 예컨대, 기업의 부도·도산,[1267] 해당 사업장의 중심이 되는 중요한 건물, 설비, 기계 등이 전부 소실된 경우 등이다. 다만, 중요한 건물, 설비, 기계 등이 일부 소실된 경우로 일부 근로자를 해고하면 그 상태로 별도의 사업으로 전환이 가능하고, 사업이 그 주된 부분을 유지하면서 계속할 수 있는 경우, 또는 일시적으로 부득이하게 조업 중지에 이르렀으나 사업의 현황, 자재, 자금의 융통 등으로 전 근로자를 해고하지 않고 가까운 시일 내에 복구가 충분히 예견되는 경우에는 포함되지 않는 것으로 해석된다.[1268]

종전에는 "부득이한 사유로 사업의 계속이 불가능"한 경우로 해고예고의 적용제외를 받기 위해서는 노동부장관의 승인을 받아야 했으나, 1989.3.29. 「근기법」 개정시 폐지하였다.[1269] 이에 따라, 종전에 비해 해고예고 제외사유의 존부에 대한 사용자의 자의적인 판단의 우려가 상존하고 있으나, 1차적인 판단은 사용자에게 맡겨지게 됐고 근로자가 이에 불복하는 경우에는 사법적인 판단에 맡겨진다.

(2) 근로자의 귀책사유

근로자의 귀책사유가 근로계약관계를 유지하기 어려울 정도로 중한 경우까지 사용자에게 해고예고의무를 부과하는 것은 형평에 어긋난다. 따라서, "근로자가 고의로 사업에 막대한 지장을 초래했거나 재산상의 손해를 끼친 경우"로 고용노동부령이 정하는 사유에 해당할 경우 예고 없이 즉시 해고를 할 수 있다. 다만, 근로자에게 고의가 있었는지에 대한 입증책임은 해고예고예외를 주장하는 사용자에 있다.

1267) 근기 68207-2320, 2000.8.2. 질의회시

1268) 昭和63.3.14, 基發 제150호

1269) 일본의 경우, 노동기준법에 해고예고에 관한 동일한 내용의 조항이 규정되어 있으며, 우리 제도와 다른 점은 해고예고기간에 있어 평균임금을 지급한 일수만큼 예고기간을 단축할 수 있도록 하고 있고, 해고예고의 적용 제외(부득이한 사유로 사업계속이 불가능한 경우와 근로자 귀책사유가 있는 경우)를 받기 위해서는 행정관청(노동기준감독서장)의 인정을 요건으로 하고 있다(노동기준법 제20조).

〈근기법 시행규칙 제4조(해고예고 제외 근로자 귀책사유)〉

① 금품, 향응을 제공받고 불량품을 납품 받아 생산차질 초래
② 영업용 차량을 임의로 타인에게 대리 운전케 하여 교통사고 유발
③ 사업의 기밀, 정보를 경쟁사 등에게 제공하여 사업에 지장 초래
④ 허위사실 날조, 유포 불법 집단행동으로 사업에 지장 초래
⑤ 직책을 이용하여, 운송수입금 등 공금의 착복, 유용, 횡령, 배임
⑥ 제품, 원료 등의 절도, 불법 반출

4) 해고예고의 방법

ⓐ 해고예고는 해고일을 특정해야 하며, 불확정 기한을 붙이거나 조건을 붙인 예고는 효력이 없다.[1270] 다만, 해고일이 특정되지 않았다 하더라도 현재 시공 중인 공사의 완료와 같이 도래가 확실하고 근로자 자신도 사실상 그 시기를 알고 있는 경우에는 그 공사완료일을 예고하는 것은 해고를 예고하는 것을 포함하는 것으로 볼 수 있다.

ⓑ 사용자가 근로자에게 해고예고를 할 때에는 해고사유와 해고시기를 명시하여 서면으로 통지해야하며(근기법 제27조) 해고예고수당을 지급하는 경우에도 별도로 서면통지를 해야 하는 것이 원칙이다. 다만, 해고서면통지제도와 해고예고제도는 제도 취지가 구분되는 이상 구두로 한 해고예고의 경우에도 해고의 유효성과 무관하게 해고예고로서의 효력은 인정되나,[1271] 해고될 날짜를 명확히 하여 해고 대상자를 특정하고 해고사유도 명확히 하여야 한다.

5) 해고예고 기간

ⓐ 해고예고는 최소한 30일전에 해고할 날을 역일로 명시해야 하며, 이 기간은 법정 최저기간이므로 취업규칙 등으로도 짧게 정할 수 없고, 만일 짧게 정했

1270) 법무 811-14939, 1979.6.22.

1271) 해고예고도 서면으로 해야 한다는 견해가 있다. 하갑래, 「근로기준법(제29판), ㈜중앙경제, 2017, p.870.

다면 이는 강행법규 위반으로 무효이다.[1272)]

(b) 또한, 해고예고기간 계산은 「민법」의 일반원칙에 따라 해고예고를 한 날은 산입하지 않고(초일불산입) 그 익일부터 계산하여 기간의 말일의 종료시에 만료된다. 여기서 30일간은 근로일이 아닌 역일로 계산되기 때문에 그 기간 중의 휴일 또는 휴업일이 있다하더라도 연장되지 아니한다.

6) 해고예고의 철회

(a) 해고예고는 사용자가 일방적으로 행하는 근로계약해제의 의사표시이므로 철회가 인정되지 않는다.[1273)] 그러나, 예고의 철회가 인정되지 않는 것은 해고예고를 일방적으로 철회한다는 통지를 받은 근로자의 법률상 지위가 극히 불안정한 상태에 놓이게 되므로 이를 예방하기 위한 취지이므로 근로자의 동의를 얻어 철회를 하는 것은 가능하다.

(b) 또한, 사용자가 행한 해고의 의사표시에 따른 해고시기에 도달하기 전에 해고시기를 연장하는 취지로 해고의 의사표시를 한 경우, 이는 새로운 의사표시로 본다.[1274)]

7) 해고예고기간 중의 근로관계

(a) 해고예고가 행하여졌다하더라도 예고기간이 만료될 때까지는 근로관계가 유효하게 존속되므로 근로자는 근로제공의 의무가 있고 사용자는 이에 대한 임금지급의무가 있다.

(b) 그러나, 해고예고제도의 취지와 ILO권고119호(사용자의 발의에 의한 고용의 종료에 관한 권고)를 감안할 때 새로유 직장을 구하기 위해 작업장을 떠나는 시간에 대해서는 임금이 지급되는 것이 바람직하다.[1275)] 또한, 해고예고기간

1272) 노동법실무연구회, 「근로기준법주해Ⅱ」 박영사, 2010. p.267.

1273) 「민법」 제543조

1274) 서울지판 2007.5.29, 2007노209.

1275) 하갑래, 「근로기준법(제29판)」, ㈜중앙경제, 2017 p.873.

30일중 일정기간은 예고기간으로 처리하고 나머지 기간은 해고예고수당으로 처리할 수 있는 제도의 검토가 필요하다고 본다.[1276)]

8) 해고예고의무 위반과 해고의 효력

(a) 사용자가 「근기법」 제26조에 규정된 해고예고의무를 이행하지 않은 경우 2년 이하의 징역 또는 1천만 원 이하의 벌금에 처해질 수 있다(근기법 제110조). 다만, 동 조는 절차규정이고 단속규정으로 사법상의 효력은 발생하므로 사용자가 벌칙을 받는 문제는 별론으로 하고 정당한 사유가 있는 한 해고 자체는 효력이 있다는 것(유효설)이 판례 및 행정해석의 입장[1277)]이다.

(b) 이외에도 해고예고 의무 위반에 대한 해고의 효력에 대하여는 학설이 다양(상대적무효설, 절대적무효설, 선택권설 등)[1278)]하나, 절대적무효설에 따르면 근로자가 해고를 수용하기로 하고 예고수당을 받으려는 경우에도 해고 자체가 무효여서 예고수당을 청구할 수 없는 불합리한 결과가 된다.

(c) 「근기법」에도 30일전에 해고예고를 하지 않은 경우에는 예고수당을 지급하도록 규정되어 있는 점에서 30일전에 예고하라는 규정은 강행규정으로 보기 어렵기 때문에 유효설이 타당하다고 본다.[1279)]

1276) 일본의 경우, 해고예고기간에 있어 평균임금을 지급한 일수만큼 예고기간을 단축할 수 있도록 입법적으로 해결하고 있다(노동기준법 제20조).

1277) 이른바 "유효설"의 입장으로 대판 1990.3.31, 69누75 ; 대판 1980.12.9, 80다1616 ; 대판 1993.9.24, 93누4199 ; 대판 1996.12.17, 93다39492 등 ; 법무법 810-807, 1963.11.13,

1278) ① 상대적무효설 : 해고예고 없는 해고는 무효이나, 해고통지 후 예고기간이 지나거나 예고수당을 지급하는 등 법상 해고절차적 요건을 구비하면 효력이 발생한다(하갑래 「근로기준법」, 29판, p.873, 하경효 「해고예고규정 위반 및 노조와 합의없이 행한 징계면직의 효력-대판 1994.3.22 선고 93다28553 판결. 해고무효 확정 등」, 경영계제198호, 한국경영자총협회, 1994.7, p.56, 일본최고재판소 1960.3.11. 民集14권3호, p.403) 등, ② 절대적 무효설 : 해고예고는 강행규정으로 이에 위반된 해고는 해고로서 효력이 없다(김형배, 「노동법」,제25판, p.675~676), ③ 선택권설 : 해고예고도 없고 예고수당의 지급도 없이 한 해고통보에 대하여 근로자가 무효임을 주장하거나 유효임을 전제로 해고예고수당 지급을 청구할 수 있다. 이 경우 근로자가 상당한 기간내에 선택권을 행사하지 않으면 무효임을 주장할 수 없게 된다.

1279) 임종률, 「노동법(제14판」, 박영사 2016, p.547.

9) 해고예고수당

(a) 사용자는 정당한 사유가 있어 근로자를 해고하고자 할 경우, 30일 전에 예고를 하지 아니하였을 때에는 30일분 이상의 통상임금을 해고예고수당으로 지급하고 즉시해고를 할 수 있다(근기법 제26조). 동 규정의 취지는 해고된 근로자가 새로운 일자리를 찾는 기간 동안 최소한의 생계보장은 이루어진다고 보고 예고기간 없이 즉시해고를 허용하는 것이다.[1280]

(b) 이와 같은 해고예고수당은 구체적인 근로에 대한 대가가 아니므로 임금으로 볼 수 없으나 임금에 준하여 직접불·통화불로 지급하여야 할 것이다. 또한, 금품의 성격상 즉시해고에 따른 근로자의 생활상의 곤란 완화를 목적으로 하고 그 지급을 벌칙으로 강제한다는 점을 고려할 때 즉시해고와 동시에 지급해야 한다.

10) 해고예고 관련 실무 사례

① 해고예고의무를 위반한 해고의 경우에도 정당한 사유가 있을 경우 그 효력은 인정된다.[1281]

해고예고제도는 해고를 할 경우 일정한 유예기간을 두거나 예고수당을 지급할 것을 내용으로 하는 것이지 해고 자체를 금지하는 제도는 아니라는 점에서 해고예고의무를 위반하더라도 정당한 사유를 갖추고 있는 한 해고는 유효한 것으로 인정된다.

② 해고예고는 최소한 30일 전에 이루어져야 하며, 30일은 역일로 계산하므로 휴일, 휴가기간도 포함한다.[1282]

해고예고는 해고일로부터 최소한 30일 전에 이루어져야 하며, 이보다 짧게 정한 것은 강행법규인 「근기법」 위반으로 무효이다. 30일은 역일(暦日)로 계산하므로 그 기간에는 휴일이나 휴가기간도 포함된다.

1280) 헌재 2001.7.19, 99헌마663 결정
1281) 대판 2015.2.26, 2014두44700.
1282) 근기 68207-180, 1995.1.17.

③ 상시근로자 5인 미만 사업장의 경우 해고제한 규정은 적용되지 않으나, 해고예고 규정은 적용된다.[1283)]

상시근로자가 5명 미만인 사업에는「근기법」제23조의 해고제한 규정은 적용되지 않으나 제26조의 해고예고 규정은 적용되며, 부당해고 시에도 해고예고 위반의 책임은 면제되지 않으므로 해고예고를 하지 않은 경우에는 해고예고수당 지급의무를 지게 된다.

④ 해고예고 기간이 30일에서 일부라도 부족한 경우, 30일분 이상의 통상임금을 지급해야 한다.[1284)]

해고예고는 반드시 30일 전에 해야 하므로 30일에서 일부라도 부족하게 되는 경우에는 30일 전에 예고를 하지 아니한 것으로 해석되며, 그 경우에는 30일분 이상의 통상임금을 지급해야 한다.

⑤ 잔여 근로계약기간이 30일 미만인 경우에도 30일분 이상의 통상임금을 지급해야 한다.[1285)]

해고예고를 할 때 잔여 근로계약기간이 30일 미만이라 하더라도 30일분의 통상임금보다 적은 금액을 지급할 수 없으며, 30일분 이상의 통상임금을 지급해야 한다.

⑥ 근로자 귀책사유로 해고하는 경우에도 해고예고나 해고예고수당을 지급하여야 한다.[1286)]

근로자의 귀책사유로 해고하는 경우에도 30일전에 해고예고를 하여야 하며, 예고를 하지 아니한 때에는 30일분 이상의 통상임금을 지급해야 한다. 다만, 근로자가 고의로 사업에 막대한 지장을 초래하거나 재산상 손해를 끼친 경우처럼

1283)「근기법시행령」제7조 별표1

1284) 근기 68207-1346, 2003.10.20.

1285) 근기 68207-1627, 2003.12.17.

1286) 근기 01254-2299, 1987.2.13.

도저히 근로관계를 더 이상 지속할 수 없는 경우에는 즉시해고할 수 있다.

다. 특정사유에 있어 해고시기 제한(업무상 부상·질병, 산전·후, 육아 휴직)

(a) 노동관계법은 업무상 부상이나 질병, 임신·출산 등으로 인한 실직을 방지하고 노동력의 회복을 위하여 근로자 보호의 필요성이 큰 경우에는 비록 해고사유가 인정되는 경우라 하더라도 일정기간 해당 근로자를 해고하지 못하도록 제한규정을 두고 있다.

(b) 사용자는 '근로자가 업무상 부상 또는 질병의 요양을 위하여 휴업한 기간과 그 후 30일 동안'[1287] 또는 '산전(産前)·산후(産後)의 여성이 이 법에 따라 휴업한 기간과 그 후 30일 동안'은 해고하지 못한다. 다만, 사용자가 일시보상을 하였을 경우 또는 사업을 계속할 수 없게 된 경우에는 그러하지 아니하다(근기법 제23조제2항).

(c) 또한, 사업주는 육아휴직을 이유로 해고나 그 밖의 불리한 처우를 하여서는 아니 되며, 육아휴직 기간에는 그 근로자를 해고하지 못한다. 다만, 사업을 계속할 수 없는 경우에는 그러하지 아니하다(고평법 제19조제3항).

(d) 한편, 업무상 부상이나 질병, 임신·출산으로 노동력을 상실하고 있는 기간과 노동력 회복에 필요한 일정기간 동안 해고를 제한하는 취지는 해당근로자를 실직의 위협으로부터 절대적으로 보호하기 위한 것이므로 사용자가 이에 위반하여 근로자를 해고한 경우에는 정당한 해고사유가 있다 하더라도 위법한 해고로서 무효이다.[1288]

(e) 만일, 사용자가 해고금지 기간 중 해고를 한 경우에는 형사처벌 대상[1289]이 된다. 또한, 출산전후휴가 기간과 그 후 30일간 및 육아휴직 기간 중의 해고는 일종의 절대금지 기간으로서 설령 해당 근로자가 이의를 제기하지 않겠다고 합

1287) 「선원법」이 적용되는 선원의 경우에도 직무상 부상 또는 질병 요양을 위해 직무에 종사하지 아니한 기간과 그 후 30일 간은 선원근로계약을 해지하지 못한다(선원법 제34조제2항제1호).

1288) 대판 2001.6.12, 2001다13044.

1289) 「근기법」 제107조에 따라 5년 이하의 징역 또는 5천만원 이하의 벌금에 처한다.

의를 하거나 사후에 그 해고를 승인했다고 하더라도 무효이고, 사용자는 법을 위반한 것이 되어 처벌을 받게 된다.[1290]

(f) 그러나, 절대적 해고금지 기간 중이라 하더라도 해고가 아니라 근로계약 기간만료, 정년 등 근로관계 자동소멸 사유가 발생하면 별도의 특별한 규정을 두고 있지 않는 한 그 근로관계는 종료된다.

라. 해고의 서면통지제도

1) 의 의

(a) 사용자가 근로자를 해고하려면 해고사유와 해고시기를 서면으로 명시해서 통지하여야 하고 서면으로 통지하지 않은 해고는 효력이 없다. 다만, 사용자가 해고의 예고를 해고사유와 해고시기를 명시하여 서면으로 한 경우에는 해고 사유 등의 서면통지를 한 것으로 본다(근기법 제27조제3항). 여기서 해고사유란 해고의 동기 또는 원인을 말하며, 해고 시기는 해고의 효력을 발생시키고자 하는 시기를 말한다.

(b) 이와 같이 해고사유와 해고시기를 서면으로 통지할 것을 해고의 효력요건으로 하여 법률로 의무화한 취지는 ① 해고의 존부 및 시기와 그 사유를 명확하게 하여 사후의 분쟁해결을 적정하고 용이하게 할 수 있도록 하고, ② 사용자로 하여금 해고를 신중하게 결정하도록 하여 일시적인 감정에 의한 해고를 방지하며, ③ 근로자도 해고에 적절히 대응할 수 있도록 하여 권익을 보호하기 위한 것이라는 점에서 서면통지 요건 충족 여부는 엄격하게 해석하여야 한다.[1291]

2) 서면통지의 대상

(a) 해고의 서면통지 대상은 징계해고, 통상해고, 정리해고(경영상 해고)는 물

1290) 「고평법」 제37조제2항제3호에 따라 3년 이하의 징역 또는 3천만원 이하의 벌금의 처벌을 받게 된다(대판 1984.4.10, 84도387).

1291) 대판 2011.10.27, 2011다42324 ; 대판 2015.11.27, 2015두48136 ; 서울행판 2010.4.16, 2009구합31878.

론 근로관계 종료 합의해지, 직권면직·당연퇴직, 유기계약 근로자의 갱신거부 등의 형식을 취하더라도 실질적으로는 해고에 해당하는 경우에는 서면통지 의무가 적용된다.[1292)]

(b) 따라서, 사용자가 당연퇴직, 기간제근로자 계약갱신거절, 시용근로자 본채용 거절 등 해고로 보지 않아 서면통지를 하지 않았으나, 나중에 해고로 인정된 경우에도 서면통지 위반에 해당한다.[1293)]

3) 서면통지의 기재 내용

(1) 해고의 사유

(a) 사용자는 해고사유와 해고시기를 확정하여 서면으로 통지하여야 하므로 확정적 해고 의사표시가 기재되지 않은 조건부 해고통지는 허용되지 않는다. 해고의 사유는 해고의 동기나 원인 등 진정한 사유가 구체적으로 기재되어야 한다.[1294)]

(b) 따라서, 서면통지의 내용은 해고사유의 구체성과 근로자의 이해가능성, 해고시기의 명확성을 갖추어 근로자의 입장에서 왜, 언제 해고되는지 알 수 있어야 한다.[1295)]

(c) 정리해고의 경우에는 해고의 실체적 사유에 해당하는 긴박한 경영상의 필요성, 해고회피노력, 해고대상자 선정기준 등이 기재되어야 한다.

(2) 해고의 시기

(a) 해고 시기는 해고효력을 발생시키고자 하는 시기로서 구체적인 날짜로 서면에 기재되어야 하므로 날짜를 기재하지 않거나 구체적이지 않으면 원칙적으로

1292) 노동법실무연구회, 「근로기준법주해 II」, 박영사, 2010, pp.282~283.

1293) 대판 2002.6.14, 2001두11076 ; 대판 2011.4.14, 2007두1729 ; 대판 2015.11.27, 2015두48136.

1294) 대판 2011.10.27, 2011다42324 ; 예를 들어, 해고사유에는 진정한 사유가 기재되어야 하므로 업무상 횡령을 이유로 징계해고를 하면서 근로자를 배려한다는 것을 명분으로 경영악화를 사유로 기재한 것은 서면통지 위반이 된다(서울행판 2010.6.3, 2009구합52844).

1295) 예를 들어, 대학 어학원 강사를 해고하면서 '11월 강좌개설 시부터 강의를 할 수 없다'는 내용을 공문으로 통보한 것만으로는 서면통지로 인정되지 않는다(서울행판 2012.2.23, 2012구합24361).

해고의 효력이 인정되지 않는다.

ⓑ 예외적으로 징계해고의 경우, "징계통지서 내지 징계위원회 개최결과 통보서에 '징계해고의 확정'과 '해고사유'만 기재되어 있고 '해고시기'의 기재가 누락되어 있다 하더라도 문서의 작성일자가 기재되어 있다면 그 날짜를 해고시기로 볼 수 있다"는 사례[1296]가 있다.

4) 서면통지의 방법 및 시기

ⓐ 근로자에게 서면이 도달하면 되므로 서면통지 방법에는 특별한 제한이 없다. 따라서, 우편, 인편, 직접 교부 등 어느 것이든 가능하며 사회통념상 상대방이 통지내용을 알 수 있는 객관적 상태에 놓이면 된다. 다만, 서면의 의미와 형식에 관한 것인데, 서면이라 함은 종이로 된 문서를 의미하므로 사용자의 기명 또는 날인이 포함된 문서를 직접 또는 등기우편으로 송부하는 것이 원칙이다.[1297]

ⓑ 따라서, 전송이나 복사는 서면으로 인정되지 않는 것이 원칙이고,[1298] 휴대전화 문자메시지는 해고자의 서명·날인 등이 존재하지 않아 진정한 의사를 확인하기 어렵기 때문에 서면과 동일하게 취급할 수 없다.[1299]

ⓒ 전자우편(E-mail) 같은 단순한 전자문서는 회사가 전자결재체계를 완비하여 전자문서로 모든 업무의 기간, 결재, 시행 과정을 관리하는 등 특별한 사정이 있는 경우 외에는 서면에 해당하지 않는다고 해석하는 것이 「근기법」의 문언과 입법취지에 부합한다.[1300] 소셜 네트워크 서비스(SNS)를 이용한 해고통지도 전자우편 사례와 같이 예외적인 경우가 아니면 역시 서면통지로 인정되지 않는 것이 원칙이다.

ⓓ 다만, 「전자법」은 전자적 형태로 되어 있다는 이유로 문서로서의 효력이 부인되지 않는다고 규정하고 있고, 판례도 이메일(e-mail)의 형식과 작성경위

1296) 대판 2012.1.27, 2011두27843.

1297) 서울행판 2010.6.18, 2010구합11269.

1298) 대판 2011.10.27, 2011다42324.

1299) 서울행판 2010.4.16, 2009구합31878.

1300) 서울행판 2010.6.18, 2010구합11269.

등에 비추어 사용자의 해고 의사를 명확하게 확인할 수 있고, 해고사유와 해고시기 등이 구체적으로 기재되어 있는 등 서면에 의한 해고통지의 역할과 기능을 충분히 수행하고 있다면 서면통지의 입법취지를 해치지 않는 범위에서 구체적 사안에 따라 예외적으로 전자적 방법에 의한 해고 통지도 유효한 것으로 인정하고 있다.[1301)]

(e) 한편, 서면통지의 시기는 법률에 특별한 규정이 없으나, 최소한 해고처분일 이전 또는 해고예고수당을 지급하면서 바로 이루어져야 한다. 해고처분을 한 뒤에 통지한 경우에는 해고의 효력이 인정되지 않는다.[1302)]

5) 서면통지의 효과

(a) 서면통지는 해고의 효력발생 요건이므로 이 의무를 위반한 해고는 무효이다. 따라서 노동위원회는 아무리 징계사유가 정당하다고 하더라도 서면으로 통지하지 아니하였다는 이유만으로도 부당해고로 판정하고 원직복직과 임금상당액 지급의 구제명령을 하여야 한다.[1303)] 이 경우 사용자는 같은 해고사유에 대하여 다시 서면통지를 하여 절차적 흠을 치유하고 해고처분을 할 수 있다.

(b) 한편, 해고의 효력은 서면이 근로자에게 도달해야 그 효력이 발생한다. 여기서 도달이라 함은 근로자가 직접 수령한 것뿐만 아니라 사회통념상 통지 내용을 알 수 있는 객관적 상태에 놓인 것도 포함된다. 따라서, 근로자가 상당한 사유 없이 고의적으로 수령을 거절하거나 통지 내용을 알 수 있는 객관적 상태에 놓여 있다면 도달한 것으로 볼 수 있다.[1304)]

6) 해고의 서면통지와 해고예고

해고의 서면통지와 해고예고는 엄밀하게는 서로 다른 단계에서 이루어지는

1301) 대판 2015.9.10, 2015두41401.

1302) 서울행판 2008.10.10, 2008구합14098.

1303) 서울고판 2010.1.28, 2009누19764.

1304) 대판 2012.8.13, 2012두11126 등.

별개의 행위이나, 사용자가 해고하고자 하는 날부터 30일 이전에 해고사유와 해고시기를 명확하게 표기하여 해고를 서면통지한 경우에는 이 자체가 해고예고의 효과도 가지므로 별도의 해고예고는 필요하지 않다.[1305)]

1305) 「해고 서면통지관련 업무처리지침」 근로기준팀-8048, 2007.11.29.

제19절 직장 내 성희롱 관련 쟁점

주/요/쟁/점/실/무

1. 의 의

직장 내 성희롱(sexual harassment at work)[1306]이라 함은 사업주·상급자 또는 근로자가 직장 내 지위를 이용하거나 업무와 관련하여 다른 근로자에게 성적 언동 등으로 성적 굴욕감 또는 혐오감을 느끼게 하거나 성적 언동 또는 그 밖의 요구 등에 따르지 아니하였다는 이유로 근로조건 및 고용에서 불이익을 주는 것을 의미한다.[1307]

〈성희롱과 성폭력의 차이〉

성희롱은 행위자 개인에 대한 형사처벌이 목적이 아니고 조직 내 성희롱 예방 및 근절을 목적으로 하는 것이기 때문에 행위자의 고의가 없어도 성희롱이 될 수 있고, 신체적 접촉이 없어도 성적 혐오감을 유발하는 언어적, 시각적 성적 언동도 성희롱이 된다.

반면에 성폭력은 개인의 성적 자기결정권을 침해하는 범죄로서 행위자 개인의 처벌을 목적으로 하여 '「성폭력특별법」과 「형법」'의 적용을 받는다. 따라서 고의성을 요하는 범죄로서의 요건이 충족되어야 한다는 점에서 차이가 있다.

2. 행위자와 피해자

(a) 성희롱 행위자는 사업주, 상급자, 근로자(동료, 하급자)등이 포두 포함된다. 상급자의 경우 직장 내의 지위를 아용할 수 있는 위치에 있는 자를 통칭하므로 「근기법」상 근로자로 보기 어려운 대표이사, 등기이사, 비상근 임원들도 상급

1306) '성희롱'은 1993년 서울대 '조교 성희롱 사건'을 계기로 「양성평등기본법」이 제정(1995.12.30) 되면서 법적 용어로 도입되어 「국가인권위원회법」 제2조제3호라목과 「고평법」 제12조에서 '직장 내 성희롱'에 관하여 규정하고 있다.

1307) 「고평법」 제2조제2호, 개정 법에서는 동 조항의 성희롱의 범위를 '고용'뿐만 아니라 '근로조건'까지 확대하였다(2018.5.29. 시행).

자가 될 수 있다.

(b) 피해자는 남녀 근로자 모두가 해당된다.[1308] 피해자는 주로 하급자나 동료 여성근로자가 될 수 있으나 남성도 피해자가 될 수 있으며, 특히 하급자인 남성 근로자가 상급자인 여성을 성희롱하는 경우도 성립한다.

(c) 피해근로자의 범위에는 모집·채용과정 중의 응시자도 잠정적으로 피고용인의 지위를 가지므로 성희롱의 피해가 될 수 있으며, 파견근로자 및 협력업체 근로자도 업무의 연속성이 있고 같은 근로공간에서 업무를 수행하는 경우 피해자에 해당될 수 있다.

3. 직장 내 성희롱의 성립요건과 내용

가. 직장 내의 지위를 이용하거나 업무와 관련이 있을 것

(a) 사업주, 상급자, 근로자가 직장 내의 지위를 이용하거나 업무와 관련이 있는 경우라면 사업장 내부 및 근무시간뿐만 아니라 사업장 밖이나 근무시간외에도 성립한다.

(b) 예를 들어, 출장 중인 차 안이나 업무와 관련이 있는 회식(야유회) 장소에서 상대의 의사에 반하는 성적 언동 등으로 피해자가 성적 굴욕감이나 혐오감을 느꼈다면 직장 내 성희롱이 성립한다.

나. 성적 언동이나 성적요구의 불응을 이유로 근로조건 및 고용상 불이익을 줄 때(조건형 성희롱)

성적 언동이나 성적 요구에 불응한 것을 이유로 채용탈락, 감봉, 승진탈락, 전직, 정직, 휴직, 해고 등과 같이 채용 또는 근로조건을 일방적으로 불리하게 하는 경우이다.

1308) 사업주에 고용된 자는 「근기법」상 근로자의 경우만 해당되므로 보험모집인, 학습지교사, 골프장 경기보조원 등 특수 고용형태 종사자는 적용받지 않는다.

〈조건형 성희롱 사례〉

① 직장 내에서 사업주가 근로자에게 성적인 관계를 요구했는데 이를 거부했다는 이유로 해고 등 부당한 조치를 취하는 것
② 출장 중 사업주(상급자)가 차 안에서 근로자의 허리, 가슴 등을 만져 근로자가 이에 저항하자 부당한 부서로 배치하는 것
③ 사내의 공식적인 회식자리에서 사업주(상급자)가 외설적인 춤을 출 것을 요구하며 포옹하려 해 이를 거부하자 승진에서 탈락시키는 것 등

다. 성적 언동 등으로 성적굴욕감 또는 혐오감을 유발하여 고용환경을 악화시킬 때(환경형 성희롱)

성적 언동 등으로 성적굴욕감 또는 혐오감을 유발하여 결과적으로 고용환경을 악화시키는 것을 말한다. 이때 상대방이 원하지 않은 성적인 언어나 행동이 반드시 반복적이어야 하는 것은 아니고, 한 번의 성적 언동이라도 그 정도가 심한 경우에는 직장 내 성희롱이 될 수 있다. 이때, 판단기준은 합리적인 사람으로서 느꼈을 감정을 고려하되 피해자의 주관적 사정을 중심으로 판단한다.

〈환경형 성희롱 사례〉

① 성적인 음담패설, 외모에 대한 성적인 평가 등의 발언을 하여 근로자가 성적인 굴욕감을 느끼고 근로의욕이 저하되는 것
② 근로자의 성생활과 관계되는 소문을 의도적으로 퍼뜨려 근로자에게 심적 고통을 느끼게 하여 일을 제대로 할 수 없게 하는 것
③ 음란한 사진이나 그림 등을 게재하여 근로자가 성적굴욕감 또는 혐오감을 느껴 업무에 집중할 수 없게 하는 것 등

4. 직장 내 성희롱 판단기준[1309)]

가. 성적인 언동

(a) '성적 언동 등'이란 육체적 관계나 신체적 특징과 관련된 육체적·언어적·시각적 행위로서 상식과 관행에 비추어 볼 때 객관적으로 상대방과 같은 처지에 있는 일반적이고 평균적인 사람에게 성적 굴욕감이나 혐오감을 느끼게 할 수 있는 행위를 의미하며, 성희롱이 성립하기 위해서는 가해자의 성적 의도나 동기가 있어야만 하는 것은 아니고 상대방이 성적 굴욕감이나 혐오감을 느꼈음이 인정되면 성희롱이 된다.[1310)]

(b) 그러나 객관적으로 상대방과 같은 처지에 있는 일반적이고도 평균적인 사람으로 하여금 성적 굴욕감이나 혐오감을 느끼게 하는 행위가 아니라면 단지 상대방이 성적 굴욕감을 느꼈다는 이유만으로는 성희롱이 성립되지 않는다.[1311)]

〈성희롱 사례별 예시〉

1) 육체적 행위
   (1) 입맞춤이나 포옹, 뒤에서 껴안는 등의 신체적 접촉행위
   (2) 가슴·엉덩이 등 특정 신체부위를 만지는 행위
   (3) 안마나 애무를 강요하는 행위
2) 언어적 행위
   (1) 음란한 농담을 하거나 음탕하고 상스러운 이야기를 하는 행위(전화통화 포함)
   (2) 외모에 대한 성적인 비유나 평가를 하는 행위
   (3) 성적인 사실관계를 묻거나 성적인 내용의 정보를 의도적으로 유포하는 행위
   (4) 성적인 관계를 강요하거나 회유하는 행위
   (5) 회식자리 등에서 무리하게 옆에 앉혀 술을 따르도록 강요하는 행위
3) 시각적 행위
   (1) 음란한 사진·그림·낙서·출판물 등을 게시하거나 보여주는 행위(컴퓨터통신이나 팩시밀리 등을 이용하는 경우 포함)

1309) 「고평법시행규칙」 제2조
1310) 대판 2008.7.10, 2007두22498.
1311) 대판 2007.6.14, 2005두6461.

⑵ 성과 관련된 자신의 특정 신체부위를 고의적으로 노출하거나 만지는 행위
4) 그밖에 사회통념상 성적 굴욕감 또는 혐오감을 느끼게 하는 것으로 인정되는 언어나 행동

나. 근로조건 및 고용상의 불이익을 주는 행위

⒜ 성희롱 여부의 판단 시에는 피해자의 주관적 사정을 고려하되, 사회통념상 합리적인 사람이 피해자의 입장이라면 문제가 되는 행동에 대하여 어떻게 판단하고 대응하였을 것인가를 함께 고려하여야 하며, 결과적으로 위협적·적대적 고용환경을 형성하여 업무능률을 저해하게 되는지를 검토하여야 한다.

⒝ 이에 대한 사례로는 성적 언동이나 성적 요구에 불응한 것을 이유로 채용탈락·감봉·승진탈락·전직·정직·휴직·해고 등과 같이 채용 또는 근로조건을 일방적으로 불리하게 하는 경우이다.

5. 직장 내 성희롱 금지 및 예방을 위한 사업주·근로자의 의무와 조치

가. 예방을 위한 사업주 및 근로자의 의무

1) 직장 내 성희롱 금지 의무

사업주, 상급자 또는 근로자는 직장 내 성희롱을 하여서는 아니 된다. 만일 사업주가 이 규정을 위반하여 직장 내 성희롱을 한 경우에는 1천만원 이하의 과태료에 처한다(고평법 제12조). 단 사업주라 함은 개인사업자만을 의미하며, 법인의 대표이사는 사업주가 아니다. 법인의 대표이사는 「고평법」상 상급자 또는 「인권위원회법」상 사용자이다.[1312)]

1312) 고용노동부 「직장 내 성희롱 예방 및 대응 매뉴얼」 2016.5. p.30.

2) 직장 내 성희롱 예방교육 의무[1313)]

(1) 성희롱 예방교육을 실시할 의무

(a) 상시근로자 1인 이상 모든 사업장에서 사업주는 직장 내 성희롱을 예방하고 근로자가 안전한 근로환경에서 일할 수 있는 여건을 조성하기 위하여 직장 내 성희롱의 예방을 위한 교육을 매년 1월 1일부터 12월31일 사이에 1회 이상 실시하되, 교육시간은 최소 1시간 이상 실시하여야 한다(고평법 제13조제1항).

(b) 이때 사업주는 근로자[1314)]의 업무여건(교대근무, 원거리 근무)출장, 휴가 등을 고려하여 성희롱 예방교육에 대한 계획을 수립하여 전체근로자가 교육을 받을 수 있도록 노력하여야 한다.[1315)] 또한 사업주는 성희롱 예방 교육의 내용을 근로자가 자유롭게 열람할 수 있는 장소에 항상 게시하거나 갖추어 두어 근로자에게 널리 알려야 한다(고평법 제13조제3항).

(c) 한편 파견근로자의 경우 성희롱 예방교육은 「파견법」에 따라 사용사업주가 실시하여야 한다(파견법 제34조).

(2) 성희롱 예방교육을 받을 의무

사업주 및 근로자는 성희롱 예방교육을 받아야 한다(고평법 제13조제2항). 만일 이사, 임원 등이 예방교육을 계속 불참할 경우, 회사는 예방교육 의무를 다하지 않은 것으로 인정되며 300만원 이하의 과태료 처분을 받을 수 있다.

(3) 성희롱 예방교육의 내용

1. 직장 내 성희롱에 관한 법령
2. 해당 사업장의 직장 내 성희롱 발생 시의 처리 절차와 조치 기준

1313) 「고평법」 제13조 및 시행령 제3조

1314) 정규직 뿐만 아니라 기간제, 단시간, 아르바이트 근로자도 해당되며, 파견근로자도 사용사업주가 교육 실시 의무가 있다.

1315) 사업주가 이와 같은 노력을 하였음에도 불구하고 근로자의 불성실 등 사업주의 귀책사유가 아닌 이유로 누락인원이 생긴 경우에는 예방교육이 실시된 것으로 본다.

3. 해당 사업장의 직장 내 성희롱 피해 근로자의 고충상담 및 구제 절차
4. 해당 사업장의 직장 내 성희롱 행위자에 대한 징계 등 제재 조치
5. 그밖에 직장 내 성희롱 예방에 필요한 사항

(4) 성희롱 예방교육의 방법

(a) 성희롱 예방교육은 사업의 규모나 특성 등을 고려하여 직원연수, 조회, 회의 등 대면교육 실시가 원칙이나, 인터넷 등 정보통신망을 이용한 사이버교육[1316) 등을 통하여 실시할 수 있다. 그러나, 단순히 교육자료 등을 배포·게시하거나 전자우편을 보내거나 게시판에 공지하는 데 그치는 등 근로자에게 교육 내용이 제대로 전달되었는지 확인하기 곤란한 경우에는 예방 교육을 한 것으로 보지 아니한다(고평법시행령 제3조제3항).

(b) 다만, 상시 10인 미만의 근로자를 고용하는 사업, 사업주 및 근로자 모두가 남성 또는 여성 중 어느 한 성으로 구성된 사업주는 성희롱 예방 내용의 홍보물을 게시하거나 배포하는 방법으로 예방교육을 실시할 수 있다.

(c) 강사의 경우, 내부 직원(사업주 또는 인사책임자) 또는 외부 강사가 교육을 담당할 수 있으나, 가능한 한 고용노동부장관이 교육과정을 승인하거나 비용을 지원하는 강사양성교육을 수료한 자로 하는 것이 바람직하다.

(d) 한편, 교육 전담자가 없는 사업장의 예방교육 부담을 완화하고, 인적·재정적으로 긴밀한 관련이 있는 그룹사 등의 경우 회사간 통일된 방침을 교육할 수 있도록 하기 위하여 예방교육을 성희롱 예방교육기관에 위탁하여 실시할 수 있다.

(5) 성희롱 예방 및 금지를 위한 조치

사업주는 직장 내 성희롱 예방 및 금지를 위하여 다음 각 호의 사항이 포함된 '성희롱 예방지침'을 마련하고 사업장 내 근로자가 자유롭게 열람할 수 있는 장

1316) 인터넷 등 통신을 이용하여 교육을 실시하는 경우 구성단위별 진도 체크, 교육내용에 대한 테스트, 질의 응답 등 수강자에게 교육 내용이 제대로 전달되었는지 여부를 확인할 수 있는 기능이 구비되어 있어야 한다.

소에 항상 게시하거나 갖추어 두어야 한다(고평법시행규칙 제5조의2).
1. 직장 내 성희롱 관련 상담 및 고충 처리에 필요한 사항
2. 직장 내 성희롱 조사절차
3. 직장 내 성희롱 발생 시 피해자 보호절차
4. 직장 내 성희롱 행위자 징계 절차 및 징계 수준
5. 그 밖에 직장 내 성희롱 예방 및 금지를 위하여 필요한 사항

나. 성희롱 발생시 사업주의 조치 의무

1) 신고에 대한 사업주의 조사 및 조사기간 중 피해자 보호조치 등 의무[1317)]

(a) 성희롱 발생 사실에 대해 누구든지 사업주에게 신고할 수 있고, 사업주는 신고를 받거나 직장 내 성희롱 발생 사실을 알게 된 경우에는 지체 없이 그 사실 확인을 위한 조사에 착수하여야 하며, 이 경우 사업주는 직장 내 성희롱과 관련하여 피해를 입은 근로자 또는 피해를 입었다고 주장하는 근로자가 조사 과정에서 성적 수치심 등을 느끼지 아니하도록 하여야 한다.

(b) 또한, 사업주는 조사 기간 동안 피해근로자 등을 보호하기 위하여 필요한 경우 해당 피해근로자 등에 대하여 근무장소의 변경, 유급휴가 명령 등 적절한 조치를 하여야 한다. 이 경우 사업주는 피해 근로자 등의 의사에 반하는 조치를 하여서는 아니 된다(고평법 제14조제3항).

(c) 한편, 사업주는 사실조사 결과 직장 내 성희롱 발생 사실이 확인된 때에는 피해근로자가 요청하면 근무장소의 변경, 배치전환, 유급휴가 명령 등 적절한 조치를 하여야 한다(고평법 제14조제4항).

2) 직장 내 성희롱 행위자(가해자)에 대한 징계 등 조치의무

(a) 사업주는 조사결과 직장 내 성희롱 발생이 확인된 경우 지체 없이 직장 내

1317) 「고평법」 제14조 개정 시행(2018.5.29)으로 성희롱 발생에 따른 조사에서부터 피해자에 대한 보호조치, 가해자에 대한 징계 등 광범위하고 구체적으로 사업주의 의무가 부과되었다.

성희롱 행위를 한 사람에 대하여 적절한 징계(성희롱의 정도, 지속성 등을 감안하여 경고, 견책, 감봉, 전직, 정직, 해고 등), 근무장소의 변경 등 필요한 조치를 하여야 한다. 이 경우 사업주는 징계 등의 조치를 하기 전에 그 조치에 대하여 직장 내 성희롱 피해를 입은 근로자의 의견을 들어야 한다(고평법 제14조제5항). 따라서, 사업주는 취업규칙(인사규정 등)에 성희롱 행위자에 대한 징계조치의 수준 및 절차 등을 규정해 놓는 것이 바람직하다.

ⓑ 파견근로자가 성희롱 행위를 한 경우에는 사용사업주는 파견사업주에 대해 징계 등의 조치를 요구하여야 하고, 파견근로자가 피해자인 경우에는 성희롱 행위자에 대해 사용사업주가 징계 등의 조치를 취해야 한다.

ⓒ 만일, 사업주가 직장 내 성희롱이 발생하였다는 사실을 알고도 행위자에 대하여 부서전환이나 징계 등의 조치를 이행하지 않을 경우에는 500만원 이하의 과태료가 부과될 수 있다(고평법 제39조제2항).

3) 성희롱 발생 신고자 또는 피해자 등에 대한 불이익 조치 금지[1318]

ⓐ 사업주는 성희롱 발생 사실을 신고한 근로자 및 피해근로자 등에게 다음 각 호의 어느 하나에 해당하는 불리한 처우를 하여서는 아니 된다(고평법 제14조제6항).

1. 파면, 해임, 해고, 그 밖에 신분상실에 해당하는 불이익 조치
2. 징계, 정직, 감봉, 강등, 승진 제한 등 부당한 인사조치
3. 직무 미부여, 직무 재배치, 그 밖에 본인의 의사에 반하는 인사조치
4. 성과평가 또는 동료평가 등에서 차별이나 그에 따른 임금 또는 상여금 등의 차별 지급
5. 직업능력 개발 및 향상을 위한 교육훈련 기회의 제한
6. 집단 따돌림, 폭행 또는 폭언 등 정신적·신체적 손상을 가져오는 행위를 하거나 그 행위의 발생을 방치하는 행위
7. 그밖에 신고를 한 근로자 및 피해근로자등의 의사에 반하는 불리한 처우

1318) 「고평법」 제14조제6항, 개정법 2018.5.29 시행

ⓑ 대법원은 사업주의 조치가 피해근로자 등에 대한 불이익(불리)한 조치로서 위법한 것인지에 대한 판단기준을 다음과 같이 제시했다.[1319]

〈사업주의 불이익(불리) 조치 위법 여부 판단기준〉

① 불리한 조치가 직장내 성희롱에 대한 문제제기 등과 근접한 시기에 있었는지
② 불리한 조치를 한 경위와 과정
③ 불리한 조치를 하면서 사업주가 내세운 사유가 피해근로자 등의 문제제기 이전부터 존재했던 것인지
④ 피해근로자 등의 행위로 인한 타인의 권리나 이익 침해 정도와 불리한 조치로 피해근로자 등이 입은 불이익 정도
⑤ 불리한 조치가 종전 관행이나 동종 사안과 비교해 이례적이거나 차별적인 취급인지 여부
⑥ 불리한 조치에 대해 피해근로자 등이 구제신청 등을 한 경우에는 그 경과 등을 종합적으로 고려하여 판단한다.

ⓒ 한편, 성희롱 발생 사실을 조사한 사람, 조사 내용을 보고 받은 사람 또는 그밖에 조사 과정에 참여한 사람은 해당 조사 과정에서 알게 된 비밀을 피해근로자 등의 의사에 반하여 다른 사람에게 누설하여서는 아니 되나(고평법 제14조제7항), 조사와 관련된 내용을 사업주에게 보고하거나 관계 기관의 요청에 따라 필요한 정보를 제공하는 경우는 예외로 한다.

4) 고객 등에 의한 성희롱 방지[1320]

사업주는 고객 등 업무와 밀접한 관련이 있는 자가 업무수행 과정에서 성적인 언동 등을 통하여 근로자에게 성적 굴욕감 또는 혐오감 등을 느끼게 하여 해당 근로자가 그로 인한 고충 해소를 요청할 경우 근무 장소 변경, 배치전환, 유급휴가의 명령 등 적절한 조치를 하여야 한다. 이 때 사업주는 근로자가 성희롱 피해를 주장하거나 고객 등으로부터의 성적 요구 등에 불응한 것을 이유로 해고나 그 밖의 불이익한 조치를 하여서는 아니 된다.

1319) 대판 2017.12.22, 2016다202947.

1320) 「고평법」 제14조의2, 개정법 2018.5.29 시행

5) 분쟁의 자율적 해결 의무

(1) 직장 내 성희롱 처리 방침을 명문화해야 한다.

(a) 사업주는 직장 내 성희롱과 관련한 규칙을 취업규칙, 인사규정 등에 정하거나 별도의 규칙을 마련하되, 이 규칙에는 ① 직장 내 성희롱 금지 원칙의 천명, ② 성희롱 예방, ③ 행위자에 대한 조치, ④ 피해자의 권리구제, 직장 내 성희롱 발생 시 처리절차 등이 포함되도록 하여야 한다.

(b) 특히, 공공기관의 경우 의무적으로 자체 성희롱 예방지침을 별도로 마련하여야 하고, ① 성희롱의 정의, ② 공공기관의 장의 성희롱 방지를 위한 조치 의무에 관한 사항, ③ 성희롱 관련 상담 및 고충처리 창구의 설치 및 운영에 관한 사항, ④ 성희롱 고충의 처리절차에 관한 사항, ⑤ 성희롱 행위자에 대한 징계 등 제재조치에 관한 사항, ⑥ 성희롱과 관련된 피해자에 대한 불이익조치 금지에 관한 사항 등의 내용이 포함되어야 한다.

(2) 사내 고충처리기구를 이용하여 성희롱 고충을 적극 처리한다.

(a) 사업주는 성희롱과 관련한 고충신고를 받은 때에는 사내고충처리기구(고충처리위원, 노사협의회, 고충상담원 등)를 이용하여 자율적인 해결을 위해 노력하여야 한다.

(b) 또한, 사업장 성희롱관련규칙에 고충처리 절차 및 담당기구를 명시하고, 담당기구는 성희롱 피해 접수시 피해자 및 관련자와의 상담, 조정 및 적절한 조치를 통해 피해자 권리구제와 재발방지를 위한 합리적 해결을 도모하여야 한다.

6. 직장 내 성희롱 관련 실무 사례

① '성적인 언동 등'의 의미 및 성희롱 성립요건에 관한 판례[1321)]

직장 내 성희롱의 전제요건인 '성적인 언동 등'이란 남녀 간의 육체적 관계나

1321) 대판 2008.7.10, 2007두22498.

남성 또는 여성의 신체적 특징과 관련된 육체적, 언어적, 시각적 행위로서 사회공동체의 건전한 상식과 관행에 비추어 볼 때 객관적으로 상대방과 같은 처지에 있는 일반적이고도 평균적인 사람에게 성적 굴욕감이나 혐오감을 느끼게 할 수 있는 행위를 의미한다.

성희롱이 성립하기 위해서는 행위자에게 반드시 성적 동기나 의도가 있어야 하는 것은 아니지만, 당사자의 관계, 행위가 행해진 장소 및 상황, 행위에 대한 상대방의 명시적 또는 추정적인 반응의 내용, 행위의 내용 및 정도, 행위가 일회적 또는 단기간의 것인지 아니면 계속적인 것인지 여부 등의 구체적 사정을 참작하여 볼 때, 객관적으로 상대방과 같은 처지에 있는 일반적이고도 평균적인 사람에게 성적 굴욕감이나 혐오감을 느낄 수 있게 하는 행위가 있고, 그로 인하여 행위의 상대방이 성적 굴욕감이나 혐오감을 느꼈음이 인정되어야 한다.

② 회식자리에서 여자교사에게 술을 따르라고 권유한 행위는 성희롱으로 보기 어렵다.[1322)]

교감이 단지 여자교사들에 대하여 교장에게 술을 따라 줄 것을 두 차례 권한 언행은 여자교사들로 하여금 성적 굴욕감 또는 혐오감을 느끼게 하는 성적 언동에 해당하지 않는다고 할 것이므로 이를 성희롱이라고 할 수 없다.

③ 종사자의 성희롱 행위도 불법행위로 사용자 책임이 인정된다.[1323)]

근무시간은 물론 회사가 비용을 지원한 공식적 회식이나 야유회, 체육대회나 그밖에 객관적으로 이에 준하는 것으로 평가할 수 있는 회사의 임원 등 간부들이 공식적으로 주재하는 회식 등에서 일어난 종사자의 성희롱 행위에 대해서 사용자 책임이 인정된다.

④ 회사 간부가 부하 여직원 8명을 수회 반복적으로 성희롱한 경우 해고처분은 정당하다.[1324)]

1322) 대판 2007.6.14, 2005두6461.

1323) 대판 1998.2.10, 95다39533 ; 대판 2009.2.26, 2008다89712.

1324) 대판 2008.7.10, 2007두22498.

카드회사 지점장이 우월적 지위를 이용하여 자신의 지휘·감독을 받는 8명의 여직원을 상대로 일정 기간 동안 14회에 걸쳐 반복적으로 성희롱을 한 사안과 관련 그 성희롱 행위가 왜곡된 사회적 인습이나 직장문화 등에 의하여 형성된 평소의 생활태도에서 비롯된 것으로서 특별한 문제의식 없이 이루어진 것이라 하더라도 징계해고 처분은 정당하다.

⑤ 취업규칙상 성희롱이 강직 이하의 징계사유로 규정되어 있더라도 성희롱의 정도가 심한 경우 해고의 정당성이 인정된다.[1325)]

취업규칙에는 성희롱을 강직(降職) 이하의 징계로 규정하였으나 팀장인 가해자의 행위가 성희롱을 넘어 강제추행에 이르렀을 경우에는 취업규칙 규정이 징계약정의 한계로 적용될 수 없으므로 해고의 정당성이 인정된다.

⑥ 노동조합에서 조합원간 성적 수치심과 모욕감을 주는 발언의 경우 직장 내 성희롱으로 보기 어렵다.[1326)]

노동조합에서 탈퇴하였다는 이유로 다른 조합원에게 성적인 수치심과 모욕감을 주는 것은 회사의 업무와 관련한 것이라고 볼 수 없어 직장 내 성희롱이라고 보기는 어렵다.

⑦ 법인 대표이사가 직장 내 성희롱 가해자인 경우 징계조치의 대상이 된다.[1327)]

법상 성희롱 행위자에 대한 부서전환, 징계 기타 이에 준하는 조치의 책임은 사업주(법인사업체의 경우 법인)에게 있고 법인의 대표자는 동법에서 상급자에 해당한다고 해석되므로 회사는 가해자인 법인의 대표자에 대해 법에 규정한 조치(징계 등)를 취하여야 하고, 이를 위반할 경우 법인에 대하여 과태료를 부과하는 것이 타당하다.

1325) 서울고판 2012.7.12, 2011누445032.

1326) 여성고용팀-2024, 2006.5.18.

1327) 여정 68207-100, 2001.3.6.

7. 직장 내 성희롱 예방 지침(안) 예시[1328)]

[직장 내 성희롱 예방 지침(안)]

제1장 총 칙

제1조(목적) 이 규정은 회사의 직장 내 성희롱 예방과 처리 절차 및 피해자 보호를 포함한 제반사항을 규정함으로써 ○○의 구성원이 직장 내 성희롱이 피해자 및 행위자가 되는 것을 방지하고, 피해자를 보호하는 것을 목적으로 한다.

제2조(정의) 이 규정에서 "직장 내 성희롱"이라 함은 사업주·상급자 또는 근로자가 직장 내의 지위를 이용하거나 업무와 관련하여 다른 근로자에게 성적 언동 등으로 성적 굴욕감 또는 혐오감을 느끼게 하거나 성적 언동 또는 그 밖의 요구 등에 따르지 아니하였다는 이유로 근로조건 및 고용에서 불이익을 주는 것을 말한다.

제3조(적용범위) ① 이 규정은 회사의 전직원(파견근로자 포함)에게 적용된다.
② 이 규정의 피해자 보호는 피해자 뿐 아니라 피해주장자 등도 적용된다.

제4조(피해자 보호 및 피해자 중심의 원칙) ① 이 규정에 의한 직장 내 성희롱의 예방 및 처리의 목적은 피해자가 성희롱 피해를 회복하고 건전한 근로환경에서 근로할 수 있도록 하는 데에 있다.
② 피해자에 대하여 이 사건과 관련한 불이익 또는 괴롭힘은 금지된다.
③ 사건처리 과정은 피해자 보호를 최우선으로 하여야 하며, 피해자의 의사를 존중하여 이루어져야 한다.
④ 피해자는 사건처리 과정에서 대리인을 동반하거나 선임할 권리, 질문에 대해 답변을 거부할 권리를 가진다.
⑤ 피해자는 사건처리 과정에서 특정인의 관여 및 배제 기타 인권보호를 위해 필요한 조치를 요청할 수 있으며 사건처리담당자는 정당한 사유가 없는 한 그 요청을 받아들여야 한다.
⑥ 사건처리에 관여하는 모든 사람은 피해자의 성명, 성별, 연령, 직업, 용모, 주소 기타 이를 특정하여 알 수 있게 하는 인적 사항과 사진 등을 공개하거나 타인에게 누설하여

1328) 「고평법시행규칙」 제5조의2 관련, 고용노동부 「직장 내 성희롱 예방 지침 가이드라인(사업주 활용)」 2018.6.

서는 아니되며, 사건처리담당자는 모든 관련인에게 비밀유지 서약서를 징구하여야 한다.
⑦ 사건처리는 비공개를 원칙으로 한다.

제2장 담당기관

제5조(직장 내 성희롱 업무총괄) ① 인사부서장은 성희롱 예방, 교육, 처리 등 직장 내 성희롱 관련 업무를 관장한다.
② 인사부서장은 직장 내 성희롱 예방을 위해 매년 성희롱 관련 규정 정비, 예방교육, 성희롱 고충 담당자 양성교육, 기타교육, 상시적 예방 활동, 피해자 보호, 성희롱 예방을 위한 기타 사업에 대한 계획을 수립하여야 한다.
③ 인사부서장은 매년 예방사업의 효과 및 실태를 점검하여 사업주에게 보고하여야 한다.
④ 인사부서장은 성희롱 고충담당자, 성희롱심의위원회의 활동과 업무를 지원, 관리한다.

제6조(성희롱 고충담당자) ① 회사는 직장 내 성희롱 고충담당자를 지정하며 임기는 2년으로 한다.
② 성희롱 고충담당자는 성희롱 예방교육, 상시예방활동, 성희롱 고충상담을 담당한다.
③ 인사부서장은 성희롱 고충담당자의 전문성 향상을 위해 외부기관 교육수강을 포함하여 교육을 시행한다.
④ 성희롱 고충담당자의 예방 및 처리업무에 대해 인사부서와 관련부서는 최대한 협조하여야 한다.

제7조(성희롱 심의위원회) ① 성희롱 사건의 조사 및 심의를 위해 성희롱 심의위원회를 설치한다.
② 성희롱 심의위원회는 인사담당임원, 노동조합 대표자, 성희롱 고충담당자, 외부기관 전문가로 구성하며, 이 중 하나의 성별이 60%를 초과하지 않도록 구성한다.
☞ 위원회 구성은 전문성, 대표성, 독립성, 공정성, 집행력을 담보할 수 있도록 사업장 사정에 맞게 구성함.
③ 위원회는 성희롱 발생 시 조사, 성희롱 여부 심의, 사건의 조정 또는 중재, 피해자 보호, 행위자 조치, 기타 사건의 적절한 해결 및 재발방지를 위한 조치를 의결한다.
④ 성희롱 사건처리 회의는 위원 전원출석과 과반수 찬성으로 의결한다.
☞ 성희롱심의위원회의 심의 이후 다시 징계위원회를 여는 것은 성희롱 관련 절차를 복잡하고, 신속한 처리를 저해하여 피해자 보호에 맞지 않으므로 취업규칙의 징계규정 개정을 통해 "성희롱 심의위원회 징계의결을 징계위원회의 징계의결로 본다."라는 조항을 둘 것을 권고함.

제8조(성희롱 업무담당자 보호) ① 피신고인, 행위자, 기타 조직구성원은 성희롱 고충 담당자, 인사부서원, 성희롱심의위원회 위원 등 성희롱 업무담당자에 대해 부당한 비난, 압박, 강요, 협박 등으로 공정한 사건처리를 방해하여서는 아니 된다.
② 성희롱 업무담당자에 대한 불이익이나 괴롭힘은 금지된다.
③ 1항과 2항 규정 위반 시 징계한다.

제9조(직장 내 성희롱 예방교육) 인사부서장은 전체직원대상 성희롱 예방교육을 연 1회(1시간 이상) 실시한다. 성희롱 예방교육에는 성희롱 관련 법령, 본 규정, 직장 내 성희롱 처리절차 및 조치기준, 고충처리 절차 등에 대한 설명을 반드시 포함한다.

제3장 사건의 처리

제10조(상담 및 조정) 피해자는 성희롱 고충담당자에게 성희롱과 관련한 상담을 요청할 수 있으며, 성희롱 고충담당자는 성희롱 상담과 필요시 조정 등 피해자 의사에 따른 사건 해결을 도모할 수 있다.

제11조(신고, 조사, 심의) ① 피해자가 아닌 대리인 또는 제3자도 신고할 수 있고 피해자 동의 없이 신고할 수 있으며 회사는 신고 없이 인지된 사건도 신고사건에 준하여 처리하여야 한다.
② 회사는 신고를 받는 즉시 성희롱 심의위원회를 구성하고 피해자가 요청하는 경우 피해자 보호를 위해 근무 장소 변경, 유급휴가 명령 등 조치를 취하여야 한다.
③ 회사는 사건처리 과정에서 피해자가 요청하는 경우 근무장소 변경, 유급휴가 명령 등 적절한 조치를 한다.
④ 조사·심의는 신고 즉시 착수하여 15일 이내에 완료하며, 필요시 15일 연장할 수 있다.
⑤ 행위자는 심의위원회에 출석하여 소명할 수 있다.
⑥ 심의 의결 결과는 지체없이 피해자와 행위자에게 통보한다.

제12조(징계 등 조치) ① 성희롱 심의위원회에서 의결된 징계 등 조치사항은 사업주의 지시에 의해 지체없이 시행한다.
② 성희롱 확인 시 행위자에 대한 조치 결정은 피해자의 의견을 청취하여야 한다.
③ 성희롱 확인 시 행위자는 징계하며 피해자와 분리배치한다.
④ 행위자에 대한 징계는 성희롱 행위의 양태 및 정도, 반복/지속성, 의도성, 피해자의 피해 정도, 행위자의 지위와 책임을 종합적으로 검토하여 공정하고 엄격하게 결정한다. 고의가 있고 비위의 정도가 중한 경우 반드시 중징계한다.

⑤ 행위자에 대하여 징계 외에도 피해자에 대한 접근금지, 교육이수명령 등 적절한 조치를 할 수 있다.
⑥ 행위자가 재범이거나 위원회의 조치를 불이행하는 경우 가중징계하며 중징계한다.
⑦ 행위자가 피해자를 비난, 음해, 보복하는 경우 중징계한다.
⑧ 성희롱 사건 처리 관련자는 사건 처리와 관련하여 알게 된 비밀을 철저히 지켜야 하며 이를 누설할 시 징계한다.
⑨ 피해자가 요청하는 경우 근무장소 변경, 유급휴가 명령 조치하며, 치료가 필요한 경우 지원한다.
⑩ 이 규정에 정한 행위 규범을 위반하여 피해자에게 정신적, 육체적 손상을 주는 행위를 하거나 이를 예방하여야 할 책임 있는 지위에 있는 자로서 이를 방치하는 행위를 한 자는 행위자에 준하여 징계한다.

제13조(고객 등 제3자의 성희롱) 고객 등 업무관련자가 성희롱을 한 경우 회사는 고객 등에게 그것이 성희롱임을 알리고 피해자에게 접근하지 말 것을 요구하여야 하며, 피해자의 근무 장소를 변경하는 등 보호 조치를 하여야 한다.

제4장 구성원의 역할과 책임

제14조(사업주의 역할과 책임) 사업주는 성희롱을 예방하고 성희롱 사건 발생 시 피해자 보호와 적절한 조치를 취함으로써 조직 내 성희롱을 근절하도록 노력해야 한다.

제15조(관리자의 역할과 책임) ① 관리자는 성희롱 발생을 알게 되었을 때 자의적인 판단으로 사건해결을 도모하여서는 아니되며 피해자의 이야기를 경청하고 회사의 성희롱 처리 제도를 안내하여 이를 활용하도록 독려하여야 한다.
② 관리자는 피해자가 회사 공식 절차를 이용하지 않겠다는 의사를 분명히 하고 행위자의 인정과 사과 등에 의한 해결을 요청할 때에는 이를 할 수 있다. 이때에도 피해자 중심 원칙에 입각하여야 하며 해결이 되지 않았을 때에는 피해자의 의사를 물어 공식신고 세계로 이첩해야 한다.
③ 피해자가 피신고인 또는 행위자와의 분리를 요청하는 경우 관리자는 즉시 피신고인 또는 행위자에게 개인휴가를 명하거나 대기발령을 요청하는 등 자신의 처분 권한 내에서 가능한 조치를 취하여야 하며 인사부서 등 타부서의 협조가 필요한 경우 타부서의 협조를 얻어 조치하여야 한다.
④ 관리자는 성희롱 담당자(부서)의 사건처리 및 조치에 대하여 적극 협조해야 한다.
⑤ 관리자는 사건처리 과정과 그 이후에도 피해자에 대한 2차 피해나 불이익이 없는지

관찰하고 직원교육을 하는 등 재발방지와 피해자 보호를 위한 노력을 하여야 한다.
⑥ 관리자는 피해자의 의사에 반하여 피해자와 행위자를 대질심문하거나, 조사기간 동안 행위자 격리조치를 취하지 않아 피해자를 2차 피해에 노출시키거나, 행위자를 두둔하거나, 피해자를 비난하는 행위를 하여서는 아니 된다.
⑦ 관리자가 상기 적절한 조치를 취하지 않으면 행위자에 준하여 징계한다.

제16조(구성원의 역할과 책임) ① 성희롱 피해 사실을 인지한 자는 누구든지 피해자에게 회사에 신고하도록 조언하여야 한다.
② 피신고인, 행위자, 그 밖의 구성원은 피해자에게 접근하여 문제제기의 철회 또는 행위자와의 합의를 종용하거나 강요하는 등 피해자 의사에 반한 사건처리방법을 종용하거나 강요하여서는 아니 된다.
③ 피신고인, 행위자, 그 밖의 구성원은 사건관련인의 신원을 발설하거나 특정 여론형성을 위해 공연히 이 사건과 관련한 사실이나 허위사실을 알리는 행위를 하여서는 아니 된다.
④ 조직구성원은 사건을 고의적으로 은폐, 축소, 처리 지연함으로써 사건처리를 방해하여서는 아니 된다.
⑤ 조직구성원은 성희롱 사건과 관련하여 피해자를 비난하여서는 아니 된다.

주/요/쟁/점/실/무

제20절 직장 내 괴롭힘 금지 관련 쟁점

1. 입법 배경

(a) 그동안 소위 '직장 갑질, 병원 내 태움문화' 등 '직장 내 괴롭힘'이 근로자의 정신적·신체적 건강에 악영향을 끼칠 뿐만 아니라 기업에도 막대한 비용부담을 초래[1329]함에 따라 최근 사회적 이슈로 부각되었으나, 그간 직장 내 괴롭힘에 대한 법적 개념과 사용자 의무가 부재한 상태였기 때문에 피해자가 법적으로 괴롭힘 행위 중지나 사용자의 책임 있는 조치를 요구하기에는 한계가 있었다.

(b) 정부는 이러한 점을 감안 2018년 7월 18일 직장 내 괴롭힘에 대한 종합대책을 발표하고 노동법적 보호영역으로 흡수하기 위한 입법을 추진하여 2018년 12월 31일 「근기법」에 직장 내 괴롭힘의 금지규정과 직장 내 괴롭힘 발생 시 신고 및 조치에 대한 사용자 의무를 명시하는 내용의 법안(제6장의2를 신설)을 여야 합의로 국회에서 통과시켰다. 다만, 최초로 입법화되는 점 등을 고려하여 처벌보다는 사업장 내의 자율적 시스템으로 규율해 나가도록 하였고 법률 공포(2019.1.15.) 6개월 후인 2019년 7월 16일에 시행된다.[1330]

1329) 직장 내 괴롭힘으로 인한 근무시간 손실비용은 연간 4.7조원으로 추정(고용노동부 내부 자료)

1330) 직장 내 괴롭힘 금지를 법률에 규정하고 있는 나라는 캐나다, 프랑스, 핀란드, 벨기에 등 일부 국가에 불과하다.

2. 법률의 주요 내용

가. '직장 내 괴롭힘'의 금지[1331)]

1) 정의 및 금지의 대상(행위자)

ⓐ '직장 내 괴롭힘'이란 "직장에서의 지위 또는 관계 등의 우위를 이용하여 업무상 적정범위를 넘어 다른 근로자에게 신체적·정신적 고통을 주거나 근무환경을 악화시키는 행위"를 말하며[1332)], 사용자 또는 근로자는 이러한 행위를 하여서는 아니 된다(근기법 제76조의2).

ⓑ 이에 따라, 직장 내 괴롭힘 금지의 대상(행위자)은 사용자 또는 근로자에 국한되며 고객이나 원청업체 직원, 거래의 상대방 등 일과 관련해 발생하는 괴롭힘은 직장 내 괴롭힘에 포함되지 않는다.[1333)] 따라서, 원칙적으로 한 직장에서의 사용자–근로자 사이, 근로자–근로자 사이에 발생한 경우에 적용되나, 파견근로자가 있는 경우 사용사업주 또는 사용사업주 소속 근로자와 파견 근로자 사이에서 발생한 사안의 경우 사용사업주도 「근기법」에 따른 조치의무를 부담한다.

ⓒ 또한, 행위가 발생한 장소로는 반드시 사업장 내(內)일 필요가 없으며 사내 메신저, SNS 등 온라인에서 발생한 경우에도 직장 내 괴롭힘에 해당할 수 있다.

2) '직장 내 괴롭힘' 해당 요건 및 판단

ⓐ 법률에서 금지되는 직장 내 괴롭힘으로 인정되려면 ① 직장 내 지위와 관계의 우위로 인한 것임이 인정되어야 하고, ② 업무상 적정범위를 넘는 행위이어야 하며, ③ 이로 인해 근로자가 신체적·정신적·정서적 고통을 받거나 업무환경을 악화시키는 행위에 해당하여야 한다.

1331) 고용노동부, 「직장 내 괴롭힘 판단 및 예방·대응 매뉴얼」 2019.2.22., 참조

1332) 프랑스 노동법전 L1151-1. 에서는 "① 근로자의 권리와 존엄을 침해하거나, ② 신체적·정신적 건강을 훼손하거나, ③ 직업 장래를 위태롭게 할 수 있는 근로조건의 훼손을 목적으로 하거나, ④ 그러한 결과를 초래하는 반복되는 정신적 괴롭힘 행위"로 규정하고 있다.

1333) 국가인권위원회 2017년 조사 자료에 의하면 가해자는 상급자 42%, 임원·경영진 35.6%, 동료직원 15.7%, 고객·거래처 직원 10.1%, 원청업체 직원 4.7% 순으로 나타났다.

(b) 또한, 「고평법」상 '직장 내 성희롱'에 관한 판례[1334]를 참고해 볼 때 '직장 내 괴롭힘'이 성립되는지 여부에 대한 판단은 당사자의 관계, 행위가 행해진 장소 및 상황, 행위에 대한 피해자의 명시적 또는 추정적인 반응의 내용, 행위의 내용 및 정도, 행위가 일회적 또는 단기간의 것인지 또는 계속적인 것인지 여부 등의 구체적인 사정을 참작하여 종합적으로 판단하되, 객관적으로 피해자와 같은 처지에 있는 일반적이고도 평균적인 사람의 입장에서 신체적 정신적 고통 또는 근무환경 악화가 발생할 수 있는 행위가 있고, 그로 인하여 피해자에게 신체적 정신적 고통 또는 근무환경의 악화의 결과가 발생하였음이 인정되어야 할 것이다.

① 직장에서의 지위 또는 관계 등의 우위를 이용할 것

(a) 직장 내 '지위의 우위'란 기본적으로 지휘명령 관계에서 상위에 있는 경우를 의미하나, 직접적인 지휘명령 관계에 놓여있지 않더라도 회사 내 직위·직급 체계상 상위에 있음을 이용하였다면 지위의 우위성을 인정할 수 있다.

(b) '관계의 우위'란 개인 대 집단과 같은 수적 측면, 나이·학벌·성별·출신 지역·인종 등 인적 속성, 근속연수·전문지식 등 업무역량, 노조·직장협의회 등 근로자 조직의 구성원 여부, 감사·인사부서 등 업무의 직장 내 영향력, 정규직 여부 등에 있어 상대방이 저항 또는 거절하기 어려울 개연성이 높은 상태로 인정되는 경우를 의미한다.

(c) 이와 함께 사업장 내 통상적인 사회적 평가를 토대로 판단하되, 행위자-피해자 간에 이를 달리 평가해야 할 특별한 사정이 있는지도 함께 확인해야 하며, 행위자가 문제되는 행위를 하면서 피해자와의 관계에서의 위와 같은 우위성을 '이용'해야 법상 직장 내 괴롭힘에 해당한다.

② 업무상 적정범위를 넘을 것

(a) 업무상 적정범위를 넘는 행위는 ㉠ 그 행위가 사회 통념에 비추어 볼 때 업무상 필요성이 인정되지 않거나, ㉡ 업무상 필요성은 인정되더라도 그 행위 양태가 사회 통념에 비추어 볼 때 상당하지 않다고 인정되는 행위를 말한다. 다만,

---

1334) 대판 2018.4.12.,2017두74702

사용자가 모든 직장 내 인간관계상 갈등상황에 대하여 「근기법」에 따른 조치를 취해야 하는 것은 아니므로, 문제된 행위가 업무관련성이 있는 상황에서 발생한 것이어야 한다.

ⓑ 또한, 여기서 업무관련성은 '포괄적인 업무관련성'을 의미한다고 보아야 할 것이므로, 직접적인 업무수행 중에 발생한 경우가 아니더라도 업무수행에 편승하여 이루어졌거나 업무수행을 빙자하여 발생한 경우에도 인정 가능하다.

- 업무상 필요성이 인정되지 않는 경우(예시)
  - 반복적으로 개인적인 심부름을 시키는 등 인간관계에서 용인될 수 있는 부탁의 수준을 넘어 행해지는 사적 용무 지시
  - 근로계약 체결 시 명시했던 업무와 무관한 일을 근로자의 의사에 반하여 지시하는 행위가 상당기간 반복되고 그 지시에 정당한 이유가 인정되지 않음
- 행위의 양태가 사회통념상 상당하지 않는 경우(예시)
  - 지속·반복적인 폭언·욕설을 수반한 업무지시
  - 집단 따돌림, 업무수행과정에서의 의도적 무시·배제

③ 신체적·정신적 고통을 주거나 근무환경을 악화시키는 행위일 것

ⓐ 행위자가 피해자에게 신체적·정신적 고통을 주거나 근무환경을 악화시킬 의도를 가지고 문제된 행위를 한 것이 아니더라도 그 행위로 신체적·정신적 고통을 받았거나 근무환경이 악화되었다면 인정될 수 있다.

ⓑ '근무환경 악화'란 그 행위로 인하여 피해자가 능력을 발휘하는 데 간과할 수 없을 정도의 지장이 발생하는 것을 의미하며, 업무공간을 통상적이지 않은 곳으로 지정(예, 면벽근무 지시)하는 등 인사권의 행사범위에는 해당할 수 있더라도 사실적으로 근로자가 업무를 수행하는 데 적절한 환경 조성이 아닌 경우 근무환경이 악화된 것으로 볼 수 있다

나. '직장 내 괴롭힘'의 유형(예시)

ⓐ 직장 내 괴롭힘은 그 양태가 다양해서 모든 행위 유형을 열거할 수 없으나, KICQ(Korea Interpersonal Conflict Questionnaire)[1335] 등 직장 내 괴롭힘

피해 진단항목, 일본·호주 등 해외 매뉴얼 등을 토대로 직장 내 괴롭힘으로 포섭될 가능성이 있는 신체적·정신적 행위를 예시하면 다음과 같다.

① 정당한 이유 없이 업무 능력이나 성과를 인정하지 않거나 조롱함
② 정당한 이유 없이 훈련, 승진, 보상, 일상적인 대우 등에서 차별함
③ 다른 근로자들과는 달리 특정 근로자에 대하여만 근로계약서 등에 명시되어 있지 않는 모두가 꺼리는 힘든 업무를 반복적으로 부여함
④ 근로계약서 등에 명시되어 있지 않는 허드렛일만 시키거나 일을 거의 주지 않음
⑤ 정당한 이유 없이 업무와 관련된 중요한 정보제공이나 의사결정 과정에서 배제시킴
⑥ 정당한 이유 없이 휴가나 병가, 각종 복지혜택 등을 쓰지 못하도록 압력 행사
⑦ 다른 근로자들과는 달리 특정 근로자의 일하거나 휴식하는 모습만을 지나치게 감시
⑧ 사적 심부름 등 개인적인 일상생활과 관련된 일을 하도록 지속적, 반복적으로 지시
⑨ 정당한 이유 없이 부서이동 또는 퇴사를 강요함
⑩ 개인사에 대한 뒷담화나 소문을 퍼뜨림
⑪ 신체적인 위협이나 폭력을 가함
⑫ 욕설이나 위협적인 말을 함
⑬ 다른 사람들 앞이나 온라인상에서 나에게 모욕감을 주는 언행을 함
⑭ 의사와 상관없이 음주/흡연/회식 참여를 강요함
⑮ 집단 따돌림
⑯ 업무에 필요한 주요 비품(컴퓨터, 전화 등)을 주지 않거나, 인터넷·사내 네트워크 접속을 차단함

다. '직장 내 괴롭힘' 발생시 조치

1) 신 고

누구든지 직장 내 괴롭힘 발생 사실을 알게 된 경우 그 사실을 사용자에게 신고할 수 있다(근기법 제76조의3 제1항). 따라서, 직장 내 괴롭힘이 발생하면 피해 근로자 본인은 물론 동료 근로자, 가족 등 제3자도 사용자에게 신고할 수 있다.

1335) 「국내 직장 괴롭힘의 실태 분석 및 대응방안 연구」, 2016, 한국직업능력개발원

2) 조 사

사용자는 직장 내 괴롭힘 신고를 접수하거나 발생 사실을 인지한 경우에는 지체 없이 그 사실 확인을 위한 조사를 실시하여야 한다. 또한, 사용자는 조사기간 동안 직장 내 괴롭힘과 관련하여 피해를 입은 근로자 또는 피해를 입었다고 주장하는 근로자를 보호하기 위하여 필요한 경우 해당 피해근로자 등에 대하여 근무장소의 변경, 유급휴가의 명령 등 적절한 조치를 하여야 한다. 이 경우 사용자는 피해근로자 등의 의사에 반하는 조치를 하여서는 안 된다(근기법 제76조의3 제2항·제3항).

3) 조 치

사용자는 조사결과 직장 내 괴롭힘 발생사실이 확인된 때에는 피해근로자가 요청하면 근무장소의 변경, 배치전환, 유급휴가의 명령 등 적절한 조치를 취하여야 하며(근기법 제76조의2 제4항), 지체 없이 행위자에 대하여 징계, 근무장소의 변경 등 필요한 조치를 하여야 한다. 이 경우 사용자는 징계 등의 조치를 하기 전에 그 조치에 대하여 피해근로자의 의견을 들어야 한다(근기법 제76조의2 제5항).

4) 불이익 처우 금지

사용자는 직장 내 괴롭힘 발생 사실을 신고한 근로자 및 피해근로자 등에게 해고나 그 밖의 불리한 처우를 하여서는 안 된다(근기법 제76조의2 제6항). 만일 신고한 근로자 및 피해근로자 등에게 해고 등의 불이익한 처우를 한 경우에는 3년 이하의 징역 또는 3천만원 이하의 벌금에 처한다.

5) 취업규칙의 정비

(a) 개정 법률은 직장 내 괴롭힘 금지에 대한 추상적인 정의규정을 두고 조사와 조치에 대해 벌칙규정을 두고 있지 않아 처벌보다는 사업장에서 취업규칙 등 자치규범을 통해 자율적으로 예방·조치하는 시스템을 구축하여 규율하도록 하는데 중점을 두었다.

ⓑ 이에 따라, 직장 내 괴롭힘 관련 법 규정 신설과 함께 「근기법」 제93조를 개정하여 취업규칙의 필요적 기재사항에 '직장 내 괴롭힘의 예방 및 발생 시 조치 등에 관한 사항(제11호)'을 신설하였다.

ⓒ 따라서 상시 10명 이상의 근로자를 사용하는 사용자는 2019년 7월 16일 법 시행 전까지 직장 내 괴롭힘 예방·대응방안 마련 등을 위해 취업규칙에 ㉠ 사내에서 금지되는 직장 내 괴롭힘 행위, ㉡ 직장 내 괴롭힘 예방교육 관련 사항, ㉢ 직장 내 괴롭힘 사건처리절차, ㉣ 피해자 보호조치, ㉤ 행위자 제재, ㉥ 재발방지조치 등의 사항을 신설·추가하는 등 그 내용을 변경하고 고용노동부장관에게 신고하여야 한다.

ⓓ 다만, 취업규칙 변경과정에서 직장 내 괴롭힘 행위자에 대한 사내 징계규정을 신설 또는 강화하는 내용은 근로조건의 불이익한 변경으로 근로자 과반수로 조직된 노조 또는 근로자 과반수의 동의가 필요하나 그 외의 직장 내 괴롭힘 예방과 발생 시 조치절차 관련 내용은 근로자 과반수의 의견을 들어 정하면 된다.

3. 관련 법률의 정비 및 다른 법률과의 관계

가. 관련 법률의 정비

1) 「산안법」 개정

직장 내 괴롭힘은 근로자의 정신적·신체적 건강에 악영향을 끼쳐 해당 근로자의 건강한 근로의 기회를 훼손하게 되므로 직장 내 괴롭힘으로 인해 발생하는 사망 또는 질병을 포함하여 해당 근로자를 보호하려는 취지에서 「산안법」 제4조(정부의 책무) 제1항제3호에 "「근기법」 제76조의2에 따른 직장 내 괴롭힘 예방을 위한 조치기준 마련, 지도 및 지원"을 신설해 정부가 직장 내 괴롭힘에 대한 사전적 예방조치를 효율적으로 수행하기 위한 시책을 마련하도록 하였다.

2) 「산재법」 개정

ⓐ 업무상 질병으로 인정하는 사유를 열거한 「산재법」 제37조제1항제2호 '다'목에 "「근기법」 제76조의2에 따른 직장 내 괴롭힘, 고객의 폭언 등으로 인한

업무상 정신적 스트레스가 원인이 되어 발생한 질병"을 추가하였다.

ⓑ 이로써 최근 서비스 산업 비중 확대에 따라 감정노동자의 비율이 높아지면서 정신질환과 관련된 산재사건의 상당수가 직장 내 괴롭힘으로 인한 것임을 감안하면 "직장 내 괴롭힘, 고객의 폭언 등으로 인한 업무상 정신적 스트레스가 원인이 되어 발생한 질병"의 경우도 업무상 재해로 인정받을 수 있는 법적 근거를 마련한 것은 큰 의미가 있다고 생각된다.

나. 다른 법률과의 관계

1) 「근기법」상 '폭행의 금지(제8조)'와의 관계

ⓐ 「근기법」상 폭행은 사람에 대한 직간접적인 유형력의 행사, 위압적인 관계를 가져오는 모든 유형력의 행사를 포함하는 광의의 폭행을 의미한다. 따라서, 물리적 가격을 통해 상해를 입히는 행위뿐만 아니라 '폭언'을 통한 유형력의 행사도 포함된다.

ⓑ 따라서 「근기법」상 폭행의 범위[상습적인 욕설[1336] 또는 사람의 신체에 고통을 줄 수 있는 정도의 물리력(음향 포함)을 의미할 수 있는 것으로 평가될 수 있는 경우에 한하여 인정[1337]]에 해당하지 않는 공개적 모욕주기, 집단 따돌림 등 교묘한 괴롭힘에 대한 규율이 가능하게 되어 「근기법」 제8조를 보완할 수 있게 되었다.

2) 「고평법」상 '직장 내 성희롱의 금지'와의 관계

ⓐ 「근기법」상 '직장 내 괴롭힘'과 「고평법」상 '직장 내 성희롱' 모두 피해자의 의사에 반하여 정신적·신체적 고통과 피해사실을 포괄한다는 점에서 유사한 측면이 있기 때문에 그 조치에 있어 외형상으로는 유사한 면이 많을 수밖에 없지만, 직장 내 성희롱에는 해당하지 않는 행위 및 직접적인 유형력의 행사가 없는

1336) 김유성, 「노동법 I -개별적 근로관계법」, 법문사, 2005, p.43.

1337) 노동법실무연구회, 「근로기준법주해 I 」, 박영사, 2010, p.452., 대판 1989.2.28., 88다카8683.

교묘한 괴롭힘에 대해서는 「근기법」상 '직장 내 괴롭힘의 금지' 규정이 효과적으로 규율할 수 있을 것이다.

(b) 「고평법」상 '직장 내 성희롱'은 문제된 성적 언동이 '포괄적인 업무관련성'이 있는 상태에서 발생하였으면 인정될 수 있고, 또한 사업주의 직장 내 성희롱 행위에 대한 사업주 미조치에 대해 과태료 제재가 가해지는 점을 고려할 때, 성적 언동이 문제된 사안이라면 「고평법」이 우선 적용되는 것이 타당하다. 한편, 직장 내 성희롱은 '성적인(sexual)' 의미가 내포되어 있는 언동을 수반하여야 하므로, 여성비하 행동, 고정관념적 성역할 강요 등 이른바 '젠더(gender)' 괴롭힘은 「고평법」상 직장 내 성희롱에는 해당된다고 보기 어려우나 경우에 따라서는 「근기법」상 직장 내 괴롭힘에는 해당될 수 있다.

제 2 장

집단적 노사관계법 주요 쟁점 실무

주/요/쟁/점/실/무

제1절 노동조합의 설립 관련 쟁점

1. 설립신고의 의의

(a) 「헌법」 제33조제1항은 근로자의 권리로서 단결권을 보장하고 있고, 여기서 단결권이란 근로자들이 자주적으로 노동조합을 조직·운영할 수 있는 권리를 말한다. 따라서 국가는 근로자의 단결권에 부당한 지배·간섭을 해서는 안 될 의무와 이를 적극적으로 보장할 의무를 진다.

(b) 「노조법」 제5조에서는 "근로자는 자유로이 노동조합을 조직하거나 이에 가입할 수 있다"고 규정하여 노동조합의 자유설립주의를 원칙으로 하면서도 제2조제4호에서 정하는 노동조합의 실질적 요건과 제10조에 의한 설립의 신고라는 형식적 요건을 갖추는 경우에 한하여 「노조법」상 노동조합으로서의 지위를 누릴 수 있도록 하고 있다.

(c) 이와 같이 「노조법」이 노동조합의 설립에 관하여 신고주의를 채택하고 있는 것은 소관 행정당국으로 하여금 노동조합에 대한 효율적인 조직체계의 정비·관리를 통하여 노동조합이 자주성과 민주성을 갖춘 조직으로 존속할 수 있도록 보호·육성하고 그 지도·감독에 철저를 기하게 하기 위한 노동정책적인 고려에서 마련된 것이다.[1)]

(d) 헌법재판소도 설립신고제도에 대해 노동조합 설립 이전에 설립신고서를 제출하여 행정관청의 그 요건에 대한 실질적인 심사를 거쳐 신고증을 교부 또는 설립신고서를 반려하도록 하는 것은 노동조합의 본질적 요소인 자주성 등을 확보하도록 하기 위한 부득이한 조치라는 점에서 합헌결정을 하였다.[2)]

1) 대판 1996.6.28, 93도855 ; 대판 1997.10.14, 96누9829 ; 헌재 2008.7.31, 2004헌바9 ; 대판 2016.12.27, 2011두921 등.

2) 헌재 2012.3.29, 2011헌바53.

2. 설립신고 절차

가. 신고의 주체

(a) 노동조합을 설립하고자 하는 자는 노동조합 설립신고서를 작성하여 소관 행정관청에 제출하여야 한다. 노동조합 설립신고의 주체는 실질적 노동조합, 즉 「헌법」상 근로자들의 단결체이다. 그러나 「노조법」에서 설립신고는 개인이 할 수 있도록 하고 있으므로 노동조합 설립신고서는 노동조합의 대표자 또는 대표자로부터 위임을 받은 자이다.

(b) 「노조법」 제10조제2항은 위와 같이 설립신고를 할 수 있는 노동조합의 형태로 '단위노동조합'과 '연합단체인 노동조합[3]'으로 규정하고 있으나, 여기서 연합단체는 대표적인 유형을 예시적으로 규정해 놓은 것으로 동 조항에서 예시하지 않은 다른 형태의 연합단체인 노동조합도 설립신고를 할 수 있다.

(c) 또한, 「노조법시행령」 제7조에 따라 설립신고를 할 수 있는 노동조합에 근로조건의 결정권이 있는 독립된 사업 또는 사업장에 조직된 노동단체는 지부·분회 등 명칭 여하에 불구하고 노동조합 설립신고를 할 수 있다.

나. 설립신고서 제출할 행정관청

노동조합을 설립하고자 하는 자는 「노조법시행규칙」 별지 제1호 서식에 의한 노동조합 설립신고서를 행정관청 [고용노동부, 지방고용노동관서, 시·도·제주특별자치도·세종특별자치시, 시·군·구(자치구)]에 제출하여야 한다.[4]

1) 고용노동부 본부

① 총연합단체, ② 전국규모의 산업별 연합단체(규약뿐만 아니라 실제 조합원

---

3) 연합단체인 노동조합이란 "동종산업의 단위노동조합을 구성원으로 하는 산업별 연합단체와 산업별 연합단체 또는 전국단위 노동조합을 구성원으로 하는 총연합단체를 의미"한다(노조법 제10조 제2항).

4) 「노조법」 제10조제1항 및 동법 시행령 제33조제1항

이 단위노동조합 등의 형태로 전국 6개 지방고용노동청 관내에 모두 분포되어 있는 경우), ③ 전국규모의 산업별 단위노동조합(총연합단체를 상급단체로 하는 조직으로서 규약뿐만 아니라 실제 조합원이 지부 등의 형태로 전국 6개 지방고용노동청 관내에 모두 분포되어 있어 산업별 연합단체와 동등한 권한과 대우를 갖는 경우)은 고용노동부 본부가 행정관청이 된다.

2) 지방고용노동관서(주된 사무소 소재지 관할)

① 본부 소관에 속하지 않는 전국규모의 산업별 단위노동조합과 산업별 연합단체를 상급단체로 하는 전국단위노동조합

② 산업별 연합단체라 하더라도 실제 조합원이 6개 지방고용노동청에 모두 분포되어 있지 않은 연합단체

③ 규약상 2이상 특별시·광역시·도·특별자치도·특별자치시(이하 '시·도'라 한다)를 조직범위로 하는 지역별 노동조합

④ 규약상 2이상의 시·도에 걸치는 수개의 사업장을 조직대상으로 하고, 조합원도 2이상의 시·도의 사업장에 분포되어 있는 기업별 노동조합

3) 특별시·광역시·도·특별자치도·특별자치시

① 규약상 1개 시·도만을 조직범위로 하는 지역별 노동조합

② 규약상 동일 시·도내의 2이상 시·군·자치구(이하 '시·군·구'로 칭함)를 조직범위로 하는 지역별 노동조합

③ 규약상 2이상의 시·도에 걸치는 수개의 사업장을 조직대상으로 노동조합이 조직되었으나, 조합원이 1개 시·도내의 2이상의 시·규·구에 사업장이 뷰포되어 있는 기업별 노동조합

④ 규약상 하나의 시·도 내에 2이상의 시·군·구에 걸치는 사업장을 조직대상으로 하는 노동조합의 조합원이 2이상의 시·군·구의 사업장에 분포되어 있는 기업별 노동조합

4) 시·군·구

① 규약상 1개 시·군·구만을 조직범위로 하는 지역별 노동조합

② 1개 시·군·구 내에 존재하는 사업장을 조직대상으로 하는 기업별 노동조합

③ 규약상 2이상의 시·도에 걸치는 수개의 사업장을 조직범위로 정하였으나, 조합원이 하나의 시·군·구에만 분포되어 있는 기업별 노동조합

④ 규약상 2이상의 시·군·구에 걸치는 사업장을 조직대상으로 하였으나, 조합원이 하나의 시·군·구에만 분포되어 있는 기업별 노동조합

5) 지부·분회 등의 관할 행정관청

지역별·산업별 등 초기업 단위 노동조합 산하의 지부·분회 등이 「노조법시행령」 제7조에 따라 노동조합 설립신고를 하는 경우, 본조 관할 행정관청이 고용노동부 또는 지방고용노동관서인 경우에는 지부·분회 등 산하조직의 주된 사무소 소재지를 관할하는 지방고용노동관서이고, 본조 관할 행정관청이 지자체인 경우로 지부·분회 등이 2이상의 시·군·구를 범위로 하는 경우에는 광역자치단체, 그렇지 않을 경우에는 기초자치단체이다.

다. 설립신고서 작성

1) 설립신고서 기재사항

① 명칭[5)] : 단위노동조합, 산업별 연합단체, 총연합단체를 구분할 수 있도록 하고, 단위노동조합은 기업·지역·전국을 구분한다. 또한, 단위노동조합의 지부는 ○○노동조합 ○○지부로 기재하고, 연합단체는 산업별 연합단체와 총연합단체

5) 노동조합의 명칭에 대하여는 「노조법」상 별도의 제한규정이 없으므로 노동조합의 명칭 제정·변경은 당해 노동조합의 조합원들이 노동조합의 조직형태·범위·교섭의 상대방 등을 감안하여 스스로 결정할 사안이나, 다른 노동조합이 이미 사용하는 명칭이나 혼동을 초래할 수 있는 명칭, 기업별 노동조합의 경우 당해 기업과 무관한 명칭 등은 사용하지 않는 것이 바람직하다(노사관계법제팀-2964, 2007.9.11).

를 구분할 수 있는 명칭으로 기재한다.

② 조합원수 : 노동조합의 전체 조합원수를 기재한다.

③ 소속된 연합단체의 명칭[6] : 연합단체에 가입한 경우에는 연합단체 명칭을 반드시 기재해야 하나, 연합단체에 가입하지 않은 경우에는 기재하지 아니한다. 또한, 설립신고증이 교부되지 아니한 연합단체는 기재대상이 되지 않으므로, 이 경우는 설립신고서에 소속 연합단체를 기재해서는 안 된다.

④ 대표자 : 성명, 주소, 주민등록번호, 전화번호 등(소속회사가 있는 경우 부서와 직책)

⑤ 임원의 성명 및 주소 : 임원은 총회에서 선거로 선출되므로 성명과 주소를 기재해야 한다.

⑥ 노동조합의 형태[7] : 해당 노동조합의 형태를 표시한다.

⑦ 주된 사무소의 소재지 : 노조의 조직형태, 단체교섭 당사자와 관계, 노조활동의 주된 장소, 사무실 확보 가능 여부 등 여러 사정을 감안하여 노동조합이 결정하면 되고[8], 노동조합의 규약에 주된 사무소의 소재지를 기재한다.

⑧ 이와 함께, 연합단체인 노동조합의 경우, 구성 노동단체의 명칭, 조합원수, 주된 사무소의 소재지 및 임원의 성명·주소를 기재하고, 2이상의 사업 또는 사업

---

6) 노동조합이 법규정에 위배하여 특정의 상위연합단체에 가입하고서도 소속된 연합단체의 명칭을 설립신고서나 규약에 전혀 기재하지 아니하거나 허위로 기재한 경우는 물론이고 실제로는 어느 연합단체에도 가입하지 아니하였음에도 불구하고 사실과 다르게 설립신고서나 규약에 소속된 연합단체의 명칭을 임의로 허위기재한 경우에 있어서도 「노조법시행령」 제8조제1항제2호(현행법 「노조법시행령」 제9조제1항제1호)에서 정한 바에 따라 행정관청은 20일의 기간을 정하여 사실을 확인하기 위하여 소속 연합단체의 가입인준증의 제출 등 적절한 방법에 의한 보완을 요구하고, 만일 기간 내에 이를 이행하지 아니할 때에는 설립신고서를 반려할 수 있다. (대판 1993.2.12, 91누12028)

7) 우리나라의 노동조합은 총연합단체를 정점으로 동종산업의 단위노동조합을 구성원으로 하는 산업별 연합단체 및 전국규모의 산업별 단위노동조합과 기업단위 노동조합으로 구성되어 있다(노조법 제10조제2항). ① 기업 단위노동조합 : 일반적인 단위노동조합 형태로 일정기업에 소속된 근로자가 직업(종)의 구별없이 개별기업 단위로 조직하는 노동조합을 말한다, ② 초기업단위 노동조합 : 산업별 노동조합, 지역별 노동조합을 말한다, ③ 산업별 연합단체 : 동종 산업별로 조직된 단위 노동조합의 연합조직을 말하며, 그 구성원인 단위노동조합은 각각 독립된 노동조합의 자격을 가진다, ④ 총연합단체 : 산업별 연합단체 또는 전국규모의 산업별 노동조합을 구성원으로 하여 조직된 노동조합을 말한다.

8) 노조 68107-13, 2002.1.5.

장의 근로자로 구성된 단위노동조합의 경우, 사업 또는 사업장별 명칭, 조합원수, 대표자의 성명을 기재한다.

2) 신고서 첨부서류(노조법시행규칙 제2조) : 규약 1부를 첨부한다.

3. 설립신고서 심사

가. 기본원칙

(a) 설립신고서 내용검토는 원칙적으로 행정관청에 제출된 설립신고서와 규약을 기초로 심사한다(노조법 제12조제2항). 다만, 노동조합 설립신고와 관련하여 이해관계인의 진정, 이의신청 등이 있는 경우에는 사실조사를 병행한다.

(b) 노동조합이 행정관청으로 하여금 설립신고를 한 단체에 대하여 「노조법」 제2조제4호 각목(결격요건)에 해당하는지를 심사하도록 한 취지가 노동조합으로서의 실질적 요건을 갖추지 못한 노동조합의 난립을 방지함으로써 근로자의 자주적이고 민주적인 단결권 행사를 보장하려는데 있는 점을 고려하면, 행정관청은 당해 단체가 「노조법」 제2조제4호 각목에 해당하는지 여부를 실질적으로 심사할 수 있다. 다만, 신고서 접수 당시 소극적(결격)요건 해당 여부가 문제된다고 볼 만한 객관적인 사정이 있는 경우에 한하여 설립신고서와 규약 내용 외의 사항에 대하여 실질적인 심사를 거쳐 반려여부 등을 결정할 수 있다.[9)]

나. 설립신고서 및 규약 심사

(a) 설립신고서에 기재사항의 누락이나 허위의 사실을 기재했는지 여부를 검토하고 규약이 첨부되어 있는지를 확인한다(노조법 제10조).

(b) 제출된 설립신고서, 규약, 필요 시 회의록 등 관련서류를 검토하여 노동조합의 결격요건이 있는지를 검토한다(노조법 제2조제4호). 즉, ⓐ 사용자 또는 항상 그의 이익을 대표하여 행동하는 자의 참가를 허용하는지 여부, ⓑ 경비의 주

9) 대판 2014.4.10, 2011두6998(전국공무원노동조합의 설립신고 관련).

된 부분을 사용자로부터 원조받는지 여부, ⓒ 공제·수양 기타 복리사업만을 목적으로 하는지 여부, ⓓ 근로자가 아닌 자의 가입을 허용하는지 여부(주요 임원의 해고자 여부, 해고자의 부당노동행위 구제신청 여부 등), ⓔ 주로 정치운동을 목적으로 하는지 여부 등을 실질 심사를 통해 확인한다.

(c) 설립신고서, 규약이나 회의록 등을 바탕으로 규약의 기재사항(필요적 기재사항 15가지) 누락 또는 허위 여부를 심사한다(노조법 제11조).

① 명칭 : 단위노동조합(기업·지역·전국), 지부, 연합단체 등을 구별할 수 있는 적정명칭 사용 여부

② 목적과 사업 : 노동조합의 목적과 사업이 「노조법」 제2조제4호에 부합되는지 여부

③ 주된 사무소의 소재지 : 규약과 설립신고서상의 주된 사무소의 소재지 일치 여부(단, 규약에 구체적으로 세부 주소지까지 명시할 필요는 없음)

④ 조합원에 관한 사항 : 조합원의 범위, 조합원의 가입·탈퇴절차 등(사용자의 이익대표자 등 조합원이 될 수 없는 자의 가입허용 여부, 근로자가 아닌 자의 가입허용 여부, 연합단체인 노동조합의 경우에는 그 구성단체에 관한 사항)

⑤ 소속된 연합단체가 있는 경우 그 명칭 : 규약과 설립신고서에 기재한 연합단체와의 일치여부, 설립신고증이 교부되지 아니한 연합단체를 소속 연합단체로 하였는지의 여부

⑥ 대의원회에 관한 사항(대의원회를 두는 경우)

⑦ 회의에 관한 사항

⑧ 대표자와 임원에 관한 사항 : 임원자격 제한[임원이 소속조합원 중에서 선출여부(노조법 제23조제1항)], 임원의 선거절차의 법 위반 여부(선거의 의결정족수 충족 여부, 「노조법」 제16조제2항 및 제3항), 조합원의 직접·비밀·무기명 투표 실시 여부(노조법 제16조제4항) 등

⑨ 조합비 기타 회계에 관한 사항 : 회계감사 결과의 조합원 공개 여부(노조법 제25조제1항)

⑩ 규약 제정·변경에 관한 사항 : 제정·변경절차 법 위반 여부(노조법 제16조제2항 내지 제4항), 의결기관의 적법성, 의사 및 의결정족수 충족 여

부(재적조합원 과반수의 출석, 출석조합원 3분의 2이상 찬성), 조합원의 직접·비밀·무기명 투표 실시 여부

⑪ 해산에 관한 사항 : 해산사유 기재 여부, 재적조합원 과반수 출석, 출석조합원 3분의 2이상의 찬성 여부(노조법 제16조제2항)

⑫ 쟁의와 관련된 찬반투표 결과의 공개, 투표자 명부 및 투표용지의 보존·열람에 관한 사항 : 쟁의행위 투표절차, 조합원 직접·비밀·무기명 투표에 의한 조합원 과반수 찬성(노조법 제41조제1항)

⑬ 대표자와 임원의 규약 위반에 대한 탄핵에 관한 사항 : (임원의 해임) 조합원의 직접·비밀·무기명 투표, 재적조합원 과반수의 출석과 출석조합원 3분의 2이상의 찬성 여부(노조법 제16조제2항 및 제4항)

⑭ 임원 및 대의원의 선거절차에 관한 사항 : ㉠ (임원의 선거) 조합원 중에서 선출(노조법 제23조제1항), 조합원의 직접·비밀·무기명 투표 실시 여부(노조법 제16조제4항), ㉡ (대의원 선출) 조합원의 직접·비밀·무기명 투표에 의해 선출(노조법 제17조제2항)

⑮ 규율과 통제에 관한 사항

4. 설립신고증 교부

가. 신고증 교부

① 설립신고서 접수시

ⓐ 설립신고서는 접수일로부터 3일 이내 처리[10]해야 한다(노조법 제12조제1항). ① 설립신고서에 하자가 없는 경우에는 신고증을 교부하고, ② 보완사유가 있는 경우에는 보완요구를 하여야 하며(노조법 제12조제2항, 시행령 제9조제1항), ③ 반려사유가 있는 경우에는 반려하여야 한다(노조법 제12조제3항).

ⓑ 다만, 행정관청이 노동조합의 설립신고서를 접수한 때에는 3일 이내에 설

10) 「민원사무처리에 관한 법률」 제6조에 의해 민원사무의 처리기간을 5일 이하로 정한 경우에는 민원사항의 접수시각부터 “시간” 단위로 계산하되, 공휴일 및 토요일을 산입하지 아니한다. 이 경우 1일은 8근무시간으로 한다.

립신고증을 교부하여야 하나, 그 기간 내에 설립신고서의 반려 또는 보완지시가 없는 경우에는 설립신고증의 교부가 없어도 노동조합이 설립된 것으로 본다는 취지가 아니므로 행정관청은 그 기간 경과 후에도 설립신고서에 대하여 보완지시 또는 반려처분을 할 수 있다.[11]

② 보완서류 접수시

보완요구[12] 후 보완서류가 접수된 때에는 3일 이내 처리하여야 한다.

나. 보완요구

1) 설립신고증 교부 전 보완요구

① 보완요구 사유(노조법시행령 제9조제1항)

ⓐ 설립신고서에 규약이 첨부되어 있지 아니하거나 설립신고서 또는 규약의 기재사항 중 누락이나 허위사실이 있는 경우

ⓑ 임원의 선거 또는 규약의 제정절차가 「노조법」 제16조제2항부터 제4항까지 또는 제23조제1항의 규정에 위반되는 경우

※ 규약 제정 : 조합원 과반수의 출석과 출석조합원 2/3이상의 찬성, 조합원의 직접·비밀·무기명 투표

※ 임원 선거 : 조합원 과반수의 출석과 출석조합원 과반수의 찬성(출석조합원 과반수의 찬성을 얻은 자가 없는 경우 규약이 정하는 바에 따라 결선투표를 실시하여 다수의 찬성을 얻은 자를 임원으로 선출 가능)

② 보완요구 기간

보완사유가 있는 경우에는 20일 이내의 기간을 정하여 보완 요구하여야 하나, 보완요구 기간은 반드시 20일을 주어야 하는 것이 아니며 20일 이내에서 행정관청이 보완에 필요하다고 인정하는 상당기간을 부여하면 된다(노조법 제12조

11) 대판 1990.10.23, 89누3243.

12) 「노조법」 제12조제2항의 보완요구기간(최대 20일)은 처리기한 산정에서 제외한다.

제2항).

③ 방법 및 절차

보완요구를 하는 경우에는 「노조법시행규칙」 별지 제13호 서식의 보완요구서를 신고인에게 발송하여야 하며, 신고인이 보완요구 사유를 명확히 알 수 있도록 관련 법조항과 그 내용을 구체적으로 기술하여야 한다.

2) 설립신고증 교부 후 시정요구(사후적 심사제도)

다. 시정요구 사유

노동조합이 설립신고증을 교부받은 후 「노조법」 제12조제3항제1호(노조법 제2조제4호 각목의 노동조합의 결격사유)에 해당하는 설립신고서의 반려사유가 발생한 경우에는 그 시정을 요구하여야 한다(노조법시행령 제9조제2항).

라. 방법 및 절차

(a) 행정관청은 30일의 기간을 정하여 「노조법시행규칙」별지 제21호 서식의 시정 요구서로 시정 요구하여야 하며, 노동조합의 대표자는 「노조법시행규칙」별지 제22호 서식에 따라 시정결과보고서를 작성하여 보고하여야 한다.

(b) 행정관청은 노동조합이 위 기간 내에 시정요구사항을 이행하지 아니하는 경우에는 "이 법에 의한 노동조합으로 보지 아니함"을 통보하여야 한다(노조법시행령 제9조제2항).

(c) 이와 같은 「노조법시행령」규정에 의한 사후적심사제도에 대해 「노조법」에는 직접적인 위임규정이 없어 위헌 논란이 제기될 수 있는데, 하급심은 이에 대해 "「노조법시행령」 제9조제2항은 「노조법」 제2조제4호 단서에 의하여 발생한 법적 효과를 명확하게 하고 노동조합에 시정할 기회를 제공하기 위한 규정으로 집행명령의 일종이다. 따라서, 「노조법」 제2조제4호 단서가 「노조법시행령」 제9조제2항에 구체적인 사항에 관하여 위임을 하지 않았다고 하더라도 「노조법시행령」 제9조제2항이 법률의 수권 없이 규정하였거나 새로운 법률사항에 해당하는 것을

규정하여 「헌법」상 위임입법의 한계를 일탈하였다고 볼 수 없다"고 판단하였다.[13)]

5. 설립신고서 반려

가. 반려사유

노동조합이 다음 사항(결격요건)에 해당하거나, 보완요구 기간 내에 보완하지 아니하는 경우에는 설립신고서를 반려하여야 한다(노조법 제12조제3항).

1) 사용자 또는 항상 그의 이익을 대표하여 행동하는 자의 참가를 허용하는 경우

(1) 사용자의 범위

(a) (사업주) 법인인 경우에는 법인 그 자체이고, 개인기업인 경우에는 그 사업에 있어서 자본이나 시설을 투자하여 기업을 경영하는 자연인을 말한다.

(b) (사업의 경영담당자) 그 사업의 경영관리에 대한 책임을 맡고 있거나 이에 직접 관여하고 있는 자를 말하며, 일반적으로는 법인의 대표이사, 이사회 또는 이와 유사한 기구의 구성원, 사업부서(본부)의 장, 공장·지점·지사 등의 장을 의미한다.

(c) (그 사업의 근로자에 관한 사항에 대하여 사업주를 위하여 행동하는 자) 고용·해고·승진·전보 등 인사관리를 담당하거나, 임금·근로시간·휴게시간 기타 근로조건의 결정과 노무관리의 기획 또는 집행에 관여하는 자, 노동관계에 관한 기밀사무를 담당하는 자를 의미하며, 일반적으로 기획조정, 인사·노무·급여, 예산, 경리·회계 등 담당부서의 근무자와 사업주로부터 소속직원에 대한 지휘명령, 근무명령, 인사관리에 관한 권한과 책임을 부여받은 관리·감독자가 이에 해당한다.

다만, 사용자 개념을 판단함에 있어 각 사업체마다 조직·편제, 분장업무가 다르므로 부장·차장 등 외형적인 직급 명칭보다는 실제 담당업무의 내용(예 : 위임전결사항의 범위, 근무평정 권한 여부, 소속근로자의 지휘명령권한 등)에 따라

13) 서울행판 2014.6.19, 2013구합26309.

구체적으로 판단하여야 한다.

(2) 항상 사용자의 이익을 대표하여 행동하는 자의 범위(노조법 제2조제4호 가목)

통상 사용자에 전속되어 사용자의 업무를 보조하는 비서·전용운전사, 사용자의 지시를 받아 근로자에 관한 감시·감독적 지위에 있는 감사담당 부서의 직원, 회사의 재산 보호·출입자 감시·순찰과 같은 경찰적 업무를 담당하는 자 등이 이에 해당한다.

※ 경비원, 수위는 사업주의 명을 받아 사업주의 물적·인적 재산관리와 보안책임을 맡고 있어 "이익대표자"에 해당되며, 아파트 경비원은 단순한 재산관리 업무를 담당하므로 사용자의 이익대표자가 아님

(3) 조합원 자격 관련 실무 사례

① 단체협약에 조합원이 될 수 없는 자의 범위를 특별히 정하여 일정 범위의 근로자들에 대하여 단체협약 적용을 배제하고자 하는 취지의 규정을 둔 경우, 노동조합 규약에 정해진 조합원의 범위에 관한 규정과 배치된다 하더라도 무효로 볼 수 없다.[14)]

노동조합의 조합원 범위는 당해 노동조합의 규약이 정하는 바에 의하여 정하여지나, 단체협약에서 노사간의 상호 협의에 의하여 규약상 노동조합의 조직대상이 되는 근로자의 범위와는 별도로 조합원이 될 수 없는 자를 특별히 규정함으로써 일정 범위의 근로자들에 대하여 단체협약 적용을 배제하고자 하는 취지의 규정을 둔 경우에는, 비록 이러한 규정이 노동조합 규약에 정해진 조합원의 범위에 관한 규정과 배치된다 하더라도 무효로 볼 수 없다.

14) 대판 2004.1.29, 2001다5142.

② 단체협약에 과장급 이상의 자에 대하여 노동조합에 가입할 수 없도록 한 규정을 위반하여 노동조합에 가입하여 노사간 분쟁을 일으키고 노사관계의 안정과 질서를 깨뜨린 것을 징계사유로 삼은 것은 정당하다.[15)]

과장의 직책을 가진 자가 사용자 지위에 있지 않고 그 노동조합 규약상 조합원으로 가입할 수 있도록 되어있다 하더라도, 단체협약에 과장급 이상의 자에 대하여 노동조합에 가입할 수 없도록 한 규정을 위반하여 노동조합에 가입함으로써 조합원의 지위를 둘러싸고 노사간 분쟁을 일으키고 노사관계의 안정과 질서를 깨뜨린 것을 징계사유로 삼은 것은 정당하다.

③ 노동조합 가입 자격이 없는 자가 가입한 경우 사용자는 해당자에 대해 노동조합에서 탈퇴하도록 요구할 수 있고, 이에 불응시 단체협약이나 취업규칙 등 관련 규정에 따라 징계하거나, 전보 또는 보직변경 등의 조치를 할 수 있다.[16)]

노동조합에 가입할 수 없는 자가 노동조합에 가입하더라도 조합원 자격은 인정되지 않으므로, 사용자는 경영목적 달성을 위한 정당한 업무지시·명령권이나 사업장 질서유지권에 기하여 노동조합에 가입할 수 없는 자 스스로 노동조합에서 탈퇴하도록 요구할 수 있을 것이며, 이에 불응시 단체협약이나 취업규칙 등 관련 규정에 따라 해당자를 징계하거나 노동조합 활동이 가능한 부서나 업무로 보직변경 등의 조치를 하는 것도 가능하다.

④ 「노조법」 제2조제4호가목의 '항상 사용자의 이익을 대표하여 행동하는 자'에 해당 여부 판단 기준[17)]

「노조법」 제2조제4호가목의 '항상 사용자의 이익을 대표하여 행동하는 자'에 해당하는 자인지 여부는 ① 노동조합의 자주성, 독립성을 획보하기 위한, 즉 노동조합의 어용화를 방지하기 위한 위 규정의 취지에 따라 조합의 자주성을 저해할 위험성이 구체적으로 있는가 없는가라는 관점에 의한 판단이 필요하고 ② 이

15) 대판 2004.1.29, 2001다6800.

16) 노사관계법제과-3187, 2009.10.27.

17) 서울행판 2008.9.2, 2007구합30710.

는 형식적인 직위, 직명에 따를 것이 아니라 기업경영의 실태, 실질적인 담당업무, 직무권한 등에 비추어 판단되어야 하며 ③「헌법」상 보장된 단결권에 기하여 근로자 개인은 자유롭게 노동조합을 결성할 수 있고 가입할 수 있으며, 노동조합은 노동조합에서 배제되어야 할 자를 자주적으로 판단하여야 하는 것이므로, 여기에 해당하는 자의 범위에 대하여는 제한적으로 해석하여야 한다.

2) 경비의 주된 부분을 사용자로부터 원조받는 경우

노동조합은 사용자로부터 지배·개입되는 것을 방지하기 위해 경비의 주된 부분을 사용자로부터 원조 받아서는 아니 된다.

3) 공제·수양 기타 복리사업만을 목적으로 하는 경우

노동조합은 소속 근로자의 근로조건의 유지·개선 기타 경제적·사회적 지위의 향상을 목적으로 하는 단체이므로 노동조합이 공제·수양 기타 복리사업만을 목적으로 하는 경우에는 노동조합의 결격사유에 해당한다. 다만, 주된 사업이 아닌 부수적으로 하는 공제·수양 기타 복리사업은 가능하다.

4) 근로자가 아닌 자의 가입을 허용하는 경우

ⓐ 노동조합의 기본을 구성하고 있는 기업단위 노동조합에 있어 해당기업의 근로자만이 노동조합에 가입할 수 있는 것이므로 해당기업 근로자 이외의 자는 원칙적으로 조합원 자격이 없다. 다만, 해고된 자가 노동위원회에 부당노동행위 구제신청을 한 경우 중앙노동위원회의 재심판정이 있을 때까지는 근로자로 본다(노조법 제2조제4호라목 단서). 그러나 해고된 자가 부당해고 구제신청만을 한 경우에는 「노조법」상 근로자에 해당하지 않는다.

ⓑ 중앙노동위원회의 재심판정에 대하여 행정소송이 제기된 경우, 중앙노동위원회의 재심판정은 행정소송 제기에 의하여 그 효력이 정지되지 않으므로(노조법 제86조) 사용자가 중앙노동위원회의 재심판정(조합원자격 인정)에 대하여 행정소송을 제기한 경우에도 법원의 판결이 확정될 때까지 해당 해고자의 조합

원 자격이 유지되고 조합원 또는 조합임원으로서 행한 행위(예 : 단체협약 체결 등)는 유효하다.

(c) 다만, 해고자가 중앙노동위원회의 재심판정(조합원자격 불인정)에 대하여 행정소송을 제기하여 법원에서 중앙노동위원회의 재심판정을 취소한 경우에도 법원의 확정판결이 있을 때까지는 재심판정의 효력이 지속되므로 조합원자격이 인정되지 않는다.

〈해고자의 조합원자격 관련 실무사례〉

① 노동위원회의 사용자에 대한 구제명령은 부당노동행위를 시정하고 노동자를 원직 또는 원직 상당직에의 복귀를 명하는 등의 내용으로 이에 복종해야 할 공법상의 의무를 부담시킬 뿐 직접 노동자와 사용자간의 사법상 법률관계를 발생 또는 변경시키는 것은 아니다.[18]

- 「노조법」 제42조(현행 「노조법」 제84조)에서 규정한 노동위원회의 사용자에 대한 구제명령은 사용자의 노동자에 대한 같은 법 제39조(현행법 제81조) 각호의 해고, 차별대우 기타 불이익처분 등 부당노동행위를 시정하고 노동자를 원직 또는 원직 상당직에의 복귀를 명하거나 그 불이익 취급을 해제할 것을 내용으로 하는 것으로서 사용자에 대하여는 이에 복종해야 할 공법상의 의무를 부담시킬 뿐 직접 노동자와 사용자간의 사법상 법률관계를 발생 또는 변경시키는 것은 아니고 이러한 사법상의 법률관계에 관한한 노동위원회의 권한 밖의 사항이며 노동자가 종국적으로 사용자의 해고 등 부당노동행위에 대하여 사법상의 지위의 확보와 권리의 구제를 받기 위하여는 사용자를 상대로 해고무효 또는 종업원인 지위의 확인을 구하는 등의 민사소송을 별도로 법원에 청구할 수밖에 없다.[19]

② 해고된 근로자라도 상당한 기간 내에 그 해고의 효력을 다투는 자에 대하여는 근로자 또는 조합원으로서의 지위를 인정하여야 할 것이므로 당해 근로자가 조합원의 자격으로서 회사 내 노조사무실에 들어가는 것은 정당한 행위로서 회사에서 이를 저지할 수 없다.[20]

- 일반적으로는 해고에 의하여 근로관계는 종료되고 이를 다투는 근로자라고 하더라도 그 지위를 잃게 되는 것이지만, 「노조법」 제3조제4호(현행 「노조법」 제2조제4호 라목) 단서의 규정이 노동조합의 설립 및 존속을 보호하고 사용자의 부당한 인사권의 행사에 의하여 노동조합의 활동이 방해받는 것을 방지하기 위한 것이라는 취지에 비추어 보면 해고된 근로자라도 상당한 기간 내에 그 해고의 효력을 다투는 자에 대하여는 근로자 또는 조합원으로서의 지위를 인정하여야 할 것이므로 해고의 효력을 다투고 있는 근로자가 조합원의 자격으로서 회사 내 노동조합사무실에 들어가는 것

은 정당한 행위로서 회사에서도 이를 저지할 수 없는 것이다.

③ '해고의 효력을 다투고 있는 자를 근로자가 아닌 자로 해석하여서는 아니 된다'라는 「노조법」 규정은 노동조합의 구성원이 될 수 있는 자격에 관하여 규정한 것이므로 노동조합의 조합원으로서의 지위와 관련해서만 적용이 되어야 할 것이고, 근로자와 사용자와의 개별적인 근로계약 일반의 효력에 확대 적용될 수는 없다.[21)]

- '해고의 효력을 다투고 있는 자를 근로자가 아닌 자로 해석하여서는 아니 된다'라는 「노조법」 제3조제4호 단서규정(현행 「노조법」 제2조제4호라목)은 노동조합의 설립 및 존속을 보호하고 사용자의 부당한 인사권의 행사에 의하여 노동조합의 활동이 방해받는 것을 방지하기 위한 규정으로서 노동조합의 구성원이 될 수 있는 자격에 관하여 규정한 것일 뿐 사용자와 근로자와의 근로관계에 관한 규정은 아니므로 노동조합의 조합원으로서의 지위와 관련해서만 적용이 되어야 할 것이고, 근로자와 사용자와의 개별적인 근로계약 일반의 효력에 확대 적용될 수는 없다.

5) 주로 정치운동을 목적으로 하는 경우

「노조법」 제2조제4호마목은 주로 정치운동을 목적으로 하는 경우를 노조 결격사유의 하나로 규정하고 있다. 따라서 노동조합의 주 목적이 근로자의 근로조건 개선 등이 아니라 정치활동에 있는지 노조설립 신고 단계에서 검토되어야 한다. 다만, '정치적 지위향상' 등 규약 문구만을 두고 노조결격사유인 '주로 정치운동을 목적으로 하는 경우'로 단정할 수는 없다.

나. 반려절차

노조설립신고서를 반려하는 경우 신고인에게 설립신고서 등 관계서류 일체를 반려하고, 신고인이 반려사유를 명확히 알 수 있도록 그 사유를 상세히 기재하여야 한다.

18) 대판 1976.2.11, 75마496 ; 대판 1996.4.23, 95다53102.

19) 대판 1976.2.11, 75마496 ; 대판 1996.4.23, 95다53102.

20) 대판 1991.11.8, 91도326.

21) 대판 1993.6.8, 92다42354.

〈설립신고 반려 관련 실무사례〉

① 노동조합 설립신고제도의 취지 및 행정관청이 노동조합의 설립신고를 수리한 것만으로 당해 회사의 어떤 법률상 이익이 침해되었다고 볼 수 없으므로 노동조합 설립신고서의 수리처분 그 자체만을 다툴 당사자 적격은 없다.[22)]

- 노동조합 설립에 관한 규정이 기본적으로 노동조합 설립의 자유를 보장하면서 노동정책적 목적을 달성하기 위해 설립신고주의를 택하여 조합이 자주성과 민주성을 갖추도록 행정관청으로 하여금 지도·감독하도록 하게 함으로써, 사용자는 무자격조합이 생기지 않는다는 이익을 받고 있다고 볼 수 있을지라도 그러한 이익이 노동조합의 설립에 관한 「노조법」 규정에 의하여 직접적이고 구체적으로 보호되는 이익이라고 볼 수는 없고, 노동조합 설립신고의 수리 그 자체에 의하여 사용자에게 어떤 공적 의무가 부과되는 것도 아니라고 할 것이어서 자치단체장이 노동조합의 설립신고를 수리한 것만으로는 당해 회사의 어떤 법률상 이익이 침해되었다고 할 수 없으므로 당해 회사는 신고증을 교부받은 노동조합이 부당노동행위 구제신청을 하는 등으로 법이 허용하는 절차에 구체적으로 참가한 경우에 그 절차에서 노동조합의 무자격을 주장하여 다툴 수 있을 뿐 노동조합 설립신고서의 수리처분 그 자체만을 다툴 당사자 적격은 없다.

② 설립신고서를 접수한 때에는 3일 이내에 설립신고증을 교부하도록 되어 있다 하여 그 기간 내에 설립신고서의 반려 또는 보완지시가 없는 경우에는 설립신고증의 교부가 없어도 노동조합이 성립된 것으로 본다는 취지는 아니므로 행정관청은 그 기간 경과 후에도 설립신고서에 대하여 보완지시 또는 반려처분을 할 수 있다.[23)]

- 행정관청이 노동조합의 설립신고서를 접수한 때에는 3일 이내에 설립신고증을 교부하도록 되어 있다 하여 그 기간 내에 설립신고서의 반려 또는 보완지시가 없는 경우에는 설립신고증의 교부가 없어도 노동조합이 성립된 것으로 본다는 취지는 아니므로 행정관청은 그 기간 경과 후에도 설립신고서에 대하여 보완지시 또는 반려처분을 할 수 있다 할 것이고, 또한 노동조합 설립신고서의 보완을 요구하거나 그 신고서를 반려하는 경우에는 노동위원회의 의결이 필요 없는 것이므로 고용노동부장관이 노동조합 설립신고서에 대하여 노동위원회의 의결없이 보완요구를 하고 반려처분 하였다 하여 이를 위법하다고 할 수는 없다.

③ 연합단체에도 가입하지 아니하였음에도 불구하고 사실과 다르게 설립신고서나 규약에 소속된 연합단체의 명칭을 임의로 허위기재한 경우에 행정관청은 사실 확인을 위해 20일의 기간을 정하여 소속 연합단체의 가입인준증의 제출 등 적절한 방법에 의한 보완을 요구하고, 만일 기간 내에 이를 이행하지 아니할 때에는 설립신고서를 반려할 수 있다.[24)]

- 노동조합이 법 규정에 위배하여 특정의 상위 연합단체에 가입하고서도 소속된 연합단체의 명칭을 설립신고서나 규약에 전혀 기재하지 아니하거나 허위로 기재한 경우

는 물론이고 실제로는 어느 연합단체에도 가입하지 아니하였음에도 불구하고 사실과 다르게 설립신고서나 규약에 소속된 연합단체의 명칭을 임의로 허위기재한 경우에 있어서도 「노조법시행령」 제8조제1항제2호(현행법 제12조 및 시행령 제9조)에서 정한 바에 따라 행정관청은 사실 확인을 위해 20일의 기간을 정하여 소속 연합단체의 가입인준증의 제출 등 적절한 방법에 의한 보완을 요구하고, 만일 기간 내에 이를 이행하지 아니할 때에는 설립신고서를 반려할 수 있다.

6. 지부·분회 등의 설립신고

(a) 「노조법시행령」 제7조에 따른 산하조직으로서 노동조합설립 신고를 할 수 있는 지부·분회라 함은 근로조건의 결정권이 있는 사업 또는 사업장에 조직된 기업단위의 지부·분회를 의미한다.[25] 또한, 지부·분회의 운영규정은 그 명칭에 관계없이 규약으로 보아야 하므로 그 운영규정에는 「노조법」 제11조의 규정에 의한 의무적 기재사항이 기재되어야 한다.

(b) 노동조합의 지부·분회라 하여도 설립신고증이 교부되면 그 명의로 단체교섭 및 부당노동행위 구제신청 등이 가능하고, 단체교섭이 결렬된 때에는 노동쟁의 조정신청을 할 수 있다(교섭창구단일화 절차를 거치는 경우에는 교섭대표노조의 지위를 가져야 함).

(c) 또한, 지부·분회 등이 「노조법시행령」 제7조에 따라 노동조합 설립신고를 하는 경우 관할 행정관청은, 본조 관할 행정관청이 고용노동부 또는 지방고용노동관서인 경우에는 지부·분회 등 산하조직의 주된 사무소 소재지를 관할하는 지

22) 대판 1997.10.14, 96누9829.

23) 대법원 1990.10.23, 89누3243.

24) 대판 1993.2.12, 91누12028.

25) 근로조건의 결정권이 있는 독립된 사업(장)에 조직된 노동단체는 지부·분회 등 명칭 여하에 불구하고 법 소정의 노동조합 설립신고를 할 수 있음. 이 경우 「근로조건의 결정권이 있는 사업 또는 사업장」인지 여부는 근로자의 채용·전보·승진·교육·해고 등의 인사노무관리와 임금·근로시간·휴가·복리후생 등 일체의 근로조건에 대한 결정권을 독립적으로 행사하는 사업 또는 사업장인지 여부 등 구체적인 사실관계에 따라 판단하여야 한다(노조 01254-815, 1997.10.7).

방고용노동관서이고, 본조 관할 행정관청이 지자체인 경우로 지부·분회 등이 2 이상의 시·군·구를 범위로 하는 경우에는 광역자치단체, 그렇지 않을 경우에는 기초자치단체이다.

7. 노동조합의 설립시기

노동조합 설립신고증을 교부받은 경우에는 설립신고서가 행정관청에 접수된 때에 설립된 것으로 보며(노조법 제12조제4항), 설립신고서가 반려되면 「노조법」상 노동조합이 설립되지 아니한 것이므로 적법하게 재 접수되어 설립신고증이 교부된 경우에는 재 접수된 때에 설립된 것으로 본다.

8. 적법하게 설립된 노동조합의 법적 효력

(a) 적법하게 설립된 노동조합에 대하여는 ① 노동조합 명칭을 사용할 수 있으며(노조법 제7조제3항), ② 노동쟁의의 조정신청 및 부당노동행위 구제신청을 할 수 있고(노조법 제7조제1항), ③ 법인격을 취득할 수 있으며(노조법 제6조), ④ 노동위원회 근로자위원을 추천하는 등 노동행정에 참여할 수 있고(노위법 제6조제3항), ⑤ 일정한 경우 민·형사상 면책이 인정되며(노조법 제3조, 제4조), ⑥ 세법이 정하는 바에 따라 면세혜택을 받게 되는(노조법 제8조)[26] 등의 법적 효력을 인정한다.

(b) 반면, 「노조법」에 의한 노동조합이 아니면 노동위원회에 노동쟁의의 조정 및 부당노동행위의 구제를 신청할 수 없으며, 노동조합 명칭을 사용할 수 없다. 만일 노동조합 명칭을 사용할 경우 500만원 이하의 벌금에 처하게 된다(노조법 제7조 및 제93조).

(c) 이와 같이 「노조법」 제7조제3항은 「노조법」상 실질적인 요건과 형식적인

---

26) 「노조법」 제8조의 조세면제 규정이 관련 세법에 대해 특별법적인 지위에 있다고 볼 수 없으므로, "조세특례제한법, 지방세법" 등의 개별규정에 조세감면 특례규정이 있는 경우에 한하여 노동조합의 조세가 면제되는 것으로 보아야 한다. 따라서 자치단체에서 지방세법에 따라 노동조합에 지방세(주민세, 지방교육세 등)를 부과하는 경우 노동조합을 과세대상에서 제외하는 특례조항이 없는 한 지방세를 납부하여야 한다(노사관계법제팀-2785, 2007.8.30).

요건을 모두 갖춘 노동조합에 한하여 노동조합이라는 명칭을 사용하게 함으로써 적법한 노동조합을 보호하고, 이에 반하여 형식적인 요건을 갖추지 못한 단결체에 대하여는 노동조합의 명칭을 사용하지 못하게 하는 등 보호의 대상에서 제외하여 기본적으로 「노조법」에 따른 적법한 노동조합의 설립을 유도하기 위한 것이다.[27)]

27) 헌재 2008.7.31, 2004헌바9.

◦ 노동조합 설립신고 등 관련 서식

노동조합 ☑ 설립 □ 설립신고사항 변경 신고서	처리기한
	3일

명칭	○○노동조합	노동조합의 형태	단위노조(기업, 지역, 전국), 연합단체, 단위노조의 산하조직
주된 사무소의 소재지(전화번호)	○○시 ○○구 ○○로 ○○	조합원수	○○명
소속된 연합단체의 명칭	○○○연맹		

구분	항목	내용	항목	내용
대표자	성명	김○○	주민등록번호	711111-*******
대표자	주소	○○시 ○○구 ○○로 ○○	전화번호	02)3218-0000
대표자	소속 사업장	○○기업(주)	소속부서 및 직책	생산팀 대리

구분	직책		성명		주소	
임원	직책	부위원장	성명	이○○	주소	○○시 ○○구 ○○로 ○○
임원	직책	사무국장	성명	박○○	주소	○○시 ○○구 ○○로 ○○

연합단체인 경우 그 구성원인 노동조합 관련 사항

명칭	조합원수	주된 사무소의 소재지	임원 성명	임원 주 소

2개 이상의 사업 또는 사업장의 근로자로 구성된 단위노동조합의 경우에는 아래의 기재사항을 작성하시기 바랍니다.

사업 또는 사업장별 명칭	대표자 성명	소재지	조합원수

<설립신고사항 변경신고시 작성 사항>

변경사항	변경전	변경후
변경연월일		
변경사유		

[☑ 설립신고]

2010년 ○월 ○일 본인 외 ○○명은 ○○○에서 노동조합 설립총회를 개최하고 「노동조합 및 노동관계조정법」 제10조제1항에 따라 노동조합의 설립을 신고합니다.

년 월 일

대표자 김 ○○ (서명 또는 인)

○○지방고용노동청(○○지청장) 귀하

[□ 설립신고사항 변경신고]

「노동조합 및 노동관계조정법」 제13조제1항에 따라 노동조합 설립신고사항 중 변경사항을 위와 같이 신고합니다.

년 월 일

신고인 (서명 또는 인)

귀하

구분	구비서류	수수료
설립	규약 1부	없음
변경	1. 변경사항을 증명할 수 있는 총회 또는 대의원회의 회의록이나 규약 등의 서류 1부 2. 설립신고증(변경신고증을 교부받은 사실이 있는 경우에는 변경신고증)	

비고 : 기재란이 부족한 경우에는 별지에 작성하시기 바랍니다.

210mm×297mm(신문용지 54g/㎡(재활용품))

주/요/쟁/점/실/무

제2절 노동조합의 운영과 관리 관련 쟁점

1. 총회 및 대의원회 운영

가. 총 회

1) 구 성

(a) 총회는 노동조합의 최고의사결정기관으로서 조합원 전원으로 구성되는 최고의사결정기관이다. 여기서 총회 구성원은 그 노동조합에 가입한 모든 조합원을 의미하며, 기업별노조의 경우 원칙적으로 사용자와 고용관계에 있는 근로자 신분을 가져야 하는 것이나, 「노조법」 제2조제4호라목 단서에 따라 해고된 자가 노동위원회에 부당노동행위의 구제신청을 한 경우에는 중앙노동위원회의 재심판정이 있을 때까지는 조합원자격을 유지하므로 이 경우 총회의 구성원이 될 수 있다.

(b) 초기업단위 노조의 경우에는 근로자의 범주에 특정 사용자에 고용되어 현실적으로 취업하고 있는 자뿐만 아니라 일시적 실업상태에 있는 자나 구직 중에 있는 자도 포함되므로 총회 구성원이 될 수 있다.[28)]

(c) 연합단체인 노동조합은 구성원이 단위노동조합이므로 총회의 구성원은 가입된 단위노동조합의 대표자가 된다.

2) 총회의 종류 및 개최시기

(a) 총회는 정기총회와 임시총회로 구분되며, 총회는 단위노조나 연합단체에 관계없이 매년 1회 이상 규약으로 정한 바에 따라 개최하여야 한다(노조법 제15

---

28) 대판 2004.2.27, 2001두8568.

조). 이와 같이 일정기간 내에 정기적으로 총회를 개최하도록 한 취지는 노동조합의 민주적 운영을 확보하도록 하기 위한 강행규정으로 볼 수 있으므로 노조가 규약으로 정기총회 개최기간을 1년 넘는 기간으로 정하는 것은 위법하여 무효이다.

(b) 다만, 총회에 갈음하는 대의원회를 둔 경우에는 매년 1회 이상의 정기대의원회를 개최하여야 한다.

(c) 임시총회(또는 임시대의원회)는 ① 노조대표자가 필요하다고 인정할 때, ② 조합원(또는 대의원)의 3분의 1이상(연합단체인 경우 구성단체의 3분의 1이상)이 회의에 부의할 사항을 제시하고 회의의 소집을 요구하는 경우, ③ 기타 규약에 정한 일정한 요건에 해당하는 경우에는 소집할 수 있다(노조법 제18조).

3) 총회 개최시간과 장소

(a) 총회는 근무시간 외에 개최하는 것이 원칙이지만 부득이한 사유로 사용자의 승인을 받거나 단체협약으로 사전에 정한 경우에는 근무시간 중에 회사의 시설을 이용하여 개최할 수 있다.

(b) 한편, 단체협약에 사전 통보를 조건으로 근무시간 중에 집회 등을 허용한 경우, 사전 통보만 하면 그 집회가 정당화되는 것은 아니다. 사전 통보를 조건으로 근무시간 중에 개최할 수 있는 집회의 종류나 대상·장소·횟수 등을 구체적으로 정해 놓은 경우에는 그 정당성이 인정될 수 있으나, 그러한 구체적인 규정이 없는 경우에는 노조가 사전 통보로 임의의 시간과 장소에서 집회 등을 할 수 있기 위해서는 그 집회를 근무시간에 개최할 필요성이 있고 노무지휘권의 침해가 경미해야 정당성이 인정된다.[29]

4) 소집권자(총회의 의장)

(a) 총회 소집권자 및 의장은 노동조합의 대표자가 되는 것이 원칙이다. 노동조합 대표자의 유고(궐위 또는 직무를 수행할 수 없는 객관적인 사정이 있는 경

29) 대판 1995.3.14, 94다4042.

우)시에는 규약에서 정한 순서에 따른 직무대행자가 된다.

ⓑ 다만, 노동조합 대표자가 선출되기 전 또는 노동조합의 대표자를 선출하기 위하여 소집된 총회의 의장은 규약이 정하는 바에 의하거나 연장자가 임시의장을 맡을 수 있다.

ⓒ 또한, 총회 소집권자가 총회 소집을 고의로 기피하거나 해태한 경우, 규약에서 정한 소집권자가 없게 된 경우 등의 사유로 행정관청으로부터 소집권자로 지명을 받은 자(노조법 제18조제3항, 제4항)가 총회 소집권자 및 의장이 된다.

5) 소집절차

ⓐ 총회 또는 대의원회는 적어도 회의 개최일 7일전까지 그 회의에 부의할 사항을 공고하고 규약에 정한 방법에 의하여 소집하여야 한다(노조법 제19조). 여기서 '회의 개최일 7일전'이란 회의 개최일을 제외한 공고일수가 최소한 7일 이상이 되어야 한다는 뜻이며, 공고기간의 계산에 있어 공고 당일은 산입하지 아니하며 공고 후의 휴일은 공고기간에 산입된다.

ⓑ 다만, 노동조합이 동일한 사업장내[30]의 근로자로 구성된 경우에는 그 규약으로 공고기간을 단축할 수 있으며, 같은 지역이라도 사업장이 서로 분리되어 있는 때에는 7일 이상 공고하여야 한다.

※ (예시) 노동조합이 2017.6.30.(금) 총회를 개최하려고 하는 경우, 공고기간 단축 요건에 해당되지 않는 한 늦어도 2017.6.22.(목) 자정까지는 소집공고를 해야 한다.

ⓒ 회의일자, 시간, 장소, 안건 등 이미 공고된 사항을 변경하는 경우에도 규약에 특별한 정함이 없는 한 공고기간을 준수하여야 하며, 공고의 취지가 조합원 또는 대의원에게 회의개최 사실을 알려 회의에 참석·토론할 수 있는 준비의 기회를 균등하게 보장하려는 것이므로 공고기간을 위반한 회의는 적법하게 성립된 회의라 할 수 없으며, 동 회의에서 의결된 사항은 원칙적으로 그 효력을 인정할

30) '동일한 사업장내'라 함은 장소적으로 하나의 울타리 내를 의미한다.

수 없다.

(d) 한편, 소집절차는 공고문을 개별적으로 조합원에게 발송하거나 신문광고 또는 게시판 공고 등 규약에서 정한 방법에 따라야 한다.

6) 회의성립과 의사진행

(a) 회의는 재적[31]조합원(대의원)의 과반수가 출석하고 적법한 소집권을 가진 자가 성원선포 함으로써 성립된다(노조법 제16조제2항). 만일 재적조합원(대의원)의 과반수 미만이 참석할 경우에는 자동유회 된다.

(b) 회의의 '출석조합원(대의원)'은 일반적으로 회의에 부의된 특정 안건의 의결에 앞서 출석인원으로 확인된 조합원(대의원)으로서, 기권한 자 또는 무효로 처리된 자 등을 포함하여 당해 안건의 의결에 참여한 조합원(대의원) 전원을 의미한다.

(c) 회의는 권한있는 자(노동조합의 대표자 또는 직무대행자)가 회의소집시 부의된 사항을 처리하여야 하며, 회의진행은 임의로 정회·속개 등을 거듭하여 조합원의 자유로운 참여를 제한하는 일이 없어야 한다.

(d) 노동조합의 대표자가 회의진행 중 정당한 이유없이 임의로 정회[32] 등을 선포하고 퇴장하여 회의의 속행이 무산되는 경우에는 이후의 회의진행은 규약이 정한 바에 따라야 하고, 규약에 별도로 정한 바가 없다면 임시의장을 선출하여 회의를 진행하여 상정된 안건을 적법한 절차에 의하여 처리하더라도 그 효력이 인정된다.

※ 노동조합 대표자가 사전 공고된 투표기간을 임의로 연장하는 것은 특별한 사정이 없는 한 정당하지 않다.

---

31) '재적'이라 함은 회의개최일 현재 회의참석 자격을 가진 인원을 말한다.

32) ① 정회 : 회의를 일시 중단하는 것, ② 휴회 : 회의를 일정기간 중단하는 것, ③ 유회(산회) : 의사정족수 미달로 회의가 성립되지 않는 것을 말한다.

7) 총회 의결사항

「노조법」 제16조제1항에 규정된 총회의 의결사항은 노동조합의 의사가 민주적으로 결정되어야 할 중요한 안건이라는 취지에서 규정된 만큼 반드시 총회(또는 대의원회)에서 처리되어야 한다. 따라서, 운영위원회, 중앙집행위원회, 상무집행위원회 등에서 의결하더라도 그 효력을 인정할 수 없다.

1. 규약의 제정과 변경에 관한 사항
2. 임원의 선거와 해임에 관한 사항
3. 단체협약에 관한 사항
4. 예산·결산에 관한 사항
5. 기금의 설치·관리 또는 처분에 관한 사항
6. 연합단체의 설립·가입 또는 탈퇴에 관한 사항
7. 합병·분할 또는 해산에 관한 사항
8. 조직형태의 변경에 관한 사항
9. 기타 중요한 사항

8) 의결 정족수 및 방식

ⓐ 총회(또는 대의원회)는 재적조합원(또는 대의원) 과반수의 출석과 출석조합원(또는 대의원) 과반수의 찬성으로 의결된다. 다만, 규약의 제정·변경, 임원의 해임, 합병·분할·해산 및 조직형태의 변경에 관한 사항은 재적조합원(또는 대의원) 과반수의 출석과 출석조합원(또는 대의원) 3분의 2이상의 찬성이 있어야 한다(노조법 제16조제1항, 제2항).

※ 노동조합 대표자는 대의원회의 소집·진행권자이기는 하지만 대의원이 아닌 경우에는 대의원회에서 의결권을 행사할 수 없음

ⓑ 총회에서는 원칙적으로 소집시 공고된 부의사항에 대해서만 심의·의결할 수 있다(노조법 제19조). 다만, 규약에 특별결의사항으로 '긴급동의' 규정을 둔 경우에는 긴급동의 발의를 통해 새로운 안건을 채택하여 심의·의결할 수 있다.

표결방법은 거수·기립 및 무기명 투표 등 아무런 제한이 없으나, 규약의 제정·변경과 임원의 선거·해임에 관한 사항은 조합원의 직접·비밀·무기명 투표에 의하여야 한다(노조법 제16조제4항). 다만, 규약의 제정·변경과 임원의 선거·해임에 관한 사항 이외의 사항인 경우 규약상 제한규정이 없는 한 위임이나 대리에 의한 출석[33], 서면에 의한 표결권 행사 등 조합원의 간접의사도 허용된다.

9) 총회 운영관련 실무사례

① 「노조법」 제19조의 총회의 의결방법에 관한 규정은 강행규정이고, 출석인원 산정시 기권표나 무효표를 제외한 총 유효투표수가 아니라 이를 포함한 총투표수로 산정하여야 한다.[34]

「노조법」 제19조제1항 소정의 임원선거에 관한 사항에 임원의 선거 자체가 포함됨은 명백하고, 한편 총회의 의결방법에 관하여 규정하고 있는 같은 조 제2항은 노동조합의 구성원인 조합원이 그 조직과 운영에 관한 의사결정에 다수결의 원칙에 따라 관여할 수 있도록 함으로써 이른바 조합민주주의를 실현하기 위한 규정이므로 총회의 의결방법에 관한 위 규정은 강행규정이고, 출석인원 산정시 기권표나 무효표를 제외한 총 유효투표수가 아니라 이를 포함한 총투표수로 산정하여야 한다.

② 총회(대의원회) 의결정족수를 산정함에 있어 출석조합원(대의원)이라 함은 당해 안건의 의결에 참여한 조합원(대의원) 전원을 의미한다.[35]

총회(대의원회) 의결사항을 처리하기 위해 의결정족수를 산정함에 있어 출석조합원(대의원)이라 함은 일반적으로 특정안건을 의결할 당시에 회의에 출석한 것으로 확인된 조합원(대의원)으로서 기권자 또는 무효로 처리된 자 등을 포함하여 당해 안건의 의결에 참여한 조합원(대의원) 전원을 의미한다고 할 것이므로

33) 총회와 달리 대의원회의 경우 대의원의 위임을 받은 대리인은 참석은 허용되지 않는다.
34) 대판 1995.8.29, 95마645.
35) 노사관계법제팀-1683, 2006.6.22.

회의 의장은 표결개시 전에 출석인원을 사전에 확인하여 의결의 정확성과 공정성을 기하여야 한다.

③ 직선제에 의한 종중의 회장 선출시 의결정족수를 정하는 기준이 되는 "출석종원"이라 함은 당초 총회에 참석한 모든 종원을 의미하는 것이 아니라 문제가 된 결의 당시 회의장에 남아 있던 종원만을 의미한다고 할 것이므로 회의 도중 스스로 회의장에서 퇴장한 종원들은 이에 포함되지 않는다.[36)]

종중과 같은 비법인 사단의 대표자인 회장의 임기가 만료되었음에도 불구하고 후임자의 선임이 없거나 그 선임이 있었다고 하더라도 그 선임결의가 무효인 경우, 전임회장으로 하여금 업무를 수행케 함이 부적당하다고 인정할 만한 특별한 사정이 없는 한 전임회장은 후임자가 선임될 때까지 종전의 직무를 수행할 수 있다 할 것이고, 이러한 경우에는 전임회장은 그 임기만료 이후로도 직무수행의 일환으로서 별도의 회장을 선임한 총회 결의의 하자를 주장하여 그 무효확인을 구할 법률상 이익이 있다. 직선제에 의한 종중의 회장 선출시 의결정족수를 정하는 기준이 되는 "출석종원"이라 함은 당초 총회에 참석한 모든 종원을 의미하는 것이 아니라 문제가 된 결의 당시 회의장에 남아 있던 종원만을 의미한다고 할 것이므로 회의 도중 스스로 회의장에서 퇴장한 종원들은 이에 포함되지 않는다.

④ 노동조합의 대표자가 정당한 이유 없이 안건의 상정을 거부하고 폐회를 선언하여 회의를 속개할 수 없는 경우, 규약에 정한 직무대행자나 회의에 참석한 조합원 중에서 임시의장을 선출하여 상정된 안건을 의결·처리하였다면 동 회의에서 결의된 사항의 효력을 부인하기 어렵다.[37)]

노동조합의 총회(대의원회)는 회의 소집시 공고된 안건을 의사일정에 따라 진행하는 것이 원칙이므로 의장이 임의로 사전 공고된 안건의 상정을 거부하거나 폐기할 수는 없다. 노동조합의 대표자가 정당한 이유 없이 사전 공고된 안건의 상정을 거부하고 폐회를 선언하여 회의를 속개할 수 없는 경우라면 규약에 정

36) 대판 2001.7.27, 2000다56037.

37) 노조 01254-344, 1997.4.10.

한 직무대행자가 의장의 직무를 수행할 수 있을 것이며, 규약에 정한 직무대행자가 없는 경우 동 회의에 참석한 조합원 중에서 임시의장을 선출하여 적법한 절차와 방법에 따라 상정된 안건을 의결·처리하였다면 동 회의에서 결의된 사항의 효력을 부인하기는 어렵다.[38)]

⑤ 주주총회에서 주주들의 의사에 반하여 의장이 자진하여 퇴장한 경우, 퇴장 당시 회의장에 남아 있던 주주들이 임시의장을 선출하여 진행한 주주총회의 결의도 적법하다.[39)]

주주총회에서 의안에 대한 심사를 마치지 아니한 채 법률상으로나 사실상으로 의사를 진행할 수 있는 상태에서 주주들의 의사에 반하여 의장이 자진하여 퇴장한 경우 주주총회가 폐회되었다거나 종결되었다고 할 수는 없으며, 이 경우 의장은 적절한 의사운영을 하여 의사일정의 전부를 종료케 하는 등의 직책을 포기하고 그의 권한 및 권리행사를 하지 아니하였다고 볼 것이므로, 퇴장 당시 회의장에 남아 있던 주주들이 임시의장을 선출하여 진행한 주주총회의 결의도 적법하다.

⑥ 「노조법」에 조직형태변경 등의 사항은 의결방식에 대한 별도의 제한규정이 없으므로, 노조 규약상 달리 정함이 없는 한 「민법」상 대리 제도를 준용하여 대리인 등에 의한 방법으로 회의 의결권을 행사할 수 있다.[40)]

「노조법」 제16조제4항은 총회의 의결사항 중 '규약의 제·개정, 임원 선거·해임'에 관한 사항은 조합원의 직접·비밀·무기명 투표로 의결하도록 강제하고 있으나 조직형태변경 등의 사항은 의결방식에 대한 별도의 제한규정이 없으므로, 노조 규약상 달리 정함이 없는 한 「민법」상 대리 제도를 준용하여 대리인 등에 의한 방법으로 회의 의결권을 행사할 수 있다.

---

38) 노조 01254-344, 1997.4.10.

39) 대판 2001.5.15, 2001다12973.

40) 노동조합과-59, 2008.3.7.

⑦ 대의원회의 참석 및 의결권을 조합원이나 노조임원에게 위임하거나 부재자투표형태로 대체할 수 없다.[41)]

노동조합은 조합원 다수의 의사에 따라 민주적으로 운영되도록 총회 또는 대의원회를 두고 있음에 비추어 볼 때 어떠한 경우든 대의원회는 조합원에 의해 선출된 대의원만이 동 회의에 직접 참석하여 의사를 결정할 수 있는 것이므로, 대의원회의 참석 및 의결권을 조합원이나 노조임원에게 위임하거나 부재자투표형태로 대체하기는 어렵다.

⑧ 노동조합의 대의원의 권한과 임무는 일반 조합원에게 위임할 수 없으며, 설령 대의원이 아닌 자가 위임을 받아 대의원회에 참석하였더라도 대의원회의 의사·의결정족수에 포함되는 것은 아니나, 만약 의사·의결정족수에 포함되었고 의결권을 행사하였다면 동 의결권을 행사하지 않았더라면 해당 안건이 통과되지 않았을 경우에는 달리 볼 사정이 없는 한 해당 대의원회 결의는 효력이 없다.[42)]

노동조합의 대의원은 조합원의 직접·비밀·무기명 투표에 의해 선출되는 자이고, 대의원회는 조합원에 의해 선출된 대의원들이 직접 참석하여 안건을 의결하는 회의체이므로 대의원이 대의원회의 참석 및 의결권을 일반 조합원에게 다시 위임할 수는 없다. 따라서 대의원의 권한과 임무를 일반 조합원에게 위임할 수 있도록 한 노조 규약 규정은 법에 위반되어 행정관청의 시정명령 대상이 된다 할 것이고, 설령 대의원이 아닌 자가 위임을 받아 대의원회에 참석하였다 하더라도 대의원회의 의사·의결정족수에 포함되는 것은 아니라 할 것이나, 만약 의사·의결정족수에 포함되었고 의결권을 행사하였다면 동 의결권을 행사하지 않았더라면 해당 안건이 통과되지 않았을 경우에는 달리 볼 사정이 없는 한 해당 대의원회 결의는 효력이 없다.

---

41) 노조 01254-1137, 1995.10.28.

42) 노사관계법제과-2334, 2011.11.21.

나. 대의원회

1) 구성 및 운영

(a) 노동조합은 규약으로 총회에 갈음할 대의원회를 둘 수 있으며, 대의원회를 두는 경우 그 운영 및 구성은 민주성의 명제에 부합하여야 한다. 따라서, 대의원회의 구체적 구성방법, 대의원의 권한 및 임기 등 대의원회 구성에 관한 내용은 규약에 명확하게 규정하여야 한다.

(b) 대의원회는 조합원의 의사가 최대한 반영될 수 있도록 조합원수에 따라 적정한 대의원을 두는 것이 바람직하며, 대의원은 조합원의 직접·비밀·무기명 투표에 의하여 선출되어야 한다(노조법 제17조제1항, 제2항).

(c) 또한, 대의원회는 총회에 관한 규정을 준용하고 있으므로(노조법 제17조제4항) 대의원회 개최, 의결정족수 등 제반사항은 총회의 규정을 적용해야 하며, 규약에 의하여 조합원 총회의 전권사항으로 정해진 사항을 제외하고는 무엇이든지 심의·의결할 수 있다.

2) 대의원의 선출·징계·임기

(a) 대의원은 조합원의 직접·비밀·무기명 투표에 의하여 선출하되(노조법 제17조제2항) 그 의결정족수는 규약이 정하는 바에 따르고 규약에 별도로 정한 바가 없는 경우에는 출석조합원의 다수득표자를 당선자로 선출하더라도 무방하다.

(b) 대의원 선출을 위한 선거구 확정, 입후보 등록, 선거 등은 규약 또는 규약의 위임을 받은 선거관리규정에서 정한 바에 따라야 할 것이나, 조합원의 의사가 최대한 반영될 수 있도록 합리적으로 규정하여야 한다.

(c) 임원 및 대의원의 선거절차에 관한 사항은 규약에 기재하여야 하므로 이를 정한 '선거관리규정'은 원칙적으로 총회(대의원회)에서 제정·변경하여야 하나(노조법 제11조제14호, 제16조제1호), 노동조합의 원활한 운영을 위하여 선거절차와 관련된 본질적이고 중요한 사항은 규약에서 정하고, 세부적인 사항은 규약의 위임에 따라 선거관리규정 등으로 정할 수 있다. 이 경우 규약의 위임에 따라 세부적인 선거절차와 방법을 정한 선거관리규정의 개정은 규약 변경에 해당되지

아니한다.[43)]

3) 대의원의 임기 및 징계

대의원의 임기는 규약으로 정하되 3년을 초과할 수 없다(노조법 제17조제3항). 대의원의 징계와 관련 대의원은 노동조합 업무집행권을 갖고 있지 아니하므로 임원과 달리 불신임 대상으로 할 수는 없으나, 대의원이더라도 노동조합 규약 위반 등에 대하여 일반 조합원 징계규정에 따라 징계할 수는 있다.[44)]

4) 총회와 대의원회의 관계

(a) 규약으로 총회에 갈음할 대의원회를 둔 경우에는 대의원회 의결로 총회 의결사항을 결의할 수 있다(노조법 제17조제1항). 다만, 규약으로 총회와 대의원회를 함께 둔 경우에는 소관사항을 명확히 구분하도록 하여 집행부가 노동조합을 자의적으로 운영하지 못하도록 하는 것이 바람직하다.

(b) 특히, 임원의 선거·해임 등에 관한 사항이 규약상 '총회(대의원회)'로 규정된 경우 선택적으로 할 수 있는 것으로 오해될 소지가 있으므로 규약을 변경하여 어느 한쪽을 삭제하도록 하여야 하며, 총회와 대의원회의 기능이 구분되지 아니한 경우에는 기존 관행, 규약 상 권한 있는 기관의 결정·해석에 따르되, 이러한 방법으로도 의결기관을 정하지 못한 경우에는 원칙적으로 조합의 최고의사결정기관인 총회에서 의결하도록 하여야 한다.

(c) 또한, 노동조합이 규약에서 총회와는 별도로 총회에 갈음할 대의원회를 두고 총회의 의결사항과 대의원회의 의결사항을 명확히 구분하여 정하고 있는 경우, 특별한 사정이 없는 이상 총회가 대의원회의 의결사항으로 정해진 사항을 곧바로 의결하는 것은 규약에 반한다.

---

43) 노동조합의 선거관리규정이 규약인 운영세칙의 위임에 따라 세부적인 선거절차와 방법을 규정하고 있는 것이라면, 그 선거관리규정의 개정은 구 「노조법」 제20조제4항에 의하여 준용되는 같은 법 제19조제2항 단서의 재적조합원 과반수의 출석과 출석조합원 3분의 2 이상의 찬성을 요하는 규약의 변경에 해당하지 아니한다(대판 1998.3.24, 97다58446).

44) 노조 01254-14930, 1989.10.18.

ⓓ 다만, 규약의 제정은 총회 의결사항으로서(노조법 제16조제1항제1호) 규약의 제·개정 권한은 조합원 전원으로 구성되는 총회의 근원적·본질적인 권한이라는 점, 대의원회는 규약에 의하여 비로소 설립되는 것으로(노조법 제17조제1항) 대의원회의 존재와 권한은 총회의 규약에 관한 결의로부터 유래된다는 점 등에 비추어 볼 때, 총회가 규약의 제·개정결의를 통하여 총회에 갈음할 대의원회를 두고 '규약의 개정에 관한 사항'을 대의원회의 의결사항으로 정한 경우라도 이로써 총회의 규약개정권한이 소멸된다고 볼 수 없으므로, 재적조합원 과반수의 출석과 출석조합원 3분의 2이상의 찬성으로 '규약의 개정에 관한 사항'을 의결할 수 있다.[45]

ⓔ 그러나, 원칙적으로 총회에서 부결된 사항에 대하여 다시 대의원회에 회부하거나, 대의원회에서 부결된 사항을 다시 총회에 회부하는 것은 허용되지 않는다.

2. 노동조합 임원의 선출·해임·임기 등

가. 노동조합의 임원

노동조합의 대표자는 대외적으로는 노동조합을 대표하고 단체교섭 등의 권한을 가지며, 대내적으로는 의결기관이 결정한 사항과 일상적인 업무를 집행하는 집행기관이다. 일반적으로 임원은 위원장, 부위원장, 사무국장, 회계감사 등을 의미하며 그 범위는 규약으로 정하여야 하며, 임원이 유고[46]시에는 규약에서 정한 자가 그 직무를 대행할 수 있다.

나. 임원의 선출

ⓐ 노동조합 임원의 선출은 조합민주주의 원칙에 의거하여 모든 조합원이 평

45) 대판 2014.8.26, 2012두6063.

46) 유고는 궐위 또는 사고로 인하여 직무를 수행할 수 없는 경우를 말하며, 궐위는 ① 사망 ② 해임 ③ 사임 ④ 기타 대표자격의 상실 등으로 노조대표자가 그 지위에 있지 않는 경우이다. 사고는 대표자가 그 지위에 있으면서 신병이나 해외여행 등으로 일시적으로 직무를 수행할 수 없는 경우와 징계(해임) 절차 진행 등으로 권한행사가 정지된 경우 등을 말한다.

등하게 참여할 수 있는 절차가 보장되어야 한다. 따라서, 임원(대의원) 입후보시 일정 조합원의 추천이나 필요 최소한의 근무기간을 자격요건으로 정할 수 있으나, 합리적인 범위를 넘어서 특정인의 당선 또는 저지를 목적으로 임원자격을 과도하게 제한하거나 공탁금 등을 징수할 수 없다.[47]

ⓑ 임원은 그 조합원 중에서 선출[48]되어야 하며(노조법 제23조제1항), 조합원의 자유의사에 따라 총회(또는 대의원회)에서 직접·비밀·무기명 투표에 의한 출석조합원(또는 대의원) 과반수의 찬성이 있어야 한다(노조법 제16조제2항 및 제4항). 다만, 출석조합원 과반수의 찬성을 얻은 자가 없는 경우에는 규약에서 정하는 바에 따라 결선투표를 실시하여 다수의 찬성을 얻은 자를 임원으로 선출할 수 있다(노조법 제16조제3항).

ⓒ 선거 방법에 있어서 단위노동조합이 지역적으로 분리되어 있거나 주·야간 교대, 3부제 등으로 전체 조합원이 특정한 시간에 동일한 장소에 모여 투표를 행할 수 없는 경우에는 해당 노동조합의 규약 또는 선거관리규정에 의하여 부서별, 근무반별, 지역별로 투표를 행할 수 있다.

다. 임원의 임기

ⓐ 임원의 임기는 3년의 범위 내에서 규약으로 정하여야 하며(노조법 제23조제2항), 규약 등에서 임기 개시일에 관한 별도의 정함이 없는 경우에는 전임 임원의 임기만료일 다음날부터 개시된다.

ⓑ 보궐선거에 의해 선출된 임원의 임기는 규약 등으로 정하되 규약 등에 정한 바가 없을 경우 전임 임원의 잔여기간으로 하며, 임기 중 규약을 변경하여 임기를 단축, 연장하더라도 해당 규약 변경당시 임원의 임기는 선출시 규약의 임기가 적용된다.

ⓒ 대표임원의 임기가 만료된 경우 후임 대표자의 선출 여부와 관계없이 대표자의 자격은 상실된다. 다만, 임기 만료된 전임대표자는 「민법」상 '위임종료시의

47) 대판 1992.3.21, 91다14413.

48) 노동조합이 고용한 직원은 해당 노동조합의 조합원이 될 수 없고 임원도 될 수 없다.

긴급처리'규정(제691조)을 준용하여 노동조합의 정상적인 운영을 위한 불가피한 조치로서 후임 대표자 선출을 위한 회의소집 및 그 의장으로 활동할 수 있다.[49)]

(d) 기업별 노조의 임원이 임기 중 정년에 도달하여 근로관계가 단절될 경우 조합원의 지위를 상실하므로 임원의 자격도 상실된다. 다만, 정년연장 등으로 근로관계를 계속 유지하는 경우에는 규약에서 별도로 정하고 있지 않는 한 임원의 자격이 유지된다.[50)]

라. 임원의 해임

(a) 노동조합 임원의 탄핵에 관하여는 반드시 규약에 그 사유와 절차를 명시하여야 한다(노조법 제11조제13호). 임원의 해임 의결기관은 총회 또는 대의원회에서 결의하되 규약에 정한 바에 따른다. 다만, 그 기능이 명확히 구분되어 있지 아니한 경우에는 기존의 관행에 따라 의결기관을 선택하는 것이 타당하다.[51)] 따라서, 임원을 총회에서 선출하였음에도 집행부 세력 간의 분열로 대의원회에서 임원의 해임을 결의하는 것은 허용되지 않는다.[52)]

(b) 임원의 해임은「노조법」제16조제2항의 규정에 따라 재적조합원 과반수의 출석과 출석조합원 3분의 2이상의 찬성이 있어야 하며, 직접·비밀·무기명 투표에 의하여야 한다.

49) 대판 2007.7.19, 2006두19297.

50) 근로자가 아닌 경우에는 노동조합의 조합원 자격이 없으므로, 노동조합의 임원이 정년에 도달하여 근로관계가 단절된다면 비록 임기가 남아 있더라도 노동조합 임원의 자격을 상실하는 것이 원칙임. 그러나 노동조합 지부장이 정년이 도래된 이후 단체협약에 의해 정년이 연장되어 당해 사용자와 계속 근로관계를 유지하는 경우라면 규약상 달리 정함이 없는 한 조합원 및 노동조합 지부장으로서의 자격은 유지된다(노사관계법제과-1405, 2010.12.2.).

51) 노사관계법제팀-1187, 2006.4.28.

52) 노조 01254-16258, 1987.10.13, 임원의 해임 의결기관은 규약에 따르되 별도의 규정이 없는 한 원칙적으로 해당 임원을 선출한 기관에서 결의하여야 한다.

〈임원의 선출 등 관련 실무사례〉

① 노동조합의 지부 선거관리위원회가 지부장 후보와 러닝메이트로 수석부지부장 후보로 등록한 자가 후보를 사퇴하였다는 이유를 들어 지부장 후보의 지부장 입후보등록을 무효라고 결정한 것은 정당하다.[53)]

노동조합의 규약이나 선거관리규정이 명문으로 지부장 및 수석부지부장이 러닝메이트로만 입후보 하도록 규정되어 있지 않다 하더라도 위 노동조합 산하지부가 지부장과 수석부지부장을 러닝메이트로만 입후보 하도록 하여 선거를 실시한 것이 위 노동조합의 선거관리규정에 관한 선거관리위원회의 유권적 해석에 따른 것이라면 위와 같은 해석이 위 노동조합의 규약이나 선거관리규정을 위배하거나 「헌법」 제33조의 근로자의 단결권을 침해한 것으로서 부당한 것으로 보이지 않는 한 위 노동조합의 지부 선거관리위원회가 지부장 후보와 러닝메이트로 수석부지부장 후보로 등록한 자가 후보를 사퇴하였다는 이유를 들어 위 지부장 후보의 지부장 입후보 등록을 무효라고 결정한 것은 정당하다.

② 노조 규약상 임원의 범위를 정하고 있고, 그 선거방법은 「대의원의 직접·비밀·무기명투표」에 의하도록 정하고 있다면 이에 따라야 할 것이므로 노조대표자가 임원을 임의로 지명하여 임명한 경우라면 그 효력을 인정하기 어렵다.[54)]

「노조법」상 임원의 범위에 대하여는 달리 정함이 없으므로 노동조합은 자체규약으로 그 범위를 정할 수 있는 것이나, 임원을 선거함에 있어서는 동법 제16조제4항 규정에 의거 조합원(또는 대의원)의 직접·비밀·무기명 투표에 의하여야 한다. 노조 규약상 임원의 범위를 「위원장, 부위원장, 사무처장, 정책연구실장, 교섭지도실장, 회계감사위원」으로 정하고 있으며 그 선거방법은 「대의원의 직접·비밀·무기명투표」에 의하도록 정하고 있다면 이에 따라야 할 것이므로 노조대표자가 타 임원을 임의로 지명하여 임명한 경우라면 그 효력을 인정받기 어렵다.

③ 노동조합이 규약으로 임원이 될 수 있는 자격을 일정한 수 이상의 조합원의 추천을 받은 자 및 노동조합원이 된 때로부터 일정한 기간이 경과한 자로 제한한 경우에도, 추천을 받아야 할 조합원의 숫자가 소수 조합원의 권리를 해할 우려가 있는 정도에 이르지 아니하고, 요구되는 기간이 노동조합의 임원으로 직무를 수행하는 데 필요하다고 인정되는 합리적인 기간을 넘어서는 것이 아니라면, 노동조합이 자주적인 판단에 따라 규약으로 정할 수 있는 것으로서 조합원들의 피선거권의 평등에 대한 현저한 침해라고는 볼 수 없다.[55)]

노동조합의 대의원대회에 재적대의원 전원이 출석하여 전원의 찬성으로 위원장을 직선으로 선출하는 것을 전제로 규약을 개정하기로 의결을 한 것이라면 노동조합이 그 규약 개정안을 회의에 부의할 사항으로 미리 공고하지 아니한 채 대의원대회를 개최한 절차상의 흠이 있다고 하더라도, 그 대의원대회의 결의 자체를 무효라고 볼 수 없다. 노동조합이 규약으로 임원이 될 수 있는 자격을 일정한 수 이상의 조합원의 추천을 받은 자 및 노동조합원이 된 때로부터 일정한 기간이 경과한 자로 제한한 경우에도, 추천을 받아야 할 조합원의 숫자가 전체 조합원의 숫자에 비추어 소수 조합원의 권리를 해할 우려가 있는 정도에 이르지 아니하고, 요구되는 기간이 사용자와 노동조합의 실정을 파악하여 노동조합의 임원으로 직무를 수행하는 데 필요하다고 인정되는 합리적인 기간을 넘어서는 것이 아니라면, 노동조합이 자주적인 판단에 따라 규약으로 정할 수 있는 것으로서 조합원들의 피선거권의 평등에 대한 현저한 침해라고는 볼 수 없다.

④ 조합원의 선거권 및 피선거권은 노조운영에 관한 조합원의 균등참여권이 침해되지 않는 범위 내에서 법령에서 정한 사항 이외의 것을 노조의 자주적 판단에 따라 자체 규약 등으로 정할 수 있을 것이나, 그 제한의 정도가 사회통념상 인정되는 합리적인 범위를 벗어나는 경우에는 조합원의 균등참여권을 침해할 수 있다.[56]

「노조법」 제22조에 따라 조합원의 선거권 및 피선거권은 노조운영에 관한 조합원의 균등참여권이 침해되지 않는 범위 내에서 법령에서 정한 사항 이외의 것을 노조의 자주적 판단에 따라 자체 규약 등으로 정할 수 있을 것이나, 그 제한의 정도가 사회통념상 인정되는 합리적인 범위를 벗어나는 경우에는 조합원의 균등참여권을 침해할 수 있다. 질의의 경우 임원 후보 등록을 하고자 하는 자는 상한선 없이 전체 조합원수 25% 이상의 추천을 받도록 하면서 중복추천을 허용하지 않는 경우, 산술적으로 4명까지만 입후보가 가능할 뿐 아니라, 특정 입후보자가 다수의 조합원으로부터 추천을 받아 먼저 등록한 경우 결과적으로 다른 조합원은 추천인 부족으로 입후보를 할 수 없는 등 실제 입후보 자격을 과도하게 제한하는 결과를 초래할 수 있어 「노조법」 제22조에 저촉될 소지가 있다.

---

53) 대판 1992.6.9, 91다42128.

54) 노조 01254-683, 1997.7.31.

55) 대판 1992.3.31, 91다14413.

56) 노사관계법제과-221, 2012.1.26.

3. 조합원의 권리와 의무

가. 조합원의 권리

1) 평등권

(a) 노동조합의 조합원은 어떠한 경우에도 인종, 종교, 성별, 연령, 신체적 조건, 고용형태, 정당 또는 신분에 의하여 차별대우를 받지 아니하며(노조법 제9조), 균등하게 그 노동조합의 모든 문제에 참여할 권리와 의무를 가진다. 다만, 노동조합은 그 규약으로 조합비를 납부하지 아니하는 조합원의 권리를 제한할 수 있다(노조법 제22조). 따라서, 조합원은 노동조합의 모든 문제에 균등하게 참여할 권리와 불합리한 차별을 받지 아니할 권리를 가진다.

(b) 이러한 평등권은 실질적 평등을 의미하며, 조합원으로서 의무(조합비 납부)를 이행하지 아니한 경우에 규약에 따라 권리의 제한을 가하는 것과, 특정 조합원에 관한 사항을 의결할 경우에 그 조합원에게 표결권을 제한하는 것(노조법 제20조)은 실질적 평등에 반하지 않는다고 본다.

2) 노동조합 가입 및 탈퇴

(a) 조합원의 자격과 가입절차 등에 대하여는 법령의 범위 내에서 해당 노동조합의 규약으로 정한 바에 따른다. 다만, '사용자 또는 항상 사용자의 이익을 대표하는 자'가 노동조합에 가입하는 경우에는 결격요건에 해당되어 설립신고서 반려사유가 될 수 있고, 설립신고가 된 경우에는 행정관청에 의해 시정요구 대상(이 법에 의한 노동조합으로 보지 아니함)이 될 수 있으므로 가입이 제한된다(노조법시행령 제9조제2항).

(b) 그러나, 노동조합이 정당한 이유 없이 근로자의 가입을 제한하는 경우에는 규약이 정하는 절차에 따라 가입원서를 노동조합에 제출한 때(우편발송인 경우에는 노동조합에 도달한 때)에 가입한 것으로 보아야 한다. 조합원이 노조를 탈퇴하고자 하는 경우에는 탈퇴의 의사표시가 해당 노동조합에 도달하였을 때 탈퇴의 효력이 발생한다. 따라서 규약에서 노동조합을 탈퇴하기 위해서는 노동조

합의 승인이 있어야 한다고 규정하고 있더라도 승인을 받지 않은 탈퇴도 유효하나, 규약으로 탈퇴에 관하여 일정한 절차를 정한 경우에는 불합리하지 않는 한 그 절차를 이행한 때 탈퇴의 효력이 발생한다.

(c) 조합원이 노동조합을 탈퇴 후 해당 노동조합에 재가입하는 것도 가능하나, 재가입을 허용할 경우 그 노동조합의 정상적인 운영을 저해할 것이 명백하다면 규약에 따라 재가입을 제한할 수 있다.[57]

3) 노동조합 임원의 선거권과 피선거권

조합원은 균등하게 그 노동조합의 모든 문제에 참여할 권리가 있으므로, 조합원은 총회 또는 각종 행사에 참여하는 것은 물론 조합임원의 선거권·피선거권을 가진다. 다만, 규약으로 조합비를 납부하지 아니하는 조합원의 권리를 제한할 수 있으므로 조합임원을 선거함에 있어서 합리적인 범위에서 그 입후보 자격을 제한하는 것은 무방하다.[58]

4) 기타 노동조합 운영 등에 관한 권리

(1) 총회(대의원회)의 출석·발언·의결권

(a) 조합원은 총회에 출석하여 의결과정에 참여하고 총회를 갈음하는 대의원회의 대의원 선출에 참여할 권리가 있다(노조법 제16조 및 제17조). 또한, 조합원 또는 대의원 3분의1 이상이 회의에 부의할 사항을 제시하고 임시총회 소집을 요구할 수 있다(노조법 제18조).

(b) 한편, 조합원은 조합의 총회 등 의결기관 참여는 물론 조합의사형성을 위한 의견표명의 권리가 실질적으로 보장될 수 있는 전제로서 노동조합의 운영상

57) 노사관계법제과-260, 2016.2.5.(특정 근로자가 해당 노동조합을 탈퇴한 후 그 노동조합과 갈등을 유발하는 등으로 인해 재가입을 허용할 경우 그 노동조합의 정상적인 운영을 저해할 것이 명백하다면, 규약에 따라 노동조합의 결의·처분을 통해 재가입을 제한하는 것도 가능하다. 다만, 특정 근로자에 대해 정당한 이유없이 노동조합 재가입을 엄격하게 제한하는 것은 근로자의 단결권과 평등권을 침해할 소지가 있다).

58) 노조 01254-656, 1997.7.22.

황을 열람할 권리를 가진다(노조법 제26조).

(2) 조합 재정통제 및 재산에 관한 권리

조합재정은 조합원이 납부하는 조합비를 토대로 형성되는 것이기 때문에 조합원은 재정현황에 대해 파악하고 주요 재정에 관한 사항에 대한 결정에 참여할 권리를 가진다.[59)]

또한, 조합시설 및 기금을 이용할 수 있는 권리, 조합해산 또는 조직변경시 조합재산 분할 청구권을 가진다.[60)]

나. 조합원의 의무

1) 조합비 납부의무

조합비는 조합원이 노동조합 구성원의 지위에서 노동조합의 운영을 위하여 부담하는 일체의 비용을 말하며, 규약이 정하는 바에 따라 조합비를 납부하여야 한다. 여기서 조합비는 매월 징수하는 일반조합비 외에 일시적 필요에 의하여 징수되는 특별조합비(쟁의기금, 회관건립기금, 공제회비 등)도 포함된다.[61)]

노동조합은 조합비를 납부하지 않는 조합원을 제재(권리제한, 제명 등)할 수 있다.

2) 기타 의무

조합원은 노동조합의 단결력 확보를 위하여 규약준수 의무와 조합의 결의·지시에 따를 의무가 있다. 또한, 노동조합 활동에 참가하고 노동조합의 통제에 복종할 의무를 진다.

---

59) 재정에 관한 장부와 서류비치(노조법 제14조제1항제5호), 예산과 결산에 관한 사항과 기금의 설치·관리 또는 처분에 관한 사항은 조합원 총회에서 의결(노조법 제16조제1항제4호), 회계연도마다 결산결과 공표와 조합원에게 열람(노조법 제25조), 6월에 1회 이상 회계감사를 실시하고 조합원에게 공개(노조법 제26조) 등

60) 최영우「집단 노동법 실무」㈜중앙경제, 2016, p.127.

61) 김유성「노동법Ⅱ」법문사, 2014, p.88.

4. 임시총회 등 회의 소집권자

가. 노동조합의 대표자

(a) 노동조합의 대표자는 필요하다고 인정할 때에는 언제든지 임시총회 또는 임시대의원회를 소집할 수 있다(노조법 제18조제1항).

또한, 조합원에게도 그 당연한 권리로서 총회(대의원회) 개최 청구권이 인정되는데 「노조법」은 조합원 또는 대의원의 3분의 1 이상(연합단체인 노동조합에 있어서는 그 구성단체의 3분의 1 이상)이 회의에 부의할 사항을 제시하고 회의의 소집을 요구한 때에는 노동조합 대표자는 지체 없이[62] 임시총회(임시대의원회)를 소집하도록 규정하고 있다(노조법 제18조제2항).

(b) 초기업 노동조합의 지부(분회)의 경우도 독자적으로 규약 및 집행기관을 가지고 독립된 조직체로서 활동하는 경우, 지부(분회)의 임시총회(대의원회) 소집 등은 지부(분회)의 조합원(대의원) 3분의 1 이상의 요구로 가능하다.

나. 행정관청이 지명한 자

1) 노동조합 대표자의 회의소집 기피·해태의 경우

(1) 소집권자 지명요구

(a) 노동조합의 총회 소집권자는 노동조합의 대표자이나 해당 노동조합의 조합원(대의원)의 3분의 1 이상(연합단체인 노동조합에 있어서는 그 구성단체의 3분의 1 이상)이 회의에 부의할 사항을 제시하고 회의의 소집을 요구하였는데도 대표자가 회의 소집을 고의로 기피하거나 해태하는 경우에는 조합원(대의원)의 3분의 1 이상이 행정관청에 소집권자 지명을 요구할 수 있다(노조법 제18조제3항).

(b) 이 경우, 조합원(대의원) 3분의 1 이상이 「노조법시행규칙」에 의한 총회

62) 「노조법」 제18조제2항의 '지체 없이'의 개념은 노동조합의 대표자가 회의 소집을 요구받고 검토할 수 있는 시간적 여유, 규약 또는 관련규정에 따른 절차가 이행될 수 있는 시간과 관례적인 소요일수 등을 종합적으로 검토하여 판단될 사항이다.

(대의원회) 소집권자 지명요구서(별지 6호 서식)에 소집권자 지명요구자 명단을 첨부하여 관할 행정관청에 제출해야 한다(노조법 제18조제3항, 시행규칙 제9조).

(c) 노동조합이 독립된 조직체로 활동하는 초기업 노동조합의 지부(분회)[63]의 총회(대의원회) 소집권자 지명요구의 경우, 해당 지부를 관할하는 행정관청에 제출하되, 본조 관할 행정관청이 고용노동부 또는 지방고용노동관서인 경우에는 지부·분회 등 산하조직의 주된 사무소 소재지를 관할하는 지방고용노동관서이고, 본조 관할 행정관청이 지자체인 경우로 지부·분회 등이 2이상의 시·군·구를 범위로 하는 경우에는 광역자치단체, 그렇지 않을 경우에는 기초자치단체에 제출하여야 한다. 다만, 이 경우, 초기업 노동조합의 주된 사무소 소재지를 관할하는 지방고용노동관서장에게 즉시 통보하여야 한다.[64]

(2) 행정관청의 소집권자 지명요구서 검토 및 의결요청

(a) 행정관청은 소집권자 지명요구서가 제출된 경우 ① 조합원(대의원)의 3분의 1 이상이 회의에 부의할 사항을 제시하고 회의소집을 요구하였는지의 여부, ② 회의 부의사항이 「노조법」이나 규약상 총회 또는 대의원회 의결사항에 해당하는지 여부, ③ 노동조합 대표자가 회의소집을 고의[65]로 기피·해태한 사실이 있는지 여부, ④ 조합원(대의원)의 3분의 1 이상이 소집권자 지명요구에 동의하였는지 여부[66] 등을 검토하여 요건을 충족할 경우 소집권자 지명요구서 접수일로부터 15일 이내에 관할노동위원회에 의결을 요청해야 한다.

(b) 만일 요구서 검토결과 소집권자 지명요구 요건 및 절차에 흠결이 있는 경

63) 노동조합의 하부단체인 지부나 분회가 독자적인 규약 및 집행기관을 가지고 독립된 조직체로서 활동을 하는 경우 당해 조직이나 그 조합원에 고유한 사항에 대하여는 독자적으로 교섭하고 단체협약을 체결할 수 있고, 이는 그 지부나 분회가 「노조법시행령」 제7조에 따라 그 설립신고를 하였는지 여부에 영향을 받지 아니한다고 보아야 한다(대판 2001.2.23, 2000도4299 참조).

64) 노사관계법제과-2044, 2009.7.3, 노동조합 지부 등의 관할 행정관청에 대한 지침,

65) 사례) 해당 노조의 통상적인 회의소집에 필요한 기간을 초과한 후에도 특별한 사유없이 회의를 개최하지 아니한 경우, 규약상 정해진 총회 또는 대의원회 안건임에도 회의안건이 되지 않는다고 주장하며 회의소집을 기피·해태하는 경우 등

66) 조합원의 3분의 1 요건 판단 시점은 회의소집권자 지명요구를 위한 서명시점을 기준으로 판단해야 한다(노사관계법제과-3260, 2009.11.3).

우에는 그 사유를 명시하여 소집권자 지명요구 대표자에게 통보하여야 한다.

(3) 소집권자 지명

(a) 행정관청은 노동위원회로부터 소집권자 지명의결이 있는 경우에는 지체없이 총회(대의원회) 소집권자지명서(노조법시행규칙 별지 제14호 서식)를 소집권자 지명요구자 대표에게 송부하여야 하고, 소집권자 지명시에는 부의사항을 명확히 하고 부의사항 이외의 사항은 처리할 수 없음을 명시하여야 한다.

(b) 한편, 소집권자지명 요구에 대해 노동위원회의 의결이 있더라도 행정관청이 지명을 통보하기 전에 노동조합이 자율적으로 회의를 소집하여 민원이 해소된 경우에는 회의소집권자를 지명하지 아니할 수 있다.[67]

2) 회의소집권자가 없는 경우

(1) 소집권자 지명요구

(a) 노동조합에 총회(대의원회)의 소집권자가 없는 경우에는 조합원(대의원) 3분의 1이상이 행정관청에 회의에 부의할 사항을 제시하고 소집권자의 지명을 요구할 수 있다. 이때, 총회(대의원회) 소집권자지명요구서에 소집권자 지명요구자 명단을 첨부하여 행정관청에 제출하여야 한다(노조법 제18조제4항 및 노조법시행규칙 제9조).

(b) 여기서 '소집권자가 없는 경우'란 소집권자인 대표자가 사망·사퇴·자격상실 등으로 존재하지 않고 규약상 그 권한대행자도 없는 경우를 말한다.[68]

---

67) 「노조법」 제18조제3항의 규정에 의한 임시총회 소집권자 지명요구 이후 노동조합의 대표자가 자율적으로 총회소집을 공고하는 등 총회 소집권자 지명요청의 목적이 달성된 경우에 행정관청은 소집권자 지명요구를 종결 처리할 수 있을 것이나, 노조의 대표자가 소집공고를 하였음에도 실제 총회를 개최하지 않는 등 총회소집을 지속적으로 거부·해태하는 사정이 있다면 행정관청은 동 조합의 규정에 의해 지체없이 회의의 소집권자를 지명하여야 한다(노조 68107-932, 2001.8.18).

68) 김헌수, 「노동조합 및 노동관계조정법(제3판)」, 법원사 2009. p.338.

(2) 행정관청의 소집권자 지명요구서 검토 및 지명

(a) 행정관청은 소집권자 지명요구서가 접수된 경우 ① 해당 노동조합에 총회(대의원회)의 소집권자가 없는지 여부, ② 노동조합 대표자가 유고되더라도 규약에 노동조합 대표자의 직무대행자가 정해져 있는지 여부, ③ 조합원(대의원)의 3분의 1이상이 회의에 부의할 사항을 제시하고 회의소집을 요구하였는지 여부, ④ 회의에 부의할 사항이 총회(대의원회)의 의결사항이 될 수 있는지 여부 등을 검토한다.

(b) 행정관청은 검토 결과 소집권자 지명요구에 하자가 없는 경우에는 소집권자 지명요구서가 접수된 때로부터 15일 이내에 소집권자를 지명하여 총회(대의원회) 소집권자지명서(노조법시행규칙 별지 제14호 서식)를 소집권자 지명요구자 대표에게 송부하여야 하고, 소집권자 지명 시에는 부의사항을 명확히 하고 부의사항 이외의 사항은 처리할 수 없음을 명시한다.

(c) 만일, 지명요구서 검토결과 소집권자 지명요구 요건 및 절차에 흠결이 있는 경우에는 그 사유를 명시하여 소집권자 지명요구 대표자에게 통보하여야 한다.

5. 노동조합 규약 및 결의처분

가. 노동조합 규약

1) 의의 및 제정(변경)절차

(a) 노동조합 규약이란 조합원이 준수해야할 노동조합의 자치규범이며, 노동조합의 유지·운영을 위한 조직질서 규범이다.

(b) 「노조법」에서는 노동조합 조직의 자주적·민주적 운영을 보장하기 위하여 규약을 제정하고, 설립신고시 행정관청에 제출하도록 규정하고 있다(노조법 제10조 및 제11조).[69)]

(c) 규약의 제정·변경은 총회(대의원회)에서 조합원의 직접·비밀·무기명 투표

69) 규약을 행정관청에 신고하지 않았다 하더라도 그 내용이 법령에 저촉되지 않으면 유효하다(노조 01254-1715, 1987.2.4).

에 의하여 재적조합원(대의원) 과반수의 출석과 출석조합원(대의원) 3분의 2이상의 찬성이 있어야 한다(노조법 제16조제2항 및 제4항).

2) 규약의 기재사항

(1) 필수적 기재사항

노동조합 규약에는 「노조법」 제11조에서 규정하고 있는 15개 항목이 반드시 기재되어야 한다.

1. 명칭, 2. 목적과 사업, 3. 주된 사무소의 소재지, 4. 조합원에 관한 사항(연합단체인 노동조합에 있어서는 그 구성단체에 관한 사항), 5. 소속된 연합단체가 있는 경우에는 그 명칭, 6. 대의원회를 두는 경우에는 대의원회에 관한 사항, 7. 회의에 관한 사항, 8. 대표자와 임원에 관한 사항, 9. 조합비 기타 회계에 관한 사항, 10. 규약변경에 관한 사항, 11. 해산에 관한 사항, 12. 쟁의행위와 관련된 찬반투표 결과의 공개, 투표자 명부 및 투표용지 등의 보존·열람에 관한 사항, 13. 대표자와 임원의 규약위반에 대한 탄핵에 관한 사항, 14. 임원 및 대의원의 선거절차에 관한 사항, 15. 규율과 통제에 관한 사항

(2) 임의적 기재사항

(a) 규약에 반드시 기재하지 않아도 되나, 노동조합이 필요에 따라 노동관계법령에 위반되지 않는 범위 내에서 일정 사항을 규정할 수 있다. 규약에 기재하지 않은 경우에는 법적 효력이 부여되지 아니한다고 「노조법」에 명시된 사항 등이 주로 이에 해당한다.

(b) 예를 들어, ① 노동조합의 법인격 취득(노조법 제6조), ② 총회·대의원회 소집공고기간 단축(노조법 제19조), ③ 조합비 미납자에 대한 조합원의 권리제한(노조법 제22조) 등이 있다.

3) 규약의 시정명령

행정관청은 변경사항 신고 또는 노동조합정기현황 통보시 첨부된 규약이 노

동관계법령에 위반되거나 민원인의 규약 시정명령 신청에 따른 검토결과, 규약이 노동관계법령에 위반되는 경우에는 노동위원회의 의결을 얻어 그 시정을 명할 수 있다(노조법 제21조제1항).

이때 '노동관계법령'이란 「노조법」뿐만 아니라 「근기법」기타 노사관계를 규율하는 노동관계법령을 말한다.

4) 규약 관련 실무 사례

① 노조 규약의 위임에 따라 선거의 세부절차와 방법을 정한 선거관리규정의 개정은 규약의 변경 의결정족수를 충족하지 않아도 된다.[70)]

노동조합 선거관리규정이 규약인 운영세칙의 위임에 따라 세부적인 선거절차와 방법을 규정하고 있는 것이라면, 그 선거관리규정의 개정은 특별의결정족수(재적조합원 과반수 출석과 출석조합원 3분의 2이상 찬성을 요하는 규약의 변경에 해당하지 아니한다.

② 산업별 노조에 가입한 단위노조 자체의 조합활동에 관한 규약의 내용은 상급단체 규약과 관계없이 유효하다.[71)]

단위노동조합이 산업별 연합단체 노조에 가입하였다 하더라도 단위 노조 역시 하나의 독립된 노조로 설립신고 되어 있으며 그 자체로 규약이 존재하는 바, 단위노조 자체의 조합활동에 관한 사항에 대해서는 기본적으로 단위노조 규약이 적용된다. 따라서 단위노조 규약의 위원장 입후보 자격제한 규정은 상급단체 규약과 상관없이 유효하다.

③ 노동조합 규약은 일종의 법규범으로서 구성원인 모든 조합원에 대하여 법적 효력을 가진다.[72)]

노동조합의 규약은 조합민주주의를 실현하기 위한 강행법규에 위반되지 않는

---

70) 대판 1998.3.24.97다58446.

71) 노사관계법제과-1373, 2008.12.12.

72) 대판 1998.2.27, 97다43567.

한 일종의 자치적 법규범으로서 그 구성원에 대하여 법적 효력을 가진다.

④ 노동조합 지부·분회의 운영규정 제·개정은 노조 규약에 의하여 총회 또는 대의원회 의결사항이다.[73)]

노동조합 지부·분회 등은 당해 노조 규약에 의하여 설치되는 내부조직이므로 그 운영규정은 소정의 절차에 따라 규약의 범위 내에서 제·개정되어야 한다. 따라서 노조 지부운영규정 제·개정은 노조규약에 의하여 노조 총회 또는 대의원회의 의결사항이다.

⑤ 규약으로 노조 임원 및 대의원의 입후보 자격을 제한할 수 있다.[74)]

노조규약으로 일정 기준을 설정하여 합리적으로 임원 및 대의원 입후보 자격을 제한하는 것은 가능하므로 규약상 징계 등의 처분을 받은 자에 대하여 일정기간 임원 및 대의원의 선거에 입후보 할 수 없도록 피선거권 등을 제한하였다면 이에 따라야 한다.

나. 노동조합 결의처분의 시정명령

1) 요건 및 행정관청

ⓐ 노동조합의 결의 또는 처분이 노동관계법령이나 규약에 위반되어야 한다(노조법 제21조제2항). 노동조합의 결의·처분이라 함은 정당한 권한을 갖고 있는 노동조합의 대표자 또는 각종 의결기관의 행위로서 일정한 법률효과가 인정되는 법률행위 및 사실행위를 의미한다. 예를 들어 조합원에 대한 징계처분, 조합재산의 매각 등이 포함될 수 있다.

ⓑ 결의·처분이 노동관계법령에 위반된 경우에는 행정관청이 직권에 의하여 노동위원회에 의결을 요청할 수 있으나, 결의·처분이 규약에 위반된 경우에는 이해관계인의 신청이 있는 경우에만 가능하다(노조법 제21조제2항). 여기서 '이해

73) 노조 01254-5254, 1990.4.12.

74) 노조 01254-643, 1995.6.3.

관계인'이라 함은 결의 또는 처분내용과 직접 관련이 있거나 이해득실이 있는 자 등을 의미한다.[75]

(c) 초기업 단위의 지역별·산업별 노동조합의 산하조직인 지부·분회의 결의·처분이 노동관계법령 또는 규약에 위반되는 경우 관할 행정관청은 본조 관할 행정관청이 고용노동부 또는 지방고용노동관서인 경우에는 지부·분회 등 산하조직의 주된 사무소 소재지를 관할하는 지방고용노동관서이고,[76] 본조 관할 행정관청이 지자체인 경우로 지부·분회 등이 2이상의 시·군·구를 범위로 하는 경우에는 광역자치단체, 그렇지 않을 경우에는 기초자치단체가 된다.

2) 노동위원회 의결 및 시정명령

(a) 노동조합의 결의 또는 처분에 대하여 시정명령을 하기 위해서는 반드시 노동위원회의 의결을 얻어야 하며, 행정관청이 노동조합의 결의 또는 처분이 노동관계법령이나 규약에 위반된다고 인정할 경우에는 그 위반사항을 구체적으로 적시하여 관할 노동위원회에 의결을 요청하여야 한다.

(b) 행정관청은 관할 노동위원회에서 노동조합의 결의·처분이 노동관계법령 또는 규약에 위반된다고 의결한 결정서를 접수한 경우에는 시정명령서(노조법시행규칙 별지 제15호 서식)를 작성하여 해당 노동조합에 송부하여야 한다. 이때, 시정명령서에는 시정해야 할 사항을 구체적으로 기재하여야 하며, 노동관계법령과 규약 위반을 구분하고 노동관계법령에 위반될 경우에는 관련법 조항과 위반사항을 기재한다.

(c) 시정명령을 받은 노동조합은 명령서를 받은 날부터 30일 이내에 이행하고 시정결과를 보고하여야 하나, 정당한 사유가 있는 경우에는 그 기간을 연장할 수

75) 노동조합 규약은 원래 조합원에게만 효력이 미치는 것이므로 원칙적으로 조합원만이 이해관계인이 되는 것이나, 노동조합 규약에 위반하여 결의된 사항이 사용자에게 직접적인 영향을 미치는 경우(예 : 쟁의행위 결의 등)에는 사용자도 이해관계인으로 볼 수 있다.

76) 노동조합의 하부조직인 분회가 분회총회에서 상급단체 탈퇴 등 집단적 의사결정을 할 수 있고, 그 과정에서 위법사항이 있어 결의·처분 등의 효력에 대하여 다툼이 있는 경우에는 행정관청의 관여를 통해 노동조합 운영의 위법성을 시정하려는 「노조법」 제21조제2항의 취지에 비추어 행정관청에서 해당 분회에 시정을 명할 수 있다(노조 68107-418, 2003.8.7).

있다(노조법 제21조).[77]

(d) 한편, 시정명령은 「행정쟁송법」상 처분에 해당하므로, 노동조합은 시정명령이 위법·부당하다고 판단할 경우에는 행정심판 또는 행정소송을 제기할 수 있으며, 행정쟁송이 확정되기 전까지는 행정관청의 처분은 유효하므로 노동조합은 시정명령을 이행할 의무가 있다. 만일 노동조합이 시정명령을 이행하지 않을 경우 「노조법」상 벌칙 적용은 별론으로 하고 위법한 규약의 해당부분은 당연 무효가 된다.

6. 노동조합의 재정과 회계감사, 운영상황의 공개

가. 노동조합의 재정과 회계감사

1) 의 의

(a) 노동조합의 재정은 노동조합의 조직 및 활동에 필요한 재원을 확보하고 이를 관리·사용하는 활동으로, 사용자 등 제3자로부터 간섭을 받지 않고 조합이 자주적·민주적으로 이를 확보·관리·사용하는 재정의 자주성이 확보되어야 한다.[78]

(b) 「노조법」은 노동조합 재정의 자주성 확보를 위하여 조합비, 기타 회계에 관한 사항을 규약의 필수적 기재사항으로 규정하고 있고(제11조제9호), 사용자가 노동조합의 운영비를 원조하는 행위를 부당노동행위로 금지하고 있다(노조법 제제81조제4호). 또한, 조합기금의 설치·관리·처분에 관한 사항을 총회의결사항으로 규정하여 조합원이 스스로 결정하게 하고 있다(노조법 제16조제5호).

(c) 한편, 노동조합의 재정의 집행·운영은 민주적으로 운영되고, 투명하게 관

77) 「노조법」 제21조 규정에 의거 노동조합의 규약이 노동관계법령에 위반되거나 노동조합의 결의 또는 처분이 노동관계법령 또는 규약에 위반되어 시정명령을 받은 노동조합은 30일 이내에 이를 이행할 의무가 있다. 이 경우 시정기간을 연장할 수 있는 '정당한 사유'에 해당하는지 여부는 이를 이행할 수 없는 객관적이고도 명백한 사유가 있는지 여부 등 구체적인 사실관계에 따라 판단하여야 한다. 다만, 시정명령을 받은 노동조합이 행정관청으로부터 시정명령을 받은 사항에 대하여 법원에 소제기를 하는 등 그 불복절차를 밟고 있다 하더라도 이와 같은 시정명령의 효력이나 그 집행에는 영향을 주지 아니하므로 당해 노동조합은 이를 이행할 의무가 있다(노조 01254-591, 1997.6.30).

78) 노동법실무연구회, 「노동조합 및 노동관계조정법주해」 박영사, 2015. p.511.

리되어야 하므로 「노조법」에서는 회계감사원으로 하여금 조합재정에 대한 감사를 실시하게 하고 그 내용을 공개하도록 함으로써 재정의 자주성과 민주성이 실현될 수 있도록 하고 있다.

2) 재정수입의 내용

(1) 조합비

(a) 조합비는 노동조합의 재정수입 중 가장 큰 비중을 차지하며, 조합원에게 있어 가장 기본적이고 중요한 의무이다. 따라서, 조합비를 납부하지 않은 조합원은 규약으로 선거권·피선거권 등 권리를 제한 받을 수 있고 통제 처분의 대상이 된다(노조법 제22조).

(b) 조합비에는 정기적으로 납부하는 조합비, 쟁의비, 각종 기금, 공제회비 등 그 명칭을 불문하고 조합원으로부터 징수하는 일체의 금품이 포함된다.[79] 조합비 액수에 대해서는 상한선 등에 법령에 특별한 제한이 없으므로 규약으로 액수와 시기 등을 정하여 자율적으로 징수할 수 있다.[80]

〈조합비 일괄공제제도(Check-off system)〉

- 의의 : 조합비 일괄공제제도란 사용자가 조합원인 근로자의 임금에서 조합비 기타 징수금을 공제하여 노동조합에 인도하는 것을 말한다. 일괄공제대상이 되는 조합비의 범위에는 쟁의비, 기금, 공제회비 등 모든 조합비가 해당된다.
- 요건 : ① 「근기법」 제43조제1항에 따라 반드시 단체협약에 조합비 일괄공제제도가 규정되어 있어야 한다.
  ② 노조 규약에 근거가 있거나, 총회(대의원회) 의결이 있어야 한다.
  ③ 위 ①, ② 요건이 충족할 경우 개별조합원의 동의가 없더라도 공제가 가능하다.

---

79) 법무 811-28270, 1980.10.30.

80) 구 「노조법」 제24조에 "조합비는 매월 그 조합원의 임금의 100분의 2를 초과할 수 없다"는 상한 규정을 두고 있었으나, 조합 재정의 자주성에 반한다는 비판이 제기되어 삭제되었다.

(2) 기부금

노동조합은 조합원 이외의 제3자로부터 기부금을 받아 조합 재정에 충당할 수 있다. 이 경우 노조대표자는 기부자, 기부액 등에 대한 회계감사를 실시하여 그 결과를 조합원에게 공개하여야 한다.

사용자로부터 받는 기부금은 근로자의 후생자금, 경제상의 불행 기타의 재액 방지와 구제 등을 위한 기부금만이 허용된다(노조법 제81조제4호).

(3) 사업 수익금

노동조합은 그 목적에 어긋나지 않는 범위 내에서 자체 수익사업을 통해 얻은 수익금으로 조합 재정의 재원으로 사용할 수 있다. 다만, 이러한 사업 수익금에 대해서는 「노조법」 제8조의 조세면제의 특혜가 주어지지 않는다.

3) 회계감사

ⓐ 노동조합의 재정은 조합원이 납부하는 조합비를 주된 재원으로 하고 있으므로 그 재정은 건전하고 투명하게 집행되어야 할 것이므로 「노조법」은 노동조합 대표자는 회계감사원으로 하여금 6월에 1회 이상 당해 노동조합의 모든 재원 및 용도, 주요한 기부자의 성명, 현재의 경리 상황 등에 대한 회계감사를 실시하게 하고 그 내용과 감사결과를 전체 조합원에게 공개하도록 규정하고 있다(노조법 제25조제1항).

ⓑ 노동조합의 회계감사를 실시하는 주체는 회계감사원(통상 '회계감사'라고 한다)이며, 회계감사는 통상 임원의 지위를 가지게 되는데, 이 경우 회계감사는 총회(대의원회)에서 조합원(대의원)의 직접·비밀·무기명 투표에 의해 선출하여야 하고, 해임 시 특별의결정족수를 충족해야 한다(노조법 제12조).

한편, 회계감사원은 스스로 필요하다고 인정할 경우 회계감사를 실시할 수 있으며 그 결과를 공개할 수 있다(노조법 제25조제2항).

나. 운영상황의 공개, 조세의 면제 등

1) 운영상황의 공개

ⓐ 노동조합의 조합원은 소속 노동조합의 재정상황을 포함한 운영상황에 대해 알권리가 있으므로, 노동조합의 대표자는 회계연도마다 결산결과와 운영상황을 공표해야 하며, 조합원의 요구가 있을 때에는 이를 열람하게 하여야 한다(노조법 제26조). 노조대표자가 대의원대회에서 감사결과 내지 결산결과를 공개한 경우에도 개별 조합원이 요구할 때에는 그 조합원에게도 공개할 의무가 있다.[81)]

ⓑ 운영상황에는 조합 재산에 관한 자료에 한정하지 않고 노동조합 운영과 관련한 전반적인 사항을 지칭하는 것으로 여기에는 조합원 명부도 포함되며, 조합원의 결산결과와 운영상황을 열람할 수 있는 권리에는 열람권의 실질적 보장을 위해 복사(등사)할 권리도 포함되는 것으로 해석된다.[82)] 만일, 노동조합 대표자가 열람요구를 거부하는 경우 규약상 책임을 묻거나 행정관청에 시정을 요구할 수 있다.[83)]

2) 행정관청에 자료의 제출

ⓐ 노동조합은 행정관청이 요구하는 경우에는 결산결과와 운영상황을 보고하여야 한다(노조법 제27조). 이때, 보고 받고자하는 행정관청은 그 사유와 기타 필요한 사항을 기재한 서면으로 10일 이전에 요구하여야 한다(노조법시행령 제12조).

ⓑ 이와 같은 행정관청에 대한 자료제출의무는 노동조합의 재정 운용에 관한 민주적 통제를 위하여 마련된 것이나, 자료제출요구권을 광범위하게 인정하여 행정관청이 노동조합 운영에 자의적이고 과도하게 개입할 수 있도록 하여 노동조합의 자주성을 해칠 수 있다는 비판도 제기되고 있다.[84)]

ⓒ 한편, 노동조합이 행정관청의 자료제출 요구에 불응하고 보고를 하지 아니

---

81) 서울고판 1995.10.7, 95나10015 ; 대판 1996.3.12, 95다51403.

82) 대전지판 2007.6.28, 2006가합3106.

83) 노사관계법제과-352, 2008.9.8, ; 노동조합과-1543, 2004.6.10, ; 노조 68107-23, 2003.1.16. 등.

84) 노동법실무연구회, 「노동조합 및 노동관계조정법주해」 박영사, 2015. p.516.

하거나 허위보고를 할 경우 500만원 이하의 과태료에 처해질 수 있다(노조법 제96조제1항제2호).

3) 조세의 면제

ⓐ 노동조합에 대하여는 그 사업체를 제외하고는 세법이 정하는 바에 따라 조세를 부과하지 아니한다(노조법 제8조). 여기서 노동조합의 사업체란 노동조합의 재정확보를 위한 기금모집의 공연사업, 노동회관 등을 경영하여 얻은 임대료 등을 영리를 목적으로 하는 사업을 의미한다.

ⓑ 그러나, 노동조합이 수익사업체를 경영함으로써 해당 세법상의 납세의무자가 되는 경우에는 조세부과의 대상이 된다.

7. 노동조합의 통제권

가. 통제권 의의와 근거

ⓐ 노동조합의 '통제'란 규약이나 결의·지시 등을 위반한 조합원에 대하여 노동조합이 제명·권리정지·경고 등의 제재처분을 가하는 것을 의미하며, 이러한 통제권은 노동조합의 단결력을 확보하기 위한 것이다.

ⓑ 「노조법」은 "규율과 통제에 관한 사항"을 규약의 필요적 기재사항으로 규정하고 있고(제11조제15호), 동 규정에 따라 노동조합은 대개 규약에 통제처분의 사유(대상), 종류, 절차 등을 정하고 있다.

ⓒ 이와 같은 통제권의 근거와 관련하여 몇 가지 견해[85]가 있으나, 판례는 "헌법에 의해 단결권을 보장받고 있는 노동조합은 그 조직을 유지하고 목적을 달성하기 위해서는 조합의 내부질서가 확립되고 강고한 단결력이 유지되어야 하므로 노동조합은 필요하고도 합리적인 범위 내에서 조합원에 대하여 일정한 규제와

85) 노동조합 통제권의 근거와 관련, 단체고유권설(노동조합은 사단의 일종으로 그 목적 달성을 위하여 구성원을 통제할 권한 즉 통제권을 가진다는 견해), 단결권설(「헌법」상 보장되는 단결권에 노동조합의 통제권이 포함되어 있다고 보는 견해), 양면설(위 두 가지 견해를 다 가지고 있다는 견해)가 있다.

강제를 행사하는 내부통제권을 가진다고 해석하는 것이 상당하다"고 하여 단결권의 입장을 취하고 있다.[86]

나. 통제의 대상과 범위

(a) 노동조합 조합원은 규약의 준수, 방침, 결의, 지시의 이행, 조합비납부 등의 의무를 지게 되므로, 일반적으로 이러한 의무를 위반하는 행위가 통제처분의 대상이 된다.

(b) 「노조법」에서는 ① 노조대표자와 임원의 규약위반(제11조제13호), ② 조합원의 조합비 납부의무 위반(제22조 단서)을 통제처분의 대상으로 규정하고 있다. 그러나, 이는 예시적 규정에 불과하며 예컨대 노동조합이 결의·지시한 쟁의행위에 참가하지 않는 것과 허위사실에 근거하여 집행부를 악의적으로 비방·중상하는 것 등의 행위도 통제처분의 대상이 될 수 있다.

(c) 다만, 노동조합이 법률상 허용되지 않은 쟁의행위를 결의·지시하는 경우와 같이 위법한 결의·지시에 따르지 않는 행위는 통제처분의 대상이 되지 않는 것으로 해석되며, 집행부에 대한 조합원의 비판행위가 진실한 사실에 근거하고 공정한 것이면 통제처분의 대상이 될 수 없다.[87]

(d) 또한, 노동조합이 특정 정당 내지 후보자를 지지하도록 하는 경우, 조합원은 시민으로서 정치적 자유를 가지므로 공직선거에 관한 노동조합의 결정에 반하는 조합원의 독자적인 행위는 통제처분의 대상이 될 수 없다.[88] 그리고, 환경문제나 핵문제 등 근로조건의 유지·개선과 무관한 입법·행정조치의 촉진이나 반대를 내용으로 하는 정치적 결정에 따르지 않는 경우에도 조합원 개인의 시민적·정치적 자유에 속하므로 통제처분의 대상이 될 수 없다.[89]

86) 대판 2005.1.28, 2004도227.

87) 임종률, 「노동법 제14판」 박영사 2016. p.94.

88) 대판 2005.1.28, 2004도227.

89) 임종률, 「노동법 제14판」 박영사 2016. p.95.

다. 통제권 행사의 절차

(a) 노동조합의 통제권은 조합원 개인의 단결권이나 권리·이익을 제한하는 것이므로 공정하고 적정한 절차에 따라 행사되어야 한다.

(b) 통제처분의 대상이 되는 조합원에 대하여 그 사유를 통지하고 소명의 기회를 충분히 부여하고, 징계위원회 등 규약으로 정한 기관의 의결을 거쳐야 한다. 만일 그 대상이 임원이고 해임을 내용으로 하는 경우에는 반드시 총회의 의결을 거쳐야 한다(노조법 제16조제1항제2호).

(c) 노동조합 규약에 통제처분 의결기관을 정하지 않은 경우 또는 조합원을 제명처분 할 경우에는 총회(대의원회) 의결을 거쳐야 한다.

라. 위법한 통제권 행사와 구제

(a) 노동조합의 통제권이 위법한 경우에는 행정관청의 시정명령의 대상이 될 수 있으며(노조법 제21조제2항·제3항), 위법한 통제처분을 받은 조합원은 법원에 그 무효를 주장하는 등의 소송을 제기할 수 있다.

(b) 이와 같이 노동조합의 통제권이 남용되어 조합원의 권리가 침해된 경우에는 사법심사의 대상이 될 수 있으며, 구제절차는 민사소송절차에 따르게 된다.[90]

마. 노동조합 통제권 관련 실무 사례

① 불법쟁의행위에 참가하지 않은 것을 이유로 조합원을 징계하는 것은 노동조합 통제권의 한계를 넘어서는 것으로 정당하지 않다.[91]

쟁의행위에 참여하지 않아 노조의 단결력을 저해한 조합원에 대해 규약이 정한 절차와 방법에 따라 징계하는 것은 가능하나, 그 쟁의행위가 객관적으로 위법이라면 이러한 불법쟁의행위에 참여하지 않았다는 사실만으로 조합원을 징계하는 것은 노동조합의 통제권의 한계를 넘어선 것으로 정당하다고 볼 수 없다.

90) 대판 1993.3.9, 92다29429.

91) 노조 68107-1171, 2001.10.23.

② 노동조합대표자가 총회에서 선출된 조합간부(운영위원)를 임의로 해임하는 것은 정당하지 않다.[92)]

노동조합 임원이 아닌 조합간부의 해임 등에 관하여 규약에 별도의 정한 바가 있다면 이에 따라야 한다. 예컨대 규약에 '조합간부가 조직을 해치거나 분열시키는 행위를 했을 시 위원장이 그 자격을 박탈할 수 있다'고 규정되어 있다면 위원장이 임명권을 행사하는 조합간부(운영위원)의 경우에는 동 규정에 따라 해임(자격박탈)할 수 있을 것이나, 운영위원이 총회에서 선출된 경우라면 위원장이 임의로 해임(자격박탈)하는 것은 정당성이 없다.

③ 조합원 징계시 규약에 정한 절차인 소명의 기회를 부여하지 않은 경우 그 징계처분의 정당성을 인정하기 어렵다.[93)]

조합원에 대한 징계기관인 조합집행위원회가 징계대상 조합원에게 규약에 정한 소명의 기회를 부여하지 않고 징계를 하였고 해당 조합원이 재심의 기회조차 가지지 못하였다면, 이는 징계의 절차에 중대한 하자가 있는 것으로 그 징계처분의 정당성을 인정하기 어렵다.

④ 규약으로 제명처분을 받은 조합원의 재가입을 일정기간 거부하는 등 일정한 제한규정을 설정하여 운영할 수 있다.[94)]

노동조합 규약의 통제권에 따라 징계(제명)처분을 받은 자가 즉시 노동조합에 재가입한다면 조합원에 대한 통제권이 유명무실화되는 결과를 초래할 것이므로, 노동조합은 자체 규약 등을 통해 피징계자의 가입을 일정기간 거부하거나 복권에 따른 일정한 제한 규정을 설정하여 운영할 수 있다.

92) 노사관계법제팀-180, 2006.1.20.

93) 노조 01254-455, 1999.6.26.

94) 노조 68107-1120, 2001.10.6.

주/요/쟁/점/실/무

제3절 노동조합의 변경 관련 쟁점

1. 노동조합 설립신고 사항 변경

가. 변경신고 대상 및 사유

노동조합이 설립신고를 마쳐 설립신고증을 교부받은 후, 「노조법」 제10조제1항의 규정에 의하여 설립신고된 사항 중 ① 그 명칭, ② 주된 사무소 소재지, ③ 대표자의 성명, ④ 소속된 연합단체의 명칭의 변경이 있을 때에는 그날부터 30일 이내에 행정관청에 변경 신고를 하여야 한다(노조법 제13조제1항).

1) 명 칭

(a) 변경신고 대상이 되는 명칭 변경은 2이상의 노동조합이 '합병(통합)'하거나 하나의 노조가 분할하여 명칭이 변경되는 경우나, 기타 사유로 명칭변경이 있는 경우이다.

(b) 여기서 '합병'은 2개 이상의 노동조합이 존속 중에 하나의 노동조합으로 통합되는 것으로, 기존의 노동조합이 소멸되면서 새로운 노동조합으로 설립되는 '신설합병'과 하나의 노동조합이 다른 노동조합에게 흡수되어 소멸되는 '흡수합병'이 있다.

(c) '신설합병'의 경우 새로운 규약을 제정하여 설립신고를 하여야 하며 소멸된 기존의 노동조합은 해산신고를 해야 한다. '흡수합병'의 경우 흡수하는 노동조합의 규약을 변경하여야 하며, 흡수되는 노동조합은 해산신고를 해야 한다.

※ 기업별 노조가 「노조법」 제16조제2항에 따라 지역별·산업별 등 초기업노조의 지부·분회 등으로 조직형태를 변경하는 경우에는 설립신고사항 변경신고 대상이 아니라 「노조법」 제28조를 준용하여 해산조치를 하여야 한다.

2) 주된 사무소의 소재지

규약 변경에 따른 주된 사무소의 소재지 변경이나, 사업체 이전에 의한 노동조합의 주된 사무소 변경 등의 경우이다.

3) 대표자의 성명

노동조합 대표자가 선거·불신임 등으로 교체된 경우나 기타 사유에 의한 대표자 변경 등이며, 노동조합 대표자의 사퇴 등으로 규약에 의거 대표권한을 행사하는 직무대행 또는 대표자가 연임된 경우는 대표자 변경신고의 대상이 되지 않는다.

4) 소속된 연합단체의 명칭

규약으로 소속 연합단체를 변경한 경우나 소속 연합단체를 탈퇴하여 가입한 연합단체가 없게 된 경우, 기타 사유에 의해 연합단체를 변경한 경우이며, 설립신고증이 교부되지 아니한 연합단체로의 변경은 변경신고 대상이 될 수 없다.

나. 첨부서류(노조법시행규칙 제3조)

회의록, 규약 등 변경사항을 증명할 수 있는 서류와 설립신고증(변경신고증을 교부받은 사실이 있는 경우에는 변경신고증)을 첨부하여야 한다(노조법시행규칙 제3조).

다. 변경신고 및 처리 절차

(a) 노동조합은 설립신고사항 변경 사유가 발생한 경우, 그 날부터 30일 이내에 「노조법시행규칙」별지 제1호 서식에 의한 변경신고서를 관할 행정관청에 제출 하여야 한다(노조법 제13조제1항 및 시행규칙 제3조).

(b) 변경신고 관할 행정관청은 노동조합 설립신고 관할 행정관청과 동일하며, 노동조합 주된 사무소의 소재지 변경으로 관할 행정관청이 변경되는 경우에는

새로운 소재지를 관할하는 행정관청에게 신고하여야 한다.

(c) 행정관청은 변경신고서 심사결과 하자가 없는 경우에는 3일 이내에 「노조법시행규칙」별지 제23호 서식에 의해 변경신고증을 교부하여야 한다.

2. 노동조합 조직형태의 변경

가. 의 의

(a) '조직형태의 변경'[95]이란 노동조합이 그 실체의 동일성을 유지하면서 노동조합의 종류를 변경함으로써 구성원의 자격과 그 결합방식을 바꾸는 것을 말한다.

(b) 현행법상 조직형태에 대하여 별도의 제한규정을 두고 있지 않으므로 노동조합의 조직형태는 근로자들이 자유로이 변경할 수 있으나(노조법 제5조), 조직형태 변경에 관한 사항은 총회 의결사항이고 특별결의사항으로 재적조합원의 과반수 출석과 출석조합원 3분의2이상의 찬성이 있어야 한다(노조법 제16조제2항).

(c) 또한, 조직형태 변경은 노동조합이 존속 중에 그 조합원의 범위를 변경하는 것으로 변경 후의 조합이 변경 전 조합의 재산관계 및 단체협약의 주체로서의 지위를 그대로 승계하는 조직변경의 효과에 비추어 볼 때 변경 전후의 노동조합의 인적구성 등에서 실질적 동일성이 유지되어야 한다.[96]

나. 조직형태 변경유형

① 기업별 노동조합이 산업별·지역별 노동조합의 지부·분회 등으로 조직형태를 변경하는 경우

기업별 노조가 총회 결의로 산업별·지역별 노조의 지부 등으로 조직형태를 변경하는 것으로, 이 경우 기업별노조는 소멸된다.

---

95) 「노조법」 제16조제1항제8호(조직형태의 변경에 관한 사항)는 노동조합이 다른 유형의 노동조합으로 그 형태를 바꾸려고 할 경우 기존 노동조합을 해산하고 새로운 노동조합을 설립해야 하는 번잡함을 해소하기 위해 1997년 「노조법」 제정시 총회 또는 대의원회 의결사항으로 신설되었다.

96) 대판 1997.7.25, 95누4377 ; 대판 2002.7.26, 2001두5361.

② 산업별·지역별 노동조합의 지부·분회 등이 기업별 노동조합 또는 다른 산업별·지역별 노동조합의 지부·분회 등으로 조직형태를 변경하는 경우

(a) 이 경우, 지부·분회의 법적지위에 따라 달라지는데, 지부·분회가 실질적 요건 중 적극적 요건을 갖추지 못한 경우에는 독자적으로 변경 결의를 할 수 없고, 지부·분회가 산업별 단위노조의 구성부분에 지나지 않은 경우에는 변경 전후의 조직체 사이에 동일성이 인정될 수 없으므로, 이와 같은 경우에는 조합원들이 개별적으로 산업별·지역별 노조에서 탈퇴한 후 별도의 설립절차를 거쳐야 한다.[97]

(b) 그러나, 근로조건 결정권이 있는 독립된 사업 또는 사업장에 지부·분회가 조직되고 독자적인 규약과 집행기관을 가지고 독립한 단체로서 활동하면서 단체교섭 및 단체협약체결 능력이 있어 기업별 노조에 준하는 실질을 가지고 있는 경우에는 지부·분회의 독자적인 총회 등 의결(노조법 제16조제2항의 규정에 의한 의결정족수 이상의 결의)로 기업별 노조 등으로의 조직형태를 변경하는 것은 가능하다.[98]

(c) 또한, 지부·분회가 독자적으로 단체교섭을 진행하고 단체협약을 체결하지는 못하더라도 법인 아닌 사단의 성질을 가지고 있어 기업별 노조와 유사한 근로자단체로서 독립성이 인정되는 경우에는 단결권 행사 차원의 노동조합의 실체(기업별 노조에 준하는 실질을 가짐)를 갖추고 행동할 수 있어 총회 등 결의를 거쳐 독립한 기업별 노조로 전환(조직형태 변경)할 수 있다.[99]

③ 산업별 연합단체가 산업별 노동조합으로 변경하는 경우

연합단체인 노동조합은 총회(또는 대의원회) 의결로 그 구성원인 단위노동조합을 산업별 노조의 지부·분회로 하는 산업별 노조로 변경할 수 있다. 한편 산업별 연합단체의 구성원이었던 단위노조는 총회(또는 대의원회)에서 조직형태를 산업별 노조의 지부·분회로 변경하는 결의를 해야 하며, 조직형태가 변경된 산업별 노조는 관할 행정관청에 변경신고를 하여야 한다.[100]

97) 이 경우에는 「노조법」 제16조제2항 단서에서 말하는 조직변경에 해당하는 것으로 볼 수 없다.
98) 노조 68107-920, 2001.8.14. ; 노조 68107-325, 2001.3.19.
99) 대판(전) 2016.2.19, 2012다96120.

다. 변경 절차

(a) 노동조합의 조직형태변경은 총회 또는 대의원회에서 재적조합원(대의원) 과반수의 출석과 출석조합원(대의원) 3분의 2이상의 찬성으로 결의하여야 한다(노조법 제16조제2항).

(b) 「노조법시행령」 제7조에 따라 설립신고를 하지 않았으나 '근로조건 결정권이 있는 독립된 사업(장)'에 조직되어 있는 지부·분회는 총회에서 재적조합원 과반수의 출석과 출석조합원 3분의 2이상의 찬성으로 조직형태 변경 결의를 할 수 있다.[101]

(c) 다만, 산업별·지역별 노조 규약에 지부·분회 총회는 사전에 본조의 승인을 얻어야 하는 것으로 되어 있는 경우에는 원칙적으로 그에 따라야 하나, 본조가 정당한 이유 없이 총회개최 승인을 거부하는 경우에는 지부·분회가 독자적으로 총회를 통해 변경 결의를 할 수 있다.[102]

(d) 한편, 조직형태 변경은 총회(또는 대의원회)에서 결의와 함께 규약을 변경하여 설립신고사항의 변경이 있는 경우 변경신고를 하여야 하고(노조법 제13조제1항), 임원, 규약, 조합원 수 변경사항이 있는 경우 매년 1월31일까지 행정관청에 통보하여야 한다(노조법 제13조제2항).

라. 산업·지역별 노조 지부·분회의 조직형태 변경 관련 판례[103]

산별노조 하부조직은 산별노조 내부 조직에 불과하므로 조직형태 변경을 할 수 없는 것이 원칙이다. 다만, 예외적으로 ① 독자적 규약·집행기관을 갖고 독립한 단체로 활동하는 비법인사단인 근로자단체인 경우, ② 독자적 단체교섭권과 단체협약 체결권까지 보유하여 기업별 노조에 준하는 지위를 가진 경우에는 조직형태변경이 가능하다.

100) 최영우, 「집단 노동법실무」 ㈜중앙경제, 2016, p.112.

101) 노동조합과-1487, 2004.6.4.

102) 노동조합과-3517, 2004.12.21, ; 노조 68107-325, 2001.3.19.

103) 대판(전) 2016.2.19, 2012다96120.

〈판결의 의미〉

(1) 산별노조 하부조직의 법적 성격
- 산별노조 하부조직은 별개의 노동조합이 아니라 산별노조 내부의 조직 관리를 위한 기구나 그 조직 체계의 일부인 구성요소임
- 산별노조의 지회라고 하더라도 실질적으로 하나의 기업 소속 근로자를 조직대상으로 구성되어 독자적인 규약과 집행기관을 가지고 독립한 단체로서 활동하면서 해당 조직이나 그 조합원의 고유한 사항에 관하여 독자적인 단체교섭 및 단체협약체결 능력이 있어 기업별 노조에 준하는 실질을 가지고 있는 경우, 소속 조합원의 의사 결정을 통하여 독립한 기업별 노조로 전환함으로써 그 조직형태 변경 가능

(2) 독자적 단체교섭 및 단체협약체결 능력이 없는 지회의 법적 지위
- 비록 산별노조의 지회가 독자적으로 단체교섭을 진행하고 단체협약을 체결하지는 못하더라도 법인 아닌 사단의 실질을 가지고 있는 근로자단체로서 독립성이 인정되는 경우, 종전의 산별노조의 지회라는 외형에서 벗어나 독립한 기업별 노조로 전환할 수 있다고 봄이 상당

마. 조직형태 변경의 법적 효력

1) 기업별 노조 → 산업별·지역별 노조의 지부·분회

(a) 기업별 노조가 산업별·지역별 노동조합의 지부·분회 등으로 조직형태를 변경할 것을 결의한 경우에도 해당 산업별·지역별 노동조합에 가입 등을 하기 전까지는 기업별 노동조합으로 보아야 하고, 기존 기업별 노동조합의 해산신고가 법적 의무사항은 아니며, 조직형태 변경의 효력발생요건이 되는 것도 아니다.[104)]

(b) 또한, 이 경우 특별한 사정이 없는 한 동 지부·분회는 기존 기업별 노동조합과의 조직적 동일성을 그대로 유지하고 있는 것이므로 기존 기업별 노동조합과 사용자가 체결한 단체협약은 그 유효기간 동안 계속 효력을 가진다.

2) 산업별·지역별 노조의 지부·분회 → 기업별 노조

(a) 산업별·지역별 노동조합의 지부·분회 등이 기업별 노동조합으로 조직형태

---

104) 노조 68107-623, 2001.5.29.

를 변경할 것을 결의한 경우에도 「노조법」 제16조제2항부터 제4항까지의 규정에 따라 규약 제정 및 임원을 선출하여 행정관청에 설립신고를 하기 전까지는 그 조합원은 산업별·지역별 노동조합의 조합원 자격을 유지하며,[105] 행정관청으로부터 설립신고증을 교부받은 경우에는 조직형태 변경에 반대한 조합원도 기존 산업별·지역별 노동조합의 조합원 자격은 상실되고 별도의 탈퇴의사를 표명하지 않는 한 기업별 노동조합의 조합원 자격을 가진다.

(b) 만일, 산업별·지역별 노동조합이 조직탈퇴, 조직형태 변경 등을 시도하였다는 이유로 당해 지부·분회 조합원의 의사에 반하여 산하 지부·분회에 대해 임원인준을 취소하는 경우에, 이로 인해 지부·분회 조합원들이 그 결의에 의하여 조직형태를 변경하는 것이 실질적으로 제한된다면 이는 사업장 단위 조합원의 조직선택의 자유를 제한하게 되어 정당하지 않다.

3. 기업변경과 노동조합의 변경

영업양도, 합병, 분할, 폐업 등 기업변동은 노동조합의 조직형태 등을 변경시킨다. 사업의 조직변경에도 불구하고 노동조합이 변경된 사업장에 존속할 수 있는지 단체협약은 그대로 효력을 가지는지, 근로자나 조합원의 지위 등에 관한 문제가 쟁점이 될 수 있다.

가. 기업의 합병·양도 양수시 노동조합의 지위

(a) 기업별 노동조합은 특정 기업과 고용계약관계에 있는 근로자들을 조직기반으로 하는 노동단체이므로 합병·영업양도와 같이 당해 기업의 인적·물적시설의 진부가 양도되이 실질적 동일성이 인정된다면 기존회사의 노동조합도 신설법

---

105) 산별노조 지부·분회가 법 제16조제2항에 따라 기업별 노조로 조직형태 변경을 결의한 경우에는 새로 규약을 제정하고 임원을 선출하여 행정관청에 기업별 노조 설립신고를 하여야 한다. 다만, 기존 지부장이 같은 조 제3항 및 제4항에 따라 지부조합원들의 직접·비밀·무기명 투표로 선출되었다면, 조직형태변경 전후에 노동조합의 조직적 동일성이 유지되는 점을 감안할 경우, 지부총회에서 새로 임원을 선출키로 결의하는 등의 특별한 사정이 없는 한 동 지부장은 잔여임기 동안 기업별 노조 대표자로 활동할 수 있다(노사관계법제과-2427, 2009.8.7 ; 노동조합과-1336, 2004.5.19).

인에 승계되고 실질적 동일성이 인정되지 않는다면 기업의 소멸과 동시에 노동조합도 당연히 해산된다.[106] 즉, 인적·물적 조직이 그 실질적인 동일성을 유지하면서 일체로서 이전되었는지 여부가 노동조합의 존속요건이 된다. 따라서, 영업의 양도가 기업의 일부시설만 매각하는 등 자산매각에 해당한다면 기존 기업의 근로자를 조직대상으로 하는 노동조합은 양수기업의 노동조합으로 존속할 수 없다.

(b) 이 경우, '인적·물적 동일성'은 곧 노동조합의 조직적 기반이 공장별, 부서별, 직종별, 고용형태별로 동일성을 유지하고 합병한 양수회사의 노조와 조직범위가 구분될 수 있어야 하므로, 예컨대 양도·피합병회사의 근로자를 부서별로 분산 배치하여 양도·피합병회사 노동조합의 조직적 기반을 상실했다면 그 노동조합은 존속할 수 없다.[107]

나. 기업 분할의 경우 노동조합의 지위

기업 분할은 하나의 기업이 둘 이상으로 나뉘어져 합병, 신설되는 기업결합의 방식으로 그 내용은 원칙적으로 분할계약에 따라 정해진다. 다만, 분할의 경우에도 그 내용은 매매에 의한 양도양수 등 영업양도가 될 것이고, 분할된 어느 하나의 기업이 다른 기업에 흡수합병된 경우는 합병이 될 것이므로 실질에 있어서는 영업양도나 합병의 원리와 다를 것이 없다.

1) 1개의 노조가 2개 이상의 사업장에 걸쳐 조직된 경우의 분할

하나의 회사가 두 개 이상의 분리된 사업장에 1개의 노동조합이 조직되어 있다가 총회에서 사실상 특정사업장을 조직범위에서 제외하는 형태로 분할결의를 할 경우, 이때 기존 노동조합은 분할결의에 따라 규약을 변경하여 행정관청에 신고를 하고, 분할된 사업장 근로자들은 분할결의의 내용에 따라 규약 제정 및 임원을 선출하여 행정관청에 노동조합 설립신고를 하여야 독립된 노동조합으로 활동이 가능하다.

---

106) 노조 68107-1128, 2001.10.10, ; 노조 68107-22, 2001.1.4.

107) 노조 68107-395, 2001.4.30.

2) 1개 사업의 노조가 분할하여 2개 이상으로 양도되고 기존 사업장이 소멸된 경우

(a) 특정기업이 복수의 기업에 분리·양도되고 원기업의 실체가 소멸된 경우, 원칙적으로 당해 기업에 조직된 노동조합은 그 존립기초를 상실하였으므로 해산·소멸된 것으로 보아서 행정관청은 직권으로 해산 처리할 수 있다. 다만, 당해 양도가 인적·물적시설이 실질적 동일성을 가진 영업양도에 해당하고 양수기업에서 양도기업에 조직되어 있던 노동조합이 조직적 동일성이 유지되는 경우라면 원칙적으로 노동조합은 존속될 수 있다.

(b) 이때 노동조합의 존속여부에 대하여는 당해 양도계약의 법적 성질, 노동조합의 조직적 동일성이 유지되는지 여부, 양수기업의 노동조합과의 관계 등을 종합적으로 검토하여 판단하여야 한다.[108]

3) 1개 회사가 1개 사업부를 신설하여 일부 조직과 근로자를 분할한 경우

1개 회사를 운영 중에 경영의 효율성을 위하여 회사를 신설하여 일부 사업부문을 분리, 신설회사에 양도하고 신설회사는 분할 전 회사의 근로자 일부를 포괄적으로 고용 승계하는 경우, 잔존회사에 설립된 노조는 총회를 개최하여 분할 결의를 하고 규약을 변경하여 조직대상을 변경하고, 분할되어 신설회사로 승계된 근로자들은 창립총회를 개최하여 별도의 노동조합을 설립하는 방법과, 잔존회사가 신설회사 근로자를 모두 포함하여 1노조 2개사업장 형태로 운영하고자 하는 경우에는 총회를 개최하여 규약을 개정하고 조직대상을 변경하는 등의 절차를 거쳐 기존 노동조합을 그대로 운영할 수 있다. 이와 같이 조직범위를 변경한 경우 신설회사로 전적한 조합원들은 기존 노조의 조합원 자격을 계속 유지할 수 있다.[109]

108) 노조 01254-613, 2000.7.19.

109) 노사관계법제팀-418, 2006.2.20, ; 노조 01254-762, 2000.8.30.

4) 1개회사가 일부 사업부분을 분리하여 양도한 경우

(a) 노조가 설립된 회사의 일부분을 A회사에 양도한 경우 양도가 영업양도에 해당한다고 하더라도 양도되는 부분의 근로자는 양도회사의 사용자와 근로계약관계가 종료되고 양수회사의 사용자와 새로운 근로관계가 형성되므로 양도회사 노조의 조합원자격을 상실하게 된다. 다만, 양도회사에서 적용받던 단체협약상 개별적 근로관계에 관한 근로조건은 당사자간 합의 등으로 변경될 때까지 적용된다.

(b) 만약 A회사에 노동조합이 설립되어 있는 경우 양수된 근로자는 조직대상에 포함될 경우 개별근로자의 자격으로 가입하여 활동할 수 있고, 노동조합이 없는 경우에는 새로운 노동조합을 조직할 수 있다. 지역별, 산업별, 직종별 등 초기업노조의 경우에는, 조합원이 있는 기업의 일부 사업부문이 포괄적으로 양도되는 경우 기존 기업을 조직대상으로 하는 노동조합이 조직범위를 계속 유지하기 위해 양도부분 소속 조합원들이 참가한 상태에서 규약상의 조직범위를 변경하여 양도되는 사업부문에 종사하는 근로자들을 계속 조직대상으로 포괄하였다면 그 규약 변경의 효력은 인정된다.[110)]

110) 노조 01254-762, 2000.8.30.

주/요/쟁/점/실/무

제4절 단체교섭 관련 쟁점

1. 단체교섭(collective bargaining)의 의의

(a) 노동조합은 근로자의 근로조건 유지 개선과 지위향상을 위해 조직된 단체이며 이러한 노동조합의 목적은 단체교섭을 통하여 달성할 수 있다. 따라서, 노동조합의 기본적인 활동은 단체교섭이며 단체교섭을 통하여 노동조합의 기능이 강화될 수 있다.

(b) 단체교섭은 노동조합이 사용자 또는 사용자단체와 임금 근로시간 후생 해고 기타 대우 등에 관하여 단결력을 배경으로 교섭하는 것으로서 ① 단체교섭을 위한 정당한 행위는 민·형사상 면책이 되며(노조법 제3조 및 제4조), ② 사용자가 단체협약의 체결 기타의 단체교섭을 정당한 이유 없이 거부하거나 해태하는 행위는 부당노동행위에 해당되고(노조법 제81조제3호), ③ 근로자가 근로시간 중에 「노조법」 제24조제4항에 따른 활동을 하는 것을 사용자가 허용하는 것은 사용자의 경비원조가 아닌 것으로 하여(노조법 제81조제4호 단서) 단체교섭 행위를 보호하고 있다.

(c) 단체교섭권[111)]은 노동조합의 고유권한이므로 「노조법」상 노동조합이 아닌 근로자집단(쟁의단) 또는 노사협의회 등은 단체교섭을 하여도 법상 보호받을 수 없다.

111) 단체교섭권의 본질은 사용자와 근로자의 공동결정인 단체협약의 체결 및 그 이행을 통한 근로조건의 향상이라 할 것이고, 이와 관련하여 「헌법」상 근로3권의 실질적 실현을 위하여 마련된 「노조법」은 단체협약 중 '근로조건 기타 근로자의 대우에 관한 규정'에 대하여 규범적 효력을 인정하고 있다(헌재(전) 2004.8.26, 2003헌바28).

2. 단체교섭의 주체

가. 단체교섭의 당사자

단체교섭의 당사자는 단체교섭을 스스로의 이름으로 수행하고 그 결과인 단체협약상의 권리와 의무를 부담하는 자를 의미하는 것으로, 근로자측은 노동조합이 되며, 사용자측은 근로자측의 교섭에 응하여야 할 의무를 가진 사용자 또는 사용자단체가 된다(노조법 제29조제1항).

1) 근로자측 당사자

(1) 노동조합-「노조법」상 노동조합

(a) 근로자측의 교섭당사자는 원칙적으로 법에 규정된 소정의 노동조합 설립요건(실질적·형식적)[112]을 갖춘 적법한 노동조합이면 조직형태나 조합원수에 관계없이 교섭 당사자가 될 수 있다.

(b) 따라서, 이러한 요건을 갖추지 못한 일시적인 쟁의단, 해고자단체, 직장조직, 개별근로자나 반집행부 간부 등은 단체교섭을 요구할 법적 권한이 없고 사용자가 이를 거부하더라도 부당노동행위에 해당되지 아니한다.

(c) 한편, 복수노조 사업(장)의 경우에는 원칙적으로 「노조법」 제29조의2에 규정된 절차에 따라 결정된 교섭대표노동조합이 근로자측 단체교섭 당사자가 된다.

(2) 「헌법」상 단결체(노조)와 법외노조

(a) 「노조법」상의 노동조합으로서 실질적 요건을 갖추었으나 형식적 요건을 결한 근로자단체는 「헌법」상 단결체로서 교섭의 당사자가 된다는 것이 다수설의 입장이나, 현실적으로 「노조법」은 설립신고를 필한 노동조합을 전제로 교섭권과 쟁의권을 보호하고 있으므로 소위 '「헌법」상 노조'는 「노조법」상 단체교섭 당사

112) 「노조법」 제2조제4호에서 정의하고 있는 노동조합의 실질적 요건과 「노조법」 제10조에 의한 설립신고를 필하여 형식적 요건을 모두 갖춘 노동조합을 의미한다.

자 자격을 당연히 갖는 것이 아니라 사용자가 교섭에 응하는 경우에만 당사자가 된다고 보아야 한다.

(b) 한편, 노동조합의 실질적 요건[113]을 갖추지 못한 근로자 단체(소위 법외노조)는 원칙적으로 「헌법」상의 노동기본권 보장 대상이 되지 않기 때문에 교섭 당사자가 될 수 없다. 일부에서 노동조합으로서 일부 소극적(결격) 요건을 결하였다 하더라도 근로자단체로서 주체성과 자주성이 흠결되었다고 볼 수 없을 경우 「헌법」상의 근로자단체에 해당하므로 단체교섭의 주체가 될 수 있다는 주장[114]이 있으나 타당하지 않다고 본다.

(3) 노동조합의 상급단체 및 하부조직(지부·분회)

① 상급단체

(a) 노동조합의 상급단체란 일반적으로 단위노조가 가입한 산업별·업종별·직종별 연합단체와, 연합단체와 전국단위노조가 가입한 총연합단체를 의미한다. 이러한 상급단체가 교섭의 당사자가 될 수 있는지 여부가 문제가 된다.

(b) 이에 대해 크게 2가지 견해가 있다. 즉, ① 연합단체의 경우 구성원이 개별 조합원이 아니라 노동조합이므로 구성원 조합원의 근로조건 결정과 관련한 교섭할 권한이 있다고 보기 어렵고, 단위노조가 교섭권한을 위임한 경우 그 범위에 한해 교섭을 할 수 있을 뿐이라는 당사자성을 부인하는 견해,[115] ② 연합단체도 교섭할 권한을 가진 노동조합이므로 연합단체 독자적인 사항이나 소속 노조들의 공통적인 사항(근로조건의 통일적 규율 등)에 대해서는 당연히 교섭의 당사자가 된다고 하는 견해[116]로 나뉘어지나 ①설이 타당하다고 본다.

113) 실질적 요건을 갖춘 경우라 함은 '근로자 주체성, 자주성, 목적성, 단체성을 충족하고, 「노조법」 제2조제4호 각호의 결격요건에 해당하지 않는 경우'를 의미한다.

114) 노동법실무연구회, 「노동조합 및 노동관계조정법주해 I」, 박영사, 2015.4, p.571.

115) 김형배, 「새로 쓴 노동법(제25판)」, 박영사, 2016, p.1001.

116) 임종률, 「노동법(제14판)」, 박영사, 2016, p.115 ; 川口美貴, 「勞動法」 信山社 2016. p.717 등.

② 지부·분회 등 하부조직

(a) 노동조합의 지부·분회 등 내부(하부)조직은 일반적으로 노조의 규약에 따라 노조의 효율적 운영을 위해 설치되므로 독자적인 노조로 볼 수 없는 것은 물론 별도의 설립신고를 할 수 없다. 따라서, 이 경우 당연히 단체교섭의 당사자 자격도 갖지 못한다.

(b) 다만, 노조 지부·분회도 독자적인 규약 및 집행기관을 가지고 독립된 조직체로서 활동하는 경우에는 당해 조직이나 그 조합원의 고유한 사항에 대해서는 별도의 설립신고 여부와 관계없이 독자적으로 교섭을 하고 단체협약을 체결할 수 있는 교섭 당사자가 될 수 있다.[117)]

(c) 또한, 산업별·직종별 등의 초기업단위 노동조합의 경우, 그 지부·분회가 근로조건의 결정권이 있는 독립된 사업(장)에 조직된 노동조합으로 「노조법시행령」 제7조에 따라 설립신고를 한 경우에는 당연히 교섭당사자가 될 수 있다.

(d) 한편, 이와 같이 노조의 하부조직인 기업별 지부·분회 등이 독립된 조직체 또는 별도의 설립신고 등에 의해 교섭당사자의 지위를 상시 인정받게 되는 경우, 당해 기업별 지부 등이 속한 초기업노조와 기업별 지부 등이 항상 단체교섭의 당사자성을 인정받아 양자의 교섭권 경합 등 불필요한 법적 혼란이 초래될 수 있고, 또한 노동조합 내부에 별도의 노동조합을 인정하는 결과가 되어 조직원리와 대표성의 원칙에 반하기 때문에 지부·분회 등에 독자적인 단체교섭의 당사자성을 인정하는 것에는 신중할 필요가 있다고 본다.

③ 단체교섭 당사자의 제한 허용여부-유일교섭단체조항

(a) 단체협약에 "회사는 특정 노동조합을 회사 내의 유일한 교섭단체로 인정한다."등과 같이 사용자가 특정 노동조합만을 단체교섭의 상대방으로 인정하고 다른 노동조합과는 교섭하지 않을 것임을 약정하는 단체협약의 조항을 유일교섭단체조항이라 한다.

(b) 이러한 유일교섭단체조항의 효력과 관련하여 이 조항은 다른 노동조합의

117) 대판 2001.2.23, 2000도4299 ; 대판 2008.1.18, 2007도1557 ; 대판 2011.5.26, 2011다1842 ; 노사관계법제과-105, 2008.8.20. 등.

단체교섭권을 사전에 배제하거나 침해하는 경우로서 법률적으로 무효이며, 사용자는 이를 이유로 다른 노동조합의 단체교섭 요구를 거부할 수 없다.

(c) 특히, 현행 「노조법」은 복수노조의 설립이 인정되고 교섭창구단일화를 통해서 단체교섭이 이루어질 수 있기 때문에 유일교섭단체조항의 설정은 현행법에 위반되고, 사용자가 이 조항을 이유로 다른 노조의 단체교섭을 거부하는 것은 정당하지 않으므로 부당노동행위가 성립할 수 있다.[118)]

2) 사용자측 당사자

단체교섭의 사용자측 당사자는 「헌법」상 근로자의 단체교섭권 보장을 실현하기 위해서 「노조법」상 노동조합의 상대방으로서 단체교섭의 당사자로 정하고 있으며, 사용자측 당사자란 근로자측 당사자의 교섭요구에 대하여 그 상대방 당사자로서 성실하게 교섭에 응할 의무가 있는 자로서 ① 사용자와 ② 사용자단체가 이에 해당한다.

(1) 사용자

(a) 「노조법」상 사용자란 "사업주, 사업의 경영담당자 또는 그 사업의 근로자에 관한 사항에 대하여 사업주를 위하여 행동하는 자"를 의미[119)]하나, 교섭당사자로서 사용자는 협의의 사용자 즉, 근로자와 근로계약 관계를 맺고 있는 사업주만을 의미 한다.[120)] 따라서 개인사업의 경우 사업주 개인이, 법인의 경우 법인 그 자체가 교섭당사자가 된다.

(b) 이에 대하여 최근 일부 하급심판례에서는 "근로계약관계의 당사자로서의 사용자에 한정하지 않고 단체교섭의 대상이 되는 근로조건에 관한 사항의 전부

118) 김형배, 「새로 쓴 노동법(제25판)」, 박영사, 2016, pp.1003~1004.

119) 「노조법」 제2조제2호에 규정하는 사용자의 정의

120) 판례는 '근로자와의 사이에 그를 지휘·감독하면서 그로부터 근로를 제공받고 그 대가로서 임금을 지급하는 것을 목적으로 하는 명시적이거나 묵시적인 근로계약관계를 맺고 있는 자'로 한정하고 있다(대판 1993.11.23, 92누13011 ; 대판 1995.12.22, 95누3565 ; 대판 2008.9.11, 2006다40935 등).

또는 일부에 관하여 그 근로자를 고용한 사업주로서의 권한과 책임을 일정 부분 담당하고 있다고 볼 정도로 실질적이고 구체적으로 지배·결정할 수 있는 지위(도급계약, 파견계약 등)에 있으면 단체교섭의 당사자로서의 사용자에 해당 한다"고 보아 교섭당사자로서의 사용자 개념을 확대하였다.[121)]

(c) 따라서 지주회사와 자회사 관계에 있어서도 지주회사가 자회사 소속 근로자의 근로조건을 직접 결정하는 경우에는 그 범위 내에서 단체교섭의 당사자가 될 수 있는 것으로 보아야 한다.

(2) 사용자 단체

(a) 사용자단체는 노동관계에 관하여 그 구성원인 사용자에 대하여 조정 또는 규제할 수 있는 권한을 가진 사용자의 단체라야 단체교섭의 당사자가 될 수 있다(노조법 제2조제3항).

(b) 즉, 사용자단체는 단순한 사용자의 단체를 의미하는 것이 아니라 ① 그 정관이나 규약에서 개별 사용자를 위하여 통일적으로 단체교섭을 행하고 단체협약을 체결할 수 있도록 규정하고 있어야 하고, ② 그 구성원인 사용자에 대하여 노사관계의 규제에 관하여 실질적 통제력을 가져야 한다.[122)]

(3) 사용자단체 관련 실무 사례

① 사용자단체 인정 사례

㉮ **수산업협동조합** : 정관에 "조합원의 경제적 이익을 도모하기 위한 단체협약의 체결"을 규정하고 있고, 조합원의 제명에 관하여 규정하고 있는 점 등 그 구성원에 대하여 통제력을 가지고 있으며, 노동관계에 관하여도 그 조합원을 조정 또는 규제할 권한이 있다고 볼 수 있어 사용자단체에 해당한다.[123)]

㉯ **농협중앙회** : 중앙회 또는 지부의 정관에 단체교섭 및 단체협약을 체결

---

121) 대전지판 2011.10.6, 2011카합782. 같은 논리로 부당노동행위 당사자로서의 원·하청 관계에 있는 원청 사업주를 사용자로 인정한 판례 ; 대판 2010.3.25, 2007두8881.

122) 대판 1979.12.28, 79누116 ; 대판 1992.2.25, 90누9049 ; 대판 1999.6.22, 98두137.

123) 대판 1992.2.25, 90누9049.

하도록 정하고 있거나, 구성원인 사업주로부터 교섭을 위임받은 경우에는 사용자단체로서 교섭이 가능하다.[124)]

㈐ **서울시택시운송사업조합** : 각 단위사업체의 사업주가 교섭 및 협약 체결 권한을 위임한 경우 전국택시노련서울시지부와 단체교섭 및 협약 체결이 가능하다.[125)]

② 사용자단체 부정 사례

㉮ **「식품위생법」상 동업자조합** : 그 구성원인 사용자에 대하여 조정 또는 규제할 수 있는 권한이 없어 사용자단체에 해당하지 않는다.[126)]

㈏ **지역의 원예협동조합** : 작업내용과 노임액을 균등화하여 노임에 관한 질서를 유지할 목적으로 연락소장과 노임에 관한 협의를 하는데 불과하다면 사용자단체에 해당하지 않는다.[127)]

㈐ **변호사회** : 정관에 단체교섭 및 단체협약을 체결하도록 정하고 있거나, 회원으로부터 교섭권한을 위임받은 경우가 아니라면 사용자단체로 볼 수 없다.[128)]

나. 단체교섭의 담당자

ⓐ 단체교섭의 담당자란 단체교섭 당사자를 위하여 사실행위로서 교섭을 행하는 자를 말한다. 「노조법」은 교섭 담당자와 관련하여 근로자 측은 노동조합대표자와 노동조합의 위임을 받은 자를, 사용자 측은 사용자 또는 사용자단체의 위임을 받은 자를 규정하고 있다(제29조).

ⓑ 따라서, 단체교섭의 당사자(노조 대표자, 사업주, 법인의 대표자 등)는 당연히 교섭 담당자가 되며, 단체교섭 당사자가 단체교섭 또는 단체협약 체결 권한을 위임한 때에는 그 수임자도 단체교섭 담당자가 될 수 있다.[129)]

---

124) 노조 01254-382, 1994.3.24.
125) 노조 01254-486, 1993.5.4.
126) 대판 1999.6.22, 98두137.
127) 대판 1986.12.23, 86누856.
128) 노조 01254-162, 1995.2.13.

1) 근로자측 교섭담당자

(1) 노동조합의 대표자

노동조합의 대표자는 노동조합의 규약에 따라 선출되어 대외적으로 노동조합을 대표하고 대내적으로 노동조합의 업무를 총괄하는 권한을 가진 자(조합장·위원장 등 명칭 불문)를 말한다. 이러한 노동조합 대표자는 별도의 위임 없이도 당연히 교섭담당자가 되고, 그 외에도 노동조합이 임원이나 조합원 중에서 교섭위원으로 지명(선임)한 자도 교섭담당자가 된다.

(2) 노동조합으로부터 위임을 받은 자

(a) 노동조합은 교섭권한을 제3자에게 위임할 수 있고, 교섭권한을 위임받은 자(수임자)는 그 노동조합을 위하여 위임받은 범위 안에서 그 권한을 행사할 수 있다(노조법 제29조제2항).

(b) 교섭권한의 위임을 받을 수 있는 자의 범위에 대해서는 특별한 제한이 없으므로 노동조합의 임원이나 조합원, 다른 노동조합의 임원, 상급단체의 임직원, 변호사, 공인노무사 등 제3자에게 위임할 수 있다.

2) 사용자측 교섭담당자

(a) 사용자 측 교섭담당자는 사용자를 위하여 사실행위로서 단체교섭을 수행하는 자로 특히 단체교섭 거부로 인한 부당노동행위의 주체와 관련된다. 따라서, 개인사업의 경우에는 사용자 개인(본인)이, 법인·단체(사용자단체 등)의 경우 그 대표자가 교섭담당자가 된다.

(b) 사용자 측 교섭당사자(사업주)가 누구를 교섭담당자로 정할 것인가의 문제는 사용자의 성실교섭의무와 관련된 사항이므로 교섭사항에 대하여 실질적인 교섭이 이루어질 수 있도록 사업경영담당자 및 근로자에 관한 사항에 대하여 사업주를 위하여 행동하는 자 등 교섭사항에 관한 상당한 권한을 위임받은 자를 교

129) 노동법실무연구회, 「노동조합 및 노동관계조정법주해 I」, 박영사, 2015. pp.579~580.

섭담당자로 정하는 것이 일반적이다.

또한, 사용자 측도 단체교섭권한을 제3자에게 위임할 수 있으므로, 그 위임을 받은 자는 그 범위 내에서 교섭권한을 행사할 수 있다.

3) 단체교섭 담당자 관련 실무 사례

① 노조임원 직무대행자 단체교섭 가능여부

노조 대표자 유고시 규약이 정한 바에 따라 직무대행자를 결정하였다면, 그 직무대행 기간 동안 사용자와 단체교섭 등 노조 대표자의 권한을 행사할 수 있다.[130)]

② 아파트 위탁관리의 경우의 단체교섭

「공동주택관리법시행령」에 의하여 주택관리인이 입주자대표와의 계약에 의하여 아파트를 위탁관리 하고 있다면 단체교섭의 당사자(담당자)는 위탁관리인이 되는 것이다.[131)]

③ 학교법인 산하 병원의 단체교섭 당사자(담당자)

학교법인의 정관 등 관련 규정에 법인 산하 병원장에게 교섭권한 등이 부여되어 있다면 당해 병원장이 교섭에 응해야할 사용자라 할 수 있으나, 그렇지 아니하다면 학교법인이사장이 노조의 교섭요구에 응해야 한다.[132)]

④ 회사정리결정이 있는 경우의 단체교섭

회사정리결정이 있는 경우 정리회사의 대표이사가 아닌 관리인이 사용자의 지위에 있으므로 단체교섭 단체교섭의 당사자(담당자)는 관리인이 된다.[133)]

---

130) 노조 01254-92, 1994.1.12.
131) 노조 01254-50, 1995.1.16
132) 노동조합과-983, 2004.4.12
133) 대판 2001.1.19, 99다72422.

3. 단체교섭권한의 위임

가. 의 의

ⓐ 단체교섭권한의 위임이란 단체교섭의 당사자가 제3자에게 단체교섭의 담당자의 지위를 이전하는 것으로 수임자에게 단체교섭을 수행할 수 있는 자격을 부여 하는 것을 말하며, 자신을 위하여 단체교섭이라는 사무를 처리해 줄 것을 위탁하고 수임자가 이를 승낙함으로써 성립된다.

ⓑ 「노조법」 제29조제3항 및 같은 법 시행령 제14조제1항에 단체교섭권한의 위임과 관련한 근거규정을 두고 있다.

〈단체교섭권과 단체교섭권한의 차이〉[134)]

'단체교섭권'이란 「헌법」 제33조제1항에 근거한 단결권·단체행동권과 함께 노동3권의 하나로 노동조합이 근로조건의 유지·개선과 근로자의 경제적·사회적 지위향상을 위하여 사용자와 교섭할 수 있는 권리를 말하며, '단체교섭권한'이란 단체교섭담당자가 상대방인 사용자와 교섭할 수 있는 법적 자격을 의미한다.

'단체교섭권'은 근로자·노동조합에게만 인정되는 권리인 반면, '단체교섭권한'은 노사 모두에게 인정된다. 또한, '단체교섭권'은 위임이 불가능한 일신전속적인 권리인 반면 '단체교섭권한'은 단순한 법적 자격으로 위임이 가능하다.

나. 수임자(위임을 받을 수 있는 자)의 범위

ⓐ 단체교섭권한의 위임을 받을 수 있는 자의 범위에 관하여는 법상 특별한 제한을 두고 있지 않으므로 제3자(내·외부)도 가능하나, 사회통념상 정상적인 교섭이 가능한 자에게 교섭권한을 위임하여야 한다.

ⓑ 전술한 바와 같이 노동조합의 경우 임원이나 조합원, 다른 노동조합의 임원, 상급연합단체의 임·직원, 변호사, 공인노무사 등에게 위임할 수 있고, 사용자는 임원·부서장 등 사업경영담당자 및 근로자에 관한 사항에 대하여 사업주를 위하여 행동하는 자, 변호사·공인노무사 등이 될 수 있다.

134) 최영우, 「집단노동법 실무」, ㈜중앙경제, 2016, p.281 참조.

(c) 다만, 사회통념상 정상적인 교섭을 기대하기 어려운 자에게 교섭권한을 위임하여 위임의 권한을 남용하는 경우에는 사용자가 이들의 교체를 요구하며 잠정적으로 교섭을 거부하더라도 부당노동행위가 성립하지 않을 수 있다.

다. 수임자 교섭권한의 범위

(a) 노동조합과 사용자 또는 사용자단체는 단체교섭 또는 단체협약의 체결에 관한 권한을 위임하는 경우에는 교섭사항과 권한범위를 정하여 위임하여야 하고(노조법시행령 제14조제1항), 노동조합과 사용자 또는 사용자단체로부터 교섭 또는 단체협약의 체결에 관한 권한을 위임받은 자는 그 노동조합과 사용자 또는 사용자단체를 위하여 위임받은 범위 안에서 그 권한을 행사할 수 있다(노조법 제29조제3항).

따라서, 교섭권한의 범위는 위임의 내용에 따라 정해지므로 교섭권한을 위임하는 경우에는 교섭사항과 권한범위(교섭권 또는 체결권)를 구체적으로 정하여야 한다.

(b) 또한, 단체교섭권한의 위임을 받은 수임자는 위임받은 권한의 범위 내에서 일정한 재량이 인정되나, 단체교섭 당사자인 위임자에 대해 '선량한 관리자로서의 주의'로써 위임의 본지(本旨)에 따라 교섭을 수행하여야 하는 의무를 부담하고, 위임자의 동의 없이는 교섭권한을 다시 타인에게 위임할 수 없다(자신 복무의 원칙).

(c) 한편, 단체교섭 당사자가 단체교섭권한을 위임하더라도 위임 후 이를 해지하는 등 별개의 의사표시가 없더라도 그 권한은 여전히 수임자의 단체교섭권한과 중복하여 경합적으로 남아있게 된다.[135]

135) 대판 1998.11.13, 98다20790.

라. 위임의 절차와 방식

1) 교섭권한 위임 사실을 상대방에 통보해야함

ⓐ 단체교섭권한의 위임 절차와 관련하여 「노조법」은 "노동조합과 사용자 또는 사용자단체는 교섭 또는 단체협약의 체결에 관한 권한을 위임한 때에는 그 사실[위임을 받은 자의 성명(단체인 경우에는 그 명칭 및 대표자의 성명), 교섭사항과 권한범위 등 위임의 내용]을 상대방에게 통보해야 한다."고 규정하고 있다(제29조제4항 및 시행령 제14조제2항).

ⓑ 따라서, 노동조합이 교섭권한을 위임한 사실을 통보하지 않은 경우 이를 이유로 사용자가 교섭을 거부하더라도 부당노동행위가 성립되지 않으므로 위임장을 반드시 서면으로 작성·교부하여야 한다.

2) 노조의 단체교섭권한의 위임이 총회 의결사항에 해당하는지

ⓐ 단체교섭권한의 위임의 절차 등에 관하여는 법령에 특별한 규정을 두고 있지 않다. 따라서, 노동조합의 단체교섭권한의 위임이 총회의결사항인 "단체협약에 관한 사항(노조법 제16조제1항)"에 해당하는지 여부가 문제가 된다.

ⓑ 이에 관해, 교섭 및 단체협약 체결의 위임은 '단체협약에 관한 사항'으로 총회 의결사항에 해당하므로 반드시 총회(대의원회) 의결을 거쳐야 된다는 견해[136]가 있으나, ① 노동조합의 민주성은 규약자치를 통하여 확보함이 원칙이라는 점, ② 단체교섭의 특성상 교섭국면에서는 신속하고 탄력적 대응이 요구된다는 점, ③ 구 「노조법」 제33조제2항의 '단위노동조합은 총회 또는 대의원회의 의결을 거쳐 당해 노동조합이 가입한 연합단체인 노동조합에 교섭을 위임할 수 있다'는 조항이 삭제된 점 등을 고려할 때 반드시 총회(대의원회) 의결을 거치지 않더라도 규약이 정한 바에 따르는 등 노조의 자치에 맡기는 것이 타당하다고 본다.[137]

136) 최영우, 「집단노동법 실무」, ㈜중앙경제, 2016, p.297.

137) 같은 취지 : 김유성, 「노동법Ⅱ」, 법문사, 2001. p.132, ; 노동조합과-1132, 2005.4.19.

3) 교섭권한의 위임의 방식과 분할·백지·복위임 가능 여부

(a) 위임의 방식은 단체교섭의 장에 나온 상대방에 대해서 자신이 교섭권한의 정당한 수임자라는 증명이 가능하도록 서면으로 작성하되 수임자와 위임의 범위를 특정하여야 한다.

(b) 단체교섭권 또는 협약체결권의 일부를 분리하여 위임해야 할 필요성이 인정되는 경우를 제외하고는 교섭의 원활화와 효율적인 운영 및 노사관계 안정을 위하여 교섭 및 협약체결 권한을 함께 위임하는 것이 효율적이다.[138)]

(c) 또한, 단체교섭의 본질상 위임사항과 수임자를 특정하지 않은 백지위임은 인정될 수 없고, 복위임 방식도 교섭의 당사자의 명시적인 동의 내지 승인이 없는 한 허용되지 않는다.[139)]

4) 단체교섭 권한 위임 관련 실무상 쟁점

(1) 단체협약상 제3자 위임금지 조항의 효력

(a) '제3자 위임금지 조항'이란 단체협약에서 기업 외부 혹은 조합원 이외의 제3자에게 단체교섭을 위임하지 않겠다는 내용의 조항을 협정하는 것을 말하는데, 동 조항을 두고 있는 경우 노동조합이 이에 위반하여 교섭을 위임할 수 있는가에 대해 견해의 대립이 있다.

(b) 이와 관련, ① 동 조항이 채무적 효력을 가지고 있어 그 효력은 인정되므로 이를 위반하여 제3자에게 교섭을 위임할 경우 손해배상책임을 지지만 위임자체는 유효하고 이 조항을 이유로 한 단체교섭거부는 부당노동행위에 해당한다는 견해,[140)] ②「노조법」 제29조제3항을 근거로 제3자 위임금지 조항은 동법 규정의 취지[141)]에 반하고 정당한 교섭권을 가지고 있는 연합단체 등 다른 노조의 교섭권

---

138) 노조 68107-923, 2000.10.11.

139) 노동조합과-1132, 2005.4.19.

140) 김유성,「노동법Ⅱ」, 법문사, 2001, p.133.

141) 동 규정의 입법취지는 단체교섭에서 상급단체의 조력을 받을 수 있도록 하고, 사용자(사용자단체)로 하여금 이러한 수임자의 교섭에 성실하게 응하도록 강제함으로써 단체교섭권을 실질적·

을 침해할 수 있어 무효라는 견해,[142] ③ 단체협약에 제3자 위임금지 조항을 두고 있다면 노사는 이에 따라야 하므로 노동조합이 동 조항을 위반하여 제3자에게 교섭을 위임하는 경우 사용자가 당해 노동조합과의 직접교섭을 요구함으로 인해 교섭이 지연되더라도 이를 부당노동행위로 보기 어렵다는 견해[143] 등이 있으나, ②설이 타당하다고 본다.

(2) 해고된 자에게 교섭권한을 위임한 경우 교섭거부 시 부당노동행위 성립 여부

(a) 기업별 교섭에 있어서 당해 사업장에서 해고된 자가 노동조합측 교섭위원으로 참여하는 경우 사용자가 교섭을 거부할 때 부당노동행위 성립여부가 문제가 된다.

(b) 이에 대하여 "정당한 해고로 판정(판결)되어 조합원 자격이 없는 자를 교섭위원(또는 교섭대표)으로 하여 교섭을 요구하는 경우 사용자가 교섭위원 교체를 요구하고 이로 인한 교섭 지연이나 잠정적 거부를 부당노동행위로 볼 수 없다는 견해[144]"가 있으나, "노동조합이 당해 사업장에서 해고된 자에게 교섭권한을 위임한 경우 수임자가 개인적인 감정 등을 이유로 교섭권한을 남용하는 등 성실교섭을 기대하기 어려운 객관적인 사정이 있는 경우라면 사용자는 노동조합에 교섭권한 위임철회나 교체를 요구하며 잠정적으로 교섭을 거부할 수 있으나, 단지 해고된 자가 교섭권한을 수임한 사정만으로 교섭을 거부하는 것은 정당한 교섭거부로 볼 수 없어 부당노동행위가 성립한다고 보는 것이 타당하다.[145]

구체적으로 보장하기 위함이다.

142) 사법연수원, 「노동조합 및 노동관계조정법」, 2014, p.162.

143) 노조 01254-407, 1997.4.28.

144) 같은 취지 노동조합과-960, 2005.4.1, ; 노조 68107-546, 2001.5.12, ; 노조 68107-405, 2001.4.4. 등.

145) 노동조합과-62, 2008.3.7.

(3) 연합단체에 위임하여 체결한 단체협약 내용을 노사당사자가 변경 가능한지 여부

상급연합단체에 교섭권한이 위임되어 공동으로 체결된 임금협약에 대하여 각 단위 사업장의 노사가 추가로 협의를 통하여 자체 실정에 맞도록 임금협약의 일부 내용과 유효기간을 변경하여 관련 법률 및 규약에서 정한 절차와 과정을 거쳐 노사당사자가 문서로 서명 또는 날인하였다면 이는 변경된 협약으로서의 효력이 인정된다.[146)]

4. 단체교섭의 대상

가. 의 의

(a) 「노조법」에는 "노동조합이나 그 대표자로부터 교섭 또는 단체협약 체결권한을 위임받은 자는 그 노동조합 또는 조합원을 위하여 사용자나 사용자단체와 교섭하고 단체협약을 체결할 권한을 가진다(노조법 제29조제1항 내지 제3항)"라고 하여 노동조합을 위한 사항과 조합원을 위한 사항이 단체교섭의 대상에 포함되나 구체적으로 어느 범위의 사항이 단체교섭의 대상이 되는 지에 대해서는 구체적인 규정을 두고 있지 않다.[147)]

(b) 다만, 「헌법」 제33조제1항, 「노조법」 제29조제1항 내지 제3항, 「노조법」 제2조제4호, 제47조 및 제48조의 규정 등을 종합하여 보면, 사용자가 단체교섭의 의무를 부담하는 의무적 교섭사항은 근로조건에 관한 사항과 그 밖에 근로자의 경제적·사회적 지위의 향상을 위하여 필요한 노동조합의 활동이나 단체교섭의 절차와 방식, 단체협약의 체결 등 근로조건에 영향을 미치는 그 밖의 노동관계에 관한 사항이라고 볼 수 있다.[148)]

(c) 한편, 우리나라의 경우 단체교섭 대상에 대한 교섭요구에 사용자가 응하지

---

146) 노조 01254-903, 1995.8.10.

147) 미국의 경우 전국노사관계법(NLRA) 제8조 (d)는 wage(임금), hours(근로시간), other terms and conditions of employment(그 밖의 고용조건)을 교섭사항의 일반적 기준으로 설정하고 있다.

148) 사법연수원, 「노동조합 및 노동관계조정법」, 2014. p.173.

아니하면 부당노동행위의 책임을 지게 되고, 부당노동행위제도가 원상회복주의와 함께 형벌주의를 채택하고 있어 단체교섭 대상에 해당하는지 여부가 범죄의 구성요건과 관련되므로 그 범위와 기준을 명확히 할 필요가 있다.

(d) 단체교섭 사항이 되기 위한 일반적 기준으로는 (1)사용자가 처리·처분할 수 있어야 하고, (2)집단적 성격을 가져야 하며, (3)근로조건과 관련이 있어야 한다. 일반적으로 (a)노동조합을 위한 사항으로 노동조합 조직승인 조항, 조직보호(Shop) 조항, 조합비공제(Check-off) 조항, 평화조항, 단체교섭 절차 방법에 관한 조항 등과 같이 채무적 효력을 가진 사항이 있고, (b)조합원을 위한 사항으로 근로조건에 해당하는 임금, 수당, 퇴직금, 근로시간, 휴게, 휴일, 휴가 등과 같이 규범적 효력을 가진 사항이 있다.

나. 교섭사항(대상)의 구분(3분론)

교섭사항과 관련하여 우리나라는 미국 전국노동관계법 제8조(d)의 해석과 관련하여 정립된 이론인 교섭사항 3분론을 받아들여 교섭사항의 기준을 설명하는 것이 일반적이며, 미국의 판례는 통상 이를 토대로 교섭사항을 ① 의무적 교섭사항(mandatory subject), ② 임의적 교섭사항(permissive subject), ③ 위법적 교섭사항(prohibitive subject)으로 구분하고 있다.[149]

1) 의무적 교섭사항(규범적 부분)

(a) 의무적 교섭사항은 일반적으로 노동쟁의 정의규정(노조법 제2조제5호) 및 쟁의행위 목적과 동일한 것으로 해석하며, 사용자가 노동조합측의 단체교섭 요구에 응할 의무가 있는 사항으로, 정당한 이유 없는 교섭거부나 해태시 부당노동행위가 성립되며, 그 대상사항에 대하여 단체교섭이 결렬되는 경우 노동쟁의 조정신청 및 쟁의행위의 대상이 되는 사항이다.[150]

(b) 예를 들어, 임금, 근로시간과 그 밖의 근로조건으로서 재해보상, 안전보건,

149) 대판 1996.2.23, 94누9177.

150) 대판 2003.7.22, 2002도7225 등 다수

휴일·휴가·병가, 교육훈련, 정년제, 징계나 해고의 기준, 복지후생 등 근로조건의 결정에 관한 사항이 이에 해당된다.

〈의무적 교섭사항이 되는 사례〉

㉠ 택시기사가 회사에 납부해야 할 사납금액 및 운송수입금 처리문제[151)]
㉡ 사내근로복지기금의 출연 등에 관한 사항[152)]
㉢ 조합원들의 연봉제 계약과 관련된 사항[153)]
㉣ 비정규근로자로 조직된 노동조합에서 기간제 등 비정규직 근로자의 근속기한의 폐지 또는 연장에 관한 사항[154)]

2) 임의적 교섭사항(채무적 부분)

(a) 임의적 교섭사항은 사용자에게 교섭의무가 없으나 임의로 교섭에 응하여 단체협약의 내용으로 할 수 있는 사항이므로 교섭을 거부하거나 해태하더라도 부당노동행위가 성립되지 아니하며, 그 대상사항에 대하여 단체교섭이 결렬 되더라도 노동쟁의 조정신청 및 쟁의행위를 할 수 없는 교섭대상을 말한다.

(b) 즉, 임의적 교섭사항은 당사자가 제안할 수 있으나 고집(insist)할 수 없는 사항으로 양당사자가 합의하는 경우에만 단체협약을 체결할 수 있는, 일반적으로 사용자와 제3자와의 관계, 노동조합과 근로자의 내부관계 등에 관한 사항으로 노동조합 활동에 관한 사항, shop 조항, 조합비 공제(check off) 조항, 평화조항, 단체교섭·쟁의조정·쟁의행위 절차·방법, 노사협의 및 노조전임자에 관한 사항[155)] 등 집단적 노사관계에 관한 사항이 이에 해당한다.

(c) 특히, 노동조합 활동 등에 관한 사항에 대해서 이와 같이 임의적 교섭사항

151) 노조 01254-351, 1998.6.5.

152) 노사관계법제과-1881, 2009.6.19.

153) 노조 01254-776, 1996.7.26.

154) 노조 68107-583, 2003.11.15.

155) 상당수의 학설은 의무적 교섭사항으로 보고 있으나, 「노조법」 제24조제1항에서 노조전임제의 요건으로 단체협약과 함께 '사용자의 동의'를 전제로 하고 있는데 이는 전임자 인정여부가 법적인 권리로 당연히 인정되는 것이 아니고 노사간의 자주적 협정 또는 사용자의 동의에 의해 결정될 사항이라는 점에서 의무적 교섭대상으로 보지 않는다.

으로 분류하는 것은 단체교섭 대상과 「노조법」 제2조제5호의 노동쟁의[156] 및 쟁의행위 대상을 동일한 것으로 보아 의무적 교섭대상이 '근로조건의 결정'에 한정되므로 임의적 교섭사항으로 보기 때문이다. 이에 대하여 일부 판례[157]의 경우, '단체교섭 대상은 「헌법」상 보장된 단체교섭권의 구현으로서 「헌법」상 내재적인 한계에 따라 판단해야 하며 노동조합은 조합원뿐 아니라 노동조합을 위하여 교섭할 수 있으므로(노조법 제29조제1항) 단체교섭 대상을 노동쟁의의 대상처럼 '근로조건의 결정'으로 한정하는 것은 타당하지 않다'는 입장도 있다.

3) 위법적 교섭사항(교섭금지 사항)

ⓐ 사용자가 처리할 권한이 없거나 강행법규 또는 공서양속에 위반하는 사항으로서 이에 관하여는 교섭사항이 될 수 없으며, 그 사항에 대하여는 당사자가 임의로 합의하여 단체협약을 체결하였다 하더라도 그 부분은 무효가 된다.

ⓑ 위법적 교섭사항에는 closed shop 조항, 차별적 대우를 내용으로 하는 조항, hot cargo 협정,[158] 일반적 구속력의 적용배제, 갑근세의 감면, 구속자의 석방, 퇴직금 제도의 폐지, 특정종교의 강제, 노동조합에 대한 경비원조, 사용자의 인사 경영권을 본질적으로 침해하는 사항 등이 이에 해당된다.

다. 인사·경영에 관한 사항

1) 단체교섭 대상 여부

ⓐ '인사 경영권'이란 기업경영과 관련하여 사용자에게 귀속되는 일체의 권한을 의미한다. 구체적으로 '인사권'이란 근로자의 채용, 전보, 배치, 인사고과, 승진, 해고 등 징계, 휴직 등의 사항에 관한 사용자의 권한을 말하며, '경영권'이란

156) 노동쟁의라 함은 '임금·근로시간·복지·해고 기타 대우 등 근로조건의 결정에 관한 주장의 불일치로 인하여 발생한 분쟁상태'를 말한다.

157) 대판 2003.12.26, 2003두8906.

158) 노동조합이 쟁의 상대방인 사용자에게 압력을 가하기 위해 다른 사용자와의 사이에 체결하는 쟁의 상대방 사용자와 거래하지 않기로 하는 내용의 협정을 말한다.

회사의 조직변경, 사업확장, 경영진의 임면, 합병·분할·양도, 공장이전, 하도급·용역전환, 휴·폐업, 신기술 도입, 생산계획의 결정 등에 관한 사용자의 제반 권한을 의미한다.

(b) 인사·경영권은 「헌법」상 보장된 재산권의 관리·행사를 위하여 사용자의 권한으로 인정되고 있어 '경영상 의사결정 자체'나 '인사결정권 자체'는 원칙적으로 의무적 교섭사항이 아니다.

(c) 다만, 인사 경영권에 속하는 사항이라 하더라도 근로자들의 근로조건에 중대한 영향을 미치거나,[159] 근로조건과 밀접한 관련이 있거나,[160] 근로조건의 개선에 주된 목적이 있거나,[161] 근로의 양이나 방법을 결정하는 것은 인사·경영권의 본질을 근본적으로 침해하는 것이 아닌 한 그 한도 내에서 의무적 교섭대상이 될 수 있다.[162]

(d) 특히, '해고'의 경우 「노조법」 제2조제5호가 임금·근로시간·복지·해고 기타 대우 등 근로조건의 결정에 관한 주장의 불일치로 인한 분쟁상태를 노동쟁의라고 정의하여 '해고'가 근로조건에 속함을 명확히 하고 있는 등 현행법상 해고 등의 인사문제가 근로조건에 포함되는 것으로 보아야 하므로, 예컨대 노조 임원을 맡고 있는 조합원에 대하여는 그 해고[163] 등 인사처분에 노동조합과 협의 등의 절차를 거치도록 하는 것도 단체교섭의 대상이 되는 것으로 보아야 한다.[164]

159) 서울민사지판 1991.9.12, 90가합5721.

160) 대판 1994.8.26, 93누21514.

161) 대판 1992.5.12, 91다34523.

162) 대판 1994.8.26, 93누8993.

163) 해고 등 경영상 결단을 하기 위하여 반드시 노조의 사전 동의를 요건으로 한다는 취지가 아니라 사전에 노조에게 해고의 기준 등에 관하여 필요한 의견을 제시할 기회를 주고 회사는 노조의 의견을 성실히 참고하게 함으로써 해고의 합리성과 공정성을 담보하고자 하는 협의의 취지의 해고를 의미(대판 2002.2.26, 99도5380).

164) 사법연수원, 「노동조합 및 노동관계조정법」, 2014, p.175.

2) 인사·경영사항에 관한 단체협약의 효력

ⓐ 인사·경영권을 침해하는 사항에 대하여 사용자가 교섭을 거부하더라도 부당노동행위가 성립하지 않지만, 사용자가 스스로의 의사에 따라 교섭에 임하여 인사·경영사항에 관한 단체협약을 체결한 경우 이를 준수해야 할 의무를 진다.

ⓑ 다만, 이 경우에도 사용자의 인사·경영권이 당연히 제한되는 것은 아니므로, 인사·경영과 관련 노동조합과 합의 또는 협의를 하여야 한다거나 사전승인을 받아야 한다는 취지의 조항이 있더라도 이는 단체협약과 다른 규정과의 관계 하에서 해석되어야 한다.[165)]

3) 인사·경영권 중 의무적 교섭사항이 되는 사례

① 인사원칙, 배치전환의 기준 등과 같이 전체근로자의 근로조건과 관련된 "인사기준"의 설정을 요구하는 사항[166)]

② 차량별 고정승무발령, 배차시간, 대기·일당 기사 배차순서에 관하여 노조와 사전합의 요구 등 근로조건과 밀접하게 관련되어 경영권을 본질적으로 제약하지 않는 사항[167)]

③ 징계·해고시 그 최종결정권은 회사가 보유한 채 노동조합의 의견을 듣거나 사전 협의를 거치도록 요구하는 사항[168)]

④ 회사이전시 이전에 관한 판단은 경영권의 고유한 사항으로 단체교섭의 대상이 아니지만, 회사이전으로 인한 근로자의 이사비용, 정착비용 등의 지불을 요구하는 사항[169)]

⑤ 고용안정을 위한 전직훈련 프로그램, 작업방식의 합리화 등 해고회피를 위한 조치를 요구하는 사항[170)]

---

165) 대판 1992.9.25, 92다18542 ; 대판 2002.2.26, 99도5380 ; 대판 2003.6.10, 2001두3136 등.

166) 서울행판 2002.9.19, 2002구합8091.

167) 대판 1994.8.26, 93누8993.

168) 노조 01254-1178, 1993.9.

169) 협력 68140-151, 1997.4.19 ; 노조 01254-334, 1996.4.8.

170) 대판 2001.6.26, 2000도2871 ; 노조 68107-900, 2002.12.2.

⑥ 인사고과 자체는 사용자의 고유한 권한이지만 동 고과 결과가 개별근로자의 호봉결정에 영향을 미치는 경우[171]

4) 인사·경영권 중 의무적 교섭대상이 아닌 사례

① 사용자의 재량적 판단이 존중되어야 할 기구 통·폐합에 따른 조직변경 및 업무분장 등에 관한 결정권으로 사용자의 경영권에 속하는 사항[172]

② 조합원의 인사 시(채용·해고·부서이동 등) 노사합의 요구 등 사용자의 신축적이고 탄력적인 인사·경영권 행사를 저해하는 등 인사권의 본질적 내용을 침해할 수 있는 사항 → 일정한 경우에 사전 통보 내지 협의하도록 규정하는 것이 바람직

③ 경영주체의 경영의사 결정에 의한 경영조직의 변경에 해당하는 경영권의 본질적인 내용인 시설관리사업부서의 폐지 결정 사항[173]

④ 사용자의 신축적이고 탄력적인 경영권 행사를 저해할 수 있는 기업양도, 공장이전, 하도급 및 용역 전환 시 사전합의를 요구하는 사항

⑤ 사용자의 징계권 행사가 사실상 제한될 수 있는 징계위원회의 노사동수 구성 및 가부동수 시 부결처리를 요구하는 사항[174] → 징계위원회에 노조가 참여하거나 의견표명의 기회를 갖도록 하고 결정권은 사용자가 행사하도록 하는 것이 바람직

⑥ 사용자는 정리해고를 실시해서는 아니 된다는 내용으로 사용자의 경영권을 근본적으로 제약할 수 있는 사항[175]

라. 권리분쟁에 관한 사항

ⓐ 임금의 인상이나 특정수당의 신설 등 단체협약의 체결·갱신을 둘러싸고

---

171) 노조 01254-1049,1994.7.28.

172) 대판 2002.1.11, 2001도1687.

173) 대판 1994.3.25, 93다30242.

174) 노조 01254-630, 1993.6.2 ; 협력 68140-51, 1997.4.19 참조

175) 대판 2001.4.24, 99도4893.

발생하는 집단적 이익분쟁이 아니라, 기존의 법률과 단체협약 그 밖의 규정의 해석과 적용에 의하여 권리·의무의 존부나 내용을 확인하기 위한 권리분쟁 사항(예컨대, 「근기법」, 단체협약, 취업규칙상의 권리·의무에 관한 분쟁사항)의 경우, 단체교섭의 대상이 될 수 없다.[176)]

ⓑ 사용자의 부당노동행위, 부당해고 철회(해고자 복직),[177)], 단체협약의 이행, 체불임금의 청산 등을 요구하면서 발생하는 분쟁이 이에 해당하며, 이는 사법적(司法的) 절차나 노동위원회 등을 통하여 해결할 사항이지 사용자와 교섭을 통해 해결할 사항이 아니기 때문이다.[178)]

마. 단체교섭과 노사협의와의 관계[179)]

ⓐ 노사협의회[180)]의 기능은 근로자와 사용자 쌍방이 참여와 협력을 통한 노사공동의 이익증진에 있고, 단체교섭은 노동조합과 사용자(사용자단체)가 대항적인 관계에서 임금·근로시간 등 근로조건 등에 관한 사항을 결정한다는 점에서 구별된다.

ⓑ 그러므로 노사협의의 대상은 단체교섭의 대상보다 비정형적이고 광범위하며 「근참법」에서는 협의사항과 보고사항 외에 의결사항을 추가하여 기능을 확대시키고 있다(근참법 제20조).

ⓒ 이에 따라, 임금·근로시간 등 노사의 이해가 대립되는 사항은 단체교섭에서 처리하고, 생산성 향상과 복지증진 등 노사의 이해가 공통되는 사항은 노사협의회에서 다루는 것이 양 제도의 취지에 부합된다. 그렇다고 노사협의사항이나 의결사항을 단체교섭 사항으로 정하여 단체협약을 체결하는 것이 제한되는 것은 아니다. 왜냐하면, 「근참법」 제5조에 의하면 노동조합의 단체교섭이나 그 밖의

176) 김형배, 「새로 쓴 노동법(제25판)」, 박영사, 2016, p.1020.

177) 노조 01254-566, 1997.6.24.

178) 최영우, 「집단노동법 실무」, ㈜중앙경제, 2016, p.311.

179) 최영우, 「집단노동법 실무」, ㈜중앙경제, 2016, pp.314~315 참고.

180) 근로자와 사용자가 참여와 협력을 통하여 근로자의 복지증진과 기업의 건전한 발전을 도모함을 목적으로 구성하는 협의기구를 말한다(근참법 제3조).

모든 활동은 이 법에 의하여 영향을 받지 아니한다고 정하고 있기 때문이다.

〈단체교섭과 노사협의제 비교〉

구분	단체교섭	노사협의
정의	노동조합과 사용자 또는 사용자단체 간의 근로조건 기타 사항을 결정하기 위한 절차	근로자와 사용자가 기업의 공동이해관계에 있는 사항을 상호 협의하는 절차
목적	근로자의 근로조건을 유리하게 유지 개선함으로써 근로자의 경제적·사회적 지위향상을 도모	기업의 공동 이해관계사항을 협의함으로써 근로자의 복지증진과 기업의 건전한 발전을 도모
일반적 성격	집단성, 이해 대립적	개별성, 이해 공통적
권리·의무관계	근로자의 일방적 권리인정(근로자의 단체교섭권, 사용자의 단체교섭의무)	일방적 권리 불인정(근로자·사용자의 신의성실의무)
대상	근로조건 관련사항	협의사항, 의결사항, 보고사항 등
노동조합의 존재	노동조합의 존재를 전제로 함	전제로 하지 않음
당사자	사용자–노동조합	사용자–근로자 대표
근로자의 지위	조합의 구성원	기업의 구성원(노조의 존부에 관계없음)
실력행사방법	쟁의행위	없음
권한위임	가능	금지
합의결과	단체협약	노사협의
합의결과의 적용범위	조합원에게만 인정(근로자의 과반수가 노조에 가입하고 있는 경우 나머지 조합원에 대해서도 효력인정)	그 기업의 조합원 및 비조합원 모두에게 적용
관계	① 노동조합의 단체교섭 기타 모든 활동은 「근참법」에 의하여 영향을 받지 않음(근참법 제5조) ② 일반적으로 노사협의는 단체교섭의 보완·보조수단으로 기능(서구의 경우 산업별·직종별 교섭으로 소홀하기 쉬운 개별직장 문제를 노사협의를 통해서 보완)	

5. 단체교섭의 방법과 절차

가. 단체교섭 방법

1) 성실교섭의무[181)]

(a) 노동조합과 사용자 또는 사용자단체는 신의에 따라 성실히 교섭하고 단체협약을 체결하여야 하며 그 권한을 남용해서는 아니 되며(노조법 제30조제1항), 정당한 이유 없이 교섭 또는 단체협약의 체결을 거부하거나 해태하여서는 아니 된다(노조법 제30조제2항)고 규정하여 노사 양측에 성실교섭의무를 부과함으로써 노사가 다 같이 자율과 책임을 기초로 성실하게 교섭에 임하도록 하였다.

(b) 즉, 성실교섭의무는 상대방의 주장에 대하여 성실하게 대응하고 상대방도 신뢰를 가지고 교섭에 임하므로써 합의달성의 가능성을 진정으로 모색해 나가는 의무를 의미하므로 교섭당사자 어느 일방의 의무가 아니라 쌍방의 대응적 의무라고 이해되어야 한다.

(c) 따라서, 사용자의 단체교섭 거부에 의한 부당노동행위의 성립 여부도 노동조합의 성실한 교섭태도와의 상관적 관련 하에 상대적으로 판단되어야 한다. 즉, 단체교섭에 대한 사용자의 거부나 해태에 정당한 이유가 있는지 여부는 '노동조합측의 교섭권자, 노동조합측이 요구하는 교섭시간, 교섭사항 및 그 교섭태도 등을 종합하여 사회통념상 사용자에게 단체교섭 의무의 이행을 기대하는 것이 어렵다고 인정되는지 여부에 따라 판단하여야 할 것이다.[182)]

2) 평화적 교섭(폭력행위 등 금지)

(a) 「노조법」 제4조의 규정에 따라 「헌법」 제33조제1항에서 보장하고 있는 노동조합의 단체교섭·쟁의행위 기타의 행위로서 「노조법」 제1조의 목적을 달성하기 위하여 한 행위는 정당행위로서 형사상 면책[183)]이 된다.

---

181) 김형배, 「새로 쓴 노동법(제25판)」, 박영사, 2016.8, p.1026.

182) 대판 1998.5.22, 97누8076 ; 대판 2010.4.29, 2007두11542

183) 「형법」 제20조(정당행위) 법령에 의한 행위 또는 업무로 인한 행위 기타 사회상규에 위배되지

ⓑ 다만. 동조 단서에 어떠한 경우에도 폭력이나 파괴행위로써 단체교섭을 할 수 없음을 규정하고 있고, 「노조법」 제81조제3호는 정당한 이유 없이 사용자가 노동조합의 단체교섭요구를 거부하는 것을 부당노동행위로 금지하고 있다.

ⓒ 따라서, 평화적인 단체교섭에 대하여는 사용자가 성실하게 응해야 할 의무가 있으나, 노동조합측의 폭력이나 파괴행위가 수반되는 단체교섭은 사용자가 이에 불응하더라도 부당노동행위가 성립되지 않는다.

3) 교섭절차에 관한 협정

단체교섭 절차와 방법에 대해서는 일반적으로 단체협약에서 규정하고 있다. 따라서, 노동조합과 사용자는 단체교섭의 방법 및 태도에 관한 분쟁을 방지하기 위하여 사전에 교섭시기·교섭인원·기간·장소 등을 단체협약에 구체적으로 정해두는 것이 바람직하다.

나. 단체교섭의 일반적인 진행 절차[184)]

1) 사전 준비단계

① 노동조합과 사용자는 효율적인 단체교섭을 위하여 교섭개시 이전에 교섭사항에 대한 자료의 수집과 교섭요구안·제시안 마련, 합리적 대안작성 등 사전에 교섭준비를 한다.

㉮ 노동조합

ⓐ 노동조합은 조합원의 의견 수렴, 기업의 경영사정이나 동종업계의 근로조건 수준, 상급단체의 교섭 지침 등을 종합적으로 고려하여 교섭요구안을 마련한다.

ⓑ 교섭요구안에는 요구내용과 함께 그 수준을 제시하게 된 배경과 논리

아니하는 행위는 벌하지 아니한다.

184) 단수 노조가 있는 경우를 전제로 하였으므로 사업(사업장)내 복수노조가 존재할 경우 교섭창구단일화 절차를 거쳐야 한다, 최영우, 「집단노동법 실무」, ㈜중앙경제, 2016, pp.324~326 참고.

적·객관적 근거를 포함해야 한다.

ⓒ 교섭요구안은 교섭에 들어가기 전에 조합원총회(대의원회)에 부의하여 노동조합의 공식입장으로 사전 확정하는 것이 바람직하다.

㉯ 사용자

노동조합의 교섭요구안의 내용을 사전에 파악하고, 동종업계의 교섭 상황, 임금수준, 회사의 지급 능력, 예상 쟁점사항, 노동단체의 교섭전략과 요구수준 등을 분석하여 교섭요구안에 대응한 사용자측 대안을 준비한다.

② 교섭위원의 선임

ⓐ 노동조합측 교섭위원은 대표자와 집행임원 등으로 구성하되, 노조 규약에 정한 바가 있으면 그에 따라 선임한다. 다만, 교섭상황에 따라 상급단체나 전문가의 도움이 필요할 경우, 위임 등 절차에 따라 교섭위원에 포함시킬 수 있다.

ⓑ 사용자측 교섭위원은 대표자 및 노무담당 부서의 간부 등으로 구성하되, 원활한 교섭을 위해 평소 노조측과의 소통이 잘되는 간부 등을 선정하는 것이 바람직하다. 또한, 필요할 경우 사용자단체에 위임하거나 전문가를 포함하여 교섭위원을 구성할 수 있다.

③ 교섭요구 시기와 방법

ⓐ 노동조합이 사용자와 교섭하기 위해서는 기존 단체협약 유효기간 만료일 이전 3개월이 되는 날부터 노조명칭, 조합원수 등을 기재한 서면으로 교섭을 요구한다(노조법 제29조제1항, 시행령 제14조의2).

ⓑ 단체교섭 요구시 교섭 희망일시, 장소, 주된 의제, 대표자명단 등을 상대방에게 서면으로 통보하도록 하고, 구체적인 교섭일시나 장소 등은 쌍방이 협의하여 결정하여야 한다.

2) 예비교섭 단계

① 단체교섭을 원활하고 보다 효율적으로 진행하기 위해서는 본 교섭에 앞서

교섭의 의제 등 필요한 사항에 대해 당사자가 협의를 통해 미리 정하는 절차이다.

② 예비교섭은 교섭 관련 실무관계자가 담당하는 것이 바람직하므로 사용자측은 교섭관련 주무부서의 장, 노조측은 교섭위원 중에서 선정하되, 예비교섭 위원 수는 노사 양측에서 각각 1~3인 정도가 적절하다.

③ 예비교섭에서 정해야 할 사항으로서는 교섭일시, 교섭위원수, 교섭의제, 소요시간, 교섭장소, 배석자 등이며, 그 외에 녹음·녹화 인정 여부, 서기 배석 여부 등 기타 필요한 사항을 정해 두는 것이 바람직하다.

④ 만일, 당사자 일방이 정당한 이유 없이 예비교섭에 응하지 않거나, 객관적으로 보아 부당한 조건을 내세워 교섭의제, 시간, 장소 등에 관한 합의가 지연되어 본 교섭에 들어가지 못하는 경우 이는 정당한 이유 없는 교섭의 거부에 해당하지 않는다.

3) 본교섭 단계

① 예비교섭이 완료된 경우, 예비교섭에서 정한 바에 따라 본 교섭을 진행한다. 본 교섭은 노조측이 공식적으로 요구사항을 제시하고 사용자측도 안을 제시하면서 이견을 조율해 나가고, 점차 쟁점사항을 압축시켜나가 최종적으로 합의에 이를 수 있도록 한다.

② 쟁점사항이 많을 경우, 우선 합의가 가능한 사안부터 논의를 진행해가는 것이 바람직하다.

③ 본교섭을 효율적으로 진행하기 위해서는 분야별 쟁점사항에 대해 먼저 실무교섭회의에서 충분한 협의를 통해 합의의 윤곽을 잡아 본 교섭에 넘기는 방식도 바람직하다.

④ 매회 교섭과정에서 논의된 사항은 반드시 회의록을 작성하여 교섭 후 합의서 작성과정에서 논란의 발생 여지를 없애는 것이 바람직하다.

4) 단체협약서 작성 단계

① 교섭안건에 대해 노사간 합의가 이루어지면 이를 서면으로 작성하여 노사

교섭대표가 서명·날인하여 단체협약을 체결한다.

② 단체협약의 각 조항별 내용은 가능한 구체적이고 명확하게 작성하여 후에 협약의 해석과 적용을 둘러싼 갈등을 소지를 예방하여야 한다.

③ 노동조합 대표자는 교섭하고 단체협약을 체결할 권한을 가지고 있으므로 노동조합이 규약 또는 조합원 총회 의결 등을 이유로 노동조합 대표자의 단체협약 체결권한을 부인하거나 제한하는 경우에는 사용자가 노동조합 대표자에게 체결권한을 가지고 교섭에 응하도록 요구하면서 교섭이 지연되더라도 부당노동행위에 해당하지 아니한다(노조법 제29조제2항, 제81조제3호).

주/요/쟁/점/실/무

제5절 교섭창구단일화 관련 쟁점

1. 제도의 의의

(a) 교섭창구단일화 제도는 근로조건의 결정권이 있는 사업 또는 사업장 단위에서 복수노동조합과 사용자 사이의 교섭절차를 일원화해 효율적이고 안정적인 교섭체계를 구축하고, 소속 노동조합과 관계없이 조합원들의 근로조건을 통일하는데 그 취지가 있다.[185] 즉, 교섭창구단일화 제도는 사용자의 단체교섭에 따른 비용을 줄이고 사용자와 복수의 노동조합 또는 복수의 노동조합 상호간의 복잡한 이해관계를 조화롭게 만들고자 하는 취지에서 제도가 설계되었다.[186]

(b) 「노조법」 개정(2010.1.1)으로 기업단위까지 복수노조가 허용됨에 따라 단체교섭 창구단일화제도를 도입해 2011.7.1.부터 하나의 사업 또는 사업장에서 근로자가 설립하거나 가입한 노동조합이 2개 이상인 경우 노동조합은 교섭창구를 단일화(교섭대표노동조합)하여 사용자에게 교섭을 요구해야 한다(제29조의2 제1항).[187]

(c) 다만, 교섭대표노동조합을 자율적으로 결정하는 기한(교섭대표 자율결정기간)내에 사용자가 교섭창구단일화 절차를 거치지 아니하기로 동의한 경우에는 예외적으로 개별교섭을 진행할 수 있다. 여기서 '교섭대표 자율결정기간' 즉 사용자가 개별교섭에 동의할 수 있는 기간은 「노조법시행령」 제14조의5에서 정한 교섭요구노동조합 확정절차가 종료된 날[188]로부터 14일이다.

---

185) 헌재 2012.4.24, 2011헌마338. 같은 취지로 헌법재판소는 교섭창구단일화 제도에 대해 합헌결정을 하였다.

186) 박기영 「교섭창구단일화 제도의 위헌성에 관한 연구」, 법학연구 제46집, 전북대법학연구소, 2015. p.335 ; 김교숙 「근로자단체의 교섭권과 자주성」, 동아법학 제68호, 동아대법학연구소, 2015. p.419.

187) 교섭창구 단일화 절차는 '복수 노조가 허용되는 현행 「노조법」 체계 하에서 헌법상 보장된 단체교섭권을 합리적으로 조정·제한하기 위한 것으로서 그 성격상 강행규정으로 해석된다(대판 2014.11.3., 2014두38750).

(d) 또한, 교섭창구단일화 기본단위는 사업 또는 사업장이나, 현격한 근로조건의 차이, 고용형태, 교섭관행 등을 종합적으로 고려하여 노동위원회의 결정으로 동일한 사업(장)에서 교섭단위를 분리할 수 있다.

2. 복수노조 허용에 따른 법적 문제

가. 사업 또는 사업장 판단

(a) '사업'이란 경영상 일체를 이루는 기업체 그 자체를 의미하며, 사업장은 장소적으로 분산되어있는 사업의 하부조직을 말한다.[189] 즉, 사업이란 장소적 관념을 기준으로 판단하는 것이 아니라 일관된 공정 하에 통일적으로 업무가 수행되는지 여부와 장소에 관계없이 경영상의 일체를 이루면서 유기적으로 운영되는지 여부에 따라 판단되어야 한다.

(b) 따라서, 하나의 법인체는 원칙적으로 하나의 사업으로 그에 속한 모든 사업장 및 사업부서 전체를 하나의 교섭단위로 본다. 다만, 하나의 법인체라 하더라도 각 사업장 또는 사업부문별로 근로조건의 결정권이 있고, 인사 노무관리, 회계 등이 독립적으로 운영되는 등 독립성이 인정되는 경우에는 예외적으로 개별 사업장 또는 사업부문을 하나의 교섭단위로 보아야 하며,[190] 단지 위임전결규정 등에 의해 사업장(공장장)에 인사 노무권이 일정부분 위임 되었다고 하여 독립성이 인정되는 것은 아니다.

188) 교섭대표 자율결정기간의 기간일이 되는 '노조법시행령 제14조의5에 따라 확정된 날'은 시행령 제14조의5제1항에 따른 사용자의 공고에 대해 노동조합이 이의를 신청하지 아니한 경우에는 그 공고기간이 만료된 날을, 노동조합이 이의를 신청해 사용자가 수정공고를 한 경우에는 그 수정공고기간이 만료된 날을 의미한다.

189) 대판 1993.10.12, 93다18365.

190) 노사관계법제과-981, 2011.6.14

나. 교섭창구단일화 대상이 되는 노동조합

1) 초기업단위 노동조합

(a) 창구단일화 대상이 되는 노동조합은 조직형태와 관계없이 하나의 사업 또는 사업장내에 조직되어 있는 경우에는 원칙적으로 모두 대상이 된다. 따라서, 기업별 노동조합이든 산업별 노동조합 등 초기업 단위노동조합이든 관계없이 '하나의 사업 또는 사업장'의 근로자가 가입하거나 설립하고 있는 노동조합이라면 교섭창구단일화의 대상이 된다.[191]

(b) 다만, 창구단일화 대상은 '하나의 사업 또는 사업장에 조직형태에 관계없이 근로자가 설립하거나 가입한 노동조합'에 한정되므로 초기업별 노동조합이 사업 또는 사업장의 틀을 넘어서 사용자단체에게 산업별 통일교섭을 요구할 때에는 그 대상에 포함되지 않는다.

2) 초기업단위 노동조합 지부·분회의 창구단일화 대상 포함 여부

(a) 초기업단위 노동조합 지부·분회는 노동조합의 효율적 관리를 위한 내부조직(기구)에 불과하기 때문에 원칙적으로 독립된 노동조합으로 지위를 가질 수 없으므로 창구단일화의 대상이 될 수 없다.

(b) 다만, 독자적인 규약 및 집행기관을 가지고 독립한 단체로서 활동을 하면서 교섭 및 단체협약체결 능력을 가지고 있어 기업별 단위노동조합으로 볼 수 있는 경우 설립신고와 관계없이 교섭창구단일화 절차에 참여할 수 있다.[192]

3) 간접고용 근로자 노동조합이 창구단일화 대상에 포함되는지 여부

(a) 원칙적으로 해당 사업 또는 사업장의 사용자와 직접적인 사용종속관계에 있지 않은 근로자로 조직된 노동조합은 그 사용자에 대하여 교섭을 요구하거나 교섭창구단일화 절차에 참여할 수 없다고 보아야 한다.[193]

---

191) 고용노동부, 「사업(사업장)단위 복수노조 업무매뉴얼」, 2010.12. p.16.

192) 대판 2001.2.23, 2000도4299 ; 대판 2002.7.26, 2001두5361.

ⓑ 다만, 근래 원하청관계에 있어 하청업체 근로자와 원청업체 사이에 묵시적 근로관계가 인정한 사례,[194] 사내하도급 관계에 있어 사내하청 노동조합에 대한 원청사업주의 부당노동행위(지배·개입 및 단체교섭 거부·해태)수규자로 인정한 사례,[195] 간접고용관계에 있어 원청업체가 실질적 권한을 행사하는 부분에 대해 교섭당사자로 인정한 사례[196] 등을 고려할 때 원청업체의 사용자가 교섭당사자로 인정되는 범위 내에서 최소한의 교섭대상이 되는 의제에 대해서는 간접고용 근로자로 조직된 노동조합이 교섭을 요구할 수 있을 것이므로 원청업체 교섭창구 단일화에 참가하거나 교섭단위를 분리할 수 있도록 하여 교섭할 수 있는 제도적 방안 마련이 필요할 것이다.[197]

다. 공정대표의무제도

ⓐ 공정대표의무란 교섭대표노동조합이 교섭창구단일화 절차에 참여한 노동조합과 조합원의 이익을 합리적인 이유 없이 차별하지 않고 공정하게 대표해야 할 의무를 말한다. 교섭대표노동조합은 교섭창구단일화 절차에 참여한 모든 노동조합과 그 조합원을 위해 교섭하고 단체협약을 체결할 권한을 가지고, 다른 노동조합은 교섭대표노동조합을 통해 간접적으로 단체교섭권을 행사하므로 교섭창구단일화를 할 경우에는 그 취지상 교섭대표노동조합이 공정대표의무를 부담한다. 「노조법」은 교섭대표노동조합에게 명시적으로 공정대표의무를 부과하고 있다(제29조제2항, 제29조의4).

ⓑ 이와 관련한 사건에서 법원은 "근무시간 중 유급 조합활동 인정, 상급단체 파견 전임자 인정, 노동조합 사무소 제공 등과 같은 노동조합의 기본적인 활동에 대한 이익을 교섭대표노동조합만 향유할 수 있도록 단체협약을 체결한 것은 차별의 합리적 이유가 없으므로 공정대표의무 위반"으로 판단했다.[198]

---

193) 고용노동부, 「사업(사업장)단위 복수노조 업무매뉴얼」, 2010.12. p.9.

194) 대판 2008.7.10, 2005다75008.

195) 대판 2010.3.25, 2007두8881.

196) 대구고판 2007.4.5, 2006노595.

197) 노동법실무연구회, 「노동조합 및 노동관계조정법주해」, 박영사, 2015. pp.657~658 참조.

(c) 동 판례는 사용자는 총량면에서 노동조합 전체의 노조활동에 어느 정도의 이익을 제공할 것인지를 결정하면 된다는 의미로 이익 향유자를 한정해 결정할 필요는 없고, 「노조법」에 따른 공정대표의무가 교섭대표노동조합과 다른 노동조합 사이에 절대적인 평등이나 무조건적인 단순비례의 원칙이 적용되어야 한다는 의미는 아니지만 불합리하거나 자의적인 차별까지 허용하는 것은 아니라는 것이다. 즉 조합원 수에 비례해 노조전임자와 근로시간면제한도 시간을 할당해야 하는 것은 아니더라도 특별한 사정이 없으면 소수노조의 노조전임자와 근로시간면제, 노조사무소 제공을 완전히 배제하는 것은 합리성을 인정받기 어려운 불합리한 차별로서 공정대표의무를 위반한 것이라는 의미다.[199]

〈공정대표의무 관련 실무 사례〉

① 교섭대표노조에는 교섭의제 선택 등에 있어 광범위한 재량권이 인정되므로 소수노조가 요구한 교섭의제 배제한 행위를 공정대표의무 위반으로 보기 어렵다.[200]

교섭과정에서 교섭대표노조는 창구단일화 절차에 참여한 소수노조의 교섭요구안 의제를 합리적 이유 없이 배제해서는 아니 되나, 교섭요구안 의제를 선택함에 있어 교섭 요구할 각 의제의 중요성 판단, 교섭력 집중과 목표달성을 위한 전략 선택 등에 관해 교섭대표노조에 광범위한 재량권이 인정되어야 할 것이므로 소수노동조합이 요구한 교섭의제를 배제한 행위를 원칙적으로 공정대표의무 위반으로 보기 어렵다.

② 교섭대표노조가 특정 근로조건과 관련 단체협약 체결 또는 적용 등에 있어 소수노조 조합원을 차별하거나 적용을 배제하는 경우 일반적으로 공정대표의무 위반으로 본다.

단체협약에서 명시적으로 특정 근로조건에 대해 교섭대표노조 소속 조합원에게만 적용한다는 규정을 두거나, 소수노조 조합원에 대해서 적용을 배제 또는 소속 노조에 따라 차이를 두는 경우, 단체협약에 명시적인 차별규정을 두지 않고 협약의 적용 및 이행단계에서 근로조건에 관한 차별은 근로조건이 통일적으로 형성되지 않는 경우 일반적으로 공정대표의무 위반으로 인정된다.

③ 노동조합 사무실 제공과 관련 교섭대표노조와 회사는 소수노조에 대해 조합원 수, 회

198) 서울행판 2013.11.21, 2013구합17053 ; 서울고판 2014.6.12, 2013누52492 ; 대판 2014.10.30, 2014두38378.

199) 이철재, "판례중심으로 살펴본 복수노조 관련 법적쟁점", 노동법률 2016.9월, 중앙경제, 2016, p.47.

사의 여건 등에 따라 사무실 공간이나 일부 집기·비품의 제공, 필요시 임시 공간 제공 등 비례적으로 보장의무를 부담 한다.

노동조합 사무실 제공과 관련, 다른 특별한 사정이 없으면 소수노동조합에 대해서까지 교섭대표노조와 동일하게 일률적으로 조합사무실을 제공할 의무가 있는 것은 아니나, 교섭대표노조와 회사는 소수노조에 대해 독립적인 사무실 공간은 아니더라도 소수노조의 조합원 수, 회사의 여건 등에 따라 일부 집기나 비품 제공, 필요시 임시 공간 제공 등 비례적으로 보장의무를 부담해야 한다는 하급심 판결[201]이 있으나, 공정대표의무 위반 여부를 판단할 때 단체협약이 체결된 경위, 창구단일화 절차에 참여한 노동조합의 조합원 수 및 그 사업장별 분포, 기업시설의 공간적 여건, 소수노조의 교섭요구사항의 내용 등을 종합적으로 고려해야 한다.

④ 근로면제시간의 배분과 관련 소수노조 등에 비례적으로 지나치게 차이가 나는 경우 공정대표의무 위반으로 볼 수 있다.[202]

근로면제시간의 배분과 관련, 원칙적으로 조합원수에 비례하는 것을 원칙으로 하되, 교섭대표노조가 교섭 등에서 주체가 되는 것을 고려할 때 사회통념상 합리적인 범위 내에서 교섭대표노조에게 근로면제시간을 비례보다 조금 더 부여하는 것은 정당성을 가지나, 비례적으로 지나치게 차이가 나는 경우 공정대표의무 위반으로 볼 수 있다.

⑤ 교섭대표노조와 사용자가 합리적 이유 없이 소수 노동조합의 조합원 자격을 제한하는 내용의 단체협약 체결은 공정대표의무 위반에 해당한다.[203]

라. 두 개 이상의 노동조합 가입(이중가입)

(a) ILO 단결선택의 자유 취지상 「노조법」에서 근로자의 이중 가입을 제한하고 있지는 않으나[204], 노동조합 스스로 조합원의 이중 가입을 금지 제한하는 것은

200) 노사관계법제과-177, 2012.1.19, 서울행판 2013.7.11, 2012구합39292.

201) 서울행판 2013.6.26, 2013구합50777.

202) 서울행판 2014.4.25, 2013구합35498 ; 서울행판 2015.12.3, 2015구합64105 참조.

203) 서울지방노동위원회 2018.2.5, 결정 서울2017공정32 판정

204) 「노조법시행령」에서도 동일인이 2개 이상의 노동조합에 가입할 수 있다는 것을 전제로 이중 가입 조합원에 대한 조합원 수 산정방법을 규정하고 있다(제14조의7 제6항).

가능하다.

(b) 노동조합의 소속 조합원이 다른 노동조합에 가입하는 것은 단결을 저해할 수 있으므로 규약으로 그 조합원을 제명하거나 권리를 제한하는 것은 노동조합의 내부적 통제권에 의한 합리적 규율에 해당한다.

마. 단수노조의 경우도 창구단일화 절차를 거쳐야 하는지

(a) 「노조법」상 창구단일화 절차를 거친 교섭대표노조는 교섭을 요구한 모든 노조 또는 조합원을 위해 사용자와 교섭하고 단체협약을 체결할 수 있는 당사자가 되고, 쟁의행위 등 법에서 정한 사항에 대해서 일정기간 그 전속적인 권한을 행사할 수 있는 막강한 지위를 갖는다.

(b) 문제는 단수노조 사업(장)에서 해당노조가 복수노조의 존재를 전제로 도입된 교섭창구단일화 절차를 거쳐야 하는지와 거쳤을 경우 그 노조의 법적 지위는 어떠한지에 대한 논의가 있다.

(c) 이에 대해 교섭창구단일화를 규정한 「노조법」 제29조의2제1항에 대해 강행규정성을 인정하는 견해와 부정하는 견해가 대립하고 있으나, 아래 ②설과 같이 하나의 사업 또는 사업장 단위에서 유일하게 존재하는 노동조합은 설령 교섭창구단일화 절차를 거쳤다고 하더라도 교섭대표노동조합의 지위를 취득할 수 없다고 보아야 하므로 창구단일화 절차를 거칠 의무가 없다고 보는 것이 타당하다고 생각된다.

①설 : 창구단일화 절차를 거쳐야 한다는 견해(강행규정성 인정)

(a) 강행규정성을 인정하는 견해[205]로 「노조법」 제29조의2에서 정하는 절차는

---

205) 서울고판 2014.3.19, 2013누16175판결 : 이 사건에서 쟁점은 단수노조사업장의 경우도 교섭요구사실공고의 의무가 있는지 여부였으나, 서울고법은 ① 「노조법시행령」 제14조의3 문언 및 제14조의2와의 체계적 해석', ② 교섭요구 사실공고 제도의 악용 가능성을 들어 하나의 노동조합이라 해도 교섭창구단일화 절차(특히, 교섭요구 사실공고 의무)를 거쳐야 하는 것으로 보고 있다. 중앙노동위원회(복수노조 업무매뉴얼, 위원용), 2013.4, p.13 ; 중노위 2012.8.13, 중앙2012교섭29 등 : 중노위는 강행규정성 근거로 "해당사업장에 복수노조가 존재하는지를 알기란 쉽지 않고 복수노조의 존재가 명확하지 않은 상태에서 그에 관한 사용자의 주관적인 인식에 따라 교섭요구사실 공고 여부가 좌우될 수 있게 되어 집단적 노동관계의 법적 안정성이 현저히 침해될 우려

하나의 사업(장)에서 노조 수와 관계없이 적용되는 강행규정으로 해석하고 있다.

ⓑ 그 논거로는 ① 사업(장)에 복수 노동조합이 복수인지 단수인지 구별하기가 용이하지 않아 이후 법적안정성에 심각한 문제가 발생할 수 있다는 점과, ② 창구단일화 절차의 첫 번째 절차인 교섭요구사실의 공고절차를 규정한 「노조법 시행령」 제14조의2제1항이 "노동조합은 그 사업 또는 사업장에 단체협약이 있는 경우에는 「노조법」 제29조제1항 또는 제29조의2제1항에 따라…사용자에게 교섭을 요구할 수 있다"고 규정하고 있기 때문에 해당 사업주에 단수 노조만이 존재하는 경우를 상정하고 있는 「노조법」 제29조제1항의 상황에서도 교섭창구단일화 절차(교섭요구사실 공고절차)가 개시된다는 점 등을 들고 있다.

ⓒ 또한, 사용자가 해당사업장에 복수노조가 존재하는지를 알기 쉽지 않고 복수노조의 존재가 명확하지 않은 상태에서 그에 관한 사용자의 주관적인 인식에 따라 교섭요구사실 공고 여부가 좌우될 수 있게 되어 집단적 노동관계의 법적 안정성이 현저히 침해될 우려가 있으며, 경우에 따라서는 사용자가 이를 악의적으로 이용할 여지도 있는 불합리한 결과가 발생할 수 있는 점과, 교섭요구 사실의 공고 기간(노조의 교섭요구를 받은 날부터 7일간) 동안 복수의 다른 노동조합을 설립(가입)하여 교섭에 참여할 수 있다는 것이다.

ⓓ 행정해석의 경우도 단일 노동조합이 명백한 경우라면 「노조법」 제29조제1항에 따라 교섭창구단일화 절차 없이 교섭을 진행하는 것은 가능할 것이나, 단일노조인지 여부는 교섭창구단일화 절차를 거쳐야 확인이 가능하고, 교섭 중에 복수노조가 설립되거나 기존노조가 단체협약을 체결한 이후라도 교섭 당시 복수노조가 존재하였던 것이 확인될 경우 새로이 교섭창구단일화절차를 거쳐 교섭을 진행하여야 하는 경우가 발생할 수 있으므로 단일노조라 하더라도 교섭창구단일화 절차를 거쳐 교섭하는 것이 바람직하다는 것이다.[206]

가 있으며, 경우에 따라서는 사용자가 이를 악의적으로 이용할 여지도 있는 불합리한 결과가 발생할 수 있다"는 점을 들고 있다.

206) 노사관계법제과-1660, 2012.5.17.

②설 : 창구단일화 절차를 거칠 의무가 없다는 견해(강행규정성 부정)

(a) 강행규정성을 부정하는 견해[207]는 ①「노조법」 제29조의2의 교섭창구단일화 절차는 “하나의 사업 또는 사업장에서 조직형태와 관계없이 근로자가 설립하거나 가입한 노조가 2개 이상인 경우에만 적용된다는 점과, ②「노조법」 제29조의2와 「노조법시행령」 제14조의2이하의 절차의 관계, 교섭창구단일화 제도의 도입 취지 등을 들어 복수노조 창구단일화 절차는 복수노조를 전제로 하고 있다고 봐야 하고 단수노조만 존재하는 경우에는 교섭창구단일화 절차를 거칠 의무가 없다는 점을 들고 있다.

(b) 대법원도 단수노조 사업장에서 사용자가 단수노조를 교섭요구노동조합으로 확정 공고했더라도 그 이후 신설된 노조가 교섭을 요구할 경우, 「노조법」에서 정한 교섭창구단일화 절차가 진행됐다고 볼 수 없으므로 기존 단수노조의 경우 교섭대표노조로서의 지위가 인정되지 않는다고 판단한 바 있다.[208]

(c) 또한, 최근 대법원은 ‘부당노동행위구제재심판정취소 사건’에서 “사업장에 단수노동조합만이 존재하여 다른 노동조합의 의사를 반영할 만한 여지가 처음부터 전혀 없었던 경우에는 교섭대표노동조합의 개념이 무의미 해질 뿐만 아니라 달리 고유한 의의(意義)를 찾기도 어렵게 된다고 전제한 후, 교섭창구단일화 제도의 취지 내지 목적, 교섭창구단일화제도의 체계 내지 관련 규정의 내용, 교섭대표노동조합의 개념 등을 종합하여 보면, 하나의 사업 또는 사업장 단위에서 유일하게 존재하는 노동조합은 설령 「노조법」 및 그 시행령이 정한 절차를 거쳤다고 하더라도 교섭대표노동조합의 지위를 취득할 수 없다”고 판단하였다.[209]

207) 서울행판 2013.5.2, 2012구합30424 ; 서울고판 2014.11.27, 2014누44191 ; 조상균, “유일노동조합하에서의 교섭창구단일화 절차이행 여부와 쟁의행위 정당성”, 「한양법학」 27권제1집, 2016.2, pp.125~128 등 다수.

208) 대법원은 1심(서울행판 2015.7.23, 2015구합50146), 2심(서울고판 2016.1.22, 2015누54690)을 그대로 인정하여 심리불속행 기각 판결을 하였다.

209) 대판 2017.10.31, 2016두36956.

3. 교섭창구단일화 절차

「노조법」에는 교섭창구단일화 절차와 관련,[210] 사업 또는 사업장 내에서 사용자와 교섭하기 위해서는 사용자가 교섭창구단일화 절차를 거치지 아니하기로 동의한 경우를 제외하고 모든 노동조합은 교섭창구를 단일화해 교섭대표노동조합을 정하도록 하고 있고, 교섭창구단일화는 노사간 자율결정 원칙을 최대한 보장하면서 단계적으로 진행[211]하도록 설계되어있다.

가. 교섭요구 노동조합의 확정

1) 단체교섭 요구

(a) 노동조합은 단체협약 만료일 이전 3개월이 되는 날부터 사용자에게 노조 명칭, 대표자 성명, 사무소 소재지, 교섭요구일 현재 조합원 수 등을 기재한 서면으로 교섭요구를 하여야 한다(노조법 제14조의2제1항).

(b) 만일, 해당 사업(장)에 2개 이상의 단체협약이 있는 경우에는 먼저 도래하는 협약의 유효기간 만료일 이전 3개월이 되는 날부터 교섭요구를 할 수 있다(노조법 제14조의2제1항 단서).

(c) 예컨대, 기존 노조 임금협약의 유효기간이 상당기간 남아 있음에도 불구하고 사용자가 신규노조의 교섭요구에 응하여 교섭창구단일화 절차를 진행하는 경우, 이는 「노조법시행령」 제14조의2제1항을 위반하는 것으로 적법한 교섭창구단일화 절차라 하기는 어려울 것이므로 기존노조의 단체협약 만료일 이전 3개월이 되는 날부터 교섭창구단일화 절차를 다시 개시하여야 한다.[212]

2) 교섭요구 사실의 공고

(a) 교섭 요구를 받은 사용자는 즉시 요구를 받은 날로부터 7일간 교섭요구사

210) 「노조법」 제29조의2, 「노조법시행령」 제14조의2 내지 제14조의10

211) ① 자율적 단일화 → ② 과반수 노동조합 → ③ 공동교섭대표단(10%미만 노조 배제)

212) 노사관계법제과-2095, 2011.10.21.

실을 해당 사업(장)의 게시판 등에 공고하여야 한다(노조법 제14조의3).

(b) 공고 내용은 ⓐ 교섭을 요구한 노동조합의 명칭, ⓑ 대표자 성명, ⓒ 교섭요구 일자, ⓓ 교섭을 하려는 다른 노동조합이 교섭을 요구할 수 있는 기한 등이다.

(c) 만일, 사용자가 교섭요구 사실을 공고하지 않은 경우, 창구단일화절차는 단체교섭에 나아가기 위한 필수적인 절차에 해당하고, 단일화 절차는 노동조합의 사용자에 대한 단체교섭 요구로부터 시작하게 되므로, 복수노조가 존재하는 사업 또는 사업장의 사용자가 교섭대표노조와의 단체협약 체결 또는 단체교섭을 거부하거나 해태하는 행위뿐 아니라 교섭대표노조를 정하기 위한 교섭창구단일화 절차를 거부하거나 해태하는 행위 역시 「노조법」 제81조제3호의 '기타 단체교섭을 거부하거나 해태하는 것'으로 부당노동행위가 성립할 수 있다.[213]

(d) 한편, 사용자가 노동조합의 교섭요구를 받았음에도 공고하지 않거나 사실과 다르게 공고한 경우에는 노동위원회에 시정을 요청할 수 있으며, 노동위원회는 시정 요청을 받은 날부터 10일 이내에 사실관계를 조사한 후 그에 대한 결정을 해야 하고, 노동위원회 결정이 위법 월권인 경우에는 중앙노동위원회에 이의제기가 가능하다.

3) 다른 노조의 참가 신청 및 교섭요구 노조의 확정공고 및 통지

(a) 사용자와 교섭하려는 다른 노동조합은 교섭요구 사실에 대한 공고기간 내에 사용자에게 교섭을 요구하여야 하며 공고기간에 교섭을 요구하지 않을 경우에는 교섭창구단일화 절차에 참여할 수 없다.

(b) 사용자는 교섭요구 사실에 대한 공고기간(7일)이 끝난 후에 교섭요구 노동조합을 확정하여 공고기간이 끝난 날부터 5일간 공고[214]해야 한다. 또한, 교섭을 요구한 노동조합은 교섭요구 노동조합 확정공고 내용이 '자신이 제출한 내용'과 다르게 공고되거나 공고되지 않은 것으로 판단한 경우에는 그 '공고기간 중'에 사용자에게 이의를 신청할 수 있으며, 사용자는 노동조합의 이의신청이 타당

213) 서울행판 2013.7.17, 2013구합50678.

214) 공고 내용 : ① 교섭요구 노조 명칭, 대표자 성명, ② 교섭요구 일자, ③ 교섭대표노조결정 참가노조의 교섭요구일 현재 조합원 수, ④ 공고에 대한 이의신청 안내

하다고 인정하는 경우에는 확정공고일이 끝난 날부터 5일간 신청한 내용대로 공고해야 한다(노조법 제14조의5).

(c) 만일, 사용자에 대한 이의신청에도 불구하고 사용자가 그에 따른 조치를 하지 않을 경우에는 노동위원회에 시정 요청을 할 수 있으며, 노동위원회는 시정 요청을 받은 날부터 10일 이내에 사실관계를 조사, 확인한 후 교섭요구 노동조합 확정 결정을 하여야 하며, 노동위원회 결정이 위법·월권인 경우 중앙노동위원회에 이의제기를 할 수 있다.

(d) 한편, 「노조법시행령」 제14조의5에 따른 사용자의 공고에 대하여 노동조합이 노동위원회에 시정을 요청하여 노동위원회가 결정을 한 경우에는 결정이 당사자에게 송달되어 효력이 발생한 날부터 교섭대표 자율결정기간 이 진행한다.[215]

4) 교섭요구 노동조합의 확정·결정

(a) 교섭요구 노동조합으로 확정되는 경우는 ① 사용자의 교섭요구 노동조합 확정 공고에 대해 그 공고기간 중 이의가 없을 때에는 공고된 노동조합, ② 노동조합의 이의제기에 의한 사용자의 수정공고에 대해 5일간 이의가 없을 때에는 그 공고된 노동조합, ③ 노동조합의 시정요청에 의해 노동위원회에서 결정한 때에는 노동위원회가 결정한 노동조합이 된다.

(b) 이와 같은 절차에 의해 교섭요구 노동조합으로 확정된 노동조합만이 교섭대표노동조합 결정 절차에 참여할 수 있으며, 교섭대표노조가 체결한 단체협약은 교섭창구단일화 절차에 참여한 노동조합 전체에 대하여 적용된다.

나. 교섭대표노동조합 결정

1) 사용자의 동의에 의한 개별교섭

(a) 복수노조 사업장에서 개별교섭은 1사 1교섭 원칙의 교섭창구단일화 원칙에 대한 예외로 인정되는 것으로, 노사가 개별교섭을 하기 위해서는 교섭요구노

---

215) 대판 2016.1.14, 2013다84643, 84650.

동조합이 확정된 때부터 14일 이내에 사용자가 그에 대한 동의를 하여야 하며, 동 기한을 초과하여 노사가 교섭창구단일화를 하지 않고 개별교섭을 하기로 합의하였다 하더라도 이는 강행규정을 위반한 것으로 효력이 없다.[216)]

(b) 사용자가 개별교섭에 동의한 경우에는 확정된 교섭요구 노동조합은 각각 사용자와 교섭하여 단체협약을 체결할 수 있다. 그러나, 교섭요구 노조 확정 이후 신설된 노조나 교섭창구단일화 절차에 참여하지 않은 기존 노조에 대한 사용자의 교섭의무는 없다.

(c) 또한, 자율적 단일화 기간 내에 사용자가 노조의 개별교섭에 동의하였다면 교섭창구단일화 절차에 참여한 각 노조와 개별교섭을 할 수 있으며, 각 노조는 사용자와 교섭 후 당해 사업(장)에서 최초로 도래하는 단체협약 만료일 이전 3개월이 되는 날부터 차기 교섭창구단일화 절차를 진행하여야 한다.[217)]

2) 자율적 단일화(교섭대표노조 결정)

(a) 교섭요구노동조합이 확정 또는 결정된 날[218)]로부터 14일 이내에 자율적으로 교섭대표노동조합을 정할 수 있으며 교섭대표노동조합의 대표자, 교섭위원 등이 연명으로 서명 또는 날인하여 사용자에게 통지함으로써 교섭대표노조로 확정된다.

(b) 자율적 교섭대표노조 결정 이후 교섭을 시작하기 전 또는 진행 중 일부노동조합의 탈퇴 또는 불참은 노동조합간의 합의를 위반하는 것이므로 교섭대표노동조합의 지위는 그대로 유지된다.

---

216) 개별교섭 동의 기한은 강행규정에 해당하여 교섭요구 노동조합이 확정된 때부터 14일 이내에만 사용자의 개별동의가 허용됨. 따라서 교섭창구단일화를 하지 않고 개별교섭하기로 단체협약에 규정할 경우 단체협약 체결시점과 상관없이 2011.7.1.부터 「노조법」 제29조의2제1항 위반으로 효력이 없다(노사관계법제과-706, 2011.5.19).

217) 노사관계법제과-197, 2012.1.19.

218) 교섭대표 자율결정기간의 기산일과 관련, 「노조법시행령」 제14조의5에 따라 '확정 도는 결정된 날'은 시행령 제14조의5에서 정한 교섭요구 노동조합 확정절차가 종료된 날을 의미하므로 ① 사용자의 공고에 대하여 노동조합이 이의를 신청하지 않은 경우에는 그 공고기간이 만료된 날을, ② 노동조합이 이의를 신청하여 사용자가 수정공고를 한 경우에는 그 수정공고기간이 만료된 날을 의미한다(대판 2016.2.18, 2014다11550).

3) 과반수 노동조합의 교섭대표노조 확정

(a) 과반수 노동조합이라 함은 교섭창구단일화 절차에 참여한 노동조합의 전체 조합원 과반수를 차지하는 노동조합을 의미하며, 교섭요구 노동조합의 확정공고일을 기준으로 조합원 수를 산정한다.

(b) 과반수 노동조합이 없더라도 2개 이상의 노동조합이 위임 또는 연합 등의 방법으로 전체 조합원의 과반수가 되는 경우에도 과반수노동조합으로 인정된다.

(1) 과반수 노조 통지

자율적 단일화 결정 기한이 만료되는 날부터 5일 이내에 과반수 노동조합은 노조 명칭, 대표자, 과반수 노동조합이라는 사실을 사용자에게 통지해야 하며, 만일 위임 또는 연합의 방법에 의한 과반수 노동조합의 경우에는 위임 또는 연합에 참여하는 노동조합의 명칭, 대표자 등을 포함하여 통지해야 한다.

(2) 사용자의 공고 및 교섭대표노동조합 확정

(a) 사용자는 과반수 노조임을 통지 받은 때에는 그 통지를 받은 날부터 5일간 그 내용을 공고해야 하며, 공고기간 중 공고 내용에 이의가 없을 때에는 공고된 노동조합이 교섭대표노동조합으로 확정된다.

(b) 만약, 교섭대표노동조합으로 확정된 후 조합원 수가 감소하여 과반수가 되지 않더라도 교섭대표노동조합의 지위 유지기간 동안에는 그 지위가 유지된다.

(3) 노동위원회에 의한 교섭대표노동조합 결정

(a) 과반수노동조합의 공고에 대해 이의가 있는 노동조합은 그 공고기간 중에 노동위원회에 이의를 신청할 수 있으며, 노동위원회는 이의신청을 받은 날부터 10일 이내에 교섭요구노동조합의 확정공고일을 기준으로 조합원 수를 확정(산정)하여 과반수노동조합을 교섭대표노동조합으로 결정해야 한다.

(b) 노동위원회의 과반수 노동조합에 관한 결정에 대한 불복 절차 및 효력은 중재재정의 불복 절차(노조법 제69조) 및 효력(노조법 제70조제2항)을 준용한다.

(4) 과반수 노조 조합원 수 산정 방법

① 조합원 수 산정 원칙

(a) 과반수 노조 결정에 있어 조합원수는 그 노동조합의 전체 조합원 수를 기준으로 할 것이 아니라, 그 노동조합의 전체 조합원 중 그 사업 또는 사업장에 종사하는, 즉 그 사업 또는 사업장의 사용자와 사용종속관계를 맺고 있는 근로자에 해당하는 조합원 수를 기준으로 한다.

(b) 예외적으로, 해고된 근로자가 노동위원회에 부당노동행위 구제신청을 하여 중앙노동위원회의 재심판정이 있을 때까지는 「노조법」 제2조제4호라목 단서에 의해 근로자로 간주되므로 교섭대표노조 결정을 위한 조합원 수 산정에 있어서도 그 해고된 근로자를 조합원 수에 산입하여야 한다.[219]

② 2개 이상의 노조에 가입한 조합원에 대한 조합원 수 산정[220]

ⓐ 조합비 납부 노동조합이 1개인 경우에는 그 노동조합의 조합원 수에 숫자 1을 가산하고, ⓑ 조합비 납부 노동조합이 2개 이상인 경우에는 숫자 1을 조합비 납부 노동조합 수로 나눈 후에 산출된 숫자를 그 노동조합의 조합원 수에 각각 가산하며, ⓒ 조합비 납부 노동조합이 없는 경우에는 숫자 1을 조합원이 가입한 노동조합 수로 나눈 후에 그 산출된 숫자를 그 노동조합의 조합원 수에 각각 가산한다.

4) 공동교섭대표단

과반수노동조합이 없는 경우에는 공동교섭대표단은 먼저 노동조합간 자율적으로 구성하고, 합의가 되지 않을 경우 노동위원회 결정에 따라 구성된다. 공동교섭대표단에 참여할 수 있는 노동조합은 조합원 수가 전체 조합원의 10% 이상인 노동조합으로 제한된다.

219) 서울행판 2014.1.16, 2013구합2457, 같은 취지 서울고판 2013.2.20, 2012누17933.
220) 「노조법시행령」 제14조의7제6항

(1) 자율적인 공동교섭대표단 구성

(a) 자율적으로 공동교섭대표단을 구성하기로 결정한 경우에는 공동교섭대표단의 대표자, 교섭위원 등을 정하여 연명으로 서명 또는 날인한 후 사용자에게 통지함으로써 교섭대표노동조합으로 확정된다.

(b) 공동교섭대표단 구성은 과반수 노조가 없는 경우에는 교섭요구 노조 확정·결정일로부터 10일 이내, 노동위원회가 과반수 노조가 없다고 결정하는 경우에는 노동위원회의 결정 통지가 있은 날로부터 5일내에 구성하여야 한다.

(c) 사용자에게 자율적 공동교섭대표단 통지 후에 일부 노동조합이 탈퇴하거나 참여하지 않더라도 교섭대표노동조합의 지위는 그대로 유지된다.

(2) 노동위원회에 의한 공동교섭대표단 결정

(a) 노동조합간 자율적으로 공동교섭대표단을 결정하지 못할 경우에는 노동조합의 신청에 의해 노동위원회가 공동교섭대표단을 결정하게 되는데, 노동위원회는 노동조합이 제출한 조합원 수를 기준으로 하여 신청일부터 10일 이내에 공동교섭대표단에 참여하는 인원 수(총 10명 이내)를 결정하고 노동조합과 사용자에게 각각 통지하여야 한다.

(b) 공동교섭대표단에 참여하는 노동조합은 노동위원회가 결정한 인원 수에 해당하는 교섭위원을 선정하여 사용자에게 통지해야 하며, 공동교섭대표단의 대표자는 노동조합간 합의로 정하되, 합의가 안 될 경우 조합원 수가 가장 많은 노동조합의 대표자를 그 대표자로 한다.

(c) 노동위원회 결정에 대한 불복 절차 및 효력에 대해서는 중재재정의 불복절차(노조법 제69조) 및 효력에 관한 규정(노조법 제70조제2항)을 준용한다.

〈교섭창구단일화 절차 기간의 초일·만료일 산정 방법〉

(1) 사례1 : 노조가 2017.7.1 최초 교섭요구를 한 경우

① 사용자) 교섭요구 사실공고 : 2017.7.1.

㉠ 최초로 노동조합으로부터 교섭을 요구받은 날부터 7일간 공고

㉡ 공고기간 : 2017.7.1~7.8

㉢ 초일 불산입

ⓔ 만료일 : 기간 만료일

② 사용자) 교섭요구 노동조합 확정공고 : 2017.7.9

ⓐ 교섭요구 사실에 대한 공고기간이 끝난 다음날부터 5일간 공고

ⓑ 공고기간 : 2017.7.9~7.14

ⓒ 초일 불산입

ⓓ 만료일 : 기간 만료일

③ 교섭요구 노동조합이 확정되는 시점 : 2017.7.15.00시

④ 노조) 자율적 교섭대표노동조합 결정기한

ⓐ 교섭요구 노동조합이 확정 또는 결정된 날로부터 14일 이내

ⓑ 결정기간 : 2017.7.15~7.28

ⓒ 초일 산입[221]

ⓓ 만료일 : 기간 만료일

⑤ 교섭대표노동조합이 확정되는 시점 : 사용자에게 통지하는 날

⑥ 노조) 과반수 노동조합이 사용자에게 통지할 수 있는 기한

ⓐ 자율적 단일화 결정 기한이 만료되는 날부터 5일 이내

ⓑ 통지기한 : 2017.7.29~8.2

ⓒ 초일 산입

ⓓ 만료일 : 기간 만료일

(2) 사례2 : 사례1에 이어서 과반수 노동조합이 2017.7.29 사용자에게 과반수 노동조합이라는 사실을 통지한 경우

① 사용자) 과반수 노동조합에 대한 공고 : 2017.7.29

ⓐ 통지를 받은 날로부터 5일간 공고

ⓑ 공고기간 : 2017.7.29~8.3

ⓒ 초일 불산입

ⓓ 만료일 : 기간 만료일

② 노조) 자율적 공동교섭대표단 결정기한

ⓐ 과반수 노동조합에 대한 통지·공고가 없는 경우에는 자율적 단일화 결정기한으로부터 10일 이내 → 7.29~8.8

ⓑ 노동위원회가 과반수 노동조합이 없음을 결정한 때에는 그 날부터 5일 이내 → 8.23~8.29

③ 노동위원회가 과반수 노동조합이 없음을 결정 : 2017.8.23

※ 기간의 계산 관련 「민법」 규정

ⓐ 기간의 기산점(민법 제157조) : 기간을 일, 주, 월 또는 연으로 정한 때에는 기간의

초일은 산입하지 아니한다. 그러나 그 기간이 오전영시로부터 시작하는 때에는 그러하지 아니하다.
ⓑ 기간의 만료점(민법 제159조) : 기간을 일, 주, 월 또는 연으로 정한 때에는 기간말일의 종료로 기간이 만료한다.
ⓒ 공휴일 등과 기간의 만료점(민법 제161조) : 기간의 말일이 토요일 또는 공휴일에 해당한 때에는 기간은 그 익일로 만료한다.

다. 교섭창구단일화의 예외 → 노동위원회의 교섭단위 분리 결정

(a) 교섭단위란 단체교섭의 단위와 구조를 결정하는 기준으로 교섭대표노동조합을 결정하여야 하는 단위를 말한다. 교섭단위는 하나의 사업 또는 사업장이 원칙이나, 당사자의 신청에 의해 현격한 근로조건의 차이, 고용형태, 교섭 관행 등을 고려하여 노동위원회 결정으로 교섭단위를 분리할 수 있다. 따라서, 교섭단위 분리결정은 노동위원회의 전속사항이므로 노사 당사자간의 합의에 의한 임의적인 교섭단위 분리는 허용되지 않는다.[222)]

(b) 교섭단위 분리 결정은 노동관계 당사자의 양쪽 또는 어느 한쪽이 신청할 수 있으며,[223)] 신청시기는 ⓐ 사용자의 교섭요구 사실 공고 전, 또는 ⓑ 교섭대표노동조합 결정 이후에 할 수 있다.

(c) 사업(장) 관할 노동위원회에서 교섭단위 분리 결정을 하기 전에 노동조합이 사용자에게 교섭을 요구한 때에는 노동위원회 결정이 있을 때까지 교섭창구단일화 절차의 진행이 정지되며, 노동위원회는 교섭단위 분리결정 신청을 받은 날부터 30일 이내에 교섭단위 분리 결정을 하고, 노동조합과 사용자에게 통지해야 한다.

221) 「민법」 제157조 : 기간의 기산점 기간을 일, 주, 월 또는 연으로 정한 때에는 기간의 초일은 산입하지 아니한다. 그러나 그 기간이 오전 영시로부터 시작하는 때에는 그러하지 아니하다.

222) 고용노동부, 「사업(사업장)단위 복수노조 업무매뉴얼」, 2010.12. p.34.

223) 사용자 일방의 분리신청과 관련 노조의 신청과 달리 특정 노조에 대한 우호적 처우나 배제를 위한 수단으로 악용될 소지가 있다는 지적(김철희)과, 입법론적으로 노사의 연명으로 혹은 노조의 동의를 얻은 경우만 분리신청이 가능하도록 제한할 필요가 있다는 견해(조상균)가 있다.

(d) 노동위원회의 교섭단위 분리결정 통보를 받은 노동조합은 각각의 교섭단위별로 창구단일화(교섭대표노동조합의 결정) 절차를 진행하여야 하며,[224] 교섭단위 분리와 관계없이 하나의 사업(장) 전체 조합원 규모에 따라 근로시간면제한도가 적용된다.

(e) 한편, 교섭단위분리 결정 권한은 노동위원회에 있으므로 노동위원회가 교섭단위 분리 결정을 한 이후 사정변경 등으로 교섭단위 분리 요건이 더 이상 충족되지 못하거나 교섭단위 분리의 조정을 필요로 하는 요건이 발생한 경우에는 당사자의 신청에 따라 노동위원회가 기존의 분리결정을 취소하거나 새로운 교섭단위 분리결정을 할 수 있을 것이며, 노사가 임의적으로 교섭단위 재결합을 할 수는 없다.[225]

(f) 노동위원회의 교섭단위 분리 결정에 대한 불복절차는 중재재정의 불복 절차에 관한 규정을 준용한다(노조법 제69조 및 노조법 제29조의3제3항).

4. 교섭대표노동조합의 지위

가. 의 의

「노조법」에 "교섭대표노동조합의 대표자는 교섭을 요구한 모든 노동조합 또는 조합원을 위하여 사용자와 교섭하고 단체협약을 체결할 권한을 가진다"고 규정(제29조의2)함으로써 교섭대표노동조합에게 사용자와 단체교섭을 하고 단체협약을 체결할 법적 지위를 부여하고 있다. 따라서, 「노조법」에서는 교섭대표노동조합이 단체교섭 전반에 걸쳐서 대표권을 행사할 수 있도록 하고 있는 등 법상 지위를 명백히 하고 있다.

224) 노동위원회로부터 교섭단위 분리 결정을 통지받은 경우 같은 법 시행령 제14조의11제4항에 따라 사용자와 교섭하려는 노동조합은 자신이 속한 교섭단위에 단체협약이 있는 경우에는 그 단체협약의 유효기간 만료일 이전 3개월이 되는 날부터 교섭요구 등의 교섭창구단일화 절차를 개시하여야 할 것임(노사관계법제과-1775, 2012.6.5).

225) 노사관계법제과-900, 2012.6.3.

나. 교섭대표노동조합의 지위 유지기간

(a) 교섭대표노동조합은 그 결정된 때부터 단체협약 유효기간에 관계없이 원칙적으로 2년을 기준으로 그 지위를 유지하는 것으로 규정하고 있다(노조법시행령 제14조의10).

㉮ 사용자와 체결한 첫 번째 단체협약의 유효기간이 2년인 경우에는 교섭대표노동조합으로 결정된 날부터 그 단체협약의 유효기간 만료일까지 그 지위를 유지하나, 단체협약을 체결시 그 유효기간을 소급하여 적용하였다면 교섭대표노동조합의 지위 유지기간은 소급적용일로부터 2년간이다.[226)]

㉯ 사용자와 체결한 첫 번째 단체협약의 유효기간이 2년 미만인 경우에는 교섭대표노동조합으로 결정된 날부터 단체협약의 효력이 발생하는 날을 기준으로 2년이 되는 날까지 그 지위를 유지한다.

(b) 다만, 교섭대표노동조합과 사용자가 같은 날에 유효기간이 다른 단체협약과 임금협약을 체결한 경우라면, 그 유효기간 시작일(효력발생일)이 빠른 단체협약(임금협약 포함)을 첫 번째로 체결한 단체협약으로 보아 이를 기준으로 교섭대표노동조합 지위 유지기간을 산정하여야 한다고 해석하는 것이 쟁점 규정의 문언 및 교섭창구단일화 제도의 취지에 맞고 합리적이다.[227)] 그리고, 차기 교섭창구단일화는 그 지위 유지기간 이후에 만료되는 단체협약(임금협약 포함)의 만료일 이전 3개월이 되는 날부터 개시하여야 한다.[228)]

(c) 교섭창구단일화 제도는 소수 노동조합의 단체교섭권 제한을 전제로 하고 있으므로 교섭대표노동조합 지위 유지기간 판단에 있어서는 소수노동조합을 포함한 여러 노동조합에 소속된 근로자의 노동기본권 보장과 공익상 필요가 적절

226) 노사관계법제과-1346, 2011.7.21.

227) 대판 2017.10.12, 2017마5644. 같은 취지로 행정해석 변경 노사관계법제과-101, 2018.1.10. 기존의 행정해석은 효력발생일이 나중에 시작되는 단체협약을 기준으로 교섭대표노동조합의 지위 유지기간을 산정하도록 하였으나 대법원 판결에 따라 변경하였다.

228) 노사관계법제과-1659, 2012.5.17.

한 균형을 이룰 수 있도록 제도를 운영하여야 한다.

다. 새로운 교섭대표노조가 결정되어 교섭대표노조가 병존할 경우

새로운 교섭대표노조가 결정된 경우 기존 교섭대표노조의 지위 유지기간 만료일 이후 유효기간이 만료되는 단체협약 갱신을 위한 새로운 교섭대표노동조합이 결정됨으로써 기존 교섭대표노동조합과 새로운 교섭대표노동조합이 같이 병존할 경우에는 기존 교섭대표노동조합은 새로운 교섭대표노동조합이 결정된 때까지만 그 지위를 유지한다.

라. 지위 유지기간 만료 후 새로운 교섭대표노조가 결정되지 못한 경우

교섭대표노동조합의 지위 유지기간이 만료되었으나, 새로운 교섭대표노동조합이 결정되지 못한 경우 기존 교섭대표노동조합은 새로운 교섭대표노동조합이 결정될 때까지 기존 단체협약의 '이행'과 관련하여 계속 그 지위를 유지한다.

마. 1년간 단체협약을 체결하지 못한 경우

교섭대표노조로 결정된 후 1년간 사용자와 단체협약을 체결하지 못한 경우에 어느 노동조합이든지 사용자에게 교섭을 요구하면, 그 이후부터는 기존 교섭대표노조의 지위는 상실하게 되고 교섭창구단일화절차를 통해 새로운 교섭대표노조를 정할 수 있다.[229)]

바. 조합원의 집단적인 탈퇴와 노조 조직형태 변경 시

(a) 기존 노동조합에서 조합원이 개별 또는 집단적으로 탈퇴하더라도 기존 노동조합의 채권·채무와 단체협약에는 영향을 미치지 못하며 새로이 가입하거나 설립된 노동조합에 승계되지 않는 것이 원칙이므로 교섭대표노동조합의 지위에 있는 노동조합이 조합원들의 대량 탈퇴로 남아있는 조합원의 숫자가 대폭 줄어

229) 노사관계법제과-2271, 2017.9.12.

그 시점에 교섭창구단일화 절차를 진행하면 교섭대표노동조합으로 결정되기 어려운 경우에도 교섭대표노동조합의 지위는 유지된다.

(b) 또한, 교섭대표노동조합이 조직변경을 통하여 초기업단위 노동조합의 지부·지회에서 기업별 단위노동조합으로 조직형태를 변경한 경우 또는 기업별 단위노동조합에서 산업별 노동조합의 지부·지회로 조직형태를 변경한 경우에는 교섭대표노동조합의 지위는 그대로 승계된다.

주/요/쟁/점/실/무

제6절 근로시간면제제도 관련 쟁점

1. 제도의 의의

(a) 근로시간면제제도(Time off)란 일정한 노동조합 활동시간을 임금손실 없이 근로시간으로 인정해주는 제도를 말하며, '근로시간면제자'란 「노조법」에서 인정된 근로시간면제 대상업무를 수행하기 위해 미리 지정된 조합원을 말한다.

(b) 「노조법」개정(2010.1.1)[230]에 따라 사용자의 노조전임자에 대한 급여지급은 금지하고 이를 노동조합이 스스로 부담하도록 하면서 교섭·협의, 고충처리, 산업안전 활동 등 개정 「노조법」이 정한 소정의 활동에 대해 임금의 손실 없이 그 활동을 할 수 있도록 하는 제도를 도입하여 시행하고 있다.[231]

(c) 근로시간면제자는 고용노동부가 고시[232]한 근로시간면제한도 내에서 근무를 면제받고 「노조법」에 규정된 근로시간면제대상에 속하는 업무를 수행할 수 있으며, 이러한 근로시간면제자의 활동에 대해서는 사용자가 유급처리를 할 수 있다.

230) 「노조법」 제24조제4항에는 '단체협약으로 정하거나 사용자가 동의하는 경우에는 사업 또는 사업장별로 조합원 수 등을 고려하여 제24조의2에 따라 결정된 근로시간면제한도를 초과하지 아니하는 범위에서 근로자는 임금의 손실 없이 사용자와의 협의·교섭, 고충처리, 산업안전 활동 등 이 법 또는 다른 법률에서 정하는 업무와 건전한 노사관계 발전을 위한 노동조합의 유지·관리업무를 할 수 있다'라고 규정하고 있다.

231) 그간 노조전임자에 대해 사용자가 관행적으로 급여를 지급해왔으나, 1997년 「노조법」에 전임자 급여지급 금지규정을 처음 도입한 이후 3차례에 걸쳐 13년간 유예하면서 전임자 자율축소를 권장했으나 불합리한 관행이 계속됨에 따라 2009.12.4. 노사정 합의를 통해 근로시간면제제도를 도입하였다.

232) 개정 「노조법」의 취지와 노사공익 공동으로 추진한 노동조합 활동에 관한 실태조사 결과 등을 반영하여 사업 또는 사업장의 조합원 규모별로 근로시간면제한도를 설정했다(고용노동부 고시 제2010-39호, 2010.5.14)(고용노동부 고시 제2013-31호, 2013.6.25).

2. 근로시간면제 적용기준

가. 일반원칙

1) 근로시간면제자

근로시간면제자라 함은 단체협약으로 정하거나 사용자가 동의하는 경우에는 사업 또는 사업장별로 조합원 수 등을 고려하여, 근로시간면제한도 내에서 사용자와의 ① 협의·교섭, ② 고충처리, ③ 산업안전 활동 등 「노조법」 또는 다른 법률에서 정하는 업무와 ④ 건전한 노사관계 발전을 위한 노동조합의 유지 관리 업무를 수행하는 근로자를 말한다(노조법 제24조제4항).

2) 노조전임자와 근로시간면제자의 차이점

구분	노조전임자	근로시간면제자	비고
근거	「노조법」 제24조제1항 및 제2항	「노조법」 제24조제4항	
업무 범위	노동조합 업무로서 제한 없음	◦ 사용자와 협의·교섭, 고충처리, 산업안전 활동 등 「노조법」 또는 다른 법률에서 정하는 업무 ◦ 건전한 노사관계 발전을 위한 노동조합의 유지관리 업무 - 「노조법」 제2장 제3절 규정에 의한 노동조합 관리 업무 - 기타 사업장내 노사공동의 이해관계에 속하는 노동조합 유지 관리 업무	
급여 지급	무급	근로시간면제한도 내에서 유급처리	노조전임자 급여는 노조재정에서 부담
인원수	노사협의 결정	근로시간면제한도 내에서 노사가 결정	

3) 근로시간면제한도의 적용원칙

① 고용노동부가 고시한 근로시간면제한도 내에서 노사가 협의하여 총 사용 시간과 사용인원을 확정해야 한다.

예) 조합원 300명 이상(법정한도 5,000시간) 사업장에서 노사가 사업장 여건을 고려하여 근로시간면제 총량을 4,000시간으로 합의할 경우 총 사용시간 4,000시간, 사용인원 풀타임 2명(또는 풀타임 1명, 파트타임 2명)으로 명확하게 정하여야 함

② 노사는 근로시간면제 사용인원에 대한 선정기준, 절차 등을 정하고, 노동조합은 사용자에게 확정된 대상자 명단을 사전에 통보하여야 한다.

③ 사용자와의 협의·교섭, 고충처리, 산업안전활동 등 「노조법」 또는 다른 법률에서 정하는 업무와 건전한 노사관계 발전을 위한 노동조합의 유지관리 업무는 근로시간면제자가 반드시 우선적으로 수행해야 한다.

④ 근로시간면제자가 근로시간 중에 위 ③에 규정된 업무 이외의 업무를 하는 경우 해당 업무 수행시간에 대하여는 원칙적으로 급여를 지급받을 수 없다.

〈근로시간면제한도 고시 내용(고용노동부고시 제2013-31호, 2013.6.25)〉

① 조합원 규모별 연간 근로시간면제한도(시행일 2013.7.1.부터)

조합원 규모*	연간 시간 한도	사용가능인원
99명 이하	최대 2,000시간 이내	◦ 조합원수 300명 미만의 구간 : 파트타임으로 사용할 경우 그 인원은 풀타임으로 사용할 수 있는 인원의 3배를 초과할 수 없다 ◦ 조합원수 300명 이상의 구간 : 파트타임으로 사용할 경우 그 인원은 풀타임으로 사용할 수 있는 인원의 2배를 초과할 수 없다.
100명~199명	최대 3,000시간 이내	
200명~299명	최대 4,000시간 이내	
300명~499명	최대 5,000시간 이내	
500명~999명	최대 6,000시간 이내	
1,000명~2,999명	최대 10,000시간 이내	
3,000명~4,999명	최대 14,000시간 이내	
5,000명~9,999명	최대 22,000시간 이내	
10,000명~14,999명	최대 28,000시간 이내	
15,000명 이상	최대 36,000시간 이내	

※ '조합원 규모'는 「노조법」 제24조제4항의 '사업 또는 사업장'의 전체 조합원 수를 의미하며, 단체협약을 체결한 날 또는 사용자가 동의한 날을 기준으로 산정한다.

② 지역분포에 따른 근로시간면제한도

대상	추가 부여 되는 근로시간면제한도	
	광역자치단체 개수	시간
◦ 전체 조합원 1,000명 이상인 사업 또는 사업장	2~5개	(사업 또는 사업장 연간 근로시간면제한도)×10%
	6~9개	(사업 또는 사업장 연간 근로시간면제한도)×20%
	10개 이상	(사업 또는 사업장 연간 근로시간면제한도)×30%

※ 광역자치단체 개수 산정기준

> ① 광역자치단체는 「지방자치법」 제2조제1항제1호에 따른 특별시, 광역시, 특별자치시, 도, 특별자치도를 말한다.
> ② 광역자치단체의 개수는 해당 사업 또는 사업장의 전체 조합원 5% 이상이 근무하는 것을 기준으로 산정한다.

나. 세부 적용기준

1) 근로시간면제 시간 및 인원 한도

(1) 시간 한도

ⓐ 노사 당사자는 조합원 규모별로 정해진 근로시간면제한도를 초과하지 않는 범위 내에서 단체협약 또는 사용자 동의하에 자율적으로 근로시간면제 시간 및 인원을 정하여야 한다.

ⓑ 시간 한도는 연간단위로 사용할 수 있는 최대시간이며,[233] 1일 단위 면제 근로시간은 법정근로시간 범위 내에서 당해 사업(장)의 근로자와 사용자 사이에 정한 1일 소정근로시간(8시간) 이내로 이를 초과한 시간은 무급이 원칙이다. 다만, 교섭 협의시간 등이 1일 소정근로시간을 초과하여 계속되는 경우(예 : 10시간), 초과시간(2시간)을 유급으로 할지 여부는 노사 자율적으로 정할 수 있으며, 유급으로 정할 경우에는 유급 면제시간을 총량에 포함하여 근로시간면제한도를 설정 운영하여야 한다.

(2) 인원 한도

ⓐ 근로시간면제한도 고시 범위 내에서 사업특성에 따라 단체협약 등으로 근로시간면제자의 수를 정하고, 근로시간면제한도 사용가능 인원(파트타임 사용가능 인원)보다 사용인원을 늘리는 것은 허용되지 않는다.

233) 근로시간면제 시간한도는 연간 단위로 사용할 수 있는 최대시간을 의미하며, 그 기간에 대해서는 노사가 달리 정함이 없다면 단체협약 유효기간 기산일부터 1년간을 의미한다(노사관계법제과-1106, 2010.6.14).

(b) 근로시간면제를 파트타임으로 사용할 수 있는 인원한도는 노사간 정한 근로시간면제한도를 당해 사업(장)의 연간 소정근로시간으로 나눈 숫자에 해당하는 인원(소숫점 이하는 1명으로 인정)의 2배 또는 3배의 인원이다. 또한, 연간 소정근로시간은 법정근로시간 범위 내에서 노사가 연간 근로하기로 한 시간이다 (예 : 2,000시간, 2,080시간).

※ 조합원 150명, 최대 시간한도 3,000시간, 연간 소정근로시간 2,000시간인 경우 파트타임 사용가능 인원은 6명[(3,000시간÷2,000시간=1.5 → 2명으로 산정)×3배=6명]

(c) 근로시간면제 사용인원은 법정 한도 내에서 사업(장) 특성에 따라 노사가 자율적으로 정할 수 있으며, 한 사람 또는 일부 인원이 시간을 모아서 사용하는 것도 가능하다.

※ 예) 연간 소정근로시간 2,000시간인 사업장(조합원 350명)에서 시간 한도를 4,500시간으로 정한 경우
- 사용가능 인원(파트타임) 6명[(4,500÷2,000=2.25 → 3명으로 산정)×2배=6명] 이내임 → 이 경우 ① 풀타임 인원 2명(2,000시간×2명), 파트타임인원 1명(500시간) 또는 ② 풀타임 인원 1명(2,000시간×1명), 파트타임인원 3명(1,000시간 2명, 500시간 1명), ③ 파트타임인원 5명(1,000시간 4명, 500시간 1명) 등으로 사용가능

조합별 규모별 시간한도 및 사용가능 인원 한도 조견표

조합원 규모	시간 한도	연간 소정근로시간별 사용가능 인원한도(파트타임)	
		2,000시간	2,080시간
99미만	최대 2,000시간 이내	3명 이내	3명 이내
100~199명	최대 3,000시간 이내	6명 이내	6명 이내
200명~299명	최대 4,000시간 이내	6명 이내	6명 이내
300명~499명	최대 5,000시간 이내	6명 이내	6명 이내
500명~999명	최대 6,000시간 이내	6명 이내	6명 이내
1,000명~2,999명	최대 10,000시간 이내	10명 이내	10명 이내
3,000명~4,999명	최대 14,000시간 이내	14명 이내	14명 이내
5,000명~9,999명	최대 22,000시간 이내	22명 이내	22명 이내
10,000명~14,999명	최대 28,000시간 이내	28명 이내	28명 이내
15,000명~	최대 36,000시간 이내	36명 이내	36명 이내

※ 조합원 15,000명 이상 사업(장) 2012년 7월 1일부터 최대 36,000시간 이내, 파트타임 사용가능인원은 36명 이내가 됨
※ 연간 소정근로시간(예시)
 - 2,080시간=주40시간×52주(법정휴일 제외)
 - 2,000시간=공휴일을 고려, 약정휴일을 10일로 한 경우

(d) 조합원이 15,000명 이상인 사업장에서 2012.7.1.부터 근로시간면제한도가 최대 36,000시간 이내로 적용되므로 2012.7.1.이후 36,000시간 초과하여 근로시간면제한도를 인정하는 것은 법 위반이며, 이를 초과한 단체협약은 그 부분에 한하여 효력이 상실된다. 따라서 사용자가 2012.7.1. 이후에 계속하여 근로시간면제한도인 36,000시간을 초과하여 유급 처리하는 것은 부당노동행위에 해당한다.

※ 예) 조합원이 35,000명인 사업장에서 단체협약(유효기간 2012.12.31)으로 근로시간면제한도를 41,000시간으로 정한 경우 2012.7.1.이후부터는 면제 한도가 36,000시간임

(3) 인원한도 관련 실무 사례

① 근로시간면제대상 업무에 따라 파트타임 근로시간면제자 인원을 정하는 것은 가능하나 실제 근로시간을 면제받는 총인원은 근로시간면제한도 고시 기준(3배 또는 2배)을 초과하여서는 아니 된다.[234)]

근로시간면제시간과 사용인원은 기본적으로 연간단위를 의미하며, 근로시간면제한도를 사용할 수 있는 인원은 조합원이 300인 미만인 경우에는 풀타임으로 사용할 수 있는 인원의 3배를, 300인 이상인 경우에는 2배를 초과할 수 없으므로 단체교섭, 노사협의회 등 근로시간면제대상 업무에 따라 파트타임 근로시간면제자 인원을 정하는 것은 가능하다 할 것이나 실제 근로시간을 면제받는 총인원은 근로시간면제한도 고시 기준(3배 또는 2배)을 초과하여서는 아니 된다.

234) 노사관계법제과-645, 2010.9.2.

② 불가피한 경우가 아님에도 매월 풀타임 및 파트타임 대상자를 변경하여 근로시간면제한도를 부여한다면 이는 실질적으로 연간 사용인원 한도를 초과하는 것이므로 허용되지 않는다.[235)]

③ 복수의 노동조합이 존재하는 하나의 사업(장)에서 특정직종에 종사하는 근로자의 연간소정근로시간이 일반직종의 근로자와 상이한 경우에는 노사간 협의를 통해 두 연간소정근로시간 사이에서 기준시간을 정하고 그 기준시간으로 당해 사업(장) 전체의 사용 가능인원을 정할 수 있다.[236)]

2) 근로시간면제 대상업무의 범위

① 사용자와 협의·교섭, 고충처리, 산업안전활동 등 「노조법」 또는 다른 법률에서 정하는 업무

(a) 「노조법」상 단체교섭 업무 : 본교섭, 실무교섭, 보충교섭 등 사용자와 실제 교섭하는 활동, 교섭안 마련, 교섭결과 설명회 등 교섭과 직접 관련된 활동

(b) 「근참법」상 노사협의회 업무 : 「근참법」에 의한 노사협의회 위원으로 회의안건 준비 등 회의와 직접 관련된 활동

(c) 「근기법」에 의한 근로자대표로서 탄력적 근로시간제 및 선택적 근로 시간제 도입, 보상휴가제 실시, 재량근로제 실시 등 법률요건에 해당하는 협의 사유 발생시 사용자와 실제 협의하는 활동

(d) 「근참법」상 고충처리 업무 : 「근참법」 및 사업장 내 관련규정에 의해 정식 위촉된 고충처리 위원으로서 단협 또는 취업규칙 등 규정에 따라 제기된 고충을 처리하기 위해 협의하거나 근로자로부터 고충사항을 청취하고 처리하기 위해 사용자와 협의하는 활동

(e) 「산안법」상 산업안전보건위원회 업무, 근로자대표로서 동의 입회 의견청취 업무 : 산업안전보건위원회 위원으로 회의안건 준비, 안건검토 등 이와 직접 관련된 활동 및 근로시간면제자가 근로자대표로서 법률에 규정된 활동을 하는

235) 노사관계법제과-2170, 2011.10.31.

236) 노사관계법제과-2901, 2013.12.26.

경우 실제 참여한 시간

(f) 사내근로복지기금협의회 위원 등으로 활동하는 업무 : 사내근로복지기금협의회 위원 및 이사, 감사로서 기금 업무 수행 활동[237)]

② 건전한 노사관계 발전을 위한 노동조합의 유지 관리 업무

(a)「노조법」 제2장 제3절의 노동조합 관리 업무 : 노조규약에 정해진 정기총회 대의원회, 임원선거, 회계감사 등 활동

(b) 그 밖의 사업장 내 노사공동의 이해관계에 속하는 노동조합 유지 관리 업무 : 생산성 향상 등을 위한 노사공동위원회, 사용자의 위탁교육 등

③ 대상업무 관련 주요 실무사례

(a) 노사 공동이익을 위한 물품 절약운동, 무재해 추진활동, 불량품 최소화를 위한 활동의 경우는 노사 공동의 이해관계에 속하는 업무로서 근로시간면제 대상 범위에 포함된다.[238)]

'건전한 노사관계 발전을 위한 노동조합의 유지·관리업무'란 「노조법」 제2장 제3절의 노동조합 관리 업무, 그 밖의 생산성 향상 등을 위한 노사공동위원회, 사용자의 위탁교육 등 기타 사업장 내 노사공동의 이해관계에 속하는 노동조합의 유지·관리업무를 말하는 바, 노사 공동이익을 위한 물품 절약운동, 무재해 추진활동, 불량품 최소화를 위한 활동의 경우는 노사 공동의 이해관계에 속하는 업무로서 근로시간면제 대상 범위에 포함된다.[239)]

(b) 사우회, 장학회, 공제회 등의 활동이 노사가 함께 참여하는 노사공동위원회 성격을 가진 것이라면 근로시간면제 대상 업무로 볼 수 있다.[240)]

---

237) 예를 들어, 우리사주조합 운영 관련 업무의 경우 당해 사업(장)의 건전한 노사관계발전을 위한 노동조합의 유지·관리업무에 필요한 것이라면 근로시간면제대상 업무에 해당한다 할 것임. 근로시간면제제도는 면제한도 내에서 면제대상 업무를 수행한 시간에 대해 유급으로 인정해 주는 취지인바, 풀타임 근로시간면제자인 경우에는 우리사주조합업무를 병행하여 수행한다 하더라도 기존의 풀타임 근로시간면제에 따른 통상적인 급여수준 외에 별도 급여를 지급하는 것은 부당노동행위에 해당할 수 있다(노사관계법제과-750, 2012.3.7).

238) 노사관계법제과-534, 2010.8.23.

239) 노사관계법제과-534, 2010.8.23.

(c) 산별노조에서 주관하는 교육, 수련회 등이 당해 사업장 내 건전한 노사관계발전을 위한 노동조합의 유지·관리업무에 필요한 것이라면 근로시간면제 대상범위에 포함된다.[241)]

근로시간면제제도는 사업 또는 사업장 단위로 적용되므로 여러 사업장을 걸쳐 조직된 산별노조라는 이유로 당해 사업 또는 사업장이 아닌 산별노조의 조직범위 내의 다른 사업 또는 사업장의 활동에 대해서까지 근로시간면제를 할 수 없다. 다만, 산별노조에서 주관하는 교육, 수련회 등이 당해 사업장 내 건전한 노사관계발전을 위한 노동조합의 유지·관리업무에 필요한 것이라면 근로시간면제 대상 범위에 포함된다.[242)]

(d) 근로시간면제자가 경영권과 관련된 사장퇴진만을 목적으로 1인 시위나 사내농성을 한다면 이는 근로시간면제 대상업무에 포함된다고 볼 수 없으므로 사용자에게 급여 지급 의무가 없다.[243)]

(e) 타 노조의 총파업 궐기대회에 참석하는 것은 노사 공동의 이해관계에 속하는 업무와 무관할 경우 면제대상 업무로 보기 어렵다.[244)]

3) 근로시간면제자 적용기준

① 사업 또는 사업장 판단 기준

(a) 사업이란 경영상 일체를 이루는 기업체 그 자체를 의미하는 것으로 장소적 관념을 기준으로 판단하는 것이 아니라 일관된 공정 하에 통일적으로 업무가 수행되는지 여부에 따라 판단하여야 한다. 또한, 하나의 법인체는 원칙적으로 하나의 사업으로 보며, 경영주체인 법인체는 하나이므로 모든 사업장 사업부서의 전체 조합원 수를 고려하여 근로시간면제한도를 정하여야 한다.

(b) 다만, 하나의 법인체라 하더라도 각 사업장별로 근로조건의 결정권이 있

240) 노사관계법제과-406, 2010.8.6.

241) 노사관계법제과-1149, 2011.6.30.

242) 노사관계법제과-1149, 2011.6.30.

243) 노사관계법제과-2212, 2013.8.14.

244) 노사관계법제과-294, 2014.2.10.

고, 인사 노무관리, 회계 등이 독립적으로 운영되는 등 각각의 사업장이 독립성이 있는 경우에는 각 사업장 조합원 수 규모에 따라 근로시간면제한도를 각각 적용하여야 한다.

② 하나의 사업(장)으로 볼 수 있는 경우

(a) 원칙적으로 사업을 기준으로 조합원 규모를 산정하며, 수개의 공장·지점·사무소 등이 장소적으로 독립되어 있으나 하나의 법인인 경우에는 각 공장 지점 등의 조합원 수를 합한 전체 조합원 규모에 따라 근로시간면제한도를 적용한다. 또한, 하나의 사업에 각 공장별로 노동조합의 지회 분회 등 산하조직이 별도로 조직되어 있다 하더라도 해당 노동조합의 전체 조합원 수에 따라 근로시간면제한도를 적용한다.

(b) 사업장별로 조합원 규모를 산정하는 경우, 하나의 법인이나 법인 내 각 사업장별로 근로조건 결정권이 있고, 인사 노무관리, 회계 등이 독립적으로 운영되는 경우 각 사업장별로 전체 조합원 수를 산정한다.

※ 예) 의료법인에 요양병원(조합원 70명), 일반병원(조합원 200명)이 있고 각 병원별로 근로조건 결정권이 있는 등 독립으로 운영되는 경우 각 병원별로 각각 근로시간면제한도 적용

③ 하나의 사업(장)으로 볼 수 없는 경우

㉠ 백화점, 호텔 등 동일그룹 계열사이나 각 별도의 법인체인 경우
㉡ 본사와 공장 또는 생산공장과 영업장 등 업무의 관련성은 있으나 별도 법인인 경우
㉢ 대표이사 또는 경영진은 동일하나 각 별도의 법인인 경우 등

4) 조합원 규모 산정 기준

① 산정원칙

근로시간면제한도 적용을 위한 조합원 수는 단체교섭이 시작되는 시점인 단체협약 만료일 이전 3개월이 되는 날을 기준으로 산정하되, 단체협약이 2개 이상

있는 경우에는 먼저 도래하는 단체협약 유효기간 만료일 이전 3개월이 되는 날부터 사용자에게 교섭을 요구할 수 있다(노조법시행령 제14조의2).

② 산정기준

ⓐ 조합원은 상용직, 일용직, 기간제, 단시간 근로자 등 고용형태를 불문하고 사업체에 직접 고용된 자로서 노동조합에 가입된 자를 기준으로 하며, 조합원 여부는 조합비 납부, 조합가입신청서 등 객관적인 자료를 근거로 판단한다.

ⓑ 노동조합에 가입되어 있더라도 「노조법」상 근로자가 아닌 자, 사용자 또는 사용자의 이익을 대표하는 자는 제외하되, 근로자가 아닌 자 등 조합원 자격에 대해 다툼이 있는 자에 대해서는 조합원 자격을 부정하는 결정이나 판결 등이 있기 전까지는 조합원 수 산정에 포함한다.

ⓒ 조합원으로서 해고된 자가 노동위원회에 부당노동행위 구제 신청 한 경우에는 중앙노동위원회의 재심판정이 있을 때까지는 조합원 수에 포함하여 산정한다.[245]

5) 하나의 사업(장)에 2개 이상의 노조가 조직되어 있는 경우

ⓐ 각 노조의 조합원 수를 합하여 전체 조합원 규모에 따라 노사가 근로시간면제한도 범위 내에서 면제시간 총량을 정한다.

> 예) "갑" 사업(장)에 기업별 노조(조합원 350명)와 산별노조(조합원 170명)가 있는 경우, 기업별노조 및 산별노조 조합원 수 합계 520명을 기준으로 근로시간면제한도를 적용

ⓑ 전체 노동조합의 조합원 규모는 교섭시기가 먼저 도래한 노동조합의 단체협약 만료일 이전 3개월이 되는 날을 기준으로 산정하며, 각 노조별 근로시간면제 시간 및 인원 배분은 노사간에 정한 총량 한도(시간 및 인원) 범위 내에서 노조간에 자율적으로 정하되, 조합원 수, 업무 등을 고려하여 노조간 적정하게 배분하여야 한다.

245) 부당해고 구제신청만 한 경우에는 「노조법」상 근로자로 간주되지 않는다.

6) 면제 근로시간에 적용되는 급여 지급기준

(a) 근로자는 "임금의 손실 없이" 사용자와의 협의·교섭 등의 업무를 할 수 있는데(노조법 제24조제4항), 이때 "임금"은 해당 근로자가 정상적으로 근로를 하였다면 받을 수 있는 급여를 말한다.

(b) 사용자가 지급하는 급여 지급기준은 사업(장)의 통상적인 급여 지급기준을 토대로 노사가 자율적으로 정할 수 있으나, 통상적으로 받을 수 있는 급여보다 과도한 기준을 설정·지급하는 것은 노동조합에 대한 경비원조에 해당하므로 부당노동행위에 해당한다.[246)]

7) 근로시간면제자 급여기준 관련 실무 사례

① 근로시간면제자 급여 지급의 적정성 판단기준[247)]

근로시간면제자에 대한 급여 지급이 과다하여 부당노동행위에 해당하는지는 근로시간면제자가 받은 급여 수준이나 지급 기준이 그가 근로시간면제자로 지정되지 아니하고 일반 근로자로 근로하였다면 해당 사업장에서 동종 혹은 유사업무에 종사하는 동일 또는 유사 직급·호봉의 일반 근로자의 통상 근로시간과 근로조건 등을 기준으로 받을 수 있는 급여 수준이나 지급 기준을 사회통념상 수긍할 만한 합리적인 범위를 초과할 정도로 과다한지 등의 사정을 살펴서 판단하여야 한다.

---

246) 근로시간면제한도 관련 부당노동행위 유형(예시) : ① 사업(장) 단위 조합원 규모에 따른 고용노동부 고시 한도를 초과하여 근로시간면제 사용시간 및 인원을 인정하는 단체협약 등을 체결하고 유급 처리하는 경우, ② 근로시간면제 업무를 유급으로 인정하는 것 이외 근로시간면제자에게 별도의 수당을 추가로 과도하게 지급하는 경우, ③ 교섭·협의, 고충처리 등 근로시간면제 대상 업무를 함에 있어 정당한 사유 없이 근로시간면제자를 제외하고 근로시간면제자가 아닌 노조간부를 참여하게 하고 유급 처리하는 경우, ④ 근로시간면제자의 면제활동을 이유로 인사배치, 경력관리, 승진 등에 있어서 불합리하게 차별하는 경우, ⑤ 기타 근로시간면제 활동을 통해 노동조합을 지배·개입하거나 근로 시간면제자를 불이익 취급하는 경우 등이다.

247) 대판 2016.4.28, 2014두11137.

② 근로시간면제자에게 고정 초과근로수당을 과도하게 지급하여 정해진 근로시간면제한도를 초과하는 결과를 초래하는 경우 부당노동행위로 인정될 수 있다.[248)]

근로시간면제자임을 이유로 해당 사업장의 일반근로자에게는 지급되지 않는 별도의 고정 초과근로수당을 과도하게 지급하는 경우는 정해진 근로시간면제한도를 초과하는 결과를 초래하여 부당노동행위의 예외로 인정받기 어렵다.

③ 근로시간면제자에게만 성과급을 지급하거나 동종 유사 근로자에 비해 과도하게 지급하는 경우 부당노동행위에 해당한다.[249)]

근로시간면제자에 대해 사업장 내 전체 직원에게 일괄적으로 지급되는 복리후생비 및 성과급 등을 지급하는 것에 대해서는 노사가 자율적으로 정할 수 있다. 그러나 근로시간면제자와 근무경력, 업무성격 등이 유사한 직원들에게는 성과급 등을 지급하지 않으면서 근로시간면제자에게만 지급하거나, 동종 또는 유사 직원들에 비해 근로시간면제자에게 과도하게 지급하는 경우에는 부당노동행위에 해당한다.

④ 근로시간면제자에 대해 사업장 내 전체직원에게 일괄적으로 지급하는 상여금 등을 지급하는 것에 노사가 자율적으로 정하더라도 부당노동행위로 보기 어렵다.[250)]

⑤ 근로시간면제활동 시간이 1일 소정근로시간을 초과할 경우 초과시간을 유급으로 할지 여부는 노사가 자율적으로 정할 수 있으나, 면제한도 총량시간에서 공제하여야 한다.[251)]

근로시간면제활동 시간이 1일 소정근로시간을 초과하여 계속 되는 경우 초과시간을 유급으로 하여 연장근로수당(가산금 포함)을 지급할지 여부는 노사가 자

248) 노사관계법제과-351, 2010.8.3.
249) 노사관계법제과-1310, 2010.7.2.
250) 노사관계법제과-358, 2010.8.4.
251) 노사관계법제과-406, 2010.8.6.

율적으로 정할 수 있으며, 유급으로 정할 경우 근로시간면제자의 면제한도 총량 시간에서 공제하여야 한다.

⑥ 조합원이 파트타임 근로시간면제자로 지정되었다면 해당자의 급여는 경력·직무성격 등이 유사한 근로자가 통상적으로 지급받을 수 있는 수준의 급여를 기준으로 하여 근로시간면제를 적용받는 비율만큼 지급하여야 한다.[252)]

조합원인 근로자가 노동조합의 파트타임 근로시간면제자로 지정되었다면 파트타임 면제활동에 대한 급여는 해당 근로시간면제자와 경력, 직무성격, 근무형태 등이 유사한 근로자가 정상적인 근로를 제공할 경우 통상적으로 지급받을 수 있는 수준의 급여(연장·야간·휴일근로수당 등 포함)를 기준으로 하여 근로시간면제를 적용받는 비율만큼 지급함이 타당하다.

⑦ 교대근무자로서 특근수당 등을 지속적으로 지급받아 왔던 일반 근로자가 근로시간면제자로 지정된 이후에도 해당 급여수준을 보전하기 위하여 통상의 급여수준을 초과하지 않은 범위 내에서 위 특근수당 등을 지급하였다면 이를 부당노동행위로 보기는 어렵다.[253)]

8) 근로시간면제자가 아닌 자의 노조활동 관련 기준

① 개 요

(a) 근로시간면제자로 지정되지 않은 자의 노조활동은 근무시간 외에 하여야 하며 근무시간 중 노조활동은 무급이 원칙이다.

(b) 개별 법령에 의해 설치·운영되는 회의체는 근로시간면제자가 반드시 우선적으로 참여하여야 하나, 근로시간면제자만으로 회의체 구성이 어려운 경우에는 근로시간면제자로 지정되지 않은 자가 참여할 수 있고, 해당 법령의 근거에 따라 유급 처리하는 것은 가능하다. 이 경우 실제 소요된 시간보다 과다한 시간을 유급 처리하거나 시간에 비해 과다한 임금을 지급하는 등 편법·변칙 운영하는 것은

252) 노사관계법제과-658, 2014.3.12.
253) 노사관계법제과-2331, 2014.9.29.

부당노동행위에 해당할 수 있다.

② 구체적 사례에 따른 기준

㉠ 「근참법」상 노사협의회 위원, 고충처리 위원으로 활동하는 경우

ⓐ 노사협의회 위원[254) : 노사협의회 회의 참석시간과 이와 직접 관련된 시간을 「근참법」에 의해 유급 처리하는 것은 가능하다. 그러나, 편법적으로 협의회를 상설화하여 회의도 하지 않고 급여를 지급하는 것은 명칭에 관계없이 실제 전임자에게 급여를 지급하는 것과 같으므로 부당노동행위에 해당할 수 있다.

ⓑ 고충처리 위원[255) : 고충처리 위원을 법령에 따른 절차에 따라 정식으로 임명하고 단체협약 또는 취업규칙 등에서 노사가 정한 규정에 따라 제기된 고충처리에 직접 처리되는 시간은 유급인정 가능하나, 고충처리위원 제도를 편법적으로 운영하여 고충처리 활동과 관계없이 노동조합 업무를 하도록 하면서 급여를 지급하여서는 아니 된다.

㉡ 「산안법」상 산업안전보건위원회 위원으로 활동하는 경우

산업안전보건위원회 회의 참석시간과 이와 직접 관련된 시간을 「산안법」에 의해 유급 처리하는 것은 가능하나, 산업안전보건위원 제도를 편법적으로 운영하여 산업안전보건위원회 활동과 관계없이 노동조합 업무를 하도록 하면서 급여를 지급하여서는 아니 된다.

③ 근로시간면제자가 아닌 자의 노조활동 관련 실무 사례

㉠ 근로시간면제자로 지정되지 않은 조합간부의 근무시간 중 조합활동에 대해 합리적인 범위 내에서 단체협약 등에 정하고 그 시간에 대해 급여에서 공제하지 않는 것은 가능하나, 노조활동이 상시적·고정적으로 진행되어 사실상 전임형태가 된다면 법 위반이다.[256)]

254) 노사협의회 위원은 무보수·비상임으로 규정하고 있다(근참법 제9조).

255) 고충처리 위원은 무보수·비상임이다(근참법시행령 제8조제1항).

근로시간면제자로 지정되지 않은 일반 조합원, 조합간부의 근무시간 중 노조활동(조합원 교육 등)에 대해 단체협약 등으로 합리적인 범위 내에서 정하고 그 시간에 대해 급여에서 공제하지 않는 것으로 정한다 하더라도 이를 부당노동행위로 보기는 어려울 것이나, 이 경우에도 노조활동이 상시적, 고정적으로 진행되어 실제로는 (부분)전임형태로 활동하는 정도에 이른다면 이는 법률에 위반된다.

ⓛ 사용자가 근로시간면제자로 지정되지 않은 비전임 상집간부 및 대의원에게 구체적 사용 용도도 정함이 없이 고정적, 주기적으로 매주 근무시간 중 3시간의 노조활동을 유급으로 부여한다면 이는 근로시간면제자가 아닌 자가 실제로는 부분전임자로 활동하는 것이 명백하므로 법에 위반된다.[257)]

비전임 상집간부 및 대의원의 조합활동이 당초 단체협약의 취지대로 근무시간 외에 행함을 원칙으로 하되 예외적으로 근무시간 중에 하는 것이 아니라 규약상 정해진 노조의 총회, 대의원회 등의 개최요건 및 실제 개최 여부에 관계없이 사용자가 근로시간면제자로 지정되지 않은 비전임 상집간부 및 대의원에게 구체적 사용 용도도 정함이 없이 고정적, 주기적으로 매주 근무시간 중 3시간의 노조활동을 유급으로 부여한다면 이는 근로시간면제자가 아닌 자가 실제로는 부분전임자로 활동하는 것이 명백하므로 법에 위반되는 것이다.

ⓒ 단체협약이 미체결된 상태에서 교섭을 하는 경우 근로시간면제한도 내에서 교섭에 참석한 시간과 이와 직접 관련된 시간에 대해 유급처리 할 수 있을 것이나 교섭에 필요한 시간에 관계없이 일률적으로 교섭 당일 또는 교섭기간 전체를 근로면제하는 것은 허용되지 않는다.[258)]

3. 근로시간면제한도 사용방법

(a) 단체협약 또는 사용자의 동의하에 정한 근로시간면제 사용인원에 대해 노

---

256) 노사관계법제과-565, 2010.8.25.

257) 노사관계법제과-184, 2010.7.23.

258) 노사관계법제과-243, 2010.7.29.

동조합은 사용자에게 그 명단을 사전에 통보하여야 한다.[259]

근로시간면제자로 통보된 자에 대한 변경은 노사협의회 위원의 신규 선출 등 특별한 사정이 없는 한 노사가 협의하여 변경하여야 하며, 사용자와 협의 없이 노조가 임의로 변경하거나 수시로 변경하여서는 아니 된다.

(b) 한편, 근로시간면제 대상 업무는 근로시간면제자가 반드시 우선적으로 수행하여야 하며, 풀타임 또는 파트타임의 방식에 의해 정기적·고정적으로 면제시간을 사용하기로 정해진 근로시간면제자는 법에 정해진 소정의 대상 업무를 자유롭게 수행할 수 있다.

(c) 그러나, 근로시간면제자로 지정된 자가 근로시간 중에 법에 정해진 소정의 근로시간면제 대상 업무 이외의 업무를 수행하거나 노사 당사자가 정한 시간 한도를 초과한 경우, 그 해당 시간에 대해서는 무급 처리하여야 하며, 근로시간면제자의 활동업무 및 사용시간에 대하여 사후적으로 정산하여야 한다.

4. 근로시간면제제도의 교섭·쟁의 대상여부 등

(a) 노조전임자나 근로시간면제제도 인정 근거가 되는 「노조법」 제24조에 '단체협약으로 정하거나 사용자가 동의하는 경우'로 규정하고 있는 등 근로시간면제제도는 기본적으로 노조 전임자의 경우와 같이 임의적 단체교섭 사항에 해당되는 것으로 볼 수 있다.

(b) 근로시간면제한도 관련사항은 근로조건의 결정에 관한 사항이 아니므로 원칙적으로 노동쟁의의 대상이 될 수 없으며, 노동조합이 근로시간면제한도를 위반하여 급여지급을 요구하고 이를 관철할 목적으로 행하는 쟁의행위는 금지된다(노조법 제24조제5항).

(c) 따라서, 근로시간면제한도를 초과하는 시간 및 인원을 요구하면서 이를 관철할 목적으로 행하는 쟁의행위는 정당성 여부와 관계없이 처벌 대상이 된다(노조법 제92조제1호).

---

259) ILO 권고 제143호10조(2) : 특별한 규정이 없는 경우 근로자대표는 근로제공의무를 면하기 전에 직속 상관, 기타 이러한 목적을 위해 지명된 경영자 대표의 승인을 받아야 하며, 그러한 승인은 부당하게 거부되어서는 안 된다.

5. 근로시간면제제도 관련 주요 실무상 쟁점

① 소속업체가 다른 노조 분회장의 근로시간면제한도 관련

◦ 「근로시간면제한도 고시」에는 사업 또는 사업장 전체 조합원 규모별로 정해진 시간 한도를 초과하지 않는 범위 내에서 근로시간면제 시간을 정하도록 명기되어 있으며, 이때의 '사업 또는 사업장'이란 경영상의 일체를 이루는 기업체 그 자체를 의미하는 것으로 하나의 법인체는 원칙적으로 하나의 사업(장)에 해당한다.

◦ 초기업 노조 분회가 다수의 독립된 사업(장)에 근무하는 근로자들을 대상으로 조직되어 있다 하더라도 근로시간면제한도시간 및 인원은 각 사업장별로 산정한다.

- 예컨대, A업체 소속의 근로시간면제자인 분회장이나 분회간부가 B업체와 관련한 조합활동(B업체 노사협의회 및 산업안전보건위원회 참석)을 행한 경우나 소속 업체와 관계없이 순수하게 상급단체에 파견되어 조합활동을 하는 경우에는 A업체 근로시간면제 시간으로 인정받을 수 없다. 다만, A업체 소속으로 상급단체에 파견된 근로시간면제자가 A업체의 노조간부 등을 겸직하면서 A업체의 노조활동을 일정부분 실제로 수행함으로써 A업체의 건전한 노사관계 발전에 기여하고 있는 경우에는 A업체 근로시간면제한도 내에서 A업체 노사간에 합리적으로 협의·결정할 수 있다.

② 다수 사업장의 근로시간면제자 공동운영 가능 여부 등 관련

◦ 노동조합이 다수의 독립된 사업장(기업체)에 근무하는 근로자들을 대상으로 조직되어 있다 하더라도 근로시간면제한도 시간 및 인원은 각 사업장별로 산정하고, 근로시간면제자에 대한 급여는 각 사업장별 조합원 규모에 따라 산정된 근로시간면제한도를 초과하지 않는 범위 내에서 지급하여야 한다.

- 따라서 근로시간면제한도를 초과하여 지급하거나 근로시간면제자와 근로관계에 있지 아니한 타 사업장에서 근로시간면제자에 대한 급여를 지

급할 목적으로 일정한 금전을 지원하는 행위는 사실상 노동조합의 운영비 원조에 해당하여 부당노동행위(노조법 제81조제4호)에 해당된다.

◦ 또한, 노동조합이 사용자로부터 노사관계발전기금, 조합원복지기금 등의 명목으로 금품을 받은 후 이를 노조전임자에게 급여로 지급하는 것은 「노조법」 제81조제4호 단서의 운영비 원조의 예외에 해당하는 근로자의 후생자금 또는 경제상의 불행 기타 재액의 방지와 구제 등을 위한 기금의 기부로 보기 어렵다.

③ 연간소정근로시간 산정, 조합원규모산정, 복수노조 경우 한도적용 등 관련

◦ 근로시간면제한도 사용가능 인원을 계산함에 있어 연간 소정근로시간을 2,000시간 및 2,080시간으로 기준하여 계산한 것은 모든 사업장에 적용되는 일률적인 기준이 아니며, 해당 사업장에서 정한 연간 소정근로시간을 기준으로 산정하면 되며, 이 경우 연간 소정근로시간을 주휴일, 법정휴일(근로자의 날), 약정휴일 등 근로의무가 없는 날을 제외한 소정근로일에 대한 1일의 소정근로시간을 전부 합산하여 산출하여야 한다.

◦ 「노조법」 제24조제4항 및 동법 시행령 제11조의2 규정에 따라 근로시간면제한도 적용을 위한 조합원 규모산정은 사업 또는 사업장별 기준이므로 하나의 사업(장)에 2개 이상의 노조가 조직되어 있는 경우에도 각 노조별 근로시간면제한도는 사업(장) 내 전체 조합원 수를 기준으로 산정된 법정 한도내에서 조합원수, 업무 등을 고려하여 노조 간 적정하게 배분하여야 한다.

- 이때, 사업(장) 내 어느 한 노조의 단협이 「노조법」 부칙 제3조의 적용을 받아 해당 단협 유효기간까지는 근로시간면제제도가 적용되지 않는다고 할 때, 해당 사업(장)에 적용되는 법 위반이 기준이 되는 근로시간면제한도는 전체 조합원 수를 기준으로 산정된 한도이며, 새로이 근로시간면제 약정을 체결해야하는 특정 노조의 경우 전체 조합원 중 해당 노조의 조합원 비율 등에 따라 근로시간면제한도를 정할 수 있다.

◦ 다만, 법정 한도 내에서 해당 사업(장) 노조간 및 노사간에 명시적인 합의를 통하여 사업장 사정 등을 고려하여 적정비율로 조정하더라도 법 위반문제가 발생한다고 보기는 어렵다.

④ 노조별 근로시간면제한도 배분 관련

◦ 「노조법」 제24조제4항 및 동법 시행령 제11조의2 규정에 따른 근로시간면제한도 적용은 사업 또는 사업장별 단위이므로, 하나의 사업(장)에 2개 이상 노조가 조직되어 있는 경우 각 노조별 근로시간면제한도는 사업(장)내 전체 조합원 수를 기준으로 산정된 법정 한도 내에서 각 노조별 조합원수, 해당 업무의 범위 등을 고려하여 노동조합 간에 적정하게 배분할 수 있다.

- 사업(장) 내 어느 한 노조의 단체협약 유효기간까지 근로시간면제제도가 적용되지 않는 경우, 두 노동조합간의 합의를 전제로 사용자가 새롭게 근로시간면제 약정을 체결하여야 하는 노동조합(B)과 사업(장)내 전체 조합원을 기준으로 산정하되 총 면제한도의 범위 내에서 근로시간면제 약정을 체결하는 것을 위법하다 하기는 어렵다. 다만, 두 노동조합 간 합의가 이루어지지 않는 경우 사용자와 B노동조합은 전체 조합원에서 차지하는 B노동조합의 조합원 비율 등을 감안하여 B노동조합에 적용될 근로시간면제한도를 합의하여 정하는 것은 가능하다.

◦ 1사 다수노조의 경우 근로시간면제한도를 결정하기 위한 조합원규모는 교섭시기가 먼저 도래한 노동조합의 단체협약 만료일 이전 3개월이 되는 날을 기준으로 산정하도록 권고하고 있으므로 새롭게 체결되는 B노동조합과의 근로시간면제약정의 유효기간은 부칙 제3조의 적용을 받는 A노동조합의 단체협약 유효기간과 일치하게 설정하여야 할 것이다.

⑤ 근로시간면제한도적용 관련

◦ 근로시간면제제도는 노동조합 간부 등이 사용자의 동의하에 근로시간 중에 임금의 손실 없이 일정 범주의 활동을 하도록 하는 제도로서 기본적으로 사업장 내에서 이루어지는 교섭·협의, 고충처리, 산업 안전 활동 등의 업무를 대상으로 하는 것이다.

- 따라서 노동조합 간부 등이 소속 사업장과 관계없이 순수하게 상급단체 활동만을 하는 것은 근로시간면제대상 업무에 해당하지 않는다 하겠으며, 이는 근로시간면제자가 아닌 노조전임자의 활동으로 보아야 할 것이다.

- 다만, 노조 지부장이 상급 본조의 조합활동을 겸직하면서 동시에 소속 사업장의 근로시간면제자로 지정되어 소속 사업장의 조합활동을 실제로 수행함으로써 소속 사업장의 건전한 노사관계 발전에 기여하고 있다면 근로시간면제한도 총량시간 내에서 노사 간에 합리적으로 협의·결정할 수는 있다.

◦ 근로시간면제한도 시간은 근로시간면제자로 지정된 자만이 사용할 수 있으므로 근로시간면제자로 지정되지 않은 노조간부 및 일반 조합원의 조합활동은 근무시간 외에 하여야 하고 근무시간 중에 행할 경우 무급이 원칙이다.
- 다만, 근로시간면제자로 지정되지 않은 일반조합원의 근무시간 중 조합활동에 대해 사유, 횟수, 시간을 단체협약 등으로 정하여 합리적인 범위 내에서 허용하며 이를 근무한 것으로 간주하는 것은 가능하다.

⑥ 근로시간면제자가 아닌 자의 유급처리 관련

◦ 근로시간면제한도를 사용할 수 있는 대상자는 고용노동부고시(제2013-31호) 한도 내에서 노사 당사자가 정한 근로자이므로, 근로시간면제자로 지정되지 않은 자의 노조활동은 근무시간 외에 행해져야 할 것이고 근무시간 중에 행할 경우에는 무급이 원칙이다.
- 다만, 근로시간면제자로 지정되지 않은 일반 조합원의 근무시간 중 노조활동(총회, 조합원교육 등)에 대해 단체협약으로 합리적인 범위 내에서 정하고 동 활동에 대해 급여에서 공제하지 않더라도 이를 부당노동행위로 보기는 어렵다.

◦ 근로시간면제자는 「노조법」 제24조제4항에 의거 사용자와의 협의·교섭, 고충처리, 산업안전 활동 등 「노조법」 또는 다른 법률에서 정하는 업무와 건전한 노사관계발전을 위한 노동조합의 유지·관리업무를 수행한다.
- 개별 법령에 의해 설치 운영되는 회의체에 근로시간면제자가 반드시 우선적으로 참여하여야 할 것이지만 근로시간면제자만으로 회의체를 구성하지 못할 경우 근로시간면제자로 지정되지 않은 자가 참여할 수 있고, 사업장 실정에 따라서는 비조합원으로 회의체가 구성될 수 있다.
- 근로시간면제자가 아닌 자나 비조합원들에 대해서는 해당 법령의 근거에

따라 유급처리가 가능하며, 유급처리시간은 근로시간면제한도와 관련 없이 이루어지는 것으로서 면제 한도에 포함되지 않는다.

⑦ 근로시간면제자 처우 관련

◦ 사용자가 근로시간면제자에게 지급하는 급여수준에 대해서는 「노조법」에 규정된 바가 없으므로 사업(장)의 통상적인 급여 지급기준을 토대로 노사가 자율적으로 정하면 된다.
  - 다만, 해당 사업장에서 실제로 초과 근로한 시간만큼만 초과근로수당을 지급할 수 있도록 규정되어 있음에도 불구하고 별도의 초과근로수당을 과도하게 지급하는 경우는 정해진 시간한도를 초과하는 결과를 초래하여 부당노동행위에 해당할 소지가 있다.
  - 그러나 근로시간면제자에 대해 사업장 내 전체직원에게 일괄적으로 지급하는 상여금 등을 지급하는 것에 대해 노사가 자율적으로 정하더라도 부당노동행위로 보기 어렵다.

⑧ 근로시간면제제도 및 부당노동행위 관련

◦ 「노조법」 제81조제4호는 노동조합의 운영비를 원조하는 사용자의 행위를 부당노동행위의 하나로 규정하여 금지하면서, 예외적으로 같은 호 단서에서 근로자의 후생자금 또는 경제상의 불행 기타 재액의 방지와 구제 등을 위한 기금의 기부와 최소한 규모의 노조사무실 제공은 허용된다.
  - 따라서 근로시간면제자로 지정되지 않은 일반 조합원의 노동조합 상급단체 교육 참석시 이를 허용하는 것과 별도로 출장비를 지원하거나 회사소유 차량을 지원하는 등의 행위는 노동조합 운영비 원조의 예외사유로 보기 어렵다.

◦ 임·단협이 미체결된 상태에서 교섭을 하는 경우 근로시간면제자가 우선적으로 참석하여야 할 것이나 근로시간면제자의 수가 교섭위원 수에 미치지 못하여 근로시간면제자만으로 교섭위원을 구성하기 어려워 근로시간면제자 이외의 자가 교섭에 참여한 경우, 근로시간면제자 이외의 자가 교섭에 참석한 시간과 이와 직접 관련된 시간에 대해 유급으로 인정하는 것은 가

능하다.

- 다만, 이 경우 교섭에 참석한 시간과 이와 직접 관련된 시간에 관계없이 일률적으로 교섭 당일 또는 교섭기간 전체를 유급으로 하는 것은 전임자에 대한 급여를 지급하는 것이므로 허용되지 않는다.

◦ 근로시간면제자가 근로시간면제 대상 업무를 수행하는 방법은 사유 발생 시 마다 사용자의 승인을 받고 사용하는 방식과 연간단위 또는 일정기간 단위로 사용자에게 통보하고 근로시간면제 대상 업무를 자유롭게 사용하는 방식 등이 있을 수 있는 바, 사업장 노사간에 협의를 통해 근로시간면제제도의 취지를 훼손하지 않는 범위 내에서 가장 효율적인 방법을 정할 수 있다.

⑨ 일반조합원 및 대의원의 근무시간 중 유급 조합활동 관련

◦ 근로시간면제제도는 전임자 급여 금지규정이 전면 시행되면서 예외적으로 근로시간면제한도 적용을 받는 근로자가 일정한도 내에서 근무시간 중에 「노조법」 제24조제4항에 규정된 업무를 임금의 손실 없이 할 수 있게 하는 제도이며, 근로시간면제 대상에 해당하는 업무는 근로시간면제자로 지정된 자가 반드시 우선적으로 참여하여 수행하여야 하며, 근로시간면제자로 지정되지 않은 일반조합원 및 노조간부의 조합 활동은 근무시간 외에 하거나 근무시간 중에 하더라도 무급이 원칙이다.

- 따라서 일반조합원 및 노조간부가 노동조합의 각종 자치위원회(영상위원회, 규율위원회, 노보위원회, 여성위원회, 문화패, 영상패 등)에 참가하는 활동하거나 기타 개별 조합 활동(지부장 간담회, 전직 지부장 간담회, 제조직 의장단 회의, 조합 자체회의 등)에 참석하는 것은 노사 공동의 이해관계에 속하는 노동조합의 유지·관리업무라기 보다는 순수한 노동조합 내부 활동에 관한 업무이므로 근무시간 외에 하여야 한다.

◦ 다만, 예외적으로 사유, 횟수, 시간 등을 단체협약 등으로 합리적인 범위 내에서 정하고 그 활동시간에 대해 급여에서 공제하지 않는 것으로 정할 수 있겠으나, 이 경우에도 조합 활동이 상시적, 고정적으로 진행 되어 실제로는 부분전임 형태로 활동하는 정도에 이른다면 이는 법에 위반된다.

주/요/쟁/점/실/무

제7절 단체협약 관련 쟁점

1. 단체협약의 성립과 효력 요건

가. 단체협약의 의의

(a) 단체협약은 노동조합(교섭창구단일화 절차를 거친 경우에는 교섭대표노동조합을 말함)과 사용자 또는 사용자단체가 임금, 근로시간 기타의 사항에 대하여 단체교섭 과정을 거쳐 합의한 사항을 서면으로 작성하여 체결한 협정을 말하는 것으로 「노조법」 제33조에 의하여 사용자와 개별 근로자 사이의 근로계약을 규율하는 규범적 효력을 가진다.

(b) 이러한 단체협약은 ① 근로조건을 규율하고 노사관계를 안정시키는 기능, ② 일반적으로 취업규칙이나 근로계약보다 유리하게 체결되고 단체협약에 위반되는 취업규칙·근로계약의 부분은 무효가 되는 등 근로자의 근로조건을 유지·향상시키고 근로자간의 근로조건을 통일시키는 기능, ③ 단체협약이 체결되면 노사는 그 내용을 준수할 의무를 지게 되고, 협약의 유효기간 동안 노사관계를 안정시키고 산업평화를 보장하는 기능을 갖고 있다.

나. 단체협약의 체결

1) 단체협약의 당사자간 합의

(a) 단체협약이 유효하게 성립하기 위해서는 ① 단체협약을 체결할 능력이 있는 당사자 사이에 ② 합의가 있어야 한다.

단체협약을 체결할 수 있는 권한은 단체교섭권자에게 인정되므로 단체협약 당사자는 단체교섭의 당사자와 일치한다(제4절 2. 가. 단체교섭의 당사자 참조). 따라서, 근로자측은 노동조합, 사용자측은 사용자와 사용자단체가 협약 당사자가 된다(노조법 제29조제1항).

(b) 또한, 단체협약은 그 주된 목적이 근로자와 사용자 사이의 개별적 근로관계를 집단적으로 규율하기 위한 것이고 협약 당사자의 구성원에게 규범적 효력을 미치나, 단체협약은 협약당사자 사이의 계약의 형태로 성립하는 것이므로 당사자 사이의 의사의 합치로 충분하고 그 구성원 전원의 개별적 동의를 요하는 것은 아니다.[260]

(c) 한편, 「근기법」상 탄력적 근로시간제 도입 등 일정한 경우 근로자대표와 사용자간의 서면합의를 요건으로 하는 경우가 있고, 이때 근로자 과반수로 조직된 노동조합은 근로자대표로서 서면합의를 할 수 있으나, 이 경우 서면합의는 단체교섭에서의 합의를 문서화 한 것이 아니라 사용자가 그 필요에서 근로자대표의 동의를 받는 것이므로 단체협약으로 볼 수 없다. 또한, 단체교섭에서 합의된 것이라 하더라도 대정부 요구사항 등 위법 교섭사항에 해당하는 것에 대해서는 단체협약이 될 수 없다.[261]

2) 서면화 및 서명·날인

(a) 단체협약이 유효하게 성립하기 위해서는 개별적 근로관계 및 집단적 노동관계에 관한 사항에 관하여 당사자간에 합의에 도달하여야 하는 실질적 요건과 함께 그 합의를 서면으로 작성하여 당사자 쌍방이 서명 날인 하여야 하는 형식적 요건을 갖추어야 한다.[262]

(b) 이와 같이 합의 내용을 서면화할 것을 요구하는 것은 단체협약 내용을 명확히 함으로써 장래의 분쟁을 방지하려는 것이고 서명 또는 날인절차를 거치도록 한 것은 체결당사자를 명확히 함과 아울러 그의 최종적 의사를 확인함으로써 협약의 진정성을 확보하고자 하는 것이다.[263]

260) 헌재 1999.9.16, 98헌가6 결정

261) 임종률, 「노동법(제14판)」, 박영사, 2016 pp.147~148.

262) 단체협약은 그 체결당사자, 절차, 실제적 내용 등에 따라서 단체협약으로 인정되는지의 여부가 결정되는 것이므로 "협정", "확인서", "각서" 등 그 명칭 여하에 관계없이 실질적으로 노사 쌍방이 정상적인 단체교섭을 통하여 합의한 내용을 문서화한 것이면 단체협약으로 인정된다.

(c) 따라서, 단체협약은 노사의 묵시적 합의에 의하여 유효하게 성립할 수 없고,[264] 구두합의의 경우도 인정되지 않는다.[265]

협약 체결 당사자의 서명·날인은 노동조합은 그 대표자, 즉 노조위원장(교섭창구단일화 절차를 거친 경우에는 교섭대표노동조합의 대표자), 사용자측은 법인기업인 경우 대표이사가, 개인기업인 경우 사업주가 서명·날인을 하여야 한다.

3) 단체협약의 성립 관련 실무 사례

① 서명·날인이 아니라도 단체협약의 진정성과 명확성이 담보된다면 서명무인이나 기명날인의 경우라도 그 효력을 인정한다.[266]

② 단체협약은 체결능력이 있는 당사자가 체결하여야 하고, 서면으로 작성하여 서명·날인하는 등의 요건을 갖추지 못한 단체협약은 조합원 등에 규범적 효력을 미치지 않는다.[267]

노동조합과 사이에 체결한 단체협약이 유효하게 성립하려면 단체협약을 체결할 능력이 있는 사용자가 그 상대방 당사자로서 체결하여야 하고 나아가 서면으로 작성하여 당사자 쌍방이 서명날인 함으로써 「노조법」 제31조제1항 소정의 방식을 갖추어야 하고 이러한 요건을 갖추지 못한 단체협약은 조합원 등에 대하여 그 규범적 효력을 미치지 아니한다.

③ 노동조합 총회에서 단체협약을 무효로 결의한 경우에도 그 유효기간 동안 효력은 유지된다.[268]

단체협약의 체결권한을 가지고 있는 노사당사자가 정상적으로 교섭하고 합의

---

263) 대판 2005.3.11, 2003다27429·27436·44691 ; 대판 2002.8.27, 2001다79457 등.

264) 대판 2006.2.23, 2004다16914.

265) 예컨대 당사자간 구두합의 후 어느 일방이 단체협약의 무효를 주장한다 하더라도 신의칙에 반하지 않는다(대판 2001.5.29, 2001다15422·15439)

266) 대판 2005.3.11, 2003다27429 등.

267) 대판 2001.1.19, 99다72422.

268) 노조 68107-1203, 2001.11.3.

한 사항을 서면으로 작성하고 서명·날인하였다면 유효한 단체협약이 체결된 것이며, 따라서 노동조합의 총회에서 무효 결의와는 무관하게 그 유효기간 동안 효력이 유지된다.

④ 사용자가 협약체결 당시 노동조합 위원장이 단체협약을 체결할 권한이 있다고 신뢰함에 있어 정당한 이유가 인정되는 등 선의의 제3자에 해당되는 경우라면 달리 볼 사정이 없는 한 그와 같은 상황에서 체결된 단체협약의 효력을 부인하기는 어렵다.[269)]

보충협약 체결 당시 노조 위원장이 정당한 노동조합의 대표자 자격이 있는 당사자였는지 여부는 별론으로 하더라도, 노동조합 대표자 지위에 기초하여 대외적으로 행한 단체협약 체결 등 법률행위는 선의의 제3자에 대항할 수 없는 것이 원칙이므로, 사용자가 협약체결 당시 노동조합 위원장이 단체협약을 체결할 권한이 있다고 신뢰함에 있어 정당한 이유가 인정되는 등 선의의 제3자에 해당되는 경우라면 달리 볼 사정이 없는 한 그와 같은 상황에서 체결된 단체협약의 효력을 부인하기는 어렵다.

⑤ 노동조합이 제시한 단체협약 요구안을 2011년 단체협약으로 인정하고 이를 성실히 이행하겠다는 내용의 '이행확약서'에 대표이사와 노조위원장이 서명 또는 날인하였다면 달리 단체협약의 성립과 관련된 흠이 없는 한 단체협약이 체결된 것으로 볼 수 있다.[270)]

노사 당사자가 단체협약이 기록된 서면 위에 직접 서명날인 하지 않고 별지에 서명날인한 경우에도 그 진정성과 명확성이 담보된다면 그 요식성은 충족된다. 따라서, 노동조합이 단체협약 요구안을 제시하고, 노동조합이 제시한 단체협약 요구안을 2011년 단체협약으로 인정하고 이를 성실히 이행하겠다는 내용의 '이행확약서'에 회사 대표이사와 노조위원장이 서명 또는 날인하였다면 달리 단체협약의 성립과 관련된 흠이 없는 한 단체협약이 체결된 것으로 볼 수 있다.

269) 노사관계법제과-1154, 2016.6.9.
270) 노사관계법제과-1509, 2012.4.27.

⑥ 교섭결과 합의된 사항에 대해 노조 교섭위원을 제외하고 노조 대표자와 사용자만이 서명·날인한 경우에도 단체협약의 효력을 부인할 수 없다.[271)]

「노조법」 제29조제1항은 '노동조합의 대표자는 그 노동조합 또는 조합원을 위하여 사용자나 사용자단체와 교섭하고 단체협약을 체결할 권한을 가진다'고 규정하고 있는 바, 적법한 절차와 방법에 따라 노사간에 교섭하고 합의된 사항에 대하여 단체협약을 체결하였다면 노조대표자만이 서명하였다는 사실만으로 동 협약의 효력을 부인하기 어렵다.

⑦ 회사의 총회 또는 이사회 결의 등을 이유로 당사자간 합의로 체결된 단체협약의 효력을 부인할 수 없다.[272)]

신용협동조합법이 단체협약의 체결에 관해 「노조법」과 특별법 관계에 있다고 보기는 어려우므로 단체협약이 체결된 경우 당사자는 그 유효기간 동안 이를 성실히 준수해야하므로 근거법령 내지 정관의 규정에 의해 협동조합의 대표자(이사장)의 행위가 제한된 경우 그에 따른 이사장의 내부책임은 별론으로 하고 이사장이 일단 노조대표자와 단체협약을 체결한 이후에는 총회 또는 이사회의 결의 등을 이유로 단체협약의 효력을 부인할 수 없다.

다. 단체협약의 신고 및 시정명령

1) 단체협약의 신고

ⓐ 단체협약을 체결한 당사자는 단체협약 체결일로부터 15일 이내에 당사자 쌍방이 연명으로 이를 행정관청에 신고하여야 한다(노조법 제31조제2항).

「노조법」이 이와 같이 단체협약 당사자에게 신고의무를 부과한 것은 행정관청이 신고된 단체협약을 검토하여 단체협약 중 위법한 내용을 신속히 발견하고 이에 대하여 「노조법」 제31조제3항에 정한 시정명령을 함으로서 위법한 단체협

271) 노조 68107-1182, 2001.5.16.

272) 노조 01254-1292, 1995.12.14.

약이 적용되는 것을 방지하기 위한 것이다.[273)]

(b) 이와 같은 신고의무 규정은 강행규정이라 할 수 없으므로 단체협약이 체결된 후 15일 이내에 행정관청에 신고하지 않아 위 법규정을 위반하더라도 단체협약의 효력에 영향이 없다.[274)] 즉 단체협약의 신고는 행정관청의 인가를 얻기 위한 요식행위가 아니므로 단체협약의 효력발생 요건이 아니다.

(c) 다만, 단체협약을 신고하지 않는 경우에 근로감독관은 근로감독관집무규정에 따라 즉시 신고하도록 명할 수 있으며, 미시정시 300만원 이하의 과태료를 부과할 수 있다(노조법 제96조제2항).

2) 단체협약의 시정명령

(1) 의의 및 대상

(a) 행정관청은 단체협약의 내용 중 위법한 내용이 있는 경우에는 노동위원회의 의결을 얻어 그 시정을 명할 수 있다(노조법 제31조제3항).

동 규정의 취지는 단체협약의 내용 중에 노동관계법 등의 강행규정에 위반되는 내용이 있는 경우 그 부분은 사법상 무효가 되어 효력이 없지만, 이를 방치할 경우 협약의 위법한 내용이 그대로 적용될 위험성이 있으므로 행정관청에 시정명령권한을 부여한 것이다.

(b) 여기서 '위법'하다는 의미는 노동관계법령에 한정되지 않고 단체협약의 성질상 또는 내용상 관련이 있는 모든 법령을 의미한다.[275)]

(2) 절차 및 효력

(a) 행정관청은 시정명령을 하기 전에 반드시 노동위원회의 의결을 얻어야 하고, 의결을 거치지 않은 시정명령은 효력이 없다. 의결요청시에는 의결을 요청하는 부분을 명시하고 구체적인 이유를 제시하여야 하며, 협약 전체에 대하여 의결

273) 노동법실무연구회「노동조합 및 노동관계조정법Ⅱ」박영사 2015. p.53.

274) 대판 2013.2.28, 2013도177.

275) 서울행판 2010.6.4, 2009구합42076.

을 구하는 것은 허용되지 않는다.

ⓑ 행정관청이 시정명령을 하게 되면 협약당사자는 단체협약 중 위법한 내용을 삭제하거나 수정하여 다시 체결할 공법상 작위의무를 부담하게 되나, 시정명령을 하였다 하여 대상조항이 바로 효력을 상실하거나 자동적으로 변경되는 것은 아니고 당사자가 불이행하더라도 행정관청에 집행력이 부여되는 것은 아니다.[276] 다만, 행정관청의 시정명령을 위반한 자(협약당사자)는 500만원 이하의 벌금에 처한다(노조법 제93조제2호).

라. 단체협약의 효력발생시기 및 해석 관련

1) 효력발생시기

ⓐ 단체협약의 유효기간은 2년의 범위 내에서 당사자가 정할 수 있으며(노조법 제32조제1항, 제2항), 그 효력 발생시기 또한 당사자가 정할 수 있으나, 별도의 정함이 없을 경우 원칙적으로 체결일(서명·날인한 시점)로부터 효력이 발생한다.[277]

ⓑ 노사당사자간의 합의로 협약의 효력발생 시기를 일정기간 소급한 경우 별도의 규정이 없는 한 기 퇴직자에게는 개정된 단체협약의 효력이 미치지 않는다.

2) 단체협약의 해석·적용

ⓐ 단체협약의 해석과 이행방법에 대해 당사자간에 이견이 있는 경우, 법률행위의 해석방법에 따라 ① 해당 문언의 내용, ② 그와 같은 약정이 이루어진 동기와 경위, ③ 약정에 의하여 달성하려는 목적, ④ 당사자의 진정한 의사 등을 종합적으로 고려하여 논리와 경험칙에 따라 자율적이고 합리적으로 해석하여 적용[278] 하는 것이 바람직하다.

ⓑ 다만, 당사자간에 의견의 불일치로 자율적 해석·적용이 어려운 경우에는

276) 서울고판 1993.3.12, 92구12096.

277) 노조 68107-1035, 2001.9.7.

278) 대판, 2010.8.19, 2010다13701·13718, 대판, 2011.10.13, 2009다102452

쌍방 또는 단체협약에 정하는 바에 의하여 어느 일방이 노동위원회에 그 해석 또는 이행방법에 관한 견해의 제시를 요청할 수 있다(노조법 제34조제1항).

(c) 이 경우 노동위원회는 요청을 받은 날부터 30일 이내에 명확한 견해를 제시하여야 하며, 노동위원회가 제시한 해석 또는 이행방법에 관한 견해는 중재재정과 동일한 효력을 가진다(노조법 제34조제2항·제3항).

마. 단체협약 체결권의 제한 관련 쟁점

1) 노동조합 대표자의 단체협약 체결 권한

(a) 구 「노조법」 제33조제1항은 현행법 제29조제1항과 달리 노동조합 대표자의 교섭권한만 규정할 뿐 단체협약 체결권을 명시하지 않았다.

(b) 그러나 대법원은 전원합의체 판결[279]에서 노동조합 대표자의 교섭할 권한에는 사실행위로서의 단체교섭 권한 외에 교섭한 결과에 따라 단체협약을 체결할 권한이 포함되므로, 노동조합대표자가 단체교섭 결과에 따라 사용자와 단체협약의 내용을 확인한 후 다시 협약안의 가부에 관하여 조합원 총회의 의결을 거치도록 하는 것은 이러한 노동조합 대표자의 협약체결권을 전면적·포괄적으로 제한함으로써 사실상 단체협약 체결권한을 형해화하여 명목에 불과한 것으로 만드는 것이어서 무효라고 판시하였다.

이에 1997년 「노조법」 제정시 「노조법」 제29조제1항에 노동조합 대표자는 교섭권한과 함께 협약체결권한을 가지는 것으로 명시하였다.

2) 총회인준권 조항의 유효성

(a) 노동조합 대표자는 단체교섭 및 협약체결 권한이 「노조법」 제29조제1항에 의해 인정되는데, 노동조합의 규약이나 단체협약에서 단체협약 체결시 총회 의결을 거치도록 하는 '총회인준권 조항'이 노동조합 대표자의 단체협약 체결권한을 제한하는 것이 허용되는지 문제가 된다.

---

279) 대판 1993.4.27, 91누12257 전원합의체.

(b) 노동조합 대표자의 협약체결 권한을 전면적·포괄적으로 제한하는 것은 「노조법」 위반에 해당되는 것으로 무효이나, 노동조합이 조합원의 의사를 반영하기 위해서 규약 등으로 단체협약 체결시 총회 의결 등 내부 절차를 거치도록 하는 등 노동조합 대표자의 단체협약 체결권을 절차적으로 제한하는 것은 허용된다.

(c) 한편, 노동조합 대표자가 규약 등에 정한 절차를 거치지 않고 단체협약을 체결한 경우에는 특별한 사정이 없는 한 헌법과 법률에 의해 보호되는 조합원의 단결권 또는 노조 의사형성 과정에 참여할 수 있는 권리를 침해하여 불법행위에 해당하여 위자료 청구 대상이 될 수 있다.[280)]

3) 총회인준권 조항 관련 실무 사례(판례 등)

① 노동조합 대표자의 협약 체결권 전면적·포괄적 제한 금지[281)]

◦ (단체협약 제00조) "단체협약 체결권한은 교섭대표자에게 있고, 총회 결과에 따라 교섭위원 전원이 연명으로 서명한다"

판시내용

노동조합의 대표자가 단체교섭 결과에 따라 사용자와 단체협약의 내용을 합의한 후 다시 협약안의 가부에 관하여 조합원 총회의 의결을 거쳐야만 한다는 것은 대표자 또는 수임자의 단체협약 체결권한을 전면적·포괄적으로 제한함으로써 사실상 단체협약 체결권한을 형해화하여 명목에 불과한 것으로 만드는 것이어서 「노조법」 제29조제1항 취지에 위반된다.

280) 대판 2018.7.26.,2016다205908.

281) 대판 1993.4.27, 91누12257 전원합의체.

② 노동조합의 대표자의 협약체결권을 부여한 제29조제1항은 합헌[282)]

판시내용

헌법재판소는 노동조합의 대표자에게 최종적인 단체협약 체결권을 부여한 「노조법」 제29조제1항은 근로3권을 보다 효율적으로 보장하기 위해 노동조합의 자주성이나 단체 자치를 제한한 것으로 합헌이라고 판단했다. 다만, 「노조법」상 내부 의사 형성이 민주적으로 이루어지는 절차가 있어 총회에서 교섭 개시 전 의결할 수 있고, 노동조합 대표자는 교섭 과정에서 조합원 총의를 계속 수렴할 수 있다고 판시하였다.

③ 노조 대표자의 협약 체결권의 절차적 제한을 허용하는 최근 판례

(1) ○○노조 규약시정명령취소 사건[283)]

◦ (규약 제24조) ① 다음 각 호의 사항은 총회 의결을 거쳐야 한다.
 2. 산별 협약 체결에 관한 사항
◦ (제68조) ① 조합이 협약을 체결하고자 할 때에는 총회를 거쳐 위원장이 체결하고〈전단〉, 단체교섭 위원들이 연명으로 서명한다〈후단〉.

① (규약 제68조제1항 전단부분) → 노동조합 대표자의 단체협약 체결권을 본질적으로 제한하지 않음

총회 결의를 거쳐 단체협약을 체결하도록 할 뿐, 교섭 결과 합의된 단체협약안에 대해 총회 결의를 거쳐야 하는지 여부가 불분명하고, 노동조합 대표자가 총회 결의를 거치지 않거나 결의를 위반하여 체결한 단체협약이 가지는 효력을 부인하고 있지 않음을 근거로 하고 있다.

② (규약 제68조제1항 후단부분) → 「노조법」 제29조제1항에 위배

교섭 결과 합의에 이른 경우에도 교섭위원들이 연명으로 서명하지 않는 한 대표자가 그 권한으로 단체협약을 체결할 수 없기 때문에 법 위반으로 판단했다.

282) 헌재 1998.2.27, 94헌바13·94헌바26·95헌바44(병합).
283) 대판 2013.9.27, 2011두15404.

(2) 규약상 절차를 위반한 노조 대표자 단체협약 체결에 대한 손해배상청구[284)]

◦ (규약 제38조) 임원의 임무는 다음과 같다.
1. 조합장
3) 단체교섭권과 단체협약 체결권을 갖는다. 다만, 임금 단체협약 체결은 조합원의 찬반투표(가결)후 하여야 한다.

ⓐ (사실 관계) 노동조합 대표자가 규약상 내부절차를 이행하지 않고 직권으로 단체협약을 체결하자, 조합원들은 선관주의 의무 위반에 의한 손해배상을 청구한 사건

ⓑ (판시 내용) 노동조합이 조합원 의사를 반영하기 위해 규약 등에서 단체협약 체결시 내부 절차를 거치도록 하는 등 노동조합 대표자의 단체협약 체결권을 절차적으로 제한하는 것은 허용된다. → 적법한 규약

2. 단체협약의 효력

가. 규범적 부분과 효력

1) 규범적 부분

ⓐ 단체협약의 내용 중 '근로조건 기타 근로자의 대우에 관한 기준'을 정하고 있는 부분에 대하여는 규범적 효력이 미치므로 이를 규범적 부분이라 한다.

이와 같은 규범적 부분은 근로조건 개선과 근로자의 지위향상을 위한 단체협약의 핵심적인 사항이므로 규범적 부분이 전무한 단체협약은 「노조법」상 단체협약으로 볼 수 없다.

ⓑ 규범적 부분(근로조건 기타 근로자의 대우에 관한 사항)의 구체적인 범위는 「근기법」 제17조(근로조건의 명시)와 동 시행령 제8조, 취업규칙의 필수적 기재사항을 규정한 「근기법」 제93조를 통하여 이에 해당하는 사항을 예시하면 다음과 같다.

284) 대판 2014.4.24, 2010다24534.

① 업무의 시작과 종료 시각, 휴게시간, 휴일, 휴가 및 교대 근로에 관한 사항
② 임금의 결정·계산·지급 방법, 임금의 산정기간·지급시기 및 승급(昇給)에 관한 사항
③ 가족수당의 계산·지급 방법에 관한 사항
④ 정년과 퇴직에 관한 사항
⑤ 퇴직급여, 상여 및 최저임금에 관한 사항
⑥ 근로자의 식비·교통비, 작업용품 등의 부담에 관한 사항
⑦ 근로자를 위한 교육시설에 관한 사항
⑧ 출산전후휴가·육아휴직 등 근로자의 모성 보호 및 일·가정 양립 지원에 관한 사항
⑨ 안전과 보건에 관한 사항
⑩ 근로자의 성별·연령 또는 신체적 조건 등의 특성에 따른 사업장 환경의 개선에 관한 사항
⑪ 업무상과 업무 외의 재해부조(災害扶助)에 관한 사항
⑫ 표창과 제재에 관한 사항
⑬ 사업장의 부속 기숙사에 근로자를 기숙하게 하는 경우에는 기숙사 규칙에서 정한 사항
⑭ 그 밖에 해당 사업 또는 사업장의 근로자 전체에 적용될 사항

(1) 채용과 해고에 관한 사항

(a) 위에서 예시한 규범적 부분은 근로자가 사용자와의 사이에 개별적으로 근로계약을 체결할 때 그들 사이의 구체적 권리의무관계를 정하기 위하여 포함시킬 수 있는 사항과 동일하게 취급할 수 있는 계약내용이라고 말할 수 있으므로 근로자의 신규채용에 관한 사항과 같이 당해 조합원과 사용자 사이에 적용될 수 없는 것은 원칙적으로 규범적 부분에 해당하지 않는다.

(b) 그러나, 근로자와 사용자 사이의 근로조건과 관련한 권리의무의 발생에 관한 것이면 그 발생사유에 관한 것이건 그 절차에 관한 것이건 불문하고 규범적 부분에 해당한다. 따라서 해고에 관한 사항 중 징계해고의 사유와 범위, 경영상

해고의 대상자 선정기준 등은 근로조건으로 규범적 부분에 해당한다.

(2) 해고 동의·협의 조항

(a) 단체협약에 해고 등 인사에 관한 사항에 대해 노동조합과 합의·동의 또는 협의를 하여야 한다는 취지의 조항을 두는 경우가 있는데 이는 단체협약 상 다른 규정과의 관계 하에서 해석되어야 하며 이를 근거로 사용자의 본질적인 권한에 속하는 인사·경영권이 당연히 제한되는 것은 아니다.[285] 예컨대 근로자의 귀책 등으로 해고사유에 해당함이 객관적으로 명백하여 사용자가 노동조합측과 사전 합의를 위하여 성실하고 진지한 노력을 다했음에도 불구하고 노동조합측이 합리적인 이유나 근거 없이 무작정 반대하여 합의에 이르지 못한 경우 사전동의권 행사를 남용하거나 포기한 것으로 보아 합의 없이 한 해고도 유효하다고 보고 있다.[286]

(b) 한편, 판례는 단체협약에 노조 간부에 대한 징계해고시 사전 합의(동의)를 조합원에 대해서는 사전 협의 조항을 두어 조합간부와 조합원을 구분하여 제한의 정도를 달리 정하고 있는 경우, 노조 간부에 대해서는 조합과 의견을 성실하게 교환하여 노사간에 '의견의 합치'를 보아 인사권을 행사하여야 한다는 뜻에서 사전 '합의'를 하도록 규정한 것이라고 해석하여 노조 간부 징계해고시 이러한 절차를 거치지 않은 경우 원칙적으로 무효라고 보고 있다.[287]

(c) 해고동의(합의) 조항의 경우 판례는 근로조건의 기준으로 규범적 부분으로 보아 규범적 효력을 인정하고 있으나,[288] 해고 협의조항에 대해서는 해고기준이 아닌 해고의 절차를 정한 채무적 부분으로 보아 규범적 효력을 부인하고 있다.[289]

---

285) 대판 2002.2.26, 99도5380.

286) 대판 1992.12.8, 92다32074 ; 대판 2003.6.10, 2001두3136 ; 대판 2012.6.28, 2010다38007 등.

287) 대판 1992.12.8, 92다32074 ; 대판 1995.1.24, 94다24596 ; 대판 2007.9.6, 2005두8788 ; 대판 1991.8.13, 91다1233 ; 대판 2012.6.28, 2010다38007 등.

288) 대판 1991.8.13, 91다1233.

289) 대판 1993.4.23, 92다34940.

(3) 고용안정 조항(정리해고 금지 등)

① 의 의

(a) 고용안정 조항이란 경영상해고(정리해고)의 실시여부·요건·절차 등에 관한 노동조합과 사용자의 합의 내용으로 하는 단체협약의 조항을 말한다.

(b) 유형으로는 경영상 해고 등 구조조정 자체를 일정기간 금지하거나, 경영상 해고를 하는 경우 노동조합과 합의 또는 협의를 거칠 것을 규정하는 경우가 대부분이다.

② 유효성 관련 판례 추이

(a) 대법원은 정리해고(경영상해고) 등 기업구조조정 실시 여부는 경영주체에 의한 고도의 경영상 결단에 속하는 사항으로 원칙적으로 교섭대상이 될 수 없다고 보아 이를 이유로 한 쟁의행위는 목적의 정당성을 인정할 수 없다고 보았다.[290)]

(b) 그러나, 최근 판결에서 경영권에 관한 사항도 노사가 임의로 교섭을 진행하여 단체협약을 체결할 수 있고, 그 내용이 강행법규나 사회질서에 반하지 않는 이상 단체협약의 효력이 인정되므로 노사가 경영상해고를 제한하기로 하는 내용의 협약을 체결하였다면 특별한 사정이 없는 한 동 협약이 강행법규나 사회질서에 위배된다고 볼 수 없다고 하였다.[291)]

(c) 또한, 대법원은 경영상해고(정리해고)의 대상과 범위, 해고회피노력 등에 관하여 노조의 합리적인 의사를 적절히 반영할 필요가 있고, 노사가 단체협약으로 경영상해고에 관하여 사전 협의와 구분하여 '합의'를 요하도록 규정하였다면 경영주체에 의한 고도의 경영상 결단에 속하는 사항이라도 '협의'로 해석할 수 없으므로 동 고용안정협약의 효력을 온전하게 인정한다는 입장이다.[292)]

290) 대판 2002.2.26, 99도5380 ; 대판 2003.7.22, 2002도7225 등.

291) 대판 2014.3.27, 2011두20406.

292) 대판 2012.6.28, 2010두38007.

③ 고용안정조항 위반한 정리해고의 효력

고용안정조항은 단체협약의 규범적 부분으로서 이에 반하여 이루어지는 경영상해고(정리해고)는 원칙적으로 무효이다. 다만, 그러한 단체협약을 체결할 당시의 사정이 현저하게 변경되어 사용자에게 그 이행을 강요한다면 객관적으로 명백하게 부당한 결과에 이르는 경우에는 이 조항의 효력은 상실되고 사용자의 정리해고는 유효라고 본다.[293)]

2) 규범적 효력

(a) 「노조법」은 "단체협약에 정한 근로조건 기타 근로자의 대우에 관한 기준에 위반하는 취업규칙 또는 근로계약의 부분은 무효로 한다. 무효로 된 부분은 단체협약에 정한 기준에 의한다"고 규정하여 단체협약의 내용 중 규범적 부분 즉 '근로조건 기타 근로자의 대우에 관한 사항'에 대해 규범적 효력이 부여되고 있다(제33조).

(b) 이와 같이 규범적 부분은 개별적 근로관계에 대하여 강행적·직접적으로 적용된다. 즉, 단체협약에 정한 근로조건 기타 근로자의 대우에 관한 기준에 위반하는 취업규칙[294)] 또는 근로계약의 부분은 효력이 없게 되고(강행적 효력), 강행적 효력에 의해 효력이 없게 된 부분 또는 취업규칙, 근로계약으로 정하지 않은 부분은 단체협약에 정한 기준이 그대로 적용되게 된다(직접적 또는 직률적 효력).

(1) 규범적 효력의 한계

① 외재적 한계(다른 강행법규 등에 위반되는 경우)

단체협약에 정한 근로조건 등의 기준이 「근기법」 등에 규정된 강행법규나 선량한 풍속 기타 사회질서(민법 제103조)에 위반되는 내용의 경우 이는 상위의

293) 대판 2011.5.26, 2011두7526.

294) 일본의 경우, 勞働組合法 제16조에 강행적·직접적 효력이 미치는 범위를 단체협약의 규범적 부분에 위반하는 '노동계약의 부분'으로 규정하고 있다. 우리의 제정 「노조법」에서도 같은 규정을 두고 있었으나, 1963.4.17. 법률 1329호 개정법률에서 '취업규칙의 부분'도 포함시켰다.

범규범에 저촉되므로 무효이다.[295)]

② 내재적 한계

㉮ 유리조건 우선의 원칙에 의한 한계

(a) 단체협약의 규범적 효력의 내용으로서 단체협약에 정한 근로조건 등의 기준에 관한 사항에 위반되는 내용을 정하고 있는 취업규칙이나 개별근로계약은 무효로 된다는 강행적 효력이 인정된다.

(b) 그러나, 단체협약상의 근로조건의 경우보다 취업규칙이나 근로계약의 내용이 유리한 경우에도 규범적 효력을 인정하여 전면적으로 무효로 보아야 할 것인지에 대해서는 이에 대한 명문의 규정이 없기 때문에 해석상 견해의 대립이 있다. 즉 단체협약에 근로조건 등의 기준을 정함에 있어서 이를 '최저기준'으로 삼을 것인지, 아니면 '최고기준'으로 삼을 것인지 여부에 따라 견해가 갈린다.

(c) 이와 관련, 독일의 단체협약법에는 "단체협약은 최저기준을 정한 것으로서 단체협약보다 근로자에게 유리한 근로계약이나 사업장 협정이 우선 적용된다"는 유리의 원칙을 명시하고 있고,[296)] 단체협약에 근로조건의 기준을 정함에 있어서 최고기준으로 정하는 것은 「헌법」상 기본권 보장의 원리에 의하여 인정되는 공서양속에 위배되어 허용되는 것으로 보기 어려우며, 그러한 기준은 하나의 평균적·정형적 기준으로서의 의미를 가진다고 보는 것이 타당하다.

(d) 따라서, 단체협약 체결 전후를 불문하고 근로자가 개별적으로 사용자와 근로조건에 관하여 합의한 근로계약 중 근로자에게 유리한 내용을 정한 부분은 단체협약자치의 원칙에 의한 규범적 효력이 미치지 아니하고, 그러한 범위 안에서는 단체협약자치의 한계가 인정되어야 할 것이다.

㉯ 취업규칙과 유리의 원칙

(a) 단체협약과 관련한 유리원칙은 그 인정근거나 법리에 비추어 볼 때 근로자 개인의 개별 약정에 의한 근로계약에 한하여 적용되는 것으로 보아야 하고,

295) 대판 1990.12.21, 90다카24496 ; 대판 1993.4.9, 92누15765.
296) 임종률, 「노동법(제14판)」, 박영사, 2016 p.152.

근로자에 대한 집단적 규율을 목적으로 하는 취업규칙이나 노동관행 등의 하위 규범에 대하여는 적용이 없다고 보아야 한다.

(b) 특히, 취업규칙에 대하여는 근로자 과반수로 조직된 노동조합이 있는 경우에는 그 노동조합의 동의를 얻어 취업규칙을 근로자에게 불리하게 변경할 수 있으므로(근기법 제94조제1항), 노동조합이 단체협약을 체결하면서 기존의 취업규칙에 정한 근로조건보다 불리한 내용의 근로조건의 기준을 정함으로써 취업규칙을 변경하는 것은 위 법 규정에 허용되고 있다고 볼 것이므로 이러한 한도 안에서 취업규칙과 단체협약 사이의 유리원칙은 입법에 의하여 배제되어 있다고 할 것이다.[297)]

㉰ 개별근로자에게 이미 귀속한 권리의 처분에 관한 사항

조합원이 이미 취득한 권리에 대하여도 협약당사자가 규율할 수 있는 범위에 속하지 아니한다. 예컨대 이미 발생한 임금청구권이나 퇴직금청구권의 전부 또는 일부를 포기하기로 하거나 그 지급을 유예하기로 하는 내용은 조합원인 개별근로자가 이에 동의하지 않는 한 그에 대하여 아무런 규범적 효력을 미치지 아니한다.[298)]

㉱ 단체협약에 시간외근로에 대하여 노동조합의 동의 조항 관련

(a) 단체협약에 시간외근로에 대하여 노동조합이 동의한다는 조항을 두고 있다고 하더라도 개별근로자에게 당연히 시간외근로를 할 의무가 발생하는 것은 아니고, 사용자는 시간외근로를 할 때마다 원칙적으로 근로자와의 개별적 동의가 있어야 시간외근로를 시킬 수 있다.[299)]

---

297) 판례도 취업규칙상의 면직기준 규정의 적용에 관하여 단체협약의 개정에도 불구하고 종전의 단체협약과 동일한 내용의 취업규칙이 그대로 적용된다면 단체협약의 개정은 그 목적을 달성할 수 없으므로 개정된 단체협약에는 당연히 취업규칙상의 유리한 조건의 적용을 배제하고 개정된 단체협약이 우선적으로 적용된다는 내용의 합의가 포함된 것이라고 봄이 당사자의 의사에 합치한다고 할 것이고, 따라서 개정된 후의 단체협약에 의하여 취업규칙상의 면직기준에 관한 규정의 적용은 배제된다고 보고 있다(대판 2002.12.27, 2002두9063).

298) 대판 2000.9.29, 99다67536.

299) 대판 2000.6.23, 98다54960 ; 대판 1995.2.10, 94다19228.

(b) 다만, 단체협약으로 개별근로자의 시간외근로에 관한 합의권을 박탈하거나 제한하지 않는 범위에서는 단체협약에 의한 합의도 가능하나, 그 내용은 시간외근로에 관하여 개별적 합의를 하면 노동조합과 협의할 필요가 없다는 정도의 것을 의미하는 것이지, 근로자와의 합의 여부를 떠나 근로자에게 일방적으로 시간외근로 의무를 지우는 조항을 둘 수 없다.[300)]

(2) 규범적 부분 위반의 효과

(a) 단체협약의 규범적 부분은 개별 조합원과 사용자 사이에서 그 효력이 생기는 것이므로 사용자가 규범적 부분을 위반하면 개별조합원이 직접 사용자를 상대방으로 그 이행을 구하거나 법위반 사항에 대한 처벌을 원하는 진정, 고소·고발, 재판상 청구를 할 수 있다.

(b) 개별 조합원 이외의 노동조합의 경우 협약당사자는 단체협약의 내용 중 규범적 부분과 채무적 부분을 막론하고 이를 준수할 협약준수의무를 부담하므로 규범적 부분을 위반한 사용자에 대하여 손해배상을 청구할 수 있다.

나. 채무적 부분과 효력

1) 채무적 부분

(a) 단체협약의 내용 중에서 협약 체결 당사자인 노동조합과 사용자 또는 사용자단체 사이에 적용될 상호간의 권리·의무를 규율하는 사항들로 계약 일반의 효력만이 인정되므로 이를 채무적 부분이라 한다.

이와 같은 채무적 부분은 노동조합과 사용자 즉 협약당사자가 상대방에 대하여 어떤 의무를 부담하게 하는 채권법적 효력을 바탕으로 하며, 당사자는 채무적 부분에 관한 제반 의무를 준수해야 하며, 특히 노동조합은 조합원 등이 단체협약에 규정된 사항을 준수하도록 노력해야 한다.

(b) 채무적 부분에는 주로 노동조합 자체의 존속·유지·활동과 관련한 사항에

300) 대판 1993.12.21, 93누5796.

대하여 사용자 또는 사용자단체와의 사이에 권리의무를 정하고 있는 것으로서, ① 근로시간 중 조합활동에 관한 사항, ② 전임자 및 근로시간면제에 관한 사항, ③ 사업장내 조합사무실 이용이나 조합게시판 설치·이용 등에 관한 사항, ④ 평화의무·평화조항, ⑤ 유니온숍(shop)조항, ⑥ 조합비일괄공제(Check-off) 조항, ⑦ 단체교섭 또는 쟁의에 관한 사항, ⑧ 조합원의 범위에 관한 사항 등이 이에 해당된다.

(1) 평화의무 및 평화조항

(a) 평화의무란 단체협약 당사자가 협약의 유효기간 중에는 단체협약에서 정한 내용을 변경·폐지를 목적으로 한 쟁의행위를 하여서는 아니 될 뿐 아니라 구성원에 의하여 그러한 쟁의행위가 행해질 때 이를 지지·원조하지 않을 부작위의무(영향의무)를 말한다.[301] 이러한 평화의무는 협약에 특별한 근거규정을 두지 않아도 단체협약의 평화적 기능에 내재하는 본래적 의무라고 볼 수 있다.[302]

(b) 평화의무를 위반한 노동조합의 쟁의행위는 단체행동권의 내재적 한계를 일탈한 것으로 그 정당성을 상실하게 되며,[303] 민·형사상 면책이 인정되지 않는다. 이 경우 노동조합은 평화의무 위반의 쟁의행위에 대하여 채무불이행에 따른 모든 손해를 배상하여야 한다.

(c) 한편, 평화조항이란 쟁의행위를 사전에 방지하고 분쟁을 평화적으로 해결하기 위해서 단체협약에 노동위원회에 중재(仲裁)신청을 할 수 있도록 하거나, 쟁의행의의 일정한 절차(사적 조정 등)를 정해 놓은 조항을 말한다. 이와 같은 평화조항 위반은 당사자가 정한 쟁의행위의 일정한 절차를 위반한 것이기 때문에 쟁의행위의 정당성 여부에 영향을 미칠 수 없으나, 협약상 채무불이행에 대한 손해배상의무 부담의 문제가 발생할 수 있다.

301) 대판 1992.9.1, 92누7733에서도 이러한 '영향의무'를 인정하고 있다.

302) 대판 1994.9.30, 94다4042.

303) 대판 1994.9.30, 94다4042.

(2) 유니온 숍(Union shop) 조항

(a) 유니온 숍 조항이란 사용자가 비조합원을 고용한 경우 그 근로자가 일정한 기간 안에 노동조합에 가입하지 아니하거나 가입 후 노동조합원의 자격을 상실한 경우에는 그 근로자를 해고하여야 한다는 의무를 부담하는 내용의 단체협약의 조항을 의미한다. 다만, 이와 같은 조직강제조항이 특정 노조에의 가입을 고용조건으로 하거나, 노조의 탈퇴 또는 제명을 이유로 근로자를 해고하도록 하여 적극적 단결권의 내용인 단결선택의 자유를 침해하는 경우에는 허용되지 않는다.[304)]

(b) 「노조법」 제81조제2호 본문에서도 사용자가 유니온숍 조항에 따라 근로자가 특정한 노동조합의 조합원이 될 것을 고용조건으로 하는 행위를 부당노동행위로 금지하면서, 단서에 "노동조합이 당해 사업장에 종사하는 근로자의 3분의 2 이상을 대표하고 있을 때에는 근로자가 그 노동조합의 조합원이 될 것을 고용조건으로 하는 단체협약의 체결은 예외"로 하여 일정한 요건 하에 제한적으로 유니온숍 조항의 유효성을 인정하고 있다.

(c) 여기서 노동조합이 당해 사업장[305)]에 종사하는 근로자의 3분의 2 이상을 대표[306)]하여야 한다는 것은 유니온숍 조항의 적용을 받기 위해서는 계속적으로 갖추어야 할 존속요건에 해당하기 때문에 조합원의 탈퇴 등으로 노동조합의 조합원이 당해 사업장 근로자의 3분의 2 미만이 된 경우에는 협약 유효기간 중이라 하더라도 유니온숍 협정은 효력을 상실한다.[307)]

(d) 또한, 「노조법」 제81조제2호 단서에 "노동조합에서 제명된 것 또는 그 노동조합을 탈퇴하여 새로 노동조합을 조직하거나 다른 노동조합에 가입한 것을 이유로 근로자에게 신분상 불이익한 행위를 할 수 없다"고 규정하여 조합원이 조

304) 대판 1989.1.17, 87다카2646.

305) 노동조합의 조직대상으로서의 사업장을 의미하므로 노동조합이 사업단위로 설립된 경우 그 사업을, 사업장 단위로 설립된 경우에는 그 사업장을 의미한다.

306) 당해 사업장에 종사하는 근로자의 3분의 2이상이라 함은 당해 사업장의 전체근로자 중 「노조법」 제2조제2호의 사용자의 범주에 포함되는 자를 제외한 잔여 근로자수의 3분의 2로 해석한다 (노조 01254-4332, 1988.3.22.).

307) 노조 68107-1019, 2001.9.3.

합을 임의탈퇴(새로 노동조합을 조직하거나 다른 노동조합에 가입하지 않은 경우)한 경우에는 노동조합은 원칙적으로 당해 조합원의 해고를 사용자에게 요구할 수 있으며 사용자는 이에 응할 의무가 있다고 보아야 한다.

⑶ 조합원의 범위 조항

ⓐ 노동조합 조합원의 자격이나 가입범위는 조합이 자주적으로 조합규약으로 정할 사항이나, 조합 가입범위를 둘러싼 분쟁을 방지하기 위해서 당사자간 합의로 단체협약에 조합원 가입범위를 정하는 것은 가능하다. 다만, 이 경우 「노조법」상 근로자 중에서 노조 규약에서 정한 가입범위 내에 한정하여 정하여야 하므로 단체협약에서 규약상 조합원 범위를 제한하더라도 그 제한은 효력이 없다고 본다.

ⓑ 예를 들어, 노동조합 규약상 조합원 자격은 있으나, 단체협약의 조합원범위 조항에 의하여 조합원 자격이 없는 경우에 해당근로자는 조합에 가입할 수 있다고 보는 것이 타당하다.

ⓒ 다만, 판례에서는 노사간 합의로 노조 규약상의 조직대상과 별도로 조합원이 될 수 없는 자를 특별히 규정함으로써 일정 범위의 근로자들에 대하여 단체협약의 적용을 배제하고자 하는 취지의 규정을 둔 경우에는 규약상 조합원의 범위에 관한 규정과 배치된다하더라도 무효로 볼 수 없다고 하여 그 유효성을 인정하고 있다.[308)]

⑷ 유일교섭단체조항

ⓐ 유일교섭단체조항이란 단체협약에서 특정 노동조합을 유일한 교섭단체로 인정하고 다른 노동조합을 단체교섭대상에서 배제하는 조항을 말한다.

ⓑ 이와 같은 유일교섭단체조항은 「헌법」과 법률이 보장하고 있는 근로자의 노동조합 결성 및 가입의 자유와 다른 노동조합의 단체교섭권을 침해하는 위법한 조항으로 효력이 없다.[309)] 따라서, 사용자가 유일교섭단체조항을 이유로 다른

---

308) 대판 2003.12.26, 2001두10264 ; 대판 2004.1.29, 2001다5142 ; 대판 2004.1.29, 2001다6800.

309) 서울고판 2012.6.20, 2011누34162.

노동조합과의 단체교섭을 거부하는 경우에는 부당노동행위에 해당한다.[310)]

(5) 쟁의면책 조항

(a) 쟁의행위기간 중에 있었던 노동조합의 불법행위 등에 대해 일체의 책임 또는 민·형사상 책임을 묻지 않는다거나 신분상 불이익을 주지 않는 다는 등의 단체협약상의 면책 조항을 말하며, 흔히 쟁의행위가 종료되는 시점에 노동조합의 요구에 의해 각서 등의 형태로 체결된다.

이러한 면책조항은 쟁의행위와 일체성을 가지는 준비행위 및 유발행위까지 면책한다는 의미이며,[311)] 민사 면책은 손해배상 책임은 물론 징계책임까지 면제한다는 의미로 해석된다.[312)]

(b) 형사면책의 경우, 사용자가 형사책임을 묻지 않는다는 의미는 형사상의 고소·고발을 자제하겠다는 취지로 보이나 국가기관의 소추권이나 수사권 행사를 저지하는 효력은 없다. 즉 국가의 형벌권을 부정하지 않은 범위 내에서 제한적으로 효력이 인정된다고 보아야 한다.

(c) 이와 같은 쟁의면책 조항은 채무적 부분에 속하므로 이 조항 위반은 단체협약 불이행책임을 발생시킨다. 다만 쟁의면책 조항이 근로자의 징계나 해고 등을 금지하는 내용이라면 규범적 부분으로 보아야 하고 동 조항에 위반하여 근로자를 징계하거나 해고하는 것은 중대한 절차상의 하자로 무효가 될 수 있다.[313)]

2) 채무적 효력

(1) 의의 및 내용

(a) 단체협약의 채무적 효력은 노동조합과 사용자 사이의 권리·의무를 발생시키는 효력이며, 계약의 일종이므로 당사자는 단체협약에서 합의한 모든 내용을

310) 노동법실무연구회「노동조합 및 노동관계조정법Ⅱ」, 박영사 p.195.

311) 대판 1994.1.28, 93다49284.

312) 대판 1991.1.11, 90다카두21176 ; 대판 1992.7.28, 92다14786 등.

313) 대판 2009.2.12, 2008다70336 ; 임종률, 「노동법(제14판)」, 박영사, 2016 p.169.

상대방에게 성실하게 이행할 의무·채무를 가진다.

이러한 채무적 효력에는 규범적 부분과 채무적 부분, 즉 단체협약 전체에 공통된 효력인 협약 준수의무(이행의무)와 평화의무가 있고 각 채무적 부분에 관한 조항마다 발생하는 개별적 효력이 있다.

(b) 한편, 협약준수의무(이행의무)에는 협약당사자가 협약을 준수할 의무와 각 당사자의 구성원(노동조합의 조합원 또는 사용자단체의 구성원인 사용자)에게 협약을 위반하지 않고 이행하도록 통제할 의무(영향의무)가 포함되어 있다고 본다. 그러나, 협약당사자가 그 구성원에게 영향력을 행사했는데도 구성원이 따르지 않은 경우 협약당사자가 이행의무를 위반한 것이 아니고, 그 구성원의 행위가 다른 차원에서 문제가 될 뿐이다.

(2) 이행의무 위반의 효과

(a) 단체협약 불이행에 대한 민사상 구제수단으로는 동시이행의 항변(민법 제536조)을 고려할 수 있지만 일반 쌍무계약과 달라 일방 당사자의 의무가 상대방의 다른 의무와 대가·견련(牽連)관계를 가지지 않고 각 독자적인 의미를 가지는 경우가 대부분이어서 적절한 구제수단이 될 수 없다. 또한 계약의 해지·해제의 경우도 이해득실상 채택하기도 어렵고 단체협약이 갖는 중요한 기능에 비추어 널리 허용되기 어렵다.

(b) 따라서, 의미 있는 구제수단으로는 강제이행을 청구(민법 제389조)하거나 불이행으로 인한 손해의 배상을 청구하는 것 이라 할 수 있다.[314)]

3. 단체협약의 효력확장

가. 의 의

(a) 단체협약은 협약당사자인 노동조합과 사용자 또는 사용자단체 및 그 구성원에 대하여 그 효력이 미치는 것이 원칙이나, 사용자간의 불공정 경쟁을 방지하

---

314) 임종률, 「노동법(제14판)」, 박영사, 2016 p.157.

고 사용자측이 상대적으로 근로조건이 높은 조합원보다 비조합원을 선호하여 노동조합을 약화시키는 것을 예방하기 위하여 일정한 경우 당해 단체협약의 체결 당사자나 그 구성원 이외에 비조합원이나 제3자에게 단체협약의 효력이 적용되는 범위가 확장되도록 제도화하고 있다.

(b) 「노조법」은 사업장단위의 일반적 구속력(제35조)과 지역단위 일반적 구속력(제36조)을 인정하고 있다.

나. 사업장단위 일반적 구속력

1) 성립 요건

(a) 하나의 사업(장)에 상시 사용되는 동종 근로자의 반수 이상이 하나의 단체협약의 적용을 받게 된 때에는 다른 동종의 근로자에 대하여도 해당 단체협약이 적용된다(노조법 제35조). 여기서 '하나의 사업 또는 사업장'이란 단체협약의 적용을 받는 반수 이상의 근로자를 산출하는 단위를 의미한다.[315)]

(b) 하나의 사업에 조직된 노동조합이 수개의 사업장을 포괄하고 있는 경우에는 수개 사업장의 전체 근로자의 반수 이상이 하나의 단체협약을 적용받는지 여부에 따라 판단하여야 한다.[316)]

(c) '상시 사용'이라 함은 일용근로자, 임시근로자, 시간제근로자 등 계약형식에 관계없이 실질적으로 판단해야 하며, 단기계약이 반복 갱신되어 계속적·실질적으로 상시 사용되면 상시근로자에 해당된다.

(d) '동종근로자'라 함은 원칙적으로 근로자의 지위나 종류, 고용기간의 정함 유무 또는 근로계약상 명칭에 구애됨이 없이 사업(장)에서 계속적으로 사용되고 있는 동종근로자 전부를 의미하며, 해당 단체협약의 적용이 예상되는 자를 의미한다.[317)] 단체협약의 적용이 예상되는 자에 대한 판단은 노조규약상의 조합원 자

315) 대판 1992.12.22, 92누131189. 여기서 '반수' 이상이라 함은 정반수를 의미한다. 즉 상시근로자가 100명인 경우 50명 이상을 말한다.

316) 노조 68107-612, 2001.5.28.

317) 대판 2003.12.26, 2001두10264 등.

격(가입범위)과 단체협약상의 적용범위를 기준으로 한다.

(e) 일반적 구속력의 성립 여부는 노동조합 기준이 아니라 적용되는 단체협약 기준으로 판단하여야 하므로 복수의 노동조합이 있는 사업장에서 복수의 노동조합에 하나의 단체협약이 적용되는지 여부를 잘 따져서 판단하여야 하며, 일반적 구속력이 발생된 이후에 신입사원의 채용 또는 조합원의 탈퇴 등으로 '반수 이상의 근로자'라는 요건을 갖추지 못하거나, 단체협약의 유효기간이 만료되면 일반적 구속력의 효력은 자동적으로 소멸한다.

2) 법적 효과

(a) 사업(장) 단위의 효력확장은 단체협약의 당사자인 노동조합과 사용자가 별도의 조치를 할 필요가 없이 요건이 충족되면 자동적으로 비조합원인 근로자에게도 단체협약이 적용된다(노조법 제35조). 따라서 단체협약에 비조합원에게 적용되지 않는다는 특약의 규정이 있더라도 동 규정은 강행규정이므로 단체협약 효력이 확장된다.[318)]

(b) 단체협약 내용 중 규범적 부분만이 확장 적용되나, 다른 동종의 근로자에게 적용되는 별도의 단체협약이 있는 경우에는 이들에게는 규범적 부분의 확장 적용이 제한된다.

(c) 다만, 확장적용의 대상이 되는 근로자가 협약 내용보다 유리한 근로계약을 체결하여 근로조건이 적용되고 있는 경우에는 그 단체협약의 효력 확장은 인정되지 않는다.

3) 일반적 구속력 관련 실무 사례

① '동종의 근로자'란 당해 단체협약의 규정에 의하여 그 협약의 적용이 예상되는 자를 말하며, 협약의 규정에 의하여 조합원의 자격이 없는 자는 단체협약의 확장적용을 받지 아니한다.[319)]

---

318) 노동조합과-536, 2005.2.23.

319) 대판 2003.12.26, 2001두10264.

「노조법」 제35조의 규정에 따라 단체협약의 일반적 구속력으로서 그 적용을 받게 되는 '동종의 근로자'라 함은 당해 단체협약의 규정에 의하여 그 협약의 적용이 예상되는 자를 가리키며, 단체협약의 규정에 의하여 조합원의 자격이 없는 자는 단체협약의 적용이 예상된다고 할 수 없어 단체협약의 확장적용을 받지 아니한다.

② 서로 다른 종류의 사업을 운영하던 회사들이 합병한 이후 근로자들의 근로관계 내용을 단일화하기로 변경·조정하는 새로운 합의가 있기 전에 그 중 한 사업부문의 근로자들로 구성된 노동조합이 회사와 체결한 단체협약은 그 사업부문의 근로자들에 대하여만 적용될 것이 예상되는 것이라 할 것이어서 다른 사업부문의 근로자들에게는 적용될 수 없다.[320)]

③ '하나의 단체협약의 적용을 받는 근로자'란 단체협약의 본래적 적용대상자로 정해진 조합원으로 단체협약상의 적용범위에 포함되는 자만을 의미하므로, 단체협약이 근로자 일부에게만 적용되는 것으로 한정하는 경우에는 그 한정된 범위의 조합원을 말한다.[321)]

'하나의 단체협약의 적용을 받는 근로자'란 단체협약의 본래적 적용대상자로서 단체협약상의 적용범위에 드는 자만을 일컫는 것으로 단체협약상 특별히 적용범위를 한정하지 않은 경우에는 당해 단체협약의 협약당사자인 노동조합의 조합원 전체를 말하고 단체협약이 근로자 일부에게만 적용되는 것으로 한정하는 경우에는 그 한정된 범위의 조합원을 말한다.

④ 교섭대표노조가 체결한 단체협약이 일반적구속력 요건을 충족하는 경우, 교섭창구단일화 절차에 참여하지 않은 노조의 조합원에게도 확장 적용된다.[322)]

교섭대표노조와 사용자간에 체결된 단체협약이 「노조법」 제35조의 일반적구속력 요건을 충족하는 경우에는 (중략) 동 '타결 격려금'이 '근로조건 기타 대우

320) 대판 2004.5.14, 2002다23185,23192 병합.

321) 대판 2005.5.12, 2003다52456.

322) 노사관계법제과-1213, 2015.6.19.

에 관한 사항'에 해당한다면 교섭창구단일화 절차에 참여하지 않은 노조의 조합원에게도 지급하여야 할 것이다.

⑤ 기존 노동조합이 체결한 단체협약이 일반적 구속력 요건을 충족하는 경우, 신설노동조합에 가입한 조합원에게는 신설노동조합이 단체협약을 체결하기 전까지는 기존 노동조합이 체결한 단체협약의 규범적 부분이 개별 근로계약으로 전환되어 적용된다.[323)]

기존 노동조합이 체결한 단체협약이 「노조법」 제35조의 일반적 구속력 요건을 충족하는 경우에는 해당 단체협약의 규범적 부분은 동종의 비조합원인 근로자나 신설노동조합의 조합원에게도 확장 적용된다. 한편, 기존 노동조합을 탈퇴하여 신설노동조합에 가입한 조합원에게는 신설노동조합이 단체협약을 체결하기 전까지는 기존 노동조합이 체결한 단체협약의 규범적 부분이 개별 근로계약으로 전환되어 적용된다.

⑥ 단체협약상 유급휴일(노조창립일)에 관한 조항은 규범적 부분에 해당하므로 일반적구속력 요건을 충족하는 경우 동종의 비조합원인 근로자에 대하여도 노동조합창립일이 유급휴일로 적용된다.[324)]

단체협약상 유급휴일에 관한 조항으로 규범적 부분에 해당한다 할 것이며, 당해 단체협약이 일반적구속력 요건을 충족하는 경우라면 유급휴일로 정한 노동조합 창립일을 동종의 비조합원인 근로자에 대하여도 유급휴일로써 적용하여야 한다.

다. 지역단위 일반적 구속력

1) 의 의

(a) 하나의 지역에 있어서 종업하는 동종의 근로자 3분의 2 이상이 하나의 단체협약의 적용을 받게 된 때에는 행정관청은 당해 단체협약의 당사자의 쌍방 또

323) 노사관계법제과-2014, 2015.9.17.

324) 노사관계법제과-2046, 2015.9.24.

는 일방의 신청에 의하거나 그 직권으로 노동위원회의 의결을 얻어 당해 지역에서 종업하는 다른 동종의 근로자와 그 사용자에 대하여도 당해 단체협약을 적용한다는 결정을 할 수 있다(노조법 제36조제1항).

(b) 이러한 지역단위 일반적 구속력 제도의 입법취지는 동일한 경제권역에 종사하는 동종근로자를 사용하는 사업주에게 협약의 효력을 확장시켜 기업간의 부당경쟁을 방지하고 공정경쟁을 확립하는 것은 물론 소수 근로자들에 대하여도 균등한 근로조건이 보장되도록 함으로써 소수근로자들을 보호하기 위한 것이다.

2) 성립 요건

(1) 실체적 요건

(a) 하나의 지역에 있어서 종업하는 동종[325]의 근로자 3분의 2 이상이 하나의 단체협약의 적용을 받아야 한다(노조법 제36조제1항).

여기서 '하나의 지역'이란 당해 단체협약의 효력을 확장할만한 경제적 기초의 동질성 또는 유사성을 고려하여 결정하여야 하며, 구체적으로는 행정구역, 경제권역, 관습 등을 종합하여 동일한 생활여건에 있는 지역을 의미한다.[326]

(b) '동종근로자'의 범위는 사업장단위의 일반적 구속력의 요건에서 설명한 바와 같다. 따라서, 당해 단체협약의 규정상 그 적용을 예상하고 있는 근로자로서 당해 단체협약을 체결한 노동조합의 조합원 자격이 있는 자와 직종 또는 산업별로 그 근로의 내용이나 형태가 동일 또는 유사한 자가 이에 해당한다.

(c) '하나의 단체협약의 적용' 받고 있다고 함은 당해 단체협약의 본래적 적용대상자로서 적용되고 있는 것만을 의미하고, 그 밖의 사유로 단체협약이나 이와 동일한 기준을 적용받고 있는 근로자는 여기에 해당하지 않는다.

(2) 절차적 요건

(a) 행정관청이 해당 단체협약의 체결당사자의 쌍방 또는 일방의 신청이 있거

325) 동종의 근로자의 의미는 일반적 구속력의 경우와 같다.

326) 노조 01254-1246, 1995.12.1.

나 직권으로 노동위원회의 의결을 얻어 해당 지역에서 종업하는 동종의 근로자와 그 사용자에 대하여도 해당 단체협약을 적용한다는 결정을 하여야 한다(노조법 제36조제2항).

(b) 행정관청은 그 결정사실을 지체 없이[327] 공고하여야 하며, 공고하지 아니하면 지역적 구속력의 법적 효력이 발생하지 않는다(효력발생 요건).

(c) 공고는 법령에 특별한 규정이 있는 것을 제외하고는 공고 후 5일이 경과함으로써 상대방에 도달 효과가 발생한다.

(3) 법적 효과

(a) 지역적 구속력의 적용이 결정·공고되면 그 지역 내에 있는 사업장의 동종 근로자에게 단체협약의 내용 중 근로조건과 관련된 규범적 부분이 확장 적용된다.

(b) 지역 내 소수노조가 별도의 단체협약을 체결하고 있는 경우, 그 협약이 유효하게 존속하고 있는 한 지역적 구속력 결정의 효력은 그 노동조합이나 그 구성원에게는 미치지 않는다고 해석하여야 하고, 또 협약 외의 노동조합이 별도로 체결하여 적용받고 있는 단체협약의 갱신체결이나 보다 나은 근로조건을 얻기 위한 단체교섭이나 단체행동 하는 것 그 자체를 금지하거나 제한할 수 없다고 보아야 한다.[328]

(c) 지역적 구속력에 의하여 효력 확장이 인정되는 단체협약의 적용에 있어서는 유리의 원칙이 인정되는 것으로 보아야 한다. 따라서, 지역적 구속력에 의한 효력확대 적용의 결과 그 효력이 미치게 되는 근로자에게 불리한 결과로 되는 경우에는 단체협약의 효력이 확장적용이 인정되지 아니한다.

(d) 단체협약의 유효기간이 만료되거나 지역적 구속력 성립요건을 흠결시키는 사유가 발생한 경우에는 그 확대 적용의 효력 또한 종료된다.

---

327) '지체 없이'란 정상적인 공고절차를 지연시키지 않고 공고해야한다는 의미다.

328) 대판 1993.12.21, 92도2247.

3) 지역적 구속력 관련 실무사례

① 지역적 구속력은 기 협약체결 사업장 근로자, 기존 근로조건이 유리한 경우에는 확장 적용되지 않으며, 확장 적용도 규범적 부분만 된다.[329)]

「노조법」 제36조제1항의 규정에서 '근로자'란 하나의 지역 내의 전체 동종근로자를 가리키는 것으로서 조합원, 비조합원, 전 근로자를 포함하는 개념이며, 단체협약의 지역적구속력 적용결정 공고를 한 때에 그 지역 내에 있는 사업장의 동종근로자에게 적용된다고 보며 다만, ⓐ단체협약이 유효하게 발효 중인 사업장 근로자, ⓑ단체협약이 없는 상태이나 현재의 근로조건이 지역적 구속력을 적용하려는 단체협약의 수준보다 높은 경우에는 지역적구속력이 배제되어야 한다. 이 경우 효력이 확장되는 것은 그 단체협약의 내용 중 「근로조건 기타 근로자의 대우에 관한 부분」 즉 규범적 부분만 확장적용 된다.

② 지역적 구속력 결정의 관할은 지역이 2개 이상의 특별시·광역시·특별자치시·도·특별자치도에 걸치는 경우에는 고용노동부장관(관할 지방고용노동관서)이, 그 외에는 당해 특별시장·광역시장·특별자치시장·도지사·특별자치도지사(1개의 시·군·구에 해당할 경우에는 해당 시장·군수·구청장)가 관할한다.[330)]

지역적 구속력 결정을 신청할 수 있는 자는 확장 적용될 단체협약을 체결한 노사 당사자 쌍방 또는 일방으로 규정하고 있으므로 행정관청에의 신청인 적격은 당해 협약을 체결한 당사자에게만 있다. 따라서, 당해 협약을 체결한 당사자가 아닌 지역적 구속력을 적용받고자 하는 전국00노동조합 또는 그 산하의 분회의 이름으로 신청할 수는 없는 것이다. 다만, 같은 조 제1항에 따라 행정관청은 지역적 구속력 결정을 위해 직권으로 노동위원회에 의결을 요청할 수는 있다. 또한, 지역적 구속력 결정을 하는 경우 관할 행정관청에 대해서는 「노조법」상 별도의 규정이 없으나, 지역적 구속력 결정을 통해 단체협약을 확장 적용하려는 "지역"의 범위에 따라, 지역이 2개 이상의 특별시·광역시·특별자치시·도·특별자치

329) 노조 01254-10127, 1988.7.6.

330) 노사관계법제과-731, 2016.4.8.

도에 걸치는 경우에는 고용노동부장관(관할 지방고용노동관서)이, 그렇지 않은 경우에는 당해 특별시장·광역시장·특별자치시장·도지사·특별자치도지사(1개의 시·군·구에 해당할 경우에는 해당 시장·군수·구청장)가 관할하는 것이 타당하다.

③ 소급적으로 동의하거나 이를 승인하는 내용의 단체협약을 체결한 경우에 그 효력은 단체협약이 시행된 이후에 그 사업체에 종사하며 그 협약의 적용을 받게 될 조합원이나 근로자들에 대해서만 생기고, 단체협약 체결 이전에 이미 퇴직한 근로자에게는 위와 같은 효력이 생길 여지가 없다.[331)]

단체협약은 노동조합이 사용자 또는 사용자단체와 근로조건 기타 노사관계에서 발생하는 사항에 관하여 체결하는 협정으로서, 노동조합이 사용자측과 기존의 임금, 근로시간, 퇴직금 등 근로조건을 결정하는 기준에 관하여 소급적으로 동의하거나 이를 승인하는 내용의 단체협약을 체결한 경우에 그 동의나 승인의 효력은 단체협약이 시행된 이후에 그 사업체에 종사하며 그 협약의 적용을 받게 될 조합원이나 근로자들에 대해서만 생기고, 단체협약 체결 이전에 이미 퇴직한 근로자에게는 위와 같은 효력이 생길 여지가 없다. 또한, 단체협약이 실효되었더라도 임금, 근로시간 등 개별적 근로조건에 관한 부분은 그 단체협약의 적용을 받고 있던 근로자의 근로계약의 내용이 되어 그것을 변경하는 새로운 단체협약의 체결, 취업규칙이 작성되거나 또는 개별적인 근로자의 동의를 얻지 아니하는 한 개별적인 근로자의 근로계약의 내용으로서 여전히 남아 있어 사용자와 근로자를 규율한다고 할 것이다.

4. 기업 및 노동조합 변동과 단체협약의 효력

가. 기업변동

1) 합 병

(a) 「상법」 제235조에 따른 기업합병의 경우 합병 후 존속하는 회사 또는 합

331) 대판 2000.6.9, 98다13747 ; 대판 2007.12.27, 2007다51758.

병으로 인하여 신설되는 회사는 합병으로 인해 소멸되는 회사의 권리·의무를 승계하므로 피합병회사와 노동조합간에 체결한 단체협약은 합병회사로 승계된다.

(b) 판례도 소멸회사와 근로자 사이의 종전의 근로계약상의 지위가 그대로 존속회사 또는 신설회사에 법률상 당연히 포괄적으로 승계되는 것이므로 합병당시 새로운 단체협약의 체결 등을 통하여 합병 후 근로자들의 근로관계의 내용을 단일화하기로 변경 조정하는 새로운 합의가 없는 한 소멸회사의 사이에 체결한 종전의 단체협약이 그대로 적용된다고 보고 있다.[332)]

※ 상법 제235조 : 합병 후 존속한 회사 또는 합병으로 인하여 설립된 회사는 합병으로 인하여 소멸된 회사의 권리·의무를 승계한다.

2) 분 할

「상법」 제530조의2에 따라 기업이 분할되는 경우 노동조합은 신설회사로 이전된 조합원들이 참가한 상태에서 규약을 변경하여 2사 1노동조합으로 존속하거나, 자체 결의를 통해 노동조합을 분할할 수 있다.

3) 영업양도

(a) 영업양도는 일정한 영업목적에 의하여 조직화된 총체 즉, 인적·물적 조직을 그 동일성을 유지하면서 일체로서 이전하는 것이므로 양도기업과 노동조합간에 체결된 단체협약도 양수기업에 승계된다고 보아야 한다. 또한, 영업이 양도되면 반대의 특약이 없는 한 양도인과 근로자 사이의 근로관계도 원칙적으로 양수인에게 포괄적으로 승계된다.[333)]

(b) 다만, 영업의 일부양도의 경우 단체협약의 내용 중 규범적 부분이 「노조법」 제33조에 의거 근로계약의 내용이 되는 것이므로 규범적부분(채무적 부분은 제외)이 양수기업에 승계된다고 보는 것이 타당하다.

332) 대판 1995.12.26, 95다41659 ; 1997.12.26, 97다17575.

333) 대판 1987.2.24, 84다카1409 ; 대판 1994.1.25, 92다23834 등.

〈영업양도 관련 실무사례〉

① 영업양도의 경우 특별한 사정이 없는 한 종전의 단체협약도 잠정적으로 승계되어 존속하는 것으로 보아야 한다.[334)]

② 법률의 제정이나 개정 등으로 새로운 특수법인이 설립되어 그 권리의무를 승계하도록 하는 경우에 있어서, 단순히 새로 설립되는 법인이 종전 단체에 속하였던 모든 재산과 권리·의무를 승계한다는 경과규정만 두고 있다면, 종전 단체에 소속된 직원들의 근로관계가 새로 설립되는 법인에 당연히 승계된다고 볼 수는 없다.[335)]

법률의 제정이나 개정 등으로 새로운 특수법인이 설립되어 종전에 동일한 기능을 수행하던 법인 등 단체의 기능을 흡수하면서 그 권리의무를 승계하도록 하는 경우에 있어서, 해산되는 종전 단체에 소속된 직원들과의 근로관계가 승계되는지의 여부에 관하여 별도의 규정을 두지 아니한 채, 단순히 새로 설립되는 법인이 종전 단체에 속하였던 모든 재산과 권리·의무를 승계한다는 경과규정만 두고 있다면, 이러한 경과규정은 해산되는 단체의 재산상 권리의무를 새로 설립되는 법인이 승계하도록 하여 그 해산에 따른 절차를 용이하게 함으로써 해산되는 종전 단체의 해산 및 청산절차를 특별히 규율할 목적으로 규정된 것일 뿐이고 해산되는 단체의 직원들의 근로관계를 당연히 새로 설립되는 법인에 승계하도록 하기 위한 것은 아니므로, 위 경과규정의 문언만으로는 당해 법률에 따라 종전 단체에 소속된 직원들의 근로관계가 새로 설립되는 법인에 당연히 승계된다고 볼 수는 없다.

③ 법률로 국가보조 연구기관을 통폐합함에 있어 재산상의 권리·의무만 승계시키고, 근로관계의 당연승계조항을 두지 아니한 것은 위헌이 아니다.[336)]

나. 노동조합 변동

1) 합 병

(a) 노동조합이 총회(대의원회) 결의를 통해 다른 노동조합과 합병을 결의하고 그 결의에 따라 새로운 합병노조를 설립(신설합병)하거나 다른 노동조합에 편입(흡수합병)하는 것을 의미한다.

(b) 이 경우 합병노동조합은 기존노동조합과 조직적 동일성을 유지하므로 통

334) 대판 1989.5.23, 88누4508.

335) 대판 2002.5.14, 2001두6579.

336) 헌재 2002.11.28, 2001헌바50.

합 전에 체결된 각각의 단체협약은 승계되어 유효기간 동안 효력을 가진다.

※ 「상법」상 회사 합병의 경우에 준하여 해석한다.

2) 분 할

(a) 노동조합의 분할이 있으면 기존의 노동조합은 해산·소멸한다(노조법 제28조제1항제2호). 분할에 따라 해산·소멸되는 노동조합이 체결한 기존 단체협약은 조합원들의 권리·의무에 관한 규범적 부분은 개별 근로조건화 되어 효력을 그대로 유지하지만, 이를 제외한 나머지 부분에 대하여는 분할 전 기존 노조와 분할 후 신설노조와의 실질적 동일성을 인정하기 어려운 경우에는 단체협약의 주체로서의 지위가 그대로 승계된다고 볼 수 없다.

(b) 따라서, 노동조합이 분할된 경우에는 원칙적으로 조직적 동일성을 인정하기 어려우므로 기존 노동조합과 사용자간에 체결된 단체협약은 노동조합 분할 이전에 노사간 별도의 약정을 체결한 경우를 제외하고는 원칙적으로 그 효력을 상실한다고 보아야 한다.

(c) 한편, 노동조합이 총회(대의원회) 결의에 따라 2 이상의 노동조합으로 분할된 경우 기존의 존속하는 노동조합은 규약변경 및 변경신고를 하고, 신설되는 노동조합은 규약제정 및 임원을 선출하여 설립신고를 하여야 한다.

3) 조직형태의 변경

노동조합이 실질적 동일성을 유지하면서 그 조직형태를 유효하게 변경하는 경우에는 변경 후의 노동조합이 변경전의 노동조합의 재산관계 및 변경 전 노동조합에 의하여 체결된 단체협약의 주체로서의 지위를 승계하므로 단체협약은 유효기간 동안 효력을 가진다.[337)]

337) 대판 1997.7.25, 95누4377.

5. 단체협약의 종료(실효)

가. 유효기간의 만료

1) 단체협약의 유효기간

(a) 단체협약은 그 유효기간이 만료되면 원칙적으로 효력이 상실되는 것이다. 단체협약의 유효기간은 ① 2년을 초과할 수 없으며, ② 유효기간을 정하지 아니하거나, 2년을 초과하는 기간을 정한 경우에는 그 유효기간은 2년으로 하고, ③ 2년의 범위 내에서 유효기간을 정한 경우 그에 따른다(노조법 제32조제1항 및 제2항). 따라서, 협약당사자는 2년을 초과하지 않는 범위 내에서 유효기간을 자유로이 정할 수 있고, 효력발생시기를 협약체결 이전으로 소급할 수도 있다.[338]

(b) 이와 같이 단체협약의 유효기간을 법정하고 있는 취지는 유효기간을 너무 길게 정해지면 단체협약이 단체협약을 통하여 적절한 사회적·경제적 여건변화에 적응하면서 근로조건을 유지하고 노사관계의 안정을 도모하고자 하는 목적에 어긋나게 되기 때문이다.[339]

2) 법정 유효기간의 연장

(a) 단체협약의 유효기간이 만료되는 때를 전후하여 노동조합과 사용자 쌍방이 새로운 단체협약을 체결하기 위하여 단체교섭을 계속하였음에도 불구하고 단체협약이 체결되지 아니한 경우에는 종전의 단체협약(규범적 부분과 채무적 부분 포함)은 그 효력 만료일로부터 3월까지 계속 효력을 가진다(노조법 제32조제3항).

(b) 이와 같이, 「노조법」은 유효기간 만료 등 무협약상태로 인한 노사관계의 불안정을 방지하면서 새로운 협약 체결을 지원하기 위해서, ① 유효기간이 만료

338) 노사가 단체협약의 효력 발생시기를 소급할 수 있으나, 그 효력은 단체협약이 시행된 이후에 그 사업체에 종사하며 그 협약의 적용을 받게 될 조합원이나 근로자들에 대해서만 생기고, 단체협약 체결 이전에 이미 퇴직한 근로자에게는 적용될 여지가 없다(대판 2000.6.9, 98다13747).

339) 김형배, 「새로 쓴 노동법(제25판)」, 박영사, 2016, p.1090.

되고, ② 새로운 협약체결을 위해서 교섭을 계속하였으나 체결되지 않고 있으며, ③ 효력연장과 관련 별도의 약정이 없는 경우에 효력만료일로부터 3개월간 효력이 연장되도록 규정하고 있다.

3) 자동연장·갱신 협정(조항)

(1) 자동연장협정

ⓐ 단체협약 유효기간 만료 후의 무협약 상태를 피하면서 교섭을 계속해나가기 위해 당사자간 합의로 "이 협약은 새로운 협약이 체결될 때까지(또는 일정기간) 효력을 유지한다"는 등의 약정을 둘 수 있는데 이를 '자동연장협정(조항)'이라고 한다.

이와 같은 자동연장협정은 그 취지와 달리 기존 협약이 장기간 존속함으로써 법정 최장유효기간(2년)을 초과할 수 있고, 당사자 일방 또는 근로자가 피해를 입거나 협약체결이 오히려 지연될 우려도 있다.

ⓑ 이러한 점을 감안하여 「노조법」은 자동연장협정이 체결되어 있는 경우라도 당사자 일방이 해지하고자 하는 날의 6개월 전까지 상대방에게 통고함으로써 종전의 단체협약을 해지할 수 있도록 규정하고 있다(제32조제3항 단서 후단). 이 경우, 해지의 통고는 단체협약의 요식성에 준하여 일방 당사자가 서명·날인한 서면으로 하여야 하고 적어도 6개월 전까지 하여야 하나, 6개월 미만의 예고기간을 제시하여 해지한 경우에는 해지통고서 도달 후 6개월이 지나야 해지의 효과가 발생한다.[340)]

(2) 자동갱신협정

ⓐ 단체협약의 유효기간이 만료되기 이전 일정기간 안에 협약당사자가 새로운 단체협약의 체결에 대한 의사표시를 하지 않을 경우 종전 단체협약과 동일한 내용의 새로운 단체협약이 체결된 것으로 한다는 소위 '자동갱신협정(조항)'을 체결할 수 있다. 예를 들어 「이 협약의 기간만료 30일전까지 당사자의 일방이 단

340) 임종률, 「노동법(제14판)」, 박영사, 2016 p.181.

체협약 개폐의 의사표시 또는 변경안의 제시가 없는 경우에는 기간 만료일로부터 다시 2년간 유효한 것으로 본다」는 협정(조항)을 말한다.

(b) 이와 같은 자동갱신협정을 두고 있는 경우 구협약과 동일한 내용의 신협약을 체결하는 절차를 생략한 것으로 볼 수 있으므로 종전 단체협약의 유효기간이 만료됨과 동시에 그와 동일한 내용의 협약이 새로이 체결된 것과 같은 효력이 발생한다.

다만, 이 경우 갱신기간에 대해서는 최장 유효기간(2년) 제한이 적용되며,[341] 별도로 유효기간을 정하지 않은 경우에는 당사자의 의사에 의한 자동갱신이라는 점을 고려할 때 종전 단체협약의 유효기간과 같다고 보는 것이 타당하다.[342]

(3) 자동연장·갱신 협정 관련 실무사례

① 「노조법」 제32조제3항 본문의 단체협약 효력 연장 3개월은 자동연장협정이 체결되어 있지 않은 경우를 대비하여 두어진 규정이고, 자동연장협정이 체결되어 있는 경우 6개월전의 해지권 행사는 새로운 협약체결을 위해서 교섭을 계속하였으나 체결되지 아니한 경우에 해당하여야만 가능하다.[343]

「노조법」 제32조제3항 본문은 종전의 단체협약에 유효기간 경과 후에도 새로운 단체협약이 체결되지 않은 때에는 새로운 단체협약이 체결될 때까지 종전의 단체협약의 효력을 존속시킨다는 규정, 즉 자동연장협정이 없는 경우에 대비하여 두어진 규정으로서 종전의 단체협약에 그러한 자동연장협정의 규정이 있다면 위 규정은 적용되지 아니하는 것이고, 같은 법 제32조제3항 단서의 규정에 의한 해지권은 종전의 단체협약에 그러한 자동연장협정이 있어 그에 따라 효력이 존속되는 종전의 단체협약을 6월의 기간을 두고 해지할 수 있는 권리이므로, 위 법 제32조제3항 본문의 '당사자 쌍방이 새로운 단체협약을 체결하고자 단체교섭을 계속하였음에도 불구하고 새로운 단체협약이 체결되지 아니한 경우'에 해당하여

341) 대판 1993.2.9, 92다27102.

342) 이와 달리 종전 단체협약의 유효기간과 관계없이 새로운 유효기간 2년으로 갱신된다고 보는 견해도 있다(임종률, 「노동법(제14판)」, 박영사, 2016, pp.180~181).

343) 대판 1993.2.9, 92다27102 ; 대판 2002.3.26, 2000다3347.

야만 위 법 제32조제3항 단서의 규정에 의한 해지권을 행사할 수 있다.

② 자동연장조항은 새로운 협약의 체결 가능성을 전제로 하고 있으므로 교섭창구단일화제도 하에서는 자동연장조항이 있는 단체협약을 체결한 기존노조가 교섭창구단일화절차에 참여하였다면 새로운 협약이 체결될 때까지 기존노조가 체결한 단체협약의 자동연장효력이 인정된다.[344)]

단체협약의 자동연장조항은「노조법」제32조제3항 단서규정 해석상 새로운 단체협약의 체결 가능성을 전제로 하고 있으므로, 교섭창구단일화제도 하에서는 자동연장조항이 있는 단체협약을 체결한 기존노조가 교섭창구단일화절차에 참여하였는지 여부에 따라 그 효력 유무가 달라진다고 할 것인바, 기존노조가 교섭창구단일화절차에 참여하였다면 새로운 단체협약이 체결될 때까지 기존노조가 체결한 단체협약의 자동연장효력이 인정된다.

③ 자동연장기간 중 일방의 해지로 단체협약이 실효된 경우라 하더라도 규범적 부분은 개별근로자의 근로계약으로 전환되어 계속 효력을 가지므로 이를 변경하고자 할 경우 새로운 단체협약을 체결하거나 취업규칙 변경 또는 근로자의 동의를 얻어야한다.[345)]

단체협약의 자동연장기간 중 사용자의 일방해지로 단체협약이 실효된 경우라 하더라도 해당 단체협약 내용 중 규범적 부분은 개별근로자의 근로계약으로 전환되어 계속 효력을 가진다 할 것이며, 개별 근로계약으로 전환된 후 사용자가 이를 변경하고자 할 경우에는 적법절차에 따라 새로운 단체협약을 체결하거나 취업규칙 변경 또는 근로자의 동의를 얻어야 한다.

④ 기존 단체협약의 유효기간이 만료되고 자동연장상태에 있음에도 불구하고 해당 노동조합이 교섭창구단일화절차에 참여하지 않았다면 기존 단체협약의 효력을 인정하기는 어렵다.[346)]

344) 노사관계법제과-1506, 2012.4.27.
345) 노사관계법제과-1677, 2014.7.2.
346) 노사관계법제과-2190, 2015.10.20.

⑤ a노조가 기존에 체결한 단체협약에 자동연장조항과 자동갱신조항이 있고, 해당 단체협약의 유효기간 만료일 이전 3개월이 되는 시점부터 a, b노조가 모두 참여하여 교섭창구단일화 절차를 진행하는 경우, 새로운 교섭대표노조가 결정되어 단체협약을 갱신할 때까지 a노조 단체협약의 자동연장효력은 인정할 수 있을 것이나, 자동갱신효력은 인정할 여지가 없다.[347)]

⑥ 단체협약 만료시 일정한 기간 내에 협약의 개정이나 폐기의 통고가 없으면 자동갱신되는 것으로 미리 규정하는 것도 당사자의 유효기간 만료 후의 단체협약 체결권을 미리 제한하거나 박탈하는 것이 아니므로 유효하다.[348)]

⑦ 기존 노조가 교섭창구단일화 절차에 참여하지 않은 경우 기존 노조의 단체협약은 그 유효기간까지만 효력이 인정되며, 자동갱신·자동연장조항 및 「노조법」 제32조제3항에 따른 효력연장도 인정되지 않는다.[349)]

나. 단체협약의 해지

(a) 단체협약에 그 자체에 정한 해지사유가 발생하거나 법률에 규정한 해지사유(노조법 제32조제3항 단서)가 발생한 경우에는 상대방에 대한 해지의 의사표시에 의하여 단체협약을 해지할 수 있다. 또한 협약당사자의 합의에 의하여 해지하는 것은 언제든지 유효하게 할 수 있다.

(b) 이 경우 해지의 효력은 장래에 향하여 발생한다. 다만, 단체협약에 대하여 「민법」 제544조 내지 제546조 등의 규정에 의한 법정해제권을 행사하여 그 효력을 소급적으로 소멸시키는 것은 근로관계의 특수성에 비추어 볼 때 부정적으로 해석해야 한다.

347) 노사관계법제과-2386, 2015.11.17.

348) 대판 1993.2.9, 92다27102

349) 노사관계법제과-1596, 2013.5.28.

다. 협약 당사자의 소멸

1) 사용자의 소멸

(a) 개인사업체에 있어서 사업주가 사망한 경우 사업의 성격상 사업주의 사망에 따라 영업이 상속되지 않을 때에는 이로써 근로관계도 종료되므로 단체협약 역시 더 이상 적용될 여지가 없어 종료된다. 다만, 사업주의 사망에 따라 영업의 상속이 이루어질 경우 근로관계 역시 포괄승계될 것이므로 단체협약은 유효하게 존속한다.

(b) 법인의 경우 해산 사유가 발생하여 청산절차가 이루어지면 그 청산절차가 종료되는 시점에서 단체협약의 효력이 종료된다.

2) 노동조합의 소멸

노동조합은 해산 등의 사유에 따라 소멸된다. 해산사유가 발생하면 그 청산절차에 들어가 노동조합은 청산의 목적 범위 내에서 존속하다가 청산절차가 종료된 시점에서 소멸하게 된다. 따라서, 이와 같이 청산이 종료된 시점에서 단체협약의 효력도 종료된다.

※ 노동조합의 분할·합병·조직형태 변경과 단체협약의 효력과 관련해서는 '기업 및 노동조합 변동과 단체협약의 효력' 참조

6. 단체협약 소멸후의 근로조건(餘後效)

(a) 단체협약이 유효기간 만료 등으로 실효하여 무협약 상태가 되면 협약의 유효기간 동안의 협약당사자의 권리의무관계를 정한 채무적 부분은 계약적 효력을 가질 뿐이므로 종료되는 것이 원칙이다.

그러나, 개별 조합원들의 근로조건을 정한 규범적 부분에 대한 효력과 관련하여 법률에 명문의 규정을 두고 있지 않아 소위 '단체협약의 여후효'문제가 발생하게 된다.[350)]

(b) 단체협약의 여후효에 대한 판례와 학설은 단체협약이 종료된 후 무협약

상태에서도 종전 단체협약의 규범적 부분에 정하고 있는 근로조건은 그대로 그 효력이 존속되어 개별적 근로관계를 규율한다고 보고 있고, 이에 대한 이견은 없다.

이에 대한 법리적 근거로 판례는 "단체협약이 실효되었더라도 임금, 근로시간 등 개별적 근로조건에 관한 부분은 그 단체협약의 적용을 받고 있던 근로자의 근로계약의 내용이 되어(化體) 그것을 변경하는 새로운 단체협약의 체결, 취업규칙이 작성되거나 또는 개별적인 근로자의 동의를 얻지 아니하는 한 개별적인 근로자의 근로계약의 내용으로서 여전히 남아 있어 사용자와 근로자를 규율한다"고 판시하고 있다.[351)]

(c) 단체협약이 유효기간의 만료 등의 사유로 종료되는 경우뿐만 아니라 조합원이 그 유효기간 동안 노동조합을 탈퇴하거나 제명된 경우, 단체협약의 일반적·지역적 구속력(노조법 제35조, 제36조)이 인정되어 확장 적용을 받던 근로자에 대하여 확장 적용의 효과가 소멸한 경우에 근로조건이 어떻게 되는가도 위와 같은 법리에 따른다.[352)]

---

350) 독일의 경우 단체협약법에 단체협약의 종료 후에도 그 규범적 부분은 새로이 근로조건을 정할 수 있는 단체협약 등에 의하여 대체될 때까지 계속 효력을 가진다고 규정(제4조제5항)하여 단체협약의 여후효를 명문의 규정으로 인정하고 있다.

351) 대판 2000.6.9, 98다13747 ; 대판 2007.12.27, 2007다51758.

352) 임종률, 「노동법(제14판)」, 박영사, 2016 p.184.

주/요/쟁/점/실/무

제8절 부당노동행위제도 관련 쟁점

1. 제도의 개관

가. 제도의 취지와 목적

(a)「헌법」 제33조제1항에 따라 근로자에게 보장된 단결권, 단체교섭권, 단체행동권의 실효성을 확보를 위해 「노조법」에서는 근로자 또는 단결체의 단결권 등을 침해하는 사용자의 일정한 행위를 '부당노동행위'라고 하는 독자의 개념에 따라 명확화하고 이를 금지함으로서 노동3권의 보장을 강화하고 있다.

(b) 또한, 「노조법」 제81조에 정한 부당노동행위 금지규정의 실효성을 확보하기 위해 법원에 의한 구제와 별도로 노동위원회라고 하는 행정기관에 의한 구제명령제도와 함께 사용자의 부당노동행위에 대한 처벌규정을 두는 구제주의와 처벌주의를 병용하고 있다.

(c) 그 취지와 목적은 ① 노사관계 전문기관인 행정위원회가 부당노동행위 해당 여부에 대해 심사하고, 부당노동행위에 해당하면 이에 대해 구제명령을 내림으로서 사용자에게 공법상의 의무를 부과하여 직접 시정하도록 함으로서 정상적인 노사관계 질서의 신속한 회복, 확보를 도모하며 단결권 등의 보장을 강화하고, ② 노동위원회는 구제명령을 발하는데 있어 다양한 사안에 대응한 적절한 구제명령의 내용을 결정할 수 있는 재량을 가지도록 하며, ③ 사용자의 금지위반 행위에 대한 행정관정의 처벌주의를 병용하여 부당노동행위 자체를 예방하는 것을 특징으로 하고 있다.

(d) 즉 우리나라의 부당노동행위 구제제도는 「헌법」이 규정하는 노동3권을 구체적으로 확보하고 집단적 노사관계의 질서를 파괴하는 사용자의 행위를 예방·제거함으로써 근로자의 단결권·단체교섭권 및 단체행동권을 확보하여 노사관계의 질서를 신속하게 정상화 내지는 형성·정립하는데 그 의의가 있다고 볼 수 있다.[353]

나. 우리나라 제도의 특색[354]

우리의 부당노동행위제도는 제도를 처음 도입한 미국 및 입법 모델이라 할 수 있는 일본의 경우와 비교할 때 몇 가지 특색이 있다.

① 미국의 경우와 달리 사용자의 부당노동행위만을 대상으로 하고 있고 근로자측의 부당노동행위가 규정되어 있지 않다.

② 일본의 경우와 달리 구제주의 이외에 처벌주의를 병용[355]하고 있는 입법정책을 취하고 있다.

③ 미국과 달리 구제기관으로서의 노동위원회는 부당노동행위에 대하여 형사소추하거나 구제절차를 시작할 권한이 없고 구제절차는 피해자의 신청이 있어야 시작되고 심사와 구제명령도 피해자가 신청한 사항에 대해서만 할 수 있는 신청주의가 채택되고 있다.[356]

④ 미국이나 일본의 경우와 달리 노동위원회는 부당노동행위 사건뿐 아니라 부당해고·차별 등 사건도 담당하고 있다.

2. 부당노동행위의 성립요건

부당노동행위가 성립하기 위해서는 ① 금지행위의 주체와 구제명령 이행의 주체는 사용자이어야 하고, ②「노조법」제81조에 규정된 행위이어야 하며, ③ 부당노동행위 의사가 있어야 한다(단, 노조법 제81조제4호 후단의 경우 예외).

---

353) 대판 1993.12.21, 93다11463 ; 대판 1998.5.8, 97누7448.

354) 임종률,「노동법(제14판)」, 박영사 2016. pp.270~271.

355) 1953년 제정법에서 처벌주의, 1963년 개정법에서 처벌규정을 삭제하고 노동위원회를 통한 구제주의로 입법방향 전환, 1986년 개정법에서 반의사불벌제를 전제로 다시 처벌주의 채택함으로서 구제주의와 처벌주의의 '병용주의'로 전환, 1997년 반의사불벌죄가 아닌 것으로 하면서 중앙노동위원회의 구제명령에 대한 이행명령제도 도입하였다.

356) 1935년 Wagner법은 부당노동행위를 전담 처리하는 NLRB를 대통령 직속기구로 설치하고 수사·소추의 권한과 구제절차를 직권으로 시작·진행할 권한을 부여하고 있다.

가. 주 체

1) 부당노동행위 금지행위의 주체는 광의의 사용자

(a) 사용자는 「노조법」 제81조에 규정하는 행위(부당노동행위)를 할 수 없다. 따라서 금지행위의 주체는 사용자이다.[357)]

(b) 여기서 '사용자'란 ① 사업주는 물론 ② 사업의 경영담당자 및 ③ 그 사업의 근로자에 관한 사항에 대하여 사업주를 위하여 행동하는 자[358)]도 포함하는 광의의 사용자(노조법 제2조제2호)를 의미한다. 따라서, 이와 같은 사용자 개념에 속하는 자는 모두 부당노동행위의 수규자로서 사용자에 해당한다.

2) 부당노동행위 구제명령의 수규자는 원칙적으로 사업주

(a) 사용자는 부당노동행위 구제명령을 받은 경우에는 이에 따라야 한다(노조법 제84조제1항·제3항, 제85조제4항). 구제명령의 이행 주체로서의 사용자는 원칙적으로 금지행위 주체와 달리 사업주로 한정되는 것으로 해석된다. 사업주이외의 사용자 범주에 포함되는 자가 부당노동행위의 현실적 행위자인 경우에도 그 행위는 사업주의 행위로 인정되고 그 행위로 인한 침해상태를 시정할 권한과 책임은 사업주에 있기 때문이다.[359)]

(b) 다만, 법인·단체의 대표자 또는 법인·단체나 개인의 대리인·사용인 기타의 자가 그 법인·단체 또는 개인의 업무에 관하여 구제명령에 대한 위반행위를 한 경우에는 행위자는 처벌되므로 그러한 한도 내에서 구제명령의 수규자는 확대된다고 볼 수 있다.

---

357) 노동3권이 「헌법」상 보장되어 있지 않은 미국에서는 노동조합의 부당노동행위도 인정하고 있다.

358) "사업주를 위하여 행동하는 자"라 함은 근로자의 인사, 급여, 후생, 노무관리 등 근로조건의 결정 또는 업무상의 명령이나 지휘감독을 하는 등의 사항에 대하여 사업주로부터 일정한 권한과 책임을 부여받은 자를 의미한다(대판 1989.11.14, 88누6924).

359) 임종률, 「노동법(제14판)」, 박영사 2016. p.272.

3) 사용자 개념의 확장

(a) 부당노동행위의 예방·제거는 노동위원회의 구제명령을 통해서 이루어지는 것이므로, 구제명령을 이행할 수 있는 법률적 또는 사실적인 권한이나 능력을 가지는 지위에 있는 한 그 한도 내에서는 부당노동행위의 주체로서 구제명령의 대상자인 사용자에 해당할 수 있다.

(b) 따라서, 구제명령의 수규자는 반드시 근로관계의 당사자인 사용자일 필요는 없고 실질적으로 부당노동행위를 할 수 있는 지위와 구제명령을 이행할 수 있는 자이면 근로관계의 사용자인지의 여부와 관계없이 부당노동행위의 주체로서 구제명령의 대상자인 사용자에 해당할 수 있다.

(1) 사내하청 원청회사를 부당노동행위의 사용자로 인정한 사례

판례[360]는 "원청회사가 개별 도급계약을 통하여 사내 하청업체 근로자들의 기본적인 근로조건 등에 관하여 고용 사업주인 사내 하청업체의 권한과 책임을 일정부분 담당하고 있다고 볼 정도로 실질적이면서 구체적으로 지배·개입 행위를 하였다면, 원청회사는 「노조법」 제81조제4호에서 정한 부당노동행위의 시정을 명하는 구제명령을 이행할 주체로서의 사용자에 해당한다"고 보았다.

즉, 업무도급관계가 실질적으로 근로계약관계를 위장 내지 은폐하는 정도에 이를 때에는 부당노동행위의 주체가 될 수 있다는 입장이다.

(2) '위장폐업'에 있어서 사용자의 확장 사례

부당노동행위가 되는 위장폐업이란 기업이 진실한 기업폐지의 의사가 없이, 다만 노동조합의 결성 또는 조합활동을 혐오하고 노동조합을 와해시키기 위한 수단으로 기업을 해산하고 조합원을 전원 해고한 다음 새로운 기업을 설립하는 등의 방법으로 기업의 실체가 존속하면서 조합원을 배제한 채 기업활동을 계속하는 경우에 사용자의 지위는 새로 설립된 회사에 확장된다고 보았다.[361]

---

360) 대판 2010.3.25, 2007두8881.

361) 대판 2011.3.10, 2010다13282.

⑶ 해고된 조합원 관련 교섭과 회사합병 과정에서의 사용자

(a) 부당노동행위를 행한 사용자는 원칙적으로 현재 근로관계에 있는 사용자이어야 하지만, 가까운 과거에 근로관계에 있었다거나 가까운 장래에 근로관계에 있게 될 자도 사용자가 될 수 있다.

(b) 예컨대, 기 해고된 근로자와 사용자 사이에는 근로관계가 없으나 해고된 근로자가 조합원으로 있었던 노동조합이 해고 또는 퇴직 조건에 관하여 단체교섭을 요구할 경우에 원칙적으로 사용자는 이를 거부할 수 없다. 왜냐하면 부당노동행위로서의 해고 또는 단체교섭거부가 문제될 수 있기 때문이다.

(c) 또한, 회사합병의 과정에서 흡수회사가 피흡수회사의 근로자들과 노동조합에 대하여 부당노동행위를 한 경우에는 흡수회사를 사용자로 보아야 할 것이다.[362)]

⑷ 사용자 단체[363)]

(a) 사용자단체도 부당노동행위의 주체가 될 수 있는가, 특히 사용자단체가 산업별 통일교섭을 요구하는 노동조합에 대하여 정당한 이유 없이 단체교섭을 거부·해태하는 것이 부당노동행위가 되는가 문제가 될 수 있다.

(b) 「노조법」은 사용자단체도 성실교섭 의무를 가진다고 규정(제30조)하고 있어 사용자단체가 이를 위반하는 경우에 부당노동행위가 되지 않는다고 보기는 어렵다. 다만, 「노조법」이 부당노동행위 주체를 '사용자'로 규정한 것은 예시적 의미를 갖는데 불과한 것으로 볼 수 있고, 그동안 법원과 노동위원회도 사용자단체를 상대로 제기한 부당노동행위 사건에서 사용자단체를 그 주체에서 완전히 배제하지 않고 있는 점[364)]을 고려할 때 「노조법」 제81조의 부당노동행위 주체에 사용자단체도 포함시키는 보완입법이 필요하다고 생각된다.[365)]

---

362) 김형배, 「새로 쓴 노동법(제25판)」, 박영사 2016. p.1235.

363) 노동관계에 관하여 그 구성원인 사용자에 대하여 조정 또는 규제할 수 있는 권한을 가진 사용자단체를 의미한다(노조법 제2조제3호).

364) 부당노동행위 처벌제도의 경우 죄형법정주의 원칙상 명문의 규정이 없는 사용자단체의 교섭거부나 지배·개입에 대해 벌칙(노조법 제90조)을 적용할 수 없다.

나. 객 체

(a) 부당노동행위의 객체는 노동조합과 근로자이다. 여기서 문제가 되는 것은 노동조합이 「노조법(또는 공무원노조법)」에 따라 설립신고증을 교부받은 법내 조합으로 한정할 것인지 여부가 문제가 된다.

(b) 이에 대해 부당노동행위 금지규정 중에는 노동3권 방해의 불이익 취급, 황견계약, 단체교섭 거부, 운영비 원조를 제외한 지배·개입의 금지와 같은 「헌법」상 노동3권 보장의 효과를 확인하는 성질의 것들의 경우 「헌법」상 노동3권 행사를 위한 요건을 갖추었으나 법에 따라 설립되지 않은 소위 '「헌법」상의 조합'도 포함할 수 있어 법내 조합으로 한정되지 않는다는 견해[366]가 있으나, 법내 조합과 조합원, 근로자로 한정되는 것으로 보는 것이 타당하다.

다. 부당노동행위의 유형 및 사례

(a) 「노조법」 제81조는 부당노동행위로서 ① 노동조합의 조직·가입·활동에 대한 불이익대우(제1호), ② 황견계약(yellow-dog contract, 卑劣契約)의 체결(제2호), ③ 단체교섭의 거부 또는 해태(제3호), ④ 노동조합의 조직·운영에 대한 지배·개입과 경비원조(제4호), ⑤ 단체행동에의 참가 기타 노동위원회와 관계되는 행위에 대한 불이익대우(제5호) 등 5가지 유형의 행위를 규정하고 있고, 같은 법 제82조 이하에서 그에 대한 구제절차를 마련하고 있다.

(b) 이와 같은 부당노동행위의 유형 중 단체교섭거부행위와 지배·개입 및 경비원조행위는 노동조합 자체에 대한 침해행위인 반면 기타의 불이익 취급행위(제1호 및 제5호)와 황견계약은 개개 근로자에 대한 침해행위라는 점에서 그 보호대상이 다르다.

365) 임종률, 「노동법(제14판)」, 박영사 2016. pp.274~275.

366) 임종률, 「노동법(제14판)」, 박영사 2016. p.275.

1) 불이익 취급

(1) 의 의

(a) 불이익 취급은 근로자의 노동조합 가입이나 조직, 정당한 단체행동의 참가, 그 밖의 정당한 조합활동을 이유로 또는 노동위원회·행정관청 등에 부당노동행위의 신고·증언·증거제출을 이유로 사용자가 그 근로자에게 불이익을 주는 행위를 함으로써 성립한다(노조법 제81조제1호·제5호). 즉, 불이익 취급이 성립하려면 ① 근로자의 노동조합 가입·조직 등 정당한 단결활동 등의 행위가 있어야 하고(원인), ② 사용자의 불이익 처분이 있어야 하며(행위 결과), ③ 사용자의 불이익처분이 근로자의 정당한 단결활동 등을 이유로 해야 한다(부당노동행위의 사·인과관계).

(b) 여기서 불이익 취급 금지의 보호를 받는 '노동조합'이란 「노조법」에 의한 실질적 요건(제2조제4호)과 형식적 요건(제10조)을 충족하고 설립된 노동조합을 의미하는 것으로 해석된다. 일부에서는 쟁의단 등 일시적인 근로자 단결체가 포함할 수 있다는 주장도 있으나, 부당노동행위제도가 「노조법」상 독자적 제도로서 창설된 것이라는 점과 부당노동행위구제신청을 「노조법」에 의해 설립된 노조만이 할 수 있다는 점을 고려할 때 찬성하기 어렵다. 다만, 미조직 근로자의 단결활동은 '노동조합에 가입하거나 이를 조직하려고 한 것'이라는 측면에서 불이익 취급의 보호를 받는다.

(2) 근로자의 정당한 단결활동 등

(a) 불이익 취급의 실질적 사유는 「노조법」에서 열거한 사유 중 하나여야 하는데 그 중에서 주로 문제되는 것은 정당한 조합활동 또는 정당한 단체행동을 주장하는 경우에 그 내세우는 행위가 조합활동 또는 단체행동에 해당하는가 또 그것이 정당한가 하는 문제이다.

(b) 이는 그러한 행위의 목적·내용·절차 등에 의하여 판단하여야 할 것이나 판례에 나타난 대체적인 기준은 ① 행위의 성질상 노동조합 활동으로 볼 수 있거나 노조의 결의나 지시가 있었는가, 묵시적 수권이나 승인을 받았다고 볼 수 있

는가, ② 근로조건의 유지·개선과 근로자의 경제적 지위 향상을 도모하기 위하여 필요하고 근로자들의 단결강화에 도움이 되는 행위인가, ③ 단체협약이나 취업규칙 등에 별도의 허용규정이 있는지, 근로시간 중의 활동이면 사용자의 승낙이 있었거나 관행상 인정되는가, ④ 사업장 내에서의 활동인 경우 사용자의 시설관리권을 침해하고 있지는 않는가, ⑤ 법령이나 사회상규에 위반(폭력이나 파괴행위 등)하지는 않는가 하는 것 등이다. 물론 이 경우 어느 한두 가지의 요소를 갖추지 못하였다 하여 그것만으로 그 활동이 정당성을 잃게 되는 것은 아니고 이러한 여러 요소를 종합적으로 참작하여 그 정당성을 판단하여야 할 것이다.

(3) 노동조합의 업무를 위한 행위

① 노조의 결의나 구체적 지시 또는 묵시적인 수권·승인을 받았다고 볼 수 있을 때는 노조의 업무를 위한 정당한 행위로 봄

노동조합의 업무를 위한 행위란 일반적으로 통상적인 노동조합 활동을 의미한다고 할 것이나, 조합원이 조합의 결의나 구체적인 지시에 따라서 한 노동조합의 조직적인 활동 그 자체는 아닐지라도 행위의 성질상 노동조합의 활동으로 볼 수 있거나 노동조합의 묵시적인 수권 혹은 승인을 받다고 볼 수 있을 때에는 노동조합의 업무를 위한 행위로 볼 수 있다.[367]

② 구체적 사례

㈎ 노동조합의 업무를 위한 정당한 행위로 볼 수 있는 경우

(a) ① 노조위원장으로 출마하는 행위는 성질상 노동조합의 활동으로 보아야 하고, ② 개인이 자발적으로 한 행위이기는 하나 목욕권의 지급이나 예비군 훈련기간 중 수당지급에 관하여 고용노동부에 진정한 행위는 노동조합의 목적인 근로조건의 유지개선, 기타 근로자의 경제적 지위향상을 도모하기 위한 행위로서 조합의 묵시적 승인 내지 수권을 얻은 행위로 볼 수 있으며,[368] ③ 상무의 도박

367) 대판 1995.6.13, 95다1323 ; 대판 1999.11.9, 99두4273 등.

368) 대판 1980.8.10, 89누8217.

등의 비행을 폭로하거나 고소하고 대기기사 수입의 인상을 요구하는 글을 휴게실에 게시 부착한 행위는 근로자의 정당한 조합활동에 속한다.[369)]

(b) 그리고, 일반적으로 노조의 의사에 반하는 행위가 노조의 업무를 위한 행위로 인정되기는 어려울 것이나, 조합의 회계감사인 근로자가 다른 회사보다 낮은 수준으로 임금협약을 체결한 노조대표자의 불신임운동을 주도하고 이에 따라 노조대표자가 그 직을 사퇴하기 위하여 임시총회를 개최하기로 하였다면 위 불신임행위는 노조의 업무를 위한 정당한 행위에 해당한다.[370)]

㈏ 노동조합의 업무를 위한 정당한 행위로 볼 수 없는 경우

(a) 노조의 간부도 아닌 평조합원인 근로자가 세차비·구상권 문제·인사 및 배차 문제 등과 관련하여 대표이사를 단체협약 위반으로 진정을 제기한 행위(후에 무혐의로 결정)는 성질상 노동조합의 활동이라고 볼 수 없고,[371)]

(b) 조합원 개인의 주도로 이루어진 농성(운송업을 하는 회사의 주차장 출입구를 봉쇄하여 택시의 운행을 막음)이 노조의 결의를 거쳤다거나 조합의사에 따른 것이 아닌 조합원으로서의 자발적인 활동에 불과하고 성질상 노동조합의 활동으로 볼 수도 없으며 노동조합의 묵시적인 수권 또는 승인을 받았다고 인정할 자료도 없으므로 노동조합의 업무를 위한 정당한 행위가 아니라고 한 사례,[372)]

(c) 단체협약 체결을 비난하는 내용의 유인물을 단체협약에 규정된 절차를 무시하고 노동조합의 의사에 반하여 임의로 게시한 행위,[373)]

(d) 단체협약이 새로 체결된 직후부터 비상대책위원회를 조직하여 뚜렷한 무효사유를 내세우지 아니한 채 단체협약의 무효화를 주장하며 평화의무에 위반되는 쟁의행위를 하는 것[374)] 등도 노동조합의 정당한 활동이 아니라고 판단하였다.

---

369) 대판 1999.11.9, 99두4273.

370) 대판 1990.10.23, 89누2837.

371) 대판 1994.12.3, 94누3001.

372) 대판 1989.4.25, 88누1950 ; 대판 1991.9.24, 91누124 등.

373) 대판 1991.5.28, 90누6927.

374) 대판 1992.9.1, 92누7733 등.

〈정당한 조합활동 여부 관련 실무 사례〉

1. 정당한 조합활동

① **노조활동의 정당성 판단** : 노동조합의 활동이 정당하다고 하기 위하여는 행위의 성질상 노동조합의 묵시적 수권 또는 승인을 받았다고 볼 수 있는 것으로서 근로조건의 유지·개선과 근로자의 경제적 지위향상을 도모하기 위하여 필요하고 근로자의 단결 강화에 도움이 되는 행위이어야 하고 취업규칙이나 단체협약에 별도의 허용규정이 있거나 관행, 사용자의 승낙이 있는 경우 외에는 취업시간 외에 행하여져야 하고 사업장에서는 사용자의 시설관리권에 따른 규율이나 제약에 따라야 하며 폭력·파괴 등의 방법에 의하지 않는 것이어야 한다.[375)]

② **성질상 노동조합활동으로 볼 수 있는 행위** : 「노조법」 제39조제1호 소정의 "노동조합의 업무를 위한 정당한 행위"란 일반적으로는 정당한 노동조합의 활동을 가리킨다 할 것이나 조합원이 조합의 결의나 조합의 구체적인 지시에 따라서 한 노동조합의 조직적인 활동 그 자체가 아닐지라도 그 행위의 성질상 노동조합의 활동으로 볼 수 있거나 노동조합의 묵시적인 수권 혹은 승인을 받았다고 볼 수 있을 때에는 노동조합의 업무를 위한 행위로 보아야 한다.[376)]

③ **조합장 사퇴를 목적으로 하는 회계감사의 행위** : 노동조합의 회계감사가 조합장이 사용자인 원고 회사와의 단체교섭시 임금을 다른 회사보다 낮은 수준으로 결정한 것을 이유로 하여 그의 주도로 다른 조합간부들과 함께 조합장에 대한 불신임의 표시로 집단적으로 사표를 제출하였고 그에 따라 조합장이 그 직을 사퇴할 생각으로 임시총회를 개최하기에 이른 것이라면 위 회계감사의 행위는 「노조법」 제39조제1호에서 말하는 노동조합의 업무를 위한 정당한 행위에 해당한다 할 것이고 이를 이유로 해고한 것은 부당노동행위에 해당한다.[377)]

④ **조합원의 문서배포에서 허위 왜곡된 내용이 있는 경우** : 노동조합 활동으로써 배포된 문서에 기재되어 있는 문언에 의하여 타인의 인격·신용·명예 등이 훼손 또는 실추되거나 그렇게 될 염려가 있고, 또 그 문서에 기재되어 있는 사실관계의 일부가 허위이거나 그 표현에 다소 과장되거나 왜곡된 점이 있다고 하더라도, 그 문서를 배포한 목적이 타인의 권리나 이익을 침해하려는 것이 아니라 조합원들의 단결이나 근로조건의 유지·개선과 근로자의 복지증진 기타 경제적·사회적 지위의 향상을 도모하기 위한 것이고, 또 그 문서의 내용이 전체적으로 보아 진실한 것이라면, 그와 같은 문서의 배포행위는 노동조합의 정당한 활동범위에 속하는 것으로 보아야 한다.[378)]

⑤ **쟁의행위 절차에 위반한 쟁의행위의 정당성** : 특히 그 행위의 절차적인 면과 관련하여서는 노동쟁의조정법 제14조, 제16조에 위반하여 같은 법 제47조, 제48조의 벌칙 적용의 대상이 된 행위에 대하여 반드시 그 점만으로 정당성을 상실하는 것은 아니

고, 그 위반행위로 말미암아 국민생활의 안정이나 사용자의 사업운영에 예기치 않은 혼란이나 손해를 끼친 것과 같은 부당한 결과를 초래하였는지의 여부 등의 구체적 사정을 살펴서 그 정당성 유무를 가려야 할 것이다.[379)]

⑥ **사용자가 인정하지 않은 노조전임자가 단체교섭을 이유로 무단결근한 경우** : 사용자측에서 원고(근로자)의 노조전임을 인정하지 아니한 이상 원심에서 든 사유(원고가 단체교섭시 민운협의 간부로서 임금협상의 원활한 진척을 위하여 9일간 결근하였다는 것)만으로 원고의 결근을 참가인 회사에 대한 관계에서까지 정당화하기는 어렵다고 보이는바 원심으로서는 원고가 위 결근시에 취업규칙에 따른 어떠한 절차를 밟았는 지 여부를 알아보고 만일 아무런 절차를 밟지 아니하였다면 그 사유가 무엇인지를 밝혀 이를 원고의 책임으로 돌릴 수 없을 만한 사유가 없는 한 이는 위 취업규칙에서 말하는 무단결근이 되는 것이어서 이를 징계사유에 포함시켜 참가인의 원고에 대한 이 사건 징계해고가 부당노동행위에 해당되는 지의 여부를 판단하여야 한다.[380)]

2. 정당하지 않은 조합활동

① **조합결의나 지시가 없는 농성행위** : 농성행위가 노동조합의 결의를 거쳤다거나 구체적인 지시에 의한 조합의사에 따른 것이 아니라고 판단한 이상 이를 「노조법」 제39조제1호에 정한 단체행동에 대한 불이익처분에 해당하는 부당노동행위가 아니다.[381)]

② **단체협약 무효화를 위한 쟁의행위** : 단체협약이 체결된 직후부터 비상대책위원회를 구성하여 뚜렷한 무효사유를 내세우지 아니한 채 단체협약의 전면 무효화를 주장하면서 행한 쟁의행위는 노동조합활동으로써의 정당성을 갖추지 못하였다.[382)]

③ **출근정지 처분을 받은 근로자의 회사출근과 선동행위** : 출근정지를 받은 근로자가 노조사무실 출입을 위해 회사에 출입할 수 있으나 회사 출근 정지처분에 항의하기 위해 출근을 강행하여 이를 저지하는 다른 관리직 사원을 방해하거나 다른 근로자를 선동하는 것은 부당노동행위의 보호대상이 될 수 없다.[383)]

④ **취업규칙에 위반한 조합원의 조합 활동** : 노동조합의 활동시간을 원칙적으로 근로시간 외로 규정하고, 노동조합이 회사구내의 전용게시판을 이용하려면 사전에 회사와 게시물의 내용, 부착시기, 방법 등을 협의하여 결정하도록 규정한 단체협약은 유효하다 할 것인바, 위와 같은 단체협약을 체결한 사용자가 근로시간 내에 개최된 노동조합 임시총회에 모든 조합원이 참가할 수 있도록 업무를 중단하지 아니한 채 근무 근로자들을 계속 근무시킨 것이 노동조합의 활동을 방해한 것이라고 할 수 없고, 사용자와 노동조합 사이에 임금에 관한 단체협약이 이미 체결되었는데도 조합원인 근로자가 불만을 품고 이를 비난하는 내용의 유인물을 단체협약에 규정된 절차를 무시하고 노동조합의 의사에 반하여 임의로 게시한 행위에 대하여 취업규칙에 따라 정직처분한 것은 그 근로자의 정당한 조합 활동을 이유로 한 것이라고 할 수 없다.[384)]

⑤ **일부조합원이 조합의 결정이나 방침에 반대하는 행위** : 조합원의 일부가 노동조합 집행부와 조합원 전체의 의사에 따르지 않고 노동조합의 결정이나 방침에 반대하거나 이를 비판하는 행위는 행위의 성질상 노동조합의 활동으로 볼 수 있다거나 노동조합의 묵시적인 수권 혹은 승인을 받았다고 인정할 만한 사정이 없는 한 조합원으로서의 자의적인 활동에 불과하여 노동조합의 활동이라고 할 수 없으며, 이와 같은 행위가 노동조합으로서 취업시간 외에 행하여졌다고 하더라도 장소가 사업장시설 내인 경우에는 시설에 대한 소유권 또는 관리권에 바탕을 둔 합리적인 규율이나 제약에 따라야 한다.[385)]

⑥ **조합원이 배포한 유인물의 내용이 왜곡 과장된 것으로 경영진에 대한 극도의 불신과 증오심을 유발케 한 경우** : 조합원이 유인물을 배포한 행위가 비록 근로조건의 개선을 목적으로 하였다 하더라도 그 내용이 왜곡 또는 과장된 것으로 경영진에 대한 극도의 불신 내지 증오심을 유발케 하여 직장 질서를 문란케 할 위험성이 있는 것으로서 그 배포행위를 가리켜 정당한 행위라고 할 수 없으므로 이를 이유로 한 징계해고는 정당하여 부당노동행위가 아니다.[386)]

⑷ 사용자의 불이익처분

불이익 취급이 성립하려면 사용자가 노동조합의 조직·가입 등의 행위를 한 근로자를 '해고하거나 그 근로자에게 불이익을 주는 행위'를 했어야 한다(노조법 제81조제1호, 제5호). 여기서 '불이익을 주는 행위'란 종전의 통례 또는 다른 근

375) 대판 1992.4.10, 91도3044.
376) 대판 1989.4.25, 88누1950 ; 1991.9.24, 91누124 ; 1991.11.12, 91누4164.
377) 대판 1990.10.23, 89누2837.
378) 대판 1993.12.28, 93다13544 ; 1997.12.23, 96누11778.
379) 대판 1991.5.14, 90누4006 ; 1995.5.26, 94누7966.
380) 대판 1991.6.25, 90누2246.
381) 대판 1990.11.13, 89누5102.
382) 대판 1992.9.1, 92누7733.
383) 대판 1992.6.23, 92누4253.
384) 대판 1991.5.28, 90누6927.
385) 대판 1992.9.25, 92다18542.
386) 대판 1993.2.9, 92다20880.

로자와 비교하여 불리하게 처분하는 것을 의미한다. 불이익 처분의 종류와 형태는 매우 다양하나, 대체적으로는

(a) 신분적 불이익(해고, 퇴직의 강요, 강등, 승진의 탈락, 채용거부, 정년의 차별적 적용, 전직, 강임이나 직종의 변경을 수반하는 배치전환, 출근정지, 휴직, 복직이나 계약갱신의 거부 등)

(b) 경제적 불이익(각종의 임금, 퇴직금, 복리후생적 급부 등 불리한 처분, 차별적 승급이나 강등, 기타 각종 수당의 차별적 지급, 연장·야간·휴일근로의 차별적 거부, 정당한 사유 없는 연차휴가 신청에 대한 시기변경권 행사 등)

(c) 정신적 또는 생활상의 불이익(출근정지, 취업거부, 시말서의 요구, 복리후생시설 이용 상의 차별대우, 생활근거지에서 원거리 전보 등)

(d) 조합활동 상의 불이익(조합활동에 부적합한 부서로의 이동이나 배치전환, 승진)[387] 등으로 가장 중요한 것은 해고(정리해고를 포함한다)이고, 특히 자주 문제가 되는 것은 조합활동상의 불이익을 가한 경우 등이다.

387) 근로자의 승진은 개인적으로는 이익이 되는 것이므로 승진 여부의 결정은 사용자의 권한과 재량에 속하나 적극적으로 노조활동에 참여하는 자를 승진시켜 조합원의 자격을 잃게 하면 노동조합 활동상으로는 불이익한 처분이 되므로 부당노동행위가 될 수 있고, 승진이 불이익 취급에 해당하는지 여부의 판단은 승진의 시기와 조합활동과의 관련성, 승진을 한 자의 노조에서의 지위와 실질적인 영향력, 회사의 평소 노조에 대한 태도, 다른 관련자들과의 형평 유지, 업무상 필요성, 능력의 적격성과 인선의 합리성 유무, 승진이 노동조합활동에 미치는 영향 등을 고려하여야 하고, 업무능력, 근무성적, 상위직에 대한 적격성 등의 반영에 의하여 승진이 이루어지는 이른바 능력주의 승진제도 하에서 조합원이 노동조합에 가입하고 있음을 이유로 비조합원과 비교하여 승진에 있어서 불이익한 취급을 받았다고 하기 위해서는, 특별한 사정이 없는 한 당해 조합원이 비교의 대상으로 된 비조합원과의 사이에 업무능력, 근무성적, 상위직에 대한 적격성 등에 있어서 차이가 없어야 할 것이고, 노조원과 비노조원을 전체적으로 비교하여 보아 승진에 있어서 격차가 있다고 하더라도 이로써 바로 부당노동행위에 해당한다고 단정할 수 없다. 판례는 위와 같은 기준에 의하여 승진거부의사를 표하였더라도 정기인사의 일환으로 합리적 기준에 의하여 한 것으로 보이는 경우에는 사용자에게 인사질서를 문란하게 하면서까지 평조합원의 인사희망을 받아들일 의무는 없다는 이유로 부당노동행위가 아니라고 하고, 이에 반하여 승진과 함께 근로계약상 근무장소가 아닌 다른 곳으로 전직시킨 행위를 위 전직명령이 노사간의 쟁의가 한창일 때 이루어진 점, 원고를 노조활동을 할 수 없는 곳으로 전직시키고 노조활동을 주도한 다른 간부들을 계약포기의 방법으로 해고한 점 및 전직명령이 정상적인 업무명령권의 범위를 벗어난 점 등을 들어 부당노동행위에 해당한다고 판단하였다.

(5) 부당노동행위 의사

(a) 불이익 취급의 부당노동행위가 성립하려면 사용자의 불이익처분이 근로자의 정당한 단결활동 등을 이유로 해야 한다. 즉 "부당노동행위 의사"를 필요로 한다.[388] 이때 부당노동행위 의사는 반조합적 의도 내지 동기로 고의·과실의 차원이 아닌 객관적·외형적 사실로부터 추정되는 의사만으로 충분하며, 적극적인 목적이나 동기까지를 필요로 하는 것은 아니다.

(b) 불이익 취급의 부당노동행위는 그 구성요건에 입각하여 보면 사용자가 ① '근로자가 노동조합의 조합원이라는 점, 노동조합에 가입하거나 혹은 조직하려고 했던 점, 노동조합의 정당한 행위를 했던 점'이라는 사실을 인식하고, ② 그 사실로 인해 그 근로자에게 '불이익 취급'을 하려는 의욕을 가지고, ③ 그 의욕을 실현한다는 행위이다. 이러한 인식 및 의욕이 불이익 취급의 주관적 성립요건(부당노동행위 의사)이 되는데, 이와 같은 사항은 사용자의 내심의 상태에 관한 사항이므로 노동위원회에서는 구체적 사실관계와 노사관계의 경험칙을 바탕으로 종합적으로 판단할 수밖에 없다.

(c) 실무상 부당노동행위 의사 추정기준[389]으로는 ① 사용자의 노조에 대한 종래의 태도(사보, 회의, 조회, 직원교육 및 평소언행), ② 과거 부당노동행위 사건 유무, ③ 피해자의 조합활동 적극성 유무, ④ 불이익 취급시기(조합결성 직후, 단체교섭 직전·교섭중, 쟁의행위 등), ⑤ 사용자 처분과 종래 관행의 균형 여부, ⑥ 다른 근로자와의 형평(동일 사안에 있어서의 차별대우), ⑦ 이후 조합조직 및 활동의 추이, ⑧ 사용자가 제시한 처분이유의 명료성·합리성·일관성, ⑨ 사용자의 처분이 단체협약, 취업규칙 소정의 절차이행 여부 등이다.[390]

---

388) 형벌부과대상인 부당노동행위는 고의범을 전제로 하므로 주관적 구성요건인 고의로서의 부당노동행위 의사가 있어야 한다.

389) 부당노동행위 의사의 존재는 사용자가 내세우는 해고사유와 그 근로자가 한 노동조합업무를 위한 정당한 행위의 내용, 징계해고를 한 시기, 사용자와 노동조합과의 관계, 동종의 사례에 있어서의 조합원과 비조합원에 대한 제재의 불균형 여부, 종래의 관행에 부합하는지 여부, 사용자의 노동조합에 대한 언동이나 태도 등 기타 부당노동행위 의사의 존재를 추정할 수 있는 제반 사정 등을 비교 검토하여 판단하여야 한다(대판 1991.4.23, 90누7685).

390) 고용노동부, 「집단적노사관계 업무매뉴얼」 2016.9.

(d) 또한, 불이익 취급은 사용자에 의한 불이익의 취급이라는 결과발생을 요하고, 단순한 의사표명에 그친 경우에는 지배·개입(제4호)에 해당될 수 없으며, 부당노동행위 의사와 불이익 취급의 정당한 사유가 경합하는 경우 사용자의 불이익 취급의 정당한 사유가 인정되면 비록 부당노동행위 의사가 추정되더라도 부당노동행위로 보기 어렵다.[391]

(6) 실무상 판단기준

부당노동행위(불이익 취급)가 성립되기 위해서는 정당한 조합활동과 사용자의 불이익 취급 사이에 인과관계가 인정되어야 한다. 인과관계 판단요소로는 ① 대상 근로자가 조합활동의 중추적 역할을 담당하였거나 조합활동에 적극적이었는지 여부, ② 조합활동과 불이익 취급 시기의 관련 여부(예컨대 교섭 또는 쟁의행위시의 처분), ③ 처분결과가 조합 조직·활동에 미친 영향, ④ 처분이유의 명확성, 정당성 유무, ⑤ 종래의 관행 등이다.

(7) 불이익 취급 관련 실무상 쟁점

① 해고 등 불이익 취급 처분에 있어 사용자측 뿐 아니라 근로자측에도 불이익 취급을 당할만한 원인이나 사유가 있는 경우, 정당한 조합활동의 사실이 없었더라면 불이익 취급이 없었을 것이라고 판단되는 경우에는 부당노동행위가 성립된다.

② 업무상 필요에 따른 전근, 배치전환은 원칙적으로 불이익 취급에 해당하지 아니하나 외형상으로 내세우는 전근 배치전환 사유와는 달리 실질적으로는 근로자의 정당한 조합활동을 이유로 한 것으로 인정되는 경우에는 불이익 취급에 해당한다.

③ 쟁의행위의 경우에는 쟁의행위가 정당하다고 평가되는 경우에는 이를 이

391) 근로자에 대한 징계처분에 정당한 이유가 있는 것으로 인정되는 경우에는 비록 사용자가 근로자의 조합활동을 못마땅하게 여긴 흔적이 있다거나 사용자에게 반조합 의사가 추정된다고 하더라도 당해 불이익 처분의 사유가 단순히 표면상의 구실에 불과하다고 할 수는 없어 그와 같은 불이익 처분은 부당노동행위에 해당되지 아니한다(대판 2004.6.10, 2004두2882)., 사용자가 정당한 해고사유가 있어 조합원을 해고한 경우에는 비록 사용자가 근로자의 노조활동을 못마땅하게 여긴 흔적이 있다거나 사용자에게 반노동조합 의사가 추정되더라도 부당노동행위로 볼 수 없다(대판 2011.1.27, 2008두13972).

유로 한 징계처분은 불이익 취급에 해당한다.

④ 쟁의행위가 부당하다고 판단되더라도 해당 징계처분이 다른 조합원이나 관행에 비하여 형평을 잃을 정도로 중할 경우에는 불이익 취급에 해당될 수 있다.

⑤ 파업이나 조합활동으로 실제 근로하지 아니한 시간에 상당하는 임금공제는 불이익 취급이 되지 아니하나, 그 공제액이 근로를 제공하지 않은 시간에 비해 지나칠 경우에는 불이익 취급에 해당될 수 있다.

⑥ 조합활동을 저지하거나 곤란하게 할 목적으로 조합임원을 노동조합 가입대상이 아닌 직급으로 승진시키는 행위는 조합활동상의 불이익 취급에 해당될 수 있다.

(8) 불이익 취급 관련 판례

〈부당노동행위로 인정한 판례〉

① 근로자들을 해고하여 조합설립이 좌절된 후 회사의 방침에 순응하는 자들만 다시 재고용한 정황에 비추어 참가회사의 원고에 대한 해고조치는 근로자가 조합을 설립하였음을 실질적 이유로 한 「노조법」 제39조제1호 소정의 부당노동행위에 해당한다.[392)]

② 적극적인 노동조합 활동을 하여 온 근로자에 대하여 야간근무 중 24시간정도 무단이탈한 것을 이유로 징계해고를 하였다면 노조활동을 방해하기 위한 의도로 한 부당노동행위에 해당한다.[393)]

③ 징계사유가 발생한지 4개월 내지 8개월이 지나서 문제삼은 점 등을 비추어 징계사유가 위 해고의 결정적 동기가 된 것이 아니라 노동조합 활동을 혐오하여 징계사유를 핑계삼아 해고하였다고 볼 것이다.[394)]

④ 원고회사 노동조합의 재결성 경위와 그 후의 활동상황, 원고회사 간부의 평소 노동조합에 대하여 보여 온 태도와 언동, 참가인이 위 노사분규와 관련하여 원고회사로부터 경고를 받은 적이 있는 점, 참가인이 노동조합에 가입하려고 시도하는 시점에 때맞추어 그에 대한 전보발령이 이루어졌고 그밖의 근로자도 노동조합에 가입한 직후에 전보조치 된 점에 비추어 표면상 해고 이유와는 달리 근로자가 노동조합 업무를 위한 정당한 행위를 한 것을 이유로 해고한 경우로 부당노동행위에 해당한다.[395)]

⑤ 조합대의원 입후보등록용으로 재직증명서 발급을 신청하였으나, 등록마감 시한까지 발급을 거부한 것은 부당노동행위에 해당한다.[396)]

⑥ 근로자에 대한 전보발령이 표면적 사유는 결원충원일지라도 근로자의 노동조합 가입 및 활동을 사전에 봉쇄하려는 의도에서 행하여진 것이라면 부당노동행위에 해당한다.[397)]

〈부당노동행위로 인정하지 아니한 판례〉

① 사용자가 근로자에 대해서 한 해고가 취업규칙과 단체협약상의 징계조항에 해당하는 업무방해, 근무태만 등을 그 사유로 삼고 있고, 근로자의 농성에 의한 업무방해행위가 노동조합의 결의를 거쳤다거나 조합의사에 따른 것이 아닌 조합원으로서의 자발적인 활동에 불과한 것이며, 「노조법」 제39조(현행법 제81조)에 규정된 소정의 노동조합의 업무를 위한 정당한 행위 또는 단체행동으로 보여 지지 아니하므로 부당노동행위라고 할 수 없다.[398]

② 甲회사가 노사분규 훨씬 이전에 주식회사를 설립한 바 있고 그 후 甲회사가 노사분규로 인한 생산성의 급격한 저하 등으로 경영의욕을 상실하는 등 이로 인해 회사를 폐업한 바 있으나 甲회사의 자금으로 乙회사를 설립하였다고 인정되지도 아니하고 또한 甲회사의 노사대립이 격화되어 직장폐쇄까지 된 상태에서 일부 기술직 사원이 일방적으로 퇴사하여 별도의 하청업체 丙을 설립 운영한 바 있으나, 乙 또는 丙이 甲회사와 동일한 기업이라고 보기 어려우므로 甲회사가 해산을 하고 폐업한 것이 위장폐업이라고 볼 수 없다.[399]

③ 집단월차휴가가 형식적으로는 월차휴가를 행사하려는 것이었다고 하더라도, 실질적으로는 의료보험조합들의 업무의 정상한 운영을 저해함으로써 그들의 주장을 관철할 목적으로 하는 것으로서 쟁의행위에 해당하고 이와 같은 쟁의행위가 노조원들의 직접·비밀·무기명투표에 의한 과반수의 찬성으로 결정하지 않음은 물론, 노동쟁의의 신고 및 절차면에서도 위법하는 등 정당성이 인정되지 않으므로 이를 이유로 한 징계처분은 부당노동행위를 구성하지 아니한다.[400]

④ 근로자에 대한 전근명령은 참가인 회사가 매년 행하는 정기인사 이동의 일환으로서 회사의 업무상 필요에 따라 근로자의 경력과 능력, 연고지 등을 참작하여 직원 직무이동 규정에 정한 절차와 인사이동 기준에 의하여 이루어진 것으로 특별히 근로자에 대하여 부당하게 이루어진 것으로 인정되지 아니하므로 비록 근로자에 대한 전근명령이 노사협의 기간 중 이루어졌고 근로자가 노동조합 측 단체교섭 위원으로 활동하였다 하더라도 그 점만으로 회사가 근로자의 노동조합 활동을 이유로 전근시킨 것으로 단정할 수

---

392) 대판 1990.10.23, 88누7729.
393) 대판 1990.11.27, 90누3683.
394) 대판 1991.5.28, 90누6392.
395) 대판 1992.6.9, 91누9633 ; 대판 1992.11.3, 92누9425 판결 ; 대판 1992.11.13, 92누12032.
396) 대판 1992.6.28, 91누3496.
397) 대판 1992.11.13, 92누9425.

없다.[401]

⑤ 「노조법」 제81조제1호의 '불이익을 주는 행위'란 해고 이외에 그 근로자에게 휴직·전직·배치전환·감봉 등 법률적·경제적으로 불이익한 대우를 하는 것을 의미하는 것으로서 어느 것이나 현실적인 행위나 조치로 나타날 것을 요한다고 할 것이므로, 단순히 그 근로자에게 향후 불이익한 대우를 하겠다는 의사를 말로써 표시하는 것만으로는 위 법 소정의 불이익을 주는 행위에 해당한다고 볼 수 없다.[402]

2) 황견계약(비열계약, 반조합계약)

(1) 의 의

(a) 황견계약의 부당노동행위는 사용자가 근로자에 대하여 노동조합에 가입하지 아니할 것 또는 노동조합에서 탈퇴할 것, 특정노동조합의 조합원이 될 것, 노동조합에 가입하더라도 조합 활동을 하지 않는다는 등의 고용조건을 두는 것이 이에 해당[403]한다. 불이익 취급이 근로자의 노동3권을 침해하는 처분임에 비해 황견계약(불공정 근로계약)은 근로자가 되기 전의 상태에서 미리 단결활동을 봉쇄하려는 성격의 계약이다.

(b) '노동조합에서 탈퇴할 것'은 고용조건뿐만 아니라 고용된 자에 대한 고용계속(재계약 등)의 조건으로 하는 경우까지 포함되며, 비정규직 조합원을 정규직으로 전환하면서 노조탈퇴를 고용조건으로 요구하는 경우도 이에 해당할 수 있다.

---

398) 대판 1990.11.13, 89누5102.

399) 대판 1991.12.24, 91누2762.

400) 대판 1992.3.13, 91누10473.

401) 대판 1992.12.8, 91누11025.

402) 대판 2004.8.30, 2004도3891.

403) 「노조법」 제81조제2호 : 근로자가 어느 노동조합에 가입하지 아니할 것 또는 탈퇴할 것을 고용조건으로 하거나 특정한 노동조합의 조합원이 될 것을 고용조건으로 하는 행위. 다만, 노동조합이 당해 사업장에 종사하는 근로자의 3분의 2 이상을 대표하고 있을 때에는 근로자가 그 노동조합의 조합원이 될 것을 고용조건으로 하는 단체협약의 체결은 예외로 하며, 이 경우 사용자는 근로자가 제명된 것 또는 그 노동조합을 탈퇴하여 새로 노동조합을 조직하거나 다른 노동조합에 가입한 것을 이유로 근로자에게 신분상 불이익한 행위를 할 수 없다.

(c) 또한, 황견계약은 반드시 문서로 작성되어야 하는 것은 아니므로 구두로 계약하는 경우에도 해당되며, 그러한 약정(근로계약의 부분)은 단결권을 침해하여 사법상 무효가 되므로 약정을 체결한 근로자가 노동조합을 조직하는 등의 단결활동을 하더라도 이를 이유로 사용자가 불이익을 가하는 경우에는 불이익 취급의 부당노동행위가 성립된다.

(2) 황견계약의 유형

① 노동조합에 가입하지 않을 것을 고용조건으로 하는 경우

노동조합에 가입하는 것은 근로자의 「헌법」상 단결권의 가장 본질적인 것이므로 이를 금지하는 내용의 근로계약은 노동3권의 근본을 침해하는 행위로서 부당노동행위에 해당하며, 모든 노동조합에의 불 가입을 조건으로 하는 경우와 특정 노동조합에의 불가입을 조건으로 하는 경우가 모두 금지된다.

② 노동조합 탈퇴를 고용조건으로 하는 경우

조합으로부터의 탈퇴를 고용조건으로 하는 경우뿐만 아니라, 조합으로부터의 탈퇴를 고용계속의 조건으로 하는 경우도 포함한다. 또한, 비정규직근로자가 조합원인 경우 정규직으로의 전환하여 주는 조건으로 노동조합 탈퇴를 요구하는 경우도 해당된다.

③ 특정한 노동조합의 조합원이 될 것을 고용조건으로 하는 경우

사용자가 근로자에게 특정 노조에의 가입을 강요하거나 또는 다른 노조의 가입을 방해하고 자주적인 노조의 조직을 약화시키거나 어용노조를 확장하고자 하는 경우와 복수노조체제하에서 특정 노동조합을 교섭대표노동조합으로 만들기 위해 신규 채용자와 해당 노동조합에 가입할 것을 조건으로 하는 근로계약을 체결하는 경우 등도 여기에 해당한다.

(3) 예외(조직강제 조항, Union Shop)

(a) 「노조법」 제81조제2호 단서는 '노동조합이 당해 사업장에 종사하는 근로

자의 3분의 2 이상을 대표로 하고 있을 때에는 근로자가 그 노동조합의 조합원이 될 것을 고용조건으로 하는 단체협약의 체결은 예외로 한다'고 규정하여 소위 "유니온숍(Union Shop)"협정 체결을 통한 예외적 조직강제를 허용하고 있다. 다만 이 경우에도 사용자는 근로자가 당해 노동조합에서 제명된 것 또는 그 노조를 탈퇴하여 새로운 노조를 조직하거나 다른 노조에 가입한 것을 이유로 신분상 불이익한 행위를 할 수 없도록 하여 제한적으로 유니온숍 제도[404]를 인정하고 있다.

(b) 이에 따라, 특정 사업장에 고용된 근로자의 3분의 2이상을 대표하는 노동조합과 사용자가 유니온숍 협정을 체결한 경우에는 근로자가 그 노동조합의 조합원이 될 것을 고용조건으로 하는 단체협약의 체결을 부당노동행위의 예외로 하고 있다.

〈유니온숍 협정 관련 실무 사례〉

㉮ 유니온숍 협정은 노동조합이 근로자 3분의 2 이상을 대표하는 경우에 한하여 부당노동행위에 해당되지 아니한다. 따라서, 유니온숍 협정 체결당시 체결요건을 충족하지 못하였다면 그 효력은 발생하지 않는다.[405]

㉯ 이때, 근로자 3분의 2 이상을 대표하는지 여부는 「노조법」 제2조제1호의 근로자 중 제2조제2호 및 제4호가목에 해당하는 사용자 또는 이익대표자로서 노조에 가입할 수 없는 근로자를 제외한 노동조합 조직 가능 근로자를 기준으로 판단한다.[406]

㉰ 유니온숍 협정 체결 당시에는 근로자의 3분의 2 이상이었으나 조합원 다수가 탈퇴하여 근로자 3분의 2 미만이 된 경우에는 유니온숍 협정의 효력은 상실된다.[407] 따라서 효력 상실 이후에도 노동조합 가입을 강제하는 것은 부당노동행위에 해당된다.

㉱ 유니온숍 협정은 소급적용할 수 없으므로 유니온숍 협정 체결 이전에 취업한 근로자에 대하여 노동조합 가입을 강제할 수는 없다.[408]

㉲ 유니온숍 협정이 체결되었다고 하여 입사와 동시에 노조에 자동 가입되는 것은 아니므로 별도의 노조가입절차를 거쳐야 한다.[409]

㉳ 사용자가 유니온숍 협정에 의한 단순한 노조탈퇴 근로자의 해고의무를 이행하지 않는다고 하더라도 당연히 부당노동행위에 해당되는 것은 아니다.[410]

404) 본래 의미의 유니온숍(Union Shop) 제도는 노동조합의 조직유지와 단결 강화를 위하여 단체협약을 통해 근로자에게 특정노조 가입을 강제하고, 노조에서 탈퇴·제명될 때에는 사용자가 해고의무를 부담하는 제도를 의미한다. 한편 클로우즈드숍(Closed Shop)제도는 노조에 가입하고 있는 근로자가 아니면 고용하지 않는다는 것으로 노조가 근로자의 신규채용을 통제할 수 있는 제도이다.

㈓ 근로자가 노동조합에서 제명된 것 또는 그 노동조합을 탈퇴하여 새로 노동조합을 조직하거나 다른 노동조합에 가입하는 경우에는 불이익을 줄 수 없다(노조법 제81조제2호 단서 후단).
㈔ 노동조합이 탈퇴한 근로자의 재가입을 거부하고 사용자에게 해고를 요구하는 것은 사실상 제명의 효과를 발생시킨 것에 해당되어, 이 경우 사용자는 해고의무가 없다.

3) 단체교섭 거부(해태)

(1) 의 의

(a) 사용자가 노동조합 대표자[411] 또는 노동조합으로부터 위임을 받은 자의 단체협약 체결이나 단체교섭 요구를 정당한 이유 없이 거부·해태할 경우에 부당노동행위가 성립한다(노조법 제81조제3호). 이와 같이 단체교섭 거부·해태 행위를 부당노동행위로 금지한 취지는 「헌법」상의 보장된 단체교섭권을 사용자가 존중하도록 함으로써 이를 실효적으로 보장하려는데 있다.[412]

(b) 여기에서 단체교섭 '거부'라 함은 노동조합의 교섭요구에 정당한 이유 없이 응하지 않는 것을 말하고, '해태'는 형식적으로는 교섭에 응하면서 성실하게 임하지 않는 것을 의미한다. 따라서, 단체교섭은 사용자가 성의 있게 교섭에 임하는 것(성실교섭의무)을 의미하는 것이지 교섭사항을 반드시 타결하여야 한다는 의무를 말하는 것은 아니므로 정당한 이유가 있는 경우에는 단체교섭을 거부(해태)할 수 있다.

405) 대판 1997.4.11, 96누3005.
406) 노조 68107-450, 2002.5.22.
407) 노조 68107-1019, 2001.9.3.
408) 노조 68107-89, 2002.1.28.
409) 노조 68107-547, 2001.5.12.
410) 대판 1998.3.24, 96누16070.
411) 복수노조가 존재하여 교섭창구단일화가 요구되는 경우에는 교섭대표노조
412) 임종률, 「노동법(제14판)」, 박영사 2016. p.287.

(2) 교섭거부의 정당한 이유

(a) 정당한 단체교섭 거부(해태)의 「정당한 이유」에 대해서 판례[413]는 "① 노동조합측의 교섭권자, ② 노동조합측이 요구하는 교섭시간과 장소, ③ 교섭사항, ④ 그 동안의 교섭태도 등을 종합하여 사회통념상 사용자에게 교섭의무 이행을 기대하기 어렵다고 인정되는지 여부에 따라 판단해야 한다."고 하여 단체교섭의 주체, 대상, 방법 등의 적법성과 여러 가지 사정을 종합하여 개별적·구체적으로 판단한다는 입장을 취하고 있다.

(b) 또한, 단체교섭의 거부(해태) 뿐만 아니라 정당한 이유 없이 단체협약의 체결을 거부하는 것과 교섭창구단일화 절차를 거부하거나 해태하는 행위도 부당노동행위가 된다. 다만, 단순히 단체협약을 이행하지 않는 것은 일정 범위 내에서 처벌의 대상이 될 수 있다(노조법 제92조).

(c) 노동조합 대표자는 교섭하고 단체협약을 체결할 권한을 가지고 있으므로 노동조합이 규약 또는 조합원 총회 의결 등을 이유로 노동조합 대표자의 교섭 및 체결권한을 부인하거나 제한하는 경우에는 사용자가 노동조합 대표자에게 교섭 및 체결권한을 가지고 교섭에 응하도록 요구하면서 교섭이 지연되더라도 부당노동행위에 해당하지 아니한다(노조법 제29조제2항, 제81조제3호).

(3) 단체교섭 거부 관련 실무상 쟁점

① 복수노조에서의 교섭관련

(a) 복수노조제도가 사업(장) 단위에서 시행됨에 따라 기존 단체협약의 유일교섭단체 조항[414]을 이유로 사용자가 제2노조의 교섭요구를 거부하는 것은 부당노동행위에 해당한다.

(b) 교섭대표노조가 결정된 이후 사용자가 교섭대표노조가 아닌 노조와 교섭하는 것은 교섭대표노조의 교섭권을 침해하는 것으로서 부당노동행위에 해

413) 대판 1998.5.22, 97누8076 ; 대판 2006.2.24, 2005도8606 등.

414) '유일교섭단체' 조항은 강행규정인 교섭창구단일화 절차에 반하고, 다른 노조가 교섭창구단일화 절차에 참여할 수 있는 권리를 침해 하여 위법이므로 효력이 없다.

당할 수 있다. 또한, 노동조합 교섭요구사실 공고, 교섭요구노조 확정공고 등을 하지 않거나 다르게 공고한 경우 등도 해당 행위의 사유에 따라 교섭 거부·해태에 해당할 수 있다.

교섭대표노조와의 교섭 또는 사용자의 동의에 의한 개별 노동조합과의 교섭을 정당한 이유 없이 거부·해태하는 것은 부당노동행위에 해당한다. 다만, 교섭창구단일화 절차에 참여하지 않은 노조, 교섭대표노조가 아닌 노조, 교섭대표노조로 결정되지 못한 산별노조 지부·분회의 교섭요구에 대한 교섭거부는 정당성이 인정된다. 특히, 교섭대표노조가 결정된 이후 교섭대표노조가 아닌 노조와 교섭하는 것은 교섭대표노조의 교섭권을 침해하는 것으로서 부당노동행위에 해당할 수 있다. 또한, 노동조합 교섭요구 사실을 공고하지 않는 경우, 교섭요구노조 확정공고를 하지 않거나 다르게 공고한 경우, 과반수노조 통지에도 불구하고 즉시 공고를 하지 않은 경우에도 법령에 따른 시정절차 불이행 외에 해당 행위의 사유에 따라 교섭거부·해태에 해당할 수 있다.

② 단체교섭 거부(해태) 유형

㉮ 단체교섭의 거부(해태)로서 부당노동행위에 해당하는 경우

ⓐ 사용자가 단체교섭에 응하지 않는 것(교섭불응) 또는 노동조합의 교섭요구를 무시하고 개개근로자와 근로계약을 갱신하는 경우
ⓑ 교섭은 하되 노동조합의 요구에 대하여 대안을 제시하지 아니하고 무조건 반대만 하거나 정당한 사유 없이 고의적으로 교섭을 중단 또는 지연시키는 경우
ⓒ 교섭에 응하였으나 상당한 성의를 가지고 긍정적으로 교섭하지 아니하고 오히려 종전 제안보다 상대방에게 불리한 제안을 계속하거나 강압적으로 제안수락을 강요하며 퇴장하는 행위
ⓓ 교섭전후 노동조합 측 교섭위원을 배치·전환시키거나 노동조합 측 교섭위원을 지정하여 교섭에 응하겠다고 하는 경우
ⓔ 교섭결과 합의에 이르렀음에도 협약체결을 거부하거나 교섭권한이 없는 자가 사용자측 교섭위원으로 나와서 정당한 이유 없이 상부의 지

시만 따르겠다고 하는 경우

ⓕ 사용자가 노동조합의 쟁의행위 기간 중이라는 이유로 단체교섭을 거부하는 경우[415)]

㉯ 단체교섭 요구를 거부할 수 있는 정당한 이유

ⓐ 교섭 주체(당사자) 관련

㉠ 교섭권한이 없는 자가 교섭을 요구하는 경우나 교섭권한이 명확하지 아니한 경우

㉡ 조합 측에 대하여 단체교섭 담당자 자격 확정을 요구하고 확정시까지 단체교섭을 연기하는 경우

㉢ 노조 대표가 단체협약 체결과 관련하여 조합원 총회 인준(찬반투표)을 거치겠다고 공언한 경우, 노조 대표에게 단체협약 체결 권한이 있다는 점을 확인하는 각서 제출을 요청하며 교섭을 거부한 경우[416)]

ⓑ 단체교섭 대상 관련

㉠ 단체교섭은 근로조건 등 근로자의 처우에 관한 노사간의 합의 성립을 목적으로 하므로 교섭사항은 사용자가 처분 가능한 사항에 국한됨. 따라서 순수한 정치문제나 타 기업의 문제 등을 교섭사항으로 할 때 이를 거부하는 것은 정당하다.

㉡ 사용자단체 구성은 어느 특정 사용자가 임의로 이를 구성할 수 있는 것이 아니므로 단체교섭의 대상이 될 수 없음. 따라서 노동조합의 ‘사용자단체 구성’ 요구를 특정 사용자가 수용하지 않았다는 사실만으로 부당노동행위로 단정할 수 없다.

㉢ 인사·경영권에 해당하는 사항은 원칙적으로 사용자의 전권에 속하는 사항으로 볼 것이나, 인사·경영상의 문제라 하더라도 근로자들의 근로조건과 밀접한 관련이 있는 부분으로서 사용자의 인사·경영권의

415) 대판 2006.2.24, 2005도8606.

416) 대판 1998.1.20, 97도588.

본질적 사항을 침해하는 것이 아닌 한 그 한도 내에서 단체교섭 대상이 될 수 있다.

㉣ 단체협약 유효기간 내에 노조의 조직확장, 조합대표의 경질, 조직형태변경 등을 이유로 새로운 단체협약(임금협약 포함) 체결을 요구하는 경우 교섭거부는 정당하다.

ⓒ 단체교섭 시기·장소 등 관련

㉠ 통상적인 근무시간을 정상 이상으로 초과하는 등 장시간에 걸친 협의로 인해 심신이 피로하여 그 이상의 정상적인 협의를 기대할 수 없는 경우에 단체교섭을 거부한 것은 정당한 이유에 해당한다.

㉡ 사용자의 사택침입, 심야의 교섭이나 창고 등 사용자에게 불안을 줄 수 있는 장소에서의 단체교섭을 거부한 것은 정당한 이유에 해당한다.

㉢ 단체협약 만료에 대비하여 노동조합이 합리적인 시기에 요구한 단체교섭을 거부한 경우는 정당성이 인정되지 않는다.

㉣ 교섭시기, 장소 등에 대하여 노사 간에 의견이 대립될 때에는 협약이나 관행이 있으면 그에 의하면 될 것이나, 협약이나 관행이 없는 경우에는 사용자가 제시하는 일시, 장소에 노조 측이 따르지 않는 것을 이유로 단체교섭을 거부하는 것은 정당한 이유가 있다고 볼 수 없다.

㉤ 노조가 교섭요구서에 구체적인 교섭사항을 기재하지 않고, 교섭일시를 문서 전송일로부터 2일 후로 하고, 교섭 장소도 조합사무실로 한 경우 사회통념상 합리적이고 정상적인 교섭요구라고 보기 어려워 사용자가 해당 일시에 교섭에 출석하지 않은 경우 정당한 이유없이 교섭을 거부(해태)한 것으로 단정하기 어렵다.[417)]

ⓓ 단체교섭의 진행 등 관련

㉠ 노동조합 측에서 폭력을 사용하거나 협박적인 언동을 할 때 단체교섭을 거부하는 것은 부당노동행위가 성립되지 않는다.

---

417) 대판 2009.12.10, 2009도8239.

㉡ 노동조합이 위임한 교섭 대상자가 부당하게 많아서 원활한 교섭이 기대되기 어려울 경우 단체교섭 거부는 정당한 이유가 인정된다.

〈단체교섭 거부 관련 실무 사례(판례)〉

① 「노조법」 제81조제3호가 정하는 부당노동행위는, 사용자가 아무런 이유 없이 단체교섭을 거부 또는 해태하는 경우는 물론이고, 사용자가 단체교섭을 거부할 정당한 이유가 있다거나 단체교섭에 성실히 응하였다고 믿었더라도 객관적으로 정당한 이유가 없고 불성실한 단체교섭으로 판정되는 경우에는 성립한다고 할 것이고, 한편 정당한 이유인지의 여부는 노동조합측의 교섭권자, 노동조합측이 요구하는 교섭시간, 교섭장소, 교섭사항 및 그의 교섭태도 등을 종합하여 사회통념상 사용자에게 단체교섭의무의 이행을 기대하는 것이 어렵다고 인정되는지 여부에 따라 판단할 것이다.[418]

② 구 「노조법(1996.12.31. 법률 제5244호 「노조법」 부칙 제3조로 폐지)」 제33조제1항 본문은 "노동조합의 대표자 또는 노동조합으로부터 위임을 받은 자는 그 노동자 또는 조합원을 위하여 사용자나 사용자단체와 단체협약의 체결 기타의 사항에 관하여 교섭할 권한이 있다."고 규정하고 있고, 여기서 '교섭할 권한'이라 함은 교섭한 결과에 따라 단체협약을 체결할 권한을 포함하는 것이라고 할 것인바, 노동조합의 규약에 단체협약안에 대하여 조합원의 결의로 동의를 얻어야 효력을 갖는다는 내용이 있다면, 비록 조합원들이 노동조합을 결성하면서 단체협약의 체결에 관한 사항을 위원장과 중앙집행위원회에 위임하기로 의결하였다고 하더라도 노동조합 측에서 이와 같이 별도의 위임까지 받았다는 사정을 회사측에 통보하지 않은 이상, 회사 측으로서는 노사 쌍방간의 타협과 양보의 결과로 단체협약 요구안에 대하여 합의를 도출하더라도 노동조합 총회에서 그 단체협약안을 받아들이기를 거부하여 단체교섭의 성과를 무로 돌릴 위험성이 있어 최종적인 결정 권한이 확인되지 않은 교섭대표와 성실한 자세로 교섭에 임하는 것을 기대할 수 없으니, 노동조합 측에서 회사측의 단체협약 체결권한에 대한 의문을 해소시켜 줄 수 있음에도 불구하고 이를 해소시키지 않은 채 단체교섭만을 요구하였다면 단체교섭을 위한 진지한 노력을 다하였다고 볼 수 없고, 따라서 그러한 상황에서 가진 단체교섭이 결렬되었다고 하더라도 이를 이유로 하는 쟁의행위는 그 목적과 시기, 절차에 있어서 정당한 쟁의행위라고 볼 수 없다.[419]

③ 사용자의 단체교섭 거부행위가 원인과 목적, 과정과 행위태양, 그로 인한 결과 등에 비추어 건전한 사회통념이나 사회상규상 용인될 수 없다고 인정되는 경우에는 부당노동행위로서 단체교섭권을 침해하는 위법한 행위로 평가되어 불법행위의 요건을 충족하는바, 사용자가 노동조합과의 단체교섭을 정당한 이유 없이 거부하다가 법원으로부터 노동조합과의 단체교섭을 거부하여서는 아니된다는 취지의 집행력 있는 판결이나 가처분결정을 받고도 이를 위반하여 노동조합과의 단체교섭을 거부하였다면, 그 단체교섭 거

부행위는 건전한 사회통념이나 사회상규상 용인할 수 없는 행위로서 「헌법」이 보장하고 있는 노동조합의 단체교섭권을 침해하는 위법한 행위이므로 노동조합에 대하여 불법행위가 된다.[420]

④ 학습지교사는 피고 회사와 사이에 사용종속관계에서 임금을 목적으로 근로를 제공하는 근로자로 볼 수 없으므로, 선정자 전국학습지산업노동조합은 결국 근로자가 아닌 자로 구성된 단체로서 「노조법」상 노동조합에 해당한다고 볼 수 없어 피고 회사가 위 선정자조합의 단체교섭요구에 응하지 않은 것은 「노조법」상 부당노동행위로 볼 수 없다.[421]

⑤ 산별노조인 甲노동조합이 소속인 乙지역본부장에게 A법인에 대한 단체교섭권을 위임하였다면 乙지역본부장은 A법인과 교섭을 할 수 있음은 물론 교섭 결과 합의된 사항에 대하여 단체협약을 체결할 수 있다 할 것이나, 甲노동조합이 乙지역본부장에게 단체교섭권을 위임하면서 단체협약 체결권은 그 권한에서 제외시켰다면, A법인은 교섭대표인 乙지역본부장과 교섭을 통하여 임금이나 그 밖의 근로조건 등에 대하여 합의를 도출하더라도 甲노동조합이 그 단체협약안을 받아들이기를 거부하여 단체교섭의 성과를 무로 돌릴 위험이 있으므로 단체협약 체결권이 있는 자로 교섭대표의 교체 등을 요구하며 잠정적으로 교섭을 거부하더라도 이를 부당노동행위라 하기는 어렵다.[422]

⑥ 쟁의기간 중이라는 사정이 사용자가 단체교섭을 거부할 만한 정당한 이유가 될 수 없고, 당사자가 성의 있는 교섭을 진행하였으나 교섭이 교착상태에 빠져 더 이상의 진전이 기대될 수 없는 상황이라면 사용자가 교섭을 거부할 수 있을 것이나, 노조측으로부터 새로운 타협안이 제시되는 등 교섭재개가 의미 있을 것으로 기대할 만한 사정변경이 생긴 경우에는 사용자가 교섭에 응하여야 하며, 거부하는 경우에는 그 거부에 정당한 이유가 있다고 할 수 없다.[423]

4) 지배·개입

(1) 의 의

(a) 노동조합의 자주성 및 조직력을 보호하기 위하여 사용자가 근로자의 노동

418) 대판 1998.5.22, 97누8076.
419) 대판 2000.5.12, 1998도3299.
420) 대판 2006.10.26, 2004다11070.
421) 대판 2005.11.24, 2005다39136.
422) 노사관계법제과-473, 2012.2.13.
423) 대판 2006.2.24, 2005도8606.

조합 조직이나 운영하는 것을 지배하거나 이에 개입하는 행위를 부당노동행위로 금지하고 있다(노조법 제81조제4호 전단).

(b) 여기서 지배·개입의 대상이 되는 노동조합의 '조직'에는 그 준비행위도 포함되며, '운영'이란 노동조합의 내부적 운영뿐만 아니라 단체교섭 및 쟁의행위 등 그 목적을 달성하기 위한 활동, 선전·계몽·교육활동 등의 대내적 활동, 각종 문화 활동 등의 대외적 활동 등 노동조합의 유지·존속 및 확대를 위한 행위를 포함한다. 즉, '조직·운영'이란 근로자의 단결활동 전반을 의미하는 것으로 볼 수 있다.

(c) 또한, '지배'란 사용자가 노동조합의 조직·운영에 관하여 주도권을 가지고 그 의사결정을 좌우하는 것을 말하며, '개입'이란 지배에까지 이르지는 못하지만 사용자가 노동조합의 조직·운영에 간섭하여 그 의사결정에 영향력을 미치는 것을 말한다.

(d) 지배·개입의 부당노동행위가 성립하는 데는 단결권 행사가 영향을 받는 등의 결과가 발생할 필요가 없다.

(2) 지배·개입의 요건

① 지배·개입의 주체(사용자)

(a) 지배·개입의 주체인 '사용자'란 전술한 바와 같이 사업주는 물론 사업의 경영담당자 및 그 사업의 근로자에 관한 사항에 대하여 사업주를 위하여 행동하는 자[424]도 포함하는 광의의 사용자(노조법 제2조제2호)를 의미한다.

(b) 지배·개입을 제3자에게 청탁·교사하여 제3자로 하여금 실행케 한 경우도 지배·개입이 될 수 있으며, 이때 제3자는 부당노동행위의 공범이 될 수 있다.

② '지배·개입의 행위'가 존재하여야 함

(a) 노동조합에 대한 지배·개입행위는 근로자 및 노동조합의 단결활동(노동3

424) "사업주를 위하여 행동하는 자"라 함은 근로자의 인사, 급여, 후생, 노무관리 등 근로조건의 결정 또는 업무상의 명령이나 지휘감독을 하는 등의 사항에 대하여 사업주로부터 일정한 권한과 책임을 부여받은 자를 의미함(대판 1989.11.14, 88누6924).

권)을 침해하는 행위 또는 침해할 우려가 있는 행위로 정의할 수 있다. 따라서, 단순히 물리적인 실력의 행사만을 의미하는 것은 아니며, 노동조합 조직·운영에 관한 사용자의 견해 표명도 포함될 수 있다.

(b) 예컨대, 지배·개입이 노동조합 자체에 직접 행하여지지 않더라도 제1조합에 비해 제2조합을 상대적으로 우대하는 경우에도 발생할 수 있으며, 노동조합 자체의 활동뿐만 아니라 근로자 개인의 활동도 대상이 된다.

③ 지배·개입의 의사가 있어야 함

(a) 지배·개입을 구성하는 사용자의 행위는 전근이나 비난발언 등 구체적인 행동을 통하여 노동조합 조직·운영의 저지·방해·회유·약체화 하거나 하려하는 행위이고 이들은 구체적인 의사를 가진 행위이다.

(b) 따라서, 지배·개입이 성립하려면 사용자의 이러한 구체적인 반조합적 의욕, 즉 지배·개입의 의사가 필요하다. 다만, 이는 사용자의 내심의 문제이고 이를 입증하는 것은 사실상 어려우므로 여러 가지 객관적·외형적인 정황을 종합하여 그 의사를 추정할 수 있는 정도면 충분하다.

④ 구체적인 결과나 손해의 발생을 필요로 하지 않음

지배·개입은 사용자가 노동조합의 조직·운영에 대하여 영향력을 행사하는 행위를 하는 그 자체만으로 성립되며, 노동조합 조직의 약화 등 구체적이고 현실적인 결과 또는 손해가 반드시 발생하여야 하는 것은 아니다.[425)]

⑤ 지배·개입의 예외

근로자가 근무시간 중에 사용자와의 협의·교섭, 고충처리, 산업안전 활동 등 「노조법」 또는 다른 법률에서 정한 업무와 건전한 노사관계발전을 위한 노동조합 유지·관리 업무를 할 수 있도록 사용자가 허용하는 것(근로시간면제제도)은 무방하다(노조법 제24조제4항).

---

425) 대판 1997.5.7, 96누2057.

(3) 지배·개입의 유형

① 사용자의 발언(의견표명) 등 언론 관련

㉮ 의 의

(a) 사용자도 「헌법」 제21조에서 보장하는 언론의 자유가 있으나, 근로자의 단결활동권을 침해해서는 아니 되기 때문에 사용자의 발언(의견표명)이 이를 침해하는 경우에는 지배·개입에 해당하고 금지의 대상으로 된다.

(b) 문제는 그 구체적인 판단 기준이나, 사용자측의 발언 내용이 (a) 노동조합의 결성·가입·탈퇴나 노동조합의 조직·운영, 임원선거 등의 근로자 또는 노동조합이 자주적으로 결정해야할 사항에 관해서 의견표명이 있는 경우에는 근로자 또는 노동조합의 단결활동·쟁의행위에 대해서 방해나 간섭으로 영향력을 미칠 가능성이 있고, (b) 기업내 복수노조가 존재하는 경우에 어느 일방을 지지 또는 비판하는 것은 모든 노동조합의 단결권 등을 평등하게 존중해야 하는 중립보지의무(中立保持義務)에 위반되며, 어느 노동조합 및 그 조합원의 단결권 등을 침해하게 된다.

(c) 따라서, 사용자 발언(의견표명) 등의 구체적인 내용, 방법, 시기 등을 감안하여 ① 사용자의 발언 내용이 (a) 또는 (b)에 해당하는 경우에는 허용된 언론의 자유의 범위를 넘어서는 것이기 때문에, ② 위협이나 불이익의 시사(示唆), 이익의 약속(또는 유도) 유무, ③ 근로자 또는 노동조합의 단결활동 등에 구체적인 영향을 미쳤는지 여부, ④ 근로자 또는 사용자의 주관적 의도와 관계없이 지배·개입에 해당하는 것으로 해석하는 것이 타당하다.[426)]

(d) 이와 관련한 일본 최고재판소(우리의 대법원에 해당) 판결 사례에 의하면, 사업장단위 노동조합이 특정 노동조합연합회에 가입한 것에 대해 회사 사장이 이를 비난하는 취지와, 조합원들이 종전부터 향유하고 있던 이익(사장의 고향 소재 사업장 소속 조합원은 구조조정 대상에서 제외)을 잃게 된다는 것을 암시하는 발언을 하였고, 그 결과 그 조합이 연합회를 탈퇴하게 된 사건과 관련, (a) 객관적

426) 日本 中央勞働委員會(朝日火災海上保險)事件, 東京高法判例 平成 15.9.30, 勞判862号, p.41 參照.

으로 조합활동에 대한 비판과, (b) 조합활동을 이유로 한 불이익 취급을 암시하는 발언이 있었고, (c) 조합운영에 영향을 미친 사실이 인정되는 이상, (d) 발언자가 이러한 점에 대한 주관적 인식이나 목적이 없다하더라도 지배·개입이 성립하는 것으로 판시[427]하였다. 이러한 판례를 고려할 때 (b)와 (c)가 없더라도 지배·개입이 성립하는 것으로 해석해야 할 것이다.[428]

(e) 우리 대법원도 "사용자가 연설, 사내방송, 게시문, 서한 등을 통하여 의견을 표명할 수 있는 언론의 자유를 가지고 있음은 당연하나, 그 표명된 의견의 내용과 함께 그것이 행하여진 상황, 시점, 장소, 방법 및 그것이 노동조합의 운영이나 활동에 미치거나 미칠 수 있는 영향 등을 종합하여 노동조합의 조직이나 운영 및 활동을 지배하거나 이에 개입하는 의사가 인정되는 경우에는 지배·개입이 성립하고, 그 성립에 반드시 근로자의 단결권의 침해라는 결과의 발생까지 요하는 것은 아니다"라고 판시[429]하여 같은 입장을 취하고 있다.

㈏ 유형별 사례 검토

(a) 연설, 공고문 관련

연설 등 사용자의 언동이 노동조합에 대한 의견의 피력에 그치는 경우에는 언론의 자유에 속하는 것이나, 우월한 지위를 이용하여 노동조합 활동에 영향을 미칠 의도로 이루어지는 경우에는 부당노동행위에 해당될 수 있다.

◦ 부당노동행위에 해당하는 경우

① 조합원들에게 노동조합 활동을 계속하면 해고될 수 있다고 위협하는 등 신분상 불안감을 조성하는 경우[430]

② 노동조합 결성·가입을 비난하거나, 노동조합을 인정하지 않겠다고 발언하거나, 사보 등에 반조합적 기사를 게재하는 경우

③ 산별노조로의 전환 등 조직형태 변경에 대하여 특정 조직형태의 단점만을 집중적으로

427) 滋賀縣勞働委員會(山岡內燃機) 事件, 最二小判 昭29.5.28, 民集 8卷5号, p.990, 判時 29号, p.21.

428) 川口美貴, 「勞働法」, 信山社, 第2刷, 2016, p.891.

429) 대판 2006.9.8, 2006도388.

부각시키거나 전환시의 폐해를 강조하며 비난하는 경우
④ 공개적으로 노동조합을 부인하는 태도를 명백히 하고 근로자들의 조합활동을 주저하게 발언하는 경우[431)]
⑤ 노조를 설립한 조합원을 전체 근로자가 모인 회의석상에서 일일이 호명하며 일으켜 세우는 등 노조활동에 대한 혐오적인 말과 행동을 한 경우

◦ 부당노동행위로 보기 어려운 경우
① 회사의 경영방침 등에 대한 노동조합의 주장에 대하여 회사의 입장 등 사실관계를 해명하거나 반론을 제기하는 경우[432)]
② 단체교섭 진행 중에 근로자를 상대로 직원간담회·설명회 등을 통해 임금인상안, 회사의 경영상황, 파업시 정당성과 적법성 여부 등 회사의 입장을 설명하는 경우[433)]
③ 조합탈퇴를 원하는 조합원들의 조합비 공제 문제나, 유니언숍 제도 하에서 조합원이 제명되거나 탈퇴할 경우 회사 측 처리방침 등 조합원이 반복적으로 문의하는 내용에 대해 회신하거나 안내문을 게재하는 등 정당한 사유가 인정되는 경우[434)]
④ 근로자를 상대로 집단적인 설명회 등을 개최하여 회사의 경영상황 및 정책방향 등 입장을 설명하고 이해를 구하는 행위 또는 비록 파업이 예정된 상황이라 하더라도 그 파업의 정당성과 적법성 여부 및 파업이 회사나 근로자에 미치는 영향 등을 설명하는 행위[435)]

(b) 회의, 면담 관련

각종 회의나 교육, 개별면담 등을 통해 노동조합 자체를 부정하거나 비판하며 노동조합 방침에 따르지 말도록 적극적으로 설득하는 것은 부당노동행위에 해당될 수 있다.

① 회사 대표가 노동조합 결성 후 회의, 교육 등을 통해 수시로 노동조합에 대한 부정적인 시각, 노동조합 존재의 불필요성을 강조하며 노동조합 탈퇴를 유

430) 대판 1998.5.22, 97누8076.
431) 서울행판 2006.6.23, 2005구합21194.
432) 노조 68107-745, 2001.6.30.
433) 대판 2013.1.10, 2011도15497.
434) 대판 2000.4.7, 99두3256 ; 대판 1998.3.24, 96누16070.
435) 대판 2013.1.10, 2011도15497.

도하는 경우[436]

② 회사의 대표나 전무가 회사에 우호적인 조합원, 조합 내 소수파 등를 상대로 노동조합 결의 또는 처분에 응하지 말도록 선동하는 경우[437]

다만, 불법파업 중인 조합원들에게 불법파업에 참여하지 말 것을 호소·설득하는 것은 부당노동행위로 보기 어렵다.

(c) 가정통신문 등 서신 관련

가정통신문 등 서신을 통해 불법행위의 중단을 촉구하거나 사용자의 입장을 호소하는 것은 부당노동행위로 보기 어렵다.

그러나, 허위의 과장된 내용 또는 노동조합에 대한 반감·혐오감을 유발하는 내용을 부각시키는 것은 부당노동행위에 해당될 수 있다.[438]

② 노동조합 조직에 대한 개입 관련

노동조합 결성에 대한 비난 또는 결성 포기의 설득·회유·협박 등과 노동조합 결성의 중심인물에 대한 해고·전근 그 밖의 불이익 취급 또한 지배·개입의 부당노동행위에 해당한다.

ⓐ 노동조합이 결성된 이후에 여기에 가입하지 않거나 탈퇴할 것을 권고·요구, 불이익 취급 위협 등의 행위

ⓑ 특정 직급·보직의 근로자를 노동조합원에서 배제할 것을 요구하면서 조합원의 범위 설정에 개입하는 행위[439]

ⓒ 부당한 수단으로 사용자에게 협조적·우호적인 노조로의 전환을 도모한다거나 친 사용자적 노동조합(제2노조)의 결성·활동을 지원하는 행위

ⓓ 조합간부 등을 금전매수, 향응 제공 등으로 노동조합의 어용화를 시도하는 경우

ⓔ 제2노조의 설립을 조장·지원한다거나 기존 노동조합보다 유리한 활동경

---

436) 서울행판 2002.7.11, 2001구52243.

437) 대판 1991.12.10, 91누636.

438) 중노위 2002.6.3.2002부노8

439) 대판 2011.9.8, 2008두13873.

비·시설·인력 등의 편의 제공을 통하여 기존 노동조합의 세력 약화를 꾀하는 경우[440]

③ 노동조합 선거 등 내부 운영에 대한 개입 관련

특정후보를 지지·반대하거나, 선거에 입후보할 수 없도록 불이익을 주는 등 노동조합 선거에 개입하는 것은 부당노동행위에 해당한다.

ⓐ 특정후보자의 입후보를 방해하거나 사용자에게 우호적인 후보자를 지지하도록 회유·매수하는 등 선거를 방해하는 경우

ⓑ 노조임원 선거에서 특정 후보자를 지지하는 내용과 관련된 쪽지문을 사내 통신망을 이용하여 발송하는 경우

④ 사용자의 편의제공 관련

(a) 조합활동과 관련한 기업(회사)시설물 사용, 조합비일괄공제(Check off), 조합사무실 제공, 사내 게시판 사용 등 사용자의 노동조합활동에 대한 각종 편의제공이 단체협약에 정해져 있거나, 장기간 반복적으로 계속해서 제공하여 노사관행으로 되어 있는 경우, 사용자가 단체협약의 갱신 거부나 해지, 노사관행 파기로 편의제공을 폐지하는 것이 지배·개입에 해당하는지가 문제로 될 수 있다.

(b) 이와 관련, 사용자에게 당연히 편의제공을 해야 할 의무가 있는 것은 아니나 단결권에 기초한 노동조합의 단결활동을 존중해야 하는 신의칙상의 의무를 진다.

(c) 따라서, ① 사용자에게 기존의 편의제공을 폐지할 합리적인 이유가 있고, ② 합리적인 이유를 대고 당해 편의제공 폐지에 관해 노동조합과 교섭을 통해 노동조합의 양해를 얻기 위한 노력을 하고, ③ 양해를 얻지 못한 경우에 노조측에 예상치 못한 혼란이 야기되지 않도록 준비를 위한 적당한 유예기간을 주는 등 상당한 배려를 한 경우에는 신의칙상의 의무를 다한 것으로 당해 편의제공의 폐지는 신의칙 위반으로 보기 어렵지만, 위 ①~③에 해당하지 않는 경우에는 신의칙

440) 제2노조의 어용노조 해당 여부는 설립경위나 취지(특히, 설립과정에서의 사용자의 지원 여부), 설립시기, 구성원의 성향, 기존노조와의 관계, 사용자의 기존노조에 대한 태도, 제2노조 조직 후의 기존노조 조직의 변화 추이 등을 종합하여 판단한다.

위반으로 당해 노동조합의 단결권 등을 침해하는 지배·개입에 해당하는 것으로 해석된다.[441)]

④-1 기업 시설물 이용 관련 쟁점

(a) 기업 내 노동조합으로서 기업시설의 이용은 불가결하고, 따라서 단결권의 보장으로부터 노동조합활동의 필요성과 업무운영·시설관리에 대한 지장 등을 고려하여 정당한 노동조합 활동에 대해서는 시설사용권이 발생하며 사용자는 이를 수인(허용)할 의무가 생긴다.[442)]

(b) 노동조합 활동이 사업장 내에서 이루어지는 경우 불가피하게 사용자의 시설관리권 등과 충돌하는 경우가 발생하게 된다. 이때, 노동조합의 노동권 행사에 의한 사용자의 시설관리권 침해 여부는 ① 단체협약·취업규칙 등의 관련 규정이나 그간의 노사관행, ② 사업의 특수성, ③ 시설물의 성격이나 중요성, ④ 시설물 이용시간·횟수, ⑤ 시설물을 이용한 목적 및 필요성, ⑥ 시설물 이용으로 침해된 손해의 정도, ⑦ 조합활동의 태양 등을 종합하여 판단하여야 한다.[443)]

(1) 노조의 기업시설물 이용 범위와 한계

(a) 사업장 내의 조합활동에 있어서 기업시설물 이용의 경우, 원칙적으로 사용자의 시설관리권에 바탕을 둔 합리적인 규율이나 제약에 따라야 하며,[444)] 시설관리권이 노동조합의 활동과 저촉·충돌되는 경우에는 정당한 노동조합의 활동을 보장한다는 의미에서 사용자의 재산권의 본질적 의미를 해치지 아니하는 범위 내에서 합리적으로 제한되어 행사될 수밖에 없다.[445)]

---

441) 東京流機製造事件, 東京地判 昭 58.1.20, 勞民30券1号, p.31 ; 勞判404号, p.47 참조 : 동 사건에서 사용자의 체크오프 폐지를 지배·개입으로 판단했다.

442) 대판 1991.5.28, 90누6927 등.

443) 서울고판 1997.9.4, 96나35424.

444) 대판 1992.4.10, 91도3044 ; 대판 1992.9.25, 92다18542 ; 대판 1994.2.22, 93도613. 조합활동으로서 취업시간 외에 행하여졌다고 하더라도 장소가 사업장 시설 내인 경우에는 시설에 대한 소유권 또는 관리권에 바탕을 둔 합리적인 규율이나 제약에 따라야 한다.

445) 대판 1991.5.28, 90누6927 ; 인천지판 1995.2.17, 94가합5386.

(b) 노동조합의 기업시설 이용 요구에 대한 사용자의 거부와 관련, ① 당해 노동조합의 활동을 위축 또는 약화시키기 위한 목적이 있는 경우, ② 다른 노조의 이용을 허용하면서 일부 노조에 대해서만 정당한 이유 없이 허용하지 않는 등 중립보지의무(中立保持義務)를 위반할 때, ③ 시설의 이용을 허용하지 않는 것이 당해 물적시설에 대한 사용자의 시설관리권의 남용으로 인정되는 특단의 사정이 있을 때는 당해 거부는 '지배·개입'에 해당한다.

(c) 이와 함께, 근로자 또는 노동조합이 당해 시설을 이용할 필요성과 합리성이 있을 때에는 사용자가 시설의 이용을 거부하는 것이 합리적인 이유가 있는 경우를 제외하고 당해 거부는 원칙적으로 신의칙 위반으로 '지배·개입'에 해당되는 것으로 해석하는 것이 타당하다.

(d) 예를 들어, 노동조합이 쟁의행위 과정에서 직장 또는 사업장시설의 점거의 경우, 이는 적극적인 쟁의행위의 한 형태로서 그 점거의 범위가 직장 또는 사업장시설의 일부분이고 사용자측의 출입이나 관리·지배를 배제하지 않는 병존적인 점거에 지나지 않을 때에는 정당한 노조활동(쟁의행위)의 범주에 포함되는 것으로 볼 수 있으므로 사용자가 이러한 행위를 원천적으로 봉쇄하는 것은 시설관리권의 남용으로 볼 수 있다.

(e) 그러나, 사용자의 승인 없이 회사시설의 무단 사용, 점거농성 등 불법적인 행위를 수반하는 경우는 사용자의 시설관리권을 침해하는 것으로 정당하다고 할 수 없다. 즉 사용자측의 출입이나 관리·지배를 배제하는 전면적·배타적 직장점거는 사용자의 시설관리권을 침해하는 것으로 정당하지 않다.[446)]

※ (판례 내용) 직장 또는 사업장시설의 점거는 적극적인 쟁의행위의 한 형태로서 그 점거의 범위가 직장 또는 사업장시설의 일부분이고 사용자측의 출입이나 관리지배를 배제하지 않는 병존적인 점거에 지나지 않을 때에는 정당한 쟁의행위로 볼 수 있으나, 이와 달리 직장 또는 사업장시설을 전면적, 배타적으로 점거하여 조합원 이외의 자의 출입을 저지하거나 사용자측의 관리지배를 배제하여 업무의 중단 또는 혼란을 야기케 하는 것과 같은 행위는 이미 정당성의 한계를 벗어난 것이라고 볼 수밖에 없다.

446) 대판 1991.6.11, 91도383.

(2) 사용자의 기업시설물(노조사무실) 관리방법 변경 관련

(a) 원래 사용자는 기업의 시설물에 대한 관리방법을 자유로이 변경할 수 있으므로 업무상 필요성이 있는 경우 노동조합과 협의 등을 거쳐 노조사무실을 다른 장소로 이전을 요구하거나 반환을 요구할 수 있다.

(b) 다만, 사용자가 노조사무실 등에 대한 그간의 시설관리방법을 변경한 경우, 그 정당성 여부는 ① 변경 시기나 내용, ② 변경사유나 필요성, ③ 사용자의 의도, ④ 변경이 조합활동에 미치는 일반적 또는 구체적 영향, ⑤ 그 시설의 특성과 노동조합 운영과의 관련성 등을 종합하여 판단하여야 한다.

(c) 예를 들어, 단체교섭의 결과로 또는 확립된 노사간의 관행에 의하여 노동조합이 사용자의 시설을 이용해 온 경우로서 그 시설이 노동조합의 운영에 긴요한 것이지만 기업의 운영에는 그다지 현저한 지장을 주지 아니하는 경우에는 원칙적으로 사용자는 노동조합의 시설이용을 수인하여야 할 것이므로, 그 같은 경우에 사용자가 일방적으로 노동조합의 시설이용을 거부하거나 종전의 관행을 파기하는 것은 노동조합의 운영에 대한 지배·개입행위가 된다고 할 것이다.[447)]

(3) 노조 사무실 사용·이전 관련

(a) 사용자가 단체협약으로 특정장소를 노조사무실로 제공하기로 한 경우, 노조사무실의 사용권은 노조에 일정기간 귀속된다고 보아야 하므로 사용자가 임의로 노조사무실을 이전하는 것은 타당하지 않으며, 노조사무실의 이전은 사전에 노조와 협의하는 등 이전사유나 이전절차 등에 있어서 사회적 합리성이나 상당성이 인정되어야 한다.

(b) 노조사무실 이전과 관련 부당노동행위에 해당되는지 여부는 ① 이전사유나 동기, ② 노조사무실의 위치와 업무수행과의 상관관계, ③ 이전전후의 노조사무실 위치·규모·이용상 편리성, ④ 노동조합 활동에 미치는 영향, ⑤ 노조와의 사전 협의 여부 등을 종합적으로 판단해야 한다.

(c) 또한, 노조사무실 사용과 관련 특정 기업 내의 장소를 사용하는 경우에는

447) 서울행판 2004.7.22, 2003구합32923.

당해 기업의 재산권에 기초한 시설관리권을 침해하여서는 아니 될 것이므로 사전에 당해 사용자의 승인을 받는 등의 절차를 거쳐야 한다.

(d) 따라서, 사용자와 사전 협의 없이 노조사무실을 상급단체나 다른 노동조합과 함께 사용하는 것은 정당하다고 할 수 없고, 이 경우 사용자는 사무실 사용하는 것을 거부할 수 있을 것이며 「민법」 등 관련 법령에 따른 조치를 취할 수 있다.[448)]

④-2 사용자의 편의제공 관련 지배·개입 관련 쟁점

(1) 지배·개입에 해당하는 경우

① 특정 노조의 조직을 방해하거나 노조 탈퇴·가입의 종용, 우호적인 제2의 단체를 통한 노동조합 조직와해 및 노조활동 방해, 합리적 이유 없는 노조 간 차별대우

② 금전으로 조합간부의 매수, 향응을 통한 노동조합 운영에의 개입, 조합행사 및 정당한 쟁의행위에 대한 간섭 및 교란

③ 복수의 노조 간에 합리적인 이유 없이 노동조합에 대한 편의제공 등을 차별하거나 교섭대표노조의 교섭권한의 침해행위

④ 조합활동 방해 목적의 부서 배치전환, 조합임원 선거에 출마하려는 후보자에 대하여 재직증명서 발급을 거부하여 출마를 방해하는 행위[449)]

⑤ 단체협약·취업규칙 및 노동관행 등을 통해 이루어지던 조합비 일괄공제를 중지하는 행위

⑥ 조합비일괄공제(Check-off)의 일방적인 중단·폐지와, 회사가 해고를 다투는 조합장의 복귀 통지문을 반려하고 조합장이 아닌 다른 조합원 명의로 조합비 등의 일괄공제 요구를 요청하는 경우[450)]

⑦ 정직, 출근정지 등 징계에 의해 사업장 출입이 금지된 기간이라도 정당한

---

448) 노조 68107-812, 2001.7.19

449) 대판 1992.6.23, 92누3496.

450) 대판 1997.5.7, 96누2059.

조합 활동을 위한 사업장내 노조사무실 출입을 금지하는 행위[451]

⑧ 특별히 업무에 지장을 초래하지 않음에도 노조홈페이지 등 노동조합 활동 관련 인터넷 사이트만을 차단하는 행위[452]

⑨ 노조설립을 알리는 유인물의 배포를 제지하는 것이 정당한 시설관리권 행사나 통상적인 질서유지활동이 아니라 건전한 사회통념이나 사회상규상 용인될 수 없는 정도에 이를 경우[453]

(2) 지배·개입으로 볼 수 없는 경우

① 노조탈퇴·해고·근로계약 만료 등으로 조합원 자격이 상실된 자에 대한 조합비 공제를 중단하는 경우[454]

② 근로시간면제한도 적용에 있어서 교섭대표노조에게 조합원수 비례에 의한 한도보다 많이 인정하는 경우

③ 해고근로자(조합원)가 회사를 비방하기 위한 목적으로 개설한 인터넷 사이트 등 회사의 명예를 훼손하는 내용의 사이트를 차단하는 경우

5) 전임자(근로시간면제자) 급여지급 및 운영비 원조

(1) 노조전임자 관련

(a) ① 노조전임자의 정당한 조합활동을 이유로 불이익 취급을 하거나, 조합활동을 방해하는 경우, ② 정당한 이유 없이 노조전임자 선정을 방해하거나 그 활동을 어렵게 하는 경우,[455] ③ 노동조합이 부담하는 전임자의 활동을 이유로 인사

---

451) 대판 1992.6.23, 92누4253.

452) 서울고판 2014.12.10, 2014누47374. 대법원에서 그대로 확정됨.

453) 서울동부지법 2018.8.22, 2017가합108910.

454) 대판 2004.4.12, 2003두11834.

455) 노동조합의 새로운 노조위원장이 당선에 기여한 자를 노조 사무국장으로 내정하여 전임자로 인정해줄 것을 회사에 요청하고 노조업무 인계인수 작업을 담당하게 함으로써 회사에서는 노조 사무국장으로 전임할 것이라고 충분히 예상할 수 있는 상태에서, 업무상 필요성을 내세워 참가인을 조합원 자격이 없어 조합활동을 할 수 없는 업무부서로 전보명령을 한 것은 노조활동을 적극적으로 하게 될 것을 혐오하여 이루어진 것이므로 부당노동행위이다(대판 1995.11.7, 95누9792).

배치, 경력관리, 승진 등에 있어서 불합리하게 차별하는 경우, ④ 노조전임자에게 급여를 지원하는 경우, ⑤ 노조간부나 노조전임자를 사업장 내 인사 노무부서 등 지원부서에 배치하고 부서업무와 관련된 업무를 하지 않고 노조활동을 하도록 하면서 급여를 지급하는 경우에는 부당노동행위가 성립할 수 있다.

(b) 특히 문제가 되는 것은 전임자에 대한 급여지원 및 경비원조이다. 「노조법」은 노동조합의 전임자에 대한 급여지원을 전면적으로 금지하되, 근로자가 근로시간 중에 근로시간면제한도를 초과하지 않는 범위 내에서 임금의 손실 없이 사용자와의 협의·교섭, 고충처리, 산업안전 활동 등 이 법 또는 다른 법률에서 정하는 업무와 건전한 노사관계발전을 위한 노동조합의 유지·관리업무를 할 수 있도록 규정하고 있다(노조법 제24조, 제81조제4호).

(c) 따라서 사용자가 전임자에 대하여 급여를 지원하거나, 근로시간면제자에 대하여 근로시간면제한도를 초과하여 임금을 지급하거나 또는 근로시간면제대상이 아닌 업무에 대하여 임금을 지급하는 경우라면 이는 부당노동행위에 해당할 수 있다.

◦ 부당노동행위에 해당하는 경우

① 조합활동에 적극적인 자가 노조간부로 당선되어 전임자가 될 것이 확실한 상황에서 업무상 필요성을 내세워 조합원 자격을 잃을 수 있는 부서로 전보명령을 한 경우[456)]

② 단체협약에 특별한 규정이 없음에도 근로제공의무가 면제된 노조 전임자에 대해 직장교육, 연수, 훈련 등의 행사에 참가하도록 강제하는 경우[457)]

③ 정당한 사유 없이 그간 관행에 어긋나게 노조전임자에게 출퇴근 시간 등 근무시간의 준수를 강요하는 경우[458)]

◦ 부당노동행위로 보기 어려운 경우

① 노조전임자도 단체협약 등에 특별한 규정이나 관행이 없는 한 출·퇴근시간에 관한 취업규칙 등의 사규를 위배한 자를 무단결근으로 징계하는 경우[459)]

② 조합원 자격이 없는 자의 전임자 발령요청을 거부하거나 단체협약상 절차를 거치지 아니한 노동조합의 일방적인 전임 지정에 대해 시정을 요구하며 전임 인정을 거부하는 경우[460)]

③ 노조전임자(또는 근로시간면제자)는 단체협약의 효력이 상실된 경우, 사용자의 업무복귀명령에 응할 의무가 있으며, 이를 위반하였음을 이유로 징계하는 경우[461)]

(2) 근로시간면제자 관련

(a) 근로시간면제자에 대한 급여 지급이 과다하여 부당노동행위에 해당하는지 여부는 근로시간면제자가 받은 급여 수준이나 지급 기준이 그가 근로시간면제자로 지정되지 아니하고 일반 근로자로 근로하였다면 해당 사업장에서 동종 혹은 유사업무에 종사하는 동일 또는 유사 직급·호봉의 일반 근로자의 통상 근로시간과 근로조건 등을 기준으로 받을 수 있는 급여 수준이나 지급 기준을 사회통념상 수긍할 만한 합리적인 범위를 초과할 정도로 과다한지 등의 사정을 살펴서 판단하여야 한다.[462)]

(b) 예를 들어, 근로시간면제를 받은 노조전임자에게 사업장의 동종 또는 유사업무 종사자의 연간 소정근로시간을 초과하는 근로시간을 인정하고 과다한 급여를 지급하는 행위는 부당노동행위(노조법 제81조제4호 본문)에 해당한다.[463)]

◦ 부당노동행위에 해당되는 경우의 사례

① 근로시간면제한도를 초과하여 임금을 지급하거나, 근로시간면제대상[464)]이 아닌 업무에 대하여 임금을 지급하는 경우

② 근로시간면제자임을 이유로 해당 사업장의 일반근로자에게는 지급되지 않는 별도의 고정 초과근로수당을 과도하게 지급하여 정해진 근로시간면제한도를 초과하는 결과를 초래하는 경우[465)]

③ 근로시간면제자에게 지급되는 복리후생비 및 성과급 등 지급에 대해 노사가 자율적으로 정할 수 있으나, 근로시간면제자와 근무경력, 업무성격 등이 유사한 직원들에게는 성과급 등을 지급하지 않으면서 근로시간면제자에게만 지급하거나, 동종 또는 유사 직원들에 비해 근로시간면제자에게 과도하게 지급하는 경우[466)]

---

456) 대판 1995.11.7, 95누9792.
457) 대판 1999.11.23, 99다45246.
458) 대판 2003.6.24, 2003두4133.
459) 대판 1993.8.24, 92다34926.
460) 노동조합과-682, 2004.3.18
461) 대판 1997.6.13, 96누17738.
462) 대판 2016.4.28, 2014두11137.
463) 대판 2016.4.28, 2014두11137.

◦ 부당노동행위로 보기 어려운 경우의 사례

① 교대근무자로서 특근수당 등을 지속적으로 지급받아 왔던 일반 근로자가 근로시간면제자로 지정된 이후에도 해당 급여수준을 보전하기 위하여 통상의 급여수준을 초과하지 않은 범위 내에서 위 특근수당 등을 지급한 경우[467)]

② 근로시간면제자에 대해 사업장 내 전체직원에게 일괄적으로 지급하는 상여금 등을 지급하는 것에 노사가 자율적으로 정하는 경우[468)]

(3) 운영비 원조

(a) '운영비원조'는 사용자가 노동조합의 경비를 지원하는 행위로 노동조합 결성비용·운영비의 제공, 전임자급여지급, 노동조합 용무의 출장비 지급 등이 이에 해당하며 부당노동행위로 금지된다.

다만, 근로자가 근로시간 중에 유급근로시간면제제도에 따른 활동을 하는 것을 사용자가 허용하는 것, 근로자의 후생자금 또는 경제상의 불행 기타의 재액의 방지와 구제 등을 위한 기금을 기부하는 것, 최소한 규모의 조합사무소를 제공하는 것은 예외로 한다(노조법 제81조제4호 단서).

(b) 이와 같이, 노동조합에 대한 사용자의 운영비원조를 부당노동행위로서 금지한 취지는 노동조합이 사용자에게 경제적으로 의존하거나, 어용화되는 것을 막고 노동조합의 자주성을 보호하기 위해서라는 데 이론의 여지가 없을 것이다. 그렇다면, 노동조합의 자주성이 저해되지 않을 정도의 운영비 원조를 부당노동

---

464) 근로시간면제대상 업무는 ① 사용자와의 협의·교섭, 고충처리, 산업안전 활동 등 「노조법」 또는 다른 법률에서 정하는 업무(「노조법」상 단체교섭 업무, 「근참법」상 노사협의회 업무, 「근참법」상 고충처리 업무, 「산안법」상 산업안전보건위원회 업무, 근로자대표로서 동의·입회·의견청취 업무, 사내근로복지기금협의회 위원 등으로 활동하는 업무), ② 건전한 노사관계 발전을 위한 노동조합의 유지·관리 업무(① 노조법 제2장 제3절의 노동조합 관리 업무(규약상 정기 총회·대의원회, 임원선거, 회계감사), ② 그 밖의 생산성 향상 등을 위한 노사공동위원회, 사용자의 위탁교육 등 기타 사업장 내 노사공동의 이해관계에 속하는 노동조합의 유지·관리 업무)를 말한다.

465) 노사관계법제과-351, 2010.8.3.

466) 노사관계법제과-1310, 2010.7.2.

467) 노사관계법제과-2331, 2014.9.29.

468) 노사관계법제과-358, 2010.8.4.

행위로 볼 것인가가 문제가 된다.

(c) 예컨대 노동조합이 자주적으로 사용자와 교섭을 통하여 쟁취한 운영비 원조를 부당노동행위로 볼 것인가, 이와 관련, 대법원은 "비록 그 운영비 원조가 노동조합의 적극적인 요구 내지 투쟁으로 얻어진 결과라 하더라도 이러한 사정만을 가지고 달리 볼 것은 아니다"라고 판결[469]함으로써 부당노동행위에 해당한다고 보고 있다.

(d) 즉, 대법원은 "① 「노조법」 제2조제4호나목 단서에서 '경비의 주된 부분을 사용자로로부터 원조 받은 경우'를 노동조합의 소극적 요건으로 규정하고 있는 점에 비춰보면, 운영비 원조행위는 노동조합의 자주성을 침해할 우려가 크다고 볼 수 있고, ② 「노조법」 제24조제2항이 노조전임자가 사용자로부터 일체의 급여를 지급받는 것을 금지하고 있고 이에 맞춰 「노조법」 제81조제4호 본문과 단서가 규정되어 있는 점에 비춰볼 때, 노조전임자 급여 지원 행위는 별도로 노동조합의 자주성을 저해할 위험성이 있는지 가릴 필요 없이 그 자체로 부당노동행위를 구성한다고 해석되므로 그와 대등하게 규정되어 있는 운영비 원조 행위도 마찬가지로 해석해야 하며, ③ 「노조법」 제81조제4호 단서에는 '근로자의 후생 또는 경제상 불행 기타 재액의 방지와 구제 등 목적의 기금의기부와 최소한 규모의 노동조합사무소 제공'만을 예외적으로 허용하고 있으므로 그 취지에 비추어 사회통념상 통상적으로 그 단서에서 정한 경우에 포함되는 행위나 그와 동일하게 평가될 수 있는 범위를 벗어난 운영비 원조 행위는 「노조법」 제81조제4호 본문에 의해 금지된다"고 하여 형식설적[470] 관점에서 「노조법」 제81조제4호를 해석한다는 입장을 분명히 하였다.

---

469) 대판 2016.1.28, 2012두12457 ; 대판 2016.1.28, 2013다72046.

470) 「노조법」에서 금지하는 사용자의 원조행위와 노조와의 상관관계를 이해하는 데에는 두 가지 견해가 대립한다. 먼저 형식설은 사용자의 원조행위는 그 자체로서 노조의 자주성 침해 위험을 내포하고 있기 때문에 실제 그런 결과에 이르렀는지를 묻지 않고 일률적으로 부당노동행위로 금지한다는 것이고, 반면에 실질설은 형식적으로 사용자의 원조행위가 있더라도 이로 인해 노조의 자주성이 저해되지 않거나 그럴 우려가 현저하지 않으면 부당노동행위에 해당하지 않는다는 것이다. 대법원은 판결(1991.5.28, 90누6392)에서 실질설 입장을 취한 바 있으나, 2010.1.1 법률 제9930호로 개정된 「노조법」이 시행된 이후부터는 형식설적 입장에서 판례가 축적되고 있다.

◦ 운영비 원조에 해당하는 사례

① 노동조합이 채용한 직원의 인건비를 지원하거나, 회사에서 채용한 직원을 노조에 파견하고 그에 대한 인건비를 회사에서 지급하는 행위.[471)]

② 노조활동에 필요한 자동차(업무용 차량) 및 유류비 등 차량유지비 제공, 노조 자체 행사를 위한 금품 지원 등 노조 활동지원은 운영비 원조에 해당.[472)] 다만, 노조행사를 위해 사회통념상 과도하지 않는 범위에서 일시적으로 현물을 통한 지원, 행사장소 등을 제공하는 것은 예외적으로 허용 가능하다.

③ 사업장 내 자판기운영권, 식당운영권, 매점운영권 등 수익사업권을 노동조합에 제공하는 행위, 다만, 이러한 수익사업 운영에 소요되는 제반 비용 및 운영상 발생되는 경영상 위험을 스스로 부담하는 경우에는 예외적으로 허용 가능하나, 사용자가 사업장 내에서 행할 수 있는 수익사업권을 노동조합에 무상으로 부여하고, 노동조합은 부여받은 수익사업권으로 외부업체와 위탁계약을 체결하여 위탁수수료를 받고 이를 노조전임자 급여 등 노조 운영비로 사용하는 것은 사실상 사용자가 노조 운영비 원조에 해당한다.[473)]

④ 노조 행사에 대한 지원금, 연구과제 수행비, 조합임원에게 이동통신기기 및 그 사용료를 지급하는 것은 경비원조에 해당한다.[474)]

⑤ 노조 업무 수행을 위한 출장비 지급, 도서실 운영 및 도서구입 비용 등으로 노조에 매월 일정액을 지급하는 것은 경비원조에 해당한다.[475)]

⑥ 단협에 따라 노조사무실 운영에 소요되는 수도료, 전기요금, 전화비를 노조에 지원하는 행위는 「노조법」 제81조제4호 단서규정의 예외사유에 해당한다고 보기 어렵다.[476)]

⑦ 단체협약 조항에서 정한 '사무실의 제공'에는 사무실이라는 공간적인 시설과 사회통념상 그 안에 일반적으로 비치되는 책상, 의자, 전기시설 등 부대시설의 제공을 넘어 운영비의 성격을 지닌 전기요금의 지급까지 포함된다고 해석할 수 없다.[477)]

⑧ 노동조합의 행사에 대한 지원금, 연구과제 수행비, 조합임원에게 이동통신기기 및 그 사용료 지급은 「노조법」 제81조제4호 단서규정의 경비원조의 예외사항에 해당한다고 보기 어렵다.[478)]

⑨ 사용자가 노동조합 연간 운영비 예산의 50% 이상을 매월 정기적으로 지원함으로서 노동조합의 자주성이 상실되거나 사용자에 의한 지배개입의 우려가 있다면 부당노동행위에 해당될 수 있다.[479)]

⑩ 노동조합에 대한 사무보조비 지급이 최소한 규모의 노동조합사무소와 함께 통상 비치되어야 할 책상, 의자, 전기시설 등의 비품과 시설을 제공받는 것을 넘어 매월 상당한 금액의 돈을 지급하는 것은 노동조합의 자주성을 침해하게 되어 부당노동행위에 해당한다.[480)]

◦ 운영비 원조에 해당하지 않은 사례

① 노동조합의 파업이 장기화되면서 대다수 조합원들이 생계에 막대한 어려움을 겪게 되어 생계차원의 고충을 고려하여 사용자가 소속 근로자에게 무이자대출과 무상 정액 지원을 하는 경우 노동조합의 자주성이 훼손되거나 사용자에 의한 지배개입의 우려가 없고 단순히 근로자의 후생자금 지원차원에서라면 부당노동행위에 해당된다고 보기 어렵다.[481)]

(e) 한편, 최근 헌법재판소는 현행 「노조법」상의 운영비원조금지조항이 노동조합의 단체교섭권을 과도하게 제한하여 침해의 최소성에 반하고, 노동조합의 자주성을 저해하거나 저해할 위험이 현저하지 않은 운영비원조행위를 부당노동행위로 규제하게 되어 법익의 균형성에 반하므로 과잉금지원칙에 위반된다고 보아 헌법불합치 결정을 내렸다.[482)] 다만, 헌법불합치 결정으로 노동조합의 자주성을 저해하거나 저해할 현저한 위험이 있는 운영비원조행위를 부당노동행위로 규제할 수 있는 근거조항 자체가 사라지게 되는 법적 공백상태 발생을 방지하기 위하여 2019.12.31.을 시한으로 입법자의 개선입법이 이루어질 때까지 운영비금지조항의 잠정적용을 명하였다. 이에 따라 잠정적용명령의 효력 범위는 운영비원조금지조항 중 '노동조합의 자주성을 저해하거나 저해할 현저한 위험이 있는 운영비원조행위를 부당노동행위로 규제하는 부분'에 한정하여 미치는 것으로 보아야 한다.[483)]

471) 노사관계법제과-292, 2010.3.26.

472) 대판 2016.4.15, 2013두11789 ; 노사관계법제과-1101, 2010.6.14.

473) 노사관계법제과-638, 2010.9.2

474) 노조 68107-620, 2001.5.29.

475) 노사관계법제팀-63, 2008.1.25.

476) 노사관계법제과-2074, 2009.7.7.

477) 대판 2014.2.27, 2011다109531.

478) 노조 68107-620, 2001.5.29.

479) 노조 68107-967, 2000.10.24.

480) 대판 2016.1.28, 2012두12457.

481) 노조 68107-107, 2001.1.29.

482) 헌재 2018.5.31., 2012헌바90.

483) 잠정적용명령의 효력에 관하여는 대판 2011.9.29. 2008두18885 등 참조

(f) 이와 같이 헌재가 헌법불합치결정을 한 이유는 “운영비원조행위에 대한 제한은 실질적으로 노동조합의 자주성이 저해되었거나 저해될 위험이 현저한 경우에 한하여 이루어져야 하는데 운영비원조금지조항은 단서에서 정한 두 가지 예외(① 근로시간면제자에 대한 지원, ② 근로자의 후생자금 또는 경제상의 불행 기타 재액의 방지와 구제 등을 위한 기금의 기부와 최소한 규모의 노동조합사무소의 제공)를 제외한 일체의 운영비원조행위를 금지하여 그 입법목적 달성을 위해서 필요한 범위를 넘어서 노동조합의 단체교섭권을 과도하게 제한하고 있고, 이는 실질적 노사자치를 구현하고자 하는 노동3권의 취지에도 반하여 침해의 최소성에 반하고, 노동조합의 자주성을 저해하거나 저해할 위험이 현저하지 않은 운영비원조행위를 부당노동행위로 규제하는 것은 입법목적 달성에 기여하는 바가 전혀 없을 뿐만 아니라 궁극적으로 노사자치의 원칙을 실현할 수 없게 되어 법익의 균형성에도 반한다”는 것이다.

(g) 따라서 관련 법 규정이 개정되기 전까지는 운영비원조행위에 대한 사건에서 법원은 헌재의 기준(① 운영비 원조의 목적과 경위, ② 원조된 운영비의 내용, ③ 금액, ④ 원조 방법, ⑤ 원조된 운영비가 노동조합에서 차지하는 비율, ⑥ 원조된 운영비의 관리 방법 및 사용처 등)을 바탕으로 ‘운영비 원조로 인하여 노동조합의 자주성이 저해될 현저한 위험이 있는지’ 여부를 고려하여 부당노동행위 성립 여부를 판단할 것으로 보인다.

3. 부당노동행위 구제

가. 노동위원회 구제신청과 구제명령

〈구제신청절차〉

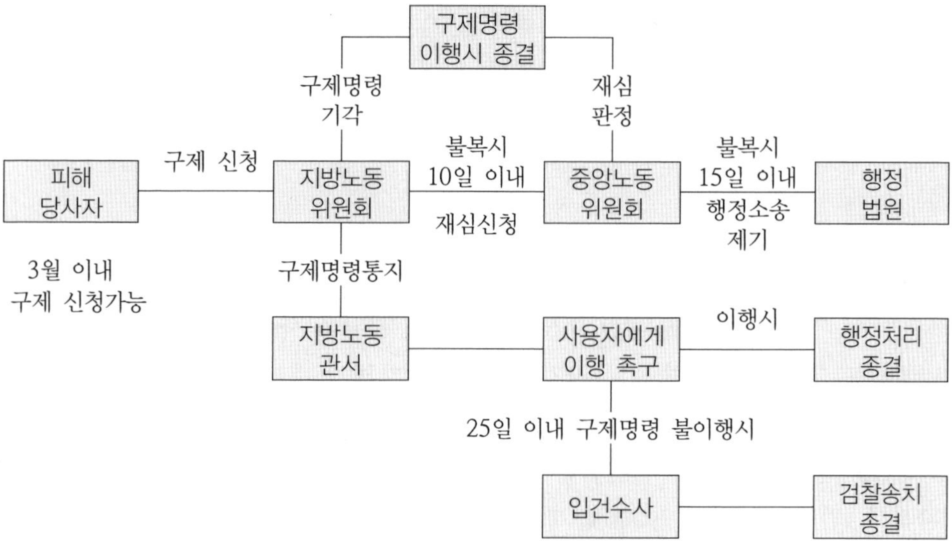

1) 구제신청 주체

(a) 부당노동행위 구제신청의 주체는 그 권리를 침해당한 근로자(조합원) 또는 「노조법」에 의하여 설립된 노동조합이며, 일시적인 쟁의단이나 근로자 단체 등은 법상 노동조합이 아니므로 구제신청의 주체가 될 수 없다. 다만, 노동조합 설립 과정의 부당노동행위에 대해서는 후에 설립된 노동조합에도 구제신청 자격이 인정된다.[484)]

(b) 또한, 불이익 취급이나 황견계약의 경우에 해당 근로자와 그 근로자(조합원)가 소속한 노동조합이 구제신청을 할 수 있다. 그러나, 단체교섭 거부의 경우에는 교섭의 주체가 노동조합이기 때문에 노동조합만이 신청인이 될 수 있다. 지배·개입의 경우 해당 노동조합이외에 피해를 입은 조합원 개인도 구제신청을 할

484) 대판 1991.01.25, 90누4952.

수 있다.

(c) 부당노동행위에 대한 노동조합의 구제신청권은 부당노동행위를 당한 근로자의 구제신청권과는 별개의 독자적 권한이며 근로자의 구제신청권을 대위 또는 대리하는 것은 아니다.[485)]

(d) 한편, 부당노동행위 사실의 주장 및 입증책임은 부당노동행위임을 주장하는 근로자 또는 노동조합에게 있다.[486)]

2) 구제신청 기간

(a) 구제신청은 부당노동행위가 있는 날(계속하는 행위는 그 종료일)부터 3월 이내에 하여야 한다(노조법 제82조제2항).

(b) 이때 '계속하는 행위'란 동일한 부당노동행위 의사에 근거하여 계속적으로 반복되는 행위를 말하며, 사용자가 한 행위의 효과가 계속된다는 의미는 아니다. 예를 들어, 정직 처분은 그 처분과 동시에 행위가 종료되나, 직장폐쇄와 같은 행위는 그 행위가 완결되지 아니하고 일정기간 계속되는 1개의 행위에 해당한다. 따라서, 일련의 계속적인 지배·개입행위나 불이익 취급 행위도 '계속하는 행위'로 보아야 한다.

(c) 신청기간과 관련, ① 해고의 경우에는 근로자가 받은 해고통지서에 기재된 해고일로 하되, 해고통지서에 기재된 해고일이 통지서를 받은 날보다 이전이면 해고통지서를 받은 날, ② 해고 이외의 징벌은 근로자가 징벌이 있었음을 안 날로 하되, 그 징벌에 관한 통지를 받은 경우에 그 통지를 받은 날, ③ 단체협약이나 취업규칙 등에 징계 재심절차가 규정된 경우에는 원처분일부터 기산한다.[487)]

(d) 지방노동위원회의 구제명령 또는 기각결정에 불복이 있는 당사자는 10일 이내에 중앙노동위원회에 재심을 신청할 수 있고, 중앙노동위원회의 재심판정에 불복할 경우에는 15일 이내에 행정소송을 제기할 수 있다. 만일, 위 기간 내에 재심신청 또는 행정소송을 제기하지 아니한 경우 노동위원회의 구제명령, 기각

---

485) 대판 1979.2.13, 78다 2275.

486) 대판 2007.11.15, 2005두4120 ; 대판 1991.7.26, 91누2557.

487) 노동위원회규칙 제40조

결정 또는 재심판정은 확정된다.

3) 신청 방법

(a) 구제신청은 소정의 서식에 따라야 하고 신청서에는 ① 근로자의 성명과 주소(노동조합은 그 명칭, 대표자의 성명, 주된 사무소의 소재지), ② 사업주의 성명과 주소, ③ 신청취지(근로자나 노동조합이 구제받고자 하는 사항),[488] ④ 신청 이유(사건 경위와 부당한 이유 등), ⑤ 신청일자를 기재하여야 한다.[489]

(b) 구제신청 후 누락된 신청취지를 추가하거나 징계처분 변경 등으로 신청취지를 변경하려면, 노동위원회의 승인을 얻어 신청취지를 추가·변경할 수 있다.[490]

(c) 구제신청서는 관할 지방노동위원회에 제출하는 것이 원칙이나, 다른 지방노동위원회에 제출하더라도 무방하다. 다만, 관할이 아닌 지방노동위원회는 관할 지방노동위원회에 사건을 이송하여야 하고, 이송된 사건은 처음부터 그 이송 받은 지방노동위원회에 접수된 것으로 본다.[491]

4) 판 정

(a) 지방노동위원회 초심 판정은 구제명령, 기각결정, 각하결정으로 나누어진다. 즉, 심문을 끝내고 부당노동행위가 성립한다고 판정하면 사용자에게 구제명령을 하고, 부당노동행위가 성립하지 않는다고 판정하면 기각하는 결정을 한다. 또한, ① 신청기간이 지난 경우, ② 신청에 대해 2회 이상의 보정요구에 응하지 않은 경우, ③ 당사자 적격이 없는 경우, ④ 신청내용이 구제명령의 대상이 아닌 경우, ⑤ 같은 당사자가 같은 취지의 구제신청이나 확정된 판정 또는 화해조서가 있음에도 반복해서 신청을 한 경우, ⑥ 신청내용이 법률상·사실상 실현할 수 없

488) 신청서에 구제의 내용이 구체적으로 특정되어 있지 않더라도 부당노동행위를 구성하는 구체적인 사실을 주장하고 있다면, 그에 대한 구제도 신청하고 있는 것으로 본다(대판 1999.5.11, 98두9233).

489) 노동위원회규칙 제39조

490) 노동위원회규칙 제42조제1항

491) 노동위원회규칙 제3조의2제1항~제2항.

거나, 신청의 이익이 없음이 명백한 경우, ⑦ 신청인이 2회이상 출석 불응하거나 주소불명으로 2회이상 출석요구서가 반송되는 등 신청 의사를 포기한 것으로 인정되는 경우에는 구제신청을 각하한다.[492)]

(b) 노동위원회의 판정은 근로자나 노동조합이 구제신청을 한 범위 내에서만 인정여부를 판정하는데 그쳐야 하고, 구제명령은 일반적으로 침해된 권리의 회복하는 조치를 내용으로 다양한 형태의 구제명령을 한다.

(c) 예컨대, ① 불이익 취급에 대하여 불이익처분 이전의 지위로 복귀시키라는 명령, ② 징계 등의 처분에 대하여 해고·징계 등이 없었더라면 그 기간에 근로자가 받을 수 있었던 임금상당액을 지급(back pay)하라는 명령, ③ 단체교섭 거부·해태 행위를 중지하고 성실하게 교섭하라는 명령, ④ 지배·개입을 중단하라는 명령, ⑤ 문제의 행위에 대해 잘못을 시인하거나 앞으로 그러한 행위를 하지 않겠다는 취지가 담긴 문서를 게시하라는 명령(post notice) 등이다.

5) 구제명령의 효력

(a) 구제명령 등의 효력은 재심신청이나 행정소송의 제기에 의해 정지되지 아니하므로 사용자는 구제명령을 받으면 즉시 이를 이행할 의무가 있으며, 사용자가 기간 내에 재심신청 또는 행정소송을 제기하지 아니하여 확정된 구제명령 또는 행정소송의 판결에 의해 확정된 구제명령을 이행하지 않는 경우에는 구제명령 위반죄로 처벌될 수 있다.[493)]

(b) 구제명령은 행정처분이므로 판정서의 교부일로부터 효력을 발생하므로 당사자는 지체 없이 공법상의 이행의무를 부담한다. 즉, 구제명령은 공법상의 처분이므로 사법상의 법률관계를 발생 또는 소멸시키는 것은 아니다.

(c) 따라서, 불이익 취급에 의한 부당노동행위로 해고를 당한 경우에 구제명령으로 원직복귀명령이 이루어지더라도 해고자를 사실상 원직으로 복귀시키는 공법상의 의무를 부과할 뿐 사법상 당해 해고를 무효로 하는 것은 아니기 때문에

492) 노동위원회규칙 제60조제1항~제2항.

493) 위반시 3년 이하의 징역 또는 3천만원 이하의 벌금(노조법 제89조).

사용자가 구제명령을 거부하는 경우 부득이 근로자는 해고무효의 소 또는 종업원의 지위확인을 구하는 소송을 제기하여 사법상의 권리를 구제받아야 한다.[494]

6) 긴급이행명령

(a) 긴급이행명령이란 사용자가 재심판정의 취소소송을 제기한 경우에 관할 법원이 중앙노동위원회의 신청에 의하여 판결이 확정될 때까지 중앙노동위원회의 구제명령의 전부 또는 일부를 이행하도록 하는 명령을 말한다. 사용자가 중앙노동위원회의 구제명령을 이행하지 않고 취소소송을 제기하면 구제명령이 확정되지 않아 노동3권 침해에 대한 신속한 권리구제가 어려우므로 판결이 확정되기 전이라도 잠정적으로 구제명령을 이행하도록 강제하여 구제명령의 실효성을 확보하려는데 긴급이행명령의 취지가 있다.

(b) 긴급이행명령의 신청은 중앙노동위원회가 취소소송의 관할 법원에 행하며, 긴급이행명령제도는 잠정적으로 이행을 강제하는 제도이기 때문에 관할법원은 제출된 소명자료를 검토하여 구제명령에 중대하고 명백한 하자가 없고 긴급이행의 필요성이 부정되는 특별한 사정이 없는 한 긴급이행명령을 내려야 한다.

(c) 또한, 관할 법원은 긴급명령이 유지되기 적절하지 않은 경우에는 당사자의 신청에 의하거나 직권으로 취소하는 결정을 할 수 있으며(노조법 제85조제5항), 사용자가 금지처분의 긴급이행명령에 따르지 않을 경우에는 500만 원이하의 금액에서, 당해 명령이 작위를 명하는 것일 때에는 그 명령의 불이행일수 1일에 50만 원이하의 비율로 산정한 금액을 과태료로 부과한다(노조법 제95조).

나. 민·형사적 구제

1) 민사적 구제

부당노동행위로 인해 권리를 침해당하거나 피해를 입은 근로자 또는 노동조합은 노동위원회에 의한 구제와 별도로 민사소송을 제기하여 사용자의 행위가

---

494) 대판 1976.2.11, 75마496 ; 대판 1998.12.13, 96다204 등.

부당노동행위임을 이유로 무효 확인소송, 손해배상청구 소송 등의 본안소송과 본안소송이 확정될 때까지의 가처분제도에 의해 구제받을 수 있다.[495)]

2) 형사적 제재

ⓐ「노조법」상 부당노동행위 금지규정에 위반한 자는「노조법」제90조에 규정에 의하여 처벌될 수 있다. 사용자가 부당노동행위를 하더라도 구제명령이 확정된 후에 이를 이행하기만 하면 아무런 제재를 받지 않게 된다면 부당노동행위가 반복될 수 있다는 점을 고려하여 구제주의를 보완하기 위한 취지이다.

ⓑ 처벌대상은 부당노동행위 금지규정에 위반한 자, 즉 부당노동행위의 현실적 행위를 한 자이다. 따라서, 일반적으로 사업주(개인기업의 경우 개인, 법인의 경우 그 법인)가 아니라 현실적 행위자인 사업경영담당자 또는 관리자가 처벌되지만, 이와 병행하여 양벌규정에 의하여 그 사업주에게도 벌금형을 과한다(노조법 제94조).

ⓒ 형사처벌은 국가의 형벌권 행사에 의한 것이기 때문에 원칙적으로 노동위원회의 구제 신청이나 노동위원회의 부당노동행위 판정과 상관없이 독자적으로 할 수 있으며, 부당노동행위가 성립하면 이를 위반한 사용자에게 2년 이하의 징역 또는 2천만 원 이하의 벌금을 과할 수 있으며, 그 사업주에게는 2천만 원 이하의 벌금형을 병과한다(노조법 제90조, 제94조).

3) 지방고용노동관서 신고(진정, 고발, 고소 등)

ⓐ 부당노동행위로 피해를 입은 근로자 또는 노동조합은 지방노동관서에 진정, 고소 등 사용자의 처벌을 요구할 수 있다. 부당노동행위에 대해서는 피해자의 의사에 관계없이 처벌 가능하며, 노동위원회에 부당노동행위 구제신청과 병행할 수도 있다.

ⓑ 지방고용노동관서에 진정, 고소·고발 등 신고사건 제기는 공소시효 완성 전까지 하여야 하며, 공소시효는 5년이다. 따라서 부당노동행위 관련 진정, 고소·

495) 대판 1988.12.13, 86다204 ; 대판 1988.12.13, 86다카1035 등.

고발 등은 사용자의 부당노동행위가 있은 날로부터 5년 이내에 하여야 한다.[496)]

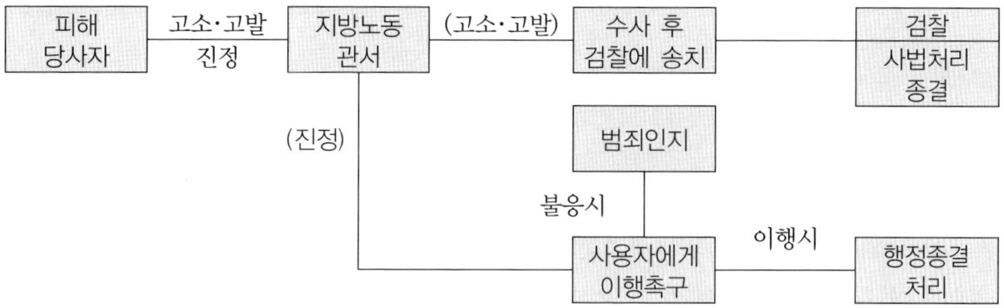

496) 「형사소송법」 제249조제1항제15호 : 장기 5년 미만의 징역 또는 금고, 장기 10년 이상의 자격 정지 또는 벌금에 해당하는 범죄의 공소시효는 5년

주/요/쟁/점/실/무

제9절 쟁의행위의 정당성 요건과 판단 관련 쟁점

1. 의 의

(a) 쟁의행위가 근로자에게 「헌법」상 보장된 단체행동권의 행사로서 관계 법률이 규율하는 범위 안에서 정당하게 행하여진 경우에는 민·형사상 어떠한 책임도 부담하지 않는다.

「헌법」 제33조의 단체행동권을 구체화하여 「노조법」 제3조에서 정당한 쟁의행위에 대한 민사상 면책, 제4조에서 형사상 면책을 규정하고 있다. 그러나 이러한 면책은 모든 쟁의행위에 대하여 무제한적으로 인정되는 것이 아니라 「헌법」상 쟁의권을 보장한 취지에 부합하는 행위 즉 정당한 쟁의행의에 대해서만 인정되는 것이다.

(b) 정당한 쟁의행위에 대해서는 이와 같은 민·형사상 면책이외에도 정당하게 쟁의행위를 하는 기간 중에는 현행범 외에는 「노조법」 위반을 이유로 구속되지 아니하고(노조법 제39조), 정당한 쟁의행위로 중단된 업무의 수행을 위한 대체근로가 원칙적으로 제한되며(노조법 제43조), 사용자가 근로자의 정당한 쟁의행위를 이유로 한 해고 등 불이익 취급을 부당노동행위로 금지하고 있다(노조법 제81조제5호). 또한, 쟁의행위 중인 사업장에 그 쟁의행위로 인하여 중단된 업무의 수행을 위하여 근로자 파견이 금지된다(파견법 제16제1항).

(c) 「노조법」 제37조는 쟁의행위의 기본원칙에 관하여 규정하고 있으며, 판례는 쟁의행의가 정당성을 가지려면 「노조법」 제1조, 제4조, 제37조, 제38조, 제41조의 규정들을 들어 그 주체, 목적, 시기·절차, 수단과 방법이 모두 정당하여야 한다는 것이 일관된 입장이다.[497]

497) 대판(전) 2001.10.25, 2001구24388 ; 대판(전) 2001.10.25, 99도4837 ; 대판 1990.5.15, 90도357 ; 대판 1992.7.14, 91다43800 등.

즉, 판례는 쟁의행위의 정당성 판단기준으로 ① 주체가 단체교섭권한이나 단체협약을 체결할 능력이 있는 노동조합이어야 하고, ② 목적이 근로조건의 향상을 위한 노사간의 자치적 교섭을 조성하는데 있어야 하며, ③ 시기와 절차는 사용자가 근로자의 근로조건 개선에 관한 구체적인 요구에 대하여 단체교섭을 거부하거나 단체교섭의 자리에서 그러한 요구를 거부하는 회답을 했을 때 개시하고, 특별한 사정이 없는 한 법령이 정하는 바에 따라 조합원의 찬반투표 절차를 거쳐야 하며, ④ 수단과 방법은 소극적으로 근로의 제공을 전면적 또는 부분적으로 정지하여 사용자에게 경제적 타격을 주는 것이어야 하고, 사용자의 기업시설에 대한 소유권 기타의 재산권과 조화를 이루어야 함은 물론 폭력이나 파괴행위를 수반하여서는 아니 된다고 밝히고 있다.[498]

2. 쟁의행위의 주체

가. 「노조법」상 노동조합

(a) 쟁의행위는 노동조합과 사용자 또는 사용자단체가 행하는 행위이므로 근로자측의 쟁의행위 주체는 「노조법」상 노동조합(교섭창구단일화 절차를 거친 경우에는 교섭대표 노동조합)이어야 하며 따라서 노동조합이 주도해야만 정당성이 인정된다.

쟁의행위는 단체협약의 체결에 실패한 경우에 행하여지는 것을 전제로 하고 있으므로 단체교섭의 당사자와 쟁의행위의 당사자는 일치하는 것으로 보아야 하므로 「노조법」상 노동조합이 아닌 "쟁의단, 해고자복직투쟁위원회, 노사협의회 등"은 쟁의행위의 주체가 될 수 없으며, 이들이 주도하는 단체행동은 정당성이 결여되어 노동관계법의 적용 및 보호대상이 아니다.

(b) 법외노조의 경우, 예컨대 노동조합으로서의 실질적 요건(노조법 제2조제4호)을 구비하고 있으나, 설립신고라는 형식적 요건만을 갖추지 못한 경우 단체협약 체결능력을 인정하고 쟁의행위의 정당한 주체로 인정하여야 한다는 견해[499]가

498) 대판(전) 2001.10.25, 99도4837.

499) 학설의 통설이며, 일부 판례(대판 1997.2.11, 96누2125)도 간접적으로 긍정하고 있다.

있으나, 「노조법」상 노동조합이 아니기 때문에 쟁의행위의 정당한 주체로 보기 어렵다.

나. 일부 조합원에 의한 비공인 쟁의행위(wildcat strike)

「노조법」 제37조제2항은 조합원은 노동조합에 의하여 주도되지 아니한 쟁의행위를 하여서는 아니 된다고 규정하고 있는데, 이는 쟁의행위 주체의 정당성에 대한 기존 판례의 입장 즉, 교섭 및 단체협약을 체결할 능력이 있는 노동조합에 의하여 쟁의행위가 행하여져야 한다는 것을 명문화한 한 것이므로 조합원의 일부집단이 노동조합의 승인 없이 또는 그 지시에 반하여 독자적으로 쟁의행위를 하는 경우 그 정당성이 인정되지 않는다.[500)]

다. 노동조합 산하조직(지부·분회)의 경우

(a) 산별노조의 지부·분회 등은 노동조합의 산하조직에 불과하므로 원칙적으로는 단체교섭·단체협약 체결 및 쟁의행위 주체가 될 수 없다. 다만, 산별노조 규약 등에 의하여 위임된 권한의 범위 내에서는 쟁의행위의 주체가 될 수 있다.

(b) 「노조법시행령」 제7조에 의하여 노동조합 설립신고를 한 산별노조의 지부·분회 등은 「노조법」상의 노동조합으로서 지위를 인정받으므로, 이 경우에는 단체교섭·단체협약 및 쟁의행위 주체가 된다.

(c) 노동조합의 하부단체인 분회나 지부가 설립신고를 하지 않았더라도 독자적인 규약 및 집행기관을 가지고 독립된 조직체로서 활동을 하는 경우에는 노동관계 당사자성이 인정되므로 당해 조직이나 그 조합원에 고유한 사항에 대하여는 독자적으로 단체교섭하고 단체협약을 체결할 수 있으며 쟁의행위 주체가 될 수도 있다.[501)]

---

500) 대판 1995.10.12, 95도1016.

501) 대판 2001.2.23, 2000도4299.

라. 공무원·교원 노동조합, 방위산업체 근로자

(a) 「헌법」 제33조제2항은 "공무원인 근로자는 법률이 정하는 자에 한하여 단결권·단체교섭권·단체행동권을 가진다"고 규정하고 있다. 따라서, 사실상 노무에 종사하는 공무원[502]의 경우 노동3권이 보장되나, 그 이외의 공무원(공무원노동조합)은 「공무원노조법」에 의하여 쟁의행의가 제한되고 있고(제11조), 「국(지)공법」도 공무원의 노동운동 기타 공무이외의 집단적 행위를 금지하고 있어(국공법 제66조제1항, 지공법 제58조제1항) 쟁의행위의 주체가 될 수 없다.

(b) 교원의 경우, 「교원노조법」에 의하여 설립된 교원노조는 단결권 및 단체교섭권은 인정되고 있으나 단체행동권(쟁의행위)은 제한되고 있다(제8조). 사립학교 교원의 경우 그 복무에 관하여는 국공립학교 교원에 관한 규정이 준용되므로(사립학교법 제55조) 공무원이 아니면서도 노동운동 기타 공무이외의 집단적 행위를 금지하고 있는 「국공법」 제66조제1항의 적용을 받게 되어 결과적으로 단체행동권 향유의 주체가 될 수 없다.

(c) 「헌법」 제33조제3항은 "법률이 정하는 주요 방위산업체에 종사하는 근로자의 단체행동권은 법률이 정하는 바에 의하여 이를 제한하거나 인정하지 아니할 수 있다"고 규정하고 있다. 이에 따라 「노조법」 제41조제2항은 방위사업법에 의하여 지정된 주요 방위산업체에 종사하는 근로자 중 전력, 용수 및 주로 방산물자를 생산하는 업무에 종사하는 자는 쟁의행위가 제한된다.

마. 쟁의행위 주체 관련 실무사례

① 쟁의행위는 단체협약의 대상이 될 수 있는 사항을 목적으로 하여야 하고 단체협약의 당사자가 될 수 있는 자에 의하여 이루어져야 한다.[503]

쟁의행위는 노동관계 당사자가 임금 및 근로조건 등을 정하는 단체협약을 체결함에 있어 보다 유리한 결과를 자신에게 가져오기 위하여 행사하는 최후의 강

502) 과학기술정보통신부의 현업기관에서 노무에 종사하는 우정직 공무원(집배원) 등

503) 헌재 1990.1.15, 89헌가103.

제수단이므로 쟁의행위는 주로 단체협약의 대상이 될 수 있는 사항을 목적으로 하는 경우에만 허용되는 것이고 단체협약의 당사자가 될 수 있는 자에 의하여 이루어져야 한다.

② 근로자의 쟁의행위가 정당성을 갖추기 위하여는 그 주체가 단체교섭이나 단체협약을 체결할 능력이 있는 노동조합이어야 한다.[504)]

③ 조합원 전체가 아닌 일부 부서 소속 조합원만의 의사로 이루어진 쟁의행위는 정당한 노동조합 활동이라고 할 수 없다.[505)]

「노조법」에 의하면 노동조합은 조합원 투표에 의한 과반수의 찬성 등 일정한 절차상의 요건을 갖추어야만 쟁의행위를 실행할 수 있고, 조합원은 노동조합에 의하여 주도되지 아니한 쟁의행위는 하여서는 아니 되는 것이므로, 조합원 전체가 아닌 일부 부서 소속 조합원만의 의사로 이루어진 이상, 단지 조합원으로서의 자발적인 행동에 불과할 뿐이어서 정당한 노동조합 활동이라고 할 수 없다.

④ 협의회는 적법한 절차를 거쳐 쟁의주체로서 조직된 단체가 아니어서 단체교섭권이 없는 임의단체이므로 이 사건 파업에 이른 행위는 근로자의 정당한 쟁의행위로서 위법성이 조각되지 않는다.[506)]

⑤ 산별노조 지회가 노동쟁의의 당사자 능력을 부여받고 있는 경우라면 지회 재적조합원 과반수의 찬성으로 쟁의행위 여부를 결정하여야 한다.[507)]

기업별 단위노조가 조직형태 변경에 의해 전국단위 산별노조로 전환한 후 지회단위의 쟁의행위를 할 경우에 있어서 쟁의행위에 대한 결의는 산별노조의 규약에 의거 지회가 노동쟁의의 당사자 능력을 부여받고 있는 경우라면 지회 재적조합원 과반수의 찬성으로 결정하여야 한다.

504) 대판(전) 2001.10.25, 99도4837.

505) 대판 1999.9.17, 99두5740.

506) 대판 1996.1.26, 95도1959.

507) 협력 68107-240, 2001.5.21, 노동조합과-1512, 2004.6.7.

3. 쟁의행위의 목적

가. 기본원칙

(a) 쟁의행위가 근로조건의 향상을 위한 노사간의 자치적 교섭을 조성하기 위한 것, 즉 그 쟁의행위에 의하여 달성하려는 요구사항이 단체교섭사항이 될 수 있는 것이어야 하며,[508] 단체교섭사항이 될 수 있는 것이라 함은 의무적 교섭사항에 해당하는 것을 의미한다.

여기서 의무적 교섭사항이라 함은 "임금·근로시간·복지·해고 기타 대우 등 근로조건의 결정에 관한 사항"이어야 하며, 대표적으로는 「근기법」 제93조에 규정된 취업규칙의 필수적 기재사항(규범적 부분)이 해당된다.

(b) 반면에 노동조합 활동에 관한 사항, 조합비 공제에 관한 사항, 유니온숍 관련 사항, 단체교섭 절차·방법에 관한 사항, 평화의무, 쟁의행위의 개시·방법에 관한 사항(평화조항) 등 집단적 노사관계에 관한 사항(채무적 부분)은 임의적 교섭사항[509]에 해당한다.

나. 쟁의행위 목적의 정당성 판단

(a) 쟁의행위 목적의 정당성이 인정되려면 사용자의 인사·경영권을 침해하지 않는 범위 내에서 근로조건의 개선과 관련된 사항이어야 한다.

따라서, 사업부의 폐지, 지점폐쇄 등과 같은 경영주체의 경영의사결정 자체는 원칙적으로 단체교섭사항이 될 수 없으므로, 이의 철회 주장을 관철시킬 목적으로 쟁의행의를 하는 것은 그 목적에 있어 정당성이 없다.[510]

다만, 인사·경영권과 관련된 사항에 대한 쟁의행위의 경우 구체적인 근로조건의 개선과 직접적으로 관련되고 인사·경영권 자체를 부정하지 않을 경우 예외적으로 인정될 수 있다. 예를 들어, ① 공장이전이나 통·폐합 등에 따른 고용·배

508) 대판 1994.9.30, 94다4042 ; 대판 2002.2.26, 99도5380 등.

509) 임의적 교섭사항이란 사용자에게 교섭에 응하여야 할 의무는 없으나 단체교섭 요구를 거부할 수 있는 권리를 포기하고 임의로 교섭에 응하여 단체협약의 내용으로 할 수 있는 사항을 의미한다.

510) 대판 1994.8.26, 93누8993.

치전환 기준, 근로자의 이사비용, 정착비용 등의 지불을 요구하는 경우, ② 인사원칙 등 전체 근로자의 근로조건과 관련된 인사기준의 설정을 요구하는 경우, ③ 운수업체에서 조합원의 차량별 고정승무 발령, 배차시간, 대기기사 배차순서, 일당기사 배차 등에 관한 사항[511] 등이다.

(b) 사용자의 처분 가능한 범위 내의 사항이어야 하고 강행법규에 위반되는 사항이 아니어야 하며, 권리분쟁 사항이 아닌 집단적 이익분쟁에 관한 사항이어야 한다.

(c) 쟁의행위의 목적이 여러 개인 경우에는 그 중 주된 또는 진정한 목적사항이 정당한가의 여부에 따라 전체 쟁의행위 목적의 정당성 여부가 판단되어야 한다.[512] 여기서 주된 또는 진정한 목적이란 그 목적을 제외하였더라면 쟁의행위를 하지 않았을 것으로 인정되는 목적을 말하며, 주된 또는 진정한 목적의 판단 기준은 그간의 단체교섭 및 쟁의행위에 이르게 된 경위, 이 과정에서 노동조합의 요구사항 및 쟁의행위 전개과정 등을 종합적으로 고려하여 판단한다. 즉, 표면적으로 내세우는 요구사항, 실제 교섭할 때 요구사항, 쟁의행위 경위 등에 비추어 볼 때, 노동조합이 실질적으로 관철시키고자 하는 요구사항이 무엇인지에 따라 주된 목적 또는 주된 요구사항을 판단한다.

다. 쟁의행위의 목적으로 할 수 없는 사항

1) 권리분쟁에 관한 사항

(a) 권리의 행사, 의무의 이행, 법령이나 단체협약 또는 취업규칙의 해석·적용, 해고의 정당성 여부 등에 관한 권리분쟁 사항은 당사자간의 대화로 해결되지 않으면 최종적으로 법원, 노동위원회 등에 의해 해결하여야 할 성질의 것으로 쟁의행위 대상이 될 수 없다.

(b) 예를 들어 경영상 이유에 의한 해고의 철회와 해고자 원직복직은 권리분쟁과 인사·경영권에 관한 사항으로 노동쟁의의 대상이 되지 아니하므로, 노조가

---

511) 대판 1994.8.26, 93누8993.

512) 대판 1992.1.21, 91누5204.

이들 목적이 없었다면 쟁의행위를 하지 않았을 것이 인정되는 경우에는 그 쟁의행위 전체가 정당성을 갖지 못한다.[513)]

2) 전임자·근로시간면제자 한도 관련 사항

ⓐ 「노조법」은 노조전임자의 급여 지급을 요구하거나 법정 근로시간면제한도를 초과하는 근로시간면제한도를 요구하고 이를 관철할 목적으로 하는 쟁의행위를 명시적으로 금지하고 있다(제24조제5항).

ⓑ 쟁의행위의 목적이 여러 가지이고 이중 노동조합이 전임자 급여 지급 또는 근로시간면제제도와 관련한(한도 초과 불문) 것을 주된 목적으로 요구하면서 이를 관철할 목적으로 쟁의행위를 할 경우에는 그 쟁의행위의 목적상 정당성이 상실된다.

3) 사용자의 고유한 인사·경영권 관련 사항

ⓐ 쟁의행위의 목적으로 할 수 없는 경영권이란 「헌법」 제15조, 제23조제1항, 제119조제1항의 규정 등에 의하여 보장되고 있는 사업 또는 영업의 자유와 이를 위한 의사결정의 자유, 사업변경(확장, 축소, 전환)의 자유, 사업처분(폐지, 양도)의 자유를 의미한다.[514)]

ⓑ 이와 같은 경영상 결단에 속하는 사항은 원칙적으로 단체교섭 대상이 될 수 없다. 즉, 신규사업 부족 인력 충원, 정리해고나 사업조직의 통폐합 등 구조조정의 실시 여부는 경영주체에 의한 고도의 경영상의 결단에 속하는 사항으로서 근로자들의 지위나 근로조건의 변경을 수반하더라도 단체교섭의 대상이 될 수 없고, 특별한 사정이 없는 한 노동조합이 그 실시를 반대하기 위하여 벌이는 쟁의행위에는 목적의 정당성이 없다.[515)]

---

513) 협력 68140-271, 1999.7.15.

514) 대판 2003.7.22, 2002도7225.

515) 대판 2003.7.22, 2002도7225 ; 대판 2001.4.24, 99도4893 ; 대판 2002.1.11, 2001도1687 ; 서울고판 2012.11.14, 2012누11777 등.

(c) 그러나, 앞의 '나. 쟁의행위 목적의 정당성 판단'에서 설명한 바와 같이 근로조건과 밀접한 관련이 있고 인사·경영권을 근본적으로 제약하지 않는 경우에는 교섭대상이 될 수 있다.

(d) 한편, 인사·경영권 행사에 대하여 본질적인 사항을 침해하는 경우로는 ① 조합원의 인사(전보, 해고, 부서 이동 등) 등을 노동조합과 사전 합의하여 실시하도록 요구하는 경우, ② 특정 직종의 채용은 노조와 합의하여야 한다거나, 노조에서 추천한 자의 채용을 거부해서는 아니 된다거나, 노조에서 채용 거부한 자를 채용하여서는 아니 된다는 내용을 요구하는 경우, ③ 징계위원회를 노사동수로 구성하여 가부동수시 부결 처리 등 사용자의 징계권 행사를 본질적으로 침해하는 경우, ④ 특정 직종이나 부서는 비조합원의 배치를 금지하고, 조합원에 대해서만 근무할 수 있도록 요구하는 경우 등이 있다.

4) 사용자의 처분권한 밖의 사항

(a) 쟁의행위의 목적은 사용자가 처리·처분할 수 있는 사항이어야 하므로, 사용자의 처분권한 밖의 사항을 목적으로 하는 쟁의행위는 정당하지 아니하며, 정치문제, 법 통과 저지, 타 기업의 문제, 구속자 석방, 정부시책 반대 등이 이에 해당된다.

(b) 정치파업은 노동조합이 국가 또는 지방자치단체를 상대로 정치적 주장을 관철할 목적으로 하는 파업으로 사용자가 처분 가능한 사항이 아닐 뿐만 아니라 근로조건을 유지·개선시키는 것과는 관련이 없으므로 그 정당성을 인정할 수 없으며, 「노조법」상 쟁의행위의 범주에 속하지 아니하므로 그 책임은 「형법」 및 「민법」에 따라 판단하여야 한다.

라. 쟁의행위 목적 관련 실무사례

① 경영권의 의미[516)]

「헌법」 제23조의 재산권에는 개인의 재산권뿐만 아니라 기업의 재산권도 포함되고, 기업의 재산권의 범위에는 투자된 자본이 화체된 물적 생산시설 뿐만 아니라 여기에 인적조직 등이 유기적으로 결합된 종합체로서의 '사업' 내지 '영업'도 포함된다. 그리고 이러한 재산권을 보장하기 위하여는 그 재산의 자유로운 이용·수익뿐만 아니라 그 처분·상속도 보장되어야 한다. 한편 「헌법」 제15조는 "모든 국민은 직업선택의 자유를 가진다"라고 규정하고 있는 바, 여기에는 기업의 설립과 경영의 자유를 의미하는 기업의 자유를 포함하고 있다. 이러한 규정들의 취지를 기업활동의 측면에서 보면, 모든 기업은 그가 선택한 사업 또는 영업을 자유롭게 경영하고 이를 위한 의사결정의 자유를 가지며, 사업 또는 영업을 변경(확장·축소·전환)하거나 처분(폐지·양도)할 수 있는 자유를 가지고 있고 이는 「헌법」에 의하여 보장되고 있는 것이다. 이를 통틀어 경영권이라고 부르기도 한다.

② 정리해고 등 기업의 구조조정 실시 여부는 경영주체에 의한 고도의 경영상의 결단에 속하는 사항으로 노동조합이 그 실시를 반대하기 위하여 벌이는 쟁의행위에는 목적의 정당성이 없다.[517)]

정리해고나 사업조직의 통폐합 등 기업의 구조조정 실시 여부는 경영주체에 의한 고도의 경영상의 결단에 속하는 사항으로서 이는 원칙적으로 단체교섭의 대상이 될 수 없고, 그것이 긴박한 경영상의 필요나 합리적인 이유없이 불순한 의도로 추진되는 등의 특별한 사정이 없는 한 노동조합이 그 실시를 반대하기 위하여 벌이는 쟁의행위에는 목적의 정당성이 없다.

516) 대판 2003.7.22, 2002도7225.

517) 대판 2003.7.22, 2002도7225 ; 대판 2001.4.24, 99도4893 ; 대판 2002.1.11, 2001도1687 등.

③ 차량별 고정승무발령, 배차시간, 대기기사 배차순서 및 일당기사 배차에 관한 사항은 경영권에 관한 사항이면서 근로조건과도 밀접한 관련이 있는 부분으로 사용자의 경영권을 근본적으로 제약하는 것도 아니므로 단체협약의 대상이 될 수 있다.[518)]

단체협약 중 조합원의 차량별 고정승무발령, 배차시간, 대기기사 배차순서 및 일당기사 배차에 관하여 노조와 사전합의를 하도록 한 제18조의 내용이 한편으로는 사용자의 경영권에 속하는 사항이지만, 또 한편으로는 근로자들의 근로조건과도 밀접한 관련이 있는 부분으로서 사용자의 경영권을 근본적으로 제약하는 것도 아니라고 보여지므로 단체협약의 대상이 될 수 있다.

④ 노동조합의 파업행위가 사용자에게 처분권한이 없거나 단체협약을 통하여 개선될 수 없는 사항인 노동관계법의 철폐를 목적으로 한 것이어서 쟁의행위로서의 정당성을 갖추지 못하였다고 할 것이다.[519)]

⑤ 근로자가 정부를 상대로 집회 및 시위를 통하여 법률의 개정 등과 같은 정치적 문제에 관한 의사표시를 하는 것은 쟁의행위의 범위에 포함되지 아니한다.[520)]

「노조법」 제49조에 의하면, 정부는 노동관계 당사자간에 노동관계에 관한 주장이 일치하지 아니할 경우에 노동관계 당사자가 이를 자주적으로 조정할 수 있도록 조력하여 노동쟁의의 신속, 공정한 해결에 노력할 책무를 지고 있어 쟁의행위의 당사자인 사용자에 해당하지 아니하므로 근로자가 정부를 상대로 집회 및 시위를 통하여 법률의 개정 등과 같은 정치적 문제에 관한 의사표시를 하는 것은 쟁의행위의 범위에 포함되지 아니한다.

518) 대판 1994.8.26, 93누8993.
519) 대판 2000.11.24, 99두4280.
520) 대판 2000.9.5, 99도3865.

⑥ 소사장제의 도입 여부 그 자체는 경영권의 범주에 속하는 것이므로 이를 반대하기 위한 쟁의행위는 불법이다.[521)]

이른바 소사장제는 근로자 입장에서는 불가피하게 근로자들이 해고되거나 감축되고 배치전환이 불가피해 질 수도 있으며, 소규모 도급제 작업으로 인하여 근로조건이 악화될 위험이 없지 않다고 할 것이지만, 소사장제의 도입 여부는 기본적으로 경영 주체의 경영 의사결정에 의한 경영조직의 변경에 해당하여 그 도입에 관한 결정 자체는 경영권의 범주에 속하는 것이므로, 소사장제의 도입과 그 사실에 따르는 근로자들의 배치전환 등 근로조건의 변경 등만이 쟁의행위의 대상이 될 수 있다고 보아야 할 것인 바, 쟁의행위의 대상이 될 수 없는 소사장제의 도입 그 자체에 반대하기 위한 쟁의행위는 불법이다.

⑦ 대표이사의 연임을 저지하기 위한 파업은 그 목적이 대표이사의 연임을 저지하기 위한 것으로서 근로조건의 유지·개선을 위한 것이 아님이 명백하여 그 목적에 있어서 정당성이 결여되었다.[522)]

회사의 대표이사인 ○○○의 대표이사 연임을 저지하기 위하여 비상대책위원회를 구성하고 파업찬반투표 결과에 따라 방송제작 등의 업무를 거부하는 등의 파업은 그 목적이 대표이사의 연임을 저지하기 위한 것으로서 근로조건의 유지·개선을 위한 것이 아님이 명백하여 그 목적에 있어서 정당성이 결여되었다.

⑧ 조직변경 및 업무분장 등에 관한 결정권은 경영권에 속하는 사항으로 이에 관한 사용자의 권한을 제한하기 위한 쟁의행위는 그 목적의 정당성을 인정할 수 없다.[523)]

사용자의 재량적 판단이 존중되어야 할 기구 통·폐합에 따른 조직변경 및 업무분장 등에 관한 결정권은 사용자의 경영권에 속하는 사항으로서 단체교섭사항이 될 수 없다고 할 것이므로, 사용자의 경영권에 속하는 사항인○○공단의 직제

521) 서울고판 1996.12.27, 95구1288.

522) 대판 1999.3.26, 97도3139.

523) 대판 2002.1.11, 2001도1687.

규정 시행세칙에 조직일원화 및 업무일원화의 요구를 관철시키기 위한 쟁의행위는 그 목적의 정당성을 인정할 수 없다.

⑨ 외국인 조종사의 채용을 동결할 것을 주된 목적으로 하는 쟁의행위는 회사의 경영권 내지 인사권에 관한 문제에 해당하는 사항을 관철시키기 위한 것이므로 목적에 있어서 정당성을 결여한 불법 쟁의행위라고 할 것이다.[524)]

⑩ 해외매각 자체의 반대와 회사의 공기업화 등 요구조건들을 내세우면서 파업을 강행한 것은 회사측의 경영활동을 근본적으로 제약하는 것이므로, 그 목적이 정당하지 않다.[525)]

노동조합이 채권단의 동의나 협조 없이는 자율적으로 회사의 경영을 유지해 나가는 것이 사실상 불가능하고, 노조와의 교섭을 통하여 노조의 요구사항을 수용하여 자주적인 합의에 도달할 수 있는 형편에 있지 아니한 회사에 대하여 기업양도시의 노동조합 참여 수준을 뛰어넘어 해외매각 자체의 반대와 회사의 공기업화 등 현실성 없는 요구조건들을 내세우면서 파업을 강행한 것은 회사측의 경영활동을 근본적으로 제약하는 것이었다고 볼 수밖에 없으므로, 그 목적이 정당하지 않다.

⑪ 쟁의행위가 주로 구속 근로자에 대한 항소심 구형량이 1심보다 무거워진 것에 대한 항의와 석방촉구를 목적으로 이루어진 것이라면 근로조건의 유지 또는 향상을 주된 목적으로 한 쟁의행위라고 볼 수 없다.[526)]

근로조건의 유지 또는 향상을 주된 목적으로 하지 않는 쟁의행위는 노동쟁의조정법의 규제대상인 쟁의행위에 해당하지 않는다고 보아야 할 것인 바, 노동조합 위원장이 조합원들과 함께 한 집단조퇴, 월차휴가신청에 의한 결근 및 집회 등 쟁의행위가 주로 구속 근로자에 대한 항소심 구형량이 1심보다 무거워진 것에 대한 항의와 석방촉구를 목적으로 이루어진 것이라면 피고인의 행위는 근로

524) 서울고판 2004.4.2, 2003누8120.
525) 대판 2005.7.28, 2005두3608.
526) 대판 1991.1.23, 90도2852.

조건의 유지 또는 향상을 주된 목적으로 한 쟁의행위라고 볼 수 없어 노동쟁의조정법의 적용대상인 쟁의행위에 해당하지 않는다.

⑫ 상급단체의 투쟁목표 및 투쟁일정에 맞추어 내세운 임금협상 보다 직접적이고 주된 요구사항이 단체교섭의 대상이 될 수 없는 사항이라면 이를 이유로 한 쟁의행위는 정당성을 인정할 수 없다.[527)]

단체교섭의 대상이 될 수 없는 요구사항은 쟁의행위의 경위, 노조의 전체 요구내용에 비추어 보면 임·단협 체결을 요구하면서 부수적인 목적에서 요구한 것으로 보기보다는 상급단체의 투쟁목표 및 투쟁일정에 맞추어 내세운 임금협상 등과 동일한 가치의 요구사항이거나, 임금협상보다도 직접적이고 주된 요구사항으로 볼 여지가 많아 보이므로 쟁의행위의 정당성을 인정할 수 없다.

⑬ 쟁의행위를 함에 있어서 근로자들이 연구소 소장의 퇴진을 요구하였다 하더라도 그것이 근로조건의 개선에 '주된 목적'이 있는 경우에는 단체교섭의 대상이 될 수 있으므로 그 쟁의행위는 목적에 있어서 정당하다.[528)]

⑭ 방송 공정성의 제도적 장치 마련 요구는 근로조건 관련성이 인정되고, 조직개편 반대도 파업의 주된 목적으로 볼 수 없다면 쟁의행위의 정당성이 인정된다.[529)]

공영방송 구성원들이 방송의 제작·편성·보도과정에서 방송의 공정성이 문제되는 사안이 발생한 경우 이를 논의하고 의견을 제시할 수 있는 제도적 장치 마련을 요구하는 것은 근로조건과 무관하다고 할 수 없고, 단체협약 체결이 파업의 주된 목적이라고 보고 조직개편 반대를 제외하더라도 쟁의행위를 했을 것이라고 볼 수 있을 경우 그 정당성을 부인할 수 없다.

527) 대판 2005.3.10, 2004도8448.

528) 대판 1992.5.12, 91다34523.

529) 대판 2018.2.13, 2014다33604.

4. 쟁의행위의 시기·절차

가. 단체교섭과 쟁의행위의 시기

(a) 「노조법」상의 노동쟁의의 정의(제2조제5호)와 조정전치주의(제45조)는 노사 모두에게 성실교섭의 의무를 부과하고 쟁의행위의 "최후수단성 원칙"을 명문화한 것이다. 따라서 쟁의행위는 조정전치, 조합원 찬반투표(제41조제1항) 등을 거쳐야 하고, 노사간에 충분히 단체교섭을 하였으나 타결되지 못하였을 경우 등 최후의 수단으로서 행하여야만 그 정당성이 인정된다.[530)]

(b) 사용자측이 정당한 사유 없이 교섭요구사실 미공고 등 창구단일화절차 이행을 거부하여 교섭이 이루어지지 않는 경우에도 교섭미진 책임은 사용자에게 있으므로 쟁의행위가 가능하다고 볼 수 있으나, 이는 사용자가 정당한 이유 없이 회답을 미루거나 명확하지 않은 회답을 하는 때에 쟁의행위를 개시할 수 있다는 것으로, 노조의 귀책사유로 인한 교섭미진의 쟁의행위까지 정당하다고 보는 것은 아니다.

〈쟁의행위 시기와 관련 정당성이 없는 경우〉

① 노동조합이 노조설립과 거의 동시에 성실한 단체교섭을 생략한 채 노동쟁의 발생 신고를 하고 즉시 쟁의행위에 돌입하는 경우
② 사용자측이 단체교섭에 대한 사용자측 안을 제시하고 노동조합에 협의할 것을 요구하였으나 노동조합이 단체교섭에 응하지 아니한 채 즉시 쟁의행위에 돌입하는 경우
③ 노동조합이 사용자측에 단체교섭을 요구한 후 사용자가 교섭요구에 응하는데 필요한 시간적 여유를 주지 않고 쟁의행위에 돌입하는 경우
④ 형식적으로는 행정관청과 노동위원회에 노동쟁의 발생 신고를 하였으나, 사용자의 교섭요구를 일체 거부한 채 쟁의행위에 돌입하는 경우

나. 조정(調整)전치

(a) 노동조합은 「노조법」에서 정한 조정절차를 거치지 아니하면 쟁의행위를

530) 대판 2000.5.12, 98도3299.

할 수 없다(제45조제2항). 이와 같은 조정전치주의는 쟁의행위에 들어가기 전에 노동위원회 등 제3자의 조정(調整)을 통한 분쟁해결을 모색하도록 하려는 정책적 고려에서 특별히 설정한 규정이다.[531)]

ⓑ 쟁의행위의 사전절차로서 조정절차를 거친다는 것은 노동위원회에 조정을 신청하고 조정기간 동안 노동위원회의 조정이 종료되기까지의 과정을 거친다는 것을 말하며, 조정기간이 끝나지 않았더라도 조정이 종료되면 조정절차를 거친 것이다.[532)]

ⓒ 노동위원회는 "노동쟁의"가 아닌 경우는 다른 해결방법을 안내(행정지도)하여야 한다. 이와 같은 행정지도는 노동위원회가 조정신청 내용을 검토한 결과 「노조법」 제2조제5호의 노동쟁의가 아니라고 판단되므로 조정절차를 진행할 수 없다는 의사표시를 하면서 노사에게 다른 해결방법을 알려주는 것을 말한다.

따라서, 노동위원회에서 교섭미진을 이유로 행정지도 한 이후에 별도의 조정신청 없이 곧바로 행하는 쟁의행위는 조정절차를 거치지 않은 것이므로 「노조법」 제45조제2항의 규정에 위반된다.

※ 행정지도를 하는 경우(노동쟁의가 아니라고 판단하는 경우)

① 조정을 신청한 자가 노사관계 당사자가 아닌 경우(당사자 부적격)
② 조정을 신청한 내용이 단체교섭사항이 아닌 경우(비교섭 사항)
③ 자율적 합의의 여지가 없다고 볼만큼 충분히 교섭을 하지 않은 경우(교섭미진)

ⓓ 한편, 조정당시와 쟁의행위를 재개한 시점 사이에 노동쟁의의 동일성이 인정된다면 별도의 조정절차를 거칠 필요는 없다.

531) 임종률, 「노동법(제14판)」, 박영사, 2016 p.225.

532) 조정기간은 일반사업의 경우 10일, 공익사업은 15일이며, 당사자간의 합의로 각 10일, 15일 이내에 연장할 수 있다. 다만, 조정기간을 연장한 경우 노동조합이 「노조법」 제54조제1항에 의한 조정기간이 만료되었다는 이유만으로 쟁의행위를 하는 것은 신의성실의 원칙에 위배되므로 정당하다고 할 수 없다.

다. 쟁의행위 찬반투표

1) 개 요

ⓐ 쟁의행위는 노동조합이 자신의 주장을 관철하기 위해 사용할 수 있는 최후의 수단으로 비록 법적으로 보장된 권리이기는 하나 그 성격은 근로계약 이행의 일방적인 중단으로 조합원들의 임금청구권이 소멸됨은 물론 쟁의행위의 정당성 여부에 따라 징계 등의 불이익 처분을 받을 수 있다. 따라서 쟁의행위 찬반투표는 노동조합의 일반적인 의사결정과 달리 매우 신중하게 결정되어야 하며, 절차적으로도 강요나 압박을 줄 수 있는 요인이 모두 제거된 상태에서 개개 조합원들의 자발적 의사가 정확하게 반영되는 제도적 장치가 마련되어야 한다.[533)]

ⓑ 비록, 쟁의행위 찬반투표가 노동조합 내부의 의사결정에 관한 문제이나, 투표과정의 공정성 및 투명성 등 노조 내부의 민주성을 확보하는 것은 근로자들의 실질적 단결권을 보장하는 것이기 때문에 찬반투표의 공정성과 투명성을 담보할 수 있는 합리적 방안을 노동조합의 규약에 규정하고, 법령과 규약에 따른 절차와 방법에 따라 찬반투표가 진행되어야 한다.

2) 「노조법」상 규정

ⓐ 노동조합의 쟁의행위는 그 조합원의 직접·비밀·무기명투표에 의한 조합원 과반수의 찬성으로 결정하지 아니하면 이를 행할 수 없다. 「노조법」 제29조의2에 따라 교섭대표노동조합이 결정된 경우에는 그 절차에 참여한 노동조합의 전체 조합원의 직접·비밀·무기명투표에 의한 과반수의 찬성으로 결정하지 아니하면 쟁의행위를 할 수 없다(노조법 제41조). 이 경우 교섭대표노동조합은 교섭창구단일화 절차에 참여한 모든 노동조합의 조합원에게 투표권을 부여하여야 하며, 이를 부여하지 아니한 경우에는 「노조법」 제41조 위반이 된다.

ⓑ 노동조합은 그 조직의 자주적·민주적 운영을 보장하기 위하여 "쟁의행위와 관련된 찬반투표 결과의 공개, 투표자 명부 및 투표용지 등의 보존·열람에 관한 사항"을 규약에 필수적으로 기재하여야 한다(노조법 제11조제12호).

---

533) 이러한 점을 감안하여 영국의 경우 우편으로만 쟁의행위 찬반투표를 하도록 하고 있다.

3) 쟁의행위 찬반투표 시기·절차·방법 및 대상범위

(1) 시기 등

(a) 현행법상 쟁의행위 찬반투표 시기에 대한 구체적인 규정이 없으나 쟁의행위는 노동쟁의 상태를 전제로 하는 것이므로 「노조법」 제2조제5호에 의한 노동쟁의가 발생한 이후에 실시하여야 한다. 또한 조정전치주의를 채택하고 있으므로 노동위원회가 조정안을 제시하였을 경우 그 조정안의 수용여부에 관한 조합원들의 의사도 반영되어야 하므로 쟁의행위 찬반투표는 조정절차를 거친 후 쟁의행위에 돌입하기 전까지 실시하는 것이 원칙이다.

(b) 다만, 찬반투표 실시시기는 노동조합이 사용자의 태도, 주변정세의 변화 등 제반 사정을 종합적으로 고려하여 정할 수 있으므로 노동조합이 요구사항과 교섭대상을 확정하여 조정신청을 하였다면 조정기간 중이라도 조정이 이루어지지 않을 것을 대비하여 미리 찬반투표를 하는 것도 허용된다.[534]

(c) 쟁의행위 찬반투표의 횟수에 대해서는 별도의 규정이 없으나 의무적인 찬반투표 실시 규정의 취지에 비추어 쟁의행위 찬반투표가 부결된 경우에는 별도의 성실한 교섭 등 새로운 여건이 조성된 이후에 재실시하여야 한다.

(2) 절차 및 방법

(a) 쟁의행위 찬반투표를 실시하는 경우에는 투표일 7일전에 노동조합 게시판 등에 공고하여야 하고,[535] 찬반투표 공고문에는 투표일시 및 장소, 투·개표위원 명단 등 투표와 개표에 관한 사항을 기재하여야 한다.

(b) 쟁의행위 찬반투표 방법은 직접·비밀·무기명 투표에 의하여야 하고 재적조합원 과반수의 찬성을 얻어야 한다(노조법 제41조제1항). 따라서 투표방법이 위법하거나 재적조합원의 과반수 찬성(투표 참가자의 과반수가 아님)을 얻지 못한 쟁의행위는 정당성이 없다.

---

534) 서울고판 2018.2.1, 2017누74711.

535) 복수노조사업장에서 교섭대표노조가 찬반투표 실시 공고를 할 경우에는 교섭창구단일화에 참여한 전체 조합원이 알 수 있도록 공고해야 한다.

교섭대표노동조합이 결정된 경우에는 교섭창구단일화 절차에 참여한 전체 노동조합 조합원의 직접·비밀·무기명 투표에 의한 과반수의 찬성을 얻어야 한다. 예를 들어 투표함을 들고 다니면서 하는 방식, 기표가 보이도록 하는 방식은 조합원들의 자유의사에 의한 결정을 방해하여 비밀투표의 원칙에 위배되므로 그 효력이 인정되지 않는다.[536)]

(c) 사업장이 지역적으로 분리되어 있는 등 기타 부득이한 사유가 있을 경우 총회를 개최하지 않고 직접·비밀·무기명투표의 절차를 거치면 그 정당성이 인정된다.

(3) 대상 범위

(a) 찬반투표 대상 범위는 노동조합이 아닌 사업 또는 사업장 단위를 기준으로 판단하는 것이 원칙이다. 교섭대표노동조합이 결정된 경우에는 창구단일화 절차에 참여한 모든 노동조합의 조합원들을 대상으로 실시하여야 하며, 교섭단위가 분리된 경우에는 분리된 각각의 교섭단위별로 쟁의행위 찬반투표를 실시해야 한다.

(b) 산별노조의 경우에도 교섭형태에 관계없이 쟁의행위 찬반투표의 대상범위는 산별노조 전체가 아닌 사업 또는 사업장 단위이다.

4) 평화의무

평화의무는 단체협약이 체결되면 협약당사자인 노사 양측은 그 협약 내용을 준수하여야 하고 특별한 사정이 없는 한 단체협약의 유효기간 중에는 단체협약에서 이미 정한 근로조건이나 기타 사항의 변경·개폐를 요구하는 쟁의행위를 하여서는 아니 되는 것을 의미한다.

※ 자세한 내용은 단체협약의 효력 중 채무적 부분 '평화의무와 평화조항' 참조

536) 인터넷투표, ARS투표 등 전자투표는 조합원들의 직접·비밀 투표를 확인하는 것이 사실상 어려우므로 원칙적으로 그 정당성을 인정하기 어렵다.

라. 쟁의행위 시기·절차 등 관련 실무 사례

① 최초 쟁의행위시와 쟁의행위를 재개한 시점 사이에 있어 양자가 동일한 분쟁상태(노동쟁의)에 있다고 보기 어려울 경우 「노조법」 제45조제2항의 규정에 의한 조정절차를 다시 거쳐야 한다.[537)]

② 교섭대표노동조합을 결정하기 위한 창구단일화절차 이후 교섭대표노동조합은 이전의 노사쟁점과 동일성이 유지되는 한 별도의 조정절차를 거치지 않고 쟁의행위를 할 수 있다.[538)]

③ 노동위원회가 노동조합의 노동쟁의 조정신청사건에 대하여 조정대상이 아닌 것으로 인정하였음에도 불구하고 노동조합이 별도의 조정절차를 거치지 않고 곧바로 쟁의행위에 돌입한다면 이는 「노조법」 제45조제2항(조정전치)에 위반된다.[539)]

④ 쟁의행위를 함에 있어 조합원의 찬반투표 절차를 위반한 경우, 이에 따를 수 없는 객관적인 사정이 인정되지 아니하는 한 정당성이 없다.[540)]

쟁의행위를 함에 있어 조합원의 직접·비밀·무기명투표에 의한 찬성결정이라는 절차를 거치도록 한 「노조법」 규정은 노동조합의 자주적이고 민주적인 운영을 도모함과 아울러 쟁의행위에 참가한 근로자들이 사후에 그 쟁의행위의 정당성 유무와 관련하여 어떠한 불이익을 당하지 않도록 그 개시에 관한 조합의사의 결정에 보다 신중을 기하기 위하여 마련된 규정이므로 위의 절차를 위반한 쟁의행위는 그 절차를 따를 수 없는 객관적인 사정이 인정되지 아니하는 한 정당성이 상실된다.

537) 노사협력과 68107-427, 2001.8.23.

538) 노사관계법제과-2530, 2012.9.6.

539) 노사관계법제팀-3469, 2007.10.22.

540) 대판(전) 2001.10.25, 99도4837.

⑤ 교섭대표노조가 창구단일화절차에 참여한 소수노조의 조합원을 쟁의행위 찬반투표에 배제하였다면 창구단일화절차에 참여한 노조의 전체조합원 대비 과반수의 찬성을 얻었다 하더라도 정당성이 없다.[541)]

교섭대표노동조합이 교섭창구단일화 절차에 참여한 소수노동조합의 조합원을 쟁의행위 찬반투표에 참여시키지 않았다면 설령 교섭창구단일화 절차에 참여한 노동조합의 전체 조합원 대비 과반수의 찬성을 얻었다 하더라도 「노조법」 제41조를 위반한 것으로 쟁의행위의 절차상 정당성을 인정받기 어렵다.

⑥ 쟁의행위에 대한 조합원의 찬반투표는 조정절차까지 거친 후 쟁의행위에 돌입하기 직전에 실시하여야 한다.[542)]

쟁의행위에 대한 조합원의 찬반투표는 '노동쟁의'의 상태에 이르러야 할 뿐 아니라, 조정절차에서 노동위원회로부터 조정안이 제시되었을 경우 그 조정안을 수용할지 여부에 관한 조합원의 의사 역시 반영되어야 함에 비추어 조정절차까지 거친 후 쟁의행위에 돌입하기 직전에 실시하여야 하는 것이 원칙이라 할 것이다.

⑦ 쟁의행위는 노동쟁의 상태 하에서 주장의 관철을 위한 최후수단이므로 그 시기는 노동쟁의 상태가 전제되어야 하고, 찬반투표가 부결된 경우에는 노사간 추가 교섭진행 등 투표부결 이후 새로운 여건이 형성된 때에 쟁의행위 찬반투표를 실시하여야 한다.[543)]

⑧ 평화의무를 위반하여 이루어진 쟁의행위는 정당성이 없다.[544)]

단체협약 유효기간 중에 협약내용의 변경·개폐를 요구하는 쟁의행위를 하여서는 아니 된다는 이른바 평화의무를 위반하여 이루어진 쟁의행위는 노사관계를 평화적·자주적으로 규율하기 위한 단체협약의 본질적 기능을 해치는 것일 뿐 아니라 노사관계에서 요구되는 신의성실의 원칙에도 반하는 것이라 할 것이므로

541) 노사관계법제과-909, 2012.3.16.

542) 대판 2001.9.14, 2001도53.

543) 협력68107-276, 2001.6.20.

544) 대판 1994.9.30, 94다4042.

정당성이 없다.

⑨ 교섭대상 중에 특정사항에 대해 추후 별도의 교섭을 통해 합의하기로 협약을 체결한 경우 해당사항 교섭이 결렬된 경우라면 이를 목적으로 하는 쟁의행위는 평화의무에 반하지 않는다.[545)]

노사당사자가 의무적인 교섭대상 중에 특정사항에 대해 추후 별도의 교섭을 통해 합의하기로 단체협약을 체결한 경우에는 당사자가 추가적인 교섭을 예정하고 있는 것이므로 이러한 단체협약에 따라 당사자가 해당사항에 관한 교섭을 진행하였으나 합의에 이르지 못한 경우라면 이를 목적으로 하는 쟁의행위는 평화의무에 반한다고 보기 어렵다.

5. 쟁의행위의 수단·방법

가. 기본원칙

(a) 쟁의행위의 수단 및 방법에 있어서는 소극적으로 근로의 제공을 전면적 또는 부분적으로 정지하여 사용자에게 타격을 주는 것이어야 하며, 노사관계의 신의성실의 원칙에 비추어 공정성의 원칙에 따라야 한다.

(b) 또한, 쟁의행위는 사용자의 기업시설에 대한 소유권 기타의 재산권과 조화를 이루어야 함은 물론 폭력이나 파괴행위를 수반하거나 기타 고도의 반사회성을 띤 행위가 아닌 정당한 범위 내의 것이어야 한다.

나. 폭력·파괴행위의 금지

(a) 쟁의행위가 「헌법」상 보장된 기본권이기는 하나 이를 이용하여 타인의 생명, 재산상의 기본권을 폭력적으로 침해할 수는 없으므로, 「노조법」에서는 쟁의행위는 폭력[546)]이나 파괴행위[547)] 또는 생산 기타 주요업무에 관련되는 시설과 이

545) 노사관계법제팀-162, 2006.1.18.

546) 업무방해죄의 위력보다는 "협의"의 개념으로 "사람의 생명·신체에 대한 불법적인 유형력의 행사", 즉 「형법」상의 폭행, 상해에 해당하는 행위를 말한다.

에 준하는 시설을 점거하는 형태로 이를 행할 수 없도록 규정하고 있다(제4조 단서, 제42조제1항).

(b) 특히, 「노조법」 제42조제1항은 근로를 제공하려는 근로자들의 근로장소가 쟁의행위를 하는 조합원들에 의해서 점거 또는 폭력이나 파괴행위 등으로 생산시설이 손괴되어 근로를 제공할 수 없는 상태가 되지 않도록 쟁의행위의 한계를 규정하고 있다.

(c) 폭력·파괴 등 반사회적 행위를 수반하는 쟁의행위는 정당성이 인정되지 아니하며, 그 형태에 따라 폭행죄, 상해죄, 협박죄, 재물손괴죄, 업무방해죄 등의 죄책이 발생될 수 있다. 다만, 노동조합의 의사와 관계없이 일부 조합원들의 우발적·일시적으로 폭력·파괴행위가 발생한 경우에는 당해 쟁의행위 전체의 정당성과 구분하여 판단하여야 한다.

다. 주요업무시설의 점거 금지

(a) 쟁의행위는 근로제공을 소극적으로 거부함으로써 정상적인 업무의 운영을 저해하는 수준에 그쳐야 하며, 사용자의 조업계속의 자유를 침해하거나 기업시설에 대한 권리를 침해하여서는 안 된다. 「노조법」 제42조제1항에서는 이러한 원칙을 명확히 하여 생산시설이나 주요업무시설의 점거의 형태로 행하는 쟁의행위를 제한하여 사용자의 조업계속의 자유나 기업시설에 대한 권리를 보호하고 있다.

(b) 점거가 금지되는 "생산 기타 주요업무에 관련되는 시설"의 범위는 개별 사업장의 업무종류, 쟁의행위 당시의 생산 또는 업무형태에 따라 판단하여야 하며, 일반적으로 노동조합에 의해 점거될 경우 사용자 또는 다른 근로자의 조업의 중단 또는 방해를 가져올 수 있는 시설이 이에 해당한다.

(c) 생산 기타 주요업무시설과 '점거가 금지되는 시설'[548]의 점거는 병존적·부

547) "물건의 전부 또는 일부에 대해 불법적인 유형력을 행사하여 물질적, 물리적으로 훼손함으로써 그 효용을 감소·훼손시키는 것", 즉 「형법」상의 손괴에 해당하는 행위를 의미한다.

548) 「노조법시행령」 제21조 : 1. 전기·전산 또는 통신시설, 2. 철도(도시철도를 포함한다)의 차량 또는 선로, 3. 건조·수리 또는 정박중인 선박, 4. 항공기·항행안전시설 또는 항공기의 이·착륙이

분적일 경우에도 정당성이 인정되지 않는다. 즉, 「형법」상 업무방해죄, 건조물침입죄, 퇴거불응죄에 해당되는지 여부와 관계없이 「노조법」 제42조제1항에 위반되므로 정당성 부정된다.

(d) 반면, 일반적인 직장점거(생산 기타 주요업무시설 등 이외의 시설에 대한 점거)의 경우 사용자측의 점유를 완전히 배제하지 아니하고 조업도 방해하지 않는 범위 내에서의 부분적·병존적 점거일 경우에 한하여 정당성이 인정되며, 전면적·배타적 점거는 정당하지 아니하다.[549)]

〈주요 업무시설 유형별 예시〉

◦ 호텔에 있어서, 룸·데스크 서비스, 라운지·연회·집회설비 등 서비스의 숙박시설[550)]
 - 객실(객실복도 포함), 객용시설(식·음료 영업장, 레포츠 시설), 호텔 로비(프론트 포함)

◦ 병원에 있어서, 환자의 진료를 위한 시설 및 환자의 안정가료를 위한 평온성이 요구되는 장소[551)]
 - 응급·입원·외래 등 각종 진료시설, 수술·방사선 치료 등 처치시설, 소독 등의 시설, 입원·분만 등 환자수용 시설, 입원환자를 위한 급식시설, 치료를 위한 입원 등 환자관리 업무시설, 진료대기공간(로비)
 ※ 병원내 자가발전(변전)시설, 교환시설 등 전기·통신시설은 「노조법시행령」 제21조의 규정에 의한 "이에 준하는 시설"에 해당

◦ 백화점에 있어서, 각종 상품의 종합 소매업을 영위하는 특성상 종합소매업의 지장이나 방해를 초래하는 시설[552)]
 - 영업매장과 매장내 고객이동 통로, 매장 및 영업을 관리하는 사무실, 상품의 매입·반품 장소, 상품 검품장
 ※ 고객을 위한 휴식·만남의 장소인 광장시설은 주요업무시설에 해당되지 않음

◦ 자동차 영업장에 있어서, 자동차 판매 및 정비와 관련된 시설[553)]
 - 자동차 전시장, 영업소의 출납창구

나 여객·화물의 운송을 위한 시설, 5. 화약·폭약 등 폭발위험이 있는 물질 또는 유독물질을 보관·저장하는 장소, 6. 기타 점거될 경우 생산 기타 주요업무의 정지 또는 폐지를 가져오거나 공익상 중대한 위해를 초래할 우려가 있는 시설로서 고용노동부장관이 관계중앙행정기관의 장과 협의하여 정하는 시설.

549) 대판 2017.4.7, 2013두16418. 사용자에 의한 위법한 직장폐쇄의 경우에도 전면적·배타적 직장점거행위는 불법 쟁의행위로서 징계사유가 된다.

550) 협력 68140-174, 1997.5.6.

라. 안전보호시설의 정지 또는 폐지 금지

(a) 업무의 성질상 그 시설의 정지 또는 폐지가 생명·신체·건강에 피해·위험을 발생시키는 것은 쟁의행위의 본질에 반할 뿐만 아니라 「헌법」상 질서유지나 공공복리의 차원에서 위법으로 평가된다. 「노조법」 제42조제2항은 이를 확인하여 사람의 생명이나 신체의 안전을 보호하는 시설(안전보호시설)에 대한 정상적인 유지·운영을 정지·폐지 또는 방해하는 행위를 금지함으로써 인명·신체를 보호하고 있다.

(b) 「노조법」 제42조제2항은 인명·신체의 안전보호와 단체행동권 보호를 동시에 가지고 있으므로 위 양자의 요청을 조화하는 해석기준으로서 안전보호시설 여부를 판단한다.

(c) 안전보호시설은 "인명·신체의 안전"을 보호하는 시설만을 의미하므로 물적설비의 안전을 보호하기 위한 시설은 포함되지 아니한다. 또한, 시설이란 물적 시설만을 의미하므로 인적조직은 안전보호시설에 해당하지 않는다.

(d) 「노조법」 제42조제2항의 위반 주체는 법문에 주체를 제한하고 있지 아니하므로 안전보호시설의 유지·운영을 담당하는 근로자뿐만 아니라 그 시설의 담당 근로자가 아닌 근로자, 노동조합, 사용자도 안전보호시설의 유지·운영을 방해하는 경우에는 위반주체가 된다. 또한, 보호 객체는 당해 사업장의 근로자뿐만 아니라 사업장과 무관한 제3자 등도 모두 포함된다.

(e) 사업장의 안전보호시설에 대하여 정상적인 유지·운영을 정지·폐지 또는 방해하는 쟁의행위는 정당하지 아니하므로 안전보호시설의 정상적인 유지·운영을 위하여 "당해 사업과 관계없는 자"를 채용 또는 대체하더라도 「노조법」 제43조에 위반되지 않는다.

(f) 안전보호시설의 유지·운영을 정지 또는 폐지한 경우에는 노동위원회의 의결을 얻어 그 행위를 중지하도록 통보하여야 한다. 그러나 사태가 급박하여 노동

---

551) 협력 68140-179, 1997.5.7, 노동조합과- 612, 2004.3.11.

552) 협력 68140-219, 1997.6.3.

553) 협력 68140-431, 1997.11.12.

위원회의 의결을 얻을 시간적 여유가 없을 때에는 노동위원회의 의결 없이 즉시 그 행위를 중지할 것을 통보할 수 있다. 이 경우 중지통보 후 곧바로 노동위원회에 의결을 얻어야 하며, 의결을 받지 못한 때에는 그 통보는 그때부터 효력이 상실된다.

〈안전보호시설의 유형별 예시〉

⑴ 안전보호시설에 해당되는 경우
① 가연성·폭발성·유독성이 강한 석유화학제품의 생산·유지를 위하여 동력을 생산·공급하는 동력부문(대판 2005.9.30, 2002두7425)
② 광산에 있어서, 가스폭발방지시설, 통기배수시설, 추락(낙반)방지시설, 유독가스의 배출설비, 폭발방지시설 등(노사 32281-3168, 1988.3.3)
③ 공항에 있어서, 항공관제통신 및 항공보안시설 등(노사 32281-1474, 1990.2.1)
④ 병원의 경우, 조리실, 식기세척 등 환자의 급식을 위한 시설, 구급진료시설, 공기조정시설, 열기공급시설, 급·배수시설 등(노사 32281-8344, 1989.6.7 ; 협력 68140-179, 1997.5.6)
⑤ 원자력발전소에서의 방사능오염도 측정 및 제염작업, 방사성폐기물의 처리 및 수거시설 등(협력 68140-116, 1999.4.1)
⑥ 터널 내의 유독가스 배출(공기 순·정화)시설, 차량충돌 방지를 위한 조명시설 및 이와 관련된 전력공급시설 등(노조 68110-572, 2003.11.4)

⑵ 안전보호시설로 볼 수 없는 경우
① 방송국의 송출관련 시설(협력 68140-367, 1997.9.9)
② 대학교 및 아파트업체 등에 있어서, 용수시설, 난방 및 전기시설, 보일러시설 등(협력 68140-140, 1996.4.18 ; 노사관계법제팀-613, 2005.11.25)

마. 긴급작업의 유지의무

(a) 쟁의행위기간 중이라도 사용자의 경영시설의 유지를 위하여 불가결하게 요구되는 작업은 수행되어야 하는데 이러한 작업을 긴급작업이라고 한다. 긴급작업을 정상적으로 수행하지 않을 경우 쟁의행위 종료 후 즉각적인 조업의 재개가 불가능하여 근로자의 이익에 반하고 또한 재산권을 지나치게 침해하는 결과 초래하게 된다.

(b) 「노조법」 제38조제2항에서는 이를 명확히 하여 "작업시설의 손상[554]이나

원료·제품의 변질 또는 부패를 방지하기 위한 작업"은 쟁의행위 기간 중에도 정상적으로 운영하도록 의무를 부과하고 있다. 이는 쟁의행위로 인해 작업시설의 손상이나 원료·제품의 변질·부패를 방지함으로써 사회·경제적 손실을 최소화하고 쟁의행위가 종료되면 즉시 업무에 복귀할 수 있는 여건을 유지하려는데 그 취지가 있다.

(c) 작업시설의 손상이나 원료·제품의 변질 또는 부패를 방지하기 위한 작업은 쟁의행위 기간중에도 정상적으로 수행되어야 한다(노조법 제38조제2항). 이 경우, 동 업무에 종사하는 근로자는 쟁의행위를 할 수 없다는 의미가 아니라 평소의 시설운영에 비추어 정상적인 유지·운영에 필요한 인원이 쟁의행위에 참여하지 않아야 함을 의미하므로 긴급작업을 정상적으로 운영하는 범위 내에서의 쟁의행위 참여는 가능하다.

(d) 긴급작업을 거부하는 행위는 정당하지 아니하므로 이를 위해 "당해 사업과 관계없는 자"를 채용 또는 대체하더라도 「노조법」 제43조 위반에 해당되지 않는다.

〈긴급(보안)작업의 유형별 예시〉

(1) 작업시설의 손상을 방지하는 작업
- ① 기계에 주기적으로 윤활유 등을 공급하는 작업
- ② 작업시설의 화재 등을 점검·소화하는 경비·소방작업
- ③ 생산공정상 응고·폭발 등을 방지하기 위한 가열·급수·전력공급 등의 작업

(2) 원료·제품의 변질 또는 부패를 방지하기 위한 작업
- ① 세척·냉장·방부처리 등의 작업
- ② 어패류 등의 변질·부패 방지작업

554) "손상"이란 부식 또는 마멸 등 시설 자체의 기능이 저하되어 정상적으로 가동될 수 없는 상태를 의미한다(협력 68140-120, 2000.3.28).

바. 쟁의행위의 수단·방법 관련 실무 사례

① 쟁의행위시 폭력의 행사는 어떠한 경우에도 허용되지 않으므로 정당성이 없다.[555]

쟁의행위가 정당하기 위해서는 그 목적이 노사의 자치적 교섭을 조성하기 위하여 하는 것이어야 하고, 그 방법에 있어서 폭력의 행사는 법질서의 기본원칙에 반하므로 이는 어떠한 경우에도 허용되지 않는다.

② 쟁의행위시 건물을 완전점거하고 임직원을 감금, 폭행한 경우 정당성이 없다.[556]

쟁의행위는 약 2,500여명에 달하는 조합원들이 회사 건물에 침입하여 그 중 사수대로 불리는 50여명의 조합원들이 건물 6층 이사장 부속실 등에 그 밖의 조합원들이 회사 건물에 분산 배치되어 위 건물을 완전 점거하여 임직원을 감금, 폭행하는 등의 방법으로 이루어진 점에서 그 방법과 태양의 정당성을 인정할 수 없다.

③ 일부 소수의 근로자가 폭력행위 등의 위법행위를 하였더라도 쟁의행위 전체가 위법하다고 할 수 없다.[557]

쟁의행위는 그 수단과 방법이 사용자의 재산권과 조화를 이루어야 할 뿐만 아니라 다른 기본적 인권을 침해하지 아니하는 등 그 밖의 「헌법」상의 요청과 조화되어야 한다. 다만, 이 경우에도 당해 쟁의행위 자체의 정당성과 이를 구성하거나 부수되는 개개의 정당성은 구별되어야 하므로 일부 소수의 근로자가 폭력행위 등의 위법행위를 하였다고 하더라도 전체로서의 쟁의행위가 위법하게 되는 것은 아니다.

④ 직장 또는 사업장시설의 점거시 부분적·병존적인 점거는 정당한 쟁의행위로 볼 수 있으나, 전면적, 배타적 점거로 사용자측 관리지배를 배제하는 경우 정당성의 한계를 벗어난 것이다.[558]

---

555) 대판 1992.5.12, 91다34523.

556) 대판 2002.1.11, 2001도1687.

557) 대판 2003.12.26, 2003두8906.

직장 또는 사업장시설의 점거는 적극적인 쟁의행위의 한 형태로서 그 점거의 범위가 직장 또는 사업장시설의 일부분이고 사용자측의 출입이나 관리지배를 배제하지 않는 병존적인 점거에 지나지 않을 때에는 정당한 쟁의행위로 볼 수 있으나, 이와 달리 직장 또는 사업장시설을 전면적, 배타적으로 점거하여 조합원 이외의 자의 출입을 저지하거나 사용자측의 관리지배를 배제하여 업무의 중단 또는 혼란을 야기케 하는 것과 같은 행위는 이미 정당성의 한계를 벗어난 것이라고 볼 수밖에 없다.

⑤ 폭력이 수반되지 않은 사업장시설의 부분적·병존적 점거로 사용자의 재산권과 조화를 이룬 경우의 점거행위는 정당한 행위다.[559)]

노동조합의 조합원들이 쟁의행위로 사용 중인 ○○○건축사회의 사무실 일부를 점거한 사안에서, 점거한 곳의 범위와 평소의 사용형태, 사용자측에서 이를 사용하지 못하게 됨으로써 입은 피해의 내용과 정도에 비추어 이는 폭력의 행사에 해당하지 않는 사업장시설의 부분적·병존적인 점거로서 사용자의 재산권과 조화를 이루고 있고, 사용자의 업무가 실제로 방해되었거나 업무방해의 결과를 초래할 위험성이 발생하였다고 보기 어려우므로, 위 점거행위는 노동관계법령에 따른 정당한 행위다.

⑥ 안전보호시설의 정상적인 유지·운영을 정지·폐지·방해하는 행위를 금지한 것은 사업장에서 발생하는 위험으로부터 사람의 생명·신체의 안전을 보호하고자하는데 입법목적이 있다.[560)]

사업장에는 통상 사람의 생명·신체의 안전을 위협하는 위험요소가 상존하고 있고 그러한 위험은 산업사회가 고도화되면서 그 강도와 규모가 점점 커지는 경향에 있다. 따라서 사업장에서 발생하는 이러한 위험으로부터 사람의 생명·신체의 안전을 보호하기 위한 예방조치를 하여야 할 필요성은 점점 더 강하게 요청되

558) 대판 1991.6.11, 91도383 ; 대판 1990.10.12, 90도1431.
559) 대판 2007.12.28, 2007도5204.
560) 헌재 2005.6.30, 2002헌바83.

고 있다. 사업장에 안전보호시설을 설치하는 것은 이러한 예방조치의 하나로 평가할 수 있다. 그러므로 「노조법」 제42조제2항이 안전보호시설의 정상적인 유지·운영을 정지·폐지·방해하는 행위를 금지한 것은 사업장에서 발생하는 위험으로부터 사람의 생명·신체의 안전을 보호하고자 함에 그 입법목적이 있다.

⑦ 사람의 생명·신체의 안전을 보호한다는 목적에만 경도되어 지나치게 확대해석하는 것이나 단체행동권만을 강조하여 지나치게 제한 해석하는 것은 「노조법」의 입법목적에 반하는 해석일 뿐만 아니라 「헌법」에 합치되는 해석이라고 할 수 없다.[561]

사람의 생명·신체의 안전보호만을 고려한다면 가급적 「노조법」 제42조제2항의 요건을 완화시켜 해석함으로써 그 금지범위를 확대하는 것이 요청되며, 한편 단체행동권을 제한하기 때문에 가급적 요건을 엄격하게 해석하여 그 금지범위를 제한적으로 해석하여야 하는 요청이 있다. 이는 서로 융화할 수 없는 것이 아니라 적절한 조화점을 찾을 수 있는 관계이므로 「노조법」 제42조제2항은 위 양자의 요청을 조화하는 해석기준으로써 그 의미내용을 파악하여야 한다. 따라서 사람의 생명·신체의 안전을 보호한다는 목적에만 경도되어 지나치게 확대해석하는 것이나 근로자의 단체행동권만을 강조하여 지나치게 제한 해석하는 것은 「노조법」의 입법목적에 반하는 해석일 뿐만 아니라 「헌법」에 합치되는 해석이라고 할 수 없어 허용되지 아니한다.

⑧ 작업시설의 손상이나 원료·제품의 변질 또는 부패를 방지하기 위한 작업은 쟁의행위기간 중에도 정상적으로 수행하여야 하는데 마필관리사의 업무는 이러한 작업의 범위에 해당하지 않는다.[562]

「노조법」 제38조제2항에 작업시설의 손상이나 원료·제품의 변질 또는 부패를 방지하기 위한 작업은 쟁의행위기간 중에도 정상적으로 수행되어야 한다고 규정하고 있음. 여기서, 작업시설의 손상을 방지하기 위한 작업은 기계 윤활유

561) 헌재 2005.6.30, 2002헌바83.

562) 노동조합과-722, 2008.4.23.

공급, 응고·폭발을 방지하기 위한 급수·전력공급 등 기계의 부식이나 마멸을 방지하기 위한 작업을 말하고, 원료·제품 변질 또는 부패 방지작업은 세척·냉장·방부처리작업, 작업중단시 재사용이 불가능한 용광로 작업 등 원료·제품의 변질·부패를 방지하거나 변질·부패 이전에 처분하는 작업을 말하는 것으로서, 경주마를 관리하기 위한 조교, 사양, 구사관리 등 마필관리사의 업무는 이러한 작업의 범위에 해당하지 않는다.

⑨ 안전보호시설 여부 등에 대한 판단은 당해 사업장의 성질, 당해 시설의 기능, 쟁의행위 당시의 구체적 상황 등 제반사정을 구체적·종합적으로 검토하여 판단하여야 한다.[563)]

안전보호시설 여부 및 어떠한 행위가 「노조법」 제42조제2항에 위반하는 행위인지 여부에 대한 판단은 시설이나 행위의 종류에 따라 일률적으로 판단할 것이 아니라 당해 사업장의 성질, 당해 시설의 기능, 쟁의행위 당시의 구체적 상황 등 제반사정을 구체적·종합적으로 검토하여 판단하여야 한다.

563) 대판 2006.10.26, 2005도9825.

주/요/쟁/점/실/무

제10절 쟁의행위와 대체근로 제한(금지) 관련 쟁점

1. 의의 및 내용

(a) 노동조합의 쟁의행위기간 중에도 사용자에게 계약의 자유와 영업의 자유가 보장되어야 하므로 반드시 조업을 중단하여야 할 의무는 없다. 따라서 사용자는 파업 불참자나 비조합원 등을 대상으로 쟁의행위기간 중 조업을 계속할 수는 있다. 그러나, 사용자가 노동조합의 정당한 쟁의행위에 대하여 자유롭게 근로자를 채용 또는 대체할 수 있다면 노사간 교섭력의 균형이 저해됨으로써 「헌법」상 보장된 단체행동권은 형해화될 위험이 있다.

(b) 따라서, 쟁의행위기간 중 대체근로 문제는 노동조합의 쟁의권 보호 차원뿐만 아니라 사용자의 조업의 자유, 관련 기업 종사자의 근로권 차원에서 함께 고려되어야 한다.

(c) 「노조법」은 노사관계 현실을 감안하여 노동조합의 단체행동권과 사용자의 조업의 자유가 조화를 이룰 수 있도록 정당한 쟁의행위기간 중 당해 사업 내 근로자의 대체근로는 허용하되, 쟁의행위로 중단된 업무의 수행을 위하여 당해 사업과 관계없는 자의 채용·대체 또는 도급·하도급을 금지하고 있다(제43조제1항, 제2항). 다만, 필수공익사업에 있어서는 공익보호를 위하여 파업참가 근로자의 100분의 50을 초과하지 않는 범위 안에서 당해 사업과 관계없는 자를 통한 대체근로가 허용된다(제43조제3항, 4항).

2. 적용대상

가. 정당한 쟁의행위의 경우에만 대체근로 제한규정 적용

(a) 「노조법」 제43조 규정은 쟁의행위기간 중 그 쟁의행위로 인해 중단된 업무의 수행을 위해 신규채용·대체 또는 도급·하도급을 제한하는 것으로서 노동조

합의 정당한 단체행동권을 보장하려는 취지이므로 노동조합의 쟁의행위가 정당한 경우에만 대체근로 제한규정이 적용된다.

(b) 따라서 쟁의행위가 정당하지 아니한 경우에는 신규채용·대체 또는 도급·하도급에 대한 제한을 받지 아니하므로 당해 사업과 관계없는 자를 채용·대체하거나 도급·하도급 주더라도 법 위반이 아니다. 여기서 "당해 사업과 관계없는 자"라 함은 당해 사업의 근로자 또는 사용자를 제외한 모든 자를 의미한다.

나. 원·하청 도급관계에서의 쟁의행위시 대체근로

(a) 「노조법」 제43조의 규정은 노동관계 당사자 일방인 사용자에 대한 채용제한 규정이므로 「노조법」상 사용자의 지위에 있지 않은 원·하청, 도급관계 등에서 원청업체 등이 하청업체 노동조합의 쟁의행위로 중단된 업무를 직접 수행하는 경우에는 위 규정의 위반으로 볼 수 없다.

(b) 또한, 하청업체의 쟁의행위기간 중 원청업체가 파업으로 중단된 업무를 직접 수행하거나 타 업체와 도급계약을 체결하여 업무를 수행하게 하는 것은 「노조법」 제43조 위반에 해당하지 않고, 이를 부당노동행위로 보기도 어렵다.[564)]

3. 신규채용의 제한

가. 채용제한의 범위

(a) "채용"이라 함은 근로자를 새로 고용하는 것으로서 그 고용형태나 기간을 불문하므로 파업 등 쟁의행위에 참가한 조합원의 업무를 수행하기 위하여 채용하는 모든 형태의 근로자(임시직 등)를 말한다.

(b) 「노조법」 제43조 규정은 쟁의권 침해를 목적으로 하지 않는 사용자의 정당한 인사권 행사까지 제한하는 것은 아니므로, 쟁의행위와 무관하게 이루어지는 신규채용은 가능하다. 따라서, 자연감소에 따른 인력충원, 사업확장 등에 따른 신규채용, 수습근로자의 정식채용, 쟁의행위와 무관한 업무영역에 대한 신규채

564) 노사관계법제과-1355, 2013.4.25.

용, 쟁의행위 이전부터 추진되어 오던 채용계획에 의한 인력충원 등은 원칙적으로 법 위반으로 볼 수 없다.

(c) 다만, 결원충원을 위한 신규채용 등이 대체근로 위반인지 여부는 표면상의 이유만을 가지고 판단할 것이 아니라 종래의 인력충원 과정·절차 및 시기, 인력부족 규모, 결원 발생시기 및 그 이후 조치내용, 쟁의행위기간 중 채용의 필요성, 신규채용 인력의 투입시기 등을 고려하여 종합적으로 판단하여야 한다.[565]

(d) 쟁의행위기간 중 근로계약기간이 만료된 조합원과의 근로계약을 종료하고 다른 근로자를 신규 채용하여 쟁의행위로 중단된 업무에 투입하는 경우에 있어서 쟁의행위기간 중 계약기간이 만료되어 근로관계가 소멸하는 경우라면 당해 조합원을 대신하여 다른 근로자를 신규채용 하더라도 법 위반으로 볼 수 없다.

나. 채용제한 기간(시기)

(a) 「노조법」 제43조의 규정에 의한 채용(대체)이 '쟁의행위 기간 중'에 이루어진 경우 금지되는 것이 원칙이나, 신규채용의 동 조항 위반여부는 신규채용의 시기에 관계없이 그 목적이 쟁의행위로 인하여 중단된 업무를 대체할 목적으로 이루어졌는지 여부에 따라 판단하여야 한다.

(b) 따라서, 사용자가 노동조합이 쟁의행위에 들어가기 전에 근로자를 새로 채용하였다 하더라도 쟁의행위기간 중 쟁의행위에 참가한 근로자들의 업무를 수행하도록 하기 위하여 채용이 이루어 졌고 쟁의행위로 중단된 업무에 투입하였다면 비록 쟁의행위기간 전에 신규채용이 있었다 하더라도 「노조법」 제43조 위반이 된다.[566]

565) 대판 2008.11.13, 2008도4831.

566) 대판 2000.11.28, 99도317.

4. 대체의 제한

가. 대체의 의미

"대체"란 파업 등 쟁의행위에 참가한 조합원의 업무를 다른 사람으로 하여금 대신 수행하게 하는 것을 의미하며, 반드시 근로자 신분이어야 한다거나 임금 등을 지급하여야 하는 것은 아니다.

나. 허용범위

(a) 사용자가 노동조합의 쟁의행위로 중단된 업무의 수행을 위하여 대체 가능한 근로자는 업종·직종·조합원 여부 등에 관계없이 당해 사업내의 모든 근로자이다. 따라서 당해 사업장의 비조합원과 파업불참 조합원 중 근로희망자, 당해 사업 내 수개의 사업장이 있는 경우에는 본사 및 다른 사업장 근로자를 대상으로 한 대체근로는 가능하다.

(b) 단체협약에 당해 사업 내의 대체근로에 대해서도 제한하는 규정이 있는 경우 이를 위반하여 대체근로를 사용한 것을 「노조법」 제43조 위반으로 보기는 어려우며,[567] 파트타임 등 단시간 근로자는 당해 사업 내 근로자이므로 당초 계약된 근로시간을 연장하여 연장근로하거나, 기왕에 사용해 오던 일용근로자를 계속 사용하는 것은 가능하다.

다. 제한범위

(a) 쟁의행위로 중단된 업무를 대체할 목적으로 가족, 주민 등 당해 사업과 관계없는 자를 자원봉사자 형식 등으로 쟁의행위로 중단된 업무를 수행케 하는 것도 대체근로 금지 위반에 해당한다. 다만, 사용자의 관여 없이 이루어지는 자발적인 자원봉사활동, 자구행위의 일환으로 이루어지는 주민의 활동에 대하여는 대체근로 제한 규정을 적용하기 어렵다.

567) 노동조합과-821, 2004.3.30.

(b) 파견근로자는 파견계약에 의한 업무영역 내에서는 근무 장소에 관계없이 대체투입이 가능하나, 파견근로계약을 벗어나 쟁의행위로 중단된 업무에 투입하는 것은 대체근로 위반에 해당한다.[568)]

5. 도급·하도급의 제한

가. 제한범위

쟁의행위 기간 중이라도 사업활동·조업의 자유 등은 보장되어야 하므로 쟁의행위기간 중에 신규로 계약된 업무 등 확장된 업무영역, 쟁의행위와 관련이 없는 업무에 대한 도급·하도급은 가능하다.

나. 도급·하도급 내용의 변경

(a) 도급·하도급 계약해지, 계약기간 만료 등의 경우 기존 계약내용의 범위 내에서 계약기간을 연장하거나 새로운 업체에 도급·하도급을 주는 것은 가능하다.

(b) 그러나, 도급·하도급계약을 변경하여 기존 내용에 포함되어 있지 않은 업무(쟁의행위로 중단된 업무)로 확대하거나,[569)] 용역업체 근로자 등이 본래 수행하던 업무를 확장하여 쟁의행위로 중단된 업무에 대체하는 것[570)]은 법 위반에 해당한다.

(c) 또한, 타회사 시설이용, 용차 등의 방법으로 쟁의행위로 중단된 업무를 수행하는 것은 법 위반에 해당하나, 단순히 물건을 구입 또는 타 업체의 서비스를 이용하거나 자동판매기 등 무인자동기계로 대체하는 것은 법 위반으로 보기 어렵다.[571)] 한편, 당직업무가 쟁의행위가 제한되는 안전보호시설의 유지·운영 업무

568) 「파견법」 제16조제1항에 "파견사업주는 쟁의행위 중인 사업장에 그 쟁의행위로 중단된 업무의 수행을 위하여 근로자를 파견하여서는 아니 된다"라고 규정하여 쟁의행위와 관련, 파견근로자가 활용되는 것을 금지하고 있다.

569) 협력 68107-457, 2001.9.15.

570) 노동조합과-2169, 2005.8.4.

571) 협력 68140-423, 1997.10.28.

등에 해당되지 않는 한 쟁의행위로 중단된 당직업무에 대해 도급을 주는 것도 대체근로 위반에 해당한다.[572)]

6. 필수공익사업에 대한 예외[573)]

(a)「노조법」은 과거의 필수공익사업에 대한 직권중재제도 폐지와 함께 필수유지업무제도를 도입하면서, 필수공익사업에서 사용자가 쟁의행위기간 중에 한하여 당해 사업과 관계없는 자를 채용 또는 대체하거나 그 업무를 도급 또는 하도급을 주는 경우에는 신규채용 또는 대체근로 금지 규정을 적용하지 아니하도록 하여 예외적으로 채용 또는 대체를 허용하고 있다(제43제 제2항 및 제3항).

(b) 이 경우, 사용자는 당해 사업(사업장) 파업참가자의 100분의 50을 초과하지 않는 범위 안에서 채용 또는 대체하거나 도급 또는 하도급을 줄 수 있다. 이때 파업참가자 수는 근로의무가 있는 근로시간 중 파업 참가를 이유로 근로의 일부 또는 전부를 제공하지 아니한 자의 수를 1일 단위로 산정하고(노조법시행령 제22조의4제1항), 사용자는 파업참가자 수 산정을 위하여 필요한 경우 노동조합에 협조를 요청할 수 있다(노조법시행령 제22조의4제2항).

(c) 이와 같이 필수공익사업의 대체근로 허용과 관련하여 규정상 '파업참가자'로 한정하고 있기 때문에 파업이 아닌 태업 등의 쟁의행위인 경우 대체근로가 전면적으로 금지된다.

7. 대체근로 제한(금지) 관련 실무사례

① "쟁위행위로 중단된 업무"의 범위에 쟁의행위에 참가하였으나 쟁의 도중 스스로 사직한 경우 사직 이후 시점에서는 그 근로자가 수행하던 업무가 포함되지 않는다.[574)]

572) 노동조합과-804, 2008.4.29.

573) 노동법실무연구회「노동조합 및 노동관계조정법주해Ⅱ」박영사 2015. p.413 참조.

574) 서울고판 2012.7.18, 2012라109.

「노조법」 제43조제1항의 "쟁위행위로 중단된 업무"란 쟁의행위에 실제 참가한 노동조합원으로서 당해 사업장에서 계속 근로자의 신분을 유지하고 있는 자가 수행하던 업무라 볼 것이므로 쟁의행위에 참가하였으나 쟁의 도중 스스로 사직한 경우 사직 이후 시점에서는 그 근로자가 수행하던 업무가 포함되지 않는다고 봄이 상당하다.

② 쟁의행위 기간 중 대체 근로자가 사직함에 따라 사용자가 신규채용하게 되었다면, 이는 사용자의 정당한 인사권 행사에 속하는 자연감소에 따른 인원충원에 불과하므로 특별한 사정이 없는 한 대체근로 금지 위반에 해당하지 않는다.[575)]

사용자가 쟁의기간 중 쟁의행위로 중단된 업무의 수행을 위해 당해 사업과 관계있는 자인 비노동조합원이나 쟁의행위에 참가하지 아니한 노동조합원 등 당해 사업의 근로자로 대체하였는데 그 대체한 근로자마저 사직함에 따라 사용자가 신규채용하게 되었다면, 이는 사용자의 정당한 인사권 행사에 속하는 자연감소에 따른 인원충원에 불과하다고 보아야 하므로 특별한 사정이 없는 한 「노조법」 제43조제1항 위반죄를 구성하지 않는다.

③ 쟁의행위 개시 이전에 근로자를 채용하였다 하더라도 쟁의행위기간 중 쟁의행위로 중단될 업무를 수행케 하기 위하여 채용하였고, 실제 쟁의행위로 중단된 업무에 투입하였다면 대체근로 금지 위반이 된다.[576)]

사용자가 노동조합이 쟁의행위에 들어가기 전에 근로자를 새로 채용하였다 하더라도 쟁의행위기간 중 쟁의행위에 참가한 근로자들의 업무를 수행케 하기 위하여 그 채용이 이루어졌고 그 채용한 근로자들로 하여금 쟁의행위기간 중 쟁의행위에 참가한 근로자들의 업무를 수행케 하였다면 「노조법」 제43조의 위반죄를 구성하게 된다.

575) 대판 2008.11.13, 2008도4831.

576) 대판 2000.11.28, 99도317.

④ 단체협약으로 쟁의행위기간 중 비조합원을 대체하여 근무시키지 못한다고 노사가 약정한 경우라도 사용자가 비조합원에게 쟁의행위로 중단된 업무를 수행토록 하였다면「노조법」제43조 규정의 취지에 위반된다고 보기 어렵다.[577)]

「노조법」제43조의 취지상 사용자는 당해 사업내의 비조합원을 사용하여 조업을 계속할 수 있음에도 단체협약으로 쟁의행위기간 중 비조합원을 대체하여 근무시키지 못한다고 노사가 약정한 경우, 사용자가 비조합원에게 쟁의행위로 중단된 업무를 수행토록 하였다면「노조법」제43조 규정의 취지에 위반된다고 보기 어려우므로 동조 위반으로 처벌할 수 없다.

⑤ 재하청업체의 업무영역을 확대하는 방법으로 사용자(하청업체)가 당해 노동조합의 쟁의행위로 중단된 업무를 수행케 하는 것은「노조법」제43조제2항 위반에 해당한다.[578)]

⑥ 항운노조원이 수행하던 업무영역을 확대하여 쟁의행위로 중단된 장비업무에 투입하는 것은 대체근로 금지 규정(노조법 제43조)에 위반된다.[579)]

항만하역 계약에 따라 항운노조원을 하역작업에만 투입하고 회사에서 직접 장비업무를 수행하여 그 업무영역이 명확하게 구분되는 경우라면, 종래에 항운노조원이 수행하던 업무영역을 확대하여 쟁의행위로 중단된 장비업무에 투입하는 것은「노조법」제43조에 위반된다.

⑦ 사용자가 노동조합의 정당한 쟁의행위기간 중에 조합원의 쟁의행위 참여로 인해 중단된 레미콘수송 업무를 타 회사 차량을 이용하거나 용차하는 방법으로 대체하였다면 그와 같은 행위는「노조법」제43조의 규정에 위반된다.[580)]

⑧ 사용자가 노동조합의 쟁의행위로 물건이 생산되지 않아 외부로부터 단순히 물건을 구입한 경우라면 이를 도급 또는 하도급이라 보기는 어렵다.[581)]

577) 노동조합과-821, 2004.3.30.
578) 협력 68107-457, 2001.9.15.
579) 노동조합과-2169, 2005.8.4.
580) 협력 68140-179, 2001.4.21.

도급이란 당사자 일방이 어느 일을 완성할 것을 약정하고 상대방이 그 일의 결과에 대하여 보수를 지급할 것을 약정하는 것으로 사용자가 노동조합의 쟁의행위로 물건이 생산되지 않아 외부회사로부터 단순히 물건을 구입한 경우라면 이를 도급 또는 하도급이라 보기는 어렵다.

⑨ 쟁의행위로 음료판매 업무가 중단되자 이에 대신하여 자동판매기를 설치한 경우 대체근로 금지 위반으로 볼 수 없다.[582)]

쟁의행위로 인하여 기존 영업부서 소속 조합원들이 수행하던 음료판매 업무가 중단되자 이에 대신하여 자동판매기를 설치한 경우, 사용자가 외부근로자 채용 또는 대체가 아닌 자동판매기를 설치한 것만으로는 대체근로를 금지한 「노조법」에 위배된다고 볼 수 없다.

⑩ 당직근무 거부의 쟁의행위가 주체, 목적, 절차, 수단 등에서 정당한 경우라면 이로 인해 중단된 당직업무에 대해 도급을 주는 것은 대체근로 금지 규정에 위반된다.[583)]

근로계약에 의한 본래의 업무와 마찬가지로 당직근무도 사용자의 지휘·감독 아래 수행하는 업무이므로 쟁의행위가 제한되는 안전보호시설의 유지·운영 업무 등에 해당되지 않는 한 쟁의행위의 방법의 하나로 선택할 수 있을 것이며, 근로자들이 관행적으로 수행해 오던 당직(일·숙직)근로를 집단적으로 거부함으로써 업무의 정상적인 운영이 저해된다면 쟁의행위에 해당한다. 따라서 이와 같은 당직근무 거부의 쟁의행위가 주체, 목적, 절차, 수단 등에서 정당한 경우라면 이로 인해 중단된 당직업무에 대해 도급을 주는 것은 대체근로 금지 규정에 위반된다.

---

581) 협력 68140-423, 1997.10.28.

582) 협력 68140-423, 1997.10.28.

583) 노동조합과-804, 2008.4.29.

주/요/쟁/점/실/무

제11절 준법투쟁 관련 쟁점

1. 의 의

(a) 준법투쟁이란 종래의 업무운영 관행이 있는 법령 또는 단체협약, 취업규칙 등 제 규정에 위반하고 있거나 위반의 우려가 있는 경우, 노동조합의 지시·명령에 따라 근로자들이 자신들의 주장을 관철하기 위하여 종래의 관행과 다른 방법으로 업무를 수행하거나 업무를 정지함으로써 업무운영을 저해하는 행위를 말한다.[584]

(b) 즉, 근로자들이 집단적으로 법령이나 단체협약, 취업규칙 등의 내용을 필요 이상으로 철저히 준수함으로써 작업능률과 실적을 저하시켜 사용자에게 압력을 가하는 행위로, 안전·보안법규 철저 준수, 집단적 연차휴가 사용, 연장·야간 근로의 집단적 거부, 정시 출퇴근 등의 형태로 나타난다.

2. 준법투쟁의 쟁의행위 해당성 여부

(a) 준법투쟁은 근로자들이 그들의 주장을 관철하기 위하여 사용자에게 압력을 가한다는 점에서는 태업 등과 비슷하지만 근로자 개개인의 권리·의무를 실현한다는 측면에서 보면, 이를 쟁의행위로 볼 수 있는가에 대하여 논의가 있다.

(b) 「노조법」은 쟁의행위 해당기준을 "업무의 정상적인 운영을 저해하는 것"이라고 규정(제2조제6호)하고 있는데, 여기서 "업무"를 어떻게 볼 것인가에 따라 판단이 달라지게 된다.

(c) 즉, ① '업무'를 '관행화된 업무'로 보는 사실정상설(事實正常說)의 입장에서는 준법투쟁은 업무의 정상적 운영을 사실상 저해하는 것이므로 쟁의행위에 해당한다고 본다.[585] ② 또 하나의 견해는 '업무'를 '적법한 업무'만을 의미한다고

584) 노동법실무연구회「노동조합 및 노동관계조정법주해Ⅱ」박영사 2015. p.361.

585) 김형배, 「새로 쓴 노동법(제25판)」, 박영사, 2015, pp.1107~1108.

보는 법률정상설(法律正常說)의 입장에서는 "업무의 정상적 운영 저해"라 함은 적법한 업무의 저해만을 의미하므로 법령이나 단체협약에 부합되는 업무의 수행은 쟁의행위에 해당하지 않는다.[586]

(d) 이에 대하여, 판례[587]는 "근로자들의 통상적으로 해오던 연장근로를 집단적으로 거부함으로써 회사업무의 정상적인 업무를 저해하였다면 이는 쟁의행위에 해당한다"는 취지로 판시하여 준법투쟁이 통상적이고 관행적인 업무 운영을 저해하였다면 쟁의행위에 해당한다는 입장을 취하여, 90년대 이후에는 사실정상설에 입각하여 판단하고 있다.

3. 준법투쟁의 유형과 정당성

가. 정당성 판단 기준

준법투쟁의 정당성 여부를 판단하는데 있어서는 개개 근로자의 개별적 준법행위가 정당한 권리행사에 해당한다 하더라도 사실정상설의 입장에서 쟁의행위 여부가 판단되어지는 것이 타당하며, 전체적인 쟁의행위가 그 주체, 목적, 시기 및 절차, 구체적인 방법 등의 측면에서 정당성을 인정받을 수 있어야 한다.

나. 유형별 검토

1) 연장(휴일)근로 거부

(a) 단체협약에 연장(휴일)근로를 허용하고 있거나, 취업규칙 등에서 연장(휴일)근로 관련 규정을 두고 있고 이에 따라 근로자들의 동의 아래 연장(휴일)근로를 제공하기로 되어 있는 경우에는 이를 집단적으로 거부하는 행위는 소극적인 근로제공 거부로서 사용자의 적법한 업무를 저해하는 행위로 볼 수 있으므로 쟁의행위에 해당한다.[588] 이 경우 쟁의행위 정당성 요건을 갖추어야 한다.

---

586) 임종률, 「노동법(제14판)」, 박영사, 2016, p.207.

587) 대판 1991.10.22, 91도600 ; 대판 1995.4.7, 94다27342 ; 대판 1996.2.27, 95도2970 등.

588) 대판 1991.7.9, 91도1051에서 "단체협약상 업무상 필요가 있을 때에는 사용자인 회사가 휴일

(b) 한편, 단체협약이나 취업규칙 등에 연장근로 관련 규정이 없으나 연장근로를 실시하는 것이 관행화 되어 있는 경우, 관행화된 업무도 불법이 아닌 한 보호되어야 한다는 점에서 관행화된 연장근로를 집단적으로 거부하는 것은 쟁의행위에 해당하는 것으로 볼 수 있다.

(c) 판례의 경우도 "연장근로가 당사자 합의에 의하여 이루어지는 것이라 하더라도 근로자들을 선동하여 근로자들이 통상적으로 해오던 연장근로(관행화된 연장근로)를 집단적으로 거부하도록 함으로써 회사업무의 정상운영을 저해하였다면 쟁의행위에 해당하는 것으로 보고 있다.[589]

2) 안전투쟁

(a) 안전투쟁이란 안전·위생에 관한 법규·취업규칙 및 단체협약상의 규정을 철저히 준수하거나 위반사항의 시정을 요구하면서 작업을 거부하는 행위를 말한다.

(b) 즉, 안전투쟁은 노동조합 등 근로자집단의 요구사항 관철을 위한 압력수단으로서 안전·위생규정을 필요 이상으로 철저히 준수하는 것은 근로제공의무의 불충분한 이행에 해당하고 이로 인해 업무의 정상적인 운영을 저해하였다면 쟁의행위에 해당하며,[590] 이 경우 그 정당성 요건을 충족하여야 한다.

3) 집단휴가(연차휴가, 집단조퇴, 집단병가 등)

(a) 근로자들이 집단적으로 연차휴가, 조퇴, 점심시간 일제사용, 병가 일제사용 등을 실시하는 방법으로 집단적으로 근로제공을 거부하는 행위를 집단 휴가라 한다.

(b) 집단휴가가 쟁의행위에 해당하는지 여부는 개별적인 사안에 따라 집단휴가의 목적, 방법, 시기, 이로 인하여 침해되는 사용자의 경영손실, 연차휴가의 경

근로를 시킬 수 있도록 정하여져 있어서 회사가 이에 따라 관행적으로 휴일근로를 시켜 왔음에도 불구하고, 회사가 지시한 휴일근로를 집단적으로 거부한 것은 회사업무의 정상적인 운영을 저해하는 것으로 쟁의행위에 해당한다"고 판시하였다.

589) 대판 1991.7.9, 91도1051 ; 대판 1991.10.22, 91도600 ; 대판 1996.2.27, 95도2970 등.

590) 노사 01254-281, 1992.6.11, 서울지판 1999.10.26, 99노8254.

우 사용자의 시기변경권 행사 여부 등을 종합적으로 고려하여 판단하는 것이 타당하다.

(c) 예를 들어, 연차휴가의 집단사용이 사용자의 시기변경권을 부당하게 침해하거나, 집단조퇴·집단병가·집단생리휴가 등이 제도 자체의 목적과 다른 이유로 행해지는 경우, 근로자의 정당한 권리행사로 보기 어려운 것은 물론, 업무의 정상한 운영을 저해하는 행위이므로 쟁의행위로 평가하여야 한다.[591)]

(d) 판례도 "근로자들이 회사로부터 거부당한 요구사항을 관철시킬 목적으로 집단적으로 연차휴가를 사용하여 근로제공을 거부한 것은 이른바 쟁의적 준법투쟁으로서 쟁의행위에 해당한다"고 판시하고 있으며,[592)] 헌법재판소도 전교조 조합원들이 집단연가서를 제출하고 수업을 거부하면서 교육정책의 반대집회에 참석한 사안에 대해서 집단연가서 제출행위를 쟁의행위로 보았다.[593)]

(e) 따라서, 위와 같은 집단휴가는 쟁의행위에 해당하며, 이 경우 쟁의행위의 정당성 요건을 갖춘 경우에만 적법한 쟁의행위로 평가된다.

4) 집단사표제출[594)]

(a) 집단사표제출이란 근로자들이 노동조합의 통제하에 요구조건을 관철하기 위하여 집단적으로 사표를 제출하고 근로제공을 거부하는 행위를 말한다.

(b) 이와 같이 노동조합이 투쟁의 효과를 높이기 위한 수단으로서 집단사표를 제출하는 경우, 근로자들의 진정한 근로계약 해지의 의사 없이 자신들의 주장을 관철하기 위한 목적으로 업무의 정상적 운영을 저해하는 행위에 해당하므로 쟁의행위로 보아야 하며, 이 경우 쟁의행위의 정당성 요건을 갖추어야 한다.

591) 노동법실무연구회「노동조합 및 노동관계조정법주해Ⅱ」박영사 2015. pp.365~366.
592) 대판 1996.7.30, 96누587.
593) 헌재 2004.7.15, 2003헌마878 결정
594) 노동법실무연구회「노동조합 및 노동관계조정법주해Ⅱ」박영사 2015. p.366.

5) 기 타

이외에도 ① 점심시간 끝나기 5분전 전원 식사하기, ② 근무시간 중 단체로 화장실 가기, ③ 근무시간 중 신용협동조합에 단체예금 및 인출하기, ④ 간부사원 단체면담하기, ⑤ 근무시간 중 일괄적으로 의무실에서 약 타먹기 등이 노동조합이 주체가 되어 자신들의 주장을 관철할 목적으로 해당사업장의 업무의 정상적인 운영을 저해하였다면 쟁의행위에 해당된다.[595)]

595) 노사 32281-6917, 1988.5.11.

주/요/쟁/점/실/무

제12절 직장폐쇄 관련 쟁점

1. 직장폐쇄의 의의

(a) 직장폐쇄(lock-out)란 사용자가 근로자측의 쟁의행위에 대항하여 근로자의 노무수령을 거부하는 행위로 노사관계에서 실질적인 대등을 확보하기 위해 사용자에게 인정되는 쟁의행위의 유형이다.

(b) 직장폐쇄는 "노동조합의 쟁의행위에 대항하기 위한" 것이므로 그 밖의 다른 이유에서 조업을 중단하는 폐업이나 휴업과 구별되며, 근로자측이 제공하는 "노무수령을 집단적으로 거부하는 것"이므로 개별근로자에 대한 대기명령, 정직처분, 출근정지처분 등과 구별된다.

(c) 근로자측의 쟁의행위와 사용자의 직장폐쇄는 그 법적 근거가 다르다. 근로자측 쟁의행위는 「헌법」상 노동3권에 근거하고 있으나, 사용자의 직장폐쇄는 「노조법」에 규정(제46조)되어 있고, 노동조합의 쟁의행위에 대항할 수 있는 수단, 즉 노사간의 세력균형을 회복하기 위한 대항방어수단으로 그 정당성이 인정되는 범위 안에서 사용자에게 주어지는 노동법상의 권리이다.[596)]

2. 정당성 요건

가. 시기(대항성)

(a) 사용자는 노동조합이 쟁의행위를 개시한 이후에만(사후성) 직장폐쇄를 할 수 있다(노조법 제46조제1항).[597)] 즉, 노조의 쟁의행위에 대항하는 행위수단으로

596) 대판 2000.5.26, 98다34331.

597) 직장폐쇄 개시시기(노조법 제46조제1항)를 위반한 때에는 1년 이하 징역 또는 1천만원 이하의 벌금에 처하도록 규정하고 있다(노조법 제91조).

인정되므로 쟁의행의를 개시하기 이전에 하는 선제적 직장폐쇄는 허용되지 않는다.

(b) 이와 같은 직장폐쇄의 시기상 대항성 요건은 직장폐쇄 개시 필요 요건일 뿐만 아니라 계속하기 위한 요건이다. 따라서, 노동조합이 쟁의행위를 개시한 이후에 직장폐쇄를 하였다가 그 후 쟁의행위가 종료되었다면 원칙적으로 그 시점에서는 더 이상 직장폐쇄를 계속할 수 없다고 보아야 한다.[598)]

(c) 또한, 노동조합의 쟁의행위는 직장폐쇄의 전제이므로 노동조합이 파업을 철회하면 사용자도 직장폐쇄를 해제하여야 하고, 노동조합이 진행 중인 쟁의행위를 중단하고 조업복귀 의사를 명백히 한 경우에는 사용자는 직장폐쇄를 철회하여야 한다.

(d) 다만, 노동조합이 업무에 복귀하겠다는 형식적인 의사표시는 있었으나, 과거의 파업태양 등 제반사정에 비추어 볼 때 업무복귀의 진의가 불분명하여 이를 확인할 때까지 직장폐쇄를 유지할 수 있다. 즉 복귀의사는 진정한 의사이어야 하므로 제반사정에 비추어 진의가 아님이 명확한 경우에는 직장폐쇄를 계속 하더라도 위법하다고 볼 수 없다.

(e) 직장폐쇄를 언제까지 유지할 경우 위법하게 되는지에 대한 기준과 관련 최근 판례는 일부 근로자들이 개별적·부분적으로 업무복귀 의사를 밝히는 것만으로는 부족하고, 그 복귀 의사가 사용자가 경영의 예측가능성과 안정을 이룰 수 있는 정도로 집단적·객관적으로 표시되어야 하고 '노조가 쟁의행위 철회신청서를 제출해 회사가 이를 확인한 시점'에는 조합원 업무복귀에 대한 진정한 의사를 확인했다고 판단해 직장폐쇄에 대한 보다 명확한 기준을 제시한 바 있다.[599)]

나. 목적(방어성)

(a) 직장폐쇄는 노동조합의 쟁의행위로 인하여 노사간의 교섭력의 균형이 깨지고 오히려 사용자측에게 현저히 불리한 압력이 가해지는 상황에서 회사를 보

598) 대전고판 1995.12.19, 95나1697.

599) 대판 2017.4.7, 2013다101425.

호하기 위하여 수동적, 방어적인 수단으로 상당성이 인정되는 범위 안에서 부득이하게 개시되는 경우에 한하여 인정된다.[600)]

(b) 따라서, 쟁의행위 기간 중에 실시되어 대항성 요건을 갖추었다 하더라도 위와 같은 방어적인 목적을 벗어나 적극적으로 노동조합의 조직력을 약화하기 위한 목적 등을 갖는 공격적 직장폐쇄는 방어목적을 벗어난 것이므로 허용되지 않는다.

(c) 예를 들어 노동조합 파괴를 목적으로 조합원에 대해서만 직장폐쇄를 실시하는 경우, 단순히 임금 또는 휴업수당의 지급을 면하기 위한 목적으로 하는 경우 등은 공격적인 직장폐쇄로 볼 수 있다.[601)]

다. 수단(상당성)

(a) 사용자의 직장폐쇄는 노사간의 교섭태도 및 경과, 노동조합의 쟁의행위 태양, 사용자측이 받은 타격이나 압력의 정도 등에 관한 구체적 사정에 비추어 형평의 견지에서 노동조합측의 쟁의행위에 대한 대항·방위 수단으로서 상당성(긴급성 및 필요성)이 인정되는 경우에 한하여 정당한 쟁의행위로 평가받을 수 있다.[602)]

(b) 따라서, 평화의무위반, 폭력행사를 수반하는 경우, 노동조합측의 직장복귀 의사가 명백하고 달리 직장폐쇄를 지속할 긴급성이 없음에도 불구하고 장기간에 걸쳐 직장폐쇄를 계속하는 경우에는 상당성을 결여한 것으로 볼 수 있다.[603)]

(c) 예를 들어, 노동조합(지부)이 파업에 돌입한 지 불과 4시간 만에 바로 직장폐쇄 조치를 한 경우,[604)] 파업에 참여한 조합원 수가 소수(전체인원 412명 중 33명)이고 파업으로 인해 사용자의 업무수행에 특별한 지장이 초래될 만한 상황이 아니었는데 직장폐쇄를 한 경우[605)]에는 그 정당성이 부정되었다.

600) 대판 2000.5.26, 98다34331.

601) 노동법실무연구회「노동조합 및 노동관계조정법주해Ⅱ」박영사 2015. p.488.

602) 대판 2000.5.26, 98다34331 ; 대판 2005.6.9, 2004도7218 ; 대판 2007.3.29, 2006도9307 등.

603) 노동법실무연구회「노동조합 및 노동관계조정법주해Ⅱ」박영사 2015. p.488.

604) 대판 2007.12.28, 2007도5204.

605) 대판 2002.9.24, 2002도2243.

(d) 그러나, 상시근로자 12인을 고용하는 영세 사용자가 조합원들의 태업으로 이미 상당한 손해를 보고 있는 상황에서 근로자 6명이 참여하는 파업이 이루어진 경우에는 직장폐쇄의 정당성이 인정된 사례가 있다.[606)]

3. 직장폐쇄의 행정적 절차

가. 직장폐쇄의 사전공고

(a) 직장폐쇄는 사용자가 근로자의 쟁의행위에 대항하여 노무수령을 거부하는 행위이므로 노무수령을 거부하고 임금지급의무를 이행하지 않겠다는 사용자의 의사표시를 분명히 할 필요가 있다.

(b) 따라서 사용자는 직장폐쇄 실시 전에 직장폐쇄 일시·대상 등을 게재한 내용의 공고문 게시 등 근로자가 직장폐쇄 사실을 알 수 있도록 조치하여야 한다. 이때 공고문 게시는 근로자가 알 수 있는 장소 등에 하여야 하며 최소한 직장폐쇄 개시일 이전에 게시하여야 한다.[607)]

나. 직장폐쇄의 신고

(a) 사용자가 직장폐쇄를 할 경우에는 행정관청 및 노동위원회에 각각 신고해야 한다(노조법 제46조제2항). 이때 행정관청은 노조설립신고를 처리하는 행정기관(노조법 제10조 및 제12조) 즉, 노동조합의 주된 사무소 소재지 관할과 동일하며, 노동위원회는 사건발생지에 소재한 노동위원회를 의미한다.

(b) 직장폐쇄의 신고는 행정적 절차이므로, 사용자가 신고하지 아니한 경우라도 직장폐쇄의 정당성이 부정되는 것은 아니다. 다만, 「노조법」 제46조제2항 규정을 위반하여 행정관청에 사전신고 없이 직장폐쇄를 실시한 경우 행정관청은 즉시 시정토록 지시하고 이행하지 않을 시 과태료가 부과된다(노조법 제96조제1항제3호).

---

606) 의정부지판 2008.6.4, 2007가단22118.

607) 노사간 의사소통이 온라인을 통해 이루어져온 관행이 있는 경우라면 사내전산망 또는 홈페이지를 통해 공고하거나 직장폐쇄 대상이 된 근로자에게 개별메일을 전송하는 방법도 가능하다.

4. 직장폐쇄의 법적효과

가. 임금지급의무의 면제

(a) 직장폐쇄가 정당성의 여건을 갖추어 행해지면 사용자는 직장폐쇄의 대상 근로자에 대하여 그 기간 동안 임금지급의무를 면제받으나,[608] 직장폐쇄가 정당성을 상실한 경우라면 임금지급 의무를 면할 수 없다. 이때 임금의 범위는 직장폐쇄가 없었더라면 지급하였어야 할 임금이다.

(b) 임금지급의무 면제의 대상은 직장폐쇄의 대상으로 정당하게 포함시킨 근로자 전체이고, 쟁의행위에 실제 참가한 근로자에 대하여만 임금지급의무가 면제되는 것은 아니다.

나. 쟁의행위 중인 근로자를 생산시설 또는 사업장으로부터 배제

(a) 근로자들의 직장점거가 적법하게 이루어졌다 하더라도 사용자가 이에 대응하여 적법하게 직장폐쇄를 하게 되면, 사용자의 사업장에 대한 물권적 지배권이 전면적으로 회복되는 결과 사용자는 점거 중인 근로자에 대하여 정당하게 사업장으로부터의 퇴거를 요구할 수 있다.[609]

(b) 사용자가 정당하게 퇴거를 요구하였음에도 근로자가 계속 업무시설이나 생산시설 등에 출입하는 경우 접근금지가처분 신청을 할 수 있고, 퇴거 요구에 불응하는 경우 퇴거불응죄가 성립하며, 직장폐쇄 이후 생산시설을 점거하면 주거침입죄가 성립한다.

다. 노조사무실 등 출입

(a) 직장폐쇄가 위법한 경우에는 평소 출입이 허용되는 사업장 내에 들어갈 수 있고, 그러한 행위는 주거침입죄에 해당하지 아니한다.[610] 따라서, 직장폐쇄가

608) 대판 2010.1.28, 2007다76566.

609) 대판 1991.8.13, 91도1234 ; 대판 2007.12.28, 2007도5204.

610) 대판 2002.9.24, 2002도2243.

정당한 경우에는 생산시설 등에 대한 출입은 금지되나, 노조사무실 등 일상적인 노조활동에 필요한 시설, 후생복리를 위한 시설, 기숙사 등 기본적인 생활근거지에 대한 출입은 허용되어야 한다.[611)]

(b) 한편, 노조의 사업장 출입시 생산시설에 대한 점거가능성이 합리적으로 예상되거나, 노조사무실이 노조활동의 근거지로 활용될 의사나 필요성이 없음이 객관적으로 인정되는 경우에는, 노조사무실 대체장소를 제공하면서 합리적인 범위 내에서 출입을 제한 또는 금지할 수 있다.

5. 직장폐쇄 관련 쟁점

가. 직장폐쇄기간 중 조업 관련

조업의 자유는 쟁의행위와는 별개로 보장되는 것으로, 사용자는 직장폐쇄 기간 중에도 비조합원 등 직장폐쇄 대상이 아닌 근로자를 이용하여 조업을 계속할 수 있다. 또한, 「노조법」 제43조 규정에 위배되지 않는 범위 내에서의 대체근로도 가능하다고 본다.

나. 불법 쟁의행위시 직장폐쇄

(a) 불법 쟁의행위의 경우 사용자는 적법한 쟁의행위시 보다 더 불리한 지위에 놓이게 되고, 노사대등성 확보를 위해 인정하고 있는 직장폐쇄의 근본취지를 고려할 때, 직장폐쇄를 적법한 쟁의행위에 국한하지 않고, 노조의 쟁의행위에 의해 노사간 힘의 균형이 깨지고 사용자 측에게 현저히 불리한 압력이 가해져 대항 또는 방어수단으로 상당성이 인정되는 경우에 행사할 수 있다고 해석·적용하는 것이 타당하다.

(b) 다만, 노동조합이 주도하지 않은 우발적 집단행동, 노노갈등 과정에서의 업무방해 발생 등 「노조법」상 쟁의행위로 볼 수 없는 경우는 직장폐쇄로 대응할 수 없다고 보아야 한다.

611) 대판 2010.6.10, 2009도12180.

다. 직장폐쇄의 대상과 범위 관련

(a) 노동조합이 쟁의행위의 일환으로 전면 또는 부분파업을 할 수 있는 것과 마찬가지로 사용자도 이에 대항하여 전면 또는 부분 직장폐쇄를 할 수 있다고 보아야 한다. 부분직장폐쇄는 일부 업무(부서)나 일부 인원에 대하여 직장폐쇄를 하고 조업을 계속하는 경우를 의미하고, 전면직장폐쇄는 전 사업장의 조업을 중단하는 상황을 의미하는 것으로 외형상 휴업 조치와 유사하다.

(b) 전면파업의 경우 사용자에게 임금지급 의무가 없으나 노동조합의 쟁의행위에 대한 대항수단이란 점에 비추어 볼 때 전면 직장폐쇄가 허용되는 것으로 보아야 하고, 부분파업이 발생한 경우 원칙적으로 부분직장폐쇄로 대응하는 것이 노동조합의 쟁의행위에 대한 대항수단이라는 면에서 타당하나, 부분파업이 전체 사업장 업무의 정지·폐지를 가져오는 경우에는 전면적인 직장폐쇄를 하는 것도 가능하다.

(c) 직장폐쇄의 대상은 원칙적으로 조합원·비조합원을 불문하며 쟁의행위의 태양에 따라 그 대상자를 정할 수 있다. 즉, 일부 조합원이 노무제공을 전면 거부하는 경우, 전체 조합원이 태업·파상파업 등 불완전한 노무를 제공하는 경우 등 쟁의행위의 태양에 따라, 파업참가자에 한정하거나 전체 조합원 또는 근로제공 의사가 있는 근로자를 포함한 전 근로자를 대상으로 할 수 있다.

라. 준법투쟁과 직장폐쇄

노동조합이 그 주장을 관철하기 위하여 집단적으로 법규나 단체협약 또는 취업규칙 등을 엄격히 지키거나 근로자가 가진 권리를 일제히 행사케 함으로써 사용사의 일상적인 업무운영을 저해하는 소위 '준법투쟁'을 한 경우, 이에 따라 사용자의 통상적이고 관행적인 업무 운영이 저해되었다면 이는 쟁의행위에 해당[612] 하므로 사용자는 이에 대항하여 직장폐쇄를 할 수 있다.[613]

612) 대판 1995.4.7, 94다27342 ; 대판 1996.2.27, 95도2970 등.

613) 대판 2016.5.24, 2012다85335에서도 노동조합의 태업에 대해 직장폐쇄를 한 것이 정당하다고 보았다.

마. 위법한 직장폐쇄의 효과

(a) 사용자는 노동조합이 쟁의행위를 개시한 이후에만 직장폐쇄가 가능함에도 이를 위반한 경우 「노조법」상 벌칙[614]이 적용되고, 근로자들의 민사상 손해배상 청구에 따라 사용자는 「민법」상 채권자의 귀책사유로 인한 이행불능에 대한 책임을 지거나 불법행위에 대한 책임을 지며, 임금 전액을 지급해야 할 의무가 발생한다.[615]

(b) 다만, 위법한 직장폐쇄의 경우라 하더라도 쟁의행위에 참가하여 사용자에게 직장 복귀의사를 표명하지 않는 등 근로제공 의사가 없는 근로자의 경우에 대해서는 이행불능으로 보기 어려워 임금지급 의무가 인정되는 것으로 볼 수 없다.

(c) 또한, 직장폐쇄가 위법하지만 쟁의행위 역시 위법한 경우에 사용자가 임금상당액을 지급해야 하는지 문제가 될 수 있으나, 위법한 쟁의행위에 대해서는 임금지급 의무가 없다고 보아야 한다.

6. 직장폐쇄 관련 실무사례

① '파업출정식' 전에 회사 정문을 폐쇄하고, 조합원들이 운행하는 소수의 차량에 한하여 부분직장폐쇄를 하였으며, 비조합원들에게만 차량을 배차하여 사업을 계속 영위한 것은 선제적·공격적 직장폐쇄에 해당하여 정당성이 없다.[616]

'파업출정식'을 하기도 전에 회사 정문을 폐쇄하고, 조합원 3인이 승무할 의사가 있음을 분명히 표시하였음에도 배차를 거부한 채 다음날에 조합원들이 운행하는 소수의 차량에 한하여 부분직장폐쇄신고를 하였고, 비조합원들에게만 차량을 배차하여 사업을 계속 영위하였는바, 우선 회사의 직장폐쇄는 노동조합의 쟁의행위에 대한 방어적인 목적을 벗어나 적극적으로 노동조합의 조직력을 약화시키기 위한 목적 등을 갖는 선제적·공격적 직장폐쇄에 해당하므로 그 정당성이 인정될 수 없다할 것이다.

614) 「노조법」 제90조 및 제46조제1항에 따라 1년 이하의 징역 또는 1천만원 이하의 벌금에 처해진다.

615) 대판 2000.5.25, 98다34331.

616) 대판 2003.6.13, 2003두1097.

② 직장폐쇄는 쟁의행위의 태양, 사용자가 받는 타격 정도 등 형평의 견지에서 근로자측의 쟁의행위에 대한 대항·방위수단으로서 상당성이 인정되는 경우에 한하여 정당성이 인정된다.[617)]

사용자의 직장폐쇄는 사용자와 근로자의 교섭태도, 경과, 근로자의 쟁의행위의 태양, 그로 인하여 사용자가 받는 타격의 정도 등에 관한 구체적 사정에 비추어 형평의 견지에서 근로자측의 쟁의행위에 대한 대항·방위수단으로서 상당성이 인정되는 경우에 한하여 정당한 것으로 평가된다.

③ 노조가 시한부 파업 후 복귀의사를 표시하였고, 직장폐쇄 이후 곧바로 노사간 쟁점에 관한 합의가 있었음에도 직장폐쇄를 계속하였고, 개별 조합원에게 조합탈퇴서를 보낸 것은 선제적·공격적인 것으로 그 긴급성과 필요성 및 상당성이 결여되어 정당성이 없다.[618)]

노동조합이 시한부 파업종료 후 곧바로 정상업무로 복귀하겠다고 의사를 표시하였고, 직장폐쇄 이후 곧바로 쟁의행위의 쟁점에 관한 합의가 있었음에도 직장폐쇄를 계속하였을 뿐만 아니라 노동조합의 조합원들에게 개별적으로 조합탈퇴를 위한 탈퇴서를 송부한 점 등에 비추어 보면, 위 직장폐쇄는 노동조합의 쟁의행위에 대항하여 수동적·방어적으로 이루어진 것이라기보다는 오히려 선제적·공격적인 것으로서 직장폐쇄로서의 긴급성과 필요성 및 상당성이 결여되었다고 봄이 상당하다.

④ 파업철회 등에 대한 노조원들의 진정한 의사를 확인하기 위해 파업종료확인서에 서명을 요구한 것이 노조원들에게 부당한 요구나 노조의 조직과 운영에 개입하기 위한 것이 아니므로, 노조원들의 업무복귀 의사를 확인할 수 없다고 하여 직장폐쇄를 계속 유지한 것이 위법하다고 볼 수 없다.[619)]

전면파업에서 노조 부지부장을 제외한 나머지 파업참가 조합원들이 업무에

617) 대판 2007.3.29, 2006도9307.

618) 대전고판 1995.12.19, 95나1697.

619) 대판 2005.6.9, 2004도7218.

복귀하는 내용의 부분파업으로 파업형태를 변경하기로 하고 이를 회사에 통지하였으나, 파업을 전면적으로 철회하는 것인지 여부를 확인하기 위하여 파업종료확인서를 작성해 달라는 회사의 요구를 거부하면서 업무에 복귀하지 않았고, 과거 노조의 파업 태양 등에 비추어 언제든지 다시 전면파업으로 진행될 개연성이 높았으며, 실제로 직장폐쇄 종료 후에도 노조원들은 정시출근 등을 통한 준법투쟁, ○○조합 앞에서의 합병반대 집회, 업무에 복귀하였던 노조원 파업 참가 등으로 쟁의행위를 계속한 점, 사업장이 금융기관이라는 특수성 때문에 업무의 연속성과 철저한 보안이 필수적이었던 점 등을 종합하면, 업무에 복귀하고자 하는 노조원들의 진의를 확인한 후 직장폐쇄 유지 여부를 결정할 필요성 때문에 노조원들의 진정한 의사를 확인하는 차원에서 파업종료확인서에 서명을 요구한 것이 노조원들에게 부당한 요구를 한 것이거나 노동조합의 조직과 운영에 개입하기 위한 것으로 보이지 않으므로, 노조원들의 업무복귀 의사를 확인할 수 없다고 하여 직장폐쇄를 계속 유지한 것이 위법하다고 볼 수 없다.

⑤ 준법투쟁 3일만에 전격적으로 단행한 직장폐쇄는 수동적·방어적인 수단으로서 개시된 것이라고 보기 어려우므로, 결국 회사의 직장폐쇄는 정당성을 결여하였다 할 것이고, 따라서 직장폐쇄기간 동안의 임금지급 의무를 면할 수 없다.[620]

⑥ 적법한 직장폐쇄는 사용자의 사업장에 대한 물권적 지배권이 전면적으로 회복되므로 근로자들에게 퇴거를 요구할 수 있고, 퇴거요구에 불응한 채 점거를 계속한 행위는 퇴거불응죄를 구성한다.[621]

근로자들의 직장점거가 개시 당시 적법한 것이었다 하더라도 사용자가 이에 대응하여 적법하게 직장폐쇄를 하게 되면, 사용자의 사업장에 대한 물권적 지배권이 전면적으로 회복되는 결과 사용자는 점거중인 근로자들에 대하여 정당하게 사업장으로부터의 퇴거를 요구할 수 있고 퇴거를 요구받은 이후의 직장점거는 위법하게 되므로, 적법히 직장폐쇄를 단행한 사용자로부터 퇴거요구를 받고도

620) 대판 2000.5.26, 98다34331.

621) 대판 1991.8.13, 91도1324 ; 대판 2004.1.27, 03도6026 ; 대판 2005.6.9, 04도7218.

불응한 채 직장점거를 계속한 행위는 퇴거불응죄를 구성한다.

⑦ 사용자의 직장폐쇄가 정당한 쟁의행위로 인정되지 아니한 때에는 적법한 쟁의행위로서 사업장을 점거중인 근로자들이 직장폐쇄를 단행한 사용자로부터 퇴거요구를 받고도 이에 불응한 채 직장점거를 계속하더라도 퇴거불응죄가 성립하지 아니한다.[622)]

⑧ 적법한 직장폐쇄의 경우도 노조활동에 필요한 시설, 기숙사 등 기본적인 생활근거지에 대한 출입은 허용되어야 하나, 사용자가 노조의 생산시설에 대한 접근, 점거 등의 우려에서 노조사무실 대체장소를 제공하고 합리적인 범위 내에서 노조사무실의 출입을 제한할 수 있다.[623)]

사용자의 직장폐쇄가 정당한 쟁의행위로 평가받는 경우에도 사업장 내의 노조사무실 등 정상적인 노조활동에 필요한 시설, 기숙사 등 기본적인 생활근거지에 대한 출입은 허용되어야 하고, 다만 쟁의 및 직장폐쇄와 그 후의 상황전개에 비추어 노조가 노조사무실 자체를 쟁의장소로 활용하는 등 노조사무실을 쟁의행위와 무관한 정상적인 노조활동의 장소로 활용할 의사나 필요성이 없음이 객관적으로 인정되거나, 사무실과 생산시설이 장소적·구조적으로 분리될 수 없는 관계에 있어 일방의 출입 혹은 이용이 타방의 출입 혹은 이용을 직접적으로 수반하게 되는 경우로서 생산시설에 대한 노조의 접근 및 점거가능성이 합리적으로 예상되고, 사용자가 노조의 생산시설에 대한 접근, 점거 등의 우려에서 노조사무실 대체장소를 제공하고 그것이 원래 장소에서의 정상적인 노조활동과 견주어 합리적 대안으로 인정된다면, 합리적인 범위 내에서 노조사무실의 출입을 제한할 수 있다.

⑨ 부분파업은 노조로서는 전면파업에 비하여 임금상실의 위험을 최소화시키면서도 실질적으로는 전면파업과 유사한 효과를 올리게 되므로 사용자는 이 경우 전면적인 직장폐쇄를 할 수 있다고 보아야 한다.[624)]

---

622) 대판 2007.12.28, 2007도5204 ; 대판 2007.3.29, 2006도9307 등.
623) 대판 2010.6.10, 2009도12180.

일반적으로 부분파업은 노동조합으로서는 전면파업에 비하여 임금상실의 위험을 최소화시키면서도 실질적으로는 전면파업과 유사한 효과를 올리게 되어, 사용자로서는 이들의 노무제공을 수령하더라도 실질적으로 이들 노동력을 결합시키기가 곤란하므로 조업중단과 임금지급이라는 이중부담을 안게 될 수 있기 때문에, 이러한 경우 사용자는 비록 노조가 부분파업을 하였다 하더라도 노조에 대한 전면적인 직장폐쇄를 할 수 있다고 보아야 한다.

624) 서울고판 2000.9.8, 2000나203 ; 대판 2001.3.9, 2000다63813.

주/요/쟁/점/실/무

제13절 필수공익사업과 필수유지업무 관련 쟁점

1. 필수공익사업

가. 의 의

(a) 필수공익사업이란 공익사업[625]으로서 그 업무의 정지 또는 폐지가 공중의 일상생활을 현저히 위태롭게 하거나 국민경제를 현저히 저해하고 그 업무의 대체가 용이하지 아니한 ① 철도사업, 도시철도사업 및 항공운수사업, ② 수도사업, 전기사업, 가스사업, 석유정제사업 및 석유공급사업, ③ 병원사업 및 혈액공급사업, ④ 한국은행사업, ⑤ 통신사업을 의미한다(노조법 제71조제2항).

(b) 이와 같이 필수공익사업으로 인정되기 위해서는 ① 실질적 요건(공익사업으로서 그 업무의 정지 또는 폐지가 공중의 일상생활을 현저히 위태롭게 하거나 국민경제를 현저히 저해하고), ② 형식적 요건(노조법 제71조제2항 각호에 열거된 사업)을 모두 갖추어야 한다.

나. 필수공익사업에 관한 특칙

「노조법」은 필수공익사업에 대해서 쟁의행위 등과 관련 몇 가지 특칙을 두고 있다. 즉, ① 그 업무 중 필수유지업무에 대한 쟁의행위의 제한(제42조의2), ② 노동관계당사자의 필수유지업무협정의 체결(제42조의3), ③ 필수유지업무협정이 체결되지 않았을 경우 노동위원회에 의한 필수유지업무 유지·운영 수준 등의 결정(제42조의4), ④ 필수유지업무 근무 근로자의 지명(제42조의6) 등에 관하여 규정하고 있고, ⑤ 쟁의행위기간 중 당해 사업 또는 사업장 파업참가자의 100분의

625) 공익사업에는 ① 정기노선여객운수사업 및 항공운수사업, ② 수도사업, 전기사업, 가스사업, 석유정제사업 및 석유공급사업, ③ 공중위생사업, 의료사업 및 혈액공급사업, ④ 은행 및 조폐사업, ⑤ 방송 및 통신사업이 이에 해당한다(노조법 제71조제1항).

50을 초과하지 않는 범위 안에서 채용 또는 대체하거나 도급 또는 하도급 주는 것을 허용하고 있다(제43조제3항 및 제4항).

2. 필수유지업무

가. 개 념

(a) 필수유지업무라 함은 필수공익사업의 업무 중 그 업무가 정지되거나 폐지되는 경우 공중의 생명·건강 또는 신체의 안전이나 공중의 일상생활을 현저히 위태롭게 하는 업무로서 대통령령(노조법시행령)이 정하는 업무(노조법시행령 제22조의2 별표1)를 말한다.

(b) 필수유지업무제도의 취지는 필수공익사업에 있어서 노사 양측의 극단적인 이해대립과 갈등으로 파업 등이 발생하는 경우 필수공익사업의 업무 중 그 업무가 정지되거나 폐지되는 경우 공중의 생명·건강 또는 신체의 안전이나 공중의 일상생활을 현저히 위태롭게 하는 업무를 미리 필수유지업무로 지정하여 그 업무의 정당한 유지·운영을 정지·폐지 또는 방해하는 행위를 쟁의행위로서 행할 수 없게 함으로써 공중의 일상생활 유지와 국민경제의 보전을 도모하고자 함에 있다.[626)]

(c) 한편, 필수유지업무제도와 관련, 필수유지업무 내용의 대통령령 위임, 쟁의권의 과도한 제한, 합리적 이유 없는 쟁의권 차별 등 위헌 논란에 대하여 헌법재판소는 "① 필수유지업무 내용을 대통령령에 위임하고 있는「노조법」제42조의2제1항이 포괄위임금지원칙에 위배되지 않고, ② 필수유지업무 종사자들의 쟁의권을 과도하게 제한하여 과잉금지원칙을 위반하지 않으며, ③ 필수유지업무 종사자의 쟁의권을 다른 업무 종사자들에 비해 합리적 이유 없이 차별하여 평등원칙에 위반한다고 볼 수 없다"고 결정한 바 있다.[627)]

---

626) 최영우「집단노동법 실무」㈜중앙경제 2016. p.460.
627) 헌재 2011.12.29, 2010헌바385.

나. 사업별 필수유지업무의 범위[628)]

1) 철도·도시철도사업

(1) 사업의 성격

정지 또는 폐지시 일상생활을 현저히 위태롭게 할 수 있는 서비스에 해당하며, 노선·시간대에 따라 서비스 정지 또는 폐지 시 공중의 일상생활에 미치는 영향이 다르므로 필수유지업무 유지율 및 필요인원의 수준이 고려될 수 있다.

(2) 필수유지업무

① 철도·도시철도 차량의 운전업무 : 철도·도시철도의 차량을 그 본래의 사용방법에 따라 운행하는 업무

② 철도·도시철도 차량 운행의 관제 업무(정거장·차량기지 등에서 철도신호 등을 취급하는 운전취급 업무를 포함한다) : (관제업무) 열차가 운행되는 동안 운행에 영향을 미치는 요소로부터 차량이 안전하고 정해진 시간에 운행할 수 있도록 열차 운행을 제어·통제·감시하는 업무, (운전취급업무) 정거장·차량기지 등에서 열차 운행에 관련된 진로를 구성하고, 운전관제사에게 열차운행 정보를 제공하며, 열차의 도착·출발·통과 등에 관련된 운행상의 안전과 운전정리 업무

③ 철도·도시철도 차량 운행에 필요한 전기시설·설비를 유지·관리하는 업무

④ 철도·도시철도 차량 운행과 이용자의 안전에 필요한 신호시설·설비를 유지·관리하는 업무

⑤ 철도·도시철도 차량 운행에 필요한 통신시설·설비를 유지·관리하는 업무

⑥ 안전 운행을 위하여 필요한 차량의 일상적인 점검이나 정비 업무 : 중정비 업무는 정비의 긴급성이 낮다는 점에서 필수유지업무에서 제외하는 것으로 해석

⑦ 선로점검·보수 업무

628) 「노조법시행령」 제22조의2

2) 항공운수사업

(1) 사업의 성격

항공운송업무는 최소서비스 성격이나, 공항서비스 업무 중 관제·보안업무 등은 필수서비스 성격[629]으로 항공기 및 여객의 안전, 적정 운항수준 결정에 있어 국내외 항공사, 국내 항공사간 수송분담률 등이 고려될 수 있다.

(2) 필수유지업무

① 승객 및 승무원의 탑승수속 업무 : 탑승권 발급, 수하물 접수 등 승객 및 승무원이 항공기에 탑승하기 위하여 필요한 사전에 행하는 업무

② 승객 및 승무원과 수하물 등에 대한 보안검색 업무 : 승객 등의 안전한 운송을 위해 위험물품 및 금지물품의 소지여부 확인 등 「항공안전 및 보안에 관한 법률」에 따라 수행하는 업무

③ 항공기 조종 업무

④ 객실승무 업무

⑤ 비행계획 수립, 항공기 운항 감시 및 통제업무 : 운항 계획에 따라 항공기의 안전 운항이 이루어지도록 항공기 출발 이전부터 도착 이후까지의 과정을 준비·점검·조력하는 업무

⑥ 항공기 운항과 관련된 시스템·통신시설의 유지·보수 업무

⑦ 항공기의 정비(창정비[630] 제외) 업무 : 항공기의 결함이나 이상 여부를 확인하여 수리, 보완하는 업무

⑧ 항공안전 및 보안에 관련된 법령, 국제협약 또는 취항 국가의 요구에 항공운송사업자의 안전 또는 보완 조치와 관련된 업무 : 항공법 등에 따른 항공기 및 화물 보안점검 등 항공안전 및 보안에 관한 업무와 항공기 취항 국가별로 요구하는 각종 보안 관련 사항을 수집하고 이에 대한 대응절차를 수립, 시행하는 업무

629) ILO는 항공관제업무가 필수서비스에 해당된다는 입장이다.

630) 정비공장에 입고하여 항공기 또는 항공기부품을 분해하여 점검·수리·교환 후 조립·최종점검 및 시험비행 등을 행하는 정비업무를 말한다.

⑨ 항공기 유도 및 견인 업무 : (유도업무) 항공기 착륙 후 유도로를 거쳐 주기장에 이르기까지 진입 과정을 지원하는 업무, (견인업무) 자체 후진이 불가능한 항공기를 견인차를 사용하여 항공기가 자체 이동이 가능한 지점까지 이동시키는 업무

⑩ 항공기에 대한 급유 및 지상전원 공급 업무 : (급유업무) 항공유를 항공기에 급유하는 업무, (지상전원 공급 업무) 항공기 가동 및 조종에 필요한 전력공급 업무

⑪ 항공기에 대한 제설·제빙 업무

⑫ 승객 승하기 시설·차량 운전 업무 : 승객이 항공기에 타거나 내리기 위해 사용하는 시설 또는 차량을 운전하는 업무

⑬ 수하물·긴급물품의 탑재·하역 업무 : 여객의 수하물 및 항공화물로 긴급 수송되는 물품의 탑재 및 하역 업무

⑭ 「항공법」 제2조[631]제16호에 따른 항행안전시설과 항공기 이·착륙시설의 유지·운영(관제 포함)을 위한 업무 : 항공기의 항행을 돕기 위한 항행안전시설과 활주로 등 항공기 이·착륙시설의 유지·운영을 위한 업무와 항공기에 대하여 출발부터 착륙하여 엔진 작동이 정지될 때까지 모든 비행단계를 통제·감시·지원하는 업무

3) 수도사업

(1) 사업의 성격

ⓐ 공중의 생명·건강에 영향을 미치는 필수서비스 성격[632]을 가지고 있고, 수도시설의 개발과 이용에 관해서는 수자원공사가 핵심적 역할을 수행하는 독점적 지위에 있다.

ⓑ 또한, 마을 상수도, 해수담수화 시설 등 지역에 따라 독자적으로 일부 가구를 대상으로 수돗물을 공급하고 있는 경우에도 그 지역별로 대체공급이 제한

631) 「항공법」 제2조(정의) 16. "항행안전시설"이라 함은 유선통신·무선통신·불빛·색채 또는 형상에 의하여 항공기의 항행을 돕기 위한 시설로서 국토해양부령이 정하는 시설을 말한다.

632) ILO도 수도사업이 필수서비스에 해당된다는 입장이다.

적이며, 공중의 생명·안전에 미치는 영향을 감안할 때 서비스의 공급수준(수돗물의 질·양)은 정상적으로 이루어질 필요가 있다.

(2) 필수유지업무

① 취수·정수(소규모 자동화 정수설비[633]를 포함한다)·가압·배수시설의 운영 업무

(취수시설 운영) 수돗물의 원료인 원수를 취수하는 취수장, 취수탑 등 취수시설과 취수여건의 안정성 확보를 위한 시설유지관리 업무, (정수시설 운영) 원수를 음용 등의 용도에 맞게 처리하기 위하여 소독시설, 여과지 등 정수시설을 운영하는 업무, (가압시설 운영) 원수나 수돗물을 낮은 곳에서 높은 곳으로 이동시키기 위하여 압력을 가하는 가압설비의 운영 업무, (배수시설의 운영) 시간적으로 변동하는 수요량에 대응하여 적정한 수압으로 수돗물을 공급할 수 있도록 배수지 및 배수용량조절 설비, 배수관 등을 운영하는 업무

② 수도시설 통합시스템과 계측·제어설비의 운영 업무

수돗물의 원활한 공급을 위하여 통합운영센터를 설치하여 운영하고, 유량·수압·수위·수질, 그 밖의 수도시설의 운전상태를 감시하고 제어하기 위한 설비를 운영하는 업무

③ 수도시설 긴급복구와 수돗물 공급을 위한 법정 기준이나 절차 등의 준수를 위한 업무

(수도시설 긴급복구업무) 수도시설에 대한 예기치 않은 장애 등이 발생한 경우 긴급하게 정상적으로 수돗물이 공급될 수 있도록 적정상태로 회복시키기 위한 복구업무, (법정 기준이나 절차 등의 준수를 위한 업무) 수돗물의 질을 일정한 수준으로 유지하는 등 법령에서 정하는 법정규제 및 절차 등의 준수를 위한 업무

633) 소규모 자동화 정수설비 : 마을 상수도, 전용수도, 해수담수화시설 등

4) 전기사업

(1) 사업의 성격

(a) 전기사업은 공중의 생명·신체의 안전에 영향을 미치는 필수서비스 성격[634]을 가지고 있고, 전기는 생산과 동시에 소비되는 특성이 있어 수요와 공급이 균형을 유지 못하면 전기품질(60HZ, 220V)이 저하되거나 전력설비 고장, 광역정전 등 사고발생 우려가 상존한다.

(b) 따라서, 적정예비전력을 확보하고, 전기의 수급조절을 통한 주파수 추종성을 확보하여 계통 주파수를 일정하게 유지하는 것이 중요하고, 공중의 생명·안전에 미치는 영향을 감안할 때 서비스의 공급수준(전기의 질·양)은 정상적으로 이루어질 필요가 있다.

(2) 필수유지업무

① 발전설비의 운전(운전을 위한 기술지원 포함) 업무[635] : 전기를 생산하기 위하여 터빈·발전기 등 발전설비를 운전하는 업무

② 발전설비의 점검 및 정비(정비를 위한 기술·행정지원 제외) 업무와 안전관리 업무

③ 지역 전기공급 업무(무인변전소 순회·점검업무 제외)

④ 전력계통 보호를 위한 보호계전기 시험 및 정정 업무 : 송전·변전 전력 네트워크의 파급고장을 방지하기 위한 장치인 계통보호계전기를 시험하고, 시험 후 계기를 정정하는 업무

⑤ 배전선 개폐기 및 자동화 시스템을 통한 배전설비의 감시·제어와 배전선로 긴급 계통 전환 업무 : 배전 자동화 설비를 통해 관할 지역내 배전설비를 감

---

634) ILO는 전기서비스가 필수서비스에 해당된다고 인정하고 있다.

635) '발전설비 운전업무'는 전기를 생산하기 위한 터빈·발전기등 발전설비를 운전하는 업무로서 화력발전소의 경우 일반적으로 중앙제어실 운전, 현장설비 운전, 환경화학설비 운전, 시운전, 도서내연 운전 등이 그 업무의 범위에 포함된다고 할 수 있다. 화력발전기 가동으로 발생한 폐수를 정화시켜 방출하는 폐수처리 설비가 환경화학 설비의 하나에 포함되는 경우라면 폐수처리설비 운전업무도 발전설비 운전업무에 포함된다고 봄이 타당하다(노동조합과-538, 2008.4.7).

시·제어하거나 배전선로의 부하상태 및 계통변경 등을 관리하거나 배전자동화시스템을 상시 감시하고 원격으로 조작하는 등의 업무

⑥ 전력계통 보호를 위한 통신센터(전력계통원방감시제어장치를 포함한다) 운영 업무 : 전력 통신체계 유지를 위한 전력용 통신망 운영에 대한 총괄업무로서 통신망의 운용·관리·복구 업무

⑦ 통신보안관제센터 운영 업무 : 사이버테러 등에 대한 정보보호와 관련하여 관제대상 설비 등의 이상상태에 대한 감시와 상황전파 및 조치 등을 하는 보안관제센터의 운영 업무

⑧ 전력공급 비상시 부하관리 업무 : 발전소 고장 등으로 전기 생산량이 급감하거나 전기수요 급증으로 전력수급에 불균형이 발생한 경우 전기의 공급이 중단되지 않도록 하기 위해 예비전력을 확보하고 수급 단계에 따라 대응하는 등의 부하관리업무

⑨ 송전·변전 및 배전 설비의 긴급복구 업무

⑩ 전력의 공급 운영과 송전설비 계통운영의 제어 업무 : 전력을 생산하는 발전기의 수급운영과 전력을 수송하는 송전설비의 계통운영을 제어하는 업무

⑪ 1주 이내의 단기 전력수요 예측에 따른 전력계통의 안정적 운영계획 수립 등 급전 운영 업무

⑫ 전력계통 등의 운영을 위한 전산실 운영(출입 보안관리를 포함한다) 업무

5) 가스사업

(1) 사업의 성격

가스사업은 ILO 기준에 비추어 최소서비스에 해당되나 천연가스의 경우 대체공급 수단이 제한적이고,[636] 액화천연가스(LNG)의 경우도 한국가스공사가 국내 필요한 가스의 전량을 수입·생산·공급한다.

636) 지역난방·전기 발전용 천연가스 공급은 한국가스공사가 독점적으로 공급한다.

(2) 필수유지업무

① 천연가스의 인수(引受), 제조, 저장 및 공급 업무

◦ (인수 업무) 해외에서 해상을 통해 수송선으로 운반된 LNG를 수송선에서 생산기지 저장탱크로 하역·계량하는 등의 업무
◦ (제조 업무) 액체상태로 수입된 LNG를 기화 및 승압작업 등을 통해 전국 공급 주배관으로 송출하기 위한 관련설비의 운전 및 감시하는 등의 업무
◦ (저장 업무) 수송선으로부터 하역된 LNG를 저장탱크에 저장관리하기 위한 관련설비의 운전 및 감시하는 등의 업무
◦ (공급 업무) 생산기지에서 기화·송출된 가스를 도시가스사 및 발전소 등 수요처에 공급하기 위한 압력조절 및 계량 설비 등 관련설비의 운전 및 감시 업무와 도시가스사에서 일반의 수요에 따라 배관으로 수요자에게 천연가스를 공급하는 등의 업무

② 시설의 긴급정비 및 안전관리 업무

◦ (긴급정비 업무) 인수·제조·저장 및 공급설비의 가동 중 고장발생시 긴급으로 설비를 정상화하기 위한 보수작업 업무
◦ (안전관리 업무) 제조 및 공급설비의 운영과정에서 우려되는 사고예방을 위해 설비 및 인력부문의 사전 위험요소 제거 등을 행하는 업무

6) 석유정제사업 및 석유공급사업

(1) 사업의 성격

ⓐ 서비스 공급 중단시 공중의 일상생활에 불편을 초래하는 최소서비스 성격을 띠고 있으며, 우리나라 총 에너지 소비량의 약 60%를 석유제품에 의존하는 등 주요 에너지원으로서 사용된다.[637)]

637) 주요 석유제품 : 프로판(서민난방 및 취사), 부탄(택시 및 RV차량 연료, 취사), 휘발유, 등유, 항공유, 경유 등

(b) 석유정제사업은 과점체제로서 운영되고 있으며, 석유공급은 ○○공사(약 50%) 및 정유사(선박, 철도 등)가 담당하고 있다.

(2) 필수유지업무

① 석유(천연가스는 제외한다)의 인수, 제조, 저장 및 공급 업무

◦ (인수 업무) 원유 등을 원유저장탱크에 하역 및 저장하기 위한 업무와 선박의 도선, 예인·강취업무[638] 및 인수 설비 운전과 원유를 정제공장으로 공급하는 등의 업무
◦ (제조 업무) 열, 압력, 비중, 용매 등을 통해 원유를 정제하는 시설의 운영, 점검 및 관리
◦ (저장 업무) 완제품 및 중간재를 저유소에 저장관리하기 위한 관련설비의 운전 및 감시업무
◦ (공급 업무) 석유제품을 송유관, 탱크로리, 철도, 선박 등을 통해 저유소, 저장탱크, 주유소로 공급하기 위한 관련설비 및 장비의 운전 등의 업무

② 긴급정비 및 안전관리 업무

◦ (긴급정비 업무) 인수·제조·저장·공급업무를 수행하던 중 고장발생시 긴급으로 설비 등을 정상적인 상태로 회복하기 위한 정비업무
◦ (안전관리 업무) 인수, 제조, 저장, 출하 시설의 안전한 운영을 위한 예방적 안전점검 및 현장점검 업무

7) 병원사업

(1) 사업의 성격

(a) 병원사업은 공중의 생명, 안전 및 건강에 직접 관련된 생존필수적 영역이다.[639]

---

638) 선박의 입출항시 줄을 매어 배의 이탈을 방지하는 업무

639) ILO는 “국민 전체 또는 국민 일부의 생명, 안전 또는 개인의 건강”과 관련된 필수서비스에 대

(b) 대도시 지역의 경우 민간 병원 등 시장의 원리가 일부 작동하고 있고, 그 수가 많은 경우 대체가능성이 인정되나, 지역에 따라서는 서비스 대체가능성이 제한적이다.

(2) 필수유지업무

①「응급의료에 관한 법률」 제2조제2호에 따른 응급의료 업무

응급환자의 발생부터 생명의 위험에서 회복되거나 심신상의 중대한 위해가 제거되기까지의 과정에서 응급환자를 위하여 행하여지는 상담·구조·이송·응급처치 및 진료 등의 조치

② 중환자 치료·분만(신생아 간호를 포함한다)·수술·투석 업무

(투석 업무) 신장에서 배설하거나 조절하지 못하는 수분 및 전해질과 질소계통의 노폐물 같은 작은 입자들을 제거하는 신장기능의 일부를 대신 해주는 업무(혈액투석, 복막투석 업무를 포함)

③ 마취, 진단검사(영상검사를 포함한다), 응급약제, 치료식 환자급식, 산소공급, 비상발전 및 냉난방 업무

- (진단검사(영상검사를 포함) 업무) 환자에 대한 혈액 및 소변 등의 검사업무와 MRI, CT 촬영 및 판독 등 영상검사 업무
- (응급약제 업무) 환자에 대한 긴급한 투약제 및 주사제의 공급을 위한 약국 운영 업무
- 수술기구 및 재료를 멸균 처리하여 공급하는 업무도 포함

8) 혈액공급사업

(1) 사업의 성격

수혈용 혈액공급 사업은 공중의 생명, 안전 및 건강에 직접 관련된 생존필수

한 파업권 제한가능성을 인정하고 있다.

적 영역이므로, 공중의 생명·안전에 미치는 영향을 감안할 때 수혈용 혈액의 공급은 정상적으로 이루어질 필요가 있다.[640)]

(2) 필수유지업무

① 채혈 및 채혈된 혈액의 검사 업무

◦ (채혈업무) 수혈에 사용되는 혈액제제를 제조하기 위하여 헌혈자로부터 혈액을 채취하는 업무
◦ (검사 업무) 채혈된 혈액 및 제조된 혈액제제에 대하여 「혈액관리법」 제8조에 따라 검사를 실시하고 혈액 및 혈액제제의 적격 여부를 확인하는 등의 업무

② 혈액제제(수혈용에 한정한다) 제조 업무

「혈액관리법」 제2조제6호에 따른 혈액제제를 제조하기 위하여 수행하는 업무[641)]

③ 수송 업무

9) 한국은행사업

(1) 사업의 성격

(a) 한국은행은 파업시에도 공중의 기본적 수요를 충족하는 범위에서 유지되어야 할 최소서비스 성격을 갖고 있으며,[642)] 중앙은행으로서 금융기관 간 자금이체, 콜거래, 국고업무, 화폐발행·관리, 외국환 관리, 통화신용정책 운용 등의 업무를 담당하고 있다.

(b) 이와 같이 한국은행은 일반 시중은행과 구별되는 중앙은행의 고유한 업무를 담당하고 있어 업무대체성이 거의 없다.

---

640) 의약품 제제용 혈액공급의 경우 긴급성이 낮다는 점에서 수혈용 혈액과 성격이 다르다.

641) 의약품 제조용으로 사용하기 위한 혈액제제 제조업무는 제외한다.

642) ILO는 '은행'의 경우 파업시에도 협정된 최소업무가 유지될 수 있는 사업으로 보고 있다.

(2) 필수유지업무

① 「한국은행법」 제6조, 제28조와 제29조에 따른 통화신용정책과 한국은행 운영에 관한 업무

② 「한국은행법」 제47조부터 제86조까지의 규정에 따른 다음의 업무

1) 한국은행이 수행하는 한국은행권 발행 업무
2) 금융기관의 예금과 예금지급준비 업무
3) 금융기관에 대한 대출·지급결제 등의 업무

③ 위 ①과 ②의 업무수행을 지원하기 위한 각종 전산시스템 운영·통신 및 시설 보호 업무

④ 다른 법령에 따라 한국은행에 위임 또는 위탁된 업무

10) 통신사업

(1) 사업의 성격

(a) 업무의 정지 또는 폐지시 공중의 일상생활을 현저히 위태롭게 할 수 있는 최소서비스에 해당하며,[643] 통신사업은 국내외에 송달되는 우편물 및 우편화물을 수집·운반·배달하는 우편업과 전신·전화 및 기타 통신시설에 의하여 음성 또는 비음성 전달요소를 전기식 또는 전자식 방법에 의하여 송달하는 전기통신업을 의미한다.

(b) 전기통신업 중 기간통신사업은 자체 설비를 유지하여야 하므로 대체 가능성이 낮으며, 「우편법」상 기본 우편역무(통상우편, 소포우편)의 경우 정부가 의무적으로 서비스를 제공하도록 하고 있어 대체 가능성이 없으나 부가 우편역무 중 일부 업무(택배, 우체국쇼핑 등)는 대체 가능성이 높다.

643) ILO는 국내법에 의해 파업권이 금지될 수 있는 엄격한 의미의 필수서비스(essential services)에 '전화'사업이 포함된다는 입장이다.

(2) 필수유지업무

① **기간망과 가입자망의 운영·관리 업무** : 통신서비스를 제공하기 위한 기간망과 가입자망의 네트워크를 유지·보수·관리하기 위한 업무

② **통신장애의 신고접수 및 수리 업무** : 기간망과 가입자망의 통신장애에 대한 신고의 접수와 통신장애의 원인을 분석·수리하는 업무

③ **기본우편역무** : 「우편법」 제14조에 따라 통상우편물,[644] 소포우편물[645]을 보내고 받을 수 있도록 제공하는 우편역무

④ 부가 우편역무 중 내용증명[646]과 특별송달[647] 업무

3. 필수유지업무협정

가. 의 의

(a) 필수유지업무협정이란 노동관계당사자가 쟁의행위기간 동안 필수유지업무의 정당한 유지·운영을 위하여 필수유지업무의 필요 최소한의 유지·운영 수준, 대상직무 및 필요인원 등을 정하여 서면으로 협정을 체결하는 것을 말한다.

(b) 필수유지업무협정에는 노동관계 당사자 쌍방이 서명 또는 날인하여야 하며, 서면으로 작성되지 않은 필수유지업무협정은 「노조법」상 필수유지업무협정으로서 효력이 없다(노조법 제42조의3).

---

644) 신서와 통화(송금통지서 포함) 및 소형포장 우편물을 의미한다.

645) 신서와 통화 외의 물건을 포장한 우편물(우편법 제1조의2)을 의미한다.

646) 등기취급을 전제로 우체국 창구 또는 정보통신망을 통하여 발송인이 수취인에게 어떤 내용의 문서를 언제 발송하였다는 사실을 우체국이 증명하는 특수취급제도(우편법시행규칙 제25조제1항 제4호가목).

647) 우정사업본부장이 정하여 고시하는 민원서류 발급을 위하여 등기취급을 전제로 우편 또는 정보통신망을 통하여 발급신청에 필요한 서류와 발급수수료를 송부하고 그에 따라 발급된 민원서류와 발급수수료 잔액 등을 우정사업본부장이 발행하는 민원우편봉투에 함께 넣어 송달하는 특수취급제도(우편법시행규칙 제25조제1항제6호).

나. 협정체결 당사자

(a) 쟁의행위기간 동안 필수유지업무의 정당한 유지·운영을 위하여 협정을 체결하고, 그에 따른 의무를 부담하는 노동관계 당사자가 협정체결 당사자에 해당한다.

(b) 교섭대표노조가 있는 경우에는 교섭대표노조가 노조측 당사자가 되며, 개별교섭 동의가 이루어진 경우에는 각 노조가 필수유지업무 협정 체결 또는 결정 신청의 당사자가 된다. 다만, 이 경우 각 노조별로 필수유지업무의 유지·운영수준이 달라지는 것은 바람직하지 않으므로 필수유지업무협정 체결을 위한 협의는 노노간 협의를 통해 공동으로 하는 것이 바람직하다.

(c) 협의 및 협정체결 권한은 당해 필수공익사업의 노사에게 있으나, 권한을 제3자에게 위임할 수 있다. 이 경우 권한 위임사실을 상대방에게 통보하여야 한다.

(d) 한편, 필수공익사업(장)의 일부 필수유지업무를 수탁하여 수행하는 외주업체의 노동관계 당사자도 필수유지업무협정을 체결하여야 한다.[648)]

다. 협정체결 방식

(a) 필수유지업무협정 체결요구는 노동관계 당사자 어느 일방이 다른 일방에게 할 수 있으며, 협정의 유효기간이 만료되는 때에 새로운 협정의 체결을 위한 협의의 요구도 가능하다. 다만, 필수유지업무 협정의 유효기간 중에는 특별한 사정변경이 없는 한 협정변경을 위한 협의 요구는 제한되는 것으로 보아야 한다.

(b) 필수유지업무협정은 단체협약과 달리 쟁의행위의 준칙을 정한 것이므로 임·단협 교섭과 별개로 그 전에 협의하여, 별도의 협정으로 체결하는 것이 타당하며, 협정체결을 위한 협의의 희망일시, 장소, 대표자 명단 등은 노동관계 당사자 쌍방이 협의하여 정하여야 한다.

(c) 어느 일방이 수차에 걸쳐 필수유지업무협정 체결을 위한 협의을 요구하였음에도 불구하고 상대방이 고의로 이를 지연시키거나 불응하더라도 근로조건 결

648) 노사관계법제팀-376, 2008.1.29, 노사관계법제과-1316, 2010.11.22.

정에 관한 단체교섭과는 다르므로 부당노동행위로 볼 수 없고, 이 경우 어느 일방은 노동위원회에 필수유지업무결정을 신청할 수 있다. 또한, 이를 이유로 쟁의행위를 하는 경우 정당성이 부인된다.

라. 필수유지업무협정의 내용

1) 사업의 필요 최소한의 유지·운영 수준

(a) 필수공익사업 서비스 및 재화의 성격, 대체가능성 등을 감안하여 노사간 협의를 통하여 결정하며, 공중의 생명·건강·신체의 안전 및 공중의 일상생활에 미치는 영향을 감안하여 쟁의권과 공익을 조화시킬 수 있는 합리적 범위에서 노사간 협정으로 정할 필요가 있다.[649)]

(b) 필수유지업무의 정당한 유지·운영(필요 최소한의 유지운영을 의미)을 정지·폐지 또는 방해하는 행위는 3년 이하 징역 또는 3천만원 이하의 벌금을 부과한다.

2) 대상 직무

(a) 필수유지업무에 해당하는 직무 중 서비스 제공에 필수불가결한 직무를 중심으로 대상직무를 정한다.

(b) 또한, 직무는 업무의 하위단위로서 필수유지업무에 해당하더라도 직무의 일부를 제외할 수 있다.

3) 필요인원 수

(a) 필수유지업무의 필요 최소한의 유지·운영을 위하여 쟁의행위 기간 중 근무하여야 할 필요인원 수를 정한다. 다만, 비조합원에 대해서는 쟁의행위가 허용되지 않으므로 필요인원 수 산정시에는 포함하되, 조합원 중 필수유지업무 근무

649) 예컨대, 전기·수도·통신망(기간망 및 가입자망)·수혈용 혈액공급사업인 경우 서비스 공급수준은 정상적으로 이루어질 필요가 있다.

인원수는 노사간 협의하여 결정한다.

ⓑ 필수유지업무에 해당한다 하더라도 노사간 합의한 업무의 유지·운영 수준에 필요한 인원을 한정하여 정하도록 하여야 한다.

4) 필수유지업무 수행 근로자 지명 등의 절차

ⓐ 노동조합에서 사용자에게 필수유지업무에 근무하는 조합원 중 쟁의행위기간 동안 근무하여야 할 조합원을 통보하고, 사용자가 지명·통보하는 절차를 규정해야 한다.

◦ (예시) 노동조합은 필수유지업무에 근무하는 조합원 중 쟁의행위기간 동안 근무하여야 할 조합원을 쟁의행위 개시 전 ○○일까지 사용자에게 통보하여야 한다. 사용자는 통보받은 조합원 중 근로자를 지명하고 이를 노동조합 및 해당 근로자에게 통보하여야 한다.

ⓑ 또한, 기 통보 또는 기 지명된 조합원을 변경할 사유와 변경절차에 대하여서도 규정해야 한다.

5) 필수유지업무 협정의 유효기간

ⓐ 「노조법」에서는 필수유지업무 협정의 유효기간을 정하지 않고 있으므로 노동관계 당사자가 그 유효기간을 정해야 한다. 유효기간을 별도로 정하지 않은 경우에는 향후 새로운 협정이 체결되기 전까지 효력은 유효하다고 본다.

ⓑ 사업의 축소·확대, 조직개편, 기술변화 등 특별한 사정변경이 없는 경우 그 효력은 계속 유지되는 것이 바람직하다. 다만, 특별한 사정변경을 이유로 당사자 어느 일방 또는 쌍방이 협정의 개정을 요구하는 경우 개정 필요성이 인정된다.

6) 기타 필수유지업무 운영 관련 노사가 합의한 사항

마. 필수유지업무협정서 체결

1) 서면 작성

(a) 당해 필수공익사업 노동관계 당사자는 필수유지업무협정을 서면으로 체결해야 한다. 서면으로 작성하지 않을 경우 「노조법」상 효력이 있는 필수유지업무협정으로 인정되지 않는다.

(b) 필수유지업무협정은 반드시 그 명칭과 형식이 통일될 필요는 없으나 법령의 명칭에 부합하게 「필수유지업무협정서」라는 이름으로 하는 것이 바람직하나, 합의서·협정서·약정서 등 그 명칭 여하에 관계없이 노동관계 당사자가 필수유지업무제도 운영에 관하여 합의한 내용을 문서화한 것이면 필수유지업무협정으로 인정된다.

(c) 필수유지업무협정에는 노동관계 당사자 쌍방이 서명 또는 날인하여야 한다. 서명 또는 날인이 없는 경우 협약으로서의 효력은 인정되지 않으나, 협약의 진정성과 명확성이 인정되는 경우 무인도 유효하다.

(d) 필수유지업무협정은 일반적인 단체협약과 성격·내용이 다르므로 단체협약서와 별도의 문서로 체결하는 것이 타당하다.

2) 신고 및 시정명령 관련

단체협약과 달리 노동관계 당사자가 필수유지업무협정을 행정관청에 신고할 의무는 없다. 또한, 행정관청에서 협정의 법령위반을 이유로 시정명령을 할 수 있는 근거도 없다.

3) 교섭 및 협정 체결시기

(a) 쟁의행위 개시 전까지 필수유지업무협정 또는 노동위원회의 결정이 있어야 하므로 가급적 단체교섭 개시 전에 필수유지업무협정을 위한 교섭을 개시하는 것이 바람직하다.

(b) 다만, 불가피한 사유로 쟁의행위가 임박할 때까지 협정이 체결되지도 않고 결정신청도 하지 않은 경우에는 조정신청과 별도로 신속하게 노동위원회에 결정

신청을 하고, 노동위원회의 결정에 따라 쟁의행위를 하는 것이 타당하다.

바. 필수유지업무협정 체결 관련 실무 사례

① 필수유지업무는 필수공익사업의 운영주체가 직접 이를 수행하는 지 여부와 관계없이 항상 최소한의 범위 내에서 그 유지·운영이 담보되어야 할 필요가 있다.[650)]

필수유지업무는 그 업무가 정지되거나 폐지되는 경우 공중의 생명·건강 또는 신체의 안전이나 공중의 일상생활을 현저히 위태롭게 하는 업무이기 때문에 필수공익사업의 운영주체가 직접 이를 수행하는 지 여부와 관계없이 항상 최소한의 범위 내에서 그 유지·운영이 담보되어야 할 필요가 있다.

② 일부 필수유지업무를 수탁하여 수행하는 외주업체 노동관계당사자도 필수유지업무협정을 체결하여야 한다.[651)]

「노조법」 제42조의3에서 노동관계당사자는 쟁의행위기간 동안 필수유지업무의 정당한 유지·운영을 위하여 필수유지업무협정을 체결하도록 의무를 부과하고 있으므로, 필수공익사업(장)의 일부 필수유지업무를 수탁하여 수행하는 외주업체 노동관계당사자도 필수유지업무협정을 체결하여야 한다.

③ 외주계약의 만료로 협정 체결 당사자가 변경될 경우 신규외주업체의 노사는 새로운 필수유지업무협정을 체결하여야 한다.[652)]

「노조법」 제42조의3의 규정에 따라 필수유지업무를 수행하는 노사는 필수유지업무를 유지해야 하는 의무부담자로서 필수유지업무 협정을 체결하여야 하는 바, 필수유지업무를 외주받아 수행하는 외주업체 노사도 협정을 체결하여야 함. 노동관계당사자 사이에 필수유지업무협정이 체결되면, 그 협정의 효력은 협정체결의 당사자 사이에 미치게 되므로, 외주계약의 만료로 협정 체결 당사자가 변경

650) 서울고판 2010.7.23, 2009누38444.

651) 노사관계법제팀-376, 2008.1.29.

652) 노사관계법제과-1316, 2010.11.22.

될 경우 신규외주업체의 노사는 새로운 필수유지업무협정을 체결하여야 한다.

④ 단체교섭과 필수유지업무협정의 차이점

단체교섭은 보통 노동조합의 교섭요구에 의하여 교섭이 개시되고, 사용자가 의무적 교섭사항에 대하여 정당한 이유없이 교섭에 응하지 않는 것은 부당노동행위에 해당한다. 반면, 필수유지업무협정 체결 요구는 노동조합 뿐만 아니라 사용자도 할 수 있고, 필수유지업무협정은 의무적 교섭사항이 아니라는 점(다만, 협정의 체결은 필수유지업무 의무이행을 위한 필요적 사항)에서 교섭거부가 부당노동행위에 해당하는 것은 아니다.

사. 노동위원회의 필수유지업무 결정

1) 개 요

노동위원회는 노사관계 당사자가 노동위원회에 필수유지업무의 결정을 신청하는 경우 사업(장)별 필수유지업무의 특성 및 내용 등을 고려하여 필수유지업무의 필요 최소한의 유지·운영 수준, 대상직무 및 필요인원 등을 결정할 수 있다.

2) 관할 노동위원회

(a) 원칙적으로 사업장 관할 지방노동위원회에서 관장하되, 2이상의 관할구역에 걸친 결정사건은 주된 사업장의 소재지를 관할하는 지방노동위원회에서 관장한다(노위법 제3조제2항).

(b) 주된 사업장을 정하기 어려운 사정 등이 있는 경우 중앙노동위원회위원장이 필요하다고 인정하여 지정한 지방노동위원회에서 관장한다(노위법 제3조제5항).

3) 결정신청

(a) 필수유지업무 수준 등의 결정을 위한 신청은 단체협약과 관계없이 당사자 쌍방 또는 일방이 신청할 수 있으며, 중재신청은 쌍방 또는 단체협약에 의해 일

방이 신청할 수 있다.

(b) 필수유지업무 결정을 신청하는 경우 필수유지업무결정 신청서에 붙임서류[653]를 첨부하여 관할 노동위원회에 제출하여야 한다.

4) 노동위원회 결정절차

(a) 필수유지업무 결정신청을 받은 노동위원회에서는 결정을 담당할 특별조정위원회를 구성[654]하여야 한다.

(b) 특별조정위원회는 관계당사자에 대한 조사, 현장조사 등을 한 이후 사업 또는 사업장별 필수유지업무의 특성 및 내용 등을 고려하여 필수유지업무의 필요 최소한의 유지·운영수준, 대상직무 및 필요인원 등을 결정하여야 한다.

(c) 노동위원회는 특별조정위원회에서 필수유지업무 유지운영 수준 등 결정을 하면 지체 없이 이를 서면으로 노동관계 당사자에게 통보하여야 한다.

5) 필수유지업무 결정의 해석

(a) 필수유지업무결정에 대한 해석이나 이행방법에 관하여 노동관계 당사자간 의견이 일치하지 아니할 경우 노동관계 당사자의 쌍방 또는 일방이 관할 노동위원회에 해석을 요청할 수 있다.

(b) 신청 및 결정절차는, 노동관계 당사자가 의견을 첨부하여 서면으로 관할 노동위원회에 신청하며, 특별조정위원회가 해석을 한 경우 노동위원회는 지체 없이 이를 서면으로 노동관계 당사자에게 통보하여야 한다.

(c) 노동위원회 해석은 필수유지업무결정과 동일한 효력을 가진다.

---

653) ① 사업장 개요, ② 필수유지업무 협정 미체결 경위, ③ 관계 당사자간 필수유지업무의 필요 최소한의 유지·운영수준, 대상직무 및 필요인원에 대한 의견의 불일치 사항 및 이에 대한 당사자의 주장 내용, ④ 그 밖의 참고사항 등을 정리한 서류

654) ① 특별조정위원회는 특별조정위원 3인으로 구성, ② 특별조정위원은 노동위원회의 공익을 대표하는 위원(공익위원) 중에서 노동조합과 사용자가 순차적으로 배제하고 남은 4인 내지 6인 중에서 노동위원회 위원장이 지명, ③ 노동관계 당사자가 합의로 당해 노동위원회의 위원이 아닌 자를 추천하는 경우에는 그 추천된 자를 지명

6) 필수유지업무 결정의 효력 및 불복절차

(a) 관계당사자는 지방노동위원회의 결정이 위법이거나 월권에 의한 것이라고 인정되는 경우에 결정서의 송달을 받은 날로부터 10일 이내에 중앙노동위원회에 재심을 요청할 수 있고, 중앙노동위원회의 재심결정이 위법하거나 월권에 의한 것인 경우 재심결정서의 송달을 받은 날부터 15일 이내에 행정소송을 제기할 수 있다.[655)]

(b) 제척기간 내에 재심(10일)이나 행정소송(15일)을 제기하지 않은 때에는 필수유지업무결정 또는 그 재심결정은 확정되며, 관계당사자는 이에 따라야 한다.

아. 쟁의행위시 필수유지업무의 유지·운영

1) 쟁의행위기간 중 필수유지업무 수행

(1) 필수유지업무 수행 근로자 지명 및 통보

(a) 노동조합은 필수유지업무 협정의 체결 또는 노동위원회의 결정이 있는 경우 사용자에게 쟁의행위기간 동안 필수유지업무에 근무하여야 할 조합원의 명단을 통보하여야 한다.

(b) 다만, 교섭창구단일화 절차를 거친 경우 교섭대표 노동조합은 필수유지업무에 종사하는 근로자가 소속된 노동조합이 2개 이상 있는 경우에는 각 노동조합의 해당 필수유지업무에 종사하는 조합원 비율을 고려하여 조합원 명단을 통보하여야 한다.

(c) 또한, 각 노동조합이 개별교섭권을 확보하여 협정을 각각 체결한 경우에는 노동조합별로 필요인원을 각각 사용자에게 통보해야 하며, 사용자는 이에 따라 근로자를 지명하고 이를 노동조합과 당해 근로자에게 통보한다.

(d) 쟁의행위 중에 휴가·결근·교체 등의 사유로 필수유지업무 조합원을 부득이 변경하여야 하는 경우 사전에 사측에 대체 근무할 조합원의 명단을 통보하여

---

655) 노동위원회의 필수유지업무 결정이나 재심결정은 중앙노동위원회에의 재심신청이나 행정소송의 제기에 의하여 그 효력이 정지되지 않는다.

야 하며, 업무분장의 변경, 인사발령 등의 사유로 변경할 필요가 있는 경우에는 미리 대체 근무할 조합원의 명단을 통보하여야 한다.[656]

(e) 사용자는 노동조합이 필수유지업무에 근무할 조합원 명단을 통보하지 않는 경우 이를 정하여 당해 근로자 및 조합원에게 통보할 수 있으며, 이 경우 필수유지업무에 종사하는 근로자가 소속된 노동조합이 2개 이상 있을 때에는 각 노동조합의 해당 필수유지업무에 종사하는 조합원 비율을 고려하여 근로자를 지명한다.

(2) 필수유지업무 수행

(a) 쟁의행위기간 동안 사용자가 필수유지업무에 근무하기로 지명한 조합원인 근로자는 사용자의 지휘명령에 따라 필수유지업무를 수행하여야 한다. 지명된 조합원이 정당한 이유없이 필수유지업무에 근무하지 않을 경우에는 필수유지업무의 정당한 유지·운영을 정지·폐지 또는 방해하는 것으로 볼 수 있다.[657]

(b) 필수유지업무 유지의무는 노동조합뿐만 아니라 사용자에게도 부과되므로 사용자가 정당한 이유 없이 직장폐쇄 등으로 필수유지업무의 정당한 유지·운영을 정지·폐지 또는 방해하는 경우 「노조법」 제42조의2제2항 위반으로 처벌받을 수 있다.

(c) 필수유지업무 협정이나 노동위원회 결정이 없다고 하여 필수유지업무 유지·운영 의무가 면제되는 것은 아니며, 교섭대표노조가 있는 경우 필수유지업무 협정이나 결정이 없더라도 교섭대표노조 책임 하에 적법한 수준의 필수유지업무를 수행해야 한다.

2) 쟁의행위시 대체근로 사용

필수유지업무는 필수공익사업 업무 중 일부이므로, 필수공익사업 쟁의행위시 대체근로 사용 특례(쟁의행위 기간 중 쟁의행위로 중단된 업무 수행을 위하여

656) 이러한 필수유지업무 조합원 변경절차에 대해서는 법령에서 규정하고 있지 않으므로 노사간 필수유지업무 협정으로 정하는 것이 바람직하다.

657) 「노조법」 제42조의2제2항 위반의 경우 3년 이하의 징역 또는 3천만 이하의 벌금에 처한다.

파업참가자 수의 100분의 50 범위 내에서 당해 사업과 관계없는 자를 채용 또는 대체하거나 중단된 업무를 도급 또는 하도급 줄 수 있음)가 적용된다. [자세한 내용은 '필수공익사업 특례' 참고]

3) 필수유지업무 정당한 유지·운영의 판단기준

(a) 노동위원회의 결정이 있는 경우 그 결정에 따라 쟁의행위를 한 때에는 필수유지업무를 정당하게 유지·운영하면서 쟁의행위를 한 것으로 본다.

(b) 노동관계 당사자간 체결한 필수유지업무 협정에 따른 쟁의행위의 경우 공중의 생명·건강 및 신체의 안전, 공중의 일상생활에 미치는 영향을 기준으로 필수유지업무를 정당하게 유지·운영하였는지를 판단하게 된다.

(c) 필수유지업무 근무자로 지명된 조합원이 무단이탈 한 경우 정당한 유지·운영 의무를 위반한 것으로 판단한다.

4) 필수유지업무 정당한 유지·운영을 정지·폐지 또는 방해시 법적책임

필수유지업무의 정당한 유지·운영을 정지·폐지 또는 방해하는 행위는 3년 이하의 징역 또는 3천만원 이하의 벌금에 처해질 수 있고, 필수유지업무를 정당하게 유지·운영하지 않고 행하는 쟁의행위는 민·형사상 책임은 물론 사내 징계책임 또한 면하기 어렵다.

◦ 「노조법시행령」 제22조의2 별표1에서 정한 업무(필수유지업무 프로세스)

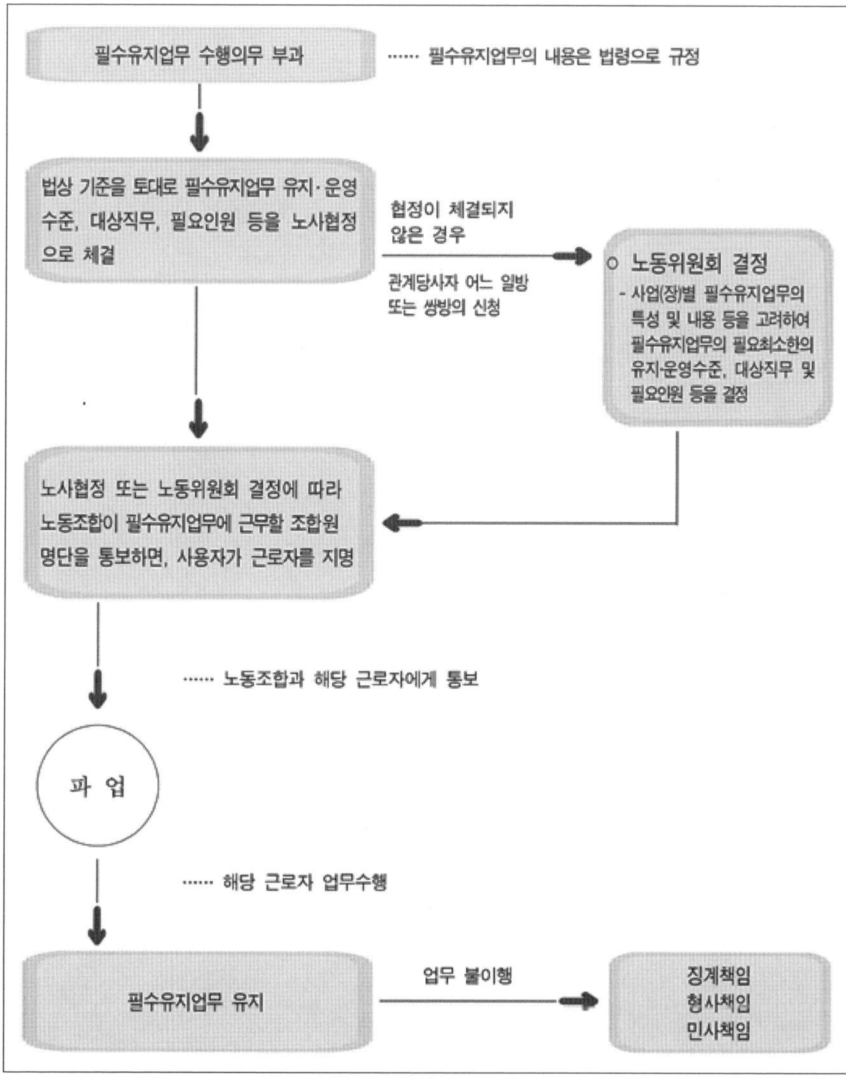

제 3 장

공무원 노사관계 주요 쟁점 실무

주/요/쟁/점/실/무

제1절 공무원노동조합 가입범위 관련 쟁점

1. 공무원 단결권 보장 법적 근거

(a) 「헌법」 제33조제2항은 "공무원인 근로자는 법률이 정하는 자에 한하여 단결권·단체교섭권·단체행동권을 가진다"고 규정하여 입법자에게 공무원의 노동 3권을 인정할 것인가 여부, 어떤 형태의 행위를 어느 범위에서 인정할 것인가 등에 대해 광범위한 입법 형성의 자유를 부여하였다.[1)]

(b) 이러한 「헌법」상의 규정에 따라 「공무원노조법」에서는 공무원노조에 가입할 수 있는 공무원의 범위를 직종, 직급을 기준(6급 이하)으로 구분하여 정하면서(제6조제1항), 6급 이하 공무원 중 직무의 성질을 기준으로 노조에 가입할 수 없는 공무원들을 구체적으로 규정(제6조제2항 및 시행령 제3조)하고 있다.

2. 공무원 노조의 가입이 제한되는 공무원의 범위

가. 「공무원노조법」 적용 제외 대상(타 법률에 의해 보장)

「공무원노조법」은 ① 사실상 노무에 종사하는 공무원과, ② 「교원노조법」 적용을 받는 교원인 공무원을 제외하고 있다(제2조).

---

1) 「헌법」 제33조제2항이 공무원의 노동 3권을 제한하면서 노동3권이 보장되는 주체의 범위를 법률이 정하도록 위임한 것은 ① 입법권이 국가 사회공동체의 역사·문화에 따라 형성된 공무원제도의 유지·발전과 공무원제도의 다른 쪽 당사자로서 주권자인 전체 국민의 복리를 고려하고, 「헌법」상 보장된 공무원제도 자체의 기본 틀을 해하지 않는 범위 내에서 그 제도에 관련된 여러 이해관계인의 권익을 서로 조화하면서 공공복리의 목적 아래 통합·조정할 수 있음을 의미하고, ② 공무원은 국민전체에 대한 봉사자이며, 그 담당 직무의 성질상 공공성·공정성·성실성 및 중립성이 보장되어야 한다는 특수한 사정이 있다는 점을 고려하여 전체 국민의 합의를 바탕으로 입법자의 구체적인 입법에 의하여 공적이고 객관적인 질서에 이바지하는 공무원제도를 보장·보호할 수 있는 입법재량을 부여한 것이다(2005헌마 971, 1193, 198, 2008.12.26).

1) 사실상 노무에 종사하는 공무원

(a) 사실상 노무에 종사하는 공무원의 경우에는 민간부문 근로자와 동일하게 「노조법)」이 적용되어 원칙적으로 노동 3권이 보장된다.

(b) 사실상 노무에 종사하는 공무원의 범위는 국가공무원의 경우, 과학기술정보통신부 소속 현업기관의 작업 현장에서 노무에 종사하는 우정직공무원(우정직공무원의 정원을 대체하여 임용된 일반임기제공무원 및 시간선택제일반임기제공무원을 포함한다)이 이에 해당한다(국가공무원복무규정 제28조).

다만, 그 중에서 ① 서무·인사 및 기밀 업무, ② 경리 및 물품출납, ③ 노무자 감독, ④ 국가보안시설의 경비, ⑤ 승용자동차 및 구급차의 운전에 종사하는 공무원은 제외한다.

(c) 그러나, 지방공무원의 경우 사실상 노무에 종사하는 자의 범위를 대부분의 지방자치단체가 조례로 정하지 않아 「노조법」이 적용되는 공무원은 없다.

2) 국·공립 교원(공무원)

공무원 신분인 국·공립 교원과 사립학교 교원의 경우,[2] 「교원노조법」이 적용되므로 「공무원노조법」이 적용되지 않는다.

나. 직급 및 직무의 성질을 기준으로 가입 제한

1) 5급 이상 공무원(상당 포함)

(a) 계급제 성격이 강한 우리나라 공무원제도의 특성상 5급 이상 공무원은 제반 주요정책의 결정에 직접 참여하거나 그 소속 하위 직급자 들을 지휘·명령하여 분장 사무를 처리하는 통상 관리자적 역할을 수행하고 있어 가입 대상에서 제외되고 있으며, 5급 이상 및 이에 준하는 연구·특수직렬의 일반직 공무원, 5급 이상 상당하는 별정직·계약직 공무원이 이에 해당한다.

---

2) 초·중등교육법 제19조제1항에서 규정하고 있는 초등학교·중학교·고등학교·공민학교·고등공민학교·고등기술학교 및 특수학교 교사를 말한다.

(b) 이와 같은 5급 이상 공무원에 대한 노조 가입제한에 대해 헌법재판소도 “6급 이하 공무원에게만 단결권·단체교섭권을 보장하여 양자를 달리 취급하는 것은「헌법」제33조제2항에 그 근거를 두고 있을 뿐만 아니라 합리적인 이유가 있으므로「헌법」제11조제1항에서 정한 평등의 원칙에 반하지 않는다”는 입장을 취하고 있다.[3]

(c) 한편, 관리직 공무원의 노조 가입과 관련한 국제 기준 및 외국입법례를 보면, ① ILO 협약에는 고위직 공무원 또는 고도의 기밀적 성격의 업무를 수행하는 자에 대해서는 국내법령으로 제한이 가능하도록 규정하고 있고(제151호), ② 일본의 경우 관리직[4]도 원칙적으로 노조의 성격을 갖는 직원단체의 조직·가입이 가능하나 비관리직과 함께 조직하거나 가입 하는 것을 제한하고 있으며, ③ 미국은 관리직[5]과 감독직[6]은 노조 가입을 제한하고 있다.[7]

2) 특정직 공무원

(a) 국가 안전보장 및 국민의 생명·안전과 건강 및 국가기능의 유지에 핵심적인 업무로 공공성이 특히 강조되는 직무를 주로 담당하는 공무원으로서 다른 법률에서 특정직공무원으로 지정된 법관·검사·외무공무원·경찰공무원·소방공무원·군인·군무원 및 국가정보원의 직원과 특수 분야의 업무를 담당하는 공무원이 이에 해당한다.

(b) 다만, 특정직공무원 중 6급 이하 일반직에 상당하는 외무행정, 외교정보관리직 공무원은 가입대상이 된다(공무원노조법 제6조제1항제2호).

---

3) 헌재 2008.12.26, 2005헌마971, 2006헌마198 병합

4) 직원의 임면 등에 관하여 직접적인 권한을 가진 감독적 지위에 있는 공무원을 말한다.

5) 그 업무와 책임이 행정기관 정책의 형성, 결정 또는 영향을 미칠 수 있는 공무원을 의미한다.

6) 인사권, 징계권, 고충 처리권을 가진 자 또는 조치를 권고할 권한을 가진 자를 의미한다.

7) 고위관리자(management official) 또는 중간관리자(supervisor)는 근로자(employee)개념에서 제외하고 있다.

3) 정무직 공무원

선거로 취임[8]하거나 임명할 때 국회의 동의가 필요한 공무원 및 고도의 정책 결정 업무를 담당하거나 이러한 업무를 보조하는 공무원으로서 법률이나 대통령령에서 정무직으로 지정하는 다음 공무원이 이에 해당한다.

① 감사원의 원장·감사위원 및 사무총장, 국회의 사무총장·차장·도서관장 및 의정연수원장, 헌법재판소의 재판관·사무처장 및 차장, 중앙선거관리위원회의 상임위원·사무총장 및 차장

② 국무총리, 국무위원, 처의 처장, 각부의 차관, 청장(통계청장·기상청장·문화재청장·경찰청장 및 해양경찰청장과 중앙행정기관이 아닌 廳의 장을 제외한다), 국무조정실장, 차관급상당 이상의 보수를 받는 비서관

③ 국가정보원의 원장 및 차장, 국가과학기술자문회의의 위원장 등

4) 6급 이하 중 사용자 범주 포함자 및 특수직무 수행 공무원

(1) 입법 취지[9]

ⓐ 6급 이하 공무원이라 하더라도 ① 다른 공무원에 대한 지휘·감독권 행사자, ② 다른 공무원의 업무를 총괄하는 자, ③ 노조와의 관계에서 행정기관의 입장에 서서 업무를 수행하는 자 등이 노조에 가입할 경우 노조 운영 등에 지배·개입하는 등으로 노조의 자주성을 훼손할 우려가 있고, 노사 대항적 관계의 단체교섭에 있어서 노사간 힘의 균형을 잃어버림으로써 집단적 노사자치 실현이라는 기본원리가 훼손될 우려가 있어 이를 방지하기 위해 노조가입을 제한하고 있다.

ⓑ 이와 함께, ① 교정·수사 등 직무의 특성상 군인, 경찰 등 특정직 공무원과 유사하게 국가 기능유지에 핵심적인 업무를 수행하고 제복근무 등 조직내 지휘·감독 체계의 유지가 특히 강조되는 공무원, ② 노동관계의 조정·감독 등 업무의

8) 지방의회 의원은 「지공법」 제2조제3항에 규정된 "정무직공무원"에 해당하므로 「공무원노조법」에 의한 노동조합에 가입할 수 없다(공공노사관계팀-94, 2008.1.15).

9) 헌법재판소도 같은 취지로 노조가입 제한이 합리적 이유가 있고, 「헌법」 제11조제1항의 평등의 원칙에 반하지 않는다고 결정을 하였다(헌재 2008.12.26, 2005헌마971·2006헌마1989 병합).

성격상 노사간의 이해관계에 영향을 미침으로서 업무 수행에 있어서 중립성과 공정성이 특히 요구되는 공무원 등 특정업무 담당자 등은 가입대상에서 제외하였다.

(2) 6급 이하 중 지휘·감독적 지위에 있는 공무원

(a) 6급 이하 공무원 중 법령·조례·규칙 등에 의거 기관의 장 또는 과장 등의 직위에 있는 자로 다른 공무원을 지휘·감독하며 그 복무를 관리할 권한과 책임을 부여받은 공무원(직무 대리자를 포함), (공무원노조법 제6조제2항제1호 및 시행령 제3조제1호가목)은 가입을 제한하고 있다.

(b) 즉, 소속 공무원에 대한 근무평정이나 복무의 관리·감독권, 업무지휘권을 행사하는 등 다른 공무원에 대한 지휘·감독의 권한을 부여받은 공무원으로 ① 중앙부처 소속기관 및 지자체의 6급 또는 7급 기관장(우체국장, 출장소장, 사업소장 등)이나, ② 중앙부처 및 지자체의 5급 이상이 기관장인 기관의 직제에 의한 보직 과장 또는 팀장 등이 이에 해당한다.

〈관련 실무 사례〉

① '6·7급 우체국장'이 법령 등에 따라 소속 공무원에 대한 복무의 관리·감독, 업무지휘권을 행사하는 등 다른 공무원에 대한 지휘·감독의 권한을 부여 받은 공무원에 해당하는 경우에는, 비록 소규모 기관('행정직 1명, 기능직 1~2명으로 운영')의 장이라고 하더라도 「공무원노조법」에 의한 노동조합에 가입할 수 없다.[10]

② 「노조법」 제5조(현행법 제2조제2호)에 규정된 근로자에 관한 사항에 대하여 사업주를 위하여 행동하는 자라 함은 근로자의 인사, 급여, 후생, 노무관리 등 근로조건의 결정 또는 업무상의 명령이나 지휘감독을 하는 등의 사항에 대하여 사업주로부터 일정한 권한과 책임을 부여받은 자를 말한다.[11]

5) 다른 공무원의 업무를 총괄하는 공무원(업무총괄자)

법령 등에 의해 지휘·감독의 직책을 부여받은 것은 아니나, 업무분장 등에 따

10) 공공노사관계과-503, 2008.6.5.

11) 대판 1989.11.14, 88누6924.

라 부서장(과장 등)을 보조하여 "담당"·"계장"·"팀장"으로서 다른 공무원의 업무를 지휘·감독하거나, 총괄하는 업무에 주로 종사하는 공무원(시·군·구 6급 담당 등)은 노조 가입이 제한된다.[12)]

〈업무총괄자 판단기준〉[13)]

◦ 노조 가입제한 대상인 "업무총괄자"해당여부는 원칙적으로 다음 기준을 참고로 사실관계를 종합적으로 고려하여 개별적·구체적으로 판단한다.
 ① 당해 공무원의 업무와 관련한 법령, 규칙·훈령, 업무분장 등의 규정 및 내용
 ② 사무(업무)분장 및 실제 업무내용
  - 소속 공무원의 업무에 대한 협조 등 총괄권 행사 여부
  - 소속 공무원의 근무상황(근태, 출장 등)에 대해 중간 결재(협조) 여부
  - 감사결과에 대해 소속직원과 연대책임 여부 등도 고려
 ③ 각 업무(총괄 업무, 고유 업무)에 대한 비중과 업무량
 ④ 다른(소속) 공무원의 업무 등에 관한 사항에의 관여 정도 등
 ※ 위 기준에 따라 사실관계 확인 결과 총괄업무를 주로하고 있는 것으로 확인되는 경우 "업무총괄자"로 판단

① "업무총괄자"에 해당하는 경우

(a) 시·군·구 본청 및 직속기관(보건소·의료원, 농업기술센타 등), 사업소(도서관·상수도 등), 시·구 출장소, 읍·면·동, 의회 사무처 등의 6급 담당·팀장·계장으로 사무(업무)분장에 의해 소속 공무원의 업무를 총괄하고 있는 경우에는 일부 고유업무를 수행하고 있는 경우에도 총괄 업무를 주로하고 있다면 "업무총괄자"로 노조 가입제한 대상에 해당한다.

(b) 또한, 중앙행정기관 소속 일선기관[14)] 등에서 6급 팀장·계장 등으로 사무(업무)분장에 의해 소속 공무원의 업무를 총괄하고 있는 경우에는 일부 고유업무를 수행하고 있는 경우에도 총괄 업무를 주로하고 있다면 "업무총괄자"로 노조 가입제한 대상에 해당한다.

12) 「공무원노조법」 제6조제2항제1호 및 시행령 제3조제1호나목

13) 공무원노사관계과-102, 2010.7.21.

14) 중앙부처 소속기관인 지방환경청, 지방통계청, 지방국세청, 지방국토관리청, 지방고용노동청 등

(c) 초중등학교 행정실장의 경우 사무분장(교육규칙 등)에 근거 '행정실 근무 행정직 중 최상위 직급의 자'로서 다른 공무원의 업무 수행을 지휘·감독하거나 총괄하는 업무에 주로 종사하는 자(업무총괄자)에 해당한다.

(d) 지방법원 및 지방선거관리위원회의 경우도 6급 계장 등으로 사무분장규정(훈령) 또는 업무분장 등에 따라 부서 내 다른 공무원을 지휘·감독하거나 총괄하는 업무에 주로 종사하고 있다면 "업무총괄자"로서 노동조합 가입이 제한되는 공무원에 해당한다.

② "업무총괄자"에 해당하지 않는 경우

(a) 사무분장규정 등에 의해 다른 공무원의 업무를 총괄하도록 지정되어 있으나, 소속 공무원이 1명도 없어 총괄업무를 수행하고 있지 않은 경우에는 업무총괄자에 해당하지 않는다.

(b) 또한, 사무분장규정 등에 의해 업무총괄자로 지정되어 있으나, 소속 공무원이 극소수(1~2명)로 실제 업무전반을 전담하여 직접 수행하고 있는 경우는 사실상 업무총괄자로 보기 어렵다. 예를 들어, 행정실장이라 하더라도 각급 학교의 행정실에 행정직 1명과 소수의 기능직 공무원이 근무하고 있고, 행정실장이 행정실 업무 전반을 전담하여 수행하는 경우라면 업무총괄자로 보지 않는다.

(c) 총괄업무와 분장된 고유 업무를 함께 수행하고 있는 경우, 고유 업무 비중이 월등히 높아 총괄업무를 주로 수행하는 자로 볼 수 없는 경우와 시·군·구 소속 등 6급 공무원으로 담당·계장·팀장 등의 보직을 맡지 않아 총괄업무를 수행하고 있지 않은 경우(장기 교육 중 포함)도 업무총괄자로 보지 않는다.

6) 노동조합과의 관계에서 행정기관의 입장에 서는 공무원

(1) 의 의

(a) '노동조합과의 관계에서 행정기관의 입장에 서는 공무원'은 소위 '사용자 또는 사용자의 이익대표자' 범주에 포함되는 자들로서 그 직무상의 의무와 책임이 노동조합 조합원으로서의 성의와 책임에 직접 저촉되는 공무원들이다.

(b) 즉, 인사·보수에 관한 업무를 수행하는 공무원 등 공무원노동조합과의 관

계에서 행정기관의 입장에 서서 관련 업무를 주로 수행하는 공무원[15)]들로 공무원의 임용권 및 예산 편성·집행권 등 주요 근무조건에 대한 일정한 관리·결정권한을 가진 기관단위(교섭가능 단위) 관련부서에서 공무원노조와의 관계에서 행정기관의 입장에 서서 업무를 수행하는 경우가 주로 해당한다.

(c) 다만, 집행기능을 담당하는 일선관서에서 인사(서무)·보수·예산·청사관리 등 단순 집행업무를 수행하고 있는 경우는 제외한다.

(2) 구체적 사례

① 공무원의 임용, 복무, 징계, 소청심사, 보수, 연금 그 밖의 후생복지에 관한 업무 담당자

공무원의 임용권 및 주요 근무조건에 대한 관리·결정권이 있는 기관 단위 관련 부서에서 위 업무를 주된 업무로 수행하는 공무원(자료정리·타자 등 단순 업무를 보조하는 자 제외) 등으로 중앙행정기관 및 지방자치단체 등에서 다음의 업무를 수행하고 있는 공무원이 이에 해당한다.

ⓐ (임용) 국가 및 지방공무원임용령에 따른 임용업무(신규임용, 승진, 임용, 전직(轉職), 전보, 겸임, 파견, 강임(降任), 휴직, 직위해제, 정직, 강등, 복직, 면직, 해임 및 파면)을 담당하는 공무원

ⓑ (복무) 총무과 등 복무 관련 부서에서 소속 직원의 복무관리 업무를 주로 담당하는 공무원

ⓒ (징계, 소청) 소속 직원의 징계, 소청심사 업무를 담당하는 공무원

ⓓ (보수, 연금) 총무·회계(경리)과 등에서 공무원 보수 및 연금 업무를 취급하는 공무원

ⓔ (후생복지) 소속 전 직원의 후생복지 업무를 직접 담당하는 공무원

② 노동조합 및 「공무원직장협의회의 설립·운영에 관한 법률」에 따른 직장협의회에 관한 업무 담당자

---

15) 「공무원노조법시행령」 제3조제2호

중앙행정기관 및 지방자치단체(시도, 시·군·구)에서 공무원노조 및 공무원직장협의회 관련 업무 담당자가 이에 해당한다.

③ 예산·기금의 편성 및 집행(단순집행을 제외)에 관한 업무 담당자

기획재정부의 예산·기금의 편성 등 관련 업무담당자, 중앙행정기관 및 지방자치단체(시도, 시·군·구)에서 예산 및 기금의 편성 및 집행에 관한 업무 담당자가 주로 해당된다. 다만, 공무원의 근무조건과 관련이 없는 기금의 편성·집행 업무 담당자 경우 가입 제한 대상으로 볼 수 없다.[16)]

④ 행정기관의 조직과 정원의 관리에 관한 업무 담당자

행정안전부의 조직 및 정원 관련 업무를 담당하는 공무원과 중앙행정기관 및 지방자치단체 등의 조직·정원 등의 업무를 담당하는 부서(총무과, 행정관리담당관실 등)에서 조직·정원 관련 업무를 수행하는 공무원 등이 해당한다.

⑤ 감사에 관한 업무 담당자

감사원 등 감사기관에서 감사 업무를 담당하거나, 중앙행정기관 및 지방자치단체 등의 감사관실 등 감사담당부서에서 감사업무[17)]를 주로 수행하는 공무원이 이에 해당된다.

다만, 감사기관 또는 감사당당부서에 근무하더라도 감사업무를 수행하지 않은 공무원의 경우 가입 제한 대상이 아니다.

⑥ 보안업무, 질서유지업무, 청사시설의 관리 및 방호에 관한 업무, 비서·운전 업무 담당자

㉮ 비서·운진업무

기관장이나 부기관장 등에 전속되어 비서 또는 자동차 운전 업무를 담당하는

---

16) 예를 들어, ① 기획예산실의 예산(기금)편성업무 담당자, ② 총무과(회계과)의 경리 및 계약담당 업무 담당자, ③ 총무과의 물품출납 업무 담당자 등이 해당한다.

17) 감사, 진정 및 비위사항의 조사 처리, 사정업무 등

공무원이 이에 해당한다. 다만, 단체교섭 당사자나 담당자로 단체교섭에 참여할 것으로 예정되어 있지 않은 간부의 비서나 운전기사의 경우 노조 가입제한 대상이 아니다.

㉯ 보안업무

국방부, 비상기획위원회 등에서 군사기밀 등 보안업무를 담당하는 공무원, 문서보안 등 기관의 보안 관련 업무 총괄 담당부서에서 관련 업무를 수행하고 있는 공무원이 해당된다.[18)]

다만, 실·국·과 등에서 비취인가를 받아 소관 보안관련 업무(충무계획 수립 등)를 일시적·부수적으로 수행하고 있는 경우 제외된다.

㉰ 청사시설관리, 방호·질서유지업무

사용자(기관장 등 청사관리권자)를 대신하여 청사시설의 관리, 방호 등의 업무를 수행하는 경우가 이에 해당하며, 총무과 등에서 청사시설관리 업무를 담당(총괄)하는 자[19)] 및 경비·출입자의 안내·통제, 질서유지 등의 업무를 담당하는 공무원이 주로 해당된다.

7) 교정·수사 그 밖에 이와 유사한 업무에 종사하는 공무원

교정, 수사, 출입국관리와 같이 공권력 행사 등 경찰에 준해 제복 근무하거나, 엄격한 지휘복종이 요구되는 다음의 직무 담당자가 주로 이에 해당한다(공무원노조법시행령 제3조제3호).

(a) 「공무원임용령」 별표 1의 공무원 중 교정·소년보호·보호관찰·검찰사무·마약수사·출입국관리 및 철도공안 직렬의 공무원

(b) 조세범처벌절차법령에 따라 검찰총장 또는 검사장의 지명을 받아 조세범

18) 국가 기밀업무 취급자, 비상계획담당관실, 총무과 등에서 문서보안 등의 업무를 주로 담당하는 공무원 등이 해당된다.

19) 보일러실, 기계실 등 시설 유지·보수 등 단순 기능 업무수행자(보일러 기사. 전기기사 등)는 가입제한 대상이 아니다.

칙사건의 조사를 전담하는 공무원(국세청 등)

(c) 수사 업무에 주로 종사하는 공무원[20]

(d) 국가정보원에 근무하는 특정직이 아닌 공무원[21]

8) 노동관계의 조정·감독 등 업무의 주된 내용이 노동조합원으로서의 지위를 가지고 수행하기에는 적절하지 아니한 공무원

업무의 주된 내용이 노동관계의 조정·감독 등 그 성격상 노사간의 이해관계에 영향을 미치는 업무로서 중립성과 공정성이 특히 요구되는 업무를 수행하여 노동조합의 조합원으로서의 지위를 가지고 수행하기 적절하지 아니한 다음의 업무에 종사하는 공무원이 이에 해당된다(공무원노조법시행령 제3조제4호).

(a) 「노위법」에 따른 노동위원회의 사무국에서 조정사건이나 심판사건의 업무를 담당하는 공무원[22]

(b) 「근기법」에 따라 노동부 및 그 소속기관에서 「근기법」, 「산안법」 그 밖의 노동관계법령 위반의 죄에 관하여 사법경찰관의 직무를 행하는 근로감독관[23]

(c) 「선원법」에 따라 「선원법」 및 「근기법」 그 밖의 노동관계법령 위반의 죄에 관하여 사법경찰관의 직무를 행하는 선원근로감독관

(d) 지방자치단체에서 「노조법」에 따른 노동조합 설립신고, 단체협약 및 쟁의행위 등에 관한 업무에 주로 종사하는 공무원

3. 공무원노조 가입 대상 관련 실무사례

① 면사무소의 '주민생활지원담당(6급)'으로 담당내 직원 3명의 업무 수행을 총괄하는 업무에 주로 종사한다면 노동조합 가입제한 대상에 해당한다.[24]

---

20) 특별사법경찰관 중 수사업무에 주로 종사하는 경우 등이 해당한다.

21) 특정직공무원의 경우 「공무원노조법」 제6조제1항제2호 규정에 따라 가입이 제한된다.

22) 중앙 및 지방노동위원회 조정과·심판과에서 조정·심판업무 담당 조사관이 이에 해당된다.

23) 고용노동부 본부 및 지방청(지청)의 근로개선지도과, 산재예방지도과 소속 근로감독관이 이에 해당된다.

24) 공공노사관계과-213, 2008.4.8.

6급 담당 공무원이[면사무소의 '주민생활지원담당'으로서 담당내 직원 3명의 업무 수행을 총괄하는 업무에 주로 종사하면서 자신의 고유업무(국·공유재산관리, 지적관리 업무)를 일부(전체업무중 5% 미만) 수행하고 있고, 전결규정에 따라 소속 직원의 업무에 대한 전결권을 행사하며, 출장·연가·공가 등 소속 직원의 복무에 대한 결재(결정) 권한을 행사]하는 경우라면 위 규정에 의한 노동조합 가입제한 대상에 해당하는 것으로 볼 수 있다.

② 무보직 6급 공무원의 경우 노조 가입제한 대상으로 볼 수 없다.[25)]

담당 직무 없이 장기 교육중인 지방자치단체 소속 6급 공무원의 경우에는 달리 볼 사정이 없는 한 「공무원노조법」에 의한 노동조합에의 가입이 가능하다.

③ 학교 행정실에 행정직 1명이 행정실 업무 전반을 전담하여 수행하는 경우라면 사무분장상 행정실장이라 하더라도 사실상 '다른 공무원의 업무 수행을 지휘·감독하거나 총괄하는 자'로 보기는 어렵다.[26)]

통상 행정실장의 경우, 사무분장(교육규칙 등)에 근거 '행정실 근무 행정직 중 최상위 직급의 자'로서 다른 공무원의 업무 수행을 지휘·감독하거나 총괄하는 업무에 주로 종사하는 자에 해당하여 노동조합 가입이 제한되는 것으로 보아야 할 것이나, 각급 학교의 행정실에 행정직 1명과 소수의 기능직 공무원이 근무하고 있고, 행정직 1명이 행정실 업무 전반을 전담하여 수행하는 경우라면 사무분장상 행정실장이라 하더라도 사실상 '다른 공무원의 업무 수행을 지휘·감독하거나 총괄하는 자'로 보기는 어려울 것이므로 노동조합 가입을 제한할 수 없을 것임.

④ 부서 내 업무수행을 지휘·감독하거나 총괄할 다른 공무원이 없는 경우에는 노동조합 가입이 제한되는 공무원으로 보기는 어렵다.[27)]

○○위원회 사무국 또는 사무과 계장이 사무분장규정(훈령)에 따라 부서 내 다른 공무원을 지휘·감독하거나 총괄하고 있다면, 위 법령에 의한 노동조합 가입

25) 공공노사관계팀-1486, 2007.7.12.
26) 공공노사관계팀-877, 2006.5.2
27) 공공노사관계팀-391, 2006.2.27.

이 제한되는 공무원에 해당하는 것으로 보아야 할 것임. 다만, 부서 내 업무수행을 지휘·감독하거나 총괄할 다른 공무원이 없는 경우에는 노동조합 가입이 제한되는 공무원으로 보기는 어렵다.

⑤ 방호원이 청사내 정문방호실에 근무하면서 청사시설의 관리 및 방호에 관한 업무를 주로 수행하는 경우 또는 운전원이 기관장 및 부기관장 등 사용자에 전속되어 자동차 운전업무를 주로 하는 경우라면 노조 가입이 제한되는 공무원에 해당한다.[28)]

「공무원노조법」 제6조제2항제2호 및 동법 시행령 제3조제2호바목에서 질서유지업무, 청사시설의 관리 및 방호에 관한 업무, 비서·운전업무에 주로 종사하는 공무원의 노동조합 가입을 제한하는 것은 기관의 장 등 사용자에 전속되어 업무를 수행하는 공무원의 노동조합 가입을 제한함으로써 교섭력의 균형을 확보하려는 데 그 취지가 있다. 따라서 운전원 및 방호원의 노조 가입 제한 여부는 위 법령의 취지 및 실질적인 업무내용에 따라 개별적·구체적으로 판단되어야 할 것이나, 방호원이 청사내 정문방호실에 근무하면서 청사시설의 관리 및 방호에 관한 업무를 주로 수행하는 경우 또는 운전원이 기관장 및 부기관장 등 사용자에 전속되어 자동차 운전업무를 주로 하는 경우라면 노조 가입이 제한되는 공무원에 해당하는 것으로 볼 수 있다.

⑥ 예산·기금의 단순 집행업무를 수행하는 공무원 등은 노동조합 가입제한 대상으로 볼 수 없다.[29)]

노동조합과의 관계에서 행정기관의 입장에 서서 업무를 수행하는 공무원이라 하더라도 자료정리 등 단순히 업무를 보조하는 공무원이나 기관 내 국·과 등 단위에서 예산·기금의 단순 집행업무를 수행하는 공무원 등은 노동조합 가입이 가능하다.

28) 공공노사관계팀-2359, 2007.11.27.

29) 공공노사관계팀-1415, 2007.7.4.

⑦ 선박 지도단속 공무원 중 특별사법경찰관으로서 수사업무에 주로 종사하는 공무원의 경우에만 노조 가입이 제한된다.[30)]

「공무원노조법」 제6조제2항제3호 및 동법 시행령 제3조제3호다목의 규정에 따라 "수사업무에 주로 종사하는 공무원"의 경우 노조 가입이 제한되고 있는 바, 동 규정은 특별사법경찰관 중 수사업무에 주로 종사하는 공무원의 노조 가입을 제한하기 위한 취지이다. 따라서, 선박 지도단속 공무원 중 특별사법경찰관으로서 수사업무에 주로 종사하는 공무원의 경우에만 노조 가입이 제한된다.

⑧ 지방의회 의장은 「공무원노조법」상 정부교섭대표에 포함되지 않으므로 의장 비서업무에 주로 종사하는 공무원은 노조 가입제한 대상으로 보기 어렵다.[31)]

지방의회 의장은 「공무원노조법」상 정부교섭대표에 포함되지 않으며, 자치단체 소속 공무원의 근무조건에 관한 관리·결정 권한이 없으므로 의장 비서업무에 주로 종사하는 공무원의 경우 노동조합과의 관계에서 행정기관의 입장에 서는 공무원에 해당하는 것으로 볼 수 없어 공무원 노조 가입제한 대상으로 보기 어렵다.

30) 공공노사관계팀-2275, 2006.11.22

31) 공무원노사관계과-752, 2010.11.2.

주/요/쟁/점/실/무

제2절 공무원 단체교섭 관련 쟁점

1. 의 의

공무원 단체교섭의 주체와 절차·방법 등은 기본적으로 「노조법」의 원리에 따르나, 공무원노사관계의 특수성에 따른 일부 제한이 있는 등 차이점이 있다.

「공무원노조법」은 단체교섭의 당사자, 교섭권한의 위임, 교섭사항과 비교섭사항, 교섭위원의 구성, 교섭절차 등에 대해 비교적 상세하게 규정하고 있다.

2. 단체교섭의 주체

가. 당사자

(a) 단체교섭의 당사자는 단체협약을 체결할 수 있으며, 그 결과인 단체협약의 권리와 의무를 부담하는 등 법적 효과가 귀속되는 주체를 의미한다.

(b) 노동조합측 교섭당사자로는 법 소정의 노동조합 설립요건(실질적·형식적 요건)을 갖춘 적법한 노동조합이어야 한다.

「공무원노조법」에 의해 설립된 노동조합의 하부조직인 지부·분회 등은 원칙적으로 단체교섭의 당사자가 될 수 없으나, 하부조직의 경우에도 단체교섭 권한을 위임받아 위임의 범위 내에서 교섭을 행하는 것은 가능하다. 연합단체인 노동조합의 경우, 원칙적으로 구성원은 개별 근로자가 아닌 노동조합이므로 단위노조 등으로부터 단체교섭권한의 위임이 있는 경우 그 조합원을 위하여 위임의 범위 내에서 당해 정부교섭대표와 단체교섭을 행할 수 있다.

(c) 단체교섭의 사용자(정부)측 당사자는 공무원노동조합의 단체교섭 요구에 대해 응낙의무를 지는 단체교섭 상대방으로서의 사용자를 의미한다.

사용자측 단체교섭 당사자인 정부교섭대표는 국회사무총장·법원행정처장·헌법재판소사무처장·중앙선거관리위원회사무총장·인사혁신처장·특별시장·광역시장·특별자치시장·도지사·특별자치도지사·시장·군수·구청장 또는 특별시·광역시·특별자치시·도·특별자치도의 교육감이 해당된다(공무원노조법 제8조제1항)

나. 담당자

(a) 단체교섭의 담당자란 단체교섭의 주체인 노동조합과 사용자를 대표하여 실제로 교섭을 직접 담당하는 권한을 가진 자를 말하며, 노동조합측은 노동조합 대표자와 규약 등에서 정한 바에 따라 선정된 교섭위원을 의미한다.

(b) 사용자측은 기관의 장, 공무원에 관한 사항에 대하여 기관의 장을 위하여 행동하는 자 등 실제 교섭에 임하는 자 등이 이에 해당한다.

3. 단체교섭 권한의 위임

가. 의 의

(a) 단체교섭권한의 위임은 단체교섭의 주체(당사자)가 단체교섭의 담당자인 수임자에게 단체교섭을 수행할 수 있는 자격을 부여 하는 것을 말하며, 자신을 위하여 단체교섭이라는 사무를 처리해 줄 것을 위탁하고 수임자가 이를 승낙함으로써 성립한다.

(b) 위임의 절차에 대해서 법령에 특별한 규정을 두고 있지 않으나, 노동조합의 경우, 단체교섭은 조합원들의 이해관계에 큰 영향을 미치는 조합활동이므로 최고의사결정기관의 의결을 거치는 것이 원칙이며, 정부교섭대표는 조직 내부의 의사결정 절차에 따라 결정하면 된다.

(c) 교섭당사자는 교섭권한의 위임이 있는 경우, 그 사실(수임자·위임의 범위 등)을 상대방에게 서면으로 즉시 통보하여 상대방이 알 수 있도록 하여야 한다.

나. 위임의 내용과 한계

1) 사용자 측(정부교섭대표)

(a) 사용자측인 정부교섭대표의 교섭권한 위임에 관하여는 「공무원노조법」에

별도로 규정하고 있으며(제8조제3항 내지 제5항), 제3자 등 대외적 위임은 원칙적으로 금지된다(공무원노조법 제9조제1항 및 제17조제3항).

ⓐ 다른 정부교섭대표와 공동으로 교섭하거나,

ⓑ 다른 정부교섭대표에게 교섭 및 협약체결 권한을 위임할 수 있다.

ⓒ 또한, 효율적인 교섭을 위하여 필요한 경우, 관계기관의 장을 교섭에 참여하게 할 수 있고,

ⓓ 다른 기관의 장이 관리·결정 권한을 가진 사항에 대하여는 해당 기관의 장에게 교섭 및 체결 권한 위임이 가능하다.

ⓔ 정부교섭대표 또는 다른 기관의 장이 단체교섭을 하는 경우 소속 공무원으로 하여금 교섭 및 협약체결을 하게 할 수 있다.

(b) 다만, 이 경우 그 사실을 상대 노동조합에 통보하여야 하며, 관련 정부교섭대표 및 관계기관의 장 등의 성명과 위임내용 등을 구체적으로 명시하여야 한다(공무원노조법시행령 제5조).

2) 노동조합 측

(a) 공무원노조측의 교섭권한 위임 등과 관련하여 사용자측인 정부교섭대표와 다르게 「공무원노조법」에 별도의 규정을 두고 있지 않으나, 공무원 직무의 특수성 등을 고려하여 대외적 교섭권한의 위임을 규정한 「노조법」 제29조의 적용을 배제하여 교섭당사자가 아닌 제3자 위임이 원칙적으로 금지된다(제9조제1항, 제17조제3항).[32]

(b) 따라서, 노동조합은 「공무원노조법」상 설립된 노동조합(연합단체 포함)의 대표자 또는 조합원으로만 교섭단을 구성하여야 하고, 극히 제한된 범위 내에서 교섭권한의 위임이 가능하다고 생각된다.

(c) 예를 들어, ① 연합단체인 노동조합의 경우, 구성원인 소속 단위노조로 부터 교섭권한의 위임을 받아 교섭을 할 수 있고, ② 노동조합의 하부조직인 지부·분회 등의 경우도 독자적인 사항에 대해 본조 대표자로부터 교섭권한의 위임이

32) 같은 취지, 대판 2010.4.29, 2007두11542

있는 경우 교섭이 가능하다. 다만, 연합단체 등 상급단체 조합원이라 하더라도 「공무원노조법」상 조합원 자격을 가지지 아니한 자는 교섭위원이 될 수 없다고 생각된다(제9조제1항).

4. 단체교섭의 절차

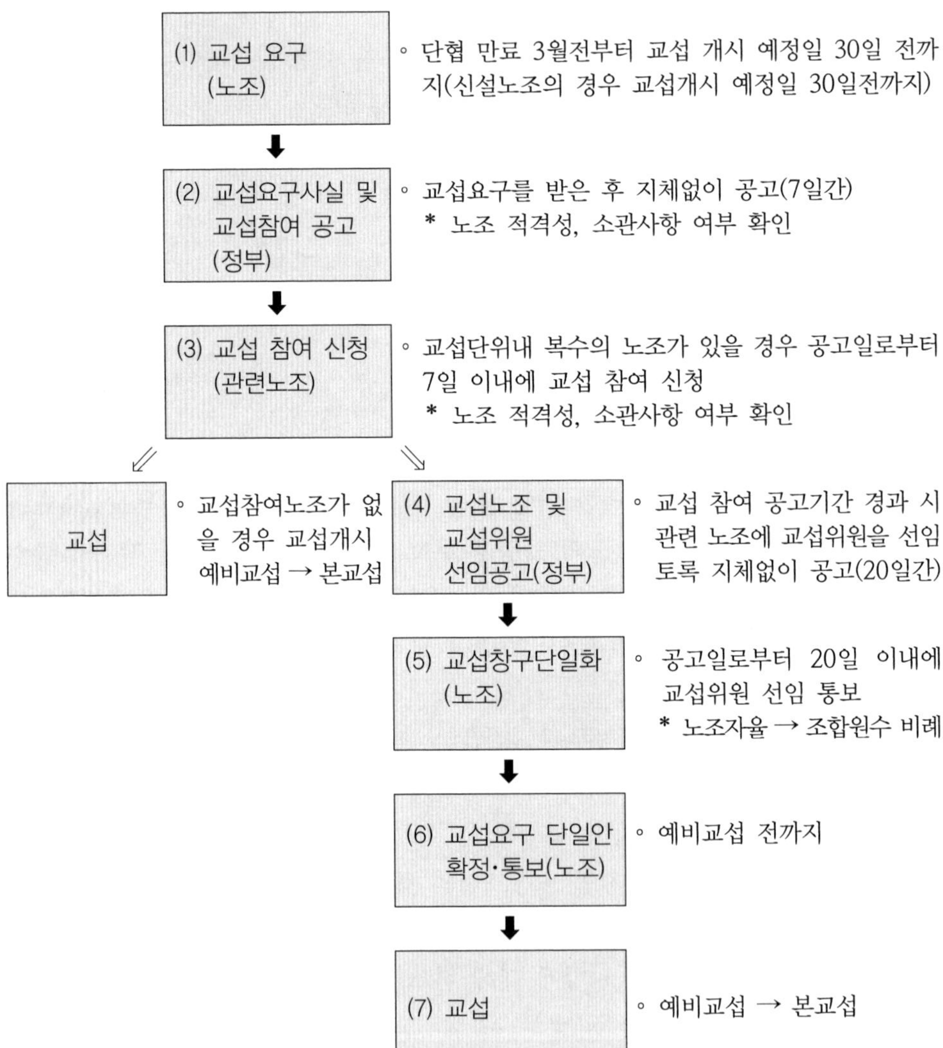

가. 단체교섭 요구

1) 요구 시기

노동조합의 대표자가 정부교섭대표에게 교섭을 요구하고자 하는 경우에는 단체협약의 유효기간 만료일 3월전부터 교섭개시 예정일 30일전까지(최초의 단체협약의 체결을 요구하고자 하는 경우에는 교섭개시 예정일 30일 전까지) 교섭하고자 하는 사항에 대하여 권한을 가진 정부교섭대표에게 교섭요구서를 제출하여야 한다(공무원노조법 제9조제2항 및 시행령 제6조).

2) 요구 방법

단체교섭을 요구하고자 하는 노동조합은 단체교섭 요구서에 다음 서류를 첨부하여 정부교섭대표에게 제출하여야 한다.

① 노동조합 설립신고증 사본(지부·분회 등의 경우 교섭권이 있음을 증명하는 서류 포함)

② 연합단체가 교섭권한을 위임받아 교섭을 요구하는 경우, 위임받은 사실을 증명할 수 있는 서류(위임장) 첨부

③ 교섭요구사항(정부교섭대표가 법령 등에 의하여 관리·결정 권한을 가진 사항인지 여부, 교섭사항에 해당하는지 여부 등의 판단이 가능하도록 구체적 적시 바람직)

나. 교섭참여 공고

1) 공고절차 및 내용

정부교섭대표는 노동조합으로부터 단체교섭의 요구가 있는 경우, 지체 없이 교섭요구 사실을 공고하여야 한다. 공고내용은 교섭요구 노동조합 개요, 교섭요구서 제출 기한·방법, 제출부서, 담당자 연락처, 주의사항 등이다.

2) 공고 방법

공고방법은 교섭단위내 복수의 노동조합이 동시에 모두 알 수 있도록 적절한

방법[33]으로 하여야 한다. 공고는 기관단위로 조직된 복수의 단위노조는 물론 교섭단위 내 조합원이 있는 전국 규모의 단위노조(지부 등 설치 여부 불문)도 알 수 있도록 하여야 한다.

◦ **교섭참여 공고 예시**

○○○○공고 제○○○-○○○호

단체교섭 요구사실 및 교섭참여 공고

「공무원노조법」 제9조제3항 및 동법 시행령 제7조제1항에 의거, 다음과 같이 단체교섭 요구사실을 공고합니다.

○○○○년 ○월 ○일

○○○○○장

\- 다 음 -

□ 교섭요구 노동조합

○○○○공무원노동조합(대표자 ○○○)

□ 단체교섭 참여

\- 참여방법 : 단체교섭 요구사실의 공고일로부터 7일 이내 단체교섭 요구서 제출(○○월 ○○일한)

\- 제출방법 : 직접제출, 우편, 팩스 중 택일(우편의 경우 당일 도달 기준)

\- 제 출 처 : ○○○○○ 총무과(주소), Fax.00-○○○○-○○○○

□ 주의사항

\- 단체교섭 요구기간 내에 교섭요구를 하지 아니한 노동조합의 교섭요구에 대하여는 교섭을 거부할 수 있습니다.

\- 기타 자세한 사항은 ○○○ 총무과로 문의(☎○○○-○○○-○○○○)하시기 바랍니다.

다. 교섭 참여(노조)

교섭에 참여하고자 하는 노동조합은 공고일부터 7일 이내에 교섭요구서를 정부교섭대표에게 제출해야 한다(공무원노조법시행령 제7조제2항). 정부교섭대표는 공고기간 내에 교섭에 참여하지 않은 노조(신생노조 포함)의 교섭요구에 대하여는 이를 거부할 수 있다(공무원시행령 제7조제4항)

33) 홈페이지, 내부 전자통신망, 게시판 게시, 문서 시달 등

라. 교섭노조 및 교섭위원 선임공고(정부)

정부교섭대표는 교섭요구서 제출기간 만료 후, 교섭 요구를 한 노동조합(이하 "교섭 노동조합"이라 함)을 지체 없이 공고하고 교섭노동조합에게 통보하여야 한다(공무원노조법시행령 제7조제3항).

◦ 교섭위원 선임요구 공고 예시

○○○○공고 제○○○-○○○호

교섭노동조합 및 교섭위원 선임요구 공고

「공무원노조법」 제9조제3항 및 동법 시행령 제7조제1항에 의거, 다음과 같이 교섭노동조합 및 교섭위원 선임요구를 공고합니다.

○○○○년 ○월 ○일

○○○○○장

- 다 음 -

□ 교섭요구 노동조합

연번	노동조합명	대표자	비고
1	○○○공무원노동조합	○○○	단위노조
2	○○○공무원노동조합	○○○	단위노조

□ 교섭위원 선임 요구

- 선임기간 : 공고일로부터 20일 이내
- 선임내용 및 방법 : 교섭노동조합간 합의를 통해 10인 이내의 교섭위원 선임후 서면으로 통보
  * 교섭노동조합(교섭권한 위임 노동조합 제외) 대표자의 서명 또는 날인, 교섭위원 연락처·인적사항 및 소속 노동조합, 통보일자 포함
- 통보방법 : 직접제출, 우편, 팩스 중 택일(우편의 경우 당일 도달 기준)
- 제출처 : ○○○과(주소), Fax.○○○-○○○○-○○○○

□ 주의사항

- 위 교섭위원 선임 기간내 교섭 노동조합간 합의하지 못하는 때에는 교섭노동조합의 조합원수에 비례하여 교섭위원을 선임하여야 합니다.
- 교섭노동조합간 교섭창구단일화가 이루어지지 않을 경우 법 제9조제4항에 의거, 교섭창구가 단일화될 때까지 교섭을 거부할 수 있습니다.
- 교섭위원 선임후 교섭 노동조합은 조속히 교섭요구안을 단일화하여 통보하여야 합니다.
- 기타 자세한 사항은 ○○○과로 문의(☎ ○○○-○○○-○○○○)하시기 바랍니다.

마. 교섭창구단일화(노조)

"교섭노동조합"은 공고일로부터 20일 이내에 자율적인 합의로 교섭위원을 선임하고, 교섭노동조합의 대표자가 각각 서명 또는 날인한 서면으로 정부교섭대표에게 통보하여야 한다(공무원노조법시행령 제8조제1항).

1) 교섭위원 구성

교섭위원의 수는 교섭노동조합의 조직규모 등을 고려하여 10인 이내로 구성하여야 하며, 효율적인 교섭을 위하여 교섭위원에는 교섭노동조합의 대표자가 포함되도록 하여야 한다.

2) 비례대표제에 의한 선임

(a) 공고일로부터 20일 이내에 교섭노동조합간 자율적 합의가 이루어지지 않을 경우에는 교섭노동조합의 조합원수에 비례하여 교섭위원을 선임한다(공무원노조법시행령 제8조제2항).

(b) 조합원수 확인은 교섭노동조합간에 자율적으로 하는 것을 원칙으로 하되, check-off 협정이 체결되어 있는 경우 조합비 공제 인원수로, 그 이외에는 조합원 명부 등으로 상호 확인할 수 있으며, 필요시 교섭 노동조합간의 합의로 중립적인 제3자에게 확인 요구도 가능하다. 연합단체인 노동조합이 소속 단위노조로부터 교섭권한을 위임 받아 교섭에 참여한 경우, 조합원수 계산은 교섭권한을 위임한 단위노조의 조합원수를 기준으로 한다.

3) 교섭노동조합의 교섭요구 단일안 확정·통보

교섭노동조합은 교섭위원 선임 후, 교섭위원간의 협의를 통해 교섭요구 안건(단일안)을 확정하고, 정부교섭대표에게 교섭위원 선임사실 통보시 가능하면 함께 통보하되, 늦어도 예비교섭 전까지 통보할 필요가 있다.

4) 교섭위원 구성

(a) 정부측 교섭위원은 정부교섭대표와 정부교섭대표가 지명하는 자로 구성하

고, 노동조합의 경우 노동조합대표자와 규약 등에 정한 방법에 따라 교섭위원 구성한다. 다만, 복수노조가 조직되어 있는 경우에는 교섭창구단일화 절차에 따라 교섭위원을 선임한다.

(b) 교섭위원 수는 별도의 정한 바가 없다면, 예비교섭단계에서 노사가 협의를 통해 정할 수 있으나, 통상 노사동수로 구성하는 것이 일반적이며, 노사 각 5~10명이 바람직하다.

바. 교섭 개시(예비교섭과 본교섭)

1) 예비교섭

(a) 「공무원노조법」에는 예비교섭에 관해 명시적인 규정을 두고 있지 않으나, 교섭을 원활하고 보다 효율적으로 진행하기 위해서는 본 교섭에 앞서 교섭의 의제 등 필요한 사항에 대해 당사자가 협의를 통해 미리 정해 둘 필요가 있다.

(b) 예비교섭은 교섭 관련 실무관계자가 담당하는 것이 바람직하므로 정부측은 교섭관련 주무부서의 장, 노조측은 교섭위원 중에서 선정하는 것이 바람직하며, 예비교섭 위원 수는 노사 양측에서 각각 1~3인 정도가 적절하다.

(c) 예비교섭에서 정해야 할 사항으로서는 교섭일시, 교섭위원수, 교섭의제, 소요시간, 교섭장소, 배석자 등이며, 그 외에 녹음·녹화 인정 여부, 서기 배석 여부 등 기타 필요한 사항을 정해 두는 것이 바람직하다.

2) 본 교섭

(a) 교섭창구단일화 절차를 거쳐 예비교섭이 완료된 경우, 예비교섭에서 정한 바에 따라 전체 교섭위원들이 참석한 가운데 본 교섭을 진행하면 된다.

(b) 본 교섭은 노조측이 공식적으로 요구사항을 제시하고 정부측도 안을 제시하면서 교섭을 시작하고, 점차 쟁점사항을 압축시켜나가 최종적으로 단체협약을 체결하는 과정이므로 본 교섭을 효율적으로 진행하기 위해서는 분야별 쟁점사항에 대해 먼저 실무교섭회의에서 충분한 협의를 통해 합의의 윤곽을 잡아 본 교섭에 넘기는 방식도 바람직하다.

주/요/쟁/점/실/무

제3절 공무원 단체교섭 대상과 단체협약 효력 관련 쟁점

1. 단체교섭의 대상

가. 의 의

(a) 공무원 단체교섭 사항은 관계 법령이 정하는 범위 내에서 공무원노사 당사자간의 합의에 의하여 단체교섭의 주제 또는 목적으로 부의된 사항을 의미한다.

(b) 공무원 단체교섭사항 여부에 대한 일반적 판단 기준은 ① 정부교섭대표가 처리 또는 처분할 수 있는 사항이어야 하고, ② 집단적 성격을 띠어야 하며,[34] ③ 공무원의 근무조건 등과 관련이 있어야 한다.

(c) 「공무원노조법」에는 교섭사항으로 "① 그 노동조합에 관한 사항, ② 조합원의 보수·복지, 그 밖의 근무조건에 관한 사항"으로 규정하고 있다(제8조제1항 본문). ③ 그밖에도 근무조건과 직접 관련되는 정책결정에 관한 사항, 임용권의 행사 등 기관의 관리·운영에 관한 사항의 경우도 교섭사항이 된다.

나. 교섭사항[35]

1) 그 노동조합에 관한 사항(채무적 부분)

① 조합비 일괄 공제(check-off)에 관한 사항
② 단체교섭 절차·방법에 관한 사항
③ 청사 내 조합 활동에 관한 사항

34) 개별 조합원의 면직·파면 또는 해임의 취소·철회 및 복직요구 등은 원칙적으로 개별적 권리분쟁 사항으로 교섭대상이 되지 않는다.

35) 헌재 2013.6.27, 2012헌바169 참조.

④ 노조 전임자에 관한 사항
⑤ 노동쟁의 조정, 중재에 관한 사항
⑥ 조합사무실 등 시설 편의 제공, 기관의 시설물 이용 및 홍보에 관한 사항 등

2) 조합원의 보수·복지 그 밖의 근무조건에 관한 사항(규범적 부분)

① 보수(수당의 종류와 지급조건 포함), 복지에 관한 사항
② 교육·훈련에 관한 사항
③ 재해보상 등에 관한 사항
④ 정년에 관한 사항
⑤ 근로시간·휴게·휴일·휴가에 관한 사항
⑥ 표창과 제재, 안전보건·복지시설 등에 관한 사항 등

3) 근무조건과 직접 관련[36]되는 정책결정에 관한 사항, 임용권의 행사 등 기관의 관리·운영에 관한 사항

① 근무체제 변경에 따른 근무시간표의 작성에 관한 사항[37]
② 공무원연금제도에 관한 사항
③ 정원축소에 수반하는 초과근무에 관한 사항
④ 인사이동에 따른 직원 주택이나 통근버스의 제공 등에 관한 사항
⑤ 근무장소 변경이 수반되는 전보의 일반적 기준에 관한 사항 등

다. 교섭금지 사항

(a) 교섭금지 사항에는 교섭의제의 내용이 노동관계법과 국가(지방)공무원법

36) 공무원이 공무를 제공하는 조건이 되는 사항 그 자체, 즉 전형적으로 어떤 근무조건의 변화를 내포하고 있어 근무조건에 영향을 주지 아니할 여지가 거의 없는 사항을 의미한다(헌재 2013. 6.27, 2012헌바169).

37) 차량별 고정승무발령, 배차시간, 대기기사 배차순서 및 일당기사 배차에 관한 사항은 사용자의 경영권에 속하는 사항이지만, 다른 한편으로는 근로자들의 근로조건과 밀접한 관련이 있는 부분으로서 단체협약의 대상이 된다(대판 1994.8.6, 93누8993).

등 다른 법률을 위반하는 '위법사항'과, 「공무원노조법」 제8조제1항 단서에 규정하는 근무조건과 직접 관련이 없는 정책결정 및 기관의 관리·운영에 관한 사항, 즉 '비교섭 사항'이 있다.

(b) 일본과 미국 등 외국의 경우도 일반적으로 기관의 관리·운영에 관한 사항은 공무원법 등에서 교섭금지 대상으로 규정하고 있다.[38)]

1) 위법 사항

교섭의제의 내용이 「공무원노조법」과 「노조법」 등 노동관계법을 위반하거나, 그 이외에도 단체협약의 성질상 또는 내용상 관련이 있는 모든 법률(국가·지방공무원법 등)을 위반하는 경우를 의미한다.

(1) 노동관계법 위반 유형별 검토

① 법령·예산·조례 등에 반하는 협약내용의 우선적·규범적 효력 인정

(a) 단체협약의 내용 중 법령·조례 또는 예산에 의하여 규정되는 내용과 법령 또는 조례에 의한 위임을 받아 규정되는 내용은 단체협약으로서의 효력(규범적 효력)이 인정되지 않는다(공무원노조법 제10조제1항).

(b) 따라서, 노사가 법령·조례·예산에 규정되는 내용에 반하는 사항에 대해 합의하고 규범적·우선적 효력을 인정하기로 한 경우[39)]에도, 그 부분은 효력이 없으며, 「공무원노조법」 제10조제1항에 위반된다.[40)]

---

38) 일본의 경우, 국가(지방)공무원법에서 "국가(지방공공단체) 사무의 관리 및 운영에 관한 사항은 교섭의 대상이 될 수 없다"고 규정하여 교섭금지 사항으로 명시(국공법 제108조의5, 지공법 제55조제3항)하고 있고, 미국은 연방공무원개혁법에서 관리권(Management Right)에 관한 사항과 공무원제도(civil service system)에 관한 사항은 사용자의 전권에 맡겨져 있는 사항으로서 교섭 금지사항으로 규정하고 있다.

39) 예를 들어 "기관은 단체협약과 관련하여 법령·조례 등이 상충하는 경우 조합원에게 유리한 조항을 우선 적용 한다" 등과 같은 내용이다.

40) 서울고판 2011.5.19.2010누14192.

② 유급 노동조합 전임자 인정

(a) 노조 전임자에 대해서는 국가 및 지방공무원법에 따라 휴직 명령을 하여야 하며, 그 전임기간 중 보수 지급을 금지하고 있다(공무원노조법 제7조제2항 및 제3항).

(b) 따라서, 노사가 유급 전임자(사실상의 전임자[41] 포함)를 인정하기로 합의한 경우, 그 부분은 효력이 없으며, 「공무원노조법」 제7조에 위반된다.[42]

③ 노동조합 운영비 원조(부당노동행위)

(a) 「노조법」은 사용자가 노동조합의 운영비를 원조하는 행위를 부당노동행위로 규정하여 금지하고 있다. 다만, 최소한 규모의 노동조합 사무소의 제공은 예외로 인정하고 있다(제81조제4호).

(b) 따라서, 노사가 단체협약으로 기관측이 노조 사무실 관리비나 노조활동에 차량제공·출장비·조합발전기금 등 노조의 운영에 필요한 경비를 제공하기로 하는 경우 원칙적으로 「노조법」 제81조제4호 위반에 해당한다.

④ 노조 가입 제한범위 완화

(a) 「공무원노조법」 제6조제2항 및 동법 시행령 제3조에 노조 가입이 금지되는 공무원의 범위를 구체적으로 규정하고 있다. 만일, 노조 가입이 금지된 공무원의 가입을 허용할 경우, 노동조합의 결격요건 및 설립신고의 반려사유에 해당한다.

(b) 따라서, 노사가 단체협약으로 「공무원노조법」상 가입이 금지된 공무원의 노조 가입을 허용하거나 협약 내용이 가입금지 대상 공무원의 가입을 허용하는 것으로 해석될 수 있는 경우 「공무원노조법」 제6조제2항에 위반된다.[43]

41) 예를 들어 단체협약에 "업무부담을 최소화하여 노동조합 활동에 전념하도록 한다"와 같은 사실상 전임자를 인정하는 것도 「공무원노조법」 제7조의 적용을 회피하고자 하는 협약으로서 위법하다.

42) 서울행판 2010.8.12, 2009구합42083 ; 서울행판 2010.10.29, 2009구합42090.

43) 예컨대, 5급 이상이나 지휘·감독자, 업무총괄자나 노조와의 관계에 있어 행정기관의 입장에 서는 자 등의 노조 가입을 허용하는 경우이다.

⑤ 해고된 자의 조합원 자격 인정

(a) 「공무원노조법」 제2조·제6조의 규정에 따라 공무원노조 조합원은 「국가(지방)공무원법」상의 공무원 신분을 가진 자만이 자격이 있으며, 「노조법」 제2조 제4호라목의 규정에 따라 공무원(근로자)아닌 자의 노조 가입을 허용한 경우 노조 결격요건에 해당한다.[44)]

(b) 다만, 공무원이 면직·파면 또는 해임되어 노동위원회에 부당노동행위 구제신청을 한 때에는 중앙노동위원회 재심판정이 있을 때 까지 조합원 지위가 유지된다(공무원노조법 제6조제3항).

(c) 따라서, 「공무원노조법」상 조합원 자격요건이 없는 자를 단체협약을 통해 조합원 지위를 유지 할 수 있도록 하는 경우 「공무원노조법」 제6조제3항에 위반된다.

(2) 국가(지방)공무원법 등 다른 법률 위반

① 공무원의 신분상·복무상 의무 위반

(a) 「국(지)공법」에는 공무원의 성실한 직무수행의무(국공법 제56조, 지공법 제48조), 품위유지의무(국공법 제63조, 지공법 제55조) 등을 규정하고 있다.

(b) 또한, 「공무원복무규정」에서 "공무원은 근무 중 그 품위를 유지할 수 있는 단정한 복장을 착용하여야 하며, 직무를 수행할 때 근무기강을 해치는 정치적 주장을 표시 또는 상징하는 복장을 하거나 관련 물품을 착용해서는 안 된다"고 규정하고 있다(국가공무원복무규정 제8조의2, 지방공무원복무규정 제1조의3).

(c) 따라서, 단체협약으로 조합활동과 관련 집단적으로 단체복(조끼·리본) 등을 착용할 수 있도록 하는 것은 정당한 노조활동으로 볼 수 없으며 「국(지)공법」상 성실한 직무수행의무 및 품위유지의무 위반이 된다.[45)]

---

44) 공무원 신분을 가지지 않은 자 등 공무원노조 가입이 허용되지 않은 자의 가입을 허용한 경우 공무원노조의 실질적 요건을 갖추지 못할 뿐 아니라 근로자(공무원)단체로서의 실질도 상실한다 (서울행판 2010.10.7, 2009합42106).

45) 서울행판 2010.8.12, 2009구합42083 ; 서울행판 2010.10.29, 2009구합42090. 한편 일본의 경우도 공무원이 근무시간 중, 직접적으로 공무에 관계없는 뱃지, 플레이트를 착용하는 것은 직무전

② 파면(해임)된 후 법원 등 판결로 복직된 자에 대한 재징계 철회

(a) 공무원에 대한 파면·해임 등 징계처분의 징계양정 과다 등을 이유로 소청심사위원회 또는 법원에서 징계처분의 무효 또는 취소(취소명령 포함)의 결정이나 판결을 받은 경우, 처분권자는 결정 또는 법원의 판결이 확정된 날부터 3개월 이내에 관할 징계위원회에 재징계 의결을 요구하도록 규정하고 있다(국공법 제78조의3 지공법 제69조의3).

(b) 따라서, 위와 같은 경우 노사가 단체협약으로 재징계를 하지 않기로 합의하였다면 「국(지)공법」 관련 규정에 위반된다.

③ 비상(휴일)근무 등 직무명령시 노조와 합의 또는 협의

(a) 「국(지)공법」상 기관장은 공무수행상 필요하다고 인정하는 때에는 소속 공무원에게 근무시간외의 근무를 명하거나 토요일 또는 공휴일의 근무를 명할 수 있고, 직무의 성질·지역 또는 기관의 특수성에 의하여 필요하다고 인정하는 때에는 근무시간 또는 근무일을 변경할 수 있다.

(b) 따라서, 단체협약으로 비상사태 등의 구분 없이 조합원의 비상(휴일)근무, 인원동원 등에 대하여 노동조합과 합의(협의)하도록 하는 것은 관련 법령[46]에 의한 기관의 장의 직무명령권에 대한 제한으로 허용될 수 없다.[47]

라. 비교섭 사항

1) 입법 취지

(a) 「공무원노조법」은 공무원 노사관계의 특수성을 고려, 공무원의 근무조건과 직접 관련이 없는 정책결정 및 기관의 관리·운영에 관한 사항을 '비교섭 사항'

념의무를 위반하는 것이며, 당국으로서는 이와 같은 물품의 착용을 금지하는 직무명령을 당연하게 발할 수 있으며, 또한 이와 같은 물품의 착용은 징계처분의 대상으로도 할 수 있다(최고재판소 1977.12.12.(메쿠로(目黑)전보전화국 사건).

46) 「국공법」 제57조, 제67조 및 국가공무원복무규정 제10조·제11조(지공법 제49조, 제59조 및 지방공무원복무규정 제3조, 제4조)

47) 서울고판 2011.5.19, 2010누14192.

으로 규정하여 교섭을 금지하고 있다.

(b) '비교섭 사항'은 국가 또는 지방자치단체가 행정책임 및 법치주의 원칙에 따라 국민 또는 주민의 위임을 받아 자신의 권한과 책임 하에 전권적으로 행사되어야 할 사항이다.

(c) 만일, 비교섭 사항을 교섭대상으로 한다는 것은 곧 「헌법」 및 법률 규정에 의하여 행정주체에게 주어진 일련의 권한과 책임에 대하여 노조와 이를 나누어 부담하게 되는 것이 되므로 행정책임주의 및 법치주의 원칙에 반하게 된다.

〈관련 법령〉

◦ 「공무원노조법」 제8조(교섭 및 체결 권한 등) 제1항 단서
법령 등에 따라 국가나 지방자치단체가 그 권한으로 행하는 정책결정에 관한 사항, 임용권의 행사 등 그 기관의 관리·운영에 관한 사항으로서 근무조건과 직접 관련되지 아니하는 사항은 교섭의 대상이 될 수 없다.

◦ 「공무원노조법시행령」 제4조(비교섭 사항)
1. 정책의 기획 또는 계획의 입안 등 정책결정에 관한 사항
2. 공무원의 채용·승진 및 전보 등 임용권의 행사에 관한 사항
3. 기관의 조직 및 정원에 관한 사항
4. 예산·기금의 편성 및 집행에 관한 사항
5. 행정기관이 당사자인 쟁송(불복신청을 포함한다)에 관한 사항
6. 기관의 관리·운영에 관한 그 밖의 사항

2) '비교섭 사항'에 대한 합의는 '위법'

(a) 「공무원노조법」상 '비교섭 사항'에 대해서는 단지 공무원노조가 교섭을 요구하여서는 아니 되고, 정부교섭대표는 이에 대한 교섭 요구가 있는 경우 교섭에 응할 의무가 없는데 그치는 것이 아니라 교섭의 대상으로 삼아서는 아니 될 교섭 금지 사항이다.[48]

48) 헌법재판소는 「공무원노조법」 제8조제1항 단서 규정의 위헌여부 판단에 있어 "근무조건과 직접 관련되지 아니하는 정책결정에 관한 사항과 임용권의 행사 등 국가 또는 지방자치단체가 그 권한으로 행하는 관리·운영에 관한 사항을 단체교섭의 금지사항으로 규정"한 것으로 교섭권을 침해하

(b) 따라서, 이러한 비교섭 사항은 성질상 교섭대상이 될 수 없기 때문에 교섭대상으로 삼게 된다면 교섭에 있어 비효율이 발생할 뿐만 아니라 설령 교섭대상으로 삼아 단체협약을 체결하였더라도 '위법'하여 무효로 될 사항이어서 교섭대상으로서의 의미를 전혀 갖지 못한다. 또한 이 경우 행정관청(고용노동부장관)은 노동위원회의 의결을 얻어 시정명령을 내릴 수 있다.[49]

(c) 예를 들어, 공무원노동조합의 선출직 임원 등의 전보인사를 할 때 노동조합과 사전에 협의하도록 하는 단체협약의 조항은 조합원의 근무조건과 직접 관련이 있다고 보기 어렵고, 사전협의라는 필수적인 절차에 의하여 기관의 인사권 행사가 본질적으로 제한될 가능성도 있는 만큼 원칙적으로 단체교섭의 대상이 될 수 없다.[50]

3) '비교섭 사항' 유형별 검토

(1) 정책결정에 관한 사항

(a) 정책의 기획·계획의 입안 등 정책결정에 관한 사항은 정책수립·집행의 주체인 행정기관이 그 권한과 책임, 법치주의 원칙에 따라 전권적으로 행하여야 할 사항으로 원칙적으로 비교섭 사항이다.

(b) 다만, 정책결정에 관한 사항 중 근무조건과 직접 관련성이 인정되는 경우 예외적으로 교섭대상이 될 수 있다.[51]

(c) 예를 들어 법령·조례·규칙 제·개정 여부, 제·개정 절차·방법 등에 관한 사항은 입법정책에 관한 사항으로 비교섭 사항이나, 법령·조례·규칙의 내용 중 근무조건과 직접관련이 있는 경우에는 교섭사항에 해당한다.[52]

지 않는다고 결정(헌재 2008.12.26, 2005헌마971·1193, 2006헌마198).

49) 헌재 2013.6.27, 2012헌바169.

50) 대판 2017.1.12, 2011두13392.

51) 예컨대, 청사이전 여부에 대한 판단은 정책결정사항으로 비교섭 사항이나, 청사이전에 따른 직원주택, 정착비용 지급 등은 교섭대상이다(서울고판 2011.5.19, 2010누14192).

52) 예컨대, 공무원복무규정 내용 중 휴가일수, 근무시간 등 근무조건은 교섭대상이나 관련 법령 제·개정에 관한 사항 그 자체는 교섭사항이 아니다. 또한, 법령·조례·규칙 제·개정 문제에 대해

(2) 임용권의 행사 등 그 기관의 관리·운영에 관한 사항

(a) 「정부조직법」, 행정부서의 직제와 관련한 대통령령·시행규칙 또는 지방자치법, 관련 조례에 의하여 각 부서 또는 지방자치단체에 배당된 사무·업무 중에서 행정주체로서의 각 기관이 자신의 판단과 책임에 따라 처리하도록 정해져 있는 사항을 의미한다.[53)]

(b) 이에 관한 구체적 사례로 ① 국가 또는 지방자치단체의 임무·예산·조직에 관한 사항, ② 행정의 집행에 관한 사항, ③ 공무원의 정원 및 그 배치에 관한 사항, ④ 국세·지방세·사용료·수수료 등의 부과·징수에 관한 사항, ⑤ 국가 또는 지방자치단체가 당사자인 소송 등에 관한 사항, ⑥ 재산 또는 공공시설의 취득·관리 및 처분에 관한 사항, ⑦ 징계처분·직권면직·휴직·직위해제·채용·직위의 부여·승진·전직·전입·퇴직 등 구체적인 임용권의 행사에 관한 사항, ⑧ 근무성적평정제도의 기획·입안·실시에 관한 사항, ⑨ 감독직공무원 등의 범위결정에 관한 사항, ⑩ 직위분류제·직위공모제 등에 관한 사항, ⑪ 비상조치 등 직무명령에 관한 사항, ⑫ 내부보안지침 등이 이에 해당한다.[54)]

① 임용권의 행사에 관한 사항

㉮ 채용(임용) 관련 : 채용 인원 및 대상, 채용 방법, 채용 시기, 채용 절차, 채용 면접위원 노조 추천 의무화, 비정규직 정규직 전환 등

㉯ 승진 관련 : 승진기준, 승진 비율(고시·비고시 비율 등), 승진 대상, 승진 심사위 구성, 특별 승진, 승진 방법(시험 또는 심사), 승진소요 년수, 근속승진 기준, 승진 시기, 여성승진할당제, 조건부 승진제 등

㉰ 근무성적 평정 관련 : 근무평정위원회 구성, 근무평정 방법 및 절차 등

노조와 사전에 포괄적 협의를 의무화하는 것은 입법정책에 관한 사항에 대해 사전적으로 제한하는 결과가 되어 허용되지 아니한다.

53) 일본 최고재판소는 "행정기관의 관리운영에 관한 사항'이라 함은 정부조직법·행정부서의 직제와 관련한 시행령·시행규칙 또는 지방자치법, 관련 조례에 기하여 각 부서 또는 지자체에 배당된 사무·업무 중 행정주체로서 각 기관이 스스로의 판단과 책임으로 처리하여야 할 사항"이라고 판시했다(最高裁 1989.9.21, 前橋地裁 1984.3.28).

54) 서울고판 2011.5.19, 2010누14192.

㉣ 다면평가 및 직위공모 관련[55] : 다면평가 및 직위공모 실시 여부, 다면평가 및 직위공모 대상·인원, 위원 선정, 다면평가 및 직위공모 기준, 반영방법·비율 등

㉤ 전보·전직 관련 : 전보 대상, 전직 대상·기준, 인사교류에 관한 사항(실시여부, 구체적대상 등), 조합 가입대상이 아닌 직급·직위에 대한 전보 등 인사, 전보 심의위원회 구성, 특정 업무 담당자에 대한 전보 등

㉥ 징계 관련[56] : 징계 종류, 징계위원회 구성, 징계 양정, 해고자 복직 등

㉦ 기타 임용권 행사 관련 사항 : 인사(근평·승진·징계 등)위원회 구성 비율 및 운영, 노조의 위원 추천권 의무화 등

② 조직 및 정원에 관한 사항

(a) 조직개편, 조직진단, 정원조정 등 기관의 조직 및 정원에 관한 사항은 관련 법령, 조례·규칙 등에 의해 행정기관이 그 권한과 책임 하에 전권적으로 행사하여야 할 사항으로 근무조건과 직접 관련이 없는 비교섭 사항이다.[57]

(b) 특히, 사용자의 재량적 판단이 존중되어야 할 기구 통·폐합에 따른 조직변경 및 업무분장 등에 관한 결정권은 사용자의 경영권에 속하는 사항으로서 단체교섭사항이 될 수 없다.[58]

③ 예산(기금)의 편성 및 집행에 관한 사항

예산(기금)의 편성 및 집행에 관한 사항은 기관이 관련 법령 등에 따라 그 권한과 책임하에 행사되어야 할 사항으로 원칙적으로 비교섭 사항이다. 다만, 예산의 내용 중 근무조건[59]은 교섭사항에 해당하나 예산(기금)편성 및 집행에 관한

55) 공공노사관계팀-449, 2007.2.27

56) (일본 관련 판례) 공무원의 징계 요건 및 효과가 법률 등에 명확히 정해져 있으므로 그 범위는 자영이 한정될 수밖에 없지만 징계권지에게 일정범위의 자유재량권이 있다 따라서 징계권자가 그 권한으로 결정한 개별 구체적인 징계처분의 내용을 교섭을 통해 변경하는 것은 징계권자의 자유재량권을 침해하는 것으로 용인되지 않고 있으며 교섭대상에서 제외되는 관리운영에 관한 사항이다(福岡 高裁, 1981.6.25).

57) 서울고판 2011.5.19, 2010누14192.

58) 대판 2002.1.11, 2001도1687.

사항 그 자체는 비교섭 사항이다.

④ 기관의 관리·운영에 관한 그 밖의 사항

정책협의기구 등 설치·운영(다만, 근무조건 개선을 위한 노사협의기구 설치·운영은 교섭사항), 포상(대상, 기준, 종류, 인원 등), 감사(제도, 실시여부, 방침·방법, 범위 등), 평가(제도, 대상, 실시여부 및 방법, 직무성과계약제 등), 사무분장, 직무명령, 직무 수행방법 등에 관한 사항의 경우 비교섭 사항에 해당한다.

2. 단체협약 효력 제한과 성실 이행노력 의무

가. 효력의 제한

(a) 「공무원노조법」은 공무원노조에 대하여 근무조건 등에 대한 교섭할 권리와 함께 그 합의사항을 단체협약으로 체결할 수 있는 권리를 보장하고 있다.[60] 다만, 단체협약의 내용 중 법령·조례 또는 예산에 의하여 규정되는 내용과 법령 또는 조례에 의하여 위임을 받아 규정되는 내용은 단체협약으로서의 효력을 인정하지 않고 있다(공무원노조법 제10조제1항).

(b) 여기서 법령의 의미는 동 조항의 취지를 고려할 때 법률, 시행령, 시행규칙까지 포함되는 것으로 해석된다. 또한, 지방자치단체의 장이 법령 또는 조례가 위임한 범위 내에서 그 권한에 속하는 사무에 관하여 제정한 규칙(지방자치법 제23조)은 법령·조례에 의한 위임을 받아 규정되는 내용에 해당한다.

(c) 이와 같이 법률로 공무원 단체협약의 효력을 일부 제한하고 있는 취지는 공무원의 경우 민간부문과 달리 근무조건의 대부분은 국회에서 법률·예산의 형태로 결정되는 것으로서, 그 범위 내에 속하는 한 정부와 공무원노조간의 자유로운 교섭에 의하여 결정될 사항이 아니므로 노사간 합의로 체결된 단체협약이라 하더라도 법률·예산 및 그의 위임에 따르거나 그 집행을 위한 명령·규칙에 규정

59) 보수·상여금(성과상여금 포함), 공무원연금 관련 사항은 근무조건에 해당한다.

60) 일본의 경우 공무원 직원단체에 인정되는 교섭은 당사자간에 구속력을 갖는 단체협약의 체결을 전제로 하고 있지 않으며 교섭의 결과에 대하여 구속력이 인정되지 않는다.

되는 내용보다 우선하는 효력을 인정할 수 없고, 조례 또한 지방의회가 제정하는 것으로 해당 지방자치단체와 그 공무원을 기속하므로 단체협약에 대하여 조례에 우선하는 효력을 부여할 수 없기 때문이다.[61)]

나. 성실 이행노력 의무

(a) 공무원 근무조건 결정의 특수성을 감안하여 단체협약 내용 중 법령·조례 또는 예산에 의하여 규정되는 내용과 법령 또는 조례에 의하여 위임을 받아 규정되는 내용은 단체협약으로서의 효력을 인정하지 않고 있으나, 정부교섭대표에게 합의 내용을 최대한 이행될 수 있도록 하는 성실 노력의무를 부과하고 있다. 즉 정부교섭대표가 근무조건과 관련된 노사간 합의 내용이 예산·법령·조례에 반영될 수 있도록 예산 및 입법안을 마련하여 관계기관과 사전협의를 거쳐 국회 등 입법권자에게 제출하고 반영될 수 있도록 하는 등의 성실 이행노력 의무를 부과하고 있는 것이다.

(b) 「공무원노조법」은 "정부교섭대표는 단체협약으로서의 효력을 가지지 아니하는 내용에 대하여는 그 내용이 이행될 수 있도록 성실하게 노력하여야 한다"고 규정하고(공무원노조법 제10조제2항), 그 이행결과를 당해 단체협약의 유효기간 만료일 3월 전까지 상대방(공무원 노조)에게 서면으로 통보하도록 규정하고 있다(공무원노조법시행령 제10조).

61) 헌재 2008.12.26, 2005헌마971·1193·2006헌마198. 대상 결정의 반대의견은 '단체협약 체결 후에 정부나 지자체가 단체협약의 내용과 다른 내용의 명령·규칙을 제정·변경하여 시행함으로써 그 명령·규칙의 시행 전에 체결된 단체협약의 효력을 부정할 수 있다면, 그것은 단체협약의 효력을 노사관계의 일방당사자가 일방적으로 변경·실효시키는 것을 허용하게 되므로 이는 헌법 제33조제1항·제2항이 보장하는 공무원의 단체교섭권을 근본적으로 부정하거나 본질적으로 침해하는 것이어서 헌법상 허용될 수 없다고 하여 「공무원노조법」 제10조제1항의 '법령'에는 단체협약 체결 후에 시행되는 명령·규칙은 포함되지 않는다.'고 본다.

주/요/쟁/점/실/무

제4절 공무원 정당한 노조활동의 범위 관련 쟁점

1. 정당한 노조활동의 보장과 한계

가. 의 의

(a) 「공무원노조법」은 “공무원의 노조 조직 및 가입과 노동조합과 관련된 정당한 활동에 대해서는 「국공법」 제66조제1항 본문 및 「지공법」 제58조제1항 본문의 규정을 적용하지 아니 한다”고 규정(제3조)하여 「공무원노조법」이 허용하고 있는 정당한 노조활동은 보장하되, 정당한 노조활동의 범위를 벗어나는 행위에 대해서는 「국(지)공법」등 관련 법률이 적용된다는 점을 명확히 하고 있다.[62]

(b) 「공무원노조법」상 보호되는 정당한 노조활동 범위에 대해서는 법령상 명시적인 규정은 없으나, 판례는 「공무원노조법」 제3조제1항에서 정한 “노동조합과 관련된 정당한 활동”에 대해서 공무원의 근무조건 유지·개선과 사회·경제적 지위 향상을 도모하기 위한 활동 또는 직접적인 활동을 위하여 직, 간접적으로 필요한 부수적인 활동에 한정되며, 다른 법령(국·지공법 등)에서 규정하는 공무원의 의무에 위반되지 않고(공무원노조법 제3조제2항), 「공무원노조법」 제4조에서 금지하는 정치활동에 해당되지 않는 활동을 의미하는 것으로 보고 있다.[63]

나. 민간부문의 판단기준

(a) 「노조법」은 정당한 노조활동의 범위에 대한 명시적인 규정을 두고 있지

---

62) 「국공법」 제66조 및 「지공법」 제58조(집단행위의 금지)에는 “공무원은 노동운동이나 그 밖에 공무 외의 일을 위한 집단행위를 하여서는 아니 된다. 다만, 사실상 노무에 종사하는 공무원은 예외로 한다”고 규정하고 있다.

63) 대판 2013.12.26, 2012도8004 ; 수원지판 2010.4.14, 2009고단4584 등.

않으므로 부당노동행위 성립 여부 등을 둘러싼 판례 등을 통해 그 기준이 정립되고 있다.

(b) 판례에 의하면 근로자의 노무제공의무나 사용자의 노무지휘권·시설관리권과 충돌하는 경우에는 다음과 같은 기준에 따라 정당한 노조활동 여부를 판단한다.[64)]

① 노동조합의 결정·지시·승인에 근거한 활동으로서 근로조건의 유지·개선 또는 단결의 유지·강화 등 그 목적 달성을 위한 활동으로 볼 수 있어야 하고,
② 근무시간 중 노조활동은 원칙적으로 단체협약·취업규칙에 별도의 허용규정이 있거나 사용자의 승낙이 없는 한 취업시간 외에 하여야 하며,
③ 사업장 내 노조활동에 대하여는 사용자의 노무지휘권이나 시설관리권에 바탕을 둔 합리적인 규율이나 제약에 따라야 하고,
④ 취업시간 외에 사업장 밖에서 노조활동이 이루어지는 경우에도 근로계약상 성실의무에 위반하지 않아야 한다.

다. 공무원 신분의 특수성에 따른 판단기준

1) 복무 및 청사관리상 의무

(a) 복무상 의무로 「헌법」은 공무원을 국민전체에 대한 봉사자로 규정하고 있고(제7조제1항), 이에 따라 공무원에게 공공의 이익을 위하여 직무수행에 전념하여야 할 각종 법률상의 의무를 규정하거나 기본권의 제한을 인정하고 있다.[65)]

(b) 청사관리상 의무로는 청사 관리자는 청사의 출입·이용을 관리·규제하고

---

64) 대판 1992.4.10, 91도3044.

65) 「국(지)공법」상의 제반 의무규정 : (1) 신분상 의무, ① 선서의무(국공법 제55조·지공법 제47조), ② 외국정부의 영예 등을 받을 경우(국공법 제62조·지공법 제54조), ③ 품위유지의무(국공법 제63조, 지공법 제55조), ④ 영리업무 및 겸직금지(국공법 제64조·지공법 제56조), ⑤ 정치운동의 금지(국공법 제65조·지공법 제57조), ⑥ 집단행위의 금지(국공법 제66조·지공법 제58조), (2) 직무상 의무, ① 성실의무(국공법 제56조·지공법 제48조), ② 복종의무(국공법 제57조·지공법 제49조), ③ 직장이탈금지의무(국공법 제58조·지공법 제50조), ④ 친절·공정의무(국공법 제59조·지공법 제51조), ⑤ 비밀엄수의 의무(국공법 제60조·지공법 제52조), ⑥ 청렴의 의무(국공법 제61조·지공법 제53조).

청사내의 질서를 유지할 권한과 책임 보유하고 있고, 근무자(공무원), 외부인은 관리자의 합리적 규율에 따라야 할 의무가 있다.

2) 공무원 노조활동의 정당성 판단기준

공무원 신분의 특수성에 따른 복무 및 청사관리상 의무에 따라 판례 및 행정해석에 의해 정립된 노조활동의 정당성 판단기준은 다음과 같다.[66)]

① 원칙적으로 근무시간 중에는 직무수행에 전념하여야 하며 단체협약 기타 기관장의 허가 등이 없는 한 근무시간 외에 하여야 하고,

② 청사 내에서 노조활동을 하는 경우에도 청사 관리권자의 합리적인 규율과 지시에 따라야 하며,

③ 노조활동을 함에 있어서 「국(지)공법」 기타 관계법령에 규정된 의무를 위반하는 방법으로 할 수 없고,

④ 특히, 파업·태업 등 공무의 정상적인 운영을 저해하는 일체의 쟁의행위는 금지된다.

2. 노조활동 유형별 정당성 판단기준

가. 근무시간 중 노조활동

1) 근무시간 중 노조대표 선출, 회의 개최, 교육활동 등

(a) 노동조합 활동은 공무수행에 지장이 없도록 근무시간 외에 하는 것이 원칙이므로 근무시간 중 노조활동에 관하여는 단체협약에 관련 규정을 두거나 기관장의 허가가 필요하며, 이 경우에도 조합활동으로 인하여 다른 공무원의 업무에 지장을 초래하거나 청사관리·직장질서를 문란하게 하여서는 안 된다.[67)]

---

66) 대판 2013.12.26, 2012도8004 ; 공공노사관계팀-2498, 2007.12.11, 공무원노사관계과-424, 2014.3.10.

67) 공공노사관계과-504, 2008.6.5.

(b) 따라서, 단체협약에 관련 규정이 없거나 기관장의 허가를 받지 않았음에도 임의로 근무시간 중에 임시총회 등을 개최하는 것은 정당한 노조 활동으로 볼 수 없다.

2) 근무시간 중 리본패용, 조끼착용 등 행위

(a) 공무원은 근무시간 중에 성실히 직무를 수행하고 품위를 유지해야 하는 「국(지)공법」상의 의무를 준수하여야 한다.

(b) 따라서, 공무원이 근무시간 중에 투쟁복(조끼 등)을 착용하거나 리본을 패용하는 행위는 성실한 직무수행 의무 및 품위유지 의무 위반이 될 수 있다. 특히, 조끼나 리본 등에 기재된 요구와 주장이 사실과는 무관하거나, 기관장 등에 대해 근거 없는 비방·명예훼손 등의 내용일 경우에는 일반 국민에게 위화감을 조성하고 공무원으로서 품위와 신뢰를 실추시킬 위험이 있으므로 정당한 노조활동으로 볼 수 없다.

(c) 민간부문도 직종이나 직무내용 등을 고려, 업무수행에 지장을 줄 경우, 정당한 노조활동으로 보지 않는다.

나. 청사 내 노동조합 활동 관련 판단기준

〈청사 사용허가의 원칙〉

◦ 공무원노조가 활동하는 청사는 국유재산법 등에 의해 취득·유지·보존 및 운용 등 관리권이 관리청에 있고 "정당한 사유 없이 사용" 하지 못하는 등 법률에 의한 제약이 따름(국유재산법 제7조제1항).

 * 청사내 회의실 사용, 유인물 등의 게시·배포, 확성기 사용, 외부인의 청사 출입 등

◦ 노조활동을 위해 회의실 사용, 유인물 게시·배포 등 청사 사용 신청시 관리자는 사용목적, 과거의 사용행태 등을 감안, 청사 본래의 사용에 지장이 없는 한도 내에서 허가하여야 함

1) 조합 사무실 등 기관의 시설물 대여

(a) 「국유재산법」 제30조에 "행정재산은 그 용도 또는 목적에 장애가 되지 아

니하고, 보존용 재산의 경우 보존 목적의 수행에 필요한 범위 안에서 그 사용 또는 수익을 허가할 수 있다"고 규정하고 있다.

(b) 동 규정은 재산목적 외의 사용금지를 전제로 하고 있기 때문에 조합사무실이나 조합게시판 등 조합활동을 위한 최소한 규모의 청사 사용은 가능하나, 이 경우에도 관리청의 허가가 있어야 하며, 이 허가는 허가권자의 재량에 속하는 것으로 해석된다.[68)]

2) 외부인의 청사 출입

다수 외부 조합원이 청사에 출입하고자 하는 경우 시위 등으로 청사 내의 질서가 훼손될 우려가 있으면, 출입자의 수·시간·장소 등을 제한하거나 이를 금지할 수 있다.

3) 청사 내 조합원 총회 등 회의

노조 회의를 위한 회의실·강당 등의 사용 등에 관한 사항은 청사관리권자의 재량에 속하는 사항이므로 참가인원, 주위의 사용에 미칠 영향 등을 감안하여 허가 여부를 결정할 수 있고, 허가 시 시간 엄수, 위법한 언동, 소음 방지 등의 조건 명시가 가능하다.

4) 노동조합 게시판 설치

(a) 조합 게시판의 설치도 청사관리권자 허가(허가권자의 재량행위)가 있어야 한다. 허가권자는 청사의 상황이나 게시판의 이용형태, 게시판의 크기, 설치장소, 다른 단체와의 균형 등을 종합적으로 고려하여 허가 여부를 결정할 수 있다.

(b) 또한, 허가 시에 사용 조건을 정할 수 있고, 이를 위반한 경우에는 그 허가를 취소할 수 있다는 취지를 사전에 명확히 할 필요가 있으며, 게시판 설치를 허

68) 청사 공간의 여유, 관리상의 지장 여부, 다른 단체와의 균형, 인사관리 측면 등을 고려하여 허가 여부를 결정하며, 이 경우 사무실 내에서 위법행위를 하지 않을 것 등의 조건(사용조건 위반시 취소 등)을 명시하는 것도 가능하다.

가한 경우에도 게시물 게시에 있어서 청사 내에 설치되어 있다는 점에서 일정한 제약이 따른다.

5) 유인물 게시 및 현수막 설치 등

(a) 청사 그 자체만이 아니라 청사의 부지는 모두 행정재산의 일부이기 때문에 관리청의 허가 없이 유인물을 부착할 수 없다. 따라서, 유인물, 포스터, 스티커 등의 무단 부착, 현수막의 무단설치 등은 청사관리권을 침해하게 되며,[69] 이 경우 시설관리 책임자는 허락을 받지 아니하고 부착한 유인물의 제거가 가능하다.

(b) 다만, 단체협약으로 정하거나 청사관리권자의 사전허가를 얻은 경우에는 정당한 노조활동으로 인정할 수 있다.

6) 유인물의 배포

청사 내 유인물 배포는 사전 허가를 받아야 하고, 직무와 관계없는 위법·부당한 내용을 포함한 경우 배포금지 요구가 가능하며, 근무시간 중의 배포행위는 성실의무에 위반될 수 있다.

다. 옥외 노동조합 활동(집회 등) 정당성 판단 기준

1) 기본 원칙

(a) 노조가 근로조건 유지·개선 등 목적달성을 위하여 행하는 정당한 노조활동은 단결권의 일환으로 보호되며, 노조활동이 개인 의사가 아니라 대부분 집단적인 의사 표출의 형태로 나타날 수밖에 없다는 점 등을 고려할 때 업무의 정상적인 운영을 저해하지 않는 범위 내에서 조합의 의사를 집단적으로 표현하기 위한 조합활동으로서 평화적인 집회는 원칙적으로 허용된다.

(b) 따라서, 합법적인 공무원노조의 노조활동이 목적이나 수단·방법·절차가 정당하고 다른 법률에 저촉되지 않는 범위 내에서 근무시간 외에 평화적인 옥외

69) 노조 01254-390, 2000.5.12.

집회는 가능하다.

2) 옥외 집회의 정당성 요건

(1) 주 체

「공무원노조법」에 의한 실질적·형식적 요건을 갖춘 합법적 노동조합이어야 한다. 따라서, 「공무원노조법」에 의한 설립신고를 하지 않은 공무원단체가 옥외 집회를 할 경우, 「공무원노조법」에 의해 보호되지 않기 때문에 「국(지)공법」상 '집단 행위의 금지' 및 '성실 의무' 위반에 해당하여 그 정당성이 인정되지 않는다.

(2) 목 적

(a) 노조의 옥외 집회 등이 정당한 노조활동에 해당하기 위해서는 목적이 근무조건과 직접적으로 관련되어야 하며, 노조의 요구사항이 「공무원노조법」상의 교섭대상[70]에 해당할 경우에는 근무조건과의 관련성을 인정할 수 있다.

(b) 예를 들어, 공무원노동조합이 주관이 되어 퇴근 후 또는 휴일 등 근무시간 외에 조합원들이 참여한 가운데 공무원연금제도 개악에 반대하는 옥외집회를 평화적으로 개최한 경우, 「집회 및 시위에 관한 법률」등 다른 법률에서 정하는 절차를 거쳤다면 그 목적의 정당성이 인정되는 등 정당한 노조활동으로 볼 수 있다.

〈목적상 정당한 노조활동으로 볼 수 없는 경우 사례〉

① 노조의 활동목적과는 무관한 정치적 요구를 내세우거나, 요구내용 중 정치적 사항과 근무조건 관련 사항이 혼재되어 있는 경우
② 민간 노조의 파업을 지원할 목적의 옥외 집회나 시민단체 등과 연대 집회 또는 이에 참가하는 경우
③ 근무조건과 무관한 정책결정사항 등에 대한 지지·반대를 목적으로 한 집회나 시위 등

70) 「공무원노조법」 제8조제1항에서는 "조합원의 보수·복지 그 밖의 근무조건에 관한 사항"을 교섭대상으로 규정하고 있다.

(3) 근무시간 외의 노조활동

(a) 근무시간 중에는 단체협약 또는 기관장의 승낙이 있는 경우를 제외하고는 근무시간 외(휴일 포함)에 노조활동을 하는 것이 원칙이다. 따라서, 노조가 근무시간 중 요구사항 관철을 위한 집회(옥·내외)로 업무의 정상적 운영을 저해할 경우에는 쟁의행위에 해당된다.

(b) 한편, 근무시간 외 노조활동의 경우에도 공무원의 본분에 반하지 않도록 하는 성실 의무를 부담하게 된다.

(4) 다른 법률을 준수하는 등 평화적 집회

근무시간 외의 노조활동에 대해 노동관계법에는 별도의 제한규정을 두고 있지 않으나, 공무원의 경우 민간부문 근로자와 달리 「국(지)공법」 등에서 정하는 신분상·직무상의 의무를 준수해야 한다.

또한, '집회 및 시위에 관한 법률' 등 다른 법률을 준수해야 하며, 평화적으로 집단적 의사를 표현하는 방법이어야 한다.

3. 공무원노동조합과 정치활동

가. 의 의

(a) 공무원의 경우, 「헌법」 제7조에 따라 정치적 중립성을 보장하기 위하여 「국(지)공법」 및 정치관련법에서 정치운동을 금지하고 있고, 「공무원노조법」에서 노동조합과 조합원에 대해 다른 법률에 의하여 공무원에게 금지되는 정치활동을 할 수 없도록 규정하고 있다(제4조).

(b) 이와 같이 공무원에 대해 관련 법률에서 정치활동을 금지하는 입법 취지는 정치와 행정의 관계가 밀접한 현대 국가에 있어서 공무원을 정당·압력단체 등 정치세력의 부당한 영향과 간섭으로부터 보호하고 행정의 안정성과 계속성을 유지함으로써 공익을 증진하는데 있다.

나. 금지되는 정치운동과 정치활동의 범위

(a) 「공무원법」과 「공직선거법」 등 정치 관련 법률에서 금지되는 공무원의 정치운동은 공직선거 등에 있어 특정 정당이나 특정인을 지지하거나 반대하는 등의 행위를 주 대상으로 하고 있다.

① 「국·지공법」에서는 공무원은 정당이나 그 밖의 정치단체의 결성에 관여하거나 이에 가입할 수 없고, 선거에서 특정 정당 또는 특정인을 지지 또는 반대하기 위한 다음의 행위를 금지하고 있다(국공법 제65조제1항 및 제2항, 지공법 제57조제1항 및 제2항).
1. 투표를 하거나 하지 아니하도록 권유 운동을 하는 것
2. 서명 운동을 기도(企圖)·주재(主宰)하거나 권유하는 것
3. 문서나 도서를 공공시설 등에 게시하거나 게시하게 하는 것
4. 기부금을 모집 또는 모집하게 하거나, 공공자금을 이용 또는 이용하게 하는 것
5. 타인에게 정당이나 그 밖의 정치단체에 가입하게 하거나 가입하지 아니하도록 권유 운동을 하는 것

② 「공직선거법」에서는 공무원 기타 정치적 중립을 지켜야 하는 자(기관·단체를 포함)에 대해 선거에 대한 부당한 영향력의 행사 기타 선거결과에 영향을 미치는 행위를 금지하고 있고(제9조), 공직 입후보 금지(제53조제1항제1호·제7호), 선거운동을 금지(제60조제1항제4호·제5호)하고 있다. 또한, 「정당법」은 경력직공무원의 정당 가입을 금지하고 있다(제22조제1항제1호·제2호).

(b) 또한, 「공무원복무규정」에서는 공무원은 국민전체의 봉사자로서 행정의 중립적 운영을 확보하여, 이에 대한 국민의 신뢰를 유지하기 위해 정치적 목적을 가진 '정치적 행위'를 금지하고 있다(국가공무원복무규정 제27조 및 지방공무원복무규정 제9조).[71]

---

71) 일본의 경우도 공무원 및 직원단체(노동조합)의 '정치적 목적'을 가진 '정치적 행위'를 폭 넓게 금지하고 있다. 예컨대 ① 공직선거에 있어 특정의 후보자를 지지하거나 반대하는 것, ② 최고재판소의 재판관의 임명에 관한 국민심사에 있어 특정의 재판관을 지지하거나 반대하는 것, ③ 특정의 정당 기타 정치적 단체를 지지하거나 반대하는 것, ④ 특정의 내각을 지지하거나 반대하는 것, ⑤ 정치의 향방에 영향을 미칠 의도로 특정의 정책을 주장하거나 이에 반대하는 것, ⑥ 국가기관 또는 지방행정기관에서 결정한 정책(법령, 규칙 또는 조례에 관련되는 것을 포함)의 실시를 방해하는 것, ⑦ 지방자치법에 의한 지방자치단체 의회의 해산 또는 법률에 근거한 공무원의 해직 청구에 관한 서명을 하도록 하거나 하지 않도록 하고, 이러한 청구를 근거로 해산 또는 해직에

〈국가(지방)공무원 복무규정〉

제27조(정치적 행위) ① 법 제65조의 정치적 행위는 다음 각 호의 어느 하나에 해당하는 정치적 목적을 가진 것을 말한다.

1. 정당의 조직, 조직의 확장, 그 밖에 그 목적 달성을 위한 것
2. 특정 정당 또는 정치단체를 지지하거나 반대하는 것
3. 법률에 따른 공직선거에서 특정 후보자를 당선하게 하거나 낙선하게 하기 위한 것

② 제1항에 규정된 정치적 행위의 한계는 제1항에 따른 정치적 목적을 가지고 다음 각 호의 어느 하나에 해당하는 행위를 하는 것을 말한다.

1. 시위운동을 기획·조직·지휘하거나 이에 참가하거나 원조하는 행위
2. 정당이나 그 밖의 정치단체의 기관지인 신문과 간행물을 발행·편집·배부하거나 이와 같은 행위를 원조하거나 방해하는 행위
3. 특정 정당 또는 정치단체를 지지 또는 반대하거나 공직선거에서 특정 후보자를 지지 또는 반대하는 의견을 집회나 그 밖에 여럿이 모인 장소에서 발표하거나 문서·도서·신문 또는 그 밖의 간행물에 싣는 행위
4. 정당이나 그 밖의 정치단체의 표지로 사용되는 기(旗)·완장·복식 등을 제작·배부·착용하거나 착용을 권유 또는 방해하는 행위
5. 그 밖에 어떠한 명목으로든 금전이나 물질로 특정 정당 또는 정치단체를 지지하거나 반대하는 행위

(c) 한편, 「공무원노조법」 제4조는 노동조합과 그 조합원에 대하여 「국(지)공법」상 금지되는 '정치운동 및 정치적 행위'와 정부정책 결정과정에 영향력을 행사하기 위한 집단적 정치적 의사표현 등을 포함한 '정치활동'을 금지하고 있는 규정으로 보아야 하므로, 공무원노동조합의 활동은 공무원의 근무조건 등 경제적 지위의 향상과 직접 관계없는 정치적 목적을 위한 일체의 활동은 허용되지 아니한다고 해석된다.

다. 공무원노동조합의 집단행위와 정치활동

(a) 공무원노동조합의 활동은 공무원이 노조를 결성하여 집단적으로 이루어지는 행위 중 일정한 행위로 볼 수 있으나, 「국(지)공법」에서는 "공무원은 노동운동이나 그밖에 공무 외의 일을 위한 집단 행위를 하여서는 아니 된다"고 규정하여 '공무 외

찬성하거나 반대하는 것 등이다(인사원규칙 14-7 제5항).

의 집단 행위'를 금지하고 있다(국공법 제66조제1항, 지공법 제58조제1항).

(b) 한편, 「공무원노조법」에서는 "이 법에 따른 공무원의 노동조합의 조직, 가입 및 노동조합과 관련된 정당한 활동에 대해서는 공무원법상의 집단 행위 금지 규정 적용을 배제"하도록 규정하여 공무원노동조합의 정당한 활동(집단 행위)은 허용하고 있으나(제3조), 공무원노동조합과 그 조합원에 대해 집단 행위로서 정치활동은 금지하고 있다(제4조).

라. 「공무원노조법」상 정치활동의 범위

(a) 「공무원노조법」상 정치활동과 유사한 개념으로 「국(지)공법」상의 '정치운동'이 있다. 위에서 기술한 바와 같이 「국(지)공법」에서는 '정치운동'을 금지하고 있고 정치운동으로는 선거와 정당에 관련된 행위를 열거하고 있다.

(b) 이러한 「국(지)공법」상 규정에도 불구하고 「공무원노조법」은 별도로 '정치활동 금지'규정(제4조)을 두고 있는 것은 집단활동의 성격을 본질로 가지는 공무원노동조합의 활동이 정치단체화 하는 경우 그 직무공정성에 해를 끼치고 국민들에 대한 신뢰를 침해할 위험성이 크다는 점이 고려되었으므로 금지되는 활동범위가 정치운동 보다는 넓은 범위의 정치활동을 금지하겠다는 의미로 보는 것이 타당하다.

(c) 따라서, 「공무원노조법」 제4조에서 금지하는 공무원노동조합의 '정치활동'의 범위에는 집단행동(행위) 중 「국(지)공법」상 정치운동이나 선거운동 외에 특정 정당 또는 정치세력과 연계하여 정부를 압박하면서 정부정책 결정과정에 영향력을 행사하기 위한 정치적 의사를 표현하는 행위(정치적 집단행위)도 포함된다고 보아야 한다.[72]

◦ 정치활동의 범위

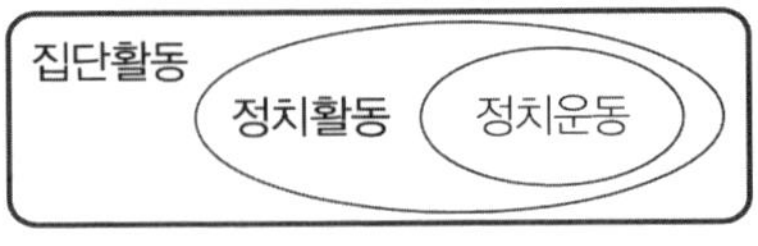

72) 서울중앙지판 2010.9.28, 2010고합220 ; 수원지판 2010.4.14, 2009고단4584 등.

부 록

출퇴근 재해 업무처리지침

부록 출퇴근 재해 업무처리지침

주/요/쟁/점/실/무

1. 목 적

출퇴근 재해 관련 개정 산재보험법·시행령·시행규칙이 2018.1.1. 자로 시행됨에 따라, 이 지침은 관련 법령에 따라 출퇴근 재해 인정 여부를 결정함에 있어 공정성과 일관성을 확보하기 위하여 판단요령과 조사방법 등을 구체적으로 정하는 것을 목적으로 한다.

2. 관련 법령 및 개정 주요 내용

가. 관련 법령

- 「산업재해보상보험법」 제5조(정의)
- 「산업재해보상보험법」 제37조(업무상의 재해의 인정 기준)
- 「산업재해보상보험법」 제87조의2(구상금협의조정기구 등)
- 「산업재해보상보험법시행령」 제35조(출퇴근 중의 사고)
- 「산업재해보상보험법시행령」 제35조의2(출퇴근 재해 적용 제외 직종 등)
- 「산업재해보상보험법시행령」 제123조(중·소기업 사업주의 업무상의 재해의 인정기준)

나. 개정 주요 내용

출퇴근 재해를 업무상 재해의 한 유형으로 신설하여 “사업주 지배하의 출퇴근 재해”와 “통상의 출퇴근 재해”로 구분한다.

다만, 통상의 출퇴근 재해시 경로 일탈과 중단의 경우 출퇴근 재해로 보지 않되, 시행령으로 정한 일상생활에 필요한 행위인 경우 예외를 인정한다.

3. 출퇴근 재해 판단을 위한 세부 업무처리기준

가. 출퇴근의 기본 개념

◦ (출퇴근의 정의) '출퇴근'이란 취업과 관련하여 주거와 취업장소 사이의 이동 또는 한 취업장소에서 다른 취업장소로의 이동을 말하므로(법 제5조제8호) "출퇴근 재해"는 취업과 관련하여 이동 중 경로상에서 발생한 재해를 인정한다. 즉, 출퇴근 이동 과정에서 발생한 재해는 해당되지만 경로상에 있는 특정 장소에서 머무르는 동안 발생한 재해는 해당되지 않는다.

◦ (출퇴근 재해 분류) 출퇴근 재해는 "사업주 지배관리하의 출퇴근 재해(법 제37조제1항제3호가목)"와 "통상의 출퇴근 재해(법 제37조제1항제3호나목)"로 구분한다.

나. 사업주 지배 관리하의 출퇴근과 통상의 출퇴근 구분

◦ 산재보험법

제37조(업무상의 재해의 인정기준) ① 근로자가 다음 각 호의 어느 하나에 해당하는 사유로 부상·질병 또는 장해가 발생하거나 사망하면 업무상의 재해로 본다. 다만, 업무와 재해 사이에 상당인과관계가 없는 경우에는 그러하지 아니하다.

3. 출퇴근 재해

가. 사업주가 제공한 교통수단이나 그에 준하는 교통수단을 이용하는 등 사업주의 지배관리하에서 출퇴근하는 중 발생한 사고

나. 그 밖의 통상적인 경로와 방법으로 출퇴근하는 중 발생한 사고

◦ 산재보험법 시행령

제35조(출퇴근 중의 사고) ① 근로자가 출퇴근하던 중에 발생한 사고가 다음 각 호의 요건에 모두 해당하면 법 제37조제1항제3호가목에 따른 출퇴근 재해로 본다.

1. 사업주가 출퇴근용으로 제공한 교통수단이나 사업주가 제공한 것으로 볼 수 있는 교통수단을 이용하던 중에 사고가 발생하였을 것
2. 출퇴근용으로 이용한 교통수단의 관리 또는 이용권이 근로자측의 전속적 권한에 속하지 아니하였을 것

② 법 제37조제3항 단서에서 "일상생활에 필요한 행위로서 대통령령으로 정하는 사유"란 다음 각 호의 어느 하나에 해당하는 경우를 말한다. (이하 생략)

◦ 시행령 제35조제1항 각호의 요건 모두에 해당하는 경우에는 「사업주 지배관리하의 출퇴근 재해」로 인정한다.

1. 교통수단을 사업주가 출퇴근용으로 제공하였거나, 그에 준하는 경우일 것
2. 교통수단의 관리 또는 이용권이 노동자측의 전속적 권한에 속하지 아니할 것

◦ 「사업주 지배관리하의 출퇴근 재해」에 해당되지 않는 출퇴근 재해는 모두 「통상의 출퇴근 재해」로 판단한다.

다. 통상의 출퇴근 재해 판단 요령

◦ (통상의 출퇴근 재해 인정 원칙) 출퇴근 재해는 출퇴근 행위를 하던 중에 통상적으로 수반되는 위험이 구체화된 경우이므로 아래의 요건을 모두 충족하는 것을 말한다.

① 자택 등 「주거」와 회사, 공장 등의 「취업장소」를 시점 또는 종점으로 하는 이동 행위 일 것

② 출퇴근 행위가 업무에 종사하기 위해 또는 업무를 마친 후에 이루어 질 것, 즉 「취업과 관련성」이 있을 것

③ 출퇴근 행위가 사회통념상 「통상적인 경로 및 방법」에 따라 이루어 질 것, 즉 「일탈 또는 중단」이 없을 것(단, 영 제35조제2항에서 정하는 일탈·중단의 예외에 해당하는 경우는 인정)

1) 주 거

(1) 주거의 개념

◦ “주거”란 노동자가 실질적으로 거주하면서 일상생활을 영위하는 주소(住所) 또는 거소(居所)로서 노무제공을 위한 근거지를 말한다. 따라서, 아래에 해당할 경우 모두 주거로 인정한다.

① (연고지 주거) 노동자 홀로 또는 배우자, 자녀, 부모 또는 조부모 등과 함께 상당기간 거주하고 있거나 앞으로도 거주 할 것으로 예상되는 장소

② (비연고지 주거) 연고지 주거와 취업장소간의 거리, 시간, 교통수단 등을 고려할 때 매일 이동하는 것이 곤란하여 근무지 근처에 숙소를 별도로 마련하고 그 장소에서 상당기간 출퇴근을 하고 있거나 앞으로도 출퇴근 할 것으로 예상되는 경우 그 장소

③ (일시적 주거) 근무 사정, 교통두절, 천재지변 등 아래와 같은 불가피한 사유로 일시적으로 숙박하는 경우 그 장소

(a) 사업주의 지시 또는 승인이 있는 연장근로 및 조기출근으로 대중교통을 이용 할 수 없는 경우 숙박하는 그 장소

(b) 신규부임, 전근 등의 근무사정이나 교통기관의 파업 및 태풍·지진 등 천재지변에 의한 교통두절로 연고지 주거에서 출퇴근이 곤란하여 숙박하는 그 장소

(c) 건설업, 조선업 등에서 일하는 단기 취업노동자가 취업장소 인근에서 일시적으로 숙박하는 경우의 그 장소

(d) 사업주의 긴급한 지시에 따라 휴가장소 등 주거가 아닌 장소에서 취업장소로 출근하는 경우 그 장소

(e) 가족의 간호를 위해 의료기관 등에서 숙박하고 출근하는 경우 그 장소

주거 관련 예시

◦ 거리사정으로 취업장소 인근에 비연고지 주거를 마련하고 근무가 종료되는 금요일 오후에 취업장소에서 연고지 주거로 바로 퇴근 하는 경우
  - 연고지 주거를 주거로 인정

◦ 친구의 집에서 영화를 보고 다음날 아침 그곳에서 직접 출근할 경우
  - 친구의 집은 주거로 인정되지 않음

◦ 근무가 종료되는 금요일 오후에 퇴근하여 비연고지 주거에 잠시 들러 물건을 챙긴 후 연고지 주거로 퇴근하는 경우
  - 연고지 주거를 주거로 인정(비연고지 주거 경유는 통상의 경로로 인정)

◦ 금요일 저녁에 야근 후 퇴근하여 불가피하게 비연고지 주거에 들렀다가 별도의 사적행위 없이 다음날 바로 연고지 주거로 향하는 경우
  - 연고지 주거를 주거로 인정(비연고지 주거 경유는 통상의 경로로 인정)

(2) 주거의 경계

◦ "주거의 경계"란 불특정 다수인이 자유롭게 통행 할 수 없는 곳으로서 노동자의 사적 영역을 말한다.

◦ 공동주택(다가구 포함)의 경우 개인이 소유 또는 점유하는 구역의 개별 현관문이 주거의 경계가 되며, 단독주택의 경우 대문이 된다.

※ 예시) 101동 공동 현관문(×), 101동 101호 개별 현관문(○)

주거 경계 관련 예시

◦ 출근을 위해 아파트 계단을 내려오다 계단에서 넘어진 사고
 - 아파트 계단은 주거를 벗어난 출퇴근 경로에 해당하므로 통상의 출퇴근 재해 인정
◦ 업무를 마치고 퇴근하여 단독주택의 마당에 들어가 넘어진 사고
 - 주택마당은 사적 영역이므로 통상의 출퇴근 재해 불인정
◦ 출근하던 중 자택 부지내에 있는 차고에서 넘어진 사고
 - 주택 차고는 사적 영역이므로 통상의 출퇴근 재해 불인정

2) 취업관련성 및 취업장소

(1) 취업관련성

◦ 법 제5조제8호의 "취업과 관련하여"란 출퇴근 행위가 업무에 종사하기 위해 또는 업무를 마침에 따라 이루어지는 행위를 말하는 것으로서 아래 사항을 확인한다.

① 재해 당일 업무에 종사할 예정이었는지(출근) 또는 업무에 종사하였는지(퇴근)

② 통상의 출퇴근 시각에 사고가 발생하였는지

※ 통상의 출퇴근 시각은 개인별 업무개시 또는 종료시각과 주거지의 거리, 사고발생 시각 등을 고려하여 합리적으로 판단

◦ 통상의 출퇴근 시각을 현저히 벗어나 재해가 발생한 경우에는 출근시간 이전 또는 퇴근시간 이후의 구체적 행적, 주거와 사업장간의 거리 등 사실관계를 확인하여 취업관련성 여부를 판단한다.

 - 업무종료 후 업무 외 사유로 사업장내에서 상당한 시간*을 초과하여 머문

후 퇴근하는 경우에는 취업관련성이 없는 경우로 해석

* 상당한 시간은 대략 2시간 내외로 판단(2시간을 초과한 경우라도 재해자가 업무관련성을 입증하는 경우에는 출퇴근 재해로 인정 가능)

- 다만, 사업주 지배관리하로 볼 수 있는 사업주 주관 행사 등의 경우에는 사업장내에서 머문 시간과 상관없이 취업관련성이 있는 경우로 해석

출근의 취업관련성 예시

- ◦ 소정 근무일에 소정 근무개시시각을 목표로 하여 통상적인 시간대에 주거지를 나와 취업장소로 가는 경우 → 취업관련성 인정
- ◦ 늦잠으로 인한 지각 또는 rush hour를 피하기 위하여 일찍 출근하는 경우 → 취업관련성 인정
- ◦ 전날 내린 폭설로 인해 출근시간이 지연될 것을 예상하여 평소보다 일찍 주거지를 나서는 경우 → 취업관련성 인정
- ◦ 현 직장이 적성에 맞지 않아 다른 직장을 소개받기 위해 주거지에서 직업소개소로 가는 경우 → 취업관련성 불인정
- ◦ 직업소개소에서 소개받은 후 채용이 확정되어 취업장소로 가는 경우 → 취업관련성 인정
  - 근로자가 아닌 구직자가 주거지에서 직업소개소로 가는 것은 구직알선이 목적이므로 취업관련성 불인정
- ◦ 개인취미활동이나 사적인 동호회 활동을 목적으로 소정 근무개시시각 보다 훨씬 이전에 회사에 출근하는 경우 → 취업관련성 불인정
  - 예시1) 출근에 30분 소요되는 노동자가 개인취미활동을 위해 3시간 전 출근하는 경우 → 취업관련성 불인정
  - 예시2) 근무개시시각이 오후 3시인 노동자가 사적인 동호회 활동을 위해 오전에 출근하는 경우 → 취업관련성 불인정

퇴근의 취업관련성 예시

- ◦ 업무종료 후 즉시 주거지로 향한 경우 → 취업관련성 인정
  - 업무 : 업무장소 정리·정돈, 샤워 등 마무리하는 행위까지 포함
- ◦ 근무시간 종료 전에 사업주의 승인을 받아 조퇴하여 귀가하는 경우 → 취업관련성 인정
- ◦ 목공소에서 일하는 노동자가 18시에 업무가 종료된 후 21시까지 사업장에서 자녀에게 줄 목각인형을 만들고 귀가 중 재해가 발생한 경우 → 사적인 이유로 사업장에서 상당한 시간을 머문 경우로서 취업관련성 불인정
  - 다만, 사업주지배관리 아래 이루어지는 동호회 활동 등은 상당한 시간이 초과되더라도 취업 관련성 인정

(2) 취업장소의 개념

◦ "취업장소"란 노동자가 노무를 제공하는 장소로서 아래의 경우가 해당한다.
- 회사, 공장, 사무소 등 근로계약, 취업규칙 등에 따른 통상의 업무수행 장소
- 영업 사원 및 배달원 등 장소를 이동하며 근무하는 경우 근무일의 최초 부터 마지막 영업처·배달처 등

※ 근로계약서, 취업규칙 등에 따른 취업장소와 실제 취업장소가 상이한 경우 실질적인 근무장소를 취업장소로 봄

◦ 출장지 : 통상의 근무지 외 출장 임무를 수행하기 위해 가는 장소
◦ 예시) 거래처, 연수원 및 체육대회 등 사업주가 주관하는 행사에 참여하는 경우 그 장소
- 출장지로 가기 위해 집을 나선 후 사고가 발생한 경우 출장 중 재해
- 통상의 취업장소로 출근을 하기 위해 집을 나선 후 사고가 발생한 경우는 출근 중 재해

취업장소 및 출장지 관련 예시

◦ 주거지에서 사무실로 출근하기 위하여 버스를 타러가다가 재해가 발생한 경우 → 통상의 출퇴근 재해에 해당
◦ 주거지에서 거래처로 출장가기 위하여 버스를 타러가다가 재해가 발생한 경우 → 업무상의 재해에 해당
◦ 외근직 직원이 첫번째 근무장소로 이동하다가 재해가 발생한 경우 → 통상의 출퇴근 재해에 해당
◦ 외근직 직원이 첫번째 근무장소에서 다음 근무장소로 이동하다가 재해가 발생한 경우 → 업무상의 재해에 해당

(3) 취업장소의 경계

◦ "취업장소의 경계"란 일반인의 자유 통행 여부 및 사업주가 재해예방에 적절한 수단을 취할 수 있는지를 기준으로 사업주의 지배관리 범위에 속하는 사업장의 외곽경계를 최초로 통과하는 지점을 의미한다.
- 즉, 사업장의 출입문 또는 이와 유사한 지점이 취업장소와 출퇴근 경로의 경계가 된다.

※ 공용건물에 입주한 회사의 취업장소의 경계는 임대계약서 및 관리비용 부담관계 등 사업주의 지배관리 범위를 고려하여 판단

취업장소 및 취업장소 경계 관련 예시

- 외근 직원이 최초 근무지에 도착한 이후부터 최종 퇴근하기 전까지 머무른 그 장소 → 취업장소에 해당
- 공용 건물에 입주한 경우 건물 외곽 정문 또는 개별 입주회사 현관문 → 입주회사 및 건물주와의 계약관계와 관리실태에 따라 취업장소 인정 여부 판단하되, 공용면적에 대한 관리비를 부담하고 있는 경우 사업주 지배관리 범위로 보아 건물 외곽 정문을 취업장소로 인정

3) 통상적인 경로 및 방법

(1) 통상적인 경로

◦ "통상적인 경로"란 주거와 취업장소 또는 취업장소와 취업장소 사이를 일반인이라면 사회통념상 이용할 수 있다고 인정되는 경로로서 아래와 같은 경우 모두 통상적인 경로로 인정

① 최단거리 또는 최단시간이 소요되는 경로

② 최단거리 또는 최단시간의 경로는 아니지만 일반적으로 그 경로를 선택할 수 있다고 인정되는 경로

* 연고지 주거에서 취업장소로, 취업장소에서 연고지 주거로 이동하는 사이에 들르는 비연고지 주거 또는 일시적 주거는 출퇴근 과정이 단절없이 이루어진 경우 출퇴근 과정의 일환으로 보아 통상의 경로로 인정

③ 공사, 시위·집회 등으로 인한 도로 사정에 따라 우회하는 경로

④ 직장동료 등과의 카풀

* 카풀이란 목적지나 방향이 같은 사람들이 한 대의 승용차를 함께 타고 다니는 것을 말함

◦ 따라서 통상적인 경로를 벗어나 사고를 당한 경우 출퇴근 재해 불인정

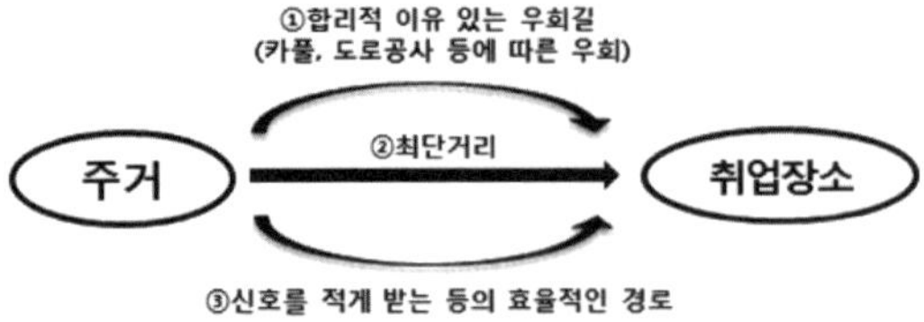

– ①, ②, ③ 모두 통상적인 경로에 해당

통상적 경로 관련 예시

- 평소 지하철을 이용하여 출퇴근하는 노동자가 평소와 다르게 버스를 타기 위해 버스 정류장으로 걸어가다가 사고 → 통상의 경로 해당
- 오토바이를 타고 퇴근하던 중 악천우로 인해 침수된 도로를 우회하여 진행 중 사고 → 통상의 경로 해당
- 근무가 종료되는 금요일 오후에 퇴근하여 비연고지 주거에 잠시 들러 물건을 챙긴 후 연고지 주거로 퇴근하는 경우 → 통상의 경로 해당

(2) 통상적인 방법

◦ "통상적인 방법"이란 아래의 교통수단을 사회통념상 인정되는 합리적인 방법으로 이용하는 것을 말한다.

① 철도, 버스 등의 대중교통수단

② 승용차, 오토바이, 자전거 등

③ 도보

④ 그 밖에 교통수단(전동휠, 인라인스케이트 등)

(3) 사업주 지배관리하의 출퇴근과 통상의 출퇴근이 혼재 된 경우

◦ 출퇴근 경로상에서 사업주 제공 교통수단(제공한 것으로 볼 수 있는 경우 포함)과 그 외 교통수단이 혼재되어 있는 경우,

- 「사업주 지배관리하의 출퇴근 재해」와 「통상의 출퇴근 재해」의 구분은 사고 당시 이용 중인 출퇴근 수단을 기준으로 판단
- 통근버스 등 사업주가 제공한 교통수단을 이용하더라도 해당 교통수단을 이용하기 위한 이동 및 하차 후 주거 또는 사업장 경계 진입 전까지의 이동은 「통상의 출퇴근 재해」로 적용

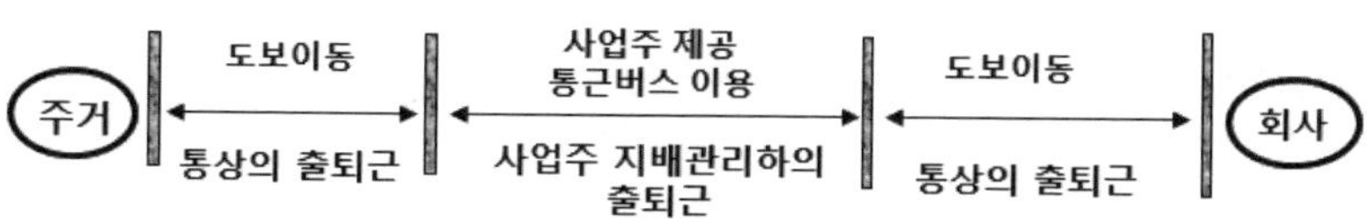

사업주 지배관리하의 출퇴근과 통상의 출퇴근이 혼재되어 있는 경우

◦ 사업주가 제공하는 통근버스를 이용하기 위하여 주거지를 나와 정류장까지 도보 이동 중 사고 → 통상의 출퇴근 재해로 적용

4) 출퇴근 경로 일탈 및 중단

(1) 경로의 일탈·중단시 적용 원칙

법 제37조(업무상의 재해의 인정기준) ③ 제1항제3호나목의 사고 중에서 출퇴근 경로 일탈 또는 중단이 있는 경우에는 해당 일탈 또는 중단 중의 사고 및 그 후의 이동 중의 사고에 대하여는 출퇴근 재해로 보지 아니한다. 다만, 일탈 또는 중단이 일상생활에 필요한 행위로서 대통령령으로 정하는 사유가 있는 경우에는 출퇴근 재해로 본다.

◦ 출퇴근 경로의 "일탈"은 출퇴근 도상에서 통상적인 경로를 벗어나는 행위를 하는 것을 말하며, "중단"은 출퇴근 경로 상에서 출퇴근과 관계없는 행위를 하는 것을 말한다.
  - 출퇴근 경로를 일탈하거나 중단하는 경우에는 출퇴근 목적과 관계없는 사적 행위가 원인이므로 일탈 또는 중단 중의 사고 및 그 이후의 이동 중의 사고에 대하여 원칙적으로 출퇴근 재해 불인정
    * 출퇴근 중 통상적인 경로에서 발생하는 통상 30분 내외의 경미한 행위(신문구입, 차량주유, 커피 등 음료의 테이크아웃, 생리현상, 소나기를 잠시 피하는 행위 등)는 일탈·중단 행위로 보지 않음

일탈·중단 관련 예시

◦ 퇴근길에 친구집으로 물건을 가지러 주거지와 다른 방향으로 가던 중 사고 → 일탈에 해당
◦ 퇴근길에 통상의 경로상에 있는 음식점에서 친구와 음주를 하는 경우 → 중단에 해당
※ 일탈·중단 중의 사고 뿐만 아니라 그 후의 이동(일탈 또는 중단 후 다시 통상의 경로로 돌아와서 이동) 중의 사고도 보호대상이 아님을 유의

(2) 경로의 일탈·중단의 적용 예외

① 일탈·중단의 예외 인정 범위

법 제37조(업무상의 재해의 인정기준) ③ 제1항제3호나목의 사고 중에서 출퇴근 경로 일탈 또는 중단이 있는 경우에는 해당 일탈 또는 중단 중의 사고 및 그 후의 이동 중의 사고에 대하여는 출퇴근 재해로 보지 아니한다. 다만, 일탈 또는 중단이 일상생활에 필요한 행위로서 대통령령으로 정하는 사유가 있는 경우에는 출퇴근 재해로 본다.

영 제35조 (출퇴근 중의 사고) ② 법 제37조제3항 단서에서 “일상생활에 필요한 행위로서 대통령령으로 정하는 사유”란 다음 각 호의 어느 하나에 해당하는 경우를 말한다.
1. 일상생활에 필요한 용품을 구입하는 행위
2. 「고등교육법」 제2조에 따른 학교 또는 「직업교육훈련촉진법」 제2조에 따른 직업교육훈련기관에서 직업능력 개발향상에 기여할 수 있는 교육이나 훈련 등을 받는 행위
3. 선거권이나 국민투표권의 행사
4. 근로자가 사실상 보호하고 있는 아동 또는 장애인을 보육기관 또는 교육 기관에 데려주거나 해당 기관으로부터 데려오는 행위
5. 의료기관 또는 보건소에서 질병의 치료나 예방을 목적으로 진료를 받는 행위
6. 근로자의 돌봄이 필요한 가족 중 의료기관 등에서 요양 중인 가족을 돌보는 행위
7. 제1호부터 제6호까지의 규정에 준하는 행위로서 고용노동부장관이 일상생활에 필요한 행위라고 인정하는 행위

◦ 통상적인 출퇴근 과정에서 일어날 수 있는 일상생활에 필요한 행위로 인한 일탈·중단의 경우는 예외로 인정한다.

㉠ 일상생활에 필요한 용품을 구입하는 행위

- 일상 생활용품의 구입행위는 판매처의 위치 및 거리, 행위의 필요성, 긴급성, 소요되는 시간 등을 종합적으로 고려하여 판단

※ 일상생활용품 판매처 : 슈퍼, 편의점, 천원샵, 철물점, 공구점, 조명기기점, 대형마트, 농축산물 유통센터, 정보통신기기 판매점, 의복 또는 신발가게, 전통시장 등

인정 사례	◦ 통상의 경로상에 식료품을 구입할 수 있는 슈퍼가 있으나 좀 더 저렴하게 구입하고자 퇴근길에 경로를 벗어나 대형마트에서 식료품을 구입하고 귀가 중 발생한 재해
불인정 사례	◦ 퇴근길에 백화점에 들러 명품가방을 구입하고 귀가 중 발생한 재해

㉡ 「고등교육법」 제2조에 따른 학교 또는 「직업교육훈련촉진법」 제2조에 따른 직업교육훈련기관에서 직업능력 개발향상에 기여할 수 있는 교육이나 훈련 등을 받는 행위

「고등교육법」 제2조의 학교

1) 대학 2) 산업대학 3) 교육대학 4) 전문대학 5) 방송대학, 통신대학, 방송통신대학 및 사이버대학, 6) 기술대학 7) 각종학교

「직업교육훈련촉진법」 제2조의 직업훈련기관

1) "직업교육훈련"이란 「산업교육진흥 및 산학협력촉진에 관한 법률」 및 「근로자직업능력 개발법」과 그 밖의 다른 법령에 따라 학생과 근로자 등에게 취업 또는 직무수행에 필요한 지식·기술 및 태도를 습득·향상시키기 위하여 실시하는 직업교육 및 직업훈련을 말한다.
2) "직업교육훈련기관"이란 직업교육훈련을 실시하는 기관 또는 시설을 말한다.
3) "직업교육훈련생"이란 직업교육훈련을 받고 있는 사람 또는 받으려는 사람을 말한다.
4) "직업교육훈련교원"이란 직업교육훈련기관에서 직업교육훈련생을 지도하는 사람을 말한다.
5) "산학협동"이란 직업교육훈련기관과 산업체(산업체단체 및 연구기관을 포함한다. 이하 같다)가 산업인력의 양성과 산업기술의 개발을 위하여 다음 각 목의 사항에 관하여 서로 협력하는 활동을 말한다.
   가. 인력·시설·설비와 직업교육훈련 정보의 공동활용 및 협동연구
   나. 특약에 의한 학과 또는 직업교육훈련과정의 설치
   다. 직업교육훈련의 위탁 실시
6) "원격직업교육훈련"이란 격지(隔地) 간에 정보통신매체를 이용하여 실시되는 직업교육훈련을 말한다.
7) "현장실습"이란 직업교육훈련생이 향후 진로와 관련하여 취업 및 직무수행에 필요한 지식·기술 및 태도를 습득할 수 있도록 직업현장에서 실시하는 교육훈련과정을 말한다.

- 「고등교육법」에 의한 학교 및 「직업교육훈련촉진법」에 따른 직업훈련기관에서 교육훈련을 받기 위한 일탈·중단은 인정
- 단순 취미생활, 체력증진 등을 위한 일탈·중단은 제외
- 꽃꽂이, 스포츠댄스 등이라도 취미생활이 아닌 자격증 취득 등 직업능력 개발을 위한 일탈·중단은 인정

인정 사례	◦ 용접 기술을 배우기 위하여 퇴근길에 직업교육훈련기관에서 훈련을 받고 귀가 중 발생한 재해
불인정 사례	◦ 퇴근길에 직업능력개발과 무관한 스포츠댄스를 배우고 귀가 중 발생한 재해 ◦ 퇴근길에 취미활동인 요가를 배우기 위하여 학원으로 이동 중 발생한 재해

ⓒ 선거권이나 국민투표권의 행사

- 법률이 정하는 바에 따라 국민에게 부여된 선거권이나 국민투표권의 행사를 위한 일탈·중단은 인정
- "선거권"이란 선거에 참여하여 투표를 할 수 있는 권리를 말하고(대통령 선거, 국회의원 선거가 대표적임), "국민투표권"이란 대한민국 국적을 가진 일정 연령 이상의 국민이 국정의 중요한 사항에 대하여 투표할 수 있는 권리를 말함

인정 사례	◦ 출근길에 투표소에 들러 국회의원 보궐 선거를 하고 사무실로 이동 중 발생한 재해
불인정 사례	◦ 퇴근 중 탁구 동호회장 선거를 위해 이동 중 발생한 사고

ⓔ 근로자가 사실상 보호하고 있는 아동 또는 장애인을 보육기관 또는 교육기관에 데려주거나 해당 기관으로부터 데려오는 행위

- "근로자가 사실상 보호하고 있는 아동 또는 장애인"은 노동자 본인의 자녀, 손자녀 등 가족 뿐만 아니라 실질적으로 보호하고 있는 아동 또는 장애인도 해당(주기적, 반복적으로 출퇴근 과정에서 보호해 온 아동 또는 장애인 포함)
- "아동"이란 어린이집, 유치원, 초·중·고교에 재학하는 연령대에 해당하는 사람을 말하며, 이들을 어린이집, 유치원, 초·중·고교 및 이에 준하는 보육기관 또는 교육기관에 데려주거나 데려오는 행위를 인정
- "장애인"이란 「장애인복지법」에 따른 장애인 및 이에 준하는 장애를 가진 사람을 말하며, 이들을 어린이집, 유치원, 초·중·고교, 대학교 등과 이에 준하는 보육기관 또는 교육기관에 데려주거나 데려오는 행위를 인정

인정 사례	◦ 출근길에 미취학자녀를 보육기관에 맡기거나 고등학생 자녀를 학원 또는 학교에 데려주기 위하여 우회하여 이동 중 발생한 재해 ◦ 출근길에 장애인인 장모님을 위탁기관에 모셔다 드리기 위하여 이동 중 발생한 재해
불인정 사례	◦ 출근길에 학교에 늦은 대학생 자녀를 전철역까지 데려주기 위하여 일탈하여 발생한 재해 ◦ 퇴근길에 아르바이트를 마친 고등학생 자녀를 데리러 가기 위해 일탈하여 이동 중 발생한 재해

ⓜ 의료기관 또는 보건소에서 질병의 치료나 예방을 목적으로 진료를 받는 행위

- 출퇴근 중 질병 치료나 예방을 목적으로 진료를 받기 위한 우회는 인정하되 미용 목적의 상담 등 일상생활과 무관한 행위는 불인정
- 질병예방을 목적으로 의료기관에서 건강검진 등 진료를 받는 행위는 인정

인정 사례	◦ 퇴근길에 두통으로 병원에 가기 위하여 이동 중 발생한 재해 ◦ 출근길에 배가 아파서 병원에 들러 진료를 받고 사무실로 이동 중 발생한 재해
불인정 사례	◦ 퇴근길에 병원에 들러 미용목적으로 성형수술 상담을 받고 귀가 중 발생한 재해 ◦ 퇴근길에 피부과에 들러 미용목적으로 보톡스를 맞고 귀가 중 발생한 재해

ⓑ 근로자의 돌봄이 필요한 가족 중 의료기관 등에서 요양 중인 가족을 돌보는 행위

- "가족"이란 「민법」 제779조(가족의 범위)에 따라 판단하되, 배우자의 부모, 실질적으로 생계를 함께 하고 부양하는 친인척도 포함
  ※ 「민법」 제779조(가족의 범위) : 배우자, 직계혈족 및 형제자매, 생계를 같이 하는 직계혈족의 배우자·배우자의 직계혈족 및 배우자의 형제자매
- 의료기관 등의 시설에서 요양 중인 가족을 간병하는 행위 인정
- 가족 간의 단순 방문, 일회성 병문안 등은 불인정

인정 사례	◦ 퇴근 중 의료기관에서 입원중인 부친을 돌보기 위하여 이동 중 발생한 재해
불인정 사례	◦ 퇴근 중 부모님 댁을 방문하여 함께 저녁식사를 하고 귀가 중 발생한 재해

㉦ 제1호부터 제6호까지의 규정에 준하는 행위로서 고용노동부장관이 일상생활에 필요한 행위라고 인정하는 행위

- 제1호 규정에 준하는 행위
  - 일상생활 영위를 위해 계속·반복적으로 발생하는 행위(예 : 세탁물을 찾아오는 행위, 구두를 수선하는 행위)
  - 식사, 이미용, 목욕 등과 같이 일상생활 영위를 위한 행위로서 업무상 필요에 의해 이루어지는 행위(예 : 사업장에 식당이 없는 등의 사유로 불가피하게 퇴근 중 식사를 하는 행위, 오전에 사업장에서 중요한 발표가 있어 출근중 머리를 다듬는 행위, 업무로 몸이 더러워졌으나 사업장에 샤워시설이 없어 퇴근 중 목욕을 하는 행위)
- 제2호 규정에 준하는 행위
  - 「학원의 설립·운영 및 과외교습에 관한 법률」에 따른 학원에서 직업능력개발 향상을 위한 훈련수강
  - 외국어 학원, 컴퓨터 학원(한글, 엑셀 등), 운전면허학원 등 직업능력개발 향상에 기여할 수 있는 교육이나 훈련을 받는 행위(예 : 출근길에 업무와 관련한 자기계발을 위하여 영어학원에서 강의를 듣고 출근하는 행위)

※ 교육기관은 아니더라도 사회통념상 직무관련성이 있다고 인정받을 수 있는 모임에서의 직업능력개발 행위를 입증하는 경우 인정(예 : 영어스터디 등)

- 제3호 규정에 준하는 행위
  - 「노조법」 제23조(임원의 선거등)」에 따른 노동조합 임원 선거, 「공동주택관리법」 제14조(입주자대표회의 구성 등)」에 따른 아파트입주자 임원 선거 등 법률이 정하는 바에 따라 선거권을 행사하는 행위
- 제4호 규정에 준하는 행위
  - 아동 또는 장애인을 보육기관이 아닌 가정에 위탁하는 행위, 장애인복지관 및 주간보호시설 등 위탁기관에 데려주거나 데려오는 행위
  - 아동 또는 장애인을 의료기관 등에 데려주거나 데려오는 행위
  - 홀로 거동이 어려운 노인을 보호시설 등에 데려주거나 데려오는 행위

- 제5호 규정에 준하는 행위
  - 노동자의 건강을 위해 보건소 금연클리닉에 다니는 행위
- 제6호 규정에 준하는 행위
  - 요양원 또는 노동자와 주소(거소)를 달리하는 장소에서 요양중인 가족을 돌보는 행위

② 일탈·중단의 예외 해당시 사고인정 범위

◦ 시행령에서 정한 예외적으로 인정되는 일탈 또는 중단의 경우라도 그 전 과정이 보호되는 것이 아니라 이동 중의 재해만 보호됨

※ 마트 내에서 장을 보던 중 발생한 화재로 인한 사고, 투표장소 안에서의 사고, 자녀를 위탁하는 과정에서 위탁기관의 건물 내에서 발생한 사고 등은 이동상의 재해가 아니므로 출퇴근 재해로 불인정

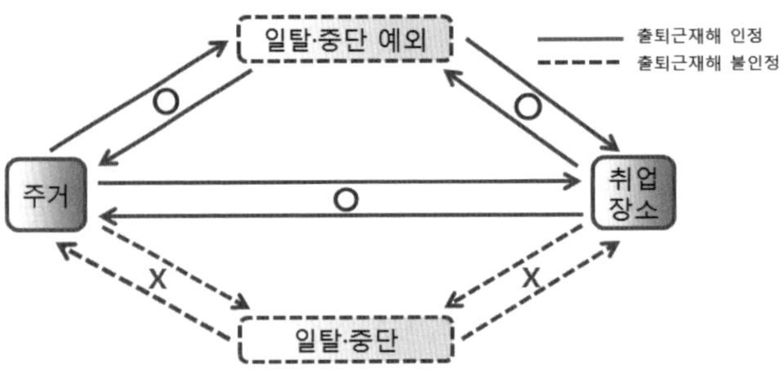

※ (주의) 경로상에서 발생한 재해에 한하여 인정

일탈·중단의 예외시 인정 범위 예시

◦ 퇴근 후 일상생활용품 구입을 위해 경로를 우회한 곳에 위치한 마트에서 물건을 구입하던 중 진열된 물건이 넘어져 부상 → 이동 경로상의 재해가 아니므로 출퇴근 재해 불인정

◦ 퇴근중 혈액투석을 마치고 의료기관을 벗어나 인근 버스정류장으로 이동중 전도되어 부상 → 이동 경로상의 재해이므로 출퇴근 재해 인정

◦ 장기 요양중인 배우자를 간병하던 중 의료기관내에서 넘어져 부상 → 이동 경로상의 재해가 아니므로 출퇴근 재해 불인정

4. 범죄행위 여부 판단 요령

가. 근로자의 범죄행위

> ◦ 산재보험법
> 제37조(업무상의 재해의 인정기준) ② 근로자의 고의·자해행위나 범죄행위 또는 그것이 원인이 되어 발생한 부상·질병·장해 또는 사망은 업무상의 재해로 보지 아니한다. (단서 생략)

◦ 산재보험법 제37조제2항에 따라 범죄행위(음주, 무면허 등)로 인한 출퇴근 사고의 경우는 원칙적으로 출퇴근 재해 인정 불가

※ "범죄"란 법에 의해 보호되는 이익을 침해하고 사회의 안전과 질서를 무너뜨리는 반사회적 행위를 말함

나. 음주운전의 범죄행위 기준

◦ 음주운전 및 그에 따른 과실로 사고가 발생한 경우 이는 범죄행위 중에 그 행위에 기하여 발생한 사고이므로 원칙적으로 업무상의 재해가 아님

- 다만, 음주운전 중에 사고가 발생한 경우에도 그 사고가 '운전 자체에 통상 수반되는 위험이 현실화된 사고'로 인정되는 등 음주운전과 무관한 것이 명백한 경우에는 예외적으로 업무상의 재해로 인정될 수도 있음

  ※ 예를 들면, '음주운전 중 신호대기 정차 상태에서 상대 차량의 후면 추돌로 사고가 발생한 경우' 등과 같이 음주운전과 무관하게 발생한 사고

음주운전 행위 관련 예시

> ◦ 혈중 알콜농도가 면허취소 기준 수치 이상인 경우 : 음주운전에 기하여 발생한 사고에 해당하므로 출퇴근 재해 인정 불가
>
> ※ 현행 면허취소 기준 수치는 혈중 알콜농도 0.1%이고, 현재 발의된 음주운전 처벌기준 강화 법안의 면허취소 기준은 0.08%로 해당 법안 개정 시 개정 법안의 기준에 따름
>
> ◦ 혈중 알콜농도가 면허취소 기준 수치 미만인 경우 : 구체적 상황에 따라 음주운전 및 그에 따른 과실이 사고의 원인인지에 따라 판단

◦ 퇴근중 혈중 알콜농도 0.03% 의 상태에서 운전하다가 신호대기 중인 차량을 뒤에서 충돌하여 사고가 발생한 경우 → 음주가 사고의 원인이므로 "불인정"
◦ 퇴근중 혈중 알콜농도 0.03% 의 상태에서 운전하다가 폭우에 따른 도로 유실로 인한 사고 → 음주가 사고의 원인이 아니므로 "인정될 수 있음"

다. 무면허 운전의 범죄행위 기준

◦ 무면허로 인한 출퇴근 사고의 경우는 범죄행위에 해당되므로 원칙적으로 출퇴근 재해로 인정 불가
  - 다만 예외적으로 무면허 사실에 대하여 단순착오로 사전에 인지하지 못한 경우 등 불가피한 사유가 있을 시 사실관계 확인 하여 판단

무면허운전 행위 관련 예시

◦ 운전면허가 없는 자가 자동차를 운전하다 운전미숙으로 인한 단독사고 → 재해의 주된 원인이 무면허에 해당되므로 "불인정"
◦ 운전면허 갱신기간 만료일이 2개월 도과한 것을 모르고 자동차를 운전하다 다른 차량의 신호위반으로 추돌당한 경우 → 재해의 주된 원인이 운전미숙이 아니고, 무면허 사실을 단순착오로 인지하지 못한 경우로서 결과적으로 무면허운전이 된 경우에는 "인정"
◦ 수년간 50cc 이륜자동차를 면허 없이 운전하다가 다른 차량의 신호위반으로 추돌당한 경우 → 50cc 이륜자동차라도 원동기 면허가 있어야 하나, 이를 인지하지 못하고 운전한 경우로 보여지므로 "인정"(단, 직업 특성상 인지 못하였다고 볼 수 없는 경우에는 "불인정")

라. 중앙선 침범 운전의 범죄행위 기준

◦ 중앙선 침범으로 인한 출퇴근 사고의 경우는 범죄행위에 해당되므로 출퇴근 재해로 인정 불가
  - 다만 사고 당시 상황에 따라 중앙선 침범이 불가피하게 발생된 경우는 사고원인, 도로상황 등 사실관계를 확인하여 판단

마. 그 밖의 「도로교통법」 위반

◦ 판례상 「산재법」상 '범죄행위'는 사고발생 원인이 오로지 또는 주로 자신의 위법한 행위로 인하여 사고가 발생한 경우를 말한다는 것이 주된 해석

◦ 무단횡단

- 횡단보도와 같이 도로를 건널 수 있는 곳이 아닌 다른 곳에서 도로를 횡단하는 행위를 말함
  * 신호등이 설치되어 있고, 횡단보도, 육교 등이 있음에도 무단으로 횡단하다가 통상의 출퇴근 재해가 발생한 경우 인정 불가
  * 고속도로, 자동차전용도로를 무단으로 횡단하다가 통상의 출퇴근 재해가 발생한 경우 인정 불가
  * 다만 사고 당시 상황에 따라 무단횡단이 불가피하게 발생된 경우는 사고원인, 도로상황 등 사실관계를 확인하여 판단
- 운전자의 과실이 개입되지 않는 고속도로나 육교가 설치된 도로에서의 무단횡단은 「산재법」상 '범죄행위' 적용 가능

◦ 신호위반, 과속 등 기타

- 신호위반, 과속 등 「도로교통법」 위반에 있어서는 그 사고발생 원인이 전적으로 그 위법행위로 인하여 발생한 것으로 판단하기 어려우므로 운전자의 과실 및 사고경위 등 사실관계를 종합적으로 고려하여 판단

범죄행위 관련 예시

◦ 고속도로에서 경적을 울리는 차량에 대한 보복운전으로 인한 사고 → 재해의 주된 원인이 보복운전에 있으므로 "불인정"

◦ 고속도로를 무단으로 횡단하던 중 사고 → 재해의 주된 원인이 무단횡단에 있으므로 "불인정"

5. 중소기업 사업주의 출퇴근 재해

가. 통상의 출퇴근 재해 적용 제외 직종

◦ 출퇴근 경로와 방법이 일정하지 아니한 아래의 직종(법 제124조에 따라 자기 또는 유족을 보험급여를 받을 수 있는 자로 하여 보험에 가입한 사람으로서 근로자를 사용하지 아니하는 사람)에 종사하는 사람 중 "업무에 사용하는 자동차 등의 차고지를 본인의 주거지에 두고 있는 경우" 적용제외

- 수요응답형운송사업주, 개인택시운송사업주, 제2호라목에 따른 택배원(퀵서비스기사)

  ※ 차고지를 본인의 주거지에 두고 있어 적용제외 된 상기의 자가 본인 주거지 외의 장소에 차를 두고 출퇴근 하던 중 재해가 발생한 경우에 통상의 출퇴근 재해 인정되지 않음

  ※ 택시기사, 퀵서비스기사는 영업을 목적으로 차량(오토바이)에 탑승하는 순간부터 업무수행으로 판단함

◦ 상기 직종 외 중소기업사업주에 대해서는 '통상의 출퇴근 재해' 적용

- 세부 인정기준은 일반노동자의 통상의 출퇴근 재해 기준과 동일하게 적용

나. 사업주 지배관리하의 출퇴근 재해 적용 여부

◦ 영 제123조에서 중소기업 사업주에 대한 업무상의 재해의 인정 범위에 관하여는 영 제27조, 제28조, 제30조부터 제35조까지 및 제36조를 준용하고 있으므로,

- 중소기업 사업주에 대해서도 시행령 제35조제1항 각호의 요건 모두에 해당하는 경우 사업주의 지배관리하의 출퇴근 재해가 원칙적으로 적용된다 할 수 있음

◦ 다만, 중소기업 사업주의 경우 '사업주'의 신분과 「산재법」상 '근로자'의 이중적 신분을 가지고 있어 법 제37조제1항제3호에 따른 출퇴근 재해 인정 여부는 아래 기준에 따라 처리

  ① 개인사업자(보험가입자)가 자신이 소유 또는 관리하는 차량을 자신이 이용하는 경우 또는 법인회사의 대표(보험가입자)가 회사 소유 또는 관리하는

차량을 자신의 출퇴근용으로 사용하는 경우
- 시행령 제35조제1항제2호에 따라 교통수단의 관리 또는 이용권이 자신의 전속적 권한에 속하는 경우에 해당하므로 '통상의 출퇴근 재해' 해당
  ※ 소유 또는 관리 : 명의자가 다르더라도 실질적으로 소유 또는 관리하거나 자신의 출퇴근용으로 사용할 경우도 포함된 개념임

② 법인회사의 대표(보험가입자)가 회사에서 소속 노동자의 출퇴근용으로 제공되는 버스 등 통근차량을 함께 이용하는 경우
- 보험가입자가 소속 노동자와 동일한 조건으로 해당 통근차량을 이용한 경우 '사업주 지배관리하의 출퇴근 재해' 해당

6. 업무처리의 관할 등

◦ 출퇴근 재해 업무처리의 관할은 요양업무처리 규정 제47조를 준용하되, 취업장소에서 다른 취업장소로 이동 중 재해는 원칙적으로 출근 중 재해로 보아 도착지 사업장 관할 소속기관장이 처리한다. 다만 도착지 사업장이 적용제외사업장인 경우에는 출발지 사업장 관할 소속기관장이 처리한다.
◦ 이 지침은 2018.1.1. 이후 최초로 발생한 재해부터 적용한다.

찾아보기

1

2

3

ㄱ

ㅇ

ㅊ

ㅌ

ㅍ

ㅎ

저자 **김 영 기**

◦ 일본 국립대학법인 치바(千葉)대학 대학원(법학박사)

◦ 고용노동부 서울강남지청장(현)
여수지청장, 서울남부지청장
중부고용노동청 근로개선지도1과장
안양·부천고용센터소장
경기지방노동위원회 조정과장
공무원노사관계과·노정과 근로감독관
근로기준정책과·노사관계법제과 근로감독관 등

◦ 공인노무사 자격